20 oct. 2003

Xpert.press

Springer
*Berlin
Heidelberg
New York
Barcelona
Hongkong
London
Mailand
Paris
Tokio*

Die Reihe **Xpert.press** des Springer-Verlags vermittelt Professionals in den Bereichen Betriebs- und Informationssysteme, Software Engineering und Programmiersprachen aktuell und kompetent relevantes Fachwissen über Technologien und Produkte zur Entwicklung und Anwendung moderner Informationstechnologien.

Richard Kaiser

C++ mit dem Borland C++Builder

Einführung in den ANSI/ISO-Standard und die objektorientierte Windows-Programmierung

Mit CD-ROM

Springer

Prof. Richard Kaiser
Schwärzlocher Straße 53
72070 Tübingen

rk@rkaiser.de
www.rkaiser.de

ISSN 1439-5428
ISBN 3-540-62994-7 Springer-Verlag Berlin Heidelberg New York

Die Deutsche Bibliothek – CIP-Einheitsaufnahme
Kaiser, Richard: C++ mit dem Borland C++ Builder : Einführung in den ANSI/ISO-Standard und die objektorientierte Windows-Programmierung / Richard Kaiser. – Berlin; Heidelberg; New York; Barcelona; Hongkong; London; Mailand; Paris; Tokio: Springer, 2002
(Xpert.press)
ISBN 3-540-62994-7

Dieses Werk (Buch und CD-ROM) ist urheberrechtlich geschützt. Die dadurch begründeten Rechte, insbesondere die der Übersetzung, des Nachdrucks, des Vortrags, der Entnahme von Abbildungen und Tabellen, der Funksendung, der Mikroverfilmung oder der Vervielfältigung auf anderen Wegen und der Speicherung in Datenverarbeitungsanlagen, bleiben, auch bei nur auszugsweiser Verwertung, vorbehalten. Eine Vervielfältigung dieses Werkes oder von Teilen dieses Werkes ist auch im Einzelfall nur in den Grenzen der gesetzlichen Bestimmungen des Urheberrechtsgesetzes der Bundesrepublik Deutschland vom 9. September 1965 in der jeweils geltenden Fassung zulässig. Sie ist grundsätzlich vergütungspflichtig. Zuwiderhandlungen unterliegen den Strafbestimmungen des Urheberrechtsgesetzes.

Der Springer-Verlag ist nicht Urheber der Daten und Programme. Weder der Springer-Verlag noch der Autor übernehmen Haftung für die CD-ROM und das Buch, einschließlich ihrer Qualität, Handels- oder Anwendungseignung. In keinem Fall übernehmen der Springer-Verlag oder der Autor Haftung für direkte, indirekte, zufällige oder Folgeschäden, die sich aus der Nutzung der CD-ROM oder des Buches ergeben.

Springer-Verlag Berlin Heidelberg New York
ein Unternehmen der BertelsmannSpringer Science+Business Media GmbH
http://www.springer.de

© Springer-Verlag Berlin Heidelberg 2002
Printed in Germany

Die Wiedergabe von Gebrauchsnamen, Handelsnamen, Warenbezeichnungen usw. in diesem Werk berechtigt auch ohne besondere Kennzeichnung nicht zu der Annahme, dass solche Namen im Sinne der Warenzeichen- und Markenschutz-Gesetzgebung als frei zu betrachten wären und daher von jedermann benutzt werden dürften.

Umschlaggestaltung: KünkelLopka, Heidelberg
Satz: Belichtungsfähige Daten vom Autor
Gedruckt auf säurefreiem Papier – SPIN: 10629546   33/3142 GF   5 4 3 2 1 0

Für Ruth

For Ruth

Geleitwort

Das Programmieren unter C++ gilt als die Königsklasse der objektorientierten Applikations-Entwicklung: Anwender nutzen C++, um universell einsetzbare, modulare Programme zu erstellen. Wer diese Sprache beherrscht, profitiert von einem beispiellosen Funktionsumfang und von der Option, plattformunabhängig zu arbeiten. Das war anfangs nur hochgradig versierten Profis vorbehalten. Sie allein waren in der Lage, der Komplexität des C++-Quellcodes Herr zu werden.

Längst aber stehen die Vorzüge von C++ auch all jenen zur Verfügung, die nur gelegentlich oder schlicht und ergreifend aus Freude am Tüfteln Applikationen erstellen. Einen wesentlichen Beitrag zur „Demokratisierung" der objektorientierten Programmierung leisten integrierte RAD-Systeme (Rapid Application Development) wie der C++Builder von Borland.

Ganz gleich ob Profi oder Einsteiger: Die C++-Version der erfolgreichen Object Pascal-Lösung *Borland Delphi* bietet Programmierern eine visuelle Entwicklungsumgebung, mit der sie einfach und rasch objektorientierte Windows-Applikationen schreiben können. Der C++Builder verfügt über eine umfangreiche Palette an fertigen Komponenten und erleichtert seit der Version 5 auch die Entwicklung von Web-Applikationen. Wer grafische Benutzeroberflächen bauen will, stellt diese einfach mit wenigen Handgriffen per Maus zusammen. Das ist die Basis für ein schnelles, effizientes und komfortables Arbeiten. Kurzum: Mit dem C++Builder wird die Applikations-Entwicklung von der langwierigen Fleißaufgabe zur zielorientierten Kopfarbeit.

Das vorliegende Buch ist eine systematische Einführung in die Arbeit mit C++ und dem Borland C++Builder. Ausführlich und praxisnah schildert Richard Kaiser die Konzepte und Elemente der Programmiersprache und der Entwicklungsumgebung. Mit zahlreichen Beispielen und Übungsaufgaben erschließt er auch Lesern ohne Vorkenntnisse die Logik objektorientierten Programmierens.

Borland wünscht allen Nutzern dieses hervorragenden Lehrbuchs und Nachschlagewerks viel Spaß und Erfolg bei der Arbeit mit dem C++Builder.

Jason Vokes
European Product Line Manager - RAD Products and InterBase

Vorwort

Dieses Buch entstand ursprünglich aus dem Wunsch, in meinen Vorlesungen über C++ nicht nur Textfensterprogramme, sondern Programme für eine grafische Benutzeroberfläche zu entwickeln. Mit dem C++Builder von Borland stand 1997 erstmals ein Entwicklungssystem zur Verfügung, das so einfach zu bedienen war, dass man es auch in Anfängervorlesungen einsetzen kann, ohne dabei Gefahr zu laufen, dass die Studenten nur noch mit dem Entwicklungssystem kämpfen und gar nicht mehr zum Programmieren kommen.

Angesichts der damals anstehenden Verabschiedung des ANSI/ISO-Standards von C++ lag es nahe, in diesem einführenden Lehrbuch auch gleich den gesamten Sprachumfang des Standards umfassend darzustellen. Mir war allerdings nicht klar, auf welche Arbeit ich mich damit eingelassen hatte. Ich hatte weder vor, vier Jahre an diesem Buch zu schreiben, noch einen Wälzer mit 1100 Seiten zu produzieren.

Als ich dann die Möglichkeit bekam, Kurse für erfahrene Praktiker aus der Industrie zu halten, wurde ich mit einer Fülle von Anregungen aus ihrer täglichen Arbeit konfrontiert. Diese gaben dem Buch enorme Impulse.

Die Programmiersprache C++ wurde als Obermenge der Programmiersprache C entworfen. Dieser Entscheidung verdankt C++ sicher seine weite Verbreitung. Sie hat aber auch dazu geführt, dass oft weiterhin wie in C programmiert wird und lediglich ein C++-Compiler anstelle eines C-Compilers verwendet wird. Dabei werden viele Vorteile von C++ verschenkt. Um nur einige zu nennen:

– In C++ werden die fehleranfälligen Zeiger viel seltener als in C benötigt.
– Die Stringklassen lassen sich wesentlich einfacher und risikoloser als die nullterminierten Strings von C verwenden.
– Die Containerklassen der C++-Standardbibliothek haben viele Vorteile gegenüber Arrays, selbstdefinierten verketteten Listen oder Bäumen.
– Exception-Handling bietet eine einfache Möglichkeit, auf Fehler zu reagieren.
– Objektorientierte Programmierung ermöglicht übersichtlichere Programme.
– Templates sind die Basis für eine außerordentlich vielseitige Standardbibliothek.

Ich habe versucht, bei allen Konzepten nicht nur die Sprachelemente und ihre Syntax zu beschreiben, sondern auch Kriterien dafür anzugeben, wann und wie man sie sinnvoll einsetzen kann. Deshalb wurde z.B. mit der objektorientierten Programmierung eine Einführung in die objektorientierte Analyse und das objektorientierte Design verbunden. Ohne die Beachtung von Design-Regeln schreibt man leicht Klassen, die der Compiler zwar übersetzen kann, die aber kaum hilfreich sind.

Man hört immer wieder die Meinung, dass C++ viel zu schwierig ist, um es als einführende Programmiersprache einzusetzen. Dieses Buch soll ein in mehreren Jahren erprobtes Gegenargument zu dieser Meinung sein. Damit will ich aber die Komplexität von C++ überhaupt nicht abstreiten.

Zahlreiche Übungsaufgaben geben dem Leser die Möglichkeit, die Inhalte praktisch anzuwenden und so zu vertiefen. Da man Programmieren nur lernt, indem man es tut, möchte ich ausdrücklich dazu ermuntern, zumindest einen Teil der Aufgaben zu lösen und sich dann selbst neue Aufgaben zu stellen. Der Schwierigkeitsgrad der Aufgaben reicht von einfachen Wiederholungen des Textes bis zu kleinen Projektchen, die ein gewisses Maß an selbständiger Arbeit erfordern. Die Lösungen der meisten Aufgaben findet man auf der beiliegenden CD und auf meiner Internetseite *http://www.rkaiser.de*.

Anregungen, Korrekturhinweise und Verbesserungsvorschläge sind willkommen. Bitte senden Sie diese an die Adresse *bcb@rkaiser.de*.

Bei allen meinen Schulungskunden und ganz besonders bei Herrn Welsner und der Alcatel University der Alcatel SEL AG Stuttgart bedanke ich mich für die Möglichkeit, dieses Manuskript in zahlreichen Kursen mit erfahrenen Praktikern weiterzuentwickeln. Ohne die vielen Anregungen aus diesen Kursen hätte es weder diesen Praxisbezug noch diesen Umfang erreicht. Peter Schwalm hat große Teile des Manuskripts gelesen und es in vielen Diskussionen über diffizile Fragen mitgestaltet. Mein Sohn Alexander hat als perfekter Systembetreuer dafür gesorgt, dass die Rechner immer liefen und optimal installiert waren.

Die Unterstützung von Dr. Hans Wössner und seinem Team vom Springer-Verlag hätte nicht besser sein können. Seine Hilfsbereitschaft und seine überragende fachliche Kompetenz waren immer wieder beeindruckend. „Meiner" Lektorin Ruth Abraham verdankt dieses Buch eine in sich geschlossene Form, die ich allein nicht geschafft hätte. Die technische Herstellung war bei Gabi Fischer in erfahrenen guten Händen. Herrn Engesser danke ich für die gute Zusammenarbeit beim Abschluss des Projekts.

Tübingen, im Oktober 2001   Richard Kaiser

Inhalt

1 Die Entwicklungsumgebung 1
   1.1 Visuelle Programmierung: Ein erstes kleines Programm 2
   1.2 Erste Schritte in C++ 6
   1.3 Der Quelltexteditor 9
   1.4 Projekte, Projektdateien und Projektoptionen 12
   1.5 Einige Tipps zur Arbeit mit Projekten 15
   1.6 Die Online-Hilfe 16
   1.7 Das lokale Menü 17
   1.8 Die Symbolleiste 18
   1.9 Programmierhilfen 19
   1.10 Packages und eigenständig ausführbare Programme 20

2 Die Komponentenpalette 23
   2.1 Die Online-Hilfe zu den Komponenten 23
   2.2 Namen 27
   2.3 Labels und Datentypen 30
   2.4 Funktionen, Methoden und die Komponente *TEdit* 35
   2.5 Memos, ListBoxen, ComboBoxen und die Klasse *TStrings* 40
   2.6 Buttons und Ereignisse 44
   2.7 CheckBoxen, RadioButtons und einfache *if*-Abfragen 47
   2.8 Die Container GroupBox, Panel und RadioGroup 49
   2.9 ScrollBar 52
   2.10 Hauptmenüs und Popup-Menüs 55
   2.11 Die Komponenten der Seite Dialoge 58
   2.12 Der Aufruf von eigenen Formularen und modale Fenster ⊕ 61
   2.13 Die Komponenten der Seite „Zusätzlich" ⊕ 66
   2.14 Einige Komponenten der Seiten Win32 und Win 3.1 72
      2.14.1 Mehrseitige Dialoge ⊕ 73
      2.14.2 ImageList und ListView ⊕ 74

⊕ Siehe den Hinweis auf Seite xx

2.14.3 Komponenten zur Anzeige hierarchischer Datenstrukturen ⊕ 76
2.14.4 Komponenten zur Größenanpassung anderer Komponenten ⊕ 78
2.14.5 Formatierte Texte 79
2.14.6 Statusanzeigen ⊕ 80
2.14.7 Weitere Komponenten ⊕ 81
2.15 Einige Komponenten der Seite System ⊕ 84
2.16 ActiveX-Komponenten ⊕ 87
2.17 Vordefinierte DialogBoxen ⊕ 92

3 Elementare Datentypen und Anweisungen 95

3.1 Windows-Programme und Units 95
3.2 Syntaxregeln 97
3.3 Variablen und Bezeichner 100
3.4 Ganzzahldatentypen 103
  3.4.1 Die interne Darstellung von Ganzzahlwerten 106
  3.4.2 Der Datentyp von Ganzzahlliteralen 109
  3.4.3 Zuweisungen und Standardkonversionen bei Ganzzahlausdrücken .. 111
  3.4.4 Operatoren und die „üblichen arithmetischen Konversionen" 114
  3.4.5 Der Datentyp *bool* 120
  3.4.6 Die *char*-Datentypen und der ASCII- und ANSI-Zeichensatz 125
  3.4.7 Der Datentyp __*int64* 132
3.5 Kontrollstrukturen und Funktionen 132
  3.5.1 Die *if*- und die Verbundanweisung 133
  3.5.2 Wiederholungsanweisungen 134
  3.5.3 Funktionen und der Datentyp *void* 135
3.6 Der integrierte Debugger 140
3.7 Gleitkommadatentypen 146
  3.7.1 Die interne Darstellung von Gleitkommawerten 147
  3.7.2 Der Datentyp von Gleitkommaliteralen 150
  3.7.3 Implizite Konversionen 151
  3.7.4 Mathematische Funktionen 157
3.8 Syntaxregeln für einfache Deklarationen 162
3.9 Zeiger, Strings und dynamisch erzeugte Variablen 164
  3.9.1 Die Definition von Zeigern 165
  3.9.2 Der Adressoperator, Zuweisungen und generische Zeiger 167
  3.9.3 Dynamisch erzeugte Variablen: *new* und *delete* 171
  3.9.4 Zeiger als Parameter und die Zeigertypen der Windows-API 175
  3.9.5 Zeigerarithmetik 177
  3.9.6 Nullterminierte Strings und Zeiger auf *char* 178
  3.9.7 Zeiger auf Zeiger auf Zeiger auf 184
  3.9.8 Referenztypen und Referenzparameter 185
3.10 Konstanten 189
3.11 Deklarationen mit *typedef* und *typeid*-Ausdrücke 193
3.12 Aufzählungstypen 195

⊕ Siehe den Hinweis auf Seite xx

3.13 Kommentare und interne Programmdokumentation 200
3.14 Präprozessoranweisungen 204
    3.14.1 Die *include*-Anweisung 204
    3.14.2 Makros ⊕ 206
    3.14.3 Bedingte Kompilation ⊕ 209
    3.14.4 Pragmas ⊕ 214

4 Strukturierte Datentypen und vordefinierte Klassen 217

4.1 Die Stringklassen *AnsiString* und *string* 217
    4.1.1 Die Verwendung von Elementfunktionen vordefinierter Klassen 219
    4.1.2 Gemeinsamkeiten und Unterschiede der Stringklassen 221
    4.1.3 Funktionen für die Klasse *AnsiString* 225
    4.1.4 Einige Elementfunktionen der Klasse *string* 230
4.2 Arrays und Container 235
    4.2.1 Eindimensionale Arrays 235
    4.2.2 Arrays als Container 245
    4.2.3 Mehrdimensionale Arrays 252
    4.2.4 Arrays, Zeiger und Zeigerarithmetik 256
    4.2.5 Arrays als Funktionsparameter 259
    4.2.6 Dynamisch erzeugte Arrays 263
    4.2.7 Array-Eigenschaften der VCL 267
4.3 Sequenzielle Container der Standardbibliothek 268
    4.3.1 Die Container-Klasse *vector* 269
    4.3.2 Algorithmen der Standardbibliothek 275
    4.3.3 Die Container-Klassen *list* und *deque* 277
    4.3.4 Die Container-Adapter *stack*, *queue* und *priority_queue* 281
    4.3.5 Container mit Zeigern 282
    4.3.6 Die Container-Klasse *bitset* ⊕ 283
4.4 Strukturen und Klassen 285
    4.4.1 Mit *struct* definierte Klassen 285
    4.4.2 Verkettete Listen 295
    4.4.3 „Memory leaks" und die Überwachung des Heap ⊕ 306
    4.4.4 Datenstrukturen mit generischen Zeigern ⊕ 308
    4.4.5 Mit *union* definierte Klassen ⊕ 309
    4.4.6 Die Datentypen *TVarRec* und *Variant* ⊕ 313
    4.4.7 Bitfelder ⊕ 315
4.5 Einige Klassen der VCL 316
    4.5.1 Ein wenig Grafik: *TCanvas*, *TImage* und *TPrinter* ⊕ 317
    4.5.2 Die Steuerung von MS-Office: Word-Dokumente erzeugen ⊕ 327
    4.5.3 Internet-Komponenten ⊕ 329

⊕ Siehe den Hinweis auf Seite xx

4.5.4 Visuell gestaltete Ausdrucke mit *QuickReport* ⊕ 334
4.5.5 Kaufmännische Rechnungen: Die Klassen *Currency* und *BCD* ⊕ ...337
4.5.6 Klassen und Funktionen zu Uhrzeit und Kalenderdatum ⊕ 339
4.5.7 Die Klasse *Set* ⊕ 343
4.6 Dateien..346
    4.6.1 Stream-Variablen, ihre Verbindung mit Dateien und ihr Zustand....346
    4.6.2 Fehler und der Zustand von Stream-Variablen 350
    4.6.3 Lesen und Schreiben von Binärdaten mit *read* und *write*................352
    4.6.4 Lesen und Schreiben von Daten mit den Operatoren << und >>......360
    4.6.5 Manipulatoren und Funktionen zur Formatierung von Texten.........369
    4.6.6 Textbildschirm-Anwendungen 372
    4.6.7 Stringstreams..373
    4.6.8 Dateibearbeitung im Direktzugriff ⊕ 375
    4.6.9 Sortieren, Mischen und Gruppenverarbeitung ⊕ 379
    4.6.10 C-Funktionen zur Dateibearbeitung ⊕ 386
4.7 Assoziative Container 389
    4.7.1 Die Container *set* und *multiset* 389
    4.7.2 Die Container *map* und *multimap*..391
    4.7.3 Iteratoren der assoziativen Container 392
4.8 Die numerischen Klassen der Standardbibliothek 396
    4.8.1 Komplexe Zahlen ⊕ 396
    4.8.2 Valarrays und Slices ⊕ 400

5 Anweisungen und Ausdrücke **407**
5.1 Die Ausdrucksanweisung...408
5.2 Ausdrücke 410
    5.2.1 Primäre Ausdrücke ⊕ 411
    5.2.2 Postfix-Ausdrücke ⊕ 414
    5.2.3 Unäre Ausdrücke ⊕ 416
    5.2.4 Typkonversionen in Typecast-Schreibweise ⊕ 419
    5.2.5 Zeiger auf Klassenelemente ⊕ 420
    5.2.6 Multiplikative Operatoren ⊕ 420
    5.2.7 Additive Operatoren ⊕ 420
    5.2.8 Shift-Operatoren ⊕ 421
    5.2.9 Vergleichsoperatoren ⊕ 422
    5.2.10 Gleichheitsoperatoren ⊕ 423
    5.2.11 Bitweise Operatoren ⊕ 423
    5.2.12 Logische Operatoren ⊕ 424
    5.2.13 Der Bedingungsoperator ⊕ 425
    5.2.14 Konstante Ausdrücke ⊕ 427
    5.2.15 Zuweisungsoperatoren..427
    5.2.16 Der Komma-Operator ⊕ 428
    5.2.17 L-Werte und R-Werte ⊕ 429

⊕ Siehe den Hinweis auf Seite xx

Inhalt

    5.2.18 Die Priorität und Assoziativität der Operatoren ⊕ 430
    5.2.19 Alternative Zeichenfolgen ⊕ 432
    5.2.20 Explizite Typkonversionen ⊕ 434
5.3 Ein wenig Programmierlogik: Symbolische Ausführung 441
5.4 Die Deklarationsanweisung 449
5.5 Die Verbundanweisung und die Blockstruktur von C++ 450
5.6 Lebensdauer und Speicherklassenspezifizierer 454
5.7 Auswahlanweisungen 457
    5.7.1 Die *if*-Anweisung 458
    5.7.2 Die *switch*-Anweisung 469
    5.7.3 Ein wenig Programmierlogik für Auswahlanweisungen 472
5.8 Wiederholungsanweisungen 480
    5.8.1 Die *while*-Anweisung 481
    5.8.2 Die *do*-Anweisung 482
    5.8.3 Die *for*-Anweisung 483
    5.8.4 Endlosschleifen, Abbruchbedingungen und Windows 487
    5.8.5 Ein wenig Programmierlogik für Schleifen 493
5.9 Die Sprunganweisungen *goto*, *break* und *continue*........................499
5.10 Exception-Handling 504
    5.10.1 Die *try*-Anweisung 505
    5.10.2 Exception-Handler und Exceptions der Standardbibliothek 509
    5.10.3 Vordefinierte Exceptions der VCL 513
    5.10.4 Der Programmablauf bei Exceptions 516
    5.10.5 Das vordefinierte Exception-Handling der VCL 518
    5.10.6 *throw*-Ausdrücke und selbst definierte Exceptions....................519
    5.10.7 Fehler, Exceptions und die Korrektheit von Programmen.............526
    5.10.8 Die Freigabe von Ressourcen bei Exceptions 529
    5.10.9 Exceptions in <math.h> und die Funktion *_matherr* ⊕ 536
    5.10.10 Die Klasse *auto_ptr* ⊕ 537
    5.10.11 Exception-Spezifikationen...539
    5.10.12 Die Funktion *terminate* ⊕ 540
    5.10.13 Das Win32-Exception-Handling mit *try-__except* ⊕ 541

6 Funktionen 543

6.1 Die Definition und der Aufruf von Funktionen 544
6.2 Die Verwaltung von Funktionsaufrufen über den Stack........................548
6.3 Funktionen mit Parametern 550
    6.3.1 Werteparameter 552
    6.3.2 „Call by reference" mit Referenzparametern 554
    6.3.3 Zeiger als Parameter 557
    6.3.4 Konstante Parameter..559
    6.3.5 Seiteneffekte und die Reihenfolge von Auswertungen 562
    6.3.6 Default-Argumente 566
    6.3.7 Der Datentyp einer Funktion..568

⊕ Siehe den Hinweis auf Seite xx

6.3.8 Zeiger auf Funktionen 570
6.3.9 Unspezifizierte Anzahl von Argumenten ⊕ 579
6.3.10 Die Funktionen *main* bzw. *WinMain* und ihre Parameter 580
6.3.11 Der Aufruf von Funktionen aus Delphi im C++Builder ⊕ 582
6.3.12 Traditionelle K&R-Funktionsdefinitionen ⊕ 584
6.3.13 Aufrufkonventionen ⊕ 585
6.4 Schrittweise Verfeinerung als Entwurfstechnik 585
6.5 Etwas Programmierlogik und -stil für Funktionen 589
6.6 Rekursion 595
   6.6.1 Quicksort 600
   6.6.2 Ein rekursiv absteigender Parser 605
   6.6.3 Rekursiv definierte Kurven ⊕ 608
   6.6.4 Indirekte Rekursion ⊕ 610
   6.6.5 Rekursive Datenstrukturen und binäre Suchbäume 614
   6.6.6 Rekursive Datenstrukturen in der Standardbibliothek von C++ 619
6.7 Inline-Funktionen 622
6.8 Überladene Funktionen 624
6.9 Überladene Operatoren mit globalen Operatorfunktionen 633
   6.9.1 Globale Operatorfunktionen 634
   6.9.2 Die Inkrement- und Dekrementoperatoren 636
   6.9.3 Referenzen als Funktionswerte 636
   6.9.4 Die Ein- und Ausgabe von selbst definierten Datentypen 639

7 Modulare Programmierung und Namensbereiche **643**

7.1 Separate Kompilation und statische Bibliotheken 644
   7.1.1 Projekte im C++Builder ⊕ 644
   7.1.2 Bindung ⊕ 645
   7.1.3 Deklarationen und Definitionen ⊕ 647
   7.1.4 Die „One Definition Rule" ⊕ 649
   7.1.5 Header-Dateien und Bibliotheken ⊕ 651
   7.1.6 Der Aufruf von in C geschriebenen Funktionen ⊕ 653
7.2 Dynamic Link Libraries (DLLs) 657
   7.2.1 DLLs erzeugen ⊕ 657
   7.2.2 Implizit geladene DLLs ⊕ 659
   7.2.3 Explizit geladene DLLs ⊕ 660
   7.2.4 Hilfsprogramme zur Identifizierung von Funktionen in DLLs ⊕ 662
   7.2.5 DLL-Funktionen mit visuell gestalteten Komponenten ⊕ 663
   7.2.6 Projektgruppen ⊕ 664
   7.2.7 Batch-Dateien ⊕ 666

⊕ Siehe den Hinweis auf Seite xx

7.3 Namensbereiche 667
   7.3.1 Die Definition von benannten Namensbereichen.........................669
   7.3.2 Die Verwendung von Namen aus Namensbereichen....................671
   7.3.3 Aliasnamen für Namensbereiche..675
   7.3.4 Unbenannte Namensbereiche 675
   7.3.5 Module und das Geheimnisprinzip...677

8 Objektorientierte Programmierung 681
8.1 Klassen..682
   8.1.1 Datenelemente und Elementfunktionen..682
   8.1.2 Der Gültigkeitsbereich von Klassenelementen.............................686
   8.1.3 Objekte und die Zugriffsrechte *private* und *public*..........................688
   8.1.4 Der Aufruf von Elementfunktionen und der *this*-Zeiger................694
   8.1.5 Konstruktoren und Destruktoren 696
   8.1.6 OO Analyse und Design: Der Entwurf von Klassen....................709
   8.1.7 Ein wenig Programmierlogik: Klasseninvarianten und Korrektheit.714
   8.1.8 UML-Diagramme für Klassen und Objekte 720
8.2 Klassen als Datentypen...722
   8.2.1 Der Standardkonstruktor...723
   8.2.2 Objekte als Klassenelemente und Elementinitialisierer................725
   8.2.3 *friend*-Funktionen und -Klassen 731
   8.2.4 Überladene Operatoren als Elementfunktionen............................735
   8.2.5 Der Copy-Konstruktor..743
   8.2.6 Der Zuweisungsoperator = für Klassen...751
   8.2.7 Benutzerdefinierte Konversionen 760
   8.2.8 Explizite Konstruktoren ⊕ 764
   8.2.9 Statische Klassenelemente 766
   8.2.10 Konstante Klassenelemente und Objekte 768
   8.2.11 Weitere Deklarationsmöglichkeiten in Klassen ⊕......................770
   8.2.12 Klassen und Header-Dateien 771
   8.2.13 Überladene Operatoren für *new* und *delete* ⊕.............................773
8.3 Vererbung 776
   8.3.1 Die Elemente von abgeleiteten Klassen 776
   8.3.2 Zugriffsrechte auf die Elemente von Basisklassen 779
   8.3.3 Die Bedeutung von Elementnamen in einer Klassenhierarchie....781
   8.3.4 *using*-Deklarationen in abgeleiteten Klassen ⊕ 783
   8.3.5 Konstruktoren, Destruktoren und implizit erzeugte Funktionen........784
   8.3.6 Vererbung bei Formularen im C++Builder...................................790
   8.3.7 OO Design: *public* Vererbung und „ist ein"-Beziehungen...............791
   8.3.8 OO Design: Komposition und „hat ein"-Beziehungen 797
   8.3.9 Konversionen zwischen *public* abgeleiteten Klassen 799
   8.3.10 *protected* und *private* abgeleitete Klassen ⊕..................................802
   8.3.11 Mehrfachvererbung und virtuelle Basisklassen..........................806

⊕ Siehe den Hinweis auf Seite xx

8.4 Virtuelle Funktionen, späte Bindung und Polymorphie 812
   8.4.1 Der statische und der dynamische Datentyp 813
   8.4.2 Virtuelle Funktionen...814
   8.4.3 Die interne Realisierung von virtuellen Funktionen: *vptr* und *vtbl*...825
   8.4.4 OO-Design: Der Einsatzbereich von virtuellen Funktionen 831
   8.4.5 Komposition und *private* Mehrfachvererbung ⊕ 832
   8.4.6 Virtuelle Konstruktoren und Destruktoren 833
   8.4.7 Virtuelle Funktionen in Konstruktoren und Destruktoren ⊕............836
   8.4.8 Virtuelle Funktionen und Erweiterbarkeit 837
   8.4.9 Rein virtuelle Funktionen und abstrakte Klassen..........................840
   8.4.10 OO-Design: Virtuelle Funktionen und abstrakte Basisklassen 843
   8.4.11 Protokollklassen und Programmgerüste......................................848
   8.4.12 Muster (Patterns) 850
   8.4.13 UML-Diagramme für Vererbung und Komposition 855
   8.4.14 Zeiger auf Klassenelemente ⊕..857
8.5 Laufzeit-Typinformationen 862
   8.5.1 Typinformationen mit dem Operator *typeid* ⊕..............................862
   8.5.2 Typkonversionen mit *dynamic_cast* ⊕ 866
   8.5.3 Anwendungen von Laufzeit-Typinformationen ⊕ 870
   8.5.4 *static_cast* mit Klassen ⊕ 873
   8.5.5 Laufzeit-Typinformationen für die Klassen der VCL ⊕................875

9 Die Bibliothek der visuellen Komponenten (VCL) 879

9.1 Besonderheiten der VCL...880
9.2 Visuelle Programmierung und Properties (Eigenschaften) 884
   9.2.1 Lesen und Schreiben von Eigenschaften....................................884
   9.2.2 Array-Properties 887
   9.2.3 Indexangaben..889
   9.2.4 Speicherangaben...890
   9.2.5 Überschriebene Eigenschaften..891
9.3 Die Klassenhierarchie der VCL..891
9.4 Selbst definierte Komponenten und ihre Ereignisse 899
9.5 MDI-Programme 904
9.6 Klassenreferenztypen und virtuelle Konstruktoren 907
9.7 Botschaften (Messages)...912
   9.7.1 Die Message Queue und die Window-Prozedur 912
   9.7.2 Botschaften für eine Anwendung 914
   9.7.3 Die Behandlung von Botschaften in der VCL.............................915
   9.7.4 Selbst definierte Message-Handler für Windows-Steuerelemente.....921
   9.7.5 Botschaften versenden...923
9.8 Die Erweiterung der Komponentenpalette...927

⊕ Siehe den Hinweis auf Seite xx

10 Templates und die STL 935

10.1 Generische Funktionen: Funktions-Templates 936
10.1.1 Die Deklaration von Funktions-Templates mit Typ-Parametern 937
10.1.2 Spezialisierungen von Funktions-Templates 939
10.1.3 Funktions-Templates mit Nicht-Typ-Parametern ⊕ 944
10.1.4 Explizit instanziierte Funktions-Templates ⊕ 946
10.1.5 Explizit spezialisierte und überladene Templates 946
10.1.6 Rekursive Funktions-Templates 950

10.2 Generische Klassen: Klassen-Templates 953
10.2.1 Die Deklaration von Klassen-Templates mit Typ-Parametern 953
10.2.2 Spezialisierungen von Klassen-Templates 954
10.2.3 Templates mit Nicht-Typ-Parametern ⊕ 962
10.2.4 Explizit instanziierte Klassen-Templates ⊕ 963
10.2.5 Partielle und vollständige Spezialisierungen ⊕ 964
10.2.6 Elemente und *friend*-Funktionen von Klassen-Templates ⊕ 970
10.2.7 Ableitungen von Templates ⊕ 974
10.2.8 Exportierte Templates 975
10.2.9 UML-Diagramme für parametrisierte Klassen ⊕ 976

10.3 Funktionsobjekte in der STL 980
10.3.1 Der Aufrufoperator () 980
10.3.2 Prädikate und arithmetische Funktionsobjekte 982
10.3.3 Binder, Funktionsadapter und Negatoren 986

10.4 Iteratoren und die STL-Algorithmen 992
10.4.1 Die verschiedenen Arten von Iteratoren 993
10.4.2 Umkehriteratoren 995
10.4.3 Einfügefunktionen und Einfügeiteratoren 996
10.4.4 Stream-Iteratoren 998
10.4.5 Container-Konstruktoren mit Iteratoren 999
10.4.6 STL-Algorithmen für alle Elemente eines Containers 1000

10.5 Die Algorithmen der STL 1002
10.5.1 Lineares Suchen 1003
10.5.2 Zählen 1005
10.5.3 Der Vergleich von Bereichen 1005
10.5.4 Suche nach Teilfolgen 1007
10.5.5 Minimum und Maximum 1008
10.5.6 Elemente vertauschen 1010
10.5.7 Kopieren von Bereichen 1011
10.5.8 Elemente transformieren und ersetzen 1012
10.5.9 Elementen in einem Bereich Werte zuweisen 1014
10.5.10 Elemente entfernen 1014
10.5.11 Die Reihenfolge von Elementen vertauschen 1016
10.5.12 Permutationen 1017
10.5.13 Partitionen 1018
10.5.14 Bereiche sortieren 1019
10.5.15 Binäres Suchen in sortierten Bereichen 1021

⊕ Siehe den Hinweis auf Seite xx

10.5.16 Mischen von sortierten Bereichen 1022
  10.5.17 Mengenoperationen auf sortierten Bereichen 1023
  10.5.18 Heap-Operationen 1024
  10.5.19 Verallgemeinerte numerische Operationen 1025

11 Verschiedenes 1027

  11.1 3D-Grafik mit OpenGL 1028
     11.1.1 Initialisierungen 1028
     11.1.2 Grafische Grundelemente: Primitive 1031
     11.1.3 Modelltransformationen 1036
     11.1.4 Vordefinierte Körper 1039
     11.1.5 Lokale Transformationen 1041
     11.1.6 Beleuchtungseffekte 1044
     11.1.7 Texturen 1046
  11.2 Win32-Funktionen zur Dateibearbeitung 1051
     11.2.1 Elementare Funktionen 1051
     11.2.2 Der gleichzeitige Zugriff von mehreren Anwendern auf e. Datei . 1055
     11.2.3 Record-Locking 1056
     11.2.4 VCL-Funktionen zur Dateibearbeitung und *TFileStream* 1057
  11.3 Datenübertragung über die serielle Schnittstelle 1059
     11.3.1 Grundbegriffe 1060
     11.3.2 Standards für die serielle Schnittstelle: RS-232C bzw. V.24 1061
     11.3.3 Win32-Funktionen zur seriellen Kommunikation 1063
  11.4 Datenbank-Komponenten der VCL 1067
     11.4.1 Tabellen und die Komponente *TTable* 1067
     11.4.2 Die Anzeige von Tabellen mit der Komponente *DBGrid* 1072
     11.4.3 Indizierte Tabellen 1075
     11.4.4 Datenbanken mit mehreren Tabellen 1078
     11.4.5 SQL-Abfragen 1080
     11.4.6 Transaktionen und Cached Updates 1082
     11.4.7 Die BDE am Beispiel von ODBC und MS Access Datenbanken .. 1084
     11.4.8 Visuell gestaltete Datenbank-Ausdrucke mit *QuickReport* 1086

Literaturverzeichnis 1091

Verschiedenes 1095

⊕ Angesichts des Umfangs dieses Buches habe ich einige Abschnitte mit dem Zeichen ⊕ in der Überschrift als „weniger wichtig" gekennzeichnet. Damit wollte ich dem Anfänger nur eine kleine Orientierung durch die Fülle des Stoffes geben. Eine solche Kennzeichnung soll aber überhaupt nicht bedeuten, dass dieser Teil unwichtig ist. Es kann sogar gut sein, dass gerade Sie diese Inhalte laufend benötigen.

1 Die Entwicklungsumgebung

Der C++Builder besteht aus einer größeren Anzahl von Werkzeugen (Tools), mit denen Windows-Programme entwickelt werden können. Eine solche Zusammenstellung von Werkzeugen zur Programmentwicklung bezeichnet man auch als Programmier- oder **Entwicklungsumgebung**.

Einfache Entwicklungsumgebungen bestehen nur aus einem Editor, von dem aus ein integrierter Compiler aufgerufen werden kann. Mit der zunehmenden Komplexität der Software und des damit verbundenen Entwicklungsaufwands wurden aber immer mehr Tools notwendig. Wenn diese Tools wie im C++Builder unter einer einheitlichen Benutzeroberfläche integriert sind, spricht man auch von einer **integrierten Entwicklungsumgebung**.

In diesem Kapitel werden die wichtigsten Werkzeuge der Entwicklungsumgebung des C++Builders vorgestellt. Weitere werden später beschrieben, wenn sie dann auch eingesetzt werden können.

1.1 Visuelle Programmierung: Ein erstes kleines Programm

Nach dem Start des C++Builders wird ein Teil der Tools angezeigt:

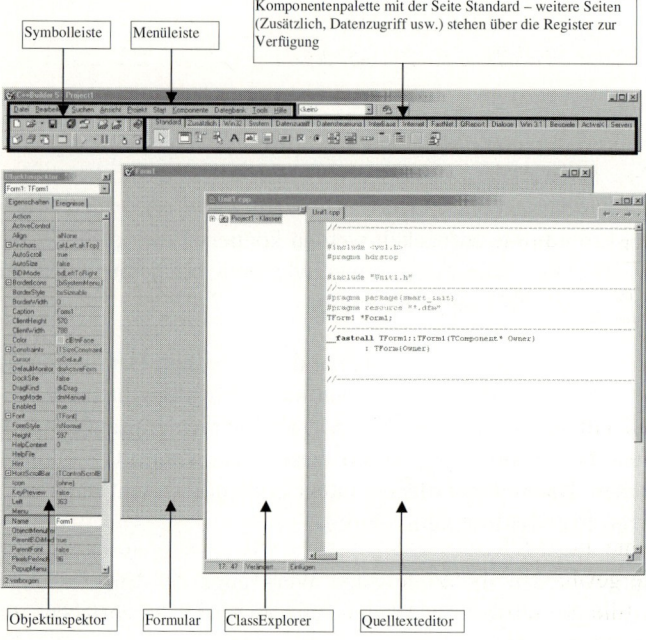

In dieser Abbildung wurde der Quelltexteditor, der nach dem Start zunächst unter dem Formular liegt, nach rechts verschoben.

Das **Formular** ist der Ausgangspunkt für alle Anwendungen, die mit dem C++-Builder entwickelt werden. Es entspricht dem Fenster, das beim Start des Programms unter Windows angezeigt wird:

Die **Komponentenpalette** enthält viele der unter Windows üblichen **Steuerelemente (Dialogelemente, Controls)**. Diese sind auf verschiedene Seiten verteilt

1.1 Visuelle Programmierung: Ein erstes kleines Programm

und können über die Register (*Standard*, *Zusätzlich* usw.) angewählt werden. Ein Teil dieser Komponenten (wie z.B. Buttons, ListBoxen, ComboBoxen von der Seite *Standard*) entspricht Steuerelementen, die im laufenden Programm angezeigt werden. Andere, wie der *Timer* von der Seite *System*, sind im laufenden Programm nicht sichtbar.

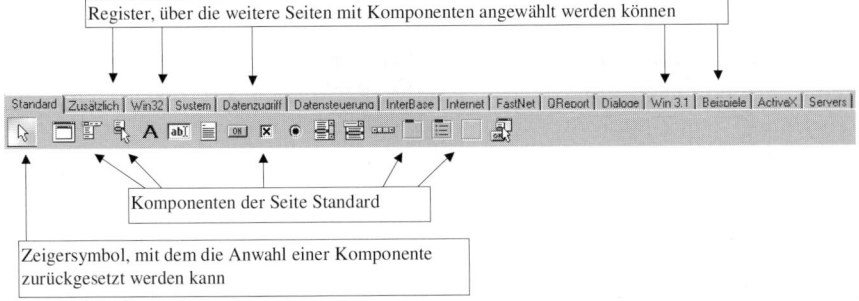

Falls Ihnen die kleinen Icons nicht allzu viel sagen, lassen Sie einfach den Mauszeiger kurz auf einer Komponente stehen: Dann erscheint ein kleines gelbes Hinweisfenster, das den Namen der Komponente anzeigt.

Eine Komponente aus der Komponentenpalette wird dem Formular hinzugefügt, indem man die gewünschte Komponente zunächst mit einem einfachen Mausklick markiert (die Schaltfläche wird dann als gedrückt dargestellt). Anschließend zeigt man mit dem Mauszeiger auf die Stelle im Formular, an die die linke obere Ecke der Komponente kommen soll, und setzt die Komponente durch einen einfachen Mausklick auf das Formular.

Beispiel: Nachdem man ein Label (die dritte Komponente von links mit dem großen *A*), ein Edit-Fenster (die vierte Komponente von links mit der Aufschrift *ab*) und einen Button (die sechste von links mit der Aufschrift *OK*) auf das Formular gesetzt hat, sieht es etwa folgendermaßen aus:

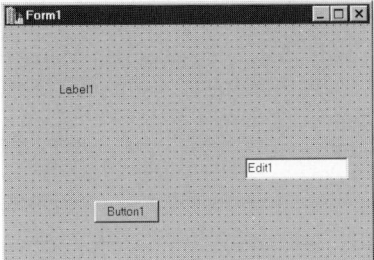

Diese Art der Programmierung bezeichnet man auch als **visuelle Programmierung**. Während man bei der konventionellen Programmierung ein Programm ausschließlich durch das Schreiben von Anweisungen (Text) in einer Programmiersprache entwickelt, wird es bei der visuellen Programmierung ganz oder teilweise aus vorgefertigten grafischen Komponenten zusammengesetzt. Damit sieht man bereits beim Entwurf des Programms, wie es später zur Laufzeit aussehen wird.

Mit dem C++Builder kann die Benutzeroberfläche eines Programms visuell gestaltet werden. Die Anweisungen, die als Reaktionen auf Benutzereingaben (Mausklicks usw.) erfolgen sollen, werden dagegen konventionell in der Programmiersprache **C++** geschrieben.

Durch diese Spielereien haben Sie **schon ein richtiges Windows-Programm** erstellt – zwar kein besonders nützliches, aber immerhin. Sie können dieses Programm folgendermaßen starten:

- mit *Start|Start* von der Menüleiste,
- mit *F9* von einem beliebigen Fenster im C++Builder oder
- durch den Aufruf der vom Compiler erzeugten Exe-Datei.

Dieses Programm hat schon viele Eigenschaften, die man von einem Windows-Programm erwartet: Man kann es mit der Maus verschieben, vergrößern, verkleinern und schließen.

Bemerkenswert an diesem Programm ist vor allem der **geringe Aufwand**, mit dem es erstellt wurde. Im Vergleich zu einem nichtvisuellen Entwicklungssystem stellt man eine beträchtliche Arbeitserleichterung fest. So braucht Petzold in seinem Klassiker „Programmierung unter Windows" (Petzold 1992, S. 33) ca. 80 Zeilen für ein einfaches C-Programm, das (wie in einem Label) den Text „Hello Windows" in ein Fenster schreibt. Und in jeder dieser 80 Zeilen kann man einiges falsch machen.

Die zuletzt auf ein Formular gesetzte Komponente ist dann immer so lange die **aktuell ausgewählte Komponente**, bis eine andere ausgewählt wird. Man erkennt sie im Formular an den 8 kleinen schwarzen Quadraten an ihrem Rand, den so genannten **Ziehquadraten**. Setzt man den Mauszeiger auf eines der Ziehquadrate und drückt die linke Maustaste, kann man die Größe der Komponente durch Ziehen mit der Maus verändern.

1.1 Visuelle Programmierung: Ein erstes kleines Programm

Der **Objektinspektor** zeigt immer die Eigenschaften der aktuell ausgewählte Komponente an. In der linken Spalte stehen die Namen und in der rechten die **Werte** der Eigenschaften.

Den Wert einer Eigenschaft kann man nach dem Anklicken der jeweiligen Zeile verändern, indem man einen neuen Wert einträgt. Ersetzt man z.B. den Wert „Button1" für *Caption* (Überschrift) durch „OK", wird die Aufschrift auf dem Button im Formular verändert.

Mit der Taste F1 erhält man eine Beschreibung der Eigenschaft.

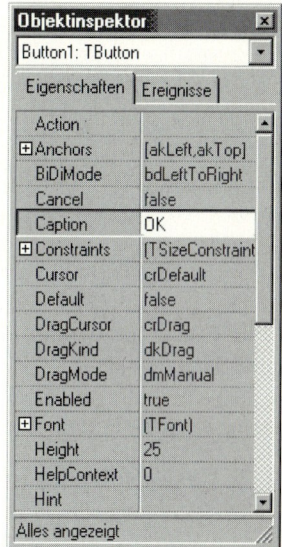

Genauso, wie der Wert einer Komponente im Formular an die aktuellen Werte im Objektinspektor angepasst wird, werden die Werte im Objektinspektor an die aktuellen Werte einer Komponente im Formular angepasst: Wenn man die Größe einer Komponente durch Ziehen an den Ziehquadraten verändert, werden die entsprechende Werte (*Left*, *Top*, *Height* oder *Width*) im Objektinspektor automatisch aktualisiert.

Wenn man mit der Maus eine freie Stelle im Formular anklickt, wird das **Formular** die **aktuell ausgewählte Komponente**. Man kann dann die Eigenschaften des Formulars im Objektinspektor verändern. Für ein Formular bezeichnet *Caption* die Fensterüberschrift, und wenn man hier „mein erstes C++-Programm" einträgt, wird die Titelzeile des Formulars entsprechend angepasst. Oder man kann die Farbe des Formulars verändern, indem man *Color* anklickt und im Pulldown-Menü *clYellow* für ein wunderschönes Gelb auswählt.

Im Unterschied zu einem Button ist ein Formular nicht durch Ziehquadrate als aktuell ausgewählte Komponente gekennzeichnet. Es wird aber wie jede andere ausgewählte Komponente im **Objektselektor** des Objektinspektors angezeigt:

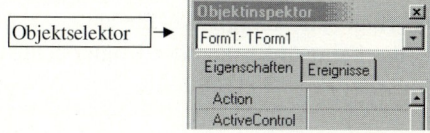

Klickt man im Objektselektor rechts das kleine, nach unten zeigende Dreieck an, erhält man ein Pulldown-Menü:

Wählt man aus diesem Pulldown-Menü eine Komponente aus, ist sie dann die aktuell ausgewählte.

1.2 Erste Schritte in C++

Wie bereits erwähnt wurde, ist das im letzten Abschnitt entwickelte Programm nicht besonders nützlich: Es stellt lediglich einige Steuerelemente dar und hat vom C++Builder einige allgemeine Eigenschaften erhalten, die für Windows-Programme typisch sind. Die auf das Formular platzierten Komponenten reagieren jedoch auf keine Benutzereingabe. Zwar kann man den Button anklicken, der dann auch gedrückt dargestellt wird, aber es erfolgt keine Reaktion darauf – welche sollte auch erfolgen?

Windows-Programme reagieren auf Benutzereingaben in Form von Mausklicks oder Tastatureingaben. Im Gegensatz zu einfachen DOS-Programmen ist es aber nicht notwendig und auch nicht möglich, Benutzereingaben in speziellen Anweisungen (wie *Readln* in Pascal oder *scanf* in C) direkt entgegenzunehmen. Stattdessen werden alle Eingaben von Windows zentral entgegengenommen und als so genannte Botschaften (Messages, Meldungen) an das entsprechende Programm weitergegeben. Diese Botschaften lösen dann in dem Programm, für das sie bestimmt sind, ein so genanntes **Ereignis** aus.

Die Ereignisse, auf die eine Komponente des C++Builders reagieren kann, zeigt der Objektinspektor für die jeweils aktuelle Komponente an, wenn man das **Register Ereignisse** anklickt.

Die folgende Abbildung zeigt die Ereignisse für einen *Button*. Dabei steht *OnClick* für das Ereignis, das beim Anklicken der Komponente eintritt:

1.2 Erste Schritte in C++

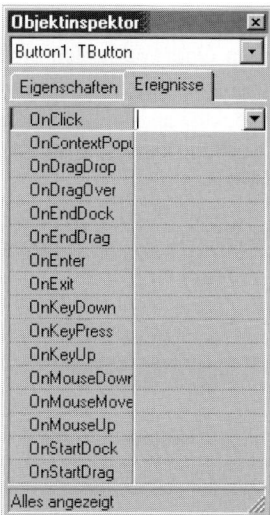

Mit einem Doppelklick auf die rechte Spalte eines Ereignisses kann man den **Quelltexteditor** aufrufen. Dabei erzeugt der C++Builder automatisch den Rahmen für eine Funktion, die auf das angewählte Ereignis reagiert. So erhält man nach einem Doppelklick auf das Ereignis *OnClick* der Komponente *Button1*:

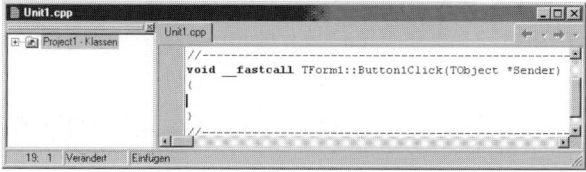

Der hier dargestellte Programmtext von „*void*" bis „*}*" wurde vom C++Builder automatisch erzeugt. Zwischen den geschweiften Klammern „{" und „}" kann man jetzt in der Programmiersprache C++ die Anweisungen schreiben, die das Programm ausführen soll, wenn das Ereignis *OnClick* eintritt.

Da *OnClick* eines der am häufigsten benutzten Ereignisse bei einem Button ist, erhält man dieses Programmfragment auch durch einen Doppelklick auf einen Button im Formular.

Welche Anweisungen möglich sind und wie diese aufgebaut werden müssen, ist der Hauptgegenstand dieses Buches und wird ab dem übernächsten Kapitel ausführlich beschrieben. Im Rahmen dieses einführenden Kapitels sollen nur einige wenige Anweisungen vorgestellt werden und diese auch nur so weit, wie das zum Grundverständnis des C++Builders notwendig ist. Falls Ihnen Begriffe wie „Variablen" usw. neu sind, lesen Sie trotzdem weiter – aus dem Zusammenhang erhalten Sie sicherlich eine intuitive Vorstellung, die zunächst ausreicht. Später werden diese Begriffe dann genauer erklärt.

Eine beim Programmieren häufig verwendete Anweisung ist die **Zuweisung** (mit dem Operator „="), mit der man einer Variablen einen Wert zuweisen kann. Als Variablen sollen zunächst nur solche Eigenschaften von Komponenten verwendet werden, die auch im Objektinspektor angezeigt werden. Diesen Variablen können dann die Werte zugewiesen werden, die auch im Objektinspektor in der rechten Spalte der Eigenschaften vorgesehen sind.

In der folgenden Abbildung sieht man einige zulässige Werte für die Eigenschaft *Color*. Sie werden nach dem Anklicken des kleinen Dreiecks (rechts vom aktuellen Wert) angezeigt.

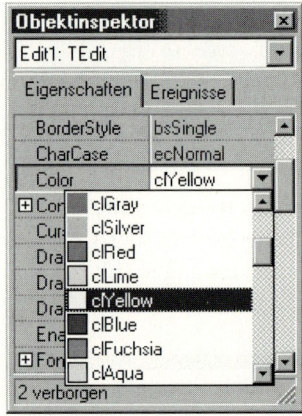

Schreibt man jetzt zwischen die geschweiften Klammern die Anweisung

```
Edit1->Color = clYellow;
```

wird dadurch festgelegt, dass beim Anklicken von *Button1* während der Ausführung des Programms die Eigenschaft *Edit->Color* den Wert *clYellow* erhält, der für die Farbe Gelb steht:

```
void __fastcall TForm1::Button1Click(TObject *Sender)
{
Edit1->Color = clYellow;
}
```

Wenn Sie das Programm jetzt mit *F9* starten und dann *Button1* anklicken, erhält das Textfeld im Edit-Fenster tatsächlich die Farbe Gelb.

Auch wenn dieses Programm noch nicht viel sinnvoller ist als das erste, haben Sie doch gesehen, wie mit dem C++Builder Programme entwickelt werden. Dieser **Entwicklungsprozess** besteht immer aus den folgenden Aktivitäten, die in beliebiger Reihenfolge ausgeführt werden können:

1. Man wählt eine Komponente aus der Komponentenpalette aus und fügt diese einem Formular hinzu.
2. Man setzt die Werte von Eigenschaften im Objektinspektor bzw. ändert das Layout eines Formulars mit der Maus.
3. Man schreibt in C++ die Anweisungen, die als Reaktion auf Benutzereingaben erfolgen sollen.
4. Man startet das Programm und testet, ob es sich auch wirklich so verhält, wie es sich verhalten soll.

Die Aktivitäten unter 1. und 2. werden auch als **visuelle Programmierung** bezeichnet und betreffen vor allem die Gestaltung der Benutzeroberfläche. Hier werden die im Objektinspektor angezeigten Eigenschaften von Komponenten angepasst, ohne dass Anweisungen in einer Programmiersprache geschrieben werden müssen. Die Aktivitäten unter 3. sind dagegen konventionelle **(nichtvisuelle) Programmierung**, da Anweisungen in einer Programmiersprache geschrieben werden.

Der gesamte Zeitraum der Programmentwicklung (Aktivitäten 1.–3.) wird auch als **Entwurfszeit** bezeichnet. Im Gegensatz dazu bezeichnet man die Zeit, während der ein Programm läuft (vom Start bis zum Ende), als **Laufzeit** eines Programms.

Diese Unterscheidung ist nicht ganz so belanglos, wie sie sich zunächst vielleicht anhören mag. So stehen für die meisten Komponenten während der Entwurfszeit im Objektinspektor nicht alle die Eigenschaften zur Verfügung, die auch während der Laufzeit zur Verfügung stehen. Auf die Eigenschaften, die nur während der Laufzeit eines Programms verfügbar sind, kann man nur über Anweisungen in C++ zugreifen. Aus diesem Grund wird zwischen „Eigenschaften zur Entwurfszeit" und „Eigenschaften zur Laufzeit" unterschieden.

1.3 Der Quelltexteditor

Der Quelltexteditor (kurz: Editor) ist das Werkzeug, mit dem die Quelltexte geschrieben werden. Er ist in die Entwicklungsumgebung des C++Builders integriert und kann von verschiedenen Stellen aus aufgerufen werden, z.B. durch einen Doppelklick auf

– das Register des Fensters einer Unit. Die bisherige Position des Cursors wird dabei nicht verändert. Er befindet sich an derselben Stelle wie beim letzten Aufruf des Editors.
– die rechte Spalte eines Ereignisses auf der Seite Ereignisse des Objektinspektors. Der Cursor befindet sich dann in der Routine, die zu dem angeklickten Ereignis gehört.

– eine Komponente in einem Formular. Der Cursor befindet sich dann in einer Funktion, die zu einem bestimmten Ereignis für diese Komponente gehört.

Der Editor kann außerdem von der Menüleiste aus über *Ansicht|Units* aufgerufen werden. Mit *F12* kann man zwischen einem Formular und der zugehörigen Unit wechseln.

Da ein Doppelklick auf eine Komponente im Formular oder das entsprechende Ereignis im Objektinspektor den Editor an der zum Ereignis gehörigen Stelle öffnet, muss man den Quelltext für eine bestimmte Ereignisbehandlungsroutine nicht mühsam im Quelltexteditor suchen.

Der Editor enthält über Tastenkombinationen zahlreiche Funktionen, mit denen sich nahezu alle Aufgaben effektiv durchführen lassen, die beim Schreiben von Programmen auftreten. Unter *Tools|Umgebungsoptionen* kann die Tastaturbelegung auf die von einigen verbreiteten Editoren vordefiniert und individuell angepasst werden. Im Folgenden sind nur einige der wichtigsten Tastenkombinationen für die nach der Installation eingerichtete „Vorgabe-Tastaturbelegung" (auch als „Standard-Tastaturvorlage" bezeichnet) zusammengestellt:

Tastenkürzel	Aktion oder Befehl
F1 bzw. *Strg+F1*	wie *Hilfe|Inhalt*, oder falls der Cursor über einem Wort steht, kontextsensitiv
F3	wie *Suchen|Suche wiederholen*
Strg+F	wie *Suchen|Suchen*
Strg+R	wie *Suchen|Ersetzen*
Strg+P	interpretiert das nächste eingegebene Zeichen als Steuerzeichen, z.B. das Zeichen „C" als *Strg+C*. Damit können Steuerzeichen in den Quelltext geschrieben werden.
Strg+S	wie *Datei|Datei speichern*
Strg+T	löscht das Wort ab der Cursorposition
Strg+Y	löscht die gesamte Zeile
Strg+Rücktaste	löscht das Wort rechts vom Cursor
Strg+Entf	löscht einen aktuellen Block
Strg+Umschalt+Y	löscht die Zeile ab dem Cursor bis zum Ende
Alt+Rücktaste oder *Strg+Z*	wie *Bearbeiten|Rückgängig*. Damit können Editor-Aktionen rückgängig gemacht werden
Alt+Umschalt+Rücktaste oder *Strg+Umschalt+Z*	wie *Bearbeiten|Widerrufen*
Strg+Umschalt+I bzw. *Strg+Umschalt+U*	rückt den als Block markierten Text eine Spalte nach links bzw. rechts (zum Aus- und Einrücken von {}-Blöcken)

1.3 Der Quelltexteditor

Tastenkürzel	Aktion oder Befehl
Alt+[bzw. *Alt+]*	sucht das passende Begrenzungszeichen (z.B. Klammern) vorwärts bzw. rückwärts
Pos1 bzw. *Ende*	Cursor springt an den Anfang bzw. das Ende der Zeile
Strg+Pos1 bzw. *Strg+Ende*	Cursor springt an den Anfang bzw. das Ende der Datei
Strg+← bzw. *Strg+→*	versetzt den Cursor um ein Wort nach links bzw. rechts
Strg+Tab	versetzt den Cursor auf die nächste Seite
Strg+Umschalt+Tab	versetzt den Cursor auf die vorhergehende Seite
Strg+Bild↑ bzw. *Strg+Bild↓*	verschiebt den Cursor an den oberen bzw. unteren Bildschirmrand
Strg+↑ bzw. *Strg+↓*	verschiebt den Text um eine Zeile nach oben bzw. unten
Strg+Eingabetaste	öffnet eine Datei mit dem Dateinamen, der dem Wort unter dem Cursor entspricht
Alt+Shift+← *Alt+Shift+→* *Alt+Shift+↑* *Alt+Shift+↓*	zum Markieren von Spalten
Einfg	schaltet zwischen Einfügen und Überschreiben um
F11	wie *Ansicht|Objektinspektor*
F12	wie *Ansicht|Umschalten* Formular/Unit
Alt+F10	zeigt ein lokales Menü an
Alt+0	wie *Ansicht|Fensterliste*
Strg+F12	wie *Ansicht|Units*
Umschalt+F12	wie *Ansicht|Formulare*
Strg+Umschalt+R	zeichnet ein Tastaturmakro auf
Strg+Umschalt+P	spielt ein Tastaturmakro ab

Dazu kommen noch die üblichen **Tastenkombinationen unter Windows,** wie Markieren eines Textteils mit gedrückter Shift-Taste und gleichzeitigem Bewegen des Cursors bzw. mit der Maus bei gedrückter linker Maustaste. Ein so markierter Bereich kann dann mit *Strg+X* ausgeschnitten, *Strg+C* kopiert, *Strg+V* eingefügt und mit *Entf* gelöscht werden. Diese Operationen stehen auch in der Menüleiste unter *Bearbeiten* zur Verfügung.

Die Beachtung der folgenden Regel kann eine Menge Ärger ersparen: Eine vom **C++Builder automatisch erzeugte Funktion** sollte man **nicht manuell löschen. Der C++Builder entfernt eine solche Funktion beim nächsten Kompilieren automatisch, wenn zwischen den geschweiften Klammern kein Text steht.**

Beispielsweise erzeugen Anfänger manchmal versehentlich durch einen Doppelklick auf ein Edit-Fenster den folgenden Rahmen für eine Funktion:

```
void __fastcall TForm1::Edit1Change(TObject *Sender)
{

}
```

Diese Funktion wird zur Laufzeit des Programms bei jeder Änderung des Textes im Edit-Fenster aufgerufen. Da man aber auf solche Änderungen meist nicht reagieren will, kann man die Funktion durch den C++Builder wieder entfernen lassen, indem man nichts zwischen die geschweiften Klammern schreibt.

Es wird dringend davon abgeraten, sie **manuell** aus dem Quelltext zu **löschen**. Sonst erhält man nach dem Kompilieren vom Linker eine Fehlermeldung der Art

```
LinkerFehler Unresolved external 'TForm1::Edit1Change(...
```

Falls ein solcher Fehler trotzdem einmal auftritt, macht ein Anfänger am einfachsten alle bisherigen Eingaben mit *Alt+Rücktaste* wieder rückgängig, bis die Funktion wieder angezeigt wird, oder er fängt das gesamte Projekt nochmals neu an. Falls der damit verbundene Aufwand zu groß ist, kann man auch in der Header-Datei zur Unit (die man mit *Strg+F6* im Editor erhält) die folgende Zeile durch die beiden Zeichen „//" auskommentieren:

```
// void __fastcall Edit1Change(TObject *Sender);
```

Ansonsten wird ein Anfänger aber vor jeder Veränderung dieser Datei gewarnt.

Aufgabe:

Schreiben Sie einen kleinen Text im Editor und probieren Sie die Tastenkombinationen aus. Insbesondere sollten Sie zumindest einmal gesehen haben, wie man mit *Alt-Rücktaste* Änderungen rückgängig machen kann, mit *Alt-Umschalt-Rücktaste* rückgängig gemachte Änderungen wiederherstellen kann und mit *Strg+Umschalt+I* bzw. *-+U* markierte Blöcke ein- und ausrücken kann.

1.4 Projekte, Projektdateien und Projektoptionen

Nachdem man ein **Programm** oder Teile davon geschrieben hat, wird man es meist auf der Festplatte **speichern** wollen. Dafür bietet die Menüleiste vor allem die Option *Datei\Alles speichern* und die Symbolleiste das Symbol

1.4 Projekte, Projektdateien und Projektoptionen

an. Damit werden alle Dateien gespeichert, die für den C++Builder zu einem Projekt gehören. Falls dieses Symbol oder die entsprechende Menüoption nicht aktiviert ist, wurden die Dateien seit dem letzten Speichern nicht verändert.

Beim erstmaligen Speichern fragt der C++Builder zuerst nach einem Namen für alle zum Projekt gehörenden Units und dann nach einem Namen für das Projekt.

Der für das **Projekt** angegebene Name wird für die Exe-Datei verwendet, die durch das Projekt erzeugt wird. Außerdem werden Dateien mit dem Projektnamen und den folgenden Namensendungen erzeugt:

.CPP   Diese Datei ist das so genannte Hauptprogramm und enthält den Quelltext für den Aufruf der Funktion *WinMain*. Sie wird vom C++Builder automatisch angelegt und verwaltet und sollte normalerweise nicht manuell verändert werden.

.BPR   Die so genannte Projekt-Datei.

.OBJ   Eine so genannte Object-Datei.

.RES   Die so genannte Ressourcen-Datei.

Der für eine **Unit** angegebene Name wird für Dateien mit den folgenden Endungen verwendet:

.CPP   Der C++Builder erzeugt für jedes Formular automatisch eine so genannte Unit. Sie enthält die Funktionsdefinitionen für die ausgewählten Ereignisse und wird vom Programmierer durch eigene Anweisungen ergänzt.

.H   Eine Header-Datei mit Klassendefinitionen.

.OBJ   Eine weitere Object-Datei.

.DFM   Diese Datei enthält für jedes Formular die Daten aller visuellen Komponenten und ihrer Eigenschaften. Sie wird beim Speichern einer Unit automatisch als Binärdatei gespeichert. Sie kann aber auch als Textdatei gespeichert werden. Dann können Unterschiede zwischen verschiedenen Versionen eines Formulars leichter verglichen werden.

Zu einem Projekt gehören noch weitere Dateien, in denen der C++Builder interne Einstellungen zum Projekt oder zur Entwicklungsumgebung speichert. Dateien, deren Namensendung mit dem Zeichen ~ beginnt (~CP, ~DF), sind Sicherungskopien der CPP- und DFM-Dateien, die vor dem Speichern der aktuellen Version angelegt werden.

Angesichts der relativ großen Anzahl von Dateien, die zu einem Projekt gehören, empfiehlt Borland, jedes Projekt in einem eigenen Verzeichnis zu speichern. Das ist bei größeren Projekten mit mehreren Units meist empfehlenswert, bei vielen kleinen Projekten (wie den später folgenden Aufgaben) aber eher umständlich.

Da sowohl zum Projektnamen als auch zum Namen der Unit eine Datei mit der Endung „.cpp" angelegt wird, müssen für **das Projekt und die Units verschiedene Namen** vergeben werden. Das erreicht man **am einfachsten** dadurch, dass man beiden Namen gibt, die mit derselben Zeichenfolge beginnen. So sieht man im Explorer, welche Dateien zusammengehören. Damit die Namen des Projekts und der Unit verschieden sind, reicht es aus, wenn sie sich im letzten Buchstaben unterscheiden (z.B. durch ein „P" für die Projektdatei oder ein „U" für die Unit).

Zum Speichern von Dateien gibt es außerdem noch die folgenden Optionen:

– *Datei\Projekt speichern unter* speichert die zu einem Projektnamen gehörenden Dateien unter einem neuen Namen. Diese Option sollte nicht so verstanden werden, dass man damit alle Dateien eines Projekts speichern kann (z.B. auf Diskette). Wenn man danach das Projekt von der Diskette bearbeiten will, ist die Enttäuschung meist groß: Die Dateien mit den Units fehlen.
– *Datei\speichern* bzw. *Strg+S* bzw. das Anklicken des Diskettensymbols in der Symbolleiste speichert die derzeit im Editor angezeigte Unit einschließlich der zugehörigen Header- und Formulardatei.

Es empfiehlt sich, ein Projekt oder zumindest die gerade bearbeiteten Dateien regelmäßig zu speichern. Man kann nie ausschließen, dass sich Windows oder ein anderes Programm aufhängt oder ein Stromausfall die Arbeit seit dem letzten Speichern zunichte macht.

In diesem Zusammenhang empfiehlt sich die Verwendung der unter *Tools\Umgebungsoptionen\Präferenzen* angebotenen „Optionen für Autospeichern":

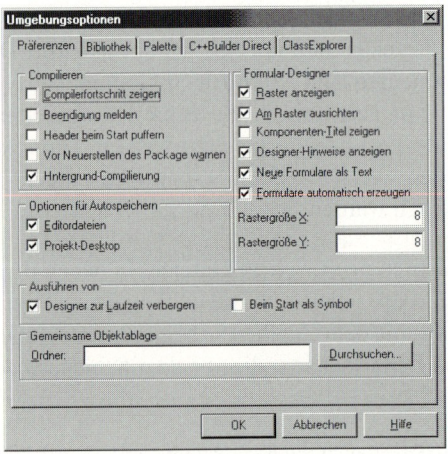

Markiert man hier „Editordateien", werden vor jedem Start des Programms alle zum Projekt gehörenden Dateien gespeichert. Markiert man außerdem noch die Option „Projekt-Desktop", werden beim nächsten Start des C++Builders wieder alle die Dateien geöffnet, die beim letzten Beenden geöffnet waren.

Außerdem wird empfohlen, unter *Tools|Editor-Optionen|Editor* die Option „Rückgängig nach Speichern" zu markieren. Dann kann man Textänderungen auch dann noch mit *Alt+Rücktaste* rückgängig machen, nachdem die Datei gespeichert wurde.

Der C++Builder erzeugt für jedes Projekt einige Dateien, die recht groß werden können, und die für eine spätere Weiterarbeit am Projekt nicht benötigt werden. Da diese Dateien automatisch aus den Quelltexten der Units und aus den Formularen erzeugt werden, **kann man** sie **löschen**. In der Version 5 sind das die Dateien, deren Name aus dem Projektnamen und den Endungen

„.tds" und „.obj"

besteht, und in Version 1 außerdem die Dateien mit den Namensendungen „.il?".

1.5 Einige Tipps zur Arbeit mit Projekten

Anfänger finden sich in der Vielzahl der Funktionen zur Projektverwaltung manchmal nicht ganz zurecht. Deshalb sind hier einige Tipps zusammengestellt, die vor allem für die Projekte hilfreich sein können, die bei der Lösung der Aufgaben anfallen.

– Zumindest am Anfang ist es meist am einfachsten, wenn für jede Aufgabe mit *Datei|Neue Anwendung* ein neues Projekt angelegt wird.

 Wenn man dagegen zur Lösung einer neuen Aufgabe dem aktuellen Projekt nur mit *Datei|Neues Formular* ein Formular hinzufügt, wird dieses Formular beim Start des Programms nicht automatisch angezeigt. Das hat dann die verzweifelte Frage zur Folge, wo denn das soeben geschriebene Programm bleibt.

– Wenn man die Arbeit an einem Projekt abschließt, besteht keine Notwendigkeit, die Fenster mit den Formularen und Quelltextdateien extra zu schließen. Lässt man sie offen, werden sie beim nächsten Öffnen des Projekts automatisch geöffnet.

 Schließt man sie dagegen, werden sie nicht geöffnet. Mancher Anfänger hat dann schon gemeint, dass seine Dateien verschwunden wären.

– Markiert man unter *Tools|Umgebungsoptionen|Präferenzen* bei den „Optionen für Autospeichern" die Option „Desktop", wird beim nächsten Start des C++Builders automatisch das Projekt geöffnet, das beim letzten Beenden des C++Builders geöffnet war. Man kann dann sofort an diesem Projekt weiterarbeiten, ohne dass man es extra öffnen muss.

Zum Öffnen eines älteren Projekts werden vor allem die Optionen *Neu öffnen* und *Projekt öffnen* aus dem Menü *Datei* empfohlen. Unter *Neu öffnen* werden in der oberen Hälfte des Untermenüs die zuletzt geöffneten Projekte angezeigt. Eines dieser Projekte kann man durch einfaches Anklicken öffnen. Mit *Projekt öffnen* kann man auf den Laufwerken nach einem Projekt suchen.

– Mit *Datei|Öffnen* kann man sowohl Projekte als auch andere Dateien öffnen. Da in der Voreinstellung viele verschiedene Dateitypen angezeigt werden und die Bedeutung der Symbole für Projekte und andere Dateitypen oft nicht bekannt ist, werden sie von Anfängern gelegentlich verwechselt.

In der Voreinstellung von *Datei|Projekt öffnen* werden dagegen nur Projektdateien angezeigt, so dass diese Gefahr hier nicht besteht. Deshalb wird empfohlen, Projekte nicht mit *Datei|Öffnen* zu öffnen.

1.6 Die Online-Hilfe

Da sich kaum jemand die Bedeutung der vielen Einzelheiten in Zusammenhang mit dem C++Builder merken kann, ist es für eine effektive Arbeit unerlässlich, die Möglichkeiten der Online-Hilfe zu kennen und nutzen zu können.

Unter *Hilfe|C++Builder-Hilfe* (in der Menüleiste) erhält man eine nach Themen geordnete Übersicht. Durch Anklicken der Buchsymbole kann man die verschiedenen Bücher aufschlagen und wieder zuklappen.

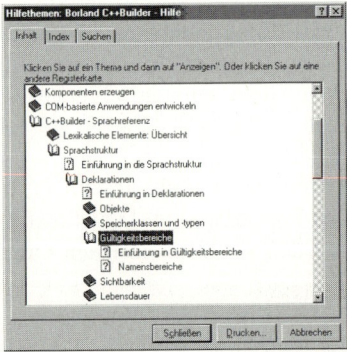

Allerdings weiß man oft nicht, in welchem Buch oder unter welchem Stichwort man die Informationen findet, nach denen man gerade sucht. Zu den Menüs der Entwicklungsumgebung erhält man die Online-Hilfe meist **einfacher**, indem man die Menüoption anklickt und dann beim aufgeklappten Menü die Taste F1 drückt.

1.7 Das lokale Menü

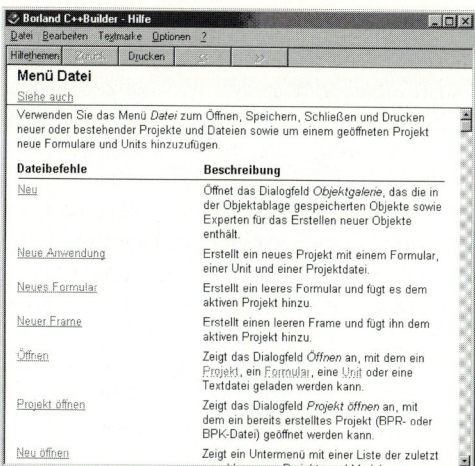

In jedem Fenster der Online-Hilfe wird in der Menüleiste unter *Datei* die Option *Öffnen* angeboten. Hier können weitere Hilfedateien ausgewählt werden, z.B. die der amerikanischen Originalversion, die auch auf der deutschen CD enthalten sind. Diese Originale sind teilweise präziser als die deutschen Übersetzungen.

Aufgabe:

Verschaffen Sie sich mit der Online-Hilfe einen Überblick über die Menüoptionen der Entwicklungsumgebung.

1.7 Das lokale Menü

Über *Alt-F10* oder die rechte Maustaste erhält man in den meisten Fenstern des C++Builders ein so genanntes „lokales Menü", das eine Reihe gebräuchlicher Optionen für dieses Fenster anbietet.

So erhält man in einem Formular dieses lokale Menü:

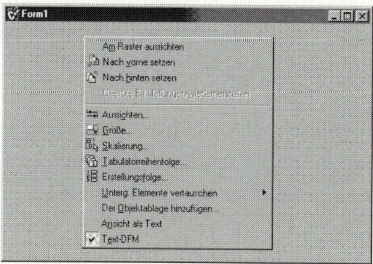

Im Quelltexteditor erhält man:

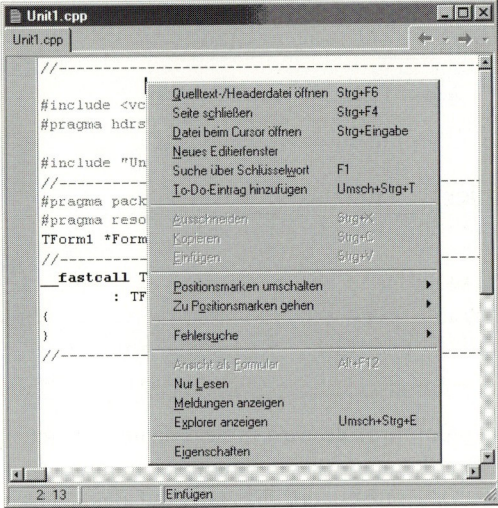

Weitere Informationen zu den Optionen erhält man mit der Taste F1 im lokalen Menü.

1.8 Die Symbolleiste

In der Symbolleiste findet man Schaltflächen für einige häufig verwendete Befehle, die auch über die Menüleiste und ihre Untermenüs angewählt werden können.

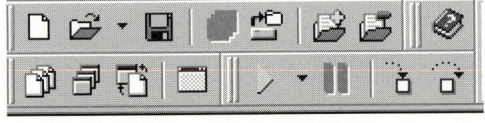

Falls Ihnen die relativ kleinen Symbole nicht viel sagen, lassen Sie den Mauszeiger kurz auf einer Schaltfläche stehen. Dann wird die entsprechende Option in einem kleinen Fenster kurz beschrieben.

Von diesen Optionen ist insbesondere „Pause" oft recht nützlich: Wenn sich ein Programm in einer Endlosschleife verrannt hat oder sich aus anderen Gründen nicht mehr beenden lässt, kann man es damit anhalten. Einen ähnlichen Effekt erzielt man mit *Strg+F2* vom Editor aus: Dadurch wird das Programm abgebrochen.

Die Symbolleiste kann leicht über die Option *Anpassen* des lokalen Menüs (über die rechte Maustaste) verändert werden. Dabei kann jedes Menüelement eines Untermenüs der Menüzeile in die Symbolleiste aufgenommen werden. Falls die Breite der Symbolleiste für die neuen Symbole nicht ausreicht, kann sie durch Ziehen am rechten Rand verlängert werden.

1.9 Programmierhilfen

Der Editor des C++Builders enthält zahlreiche Programmierhilfen, die das Schreiben von Programmen erleichtern sollen. Diese zeigen z.B. Informationen über Sprachelemente an und schlagen Argumente für Funktionsaufrufe vor Mit Quelltextvorlagen kann man auf einfache Weise oft verwendete Texte einfügen.

Mit der Taste *Strg+J* im Editor werden Quelltextvorlagen angezeigt:

Aus dieser Liste kann man mit den Pfeiltasten und der Enter-Taste bzw. mit einem Doppelklick eine der Vorlage auswählen und in den Editor einfügen.

Wenn der Cursor am Ende einer Zeichenfolge steht, die mit dem Anfang einer der Abkürzungen am rechten Rand der Liste übereinstimmt, werden nach *Strg+J* nur diese Vorlagen angeboten:

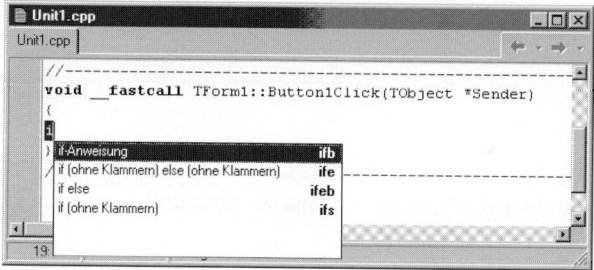

Die Vorlagen können unter *Tools|Umgebungsoptionen|Programmierhilfe* angepasst und um eigene Vorlagen erweitert werden.

1.10 Packages und eigenständig ausführbare Programme

Viele Programme, die mit dem C++Builder entwickelt werden, verwenden gemeinsame Komponenten und Funktionen. Beispielsweise verwenden die meisten Programme Komponenten der Komponentenpalette. Wenn man den Code für alle Komponenten und Funktionen in jede Exe-Datei aufnimmt, wird die relativ groß. Deswegen fasst man häufig benutzte Komponenten oder Funktionen oft in Bibliotheken (meist so genannte DLLs) zusammen. Diese Bibliotheken müssen dann beim Start der Exe-Datei verfügbar sein.

Der C++Builder verwendet für solche Bibliotheken so genannte **Packages**. Das sind im Wesentlichen DLLs mit dem Programmcode für eine Gruppe von Komponenten und Funktionen. Wenn unter *Projekt|Optionen|Packages* die Option „Mit Laufzeit-Packages compilieren" markiert ist, verwendet das vom C++Builder erzeugte Programm die angegebenen Packages.

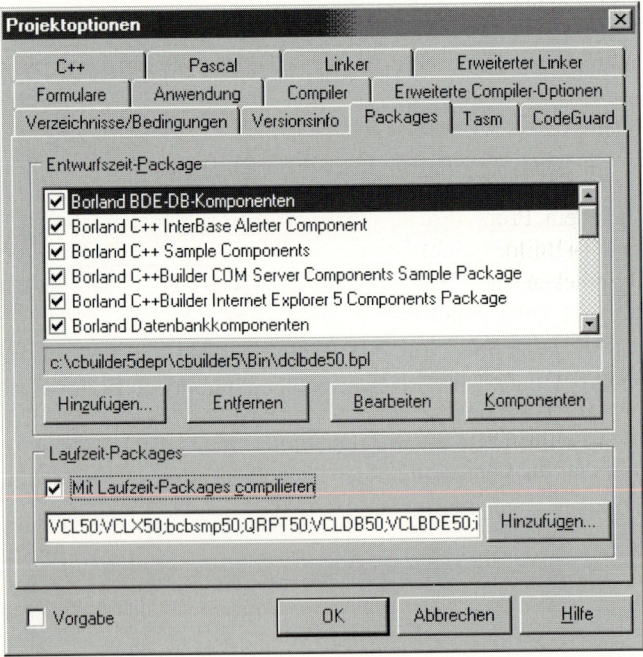

In der Voreinstellung ist diese Option nicht markiert. Ein einfaches Programm mit einem Button ist dann ca. 200 KB groß, während es mit Packages nur etwa 20 KB groß ist.

Wenn man ein Programm auf einem anderen Rechner ausführen will, ist es oft einfacher, dieses ohne die Verwendung von Packages zu erzeugen. Dann reicht zum Start des Programms die Exe-Datei aus und man braucht die teilweise rela-

1.10 Packages und eigenständig ausführbare Programme

tiv großen DLLs nicht (z.B. 2 MB für die immer benötigte VCL50.BPL). Falls man mehrere Programme auf dem anderen Rechner installiert, kann es aber auch einfacher sein, die Packages zu installieren. Da bei der Installation des C++Builders automatisch alle Packages in das System-Verzeichnis von Windows kopiert werden, sind diese auf einem Rechner mit dem C++Builder ohne zusätzlichen Aufwand verfügbar.

Ein mit dem C++Builder erzeugtes Programm benötigt zum Start außerdem die beiden DLLs

>   CP3240MT.DLL
>   BorlandMM.DLL

falls unter *Projekt|Optionen|Linker* die Option „Dynamische RTL verwenden" wie in der Voreinstellung markiert ist. Wenn diese Option nicht markiert ist, sind diese DLLs nicht notwendig und die Exe-Dateien werden etwas größer.

Fassen wir zusammen:

- Wenn man ein Programm nur auf dem Rechner ausführen will, auf dem man es entwickelt, kann man Speicherplatz und Zeit beim Kompilieren sparen, wenn man Packages verwendet. Das dürfte für die meisten Übungsaufgaben, die später gestellt werden, am besten sein.

- Wenn man ein Programm dagegen auf einem Rechner ausführen will, auf dem der C++Builder nicht installiert ist, muss man entweder alle notwendigen Bibliotheken zur Verfügung stellen und dabei darauf achten, dass man keine vergisst. Oder man übersetzt das Programm

    1. ohne Laufzeit-Packages, indem man unter *Projekt|Optionen|Packages* die Option **„Mit Laufzeit-Packages compilieren" nicht markiert**, und
    2. ohne dynamische Laufzeitbibliothek, indem man unter *Projekt|Optionen|Linker* die Option **„Dynamische RTL verwenden" nicht markiert**.

2 Die Komponentenpalette

Dieses Kapitel gibt einen Überblick über die wichtigsten Komponenten der Komponentenpalette. Die meisten entsprechen **Dialogelementen**, mit denen ein Programm dem Anwender Informationen anzeigt oder Informationen von ihm entgegennimmt. Andere (wie z.B. ein Timer) sind während der Ausführung des Programms nicht sichtbar.

Die Komponentenpalette enthält über 100 Komponenten mit den meisten der heute unter Windows üblichen Dialogelementen. Angesichts der großen Anzahl von Eigenschaften, Methoden und Ereignissen, die für jede Komponente zur Verfügung stehen, ist keine vollständige Darstellung beabsichtigt: Die Hilfedateien im Verzeichnis „Help" des C++Builders sind mehrere MB groß. Außerdem werden keine Komponenten behandelt, die tiefere Vorkenntnisse erfordern (Datenbanken, Internet usw.). Hier werden vor allem die Komponenten und Elemente vorgestellt, die man in den meisten Windows-Programmen findet und die eine intuitive Bedienung eines Programms ermöglichen.

In Zusammenhang mit den Komponenten werden auch einige Grundkonzepte der Programmierung angesprochen, wie z.B. Datentypen, Anweisungen, Funktionen und Klassen. Diese werden später ausführlich dargestellt.

2.1 Die Online-Hilfe zu den Komponenten

Da in diesem Kapitel nicht alle Komponenten ausführlich behandelt werden können, soll zuerst gezeigt werden, wie man mit der Online-Hilfe weitere Informationen zu den einzelnen Komponenten bekommen kann. Dafür gibt es im Wesentlichen die folgenden Möglichkeiten:

1. Falls man den Namen des gesuchten Begriffs kennt:

   – Unter *Hilfe|Inhalt* nach *Index* oder *Suchen* den Suchbegriff eingeben.
   – Im Editor den Cursor auf den Suchbegriff setzen und dann F1 drücken.

2. Die unter 1. beschriebenen Möglichkeiten führen allerdings nicht immer zum Ziel, da es zu einem Suchbegriff oft mehrere ähnliche Begriffe gibt, so dass man nicht weiß, welchen man auswählen soll. Und dass man zur Komponente *Edit* über den Suchbegriff *TEdit* kommt, ist für einen Anfänger nicht unbedingt naheliegend. Die folgenden Vorgehensweisen sind oft einfacher:

   – Informationen zu einer **Eigenschaft** oder zu einem **Ereignis** erhält man, indem man sie im Objektinspektor anklickt und dann die Taste *F1* drückt. Für die Eigenschaft *Height* erhält man so:

   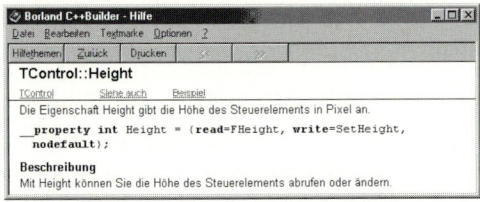

   – Informationen zu einer **Komponente** erhält man, indem man sie in der Komponentenpalette anklickt und dann die Taste *F1* drückt.

   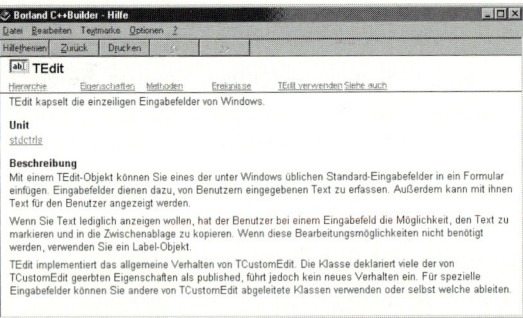

Stören Sie sich nicht daran, dass die Edit-Komponente hier als *TEdit* bezeichnet wird: Im C++Builder beginnen die Namen der Datentypen fast aller Komponenten mit dem Buchstaben „T", und eine Komponente der Komponentenpalette ist im C++Builder ein Datentyp.

Klickt man in diesem Fenster auf *Eigenschaften*, werden alle Eigenschaften der Edit-Komponente angezeigt, zu denen man sich dann weiter durchklicken kann:

2.1 Die Online-Hilfe zu den Komponenten

Hier sind diejenigen Eigenschaften, die auch im Objektinspektor angezeigt werden, mit einem kleinen grünen Quadrat gekennzeichnet. Alle Eigenschaften ohne ein solches Quadrat sind nur während der Laufzeit des Programms verfügbar.

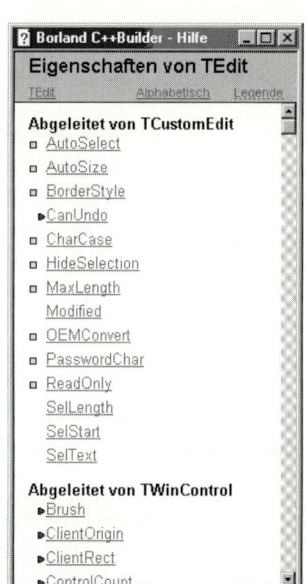

In dieser Darstellung sieht man bereits ein Charakteristikum der objektorientierten Programmierung: Unter den Eigenschaften, die zu der ausgewählten Klasse gehören, gibt es solche, die nur zu dieser Klasse gehören (hier keine Einzige). In den Abschnitten mit der Überschrift „Abgeleitet von" findet man dagegen Klassenelemente, die aus Vorgängern übernommen werden. Diese abgeleiteten Elemente gehören aber ebenso zu einer Klasse wie diejenigen, die nur zu dieser Klasse gehören.

Die Eigenschaften einer Klasse werden vor allem zusammen mit einer Zuweisung (Operator „=") verwendet wie z.B. in

```
Edit1->Text = "Hallo";
```

Klickt man im Hilfefenster „Komponente TEdit" auf Methoden, erhält man eine Liste der zu *TEdit* gehörenden Methoden. Auch hier sind die Methoden, die nur zu *TEdit* gehören, im Abschnitt „In TEdit" zusammengefasst und alle weiteren in Abschnitten mit der Überschrift „Abgeleitet von".

Methoden sind Funktionen, die zu einer Komponente gehören. Sie unterscheiden sich von den Eigenschaften unter anderem dadurch, dass sie aufgerufen werden. Dazu gibt man nach dem Namen der Methode ein Paar runde Klammern an und dazwischen eventuell noch weitere Argumente:

```
Edit1->Clear();
```

Methoden, die denselben Namen wie die Klasse haben (hier *TEdit* und *~TEdit*), sind so genannte Konstruktoren und Destruktoren und haben eine besondere Bedeutung.

Wenn man jetzt den Verweis auf *Clear* anklickt, erhält man eine inhaltliche Beschreibung dieser Funktion:

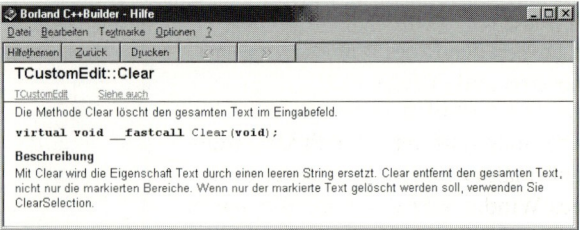

Sucht man dagegen unter *Hilfe|Index* nach *Clear*, erhält man eine Vielzahl von Fundstellen:

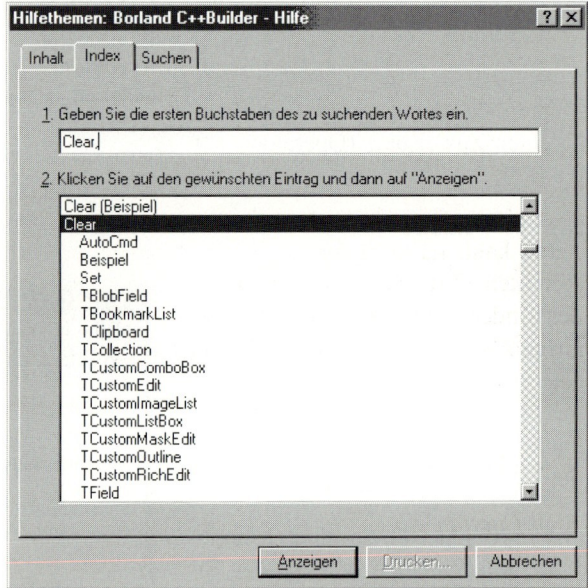

Offensichtlich haben viele Komponenten eine Methode mit dem Namen *Clear*. Vor allem für einen Anfänger ist aber vermutlich nicht intuitiv klar, dass er die zu *TEdit* gehörende Methode *Clear* unter dem Verweis auf *TCustomEdit* findet. Deshalb ist es oft einfacher, die zugehörigen Methoden, Eigenschaften usw. über den Namen der Klasse zu suchen.

Wenn man schließlich im Hilfefenster zu „Komponente TEdit" den Verweis auf *Ereignisse* anklickt, erhält man eine Zusammenstellung der für die *Edit*-Komponente verfügbaren Ereignisse. Offensichtlich kann auch ein Edit-Fenster auf Ereignisse reagieren und nicht nur ein Button.

Allerdings wird man auf das Anklicken eines Edit-Fensters normalerweise nicht reagieren. Der Anwender eines Windows-Programms wird meist nicht erwarten, dass das Anklicken eines Edit-Fensters irgendeine Aktion des Programms auslöst.

Offensichtlich enthält die Online-Hilfe eine Fülle von Informationen, in der man sich auch verlieren kann („lost in hyperspace"): Da hat man doch vor kurzem einen ganz bestimmten Text gesehen, und nun weiß man einfach nicht mehr, wie man ihn wieder finden kann. Hier können **Lesezeichen** nützlich sein, oder *Optionen|Bisherige Themen anzeigen* in der Menüleiste der Online-Hilfe.

Aufgabe:

Informieren Sie sich in der Online-Hilfe über

– die Eigenschaft *Caption* eines Formulars,
– die Eigenschaft *Cursor* in einem Label und einem Button.

Wenden Sie dazu jede der in diesem Abschnitt beschriebenen Vorgehensweisen an.

2.2 Namen

Wenn man Komponenten aus der Komponentenpalette auf ein Formular setzt, werden die Namen der Komponenten vom C++Builder der Reihe nach durchnummeriert: Das erste Edit-Fenster erhält den Namen *Edit1*, das zweite den Namen *Edit2* usw. Entsprechendes gilt für jeden anderen Komponententyp: Label erhalten die Namen *Label1*, *Label2* usw.

Über diese Namen können dann nicht nur die Komponenten als Ganzes, sondern auch deren Eigenschaften und Methoden angesprochen werden.

Beispiel: Will man als Reaktion auf ein Anklicken des Buttons *Button1* die Hintergrundfarbe des Edit-Fensters *Edit1* auf Grün setzen, weist man der Eigenschaft *Color* der Komponente *Edit1* in der folgenden Funktion einen Wert zu. Diese Funktion gehört wegen „TForm::" zum Formular *Form1*.

```
void __fastcall TForm1::Button1Click(TObject
                                         *Sender)
{
Edit1->Color=clGreen;
}
```

Auf diese Art werden im C++Builder alle Eigenschaften und Methoden von Komponenten angesprochen:

1. Die Methode oder Eigenschaft *x* einer Komponente *k* ist in einer Funktion desselben Formulars unter dem Namen *k->x* verfügbar.

   Deshalb spricht man die Höhe *Height* eines Labels *Label2* in einer Funktion desselben Formulars mit *Label2->Height* an.

2. Hat man in einem Programm nicht nur ein Formular *Form1* definiert, sondern mehrere (*Form2*, *Form3* usw.), kann man in einer Funktion von *Form1* auch die Methode oder Eigenschaft *x* einer Komponente *k* eines anderen Formulars *f* ansprechen. Dazu gibt man vor dem Namen der Komponente noch den Namen des Formulars an: *f->k->x*

3. In einer Funktion, die zu einem Formular gehört, kann man eine Methode oder Eigenschaft *x* dieses Formulars einfach unter dem Namen *x* ansprechen:

   ```
   void __fastcall TForm1::Button1Click(TObject *Sender)
   {
   Color=clGreen;
   }
   ```

   Hier ist *Color* die Farbe des Formulars, da sie in einer Funktion verwendet wird, die zum Formular gehört (*TForm1::Button1Click*). Beim Anklicken des Buttons *Button1* wird dann die Farbe des Formulars *Form1* auf Grün gesetzt.

   Durch den Aufruf der Methode *Close* wird ein Formular geschlossen:

   ```
   void __fastcall TForm1::Button1Click(TObject *Sender)
   {
   Close();
   }
   ```

2.2 Namen

Die vom C++Builder vergebenen Namen können allerdings schon bei kleineren Programmen leicht zu Unklarheiten führen: Steht in *Edit1* der Vorname und in *Edit2* der Nachname, oder war es gerade umgekehrt?

Um solche Unklarheiten und die damit verbundene mühsame Suche nach der tatsächlichen Bedeutung einer Komponente zu vermeiden, sollte man den Komponenten aussagekräftige Namen geben wie z.B. *Vorname* oder *Nachname*. Eine solche **Namensänderung** muss **immer im Objektinspektor** durchgeführt werden, indem bei der Eigenschaft *Name* als Wert ein aussagekräftiger Name eingetragen wird. Zulässige Werte sind alle Namen, die mit einem Buchstaben „A..Z" oder einem Unterstrichzeichen „_" beginnen. Auf das erste Zeichen können Buchstaben, Ziffern oder Unterstrichzeichen folgen. Groß- und Kleinbuchstaben werden dabei unterschieden, und Umlaute sind nicht zulässig.

```
Beispiele: Vorname      // zulässig
           123vier      // nicht zulässig, beginnt nicht mit einem Buchstaben
           Preis_in_$   // nicht zulässig, $ im Namen nicht zulässig
           $_x          // nicht zulässig, beginnt nicht mit einem Buchstaben
```

Der im Objektinspektor eingetragene Name wird dann vom C++Builder in das zum Formular gehörende Quellprogramm übernommen. Da sich eine Namensänderung meist an mehreren Stellen in einem Programm auswirkt, sollten Sie diese nie direkt im Quellprogramm durchführen; die Folge sind nur mühsam zu behebende Programmfehler.

Aufgaben 2.2

1. Schreiben Sie ein Programm, das ein Fenster mit folgenden Elementen anzeigt:

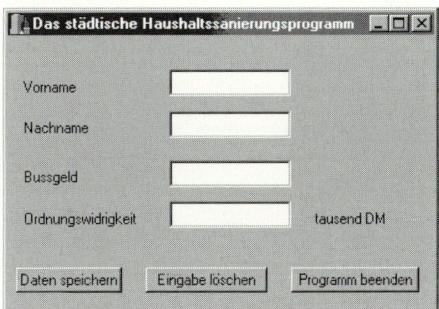

   Verwenden Sie dazu die Komponenten *Label*, *Edit* und *Button* von der Seite *Standard* der Komponentenpalette.

2. Ersetzen Sie alle vom C++Builder vergebenen Namen durch aussagekräftige Namen. Da in diesem Beispiel sowohl ein Label als auch ein Edit-Fenster für

den Vornamen, Nachnamen usw. verwendet wird, kann es sinnvoll sein, den Typ der Komponente im Namen zu berücksichtigen, z.B. *LVorname* und *LNachname* für die Label und *EVorname* und *ENachname* für die Edit-Fenster.

3. Als Reaktion auf ein Anklicken des Buttons *Eingabe löschen* soll jedes Eingabefeld mit der Methode *Clear* gelöscht werden. Für den Button *Daten speichern* soll keine weitere Reaktion vorgesehen werden. Beim Anklicken des Buttons *Programm beenden* soll das Formular durch den Aufruf der Methode *Close* geschlossen werden.

Die entsprechenden Funktionen finden Sie am einfachsten durch einen Doppelklick auf den jeweiligen Button im Formular.

2.3 Labels und Datentypen

Mit einem Label kann man Text auf einem Formular anzeigen. Der angezeigte Text ist der Wert der Eigenschaft *Caption*, die sowohl während der Entwurfszeit im Objektinspektor als auch während der Laufzeit gesetzt werden kann. Anders als bei der Edit-Komponente kann ein Programmbenutzer den in einem Label angezeigten Text nicht ändern.

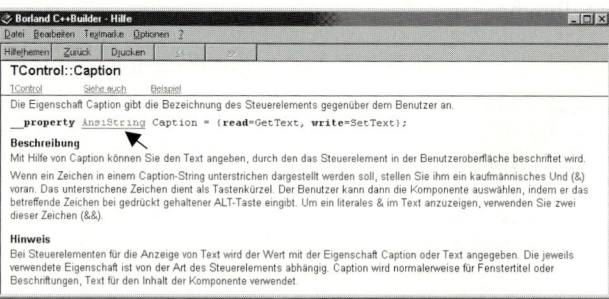

Einer Eigenschaft kann man einen Text zuweisen, wenn sie den Datentyp *AnsiString* hat. Der Datentyp einer Eigenschaft steht in der Online-Hilfe vor dem Namen der Eigenschaft (siehe Pfeil).

Da ein solcher Text beliebige Zeichen (insbesondere auch Leerzeichen, englisch „blanks") enthalten kann, muss der Anfang und das Ende des Texts durch ein besonderes Zeichen begrenzt werden. Dieses Zeichen ist in C++ das Anführungszeichen:

```
Label1->Caption="Anführungszeichen begrenzen einen String";
```

2.3 Labels und Datentypen

Dabei ist zu beachten, dass wirklich das Zeichen " verwendet wird, das man durch die Taste *Umschalt-2* erhält, und weder eines der Akzentzeichen ` oder ´ (die recht ähnlich aussehen) noch das Zeichen ' (*Umschalt-#*), das in der Programmiersprache Pascal zur Begrenzung von Texten eingesetzt wird. Jedes dieser Zeichen führt bei der Übersetzung des Programms zu einer **Fehlermeldung des Compilers** „Ungültiges char-Zeichen ˜'":

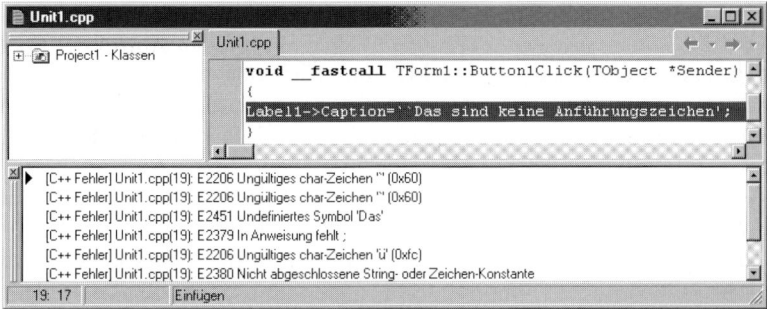

Ein solcher Syntaxfehler bedeutet, dass der Compiler des C++Builders die rot unterlegte Anweisung nicht verstehen kann, weil sie die Sprachregeln von C++ nicht einhält. Wie dieses Beispiel zeigt, kann ein einziger Fehler eine Reihe von Folgefehlern nach sich ziehen.

Wenn man im unteren Meldungsfenster eine solche Fehlermeldung markiert (sie ist dann blau unterlegt) und auf die Taste *F1* drückt, zeigt die Online-Hilfe eine ausführlichere Beschreibung des Fehlers an als nur den Hinweis nach „C++ Fehler":

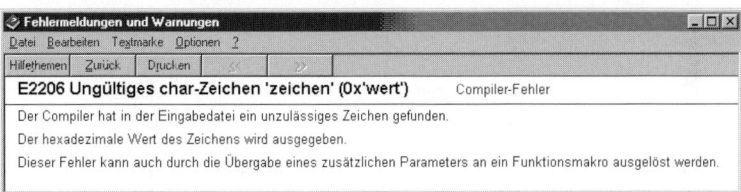

Wenn Sie eine solche Fehlermeldung des Compilers erhalten, müssen Sie den Fehler im Quelltext beheben. Das kann vor allem für Anfänger eine mühselige Angelegenheit sein, insbesondere wenn die Fehlermeldung nicht so präzise auf den Fehler hinweist wie in diesem Beispiel.

Manchmal sind die **Fehlerdiagnosen** des Compilers sogar eher **irreführend** als hilfreich und schlagen eine falsche Therapie vor. Auch wenn Ihnen das kaum nützt: Betrachten Sie es als kleinen Trost, dass die Fehlermeldungen in anderen Programmiersprachen (z.B. in C) oft noch viel irreführender sind und schon so manchen Anfänger völlig zur Verzweiflung gebracht haben.

Die **Position einer Komponente** und insbesondere eines Labels kann sowohl im Objektinspektor als auch während der Laufzeit des Programms über die folgenden Eigenschaften festgelegt werden:

Left // Abstand der Komponente zum linken Rand des Formulars in Pixeln
Top // Abstand des oberen Rands vom Formular oben in Pixeln
Width // Breite der Komponente in Pixeln
Height// Höhe der Komponente in Pixeln

Dabei bedeutet die Maßeinheit **Pixel** (Picture Element) einen Bildpunkt auf dem Bildschirm, und solche Bildpunkte sind die Elemente, aus denen sich die Bilder auf einem Bildschirm zusammensetzen.

Die Anzahl der Bildpunkte ergibt sich dabei aus den Möglichkeiten der Grafikkarte und des Bildschirms und wird unter Windows über einen Treiber für die Grafikkarte eingestellt. Üblich sind die Auflösungen 640×480 (Standard VGA – sieht sehr grobkörnig aus) mit 640 horizontalen und 480 vertikalen Bildpunkten bei einfachen Grafikkarten oder die SVGA-Auflösungen (Super VGA) 800×600, 1024×768, 1280×1024 oder 1600×1280.

Alle diese Eigenschaften (*Left*, *Top* usw.) zur Positionierung einer Komponente haben den **Datentyp** *int*, mit dem im C++Builder ganzzahlige Werte zwischen -2147483648 und 2147483647 ($-2^{31}..2^{31}-1$) dargestellt werden können. Will man einer Eigenschaft mit dem Datentyp *int* einen Wert zuweisen, kann man diese Zahl einfach nach dem Zuweisungsoperator „=" angeben, ohne dass man sie wie bei einem *String* durch Anführungszeichen begrenzen muss:

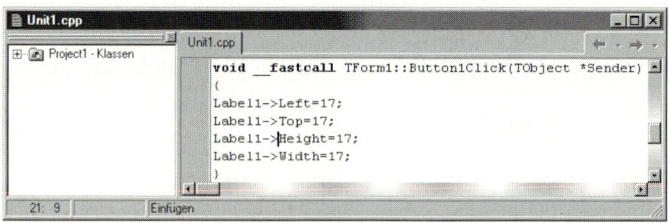

Vergessen Sie nicht, die einzelnen Anweisungen durch Semikolons abzuschließen. Der Compiler beschimpft Sie sonst mit der Fehlermeldung „In Anweisung fehlt ;".

Der Datentyp *int* ist ein **arithmetischer Datentyp**, d.h. mit Ausdrücken dieses Datentyps kann man auch rechnen. So kann man die Breite des Labels *Label1* mit der folgenden Anweisung um ein Pixel verkleinern:

```
Label1->Width=Label1->Width-1;
```

2.3 Labels und Datentypen

Bei einem solchen Ausdruck wird zuerst der Wert auf der rechten Seite des Zuweisungsoperators berechnet. Dieser Wert wird dann der linken Seite zugewiesen. Wenn also *Label1->Width* vor der ersten Ausführung den Wert 17 hatte, hat es anschließend den Wert 16, nach der zweiten Ausführung den Wert 15 usw.

Wenn Sie diese Anweisung als Reaktion auf das Ereignis *OnClick* definieren

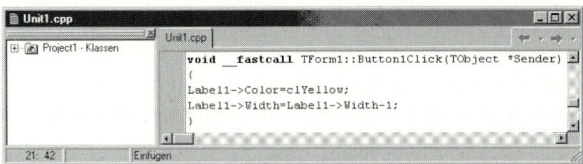

und nach dem Start dieses Programms mit *F9* den Button wiederholt anklicken, wird das Label (und damit der angezeigte Text) mit jedem Mausklick um ein Pixel schmaler, bis der Text schließlich ganz verschwindet. Falls Sie bisher nicht wussten, wie breit ein Pixel auf ihrem Bildschirm ist, können Sie sich mit diesem Programm eine Vorstellung davon verschaffen.

Einige weitere Eigenschaften eines Labels haben einen **Aufzählungstyp** als Datentyp. Eine Eigenschaft mit einem solchen Datentyp kann einen Wert aus einer vordefinierten Liste von Werten annehmen. Gibt man einen anderen Wert an, wird darauf vom Compiler mit einer Warnung hingewiesen. Stellvertretend soll die Eigenschaft *Alignment* erwähnt werden, mit der man die Ausrichtung einer Komponente festlegen kann:

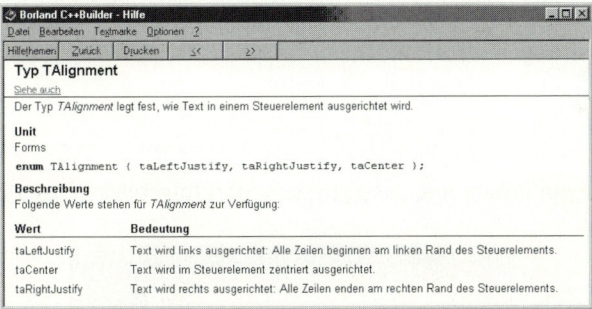

Aufzählungstypen sind in einem Programm immer dann sinnvoll, wenn nur eine begrenzte Anzahl von Werten möglich ist, wobei alle diese Werte bereits beim Entwurf des Programms bekannt sind. Hätte die Eigenschaft *Alignment* den Datentyp *AnsiString*, könnte man *Alignment* jede beliebige Zeichenkette, also auch z.B. "alNonne" zuweisen. Diesen Schreibfehler könnte der Compiler nicht erkennen, folglich würde das Programm während der Ausführung einen völlig sinnlosen Wert setzen.

Der Datentyp **bool** kann wie ein Aufzählungstyp nur die beiden Werte *true* und *false* annehmen. Beispielsweise kann man mit der booleschen Eigenschaft *Visible* die Sichtbarkeit einer visuellen Komponente mit *false* aus- und mit *true* anschalten:

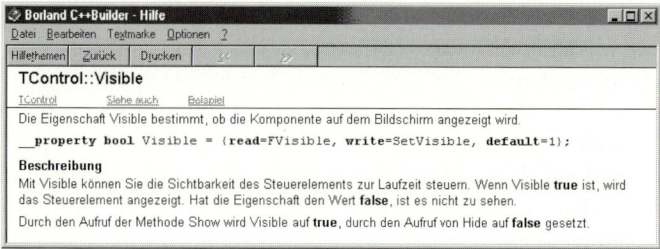

Mit der folgenden Ereignisbehandlungsroutine wird das Label *Label1* beim Anklicken des Buttons unsichtbar:

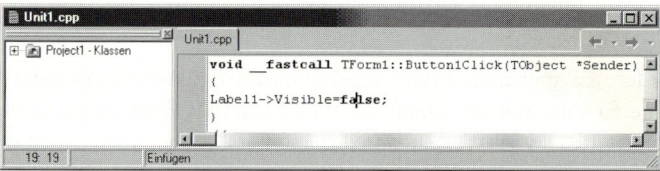

Neben den bisher für ein *Label* vorgestellten Eigenschaften, Methoden und Ereignissen gibt es noch zahlreiche weitere. Viele davon finden sich auch bei einer Edit-Komponente, so dass die meisten Ausführungen im nächsten Abschnitt auch auf *Labels* übertragen werden können.

Aufgabe 2.3

Schreiben Sie ein Programm, das nach dem Start folgendes Fenster anzeigt:

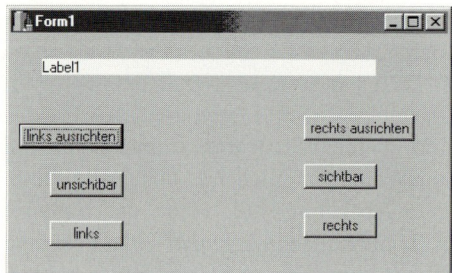

Damit die Größe des Labels nicht dem Text angepasst wird, soll *Autosize* im Objektinspektor auf *false* gesetzt werden. Damit das ganze Label sichtbar ist, soll seine Farbe z.B. auf Gelb gesetzt werden.

Durch Anklicken der Buttons

- für *ausrichten* soll der Text im Label mit Hilfe der Eigenschaft *TAlignment* (siehe Online-Hilfe) links bzw. rechts ausgerichtet werden,
- für *sichtbar/unsichtbar* soll das Label sichtbar bzw. unsichtbar gemacht werden,
- für *links/rechts* soll das Label so verschoben werden, dass sein linker bzw. rechter Rand auf dem linken bzw. rechten Rand des Formulars liegt. Informieren Sie sich dazu in der Online-Hilfe über die Eigenschaften *Width* und *ClientWidth* eines Formulars.

2.4 Funktionen, Methoden und die Komponente *TEdit*

Mit der Komponente *Edit* kann man, ähnlich wie mit einem *Label*, eine Textzeile in ein Edit-Fenster schreiben. Anders als beim Label kann aber ein Anwender diesen Text während der Laufzeit des Programms verändern, und der vom Anwender eingegebene Text kann im Programm verwendet werden.

Während also ein Label nur Daten anzeigen kann und insofern recht einseitig ist, können mit einem Edit-Fenster Daten zwischen Anwender und Programm ausgetauscht werden. Dieser **Datenaustausch** findet über die Eigenschaft *Text* statt, die den Datentyp *AnsiString* hat. Wird dieser Eigenschaft vom Programm oder im Objektinspektor ein Text zugewiesen, zeigt es diesen Text an:

```
Edit1->Text="Hallo";
```

Mit der Eigenschaft *Text* kann in einem Edit-Fenster aber nicht nur Text angezeigt, sondern auch eingegeben werden: Mit jeder Eingabe eines Anwenders in einem Edit-Fenster ändert sich der Wert der Eigenschaft *Text*. Dieser Wert kann in einem Programm verwendet werden, indem man die Eigenschaft *Text* auf der rechten Seite einer Zuweisung einsetzt:

```
Label1->Caption = Edit1->Text;
```

Mit einem Edit-Fenster kann man also Text zwischen einem Anwender und dem Programm austauschen. In einem C++-Programm für den Textmodus verwendet man für einen solchen Datenaustausch meist die beiden Anweisungen *cin>>* und *cout<<*, und in der Programmiersprache C z.B. die Anweisungen *printf* und *scanf*.

Da man aber nicht nur Texte, sondern z.B. auch Zahlen in ein Programm einlesen will, bietet der C++Builder eine Vielzahl von **Konvertierungsfunktionen**, die einen String in einen anderen Datentyp konvertieren und umgekehrt. Für die Umwandlung von Ganzzahlen stehen die folgenden beiden **Funktionen** zur Verfügung:

>   *StrToInt*   // wandelt einen String in eine Ganzzahl um
>   *IntToStr*   // wandelt eine Ganzzahl in einen String um

Wenn Sie in der Online-Hilfe nach einer Beschreibung für diese Funktionen suchen (unter *Hilfe|Suche* über *Schlüsselwort*), erhalten Sie etwa den folgenden Text (hier etwas vereinfacht wiedergegeben):

>   *extern int __fastcall* **StrToInt***(const System::AnsiString S);*
>
>>   Die Funktion *StrToInt* konvertiert einen String, der eine *int*-Zahl darstellt, in einen *int*-Wert. Enthält der String keine gültige Zahl, erfolgt eine Fehlermeldung.
>
>   *extern System::AnsiString __fastcall* **IntToStr***(int Value);*
>
>>   Die Funktion *IntToStr* konvertiert eine ganze Zahl in einen String, der die Zahl darstellt.

In einer solchen Funktionsbeschreibung ist

– der Bezeichner vor den Klammern der **Name der Funktion** (hier *StrToInt* und *IntToStr*). Mit diesem Namen wird die Funktion aufgerufen.

– der Datentyp vor dem Namen der Funktion der **Datentyp des Funktionswertes** (hier *int* bzw. *System::AnsiString*). Ein Funktionsaufruf ist dann ein Ausdruck dieses Datentyps. Wenn dieser Datentyp *void* ist, kann dieser Funktionswert nicht in einem Ausdruck, z.B. auf der rechten Seite einer Zuweisung, verwendet werden. Die Funktion kann dann nur aufgerufen werden.

– in den Klammern nach dem Funktionsnamen eine **Parameterliste**. Beim Aufruf einer Funktion muss normalerweise für jeden Parameter ein Argument des Datentyps aus der Parameterliste eingesetzt werden. Falls die Parameterliste leer ist oder nur aus dem Datentyp *void* besteht, darf beim Aufruf der Funktion kein Argument angegeben werden.

Die Begriffe „**Parameter**" und „**Argument**" sind im C++-Standard folgendermaßen definiert: „Parameter" oder „formaler Parameter" wird bei einer Funktionsdeklaration verwendet und „Argument" oder „aktueller Parameter" bei einem Funktionsaufruf.

2.4 Funktionen, Methoden und die Komponente TEdit

- das Schlüsselwort *__fastcall* eine Anweisung an den Compiler, die Parameter möglichst in Registern zu übergeben. Diese Angabe hat keine Auswirkungen darauf, wie die Funktion aufgerufen werden kann.

- das Schlüsselwort *extern* ein Hinweis darauf, dass sich die Definition dieser Funktion nicht in der aktuellen Quelltextdatei befindet. Auch diese Angabe hat keine Auswirkungen darauf, wie die Funktion aufgerufen werden kann.

Deshalb kann man die Funktionen *StrToInt* und *IntToStr* folgendermaßen verwenden: Nach dem Namen der Funktion *StrToInt* wird in Klammern der umzuwandelnde String angegeben. Der gesamte Ausdruck hat dann den Datentyp *int*. Entsprechend wird nach dem Namen *IntToStr* in Klammern ein Ganzzahlausdruck angegeben, der in einen String umgewandelt werden soll. Dieser ganze Ausdruck stellt dann einen String dar.

Beispiel: In einem Formular mit zwei Edit-Fenstern sind die beiden Ausdrücke

StrToInt(Edit1->Text) und
StrToInt(Edit2->Text)

zwei ganzzahlige Ausdrücke, mit denen man im Gegensatz zu den Strings *Edit1->Text* und *Edit2->Text* auch rechnen kann:

```
StrToInt(Edit1->Text) + StrToInt(Edit2->Text)
```

ist die Summe der Zahlen in den beiden Edit-Fenstern. Diese Summe kann man nun in einem weiteren Edit-Fenster *Edit3* ausgeben, wenn man sie in einen Text umwandelt. Da man Funktionen beliebig ineinander verschachteln kann, hat man mit

```
Edit3->Text=IntToStr(StrToInt(Edit1->Text) +
                     StrToInt(Edit2->Text));
```

bereits einen einfachen Taschenrechner geschrieben (der nur addieren kann), wenn man diese Anweisung als Reaktion auf das Anklicken eine Buttons definiert:

```
void __fastcall TForm1::Button1Click(TObject
                                       *Sender)
{
Edit3->Text=IntToStr(StrToInt(Edit1->Text) +
                     StrToInt(Edit2->Text));
}
```

Eine **Methode** oder **Elementfunktion** ist eine Funktion, die zu einer Klasse oder einer Komponente gehört. Bei ihrem Aufruf gibt man den Namen der Methode nach dem Pfeiloperator und dem Namen der Komponente an. Auf den Namen der Methode folgt in runden Klammern die Liste der Argumente.

Beispiel: Schon früher haben wir die Methode *Clear* der Komponente *Edit1* aufgerufen durch:

```
Edit1->Clear();
```

Die Funktion *Clear* wird hier ohne Argumente aufgerufen, weil in der Parameterliste der Funktionsbeschreibung *void* steht:

*void __fastcall **Clear**(void);* // aus der Online-Hilfe zu *TEdit*

Wenn eine Funktion **Parameter** hat, muss für jeden Parameter beim Aufruf ein Ausdruck (Argument) des vorgesehenen Datentyps eingesetzt werden.

Beispiel: Mit der für viele Komponenten definierten Methode

*void __fastcall **SetBounds**(int ALeft, int ATop, int AWidth, int AHeight);*

kann man die Eigenschaften *Left*, *Top*, *Width* und *Height* der Komponente mit einer einzigen Anweisung setzen. Die Größe und Position eines Edit-Fensters *Edit1* kann deshalb wie folgt gesetzt werden:

```
Edit1->Setbounds(0,0,100,20);
```

Beim Aufruf einer Funktion können Fehler auftreten. Wenn man z.B. die Funktion *StrToInt* mit einem String aufruft, der nicht in eine Zahl umgewandelt werden kann,

```
StrToInt("Eins")
```

erhält man die folgende **Fehlermeldung**:

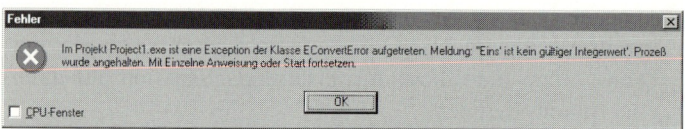

Diese Meldung muss z.B. durch Anklicken des OK-Buttons bestätigt werden. Anschließend kann das Programm mit der Taste *F9* fortgesetzt werden.

Aufgaben 2.4

1. Schreiben Sie einen einfachen Taschenrechner, mit dem man zwei Ganzzahlen addieren kann. Nach dem Anklicken der Taste *Löschen* sollen sämtliche Eingabefelder gelöscht werden.

2.4 Funktionen, Methoden und die Komponente TEdit

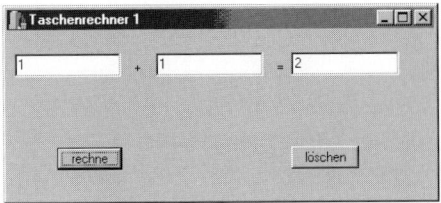

Offensichtlich produziert dieser Taschenrechner für ganze Zahlen falsche Ergebnisse, wenn die Summe außerhalb des Bereichs -2147483648 .. 2147483647 ($-2^{31}..2^{31}-1$) liegt:

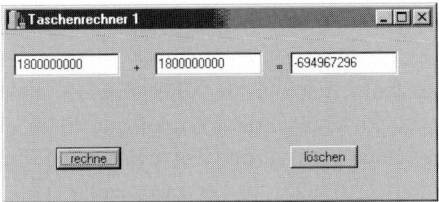

Die Ursache für diese Fehler werden wir später kennen lernen.

2. Ergänzen Sie den Taschenrechner um einen Button, mit dem auch **Gleitkommazahlen** addiert werden können. Verwenden Sie dazu die Funktionen

   extern Extended __fastcall **StrToFloat** *(const System::AnsiString S);*
   extern System::AnsiString __fastcall **FloatToStr** *(Extended Value);*
   // weitere Informationen dazu in der Online-Hilfe

   Dabei ist der Datentyp *Extended* einer der Datentypen, die der C++Builder für Gleitkommazahlen zur Verfügung stellt. Damit können Dezimalbrüche (Zahlen mit Nachkommastellen wie z.B. 3,1415) dargestellt werden. Gleitkommadatentypen haben einen wesentlich größeren Darstellungsbereich als der Ganzzahldatentyp *int*. Deshalb treten bei dieser Variante des Taschenrechners nicht so schnell Bereichsüberschreitungen auf.

   Speichern Sie das Projekt ab, z.B. die Unit unter dem Namen *tr1* und die Projektdatei unter dem Namen *tr1p*. Die Lösung der nächsten Aufgabe kann dann unter *tr2* und *tr2p* gespeichert werden.

3. Ändern Sie den Taschenrechner so ab, dass die Grundrechenarten +, –, * und / über verschiedene Buttons aktiviert werden können. Die jeweils gewählte Rechenart soll in einem Label zwischen den ersten beiden Eingabefeldern angezeigt werden:

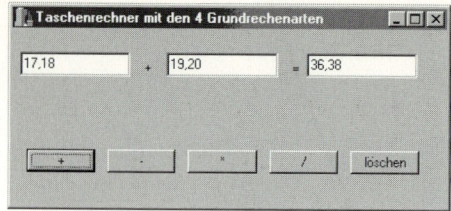

2.5 Memos, ListBoxen, ComboBoxen und die Klasse *TStrings*

In einem **Memo** kann man wie in einer Edit-Komponente Text aus- und eingeben. Im Gegensatz zu einer Edit-Komponente kann ein Memo aber nicht nur einzeilige, sondern auch mehrzeilige Texte enthalten. Der Text eines Memos kann mit der Eigenschaft *Text* angesprochen werden:

```
Memo1->Text=" Dieser Text ist breiter als das Memo ";
```

Dieser Text wird dann in Abhängigkeit von der Größe des Memo-Fensters und der gewählten Schriftart (über *Font* im Objektinspektor) in Zeilen aufgeteilt. Die einzelnen Zeilen können über die Eigenschaft *Lines->Strings*[0] (die erste Zeile), *Lines->Strings*[1] usw. angesprochen werden:

```
Edit1->Text = Memo1->Lines->Strings[0];
```

Die Eigenschaft *Lines* ist wie eine Komponente ein so genanntes **Objekt**. Dieser Begriff steht für eine Zusammenfassung von Elementen, die Eigenschaften, Daten und Methoden sein können. Den Datentyp von Objekten fasst man unter dem Oberbegriff „**Klasse**" zusammen. Der Datentyp des Objekts *Lines* ist die Klasse *TStrings*. Dieser Datentyp wird in der Online-Hilfe wie bei einer Variablen oder einer Funktion vor dem Namen des Elements angegeben:

   __*property Classes::TStrings* Lines = {read=FLines, write=SetLines};*

Klassen und Objekte sind die Grundlage für die so genannte **objektorientierte Programmierung**. Dabei werden Programme aus Bausteinen (Objekten) zusammengesetzt, die wiederum Objekte enthalten können. Im C++Builder sind alle Komponenten der Komponentenpalette Objekte. Neben diesen gibt es zahlreiche weitere Objekte, die nicht in der Komponentenpalette enthalten sind, wie z.B. die Eigenschaft *Lines* des Datentyps *TStrings*.

Ein Element eines Objekts einer Komponente wird wie das Element einer Komponente angesprochen. Beispielsweise besitzt die Klasse *TStrings* die Methode

   virtual int __fastcall **Add***(const System::AnsiString S);*

2.5 Memos, ListBoxen, ComboBoxen und die Klasse TStrings

mit der man einen String am Ende der Liste einfügen kann. Will man diese Methode aufrufen, muss man nach dem Namen der Komponente (z.B. *Memo1*) das Objekt *Lines* (vom Typ *TStrings*) und anschließend den Namen der Methode (in diesem Fall *Add*) angeben. Alle diese Namen müssen durch den Pfeiloperator „–>"getrennt werden:

```
Memo1->Lines->Add("und noch ein String");
```

Durch wiederholte Aufrufe der Funktion *Add* kann man einem Memo einen mehrzeiligen Text zuweisen. Diese Funktion wird oft verwendet, um die Ergebnisse eines Programms in ein Memo auszugeben.

Mit der Methode

virtual void __fastcall **Insert***(int Index, const System::AnsiString S);*

kann man einen String an der mit *Index* bezeichneten Position in die Liste der Zeilen einfügen, also z.B.

```
Memo1->Lines->Insert(0,"wird immer am Anfang eingefügt");
```

Die einzelnen Zeilen der Eigenschaft *Lines* können über *Lines->Strings[0]*, *Lines->Strings[1]* usw. angesprochen werden. Die Eigenschaft *Count* von *Lines* enthält die Anzahl der Zeilen des Memos:

__property int **Count***;*

Will man in einem Memo-Fenster einen Text anzeigen, der als Datei vorliegt, kann man ihn mit der zu *TStrings* gehörenden Methode

virtual void __fastcall **LoadFromFile***(const System::AnsiString FileName);*

aus einer Datei einlesen. Diese Datei sollte im ASCII-Format vorliegen, also ohne Steuerzeichen, wie sie ein Textverarbeitungssystem wie z.B. Winword einfügt. Sie darf maximal 32 KB groß sein.

```
void __fastcall TForm1::Button1Click(TObject *Sender)
{
Memo1->Lines->LoadFromFile("c:\\config.sys");
}
```

Hier ist zu beachten, dass in C++ das Zeichen „\" in Strings eine besondere Bedeutung hat (Escape-Sequenz). Deswegen muss es immer doppelt angegeben werden, wenn es wie bei einem Pfadnamen in einem String enthalten sein soll.

Der vom Benutzer eventuell veränderte Text kann dann mit

virtual void __fastcall **SaveToFile***(const System::AnsiString FileName);*

wieder als Datei gespeichert werden. Falls Sie wie im letzten Beispiel wirklich die Datei „config.sys" geladen haben, sollten Sie diese unter einem anderen Namen abspeichern – der nächste Start Ihres Rechners könnte sonst mit einer unangenehmen Überraschung verbunden sein.

Wie ein Memo besitzt auch eine **ListBox** eine Eigenschaft vom Typ *TStrings*. Damit stehen für ListBoxen alle Eigenschaften und Methoden der Klasse *TStrings* zur Verfügung, insbesondere die schon für Memos vorgestellten Methoden *Add*, *Insert*, *Delete* usw. Im Unterschied zu Memos werden sie jedoch nicht unter dem Namen *Lines*, sondern unter *Items* angesprochen, also z.B.

```
ListBox1->Items->Add(
        "Diese Zeile wird der ListBox hinzugefügt");
```

ListBoxen werden vor allem dazu verwendet, einem Programmbenutzer eine Liste von Einträgen anzuzeigen, aus denen er einen auswählen kann. Im Gegensatz zu einem Memo kann er diese Einträge aber nicht verändern.

Falls der Benutzer einen Eintrag ausgewählt hat, steht dieser unter der Eigenschaft *ItemIndex* vom Datentyp *int* zur Verfügung und kann damit unter

```
ListBox1->Items->Strings[ListBox1->ItemIndex]
```

angesprochen werden. Ob ein Eintrag ausgewählt wurde, kann man mit der booleschen Eigenschaft *Selected* prüfen.

Setzt man die boolesche Eigenschaft *Sorted* auf *true*, werden die Einträge alphanumerisch sortiert angezeigt.

Wie mit einer ListBox kann man auch mit einer **ComboBox** Einträge aus einer Liste selektieren. Zusätzlich ist aber mit einer ComboBox auch ein Edit-Fenster verbunden, in dem der Benutzer den selektieren Eintrag editieren kann. Dieser Text im Edit-Fenster kann wie bei einem einfachen Edit-Fenster unter der Eigenschaft *Text* angesprochen werden, also z.B. mit

ComboBox1->Text

Die Einträge in der Liste der ComboBox werden wie bei einer ListBox über die Eigenschaft *Items* vom Typ *TStrings* angesprochen.

Obwohl in diesem Abschnitt drei verschiedene Komponenten vorgestellt wurden, haben wir eigentlich (fast) nur eine einzige gemeinsame Eigenschaft aller dieser Komponenten betrachtet. Diese Eigenschaft ist eine **Klasse** des Typs *TStrings* und hat den Namen *Lines* oder *Items*. Hier sieht man, wie in der **objektorientierten Programmierung** Programme aus Bausteinen zusammengesetzt werden.

2.5 Memos, ListBoxen, ComboBoxen und die Klasse TStrings

Nicht nur Sie als Programmierer setzen die Oberfläche eines Programms aus vorgefertigten Bausteinen (den Komponenten der Komponentenpalette) zusammen. Auch diese Komponenten selbst sind wiederum aus Bausteinen (Klassen wie z.B. *TStrings*) zusammengesetzt.

Jede Komponente, die eine solche Klasse enthält, besitzt damit automatisch auch alle Eigenschaften dieser Klasse, und alle diese Eigenschaften sind damit in den verschiedenen Komponenten identisch. Dadurch wird eine Einheitlichkeit der verschiedenen Komponenten erreicht, die mit der klassischen, nicht-objektorientierten Programmierung nur schwer erreichbar ist.

Da ein Fenster mehrere Dialogelemente enthalten kann, die auf Tastatureingaben reagieren, muss festgelegt sein, für welches Dialogelement eine Tastatureingabe ist. Dieses Dialogelement wird als das gerade **aktive Dialogelement** oder das mit dem **Fokus** bezeichnet. Ein Dialogelement wird durch Anklicken oder durch wiederholtes Drücken der Tab-Taste zum aktiven Dialogelement. In jedem Formular kann immer nur ein Dialogelement den Fokus haben. Es ist optisch hervorgehoben: bei Buttons durch eine schwarze Umrandung, bei Edit-Fenstern durch ein invertiertes Eingabefeld usw.

Wurde während der Laufzeit eines Programms noch kein Dialogelement als aktives Dialogelement ausgewählt, hat dasjenige den Fokus, bei dem die boolesche Eigenschaft *Default* den Wert *true* hat. Wenn *Default* bei keinem Dialogelement oder bei mehreren *true* ist, hat das erste in der **Tabulatorreihenfolge** den Fokus. Dabei ist die Tabulatorreihenfolge die Reihenfolge, in der die einzelnen Dialogelemente durch Drücken der Tab-Taste aktiv werden. Falls diese Reihenfolge nicht explizit (zum Beispiel über das lokale Menü der rechten Maustaste) verändert wurde, entspricht sie der Reihenfolge, in der die Dialogelemente während der Entwurfszeit auf das Formular platziert wurden.

Von dieser Reihenfolge der Aktivierung sind allerdings diejenigen Dialogelemente ausgenommen,

– die deaktiviert sind, weil die Eigenschaft *Enabled* auf *false* gesetzt wurde,
– die nicht sichtbar sind, weil die Eigenschaft *Visible* den Wert *false* hat,
– deren Eigenschaft *TabStop* den Wert *false* hat.

Anmerkungen für Delphi-Programmierer: In Delphi können die einzelnen Zeilen eines *TStrings* allein über einen Index und ohne die Eigenschaft *Strings* angesprochen werden:

```
Edit1.Text := Memo1.Lines[0]; // Delphi
Edit1->Text = Memo1->Lines->Strings[0]; // C++Builder
```

Aufgabe 2.5

Schreiben Sie ein Programm, dessen Formular ein Memo, eine ListBox, eine ComboBox, ein Edit-Fenster, zwei Buttons und zwei Labels enthält:

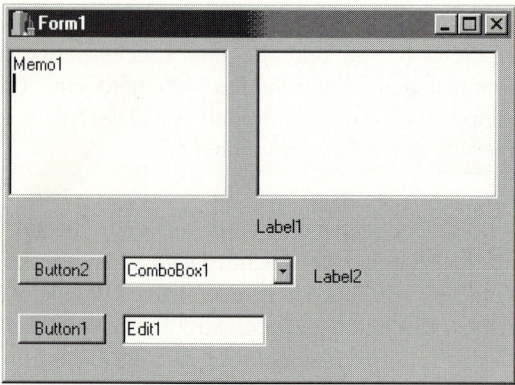

a) Beim Anklicken von *Button1* soll der aktuelle Text im Edit-Fenster in jede der drei *TStrings*-Listen eingetragen werden.
b) Wenn ein Eintrag in der *ListBox* angeklickt wird, soll er auf Label1 angezeigt werden.
c) Beim Anklicken von *Button2* soll der in der ComboBox ausgewählte Text auf dem *Label2* angezeigt werden.

2.6 Buttons und Ereignisse

Buttons werden auch als Schalter (im Sinne von Druckschalter) bezeichnet. Mit einem einfachen Mausklick auf einen solchen Schalter kann ein Programmbenutzer die Aktionen ausführen, die für das Ereignis *OnClick* definiert wurden.

Buttons werden oft in so genannten **Dialogfenstern** verwendet, über die ein Programm Informationen mit einem Benutzer austauscht. Im einfachsten Fall stellt ein solches Fenster nur Informationen dar und kann mit einem Button wieder weggeklickt werden. Häufig werden in einem Dialogfenster jedoch Benutzereingaben erfragt. So verwendet der C++Builder (wie auch viele andere Programme) Buttons, um die Eingabe des Dateinamens abzuschließen, abzubrechen usw.:

2.6 Buttons und Ereignisse

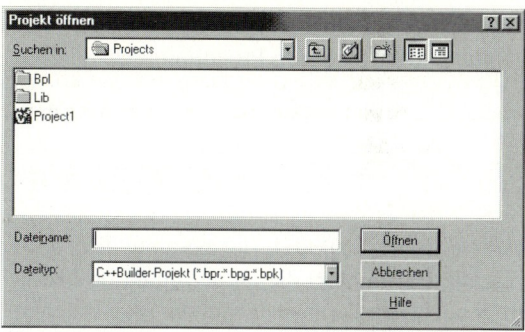

Sowohl für einen Button als auch für viele andere Komponenten stehen die folgenden Ereignisse zur Verfügung:

Ereignis	Ereignis tritt ein
OnClick	wenn der Programmbenutzer die Komponente mit der Maustaste anklickt (d.h. diese drückt und wieder loslässt).
OnMouseDown OnMouseUp	wenn der Benutzer eine Maustaste drückt bzw. wieder loslässt, während der Mauszeiger über der Komponente ist.
OnMouseMove	wenn der Benutzer die Maus bewegt, während der Mauszeiger über der Komponente ist.
OnKeyPress	wenn der Anwender eine Taste auf der Tastatur drückt, während die zugehörige Komponente gerade aktiv ist. Dieses Ereignis tritt im Gegensatz zu den nächsten beiden nicht ein, wenn der Anwender eine Taste drückt, die keinem ASCII-Zeichen entspricht, wie z.B. die Funktionstasten (F1, ...), die Strg-Taste, Shift-Taste (Umschalttaste für die Großschreibung) usw.
OnKeyUp OnKeyDown	wenn der Anwender eine beliebige Taste drückt, während die zugehörige Komponente gerade aktiv ist. Diese Ereignisse treten auch dann ein, wenn man die Alt-, AltGr-, Shift-, Strg- oder Funktionstasten allein oder zusammen mit anderen Tasten drückt.
OnEnter	wenn die Komponente den Fokus erhält.
OnExit	wenn die Komponente den Fokus verliert.
OnDragDrop OnDragOver OnEndDrag	wenn der Anwender ein gezogenes Objekt – über der Komponente ablegt, – über die Komponente zieht, – über der Komponente ablegt.
OnCreat	bei einem Formular, wenn das Formular erzeugt wird (beim Programmstart)

Der C++Builder erzeugt den Rahmen für die Funktion, mit der man auf ein solches Ereignis reagieren kann, durch einen Doppelklick auf die rechte Spalte des entsprechenden Ereignisses im Objektinspektor. So erhält man für das Ereignis *OnKeyPress* von *Button1* den folgenden Programmtext:

```
void __fastcall TForm1::Button1KeyPress(TObject *Sender,
                                         char &Key)
{
}
```

Die **Parameterliste** zu dieser Funktion (der gesamte Text zwischen den runden Klammern) enthält alle **Parameter**, die an die Funktion übergeben werden. Dabei steht vor dem Namen des Parameters immer sein Datentyp. In diesem Beispiel hat also der Parameter *Sender* den Datentyp *TObject** und *Key* den Datentyp *char*. Den Parameter *Sender* werden wir vorläufig nicht verwenden.

Jeder Parameter enthält Daten, die in Zusammenhang mit dem Ereignis zur Verfügung stehen. In *Button1KeyPress* enthält *Key* das Zeichen der Taste, die das Ereignis *OnKeyPress* ausgelöst hat. Dieses Zeichen kann in der Funktion unter dem Namen *Key* verwendet und z.B. an den Text in einem Edit-Fenster angehängt werden:

```
void __fastcall TForm1::Button1KeyPress(TObject *Sender,
                                         char &Key)
{
Edit1->Text= Edit1->Text + Key; // + "klebt" das Zeichen
}                               // Key an den String Edit1->Text an
```

Bei den Ereignissen **OnKeyDown** und **OnKeyUp** werden im Parameter *Key* die Werte der Zeichen als so genannte virtuelle Tastencodes übergeben. Ihre Bedeutung findet man in der Online-Hilfe der Version 5 des C++Builders unter dem Stichwort „virtuelle Tastencodes" und in älteren Versionen unter *Start|Programme|C++Builder|MS-Hilfe|Win32-Referenz* unter dem Stichwort „virtual-key Codes", wenn man die Microsoft-Dateien mit dem C++Builder installiert hat.

Setzt man den Wert einer Eigenschaft beim Ereignis **OnCreate** eines Formulars, hat die Eigenschaft diesen Wert, nachdem das Formular erzeugt ist. So kann man denselben Effekt erreichen, wie wenn man ihn im Objektinspektor setzt:

```
void __fastcall TForm1::FormCreate(TObject *Sender)
{
Edit1->Color = clRed;
}
```

Eine Ereignisbehandlungsroutine wird nicht unbedingt nur bei dem Ereignis aufgerufen, das zu ihrem Namen gehört. So reagiert ein Button in *OnClick* nicht nur auf ein Anklicken mit der Maus, sondern auch auf Tastatureingaben mit der *Return*- oder *Enter*-Taste, wenn der Button den Fokus hat. Falls die Eigenschaft *Cancel* den Wert *true* hat, reagiert er auch auf die *ESC-Taste*.

Text nach „//" bis zum Zeilenende (wie in der Funktion *Button1KeyPress*) ist ein Kommentar, der vom Compiler nicht übersetzt wird (siehe Abschnitt 3.13).

2.7 CheckBoxen, RadioButtons und einfache if-Abfragen

Aufgabe 2.6

Schreiben Sie ein Programm, das in jeweils einem Edit-Fenster durch einen Text anzeigt, ob eines der Ereignisse (außer den Drag-Ereignissen) für einen Button (mit der Aufschrift Test) eingetreten ist:

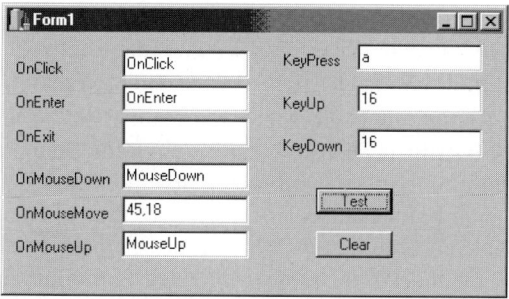

In den Feldern für die Key-Ereignisse soll die jeweils gedrückte Taste angezeigt werden. Beachten Sie dabei, dass der Parameter *Key* bei der Funktion

```
void __fastcall TForm1::Button1KeyPress(TObject *Sender,
                                         char &Key)
```

den Datentyp *char* hat (der der Eigenschaft *Text* des Edit-Fensters direkt zugewiesen werden kann), während *Key* bei den Funktionen *KeyDown* und *KeyUp*

```
void __fastcall TForm1::Button1KeyDown(TObject *Sender,
                        WORD &Key, TShiftState Shift)
```

den Datentyp *WORD* hat. Dieser Datentyp kann mit *IntToStr* in einen String umgewandelt und dann der Eigenschaft *Text* des Edit-Fensters zugewiesen werden.

Im Edit-Fenster zu MouseMove sollen die Mauskoordinaten angezeigt werden, die im Ereignis *OnMouseMove* unter den Werten X und Y zur Verfügung stehen.

Die Aufschrift der Buttons soll beim Ereignis *FormCreate* gesetzt werden. Mit dem Button *Clear* sollen alle Anzeigen gelöscht werden können.

2.7 CheckBoxen, RadioButtons und einfache *if*-Abfragen

Eine **CheckBox** ist ein Markierungsfeld, das ein Anwender durch einen Mausklick, mit der Leertaste usw. markieren oder dessen Markierung er aufheben kann. Eine CheckBox hat eine boolesche Eigenschaft *Checked*, die den Wert *true* oder *false* hat, je nachdem, ob die Box markiert ist oder nicht. Oft werden mehrere CheckBoxen auf ein Formular gesetzt, um einem Benutzer mehrere

Optionen anzubieten, die er unabhängig voneinander ankreuzen kann oder nicht. In einer Gruppe von CheckBoxen können gleichzeitig mehrere markiert sein.

Oft sollen CheckBoxen unter bestimmten Bedingungen nicht geändert werden können. Dazu kann die boolesche Eigenschaft **Enabled** auf *false* gesetzt werden. Der zugehörige Text wird dann grau dargestellt.

Ein **RadioButton** wird auch als Schaltfeld bezeichnet. Wie eine CheckBox hat auch ein RadioButton die boolesche Eigenschaft *Checked*, die angibt, ob der Button markiert ist oder nicht. Sobald mehr als ein RadioButton auf ein Formular (bzw. in eine GroupBox) gesetzt wird, zeigt sich allerdings der Unterschied zu CheckBoxen: Es kann immer nur einer dieser RadioButtons markiert sein. Markiert man einen anderen Button, wird bei dem bisher markierten die Markierung zurückgenommen. Befindet sich nur ein einziger RadioButton auf einem Formular, kann dessen Markierung nicht zurückgenommen werden.

Während also in einer Gruppe von CheckBoxen mehrere gleichzeitig markiert sein können, ist in einer Gruppe von RadioButtons immer nur einer markiert. Man verwendet deshalb CheckBoxen dann, wenn in einer Gruppe mehrere Optionen angekreuzt werden können, und RadioButtons, wenn aus mehreren Optionen nur eine ausgewählt werden kann. Ein einziger RadioButton auf einem Formular macht im Gegensatz zu einer einzigen CheckBox wenig Sinn.

Die boolesche Eigenschaft *Checked* kann wie jeder andere boolesche Ausdruck in einer ***if*-Anweisung** verwendet werden. Mit dieser Anweisung kann man die Ausführung von anderen Anweisungen steuern wie z.B. in

```
if (RadioButton1->Checked) Label1->Caption="Glückwunsch";
else Label1->Caption = "Pech gehabt";
```

Bei der Ausführung dieser *if*-Anweisung wird zuerst geprüft, ob die Bedingung *RadioButton1->Checked* den Wert *true* hat. Trifft dies zu, wird die folgende Anweisung ausgeführt und andernfalls die auf *else* folgende. Bei einer *if*-Anweisung ohne *else*-Zweig wird nichts gemacht, wenn die Bedingung nicht erfüllt ist.

Falls mehrere Anweisungen in Abhängigkeit von einer Bedingung ausgeführt werden sollen, fasst man diese mit geschweiften Klammern { } zusammen. Prüfungen auf Gleichheit erfolgen mit dem Operator „==" (der nicht mit dem Zuweisungsoperator „=" verwechselt werden darf) und liefern ebenfalls einen booleschen Wert:

```
if (Edit1->Text == "xyz")
  {
    Label1->Caption="Na so was! ";
    Label2->Caption="Sie haben das Passwort erraten. ";
  }
```

2.8 Die Container GroupBox, Panel und RadioGroup

Aufgabe 2.7

Schreiben Sie ein Programm, das ein Fenster mit drei CheckBoxen, zwei RadioButtons, einem Label und zwei weiteren Buttons anzeigt:

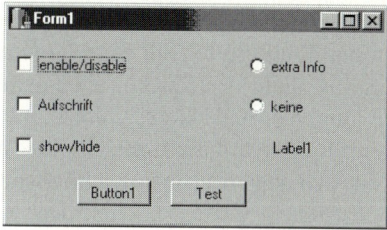

Beim Anklicken des Buttons *Test* sollen in Abhängigkeit von den Markierungen der CheckBoxen und der RadioButtons folgende Aktionen stattfinden:

a) Die Markierung der CheckBox *enable/disable* soll entscheiden, ob die Eigenschaft *Enabled* von *Button1* auf *true* oder *false* gesetzt wird.
b) Die Markierung der CheckBox *Aufschrift* soll entscheiden, welchen von zwei beliebigen Texten *Button1* als Aufschrift erhält.
c) Die Markierung der CheckBox *show/hide* soll entscheiden, ob *Button1* angezeigt wird oder nicht.
d) Falls der RadioButton *extra Info* markiert ist, soll in *Label1* ein zusätzlicher Text (beliebig) angezeigt werden.

2.8 Die Container GroupBox, Panel und RadioGroup

Mit einer **GroupBox** kann man Komponenten zu einer Gruppe zusammenfassen. Sie kann wie ein Formular andere Komponenten enthalten. Über die Eigenschaft *Caption* kann der GroupBox eine Überschrift gegeben werden.

Verschiebt man die Position einer GroupBox auf einem Formular, werden alle Komponenten der GroupBox mitverschoben, d.h. ihre Position innerhalb der Gruppe bleibt unverändert. Dieses **gemeinsame Verschieben von Komponenten** mit einer Gruppe funktioniert allerdings nur, wenn der C++Builder eine Komponente auch der Gruppe zuordnet. Diese Zuordnung erfolgt automatisch, wenn zuerst die GroupBox auf das Formular und dann die Komponente direkt aus der Komponentenpalette auf die GroupBox gesetzt wird.

Wenn man Komponenten, die zunächst auf das Formular gesetzt wurden, vom Formular mit der Maus in eine GroupBox verschiebt, werden die Komponenten nicht der Gruppe, sondern weiterhin dem Formular zugeordnet und damit bei einer Verschiebung der Gruppe nicht mitverschoben. Man kann allerdings Komponenten vom Formular auch noch nachträglich einer Gruppe zuordnen, wenn man auf dem Formular einen Punkt anklickt und dann bei gedrückter linker Maustaste ein Rechteck um die Komponenten zieht. Mit *Bearbeiten|Kopieren* (bzw. *Ausschneiden, Strg+C*) und *Bearbeiten|Einfügen (Strg+V)* werden dann die so markierten Komponenten in die Gruppe kopiert.

Oft werden CheckBoxen und RadioButtons in einer GroupBox zusammengefasst. Bei CheckBoxen hat das vor allem den Zweck, ein **Formular übersichtlich** zu **gliedern** und diejenigen Optionen optisch zusammenzufassen, die inhaltlich zusammengehören. Zu dieser optischen Gliederung kommt bei RadioButtons, dass so mehrere Gruppen von sich **gegenseitig ausschließenden Auswahloptionen** auf einem Formular untergebracht werden können: Das Anklicken eines Radio-Buttons in einer GroupBox wirkt sich nicht auf die RadioButtons in einer anderen Gruppe aus.

Ein Beispiel für ein Formular, das solche GroupBoxen enthält, ist das Fenster *Projektoptionen* (unter *Optionen|Projekt*) im C++Builder:

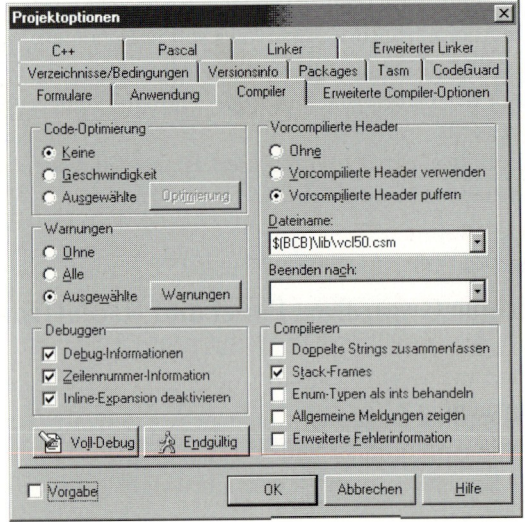

Ähnlich wie mit einer GroupBox kann man auch mit einem **Panel** andere Komponenten gruppieren. Im Gegensatz zu einer GroupBox verfügt aber ein Panel über Eigenschaften, mit denen die dreidimensionale Erscheinungsform des Panels gestaltet werden kann.

Diese **3D-Effekte** werden durch einen inneren und äußeren Randbereich erreicht. Bei beiden Randbereichen kann unabhängig voneinander die Schräge des Randes so gesetzt werden, dass der optische Eindruck entsteht, als ob das Panel räumlich hervorgehoben oder abgesenkt wäre. Die Schräge des inneren Randes wird durch

2.8 Die Container GroupBox, Panel und RadioGroup

die Eigenschaft *BevelInner* und die des äußeren Randes durch *BevelOuter* dargestellt („bevel" kann mit „Schräge" übersetzt werden). Diese können die folgenden Werte annehmen:

bvNone   // kein Effekt der Schräge
bvLowered // der Rand wirkt abgesenkt
bvRaised   // der Rand wirkt erhöht

Die Voreinstellungen für ein Panel sind *bvNone* für *BevelInner* und *bvRaised* für *BevelOuter*, so dass das Panel leicht erhöht wirkt.

Mit einem Panel können Komponenten in einer Gruppe zusammengefasst (und damit gemeinsam verschoben) werden, auch ohne dass die Gruppe als solche erkennbar ist. Diesen Effekt erzielt man, indem man sowohl *BevelInner* als auch *BevelOuter* auf den Wert *bvNone* setzt.

Eine **RadioGroup** ist eine GroupBox, die RadioButtons und andere Komponenten enthalten kann. Im Gegensatz zu einer GroupBox hat eine RadioGroup die Eigenschaft *Items* mit dem auch schon bei Memos und ListBoxen vorgestellten Typ *TStrings*: Jedem String von *Items* entspricht ein RadioButton der RadioGroup mit der Aufschrift des Strings. Mit den Methoden *Add, Delete, Insert, Exchange* und *Move* können RadioButtons hinzugefügt, gelöscht, eingefügt und verschoben werden.

Da diese Methoden während der Laufzeit eines Programms zur Verfügung stehen, können einer RadioGroup auch **während der Laufzeit RadioButtons hinzugefügt** werden. Bei einer GroupBox ist das nur zur Entwurfszeit möglich.

Komponenten, die andere Komponenten enthalten können, nennt man auch **Container-Komponenten**. Von den bisher vorgestellten Komponenten sind Formulare, GroupBox, Panel und RadioGroup solche Container-Komponenten.

Mit Eigenschaften wie *Top, Left, Width, Height, Align* usw. können die Position, Größe, Ausrichtung usw. einer Container-Komponente am Formular bzw. an der übergeordneten Container-Komponente festgelegt werden. Dabei behalten alle Komponenten der Gruppe ihre Position innerhalb der Gruppe.

Die Gruppierung von Komponenten in Containern ermöglicht vor allem die **übersichtliche Gestaltung** von Formularen: Inhaltlich zusammengehörende Optionen werden in einem Container als Gruppe zusammengefasst (Beispiel: Das Formular am Anfang dieses Abschnitts).

Aufgabe 2.8

Schreiben Sie ein Programm, das etwa das folgende Fenster anzeigt:

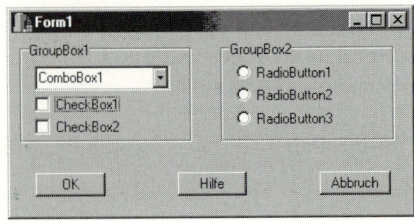

Dabei sollen die Buttons *OK*, *Hilfe* und *Abbruch* zu einer Gruppe zusammengefasst werden, die optisch nicht erkennbar ist. Bei jedem Anklicken eines Buttons oder einer CheckBox soll ein Text in die ComboBox eingetragen werden (z.B. „CheckBox 1 angeklickt").

2.9 ScrollBar

Die Komponente **ScrollBar** ist ein Schieberegler, dessen Schieber mit der Maus oder mit den Pfeiltasten bewegt werden kann. Seine aktuelle Position ist der Wert der Eigenschaft *Position*, die Werte im Bereich der Eigenschaften *Min* und *Max* annehmen kann. Alle diese Eigenschaften haben den Datentyp *int*.

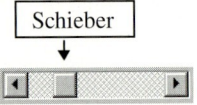

Scrollbars werden oft als Bildlaufleisten am Rand von Fenstern verwendet, wenn das Fenster nicht groß genug ist, um den gesamten Inhalt anzuzeigen. Dann zeigt die Position des Schiebers im Schieberegler die aktuelle Position im Dokument an. Als Lautstärkeregler für die Audiowiedergabe kann man mit einem Schieberegler die Lautstärke zwischen einem maximalen und minimalen Wert einstellen.

Mit der Eigenschaft *Kind* kann man eine horizontale oder vertikale Ausrichtung des Schiebereglers festlegen. Sie kann die folgenden Werte annehmen:

sbHorizontal, sbVertical

Im Gegensatz zu den bisher vorgestellten Komponenten, die Texte oder Zahlen und damit digitale Daten zur Ein- und Ausgabe verwenden, ermöglicht ein Schieberegler eine **analoge Ein- und Ausgabe** von Werten. Analoge Anzeigen

2.9 ScrollBar

sind oft übersichtlicher als digitale und häufig auch völlig ausreichend, wenn es nicht auf absolute Genauigkeit ankommt (wie etwa bei einem Lautstärkeregler).

Für eine Scrollbar-Komponente tritt das Ereignis *OnChange* ein, wenn der Schieberegler verschoben wird. Deshalb wird die aktuelle Position des Schiebers im Schieberegler durch die folgende Ereignisbehandlungsroutine im Edit-Fenster *Edit1* digital angezeigt:

```
void __fastcall TForm1::ScrollBar1Change(TObject *Sender)
{
Edit1->Text=IntToStr(ScrollBar1->Position);
}
```

Für die Lösung der nächsten Aufgabe sind Divisionen von Ganzzahlwerten notwendig. Dabei muss beachtet werden, dass das Ergebnis einer Division mit dem Operator „/" in C++ vom Datentyp der Operanden abhängt: Falls beide Operanden den Datentyp *int* haben, wird eine Ganzzahldivision (ohne Nachkommastellen im Ergebnis, z.B. 7/4=1) durchgeführt. Ein Ergebnis mit Nachkommastellen kann man dadurch erzwingen, dass man einen der beiden Operanden (z.B. durch eine Addition mit 0.0) zu einem Gleitkommaausdruck macht.

Wenn man z.B. für beliebige Werte von *Min* und *Max* den Wert von *Position* in den Bereich 0 bis 100 transformieren will, erhält man mit der folgenden Funktion nur dann die erwarteten Werte, wenn *ScrollBar1->Max – ScrollBar1->Min* den Wert 100 hat oder ein Teiler davon ist. Für andere Werte erhält man immer ein ganzzahliges Ergebnis, auch wenn man Nachkommastellen erwarten würde.

```
void __fastcall TForm1::ScrollBar1Change(TObject *Sender)
{// nur genau für „ScrollBar1->Max–ScrollBar1->Min = 100"
Edit1->Text= FloatToStr(
     100*(ScrollBar1->Position − ScrollBar1->Min)/
            (ScrollBar1->Max − ScrollBar1->Min));
}
```

Addiert man zu einem der beiden Operanden von „/" den Wert 0.0, erhält man ein Ergebnis mit Nachkommastellen:

```
void __fastcall TForm1::ScrollBar1Change(TObject *Sender)
{
Edit1->Text= FloatToStr(
     100*(0.0 + ScrollBar1->Position − ScrollBar1->Min)/
            (ScrollBar1->Max − ScrollBar1->Min));
}
```

Aufgabe 2.9

In der frühen Steinzeit der Rechenmaschinen (bis ca. 1970) gab es nicht nur Digitalrechner (wie heute nahezu ausschließlich), sondern auch **Analogrechner**. Die Bezeichnung analog kommt daher, dass mathematische Zusammenhänge durch physikalische Geräte dargestellt wurden, bei denen aus Eingabewerten in Analogie zu den mathematischen Zusammenhängen Ausgabewerte erzeugt werden. Beispiele sind der Rechenschieber oder spezielle elektrische Geräte, bei denen man die Operanden an Drehreglern eingeben und das Ergebnis an Zeigerinstrumenten ablesen konnte. Analogrechner wurden oft für spezielle Aufgaben entwickelt, z.B. um mit den Kirchhoffschen Regeln Gleichungssysteme zu lösen. Sie arbeiteten oft wesentlich schneller als die damaligen Digitalrechner.

Schreiben Sie ein Programm zur Lösung des symmetrischen linearen Gleichungssystems

$$ax + by = 1$$
$$bx + dy = 1$$

bei dem man wie bei einem Analogrechner die Koeffizienten a, b und d an Schiebereglern einstellen kann:

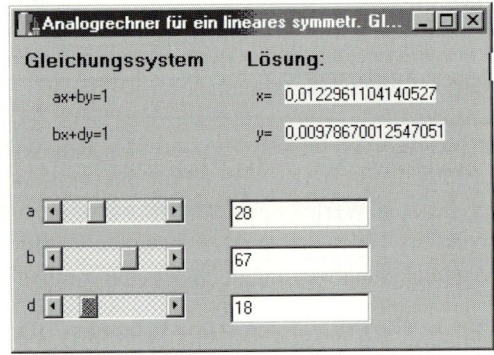

Diese Koeffizienten sowie die Ergebnisse sollen digital in einem Edit-Feld dargestellt werden, wenn einer der Schieberegler bewegt wird (Ereignis: *OnChange*). Die Lösung des obigen Gleichungssystems ist gegeben durch

$$y = (b - a)/(b*b - a*d)$$
$$x = (b - d)/(b*b - a*d)$$

Stellen Sie mit einer *if*-Anweisung sicher, dass keine Division durch 0 stattfindet. In diesem Fall braucht kein neuer Wert für x bzw. y angezeigt werden, und im Feld für die Lösung soll „Division durch 0" stehen.

2.10 Hauptmenüs und Popup-Menüs

Menüs sind die unter Windows übliche Technik, die in einem Programm verfügbaren Optionen inhaltlich zu gliedern und so dem Benutzer übersichtlich anzubieten.

Über die Komponente **MainMenu** stellt der C++Builder Hauptmenüs zur Verfügung, die unter der Titelzeile des Hauptfensters angezeigt werden.

Ein *MainMenu* wird wie jede andere Komponente ausgewählt, d.h. zuerst in der Liste der Standardkomponenten angeklickt und dann durch einen Klick auf das Formular gesetzt. Dabei ist die Position im Formular ohne Bedeutung für die Position des Menüs: Es wird immer unterhalb der Titelzeile des Formularfensters angezeigt.

Durch einen Doppelklick auf das Menü im Formular wird dann der **Menüdesigner** aufgerufen, mit dem man das Menü gestalten kann:

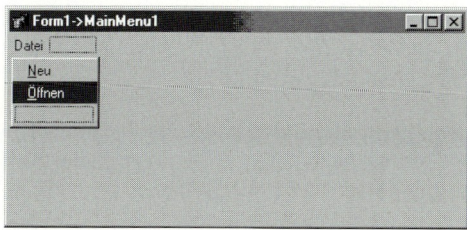

Dazu trägt man in die blauen Felder die Menüoptionen so ein, wie man sie im laufenden Programm haben möchte. Mit den Pfeiltasten oder der Maus kann man bestehende Einträge abändern. Das so entworfene Menü stimmt mit dem Menü überein, das später im laufenden Programm zur Verfügung steht.

Während man diese Einträge macht, kann man im Objektinspektor sehen, dass jede Menüoption einer Komponente des Datentyps *TMenuItem* entspricht. Der zu einer Menüoption gehörende Text ist die Eigenschaft *Caption* dieser Komponente.

Durch das Zeichen & („kaufmännisches Und", *Umschalt-6*) vor einem Buchstaben im Namen der Menüoption kann man diesen Buchstaben als **Tastenkürzel** definieren. Er wird dann im Menü unterstrichen angezeigt. Die entsprechende Option kann dann durch Drücken der Alt-Taste mit dem entsprechenden Buchstaben aktiviert werden. Ein „-" fügt eine Trennlinie ein.

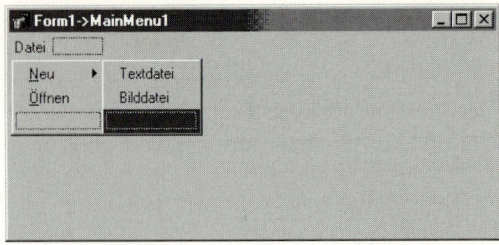

Verschachtelte Untermenüs erhält man über das lokale Menü des Menüdesigners (rechte Maustaste, während ein Menübalken aktiviert ist) mit der Option *Untermenü erstellen* bzw. über *Strg+Rechtspfeil*. Wie schon bei den Menüs, die keine Untermenüs sind, kann man jetzt die Menüoptionen eintragen, die später im laufenden Programm angezeigt werden sollen.

Wenn während der Laufzeit des Programms eine Menüoption ausgewählt wird, tritt das Ereignis *OnClick* für die Komponente des Datentyps *TMenuItem* auf, die zu dieser Menüoption gehört. Die Anweisungen, die dann ausgeführt werden sollen, werden deshalb in der Funktion aufgeführt, die zu diesem Ereignis gehört.

Durch einen Doppelklick auf die Menüoption im Menüdesigner (bzw. im Objektinspektor für das Ereignis *OnClick* dieser Menüoption) ruft der C++Builder den Editor für die Ereignisbehandlungsroutine auf:

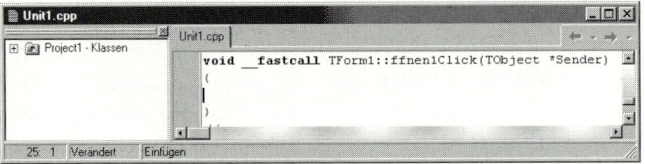

Während der Name dieser Routine bei allen bisherigen Beispielen direkt aus dem Namen der Komponente abgeleitet wurde (z.B. *Button1Click* usw.), erzeugt der C++Builder aus der Eigenschaft *Caption* dieser Menüoptionen einen zulässigen Namen im Sinne von C++ (also z.B. ohne Umlaute oder Leerzeichen). Aus diesem Grund fehlt im Namen der Methode für die Option „Öffnen" das „Ö". Würde die Caption auch Leerzeichen enthalten, würden auch diese im Namen ausgelassen. Im Objektinspektor kann man Wert der Eigenschaft *Name* ändern.

Zwischen die geschweiften Klammern schreibt man jetzt die Anweisungen, die bei der Auswahl der entsprechenden Menüoption ausgeführt werden sollen:

```
void __fastcall TForm1::ffnen1Click(TObject *Sender)
{
Edit1->Color=clRed;
}
```

2.10 Hauptmenüs und Popup-Menüs

Normalerweise bietet man in einem Menü keine derartig trivialen Anweisungen an. Stattdessen werden in Menüs oft Dialoge angeboten, die selbst wieder eigenständige Formulare sind. Das sind oft Standarddialoge, die im nächsten Abschnitt vorgestellt werden.

Über die Komponente **PopupMenu** stellt der C++Builder Popup-Menüs zur Verfügung, die durch Drücken der rechten Maustaste aktiviert werden. Um ein *PopupMenu* in ein Formular aufzunehmen, wird es wie jede andere Komponente auf ein Formular gesetzt.

Nach einem Doppelklick auf das so ins Formular gesetzte *PopupMenu* wird der Menüdesigner aufgerufen, mit dem man das Popup-Menü wie ein Hauptmenü gestalten kann.

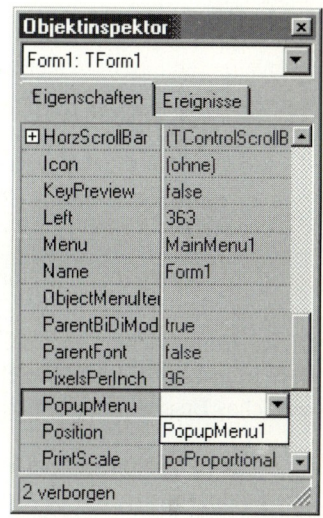

Jede Komponente, bei der mit der rechten Maustaste ein Popup-Menü aktiviert werden kann (z.B. ein Formular, ein *Panel* oder eine *GroupBox*), hat eine Eigenschaft *PopupMenu*. Dieser Eigenschaft muss dann das Popup-Menü zugewiesen werden, das durch einen Klick mit der rechten Maustaste aktiviert werden soll. Weist man diese Eigenschaft im Objektinspektor zu, werden im Pulldown-Menü der ComboBox alle diejenigen Popup-Menüs angeboten, die bisher auf das Formular gesetzt wurden.

Im Objektinspektor auf der Abbildung rechts wird also ein Popup-Menü für das Formular *Form1* definiert.

Die Eigenschaft *PopupMenu* kann nicht nur während der Entwurfszeit im Objektinspektor, sondern auch während der Laufzeit des Programms zugewiesen werden:

```
if (CheckBox1->Checked) Form1->PopupMenu = PopupMenu1;
else Form1->PopupMenu = PopupMenu2;
```

Aufgabe 2.10

Bei dieser Aufgabe soll nur der Umgang mit dem Menüdesigner und der Entwurf von Menüs geübt werden, ohne dass über die Menüs Funktionen aufgerufen werden können. Im nächsten Abschnitt werden dann einige Standarddialoge vorgestellt, die in den Menüs dieses Programms aufgerufen werden können.

Entwerfen Sie ein Programm Menu1, in dessen Menüleiste die Optionen *Datei*, *Bearbeiten* und *Drucken* angeboten werden. Diese sollen die folgenden Unterpunkte enthalten:

- Unter der Option *Datei*: *Datei öffnen* und *Datei speichern*
- Unter der Option *Bearbeiten*: *Suchen*, *Suchen und Ersetzen* und nach einem Trennstrich *Alles markieren*, *Kopieren* und *Ausschneiden*.
- Unter der Option *Drucken*: *Drucken* und *Drucker einrichten*.

Durch Drücken der rechten Maustaste auf einem freien Bereich des Fensters soll ein Popup-Menü aufgerufen werden können, das die Optionen *Farben* und *Schriftart* anbietet.

2.11 Die Komponenten der Seite Dialoge

Auf der Seite *Dialoge* der Komponentenpalette findet man Komponenten für die allgemeinen Dialogfenster unter Windows („common dialog boxes"):

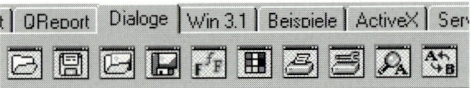

Diese Komponenten werden alle von Windows über eine spezielle DLL (Dynamic Link Library) bereitgestellt, um verschiedenen Anwendungen ein einheitliches Erscheinungsbild zu ermöglichen.

Eines dieser Dialogfenster ist das üblicherweise zum Öffnen von Dateien verwendete Dialogfenster, das im C++Builder als *OpenDialog* angeboten wird:

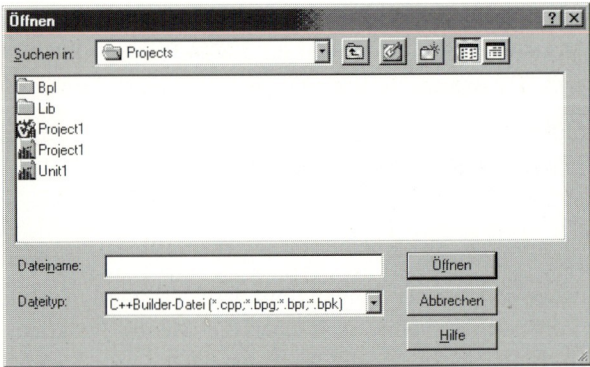

2.11 Die Komponenten der Seite Dialoge

Wenn man einen OpenDialog auf ein Formular setzt und das Programm dann startet, wird allerdings auf dem zum Formular gehörenden Fenster nichts angezeigt, was diesem Dialog entspricht. Damit ein OpenDialog angezeigt wird, muss seine Methode *Execute* aufgerufen werden:

virtual bool __fastcall **Execute**(void);

Diese Funktion gibt den Wert *true* zurück, wenn das Dialogfenster durch die Auswahl des Schalters *Öffnen* geschlossen wurde. Wird es dagegen durch *Abbrechen* geschlossen, ist der Funktionswert *false*. Der ausgewählte Dateiname ist dann der Wert der Eigenschaft *FileName*:

__property System::AnsiString **FileName**;

Deswegen ruft man einen solchen Dialog meist nach diesem Schema auf:

```
void __fastcall TForm1::Oeffnen1Click(TObject *Sender)
{ // z.B. nach Datei|Oeffnen
if (OpenDialog1->Execute())
   { // Die nächste Zeile nur als Beispiel
   Memo1->Lines->LoadFromFile(OpenDialog1->FileName);
   }
}
```

Hier wird der OpenDialog unter dem Namen *OpenDialog1* angesprochen, den der C++Builder für den ersten auf ein Formular gesetzten OpenDialog vergibt.

Alle Optionen des OpenDialogs (Dateiname, Ordner, Dateityp usw.) können über die Eigenschaften eines *OpenDialogs* mit Voreinstellungen versehen werden:

__property System::AnsiString **Filter**; // Maske für den Dateinamen
__property System::AnsiString **InitialDir**; // das angezeigte Verzeichnis

In einem solchen Filter gibt man vor einem senkrechten Strich „|" (*Alt Gr <*) den Text an, der nach „Dateityp" angezeigt wird, und danach das Muster der Dateitypen. Mehrere solcher Muster können durch Semikolons getrennt werden. Den oben angezeigten Dialog erhält man mit den folgenden Zuweisungen vor dem Aufruf von *Execute*:

```
OpenDialog1->InitialDir = "g:\\bcb\\CBuilder";
OpenDialog1->Filter = "C++ Dateien|*.CPP;*.H";
```

Die Seite Dialoge der Komponentenpalette enthält die folgenden Dialogfenster:

OpenDialog	Zeigt die Dateinamen mit einer vorgegebenen Namenserweiterung. Aus diesen kann der Anwender eine auswählen. Ihr Name ist dann unter der Eigenschaft *FileName* verfügbar.
SaveDialog	Ähnlich wie in *OpenDialog* gibt der Anwender hier den Dateinamen an, unter dem eine Datei gespeichert werden soll.
OpenPictureDialog	Wie ein OpenDialog, aber mit einem voreingestellten Filter für die üblichen Grafikformate und einer Bildvorschau.
SavePictureDialog	Wie ein SaveDialog, aber mit einem voreingestellten Filter für die üblichen Grafikformate und einer Bildvorschau.
FontDialog	Zeigt die verfügbaren Schriftarten und -größen an. Die hier ausgewählte Schrift ist der Wert der Eigenschaft *Font*. Sie kann einem Memo oder Edit-Feld mit der Funktion *Assign* zugewiesen werden.
ColorDialog	Zeigt die verfügbaren Farben an. Die hier ausgewählte Farbe ist der Wert der Eigenschaft *Color*.
PrintDialog	Zeigt den Dialog „Drucken" mit Informationen über den installierten Drucker und seine Konfiguration an. Hier kann der Druckbereich und die Druckqualität ausgewählt sowie der Drucker eingerichtet werden.
PrinterSetupDialog	Zeigt den Dialog „Drucker einrichten" an, mit dem ein Drucker, das Papierformat und weitere Optionen ausgewählt werden können.
FindDialog	Zum Suchen von Text.
ReplaceDialog	Zum Suchen und Ersetzen von Text.

Alle Dialogfenster werden wie ein OpenDialog durch den Aufruf der Methode

virtual bool __fastcall **Execute***(void);*

angezeigt. Der Funktionswert ist *false*, wenn der Dialog abgebrochen wurde, und andernfalls *true*. Im letzteren Fall findet man die Benutzereingaben aus dem Dialogfenster in den entsprechenden Eigenschaften der Dialogkomponente.

Aufgabe 2.11

Ergänzen Sie das Programm *Menu1* aus der Aufgabe des letzten Abschnitts um ein Memo-Fenster, das den gesamten Client-Bereich ausfüllt (Eigenschaft *Align= alClient*). Als Reaktion auf die Auswahl der angebotenen Menüoption sollen die folgenden Aktionen stattfinden:

- *Datei\Datei öffnen*: Falls ein Dateiname ausgewählt wird, soll diese Datei in das Memo-Fenster eingelesen werden. Dazu kann die Methode *LoadFromFile* von *Memo1->Lines* verwendet werden. In diesem OpenDialog sollen nur die Dateien mit der Endung „*.txt" angezeigt werden.
- *Datei\Datei speichern*: Falls ein Dateiname ausgewählt wird, soll der Text aus dem Memo mit der Methode *SaveToFile* von *Memo1->Lines* unter diesem Namen gespeichert werden. Auch hier kann man einen Filter setzen. Diese Option soll außerdem mit dem **ShortCut** „Strg+S" verfügbar sein. Dazu muss man nur diese Eigenschaft im Objektinspektor der entsprechenden Menüoption setzen.
- *Bearbeiten\Suchen*: Ein *FindDialog* ohne jede weitere Aktion.
- *Bearbeiten\Suchen und Ersetzen*: Ein *ReplaceDialog* ohne jede weitere Aktion.
- Nach einem Trennstrich in den Menüoptionen:
- *Bearbeiten\Alles Markieren*: Ein Aufruf von *Memo1->SelectAll*.
- *Bearbeiten\Ausschneiden*: Ein Aufruf von *Memo1->CutToClipboard*.
- *Bearbeiten\Kopieren*: Ein Aufruf von *Memo1->CopyToClipboard*.
- *Drucker\Drucken*. Falls hier Drucken ausgewählt wird, soll das Formular durch den Aufruf seiner Methode *Print* gedruckt werden. Mit den bisher vorgestellten Sprachelementen ist es noch nicht möglich, den Inhalt des Memos auszudrucken.
- *Drucker\Drucker einrichten*: Ein *PrinterSetupDialog* ohne weitere Aktion.
- Popup-Menü*Farben*: Die ausgewählte Farbe (Eigenschaft *Color* des *Color-Dialogs*) soll der Eigenschaft *Brush->Color* des Memos zugewiesen werden.
- Popup-Menü*Schriftart*: Die ausgewählte Schriftart (Eigenschaft *Font* des *FontDialogs*) soll der Eigenschaft *Font* des Memos zugewiesen werden.

2.12 Der Aufruf von eigenen Formularen und modale Fenster ⊕

Die im letzten Abschnitt vorgestellten Standarddialoge decken nur einige häufig wiederkehrende Standardsituationen ab. Für spezielle Anwendungen braucht man oft selbst entworfene Formulare, die dann über ein Menü, einen ButtonClick oder ein anderes Ereignis zusätzlich zum bereits verwendeten Formular aufgerufen werden können.

Damit wir ein Programm haben, das ein Formular aufrufen kann, entwerfen wir zunächst das Formular für das aufrufende Programm:

Dem aktuellen Projekt kann man mit *Datei|Neues Formular* oder mit *Datei|Neu* im Register *Neu* ein neues Formular hinzufügen. Daraufhin erzeugt der C++-Builder ein zweites Formular mit dem Namen *Form2* sowie eine neue Unit mit dem Namen *Unit2*. Diese *Unit2* enthält dann alle Datenstrukturen und Ereignisbehandlungsroutinen für das Formular *Form2*.

Ein so erzeugtes Formular kann man wie alle bisher entworfenen Formulare gestalten, indem man Komponenten aus der Komponentenpalette darauf setzt. So erhält man z.B. das Formular *Form2* mit Buttons für *Speichern* und *Abbrechen*:

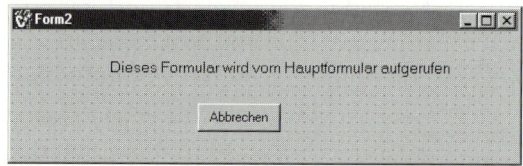

Da für die Verwendung von Formularen die Dateinamen der Units bzw. Header-Dateien relevant sind, hier die im Folgenden verwendeten Namen:

– Dateiname des Projekts beim Speichern: „FormProj"
  Dadurch wird (u.a.) die Datei „FormProj.cpp" angelegt.
– Name der Unit zum Formular *Form1* beim Speichern: „Form1U"
  Dadurch werden (u.a.) die Dateien „Form1U.cpp" und „Form1U.h" angelegt.
– Name der Unit zum Formular *Form2* beim Speichern: „Form2U"
  Dadurch werden (u.a.) die Dateien *Form2U.cpp* und *Form2U.h* angelegt.

Wenn man ein Formular (z.B. *Form2*) in einem anderen Formular (z.B. *Form1*) aufrufen möchte, muss man ein *#include* mit der Header-Datei des aufzurufenden Formulars (in unserem Beispiel *Form2U.h*) in die Unit des aufrufenden Formulars (in unserem Beispiel *Form1U.cpp*) aufnehmen. Diese *#include*-Anweisung kann man entweder manuell eintragen oder mit *Datei|Unit Header einschließen*, wenn man sich mit dem Editor in der Quelltextdatei befindet, die die andere Unit aufnehmen soll:

2.12 Der Aufruf von eigenen Formularen und modale Fenster

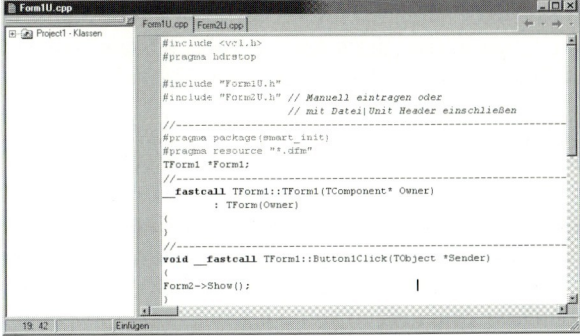

Nach all diesen Vorbereitungen kann ein Formular durch einen Aufruf seiner Methode *Show* sichtbar gemacht werden.

Ein mit *Show* angezeigtes Formular kann wie bei Windows-Programmen üblich durch Anklicken des entsprechenden Steuerfeldes in der Titelzeile wieder geschlossen werden, falls diese Option nicht über die Eigenschaften *BorderIcons* oder *BorderStyle* ausgeschaltet wurde. Es kann außerdem durch den Aufruf von *Close* wieder geschlossen oder mit *Hide* verborgen werden.

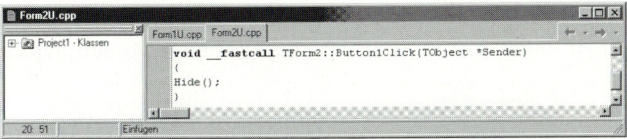

Da sich der Aufruf von *Hide* hier auf das Formular bezieht, zu dem der Button gehört, muss der Name des Formulars nicht angegeben werden. Es ist aber auch kein Fehler, wenn er angegeben wird und *Form2->Hide* anstelle von *Hide* geschrieben wird.

Für alle Formulare, die mit *Datei|Neues Formular* oder mit *Datei|Neu* im Register *Neu* einer Anwendung hinzugefügt werden, erzeugt der C++Builder in der CPP-Datei des Projekts Anweisungen, durch die alle diese Formulare mit dem Start des Programms geladen werden:

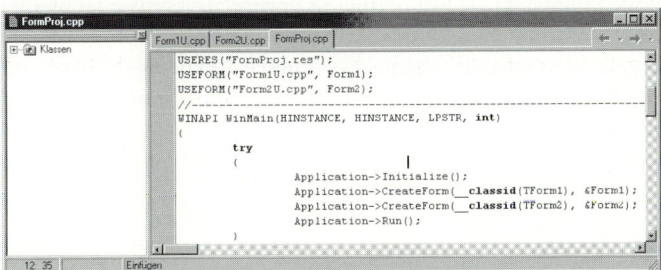

Deshalb wirkt sich der Aufruf von *Show* oder *Hide* nur auf die Sichtbarkeit eines Formulars aus und nicht darauf, ob ein Formular mitsamt seinen Daten geladen ist (und damit Speicherplatz belegt) oder nicht. Unabhängig davon, ob ein Formular angezeigt wird oder nicht, können alle seine Daten und Eigenschaften gelesen oder geschrieben werden.

Wenn ein Formular mit *Show* angezeigt wird, kann es durch ein anderes Formular der Anwendung verdeckt werden. Dann besteht die Möglichkeit, dass der Anwender das verdeckte Formular vergisst und deshalb seine Daten versehentlich nicht speichert. Diese Möglichkeit sollte bei manchen Anwendungen verhindert werden. Das erreicht man, indem man das Formular mit ***ShowModal*** anzeigt:

```
void __fastcall TForm1::Button1Click(TObject *Sender)
{
Form2->ShowModal();
}
```

Ein solches Formular ist dann ein **modales Fenster**. Es unterscheidet sich von einem nichtmodalen Fenster nur dadurch, dass der Anwender das modale Fenster schließen muss, bevor er ein anderes Fenster der Anwendung aktivieren kann.

Unter *Datei|neu* findet man im Register *Dialoge* einige vordefinierte Formulare:

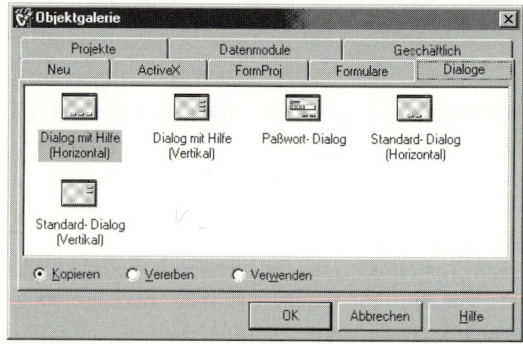

Diese Dialoge können wie selbst definierte Formulare verwendet werden.

Der Objektgalerie kann man **eigene Formulare hinzufügen**. Dazu ruft man im lokalen Menü des Editors oder des Formulars die Option „Der Objektablage hinzufügen" auf:

2.12 Der Aufruf von eigenen Formularen und modale Fenster

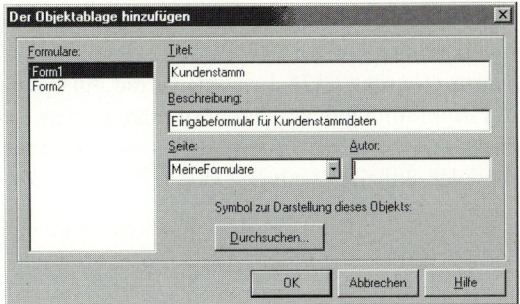

Dieses Formular kann dann nach *Datei*/*neu* aus der hier angegebenen Seite ausgewählt werden:

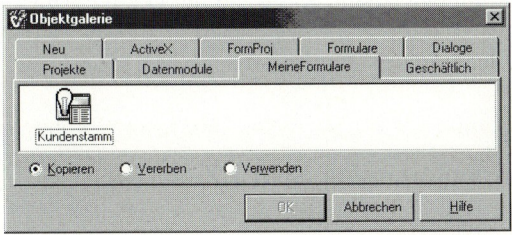

Für die Verwendung eines Formulars aus der Objektablage gibt es drei Optionen:

Kopieren: Dabei wird eine Kopie des Formulars in das aktuelle Projekt übernommen. Veränderungen der Vorlage wirken sich nicht auf die Kopie aus. Ebenso wenig wirken sich Veränderungen an der Kopie auf die Vorlage aus.

Benutzen: Das aktuelle Projekt verwendet das Original. Änderungen am Formular im aktuellen Projekt wirken sich auf alle anderen Projekte aus, die das Formular verwenden.

Vererben: Ermöglicht sowohl eine Veränderung des Objekts in der Objektablage, die sich dann auf alle Projekte auswirkt, als auch eine Veränderung im Projekt, die sich nicht auf die anderen Projekte auswirkt. Die dabei verwendete Technik der Vererbung wird in Zusammenhang mit der objektorientierten Programmierung (siehe Kapitel 8) behandelt.

Wenn man an einer Anwendung mit mehreren Formularen arbeitet, muss man oft zwischen den verschiedenen Quelltexten bzw. Formularen umschalten. Dazu sind die folgenden SpeedButtons aus der Symbolleiste recht nützlich:

Diese entsprechen in der angegebenen Reihenfolge den Menüoptionen

- *Ansicht|Units (Strg+F12)*: Ermöglicht die Auswahl einer Unit aus dem zum Programm gehörenden Units.
- *Ansicht|Formulare (Umsch+F12)*: Ermöglicht die Auswahl eines Formulars aus den zum Programm gehörenden Formularen.
- *Ansicht|Umschalten Formular/Unit (F12)*: Wechselt zwischen dem aktuellen Formular und der aktuellen Unit

Aufgabe 2.12

Schreiben Sie ein Programm, das ein Fenster mit einem Button anzeigt. Beim Anklicken dieses Buttons soll ein zweites Formular modal angezeigt werden, das drei Buttons mit der Aufschrift „Dialog mit Hilfe", „Passwort-Dialog" und „Standard-Dialog" enthält. Beim Anklicken dieser Buttons sollen die entsprechenden Dialoge aus *Datei|neu|Dialoge* modal angezeigt werden. Diese Dialoge sollen als Kopie übernommen werden.

2.13 Die Komponenten der Seite „Zusätzlich" ⊕

In den bisherigen Abschnitten dieses Kapitels wurden die Komponenten der Seite Standard relativ ausführlich vorgestellt. Da Sie jetzt (hoffentlich) eine intuitive Vorstellung haben, wie man mit dem C++Builder Programme entwickelt, werden die Komponenten in diesem Abschnitt nur noch skizziert. Zahlreiche Eigenschaften, Methoden und Ereignisse der bereits behandelten Komponenten finden sich auch bei den folgenden und vielen anderen Komponenten. Es dürfte also nicht schwer fallen, sie einzusetzen.

Ein **BitBtn** (BitMapButton oder Bitmap-Schalter) kann wie ein Button eingesetzt werden. Im Gegensatz zu einem Button kann aber ein *BitBtn* nicht nur Text (über die Eigenschaft *Caption*), sondern auch eine Grafik auf der Schalteroberfläche darstellen.

Die Grafik kann während der Entwurfszeit mit dem Objektinspektor durch Anklicken der rechten Spalte der Eigenschaft *Glyph* angegeben werden oder während der Laufzeit des Programms über die Methode *LoadFromFile*:

```
void __fastcall TForm1::FormCreate(TObject *Sender)
{
BitBtn1->Glyph->LoadFromFile("C:\\CBuilder\\
        Borland Shared\\Images\\Buttons\\alarm.bmp");
}
```

2.13 Die Komponenten der Seite „Zusätzlich"

Ein **SpeedButton** (in der Online-Hilfe auch als Schnellschalter oder Mauspalettenschalter bezeichnet) ist ein Schaltfeld, das wie ein BitMapButton eine Grafik und Text auf der Schalteroberfläche enthalten kann. SpeedButtons werden oft in so genannten Werkzeugleisten, wie z.B. der Symbolleiste des C++Builders, verwendet:

Dabei wird ein Panel über die Eigenschaft *Alignment* am Rand eines Formulars ausgerichtet (oft unterhalb der Menüleiste mit *alTop*). In dieses Panel werden dann die SpeedButtons gesetzt.

SpeedButtons können im Gegensatz zu den Schaltfeldern Button und BitMapButton zu einer Gruppe zusammengefasst werden. Dazu setzt man bei allen SpeedButtons derselben Gruppe die Eigenschaft *GroupIndex* auf denselben von 0 (Null) verschiedenen Wert. Wenn dann einer dieser Schalter gedrückt wird, bleibt die Anzeige so lange im Zustand „gedrückt", bis ein anderer Schalter derselben Gruppe gedrückt wird und den vorher gedrückten wieder zurücksetzt.

Die angezeigte Grafik ergibt sich aus dem Wert der Eigenschaft *Glyph*. Über die Eigenschaft *NumGlyphs* kann man für die verschiedenen Schalterzustände verschiedene Grafiken definieren. Alle diese Grafiken müssen in der Grafik enthalten sein, die in *Glyph* angegeben ist.

Mit **MaskEdit** kann man wie in einem Edit-Fenster Texte ein- und ausgeben. Zusätzlich kann man eine Eingabemaske definieren, die die Eingabe unzulässiger Zeichen unterbindet.

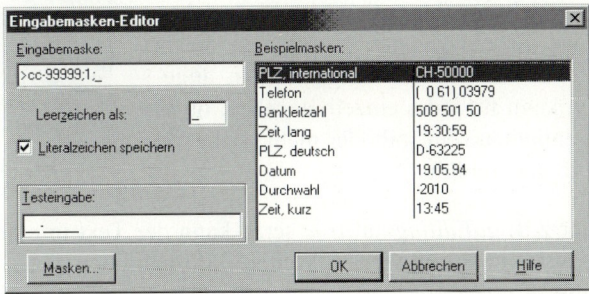

Über die Eigenschaft *EditMask* hat man zahlreiche Möglichkeiten, die zulässigen Eingabewerte zu formatieren. Durch Anklicken der rechten Spalte im Objektinspektor wird ein Maskeneditor aufgerufen, der einige Beispiele für Standardmasken enthält. In der Online-Hilfe findet man eine umfangreiche Beschreibung der Syntax für den Aufbau der Masken.

Mit einem **StringGrid** (Gitter) können Strings in einer rechteckigen Tabelle dargestellt und editiert werden. Die Anzahl der Zeilen und Spalten der Tabelle wird durch die Eigenschaften *RowCount* und *ColCount* bestimmt. Der Text in der i-ten Zeile der j-ten Spalte ist der Wert der Eigenschaft *Cells[i][j]*.

```
void __fastcall TForm1::Button4Click(TObject *Sender)
{
StringGrid1->ColCount = 5;
StringGrid1->RowCount = 4;
for (int i=0; i<5; i++)
  for (int j=0; j<4; j++)
    {
    if ((i==0) && (j==0)) StringGrid1->Cells[i][j]= '*';
    else if (i==0) StringGrid1->Cells[i][j]= IntToStr(j);
    else if (j==0) StringGrid1->Cells[i][j]= IntToStr(i);
    else StringGrid1->Cells[i][j]= IntToStr(i*j);
    }
}
```

Hier verknüpft der boolesche Operator && die beiden booleschen Operanden mit einem logischen „und". Der Ausdruck „(i==0) && (j==0)" hat genau dann den Wert *true*, wenn sowohl i als auch j den Wert 0 haben.

Die Eigenschaft *Options* eines *StringGrids* ist eine Menge (Datentyp *Set*) von Optionen, mit denen die Anzeige und das Verhalten des Gitters eingestellt werden kann. Solche **Eigenschaften des Datentyps** *Set* werden im Objektinspektor mit einem Pluszeichen vor dem Namen gekennzeichnet. Klickt man dieses an, werden die Elemente der Menge einzeln angezeigt, und man kann für jedes einzeln angeben, ob es in der Menge enthalten sein soll oder nicht (siehe die Zeile Options in der Abbildung rechts).

Wenn man hier z.B. *goEditing* auf *true* setzt, kann der Text in einer Zelle auch während der Laufzeit editiert werden. Weitere Informationen dazu findet man in der Online-Hilfe.

2.13 Die Komponenten der Seite „Zusätzlich"

Die Komponente **DrawGrid** ermöglicht wie ein *StringGrid* die Darstellung von Daten in einem Gitter aus Zeilen und Spalten, enthält aber im Gegensatz dazu nicht die Eigenschaft *Cells*. Die einzelnen Zellen sind hier grafische Zeichenflächen, in die Bitmaps geladen oder in denen mit Zeichenfunktionen (wie *Line* oder *TextOut*) Text und Grafiken dargestellt werden können.

Mit der Komponente **Image** kann man Bilder darstellen. Das können z.B. Bilder sein, die in einem der Formate .ICO (Icon), .WMF (Windows Metafile) oder .BMP (Bitmap) als Bilddateien vorliegen. Über die Eigenschaft *Picture* kann ein solches Bild im Objektinspektor mit dem Bildeditor festgelegt oder während der Laufzeit geladen werden:

```
void __fastcall TForm1::Button5Click(TObject *Sender)
{
Image1->Picture->LoadFromFile("C:\\CBuilder5\\
        Borland Shared\\Images\\backgrnd\\quadrill.bmp");
};
```

Über die Eigenschaft *Canvas* können Bilder gezeichnet werden. Dazu stehen zahlreiche Funktionen zur Verfügung wie z.B.

    *void __fastcall **MoveTo** (int X, int Y);* // Setzt den Zeichenstift auf die
                                                                       // Pixelkoordinaten x,y.
    *void __fastcall **LineTo** (int X, int Y);* // Zeichnet eine Linie von der
                                                                       // aktuellen Position des Zeichenstiftes nach x,y.

Alle Koordinaten sind in Pixeln angegeben und beziehen sich auf das aktuelle Image. Deshalb wird durch

```
Image1->Canvas->MoveTo(0,0);
Image1->Canvas->LineTo(Image1->ClientWidth,
                             Image1->ClientHeight);
```

eine Diagonale durch *Image1* (eine Komponente *Image*) gezeichnet. Einige weitere Funktionen:

    *void __fastcall **Rectangle**(int X1, int Y1, int X2, int Y2);* // Zeichnet ein
                  // Rechteck mit den Eckpunkten (X1,Y1) und (X2,Y2).
    *void __fastcall **RoundRect**(int X1, int Y1, int X2, int Y2, int X3, int Y3);*
// Zeichnet ein Rechteck mit abgerundeten Ecken. Dabei sind X3 und Y3 die
// Breite und die Höhe der Ellipse für die runden Ecken.
    *void __fastcall **Ellipse**(int X1, int Y1, int X2, int Y2);* // Zeichnet eine Ellipse,
        // die von einem Rechteck mit den angegeben Koordinaten umgeben wird.
    *__property TColor **Pixels**[int X][int Y];* // Stellt die Farbe des Pixels
// an den Koordinaten (X,Y) dar. Weist man dieser Eigenschaft eine Farbe zu,
// wird das Pixel in dieser Farbe (z.B. *clRed*) gezeichnet.

Alle diese Funktionen verwenden zum Zeichnen als Zeichenstift die Eigenschaft *Pen*. Ein *Pen* ist wieder ein Objekt und enthält unter anderem die Eigenschaften:

    __*property TColor Color*; // Farbe, z.B. clRed
    __*property TPenStyle Style*; // Art der Linie: z.B. durchgehend oder aus
    // Punkten und/oder Strichen zusammengesetzt
    __*property int Width*; // für die Strichdicke

Beispiele:

```
Image1->Canvas->Rectangle(0,0,100,200);
// Ein Rechteck mit den Einstellungen von Pen und Brush.
// Voreinstellungen Pen: Farbe schwarz, Strichdicke 1
// Voreinstellungen Brush: Farbe weiß

Image1->Canvas->Pen->Color = clGreen;
Image1->Canvas->Rectangle(10,10,90,90);
// ein grünes Quadrat

Image1->Canvas->Pen->Width = 3;
Image1->Canvas->Ellipse(10,10,90,90);
// einen dicken grünen Kreis
```

Mit der Eigenschaft *Brush* kann man festlegen, wie das Innere von Flächen gefüllt wird. Dazu stehen u.a. die folgenden Eigenschaften zur Verfügung:

    __*property TColor Color*; // Füllfarbe, z.B. clRed
    __*property TBrushStyle Style*; // Füllmuster, z.B. *bsCross* für ein Gitter

Beispiele:

```
Image1->Canvas->Brush->Color =clRed;
Image1->Canvas->Brush->Style =bsCross;
Image1->Canvas->Rectangle(0,0,100,50);
// Rechteck, das mit einem roten Gittermuster gefüllt ist
```

Auch ein Formular besitzt die Eigenschaft *Canvas*. Deshalb kann man z.B. durch

```
Form1->Canvas->MoveTo(0,0);
Form1->Canvas->LineTo(Form1->ClientWidth,
                              Form1->ClientHeight);
```

direkt auf **ein Formular zeichnen**. Allerdings wird der *Canvas* eines Formulars nicht automatisch neu gezeichnet, wenn das zum Formular gehörende Fenster während der Laufzeit des Programms durch ein anderes Fenster verdeckt wurde und wieder in den Vordergrund kommt. Deshalb sollte man für die Darstellung von Bildern in der Regel die Eigenschaft *Canvas* eines *Image* und nicht die eines Formulars verwenden.

2.13 Die Komponenten der Seite „Zusätzlich"

In einem *Image* verwenden die Eigenschaften *Picture* und *Canvas* beide dasselbe Bild. Deswegen kann man ein Bild über die Eigenschaft *Canvas* zeichnen und anschließend über die Eigenschaft *Picture* mit *SaveToFile* speichern:

```
Image1->Picture->SaveToFile("c:\\Test.bmp");
```

Die Komponente **Shape** ist ein Steuerelement, dessen Form (Eigenschaft *Shape*) ein Kreis, eine Ellipse, ein Rechteck oder ein Rechteck mit abgerundeten Ecken sein kann.

Ein *Shape* hat nur relativ wenige Eigenschaften und Methoden: Über *Brush* kann man nur die Füllfarbe und das Füllmuster setzen, und *Pen* wirkt sich nur auf die Randlinie aus. Die Eigenschaft *Canvas* und die Methode *Paint* sind nicht verfügbar, wenn man ein Shape im Rahmen der visuellen Programmierung benutzt.

Deshalb gibt es im Rahmen der visuellen Programmierung nur wenige Anwendungen für eine Komponente *Shape*. In Abschnitt 9.8 wird allerdings gezeigt, wie man die Klasse *TShape* als Basisklasse für eigene Klassen verwenden kann. In diesem Zusammenhang steht dann auch die Methode *Paint* und der *Canvas* zur Verfügung, in den man zeichnen kann.

Mit der Komponente **Bevel** kann man Linien, Rechtecke und Rahmen auf einem Formular darstellen. Die Linien können dabei in Abhängigkeit von der Eigenschaft *Style* als erhöht oder abgesenkt dargestellt werden. Die Komponente Bevel ist ein reines Gestaltungselement: Es gibt keine Ereignisse, auf die sie reagieren kann.

Mit einer **ScrollBox** kann man Bildlaufbereiche auf einem Formular entwerfen, die wiederum andere Komponenten enthalten. Der Anwender kann sich durch jede solche *ScrollBox* einzeln durchscrollen, ohne dass sich dabei das Formular mit der Scrollbox verändert.

Aufgabe 2.13

Schreiben Sie ein kleines Zeichenprogramm, das im Wesentlichen aus einem Formular mit einem *Image* besteht. Die Menüleiste soll die folgenden Optionen anbieten:

- *Datei\Öffnen*: lädt ein Bild in das *Image*
- *Farbe\Pen*: setzt im *Canvas* von *Image* die Farbe des Zeichenstiftes
- *Farbe\Brush*: setzt im *Canvas* von *Image* die Füllfarbe von Flächen.

Über drei SpeedButtons (die im Folgenden als *Linie*, *Quadrat* und *Kreis* bezeichnet werden) auf einem Panel soll die Art der gezeichneten Elemente festgelegt werden. Diese Buttons können mit fertigen Bitmaps, z.B. aus dem Verzeichnis „Borland Shared\Images", verziert werden oder mit eigenen, die man mit dem Bildeditor (unter *Tools* in der Menüleiste des C++Builders) oder einem anderen Zeichenprogramm entworfen hat. Eine Textaufschrift reicht aber auch aus.

– Falls der SpeedButton *Linie* gedrückt ist, wird eine Linie von der Position gezeichnet, an der die linke Maustaste das letzte Mal gedrückt wurde, bis zu der Position, an der sie wieder losgelassen wird.
– Falls die SpeedButtons *Quadrat* oder *Kreis* gedrückt sind, soll ein Quadrat oder Kreis mit dem Durchmesser von 10 Pixeln ab der aktuellen Mausposition gezeichnet werden.

Ein SpeedButton soll so lange gedrückt dargestellt werden, bis ein anderer SpeedButton gedrückt wird.

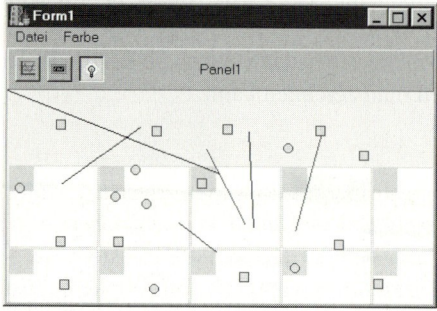

Dieses Programm ist natürlich sehr primitiv. Es vermittelt aber einen Eindruck davon, wie Zeichenprogramme aufgebaut sind.

2.14 Einige Komponenten der Seiten Win32 und Win 3.1

Neben den schon in Abschnitt 2.11 vorgestellten Standarddialogen stellt Windows weitere Dialogelemente zur Verfügung, die von allen Anwendungen benutzt werden können. Damit soll ein einheitliches Erscheinungsbild der Windows-Programme ermöglicht werden.

Auch die Komponenten auf den Seiten *Win32* und *Windows 3.1* der Komponentenpalette entsprechen solchen Dialogelementen. Beim Übergang von Windows 3.1 (16-bit) auf Win32 (Windows 95, 98 und NT, 32-bit) wurden einige dieser Funktionen erweitert bzw. angepasst. Die Funktionen für Win32 findet man auf der Seite *Win32* und die für Windows 3.1 auf der Seite *Win 3.1* der Komponentenpalette. Beide Seiten enthalten oft ähnliche Funktionen.

2.14.1 Mehrseitige Dialoge ⊕

Ein **TabControl** (Seite Win32) ist ähnlich wie eine *GroupBox* ein Container, auf den andere Komponenten platziert werden können. Im Gegensatz zu einer GroupBox hat ein *TabControl* aber anklickbare Register. Die Aufschrift auf den Registerlaschen ergibt sich aus der Eigenschaft *Tabs*, die den Datentyp *TStrings* hat.

Das gesamte *TabControl* ist ein einziges Steuerelement: Unabhängig davon, welches Register angeklickt ist, wird immer dieselbe Seite angezeigt. Deswegen wird man ein *TabControl* nur selten verwenden. Will man ein Steuerelement, bei dem zu den verschiedenen Registerlaschen auch verschiedene Seiten gehören, wird man meist ein *PageControl* nehmen.

Mit einem **PageControl** (Seite Win32) kann man mehrseitige Dialoge aufbauen. Die einzelnen Seiten eines solchen Dialogs sind Komponenten des Datentyps **TTabSheet**, deren Eigenschaft *Caption* die Aufschrift auf der Registerlasche ist. Mehrseitige Dialoge werden oft verwendet, wenn man mehrere Dialoge unter einem Oberbegriff anbieten will, wie z.B. unter *Tools|Editor-Optionen* in der Menüleiste des C++Builders:

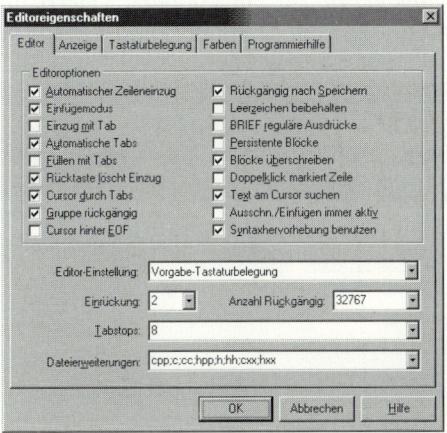

Die einzelnen Seiten eines solchen mehrseitigen Dialogs legt man während der Entwurfszeit dadurch an, dass man das *PageControl*-Objekt anklickt und dann über das lokale Menü die Option *Neue Seite* auswählt.

Die Komponenten *TabSet*, *NoteBook* und *TabbedNoteBook* auf der Seite Win 3.1 bieten ähnliche Funktionen wie die Komponenten *TabControl* und *PageControl* auf der Seite Win32:

Mit einem **TabSet** (Seitenregister) kann man anklickbare Register erzeugen. Die Beschriftung der Register ergibt sich aus den Strings der Eigenschaft *Tabs* vom Typ *TStrings*. TabSets werden vor allem zusammen mit der Komponente **Notebook** verwendet, man kann damit aber auch Formulare oder anderen Komponenten gestalten.

Ein **TabbedNotebook** ist eine Kombination der Komponenten TabSet und Notebook und enthält wie ein Notizbuch mehrere Seiten, die über Register angewählt werden können. Jede dieser Seiten kann beliebige andere Komponenten enthalten. Die Beschriftung der Register ergibt sich über die Eigenschaft *Pages* vom Typ *TStrings*.

2.14.2 ImageList und ListView ⊕

Eine **ImageList** (Seite Win32) dient vor allem der Verwaltung der Bilder, die von einem *ListView* oder einem *TreeView* verwendet werden. Man wird sie nur selten als eigenständige Komponente benutzen.

Nachdem man eine *ImageList* auf ein Formular gesetzt hat, kann man durch einen Doppelklick auf das Symbol den Editor für die Bildlisten aufrufen:

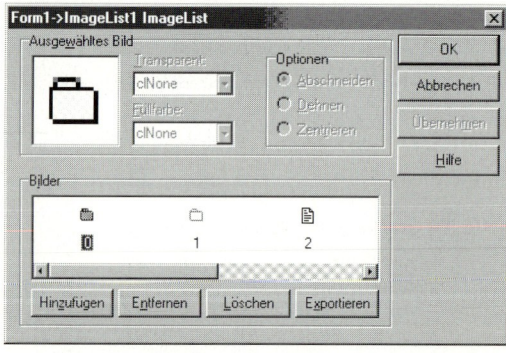

Mit diesem Editor kann man dann die Bilder in die ImageList laden (z.B. aus dem Verzeichnis „Borland Shared\Images\Buttons"), die bei der Verwendung der *ImageList* angezeigt werden sollen.

Ein **ListView** (Seite Win32) ermöglicht die Darstellung einer Liste von Strings zusammen mit Icons. Der Explorer von Windows verwendet die dieser Komponente zugrundeliegende Funktion zur Darstellung der Dateinamen aus einem Verzeichnis.

2.14 Einige Komponenten der Seiten Win32 und Win 3.1

Durch einen Doppelklick auf die Eigenschaft *Items* im Objektinspektor wird der Editor für die Einträge im *ListView* aufgerufen:

Hier kann man zu jedem Eintrag aus der oberen Hierarchieebene eine Liste von Untereinträgen eingeben. Die Anzahl der Hierarchiestufen ist auf zwei begrenzt: Ein Untereintrag kann keine weiteren Untereinträge haben.

Dieselbe Liste wie in diesem Editor erhält man durch die Anweisungen:

```
ListView1->Items->Add();
ListView1->Items->Item[0]->Caption="a";
ListView1->Items->Add();
ListView1->Items->Item[1]->Caption="b";
ListView1->Items->Add();
ListView1->Items->Item[2]->Caption="c";
ListView1->Items->Item[2]->SubItems->Add("c1");
ListView1->Items->Item[2]->SubItems->Add("c2");
ListView1->Items->Item[2]->SubItems->Add("c3");
```

Einem *ListView* ordnet man meist noch zwei Image-Listen zu, indem man sie zunächst auf das Formular setzt und dann im Objektinspektor der Eigenschaft *LargeImages* und *SmallImages* zuweist.

Nach diesen Vorbereitungen erhält man zur Laufzeit des Programms in Abhängigkeit vom Wert der Eigenschaft *ViewStyle* die folgende Darstellung der oben eingegebenen Daten. Dabei wurde für beide ImageListen die Liste aus dem letzten Unterabschnitt verwendet. Die Zuordnung der Bilder aus der Image-List und dem jeweiligen Listeneintrag ergibt sich dabei aus dem Bildindex, der im Listeneditor angegeben wird.

Wenn *ViewStyle* den Wert *vsIcon* hat, werden die Bilder aus *LargeImages* über dem jeweiligen Listenindex angezeigt. Normalerweise wählt man für diese Darstellung größere Icons als in der Abbildung rechts. Im Windows-Explorer entspricht diese Ansicht der Menüoption *Ansicht|Große Symbole*.

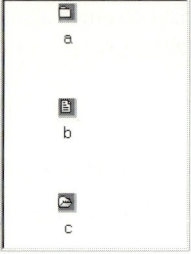

Mit dem Wert *vsSmallIcon* bzw. *vsList* werden die Bilder aus *SmallImages* links vom jeweiligen Listeneintrag angeordnet. Im Windows-Explorer entspricht diese Ansicht der Menüoption *Ansicht|Große Symbole* bzw. *Ansicht|Liste*.

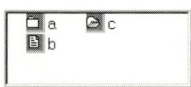

Setzt man *ViewStyle* auf *vsReport*, werden außerdem auch die Werte der Untereinträge angezeigt. Die Überschriften wurden über die Eigenschaft *Columns* im *ListView* eingegeben. Im Windows-Explorer entspricht diese Ansicht der Menüoption *Ansicht|Große Symbole* bzw. *Ansicht|Liste*.

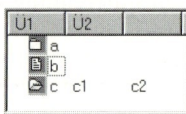

Dabei ist die Tabellenüberschrift ein *HeaderControl* (siehe Abschnitt 2.14.4): Durch Anklicken der Begrenzungslinien zwischen den Spaltenüberschriften kann man die Breite der Spalten verändern.

2.14.3 Komponenten zur Anzeige hierarchischer Datenstrukturen ⊕

Ein **TreeView** (Seite Win32) ermöglicht die Darstellung von Baumstrukturen, bei denen die einzelnen Zweige durch Anklicken auf- und zugeklappt werden können. Der Windows-Explorer verwendet die Funktionen dieser Komponente zur Darstellung einer Verzeichnishierarchie.

Die Einträge können während der Entwurfszeit nach einem Doppelklick auf die Eigenschaft *Items* erzeugt werden:

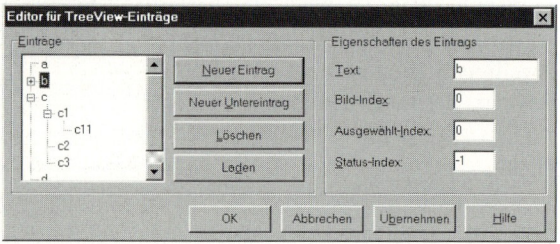

2.14 Einige Komponenten der Seiten Win32 und Win 3.1

Die Eigenschaft *Items* ist ein Objekt des Typs **TTreeNodes**. Mit dessen Methoden können auch während der Laufzeit eines Programms entsprechende Baumstrukturen aufgebaut werden. Die folgenden Anweisungen erzeugen dieselbe Struktur wie im Editor für die TreeView-Einträge:

```
TreeView1->Items->Add(TreeView1->TopItem, "a");
TreeView1->Items->Add(TreeView1->TopItem, "b");
TreeView1->Items->Add(TreeView1->TopItem, "c");

TreeView1->Items->AddChild(TreeView1->Items->Item[2],
                                                "c1");
TreeView1->Items->AddChild(TreeView1->Items->Item[2],
                                                "c2");
TreeView1->Items->AddChild(TreeView1->Items->Item[2],
                                                "c3");
TreeView1->Items->AddChild(TreeView1->Items->Item[2]->
                                        Item[0],"c11");
TreeView1->Items->Add(TreeView1->TopItem, "d");
```

Weist man der Eigenschaft *Images* eine *ImageList* zu, werden die Bilder aus der *Imagelist* links von den Einträgen angezeigt. Die Zuordnung der Bilder zu den Einträgen ergibt sich auch hier aus dem Bildindex.

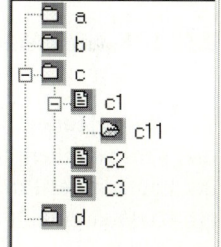

Die Anzeige in einem *TreeView* wird oft mit der von einem *ListView* gekoppelt: Bei der Anwahl eines neuen Knotens im *TreeView* (Ereignis *OnChange*) wird dann die Anzeige im *ListView* verändert. Der Explorer von Windows verwendet im linken Fenster ein *TreeView* und im rechten ein *Listview*. Das folgende Beispiel ist inhaltlich nicht sehr sinnvoll und soll lediglich die Syntax illustrieren:

```
void __fastcall TForm1::TreeView1Change(TObject *Sender,
                                        TTreeNode *Node)
{
if (TreeView1->Items->Item[0]->Selected)
   {
     ListView1->Items->Clear();
     ListView1->Items->Add();
     ListView1->Items->Item[0]->Caption="0";
     ListView1->Items->Item[0]->SubItems->Add("01");
     ListView1->Items->Item[0]->SubItems->Add("02");
   }
 else if (TreeView1->Items->Item[2]->Item[0]->Selected)
   {
     ListView1->Items->Add();
     ListView1->Items->Item[0]->Caption="21";
     ListView1->Items->Item[0]->SubItems->Add("211");
   }
}
```

Auch mit der Komponente **Outline** (Seite Win 3.1) können hierarchisch strukturierte Daten dargestellt werden. Die Zeilen sind in der Eigenschaft *Lines* vom Typ *TStrings* enthalten. Die Einträge können während der Entwurfszeit mit dem String-Editor für die Eigenschaft *Lines* eingegeben werden. Während der Laufzeit kann man Methoden aufrufen wie in

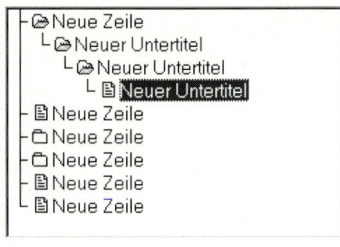

```
void __fastcall TForm1::Button1Click(TObject *Sender)
{
Outline1->Lines->Add("Neue Zeile");
Outline1->AddChild(Outline1->SelectedItem,
                                   "Neuer Untertitel");
}
```

2.14.4 Komponenten zur Größenanpassung anderer Komponenten ⊕

Ein **HeaderControl** (Seite Win32) enthält Überschriften für Textspalten und wird vor allem für Tabellen verwendet. Die Breite der Spalten kann während der Laufzeit des Programms durch Ziehen mit der Maus verändert werden. Auch ein *ListView* enthält ein *HeaderControl*, wenn *ViewStyle* auf *vsReport* gesetzt ist.

Die einzelnen Abschnitte der Tabellenüberschriften können nach einem Doppelklick auf die Eigenschaft *Sections* im Objektinspektor gestaltet werden:

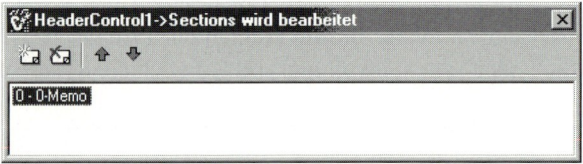

Während die Breite eines Abschnitts verändert wird, tritt das Ereignis *OnSectionTrack* ein. In der entsprechenden Ereignisbehandlungsroutine wird dann im Parameter *Width* die Breite des aktuellen Abschnitts bereitgestellt:

```
void __fastcall TForm1::HeaderControl1SectionTrack(
   THeaderControl *HeaderControl, THeaderSection
   *Section, int Width, TSectionTrackState State)
{
Memo1->Width= Width;
}
```

Da ein *HeaderControl* schon in einem *ListView* enthalten ist, wird man diese Komponente nicht allzu oft benötigen und stattdessen ein *ListView* verwenden.

2.14 Einige Komponenten der Seiten Win32 und Win 3.1

Die Komponente **Header** (Seite Win 3.1) bietet ähnliche Möglichkeiten wie ein *HeaderControl*. Während einer Veränderung der Breite tritt das Ereignis *OnSizing* ein und anschließend das Ereignis *OnSized*. Als Reaktion auf diese Ereignisse kann dann die Breite der zugehörigen Spalten angepasst werden. Die Texte in den einzelnen Spalten des Headers werden durch die Eigenschaft *Sections* vom Typ *TStrings* dargestellt.

2.14.5 Formatierte Texte

Die Komponente **RichEdit** ist im Wesentlichen ein Memo-Fenster, hat aber weitaus mehr Möglichkeiten zur Formatierung von Text. Insbesondere können Texte im *Rich Text Format* (RTF) dargestellt werden, bei dem einzelne Teile verschiedene Attribute (Schriftgröße, Schriftart usw.) haben. Bei einem Memo beziehen sich diese Attribute immer auf den gesamten Text. Außerdem ist die Größe des angezeigten Textes nicht wie bei einem Memo auf 30 KB begrenzt.

Texte im RTF-Format können mit den meisten Textverarbeitungsprogrammen erzeugt und dann in einem *RichEdit* angezeigt werden:

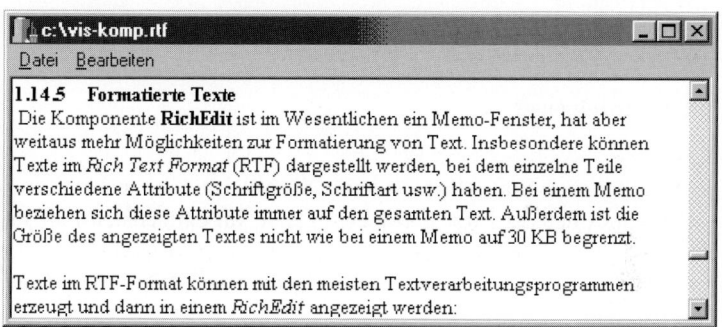

Die Textattribute können auch während der Laufzeit über die Eigenschaft

   __property TTextAttributes **SelAttributes**;*

gesetzt werden. Diese hat unter anderem die Eigenschaften

   *__property Graphics::TColor **Color**;* // Die Farbe der Textzeichen
   *__property Graphics::TFontName **Name**;* // Name der Schriftart
   *__property int **Size**;* // Schriftgröße in Punkten
   *__property Graphics::TFontStyles **Style**;* // unterstrichen, fett, kursiv

Diese Attribute wirken sich dann auf den anschließend geschriebenen Text aus:

```
RichEdit1->SelAttributes->Size=10;
RichEdit1->Lines->Add("Schriftgröße 10 Punkt");
RichEdit1->SelAttributes->Size=18;
RichEdit1->SelAttributes->Style<<fsBold; // Datentyp Set
RichEdit1->Lines->Add("Schriftgröße 18 Punkt, fett");
```

Bei einem *Memo* wird nach einem *Lines->Add* immer die zuletzt eingefügte Zeile angezeigt, während bei der entsprechenden Operation in einem *RichEdit* weiterhin die bisher angezeigten Zeilen angezeigt werden. Deswegen ist ein Memo für die Anzeige einfacher Textausgaben oft bequemer. Mit der Eigenschaft

> __property TScrollStyle **ScrollBars**;// z.B. ssHorizontal, ssVertical, ssBoth

kann man Bildlaufleisten setzen, mit denen man einfach an das Ende des Textes positionieren kann.

Bis auf die kleine Unannehmlichkeit mit der Anzeige der letzten Zeile hat ein *RichEdit* meist deutliche Vorteile gegenüber einem *Memo*. Insbesondere kann man den Text in einem *RichEdit* einfach mit der Methode *Print* ausdrucken:

> void __fastcall **Print**(const System::AnsiString Caption);

Der übergebene Parameter ist der Titel der Druckjobs, der als Dokumentname in einer Druckerstatusanzeige von Windows angezeigt wird.

2.14.6 Statusanzeigen ⊕

Die Komponente **StatusBar** ist eine Statusleiste, die normalerweise am unteren Rand eines Fenster Informationen anzeigt. Im einfachsten Fall setzt man die boolesche Eigenschaft *SimplePanel* auf den Wert *true*. Dann besteht die Statusleiste aus einer einfachen Textzeile, die den Wert der Eigenschaft *SimpleText* darstellt:

```
StatusBar1->SimplePanel=true;
StatusBar1->SimpleText="blabla";
```

Falls *SimplePanel* dagegen den Wert *false* hat, kann man die Statusleiste in verschiedene Panels (Tafeln) unterteilen. Sie können während der Entwurfszeit durch einen Doppelklick auf die Eigenschaft *Panels* im Objektinspektor gestaltet werden.

Während der Laufzeit des Programms kann die Gesamtheit der Panels über die Eigenschaft *Panels* angesprochen werden. Mit der Methode *Add* lassen sich neue Panels erzeugen:

```
StatusBar1->SimplePanel=false;
StatusBar1->Panels->Add();
```

2.14 Einige Komponenten der Seiten Win32 und Win 3.1

Die einzelnen Panels können unter der Eigenschaft *Items* angesprochen werden. Ihre Anzahl ist der Wert der Eigenschaft *Count*:

StatusBar1->Panels->Items[0] ... StatusBar1->Panels->Items[Count-1]

Jedes Item hat unter anderem die Eigenschaften:

*__property System::AnsiString **Text**;* // der in der Statusleiste angezeigte Text
*__property int **Width**;* // die Breite des Panels in Pixeln
*__property Classes::TAlignment **Alignment**;* // die Ausrichtung des Textes

Die einzelnen Textfelder kann man dann wie folgt ansprechen:

```
StatusBar1->Panels->Items[0]->Text="Sie sind verhaftet!";
StatusBar1->Panels->Items[1]->Text="Geben Sie alles zu!";
```

2.14.7 Weitere Komponenten ⊕

Ein **TrackBar** ist wie ScrollBar ein Schieberegler, bei dem die Eigenschaft *Position* die Position des Schiebers im Bereich zwischen *Min* und *Max* angibt. Zusätzlich werden Teilstriche angezeigt, und über die Eigenschaften *SelStart* und *SelEnd* kann man einen Teilbereich der Anzeige farblich hervorheben:

Die Komponente **ProgressBar** wird vor allem bei längeren Operationen in einem Programm als Fortschrittsanzeige eingesetzt. Der Anwender kann aufgrund dieser Anzeige abschätzen, wie lange die Operation noch dauert. *ProgressBar* hat im Wesentlichen die folgenden Eigenschaften:

*__property TProgressRange **Min**;* // untere Grenze der Fortschrittsanzeige
*__property TProgressRange **Max**;* // obere Grenze der Fortschrittsanzeige
*__property TProgressRange **Position**;* // die aktuelle Position
*__property TProgressRange **Step**;* // der Wert, um den *Position* durch *Step*
                                                                    // erhöht wird

sowie die folgenden Methoden:

*void __fastcall **StepIt**(void);* // erhöht *Position* um *Step*
*void __fastcall **StepBy**(TProgressRange Delta);* // erhöht *Position* um *Delta*

Die Komponente **UpDown** wird vor allem zusammen mit einem anderen Steuerelement (oft ein Edit-Fenster) verwendet, das in der Eigenschaft *Associate* angegeben wird. Nach dieser Zuordnung wird *UpDown* an die rechte oder linke Seite (Eigenschaft *AlignButton*) dieses Steuerelements gesetzt. Klickt man zur Laufzeit einen der beiden Kippschalter an, wird der Wert im zugeordneten Steuerelement um den Wert der Eigenschaft *Increment* erhöht oder reduziert.

Mit einem **DateTimePicker** kann man in Abhängigkeit vom Wert der Eigenschaft *Kind* Kalenderdaten und Uhrzeiten eingeben. Diese stehen unter den Eigenschaften *Date* und *Time* zur Verfügung:

```
Memo1->Lines->Add(DateTimePicker1->Date);
Memo1->Lines->Add(DateTimePicker1->Time);
```

Klickt man während der Laufzeit den Pulldown-Button der ComboBox an, wird ein Kalender angezeigt, aus dem man ein Datum durch Anklicken auswählen kann:

Die Komponente **Animate** kann eine AVI-Datei als Animation auf einem Formular abspielen.

Mit einem **HotKey** können während der Laufzeit eines Programms Tastenkürzel editiert und definiert werden. Diese können dann z.B. folgendermaßen einer Menüoption zugeordnet werden.

```
Neu->ShortCut = HotKey1->HotKey; // z.B. TMenuItem Neu
```

Die Komponente **Toolbar** ist ein Container, mit dem man vor allem SpeedButtons zu einer Werkzeugleiste zusammenfasst.

2.14 Einige Komponenten der Seiten Win32 und Win 3.1

Aufgaben 2.14

1. Schreiben Sie ein Programm mit einem dreiseitigen Dialogfenster.

a) Das erste Dialogfenster soll einen Button, ein Label und eine Statusleiste enthalten. Je nachdem, ob sich der Mauszeiger über dem Button oder über dem Label befindet, soll in der Statusleiste ein entsprechender Text angezeigt werden. Sie können dazu das Ereignis *OnMouseMove* verwenden.

b) Das zweite Dialogfenster soll die Komponenten *TrackBar* und *ProgressBar* enthalten. Beim Verschieben des Reglers von *TrackBar* soll der Positionswert durch *ProgressBar* angezeigt werden.

c) Das dritte Dialogfenster soll ein *ListView* enthalten, dem beim Anklicken eines Buttons mit der Aufschrift *Add* der Text eines Edit-Fensters als neuer Eintrag hinzugefügt wird. Außerdem sollen die Einträge von zwei weiteren Edit-Fenstern als neuer Untereintrag hinzugefügt werden (siehe die nächste Abbildung). Die Ansicht des *ListViews* soll über 4 RadioButtons zwischen *vsIcon*, *vsList*, *vsSmallIcon* und *vsReport* umgeschaltet werden können:

2. Unter *Datei|neu|Projekte* findet man die Projektvorlage „Win95/98-Logo-Anwendung". Sie enthält ein *RichEdit* als Editor und Menüoptionen zum Öffnen und Speichern von Dateien. Ergänzen Sie eine solche Anwendung um einen *FontDialog*, mit dem die Schriftart gewählt werden kann.

Damit in diesem *FontDialog* die Eigenschaften des aktuellen Fonts angezeigt werden, kann man die Eigenschaft *SelAttributes* mit der Methode *Assign* als Ganzes dem *FontDialog* zuweisen. Ebenso kann man mit *Assign* den Font des *FontDialogs* dem *RichEdit* zuweisen.

```
FontDialog1->Font->Assign(RichEdit1->SelAttributes);
if (FontDialog1->Execute())
  RichEdit1->SelAttributes->Assign(FontDialog1->Font);
```

2.15 Einige Komponenten der Seite System ⊕

Die Komponente **Timer** startet eine Uhr, die im Hintergrund läuft und immer nach so vielen Millisekunden das Ereignis *OnTimer* auslöst, wie in der Eigenschaft *Interval* festgelegt wurde. In der Ereignisbehandlungsroutine für das Ereignis *OnTimer* kann man die Anweisungen auffühen, die nach dem eingestellten Zeitintervall ausgeführt werden sollen. Mit der booleschen Eigenschaft *Enabled* kann der Timer aktiviert bzw. deaktiviert werden.

Durch die folgende Funktion wird die von der Systemfunktion *Time* gelieferte aktuelle Zeit jede Sekunde auf ein Label geschrieben, wenn *Interval* auf 1000 gesetzt wurde:

```
void __fastcall TForm1::Timer1Timer(TObject *Sender)
{
Label1->Caption=TimeToStr(Time());
}
```

Unter **Windows 95/98** sind Timer-Ereignisse allerdings nicht so genau, wie man das aufgrund der Intervalleinteilung in Millisekunden erwarten könnte. Das hat seine Ursache darin, dass pro Sekunde maximal 18,2 solche Timer-Ticks stattfinden (ca. alle 55 ms, wie unter DOS). Damit führt ein Intervall von 50 zu etwa gleich vielen Ticks wie das Intervall 1. Außerdem kann man auch bei großen Intervallen wie 1000 nicht erwarten, dass nach 10 Ticks genau 10 Sekunden vergangen sind: Tatsächlich wird etwas mehr Zeit vergangen sein.

Unter **Windows NT** sind die Timer wesentlich genauer: Hier sind kleinere Intervalle möglich, und die tatsächlich vergangene Zeit stimmt genauer mit der Zeit überein, die aufgrund der abgelaufenen Ticks zu erwarten ist.

Eine **PaintBox** begrenzt einen rechteckigen Zeichenbereich (*Canvas*) in einem Formular. Wenn man in den *Canvas* einer *PaintBox* zeichnet, sieht das genauso aus, wie wenn man in das Formular zeichnet. Allerdings sind alle Zeichenoperationen auf den Bereich der *PaintBox* beschränkt: Wenn man z.B. *LineTo* mit einem Endpunkt aufruft, der außerhalb der *PaintBox* liegt, werden nur die Linienpunkte innerhalb der *PaintBox* gezeichnet.

Die Zeichenfläche einer *PaintBox* hat jedoch alle Nachteile der Zeichenfläche eines Formulars: Wenn man die Funktionen zum Zeichnen nicht als Reaktion auf das Ereignis *OnPaint* aufruft, wird das Bild z.B. nicht neu gezeichnet, nachdem das zum Formular gehörende Fenster verdeckt war und wieder angezeigt wird. Siehe dazu die Ausführungen zu *TImage* in Abschnitt 2.13.

2.15 Einige Komponenten der Seite System

Die Komponenten *FileListBox*, *DirectoryListBox*, *DriveComboBox* und *FilterComboBox* sind als Bestandteile in den Standarddialogen *OpenDialog* und *SaveDialog* enthalten.

Die Komponente **FileListBox** zeigt alle Dateien im aktuellen Verzeichnis in einer *ListBox* an. Mit der Eigenschaft *Directory* können Dateien in einem anderen Verzeichnis angezeigt werden. Wenn man die Eigenschaft *ShowGlyphs* auf *true* setzt, werden Symbole neben dem Dateinamen angezeigt, die einen Hinweis auf den Dateityp geben. Über Eigenschaften wie *Mask* und *FileType* können Dateitypen und Attribute maskiert werden.

Eine **DirectoryListBox** zeigt die Verzeichnisstruktur des aktuellen Laufwerks an. Über die Eigenschaft *Drive* kann man das Laufwerk festlegen, dessen Verzeichnisstruktur dargestellt werden soll.

Die Komponente **DriveComboBox** zeigt alle verfügbaren Laufwerke an.

Mit einer **FilterComboBox** kann man dem Anwender über die Eigenschaft *Mask* eine Auswahl von Dateifiltern präsentieren.

Will man jetzt ähnliche Dialogfenster wie einen OpenDialog entwerfen, kann man diese Komponenten etwa folgendermaßen miteinander verbinden:

```
void __fastcall TForm1::DirectoryListBox1Change(TObject
                                                    *Sender)
{
FileListBox1->Directory = DirectoryListBox1->Directory;
}

void __fastcall TForm1::DriveComboBox1Change(TObject
                                                    *Sender)
{
DirectoryListBox1->Drive = DriveComboBox1->Drive;
}
```

Die Komponente **MediaPlayer** enthält Schaltfelder (Play, Stop, Eject usw.), mit denen man ein unter Windows installiertes Multimediagerät (CD-Spieler, Videorecorder usw.) steuern kann. Ist kein solches Gerät angeschlossen, aber ein entsprechendes Programm unter Windows installiert, kann man das Programm steuern. Damit ist die Aufnahme oder Wiedergabe von Film- oder Musikdateien (z.B. WAV- oder AVI-Dateien) möglich.

Wählt man ein Schaltfeld des MediaPlayers an, wird eine entsprechende Methode aufgerufen, z.B. *Play*, *Stop*, *Eject*. Diese Methoden können auch direkt aufgerufen werden.

Die Art des Geräts kann durch den Wert der Eigenschaft *DeviceType* festgelegt werden. Dieser Wert bestimmt, welches Gerät beim Aufruf der Methode *Open* verwendet wird. Setzt man

```
MediaPlayer1->DeviceType = dtCDAudio;
```

wird beim Aufruf von *Open* automatisch das unter Windows installierte Programm zur Wiedergabe von Audio-CDs aufgerufen:

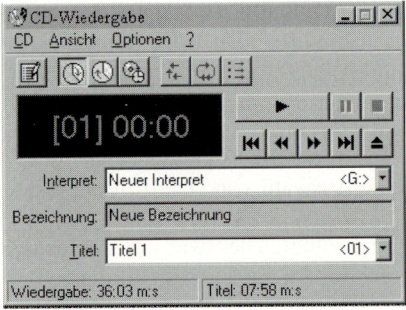

Wird als *DeviceType* der Wert *dtAutoSelect* angegeben, wird das entsprechende Gerät aus der Endung des Dateinamens in der Eigenschaft *FileName* bestimmt.

Beim Abspielen von AVI-Dateien wird automatisch ein Fenster geöffnet, in dem der Film abgespielt wird:

Aufgaben 2.15

1. Schreiben Sie ein Programm mit den folgenden beiden Funktionen:

a) Die Hintergrundfarbe eines Edit-Fensters soll gelb blinken, wenn es den Fokus hat. Sie können dazu die Ereignisse *OnEnter* und *OnExit* verwenden.
b) Prüfen Sie Genauigkeit von Timer-Ereignissen, indem Sie jede Sekunde einen Timer-Tick auslösen und dabei den Wert

```
FloatToStr(double(Now())*24*60*60)
```

in einem Memo-Fenster ausgeben. Hier ist *Now*() die aktuelle Systemzeit als Gleitkommazahl. Die Stellen vor dem Komma geben die Anzahl der Tage seit dem 30.12.1899 und die Stellen nach dem Komma die aktuelle Uhrzeit an. Vergleichen Sie die angezeigten Werte mit den erwarteten Werten.

2. Schreiben Sie ein Programm, mit dem man WAV-, MIDI-, AVI- und ähnliche Dateien abspielen kann, die mit einem *OpenDialog* geöffnet wurden:

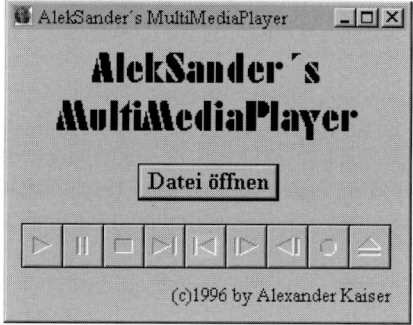

2.16 ActiveX-Komponenten ⊕

Auf der Seite *ActiveX* findet man einige mehr oder weniger vollwertige Demoversionen kommerziell verfügbarer ActiveX-Komponenten. Solche Komponenten sind Programme mit der Namensendung .OCX, die unter Windows in andere Programme eingebunden werden können. In dieser Beziehung haben sie Ähnlichkeiten mit den Komponenten der Komponentenpalette des C++Builders. Sie unterscheiden sich von diesen aber dadurch, dass sie nicht nur von Borland-Produkten wie Delphi oder dem C++Builder verwendet werden können, sondern von beliebigen Windows-Programmen (z.B. Visual Basic, MS Internet Explorer usw.).

Am Ende dieses Abschnitts wird noch gezeigt, wie man ActiveX-Komponenten, die als **OCX-Dateien** vorliegen, in die Komponentenpalette aufnehmen kann.

Damit man ein Programm mit einer ActiveX-Komponente auch ausführen kann, muss sie einschließlich der notwendigen DLLs auf dem Rechner installiert sein. Die vom C++Builder erzeugte Exe-Datei reicht nicht aus. Siehe dazu die Online-Hilfe zu den jeweiligen Komponenten.

In der Version 5 des C++Builders müssen Programme, die ActiveX-Komponenten verwenden, mit der Einstellung kompiliert werden:

Projekt\Optionen\Packages: mit Laufzeit-Packages kompilieren

Andernfalls erhält man zur Laufzeit den Fehler „Unbekannte Schnittstelle". In der Version 1 und in Delphi sind keine speziellen Einstellungen notwendig.

Mit der Komponente **Chartfx** kann man **Diagramme zeichnen**. Dabei können die Einzelheiten der Darstellung (Farben, dargestellte Werte, Art der Kurven, Beschriftungen usw.) über zahlreiche Eigenschaften und Methoden gesteuert werden.

Nachdem man eine Chartfx-Komponente auf ein Formular gesetzt hat, muss man sie eventuell zunächst durch Ziehen an den Ziehquadraten vergrößern, damit man die Art der Darstellung sieht. Durch einen Doppelklick auf die Komponente wird dann das folgende Fenster angezeigt, in dem man die Eigenschaften der Darstellung einstellen kann. Hier stehen dieselben Eigenschaften (ca. 70) wie im Objektinspektor sowie weitere zur Verfügung, allerdings etwas übersichtlicher zu Gruppen zusammengefasst.

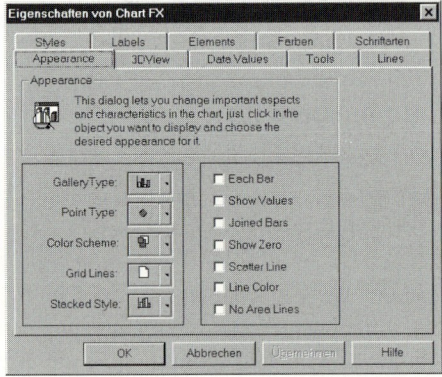

Das folgende Beispiel zeigt, wie man von einem C++-Programm Daten an ein Chartfx überträgt:

2.16 ActiveX-Komponenten

```
void __fastcall TForm1::Button1Click(TObject *Sender)
{
// OpenDataEx ist notwendig, damit der Chart-Komponente
// Daten übergeben werden können. Die Werte 2 und 5
// bedeuten, dass Werte für 2 Zahlenreihen mit jeweils 5
// Werten folgen:
Chartfx1->OpenDataEx(COD_VALUES,2,5);

Chartfx1->ThisSerie = 0;
// ThisSerie: Nummer der Zahlenreihe zu der die Werte
// Value[0] usw. gehören:
Chartfx1->Value[0] = 30;
Chartfx1->Value[1] = 20;
Chartfx1->Value[2] = 40;
Chartfx1->Value[3] = 60;
Chartfx1->Value[4] = 50;

Chartfx1->ThisSerie = 1;
// Die folgenden Werte gehören zur zweiten Zahlenreihe:
Chartfx1->Value[0] = 45;
Chartfx1->Value[1] = 60;
Chartfx1->Value[2] = 30;
Chartfx1->Value[3] = 60;
Chartfx1->Value[4] = 80;

// Beende die Datenübergabe:
Chartfx1->CloseData(COD_VALUES);
}
```

Setzt man dann die Eigenschaft *ChartType* auf *Area*, erhält man für diese Daten die folgende Darstellung:

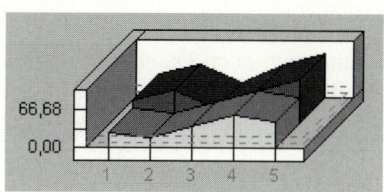

Mit der Komponente **F1Book** kann man eine Tabellenkalkulation (ähnlich wie Excel) in ein Programm mit dem C++Builder einbinden.

In einem Programm, das eine solche Komponente enthält, kann man die Werte in den einzelnen Zellen entweder direkt eingeben oder nach einem Doppelklick mit der rechten Maustaste den so genannten *Workbook Designer* aufrufen. Hier hat man viele Möglichkeiten, die Datenformate der einzelnen Zellen festzulegen oder Formeln einzugeben:

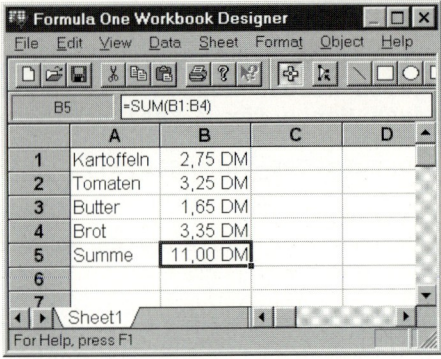

Vom C++Builder aus kann man die Werte der Zellen man z.B. so ansprechen:

```
void __fastcall TForm1::Button2Click(TObject *Sender)
{
F1Book1->Selection= "B1:B5"; // Select B1:B5
F1Book1->FormatCurrency2();
F1Book1->TextRC[1][1]="Kartoffeln"; // Text in Zelle 1,1
F1Book1->NumberRC[1][2]=2.75;       // Wert in Zelle 1,1
F1Book1->TextRC[2][1]="Tomaten";
F1Book1->NumberRC[2][2]=3.25;
F1Book1->TextRC[3][1]="Butter";
F1Book1->NumberRC[3][2]=1.65;
F1Book1->TextRC[4][1]="Brot";
F1Book1->NumberRC[4][2]=3.35;
F1Book1->TextRC[5][1]="Summe";
F1Book1->FormulaRC[5][2]="SUM(B1:B4)"; // Formel
F1Book1->AutoRecalc=true;
}
```

Mit der Methode **Read** kann man auch Dateien im Format von Microsoft **Excel** einlesen und nicht nur solche im Format von *F1Book*:

```
VCFormulaOne1->Read("c:\\PC1.xls",F1FileExcel5);
```

In der Online-Hilfe wird allerdings darauf hingewiesen, dass u.U. nicht alle Zelleneinträge von Excel in *F1Book* übernommen werden.

Die Komponente **VSSpell** ist ein Programm, mit dem man eine Rechtschreibprüfung durchführen kann. Ein einfaches Beispiel:

```
void __fastcall TForm1::Button2Click(TObject *Sender)
{
VSSpell1->Text = Edit1->Text;
int ResultCode =VSSpell1->BeginCheck;
Memo1->Lines->Add(IntToStr(ResultCode));
}
```

2.16 ActiveX-Komponenten

Nach der Ausführung dieser Anweisungen wird dann das folgende Fenster angezeigt, wenn Edit1 den Text „Edit1" enthält:

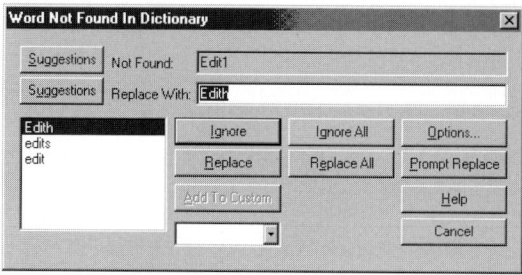

Abschließend soll an einem Beispiel gezeigt werden, wie man **eine ActiveX-Komponente**, die nicht zum Lieferumfang des C++Builders gehört, **in die Komponentenpalette aufnehmen** kann.

Der **Acrobat-Reader** ist ein Programm, mit dem man Dokumente im so genannten pdf-Format lesen kann. Dieses Format ist recht verbreitet und ist auch eines der Formate, in denen der jeweilige Entwurf für den C++-Standard veröffentlicht wurde. Der Acrobat-Reader steht im Internet unter www.adobe.com kostenlos zur Verfügung. Nach der Installation der Version 4 findet man im Installationsverzeichnis das Verzeichnis *ActiveX* mit der Datei „pdf.ocx".

Diese Komponente bindet man in die Komponentenpalette des C++Builders ein, indem man in der Menüleiste *Komponente|Installieren* wählt und dann den Button *ActiveX* anklickt. Im darauf folgenden Fenster klickt man nun die Komponente an, die man installieren will (hier also „Acrobat Control for ActiveX"):

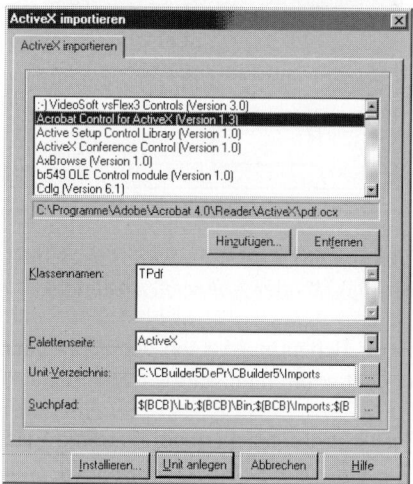

Nachdem man dieses und auch das vorhergehende Fenster mit OK bestätigt hat, baut der C++Builder die Komponentenpalette neu auf und zeigt anschließend ein Symbol für den Acrobat-Reader auf der Seite *ActiveX* der Komponentenpalette an. Wenn man dieses auf ein Formular setzt und der Eigenschaft „src" den Pfadnamen einer pdf-Datei

```
void __fastcall TForm1::Button2Click(TObject *Sender)
{
Pdf1->src = "c:\\acrobat4\\HELP\ENU\\ACROBAT.PDF";
}
```

zuweist, wird sie anschließend wie im Acrobat-Reader angezeigt.

2.17 Vordefinierte DialogBoxen ⊕

Für einige häufig gebrauchte Standarddialoge stehen Funktionen zur Verfügung.

1. Mit einer InputBox kann man einen String einlesen:

   System::AnsiString __fastcall **InputBox**(*const System::AnsiString ACaption,
       const System::AnsiString APrompt, const System::AnsiString ADefault);*

   Beispiel: Der Aufruf von

   ```
   Edit1->Text = InputBox("Titel","Text","Default");
   ```

   erzeugt die folgende InputBox:

   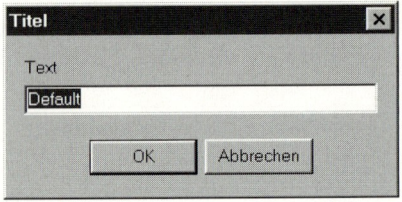

   Eine *InputBox* kann verwendet werden, wenn es nicht relevant ist, ob der Anwender die Eingabe mit *OK* oder *Abbrechen* beendet.

2. Falls es aber doch von Bedeutung ist, ob der Anwender die Eingabe mit *OK* oder *Abbrechen* beendet, kann man stattdessen die

   bool __fastcall **InputQuery**(*const System::AnsiString ACaption,
       const System::AnsiString Aprompt , System::AnsiString &Value);*

2.17 Vordefinierte DialogBoxen

verwenden. Das erzeugte Fenster sieht im Wesentlichen genauso aus. Die Funktion gibt den Funktionswert *true* zurück, wenn der Anwender die Eingabe mit *OK* beendet.

3. Die Funktion *ShowMessage* erzeugt ein Fenster mit dem als Parameter übergebenen String. Der Name der Anwendung wird dabei als *Caption* im Fenster angezeigt

   *void __fastcall **ShowMessage**(const System::AnsiString Msg);*

   Beispiel: Durch

   ```
   ShowMessage("Hallo");
   ```

   wird das folgende Fenster angezeigt:

4. Die Funktion *MessageDlg* bietet vielfältige Gestaltungsmöglichkeiten für die Meldungsfenster:

   *int __fastcall **MessageDlg**(const System::AnsiString Msg,*
   TMsgDlgType DlgType, TMsgDlgButtons Buttons, long HelpCtx);

   Die Parameter haben die folgende Bedeutung:

Msg	der im Meldungsfenster angezeigte Text
DlgType	bestimmt die Art der Dialogbox und das angezeigte Bitmap; mögliche Werte:

   mtWarning: gelbes Ausrufezeichen und Aufschrift „Warnung"
   mtError: rotes Stop-Zeichen und Aufschrift „Fehler"
   mtInformation: blaues "i" und Aufschrift „Information"
   mtConfirmation: Fragezeichen und Aufschrift „Bestätigen"
   mtCustom: kein Bitmap und als Aufschrift der Programmname

Buttons	für die angezeigten Buttons; mögliche Werte: *mbYes*, *mbNo*, *mbOK*, *mbCancel*, *mbHelp*, *mbAbort*, *mbRetry*, *mbIgnore* und *mbAll*
HelpCtx	die Nummer des Hilfetextes, der beim Drücken des Hilfe-Buttons angezeigt wird. Falls kein Hilfetext zugeordnet wird, übergibt man den Wert 0.

Beispiel: Der Aufruf

```
MessageDlg("Daten speichern?",mtInformation,
TMsgDlgButtons()<<  mbYes << mbNo << mbCancel, 0);
```

erzeugt das Dialogfenster:

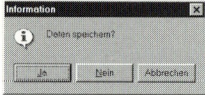

Die bisher noch nicht vorgestellte Syntax mit „<<" wird hier für Mengen (Datentyp *Set*) verwendet. Ein *Set* kann wie eine Menge in der Mathematik mehrere Elemente enthalten. Diese Elemente werden der Menge *TMsgDlgButtons*() mit dem Operator << hinzugefügt.

5. Die Funktionen

*int __fastcall **MessageDlgPos**(const System::AnsiString Msg, TMsgDlgType
        DlgType, TMsgDlgButtons Buttons, long HelpCtx, int X, int Y);*

*void __fastcall **ShowMessagePos**(const System::AnsiString Msg,int X,int Y);*

erzeugen dieselben Fenster wie die Funktionen ohne die Namensendung *Pos*. Bei ihnen kann man für die Parameter X und Y auch noch die Position des Fensters angeben.

3 Elementare Datentypen und Anweisungen

Nachdem in den letzten beiden Kapiteln gezeigt wurde, wie man mit der Entwicklungsumgebung des C++Builders arbeitet, beginnen wir in diesem Kapitel mit der Vorstellung der Sprachelemente von C++.

Zunächst werden einige Zusammenhänge zwischen einem Programm und den zugehörigen Units dargestellt. Darauf folgen die Syntaxregeln, mit denen die Sprachelemente von C++ im ANSI/ISO-Standard (C++-Standard, 1998) beschrieben werden sowie elementare Konzepte wie Variablen, Konstanten usw. Der überwiegende Teil stellt die fundamentalen Datentypen und Zeiger vor. Die meisten dieser Konzepte und Datentypen findet man auch schon in der Programmiersprache C.

3.1 Windows-Programme und Units

In diesem Abschnitt wird gezeigt, wie ein Programm aufgebaut ist, das mit dem C++Builder entwickelt wurde. Aus diesem Aufbau ergibt sich dann, welche Sprachelemente man an welchen Stellen in einem Programm verwenden kann. Das ist die Grundlage für alle Deklarationen, die in den nächsten Abschnitten beschrieben werden. In diesem Zusammenhang wird für einige Sprachelemente exemplarisch gezeigt, wie sie syntaktisch definiert sind und wie man die Syntaxregeln liest.

Der Zusammenhang zwischen einem Programm und den Units, die der C++Builder für die Formulare erzeugt, ist auf den ersten Blick vielleicht etwas unklar, vor allem für Programmierer, die vorher für ein textorientiertes Betriebssystem wie MS-DOS programmiert haben. Dort besteht ein C++-Programm oft nur aus einer einzigen Quelltextdatei mit der Endung „.cpp". Sie enthält eine Funktion *main*, die beim Start des Programms aufgerufen wird. Dadurch werden die Anweisungen dieser Funktion der Reihe nach ausgeführt.

Bei unseren bisherigen Windows-Programmen haben wir eine solche Funktion aber noch nicht gesehen. Das liegt daran, dass beim Start eines Windows-Programms die Funktion **WinMain** aufgerufen wird und nicht wie bei einem textorientierten Programm die Funktion *main*. Sie befindet sich in einer Datei, die der C++Builder automatisch für ein Projekt anlegt. Der Name dieser Datei ist dabei der Dateiname, der beim Speichern des Projekts angegeben wird, zusammen mit der Namenserweiterung „.cpp".

Zum Beispiel hat der C++Builder nach dem Speichern eines Projekts unter dem Namen „Project1" die folgende Datei „Project1.cpp" erzeugt:

```
//---------------------------------------------------------
#include <vcl.h>
#pragma hdrstop
USERES("Project1.res");
USEFORM("Unit1.cpp", Form1);
//---------------------------------------------------------
WINAPI WinMain(HINSTANCE, HINSTANCE, LPSTR, int)
{
   try
   {
      Application->Initialize();
      Application->CreateForm(__classid(TForm1), &Form1);
      Application->Run();
   }
   catch (Exception &exception)
   {
      Application->ShowException(&exception);
   }
   return 0;
}
//---------------------------------------------------------
```

Beim Start des Programms werden dann die Anweisungen zwischen „{" und „}" der Reihe nach ausgeführt:

- Zuerst wird *Application->Initialize* aufgerufen.
- Durch den Aufruf von *Application->CreateForm* wird das **Formular** *Form1* so **erzeugt**, wie es mit der Entwicklungsumgebung entworfen wurde.
- Der Aufruf von *Application->Run* integriert das Programm in das Botschaftensystem von Windows: Es kann dann **auf die Ereignisse reagieren**, für die entsprechende Ereignisbehandlungsroutinen definiert sind. Das sind entweder **vom C++Builder vordefinierte Funktionen** oder aber **Funktionen, die in den Units** als Reaktionen auf Ereignisse definiert wurden.

Das Programm läuft dann so lange, bis es durch ein entsprechendes Ereignis beendet wird wie z.B. durch Anklicken der Option *Schließen* im Systemmenü oder durch die Tastenkombination *Alt-F4*. Diese beiden Reaktionen gehören zu den Ereignissen, die vom C++Builder vordefiniert sind.

Normalerweise hat ein Programmierer, der mit dem C++Builder arbeitet, allerdings nichts mit der Datei zu tun, die die Funktion *WinMain* enthält. Diese Datei wird automatisch vom C++Builder erzeugt und sollte normalerweise auch nicht verändert werden.

Stattdessen betätigt man sich bei der Arbeit mit dem C++Builder meist in einer **Unit**. Dabei kann es sich um eine Unit handeln, die vom C++Builder für ein Formular erzeugt wurde, oder eine, die der Programmierer selbst angelegt hat.

Jede Datei, die zu einem Projekt gehört und die Endung „.cpp" hat, ist syntaktisch eine so genannte **Übersetzungseinheit** (**translation unit**). Jede dieser Dateien wird durch den Compiler in eine so genannte Object-Datei mit der Endung „.obj" übersetzt. Aus den Object-Dateien erzeugt dann der **Linker** das lauffähige Exe-Programm. Alle Schritte, die zum Erzeugen einer Exe-Datei notwendig sind, führt der C++Builder automatisch durch, wenn man in der Entwicklungsumgebung *Start|Start* auswählt oder die Taste F9 drückt.

Anmerkungen für Delphi-Programmierer: Der Projekt-Datei mit der Endung .cpp entspricht in Delphi die DPR-Datei des Projekts. Der Header-Datei eines Formulars entspricht in Delphi der Interface-Teil und der cpp-Datei der Implementationsteil der Unit dieses Formulars.

3.2 Syntaxregeln

In diesem Abschnitt wird am Beispiel einiger Sprachelemente gezeigt, wie die Syntaxregeln im C++-Standard beschrieben werden. Diese Darstellung wird auch im Rest dieses Buches verwendet. Der C++Builder stellt die Syntax in der Online-Hilfe etwas anders dar als der C++-Standard.

Ein Sprachelement wird oft durch weitere Sprachelemente definiert, die dann nach einem Doppelpunkt in den folgenden Zeilen angegeben werden. Die Syntaxregel

> *translation-unit:*
>   *declaration-seq* _{opt}

definiert eine Übersetzungseinheit („translation-unit") als eine Folge von Deklarationen („declaration-seq"). Wegen „opt" kann diese Folge auch leer sein.

Werden nach dem zu definierenden Begriff mehrere Zeilen angegeben, sind sie als Alternative zu verstehen.

declaration-seq:
   declaration
   declaration-seq declaration

Aus der mittleren dieser drei Zeilen folgt deshalb, dass eine „declaration-seq" eine „declaration" sein kann. Wenn in einer dieser Zeilen der zu definierende Begriff verwendet wird, kann man für ihn eine Definition einsetzen, die sich aus dieser Syntaxregel ergibt. Verwendet man hier in der letzten Zeile, dass eine „declaration-seq" eine „declaration" sein kann, erhält man eine „declaration-seq" aus zwei Deklarationen. Diese Schritte kann man beliebig oft wiederholen (Rekursion). Deshalb besteht eine „declaration-seq" aus einer oder mehreren Deklarationen.

Ein Deklaration ist eine Blockdeklaration oder eine Funktionsdefinition usw:

declaration:
   block-declaration
   function-definition
   template-declaration
   explicit-instantiation
   explicit-specialization
   linkage-specification
   namespace-definition

Eine Blockdeklaration kann eine so genannte „einfache Deklaration" sein:

block-declaration:
   simple-declaration
   asm-definition
   namespace-alias-definition
   using-declaration
   using-directive

simple-declaration:
   decl-specifier-seq $_{opt}$ *init-declarator-list* $_{opt}$ **;**

Offensichtlich können die Syntaxregeln recht verschachtelt sein. Will man herausfinden, wie man ein Sprachelement einsetzen kann, erfordert das oft eine ganze Reihe von Zwischenschritten. Die Suche ist erst dann beendet, wenn man ein so genanntes **terminales Symbol** gefunden hat. Terminale Symbole sind in den Syntaxregeln fett gedruckt und müssen im Programm genauso wie in der Syntaxregel verwendet werden:

3.2 Syntaxregeln

simple-type-specifier:
    `::`*opt nested-name-specifier*   *opt type-name*
    `char`
    `wchar_t`
    `bool`
    `short`
    `int`
    `long`
    `signed`
    `unsigned`
    `float`
    `double`
    `void`

Deshalb kann eine Deklaration z.B. mit einem der Typnamen *int*, *short*, *char* usw. beginnen. Nach einigen Zwischenschritten kann man ebenso feststellen, dass eine „init-declarator-list" aus einem oder mehreren **Bezeichnern** (**identifier**) bestehen kann, die durch Kommas getrennt werden. Diese Syntaxregel gilt in C++ für alle Namen, die ein Programmierer für Variablen, Funktionen, Datentypen usw. wählt.

identifier:
    nondigit
    identifier nondigit
    identifier digit

*nondigit***:** one of
    universal-character-name
    `_ a b c d e f g h i j k l m n o p q r s t u v w x y z`
    `A B C D E F G H I J K L M N O P Q R S T U V W X Y Z`

*digit***:** one of
    `0 1 2 3 4 5 6 7 8 9`

Hier bedeutet „one of", dass die folgenden Symbole alternativ verwendet werden können. Die Konstruktion mit „one of" entspricht einer langen Liste von Alternativen, die aus Platzgründen in eine Zeile geschrieben wurden.

Bezeichner wurden schon in Abschnitt 2.2 vorgestellt: Ein Bezeichner muss mit einem Buchstaben des ASCII-Zeichensatzes oder dem Unterstrichzeichen „_" beginnen und kann von weiteren solchen Zeichen sowie den Ziffern 0..9 gefolgt werden. Aus diesen Regeln ergibt sich insbesondere, dass **deutsche Umlaute nicht** in Bezeichnern verwendet werden dürfen.

Allerdings informieren die Syntaxregeln nur über die notwendigen Voraussetzungen dafür, dass der Compiler ein Programm übersetzen kann. Oft gibt es weitere Regeln, die nicht in den Syntaxregeln enthalten sind. Für Bezeichner sind das beispielsweise:

- Der C++Builder berücksichtigt bei einem *identifier* „nur" die ersten **250 Zeichen**. Namen, die sich erst ab dem 251. Zeichen unterscheiden, werden als identisch betrachtet. Dieser Wert kann unter *Projekt|Optionen|Erweiterte Compiler-Optionen* reduziert, aber nicht erhöht werden.
- Innerhalb eines Blocks (siehe Abschnitt 5.5) müssen die Namen eindeutig sein.
- Groß- und Kleinbuchstaben werden in Bezeichnern unterschieden. Die beiden Bezeichner „summe" und „Summe" sind also nicht identisch.
- Ein **Schlüsselwort** (das ist ein Wort, das für den Compiler eine feste Bedeutung hat) darf nicht als Bezeichner verwendet werden. Im C++-Standard sind die folgenden Schlüsselworte definiert:

```
asm             do              inline          short           typeid
auto            double          int             signed          typename
bool            dynamic_cast    long            sizeof          union
break           else            mutable         static          unsigned
case            enum            namespace       static_cast     using
catch           explicit        new             struct          virtual
char            extern          operator        switch          void
class           false           private         template        volatile
const           float           protected       this            wchar_t
const_cast      for             public          throw           while
continue        friend          register        true
default         goto            reinterpret_cast                try
delete          if              return          typedef
```

Anmerkung für Pascal-Programmierer: Die Syntaxregeln für einen Bezeichner sind in Pascal dieselben wie in C++. Allerdings werden in Pascal Groß- und Kleinbuchstaben nicht unterschieden.

3.3 Variablen und Bezeichner

Wie in jeder anderen Programmiersprache kann man auch in C++ Speicherplätze im **Hauptspeicher** zur Speicherung von Daten zu verwenden. Dieser Hauptspeicher wird auch als **RAM** (Random Access Memory) bezeichnet. Die meisten PCs besitzen heute 32, 64 oder 128 MB (Megabytes) Hauptspeicher, wobei 1 MB ca. 1 Million (genau: 2^{20}=1048576) Speicherzellen (Bytes) sind, von denen jede 256 (=2^8) verschiedene Werte darstellen kann. Diese Speicherzellen sind der Reihe nach durchnummeriert, und die Nummer einer Speicherzelle wird auch als deren **Adresse** bezeichnet.

Damit sich der Programmierer nun nicht für alle gespeicherten Daten die Adressen der jeweiligen Speicherplätze merken muss, bieten höhere Programmiersprachen die Möglichkeit, Speicherplätze unter einem Namen anzusprechen. Ein solcher Name für Speicherplätze wird als **Variable** bezeichnet, da sich die in diesen Speicherplätzen dargestellten Daten während der Laufzeit eines Programms

3.3 Variablen und Bezeichner

ändern können. Die durch eine Variable dargestellten Daten werden als **Wert** der Variablen bezeichnet. Siehe dazu auch Bauer/Wössner (1982, Kap. 5).

In der Programmiersprache C wird anstatt des Begriffs „Variable" oft **„Objekt"** verwendet. Dieser Begriff stammt noch aus der Zeit, als die objektorientierte Programmierung noch nicht verbreitet war. Im Folgenden wird vor allem „Variable" verwendet. Später werden dann Variablen, deren Datentyp eine Klasse ist, als Objekte bezeichnet, um sie von Variablen anderer Datentypen zu unterscheiden.

Für jede in einem Programm verwendete Variable werden dann während der Kompilation des Programms die Adressen der Speicherplätze durch den Compiler berechnet. Der Programmierer braucht sich also nicht um diese Adressen zu kümmern, sondern kann sie unter dem Namen ansprechen, den er für die Variable gewählt hat.

Alle Variablen eines C++-Programms müssen vor ihrer Verwendung definiert werden. Eine solche **Definition** enthält den **Namen der Variablen**, ihren **Datentyp** und eventuell noch weitere Angaben. Durch den Datentyp wird festgelegt, welche **Operationen** mit der Variablen möglich sind, welche **Werte** sie annehmen kann und wie viel **Speicherplatz** der Compiler für sie reservieren muss.

Eine Definition wird im einfachsten Fall durch die Syntaxregel für eine **einfache Deklaration** beschrieben, die schon im letzten Abschnitt vorgestellt wurde. Solche Deklarationen sind nach folgendem Schema aufgebaut:

```
T var1, var2, ...;
```

Hier steht T für einen Datentyp, wie z.B. den vordefinierten Datentyp *int*, mit dem man ganzzahlige Werte darstellen kann. Die Namen der Variablen sind *var1*, *var2* usw. und müssen alle verschieden sein. So werden z.B. durch

```
int ia,ib,id;
```

drei Variablen *ia*, *ib* und *id* des Datentyps *int* definiert. Diese Definition von mehreren durch Kommas getrennten Bezeichnern mit einem Datentyp wie *int* ist gleichwertig mit einer Reihe von Variablendefinitionen, wobei vor jeder Variablen der Datentyp angegeben wird:

```
int ia;
int ib;
int id;
```

Variablen können **global** oder **lokal** definiert werden. Eine globale Variable erhält man durch eine Definition, die außerhalb einer Funktion erfolgt. Sie kann dann ab ihrer Definition in jeder Funktion verwendet werden, die keine lokale Variable mit demselben Namen definiert:

```
int i; // Definition der globalen Variablen i
```

```
void __fastcall TForm1::FormCreate(TObject *Sender)
{
i=0;
}

void __fastcall TForm1::Button1Click(TObject *Sender)
{
i++;
Edit1->Text=IntToStr(i);
};
```

Hier wird der Variablen i der Wert 0 zugewiesen, wenn nach dem Start des Programms das Hauptformular *Form1* erzeugt wird (Ereignis **OnCreate** in der Funktion **FormCreate**). Der Wert von i wird bei jedem Anklicken von *Button1* um 1 erhöht und im Fenster von *Edit1* angezeigt.

Definiert man eine Variable dagegen innerhalb einer Funktion, erhält man eine **lokale Variable**. Eine solche Variable kann nur in dieser Funktion verwendet werden. Falls man in verschiedenen Funktionen lokale Variablen mit demselben Namen definiert, sind das verschiedene Variablen.

```
void __fastcall TForm1::Button1Click(TObject *Sender)
{
int k;
};

void __fastcall TForm1::Button2Click(TObject *Sender)
{ // Die in Button1Click definierte Variable ist hier
  // nicht bekannt.
k=2; // Fehler: Undefiniertes Symbol 'k'
};
```

Alle globalen Variablen werden in C++ beim Start des Programms mit dem Wert 0 initialisiert. Lokale Variablen werden dagegen nicht initialisiert: Ihr Wert ergibt sich aus dem Bitmuster, das bei der Reservierung des Speicherplatzes zufällig an den entsprechenden Speicherzellen steht. Den Wert einer solchen lokalen Variablen bezeichnet man auch als **undefiniert**. Bei der Definition einer Variablen kann man sie mit einem bestimmten Wert initialisieren, indem man diesen Wert nach einem Gleichheitszeichen angibt:

```
int i;   // global, wird mit 0 initialisiert

void __fastcall TForm1::Button1Click(TObject *Sender)
{
int j; // lokal, der Wert von j ist undefiniert.
int k=0;
Edit1->Text=IntToStr(i+j+k); // undefiniertes Ergebnis
}
```

Nicht alle Programmiersprachen verlangen wie C++, dass eine Variable vor ihrer Verwendung ausdrücklich definiert wird. So ist dies in vielen Versionen der Programmiersprache **BASIC** nicht notwendig. Dort wird eine Variable einfach durch ihre Verwendung deklariert (implizite Deklaration). Im letzten Beispiel würde das heißen, dass man die Zeile

```
int i;
```

weglassen kann. Viele Anfänger betrachten es deshalb als **Schikane** von C++, dass eine solche Deklaration verlangt wird.

Die implizite Deklaration von BASIC birgt indessen ein großes Gefahrenpotenzial: Bei einem Schreibfehler kann der Compiler nicht feststellen, dass es sich um einen solchen handelt – die falsch geschriebene Variable ist für den Compiler eine neue Variable. Vor allem bei größeren Programmen kann die Suche nach solchen Fehlern sehr mühselig und zeitraubend sein.

Diese Vorschrift, alle Variablen vor ihrer Verwendung angeben zu müssen, bietet also einen gewissen **Schutz vor Schreibfehlern** beim Programmieren. Wenn der Compiler nicht definierte Bezeichner entdeckt (Fehler: „Undefiniertes Symbol"), kann das an einem Schreibfehler im Bezeichner liegen oder auch an einer fehlenden Definition.

Auch die schon im letzten Kapitel verwendeten Komponenten des C++Builders sowie deren Eigenschaften sind Variablen. Da sie vom C++Builder automatisch definiert werden, wenn man sie auf ein Formular setzt, konnten wir sie verwenden, ohne dass wir ihre Definition in das Programm schreiben mussten.

Anmerkung für Pascal-Programmierer: In Pascal werden Variablen in einem Variablenvereinbarungsteil definiert, der mit dem Schlüsselwort *var* beginnt.

Aufgabe 3.3

Begründen Sie für jede der folgenden Definitionen, ob sie zulässig ist oder nicht:

```
int Preis_in_$, x kleiner y, Zinssatz_in_%,
    x/y, this, Einwohner_von_Tübingen;
```

3.4 Ganzzahldatentypen

Variablen, deren Datentyp ein Ganzzahldatentyp ist, können ganzzahlige Werte darstellen. Je nach Datentyp können dies ausschließlich positive Werte oder positive und negative Werte sein. Der Bereich der darstellbaren Werte hängt dabei davon ab, wie viele Bytes der Compiler für eine Variable des Datentyps reserviert und wie er diese interpretiert.

In C++ gibt es die folgenden Ganzzahldatentypen:

Datentyp	Wertebereich im C++Builder	Datenformat
signed char **char** (Voreinstellung)	–128 .. 127	8 bit mit Vorzeichen
unsigned char	0 .. 255	8 bit ohne Vorzeichen
short int short signed short signed short int	–32768 .. 32767	16 bit mit Vorzeichen
unsigned short int unsigned short **wchar_t**	0 .. 65535	16 bit ohne Vorzeichen
int signed signed int **long int** long signed long signed long int	–2,147,483,648 .. 2,147,483,647	32 bit mit Vorzeichen
unsigned int unsigned **unsigned long int** unsigned long	0 .. 4,294,967,295	32 bit ohne Vorzeichen
bool	true, false	

Wie diese Tabelle zeigt, gibt es für die meisten Datenformate verschiedene Namen. Ein fett gedruckter Name steht dabei für denselben Datentyp wie die darauf folgenden nicht fett gedruckten Namen. So sind z.B. *char*, *signed char* und *unsigned char* drei verschiedene Datentypen. Dagegen sind *signed* und *signed int* alternative Namen für den Datentyp *int*. Dass diese Namen unterschiedliche Datentypen sind, ist aber außer in Zusammenhang mit überladenen Funktionen kaum von Bedeutung.

Für diese Datentypen gilt nach dem C++-Standard:

– Wenn T für einen der Datentypen *char*, *int*, *short* oder *long* steht, dann belegen Variablen der Datentypen *T*, *signed T* und *unsigned T* dieselbe Anzahl von Bytes.
– Bei allen Datentypen außer *char* sind die Datentypen *T* und *signed T* gleich. Ob *char* dem Datentyp *signed char* oder dem Datentyp *unsigned char* entspricht, kann bei verschiedenen Compilern verschieden sein.

3.4 Ganzzahldatentypen

Im C++Builder ist die Voreinstellung so, dass *char* und *signed char* gleich sind. Mit der Compiler-Option „-K" (z.B. über „#pragma option -K") kann der Datentyp *char* auf *unsigned char* gesetzt werden.

Der C++-Standard legt explizit nicht fest, welchen **Wertebereich** ein bestimmter Ganzzahldatentyp darstellen können muss. Es wird lediglich verlangt, dass der Wertebereich eines Datentyps, der in der Liste

signed char, signed short, int, long int

rechts von einem anderen steht, nicht kleiner ist als der eines Datentyps links davon. Deswegen können verschiedene Compiler verschiedene Formate für den Datentyp *int* verwenden: Bei Compilern für 16-bit-Systeme werden häufig 16 Bits für den Datentyp *int* verwendet und bei Compilern für 32-bit-Systeme 32 Bits.

Diese unterschiedlichen Formate können zu nicht kompatiblen Dateiformaten führen, wenn solche Datentypen in Dateien gespeichert werden. So kann eine von einem 16-bit-Programm angelegte Datei mit *int*-Daten von einem 32-bit-Programm nicht richtig gelesen werden, weil das 16-bit-Programm zwei Bytes pro *int* in die Datei geschrieben hat, das 32-bit-Programm aber vier Bytes pro *int* liest. Bei Variablen im Hauptspeicher sind diese Probleme jedoch nicht zu befürchten. Hier ist lediglich der unterschiedliche Darstellungsbereich zu beachten.

Die Datentypen *signed char*, *short int*, *int* und *long int* werden unter dem Oberbegriff **Ganzzahldatentyp mit Vorzeichen** zusammengefasst. Ein **Ganzzahldatentyp ohne Vorzeichen** ist einer der Datentypen *unsigned char*, *unsigned short int*, *unsigned int* und *unsigned long*. Die Ganzzahldatentypen mit und ohne Vorzeichen sind zusammen mit den Datentypen *bool*, *char* und *wchar_t* die **Ganzzahldatentypen**.

Der Standard für die Programmiersprache C verlangt, dass die Wertebereiche in der Datei „limits.h" dokumentiert werden. Da dieser Standard auch in den Standard für C++ übernommen wurde, gehört diese Datei auch zum C++-Standard. Bei dem folgenden Auszug aus „include\limits.h" wurde das Layout etwas überarbeitet:

```
#define CHAR_BIT      8 // number of bits in a char
#define SCHAR_MIN   (-128) // minimum signed char value
#define SCHAR_MAX    127  // maximum signed char value
#define UCHAR_MAX    255  // maximum unsigned char value
#define SHRT_MIN  (-32767-1)// minimum signed short value
#define SHRT_MAX   32767  // maximum signed short value
#define USHRT_MAX  65535U // maximum unsigned short value
#define LONG_MIN  (-2147483647L-1)//minimum signed long ..
#define LONG_MAX  2147483647L // maximum signed long value
#define ULONG_MAX 4294967295UL//maximum unsigned long ..
#define INT_MIN   LONG_MIN  // minimum signed int value
#define INT_MAX   LONG_MAX  // maximum signed int value
```

Die Konstanten aus dieser Datei können nach

```
#include <limits.h>
```

verwendet werden:

```
Memo1->Lines->Add("int: "+IntToStr(INT_MIN)+".."+
                                      IntToStr(INT_MAX));
```

In Standard-C++ sind diese und weitere Grenzen außerdem im Klassen-Template *numeric_limits* definiert. Es steht zur Verfügung nach

```
#include <limits>
using namespace std;
```

Auch wenn bisher noch nichts über Klassen und Klassen-Templates gesagt wurde, soll mit den folgenden Beispielen gezeigt werden, wie man auf die Informationen in diesen Klassen zugreifen kann:

```
int i1 = numeric_limits<int>::min(); //-2147483648
int i2 = numeric_limits<int>::max(); // 2147483647
```

Natürlich erhält man hier keine anderen Werte als mit den Konstanten aus „limits.h". Und die etwas längeren Namen wirken zusammen mit der für Anfänger vermutlich ungewohnten Syntax auf den ersten Blick vielleicht etwas abschreckend. Allerdings sind hier alle Namen nach einem durchgängigen Schema aufgebaut, im Gegensatz zu den teilweise etwas kryptischen Abkürzungen in „limits.h". Die minimalen und maximalen Werte für den Datentyp *char* erhält man, indem man im letzten Beispiel einfach nur *int* durch *char* ersetzt:

```
int i3 = numeric_limits<char>::min(); //-128
int i4 = numeric_limits<char>::max(); // 127
```

Weitere Informationen zu dieser Klasse findet man in der Online-Hilfe.

3.4.1 Die interne Darstellung von Ganzzahlwerten

Der C++Builder verwendet für die interne Darstellung von **Ganzzahlwerten ohne Vorzeichen** wie die meisten Compiler das Binärsystem. Dabei entspricht jedem Wert im Wertebereich ein eindeutiges Bitmuster.

Beispiel: Das Bitmuster für Werte des Datentyps *unsigned char* (8 Bits):

3.4 Ganzzahldatentypen

Zahl z_{10}	Binärdarstellung mit 8 Bits
0	0000 0000
1	0000 0001
2	0000 0010
3	0000 0011
...	...
254	1111 1110
255	1111 1111

Zwischen den einzelnen Bits $b_7b_6b_5b_4b_3b_2b_1b_0$ und der durch sie im Dezimalsystem dargestellten Zahl z_{10} besteht dabei die folgende Beziehung:

$$z_{10} = b_7*2^7 + b_6*2^6 + b_5*2^5 + b_4*2^4 + b_3*2^3 + b_2*2^2 + b_1*2^1 + b_0*2^0$$

Beispiel: $25_{10} = 0*2^7 + 0*2^6 + 0*2^5 + 1*2^4 + 1*2^3 + 0*2^2 + 0*2^1 + 1*2^0$
$= 00011001_2$

Hier ist die jeweilige Basis durch einen tiefer gestellten Index dargestellt: 25_{10} ist eine Zahl im Dezimalsystem, 00011001_2 eine im Binärsystem.

Bei der Darstellung einer Zahl z durch Ziffern $..z_3z_2z_1z_0$ im **Dezimalsystem** wird ebenfalls ein Stellenwertsystem verwendet, nur mit dem Unterschied, dass als Basis die Zahl 10 und nicht die Zahl 2 verwendet wird. Als Ziffern stehen die Zahlen 0 .. 9 zur Verfügung:

$$z = ... z_3*10^3 + z_2*10^2 + z_1*10^1 + z_0*10^0 \text{ // } z_i: 0 .. 9$$

Beispiel: $25_{10} = 2*10^1 + 5*10^0$

Offensichtlich kann eine ganze Zahl in einem beliebigen **Zahlensystem zur Basis B** mit B Ziffern 0 .. B–1 dargestellt werden:

$$z = ... z_3*B^3 + z_2*B^2 + z_1*B^1 + z_0*B^0 \text{ // } z_i: 0 .. B-1$$

Beispiel: $17_{10} = 1*3^2 + 2*3^1 + 2*3^0 = 122_3$
$17_{10} = 2*7^1 + 3*7^0 = 23_7$

Zur übersichtlicheren Darstellung von Binärzahlen wird oft das **Hexadezimalsystem** (zur Basis 16) verwendet. Die 16 Ziffern im Hexadezimalsystem werden mit 0, 1, ..., 9, A, B, C, D, E, F bezeichnet:

dezimal	dual	hexadezimal	dezimal	dual	hexadezimal
0	0000	0	8	1000	8
1	0001	1	9	1001	9
2	0010	2	10	1010	A
3	0011	3	11	1011	B
4	0100	4	12	1100	C
5	0101	5	13	1101	D
6	0110	6	14	1110	E
7	0111	7	15	1111	F

Im Hexadezimalsystem können die 8 Bits eines Bytes zu 2 hexadezimalen Ziffern zusammengefasst werden, indem man die vordere und hintere Gruppe von 4 Bits einzeln als Hexadezimalziffer darstellt:

Beispiel: $25_{10} = 0001\ 1001_2 = 19_{16}$

In C++ wird ein hexadezimaler Wert dadurch gekennzeichnet, dass man vor den hexadezimalen Ziffern die Zeichenfolge „0x" angibt:

```
int i=0x19; // gleichwertig mit i=25;
```

Bei **Datentypen mit Vorzeichen** werden mit n Bits die positiven Zahlen von 0 .. $2^{n-1}-1$ ebenfalls im Binärsystem dargestellt. Für negative Zahlen wird dagegen das so genannte **Zweierkomplement** verwendet.

Das Zweierkomplement erhält man aus der Binärdarstellung, indem man jede 1 durch eine 0 und jede 0 durch eine 1 ersetzt (Einerkomplement) und zum Ergebnis 1 addiert.

Beispiel:
```
25₁₀              =   00011001₂
Einerkomplement:      11100110
+ 1......      .             1
Zweierkomplement:     11100111
```

Damit hat die Zahl –25 die Darstellung 11100111

Im Zweierkomplement zeigt also eine 1 im höchstwertigen Bit an, dass die Zahl negativ ist. Insbesondere wird die Zahl –1 im Zweierkomplement immer durch so viele Einsen dargestellt, wie Bits für die Darstellung der Zahl vorgesehen sind:

–1 mit 8 Bits: 1111 1111
–1 mit 16 Bits: 1111 1111 1111 1111
–1 mit 32 Bits: 1111 1111 1111 1111 1111 1111 1111 1111

Berechnet man von einer negativen Zahl, die im Zweierkomplement dargestellt ist, wieder das Zweierkomplement, erhält man die entsprechende positive Zahl.

3.4 Ganzzahldatentypen

Beispiel: 1. -25_{10} = 11100111_2
Einerkomplement: 00011000
+ 1   1
Zweierkomplement: 00011001

Das ist gerade die Zahl 25 im Binärsystem.

2. Dem maximalen negativen Wert $100..00_2$ entspricht kein positiver Wert. Das Zweierkomplement ist wieder derselbe Wert.

Wegen dieser verschiedenen Darstellungsformate kann dasselbe Bitmuster zwei verschiedene Werte darstellen – je nachdem, welches Datenformat verwendet wird. Zum Beispiel stellt das Bitmuster 11100111 für einen 8-bit-Datentyp ohne Vorzeichen den Wert 231 dar, während es für einen 8-bit-Datentyp mit Vorzeichen den Wert –25 darstellt.

3.4.2 Der Datentyp von Ganzzahlliteralen

Eine Zeichenfolge, die einen Wert darstellt, bezeichnet man als **Konstante** oder als **Literal**. Beispielsweise ist die Zahl „20" in

i = 20;

ein solches Literal. In C++ gibt es die folgenden Ganzzahlliterale:

integer-literal:
  decimal-literal integer-suffix _{opt}
  octal-literal integer-suffix _{opt}
  hexadecimal-literal integer-suffix _{opt}

Die ersten Zeichen (von links nach rechts) eines Literals entscheiden darüber, um welche Art von Literal es sich handelt:

– Eine Folge von Dezimalziffern, die mit einer von Null verschiedenen Ziffer beginnt, ist ein Dezimalliteral (zur Basis 10):

decimal-literal:
  nonzero-digit
  decimal-literal digit

nonzero-digit: one of
  1 2 3 4 5 6 7 8 9

digit: one of
  0 1 2 3 4 5 6 7 8 9

– Eine Folge von Oktalziffern, die mit 0 (Null, nicht der Buchstabe „O") beginnt, ist ein Oktalliteral (Basis 8).

octal-literal:
    0
    octal-literal octal-digit

octal-digit: one of
    0 1 2 3 4 5 6 7

– Ein Folge von Hexadezimalziffern, die mit der Zeichenfolge „0x" oder „0X" (Null, nicht dem Buchstaben „O") beginnt, ist ein hexadezimales Literal:

hexadecimal-literal:
    0x *hexadecimal-digit*
    0X *hexadecimal-digit*
    hexadecimal-literal hexadecimal-digit

hexadecimal-digit: one of
    0 1 2 3 4 5 6 7 8 9
    a b c d e f
    A B C D E F

Beispiele: `int i=017; // dezimal 15`
`int j=0xf; // dezimal 15`

Jedes Literal hat einen Datentyp. Dieser ergibt sich aus dem Wert der Konstanten oder aus weiteren Formatangaben. Der Datentyp eines Dezimalliterals ist im C++-Standard als der erste der Datentypen *int*, *long int* oder *unsigned long int* definiert, der den Wert darstellen kann. Da im C++Builder der Wertebereich von *int* und *long int* gleich ist, haben Werte im Bereich INT_MIN .. INT_MAX den Datentyp *int* und größere Werte den Datentyp *unsigned long int*.

Der Datentyp eines Oktal- oder Hexadezimalliterals ist der erste der Datentypen *int*, *unsigned int*, *long int* oder *unsigned long int*, der den Wert darstellen kann.

Beispiel: Durch

```
int n = 0x13;
Memo1->Lines->Add("n="+IntToStr(n));
int o = 013;
Memo1->Lines->Add("o="+IntToStr(o));
```

werden die folgenden Werte ausgegeben:

n=19
o=11

Der Datentyp eines Literals kann durch ein Suffix beeinflusst werden:

integer-suffix:
    unsigned-suffix long-suffix *opt*
      long-suffix unsigned-suffix *opt*

3.4 Ganzzahldatentypen

unsigned-suffix: one of
    u U

long-suffix: one of
    l L

Durch das Suffix „u" oder „U" erhält das Literal den Datentyp *unsigned int* oder *unsigned long int* und durch „l" oder „L" den Datentyp *long int* oder *unsigned long int*. Werden diese beiden Suffixe kombiniert (ul, lu, uL, Lu, Ul, lU, UL, oder LU), hat die Konstante immer den Datentyp *unsigned long int*.

Beispiele:
```
int i=17u;    // unsigned
int j=0xflu;  // unsigned long
```

Aufgaben 3.4.2

1. Stellen Sie mit 8 Bits

   a) die Zahl 37 im Binärsystem dar
   b) die Zahl -37 im Zweierkomplement dar
   c) die Zahlen 37 und -37 im Hexadezimalsystem dar.

2. Welchen Wert stellt der Hexadezimalwert „ab"

   a) im Zweierkomplement dezimal dar
   b) im Binärsystem dezimal dar.

3. Welche Werte werden durch die folgenden Anweisungen ausgegeben:

   ```
   Memo1->Lines->Add(IntToStr(030));    // Vorwahl Berlin
   Memo1->Lines->Add(IntToStr(017+15));
   Memo1->Lines->Add(IntToStr(0x12+10));
   ```

3.4.3 Zuweisungen und Standardkonversionen bei Ganzzahlausdrücken

Für die vordefinierten Datentypen sind in C++ implizite **Standardkonversionen** definiert. Diese Konversion führt der Compiler z.B. in den folgenden Situationen durch:

– Bei der Zuweisung v=a eines Ausdrucks a des einen an eine Variable v eines anderen Datentyps.
– Wenn beim Aufruf einer Funktion für einen Parameter des Datentyps T1 ein Argument des Datentyps T2 eingesetzt wird.

Insbesondere sind solche Standardkonversionen für alle Ganzzahldatentypen definiert. Deshalb können in einer Zuweisung

    v=a

beliebige Ganzzahldatentypen von a und v kombiniert werden. Falls dabei die **Datentypen** von v und a **identisch** sind, wird durch die Zuweisung einfach das Bitmuster von a an die Adresse von v kopiert, so dass der Wert von v mit dem von a identisch ist. Sind die beiden **Datentypen** dagegen **verschieden**, wird der Datentyp der rechten Seite durch eine solche Konversion in den Datentyp der linken Seite konvertiert.

Im C++-Standard sind für Ganzzahlwerte die folgenden impliziten Standardkonversionen definiert:

1. Der Compiler kann Ausdrücke der Datentypen *char*, *signed char*, *unsigned char*, *short int* oder *unsigned short int* in den Datentyp *int* konvertieren, falls *int* alle Werte darstellen kann. Andernfalls können sie in den Datentyp *unsigned int* konvertiert werden.
2. Bei der Konversion der Zahl a in einen n bit breiten Ganzzahldatentyp ohne Vorzeichen ist das Ergebnis die kleinste ganze Zahl v≥0, für die v=a mod 2^n gilt. Im Zweierkomplement besteht das Ergebnis einer solchen Konversion gerade aus den letzten n Bits der Zahl a. Falls a in weniger als n Bits dargestellt wird, werden die führenden Stellen mit Nullen aufgefüllt.
3. Bei der Konversion in einen Ganzzahldatentyp mit Vorzeichen wird der Wert nicht verändert, wenn er im Ziel-Datentyp exakt dargestellt werden kann. Andernfalls ist das Ergebnis implementationsabhängig.

Die erste Konvertierung wird auch als **ganzzahlige Typangleichung (integral promotion)** bezeichnet. Die letzten beiden heißen auch **ganzzahlige Typumwandlungen (integral conversion)** bezeichnet.

Für das Ergebnis einer Konversion gibt es drei Möglichkeiten:

1. Der Datentyp von v kann alle Werte des Datentyps von a darstellen.

    Eine solche Konversion wird als **sichere Konversion** bezeichnet. Bei allen C++-Compilern sind die folgenden Konversionen sicher:

    unsigned char → unsigned short → unsigned int → unsigned long
    signed char → short → int → long

    Da im C++Builder

    sizeof(char)=1 < sizeof(short)=2 < sizeof(int)=sizeof(long)=4

    gilt, sind hier außerdem noch diese Konversionen sicher:

    unsigned char → short
    unsigned short → int

    Falls die beteiligten Datentypen unterschiedlich breit sind wie in

3.4 Ganzzahldatentypen

```
int v;  // 32 bit breit
char a; //  8 bit breit
...
v=a;
```

wird das Bitmuster folgendermaßen angepasst:

- Bei einem positiven Wert von a werden die überzähligen linken Bits von v mit Nullen aufgefüllt:

  ```
  a=1; // a = 0000 0001 binär
  v=a; // v = 0000 0000 0000 0000 0000 0000 0000 0001
  ```

- Bei einem negativen Wert von a werden die überzähligen linken Bits mit Einsen aufgefüllt.

  ```
  -1 mit 8 Bits:     binär 1111 1111, hexadezimal FF
  -1 mit 32 Bits:    hex.: FFFFFFFF
  ```

  Diese automatische Anpassung des Bitmusters bei Zuweisungen wird als **Vorzeichenerweiterung** bezeichnet. Aus den Ausführungen über das Zweierkomplement folgt, dass das so erweiterte Bitmuster im breiten Format denselben Wert darstellt wie das ursprüngliche im schmaleren.

2. Der Wert von a ist zu klein für den Datentyp von v. Beispiele:

   ```
   int a=-257;
   char v1=a; // Warnung: Bei Konvertierung können signi-
              // fikante Ziffern verloren gehen, v1=-1
   unsigned int v2=a; // keine Warnung, v2=4294967039
   ```

   Bei der Zuweisung „v1=a" erhält v1 die letzten 8 Bits von a. Daraus ergibt sich für v1 der Wert −1. Durch „v2=a" wird v2 das Bitmuster von a zugewiesen. Es wird dann im Datenformat der Zielvariablen als Ganzzahlwert ohne Vorzeichen interpretiert.

3. Der Wert von a ist zu groß für den Datentyp von v:

   ```
   unsigned int a=2147483648; // INT_MAX+1
   char v1=a; // Warnung: Bei Konvertierung können signi-
              // fikante Ziffern verloren gehen
   int v2=a; // keine Warnung
   ```

   Auch bei der Zuweisung „v1=a" erhält v1 nur die letzten 8 Bits von a, da die Zielvariable nicht genügend Bits besitzt, um alle Bits der zugewiesenen Variablen darzustellen. Die vorderen 24 Bits werden einfach ignoriert.

In Zusammenhang mit dem impliziten Datentyp von Ganzzahlliteralen können die impliziten Konversionen zu überraschenden Ergebnissen führen. Die folgenden Anweisungen werden ohne Fehlermeldungen oder Warnungen übersetzt:

```
// #define INT_MAX    2147483647
int k = 2147483648;  // =INT_MAX+1
Memo1->Lines->Add("k="+IntToStr(k));
int l = 2147483649;  // =INT_MAX+2
Memo1->Lines->Add("l="+IntToStr(l));
```

Die ausgegebenen Werte entsprechen vermutlich nicht unbedingt den Erwartungen:

```
k=-2147483648
l=-2147483647
```

In den Zuweisungen an k und l ist das zugewiesene Literal zu groß für den Datentyp *int*. Nach den Ausführungen des letzten Unterabschnitts hat es deswegen den Datentyp *unsigned long*. Dieser Datentyp wird bei der Zuweisung an die *int*-Variable in den Datentyp *int* konvertiert. In der Zuweisung

```
int m = 12345678901234567890;  // > ULONG_MAX
Memo1->Lines->Add("m="+IntToStr(m));  // m=-350287150
```

hat das Literal den Datentyp *unsigned long* und wird modulo 2^{32} dargestellt. Das Bitmuster dieses Wertes wird dann als Datentyp *int* interpretiert.

Offensichtlich können harmlos aussehende Zuweisungen zu Ergebnissen führen, die auf den ersten Blick überraschend sind. Nicht immer wird durch eine Warnung auf ein solches Risiko hingewiesen. Bei einem umfangreichen Programm mit vielen Warnungen werden diese auch leicht übersehen.

Die Verantwortung für die gelegentlich überraschenden Folgen der impliziten Standardkonversionen liegt deshalb letztendlich immer beim Programmierer: Er muss bei der Wahl der Datentypen stets darauf achten, dass sie nur zu sicheren Konversionen führen. Das erreicht man **am einfachsten** dadurch, dass man als Ganzzahldatentyp **immer denselben Datentyp** verwendet. Da der Datentyp eines Ganzzahlliterals meist *int* ist, liegt es nahe, immer diesen Datentyp zu wählen.

Diese Empfehlung steht im Gegensatz zu einer anderen Empfehlung, die man relativ oft findet, nämlich **Datentypen minimal** zu **wählen**. Danach sollte man einen Datentyp immer möglichst klein wählen, aber dennoch groß genug, damit er alle erforderlichen Werte darstellen kann. Das führt zu einem minimalen Verbrauch an Hauptspeicher, erfordert allerdings eine gewisse Sorgfalt bei der Zuweisung von Werten zwischen verschiedenen Datentypen.

3.4.4 Operatoren und die „üblichen arithmetischen Konversionen"

Für Ganzzahloperanden sind unter anderem die folgenden **binären Operatoren** definiert. Sie führen zu einem Ergebnis, das wieder ein Ganzzahldatentyp ist:

3.4 Ganzzahldatentypen

+   Addition
−   Subtraktion
*   Multiplikation
/   Division, z.B. 7/4=1
%   Rest bei der ganzzahligen Division, z.B. 7%4 = 3

Mit dem %-Operator kann man z.B. feststellen, ob eine Ganzzahl ein Vielfaches einer anderen Ganzzahl n ist.

```
if ((i%2)==0)   // nur für gerade Werte von i erfüllt
```

Für / und % gilt für y ≠ 0 immer:

$$(x / y)*y + (x \% y) = x.$$

Deshalb entspricht das Ergebnis einer %-Operation mit negativen Operanden nicht immer dem Wert, den man eventuell intuitiv erwartet.

```
Beispiele: i =   17 / −3;   // i == −5
           j =  −17 /  3;   // j == −5
           k =  −17 / −3;   // k ==  5

           i =   17 % −3;   // i ==  2
           j =  −17 %  3;   // j == −2
           k =  −17 % −3;   // k == −2
```

In Zusammenhang mit den binären Operatoren stellt sich die Frage, welchen Datentyp das Ergebnis hat, wenn der Datentyp der beiden Operanden verschieden ist wie z.B. in

```
short s;
char c;

... = c + s;
```

C++ geht dabei in zwei Stufen vor, die auch als die **üblichen arithmetischen Konversionen** bezeichnet werden. Für Ganzzahldatentypen sind sie folgendermaßen definiert:

− In einem ersten Schritt werden alle Ausdrücke der Datentypen *char*, *signed char*, *unsigned char*, *short int* oder *unsigned short int* durch eine **ganzzahlige Typangleichung** (siehe Seite 112) in den Datentyp *int* konvertiert, falls *int* alle Werte darstellen kann. Andernfalls wird in *unsigned int* konvertiert.
− Falls der Ausdruck nach dieser Konvertierung noch verschiedene Datentypen enthält, wird in einem zweiten Schritt der gemeinsame Datentyp dieses Ausdrucks bestimmt. Dieser gemeinsame Datentyp ist der erste in der Reihe

    unsigned long int, long int, unsigned int

wenn einer der Operanden diesen Datentyp hat. Der gemeinsame Datentyp von *long int* und *unsigned int* ist *long int* oder *unsigned long int* (im C++-Builder *unsigned long int*).

Beispiele:

1. Nach den Definitionen

    ```
    char ca=65; // 'A'
    char cb=32; // ' '
    ```

    wird der Datentyp des Ausdrucks ca+cb durch ganzzahlige Typangleichungen in den Datentyp *int* konvertiert. Da die Funktion *Memo1->Lines->Add* Argumente des Datentyps *int* als Zahlen und Argumente des Datentyps *char* als Zeichen ausgibt, erhält man durch die folgenden beiden Anweisungen die jeweils als Kommentar angegebenen Ausgaben:

    ```
    Memo1->Lines->Add(ca);     // A
    Memo1->Lines->Add(ca+cb);  // 97
    ```

2. Für eine Variable u des Datentyps *unsigned int* hat der Ausdruck *u–1* ebenfalls den Datentyp *unsigned int*. Deshalb hat dieser Ausdruck mit u=0 den Wert 4294967295 und nicht den Wert –1. In

    ```
    unsigned int u=0;
    int i=1/(u-1);
    ```

    erhält man so den Wert i=0 und nicht etwa den Wert i=–1.

    Dieses Beispiel zeigt insbesondere, dass sich der Datentyp eines Ausdrucks allein aus dem Datentyp der Operanden ergibt. Falls der Ausdruck einer Variablen zugewiesen wird, beeinflusst der Datentyp, an den die Zuweisung erfolgt, den Datentyp des Ausdrucks nicht.

3. Bei einem Compiler, der *int*-Werte in 16 Bits darstellt, kommt es relativ leicht vor, dass Ergebnisse außerhalb des Wertebereichs für diesen Datentyp liegen. Wenn dann drei als *int*-Variablen (16 bit) gegebene Werte für Stunden, Minuten und Sekunden in Sekunden umgewandelt werden, ist nach

    ```
    long s; // 32 bit
    int Stunden, Minuten, Sekunden; // 16 bit
    ```

    die rechte Seite in

    ```
    s = Stunden*3600 + Minuten*60 + Sekunden;
    ```

    ein Wert des 16-bit-Datentyps *int*, der für Werte über 32767 nicht das beabsichtigte Ergebnis hat. Deshalb hat man in solchen Programmen das Literal „3600" durch „3600L" ersetzt und so für den ganzen Ausdruck den Datentyp *long* erzwungen.

3.4 Ganzzahldatentypen

Neben den binären gibt es die **unären Operatoren** + und –. „+" ändert den Wert des Operanden nicht. „–" sollte nur auf Datentypen mit Vorzeichen angewandt werden. Man muss aber beachten, dass aufgrund der Asymmetrie der Wertebereiche dieser Datentypen für den kleinsten Wert *min* nicht –(–*min*) = *min* sein kann:

```
short i= -32768; // Wertebereich von short: -32768..32767
i = -i;// i = -32768
```

Für Operanden eines Ganzzahldatentyps sind die **bitweisen Operatoren &** (*and*), | (*or*) und ^ (*exclusive or*) definiert. Nach den üblichen arithmetischen Konversionen der Operanden werden ihre einzelnen Bits gemäß der folgenden Tabelle verknüpft. Der Operator ~ negiert die einzelnen Bits:

p	q	p & q	p | q	p ^ q	~q
1	1	1	1	0	0
1	0	0	1	1	0
0	1	0	1	1	1
0	0	0	0	0	1

Diese Operatoren werden oft dazu verwendet, einzelne Bits bei Ganzzahldatentypen ohne Vorzeichen zu setzen oder zu löschen.

Beispiel: Nach den Definitionen

```
unsigned int m=3, n=0x0000ffff, i;
```

werden durch

```
i=i|m;
```

die niedrigstwertigen beiden Bits von i gesetzt, unabhängig davon, welchen Wert i zuvor hatte. Durch die nächste Anweisung werden die obersten 16 Bits von i auf 0 gesetzt, die unteren 16 Bits von i bleiben unverändert:

```
i=i&n;
```

Durch die **Inkrement- und Dekrementoperatoren**

```
++,--
```

wird der Wert des Operanden um 1 erhöht bzw. reduziert. Beide können als Präfix- und als Postfixoperator verwendet werden. Bei den Postfixoperatoren ist der Wert des Ausdrucks der Wert des Operanden vor der Erhöhung bzw. Reduzierung:

```
int i=0, j=0, k;
```

```
k=i++;  // k=0, i=1
k=j--;  // k=0, j=-1
```

Dagegen ist bei den Präfixoperatoren der Wert des Ausdrucks der Wert des Operanden nach der Erhöhung bzw. Reduzierung:

```
int i=0, j=0, k;
k=++i;  // k=1, i=1
k=--j;  // k=-1, j=-1
```

Wenn man einen solchen Ausdruck wie in

```
i++;  ++i;   bzw.
i--;  --i;
```

nur auswertet und seinen Wert keiner Variablen zuweist, ist das Ergebnis des Präfix- und Postfixoperators gleichwertig. Da bei den Postfixoperatoren im Gegensatz zu den Präfixoperatoren der ursprüngliche Wert des Operanden für die Zuweisung an die linke Seite zwischengespeichert werden muss, sind die Präfixoperatoren oft etwas schneller.

Mit dem Operator *sizeof* kann man die Anzahl der Bytes bestimmen, die ein Ausdruck bzw. eine Variable eines Datentyps belegen. Dieser Operator kann auf zwei verschiedene Arten verwendet werden:

sizeof *unary-expression*
sizeof (*type-id*)

In der ersten Form muss ein Ausdruck angegeben werden, und in der zweiten ein Datentyp.

Beispiel:
```
int sc=sizeof(char);    // 1
int sh=sizeof(short);   // 2
int si=sizeof(int);     // 4
short s;
int vs=sizeof(s);       // 2
int v0=sizeof(s+0L);    // 4
```

Die Funktionen der Windows-API verwenden oft eigene Namen für die Ganzzahldatentypen. So werden in „include\Windef.h" unter anderem die folgenden Synonyme für Ganzzahldatentypen definiert (für eine Beschreibung von *typedef* siehe Abschnitt 3.11):

```
typedef unsigned long      DWORD;
typedef int                BOOL;
typedef unsigned char      BYTE;
typedef unsigned short     WORD;
typedef int                INT;
typedef unsigned int       UINT;
```

3.4 Ganzzahldatentypen

Anmerkung für Delphi-Programmierer: Die Ganzzahldatentypen im C++Builder sind dieselben wie in Delphi. In „INCLUDE\vcl\sysdefs.h" findet man die folgenden Deklarationen:

```
typedef int Integer;           // -2147483648..2147484647
typedef char Char;             // 0..255
typedef wchar_t WideChar;      //
typedef signed char Shortint;  // -128..127
typedef short Smallint;        // -32768..32767
typedef unsigned char Byte;    // 0..255
typedef unsigned short Word;   // 0..65535
typedef Char AnsiChar;         //
typedef signed long Longint;   // -2147483648..2147484647
typedef unsigned long Cardinal;// 0..2147484647
```

Durch sie wird z.B. der Name *Integer* als Synonym für den Datentyp *int* definiert. Damit kann man die Datentypen von Delphi auch im C++Builder verwenden. Allerdings ist das meist nicht empfehlenswert, da die Programme dann nicht mehr portabel sind und von einem Programmierer, der Delphi nicht kennt, auch nicht verstanden werden.

Im C++-Standard ist explizit festgelegt, dass bei einem Überlauf bei einem Ganzzahlausdruck „modulo 2^n" gerechnet wird. Im C++Builder gibt es keine Möglichkeit, ähnlich wie in Delphi mit einem **Compilerbefehl** ein **Overflow Checking (Überlaufprüfung)** durchzuführen.

Aufgaben 3.4.4

1. Welchen Wert haben die Variablen

    ```
    unsigned char b = 255;
    unsigned char c = 0;
    short i = 20000;
    ```

    nach den Zuweisungen

    ```
    b = b + 1;
    c = c - 1;
    short j = i/8;
    short k = i/-8;
    short l = i%8;
    short m = i%-8;
    ```

2. Im C++Builder werden die Koordinaten einer visuellen Komponente immer absolut in Pixeln angegeben. Das hat zur Folge, dass eine Komponente (z.B. ein Button), die beim Entwurf des Formulars in der Mitte platziert ist, nach einer Vergrößerung des Fensters zur Laufzeit nicht mehr zentriert ist.

Bei jeder Änderung der Größe eines Fensters tritt das Ereignis *OnResize* ein. In der zugehörigen Ereignisbehandlungsroutine *OnResize* kann die Position einer Komponente an die neue Größe des Formulars angepasst werden:

```
void __fastcall TForm1::FormResize(TObject *Sender)
{
Button1->Left = (Form1->Width - Button1->Width)/2;
}
```

Überarbeiten Sie die Funktion *FormResize* so, dass zwei Komponenten *Button1* und *Button2* nach einer Änderung der Größe des Formulars horizontal symmetrisch auf das Formular verteilt werden. Dabei kann der Fall unberücksichtigt bleiben, dass das Fenster für alle drei Komponenten zu klein wird.

3. Beschreiben Sie für beliebige positive Werte von i und j (beide Ganzzahldatentypen) das Ergebnis von

```
(i/j)*(j/i)
```

3.4.5 Der Datentyp *bool*

Der Datentyp **bool** ist ein vordefinierter Ganzzahldatentyp, der die Werte *true* und *false* annehmen kann. Diese Werte sind die booleschen Literale:

boolean-literal:
    false
    true

Damit sind nach der Definition

```
bool b;
```

die folgenden beiden Zuweisungen möglich:

```
b = true;
b = false;
```

Diesen Datentyp erhält man aber nicht nur bei entsprechend definierten Variablen. Vielmehr hat in C++ jeder Ausdruck, der mit einem der **Vergleichs- oder Gleichheitsoperatoren** <, <= (für $\leq$), >, >= (für $\geq$), == (für =) und != (für $\neq$) gebildet wird, den Datentyp *bool* und damit einen der beiden Werte *true* oder *false*. Wenn also in einem Programm

```
if (x < 17) ...
```

geschrieben wird, ist „x < 17" ein boolescher Ausdruck, der entweder den Wert *true* oder *false* hat.

3.4 Ganzzahldatentypen

Ein boolescher Ausdruck kann einer booleschen Variablen zugewiesen werden:

```
bool b = (x < 17);
```

Hier erhält b den Wert *true*, falls der Wert von x kleiner als 17 ist, und andernfalls den Wert *false*. Diese Zuweisung ist einfacher als

```
if (x < 17) b = true;
else b = false;
```

Eine boolesche Variable kann direkt in einer *if*-Anweisung verwendet werden:

```
if (b) ...
```

Dabei ist es nicht notwendig, sie mit dem Wert *true* zu vergleichen:

```
if (b == true) ... // umständlich
```

Für boolesche Ausdrücke sind die binären **logischen Operatoren &&** (*and*) und ‖ (*or*) definiert. Das Ergebnis dieser Operationen ist folgendermaßen definiert:

p	q	p && q	p ‖ q
true	true	true	true
true	false	false	true
false	true	false	true
false	false	false	false

Der unäre logische Operator **!** (*not*) negiert den Wert *true* zu *false* und umgekehrt:

p	!p
true	false
false	true

Damit lassen sich in einer *if*-Anweisung boolesche Ausdrücke verknüpfen oder negieren:

```
if ((x >= 0) && (x <= 17)) ...
if (!b) ...
```

Bei einer solchen Verknüpfung können die Klammern auch ausgelassen werden:

```
if (x>=0 && x<=17) ...
```

Da die Prioritäten der einzelnen Operatoren aber durch ein recht umfangreiches Regelwerk beschrieben werden, besteht die Gefahr von Missverständnissen. Deshalb empfiehlt es sich immer, alle binären Ausdrücke zu klammern.

Es kommt manchmal vor, dass bei der Verknüpfung von Bedingungen die Operatoren && und || verwechselt werden. Das liegt unter anderem daran, dass die Bedeutung des **umgangssprachlichen oder** von dem in dieser Tabelle beschriebenen || (das auch als **logisches oder** bezeichnet wird) abweichen kann.

Beispiel: Die Aussage „Ich besuche dich heute oder morgen." ergibt sich aus den beiden Einzelaussagen

> p = „Ich besuche dich heute."
> q = „Ich besuche dich morgen."

als „p||q". Wenn ich die angesprochene Person heute und morgen besuche, würde sie meine ursprüngliche Ankündigung „Ich besuche dich heute oder morgen." aber meist als falsch bezeichnen. In diesem Beispiel ergibt sich die Bedeutung der Gesamtaussage als „p xor q" (ausschließendes oder).

Allerdings muss das logische Oder nicht vom umgangssprachlichen abweichen, wie der Satz „Wenn es regnet oder schneit, gehe ich nicht spazieren." zeigt. Auch wenn es regnet *und* schneit, lässt diese Ankündigung erwarten, dass ich nicht spazieren gehe.

Es empfiehlt sich deshalb, bei jeder solchen Verknüpfung noch einmal kurz nachzudenken, ob man jetzt wirklich ein && oder ein || braucht.

Der Datentyp *bool* sollte insbesondere nicht mit dem Bezeichner BOOL verwechselt werden, der in „include\Windef.h" als Synonym für den Datentyp *int* definiert wird. Dort werden auch die Konstanten TRUE und FALSE als Ganzzahlkonstanten definiert (für eine Beschreibung von *typedef* und *#define* siehe Abschnitt 3.11 und 3.14.2):

```
typedef int     BOOL; //BOOL ist derselbe Datentyp wie int
#define FALSE   0 // Der Compiler ersetzt FALSE durch 0
#define TRUE    1 // Der Compiler ersetzt TRUE durch 1
```

Die Bezeichnungen BOOL, TRUE und FALSE werden insbesondere von den Funktionen der Windows-API ausgiebig verwendet. Alle diese Funktionen verwenden nur die Sprachelemente der Programmiersprache C und nicht die Erweiterungen von C++ gegenüber C.

Zwischen dem Datentyp *bool* und den anderen Ganzzahldatentypen sind **implizite Standardkonversionen** definiert. Im Rahmen dieser Konversionen wird der Wert *true* in 1 und der Wert *false* in 0 konvertiert. Der Wert 0 wird in *false* und jeder andere Wert wird in *true* konvertiert. Diese Konversionen finden z.B. dann statt, wenn einer Ganzzahlvariablen ein *bool*-Wert zugewiesen wird oder umgekehrt:

3.4 Ganzzahldatentypen

```
int i=true; // i=1;
int j=false; // j=0
bool b=0; // b=false
bool d=17; // d= true
```

Durch diese Standardkonversionen wird insbesondere die Kompatibilität zur **Programmiersprache C** hergestellt, in der es den Datentyp *bool* nicht gibt. In C wird der Wert 0 als *false* und jeder andere Wert als *true* interpretiert.

Diese Konversionen werden oft dazu verwendet, für einen Ausdruck i die Bedingung „i==0" kürzer zu formulieren, indem man sie durch „!i" ersetzt:

```
if (!(i%2))   // gleichwertig mit "if (i%2==0)"
```

Wegen dieser Konversionen kann der Compiler allerdings den folgenden subtilen **Schreibfehler**, der leicht vorkommen kann, nicht entdecken:

```
if (x=10)   // Schreibfehler: gemeint ist "if (x==10)"
```

Da in C++ eine Zuweisung wie „x=10" ein Ausdruck ist, der den Wert der rechten Seite hat (hier also 10), ist die Bedingung unabhängig vom Wert von x immer erfüllt, da der Wert 10 als *true* interpretiert wird. Als Folge dieses Schreibfehlers erhält x auch noch den Wert 10.

Wie schon auf Seite 116 gezeigt wurde, werden mit den Operanden der binären Operatoren die **üblichen arithmetischen Konversionen** durchgeführt Das gilt auch für die Operanden der Vergleichs- oder Gleichheitsoperatoren. Deshalb können mit ihnen dieselben unerwarteten Ergebnisse auftreten, wenn Datentypen mit und ohne Vorzeichen verknüpft werden. So werden z.B. nach der Definition

```
unsigned int ui=1;
```

die beiden Operanden in der Bedingung (ui > –1)

```
if (ui>-1) Edit1->Text="1 > -1";
else Edit1->Text="1 <= -1";
```

in den gemeinsamen Datentyp *unsigned int* konvertiert. Dabei wird der Wert –1 durch 0xFFFFFFFF dargestellt und ist damit größer als jeder andere Wert. Deshalb wird durch diese Anweisung der Text „1 <= –1" ausgegeben, obwohl man auf den ersten Blick wohl erwarten würde, dass „1 > –1" gilt. Der Compiler gibt dazu die folgenden Warnungen aus:

```
Bedingung ist immer falsch
Vergleich von signed- und unsigned-Werten
```

Kombiniert man einen booleschen Ausdruck und einen Ganzzahlausdruck mit einem binären Operator, wird der Wert des booleschen Ausdrucks durch eine **ganzzahlige Typangleichung** immer in einen Ganzzahltyp konvertiert.

1. In

    ```
    if (0<=x<=10) ..
    ```

    wird zuerst der linke Teilausdruck „0<=x" als boolescher Ausdruck ausgewertet. Das Ergebnis wird dann in einen der Werte 0 oder 1 konvertiert und mit 10 verglichen. Deshalb hat der gesamte Ausdruck immer den Wert *true*, unabhängig vom Wert von x.

2. Die folgenden Anweisungen werden ohne Warnung übersetzt:

    ```
    bool b=17;
    if (b==17) Edit1->Text="b==17";
    else Edit1->Text="b!=17";
    ```

    In der ersten Anweisung wird 17 in den Wert *true* konvertiert. Dieser Wert wird dann in (b==17) in den Wert 1 konvertiert. Deswegen hat der Ausdruck (b==17) immer den Wert *false*.

Short-Circuit Evaluation

Zur Prüfung, ob i durch k (beide Ganzzahldatentypen) teilbar ist, sind die beiden Ausdrücke

   (k > 0) && (i % k == 0)

und

   (i % k == 0) && (k > 0)

logisch gleichwertig. Die Auswertung des Ausdrucks *i%k* führt mit k == 0 allerdings zu einem Laufzeitfehler (Division durch 0), und die offensichtlich gerade zu diesem Zweck aufgenommene Bedingung k > 0 erfüllt ihren Zweck nicht, wenn beide Bedingungen ausgewertet werden, um daraus das Ergebnis der zusammengesetzten Bedingung zu bestimmen.

Allerdings müssen bei einem booleschen Ausdruck nicht immer alle Operanden ausgewertet werden, um das Ergebnis des gesamten Ausdrucks zu bestimmen: Sobald in einem mit && verknüpften Ausdruck einer der Operanden *false* ist, kann das Gesamtergebnis nicht mehr *true* werden. Ebenso kann das Ergebnis nicht mehr *false* werden, falls einer der Operanden bei einem mit || verknüpften Ausdruck *true* ist. Sobald ein solcher Fall eintritt, kann die Auswertung der restlichen Bedingungen des Gesamtausdrucks abgebrochen werden.

3.4 Ganzzahldatentypen

Wenn ein Compiler einen solchen Fall erkennt und dann die Auswertung des Gesamtausdrucks abbricht, bezeichnet man dies als „short-circuit evaluation" (Kurzschlussverfahren) im Gegensatz zu einer „complete evaluation" (vollständige Auswertung).

Im C++-Standard ist festgelegt, dass boolesche Ausdrücke mit *short-circuit evaluation* ausgewertet werden. Deshalb führt der erste der beiden Ausdrücke von oben nicht zu einem Laufzeitfehler. Damit sind diese beiden Ausdrücke nicht gleichwertig. Ganz generell sollte man boolesche Ausdrücke immer so aufbauen, dass die „Schutzbedingungen" immer links von den geschützten Bedingungen stehen.

Der Datentyp *bool* wird vom C++Builder ausgiebig verwendet. Für praktisch jede Komponente findet man im Objektinspektor zahlreiche Eigenschaften, für die man nur die Werte *true* oder *false* auswählen kann.

Anmerkung für Pascal-Programmierer: Der Datentyp *bool* von C++ entspricht weitgehend dem Datentyp *Boolean* von Pascal. Allerdings ist letzterer ein eigenständiger Datentyp und kein Ganzzahldatentyp.

3.4.6 Die *char*-Datentypen und der ASCII- und ANSI-Zeichensatz

Eine Variable des Datentyps *char* (für character, Zeichen) kann ein einzelnes Zeichen des dem System zugrundeliegenden Zeichensatzes darstellen.

Alle diese Zeichensätze sind eine Obermenge des **ASCII-Zeichensatzes**, in dem die Zeichen mit den Nummern 0 bis 127 standardisiert sind. Von diesen sind die Zeichen mit den Nummern 32 bis 126 druckbare Zeichen. Die Zeichen 0 .. 31 werden oft als Steuerzeichen (z.B. zur Datenfernübertragung und Druckersteuerung) verwendet.

Die Zeichen Nr. 32 (Leerzeichen) bis 126 im ASCII-Zeichensatz:

	0	1	2	3	4	5	6	7	8	9
30			!	"	#	$	%	&	'	
40	(	)	*	+	,	—	.	/	0	1
50	2	3	4	5	6	7	8	9	:	;
60	<	=	>	?	@	A	B	C	D	E
70	F	G	H	I	J	K	L	M	N	O
80	P	Q	R	S	T	U	V	W	X	Y
90	Z	[	\	]	^	_	`	a	b	c
100	d	e	f	g	h	i	j	k	l	m
110	n	o	p	q	r	s	t	u	v	w
120	x	y	z	{			}	~			

Einige Steuerzeichen:

```
 8: BS   // Backspace — ein Zeichen zurück
10: LF   // Linefeed — Zeilenvorschub
12: FF   // Formfeed — Blattvorschub
13: CR   // Carriage Return — Wagenrücklauf
27: ESC  // Escape - Altdeutsch: Fluchtsymbol
```

Die Zeichen 128 .. 255 können unter verschieden Systemen (MS-DOS, Windows usw.) eine verschiedene Bedeutung haben.

Unter MS-DOS enthält der obere Teil des Zeichensatzes Blockgrafikzeichen, die in der frühen Geschichte der PCs die einzigen Grafikzeichen waren, und landesspezifische Zeichen (abhängig von der aktuell gewählten Codepage). Diese Variante des ASCII-Zeichensatzes wird unter Windows auch als **OEM-Zeichensatz** bezeichnet und vor allem für DOS-Sessions verwendet. Oft wird dieser Zeichensatz auch als ASCII-Zeichensatz bezeichnet, obwohl das genau genommen nicht ganz richtig ist.

	0	1	2	3	4	5	6	7	8	9
120	x	y	z	{	|	}	~	⌂	Ç	ü
130	é	â	ä	à	å	ç	ê	ë	è	ï
140	î	ì	Ä	Å	É	æ	Æ	ô	ö	ò
150	û	ù	ÿ	Ö	Ü	¢	£	¥	₧	ƒ
160	á	í	ó	ú	ñ	Ñ	ª	º	¿	⌐
170	¬	½	¼	¡	«	»	▒	▒	▓	┤
180	╡	╢	╖	╕	╣	║	╗	╝	╜	╛
190	┐	└	┴	┬	├	─	┼	╞	╟	╚
200	╔	╩	╦	╠	═	╬	╧	╨	╤	╥
210	╙	╘	╒	╓	╫	╪	┘	┌	█	▄
220	▌	▐	▀	α	ß	Γ	π	Σ	σ	µ
230	µ	τ	Φ	Θ	Ω	δ	∞	φ	ε	∩
240	≡	±	≥	≤	⌠	⌡	÷	≈	°	·
250	·	√	ⁿ	²	■					

Der OEM-Zeichensatz ist für eine grafische Benutzeroberfläche wie Windows ziemlich ungeeignet: Einerseits wird man mit Blockgrafikzeichen unter einer Proportionalschrift keine Linien zeichnen (weil sie meist nicht zusammenpassen), andererseits sind nicht genügend nationale Sonderzeichen enthalten.

Deshalb wird unter Windows anstelle des OEM-Zeichensatzes der so genannte **Windows-Zeichensatz** verwendet, der mit dem **ANSI-Zeichensatz** identisch ist:

3.4 Ganzzahldatentypen

	0	1	2	3	4	5	6	7	8	9
120	x	y	z	{	|	}	~	.	.	.
130	,	ƒ	„	…	†	‡	ˆ	‰	Š	‹
140	Œ	.	.	.	.	.	'	'	"	"
150	–	—	~	™	š	›	œ	.	.	ÿ
160	.	¡	¢	£	¤	¥	¦	§	¨	©
170	ª	«	¬	-	®	¯	°	±	²	³
180	´	µ	¶	·	¸	¹	º	»	¼	½
190	¾	¿	À	Á	Â	Ã	Ä	Å	Æ	Ç
200	È	É	Ê	Ë	Ì	Í	Î	Ï	Ð	Ñ
210	Ò	Ó	Ô	Õ	Ö	×	Ø	Ù	Ú	Û
220	Ü	Ý	Þ	ß	à	á	â	ã	ä	å
230	æ	ç	è	é	ê	ë	ì	í	î	ï
240	ð	ñ	ò	ó	ô	õ	ö	÷	ø	ù
250	ú	û	ü	ý	þ	ÿ				

Die unterschiedlichen Zeichensätze von DOS und Windows sind auch der Grund dafür, dass unter DOS angelegte Textdateien konvertiert werden müssen, damit nationale Sonderzeichen unter Windows richtig dargestellt werden.

In allen Zeichensätzen wird ein **Zeichen** durch das Bitmuster **dargestellt**, das der **Nummer** des Zeichens **im Zeichensatz** entspricht. Das Zeichen 'A' wird also durch dasselbe Bitmuster wie die Zahl 65_{10} dargestellt.

Ein **Zeichenliteral** wird durch einfache Hochkommas begrenzt und enthält im einfachsten Fall ein Zeichen des zugrundeliegenden Zeichensatzes:

> *character-literal:*
>   **'** *c-char-sequence* **'**
>   **L'** *c-char-sequence* **'**
>
> *c-char-sequence:*
>   *c-char*
>   *c-char-sequence c-char*
>
> *c-char:*
>   any member of the source character set except
>   the single-quote **'**, backslash ****, or new-line character
>   *escape-sequence*
>   *universal-character-name*

Da der Datentyp *char* ein Ganzzahldatentyp ist, kann man einer Variablen des Datentyps *char* auch einen Ganzzahlwert zuweisen.

Beispiele:
```
char c = 'A';
c = 'ä';
c = 27;  // ESC
c = 65;  // 'A'
```

Einige spezielle Zeichen können als **Escape-Sequenz** dargestellt werden:

escape-sequence:
  simple-escape-sequence
  octal-escape-sequence
  hexadecimal-escape-sequence

simple-escape-sequence: one of
```
\' \" \? \\
\a \b \f \n \r \t \v
```

Die einfachen Escape-Sequenzen bedeuten im Einzelnen:

	Wert (dez.)	Symbol	Bedeutung
\a	7	BEL	Alarmton
\b	8	BS	Backspace
\t	9	HT	horizontaler Tabulator
\n	10	LF	Zeilenvorschub
\v	11	VT	vertikaler Tabulator
\f	12	FF	Seitenvorschub
\r	13	CR	Wagenrücklauf (Carriage Return)
\"	34	"	doppeltes Anführungszeichen
\'	39	'	einfaches Anführungszeichen (Apostroph)
\?	63	?	Fragezeichen
\\	92	\	Backslash (umgekehrter Schrägstrich)

Beispiele: `char c = '\'';`
`c = '\n'; // newline-Zeichen`

Obwohl eine Escape-Sequenz aus zwei oder mehr Zeichen besteht, werden diese durch den Compiler in ein einzelnes Zeichen übersetzt. Dabei wird das Bitmuster aus der Spalte *Wert* verwendet.

Neben den einfachen Escape-Sequenzen gibt es auch noch oktale und hexadezimale Escape-Sequenzen, die aber nur selten verwendet werden:

octal-escape-sequence:
  **** *octal-digit*
  **** *octal-digit octal-digit*
  **** *octal-digit octal-digit octal-digit*

hexadecimal-escape-sequence:
  \x *hexadecimal-digit*
  hexadecimal-escape-sequence hexadecimal-digit

Durch eine Escape-Sequenz kann man ein Zeichen durch seinen Wert angeben:

`char FF='\x0C';`

3.4 Ganzzahldatentypen

Obwohl *char* und *int* beide Ganzzahldatentypen sind, handelt es sich um verschiedene Datentypen. Manche Funktionen erkennen diesen Unterschied und behandeln Ausdrücke dieser Datentypen unterschiedlich, wie z.B. die Funktion *Memo1->Lines->Add*:

```
char c='A';
int i=c;
Memo1->Lines->Add(i); // gibt "65" aus
Memo1->Lines->Add(c); // gibt "A" aus
```

Da *char*-Werte durch ihre Nummern im verwendeten Zeichensatz dargestellt werden, können sie wie Zahlen mit einem der Vergleichsoperatoren <, <= (für ≤), >, >= (für ≥), == und != (für ≠) verglichen werden:

```
if ((c >= 'A') && (c <= 'Z')) ...
```

Wie die obige Tabelle mit dem Ausschnitt aus dem ASCII-Zeichensatz zeigt, folgen jeweils Ziffern, Groß- und Kleinbuchstaben in der üblichen Reihenfolge aufeinander. Durch diese Abfrage wird also geprüft, ob das Zeichen c ein Großbuchstabe ist oder nicht.

Im C++-Standard sind drei *char*-Datentypen definiert: *char*, *signed char* und *unsigned char*. Alle drei sind verschiedene Datentypen, die jeweils 1 Byte belegen (*sizeof*). Der Datentyp *char* muss entweder dieselbe Darstellung wie *signed char* oder *unsigned char* verwenden. Es ist aber explizit offen gelassen, welche von beiden.

Der C++Builder verwendet ebenso wie z.B. Microsoft Visual C++ als **Voreinstellung** den Datentyp *signed char*. Diese Wahl erscheint zumindest auf den ersten Blick überraschend: So sind in den Tabellen mit dem ASCII- oder ANSI-Zeichensatz die einzelnen Zeichen meist von 0 bis 255 durchnummeriert und nicht von –128 bis 127. Eine Zuweisung wie in

```
char c= -28; // 'ä'
```

wirkt auf den Blick meist irritierend. Außerdem erhält man z.B. in

```
for (char c=0;c<255;c++)// Warnung: Vergleichskonstante
      // außerhalb des Bereichs; Ergebnis: Endlosschleife
```

die als Kommentar angegebene Warnung und bei der Ausführung der *for*-Anweisung eine Endlosschleife.

Mit „#pragma option -K" kann diese Voreinstellung geändert werden. Dann entspricht der Datentyp *char* dem Datentyp *signed char*.

In Zusammenhang mit dem Datentyp *char* gehören unter anderem die folgenden Funktionen, deren Header in <ctype.h> definiert sind, zu den **Standardbibliotheken** von C und C++.

Die Funktion ***toupper*** wandelt eine Zahl, die einen Kleinbuchstaben ('a'.. 'z') im ASCII-Zeichensatz darstellt, in den entsprechenden Großbuchstaben um. Alle anderen Zahlen werden nicht verändert. Entsprechend wandelt ***tolower*** eine Zahl, die einen Großbuchstaben darstellt, in den entsprechenden Kleinbuchstaben um:

```
#include <ctype.h>
int toupper(int ch); // c=toupper('a') ergibt c='A'
int tolower(int ch);
```

Da die Buchstaben sowohl im Bereich der Groß- als auch der Kleinbuchstaben in derselben Reihenfolge aufeinander folgen, entspricht die Funktion *tolower* der Anweisung:

```
if ((c >= 'A') && (c <= 'Z'))
   c = c -'A' + 'a';
```

Da die deutschen Umlaute ä, ö usw. nicht zum ASCII-Zeichensatz gehören, werden sie bei diesen Funktionen nicht berücksichtigt.

Mit weiteren Funktion kann man prüfen, zu welcher Gruppe ein Zeichen gehört. Alle diese Funktionen haben den Funktionswert 0, wenn das übergebene Zeichen nicht zu der Gruppe gehört, und andernfalls den Wert 1. Für eine genauere Beschreibung der jeweiligen Gruppe wird auf die Online-Hilfe verwiesen:

```
int isalpha (int __c); // Buchstabe
int isupper (int __c); // Großbuchstabe
int islower (int __c); // Kleinbuchstabe
int isdigit (int __c); // Ziffer
int isalnum (int __c); // alphanumerisch
int isspace (int __c); // Whitespace (blank, tab usw.)
int isxdigit(int __c); // Hexadezimalziffer
int iscntrl (int __c); // Steuerzeichen
```

In Abschnitt 4.1 werden in Zusammenhang mit den Stringklassen einige Funktionen vorgestellt, die mit dem **ANSI**- und nicht nur mit dem ASCII-**Zeichensatz** arbeiten. Damit können Strings auch unter Berücksichtigung der nationalen Sonderzeichen verglichen bzw. in Groß- oder Kleinbuchstaben umgewandelt werden.

Alle bisher dargestellten Zeichensätze verwenden ein Byte zur Darstellung eines Zeichens. Die damit möglichen 256 verschiedenen Zeichen sind jedoch für Sprachen mit einer größeren Anzahl verschiedener Zeichen (vor allem asiatische und arabische) nicht ausreichend. Verwendet man mehr als ein Byte für ein Zeichen, bezeichnet man es als **Multibyte-Zeichen** oder „**wide char**". C++ unterstützt solche Zeichen durch den Datentyp ***wchar_t***.

3.4 Ganzzahldatentypen

Windows (und damit auch der C++Builder) verwendet für *wchar_t* den so genannten **Unicode Standard**, in dem ein Zeichen durch zwei Bytes dargestellt wird. Unicode umfasst praktisch alle Zeichen aller verschiedenen nationalen Schriftarten, einschließlich technischer und typografischer Sonderzeichen. Unicode-Zeichen im Bereich 0 .. 255 sind mit denen des ANSI-Zeichensatzes identisch. Ein Literal erhält den Datentyp *wchar_t*, wenn es mit dem Zeichen „L" beginnt:

```
wchar_t w=L'A';
```

Anmerkung für Pascal-Programmierer: Im Gegensatz zu C++ ist der Datentyp *Char* in Object Pascal kein Ganzzahldatentyp. Die in C zulässige Zuweisung

c = 65;

ist in Pascal nicht zulässig. Eine Zuweisung zwischen Ganzzahl- und *Char*-Ausdrücken ist nur mit Konvertierungsfunktionen wie *ord* und *chr* möglich.

Aufgaben 3.4.6

1. Für die Variable c (Datentyp *char*) soll eine boolesche Variable

   a) *Grossbuchstabe* genau dann den Wert *true* erhalten, wenn c ein Großbuchstabe ist.
   b) *Buchstabe* genau dann den Wert *true* erhalten, wenn c ein Buchstabe ist.
   c) *alphanumerisch* genau dann den Wert *true* erhalten, wenn c ein Buchstabe oder eine Ziffer ist.

2. Schaltjahre

   Die Umlaufzeit der Erde um die Sonne bezeichnet man als ein Jahr. Ein Tag ist der Zeitraum, in dem sich die Erde einmal um ihre Achse dreht (Abstand zwischen zwei Mittagen).

   Misst man ein Jahr als den Zeitraum zwischen den so genannten Frühlingspunkten, an denen ein Tag und eine Nacht genau gleich lang sind, war am 1.1.1900 ein Jahr 365 Tage, 48 Minuten und 46,0 Sekunden oder 365,24220 Tage lang. Dass ein Jahr in einem Jahrtausend 5,6 Sekunden kürzer wird, soll im Folgenden nicht berücksichtigt werden.

   Der von Julius Cäsar 46 v. Chr. festgelegte **Julianische Kalender** ging von durchschnittlich 365,25 Tagen pro Jahr aus. Dieser Fehler ist bis in das 16. Jahrhundert auf ca. 10 Tage angewachsen.

   Papst Gregor XIII. hat im Jahr 1582 den auch heute noch gültigen **Gregorianischen Kalender** eingeführt, nach dem ein Jahr durchschnittlich 365,2425

Tage lang ist. Dabei wurden die Nachkommastellen folgendermaßen durch Schaltjahre berücksichtigt: Jede durch 4 teilbare Jahreszahl ist ein Schaltjahr, außer den durch 100 teilbaren, wenn diese nicht durch 400 teilbar sind. Bei diesem Verfahren summiert sich der Fehler in 3300 Jahren auf einen Tag auf.

Weisen Sie einer booleschen Variablen *Schaltjahr* den Wert eines booleschen Ausdrucks zu, so dass Schaltjahr den Wert *true* erhält, wenn die Variable Jahr (Datentyp *int*) nach dem Gregorianischen Kalender ein Schaltjahr ist, und andernfalls den Wert *false*.

3. Die Ganzzahlvariablen t1, m1 und j1 sowie t2, m2 und j2 sollen zwei Kalenderdaten bezeichnen (z.B. t1 = 17, m1 = 12, j1 = 1995). Eine boolesche Variable *vorher* soll den Wert *true* erhalten, wenn das Datum (t1, m1, j1) zeitlich vor dem Datum (t2, m2, j2) liegt, und andernfalls den Wert *false*.

4. Ein Formular soll ein *MainMenu* mit verschiedenen Unterpunkten (*MenuItems*) und eine *GroupBox* mit einigen Komponenten enthalten. Durch das Anklicken eines Buttons sollen die Eigenschaften

   a) *Enabled* (für einen Unterpunkt des Menüs)
   b) *Visible* (der GroupBox)

   von *true* auf *false* und von *false* auf *true* umgeschaltet werden.

3.4.7 Der Datentyp __int64

Neben den im C++-Standard definierten Ganzzahldatentypen gibt es im C++-Builder auch noch den 64-bit Ganzzahldatentyp *__int64*. Er steht außerdem unter dem Namen *LONG64* zur Verfügung:

```
__int64 i=123;
```

Dieser Datentyp stellt ein Ganzzahlformat des Gleitkommaprozessors dar. Mit dem Suffix „i64" erhalten Literale den Datentyp *__int64*:

```
__int64 j = 1234567890123456789i64;
Memo1->Lines->Add(IntToStr(j));
```

3.5 Kontrollstrukturen und Funktionen

In diesem Abschnitt werden einige Sprachelemente kurz vorgestellt, die in den Kapiteln 5 und 6 noch ausführlich behandelt werden. Dieser kleine Vorgriff ist notwendig, damit auch jetzt schon Anweisungen wiederholt und in Abhängigkeit von Bedingungen ausgeführt werden können.

3.5.1 Die *if*- und die Verbundanweisung

Mit einer *if*-**Anweisung** kann man in Abhängigkeit von einer Bedingung steuern, ob eine Anweisung ausgeführt wird oder nicht:

```
if ( condition ) statement
if ( condition ) statement else statement
```

Hier wird *condition* in einen booleschen Wert konvertiert. In der ersten Form (ohne *else*) wird die Anweisung nur dann ausgeführt, wenn *condition* den Wert *true* hat. In der zweiten Form (mit *else*) wird erste Anweisung ausgeführt, falls die Bedingung erfüllt ist, und andernfalls die zweite.

In

```
if (x < 1) a = 1;
else a = 2;
```

wird die Anweisung „a = 1" ausgeführt, wenn die Bedingung x < 1 erfüllt ist, und andernfalls die Anweisung „a = 2". Eine **Bedingung** wird oft durch den Vergleich von zwei Ausdrücken mit einem der Operatoren <, <=, >, >=, == oder != gebildet. Mit dem Operator „==" prüft man die Gleichheit der beiden Operanden und mit „!=" deren Ungleichheit. Dabei muss man darauf achten, dass man den Operator „==" nicht mit dem Zuweisungsoperator „=" verwechselt. Eine solche Verwechslung wird vom Compiler nicht als Fehler bemängelt, sondern lediglich mit der Warnung „Möglicherweise inkorrekte Zuweisung" honoriert.

Sollen mehrere Anweisungen in Abhängigkeit von einer Bedingung ausgeführt werden, müssen sie durch eine **Verbundanweisung** mit { und } zusammengefasst werden:

compound-statement:
    { *statement-seq* _{opt} }

Eine Verbundanweisung wird auch als **Block** bezeichnet. In ihr können auch Variable definiert werden, die dann in diesem Block **lokal** sind (siehe Abschnitt 5.5).

Verwendet man im *else*-Zweig einer *if*-Anweisung wieder eine *if*-Anweisung, erhält man eine verschachtelte *if*-Anweisung. Damit ist eine Mehrfachauswahl möglich:

```
if (x<0)
  {
    a = -1;
    x = -x;
  }
else if (x>0) a = 1;
else a = 0;
```

Kernighan und Ritchie (1988, S. 23) empfehlen, bei einer verschachtelten *if*-Anweisung die *else*-Zweige immer in derselben Spalte wie das erste *if* beginnen zu lassen. Diese Schreibweise wird auch von Stroustrup durchgängig verwendet.

3.5.2 Wiederholungsanweisungen

Mit einer *for*-**Anweisung** kann man eine Anweisung mehrfach wiederholen:

>   **for** (*for-init-statement condition* _{opt} ; *expression* _{opt}) *statement*

Bei der Ausführung der *for*-Anweisung wird zuerst das *for-init-statement* ein einziges Mal ausgeführt. Dann wird geprüft, ob die Bedingung *condition* erfüllt ist (also den Wert *true* hat): Solange dies zutrifft, wird die Anweisung *statement* ausgeführt und der Ausdruck *expression* ausgewertet (in dieser Reihenfolge). Sobald die Bedingung nicht mehr erfüllt ist, wird die *for*-Anweisung beendet.

Zunächst sollen nur solche *for*-Anweisungen betrachtet werden, bei denen

> *for-init-statement* eine Zuweisung ist, die eine so genannte Laufvariable initialisiert, wie z.B. i=1 oder i=10. Der Datentyp dieser Variablen soll ein Ganzzahltyp sein. Die Definition der Laufvariablen kann im *for-init-statement* erfolgen: Diese ist dann nur in der *for*-Anweisung verfügbar.
> *condition* eine Bedingung darstellt, in der der Wert der Laufvariablen mit einem Grenzwert verglichen wird, wie z.B. i < 10 oder i >= 1
> *expression* den Wert der Laufvariablen inkrementiert oder dekrementiert, wie z.B. i++, i=i+2, i--, i=i-3

Beispiele:

```
int s=0;
for (int i=1;i<1;i++) s=s+i;  // wird nie ausgeführt
for (int i=1;i<=1;i++)s=s+i;  // wird mit i=1 ausgeführt
for (int i=2;i>0;i--) s=s+i;  // wird mit i=2 und i=1
                              // ausgeführt
```

Dekrementiert man in *expression* den Wert der Laufvariablen, kann man eine Folge von Werten von oben nach unten durchlaufen:

```
int s=0;
for (int i=10;i>=0;i--)
  {
    s = s + i;
    Memo1->Lines->Add(IntToStr(s));
  };
```

Nach *for(...)* darf normalerweise kein Semikolon stehen: Setzt man es trotzdem, stellt es die so genannte „leere Anweisung" dar, die denselben Effekt wie keine Anweisung hat. Durch die *for*-Schleife wird dann diese leere Anweisung wiederholt, und die darauf folgende Anweisung wird nur einmal ausgeführt:

3.5 Kontrollstrukturen und Funktionen

```
s=0;
for (i=1;i<10;i++); // <-- ; meist ein Fehler
  {              // die for-Anweisung wird mit i==10 beendet
    s = s + i;
    Memo1->Lines->Add(IntToStr(s));
  }; // Add wird einmal mit i=10 und s=10 ausgeführt
```

Die *while*-Schleife ist wie die *for*-Schleife eine Wiederholungsanweisung:

> **while** (*condition*) *statement*

Bei der Ausführung einer *while*-Schleife wird zunächst die Bedingung *condition* geprüft. Wenn sie den Wert *true* hat, wird anschließend die Anweisung *statement* ausgeführt und danach erneut *condition* geprüft. Diese Abfolge wird so lange wiederholt, bis *condition* den Wert *false* hat.

Die folgenden Anweisungen schreiben die Werte 1 bis 10 in ein Memo-Fenster:

```
int i = 0;
while (i <= 10)
  {
    i++;
    Memo1->Lines->Add(IntToStr(i));
  }
```

3.5.3 Funktionen und der Datentyp *void*

Eine **Funktion** wird im einfachsten Fall nach dem folgenden Schema definiert:

> **T F** (*parameter-declaration-list*) *compound-statement*

Hier steht T für den Datentyp des Funktionswertes, F für den Namen der Funktion und *compound-statement* für eine Verbundanweisung. Die Verbundanweisung besteht aus den Anweisungen, die beim Aufruf der Funktion ausgeführt werden und enthält oft eine oder mehrere *return*-Anweisungen:

> **return** *expression* opt **;**

Durch die *return*-Anweisung wird die Funktion verlassen. Gibt man nach *return* noch einen Ausdruck an, ist sein Wert der Funktionswert. Ohne ein *return* in der Verbundanweisung wird die Funktion nach der letzten Anweisung verlassen.

In einer Parameterdeklaration kann man einen oder mehrere Parameter einschließlich ihres Datentyps angeben. Falls der Datentyp des Parameters kein Referenztyp (siehe Abschnitt 6.3.2) ist, bezeichnet man ihn auch als **Werteparameter**. Ein Werteparameter ist in der Funktion eine lokale Variable.

Eine Funktion wird dann dadurch aufgerufen, dass man ihren Namen angibt und in runden Klammern für jeden Parameter ein Argument. Die den Parametern entsprechenden lokalen Variablen werden beim Aufruf mit den Werten der Argumente initialisiert. Falls die Funktion ohne Parameter definiert wurde, gibt man nur ein Klammerpaar ohne Argumente an. Durch den Funktionsaufruf wird dann die Verbundanweisung aus der Funktionsdefinition ausgeführt. So wird durch

```
int QuadratSumme(int a, int b)
{
int s=0;
for (int i=a; i<=b; i++)
  s=s+i*i;
return s;
}
```

eine Funktion definiert, deren Funktionswert die Summe der Quadrate von a bis b ist. Diese Funktion kann dann wie im folgenden Beispiel aufgerufen werden, das die Summe der ersten 10 Quadratzahlen ausgibt:

```
Memo1->Lines->Add(IntToStr(QuadratSumme(1,10)));
```

Wenn man durch eine Funktion nur eine Anweisungsfolge unter einem Namen zusammenfassen will, verwendet man für den Rückgabewert den Datentyp *void*:

```
void Zeige_QuadratSummen(int a, int b)
{
for (int i=a; i<=b; i++)
  Form1->Memo1->Lines->Add(IntToStr(a)+".."
          +IntToStr(i)+": "+IntToStr(QuadratSumme(a,i)));
}
```

Dieser Datentyp ist gerade dadurch charakterisiert, dass er keine Werte annehmen kann. Er drückt also explizit aus, dass eine solche Funktion lediglich aufgerufen werden soll und dass sie keinen Wert zurückgibt:

```
Zeige_QuadratSummen(1,10);
```

Es ist insbesondere nicht möglich, eine Variable des Datentyps *void* zu definieren

```
void x; // Fehler: Größe von 'x' unbekannt oder Null
```

oder den Funktionswert einer solchen Funktion in einem Ausdruck (z.B. auf der rechten Seite einer Zuweisung) zu verwenden:

```
x=Zeige_QuadratSummen(1,10);//Fehler: Kein zulässiger Typ
```

Auch die Funktionen, die der C++Builder als Reaktion auf ein Ereignis erzeugt, geben keinen Funktionswert zurück:

```
void __fastcall TForm1::Button1Click(TObject *Sender)
{
}
```

3.5 Kontrollstrukturen und Funktionen 137

Die Angaben „__fastcall" und „TForm1::" passen zwar nicht in das bisher beschriebene Schema. Aber durch *__fastcall* wird nur die interne Art der Parameterübergabe gesteuert und „TForm1::" bringt zum Ausdruck, dass das Ereignis zur Formularklasse *TForm1* gehört.

Eine solche Funktion wird automatisch aufgerufen, wenn das entsprechende Ereignis eintritt. Da der Parameter *Sender* meist nicht verwendet wird, kann man sie auch jederzeit mit einem Argument wie *Form1* aufrufen. Ein solcher Aufruf hat dann denselben Effekt wie das entsprechende Ereignis:

```
void __fastcall TForm1::Button2Click(TObject *Sender)
{
Button1Click(Form1); // Wie wenn Button1 angeklickt wird
}
```

Wenn man eine Elementfunktion einer Komponente eines Formulars in einer Elementfunktion des Formulars aufruft, muss man den Namen des Formulars wie in der Funktion *Button2Click* nicht angeben. Ruft man eine solche Funktion dagegen in einer globalen Funktion auf, muss man den Namen des Formulars wie in *Zeige_Quadratsummen* beim Aufruf *Form1->Memo1->Add* angeben.

Bereits für die Programmiersprache C wurden umfangreiche **Standardbibliotheken** definiert. Soweit sie zum ANSI-C Standard gehören, wurden sie auch in den C++-Standard übernommen. In Zusammenhang mit den Ganzzahldatentypen gehört dazu die Funktion

   *int **rand**( ); // #include <stdlib.h>*

die einen Zufallswert im Bereich 0.. RAND_MAX (0x7FFFU) als Funktionswert hat. Die Arbeitsweise dieser Funktion kann man sich folgendermaßen vorstellen:

```
int seed=1; // eine globale Variable

int rand();
{
seed = f(seed); // f ist eine vordefinierte Funktion, die
return seed;    // relativ gute Zufallszahlen erzeugt
}
```

Durch einen Aufruf der Funktion

   *void **srand**(unsigned __seed);*

wird der Startwert für den Zufallszahlengenerator initialisiert. Deshalb erhält man nach jedem Aufruf von *srand(x)* mit einem bestimmten Wert x immer dieselbe Folge von Zufallszahlen.

Neben diesen beiden im ANSI-Standard von C definierten Funktionen gibt es im C++Builder noch die Funktion *int **random**(int num);*

die einen Zufallswert im Bereich 0..*num* als Funktionswert hat. Im Unterschied zu *rand* sind hier größere Werte als 32776 möglich. Mit

*void **randomize**(void);*

kann der Zufallszahlengenerator auf einen Wert initialisiert werden, der von der aktuellen Uhrzeit abhängt. Damit erhält man nach praktisch jedem Aufruf von *randomize* eine neue Folge von Zufallszahlen.

Aufgaben 3.5

1. Welche Werte werden durch die *for*-Schleife ausgegeben

    ```
    int n=StrToInt(Edit1->Text);
    for (unsigned int u=0; u<=n-1; u++)
       Memo1->Lines->Add(IntToStr(u));
    ```

    a) mit n=0
    b) mit n=1
    c) Welche Ausgabe erhält man mit n=0, wenn man in der *for*-Schleife die Bedingung u<=n-1 durch u<n ersetzt?

2. Schreiben Sie

    a) eine Funktion *Quersumme*, die für einen als Parameter übergebenen Ganzzahlwert die **Quersumme** als Funktionswert zurückgibt (z.B. Quersumme(123)=6, Quersumme(100)=1)
    b) eine Funktion *ZeigeQuersumme*, die für alle Werte, die zwischen zwei als Parametern übergebenen Grenzen liegen, die Quersumme in einem Memo-Fenster ausgibt.

3. Die **Fibonacci-Zahlen** sind durch $f_0 = 0$, $f_1 = 1$, $f_{i+1} = f_i + f_{i-1}$ für i = 1, 2, 3, ... definiert, d.h. jede Zahl, außer den ersten beiden, ist die Summe der beiden vorangehenden.

    Diese Zahlenfolge geht auf eine Additionsübung des italienischen Mathematikers Fibonacci im Jahr 1202 zurück. Dabei bezeichnet f_n die Anzahl der Hasenpaare nach n Monaten, wobei jedes Hasenpaar am Anfang eines jeden Monats ein neues Paar Junge bekommt, das nach einem Monat ebenfalls ein Paar Junge bekommt. In diesem einfachen Modell sind alle Hasen unsterblich.

    a) Schreiben Sie eine Funktion, die den n-ten Wert der Fibonacci-Folge berechnet. Dabei soll n als Parameter übergeben werden.
    b) Geben Sie die ersten 50 Werte der Fibonacci-Folge in einem Memo-Fenster aus.

3.5 Kontrollstrukturen und Funktionen

4. Eine positive ganze Zahl n ist eine **Primzahl**, wenn sie genau zwei verschiedene Teiler hat (nämlich 1 und n) und keine weiteren. Beispielsweise sind 2, 3 und 5 Primzahlen, aber 1, 4 und 6 sind keine.

   a) Schreiben Sie eine boolesche Funktion *prim*, die für einen als Parameter übergebenen Ganzzahlwert n den Wert *true* zurückgibt, wenn n eine Primzahl ist, und andernfalls den Wert *false*. Prüfen Sie dazu in einer Schleife alle möglichen Teiler von n.
   b) Schreiben Sie eine Funktion *zeige_Primzahlen*, die für einen als Parameter übergebenen Wert n alle Primzahlen ausgibt, die <= n sind.
   c) Nach einer Vermutung des Mathematiker **Goldbach** kann jede gerade ganze Zahl >= 6 als Summe von 2 Primzahlen dargestellt werden. Obwohl diese Vermutung schon vor über 200 Jahren aufgestellt und für zahlreiche Werte überprüft wurde, konnte sie bis jetzt noch nicht bewiesen werden. Schreiben Sie eine Funktion *Goldbach*, die für einen als Parameter übergebenen Wert n alle Kombinationen von Primzahlen mit der Summe n in einem Memo-Fenster ausgibt. Außerdem soll die Anzahl dieser Kombinationen angezeigt werden.

5. Drei Zahlen a, b und c, für die $a^2 + b^2 = c^2$ gilt (z.B. 3, 4 und 5), heißen **Pythagoräisches Zahlentripel**. Geben Sie alle solchen Zahlentripel für a und b <= 50 in einem Memo-Fenster aus. Probieren Sie dazu für alle Kombinationen von a und b und alle möglichen Werte von c aus, ob die Bedingung gilt.

6. Beim so genannten **3n+1-Problem** wird ausgehend von einer positiven ganzen Zahl n nach dem folgenden Verfahren eine Zahlenfolge bestimmt:

   Für n=1 wird das Verfahren abgebrochen.
   Falls n ungerade ist, ersetzt man n durch (3n+1).
   Falls n gerade ist, ersetzt man n durch n/2.

   So erhält man z.B. für n=5 die Zahlenfolge 5, 16, 8, 4, 2, 1. Nach einer Vermutung der Mathematiker Ulam und Collatz konvergiert diese Folge immer. Obwohl diese Vermutung inzwischen für alle Zahlen $<7*10^{11}$ überprüft wurde, konnte sie bisher nicht allgemein bewiesen werden.

   Schreiben Sie eine Funktion *f3nplus1*, die für einen als Parameter übergebenen Wert n die Anzahl der Schritte als Funktionswert zurückgibt, bis das Verfahren abbricht. Zum Testen soll über einen zweiten Parameter gesteuert werden können, ob alle Werte dieser Zahlenfolge in einem Memo-Fenster ausgegeben werden oder nicht.

7. Schreiben Sie eine Funktion *Lotto*, die 7 Zufallszahlen im Bereich 1 .. 49 in einem Memo-Fenster ausgibt. Der Einfachheit halber ist es dabei nicht notwendig, dass alle 7 Zufallszahlen verschieden sind.

3.6 Der integrierte Debugger

Da bisher noch niemand das fehlerfreie Programmieren erfunden hat, kommt es immer wieder vor, dass sich ein Programm einfach nicht so verhält, wie man sich das gedacht hat. Solche Abweichungen vom erwarteten Verhalten eines Programms werden üblicherweise als Fehler oder Bugs (Wanzen) bezeichnet und die Suche nach solchen Fehlern sowie deren Behebung als **Debugging**.

Ein **Debugger** ist ein Programm, das die Suche nach Fehlern im Quelltext erleichtert, indem es die schrittweise Ausführung eines Programms sowie die Anzeige und Veränderung der Werte von Variablen während der Laufzeit des Programms ermöglicht. Da die Suche nach Fehlern oft keineswegs trivial ist, kann man Fehler oft nur so mit vertretbarem Aufwand finden. Ein guter Debugger ist deshalb eines der wichtigsten Werkzeuge einer Entwicklungsumgebung.

Der in die Entwicklungsumgebung des C++Builders integrierte Debugger bietet dazu insbesondere die folgenden Möglichkeiten.

Haltepunkte (Breakpoints)

Während man bei einem streng sequenziellen Programm (z.B. einem typischen Programm unter MS-DOS) jede Anweisung schrittweise mit *F7* oder *F8* erreichen kann, ist dies bei einem ereignisorientierten Programm wie unter Windows nicht möglich. Hier wird man zuerst einen Breakpoint (Haltepunkt) auf eine Anweisung in einer Ereignisbehandlungsroutine setzen, dann das Programm starten (z.B. mit *F9*) und dann das entsprechende Ereignis auslösen. Hat man so den Breakpoint erreicht, kann man von diesem aus schrittweise weitergehen.

Mit *F4* oder *Start|Zur Cursorposition gehen* führt der Debugger das Programm bis zu der Zeile aus, in der sich der Cursor befindet. Vor der Ausführung dieser Anweisung unterbricht der Debugger die Programmausführung.

Mit *F5* oder *Start|Haltepunkt hinzufügen|Quelltexthaltpunkt* wird die Zeile mit dem Cursor zu einem Haltepunkt. Falls diese Zeile vorher als Haltepunkt definiert war, wird er gelöscht. Wenn eine Zeile als Haltepunkt definiert ist, wird das Programm beim Start mit *F9* oder *Start|Start* bis zu dieser Zeile ausgeführt und vor der Ausführung dieser Anweisung unterbrochen.

Mit *Ansicht|Debug-Fenster|Haltepunkte* werden alle derzeit gesetzten Haltepunkte angezeigt:

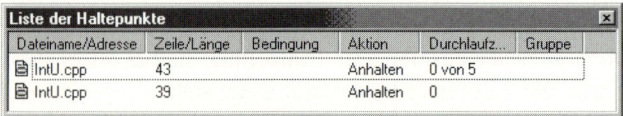

3.6 Der integrierte Debugger

Wählt man nach einem Klick auf die rechte Maustaste die Option *Eigenschaften* aus, wird das Fenster *Eigenschaften des Haltepunkts* angezeigt:

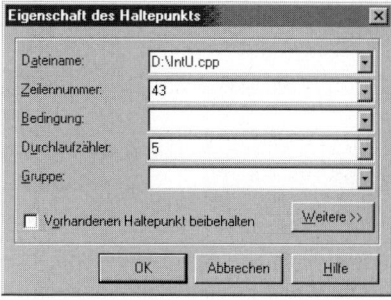

Hier können Bedingungen und Durchlaufzähler eingetragen werden. Damit kann das Anhalten an einem Haltepunkt von Bedingungen abhängig gemacht werden. Beispielsweise wird dann in einer Schleife nicht jedes Mal angehalten, sondern erst ab einem bestimmten Wert des Schleifenzählers.

Schrittweise Programmausführung:

Mit *F7* oder *Start|Einzelne Anweisung* führt der Debugger die nächste Anweisung aus und unterbricht anschließend die Programmausführung. Falls diese Anweisung ein Funktionsaufruf ist, wird in die Funktion verzweigt.

Mit *F8* oder *Start|Gesamte Routine* wird ebenfalls die nächste Anweisung ausgeführt. Falls diese ein Funktionsaufruf ist, wird nicht in die Funktion verzweigt, sondern der Aufruf als eine einzige Anweisung betrachtet.

Werte von Variablen anzeigen und verändern

Wenn man den Mauszeiger kurz über einer Variablen stehen lässt, wird ihr Wert in einem kleinen Fenster angezeigt:

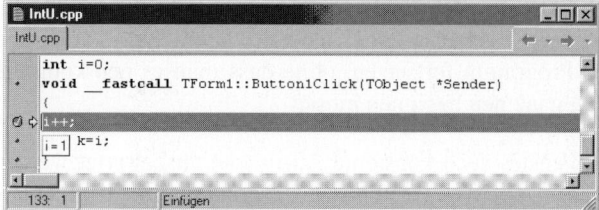

Mit *Strg+F7* (bzw. über *Ansicht|Debug-Fenster* oder das lokale Menü im Editor unter *Fehlersuche*) kann man den Wert einer Variablen im Fenster *Auswerten/-Ändern* anzeigen und ändern:

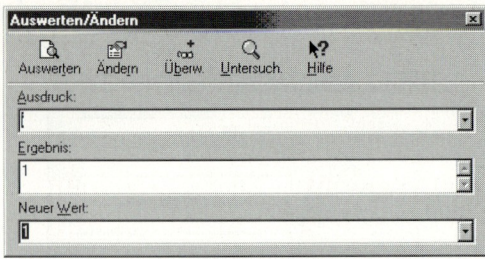

Die Darstellung des auszuwertenden Ausdrucks kann durch eine Formatangabe beeinflusst werden. Hier die wichtigsten dieser Angaben:

Format-angabe	zulässige Datentypen	Ausgabe
,C ,S	Char, String	Zeichen und Strings im Klartext; nicht druckbare Zeichen als Escape-Sequenz
,D	Ganzzahldatentyp	dezimal
,H oder,X	Ganzzahldatentyp	hexadezimal (mit dem Präfix 0x)
,Fn	Gleitkomma-datentyp	Mantisse mit n Stellen (n zwischen 2 und 18), z.B. „3.5375E-3" mit „F5".
,P	Zeigertyp	hexadezimal (ohne Präfix 0x)
,R	Struct, Klasse, Objekt	Paare aus Feldnamen und zugehörigem Wert, z.B. (X:5;Y:2; Z:10)
,nM	alle	Ab der Adresse des gegebenen Ausdrucks n Bytes. Jedes Byte wird standardmäßig durch zwei hexadezimale Ziffern darge-stellt. Andere Darstellungen in Kombina-tion mit den Formatangaben C, D, H und S. Mit „,4M" z.B. „15 02 E8 72".

In der Eingabezeile nach *Neuer Wert* kann man den Wert einer Variablen während der Laufzeit des Programms ändern. Diese Möglichkeit ist insbesondere dann nützlich, wenn man beim Debuggen einen Fehler entdeckt hat, der einen falschen Wert einer Variablen zur Folge hat. Diesen Wert kann man hier ändern und dann das Programm fortsetzen, ohne dass man es neu kompilieren und die Debug-Sitzung ganz neu beginnen muss.

Da in diesem Fenster auch konstante Ausdrücke ausgewertet werden, kann man es auch als Taschenrechner verwenden. Dabei kann ein Ausdruck auch Konstan-ten enthalten, die zum Zeitpunkt der Kompilation bekannt sind, z.B. *sizeof* usw.

3.6 Der integrierte Debugger

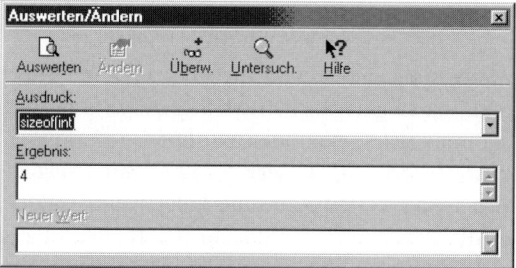

Überwachte Ausdrücke (Watches)

Mit *Ansicht\Debug-Fenster\Überwachte Ausdrücke* kann man sich die aktuellen Werte von Variablen während der Programmausführung anzeigen lassen.

Im Gegensatz zum Fenster *Auswerten/Ändern* kann man die Werte von mehr als einer Variablen anzeigen lassen und muss sie auch nicht jedes Mal neu eingeben. Allerdings können die Werte von Variablen in dieser Liste nicht verändert werden.

Mit *Strg+F5* oder *Start\Ausdruck hinzufügen* (bzw. über das lokale Menü in der Liste der überwachten Ausdrücke) kann man der Liste der überwachten Ausdrücke einen neuen Ausdruck hinzufügen. Das Darstellungsformat (siehe dazu auch die Formatangaben im Fenster *Auswerten/Ändern*) kann dabei durch Anklicken eines der RadioButtons ausgewählt werden.

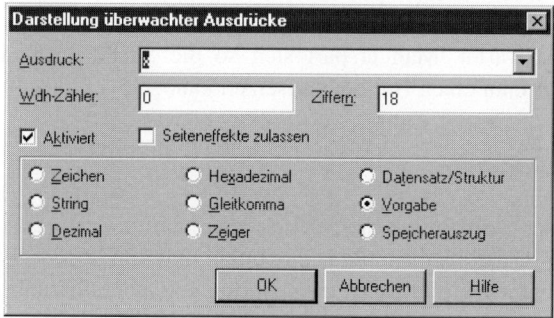

Mit *Ansicht\Debug-Fenster\Lokale Variablen untersuchen* kann man die **Werte von allen lokalen Variablen** anzeigen lassen.

Der Aufruf-Stack

Wenn man eine Anweisung untersucht, die über verschiedene Funktionsaufrufe erreicht werden kann, ist es gelegentlich wichtig zu wissen, über welche Aufrufe man an diese Programmstelle gekommen ist. Diese Information erhält man mit *Ansicht|Debug-Fenster|Aufruf-Stack* oder *Strg+F3* im Fenster *Aufruf-Stack*. In diesem Fenster wird in der ersten Zeile die zuletzt aufgerufene Funktion angezeigt und darunter die zuvor aufgerufenen in der Reihenfolge der Aufrufe. Die letzte Zeile enthält die nach dem Start des Programms zuerst aufgerufene Funktion.

Durch die Anwahl einer Zeile im Fenster *Aufruf-Stack* kann man den Cursor an die Stelle im Quelltext positionieren, an der diese Funktion aufgerufen wird.

Ausführungsposition suchen

Da man im Debugger alle Quelltexte durchblättern kann, kann es vorkommen, dass man nicht mehr weiß, welche Anweisung als nächste ausgeführt wird. Um diese **Ausführungsposition** (die nächste auszuführende Anweisung) nicht mühsam suchen zu müssen, kann man mit *Start|Ausführungsposition anzeigen* den Cursor an den aktuellen Ausführungspunkt im Editor positionieren.

Programm unterbrechen

Mit *Start|Programm Pause* kann die Ausführung eines laufenden Programms unterbrochen werden. Diese Option ist vor allem dann nützlich, wenn man das Programm bis zu einer Stelle durchlaufen lassen will, an der es z.B. auf eine Benutzereingabe wartet. Man erspart sich so die Suche nach einer Stelle im Quelltext, an der man einen Haltepunkt setzen kann.

Programm zurücksetzen

Mit *Strg+F2* oder *Start|Programm zurücksetzen* kann die aktuelle Debug-Sitzung beendet werden. Dabei bleiben alle Haltepunkte und alle überwachten Ausdrücke der aktuellen Sitzung erhalten, so dass eine neue Debug-Sitzung mit denselben Haltepunkten usw. aufgenommen werden kann, ohne dass sie neu eingegeben werden müssen.

Aufgabe 3.6: Die Gauß'sche Osterformel

Auf dem Konzil von Nicäa (325 n. Chr.) wurde festgelegt, dass der Ostersonntag der erste Sonntag nach dem ersten Vollmond im Frühling ist. Nach Knuth (1973, Bd. 1) war die Berechnung des Ostersonntags die einzige wichtige Anwendung der Arithmetik im Mittelalter.

Gauß hat die Arbeit der mit dieser Berechnung beschäftigten Mönche durch den folgenden Algorithmus rationalisiert. Die hier dargestellte Version gilt allerdings nur bis zum Jahr 2299. Ein allgemeineres Verfahren findet man bei Knuth.

M und N seien durch die folgende Tabelle gegeben:

Jahr	M	N
1583–1699	22	2
1700–1799	23	3
1800–1899	23	4
1900–2099	24	5
2100–2199	24	6
2200–2299	25	0

A, B, C seien die Reste der Divisionen der Jahreszahl durch 19, 4 bzw. 7, D der Rest der Division von (19A + M) durch 30 und E der Rest der Division von (2B + 4C + 6D + N) durch 7.

Dann ist der Ostersonntag gleich dem (22 + D + E)-ten März oder gleich dem (D + E − 9)-ten April, falls die folgenden Grenzfälle berücksichtigt werden:

1. Ergibt sich der 26. April, so setze man stets den 19. April.
2. Ergibt sich der 25. April und gilt D = 28, E = 6 und A > 10, so fällt der Ostersonntag auf den 18. April.

Der Pfingstsonntag ist dann der siebte Sonntag nach Ostern.

Schreiben Sie ein Programm, das den Oster- und Pfingstsonntag berechnet. Testen Sie das Programm mit den folgenden Werten:

```
1970 Ostern: 29. März    Pfingsten: 17. Mai
1971 Ostern: 11. April   Pfingsten: 30. Mai
1972 Ostern:  2. April   Pfingsten: 21. Mai
1973 Ostern: 22. April   Pfingsten: 10. Juni
1974 Ostern: 14. April   Pfingsten:  2. Juni
1975 Ostern: 30. März    Pfingsten: 18. Mai
1976 Ostern: 18. April   Pfingsten:  6. Juni
1977 Ostern: 10. April   Pfingsten: 29. Mai
1978 Ostern: 26. März    Pfingsten: 14. Mai
1979 Ostern: 15. April   Pfingsten:  3. Juni
1980 Ostern:  6. April   Pfingsten: 25. Mai
```

Falls Ihre Ergebnisse nicht auf Anhieb mit diesen Testdaten übereinstimmen, führen Sie das Programm schrittweise im Debugger aus und vergleichen Sie die Zwischenergebnisse im Programm mit denen, die sich ergeben müssten.

Eine schön ausgedruckte Liste mit den so berechneten Osterdaten ist auch gut als Ostergeschenk geeignet (jedes Jahr ein anderes Jahrhundert). Weniger guten Freunden kann man eine Liste mit dem Datum von Weihnachten schenken (auch jedes Jahr ein anderes Jahrhundert).

3.7 Gleitkommadatentypen

Offensichtlich ist der Wertebereich der Ganzzahldatentypen für viele Anwendungen nicht ausreichend: Die größte darstellbare Zahl ist 10-stellig, außerdem können keine Zahlen mit Nachkommastellen dargestellt werden.

Diese Einschränkungen sind bei den so genannten Gleitkommadatentypen wesentlich geringer:

Datentyp	Wertebereich (pos./negativ)	signifikante Stellen	Größe in Bytes
float	$1{,}5 \times 10^{-45}$ .. $3{,}4 \times 10^{38}$	7–8	4
double	$5{,}0 \times 10^{-324}$ .. $1{,}7 \times 10^{308}$	15–16	8
long double	$3{,}4 \times 10^{-4932}$ .. $1{,}1 \times 10^{4932}$	19–20	10

Im C++-Standard sind keine expliziten Wertebereiche für diese Datentypen festgelegt. Es wird lediglich verlangt, dass *double* mindestens so genau ist wie *float* und *long double* mindestens so genau wie *double*. Deshalb können **Gleitkommaformate bei anderen Compilern verschieden** sein: Wenn diese Formate in eine Datei geschrieben werden, können sie von einem Programm, das mit einem anderen Compiler geschrieben wurde, eventuell nicht gelesen werden.

Der C++Builder verwendet die Gleitkommaformate der Floating Point Unit (FPU), die in allen Pentium-Prozessoren eingebaut ist. Diese Formate sind auf Rechnern mit Intel-Prozessoren recht verbreitet und deshalb auf diesen Plattformen auch meist portabel.

Die Gleitkommadatentypen werden zusammen mit den Ganzzahldatentypen als **arithmetische Datentypen** bezeichnet. Zusammen mit dem Datentyp *void* fasst man die arithmetischen Datentypen zu den **fundamentalen, vordefinierten** oder **eingebauten Datentypen** zusammen. Diese werden vom jedem C++-Compiler zur Verfügung gestellt und müssen im Unterschied zu den zusammengesetzten Datentypen (siehe Kapitel 4) nicht explizit definiert werden.

3.7 Gleitkommadatentypen

3.7.1 Die interne Darstellung von Gleitkommawerten

Gleitkommadatentypen werden in einem so genannten Gleitkommaformat dargestellt. Die **Gleitkommadarstellung** einer reellen Zahl r besteht normalerweise aus 4 ganzzahligen Werten s (für das Vorzeichen), m (für die so genannte Mantisse), b (Basis des Zahlensystems) und e (dem Exponenten), so dass

$r = s*m*b^e$

gilt oder möglichst gut angenähert wird. Um eine eindeutige Darstellung zu erreichen, wird in der Regel entweder $0{,}1 \leq m < 1$ oder $1 \leq m < b$ verlangt.

Beispiel: Für die Zahl 3,14 im Dezimalsystem (b=10) erhält man die Darstellung

$3{,}14 = (+1) * 0{,}314 * 10^1$, also s=1, m=0,314 und e=1

Da mit diesem Datenformat die Zahl Null nicht dargestellt werden kann, wird dafür meist ein spezielles Bitmuster von s, m und e verwendet.

Als Beispiele für Gleitkommaformate werden die für „Double Real" und „Extended Real" der Floating Point Unit (FPU) von Intel Pentium Prozessoren gezeigt. Diese stehen im C++Builder als *double* und *long double* zur Verfügung. Das Format für *float* ist ähnlich.

double:

Mantisse m	Exponent e	s
0 (Positionen der Bits)	51 52	62 63

Dabei ergibt sich der Wert der dargestellten Zahl folgendermaßen aus dem Datenformat:

if $0 < e < 2047$, then $v = (-1)^s * 2^{(e-1023)} * (1.m)$.
if $e = 0$ and $m \neq 0$, then $v = (-1)^s * 2^{(-1022)} * (0.m)$.
if $e = 0$ and $m = 0$, then $v = (-1)^s * 0$.
if $e = 2047$ and $m = 0$, then $v = (-1)_s * $ Inf. // $+\infty$ und $-\infty$
if $e = 2047$ and $m \neq 0$, then v is a NaN. // **not a N**umber – keine Zahl

long double:

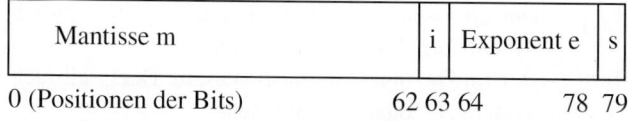

Mantisse m	i	Exponent e	s
0 (Positionen der Bits)	62 63 64		78 79

Hier ergibt sich der Wert der dargestellten Zahl durch:

if $0 \leq e < 32767$, then $v = (-1)^s * 2^{(e-16383)} * (i.m)$.
if $e = 32767$ and $m = 0$, then $v = (-1)^s * \text{Inf}$. // $+\infty$ und $-\infty$
if $e = 32767$ and $m \neq 0$, then v is a NaN // **not a Number** – keine Zahl

Beim Datentyp *double* ist also die Mantisse auf den Bereich $1 \leq m < b$ normiert, beim Format *long double* mit i=1 ebenso.

Bei der Bestimmung des Gleitkommaformats einer Zahl r sucht man analog zum Binärsystem Koeffizienten $...b_1 b_0 b_{-1} b_{-2}...$, so dass

$$r = ... b_1 2^1 + b_0 2^0 + b_{-1} 2^{-1} + b_{-2} 2^{-2} ...$$

gilt. Von diesen Koeffizienten nimmt man ab dem ersten, von Null verschiedenen, so viele für die Mantisse m, wie diese Bits hat. Die Position der ersten Stelle wird dann durch eine Multiplikation mit 2^e berücksichtigt.

Beispiele: $5_{10} = 1*2^2 + 0*2^1 + 1*2^0 = 1{,}01_2 * 2^2$ (m = 1,01, e = 2)
$0{,}5_{10} = 1_2 * 2^{-1}$ (m = 1,0, e = –1)
$0{,}1875_{10} = 1*2^{-3} + 1*2^{-4} = 1{,}1_2 * 2^{-3}$ (m = 1,1, e = –3)

Unmittelbar aus dieser Definition ergibt sich der folgende Algorithmus zur Umwandlung einer Dezimalzahl mit Nachkommastellen, der an einem Beispiel (der Zahl $0{,}1_{10}$) illustriert werden soll:

Beispiel: $0{,}1_{10} = 0*2^{-1}$ Rest $0{,}1_{10}$
$0{,}1_{10} = 0*2^{-2}$ Rest $0{,}1_{10}$
$0{,}1_{10} = 0*2^{-3}$ Rest $0{,}1_{10}$
$0{,}1_{10} = 1*2^{-4}$ Rest   // 1/10 – 1/16 = 8/80 – 5/80 = 3/80
$3/80_{10} = 1*2^{-5}$ Rest   // 3/80 – 1/32 = 1/160 = (1/16)*(1/10)

Offensichtlich wiederholen sich die Ziffern anschließend, d.h. die Ziffernfolge wird ein nichtabbrechender, periodischer Dezimalbruch:

$0{.}1_{10} = 0{,}0(0011)_2$ // Periode in Klammern
$= 1{,}(1001) 2^{-4}$ // normiert, so dass die Mantisse mit 1 beginnt

Dieses Beispiel zeigt, dass eine Zahl, die in einem bestimmten Zahlensystem eine abbrechende Dezimalbruchentwicklung hat, in einem anderen Zahlensystem ein nichtabbrechender periodischer Dezimalbruch sein kann. Weitere Beispiele aus anderen Zahlensystemen:

$1/3_{10} = 0{,}1_3$ Der im Dezimalsystem periodische Dezimalbruch 1/3 ist im System zur Basis 3 abbrechend.
$1/7_{10} = 0{,}1_7$ Der im Dezimalsystem periodische Dezimalbruch 1/7 ist im System zur Basis 7 abbrechend.

3.7 Gleitkommadatentypen

Generell gilt: Ein Bruch z/n lässt sich genau dann als abbrechender Dezimalbruch in einem Zahlensystem zur Basis B darstellen, wenn alle Primfaktoren des Nenners Teiler von B sind.

Deshalb können in einem Gleitkommaformat (mit der Basis 2 für die Mantisse) alle die Zahlen r exakt als Gleitkommazahlen dargestellt werden, für die

$$r = ... b_1 2^1 + b_0 2^0 + b_{-1} 2^{-1} + b_{-2} 2^{-2} ...$$

gilt und bei denen die Mantisse für die Anzahl der Koeffizienten ausreicht. Alle anderen Gleitkommazahlen werden entweder nur durch Näherungswerte dargestellt (falls die Mantisse nicht ausreicht) oder können nicht dargestellt werden, weil der Exponent e zu klein (Unterlauf, underflow) oder zu groß (Überlauf, overflow) wird.

Bei einem Gleitkommaformat werden also alle reellen Zahlen, die sich erst ab der letzten Stelle der Mantisse unterscheiden, durch dasselbe Bitmuster dargestellt. Deshalb ist die Darstellung einer reellen Zahl im Gleitkommaformat **nur relativ genau, aber nicht immer exakt**. In diesem Punkt unterscheiden sich Gleitkommadatentypen grundlegend von den Ganzzahldatentypen: Bei einem Ganzzahldatentyp entspricht jedem Bitmuster genau eine Zahl im Wertebereich, und diese Darstellung ist immer exakt. In der Tabelle auf Seite 146 gibt die Anzahl der **signifikanten Stellen** an, wie viele Stellen einer Dezimalzahl im jeweiligen Gleitkommaformat dargestellt werden können.

Allerdings ist eine Gleitkommadarstellung auch nicht besonders ungenau. In vielen Anwendungen wirkt sich diese Ungenauigkeit beim Rechnen mit Gleitkommazahlen überhaupt nicht aus.

Bei der Subtraktion von fast gleichgroßen Gleitkommazahlen hat das Ergebnis jedoch oft wesentlich weniger richtige Stellen als die Ausgangszahlen:

```
float f1=1.0000010; // float hat 7-8 signifikante Stellen
float f2=1.0000001;
// f1 und f2 unterscheiden sich in der 7. Stelle
float f=f1-f2; // f=8.34465026855469E-7
```

Nach diesen Anweisungen hat f den Wert 8,344..E-7. Bei diesem Wert ist bereits die erste Stelle falsch. Ersetzt man hier den Datentyp *float* durch *double* oder *long double*, erhält man erheblich bessere Ergebnisse. Aber auch mit *double* oder *long double* kann der Fehler in der Größenordnung von 10% liegen, wenn sich die beiden Operanden nur auf den letzten signifikanten Stellen unterscheiden.

Solche Rundungsfehler können sich im Lauf einer Folge von Rechnungen so weit aufschaukeln, dass das berechnete Ergebnis deutlich vom tatsächlichen abweicht. Es empfiehlt sich deshalb, die Ergebnisse von Rechnungen mit Gleitkommazahlen immer nachzuprüfen (z.B. eine Probe ins Programm aufzunehmen).

Die bisherigen Ausführungen zeigen insbesondere, dass bei der Addition einer kleinen Zahl zu einer großen Zahl die Summe gleich der großen Zahl sein kann, wenn sich die kleine Zahl erst nach der letzten Stelle der Mantisse auf das Ergebnis auswirkt. Damit kann im Unterschied zu den reellen Zahlen der Mathematik

a + x = a

sein, ohne dass dabei x = 0 ist.

Außerdem kann das Ergebnis des Ausdrucks a + b + c davon abhängen, in welcher Reihenfolge der Compiler die Zwischensummen berechnet. Wie das Beispiel (mit B = 10 und einer Mantisse mit 3 Stellen)

a = –123,0   b = 123,0   c = 0,456

zeigt, gilt (a + b) + c = 0,456 ≠ 0 = a + (b + c), d.h. das **Assoziativgesetz muss bei der Addition von Gleitkommazahlen nicht gelten**.

3.7.2 Der Datentyp von Gleitkommaliteralen

Gleitkommaliterale können nach den folgenden Regeln gebildet werden:

floating-literal:
    fractional-constant exponent-part $_{opt}$ *floating-suffix* $_{opt}$
    digit-sequence exponent-part floating-suffix $_{opt}$

fractional-constant:
    digit-sequence $_{opt}$ **.** *digit-sequence*
    digit-sequence **.**

exponent-part:
    e *sign* $_{opt}$ *digit-sequence*
    E *sign* $_{opt}$ *digit-sequence*

sign: one of
    + -

digit-sequence:
    digit
    digit-sequence digit

floating-suffix: one of
    f l F L

Der Datentyp eines Gleitkommaliterals ist *double*, solange nicht durch ein Suffix „f" oder „F" der Datentyp *float* oder durch „l" oder „L" *long double* definiert wird. Da der Kleinbuchstabe l leicht mit der Ziffer 1 verwechselt wird, empfiehlt es sich, immer das große L zu verwenden, wenn man Literale des Typs *long double* möchte.

3.7 Gleitkommadatentypen

Einige Beispiele für Gleitkommaliterale:

```
double d1=.1;  // d1=0.1
float  f1=1.5E-45f;//FloatToStr(f1)="1,40129846432482E-45"
float  f2=1.5E-46f;// FloatToStr(f2)="0"
float  f3=3.4E38f;  // FloatToStr(f3)="3,39999995214436E38"
float  f4=3.5E38f;  // FloatToStr(f4)="INF"

double d1=5E-324;//FloatToStr(d1)="4,94065645841247E-324"
double d2=1E-324;   // FloatToStr(d2)="0"
double d3=1.7E308;  // FloatToStr(d3)="1,7E308"
double d4=1.8E308;  // FloatToStr(d4)="INF"
```

Hier sieht man insbesondere, dass Werte in der Nähe von Null, die außerhalb des darstellbaren Bereichs liegen, auf 0 abgerundet werden. Zu große Werte werden als „INF" (für „infinity", unendlich) dargestellt.

Bei Gleitkommaliteralen **muss** man darauf achten, dass die Nachkommastellen mit einem Punkt und **nicht mit** einem **Komma** getrennt werden. Der Ausdruck

```
double d=3,1415;  // falsch
```

ist syntaktisch zulässig und wird mit dem so genannten Kommaoperator ausgewertet. Dabei erhält d den Wert 3 und nicht 3.1415, ohne dass eine Warnung oder Fehlermeldung auf den Schreibfehler hinweist.

3.7.3 Implizite Konversionen

Schon bei den Ganzzahldatentypen haben wir gesehen, dass für die vordefinierten Datentypen in C++ implizite **Standardkonversionen** definiert sind. Diese Konversion führt der Compiler dann z.B. in den folgenden Situationen durch

- Bei der Zuweisung v=a eines Ausdrucks a des einen an eine Variable v eines anderen Datentyps.
- Wenn beim Aufruf einer Funktion für einen Parameter des Datentyps T1 ein Argument des Datentyps T2 eingesetzt wird.

Solche Konversionen werden exakt durchgeführt, falls das möglich ist. Es gibt aber auch Konversionen, die nicht exakt sein können. In Zusammenhang mit den Gleitkommadatentypen definiert der C++-Standard:

1. Ein Ganzzahlwert wird exakt in einen Gleitkommawert konvertiert, außer wenn der Ganzzahlwert mehr signifikante Stellen als der Gleitkommawert hat. In diesem Fall wird eine der beiden nächsten Zahlen ausgewählt.

   Beispiel: Der Datentyp *int* kann mehr signifikante Stellen haben als *float*:

   ```
   float f=1234567891;// f=1234567936
   ```

2. Bei der Konvertierung eines Gleitkommawertes in einen Ganzzahlwert werden die Nachkommastellen abgeschnitten und nicht, wie man eventuell erwarten könnte, gerundet.

   Beispiele: `int i=1.4;   int j=1.6;    // i=1, j=1`
   `           int i=-1.4;  int j=-1.6;   // i=-1, j=-1`

   Falls der Gleitkommawert auf der rechten Seite nicht in dem Bereich liegt, den die Ganzzahlvariable darstellen kann, ist das Ergebnis undefiniert.

   Beispiel: `char c=12345.0;  // c='9'=57`

3. Falls ein genauerer in einen ungenaueren Gleitkommatyp konvertiert wird, können Bereichsüberschreitungen auftreten oder signifikante Stellen verloren gehen. Deshalb kann man nach den Zuweisungen

   ```
   double d=0.1;
   float f=d;
   double d1=f;
   ```

   nicht erwarten, dass die Bedingung (d==d1) auch erfüllt ist in

   ```
   if (d1==d) Edit1->Text="gleich";
   else Edit1->Text="ungleich"; // Ergebnis: "ungleich"
   ```

4. Falls ein ungenauerer in einen genaueren Gleitkommatyp konvertiert wird, kann der falsche Eindruck einer höheren Genauigkeit entstehen. So konvertiert z.B. die Funktion *FloatToStr* ein Argument des Datentyps *float* in den Datentyp des Parameters *Extended* (das ist *long double*) und gibt ihn mit ca. 15 Stellen aus. Dabei sind die letzten Stellen bedeutungslos:

   ```
   float f=1.2345678790123456789;
   AnsiString s=FloatToStr(f);  // 1,23456788063049
   ```

   Mit f=1.23456789 erhält man exakt dasselbe Ergebnis.

Für Operanden eines arithmetischen Datentyps sind zahlreiche **binäre Operatoren** definiert wie z. B:

+ (Addition), – (Subtraktion), * (Multiplikation), / (Division),
die Vergleichs- oder Gleichheitsoperatoren <, <=, >, >=, ==, !=

Falls bei einem dieser Operatoren der Datentyp der beiden Operanden verschieden ist, werden die Operanden in einen gemeinsamen Datentyp konvertiert, der dann auch der Datentyp des Ausdrucks ist. Diese Konversionen sind im C++-Standard definiert und werden dort als die **„üblichen arithmetischen Konversionen"** (usual arithmetic conversions) bezeichnet. Dabei wird in der folgenden Tabelle die Konversion aus der ersten Zeile von oben verwendet, in der die Operanden den entsprechenden Datentyp haben:

3.7 Gleitkommadatentypen

Typ des einen Operanden	Typ des anderen Operanden	Konversion
long double	beliebig	*long double*
double	beliebig	*double*
float	beliebig	*float*
Ganzzahldatentyp	Ganzzahldatentyp	Ganzzahlige Typangleichungen

Einige Beispiele:

1. In dem Ausdruck

    ```
    1/3
    ```

    haben die Literale 1 und 3 beide den Datentyp *int*. Deswegen wird die Division als Ganzzahldivision durchgeführt, wobei der Ausdruck den Datentyp *int* und den Wert 0 erhält.

2. Da Gleitkommaliterale ohne Suffix immer den Datentyp *double* haben, wird eine *float*-Variable f in dem Ausdruck f==0.1 in den Datentyp *double* konvertiert. Deshalb kann man nicht erwarten, dass die Bedingung (f==0.1) in

    ```
    float f=0.1;
    if (f==0.1) Edit1->Text = "gleich";
    else Edit1->Text = "ungleich"; // Ergebnis: "ungleich"
    ```

    erfüllt ist. Wenn dagegen in einem solchen Ausdruck keine Datentypen gemischt werden, ist die Bedingung d==0.1 erfüllt, weil die *double*-Variable d dasselbe Bitmuster hat wie der *double*-Wert 0.1:

    ```
    double d=0.1;
    if (d==0.1) Edit1->Text="gleich";// Ergebnis: "gleich"
    else Edit1->Text = "ungleich";
    ```

Verwendet man auf der rechten Seite einer Zuweisung einen Ausdruck, wird dieser immer zuerst ausgewertet und sein Ergebnis dann der linken Seite zugewiesen. Der Datentyp der rechten Seite ergibt sich dabei allein aus dem Datentyp der beteiligten Operanden und ist unabhängig vom Datentyp der linken Seite. Falls der Datentyp des Ausdrucks nicht dem Datentyp der linken Seite entspricht, wird er durch eine implizite Standardkonversion angepasst.

Diese Art der Ausführung von Zuweisungen gilt für alle Datentypen und wurde auch schon für Ganzzahldatentypen beschrieben. Wie die folgenden Beispiele zeigen, kann das zu Ergebnissen führen, die man auf den ersten Blick vermutlich nicht erwarten würde:

1. Durch die Zuweisung

    ```
    double d=1/3; // d=0
    ```

erhält d den Wert 0, da der Ausdruck 1/3 den Wert 0 hat. Ebenso wird in

```
int i=2147483647L-10;//INT_MAX-10;
float f=i+i; // f=-22 !!!
```

der Ausdruck i+i als Ganzzahlausdruck ausgewertet, wobei i+i hier nach einem Überlauf den Wert -22 hat. Diese Ergebnisse überraschen insbesondere deswegen oft, weil der Wertebereich von d bzw. f für das Ergebnis ausreicht.

2. In der Zuweisung

```
bool b=1.0/4; // wird ohne Warnung kompiliert
```

hat die rechte Seite den Datentyp *double* und den Wert 0.25. Da dieser Wert nicht Null ist, erhält b den Wert *true*. Weist man diesen Wert einer Variablen des Datentyps *int* zu, erhält sie den Wert 1.

```
int i=b; // i=1;
```

3. Wie schon auf Seite 116 (Beispiel 2) gezeigt wurde, wird mit „unsigned int u=0" der Ausdruck „u-1" in den Datentyp *unsigned* konvertiert. Dabei wird -1 binär interpretiert, so dass „u-1" den Wert 2^{32}-1 und nicht etwa -1 erhält:

```
unsigned int u=0;
double d=u-1; // d=4294967295
```

4. Da der Datentyp eines Gleitkommaliterals ohne Suffix immer *double* ist, erhält man für *ld10* dasselbe Ergebnis, wie wenn man den Datentyp *double* anstelle von *long double* gewählt hätte:

```
long double ld11=1.2345678901234567;
long double ld12=1.2345678901234560;
long double ld10=ld11-ld12; // ld10=6.661...E-16
```

Einen genaueren Wert erhält man mit Literalen des Datentyps *long double*:

```
long double ld21= 1.2345678901234567L;
long double ld22= 1.2345678901234560L;
long double ld20=ld21-ld22; // ld20=6,999E-16
```

Falls bei der Auswertung eines Gleitkommaausdrucks ein Überlauf oder eine Division durch 0 stattfindet, löst der C++Builder eine Exception aus:

```
float f=1E20;
f=f*f;  // Exception: Gleitkommaüberlauf
int i=0;
f=f/i;  // Exception: Fließkommadivision durch 0
```

3.7 Gleitkommadatentypen

Sobald ein zum Vergleich herangezogener Wert das **Ergebnis von Rechenoperationen** ist, muss das Ergebnis dieses Vergleichs nicht mehr dem erwarteten Ergebnis entsprechen, da es durch Rundungsfehler verfälscht sein kann:

```
float f=0;
for (int i=1;i<=2;i++) f=f+0.1;
if (f==0.2f) Edit1->Text="gleich"; // muss nicht gelten !
else Edit1->Text="ungleich";
```

Diese Anweisungen geben „ungleich" aus. Ersetzt man hier *float* durch *double* oder *long double*, erhält man dagegen „gleich". Bei einer 10fachen Summation der Werte 0.1 und einem Vergleich mit 1 erhält man für alle drei Gleitkommatypen das Ergebnis „ungleich".

Deshalb sollte man **Gleitkommawerte nie mit dem Operator „==" auf Gleichheit prüfen.** Diese Empfehlung gilt für jede Programmiersprache und nicht nur für den C++Builder oder C++.

Wenn man aber schon nicht feststellen kann, ob zwei Gleitkommawerte gleich sind, die bei einer exakten Darstellung und Rechnung gleich sein müssten, kann man auch bei einem Vergleich von zwei annähernd gleich großen Werten mit >, >=, < und <= nie sicher sein, ob das Ergebnis in die richtige Richtung ausschlägt. Beispielsweise geben die Anweisungen

```
float f=0.1;
if (f > 0.1) Edit1->Text = "größer";
else Edit1->Text = "nicht größer";
```

„größer" aus. Ersetzt man hier *float* durch *double* oder *long double*, erhält man jedoch „nicht größer". Deshalb sollte man auch **keine annähernd gleich großen Gleitkommawerte** mit einem dieser Vergleichsoperatoren vergleichen.

Die Ungenauigkeit von Gleitkommarechnungen ist dann am geringsten, wenn der Datentyp mit der größten Genauigkeit gewählt wird. Außerdem tritt dann ein Unter- oder Überlauf seltener auf. Es empfiehlt sich daher **immer, die Datentypen *double* oder *long double* zu verwenden**, solange der verfügbare Speicherplatz nicht dagegen spricht. Der Unterschied zwischen 4 Bytes für *float* und 10 Bytes für *long double* fällt aber bei dem unter Win32 fast unbegrenzten Speicher meist nicht ins Gewicht. Da Gleitkommaliterale ohne Suffix immer den Datentyp *double* haben, ist es am einfachsten, immer *double* zu verwenden.

Für **kaufmännische Rechnungen** sollte man **immer** den Datentyp ***Currency*** oder einen BCD-Datentyp (siehe Abschnitt 4.5.5) wählen. Addiert man z.B. mehrfach den Wert 0.1 wie in

```
double      d=0;
long double l=0;
Currency    c=0;
```

```
for (int i=0; i<100; i++)
{
    Memo1->Lines->Add("d="+FloatToStr(d)+" c="+
                      CurrToStr(c)+" l="+FloatToStr(l));
    d = d+0.1;
    l = l+0.1;
    c = c+0.1;
}
```

erhält man unter anderem die folgenden Ergebnisse:

`d=8,79999999999998 c=8,8 l=8,8`

Auch wenn die Ergebnisse hier für *long double* exakt aussehen, können sich bei einer größeren Anzahl von Additionen ähnliche Ungenauigkeiten wie bei *double* ergeben. Vermutlich werden die meisten Empfänger für eine Rechnung oder einen Kontoauszug mit derart krummen Werten wenig Verständnis aufbringen. Rundet man die Ergebnisse auf zwei Nachkommastellen, wirken sich die Fehler meist nicht aus. Die Gefahr, dass ein Vergleich von Gleitkommawerten ein falsches Ergebnis hat, lässt sich aber nicht vermeiden. Deshalb sollte man für Geldbeträge keine Gleitkommadatentypen verwenden.

Die nächsten beiden Tabellen enthalten die Laufzeiten für die Addition von 10 000 000 Gleitkommavariablen verschiedener Datentypen.

a) Prozessor Intel 200 MMX:

10000000*	C++Builder (Version 3)			Delphi 3	
s = s + d	Voll-Debug	Endg. Vers	Textfenst.	Mit Opt.	Datentyp
float	0,76 Sek.	0,61 Sek.	1,25 Sek.	0,46 Sek.	*Single*
double	0,76 Sek.	0,92 Sek.	0,78 Sek.	0,46 Sek.	*Double*
long double	1,68 Sek.	1,07 Sek.	1,40 Sek.	1,53 Sek.	*Extended*
	-	-	-	4,68 Sek.	*Real*
int	0,35 Sek.	0,12 Sek.	0,36 Sek.	0,10 Sek.	*Integer*
Currency	4,27 Sek.	1,42 Sek.	4,40 Sek.	0,76 Sek.	*Currency*

b) Prozessor AMD K6 200:

10000000*	C++Builder (Version 3)			Delphi 3	
s = s + d	Voll-Debug	Endg. Vers	Textfenst.	Mit Opt.	Datentyp
float	0,76 Sek.	0,66 Sek.	1,10 Sek.	0,66 Sek.	*Single*
double	0,76 Sek.	0,61 Sek.	0,95 Sek.	0,66 Sek.	*Double*
long double	2,28 Sek.	2,00 Sek.	2,40 Sek.	2,24 Sek.	*Extended*
	-	-	-	7,23 Sek.	*Real*
int	0,23 Sek.	0,10 Sek.	0,23 Sek.	0,10 Sek.	*Integer*
Currency	4,33 Sek.	1,60 Sek.	4,60 Sek.	1,60 Sek.	*Currency*

3.7 Gleitkommadatentypen

Da ich inzwischen nicht mehr zwei Rechner mit verschiedenen Prozessoren derselben Taktfrequenz habe und die Unterschiede für die verschiedenen Prozessoren recht überraschend sind, habe ich die Werte in dieser Tabelle nicht durch die Werte für neuere Prozessoren und Compilerversionen ersetzt.

Die Werte in den Spalten 2 und 3 ergaben sich mit den entsprechenden Einstellungen unter *Projekt|Optionen|Compiler*. Offensichtlich spricht die Laufzeit normalerweise nicht gegen die genaueren Datentypen.

Man sollte solche Laufzeitvergleiche allerdings nicht überbewerten:

- Bei diesem Test wurden sehr viele Zahlen addiert, um überhaupt auf messbare Zeiten zu kommen. In vielen Anwendungen hat man viel weniger Rechnungen, so dass man keine Unterschiede zwischen den verschiedenen Datentypen bemerkt.
- Außerdem können kleinere Änderungen im Programm spürbare Unterschiede zur Folge haben: Bei manchen Datentypen haben die Anweisungen „s =+d" oder „s=s+0.1" anstelle von „s=s+d" Änderungen von 10% zur Folge, bei anderen keine.
- Bei einigen Datentypen unterscheiden sich die Laufzeiten der beiden Prozessoren kaum. Bei manchen ist aber der eine Prozessor deutlich schneller, und bei anderen Datentypen der andere. Da man meist aber sowieso nicht weiß, auf welchem Prozessor ein Programm später läuft, kann man über seine Laufzeit auch keine genauen Aussagen machen.
- Eine Wiederholung desselben Programms ergibt oft unterschiedliche Zeiten. Diese Unterschiede sind oft größer als die mit verschiedenen Datentypen.

3.7.4 Mathematische Funktionen

In den Standardbibliotheken von C sind zahlreiche **mathematische Funktionen** vordefiniert. Diese können auch in C++ verwendet werden, wenn man die entsprechenden Header-Dateien mit *#include* in das Programm einbindet (meistens <math.h>, ein Teil ist auch in <stdlib.h> deklariert). Die folgenden Beispiele sind nur ein Auszug:

*int **abs**(int x)*   // stdlib.h
*long **labs**(long x)*   // stdlib.h
*double **fabs**(double x)*   // sinnigerweise in math.h

Alle diese Funktionen ergeben den Betrag des übergebenen Arguments.

```
Beispiel:  float f1 = abs(-2.3);    // 2, nicht 2.3 !!!
           float f2 = fabs(-2.3);   // 2.3
           float f3 = abs(-157);    // 157
```

Die folgenden Funktionen sind alle in <math.h> deklariert. Der Datentyp des Funktionswertes und der Argumente ist immer *double*:

sqrt(x): Quadratwurzel von x
pow(x, y): x^y
sin(x), **cos**(x), **tan**(x): trigonometrische Funktionen Sinus, Cosinus, Tangens. Die Argumente werden im Bogenmaß und nicht in Grad angegeben.
acos(x), **asin**(x): Arcusfunktionen von Sinus, Cosinus, Tangens. Falls das Argument nicht im Bereich [–1,1] liegt, ist ein Domain-Fehler die Folge.
atan(x), **atan2**(y, x): Arcustangens
sinh(x), **cosh**(x), **tanh**(x): Hyperbelfunktionen von Sinus, Cosinus, Tangens
exp(x), **log**(x), **log10**(x): e^x, ln(x) und Logarithmus zur Basis 10
ceil(x): der kleinste Ganzzahlwert >= x (z.B. ceil(4.5)=5, ceil(–4.5)=–4)
floor(x): der größte Ganzzahlwert <= x (z.B. floor(4.5)=4, floor(–4.5)=–5)
fmod(x, y): Gleitkomma-Rest von x/y (z.B. fmod(2.8,1.2)=0.4)

Der C++-Standard verlangt für diese Funktionen auch gleichnamige Versionen (überladene Funktionen, siehe Abschnitt 6.8), die für Argumente des Typs *float*, *long double* oder *complex* Ergebnisse desselben Datentyps wie die Argumente haben. In der Version 5 des C++Builders sind diese überladenen Funktionen für *float* und *long double* aber nicht enthalten.

Aus der Programmiersprache C wurden Funktionen übernommen, bei denen die Argumente und die Funktionswerte den Datentyp *long double* haben. Die Namen dieser Funktionen ergeben sich durch Anhängen des Buchstabens „l" wie z.B. in

*long double **sinl** (long double x); // Sinus*
*long double **sqrtl** (long double x); // Quadratwurzel*

In der Datei <math.h> des C++Builders (aber nicht in Standard-C++) findet man außerdem noch einige nützliche Konstanten wie z.B.

```
/* Constants rounded for 21 decimals. */
#define M_E        2.71828182845904523536  // e
#define M_PI       3.14159265358979323846  // π
#define M_1_PI     0.31830988618379067153  // 1/π
```

Wenn die Funktionen aus <math.h> mit unzulässigen Argumenten aufgerufen werden, wird im Gegensatz zu einem Gleitkommaüberlauf oder einer Division durch Null keine Exception ausgelöst. Stattdessen wird eine global definierte Variable **errno** auf einen von 0 verschiedenen Wert gesetzt. Der C++Builder weist außerdem in einem Meldungsfenster darauf hin, dass ein Fehler aufgetreten ist:

```
double x1=sqrt(-1); // Meldung: "sqrt: DOMAIN error"
double x2=log(-1);  // Meldung: "log: DOMAIN error"
```

Anmerkung für Delphi-Programmierer: Die Gleitkommadatentypen *float*, *double* und *long double* des C++Builders entsprechen genau denen von Delphi. In „include\vcl\sysmac.h" sind die folgenden Synonyme definiert:

3.7 Gleitkommadatentypen

```
typedef long double Extended;    // 10 byte real
typedef float Single;            // 4 byte real
typedef double Double;           // 8 byte real
```

In Delphi gehören außerdem noch die Datentypen *Comp* und *Currency* zu den Gleitkommadatentypen. Sie sind im C++Builder als Klassen definiert und werden in Abschnitt 4.5.1 vorgestellt. Auf die Verwendung solcher Variablen wirkt sich diese unterschiedliche Definition allerdings kaum aus: Variablen des Datentyps *Comp* und *Currency* können wie andere arithmetische Datentypen verwendet werden.

Aufgaben 3.7

1. Welche der folgenden Anweisungen werden vom Compiler ohne Fehler übersetzt? Welche Werte erhalten die Variablen d1, d2, i1, ..., i6?

   ```
   int j=10,k=6;
   double x=j,y=3.14,z=10;

   double d1 = j/k;
   double d2 = x/k;
   int i1 = j/k;
   int i2 = x/k;
   int i3 = 3(j+k);
   int i4 = j/k/k;
   int i5 = j/(z/y);
   int i6 = j/(y-j/k);
   ```

2. **Daniels Notenprogramm**

   Schreiben Sie ein Programm, das etwa so aussieht:

   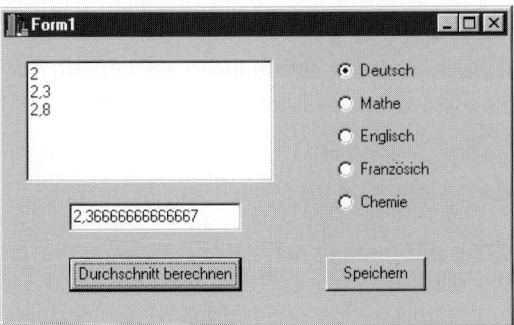

   Beim Anklicken eines der RadioButtons soll eine entsprechende Datei in ein Memo-Fenster geladen werden (z.B. „Note.deu" für die Deutschnoten). Als Reaktion auf „Durchschnitt berechnen" soll der Mittelwert aller Zeilen im Memo-Fenster berechnet und im Edit-Fenster angezeigt werden. Der Inhalt des Memos soll beim Anklicken von „Speichern" in der entsprechenden Datei gespeichert werden.

Vor dem ersten Start des Programms müssen die Textdateien manuell angelegt werden (z.B. mit dem Editor des C++Builders).

3. Mit der vordefinierten Funktion *rand()* erhält man eine Zufallszahl zwischen 0 und *RAND_MAX* (0x7FFFU). Damit kann man einen Näherungswert für die Kreiszahl π bestimmen, indem man für eine Folge von zwei aufeinander folgenden Werten x und y prüft, ob sie im ersten Quadranten eines Kreises liegen ($x^2 + y^2 < 1$), und jeden solchen Treffer mitzählt. Die Multiplikation der Treffer mit 4 und die Division des Ergebnisses durch die Anzahl der Versuche ergibt dann einen Näherungswert für π.

Schreiben Sie eine Funktion *RegentropfenPi*, die nach dieser „**Regentropfenmethode**" einen Näherungswert für π bestimmt und als Funktionswert zurückgibt. Die Anzahl der Versuche soll als Parameter übergeben werden. Zeigen Sie die Näherungswerte bei 1000 (10000) Wiederholungen in einem Memo-Fenster an.

4. Das Produkt der ersten n Zahlen

   f = 1*2*3* ... *n

   wird auch als **n!** (n Fakultät) bezeichnet. Schreiben Sie eine Funktion *Fakultaet*, die die Fakultät für einen als Parameter übergebenen Wert berechnet. Zeigen Sie die Werte für n=1 bis n=30 in einem Memo-Fenster an.

   Die Fakultät tritt z.B. beim sogenannten **Problem des Handlungsreisenden** auf: Wenn ein Handlungsreisender n Städte besuchen soll, hat er für die erste Stadt n Möglichkeiten, für die zweite n–1, für die dritte n–2 usw. Um jetzt die kürzeste Route durch diese n Städte zu finden, müssen (zumindest im Prinzip) alle n! Routen miteinander verglichen werden.

   Zeigen Sie die Rechenzeit zur Bestimmung der kürzesten Route für n=15 bis n=30 in einem Memo-Fenster an, wenn in einer Sekunde 1000 000 Routen verglichen werden können.

5. **Reihenfolge der Summation** bei Gleitkommadatentypen

   a) Berechnen Sie die Summe der Zahlen $1/i^2$ von i=1 bis n (n=1000000) abwechselnd von unten (for (i=1; i<=n; i++)...) und von oben (for (i=n; i>=1; i--)...). Dabei sollen alle Variablen für Summen und eventuelle Zwischenergebnisse den Datentyp *float* haben. Vergleichen Sie die beiden Summen. Welche ist genauer?
   b) Berechnen Sie die Summe aus a) auch für die anderen Gleitkommaformate *double* und *long double*. Dabei sollen alle Summen und eventuellen Zwischenergebnisse den jeweiligen Gleitkommadatentyp haben.

3.7 Gleitkommadatentypen

6. Die Fläche zwischen der Funktion y=f(x) und der x-Achse im Bereich von a bis b kann näherungsweise durch die Summe der Trapezflächen berechnet werden (**Numerische Integration** mit der Trapezregel):

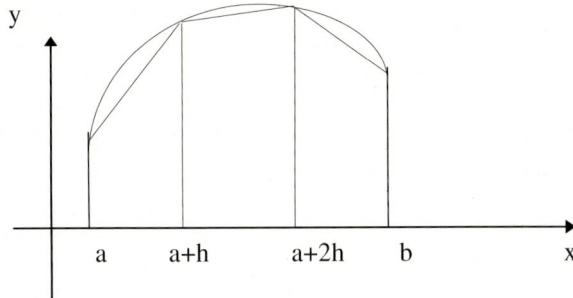

Die Fläche des Trapezes

von a bis a+h ist dabei durch h*(f(a) + f(a+h))/2 gegeben,
die von a+h bis a+2h durch h*(f(a+h) + f(a+2*h))/2 usw.

Unterteilt man das Intervall von a bis b in n Teile, ist h = (b–a)/n.

Berechnen Sie so einen Näherungswert für π als Fläche des Einheitskreises, indem Sie die Trapezflächen unter der Funktion sqrt(1–x*x) von 0 bis 1 aufsummieren. Wählen Sie für n verschiedene Werte, z.B. 100, 1000 und 10000.

7. Das **Geburtstagsproblem von Mises**

   Wenn sich außer Ihnen noch eine weitere Person in einem Raum befindet, ist die Wahrscheinlichkeit q, dass diese Person an einem anderen Tag als Sie Geburtstag hat

   q = 364/365

   Bei zwei weiteren Personen im Raum ist die Wahrscheinlichkeit, dass alle drei an einem verschiedenen Tag Geburtstag haben

   q = (364*363)/(365*365)

   Bei n Personen ist diese Wahrscheinlichkeit

   q = 364*363*...*(365–n+1)/365^{n-1}

   Die Wahrscheinlichkeit, dass von n Personen in einem Raum mindestens zwei am selben Tag Geburtstag haben, ist dann gegeben durch

   p = 1–q

a) Schätzen Sie zuerst, ab wie vielen Personen in einem Raum diese Wahrscheinlichkeit > 50% ist.

b) Schreiben Sie eine Funktion, deren Funktionswert diese Wahrscheinlichkeit für n Personen ist. Bestimmen Sie dann den kleinsten Wert von n, für den ihr Funktionswert größer als 0.5 ist. Am einfachsten geben Sie dazu den Funktionswert für verschiedene Werte von n aus.

8. Die durch $f_0 = 0$, $f_1 = 1$, $f_{i+1} = f_i + f_{i-1}$ für i = 1, 2, 3, ... definierten **Fibonacci-Zahlen** (siehe auch Aufgabe 3.4.7.2) stehen in einer engen Beziehung zum „Goldenen Schnitt"

$g = (1+ sqrt(5))/2$

Man kann zeigen, dass für h = 1 − g die folgende Identität gilt:

$f_n = (g^n + h^n)/sqrt(5)$

Vergleichen Sie die beiden Zahlenfolgen bis n = 40. Stellen Sie dazu g und h in verschiedenen Durchläufen mit den Datentypen *float*, *double* und *long double* dar.

9. Schreiben Sie eine Funktion **round**, die ein Gleitkomma-Argument auf den nächsthöheren Ganzzahlwert aufrundet, falls seine Nachkommastellen >=0.5 sind, und andernfalls abrundet.

3.8 Syntaxregeln für einfache Deklarationen

Schon in Abschnitt 3.2 wurde darauf hingewiesen, dass eine Deklaration eine „einfache Deklaration" (*simple-declaration*) sein kann. Da viele der in den nächsten Abschnitten behandelten Deklarationen zu diesen einfachen Deklarationen gehören, werden ihre Syntaxregeln in diesem Abschnitt zusammengefasst.

simple-declaration:
    decl-specifier-seq _{opt} *init-declarator-list* _{opt} **;**

Hier kann die *decl-specifier-seq* einen Datentyp (*type-specifier*) enthalten:

decl-specifier-seq:
    decl-specifier-seq _{opt} *decl-specifier*

decl-specifier:
    storage-class-specifier
    type-specifier
    function-specifier
    `friend`
    `typedef`

3.8 Syntaxregeln für einfache Deklarationen

Alle bisherigen Variablendefinitionen wie

```
int i;
```

bestanden lediglich aus einem Datentyp und dem Namen der Variablen. Dieser Name ist die *declarator-id* (im einfachsten Fall ein Bezeichner) in einem *direct-declarator*. Jeder *declarator* enthält genau einen solchen Namen:

init-declarator-list:
  init-declarator
  init-declarator-list **,** *init-declarator*

init-declarator:
  declarator initializer $_{opt}$

declarator:
  direct-declarator
  ptr-operator declarator

direct-declarator:
  declarator-id
  direct-declarator **(** *parameter-declaration-clause* **)** *cv-qualifier-seq* $_{opt}$
     exception-specification $_{opt}$
  direct-declarator **[** *constant-expression* $_{opt}$ **]**
  (*declarator* **)**

declarator-id:
  :: $_{opt}$ *id-expression*
  :: $_{opt}$ *nested-name-specifier* $_{opt}$ *type-name*

In den nächsten Abschnitten werden die folgenden Definitionen behandelt:

1. Ein *declarator* mit einem *ptr-operator* deklariert einen **Zeiger** (Abschnitt 3.9).
2. Die vorletzte Zeile mit eckigen Klammern [] beschreibt die Deklaration von **Arrays** (Abschnitt 4.2).
3. Ein *direct-declarator* mit einer *parameter-declaration-clause* deklariert eine **Funktion** (Kapitel 6).

Ein *init-declarator* kann einen *initializer* enthalten. Dieser bewirkt, dass eine Variable mit dem dabei angegebenen Ausdruck initialisiert wird:

initializer:
  = *initializer-clause*
  (*expression-list* **)**

initializer-clause:
  assignment-expression
  { *initializer-list* **,** $_{opt}$ **}**
  { }

initializer-list:
   initializer-clause
   initializer-list , initializer-clause

Für eine Variable, deren Datentyp keine Klasse ist, besteht kein Unterschied, ob sie mit Klammern oder mit einem Zuweisungsausdruck initialisiert wird:

```
int a(1);    // gleichwertig mit int a=1;
double d(1); // gleichwertig mit double d=1;
```

Der Zeitpunkt der Initialisierung hängt von der Art der Variablen ab (siehe Abschnitt 5.6). Globale Variablen werden beim Start des Programms initialisiert, und zwar vor der ersten Ausführung einer Anweisung des Programms. Lokale nicht statische Variablen werden vor jeder Ausführung des Blocks initialisiert, in dem sie definiert sind.

Beispiel: Durch jeden Aufruf der Funktion f wird der Wert von g hochgezählt. Der Wert von l wird dagegen bei jedem Aufruf mit 0 initialisiert.

```
int g=0;
void f()
{
int l=0;
g++;
l++;
}
```

3.9 Zeiger, Strings und dynamisch erzeugte Variablen

Ein Zeiger ist eine Variable, die die Adresse einer Variablen enthält. Anstelle des Begriffs „Zeiger" verwendet man auch die Begriffe **Pointer-Variable**, **Pointer** oder **Zeigervariable**.

Nicht nur Anfänger finden den Umgang mit Zeigern oft schwierig. Falls Ihnen beim ersten Durchlesen nicht alle Zusammenhänge klar werden, lassen Sie sich nicht entmutigen. Lesen Sie einfach erst einmal das gesamte Kapitel durch und wiederholen Sie dann die noch unklaren Teile. Vorläufig werden wir Zeiger nur in Zusammenhang mit Funktionsparametern und nullterminierten Strings (Abschnitte 3.9.4 und 3.9.6) verwenden. Außerdem sind Referenzparameter wichtig (Abschnitt 3.9.8). Bei diesen Themen werden sich dann vermutlich einige Unklarheiten klären. Und noch ein kleiner Trost: In C++ werden Zeiger viel seltener als in C benötigt.

3.9.1 Die Definition von Zeigern

Ein Zeiger wird dadurch definiert, dass man bei einem *declarator* einen *ptr-operator* verwendet:

> *ptr-operator:*
>   * *cv-qualifier-seq* _{opt}
>   &
>   : : _{opt} *nested-name-specifier* * *cv-qualifier-seq* _{opt}

Im einfachsten Fall wird für einen Datentyp T und einen Bezeichner p der Zeiger p nach folgendem Schema definiert:

   T * p

Der **Datentyp des Zeigers** ist dann „Zeiger auf T" und wird auch als „T*" bezeichnet. Beispielsweise werden durch

```
int * pi;
double* pd;
char *pc;
```

die Zeiger pi, pd und pc definiert. Sie haben die Datentypen „Zeiger auf *int*", „Zeiger auf *double*" und „Zeiger auf *char*" bzw. kürzer *int**, *double** und *char**.

Auf einen Zeiger kann man den **Dereferenzierungsoperator** * anwenden. Wenn der Zeiger p den Datentyp „Zeiger auf T" hat, ist *p die Variable des Datentyps T, deren Adresse in p enthalten ist.

Beispiel: Nach den Definitionen aus dem letzten Beispiel ist *pi die Variable des Datentyps *int*, deren Adresse in pi steht. Durch

```
*pi=17;
```

wird der Wert 17 an die Adresse geschrieben, die in pi enthalten ist.

Mit der Definition eines Zeigers p wird nur der Speicherplatz für den Zeiger selbst reserviert, nicht jedoch der für die Variable *p, auf die er zeigt. Ein solcher Zeiger belegt bei einem 32-bit-Betriebssystem immer 4 Bytes.

Ein global definierter Zeiger p wird wie jede andere globale Variable mit 0 initialisiert, und ein lokal definierter Zeiger hat wie jede andere lokale Variable einen undefinierten Wert. Deshalb stellt *p den Speicherbereich an der Adresse 0 bzw. an einer undefinierten Adresse dar, wenn p keine Adresse zugewiesen wird. Vergisst man nach der Definition eines Zeigers, diesem die Adresse eines reservierten Speicherbereichs zuzuweisen, wird durch *p meist ein nicht reservierter Speicherbereich angesprochen:

```
int* pi;
*pi=17;
```

Mit etwas Glück führt die Zuweisung dann zu einer allgemeinen Schutzverletzung und wird sofort entdeckt. Mit etwas weniger Glück erhält man keine solche Fehlermeldung und überschreibt Daten, die in ganz anderen Teilen des Programms zu einem unerwarteten Verhalten führen. Die Ursache für solche Fehler ist oft nur schwer zu finden.

Damit unterscheidet sich eine Variable, die über einen Zeiger angesprochen wird, folgendermaßen von einer Variablen, die nicht über einen Zeiger definiert wurde:

1. Der Compiler reserviert den Speicherbereich für eine wie durch

   ```
   int i;
   ```

   definierte Variable automatisch mit ihrer Definition. Dieser Speicherbereich wird automatisch durch den Namen der Variablen angesprochen.

2. Mit der Definition eines Zeigers p reserviert der Compiler keinen Speicherbereich für die Variable *p. Dieser Speicherbereich muss durch geeignete Anweisungen (siehe Abschnitte 3.9.2 und 3.9.3) explizit reserviert werden. Die Adresse dieses Speicherbereichs ist nicht wie unter 1. fest mit dem Namen der Variablen verbunden, sondern der Wert der Variablen p. Nach einer Änderung dieser Adresse stellt *p einen anderen Speicherbereich als vorher dar.

Bei der Definition eines Zeigers muss das Zeichen * nicht unmittelbar vor dem Bezeichner stehen. Die folgenden vier Definitionen sind gleichwertig:

```
int* i;    // Whitespace (z.B. ein Leerzeichen) nach *
int *i;    // Whitespace vor *
int * i;   // Whitespace vor * und nach *
int*i;     // Kein whitespace vor * und nach *
```

Bei der Definition einer Variablen, die kein Zeiger ist, bedeutet

```
T v;
```

dass eine Variable v definiert wird, die den Datentyp T hat. Von den vier gleichwertigen Zeigerdefinitionen passen nur die ersten beiden in dieses Schema. Die erste führt dabei zu einer richtigen und die zweite zu einer falschen Interpretation:

```
int* i; // Definition der Variablen i des Datentyps int*
int *i; // Irreführend: Es wird kein "*i" definiert,
        // obwohl die dereferenzierte Variable *i heißt.
int * i;// Datentyp int oder int* oder was?
int*i;  // Datentyp int oder int* oder was?
```

3.9 Zeiger, Strings und dynamisch erzeugte Variablen

Die erste Schreibweise kann allerdings bei Mehrfachdefinitionen zu Missverständnissen führen, da sich der * bei einer Definition nur auf die Variable unmittelbar rechts vom * bezieht:

```
int* i,j,k; // definiert int* i, int j, int k
            // und nicht: int* j, int* k
```

Um solche Missverständnisse zu vermeiden, wird oft die Schreibweise

```
int *i,*j,*k; // definiert int* i, int* j, int* k
```

empfohlen, obwohl sie nicht in das Schema der Definition von Variablen passt, die keine Zeiger sind. Stroustrup (1997, Abschnitt 4.9.2) empfiehlt, solche Mehrfachdefinitionen zu vermeiden. Er schreibt den Operator * wie in „int* pi;" immer unmittelbar nach dem Datentyp. Diese Schreibweise wird auch im Folgenden verwendet.

Anmerkungen für Pascal-Programmierer: In Pascal werden zwei Zeiger p und q des Datentyps T durch

```
var p,q:^T;
```

deklariert. Die dereferenzierten Variablen werden mit p^ und q^ angesprochen.

3.9.2 Der Adressoperator, Zuweisungen und generische Zeiger

Bei allen bisherigen Beispielen wurde einem Zeiger p nie die Adresse eines reservierten Speicherbereichs zugewiesen. Das ist aber notwendig, wenn man mit der Variablen *p arbeiten will. Zur Reservierung von Speicherplatz gibt es die folgenden beiden Möglichkeiten:

1. durch eine Variablendefinition, die Speicher reserviert,
2. durch den Aufruf spezieller Funktionen oder Operatoren, die Speicherplatz reservieren (z.B. *new*, *malloc* usw.).

Betrachten wir zunächst nur die erste dieser beiden Möglichkeiten. Die zweite wird dann in Abschnitt 3.9.3 behandelt.

Für eine Variable erhält man mit dem Referenzierungs- oder **Adressoperator &** vor dem Namen der Variablen die Adresse dieser Variablen. Wenn die Variable v den Datentyp T hat, kann man &*v* einem „Zeiger auf T" zuweisen.

Beispiel: Durch die Definitionen

```
int i=17; double d=18; char c='A';
```

wird Speicherplatz für die Variablen i, d und c reserviert. Die Adressen dieser Variablen werden durch die folgenden Anweisungen den Zeigern *pi, pd* und *pc* zugewiesen:

```
int* pi; double* pd;  char* pc;
pi = &i; // pi wird die Adresse von i zugewiesen
pd = &d; // pd wird die Adresse von d zugewiesen
pc = &c; // pc wird die Adresse von c zugewiesen
```

Da *pi und i denselben Speicherbereich darstellen, hat *pi den Wert 17. Entsprechend hat *pd den Wert 18 und *pc den Wert 'A'.

Weist man einem Zeiger *p* wie in diesem Beispiel die Adresse einer Variablen v zu, kann derselbe Speicherbereich sowohl unter dem Namen v als auch unter dem Namen *p angesprochen werden. Ändert man den Wert einer der beiden Variablen, wird damit automatisch auch der Wert der anderen Variablen verändert.

Beispiel: Nach den Anweisungen aus dem letzten Beispiel wird durch

```
*pi=18;      // i = 18;
*pi=(*pi)+1; // i = 19;
```

sowohl der Wert von i als auch der von *pi verändert, obwohl nur eine einzige Zuweisung stattfindet.

Es ist nur selten sinnvoll, denselben Speicherbereich unter zwei verschiedenen Namen anzusprechen: Meist ist es recht verwirrend, wenn sich der Wert einer Variablen verändert, ohne dass ihr explizit ein neuer Wert zugewiesen wurde. Wenn das in diesem Abschnitt trotzdem gemacht wird, dann nur, um das Konzept von Zeigern darzustellen.

Für Zeiger desselben Datentyps ist eine **Zuweisung** definiert. Dabei wird die im Zeiger enthaltene Adresse übertragen. Auf die zugehörige dereferenzierte Variable wirkt sich eine Zuweisung der Zeiger nicht aus.

Beispiel: Nach

```
int i=17;
int *pi, *pj;

pj=&i;
```

wird durch die Zuweisung

```
pi = pj;
```

die Adresse in *pi* durch die in *pj* überschrieben. Danach ist *pi derselbe Speicherbereich wie *pj: Beide Ausdrücke haben den Wert 17.

3.9 Zeiger, Strings und dynamisch erzeugte Variablen

Da alle Zeiger eine Hauptspeicheradresse enthalten und deshalb gleich viele Bytes belegen, wäre es rein technisch kein Problem, einem Zeiger *pi* des Datentyps *int** einen Zeiger *pd* des Datentyps *double** zuzuweisen. Dadurch würde aber die *int*-Variable **pi* die ersten 4 Bytes der *double*-Variablen **pd* darstellen, und dieser Wert ist meist ziemlich sinnlos. Da die Wahrscheinlichkeit sehr groß ist, dass eine solche Zuweisung das Ergebnis eines Schreib- oder Denkfehlers ist, werden **Zuweisungen zwischen verschiedenen Zeigertypen** vom Compiler als Fehler betrachtet.

Beispiel: Nach den Definitionen

```
int* pi; double* pd;
```

verweigert der Compiler die Zuweisung

```
pi=pd; // Fehler: Konvertierung von 'double *'
       // nach 'int *' nicht möglich
```

Falls man einem Zeiger trotzdem einen Zeiger auf einen anderen Datentyp zuweisen möchte, ist eine explizite Typkonversion (Typecast) notwendig. Dabei gibt man den Zieldatentyp in Klammern vor dem zu konvertierenden Ausdruck an:

```
pi=(int*)pd;
```

Dadurch erhält pi die Adresse von pd, und *pi stellt dann die sinnlosen ersten 4 Bytes von *d dar. Mehr zu expliziten Typkonversionen siehe Abschnitt 5.2.20.

Zeiger desselben Datentyps können mit == bzw. != auf Gleichheit bzw. Ungleichheit geprüft werden. Unabhängig vom Datentyp ist ein Vergleich mit dem Wert 0 (Null) möglich. Vergleicht man zwei Zeiger desselben Datentyps mit einem der Vergleichsoperatoren <, <=, > oder >=, ergibt sich das Ergebnis aus dem Vergleich der Adressen.

Ein **Zeiger** des Datentyps T* kann bei seiner Definition mit einem Zeiger auf eine Variable des Datentyps T **initialisiert** werden:

```
int i;
int* j=&i; // initialisiert j mit der Adresse von i
```

Da durch die Definition

```
int* i;
```

der Zeiger i (Datentyp *int**) deklariert wird und nicht etwa der Ausdruck **i* (Datentyp *int*), erhält man durch

```
int* i=17; // Fehler: Konvertierung von 'int' nach
           //         'int *' nicht möglich
```

eine Fehlermeldung des Compilers. Angesichts dieser Fehlermeldung ist es auf den ersten Blick eventuell überraschend, dass die folgende Initialisierung vom Compiler akzeptiert wird:

```
char* s = "Ach wie schön ist Bammental";
```

Der Grund dafür ist der, dass jede Zeichenfolge "..." ein Stringliteral ist und damit den Datentyp *char[]* hat. Ein Ausdruck dieses Datentyps wird vom Compiler in die Adresse des ersten Elements konvertiert. Deshalb erhält s hier die Adresse des ersten Zeichens dieser Zeichenfolge (siehe auch Abschnitt 3.9.6).

Einem Zeiger kann unabhängig vom Datentyp der Wert 0 (Null) zugewiesen werden. Mit diesem Wert bringt man meist zum Ausdruck, dass der Zeiger nicht auf einen Speicherbereich zeigt.

Beispiel:
```
int*   pi = 0;
double* pd = 0;
```

Der Datentyp *void** wird als **generischer Zeigertyp** bezeichnet. Einem generischen Zeiger kann ein Zeiger auf einen beliebigen Zeigertyp zugewiesen werden. Ein generischer Zeiger zeigt aber auf keinen bestimmten Datentyp. Deshalb ist es nicht möglich, einen generischen Zeiger ohne explizite Typkonversion zu dereferenzieren. Mit einer expliziten Typkonversion kann er aber in einen beliebigen Zeigertyp konvertiert werden.

Beispiel: Nach den Definitionen

```
int*   pi;
void*  pv;
```

ist die erste und die dritte der folgenden Anweisungen möglich:

```
pv = pi;
pi = pv;    // Fehler: Konvertierung nicht möglich
pi = (int*)pv;  // explizite Typkonversion
```

Die Dereferenzierung eines generischen Zeigers ist ohne explizite Typkonversion nicht möglich:

```
*pi = *pv;       // Fehler: Kein zulässiger Typ
int i = *((int*)pv); // das geht
```

Generische Zeiger werden vor allem für Funktionen und Datenstrukturen verwendet, die mit Zeigern auf beliebige Datentypen arbeiten können (siehe Abschnitt 4.4.4 und 6.3.3).

Anmerkungen für Delphi-Programmierer: Der **Adressoperator** in Delphi ist @. Generische Zeiger werden durch den Datentyp *Pointer* bezeichnet.

3.9.3 Dynamisch erzeugte Variablen: *new* und *delete*

Wie schon am Anfang von Abschnitt 3.9.2 erwähnt wurde, kann man mit dem Operator **new** während der Laufzeit eines Programms Speicherplatz reservieren. Dieser Operator versucht, in einem eigens dafür vorgesehenen Speicherbereich (dem so genannten **Heap**) so viele Bytes zu reservieren, wie eine Variable des angegebenen Datentyps benötigt.

> *new-expression:*
>   **::** $_{opt}$ **new** *new-placement* $_{opt}$ *new-type-id new-initializer* $_{opt}$
>   **::** $_{opt}$ **new** *new-placement* $_{opt}$ **(** *type-id* **)** *new-initializer* $_{opt}$
>
> *new-placement:*
>   **(** *expression-list* **)**
>
> *new-type-id:*
>   *type-specifier-seq new-declarator* $_{opt}$
>
> *new-declarator:*
>   *ptr-operator new-declarator* $_{opt}$
>   *direct-new-declarator*
>
> *direct-new-declarator:*
>   **[** *expression* **]**
>   *direct-new-declarator* **[** *constant-expression* **]**
>
> *new-initializer:*
>   **(** *expression-list* $_{opt}$ **)**

Falls der angeforderte Speicher zur Verfügung gestellt werden konnte, liefert *new* die Adresse des Speicherbereichs. Andernfalls wird die **Exception** *std::bad_alloc* ausgelöst, die einen Programmabbruch zur Folge hat, wenn sie nicht mit den Techniken des Exception-Handlings abgefangen wird (siehe Abschnitt 5.10.3). Da unter den 32-bit-Systemen von Windows unabhängig vom physisch vorhandenen Hauptspeicher 2 GB virtueller Speicher zur Verfügung stehen, kann man meist davon ausgehen, dass der angeforderte Speicher verfügbar ist.

Die folgenden Beispiele zeigen, wie man *new* verwenden kann:

1. Für einen Datentyp T reserviert „new T" so viele Bytes auf dem Heap, wie für eine Variable des Datentyps T notwendig sind. Der Ausdruck „new T" hat den Datentyp „Zeiger auf T". Sein Wert ist die Adresse des reservierten Speicherbereichs. Diese Adresse kann einer Variablen des Typs „Zeiger auf T" zugewiesen werden:

   ```
   int* pi;
   pi=new int;//reserviert sizeof(int) Bytes und weist pi
              //die Adresse dieses Speicherbereichs zu
   *pi = 17;
   ```

```
char* pc=new char;  // initialisiert pc mit der Adresse
*pc='A';
```

2. Nach dem Datentyp kann man in runden Klammern einen Wert angeben, mit dem die durch *new* angelegte Variable initialisiert wird:

```
double* pd=new double(1.5);  //Initialisierung *pd=1.5
```

Gibt man nur runde Klammen ohne einen Wert an, wird die dereferenzierte Variable bei skalaren Datentypen mit dem Wert 0 (Null) initialisiert:

```
double* pd=new double();  //Initialisierung *pd=0
```

3. Gibt man nach einem Datentyp T in eckigen Klammern einen positiven ganzzahligen Ausdruck an, wird Speicherplatz für ein **Array** (siehe Abschnitt 4.2) reserviert. Die Anzahl der Arrayelemente entspricht dem Wert des ganzzahligen Ausdrucks:

```
typedef double T;  // T irgendein Datentyp, hier double
int n=100;
T* p=new T[n];     // reserviert n*sizeof(T) Bytes
```

Außerdem kann man Speicherplatz für ein Array auf dem Heap reservieren, indem man nach *new* in runden Klammern einen Arraytyp angibt:

```
T* q=new(T[n]);    // reserviert n*sizeof(T) Bytes
```

Wenn durch einen *new*-Ausdruck Speicherplatz für ein Array reserviert wird, ist der Wert des Ausdrucks die Adresse des ersten Arrayelements. Die einzelnen Elemente des Arrays können folgendermaßen angesprochen werden:

```
p[0], ..., p[n-1]  // n Elemente des Datentyps T
```

Im Unterschied zu einem nicht mit *new* erzeugten Array muss die Anzahl der Arrayelemente kein konstanter Ausdruck sein. Deshalb muss diese nicht schon zum Zeitpunkt der Kompilation festgelegt sein, sondern kann auch während der Laufzeit des Programms bestimmt werden:

```
int n=IntToStr(Edit1->Text);  // n ergibt sich erst zur
char* c = new char[n];                        // Laufzeit
```

4. Mit dem nur selten eingesetzten *new-placement* kann man einen Speicherbereich ab einer bestimmten Adresse adressieren. Diese Adresse wird in einem Zeiger nach *new* angegeben und ist z.B. die Adresse eines zuvor reservierten großen Speicherbereichs:

```
int* pi=new int;
double* pd=new(pi) double;// erfordert #include<new.h>
```

Im Gegensatz zu einem „normalen" *new*-Ausdruck wird also kein Speicher im freien Speicherbereich reserviert. Durch die letzten beiden Anweisungen

3.9 Zeiger, Strings und dynamisch erzeugte Variablen

kann man den Speicherbereich ab der Adresse von i als *double* ansprechen wie nach

```
int* pi=new int;
double* pd=(double*)pi; // explizite Typkonversion
```

Ein mit *new* reservierter Speicherbereich kann mit dem Operator ***delete*** wieder freigegeben werden:

delete-expression:
    : : *opt* **delete** *cast-expression*
    : : *opt* **delete** [ ] *cast-expression*

Die erste dieser beiden Varianten ist für Variablen, die keine Arrays sind, und die zweite für Arrays. Dabei muss *cast-expression* ein Zeiger sein, dessen Wert das Ergebnis eines *new*-Ausdrucks ist. Nach *delete p* ist der Zugriff auf *p unzulässig und der Wert von p undefiniert. Falls p den Wert 0 hat, ist *delete p* wirkungslos.

Den Operator *delete* sollte man immer aufrufen, sobald eine mit *new* erzeugte Variable nicht mehr benötigt wird. Man verhindert so, dass nicht mehr benötigte Speicherbereiche unnötig reserviert werden und so die Leistungsfähigkeit eines Systems grundlos beeinträchtigt wird. Ganz generell gilt: Jede mit *new* erzeugte Variable sollte auch wieder freigegeben werden. In Abschnitt 4.4.3 werden einige Hilfsmittel dazu vorgestellt. Die folgenden Beispiele zeigen, wie die in den letzten Beispielen reservierten Speicherbereiche wieder freigegeben werden.

1. Der Speicherplatz für die unter 1. und 2. angelegten Variablen wird folgendermaßen freigegeben:

   ```
   delete pi;
   delete pc;
   delete pd;
   ```

2. Der Speicherplatz für die unter 3. erzeugten Arrays wird freigegeben durch

   ```
   delete[] s1;
   delete[] c;
   ```

3. Es ist möglich, die falsche Form von *delete* zu verwenden, ohne dass der Compiler eine Warnung oder Fehlermeldung ausgibt:

   ```
   delete[] pi; // Arrayform für Nicht-Array
   delete c;    // Ein Array mit delete für Nicht-Arrays
   ```

   Im C++-Standard ist explizit festgelegt, dass das Verhalten nach einem solchen falschen Aufruf undefiniert ist.

4. Ein Speicherbereich, der mit einem *new-placement* zugeteilt wurde, sollte nicht mit *delete* freigegeben werden, da er nicht im Heap liegt.

In der Programmiersprache C gibt es die Operatoren *new* und *delete* nicht. Dort verwendet man meist die Funktionen *malloc* bzw. *free*, um Speicher für dynamisch erzeugte Variablen zu reservieren bzw. freizugeben. Im Prinzip funktionieren sie genauso wie *new* und *delete*. Da sie aber mit Zeigern des Datentyps *void** arbeiten, sind mit ihnen Fehler möglich, die mit *new* und *delete* nicht möglich sind. Deshalb sollte man immer die Operatoren von C++ verwenden.

Variablen, deren Speicherplatz durch spezielle Anweisungen wie *new* oder *malloc* reserviert wird, werden als **dynamisch erzeugte Variablen** bezeichnet. Diese unterscheiden sich folgendermaßen von Variablen, die durch eine Definition erzeugt wurden:

1. Nach der Definition einer Variablen (z.B. „int i;") ist ihr Speicherbereich untrennbar mit dem Namen verbunden, der bei ihrer Definition angegeben und durch die Definition reserviert wird. Es ist nicht möglich, unter dem Namen der Variablen einen Speicherbereich anzusprechen, der nicht reserviert ist.

   Der Speicherplatz für eine mit *new* erzeugte Variable wird durch einen Aufruf von *new* reserviert und durch *delete* wieder freigegeben: Sie existiert nur nach dem Aufruf von *new* und vor dem von *delete*. Die Reservierung von Speicherplatz für eine solche Variable ist völlig unabhängig von der Definition des zugehörigen Zeigers p. Deshalb kann man die dereferenzierte Variable *p ansprechen, ohne dass Speicherplatz für sie reserviert ist.

2. Eine dynamisch erzeugte Variable kann nicht direkt unter einem eigenen Namen angesprochen werden, sondern **nur indirekt** über einen Zeiger.

   Nach einem erfolgreichen Aufruf von *p=new typ* enthält der Zeiger p die Adresse der Variablen *p. Über diese Adresse adressiert der Compiler dann *p. Falls die Adresse in p versehentlich überschrieben und nicht anderswo gespeichert wird, hat man keine Möglichkeit mehr, auf die Variable *p zuzugreifen, obwohl sie weiterhin Speicherplatz belegt. Insbesondere kann der von ihr belegte Speicherplatz außer durch eine Beendigung des Programms nicht mehr freigegeben werden.

Die folgenden Beispiele zeigen, dass mit dynamisch erzeugten Variablen **Fehler** möglich sind, die mit Variablen nicht vorkommen können, die durch eine Definition erzeugt wurden.

1. Vergisst man, einem Zeiger die Adresse eines reservierten Speicherbereichs zuzuweisen (z.B. weil man den Aufruf von *new* vergisst), hat ein Zugriff auf die dereferenzierte Variable meist eine Speicherschutzverletzung zur Folge.

2. Zwischen *new* und *delete* darf der Wert eines Zeigers nicht verändert werden:

   ```
   int* pi = new int(1);
   pi++; // das gibt Ärger bei "delete pi";
   ```

3.9 Zeiger, Strings und dynamisch erzeugte Variablen

3. Durch die Zuweisung in der letzten Zeile

    ```
    int* pi = new int(1); // *pi=1
    int* pj = new int(2); // *pj=2
    pi = pj;
    ```

    wird die Adresse in *pi* durch die in *pj* überschrieben. Dann bezeichnet **pi* denselben Speicherbereich wie **pj*: Beide Ausdrücke haben den Wert 2.

4. Ein zweifacher Aufruf von *delete* mit demselben Zeiger ist unzulässig. Nach der letzten Zuweisung unter 3. findet ein solcher Aufruf aber mit den nächsten beiden Anweisungen statt:

    ```
    delete pi;
    delete pj;
    ```

5. Vergisst man den Aufruf von *delete*, bleibt der Speicherbereich für die dynamisch erzeugte Variable unnötig reserviert.

Dynamisch erzeugte Variablen bieten demnach in der bisher verwendeten Form keine Vorteile gegenüber Variablen, die durch eine Definition erzeugt wurden. Da man mit ihnen Fehler machen kann, die mit definierten Variablen nicht möglich sind, sollte man definierte Variablen vorziehen, wo immer das möglich ist.

Wir werden allerdings in den Abschnitten 4.4.2 und 6.5.5 sehen, dass mit dynamisch erzeugten Variablen sehr flexible Datenstrukturen möglich sind, die mit „gewöhnlichen" (durch Definitionen erzeugten) Variablen nicht realisiert werden können.

Bei älteren Betriebssystemen wie den 16-bit-Systemen Windows 3.x oder MS-DOS waren dynamisch erzeugte Variablen oft notwendig, weil der Speicherbereich für globale und lokale Variablen auf **64 KB** oder weniger begrenzt war. Für den Heap stand dagegen ein größerer Speicherbereich zur Verfügung. Unter den 32-bit-Versionen von Windows stehen für globale und lokale Variablen unabhängig vom physikalisch verfügbaren Hauptspeicher insgesamt 2 GB zur Verfügung. Deshalb besteht unter dem C++Builder meist keine Veranlassung, Variablen aus Platzgründen im Heap anzulegen. Allerdings findet man oft noch bei älteren Programmen Variablen, die nur aus diesem Grund im Heap angelegt werden.

Anmerkungen für Delphi-Programmierer: Den Operatoren *new* und *delete* von C++ entsprechen in Delphi die Funktionen *New* und *Dispose*.

3.9.4 Zeiger als Parameter und die Zeigertypen der Windows-API

Die Bibliotheken, die zum Sprachumfang von C gehören, enthalten zahlreiche vordefinierte Funktionen, die Zeiger als Parameter haben wie z.B.

void *memset(void *s, int c, size_t n); // size_t ist unsigned int
// beschreibt die n Bytes ab der Adresse in s mit dem Wert c

Wenn eine Funktion einen **Zeiger als Argument** erwartet, schreibt sie bei ihrem Aufruf meist Werte an die im Zeiger übergebene Adresse. Deshalb muss diese Adresse auf einen reservierten Speicherbereich zeigen. Wie in den letzten Unterabschnitten gezeigt, kann man einen Speicherbereich durch eine Definition oder mit dem Operator *new* reservieren. Deshalb kann die Funktion *memset* nach

```
double d;
double* pd=new double;
```

auf die folgenden beiden Arten aufgerufen werden:

```
memset(&d,0,sizeof(d));   // Übergebe die Adresse von d
memset(pd,0,sizeof(*pd));
```

Wie die Darstellung des Datenformats *double* in Abschnitt 3.7.1 zeigt, ist dieser Aufruf nur eine etwas umständliche Art, eine *double*-Variable auf 0 zu setzen.

Die **Funktionen der Windows-API** (die Systemfunktionen von Windows) verwenden oft noch andere Namen für die Zeigertypen. So werden in „include\Windef.h" unter anderem folgende Synonyme für Zeigertypen definiert:

```
typedef BOOL near        *PBOOL;
typedef BOOL far         *LPBOOL;
typedef BYTE near        *PBYTE;
typedef BYTE far         *LPBYTE;
typedef int near         *PINT;
typedef int far          *LPINT;
typedef long far         *LPLONG;
typedef DWORD far        *LPDWORD;
typedef void far         *LPVOID;
typedef CONST void far   *LPCVOID;
```

In „include\win32\winnt.h" findet man unter anderem:

```
typedef char CHAR;
typedef CHAR *LPSTR, *PSTR;
typedef LPSTR PTSTR, LPTSTR;
typedef CONST CHAR *LPCSTR, *PCSTR;
typedef LPCSTR LPCTSTR;
```

Sie werden z.B. von den folgenden Windows API-Funktion verwendet:

1. Mit der Funktion *WinExec* kann man von einem Windows-Programm ein anderes Programm starten:

   *UINT **WinExec**(LPCSTR lpCmdLine, // address of command line*
   UINT uCmdShow); // window style for new application

3.9 Zeiger, Strings und dynamisch erzeugte Variablen

Im einfachsten Fall gibt man für *lpCmdLine* den Namen der Exe-Datei an und für *uCmdShow* die vordefinierte Konstante *SW_SHOW*:

```
WinExec("notepad.exe",SW_SHOW);
```

Diese Anweisung startet das Programm „notepad.exe", das meist bei der Installation von Windows in das Windows-Verzeichnis kopiert wird.

2. Die nächste Funktion schreibt die ersten *uSize* Zeichen des aktuellen Windows-Verzeichnisses (z.B. „c:\windows") in den Speicherbereich, dessen Adresse in *lpBuf* übergeben wird.

> UINT **GetWindowsDirectory**(
> LPTSTR lpBuf, // address of buffer for Windows directory
> UINT uSize); // size of directory buffer

Da die maximale Länge eines Verzeichnisses MAX_PATH (eine vordefinierte Konstante) Zeichen sein kann, empfiehlt sich für *uSize* dieser Wert. Die folgenden Anweisungen zeigen, wie man diese Funktion aufrufen kann:

```
LPTSTR lpBuf=new char[MAX_PATH];
GetWindowsDirectory(lpBuf,MAX_PATH);
Memo1->Lines->Add(lpBuf);
delete[] lpBuf;
```

Im nächsten Abschnitt wird gezeigt, dass man *lpBuf* auch so definieren kann:

```
char lpBuf[MAX_PATH];
```

Da durch diese Definition der Speicherbereich nicht mit *new* reserviert wird, ist der Aufruf von *delete* überflüssig.

Eine ausführliche Beschreibung dieser (sowie aller weiteren API-Funktionen) findet man unter *Hilfe|Windows-SDK* (Datei: „win32.hlp").

3.9.5 Zeigerarithmetik

Wenn ein Zeiger wie nach der Definition

```
T* p=new T[n]; // T ein Datentyp, n>0 ganzzahlig
```

auf einen Speicherbereich von Variablen desselben Datentyps (Array) zeigt, kann man die einzelnen Elemente dieses Speicherbereichs mit der so genannten Zeigerarithmetik adressieren. Als **Zeigerarithmetik** bezeichnet man die Addition oder Subtraktion eines ganzzahligen Wertes i zu einem Zeiger p. Das Ergebnis p+i ist dann ein Zeiger auf das i-te Element dieses Speicherbereichs. Deshalb sind die Ausdrücke

*(p+i) und p[i]

gleichwertig. Der Wert von p+i ist also nicht die Adresse, die sich als Summe der Adresse p und des Ganzzahlwertes i ergibt, sondern die Adresse, die sich durch

p+i*sizeof(T)

ergibt. Entsprechendes gilt für Differenz p–i eines Zeigers und eines Ganzzahlausdrucks.

Außerdem ist die **Subtraktion von zwei Zeigern** p und q auf denselben Datentyp definiert. Wenn diese dann auf das i-te und j-te Element desselben Arrays zeigen (p=a+i und q=a+j), ist die Differenz p–q als i–j definiert. Falls sie nicht auf Elemente desselben Arrays zeigen, ist das Ergebnis nicht definiert. Die **Addition** von Zeigern ist nicht definiert.

Einige Anwendungen der Zeigerarithmetik behandeln wir im nächsten Unterabschnitt über nullterminierte Strings und in Zusammenhang mit Arrays.

3.9.6 Nullterminierte Strings und Zeiger auf *char*

In der Programmiersprache C haben Zeiger eine wesentlich größere Bedeutung als in vielen anderen Sprachen (z.B. Pascal oder BASIC), da in C einige Datentypen über Zeiger angesprochen werden, die in anderen Sprachen ohne Zeiger auskommen. Dazu gehören z.B. nullterminierte Strings, die eine Folge von Zeichen darstellen.

Da die nullterminierten Strings noch aus den Urzeiten von C stammen, sind sie recht bekannt und werden auch heute noch oft in C++-Programmen verwendet. Moderne C++-Compiler enthalten jedoch **Stringklassen**, die wesentlich einfacher und sicherer benutzt werden können (siehe Abschnitt 4.1). Wenn man allerdings Bibliotheken verwendet, die mit nullterminierten Strings arbeiten (wie z.B. die Windows-API-Funktionen), ist man auch in C++ auf nullterminierte Strings angewiesen.

Ein Stringliteral wie

```
"Hallo"
```

hat den Datentyp *const char[n]* (siehe Abschnitt 4.2.1), wobei n die Länge des Strings ist. Die Zeichen des Stringliterals werden nacheinander im Hauptspeicher abgelegt, wobei das Ende des Strings durch das Zeichen '\0' gekennzeichnet ist, dessen Bitmuster ausschließlich aus Nullen besteht. Dieses Zeichen wird nach dem letzten Zeichen des Strings angefügt und gehört zum Stringliteral ("Hallo" belegt also 6 Bytes und nicht nur 5). Aus dieser Art der Kennzeichnung ergibt sich auch der Name **nullterminierter String**.

3.9 Zeiger, Strings und dynamisch erzeugte Variablen

Soll ein String ein Anführungszeichen " enthalten, gibt man es wie bei einem Ausdruck des Datentyps *char* als Escape-Sequenz an:

```
Edit1->Text="\"Mach den PC aus\", sagte sie zärtlich.";
```

Mit Definitionen wie den folgenden beiden kann man ein Stringliteral unter einem Namen ansprechen:

```
char a[]="Hallo";
char* p="Hallo";
```

Die einzelnen Zeichen sind dann a[0], a[1] bzw. p[0], p[1] usw. Bei der zweiten Definition wird der Datentyp *char[n]* implizit in den Datentyp *char** umgewandelt. Dabei erhält der Zeiger p die Adresse des ersten Zeichens der Zeichenfolge im Hauptspeicher. Meist macht es keinen Unterschied, welche der beiden Schreibweisen gewählt wird.

Beispiel: Den von einem String belegten Speicherbereich (einschließlich dem Nullterminator) kann man sich im Debugger anzeigen lassen. Nach der Ausführung der Anweisungen

```
char* s="123 456";
```

zeigt das Watch-Fenster in der ersten Zeile die 10 Bytes ab der Adresse des ersten Zeichens von s. Hier sieht man das Zeichen '\0' am Ende des Strings:

In der zweiten Zeile sieht man, dass der Debugger eine Variable des Datentyps *char** als String und nicht als Adresse ausgibt. Will man die Adresse von s im Debugger anzeigen, kann man sie einem generischen Zeiger v zuweisen:

```
void* v=s;
```

Sein Wert wird bei der Ausgabe vom Debugger nicht umgewandelt.

Will man nach den Definitionen

```
char s[]="Halli";
char t[]="Hallo ihr allle";
```

den **String** t nach s **kopieren**, ist das mit der Zuweisung

```
s = t; // Fehler: L-Wert erwartet
```

nicht möglich. Sie wird vom Compiler zurückgewiesen, da der Name eines Arrays nicht auf der linken Seite einer Zuweisung stehen darf. Um alle Zeichen eines Strings zu kopieren, muss man ein Zeichen nach dem anderen übertragen:

```
int i=0;
while (t[i]!='\0')
  {
    s[i]=t[i];
    i++;
  }
s[i]='\0';
```

Da der String t in diesem Beispiel mehr Zeichen enthält als für s reserviert sind, wird durch diese Anweisungen auf nicht reservierte Speicherbereiche zugegriffen. Das führt meist zu einem Programmabbruch.

Definiert man die beiden Strings nicht als Arrays, sondern als **Zeiger auf char**

```
char* s="0123456789";
char* t="Hallo";
```

ist die Zuweisung

```
s = t;
```

möglich: Durch sie wird die Adresse in s durch die Adresse in t überschrieben und nicht etwa der String t nach s kopiert. Die Adresse des für s reservierten Bereichs ist damit aber anschließend verloren, falls man sie nicht vorher gespeichert hat. Dieser Fehler wird eventuell zunächst übersehen: Unmittelbar nach dieser Zuweisung hat s ja das gewünschte Ergebnis. Falls man jedoch danach den Wert von s verändert, verändert man damit auch den Wert von t.

Als kleine Anwendung der **Zeigerarithmetik** sollen die Zeichen des Strings, auf den t zeigt, jetzt mit dieser Technik an den Speicherbereich ab der Adresse in s kopiert werden. Dazu mag analog zur Lösung von oben der folgende Ansatz naheliegend erscheinen. Er enthält allerdings einen Fehler – wer findet ihn vor dem Weiterlesen?

```
// strcpy, Versuch Nr. 1 - fehlerhaft
while ((*t)!='\0') // kürzer: while (*t)
  {
  *s=*t;
  s=s+1;            // Zeigerarithmetik
  t=t+1;            // s++ bzw. t++ geht auch
  }
*s='\0';
```

3.9 Zeiger, Strings und dynamisch erzeugte Variablen

Der Fehler ist hier, dass die Adressen von s und t verändert werden: Nach der Ausführung dieser Schleife zeigen s und t auf das Ende der Strings und nicht mehr auf deren Anfang. Dieser Fehler lässt sich beheben, indem man sich mit Kopien durch die Strings durchhangelt:

```
// strcpy, Versuch Nr. 2 - funktioniert
char *p=s,*q=t;      // Initialisierung p=s; q=t;
while ((*q)!='\0') // kürzer: while (*q)
  {
  *p=*q;
  p=p+1;
  q=q+1;
  }
*p='\0';
```

Obwohl dieses Verfahren keine offensichtlichen Fehler enthält, ist seine Verwendung **nicht ohne Risiko**: Da man hier nicht erkennen kann, welcher Speicherbereich für s reserviert ist, werden nicht reservierte Speicherbereiche gnadenlos überschrieben, wenn der String t größer ist als der für s reservierte Speicherbereich.

Zu den Standardbibliotheken von C und damit auch zu C++ gehören zahlreiche Funktionen für die wichtigsten Operationen mit nullterminierten Strings. Sie können nach „#include <string.h>" verwendet werden. Alle diese Funktionen hangeln sich wie in den Beispielen oben von einem als Argument übergebenen Zeiger bis zum nächsten Nullterminator durch. Da ihnen nur die Adresse eines Zeichens übergeben wird, können sie nicht feststellen, welche Speicherbereiche ab dieser Adresse reserviert sind. Deshalb ist ihre Verwendung nicht ungefährlich. Allein schon aus diesem Grund empfiehlt sich meist die Verwendung von Stringklassen (siehe Abschnitt 4.1) anstelle von nullterminierten Strings.

Einige dieser Funktionen für nullterminierte Strings:

*size_t **strlen**(const char *s);*

Der Funktionswert ist die Länge des Strings s. Dabei wird das abschließende Zeichen '\0' nicht mitgezählt.

*char ***strcpy**(char *dest, const char *src);*

Kopiert alle Zeichen ab der Adresse in *src* bis zum nächsten Nullterminator in die Adressen ab *dest*.

*char ***strcat**(char *dest, const char *src);*

strcat hängt eine Kopie von *src* an das Ende von *dest* an. Das Ergebnis hat die Länge *strlen(dest) + strlen(src)*. Der Funktionswert ist *dest*.

*int **strcmp**(const char *s1, const char *s2);*

> Vergleicht s1 zeichenweise (als *unsigned char*) mit s2. Der Vergleich beginnt mit dem ersten Zeichen und wird so lange fortgesetzt, bis sich die beiden Zeichen unterscheiden oder bis das Ende eines der Strings erreicht ist. Falls s1==s2, ist der Funktionswert 0. Ist s1 < s2, ist der Funktionswert < 0 und andernfalls > 0.

*char ***strstr**(char *s1, const char *s2);*

> Diese Funktion durchsucht s1 nach dem ersten Auftreten des Teilstrings s2. Falls s2 in s1 vorkommt, ist der Funktionswert ein Zeiger auf das erste Element von s2 in s1. Andernfalls wird 0 (Null) zurückgegeben.

Zur **Umwandlung von Strings**, die wie ein Literal des entsprechenden Datentyps aufgebaut sind, stehen unter anderem die folgenden Funktionen zur Verfügung:

*int **atoi**(const char *s);*   // „ascii to int"
*long **atol**(const char *s);*   // „ascii to long"
*double **atof**(const char *s);*   // „ascii to float", aber Ergebnis *double*

Der Funktionswert ist dann der Wert des entsprechend umgewandelten Arguments:

```
int i=atoi("123");       // i=123
double d=atof("45.67");  // d=45.67
```

Diese Funktionen brechen ihre Umwandlung beim ersten Zeichen ab, das nicht dem Schema für ein Literal des jeweiligen Datentyps entspricht:

```
double d=atof("45,67");  // d=45: Komma statt Punkt
```

Dabei kann man nicht feststellen, ob alle Zeichen des Strings umgewandelt wurden oder nicht. Deshalb sollte man diese Funktionen nicht zur Umwandlung von Benutzereingaben verwenden, da solche Strings nicht immer dem erwarteten Schema entsprechen.

Die vielseitigste Funktion zur **Umwandlung** von Ausdrücken verschiedener Datentypen **in einen nullterminierten String** ist

*int **sprintf**(char *buffer, const char *format[, argument, ...]);*

Diese Funktion schreibt einen nullterminierten String in den Speicherbereich, dessen Adresse in *buffer* übergeben wird. Der String ergibt sich aus dem **Formatstring** (dem zweiten Parameter *format*) und den weiteren Argumenten. Der Formatstring enthält sowohl Zeichen, die ohne jede weitere Konvertierung ausgegeben werden, als auch Formatangaben, die festlegen, wie die weiteren Argumente dargestellt werden sollen.

3.9 Zeiger, Strings und dynamisch erzeugte Variablen

Jede **Formatangabe** beginnt mit dem Zeichen % und ist nach folgendem Schema aufgebaut:

% [flags] [width] [.prec] [F|N|h|l|L] type_char

Das %-Zeichen wird (immer in dieser Reihenfolge) gefolgt von:

- optionalen *flags* (z.B. „–" für eine linksbündige Formatierung)
- der optionalen Angabe für die minimale Breite *[width]*
- der optionalen Präzisionsangabe *[.prec]*
- der optionalen Größenangabe *[F|N|h|l|L]*
- dem obligatorischen Typkennzeichen *type_char*, das unter anderem einer der folgenden Werte sein kann:

    d konvertiert einen Ganzzahlwert in das Dezimalformat
    x konvertiert einen Ganzzahlwert in seine Hexadezimaldarstellung
    e stellt einen Wert des Datentyps *double* in einem Exponentialformat „ddd...e+dd" dar
    f stellt einen Wert des Datentyps *double* in einem Festkommaformat „-ddd.ddd..." dar
    p stellt einen Zeiger hexadezimal dar
    c zur Darstellung von Zeichen (Datentyp *char*)
    s zur Darstellung nullterminierter Strings (Datentyp *char**)

Diese Angaben ermöglichen eine fast unüberschaubare Vielzahl von Kombinationsmöglichkeiten. Für weitere Informationen wird deshalb auf die Online-Hilfe verwiesen. Einige Beispiele:

```
char s[100],*t;
sprintf(s,"%d + %x = %g",17,17,17+17.0);
   // s="17 + 11 = 34"
t="Hallo";
sprintf(s,"%s ihr da dr%cußen: ",t,'a');
   // s="Hallo ihr da draußen: "
double d=1e5;
sprintf(s,"Bitte überweisen Sie %g DM auf mein Konto",d);
   // s="Bitte überweisen Sie 100000 DM auf mein Konto"
t="linksbündig";
sprintf(s,"%-20s:",t);
   // "linksbündig         : "
```

Wie diese Beispiele zeigen, haben die Formatanweisungen in einem Formatstring gelegentlich einen leicht kryptischen Charakter.

Die Funktion *sprintf* interpretiert den Speicherbereich eines auszugebenden Arguments nach den zugehörigen Angaben im Formatstring, und zwar unabhängig davon, ob sie zusammenpassen oder nicht. Falls sie nicht zusammenpassen, wird das bei der Kompilation nicht entdeckt und hat falsche Ergebnisse zur Folge. Deshalb ist bei der Verwendung von *sprintf* eine gewisse Vorsicht geboten.

Beispiel: Wenn man *sprintf* eine Ganzzahl übergibt, wo sie einen *double*-Wert erwartet, wird das Bitmuster der Ganzzahl als Gleitkommawert interpretiert. Falls das Ergebnis nicht allzu unplausibel aussieht, wird dieser Fehler vom Anwender eventuell nicht einmal bemerkt:

```
sprintf(s," %f",i); // int i
```

Während der Kompilation erfolgt kein Hinweis auf ein eventuelles Problem. Wenn dieser Fehler beim Testen übersehen und diese Funktion nur selten aufgerufen wird, tritt er unter Umständen erst ein Jahr nach der Auslieferung des Programms beim Kunden auf. Im Gegensatz dazu ist die Verwendung der Stringklassen ohne jedes Risiko:

```
AnsiString s = FloatToStr(i);
```

Nullterminierte Strings aus „**wide char**"-Zeichen werden als Zeiger auf *wchar_t* definiert. Für solche Strings sind dieselben Funktionen wie für *char** definiert. Ihre Namen beginnen mit „wcs" (für „wide character string") anstelle von „str":

size_t **wcslen**(*const wchar_t *s*); // wie *strlen*
wchar_t ***wcscpy**(*wchar_t *dest, const wchar_t *src*);
wchar_t ***wcscat**(*wchar_t *dest, const wchar_t *src*);
int **wcscmp**(*const wchar_t *s1, const wchar_t *s2*);
...

Anmerkungen für Delphi-Programmierer: Den nullterminierten Strings von C entsprechen in Delphi die Datentypen *PChar* und *PWideChar*. Für den Datentyp *String* von Delphi 1 und den Datentyp *String[n]* (n <= 255) ab Delphi 2 (Pascal-String) wird im Unterschied zu C ein fester Speicherbereich reserviert, der im ersten Byte die Länge des Strings enthält. Pascal-Strings können durch eine einfache Zuweisung kopiert werden. Während die maximale Länge eines Pascal-Strings auf 255 Zeichen beschränkt ist, können nullterminierte Strings auch länger sein. Dem Datentyp *String* ab Delphi 2 entspricht die Stringklasse *AnsiString*, die in Abschnitt 4.1 vorgestellt wird.

3.9.7 Zeiger auf Zeiger auf Zeiger auf ...

Ein Zeiger kann wiederum die Adresse eines Zeigers enthalten. Einen solchen Zeiger auf einen Zeiger definiert man z.B. folgendermaßen:

```
int** p=new(int *[10])  //Ein Array mit 10 Zeigern auf int
```

Dann kann *p die Adresse eines „Zeigers auf int" zugewiesen werden.

```
int* q;
*p=q;
```

3.9 Zeiger, Strings und dynamisch erzeugte Variablen

So haben z.B. die Funktionen

*double **strtod**(const char *s, char **endptr);*
*long **strtol**(const char *s, char **endptr, int radix);*
*unsigned long **strtoul**(const char *s, char **endptr, int radix);*

einen solchen „**"-Parameter. Diese Funktionen konvertieren die ersten Zeichen eines Strings in einen Wert des Datentyps *double*, *long* oder *unsigned long*. Der Parameter *endptr* erhält dann nach dem Funktionsaufruf die Adresse des ersten Zeichens, das nicht mehr als Literal des entsprechenden Datentyps interpretiert werden kann. Da führende whitespace-Zeichen ignoriert werden, kann man sich mit diesen Funktionen durch einen String durchhangeln, der aus mehreren Literalen des entsprechenden Datentyps besteht:

```
char* s1="1.23 4.56";
char **p=new char*,**q=new char*;
*q=s1;
*p=*q;
double d1=strtod(*p,q); // d1=1.23
*p=*q;
double d2=strtod(*p,q); // d2=4.56
```

In Abschnitt 4.2.4 werden weitere Beispiele für Zeiger auf Zeiger vorgestellt.

3.9.8 Referenztypen und Referenzparameter

Mit einem Referenztyp kann man einen anderen Namen für eine Variable oder Konstante definieren.

Eine Referenz erhält man durch eine Deklaration nach dem Schema

   T & r

die sich aus der zweiten Zeile der Syntaxregel für einen *ptr-Operator* (siehe Seite 162) ergibt. Hier ist T ein Datentyp und r ein Bezeichner. Der Datentyp von r ist dann „Referenz auf T" bzw. „T&". Damit eine Referenz immer für eine andere Variable oder Konstante steht, muss eine Referenz bei ihrer Deklaration immer mit dieser initialisiert werden. Der Datentyp T des initialisierenden Ausdrucks muss dabei derselbe sein wie der bei der deklarierten Referenz T&.

```
int i=0;
int& r=i;
int& r1; // Fehler: Referenz-Variable 'r1' muss initiali-
         // siert sein
```

Alle Operationen mit einer Referenz werden mit der Variablen oder Konstanten ausgeführt, mit der sie initialisiert wurde. Wenn die Referenzvariable r mit i initialisiert wurde, erhält deshalb in der folgenden Zuweisung die Variable i den

Wert 17, obwohl die Anweisung „r=17" den Eindruck erweckt, dass r der Wert 17 zugewiesen wird:

```
r=17;     // weist i den Wert 17 zu!
Form1->Memo1->Lines->Add(IntToStr(i));
```

Offensichtlich kann die Verwendung von Referenzvariablen wie in diesem Beispiel zu unübersichtlichen Programmen führen. Da es nur selten einen guten Grund gibt, zwei verschiedene Namen für dieselbe Variable zu verwenden, sollte man auf **eine solche Anwendung** von Referenzvariablen **verzichten**.

Referenztypen sind aber **für Parameter** von Funktionen **sinnvoll**, wenn das **Argument** beim Aufruf der Funktion **verändert** werden soll. Ein **Referenzparameter** wird beim Aufruf der Funktion mit dem entsprechenden Argument initialisiert und ist dann ein anderer Name für das Argument. Alle Anweisungen mit dem Parameter in der Funktion finden dann mit dem Argument statt. Deshalb werden bei einem Aufruf von

```
void vertausche (int& a, int& b)
{
int h=a;
a=b;
b=h;
}
```

die Werte der beiden als Argument übergebenen Variablen vertauscht:

```
int x=1, y=2;
vertausche(x,y);
// x=2; y=1
```

Hätte man das Zeichen & in der Funktionsdefinition ausgelassen, wären die Parameter Werteparameter (siehe Seite 135 und Abschnitt 6.3.1). Dann wären die Werte von x und y nicht vertauscht worden, da alle Anweisungen mit den Parametern in der Funktion mit den lokalen Variablen durchgeführt werden, die zu den Parametern gehören. Die Operationen mit diesen lokalen Variablen wirken sich aber nicht auf die entsprechenden Argumente aus.

Referenzparameter werden außerdem anders als Werteparameter an eine Funktion übergeben. Deshalb sind Aufrufe von Funktionen mit Referenzparametern oft **schneller** als solche mit Werteparametern (siehe Abschnitt 6.3.2).

Anmerkung für Pascal-Programmierer: Den Referenzparametern von C++ entsprechen in Pascal die Variablenparameter.

Aufgaben 3.9

1. Nach den Definitionen

    ```
    int i=5;
    int *pi, pj;
    char *pc, pd;
    ```

   sollen die folgenden Zuweisungen stattfinden:

   a) `pi=i;`   b) `pi=&i;`
   c) `*pi=i;`   d) `*pi=&i;`
   e) `pi=pj;`   f) `pc=&pd;`
   g) `pi=pc;`   h) `pd=*pi;`
   i) `*pi=i**pc;`   j) `pi=0;`

   Geben Sie an, welche dieser Zuweisungen syntaktisch korrekt sind. Geben Sie außerdem für jeden syntaktisch korrekten Ausdruck den Wert der linken Seite an, wobei die Ergebnisse der zuvor ausgeführten Anweisungen vorausgesetzt werden sollen. Falls die linke Seite ein Zeiger ist, geben Sie den Wert der dereferenzierten Variablen an.

2. Was wird durch folgende Anweisungen ausgegeben:

    ```
    int i=10;
    int* p=&i;
    *p=17;
    Memo1->Lines->Add(IntToStr(i));
    Memo1->Lines->Add(IntToStr(*p));
    ```

3. In dieser Aufgabe soll lediglich der Umgang mit *new*, *delete* und dynamisch erzeugten Variablen geübt werden. Ansonsten besteht kein Grund, diese Aufgabe so zu lösen.

   Formulieren Sie die Lösungen der folgenden Aufgaben mit dynamisch erzeugten Variablen anstatt mit lokalen Variablen:

   a) 3.5.2 (Quersumme)
   b) 3.5.2 (Fibonacci-Zahlen)

4. Schreiben Sie eine Funktion, die die Anzahl der Leerzeichen ' ' in einem als Parameter übergebenen nullterminierten String (char *) als Funktionswert zurückgibt.

Weitere Informationen zu den Windows-API-Funktionen der folgenden beiden Aufgaben findet man unter *Start|Programme|Borland C++Builder|Hilfe|Hilfedateien MS SDK|Win32 SDK Referenz.*

5. Die Windows-API-Funktion

   *DWORD **GetTempPath**(*
      DWORD nBufferLength,   // Größe des Puffers (in Zeichen)
      LPTSTR lpBuffer);   // Adresse des Puffers

   schreibt die ersten *nBufferLength* Zeichen des Verzeichnisses für temporäre Dateien in den Speicherbereich, dessen Adresse als *lpBuffer* übergeben wird. Dabei wird dieses Verzeichnis folgendermaßen bestimmt:

   – als der Pfad, der in der Umgebungsvariablen TMP steht
   – falls TMP nicht definiert ist, als der Pfad in TEMP
   – falls weder TMP noch TEMP definiert sind, als das aktuelle Verzeichnis.

   Der Funktionswert ist 0, falls der Aufruf dieser Funktion fehlschlägt. Andernfalls ist er die Länge des Strings.

   Schreiben Sie eine Funktion *ShowTempPath*, die das Verzeichnis für temporäre Dateien in einem Memo-Fenster ausgibt. Da ein Pfadname maximal MAX_PATH Zeichen lang sein kann, sollen für den Puffer MAX_PATH Zeichen reserviert werden.

6. Die Windows-API-Funktion

   *DWORD **GetLogicalDriveStrings**(*
      DWORD nBufferLength,   // Größe des Puffers (in Zeichen)
      LPTSTR lpBuffer);   // Adresse des Puffers

   schreibt eine Liste der gültigen Laufwerke in den Speicherbereich, dessen Adresse in *lpBuffer* übergeben wird. Die Größe dieses Speicherbereichs wird in *nBufferLength* übergeben.

   Diese Liste ist eine Folge von nullterminierten Strings, deren Ende durch einen doppelten Nullterminator gekennzeichnet ist wie z.B.

      c:\<null>d:\<null><null>

   Hier steht <null> für den Nullterminator. Weitere Informationen findet man in der Datei „win32.hlp".

   Schreiben Sie eine Funktion *ShowDriveStrings*, die alle gültigen Laufwerke in einem Memo-Fenster anzeigt. Reservieren Sie dazu Speicherplatz für 25 „Zeiger auf char", die jeweils auf die Anfänge der Teilstrings „c:\", „d:\" usw. zeigen.

3.10 Konstanten

Wenn man bei der Definition einer Variablen das Schlüsselwort *const* angibt, ist der so definierte Bezeichner eine **Konstante**. Der Compiler unterbindet dann jede Veränderung ihres Wertes, z.B. in einer Zuweisung. Da eine Konstante nach ihrer Definition nicht mehr verändert werden kann, muss sie bei ihrer Definition initialisiert werden.

Beispiel: Nach den Definitionen

```
const int min=0, max=100; // beide konstant
const double Pi=3.14159265358979323846;
const int x;//Fehler:Konstante muss initialisiert
                                  // werden
const char* cs1="Zeiger auf Konstante";
const AnsiString as="konstanter String";
const int AnzahlBuchstaben = 'Z' - 'A' + 1;
const int maxZeichenProSpalte=4+4+2; //_####.####
const int maxSpalten = 80/maxZeichenProSpalte;
const int maxZeilen = 80-20;
const int maxZeichen = maxSpalten*maxZeilen;
```

führen die folgenden Anweisungen zu einer Fehlermeldung des Compilers:

```
max++;      // Fehler: const-Objekt kann nicht
Pi=3.41;    //              modifiziert werden
cs1="123";
```

Das Schlüsselwort *const* muss nicht vor dem Datentyp stehen, sondern kann auch danach kommen. Deshalb ist auch die folgende Definition möglich. Allerdings ist diese Reihenfolge nicht üblich:

```
int const max=100;
```

Diese Beispiele zeigen vor allem, wie man einen **Namen für ein Literal** (z.B. 0, 100, 3.14... usw.) definieren kann. Solche Namen bezeichnet man auch als **symbolische Konstanten.** In den letzten fünf Definitionen werden die symbolischen Konstanten mit Ausdrücken initialisiert, die keine Literale sind. So kann man konstante Ausdrücke vom Compiler berechnen lassen und sich mühsame und eventuell fehlerhafte eigene Rechnungen sparen. Insbesondere sieht man solchen Ausdrücken direkt an, wie ihr Wert zustande kommt. Ein Ausdruck wie *maxSpalten* ist meist aussagekräftiger, als wenn nur die Zahl 8 im Programm steht.

Die **Verwendung symbolischer Konstanten** empfiehlt sich **immer dann**, wenn derselbe Wert an mehreren Stellen in einem Programm benutzt wird. Sobald eine Änderung dieses Wertes notwendig ist, muss er bei der Verwendung von symbolischen Konstanten nur ein einziges Mal geändert werden. Verwendet man dagegen Literale, muss jede Stelle im Programm geändert werden, an der das Literal vorkommt.

Beispiel: `for (int i=min;i<=max;i++) ...`

Symbolische Konstanten sind aber auch oft sinnvoll, wenn eine Konstante nur ein einziges Mal in einem Programm verwendet wird: Gibt man der symbolischen Konstanten einen aussagekräftigen Namen, kann das die Verständlichkeit eines Programms beträchtlich erleichtern. Diese Erleichterung kompensiert meist den zusätzlichen Schreibaufwand.

Beispiel: Findet man in einem größeren Programm die Anweisung

```
for (int i=0; i<1024;i++) ...
```

ist die Bedeutung der „magischen Zahl" 1024 oft nicht unmittelbar klar. Verwendet man dagegen einen aussagekräftigen Namen für diesen Wert, ergibt sich die Bedeutung der Konstanten sofort beim Lesen des Programms:

```
for (int i=0; i<Com1PufferGroesse;i++) ...
```

Der Compiler kann eine Konstante, deren Wert zum Zeitpunkt der Kompilation bekannt ist, durch diesen Wert ersetzen. Für eine solche Konstante muss dann kein Speicherplatz reserviert werden. Der erzeugte Code ist derselbe, wie wenn anstelle der Konstanten ihr Wert im Programm stehen würde.

Beispiel: Der C++Builder erzeugt mit den Konstanten von oben für

```
int i=max;
int j=max*(maxZeilen+20);
```

denselben Code wie für die Anweisungen

```
int i=100;
int j=8000;
```

Eine Konstante muss allerdings nicht mit einem Wert initialisiert werden, der zum Zeitpunkt der Kompilation bekannt ist. Man kann sie auch **mit dem Wert einer Variablen initialisieren**. Da der Compiler diesen Wert aber nicht kennt, kann er eine solche Konstante nicht durch ihren Wert ersetzen. Deshalb wird für sie ebenso Speicherplatz reserviert wie für eine Variable.

Beispiel: Im Gegensatz zum letzten Beispiel kann der Compiler die Konstante c nicht durch ihren Wert ersetzen, da er diesen Wert nicht kennt:

```
int i;
// ...
const int c=i;
```

3.10 Konstanten

Gelegentlich bezeichnet man eine mit einer Variablen initialisierte Konstante auch als **„konstante Variable"**, obwohl dieser Begriff eigentlich ein Widerspruch in sich ist, da „variabel" ja gerade für „veränderlich" steht. Um im Folgenden umständliche Formulierungen wie „Variable oder Konstante" zu vermeiden, wird der Begriff Variable auch für Konstanten verwendet, wenn keine Gefahr von Missverständnissen besteht.

Der Compiler verhindert jede direkte Veränderung einer Konstanten, z.B. in einer Zuweisung. Eine Veränderung über einen **indirekten Zugriff** kann er aber nicht verhindern. Wenn man z.B. die Adresse einer Konstanten einem Zeiger zuweist, kann man durch eine Veränderung des dereferenzierten Zeigers auch den Wert der Konstanten verändern. Im C++-Standard ist ausdrücklich festgelegt, dass das Ergebnis eines solchen indirekten Zugriffs auf eine Konstante undefiniert ist. Selbstverständlich kann von solchen undefinierten Operationen nur abgeraten werden.

Beispiel: Im C++Builder wird durch die Anweisungsfolge

```
const double c=3.14;
double* pc=(double*)&c;// Typkonversion notwendig
*pc=1; // c=1 !!!
```

der Wert der Konstanten c verändert. Ersetzt man hier *double* durch *int*, bleibt der Wert von c dagegen unverändert:

```
const int c=3.14;
int* pc=(int*)&c; // Typkonversion notwendig
*pc=1; // unverändert c=3 !!!
```

Über einen **Zeiger** p kann man sowohl den Speicherbereich p für die Adresse als auch die dereferenzierte Variable *p ansprechen. Gibt man bei der Definition eines Zeigers vor dem Datentyp *const* an, verhindert der Compiler die Veränderung der dereferenzierten Variablen. Eine Veränderung des Zeigers wird dagegen akzeptiert:

```
const char* cs1="Zeiger auf Konstante";
*(cs1+1)='G'; // Fehler: const-Objekt nicht modifizierbar
cs1="verändere die Konstante"; // das geht
```

Gibt man dagegen *const* vor dem Zeiger und nach dem Datentyp an, kann die dereferenzierte Variable verändert werden, nicht jedoch der Zeiger:

```
char* const cs2="konstanter Zeiger";
*(cs2+11)='G'; // das geht
cs2="Geiger"; // Fehler: const-Objekt nicht modifizierbar
```

Wenn man sowohl eine Veränderung des Zeigers als auch der dereferenzierten Variablen unterbinden will, muss man *const* zweimal angeben:

```
const char* const cs3="alles konstant";
*(cs3+11)='G'; //Fehler: const-Objekt nicht modifizierbar
cs3="verändere";//Fehler:const-Objekt nicht modifizierbar
```

Definiert man mehrere Zeiger in einer einzigen Deklaration, ist eventuell auf den ersten Blick nicht unmittelbar klar, was verändert werden kann und was nicht:

```
const char* const cs4="", *cs5="Zeiger auf Konstante";
*(cs5+11)='G';// Fehler: const-Objekt nicht modifizierbar
cs5="verändere"; // das geht
```

Hier ist cs5 ein Zeiger auf eine Konstante. Nach der nächsten Deklaration kann weder cs7 noch *cs7 verändert werden:

```
const char* const cs6="", *const cs7="alles konstant";
```

In Abschnitt 3.9.8 wurde darauf hingewiesen, dass Funktionen mit Referenzparametern oft schneller sind als mit Werteparametern. Da ein konstanter Referenzparameter in der Funktion nicht verändert werden kann, erreicht man mit einem solchen Parameter, dass eine Funktion das Argument bei ihrem Aufruf nicht verändert. Deshalb verwenden viele Funktionen **konstante Referenzparameter**, um diesen Geschwindigkeitsvorteil zu nutzen und um explizit zum Ausdruck zu bringen, dass ein Argument beim Aufruf nicht verändert wird (siehe Abschnitt 6.3.4).

Syntaktisch ist das Schlüsselwort *const* ein so genannter ***cv*-Qualifizierer**

> *cv-qualifier:*
>   **const**
>   **volatile**

und kann als *type-specifier* in einer Deklaration verwendet werden:

> *type-specifier:*
>   *simple-type-specifier*
>   *class-specifier*
>   *enum-specifier*
>   *elaborated-type-specifier*
>   *cv-qualifier*

Der *cv*-Qualifizierer *volatile* („flüchtig") wird vor allem für Variablen verwendet, deren Wert sich unabhängig vom Programmablauf (z.B. durch andere Programme oder Interrupts) ändern kann. Für den Compiler ist diese Angabe ein Hinweis, mit dieser Variablen keine Optimierungen vorzunehmen, die aufgrund des Programmablaufs sonst möglich wären. Da die allermeisten Programme keine Variablen verwenden, deren Wert sich unabhängig vom Programmablauf verändert, besteht meist auch kein Grund, Variablen als *volatile* zu deklarieren.

Anmerkungen für C-Programmierer: In der Programmiersprache C steht *const* erst seit dem ANSI-Standard von 1989 zur Verfügung. In älteren Compilern konnten Namen für Konstanten nur mit *#define* definiert werden. Da solche Makrodefinitionen unabhängig davon ersetzt werden, ob sie lokal oder global sind, ist die Deklaration von Konstanten mit *const* meist vorteilhafter. Siehe dazu auch die Ausführungen über Makros in Abschnitt 3.14.2.

3.11 Deklarationen mit *typedef* und *typeid*-Ausdrücke

Mit dem Schlüsselwort **typedef** kann ein Synonym für einen Datentyp deklariert werden. Dazu gibt man in einer einfachen Deklaration (siehe Abschnitt 3.8) nach *typedef* zuerst einen Datentyp und dann einen Bezeichner an. Dieser Bezeichner ist dann ein neuer Name für den Datentyp und kann danach wie der Datentyp verwendet werden. Der Compiler ersetzt dabei das Synonym durch den ursprünglichen Datentyp.

Obwohl das Wort „typedef" an „Definition" erinnert, ist eine Deklaration mit *typedef* immer eine Deklaration und nie eine Definition. Insbesondere wird durch ein *typedef* weder eine Variable noch ein neuer Datentyp definiert.

Beispiel: Die folgenden Deklarationen sind aus „Windef.h":

```
typedef unsigned char BYTE;
typedef unsigned long ULONG;
typedef ULONG *PULONG;
```

Mit diesen Deklarationen sind die folgenden Variablendefinitionen gleichwertig mit den als Kommentar angegebenen:

```
BYTE b;     // Gleichwertig mit "unsigned char b;"
ULONG u;    // Gleichwertig mit "unsigned long u;"
PULONG p;   // Gleichwertig mit "unsigned long *p;"
```

Nach diesen Definitionen hat die Variable u denselben Datentyp wie die Variable v, und die beiden Variablen können einander zugewiesen werden:

```
unsigned long v;
u=v;
```

Verwendet man bei der Definition einer Variablen einen mit *typedef* deklarierten Namen und *const*, bezieht sich *const* immer auf den deklarierten Namen. Deshalb ist nach

```
int i;
typedef int* Pint;
const Pint p=&i;
```

die Definition von p gleichwertig mit

```
int* const p=&i;
```

und nicht etwa, wie man das bei einer wörtlichen Ersetzung erwarten könnte, mit

```
const int* p=&i;
```

Die Deklaration von Typnamen mit *typedef* ist vor allem in den folgenden Situationen sinnvoll:

1. Wenn man an mehreren Stellen in einem Programm denselben Datentyp benötigt, dieser aber eventuell später einmal einheitlich geändert werden soll. Dann deklariert man mit *typedef* ein Synonym und verwendet dieses anstelle des Datentyps. Falls dieser dann einmal geändert werden soll, muss man nur ein einziges Mal die Deklaration mit *typedef* ändern.
2. Um lange Namen von Datentypen abzukürzen. Das bietet sich oft in Zusammenhang mit Klassen-Templates an (siehe z.B. Seite 272).
3. Um komplizierte Datentypen schrittweise aus einfacheren zusammenzusetzen. Damit lassen sich **Funktions-** oder **Arraytypen** oft einfacher und übersichtlicher darstellen (siehe z.B. Abschnitt 6.3.8 und Seite 240).

Oft findet man in Bibliotheken Namen für Datentypen, die nicht unbedingt einen Aufschluss darüber erlauben, wie man sie verwenden kann. Dann können *typeid-Ausdrücke* hilfreich sein. Diese stehen zur Verfügung nach

```
#include <typeinfo>
using namespace std;
```

Ein *typeid*-Ausdruck kann mit einem Ausdruck oder einem Datentyp gebildet werden

```
typeid ( expression )
typeid ( type-id )
```

und hat dann die in *<typeinfo>* definierte Klasse *type_info* als Funktionswert. Diese besitzt unter anderem die Elementfunktion *name()*, die den Namen des Datentyps als Funktionswert liefert. Mit einem *typeid*-Ausdruck kann man auch prüfen, ob zwei Datentypen gleich oder verschieden sind:

Beispiele: Diese Anweisungen geben „int" und „int*" aus:

```
if (typeid(123)==typeid(int))
  Memo1->Lines->Add(typeid(123).name());
typedef int* Pint;
if (typeid(int*)==typeid(Pint))
  Memo1->Lines->Add(typeid(int*).name());
```

Anmerkung für Pascal-Programmierer: Eine Deklaration mit *typedef* hat Ähnlichkeiten mit einer Typvereinbarung in einem Typvereinbarungsteil in Pascal. Allerdings wird in Pascal durch eine Typvereinbarung ein neuer Datentyp definiert und nicht nur ein Synonym für den Namen des Datentyps.

In der Datei „CBuilder\include\vcl\sysmac.h" werden die Datentypen von Delphi mit *typedef* für den C++Builder zur Verfügung gestellt. Beispiele dazu siehe Seite 118.

Aufgabe 3.11

In den Header-Dateien von Windows sind unter anderem die Namen PBOOL, LPLONG, LPDWORD, LPVOID und LPCVOID für Datentypen definiert. Welche Datentypen verbergen sich hinter diesen Namen?

3.12 Aufzählungstypen

Ein Aufzählungstyp (engl. „enumeration") ist ein Datentyp, der genau die Werte darstellen kann, die bei seiner Definition angegeben werden. Diese werden als Liste von Bezeichnern nach dem Schlüsselwort *enum* aufgeführt und auch als **Enumerator** bezeichnet:

   enum-specifier:
      enum *identifier* $_{opt}$ **{** *enumerator-list* $_{opt}$ **}**

   enumerator-list:
      enumerator-definition
      enumerator-list **,** *enumerator-definition*

   enumerator-definition:
      enumerator
      enumerator **=** *constant-expression*

   enumerator:
      identifier

Beispiel: Durch

```
enum {rot, gruen, blau} Vordergrund, Hintergrund;
```

werden die Variablen *Vordergrund* und *Hintergrund* definiert. Diesen Variablen können z.B. folgendermaßen Werte zugewiesen werden:

```
Vordergrund = rot;
Hintergrund = gruen;
```

Gibt man unmittelbar nach *enum* einen Bezeichner an, ist er der **Name des Aufzählungstyps**. Dieser Name ist ein eigenständiger Datentyp, der wie ein vordefinierter Datentyp zur Definition von Variablen verwendet werden kann. Ohne einen solchen Namen wird der Aufzählungstyp auch als **anonymer Aufzählungstyp** bezeichnet.

Beispiel: Nach der Definition

```
enum TG {maennlich, weiblich, unklar} Geschlecht;
```

ist TG der Name eines Datentyps, der in

```
TG x;
enum TG y; // Schreibweise von C
```

als Datentyp der Variablen x und y verwendet wird. Diese Variablen können dann die Werte annehmen, die in der Definition des Aufzählungstyps aufgelistet wurden:

```
x = unklar;
```

Der Datentyp eines Enumerators ist der Aufzählungstyp, zu dessen Definition er gehört. Nach den Definitionen des letzten Beispiels hat also der Enumerator *maennlich* den Datentyp *TG*.

Obwohl der Datentyp eines Enumerators der zugehörige Aufzählungstyp ist, kann er wie eine Ganzzahlkonstante verwendet werden. Ohne eine explizite Initialisierung hat der erste Enumerator in der Liste den Wert 0, der zweite den Wert 1 usw. Damit entsprechen die Werte aus dem letzten Beispiel den Werten der Konstanten nach den folgenden Definitionen:

```
const int maennlich=0;
const int weiblich=1;
const int unklar=2;
```

Der Unterschied zwischen einer solchen Konstantendefinition und dem entsprechenden Enumerator besteht im Wesentlichen nur darin, dass für den Enumerator kein adressierbarer Speicherplatz reserviert wird. Deshalb kann man auf eine Konstante den **Adressoperator** anwenden, nicht jedoch auf einen Enumerator

```
int i=&rot;// Fehler: Eine Speicheradresse muss verwendet
                 // werden
```

Da ein Enumerator wie eine Ganzzahlkonstante verwendet werden kann, sind nach der Definition des Datentyps TG die folgenden Zuweisungen möglich:

```
int i=maennlich;        // i=0
int j=17+(maennlich+weiblich)/2; // j=17
```

3.12 Aufzählungstypen

Der Ausdruck des Aufzählungstyps wird dabei im Rahmen einer ganzzahligen Typangleichung in den ersten der Datentypen *int*, *unsigned int*, *long* oder *unsigned long* konvertiert, der alle Werte des Aufzählungstyps darstellen kann. Dieser Wertebereich ergibt sich dabei aus dem minimalen und maximalen Wert, mit dem der Aufzählungstyp initialisiert wird. Wenn unter *Projekt|Optionen|-Compiler* die Einstellung „Enum-Typen als int behandeln" deaktiviert ist, werden auch eventuell nur ein oder zwei Bytes für einen Aufzählungstyp verwendet.

Ein Enumerator kann bei seiner Definition mit einem Wert initialisiert werden. Ohne eine Initialisierung erhält er den um eins erhöhten Wert des Vorgängers. So erhalten die Enumeratoren *Montag*, *Dienstag* usw. durch die Definition

```
enum TT {Montag, Dienstag=17, Mittwoch=17, Donnerstag,
         Freitag=-2, Samstag, Sonntag=(Montag-7)*Montag} Tag;
```

dieselben Werte wie die Ganzzahlkonstanten nach

```
const int Montag=0;
const int Dienstag=17;
const int Mittwoch=17;       // gleicher Wert wie Dienstag
const int Donnerstag=18;     // nächsthöherer Wert
const int Freitag=-2;        // negative Werte sind möglich
const int Samstag=-1;
const int Sonntag=170;//Ergebnis des konstanten Ausdrucks
```

Nach dem C++-Standard können einer Variablen eines Aufzählungstyps nur Werte desselben Aufzählungstyps zugewiesen werden. Die Zuweisung von Werten eines anderen Datentyps ist nicht zulässig. Insbesondere können keine Ganzzahlwerte zugewiesen werden, obwohl ein Enumerator bei seiner Initialisierung auf einen Ganzzahlwert gesetzt werden kann. Der C++Builder akzeptiert eine solche Zuweisung, erzeugt aber eine Warnung.

Beispiel: Nach den Definitionen von oben erzeugen die folgenden Zuweisungen im C++Builder die als Kommentar angegebenen Warnungen:

```
Tag=1;        // Warnung: int wird TT zugewiesen
Tag=unklar;   // Warnung: TG wird TT zugewiesen
```

Ein Bezeichner, der als Enumerator verwendet wird, kann in demselben Block (siehe Abschnitt 5.5) nicht noch einmal als Bezeichner vergeben werden.

Beispiel: Nach der Definition

```
enum {Montag, Dienstag, Mittwoch, Donnerstag,
      Freitag, Samstag, Sonntag} Tag;
```

wird die nächste vom Compiler zurückgewiesen, da die Bezeichner *Samstag* und *Sonntag* bereits vergeben sind.

```
        enum {Samstag, Sonntag} Weekend; // Multiple
                                // declaration for 'Samstag'
```

Anfänger meinen gelegentlich, dass man einer Variablen eines Aufzählungstyps ihren Wert als String zuweisen kann:

```
Vordergrund = Edit1->Text;
```

Das ist natürlich nicht möglich, da Aufzählungstypen und Strings grundverschiedene Datentypen sind. Will man Werte eines Aufzählungstyps aufgrund von Benutzereingaben setzen, müssen sie explizit umgesetzt werden wie in

```
if (Edit1->Text == "Rot") Vordergrund = rot;
```

Ein Aufzählungstyp ist meist dann sinnvoll, wenn für eine Variable nur eine relativ geringe Anzahl verschiedener Werte möglich ist und die Namen dieser Werte ihre Bedeutung darstellen sollen.

Im Gegensatz zu den eingebauten Datentypen sind Aufzählungstypen **selbst definierte Datentypen**. Sie werden nicht vom Compiler zur Verfügung gestellt, sondern müssen in einem Programm explizit definiert werden. Aufzählungstypen werden zusammen mit den arithmetischen Datentypen und den Zeigertypen als **skalare Datentypen** bezeichnet.

Der C++Builder verwendet Aufzählungstypen ausgiebig: So hat die Eigenschaft *Align*, die die Ausrichtung einer Komponente in einem Formular definiert, einen Aufzählungstyp als Datentyp:

```
enum TAlign { alNone, alTop, alBottom, alLeft, alRight,
                                                alClient };
```

Der Wert *alNone* ist der voreingestellte Wert und platziert die Komponente an die im Entwurf gesetzte Position. Durch *alTop*, *alBottom*, *alLeft* oder *alRight* wird die Komponente am oberen, unteren, linken oder rechten Rand des Formulars ausgerichtet, wobei die Länge oder Breite gegebenenfalls angepasst wird. Mit *alClient* wird die Komponente an den Client-Bereich eines Formulars angepasst.

Auch die Eigenschaft **BorderStyle** hat einen Aufzählungstyp als Datentyp:

```
__property TFormBorderStyle BorderStyle
```

Sie legt für Formulare das Aussehen und das Verhalten des Rahmens fest. Die einzelnen Werte bedeuten:

bsDialog   Standardrahmen für Dialogfenster, Größe nicht veränderbar
bsSingle   einfache Rahmenlinie, Größe nicht veränderbar

3.12 Aufzählungstypen

bsNone   keine sichtbare Rahmenlinie, keine Schalter für Symbol und
                Vollbild, kein Steuermenü, Größe nicht veränderbar
bsSizeable   Standardrahmen, Größe veränderbar
bsToolWindow wie *bsSingle*, aber mit kleinerer Titelzeile, ohne Icon
bsSizeToolWin wie *bsSizeable*, aber mit kleinerer Titelzeile, ohne Icon.

Anmerkung für Delphi-Programmierer: Die Aufzählungstypen von C++ entsprechen im Wesentlichen denen von Object Pascal. Allerdings können den Enumeratoren in Pascal bei ihrer Definition keine expliziten Werte zugewiesen werden. Außerdem sind sie ohne explizite Typkonversion keine Ganzzahlwerte.

Aufgaben 3.12

1. Welche der folgenden Definitionen sind zulässig?

   a) `enum Monate{Januar=1, Februar, März, April, Mai, Juni, Juli, August, September, Oktober, November, Dezember};`
   b) `enum Monate {Jan = "Januar", Februar = "Februar"};`
   c) `enum {max=100};`
      `int a[max];`

2. Schreiben Sie ein Programm mit 6 RadioButtons, das etwa folgendermaßen aussieht:

   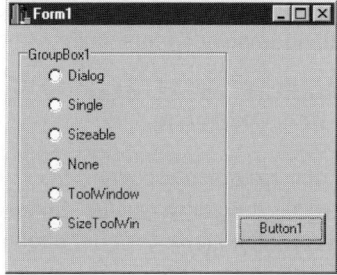

   a) Beim Anklicken des jeweiligen RadioButtons soll die Eigenschaft *Borderstyle* des Formulars auf den entsprechenden Wert gesetzt werden.
   b) Durch sukzessives Anklicken des Buttons soll die Eigenschaft *BorderStyle* nacheinander alle möglichen Werte annehmen. Nach dem letzten Wert (in der Liste der Aufzählung) soll wieder der erste Wert gesetzt werden.

3.13 Kommentare und interne Programmdokumentation

Vor allem bei größeren oder komplexeren Programmen besteht gelegentlich das Bedürfnis, Anweisungen oder Deklarationen durch umgangssprachliche Bemerkungen zu erläutern. Deshalb bieten praktisch alle Programmiersprachen die Möglichkeit, **Kommentare** in ein Programm zu schreiben. Ein Kommentar ist ein Text in einem Quellprogramm, der vom Compiler nicht übersetzt wird: Der ausführbare Code eines Programms wird durch Kommentare nicht beeinflusst.

In C++ wird ein Kommentar entweder durch /* und */ oder durch // und das nächste Zeilenende begrenzt:

```
/* das ist ein Kommentar */
// das ist ein Zeilenendkommentar
```

Alle Zeichen zwischen den Kommentarbegrenzern werden vom Compiler nicht in ausführbaren Code übersetzt. Einzige Ausnahme: In einem String werden die Zeichen //, /* und */ nicht als Kommentarbegrenzer interpretiert, sondern als Bestandteil des Strings:

```
AnsiString s;
...
s = "Das ist /* kein Kommentar */, sondern ein ganz "
                                   "normaler String";
```

Ein mit /* begonnener Kommentar wird durch das nächste Auftreten der Zeichenfolge */ beendet. Deshalb können Kommentare nicht verschachtelt werden:

```
/* /* dieser Kommentar endet hier */ und vor dem letzten
   "und" meckert der Compiler. */
```

Insbesondere können mit den Kommentarbegrenzern /* und */ keine Programmteile auskommentiert werden, die selbst solche Kommentare enthalten. Allerdings ist es oft nützlich, wenn man ganze Programmteile auskommentieren kann, ohne dass man die Kommentare aus diesem Programmteil entfernen muss. Deshalb verwendet man für Programmerläuterungen meist ausschließlich Zeilenendkommentare:

```
/*
p = 2;     // kleinste Primzahl
...
p = p<<1;  // *2, aber schneller
*/
```

Um Programmteile auszukommentieren, die selbst Kommentare enthalten, verwendet man auch oft die Präprozessoranweisungen zur bedingten Kompilation (siehe Abschnitt 3.14.3).

3.13 Kommentare und interne Programmdokumentation 201

Im C++Builder können auch durch /* und */ begrenzte Kommentare verschachtelt werden, wenn man unter *Projekt|Optionen|Erweiterte Compileroptionen* „Geschachtelte Kommentare" markiert oder die Compileroption -C (Großschreibung beachten) setzt. Solche Optionen kann man im Quelltext nach „#pragma option" angeben:

```
#pragma option -C
/* /* jetzt sind verschachtelte Kommentare möglich */
ohne dass der Compiler meckert. */
```

Da verschachtelte Kommentare aber im C++-Standard nicht vorgesehen sind, können solche Programme nicht von Compilern übersetzt werden, die diese Option nicht bieten.

Kommentare sind eine Möglichkeit zur **internen Dokumentation** eines Programms. Dabei wird der Quelltext im Quelltext selbst beschrieben und erläutert – im Unterschied zur externen Dokumentation, die ein Programm für den Anwender beschreibt. Dabei werden vor allem

– einzelne Anweisungen erläutert:

```
(1)   i++;      // erhöhe i
(2)   i--;      // erhöhe i
(3)   i=i<<1;// Multiplikation mit 2, aber schneller
(4)   i=1;      // 0 anstelle von 1 erhöht den Zähler
                // einmal zu oft !! geändert 31.9.97
(5)   i=0;      // nach 3.1.1.17, Pflichtenheft
                // Version 4.00.950 vom 24.8.97
```

– Definitionen von Variablen beschrieben:

```
(6)   long double l,b;  // Länge und Breite in Metern
(7)   Currency z;        // Zinssatz in Prozent
(8)   int Operation;     // 0: Datei löschen,
                         // 1: kopieren, 2: verschieben
```

– die Inhalte von Funktionen beschrieben:

```
(9)   void __fastcall TForm1::Button1Click(
                                          TObject *Sender)
      /* Nach dem Anklicken des Buttons werden alle
       * Dateien auf der Festplatte gelöscht. Den
       * Anwender aber vorher nochmals fragen, ob er das
       * wirklich will.
       */
      {
       ...
      }
```

```
(10) void __fastcall TForm1::Button1Click(
                                    TObject *Sender)
     /*
        Name: TForm1::Button1Click

        Algorithmus: Zinsformel, siehe Mathematik für
                     Grundschulen, Klasse 3, S. 9
        Eingaben: Kapital und Zinssatz_in_Prozent
                            (aus Eingabemaske Nr. 18)
        Ausgabe: Zins

        Autor: R. Kaiser
        Datum: 28.9.2000
        Tel.: 0123/456789 — aber ich ziehe demnächst um
        E-Mail: rk@rkaiser.de
        Augenfarbe: blond
        Schuhgröße: Sandalen
     */
     {
     Zins = Kapital*(1 + Zinssatz_in_Prozent);
     Edit1->Text = FloatToStr(Zins);
     }
```

Die charakteristische Eigenschaft von Kommentaren, vom Compiler nicht berücksichtigt zu werden, ist in gewisser Weise aber auch ihre größte Schwäche: Niemand kann garantieren, dass ein Kommentar

- aussagekräftig ist und nicht nur eine reine Wiederholung der beschriebenen Anweisung wie in (1). Solche Kommentare sind überflüssig und belasten den Leser unnötig.
- nicht schlicht und einfach falsch ist wie z.B. (2). Solche Fehler kommen relativ oft vor und entstehen meist dadurch, dass Quelltext geändert bzw. kopiert wird, ohne dass der Kommentar aktualisiert wird.

Von den ersten 5 Kommentaren sind nur die letzten 3 eine wirklich hilfreiche Erläuterung des Programms, obwohl die Optimierung der Multiplikation mit 2 durch den shift-Operator << im C++Builder überflüssig ist, da sie vom Compiler automatisch durchgeführt wird. Diese Beispiele zeigen aber, wie **Kommentare** sein sollen: Sie **sollen Informationen enthalten, die sich nicht unmittelbar aus dem Programmtext selbst ergeben**. Insbesondere weist (4) darauf hin, dass der offensichtlich naheliegende Wert 0 schon zu einem Fehler geführt hat, der korrigiert wurde. (5) begründet, weshalb das gerade so gemacht wurde.

Mit Kommentaren kann man undurchsichtige Programmteile erläutern. Häufig sind undurchsichtige Programmteile aber ein Hinweis darauf, dass sie nicht richtig durchdacht sind. Bevor man einen Kommentar schreibt, sollte man deshalb immer zuerst überlegen, ob man das **Programm** nicht **so formulieren** kann, **dass ein Kommentar überflüssig** wird. Undurchschaubare Programmteile verstecken oft undurchschaubare Fehler.

3.13 Kommentare und interne Programmdokumentation

Obwohl die Kommentare (6), (7) und (8) Informationen enthalten, die sich nicht unmittelbar aus dem Programmtext ergeben, sind sie nur deswegen notwendig, weil die im Kommentar aufgeführten Informationen nicht aus dem Namen der Variablen hervorgehen. Diese Kommentare sind aber eventuell an der Stelle des Programms, an der die Variablen verwendet werden (z.B. eine Bildschirmseite weiter), nicht mehr unmittelbar sichtbar. **Kommentare** sollten deshalb **nur** verwendet werden, **wenn sich deren Inhalt nicht durch geeignete Sprachelemente ausdrücken lässt**. Anstelle der Kommentare sind in (6) und (7) aussagekräftige Variablennamen und in (8) ein Aufzählungstyp als Datentyp sinnvoller:

```
(6) double Laenge_in_Metern, Breite_in_Metern; // Maßein-
    // heiten angeben, falls Missverständnisse möglich sind
(7) double Zinssatz_in_Prozent; // nur "Zins" wäre zu
                                                  ungenau
(8) enum {Datei_loeschen, Datei_kopieren,
                          Datei_verschieben} Operation;
```

Der erhöhte Schreibaufwand für deskriptive Variablennamen ist meist wesentlich geringer als der Aufwand durch eine Fehlersuche, z.B. weil in einem späteren Teil des Programms die Bedeutung von z verwechselt wird: „Zinssatz" („6" bei 6%), „Zinssatz in %" („0,06" bei 6%) oder „Zins" („6 DM" bei 6% für 100 DM in einem Jahr).

Das heißt allerdings nicht, dass jeder **Variablenname** mindestens 10 Zeichen lang sein muss. Wenn keine Gefahr für Missverständnisse besteht, können Variablennamen auch nur aus einem Buchstaben bestehen. Bei vielen Beispielen in diesem Buch werden deshalb guten Gewissens kurze Variablennamen verwendet. Stroustrup (1997, Abschnitt 4.9.3) empfiehlt, Namen mit einem großen Gültigkeitsbereich **lang** und beschreibend zu wählen. Ein lokaler Name in einem kleinen Block ist aber oft übersichtlicher, wenn er **kurz** ist.

Funktionsbeschreibungen wie in (10) findet man häufig. Hier stellt sich natürlich die Frage nach dem Sinn einer halbseitigen Beschreibung für einen unmissverständlichen Zweizeiler. Oft reicht eine Beschreibung wie in (9) völlig aus.

Obwohl die häufige Verwendung von Kommentaren oft fast mit **Softwarequalität** gleichgesetzt wird (es soll Firmen geben, die für jede Programmzeile einen Kommentar verlangen), wird empfohlen

- Kommentare so wenig wie möglich, aber so oft wie nötig einzusetzen, und
- anstelle von Kommentaren alle Möglichkeiten einer Programmiersprache ausschöpfen, die Kommentare überflüssig machen (z.B. aussagekräftige Namen für Variablen).

Eine ausführliche Diskussion zum Thema Kommentare findet man in „Code Complete" (McConnell 1993, Kap. 19) und in „The C++ Programming Language" (Stroustrup 1991, Abschnitt 3.4; 1997, Abschnitt 6.4).

Anmerkung für Delphi-Programmierer: In Delphi können Kommentare durch { und } sowie durch (* und *) begrenzt werden. Sie können verschachtelt werden, indem man mit { und } gebildete Kommentare durch (* und *) auskommentiert und umgekehrt. Wie in C++ sind auch Zeilenendkommentare mit // möglich.

3.14 Präprozessoranweisungen

Der Präprozessor war bei manchen älteren C-Compilern ein eigenständiges Programm, das vor dem eigentlichen C-Compiler aufgerufen wurde. Durch diesen Präprozessor wird aus dem Quellprogramm eine Datei erzeugt, die dann vom eigentlichen C-Compiler bearbeitet wird.

Bei neueren Compilern werden die Aufgaben des Präprozessors und des Compilers meist von einem einzigen Programm in einem Durchgang durchgeführt. Das Ergebnis von Präprozessoranweisungen ist aber dasselbe, wie wenn der Präprozessor als eigenständiges Programm vor dem Compiler ausgeführt wird.

Alle Zeilen in einem C-Programm, die mit dem Zeichen "#" (eventuell nach Whitespace-Zeichen) beginnen, werden als Präprozessoranweisungen interpretiert. Jede solche Zeile wird dann nach gewissen Regeln ersetzt und bewirkt eventuell weitere Veränderungen des Quellprogramms.

Die Syntax der Präprozessoranweisungen ist völlig unabhängig von der übrigen C++-Syntax. Das Ergebnis der Präprozessorverarbeitung muss ein korrektes C++-Programm sein, damit es vom Compiler übersetzt werden kann.

3.14.1 Die *include*-Anweisung

Mit einer *include*-Anweisung kann eine Datei in den aktuellen Quelltext eingebunden werden. Das hat dann denselben Effekt, wie wenn die gesamte eingebundene Datei an der Stelle eingefügt würde, an der die *include*-Anweisung steht. Eine eingebundene Datei kann weitere *include*-Anweisungen enthalten.

Die *include*-Anweisung kann in einer der folgenden drei Formen auftreten:

1. #include <header_name>

    In dieser Form sucht der C++Builder in den Verzeichnissen nach der Datei, die unter *Projekt|Optionen|Verzeichnisse* als *Include-Pfad* eingetragen sind.

    Beispiele: `#include <vcl\vcl.h>`
    `#include <limits.h>`
    `#include <vector>`

3.14 Präprozessoranweisungen

Im Unterschied zu „normalen" Stringliteralen wird bei einem Dateinamen in einer *include*-Anweisung eine Zeichenfolge, die mit „\" beginnt, nicht als Escape-Sequenz interpretiert.

In älteren C- bzw. C++-Versionen war der *header_name* immer ein Dateiname. Im aktuellen C++-Standard wird lediglich verlangt, dass dieser Name die Datei eindeutig identifiziert. Der nach *include* angegebene Name muss also nicht der Name einer tatsächlich existierenden Datei sein. Im dritten Beispiel wird so die Datei „vector.h" eingebunden.

Ein header_name mit „.h" ist nicht immer gleichwertig mit dem entsprechenden Namen ohne „.h". Nach

```
#include <string>     // Strings der Standardbibliothek
```

steht die Stringklasse der Standardbibliothek zur Verfügung. Mit

```
#include <string.h>   // string.h von ISO-C
```

erhält man dagegen nur die Stringfunktionen der Programmiersprache C.

Nach dem C++-Standard stehen die in ISO-C unter dem Namen „name.h" definierten Standardbibliotheken in C++ unter dem Namen „cname" zur Verfügung. In den „cname"-Dateien sind die entsprechenden Definitionen im Namensbereich *std* enthalten.

```
#include <cassert>    // <assert.h> von ISO-C
#include <cstdlib>    // <stdlib.h> von ISO-C
#include <cmath>      // <math.h> von ISO-C
using namespeace std; // notwendig für <c...>
```

2. #include "file_name"

Falls der *file_name* eine Pfadangabe enthält, wird nur in diesem Verzeichnis nach der Datei gesucht. Ohne eine solche Angabe sucht der C++Builder zuerst im aktuellen Projektverzeichnis. Falls die angegebene Datei hier nicht gefunden wird, sucht er in den unter 1. beschriebenen Verzeichnissen.

Beispiel:
```
#include "ProjUtil.cpp"  // zuerst im Projektverz.
#include "c:\Sources\utils.cpp" // nur hier
```

3. #include makro_name

In dieser Form muss ein Makro definiert sein, das auf einen Dateinamen in einer der ersten beiden Formen aufgelöst wird.

3.14.2 Makros ⊕

Ein **Makro ohne Parameter** wird nach dem Schema

    `# define` *identifier replacement-list new-line*

definiert wie z.B. in dem folgenden Auszug aus „math.h":

```
#define M_E       2.71828182845904523536
#define M_PI      3.14159265358979323846
#define M_1_PI    0.318309886183790671538
```

Der *identifier* ist dann ein Makro, das bei jedem Auftreten (außer in einem Stringliteral oder in einem Kommentar) ab seiner Definition durch die *replacement-list* ersetzt wird. Mit

    `# undef` identifier new-line

kann die Definition eines Makros wieder außer Kraft gesetzt werden. Falls das Makro zuvor nicht definiert war, wird das *undef* ignoriert: Bei einem Schreibfehler erfolgt keine Fehlermeldung oder Warnung.

Bei der Definition eines Makros sind keine speziellen Zeichen wie = oder ein abschließendes Semikolon notwendig. Sind sie jedoch vorhanden, werden sie ebenfalls eingesetzt.

Beispiel: Nach der Definition

    `#define N = -1 // Das Zeichen "=" ist falsch!`

wird die Zuweisung

    `i=N;`

durch

    `i= = -1;`

ersetzt und vom Compiler mit der Fehlermeldung „Ausdruckssyntax" bemängelt. Dieser Meldung sieht man ihre Ursache nicht unbedingt auf den ersten Blick an, da die Zuweisung „i=N" korrekt aussieht. Wenn sich die Definition des Makros auf einer anderen Bildschirmseite als die Fehlermeldung befindet, kann die Fehlersuche auch etwas länger dauern.

Makros werden im gesamten Quelltext übersetzt, unabhängig von allen Sichtbarkeitsregeln von C++.

Beispiel: Das global definierte m wird auch in der Funktion f ersetzt:

3.14 Präprozessoranweisungen

```
#define m 10
int n=100;

void f()
{
int m; // wird durch den Präprozessor in
       // "int 10;" übersetzt
#define n 10
}

void test()
{
int i;
if (i<n) ... // wird in "if (i<10);" übersetzt.
}
```

Ebenso wenig wirkt sich das lokal definierte Makro n nur lokal aus: In *test* wird auch n global ersetzt.

Damit man Makros leicht als solche erkennen kann, werden sie oft in Großbuchstaben geschrieben. Allerdings wird diese Regel weder vom Compiler erzwungen noch in den Standardbibliotheken konsequent eingehalten.

In älteren C-Compilern gab es noch keine symbolischen Konstanten. Makros waren z.B. die einzige Möglichkeit, die Anzahl der Elemente eines Arrays über einen Namen zu definieren. Angesichts der Fehlermöglichkeiten, die bei Makros bestehen, sollte man solche Grenzen in C++ aber als symbolische Konstanten mit *const* definieren. Wir werden allerdings in Abschnitt 3.14.3 sehen, dass es auch sinnvolle Anwendungen von Makros gibt.

Ein **Makro** kann auch **mit Parametern** deklariert werden:

 # define *identifier lparen identifier-list* _{opt} **)** *replacement-list new-line*

Hier steht *lparen* für eine runde Klammer „(", vor der keine Whitespace-Zeichen kommen dürfen. Mit solchen Whitespace-Zeichen wird das Makro sonst als eines ohne Parameter interpretiert. Der *identifier* ist der Name des Makros, und die Bezeichner zwischen den Klammern sind Parameter.

Beim Aufruf eines Makros wird wie bei einem Funktionsaufruf für jeden Parameter ein Argument eingesetzt Einige Beispiele:

1. Nach der Definition

    ```
    #define PRODUKT(x,y) x*y
    ```

    wird der Aufruf in die als Kommentar angegebene Anweisung übersetzt:

    ```
    i= PRODUKT(2+3,4+5); // i=2+3*4+5, nicht i=(2+3)*(4+5)
    ```

Dagegen wird nach

```
#define PRODUKT(x,y) (x)*(y)
```

der Aufruf von *PRODUKT*

```
i= PRODUKT(2+3,4+5);  // i=(2+3)*(4+5)
```

auf den ersten Blick korrekt übersetzt. Setzt man diese Version aber in

```
i=90/PRODUKT(2+3,4+5)
```

ein, erhält man

```
i=90/(2+3)*(4+5)    // wird linksassoziativ
                    // ausgewertet, i=(90/5)*9
```

was vermutlich nicht dem erwarteten Ergebnis entspricht. Man sollte deshalb alle Parameter in einer Makrodefinition immer vollständig klammern wie in

```
#define PRODUKT(x,y) ((x)*(y))
```

Damit erhält i in "i=90/PRODUKT(2+3,4+5)" den erwarteten Wert 2.

2. Makros mit Parametern wurden in C-Programmen gelegentlich anstelle von Funktionsaufrufen verwendet wie z.B. in

```
#define _toupper(c) ((c) + 'A' - 'a')  // aus ctype.h
```

Solche Makros sind (tatsächlich oder vermeintlich entscheidende) Nano- bis Mikrosekunden schneller als Funktionsaufrufe. Da ein Makro jedes Mal als Text erweitert wird, wird das ausführbare Programm aber meist größer als bei der Verwendung einer Funktion.

Bei der Erweiterung eines solchen Makros werden im Unterschied zu einem Funktionsaufruf keinerlei Typprüfungen oder -konversionen der aktuellen zu den formalen Parameter durchgeführt. Deswegen kann man auch bei völlig sinnlosen Aufrufen eines solchen Makros meist keine vernünftige Fehlermeldung des Compilers erwarten:

```
char* s=_toupper("abc");// wird ohne Warnung übersetzt
```

Auch Windows verwendet immer wieder Makros. So ist z.B.

*COLORREF **PALETTEINDEX**(WORD wPaletteIndex);*

folgendermaßen definiert:

```
#define PALETTEINDEX(i) /
    ((COLORREF) (0x01000000 | (DWORD) (WORD) (i)))
```

3. Da die Parameter in einem Makroaufruf als Text ersetzt werden, können im Unterschied zu einem Funktionsaufruf Seiteneffekte eintreten, wenn der aufgerufene Ausdruck zweimal ausgewertet wird. Nach der Definition

```
#define SQR(x)  ((x)*(x))
```

wird i++ im Aufruf von SQR zweimal aufgerufen:

```
int i=1;
i=SQR(i++);       // i=((i++)*(i++))
```

Dabei erhält i (vermutlich im Gegensatz zu den intuitiven Erwartungen) durch den zweifachen Aufruf von i++ den Wert 3. Bei anderen Compilern als dem C++Builder erhält man eventuell andere Ergebnisse.

Wie diese Beispiele zeigen, ist die Verwendung von Makros mit Parametern nicht ganz risikolos. Da man den Geschwindigkeitsvorteil solcher Makros in C++ auch mit den so genannten *inline*-Funktionen (siehe Abschnitt 6.7) erhält, besteht in C++ nur selten ein Grund, Makros mit Parametern zu verwenden. Stroustrup (1997, Abschnitt 7.8) über Makros: "Don't use them if you don't have to." und "If you must use macros, ... try not to be too clever."

3.14.3 Bedingte Kompilation ⊕

Mit den Präprozessoranweisungen für die bedingte Kompilation

```
# if    constant-expression new-line group    opt
# elif  constant-expression new-line group    opt
# else  new-line group    opt
# endif new-line
```

kann **in Abhängigkeit** vom Wert eines **konstanten Ganzzahlausdrucks** gesteuert werden, ob eine Gruppe von Anweisungen übersetzt wird oder nicht. Diese Gruppe erstreckt sich dabei bis zum nächsten *#endif*, *#else* oder *#elif*:

Die Anweisungen in der linken und rechten Spalte sind gleichwertig:

```
#if k1                          #if k1
   Anweisungsgruppe 1              Anweisungsgruppe 1
#elif k2                        #else
   Anweisungsgruppe 2              #if k2
#elif k3                              Anweisungsgruppe 2
   Anweisungsgruppe 3              #else
#else                                 #if k3
   Anweisungsgruppe 4                    Anweisungsgruppe 3
#endif                                #else
                                         Anweisungsgruppe 4
                                      #endif
                                   #endif
                                #endif
```

Die Auswahl der jeweiligen Anweisungsgruppe erfolgt nach derselben Logik wie bei einer *if*-Anweisung:

- Zuerst wird der Ausdruck k1 geprüft. Ist sein Wert von Null verschieden, wird die erste Anweisungsgruppe übersetzt. Alle weiteren Konstanten werden nicht mehr überprüft.
- Hat der erste Ausdruck den Wert Null, wird der zweite geprüft, usw.

Nicht ganzzahlige Ausdrücke nach #if betrachtet der Compiler als Fehler:

```
#if 1.2    // Fehler: Konstantenausdruck erforderlich
#if "123"  // Fehler: Konstantenausdruck erforderlich
```

Die konstanten Ausdrücke können auch Makros für ganzzahlige Werte sein.

Beispiele:

1. Mit den Präprozessoranweisungen zur bedingten Kompilation können auch Programmteile ausgeblendet werden, die Kommentare enthalten. Durch eine Änderung des Makros lassen sich verschiedene Programmteile aber einfacher aktivieren bzw. deaktivieren als mit verschachtelten Kommentaren.

2. Die meisten Compiler definieren zu ihrer Identifikation Makros mit Ganzzahlkonstanten. Bei den C++-Compilern von Borland sind die folgenden Makros mit der Versionsnummer des Compilers vordefiniert:

   __BCPLUSPLUS__   0x550 // bei der Version 5 des C++Builders
   __BORLANDC__   0x550 // bei der Version 5 des C++Builders

   Diese Werte waren bei früheren Versionen entsprechend kleiner (z.B. 0x310 bei Borland C++ 3.1, 0x450 bei Borland C++ 4.5, 0x520 beim C++Builder 1, 0x530 beim C++Builder 3, 0x540 beim C++Builder 4, usw.). Mit Konstruktionen wie in dem folgenden Programmfragment kann man Besonderheiten der verschiedenen Compiler-Versionen berücksichtigen:

```
#if    __BCPLUSPLUS__ >= 0x550 // C++Builder 5
  // Anweisungen für C++Builder 5 und neuere Versionen
#elif  __BCPLUSPLUS__ >= 0x540 // C++Builder 4
  // Anweisungen für C++Builder 4
#elif  __BCPLUSPLUS__ >= 0x530 // C++Builder 3
  // Anweisungen für C++Builder 3
#elif  __BCPLUSPLUS__ >= 0x520 // C++Builder 1
  // Anweisungen für C++Builder 1
#elif  __BCPLUSPLUS__ >= 0x400
  // Anweisungen für BC 4.x
#elif  __BCPLUSPLUS__ >= 0x310 // BC 3.1
  // Anweisungen für BC 3.1
#else
  // Anweisungen für noch ältere BC-Compiler
#endif
```

3.14 Präprozessoranweisungen

Der ganzzahlige konstante Ausdruck in *#if* und *#elif* kann den Operator *defined* in einer der beiden Formen enthalten:

```
defined identifier
defined ( identifier )
```

Dieser Ausdruck hat den Wert 1, falls der Bezeichner zuvor Makro definiert wurde (mit *#define* oder als vordefiniertes Makro), und andernfalls den Wert 0. Mit dem Operator ! vor *defined* kann man die Bedingung negieren:

```
#if defined Makroname
#if !defined Makroname   // if not defined Makroname
```

Diese beiden Präprozessoranweisungen sind gleichwertig mit

```
# ifdef identifier new-line group  opt
# ifndef identifier new-line group  opt
```

Falls der Bezeichner nach *#ifdef* als Makro definiert wurde, werden die folgenden Anweisungen übersetzt. Entsprechend werden die auf *#ifndef* folgenden Anweisungen nur übersetzt, wenn der Bezeichner nicht als Makro definiert wurde.

Beispiele:

1. Ein Makro, das als 0 (Null) definiert wurde, gilt als definiert. Man muss deshalb darauf achten, dass man "#if" und "#ifdef" nicht verwechselt. So ist in den folgenden Anweisungen das Makro mit dem Namen *Makro* definiert:

   ```
   #define Makro 0
   #ifdef Makro
   // wird übersetzt
   #endif
   ```

   Dagegen werden die Anweisungen zwischen *#if* und *#endif* nach derselben Makrodefinition in

   ```
   #if Makro
   // wird nicht übersetzt
   #endif
   ```

   nicht übersetzt. Verwendet man nach *#if* ein Makro, das nicht definiert wurde, wird der Wert des Makros als 0 (Null) ausgewertet:

   ```
   #if nicht_definiertes_Makro
   // wird nicht übersetzt
   #endif
   ```

2. Das Makro __cplusplus wird von jedem C++-Compiler definiert, nicht jedoch von einem C-Compiler. Damit lassen sich Programme schreiben, die sowohl ein C- als auch ein C++-Compiler übersetzen kann. Die Dateien im Verzeichnis „CBuilder\include" machen von dieser Möglichkeit ausgiebig Gebrauch:

```
#ifdef __cplusplus      // aus stdlib.h
   inline int _RTLENTRY     random(int __num)
    { return(int)(((long)rand()*__num)/(RAND_MAX+1)); }
#else /* __cplusplus */
   #define random(num)(int)(((long)rand()*(num))/
                                              (RAND_MAX+1))
#endif
```

3. Da die meisten C++-Compiler eindeutige Makros definieren, die ihre Identifikation ermöglichen, kann man portable Programme schreiben, die von verschiedenen Compilern übersetzt werden, auch wenn deren Sprachelemente verschieden sind.

   Beispielsweise definieren die C++-Compiler von Microsoft das Makro _MSC_VER. Dieses hatte z.B. bei Microsoft Visual C++ 1.5 den Wert 800 und bei der Version 5 den Wert 1100. Entsprechend definieren die Borland-Compiler das schon oben vorgestellte Makro __BCPLUSPLUS__. Das folgende Programmfragment gibt z.B. sowohl unter Microsoft Visual C++ als auch unter dem C++Builder den Wert von i in einem Edit-Fenster aus:

   ```
   #ifdef _MSC_VER // für MS Visual C++
     CString s;
     s.Format("i= %d",i);
     m_Edit.SetWindowText(s);
   #elif __BCPLUSPLUS__  // für Borland
     Edit1->Text="i= "+IntToStr(i);
   #else
     #error Unvorhergesehener Compiler
   #endif
   ```

4. In verschiedenen Header-Dateien findet man Definitionen der Art

   ```
   #ifndef TRUE           // aus include\stddefs.h
   #  define TRUE   1
   #  define FALSE  0
   #endif
   ```

   Falls mehrere Dateien diese Include-Datei einbinden, werden diese Makros nur definiert, falls sie nicht schon zuvor definiert wurden. So werden unnötige Mehrfachdefinitionen verhindert.

5. Diese Technik wird auch oft angewandt um unnötige Mehrfachdefinitionen ganzer Include-Dateien zu vermeiden. Die meisten Dateien im Verzeichnis *include* sind nach dem folgenden Schema aufgebaut:

   ```
   #ifndef __STDLIB_H    // aus stdlib.h
   #define __STDLIB_H
   // Hier kommen die eigentlichen Deklarationen
   #endif /* __STDLIB_H */
   ```

3.14 Präprozessoranweisungen

Hier wird beim ersten Einbinden der Datei ein eindeutiges Makro definiert, das für diese Datei charakteristisch ist. Wenn die Datei dann ein zweites Mal eingebunden wird, werden die Deklarationen übergangen.

6. In der Datei „include\assert.h" ist das Makro **assert** folgendermaßen definiert:

```
#ifdef NDEBUG
#define assert(p)    ((void)0)
#else
#define assert(p)    ((p) ? (void)0 : _assert(#p,
                                  __FILE__, __LINE__))
#endif
```

Dieses Makro erzeugt eine leere Anweisung, wenn das Makro NDEBUG definiert ist oder wenn die Bedingung p den Wert *false* hat. Wenn dagegen dieses Makro nicht definiert ist und die Bedingung p nicht erfüllt ist, führt es zum Aufruf der Funktion

   _assert(char * __cond, char * __file, int __line);

Sie zeigt ein Fenster mit der Bedingung, dem Namen der aktuellen Datei und der Zeilennummer im Quelltext an. So erhält man mit

assert(x!=0);

das folgende Fenster, wenn die Bedingung x!=0 nicht erfüllt ist:

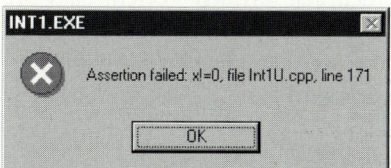

Anschließend wird das Programm beendet.

Das Makro *assert* bietet eine einfache Möglichkeit, das Programm abzubrechen, falls eine für die Fortführung des Programms notwendige Bedingung nicht mehr erfüllt ist. Es wird vor allem während der Entwicklung und Testphase eines Programms eingesetzt, um die Verletzung von wichtigen Bedingungen zu entdecken. Sobald die Testphase des Programms abgeschlossen ist, kann man alle solchen Überprüfungen außer Kraft setzen, indem man vor „#include assert.h" das Makro NDEBUG definiert.

```
#define NDEBUG
#include <assert.h>
```

Danach wird durch die Aufrufe von *assert* auch kein Code mehr erzeugt, der den Umfang und die Laufzeit des Programms belastet. Insbesondere muss man nicht alle Aufrufe von *assert* manuell aus dem Programm entfernen.

Die Techniken des Exception-Handlings (siehe Abschnitt 5.10) bieten allerdings flexiblere Möglichkeiten als das Makro *assert*.

7. Im C++-Standard sind unter anderem die folgenden Makros definiert, von denen *assert* die ersten beiden verwendet:

`__LINE__`	Nummer der aktuellen Zeile des Quelltextdatei
`__FILE__`	Name der aktuellen Quelltextdatei
`__DATE__`	Datum der Übersetzung der aktuellen Quelltextdatei
`__TIME__`	Uhrzeit der Übersetzung der aktuellen Quelltextdatei.

3.14.4 Pragmas ⊕

Mit der Präprozessoranweisung *#pragma* können Aktionen aktiviert werden, die für einen bestimmten Compiler spezifisch sind. Ist in

#pragma Name

„Name" für den aktuellen Compiler nicht definiert, wird das Pragma ohne Fehler- oder Warnmeldung ignoriert. Bei Anwendungen, die für verschiedene Compiler geschrieben werden, hat das den Vorteil, dass Pragmas, die für einen bestimmten Compiler gelten, bei einem anderen keine unnötigen Meldungen auslösen. Allerdings führt schon der kleinste Schreibfehler dazu, dass ein Pragma ohne Warnung überlesen wird.

Im C++Builder kann man z.B. nach

#pragma option

Kommandozeilen-Optionen im Quelltext angeben. Für die zahlreichen im C++-Builder definierten Pragmas wird auf die Online-Hilfe verwiesen. Die folgenden Beispiele sollen lediglich die Syntax illustrieren.

1. Der C++Builder fügt am Anfang einer Unit für ein Formular das Pragma

    `#pragma hdrstop`

    ein. Es beendet die Liste der vorkompilierten Header-Dateien. Durch die Verwendung vorkompilierter Header wird die Kompilierung beschleunigt. Andererseits benötigen diese aber relativ viel Plattenplatz. Wenn man alle *Include*-Anweisungen vor diesem Pragma einfügt, kann man die Kompilationszeit reduzieren.

3.14 Präprozessoranweisungen

2. Die Kommandozeilenoption „-C" ermöglicht verschachtelte Kommentare:

   ```
   #pragma option -C
   /* Das ist ein /* verschachtelter Kommentar */ */
   ```

3. Mit dem Pragma „link" können Object-Dateien angegeben werden, die der Linker dann zur Exe-Datei linkt:

   ```
   #pragma link "[path]modulename[.ext]"
   ```

4. Nach den Voreinstellungen bricht der Compiler nach 25 Fehlermeldungen ab. Mit der Option -jn kann man diese Anzahl auf n setzen:

   ```
   #pragma option -j100    // Abbruch nach 100 Fehlern
   ```

5. Der Datentyp für *char* ist nach den Voreinstellungen *signed char*. Mit der Option -K kann man diesen Datentyp auf *unsigned char* setzen.

Jeder Compiler ist völlig frei in der Wahl der zulässigen Namen für Pragmas. Da es durchaus möglich ist, dass derselbe Name von verschiedenen Compilern auf völlig verschiedene Art interpretiert wird, kann es empfehlenswert sein, Pragmas nur in compilerabhängigen #ifdef's zu verwenden, wenn ein Programm von verschiedenen Compilern übersetzt wird.

Aufgaben 3.14

In älteren Versionen des C++Builders waren die Konstanten für Farbwerte wie

```
clBlack, clMaroon, clGreen, clOlive, ...
```

oder die zulässigen Werte für die Eigenschaft *Cursor*

```
crDefault, crArrow, crCross, crIBeam, crSize, ...
```

in „include\vcl\graphics.hpp" als Makros definiert. Ein Auszug:

```
#define clBlack  (TColor)(0)
#define clGreen  (TColor)(32768)
```

Was passiert, wenn in einem Programm eine Variable dieses Namens definiert wird, z.B.

```
int clBlack=1;
```

In der Version 5 des C++Builders sind diese Werte symbolische Konstanten.

4 Strukturierte Datentypen und vordefinierte Klassen

Mit strukturierten Datentypen kann man Variablen und Funktionen zusammenfassen und so zum Ausdruck bringen, dass sie inhaltlich zusammengehören. Dazu gehören Arrays, die aus Variablen desselben Datentyp bestehen, und Klassen, die Variablen verschiedener Datentypen sowie Funktionen enthalten können.

In den Abschnitten 4.2 und 4.4 wird gezeigt, wie man Arrays und Klassen ohne Elementfunktionen definieren kann. Die Definition von Klassen mit Elementfunktionen setzt Kenntnisse über Funktionen voraus, die erst später behandelt werden und ist dann der Gegenstand von Kapitel 8. Man kann solche Klassen aber auch verwenden, ohne dass man weiß, wie man sie definiert. Das haben wir bereits in Kapitel 2 mit den Komponenten der Komponentenpalette gesehen. Da alle diese Komponenten Klassen sind, gilt Vieles, was dort über die Komponenten gesagt wurde, auch für andere Klassen.

Der C++Builder und der C++-Standard enthalten zahlreiche vordefinierte Klassen, die man genauso einfach wie die fundamentalen Datentypen verwenden kann. Da sie bei vielen Aufgaben einfachere Lösungen als entsprechende konventionelle Datenstrukturen und Funktionen ermöglichen, sollte man möglichst früh lernen, ihre Vorteile zu nutzen. Deswegen werden einige dieser vordefinierten Klassen hier unmittelbar nach den fundamentalen Datentypen vorgestellt.

Dabei wird gezeigt, wie man typische Aufgaben für Strings, bei der Verwaltung von Daten in Containern und in Dateien usw. mit diesen Klassen lösen kann. Diese Klassen werden einigen konventionellen Datenstrukturen zur Verwaltung von Daten in Arrays und mit verzeigerten Datenstrukturen gegenübergestellt.

4.1 Die Stringklassen *AnsiString* und *string*

Wie im letzten Kapitel gezeigt wurde, kann die Arbeit mit nullterminierten Strings ziemlich umständlich und fehleranfällig sein. So kann man einen solchen String nicht einfach mit dem Zuweisungsoperator „=" auf einen anderen kopieren, und bei einem *strcpy* muss man immer darauf achten, dass die Quelle nicht länger ist als das Ziel.

Stringklassen haben gegenüber nullterminierten Strings viele Vorteile. Sie lassen sich einfacher verwenden und reservieren bei den meisten Operationen automatisch den notwendigen Speicher.

Der C++Builder enthält die folgenden Stringklassen:

1. Die beiden Stringklassen *string* und *wstring* der **Standardbibliothek** von C++ können nach

    ```
    #include <string>
    using namespace std;
    ```

    verwendet werden:

    ```
    string s1="123";
    wstring s2=L"123"; // L"..." ist ein wchar_t-Literal
    ```

    Ein *wstring* besteht aus Multibyte-Zeichen des Datentyps *wchar_t*. Da die Klasse *wstring* genau wie die Klasse *string* benutzt werden kann und *string* im europäisch-amerikanischen Sprachraum meist völlig ausreichend ist, wird auf sie im Folgenden nicht weiter eingegangen.

    In der Version 5 des C++Builders findet man die Online-Hilfe zu diesen Klassen unter *Start|Programme|Borland C++Builder|Hilfe|Standard C++-Bibliothek*. Ihre Deklarationen befinden sich in der Datei „include\string.stl".

2. Die Klasse **AnsiString** entspricht dem Datentyp **String** (den „langen" Strings) von Delphi (ab Version 2) und kann auch unter diesem Namen im C++Builder verwendet werden. Da der Unterschied zwischen einem kleinen 's' und einem großen 'S' leicht übersehen werden kann, wird im Folgenden nur die Bezeichnung *AnsiString* verwendet. Wie wir schon in Kap. 2 gesehen haben, verwendet der C++Builder bei vielen Komponenten den Datentyp *AnsiString*, um einen Text darzustellen. So haben die Eigenschaften *Text* (bei den Komponenten *Edit*, *Memo* usw.), *Caption* und *Lines[i]* in *TStrings* alle den Datentyp *AnsiString*.

    Die Definition dieser Klasse ist in der Datei „include\vcl\dstring.h" enthalten. Da diese Datei bei Windows-Anwendungen über andere Dateien automatisch eingebunden wird, ist meist kein „#include <vcl\dstring.h>" notwendig.

3. Die Klasse **SmallString<n>** entspricht dem Datentyp *String[n]* von Delphi und enthält im ersten Byte die Länge des Strings. Für die Zeichen wird ein Array mit n Bytes reserviert. Bei der Definition einer solchen Variablen gibt man die Anzahl n in spitzen Klammern an:

4.1 Die Stringklassen AnsiString und string

```
SmallString<40> sm="123";
```

Diese Klasse wird im Folgenden nur selten verwendet.

In diesem Kapitel wird nur gezeigt, wie man diese Klassen benutzen kann. In Kapitel 8 wird dann an einigen Beispielen gezeigt, wie eine Stringklasse intern aufgebaut ist.

4.1.1 Die Verwendung von Elementfunktionen vordefinierter Klassen

Am Beispiel der Klasse *AnsiString* werden zunächst einige Begriffe vorgestellt, die auch für andere Klassen grundlegend sind. Diese Ausführungen sollen vor allem dazu beitragen, dass der Leser aus den Klassendefinitionen der Online-Hilfe oder der Header-Dateien ableiten kann, wie sich vordefinierte Klassen verwenden lassen.

Klassen sind Datentypen und können deshalb zur Definition von Variablen verwendet werden. Eine Variable, deren Datentyp eine Klasse ist, wird auch als Klasseninstanz oder Objekt bezeichnet. Die Stringklasse *AnsiString* kann wie ein fundamentaler Datentyp zur **Definition von Variablen** verwendet werden:

```
AnsiString a;
```

Nach dieser Definition stellt die Stringvariable einen leeren String dar. Das gilt sowohl für eine global als auch für eine lokal definierte Stringvariable. Im Gegensatz dazu wird bei den fundamentalen Datentypen nur eine globale Variable initialisiert, während der Wert einer lokalen Variablen undefiniert ist.

Wie eine Variable eines fundamentalen Datentyps kann eine Stringvariable bei ihrer Definition mit dem Operator „=" initialisiert werden:

```
AnsiString a="123";
```

Viele Klassen ermöglichen die **Initialisierung** einer Variablen des Klassentyps mit Argumenten, die man bei der Definition der Variablen nach ihrem Namen in Klammern angibt. Variablen der Klasse *AnsiString* können bei ihrer Definitionen z.B. folgendermaßen initialisiert werden:

```
AnsiString a1("456");   // initialisiert a1 mit "456"
AnsiString a2('7');     // initialisiert a2 mit '7'
AnsiString a3(a1);      // initialisiert a3 mit a1
AnsiString a4(17);      // initialisiert a4 mit "17"
AnsiString a5(1.2);     // a5="1,2" Landeseinstellung deutsch
```

Solche Initialisierungen werden durch so genannte **Konstruktoren** ermöglicht. Ein Konstruktor ist eine Elementfunktion mit demselben Namen wie die Klasse. Deswegen findet man die Konstruktoren der Klasse *AnsiString* in der Online-

Hilfe und in der Header-Datei „include\vcl\dstring.h" unter den Methoden mit dem Namen *AnsiString*.

In dem folgenden Auszug wurden alle Anweisungen wie __*fastcall* usw. entfernt, die für die Form des Aufrufs unwichtig sind:

```
class AnsiString
{
    ...
    AnsiString(const char* src);
    AnsiString(char src);
    AnsiString(const AnsiString& src);
    AnsiString(int src);
    AnsiString(double src);
    ...
```

Viele Klassen haben wie *AnsiString* mehrere Konstruktoren, die sich im Datentyp der Parameter unterscheiden. Bei der Definition einer Variablen müssen dann Argumente angegeben werden, die zur Parameterliste genau eines Konstruktors passen. Diesen Konstruktor ruft der Compiler dann auf. Falls keine zu genau einem Konstruktor passenden Argumente angegeben werden, ist eine Fehlermeldung des Compiler die Folge.

Die Definitionen von oben sind deshalb wegen den als Kommentar angegebenen Konstruktoren möglich:

```
AnsiString a1("456");// AnsiString(const char* src)
AnsiString a2('7');  // AnsiString(char src);
AnsiString a3(a1);   // AnsiString(const AnsiString& src)
AnsiString a4(17);   // AnsiString(int src)
AnsiString a5(1.2);  // AnsiString(double src);
```

Ein **Zeiger auf eine Variable eines Klassentyps** wird wie ein Zeiger auf eine Variable definiert, deren Datentyp keine Klasse ist. Definiert man eine Variable mit *new*, gibt man die Argumente für den Konstruktor nach *new* und dem Namen des Datentyps an:

```
AnsiString* ps=new AnsiString("456");
```

Allerdings besteht meist keine Notwendigkeit, einen String explizit auf dem Heap anzulegen, da die Zeichen des Strings sowieso immer auf dem Heap angelegt werden. Da der Speicher für einen *AnsiString* automatisch wieder freigegeben wird, besteht dann auch keine Gefahr, den Aufruf von *delete* zu vergessen.

Wenn eine Funktion als einzigen **Parameter** einen *AnsiString* hat, kann sie auch mit einem Argument aufgerufen werden, dessen Datentyp der eines Parameters für einen Konstruktor von *AnsiString* ist. Der Funktion wird dann die von diesem Konstruktor erzeugte Variable als Argument übergeben. Deshalb kann z.B. die Funktion

4.1 Die Stringklassen AnsiString und string

virtual int __fastcall **Add***(const System::AnsiString S);* // Klasse TStrings

nicht nur mit Argumenten des Datentyps *AnsiString* aufgerufen werden, sondern auch mit Argumenten des Typs *char, char*, int* usw.:

```
Form1->Memo1->Lines->Add('7');
char* cs="Darf ich dir mein Internet zeigen?";
Form1->Memo1->Lines->Add(cs);
Form1->Memo1->Lines->Add(17);
```

Funktionen, die in einer Klasse definiert sind, werden als **Elementfunktionen** oder Methoden bezeichnet. Die Klasse *AnsiString* enthält unter anderem die folgenden Funktionen, die in Abschnitt 4.1.3 noch genauer beschrieben werden.

```
class AnsiString
{
   ...
   void Insert(const AnsiString& str, int index);
   void Delete(int index, int count);
   int Pos(const AnsiString& subStr) const;
   ...
```

Der Aufruf einer Elementfunktion erfolgt dann dadurch, dass man den Namen der Funktion nach dem Namen der Variablen und einem Punkt angibt:

```
AnsiString s1("123");   // s1="123"
s1.Insert("abc",2);     // s1="1abc23"
s1.Delete(3,2);         // s1="1a23"
int i=s1.Pos("a2");     // i=2
int i=a1.Length(); // für "AnsiString a1" mit großem "L"
```

Mit einem Zeiger auf eine Variable eines Klassentyps verwendet man nach dem Namen des Zeigers den Pfeiloperator „->". Mit diesem Operator haben wir schon in Kapitel 2 die Methoden der Komponenten aus der Komponentenpalette aufgerufen:

```
int l=ps->Length();
```

4.1.2 Gemeinsamkeiten und Unterschiede der Stringklassen

Die Stringklassen *string* und *AnsiString* wurden unabhängig voneinander entwickelt. Sie haben viele Gemeinsamkeiten, aber auch viele teilweise sogar recht diffizile Unterschiede. Die wichtigsten sind in diesem Abschnitt zusammengefasst. In den Abschnitten 4.1.3 und 4.1.4 wird dann jede dieser Klassen noch genauer behandelt.

Einige **Konstruktoren** der Klassen *AnsiString* und *string* haben dieselben Parameter. So können z.B. Variablen beider Klassen mit einem nullterminierten String oder mit einem anderen String der jeweiligen Klasse initialisiert werden:

```
AnsiString a1("456");   // initialisiert a1 mit "456"
string s1("456");       // initialisiert s1 mit "456"
AnsiString a2(a1);      // initialisiert a2 mit a1
string s2(s1);          // initialisiert s2 mit s1
```

Andere Konstruktoren sind dagegen nur für eine der beiden Klassen definiert. Die folgenden Definitionen sind nur mit der Klasse *AnsiString* und nicht mit der Klasse *string* möglich:

```
AnsiString a3('7');   // initialisiert a3 mit "7"
string s3('7'); // Fehler: Keine Übereinstimmung gefunden
AnsiString a4(17);    // initialisiert a4 mit "17"
string s4(17); // Fehler: Keine Übereinstimmung gefunden
```

Die meisten **Namen der Elementfunktionen** von *AnsiString* (Ausnahmen *printf* und *sprintf*) verwenden eine gemischte Groß- und Kleinschreibung, während die von *string* konsequent Kleinbuchstaben verwenden. Mit den Funktionen **Length**() bzw. **length**() erhält man die Länge des Strings.

```
// a1 und s1 sollen wie oben definiert sein
int i=a1.Length(); // für "AnsiString a1" mit großem "L"
int i=s1.length(); // für "string s1" mit kleinem "l"
```

Aus diesem Beispiel sollte man aber nicht den Schluss ziehen, dass sich die Namen der Elementfunktionen nur in ihrer Groß- und Kleinschreibung unterscheiden. Teilweise haben inhaltlich ähnliche Funktionen in den beiden Klassen ähnliche Namen (wie z.B. *substr* und *SubString*), und teilweise auch völlig verschiedene (wie z.B. *pos* und *find*). Bei manchen Funktionen haben die Parameter eine unterschiedliche Reihenfolge:

```
s1.insert(2,"xy"); // s1="45xy6"
a1.Insert("xy",2); // a1="4xy56"
```

Eine Variable der Klassen *string* oder *AnsiString* kann eine Folge von Zeichen darstellen. Jedes Zeichen hat dabei den Datentyp *char*. Das i-te Zeichen erhält man mit dem Ausdruck **[i]** nach dem Namen der Variablen. Bei der Klasse *string* sind die einzelnen Zeichen mit **0..n–1** und bei der Klasse *AnsiString* mit **1..n** nummeriert, wenn der String n Zeichen lang ist:

```
AnsiString a="abc";
string s="123";
for (int i=1;i<=a.Length();i++)// Gibt die einzelnen
   Memo1->Lines->Add(a[i]);    // Zeichen des Strings aus
for (int i=0;i<s.length();i++) // AnsiString: 1..n
   Memo1->Lines->Add(s[i]);    // string: 0..n—1
```

Mit dem **Operator +** können Strings verkettet („aneinander gehängt", „zusammengeklebt") werden. Das Ergebnis ist dann der String, in dem auf die Zeichen des linken Operanden die des rechten folgen. Dabei muss der für das Ergebnis

4.1 Die Stringklassen AnsiString und string

notwendige Speicherplatz nicht vorher reserviert werden, da er von den Elementfunktionen reserviert wird. Insgesamt kann ein String bis ca. 2 GB groß werden.

Beispiel: In der folgenden Funktion werden 1000 Strings mit je 1000 Zeichen zum String *s1M* verkettet. Anstelle des Datentyps *AnsiString* kann auch ein *string* verwendet werden.

```
AnsiString LangerString()
{
AnsiString s10,s1K,s1M;
s10 = "0123456789"; //ein String mit 10 Zeichen
for (int i=1; i<=100; i++) s1K = s1K+s10;
// s1K ist ein String mit 1000 Zeichen
for (int i=1; i<= 1000; i++) s1M = s1M+s1K;
// s1M ist ein String mit 1000000 Zeichen
return s1M;
}
```

Bei der Definition eines Strings werden natürlich nicht die 2 GB reserviert, die er maximal belegen kann. Stattdessen wird bei jeder Operation mit einem solchen String der erforderliche Speicher bei Bedarf reserviert. Durch diese automatische Anforderung von Speicherplatz unterscheiden sich die Stringklassen von allen anderen bisher behandelten Datentypen. Falls der Hauptspeicher dafür nicht ausreicht, lagert Windows derzeit nicht benötigte Daten aus dem Hauptspeicher in eine so genannte Auslagerungsdatei (win386.swp) auf der Festplatte aus. Deswegen können Strings auch größer als der Hauptspeicher des Rechners sein.

Mit den **Vergleichsoperatoren** <, <=, >, >=, == und != (für ≠) können Strings miteinander verglichen werden. Das Ergebnis eines solchen Vergleichs ergibt sich dabei aus der lexikografischen Anordnung der einzelnen Zeichen: Sind die beiden Strings gleich lang, werden die einzelnen Zeichen ausgehend vom ersten miteinander verglichen. Die ersten Zeichen, in denen sich die beiden unterscheiden, entscheiden dann aufgrund ihrer Anordnung im ASCII-Zeichensatz über das Ergebnis des Vergleichs. Sind die beiden Strings dagegen verschieden lang, wird im Prinzip genauso vorgegangen. Allerdings wird jedes Zeichen ab der Länge des kürzeren Strings im längeren String höher bewertet.

Damit sind für die drei Strings

```
s  = "Halli"; // Datentyp von s, XL und XS:
XL = "Hallo"; // AnsiString oder string
XS = "Hall";
```

für jede Stringklasse die folgenden Bedingungen erfüllt:

s < XL: s und XL unterscheiden sich erstmals im 5. Zeichen. Aus s[5] < XL[5] folgt das Ergebnis.
XS < XL: XS ist nur 4 Zeichen lang. Bis zu dieser Position sind beide gleich. Damit ist der String XL „größer" als XS (im doppelten Sinn).

Intern werden die Strings in den Klassen *string* und *AnsiString* als nullterminierter String dargestellt. Die in beiden Klassen definierte Elementfunktion *c_str()* liefert einen Zeiger auf diesen nullterminierten String. Mit ihr können Strings auch als Argumente an Funktionen übergeben werden, die nullterminierte Strings erwarten.

Obwohl die Stringklassen *string* und *AnsiString* viele Gemeinsamkeiten haben, können sie einander nicht direkt zugewiesen werden. Keine der folgenden beiden Zuweisungen wird vom Compiler akzeptiert:

```
s=a; // Fehler für AnsiString a und string s;
a=s; // Fehler für AnsiString a und string s;
```

Mit der Funktion *c_str()* ist eine solche Zuweisung möglich:

```
s=a.c_str(); // s erhält den Wert von a
a=s.c_str(); // a erhält den Wert von s
```

Der C++Builder verwendet in seinen Komponenten immer den Datentyp *AnsiString* und nie die Klasse *string*. Da man einen *string* nur mit der Funktion *c_str* einem *AnsiString* zuweisen kann, ist die Kombination der Stringklassen etwas umständlich:

```
string s;
Edit1->Text=s.c_str(); // "Edit1->Text=s;" geht nicht
```

Deshalb ist es im C++Builder meist am einfachsten, für Strings den Datentyp *AnsiString* zu verwenden. Da die Klasse *string* aber einige Elementfunktionen hat, die oft einfachere Lösungen als die Klasse *AnsiString* ermöglichen, und die Algorithmen der Standardbibliothek von C++ oft den Datentyp *string* verwenden, kann auch der Datentyp *string* einfacher sein.

Die folgende Tabelle enthält die Ausführungszeiten für die Anweisungen unter 1. bis 3. mit den Klassen *string* und *AnsiString* der Version 5 des C++Builders.

1. Ein Aufruf der Funktion *LangerString* (siehe Seite 223).

2. ```
   s="1234567890";
   for (int i=1; i<=10000; i++)
      {                        // AnsiString-Funktionen
        s.insert(2,"ab");      // bzw. s.Insert("ab",2);
        s.erase(2,2);          // bzw. s.Delete(2,2);
        int j=s.find("bla");   // bzw. int j=s.Pos("bla");
      }
   ```

3. Mit jeder der über 6000 Zeilen von Goethes Faust ein Aufruf der Funktionen *parseString* (meine Lösungen der Aufgabe 4.1.3).
   ```

4.1 Die Stringklassen AnsiString und string

	string s;		AnsiString s;	
1.	6,7 Sek.	(6,6 Sek.)	6,4 Sek.	(6,4 Sek.)
2.	0,032 Sek.	(0,030 Sek.)	0,033 Sek.	(0,033 Sek.)
3.	0,71 Sek.	(0,52 Sek.)	0,51 Sek.	(0,48 Sek.)

Die beiden Werte ergaben sich mit der Einstellung *Voll-Debug* bzw. *Endgültig* unter *Projekt|Optionen|Compiler*. Offensichtlich sind diese Laufzeiten kein Grund, eine dieser beiden Stringklassen gegenüber der anderen zu bevorzugen.

4.1.3 Funktionen für die Klasse *AnsiString*

Die Klasse ***AnsiString*** enthält unter anderem die folgenden **Elementfunktionen**. Für ihre zahlreichen weiteren Methoden wird auf die Online-Hilfe verwiesen.

*AnsiString **SubString**(int index, int count) const;*

Der Funktionswert ist eine Kopie des Teilstrings mit *count* Zeichen ab der Position *index*. Ist *index* größer als die Länge des Strings, ist das Ergebnis der leere String. Ist *count* größer als die Anzahl der Zeichen ab der Position *index*, wird nur der Rest des Strings zurückgegeben.

*void **Delete**(int index, int count);*

Löscht aus dem String *count* Zeichen ab der Position *index*. Falls *index* größer ist als die Länge des Strings, werden keine Zeichen gelöscht. Ist *count* größer als die Anzahl der Zeichen, die der String ab der Position *index* hat, wird der Rest des Strings gelöscht.

*void **Insert**(const AnsiString& str, int index);*

Fügt *str* an der Position *index* in den aktuellen String ein.

*int **Pos**(const AnsiString& subStr) const;*

Ergibt die Position des ersten Zeichens von *subStr* im aktuellen String. Ist *subStr* nicht in diesem enthalten, ist der Funktionswert 0.

*bool **IsDelimiter**(const AnsiString& delimiters, int index) const;*

Hat den Funktionswert *true*, wenn das Zeichen an der Position *index* im String *delimiters* enthalten ist.

*AnsiString **LowerCase**() const;*
*AnsiString **UpperCase**() const;*

Der Funktionswert ist die Stringvariable in Klein- bzw. Großschreibung. Dabei werden auch Umlaute berücksichtigt.

AnsiString **TrimLeft**() *const;*
AnsiString **TrimRight**() *const;*
AnsiString **Trim**() *const;*

Der Funktionswert ist die Stringvariable ohne führende bzw. abschließende Leerzeichen.

Beispiele:
```
AnsiString fn,n,e;
fn = "config.sys";
int p = fn.Pos(".");
n = fn.SubString(1,p—1);            // n = "config"
e = fn.SubString(p+1,fn.Length());  // e = "sys"

n = "Donck";
n.Insert("ald Du",4);               // n = "Donald Duck"
n.Delete(n.Pos(" "),1);             // n = "DonaldDuck"

AnsiString d="http://www.yahoo.com";
bool b1=d.IsDelimiter(":/.",1); // false
bool b2=d.IsDelimiter(":/.",5); // true

AnsiString a="   123   ", at, atl,atr;
at=a.Trim();          // at="123"
atl=a.TrimLeft();     // atl="123   "
atr=a.TrimRight();    // atr="   123"
```

AnsiStrings verwenden für zwei gleiche Strings intern nur einen einzigen String und so genannte **Referenzzähler** („reference count"), um Speicherplatz zu sparen. Bei der Veränderung eines dieser Strings wird dann eine Kopie erzeugt und diese geändert. Diese Kopie wurde allerdings bei älteren Versionen des C++Builders bei einer Veränderung mit dem Index-Operator [] nicht erzeugt. Um diesen Fehler zu umgehen, musste man vorher die Funktion *Unique* aufrufen. In der Version 5 des C++Builders ist dieser Fehler behoben und der Aufruf von *Unique* nicht notwendig.

Neben den Elementfunktionen gibt es noch zahlreiche globale **Funktionen für AnsiStrings**. Sie haben teilweise dieselben oder ähnliche Ergebnisse wie die Elementfunktionen. Ihre Deklaration findet man in „include\vcl\sysutils.hpp".

Die folgenden Funktionen verwenden nur den **ASCII-Zeichensatz**:

AnsiString **UpperCase**(*const AnsiString S*);   // wandeln S in Groß-
AnsiString **LowerCase**(*const AnsiString S*);   // bzw. Kleinschreibung um

Im Gegensatz zu den gleichnamigen Elementfunktionen wird hier nur der ASCII-Zeichensatz berücksichtigt.

4.1 Die Stringklassen AnsiString und string

*int **CompareStr**(const AnsiString S1, const AnsiString S2);*

> *CompareStr* vergleicht S1 und S2 unter Beachtung von Groß- und Kleinschreibung. Der Rückgabewert ist kleiner 0, wenn S1 < S2 gilt, gleich 0, wenn S1 = S2 ist und größer 0, wenn S1 > S2 gilt.

*int **CompareText**(const AnsiString S1, const AnsiString S2);*

> Wie *CompareStr*, aber ohne Berücksichtigung von Groß- und Kleinschreibung.

Die nächsten Funktionen verwenden den **ANSI-Zeichensatz** und berücksichtigen deshalb auch nationale Sonderzeichen. Ansonsten entspricht ihr Ergebnis den Funktionen, deren Namen ohne „Ansi" beginnen:

*AnsiString **AnsiUpperCase**(const AnsiString S);*
*AnsiString **AnsiLowerCase**(const AnsiString S);*
*int **AnsiCompareStr**(const AnsiString S1, const AnsiString S2);*
*int **AnsiCompareText**(const AnsiString S1, const AnsiString S2);*

Das Ergebnis der Funktion *CompareStr* stimmt mit dem der Vergleichsoperatoren <, <= usw. überein.

Beispiele:

```
AnsiString s="Füschärs Frütz früßt 123 früsche Frösche";
```

Mit den globalen Funktionen erhält man:

```
AnsiString s1=AnsiUpperCase(s);
// s1="FÜSCHÄRS FRÜTZ FRÜßT 123 FRÜSCHE FRÖSCHE"
AnsiString s2=AnsiLowerCase(s);
// s2="füschärs frütz früßt 123 früsche frösche"
```

Dasselbe Ergebnis erhält man auch mit den Elementfunktionen *UpperCase* und *LowerCase*:

```
AnsiString s3=s.UpperCase();
// s3="FÜSCHÄRS FRÜTZ FRÜßT 123 FRÜSCHE FRÖSCHE"
AnsiString s4=s.LowerCase();
// s4="füschärs frütz früßt 123 früsche frösche"
```

Mit den globalen Funktionen *UpperCase* bzw. *LowerCase* bleiben die Umlaute dagegen unverändert:

```
AnsiString s5=UpperCase(s);
// s5="FüSCHäRS FRüTZ FRüßT 123 FRüSCHE FRöSCHE"
AnsiString s6=LowerCase(s);
// s6="füschärs frütz früßt 123 früsche frösche"
```

Beim Vergleich von Strings haben die ASCII- und die ANSI-Funktionen z.B. die folgenden unterschiedlichen Ergebnisse:

```
int i=CompareStr("Ä","B");    // i>0, also "Ä" nach "B"
int j=AnsiCompareStr("Ä","B");// j<0, also "Ä" vor "B"
```

Da der C++Builder bei seinen Komponenten AnsiStrings als Strings verwendet, gibt es zahlreiche **Konvertierungsfunktionen**, um Ganzzahl- oder Gleitkommawerte in AnsiStrings umzuwandeln und umgekehrt. Da Konvertierungsfehler mit Exception-Handling erkannt werden können, lassen sich diese Funktionen bequemer und sicherer benutzen als Funktionen wie *atoi* oder *sprintf*. Neben den bereits in Kapitel 2 vorgestellten Funktionen

*AnsiString **IntToStr**(int Value);*
*int **StrToInt**(const AnsiString S);*
*AnsiString **FloatToStr**(long double Value);*
*long double **StrToFloat**(const AnsiString S);*

gibt es zahlreiche weitere:

*AnsiString **IntToHex**(int Value, int Digits);*

Wandelt *Value* in einen String mit seiner Hexadezimaldarstellung um. Falls *Digits* größer ist als die Anzahl der notwendigen Ziffern, werden links führende Nullen eingefügt. Andernfalls wird *Digits* ignoriert.

*AnsiString **FloatToStrF**(long double Value, TFloatFormat Format,*
$\qquad\qquad\qquad\qquad\qquad\qquad\qquad$ *int Precision, int Digits);*

Hier ist *Format* einer der folgenden Werte:

ffGeneral	allgemeines Zahlenformat
ffExponent	Darstellung im Format „–d.ddd...E+dddd"
ffFixed	Darstellung im Festkommaformat „–ddd.ddd..."
ffNumber	Darstellung im Zahlenformat „–d,ddd,ddd.ddd..." wie beim Format *ffFixed*, jedoch mit Tausender-Trennzeichen
ffCurrency	Darstellung im Währungsformat

Die Tausender-Trennzeichen und Währungsformate werden dabei aus den Ländereinstellungen der Systemsteuerung von Windows übernommen.

```
Beispiele: double r = 1234.456789; int P = 6, D = 4;
           AnsiString s1,s2,s3,s4;
           s1=FloatToStrF(r,ffGeneral,P,D);    // 1234,46
           s2=FloatToStrF(r,ffExponent,P,D);   // 1,23446E+3
           s3=FloatToStrF(r,ffFixed,P,D);      // 1234,4600
           s4=FloatToStrF(r,ffNumber,P,D);     // 1.234,4600
```

4.1 Die Stringklassen AnsiString und string

*AnsiString **FormatFloat**(const AnsiString Format, long double Value)*

FormatFloat formatiert den durch *Value* gegebenen Gleitkommawert unter Verwendung des in *Format* übergebenen Formatstrings. Im Formatstring können folgende Formatangaben enthalten sein:

0	Platzhalter für Ziffern oder führende Nullen
#	Platzhalter für Ziffern ohne führende Nullen
.	Position des Dezimaltrennzeichens
,	Tausender-Trennzeichen
E+	wissenschaftliche Darstellung
'xx'/„x"	Zeichen in Hochkommas oder in Anführungszeichen werden direkt ausgegeben und beeinflussen die Ausgabe nicht.

Beispiele:

Format-string	1234	-1234	0.5	0
	1234	-1234	0.5	0
0	1234	-1234	1	0
0.00	1234.00	-1234.00	0.50	0.00
#.##	1234	-1234	.5	
#,##0.00	1,234.00	-1,234.00	0.50	0.00

Die **universelle Konvertierungsfunktion**

*AnsiString **Format**(const AnsiString Format, const TVarRec * Args,*
const int Args_Size);

verwendet wie die Funktionen *printf* bzw. *sprintf* (siehe Abschnitt 3.9.6) **Formatstrings**. Der zweite Parameter (*Args*) dieser Funktion ist ein Zeiger auf ein Array mit *Args_Size* Elementen des Datentyps *TVarRec*. Dieser Datentyp kann Werte verschiedener Datentypen darstellen. Da mit dem Wert auch der Datentyp in einer Variablen des Datentyps *TVarRec* enthalten ist, kann die Funktion *Format* prüfen, ob der Datentyp zur Formatangabe passt. Falls das nicht zutrifft, löst sie eine Exception (siehe Abschnitt 5.10) aus. Der Aufbau des Datentyps *TVarRec* ist in Abschnitt 4.4.5 beschrieben.

Der Datentyp *TVarRec* entspricht dem Datentyp *array of const* von Delphi und gehört nicht zum C++-Standard. Mit dem vordefinierten Makro OPENARRAY kann man maximal 19 Ausdrücke des Datentyps *TVarRec** erzeugen. Bis auf die etwas umständliche Syntax mit „OPENARRAY" wird *Format* wie *sprintf* verwendet. Der entscheidende **Unterschied zu *sprintf*** ist, dass falsche Formatangaben nicht unbemerkt bleiben können, da sie eine Exception auslösen. Die folgenden Beispiele illustrieren, wie man diese Funktion verwenden kann:

```
AnsiString s,s1,s2,s3,s4;
s1=Format("%d+%x=%g",OPENARRAY(TVarRec,(17,17,34.0)));
// "17+11=34"
s = "Hallo ihr da ";
s2= Format("%s dr%sußen: ",OPENARRAY(TVarRec,(s,"a")));
// "Hallo ihr da   draußen: "
double e = 1e5;
s = "Bitte überweisen Sie %m auf mein Konto";
s3=Format(s, OPENARRAY(TVarRec,(e)));
// "Bitte überweisen Sie 100.000,00 DM auf mein Konto"
s = "linksbündig";
s4= Format("%-20s:",OPENARRAY(TVarRec,(s)));
// "linksbündig            :"
```

4.1.4 Einige Elementfunktionen der Klasse *string*

Wie schon in Abschnitt 4.1.2 gezeigt wurde, hat die Klasse *string* der Standardbibliothek von C++ viele Gemeinsamkeiten mit der Klasse *AnsiString*. Allerdings gibt es zwischen diesen beiden Klassen auch etliche Unterschiede:

– Viele Funktionen der Klasse *string* sind nach einem anderen Konzept aufgebaut als ähnliche Funktionen der Klasse *AnsiString*.
– Die Standardbibliothek enthält nur Elementfunktionen für die Klasse *string* und keine globalen Funktionen, die nur für die Klasse *string* sind. Allerdings können auch viele Algorithmen der Standardbibliothek wie globale Funktionen mit Argumenten des Datentyps *string* aufgerufen werden.
– Da die Klasse *string* intern als Klassen-Template (siehe Abschnitt 10.2) mit dem Namen *basic_string* definiert ist, findet man die Klasse *string* in der Online-Hilfe und in „include\string.stl" unter dem Namen *basic_string*. Hier ist **basic_string** ein anderer Name für den Datentyp **string** und **charT** ein anderer Name für *char*. *size_type* ist ein Ganzzahldatentyp ohne Vorzeichen.

Die folgenden Elementfunktionen der Klasse *string* sind teilweise **vielseitiger** als entsprechende Funktionen der Klasse *AnsiString*. Sie sind nur ein Teil der verfügbaren Funktionen. Weitere Varianten haben oft denselben Namen (siehe Abschnitt 6.8) und verwenden oft Default-Argumente (siehe Abschnitt 6.3.6). Für eine umfassende Liste wird auf die Online-Hilfe verwiesen.

Den **Teilstring** mit maximal n Zeichen ab dem Index *pos* erhält man mit:

   basic_string **substr**(*size_type pos* = 0, *size_type n* = *npos*) *const*;

Hier sind die Werte nach dem Zeichen „=" **Default-Argumente**. Für einen Parameter mit einem Default-Argument muss man beim Aufruf kein Argument angeben. Der Compiler verwendet dann das Default-Argument.

```
Beispiel:  string s1="1234567";
           string s2=s1.substr(3,2); // s2="45";
           string s3=s1.substr(3,9); // s3="4567";
```

4.1 Die Stringklassen AnsiString und string

Die Elementfunktionen *replace* **ersetzen** ab der Position *pos* maximal *n1* **Zeichen** durch den String *str*:

*basic_string& **replace**(size_type pos, size_type n1, const basic_string& s);*

Beispiel:
```
string s="1234567890", s1=s, s2=s, str="abc";
    s.replace(3,2,str);    // s="123abc67890"
    s1.replace(3,5,str);   // s1="123abc90"
    s2.replace(8,5,str);   // s2="12345678abc"
```

Die Elementfunktionen *find* suchen nach dem ersten Vorkommen eines **Teilstrings** *str* ab dem Index *pos* und geben seine Position zurück, falls er gefunden wird. Wenn er nicht gefunden wird, ist der Funktionswert ***string::npos***. Die Funktion *find* kann auch ohne Argument für *pos* aufgerufen werden. Dann wird der Teilstring ab der Position 0 gesucht.

*size_type **find**(const basic_string& str, size_type pos = 0);*

Beispiel:
```
s="1234512345";
    int i1=s.find("45");      // i1=3
    int i2=s.find("45",i1+1); // i2=8
    int i3=s.find("ab");      // i3=string::npos==-1
    int i4=s.rfind("45");     // i4=8
```

Die Elementfunktion *find_first_of* sucht nach dem ersten Vorkommen eines der Zeichen, das im String *str* enthalten ist. Falls ein solches Zeichen gefunden wird, ist der Funktionswert dessen Index. Wird kein solches Zeichen im String gefunden, ist der Funktionswert ***string::npos***.

*size_type **find_first_of**(const basic_string& str, size_type pos = 0);*

Entsprechend erhält man mit ***find_first_not_of*** den Index des ersten Zeichens, das nicht im String *str* enthalten ist:

*size_type **find_first_not_of**(const basic_string& str, size_type pos = 0);*

Beispiel:
```
string s="123a4b5";
    int i1=s.find_first_of("45");       // i1=4
    int i2=s.find_first_of("45",i1);    // i2=6
    int i3=s.find_first_not_of("12");   // i3=2
    int i4=s.find_last_not_of("ab");    // i4=6
```

Diese Funktionen haben eine gewisse Ähnlichkeit mit der Funktion *IsDelimiter* (siehe Seite 225) der Klasse *AnsiString*.

Aufgaben 4.1

1. Ein String mit einem Kalenderdatum soll aus Zahlen für den Tag, den Monat und das Jahr bestehen, die durch einen Punkt getrennt sind (z.B. s="1.2.98" oder s="11.12.2001"). Erzeugen Sie aus einem solchen String drei Strings mit den Zahlen für den Tag, den Monat und das Jahr und geben Sie diese aus.

   a) Eine erste Version soll einen String der Klasse *AnsiString* zerlegen und Funktionen für diese Klasse verwenden.
   b) Eine zweite Version soll einen String der Klasse *string* zerlegen und Funktionen für diese Klasse verwenden, aber nicht die Funktion *erase*.

2. Schreiben Sie ein kleines Programm, mit dem man in einer Textdatei nach einer Telefonnummer suchen kann:

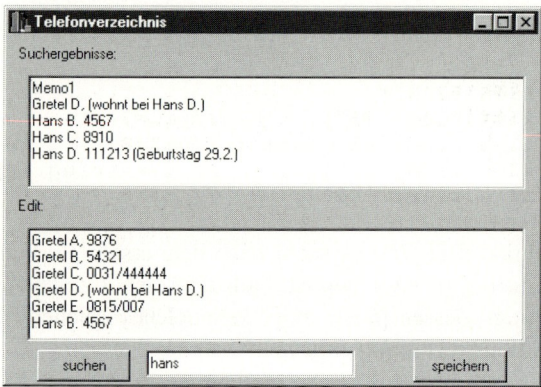

   Beim Start des Programms (Ereignis *OnCreate* des Formulars) wird eine Datei (z.B. "c:\telefon.txt") in ein Memo-Fenster (im Bild nach *Edit*) geladen.

   a) Nach dem Anklicken des Buttons *suchen* sollen alle Zeilen dieses Memo-Fensters mit der Funktion *Pos* daraufhin überprüft werden, ob sie den Teilstring enthalten, der im Edit-Fenster (im Bild rechts von *suchen*) eingegeben wurde. Falls das zutrifft, wird dieser String in das Memo-Fenster nach *Suchergebnisse:* eingefügt.
   b) Die Suche unter a) soll unabhängig von der Groß- und Kleinschreibung funktionieren.
   c) Da man einen Text in einem Memo-Fenster editieren kann, lassen sich hier auch Telefonnummern neu eintragen, ändern oder löschen. Mit dem Button *speichern* soll die veränderte Liste gespeichert werden können.
   d) Nach der gewünschten Telefonnummer soll nicht nur beim Anklicken des Buttons mit der Aufschrift „suchen" gesucht werden, sondern auch dann, wenn im Edit-Fenster die Taste *Enter* bzw. *Return* gedrückt wird. Dazu kann man beim Ereignis *OnKeyPress* des Edit-Fensters die Funktion aufrufen, die als Reaktion auf das Anklicken des Buttons definiert wurde.

4.1 Die Stringklassen AnsiString und string

Wenn die Taste *Return* gedrückt wurde, hat der Parameter *Key* in *KeyPressed* den Wert 13.

Mit dem Soundex-Verfahren von Aufgabe 6 können auch Namen gefunden werden, deren Schreibweise man nicht genau kennt.

3. Schreiben Sie zwei Versionen einer Funktion *parseString*, die alle Teilstrings eines Strings ausgibt, die durch eines der Zeichen '.', ';', ' ' und '-' getrennt sind. Dabei sollen die Trennzeichen nicht ausgegeben werden.

   a) Die erste Version der Funktion *parseString* soll einen *string* zerlegen.
   b) Die zweite Version soll einen String der Klasse *AnsiString* zerlegen.
   c) Testen Sie diese Funktion z.B. mit den folgenden Strings:

   ```
   void testParseString()
   {
   parseString("456 ab.xy");//Ausgabe "456","ab","xy"
   parseString("123");// nur Teilstring, Ausgabe "123"
   parseString("");    // leerer String, keine Ausgabe
   parseString(" ");// nur Trennzeichen, keine Ausgabe
   }
   ```

   Weitere Tests sollen die Strings "123" bzw. "456 ab.xy" systematisch mit einem Trennzeichen am Anfang, am Ende sowie am Anfang und am Ende kombinieren.

4. Geben Sie die Zinsen für ein Kapital von 100 DM bei einem Zinssatz von 5 bis 15% in einem Memo-Fenster aus. Jede Zeile soll dabei folgendermaßen formatiert sein (Kapital: 8 Stellen, Zinssatz: 4 Stellen, Zins: 7 Stellen, alle mit 2 Nachkommastellen, keine führenden Nullen):

   K = 123456,78 p = 12,34% z = 12345,67

   Dabei sollen alle Kommas untereinander stehen. Wählen Sie dazu im Memo-Fenster eine Schriftart, die keine Proportionalschrift ist (z.B. Courier).

5. Schreiben Sie eine Funktion *BinaerDarstellung*, die aus einem ganzzahligen Wert einen String mit den binären Ziffern der Zahl erzeugt.

   Sie können dazu folgendermaßen vorgehen: „Kleben" Sie an einen zunächst leeren String die Zeichen „0" oder „1", und zwar je nachdem, ob die Zahl gerade oder ungerade ist. Verschieben Sie dann die Bits der Zahl um eine Position nach rechts, z.B. durch eine Division durch 2. Wiederholen Sie diese Schritte für alle Bits der Zahl.

6. Schreiben Sie eine Funktion *BigIntAdd*, die zwei positive ganze Zahlen addiert, deren Ziffern in einem String dargestellt werden. Die Länge soll lediglich durch die maximale Länge der Strings begrenzt sein. Beispiel:

BigIntAdd("123","1000000") = "1000123"

a) Definieren Sie diese Funktion für AnsiStrings.
b) Definieren Sie diese Funktion für die Strings aus der Standardbibliothek.
c) Testen Sie diese Funktionen, indem Sie den Wert des Strings "2" immer wieder verdoppeln. Dabei müssen sich dann die folgenden Werte ergeben:

2^2=4
2^3=8
2^4=16
...
2^{50}=1125899906842624
2^{100}=1267650600228229401496703205376

7. Der **Soundex-Code** versucht, ähnlich klingende Wörter durch denselben Code darzustellen. Mit ihm wurden schon bei der amerikanischen Volkszählung 1880 die Namen der Haushalte kodiert.

Dazu wandelt man das Wort zunächst in Großbuchstaben um und entfernt alle Zeichen, die keine Buchstaben sind. Umlaute werden durch „AE", „OE" und „UE" ersetzt und doppelte Buchstaben durch einen einzigen (also z.B. "AA" durch "A").

Der Soundex-Code beginnt dann mit dem ersten Zeichen dieses Strings. Die Zeichen ab dem zweiten werden dann nach der folgenden Tabelle kodiert und an den Soundex-Code angehängt, wenn sie nicht '0' sind und der Code nicht länger als 4 Zeichen ist:

```
   // ABCDEFGHIJKLMNOPQRSTUVWXYZ
code = "01230120022455012623010202";
```

'B', 'F', 'P' und 'V' werden also durch '1' kodiert. Ist der entstandene Soundex-Code kürzer als vier Stellen, wird er mit '0' auf 4 Stellen aufgefüllt.

Beispiele: Euler, Ellery: Code E460
Gauss, Ghosh: Code G200
Hilbert, Heilbronn: Code H416

Wie diese Beispiele zeigen, können auch Strings dieselben Codes ergeben, die nicht sehr ähnlich klingen.

Schreiben Sie eine Funktion *SoundexCode*, die den Soundex-Code eines Strings als Funktionswert zurückgibt.

4.2 Arrays und Container

Bisher wurden alle Variablen einzeln definiert. Das kann aber ziemlich aufwendig werden, wenn man eine größere Anzahl von Variablen benötigt:

```
int x1,x2,x3,x4,x5; /* Die Definition von 1000 Variablen
     wäre eine pädagogisch wertvolle Strafarbeit für Studenten,
          die während der Vorlesung im Internet surfen */
```

Auch die Arbeit mit diesen Variablen ist recht umständlich: Da jede nur unter ihrem Namen angesprochen werden kann, ist es nicht möglich, sie alle in einer Schleife zu durchlaufen.

Diese Mängel lassen sich vermeiden, wenn die Variablen nicht einzeln, sondern gemeinsam als **Array** definiert werden. Ein Array ist eine Zusammenfassung von Elementen desselben Datentyps unter einem einzigen Namen. Die einzelnen Elemente werden dann über den Namen des Arrays und einen **Index** angesprochen. Der Index kann ein Ausdruck und damit insbesondere eine Variable sein.

Ein Array wird deklariert, indem man einen *declarator* (siehe Abschnitt 3.8) wie in der vorletzten Zeile der folgenden Syntaxregel verwendet:

direct-declarator:
    declarator-id
    direct-declarator **(** *parameter-declaration-clause* **)** *cv-qualifier-seq* _{opt}
                                                                exception-specification _{opt}
    direct-declarator **[** *constant-expression* _{opt} **]**
    (*declarator* **)**

4.2.1 Eindimensionale Arrays

Ein eindimensionales Array wird nach dem Schema

    T D [*constant-expression* _{opt}]

deklariert. Hier ist T der **Datentyp der Arrayelemente,** D der **Name des Arrays** (ein Bezeichner) und der konstante Ausdruck die **Anzahl der Arrayelemente** (größer als Null). Als Datentyp der Arrayelemente kann ein beliebiger fundamentaler Datentyp (außer *void*), ein Zeigertyp, eine Klasse oder wiederum ein Array gewählt werden. Der **Datentyp des Arrays**

    `T a[n]  // T ein zulässiger Datentyp`

ist dann „Array mit n Elementen des Datentyps T" oder kurz „T[n]" (z.B. „int[10]"). Der Datentyp Array gehört zu den sogenannten **zusammengesetzten Datentypen**, da die Elemente eines Arrays letztendlich aus fundamentalen Datentypen zusammengesetzt werden.

Durch die Definition eines Arrays a mit n Elementen des Datentyps T wird Speicherplatz für n Elemente reserviert, also n*sizeof(T) Bytes. Die Elemente des Arrays können dann unter den Namen a[0], ..., a[n–1] angesprochen werden. Damit der Compiler den erforderlichen Speicherplatz reservieren kann, muss die Anzahl der Arrayelemente zum Zeitpunkt der Kompilation bekannt und deshalb eine Konstante sein. Es ist insbesondere nicht möglich, die Größe eines Arrays während der Laufzeit des Programms über eine Variable festzulegen oder gar zu verändern.

Beispiele für Arraydefinitionen:

```
int a[10];                 // Datentyp von a: "int[10]"
double d[20];              // Datentyp von d: "double[20]"
bool Primzahlen[30];       // Datentyp: "bool[30]"
long double e[40];         // Datentyp: "long double [40]"

const int MaxLines = 17;
AnsiString as[MaxLines];   //Datentyp: "AnsiString[17]"

const int MaxChar = 18;
char line[MaxChar];        // Datentyp: "char[18]"
```

Bei der Definition eines Arrays muss darauf geachtet werden, dass seine Größe im Rahmen der zulässigen **Speichergrenzen** liegt. Unter DOS oder 16-bit-Windows lag die Obergrenze oft bei 64 KB oder weniger, wenn nicht spezielle Speichermodelle gewählt wurden. Die Obergrenze von 2 GB für globale Definitionen unter Win32 und dem C++Builder dürfte meist keine Einschränkung darstellen. Für lokale Definitionen liegt die Voreinstellung für die Obergrenze bei 1 MB. Sie kann unter *Projekt|Optionen|Linker* verändert werden.

Die folgende Definition benötigt mehr als 2 GB und führt zu einem Laufzeitfehler. Der Compiler gibt aber weder eine Warnung noch eine Fehlermeldung aus:

```
int z[INT_MAX]; // zu groß, Laufzeitfehler
```

Das nächste Array benötigt mehr als 1 MB und kann deshalb global, aber nicht lokal definiert werden, wenn man nicht die voreingestellte Obergrenze für den Stack erhöht:

```
int z[300000]; // global möglich, aber nicht lokal
```

Die **Elemente** eines Arrays können mit dem **Indexoperator** [] über ihren **Index** angesprochen werden: Der Index wird in eckigen Klammern nach dem Namen des Arrays angegeben und muss ein ganzzahliger Ausdruck sein. Jedes Element eines Arrays ist ein Ausdruck des Datentyps, der bei der Deklaration des Arrays angegeben wurde.

Beispiele: Nach den Definitionen von oben ist

4.2 Arrays und Container

a[9]	ein Ausdruck des Datentyps *int*,
d[0]	ein Ausdruck des Datentyps *double*,
Primzahlen[1]	ein Ausdruck des Datentyps *bool*,
e[2]	ein Ausdruck des Datentyps *long double*,

Da der Index ein beliebiger ganzzahliger Ausdruck sein kann, sind mit einer Variablen i des Datentyps *int* als Index auch die folgenden Ausdrücke zulässig:

```
a[i],    a[i*i+19],    d[(a[i]+a[j])/2]
```

Um alle n Elemente eines Arrays anzusprechen, verwendet man meist eine *for*-**Schleife**, die von 0 bis n–1 läuft:

```
for (int i=0; i<n; i++) a[i]=i;
```

Im C++-Standard ist ausdrücklich festgelegt, dass alle Elemente eines Arrays **unmittelbar nacheinander** (ohne Lücken) **im Hauptspeicher** liegen. Beim Zugriff auf ein Arrayelement wird die zugehörige **Speicheradresse** über die Anfangsadresse des Arrays, den Index und die Größe der Elemente nach der folgenden Formel **berechnet**:

&a[i] = &a[0]+i*sizeof(T)   // T der Datentyp der Arrayelemente

Wenn dabei für ein mit n Elementen definiertes Array ein Index angegeben wird, der nicht im Bereich der Grenzen 0..n–1 liegt, werden Speicherbereiche angesprochen, die nicht für das Array reserviert sind. Man muss deshalb **immer darauf achten, dass der Index im Bereich der Grenzen liegt**, die bei der Definition des Arrays angegeben wurde.

Beispiel: In der Version 5 des C++Builders werden die Adressen der Variablen manchmal so vergeben, dass a[4] dieselbe Adresse hat wie *sum*:

```
void __fastcall TForm1::ButtonlClick(TObject
                                         *Sender)
{
int sum=0;
int a[3];
for (int i=0; i<=4;i++) a[i]=i;//Fehler für i>=3
Memo1->Lines->Add(sum);
}
```

Dann erhält *sum* hier den Wert 4, obwohl dieser Variablen nie ein anderer Wert als Null zugewiesen wird. Allerdings trat dieser Effekt bei mir nur sporadisch auf und war nicht jederzeit reproduzierbar.

Ein solcher Fehler kann leicht entstehen, wenn man die Arraygrenze ändert und vergisst, die Obergrenze in der *for*-Schleife anzupassen. Er ist aber meist nicht leicht zu finden, da das Ergebnis einer solchen Anweisung nicht unmittelbar aus dem Programmtext hervorgeht. Mit etwas Glück wird man durch einen Programmabsturz („Allgemeine Schutzverletzung") darauf hingewiesen. Ohne einen solchen Absturz grübelt man eventuell lange, wieso der Wert von *sum* nicht 0 ist.

Die Arbeit mit Arrays soll am **Beispiel** eines einfachen Sortierverfahrens illustriert werden. Um die ersten n Elemente eines Arrays a (z.B. des Datentyps *int*) aufsteigend zu sortieren, kann man folgendermaßen vorgehen:

- Zuerst sucht man im Indexbereich 0..n–1 nach dem Index des kleinsten Elements:

    ```
    min = 0;
    for (int j = 1; j<=n-1; j++)
       if (a[j]<a[min]) min = j;
    ```

    Danach vertauscht man a[0] mit a[min], so dass das kleinste Element in Position 0 steht.

- Diese Vorgehensweise wiederholt man für die Indexbereiche 1 .. n–1, 2 .. n–1 bis schließlich n–2 .. n–1. Dadurch wird sukzessive das zweitkleinste Element an die Position 2, das drittkleinste an die Position 3 übertragen usw.

Dieses Sortierverfahren wird als **Sortieren durch Auswahl** bezeichnet und für die ersten n Elemente eines Arrays a durch das folgende Programm beschrieben:

```
const int max_a = 10;
int a[max_a],
    n=7; // Anzahl der zu sortierenden Elemente

for (int i=0; i<n-1; i++)
  {
     int x,min = i;
     for (int j=i+1; j<n; j++)
       if (a[j]<a[min]) min = j;
     x = a[i];
     a[i] = a[min];
     a[min] = x;
  }
```

Offensichtlich ergibt sich die Anzahl der Vergleiche „a[j]<a[min]" durch

$$(n-1) + (n-2) + ... + 3 + 2 + 1 = (n-1)*n/2 = n^2/2 - n/2$$

Die Anzahl der Zuweisungen „min=j" ist im Durchschnitt etwa halb so groß wie die Anzahl der Vergleiche. Deswegen ist der Zeitaufwand für das Sortieren eines Arrays eine quadratische Funktion der Elementanzahl: Eine Verdoppelung der Elementanzahl wird zu einem vierfachen Zeitaufwand für das Sortieren führen. Später werden noch andere Sortierverfahren vorgestellt, die ein wesentlich besseres **Zeitverhalten** haben als dieser Auswahlsort.

4.2 Arrays und Container

Der Name eines Arrays ist keine Variable. In den meisten Fällen stellt der Name nicht das Array als Ganzes dar, sondern nur die Adresse des ersten Elements. Deshalb kann ein Array a einem anderen Array b nicht mit dem **Zuweisungsoperator** zugewiesen werden, auch wenn beide denselben Datentyp haben. So wird nach der Definition

```
int a[10],b[10];
```

die folgende Zuweisung vom Compiler abgelehnt:

```
a=b;    // Fehler: L-Wert erwartet
```

Um sämtliche Elemente von b nach a zu übertragen, kann man z.B. alle einzeln kopieren:

```
for (i=0;i<10;i++) a[i]=b[i];
```

Da alle Elemente eines Arrays **unmittelbar nacheinander** (ohne Lücken) **im Hauptspeicher** liegen, kann der von einem Array belegte Speicherbereich auch mit der Funktion *memcpy* kopiert werden:

```
memcpy(b,a,sizeof(a));//Ziel und Quelle nicht verwechseln
```

Diese Funktion ist meist etwas schneller als die entsprechende *for*-Schleife. Sie sollte aber nicht verwendet werden, wenn die Arrayelemente Klassen sind, die Zeiger enthalten.

Einer der wenigen Fälle, in denen der Name eines Arrays nicht als Zeiger auf das erste Element des Arrays behandelt wird, ergibt sich beim Operator *sizeof*: Für ein Array a erhält man die Anzahl der vom Array belegten Bytes mit

sizeof(a)

Es ist in der Regel immer empfehlenswert, die **Anzahl der Arrayelemente über eine symbolische Konstante zu definieren** und diese immer dann zu verwenden, wenn man das letzte Element anspricht. Falls es dann einmal notwendig sein sollte, die Größe des Arrays zu ändern, muss nur diese Konstante geändert werden.

Beispiel: Obwohl das Programmfragment

```
int a[10], sum=0;
...
for (int i=0; i<=9;i++) sum = sum+a[i];
```

seinen Zweck durchaus korrekt erfüllen kann, ist die folgende Variante meist vorteilhafter:

```
const int max=10;
int a[max], sum=0;
...
for (int i=0; i<max; i++) sum = sum+a[i];
```

Bei der ersten Variante muss das gesamte Programm nach allen Stellen durchsucht werden, an denen die Elementanzahl verwendet wird. Das kann bei einem größeren Programm recht mühsam werden, insbesondere wenn die Konstante nicht explizit verwendet wird, sondern nur ein abgeleiteter Wert (9 statt 10 in der *for*-Schleife).

Aber auch dann, wenn die Anzahl der Arrayelemente ganz sicher nie verändert werden muss, ist die Verwendung symbolischer Konstanten meist vorteilhaft: Mit einem aussagekräftigen Namen für die Konstante ist die Zeile

```
for (int i=0; i<max; i++) sum = sum+a[i];
```

meist leichter verständlich als

```
for (int i=0; i<10; i++) sum = sum+a[i];
```

Deklarationen, die * und [] kombinieren wie

```
int* ap[9];    // wie *(ap[9]): Array mit 9 Zeigern auf int
int (*pa)[9];// Zeiger auf ein Array mit 9 int-Elementen
```

werden von manchen Autoren (z.B. Kernighan/Ritchie 1988, Abschnitt 5.12) als komplizierte Deklarationen bezeichnet. Ihre Bedeutung ergibt sich daraus, dass der Operator [] stärker bindet als *. Deshalb ist *ap* ein „Array mit 9 Zeigern auf *int*" und *pa* ein „Zeiger auf ein Array mit 9 Elementen des Datentyps *int*".

Solche Definitionen lassen sich oft mit ***typedef*** einfacher und übersichtlicher formulieren. Dabei wird das Synonym an der Stelle aufgeführt, an der bei der Deklaration eines Bezeichners dieses Datentyps dessen Name stehen würde.

Beispiel: Eine Typdeklaration für ein Array des Datentyps „int[9]" erfolgt durch

```
typedef int TIA[9]; // nicht: typedef int[9] TIA
```

obwohl der Datentyp eines solchen Arrays als „int[9]" bezeichnet wird. Nach dieser Deklaration ist die Definition

```
TIA a;
```

gleichwertig mit

```
int a[9];
```

Mit

4.2 Arrays und Container

```
typedef int* Pint;
```

haben *ap* und *pa* nach den Definitionen

```
TIA* pa; //Zeiger auf ein Array mit int-Elementen
Pint ap[9]; // Array mit Zeigern auf int
```

dieselben Datentypen wie oben, wobei die Schreibweise hier oft als einfacher angesehen wird. Bei Datentypen, die noch mehr Operatoren als in diesem Beispiel verwenden, (z.B. Zeiger auf ein Array mit Funktionszeigern), erhält man ohne Zwischenschritte mit *typedef* oft recht unübersichtliche Datentypen.

Ein Array kann bei seiner Definition mit Werten in geschweiften Klammern **initialisiert** werden (siehe die Syntaxregeln für *initializer* in Abschnitt 3.8). Mehrere Werte in einer solchen Liste werden durch Kommas getrennt. Ihre Zuordnung erfolgt dabei von links nach rechts an das erste, zweite usw. Arrayelement. Falls die Liste weniger Ausdrücke enthält als das Array Elemente hat, werden die übrigen Arrayelemente mit dem Wert 0 initialisiert, wenn sie einen fundamentalen Datentyp haben. Falls ihr Datentyp eine Klasse ist, wird ihr so genannter Standardkonstruktor aufgerufen. Ohne eine solche Liste werden die Elemente eines globalen Arrays mit 0 initialisiert, und die eines lokalen Arrays sind undefiniert.

Beispiel: Nach den Definitionen

```
AnsiString Vornamen[3]={"Daniel","Alex"};
int a[2]={0}; // a[0]=a[1]=0
```

haben die Elemente des Arrays *Vornamen* die Werte

```
Vornamen[0] = "Daniel"
Vornamen[1] = "Alex";
Vornamen[2] = "" // Ergebnis von AnsiString()
```

Alle Werte von a haben den Wert 0. Ohne die Initialisierungsliste wären die Werte von a bei einem lokalen Array undefiniert.

Ein **Array** von Elementen des Datentyps *char* kann sowohl mit einzelnen Zeichen als auch mit einem Stringliteral initialisiert werden:

```
char Ziffern[10]={'0','1','2','3','4','5','6','8','9'};
char ZiffernS[10] = "012345689";
```

Allerdings sind diese beiden Initialisierungen nicht gleichwertig: Der Compiler fügt bei einem Stringliteral immer automatisch ein '\0' an, um das Ende des Strings zu kennzeichnen. Damit reichen die 10 Zeichen nur deswegen aus, weil die Arrays mit 9 und nicht mit 10 Zeichen initialisiert werden ('7' fehlt). Bei der Initialisierung mit einer Folge von Zeichen wird dagegen der '\0'-Terminator nicht angefügt. Gibt man den String *Ziffern* aus, werden alle Zeichen bis zum nächsten '\0' ausgegeben. Durch die folgende Initialisierung erhält a dieselben Elemente wie *ZiffernS*:

```
char a[11]={'0','1','2','3','4','5','6','7','8','9','\0'}
```

Bei den Stringklassen *string* und *AnsiString* werden die einzelnen Zeichen eines Strings in einem Array gespeichert, das man sich wie durch

```
char string[n];
```

definiert vorstellen kann. Mit dem Indexoperator der Stringklasse werden dann die einzelnen Elemente dieses *char*-Arrays angesprochen.

Ein initialisiertes Array kann auch **ohne eine Elementanzahl** definiert werden. Es enthält dann so viele Elemente, wie Ausdrücke in der Initialisierungsliste angegeben werden:

```
char a1[]={'0','1','2','3','4','5','6','8','9'};
char s1[] = "012345689"; // 7 fehlt
```

Damit besteht *a1* aus 9 und *s1* aus 10 Zeichen (einschließlich '\0'). Wird ein Array ohne Elementanzahl deklariert, muss es initialisiert werden. Die folgende Definition wird vom Compiler zurückgewiesen:

```
int a[]; // Fehler: Größe von 'a' ist unbekannt oder Null
```

Da man ein Array sowieso nicht als Ganzes in einem Ausdruck verändern kann, scheint eine *const*-Angabe bei einem Array wie in

```
const int a[10]={0};
```

sinnlos. Vom Compiler wird diese Angabe allerdings wie

```
int const a[10]={0};
```

behandelt. Deswegen sind Zuweisungen an die Elemente eines solchen Arrays nicht zulässig:

```
a[1]=1; // Fehler: const-Object nicht modifizierbar
```

Da den Elementen eines solchen Arrays keine Werte zugewiesen werden können, müssen die Elemente bei der Definition initialisiert werden. Den Datentyp eines durch „const T a[n]" definierten Arrays bezeichnet man auch als „const T[n]".

Im C++-Standard ist der **Datentyp eines Stringliterals** "..." der Länge n als *const char[n]* definiert. Deshalb ist der Datentyp des Ausdrucks auf der rechten Seite von

```
char* s="ahhh"; // solche Definitionen findet man oft
```

4.2 Arrays und Container

ein Array mit 5 Elementen (einschließlich des Nullterminators) des Datentyps *char*. Durch die Initialisierung erhält der Zeiger s die Adresse des Arrays. Mit solchen Stringliteralen kann man insbesondere Stringlisten definieren wie

```
char* q[]={"Ohh du","freeliche,","Ohhh duu seeeliche"};
```

Nach dieser Definition zeigen q[0], q[1] und q[2] auf das jeweils erste Zeichen der Strings.

Bei der Definition eines **Arrays**, dessen Elemente **Klassen** sind, wird für jedes Element der so genannte Standardkonstruktor aufgerufen. Das hat zur Folge, dass solche Definitionen mit der Ausführung von Anweisungen verbunden sind und deswegen Zeit benötigen. Deshalb sollte man unnötige Arraydefinitionen (z.B. in einer Schleife) vermeiden. Beispielsweise dauert die Ausführung des folgenden Programmfragments etwa dreimal so lang, wenn man das Array a innerhalb der Schleife definiert:

```
const int max = 50000,n=100;
AnsiString s;
AnsiString a[max];      // Variante 1: schneller
for (int i=0; i<n; i++)
   {
     AnsiString a[max]; // Variante 2: langsamer
     for (int j=0;j<n;j++) a[j]=j;
     for (int j=0;j<n;j++) s=s+a[j];
   }
```

Ersetzt man hier die Klasse *AnsiString* durch den einfachen Datentyp *int*, besteht zwischen den beiden Varianten kein Zeitunterschied.

Anmerkungen für Pascal-Programmierer: In C++ kann bei der Deklaration eines Arrays nur die Anzahl der Elemente angegeben werden. Bei einem Array mit N Elementen liegen die zulässigen Indizes dann im Bereich 0..N–1. Dagegen können in Pascal beliebige Werte für den Index des ersten und letzten Elements angegeben werden.

In Pascal kann man mit dem Compilerbefehl {$R+} **Bereichsüberprüfungen (range checks)** aktivieren. Dann erzeugt der Compiler bei jedem Zugriff auf einen Unterbereichstyp (dazu gehören auch die Indextypen bei einem Array) zusätzliche Anweisungen, durch die geprüft wird, ob der angesprochene Index im Bereich des Indextyps liegt. Falls das nicht zutrifft, wird eine Exception ausgelöst. Damit lassen sich Zugriffe auf nicht definierte Arrayelemente erkennen. In C++ gibt es keine entsprechende Möglichkeit für Arrays. Die Container-Klassen ***vector*** und ***deque*** der Standardbibliothek (siehe Abschnitt 4.3) bieten allerdings mit der Zugriffsfunktion *at* ebenfalls eine Überprüfung auf zulässige Bereiche.

Da man einem Projekt im C++Builder auch Pascal-Units hinzufügen kann, können solche Exceptions auch in einem Programm vorkommen, das mit dem C++Builder entwickelt wurde. Unter *Projekt|Optionen|Pascal* können Bereichsüberprüfungen global aktiviert bzw. deaktiviert werden.

Wenn Arrays bei ihrer Definition initialisiert werden, prüft der Pascal Compiler, ob die Anzahl der Arrayelemente mit der Anzahl der angegebenen Ausdrücke übereinstimmt. Es ist nicht möglich, die Elementanzahl bei einer Arraydefinition auszulassen.

Aufgaben 4.2.1

1. Überlegen Sie, ob die folgenden Anweisungen syntaktisch korrekt sind. Falls ja, beschreiben Sie das Ergebnis dieser Anweisungen.

   a) ```
      int a[10];
      for (int i=1; i<=10;i++) a[i] = 0;
      ```

   b) ```
      char* p[]={"Alle","meine","Entchen"};
      for (int i=0; i<=3;i++)
        Memo1->Lines->Add(p[i]);
      ```

   c) ```
      char* p="schwimmen in", *q="dem See";
      if (p==q) Memo1->Lines->Add("gleich");
      else Memo1->Lines->Add("verschieden");
      ```

2. Auch auf einfache Fragen gibt es oft vielfältig widersprüchliche Antworten. So hat vor einiger Zeit jemand in einer Diskussionsgruppe im Internet gefragt, ob die folgenden Anweisungen

   ```
   char *x;
   x = "hello";
   ```

   von erfahrenen Programmierern als korrekt angesehen würden. Er erhielt darauf über 100 Antworten, aus denen die folgenden vier ausgewählt wurden.

   Diese geben insbesondere auch einen Hinweis auf die Qualität mancher Beiträge in solchen Diskussionsgruppen. Begründen Sie für jede Antwort, ob sie korrekt ist oder nicht.

   a) Nein. Da durch diese Anweisungen kein Speicher reserviert wird, überschreibt die Zuweisung einen anderen Speicherbereich.

   b) Diese Anweisungen haben eine Zugriffsverletzung zur Folge. Die folgende Anweisung ist viel besser:

      ```
      char* x="hello";
      ```

   c) Antwort auf b):
      ```

4.2 Arrays und Container

Welcher Compiler produziert hier eine Zugriffsverletzung? Die beiden Anweisungen sind völlig gleichwertig.

d) Ich würde die Anweisung

```
char x[]="hello";
```

vorziehen, da diese *sizeof(char*)* Bytes Speicherplatz reserviert.

3. Wenn man die ersten 100 Primzahlen bestimmen will, kann man der Reihe nach alle Zahlen daraufhin prüfen, ob sie keine Teiler haben. Diese Vorgehensweise ist allerdings mit vielen unnötigen Divisionen verbunden.

   Diese kann man mit einem Verfahren vermeiden, das nach dem griechischen Mathematiker Eratosthenes als **Sieb des Eratosthenes** benannt ist: In einer Liste der Zahlen 1 bis 100 streicht man nacheinander zuerst alle Vielfachen von 2, dann alle Vielfachen von 3, 5 usw. Die Zahlen, die dabei übrig bleiben, sind dann die Primzahlen.

   Realisieren Sie dieses Verfahren mit einem booleschen Array. Alle Werte in diesem Array erhalten zunächst den Wert *true*.

4. Bei manchen Problemen findet man eine explizite Lösung nur schwierig oder überhaupt nicht. Dann können Simulationen hilfreich sein. Sind diese mit Zufallszahlen verbunden, bezeichnet man sie auch als **Monte-Carlo-Simulationen** (nach dem Spielerparadies).

   Schreiben Sie ein Programm zur Simulation des **Geburtstagsproblems von Mises** (siehe Aufgabe 3.7.7). Sie können dazu folgendermaßen vorgehen:

   Ein Array mit 365 Elementen soll die Tage eines Jahres darstellen. Mit dem Zufallszahlengenerator *random(365)* wird dann für alle Personen im Raum ein Geburtstagsdatum ermittelt und im Array für die Tage ein Zähler hochgesetzt. Diese Vorgehensweise wiederholt man dann mehrfach (z.B. 1000-mal). Falls nach einem solchen Versuch mindestens ein Zähler den Wert 2 oder mehr hat, entspricht das zwei oder mehr Personen, die an einem Tag Geburtstag haben.

4.2.2 Arrays als Container

Datenstrukturen, mit denen man andere Daten speichern kann, werden auch als **Container** bezeichnet. Im Folgenden werden einige einfache Operationen vorgestellt, mit denen ein Array a zur Speicherung von Daten verwendet werden kann.

Falls die Daten erst während der Laufzeit des Programms anfallen, muss die Konstante für die Anzahl der Arrayelemente so groß gewählt werden, dass sie möglichst immer für die anfallenden Daten ausreicht. Das kann mit einer Verschwendung von Speicherplatz verbunden sein, wenn die anfallenden Datenmengen starken Schwankungen unterworfen sind.

Damit man weiß, wie viel Elemente das Array enthält, definiert man eine Variable, die immer diese Anzahl enthält. Im Folgenden wird sie als *Satzzahl* bezeichnet. Diese Variable wird beim Programmstart auf 0 gesetzt, bei jedem Hinzufügen eines Elements um 1 erhöht und bei jedem Entfernen eines Elements um 1 reduziert. Bei jedem Zugriff auf ein Arrayelement a[i] muss man dann darauf achten, dass i im Bereich der zulässigen Indizes liegt. Der Container enthält dann die folgenden Elemente:

a[0], a[1], ..., a[Satzzahl–1]

Im Folgenden werden drei verschiedene Container auf der Basis von Arrays vorgestellt.

1. Ein nicht sortiertes Array

Bei einem solchen Container kann man die elementaren Operationen Einfügen, Löschen und Suchen folgendermaßen realisieren:

- Neue Daten kann man dem Array a dadurch **hinzufügen**, dass man die neuen Daten *a[Satzzahl]* zuweist und *Satzzahl* um 1 erhöht.
- Das Element an der Position i kann man dadurch **löschen**, indem man a[i] durch *a[Satzzahl–1]* überschreibt und *Satzzahl* um 1 reduziert.
- Wenn man in einem solchen Array nach einem Element mit einem bestimmten Merkmal sucht, muss man alle Elemente des Arrays auf dieses Merkmal prüfen. Diese Vorgehensweise wird auch als **lineares Suchen** bezeichnet, weil alle Arrayelemente der Reihe nach durchsucht werden.

2. Ein sortiertes Array

Bei einem großen Array kann das lineare Suchen eine relativ zeitaufwendige Angelegenheit sein. Diesen Zeitaufwand kann man verringern, wenn man das **Array sortiert**. In einem sortierten Array kann man dann mit der Technik des **binären Suchens** nach einem Element suchen.

Dabei kann man folgendermaßen vorgehen: Der Bereich, in dem sich das gesuchte Arrayelement befinden muss, falls es vorhanden ist, wird durch die Werte von zwei *int*-Variablen L und R beschrieben, die seine linke und rechte Grenze bezeichnen.

1. Am Anfang erhält L den Wert 0 und R den Wert *Satzzahl–1*.
2. Eine weitere *int*-Variable M erhält als Wert den Index des mittleren Datensatzes.

4.2 Arrays und Container

$$M = (L + R)/2;$$

Dann wird überprüft, ob der Wert des Datensatzes mit dem Index M kleiner als der gesuchte ist.

- Trifft dies zu, wird die weitere Suche auf den Bereich beschränkt, der links durch M+1 begrenzt wird.
- Trifft dies dagegen nicht zu, wird geprüft ob der Wert des Arrayelements mit dem Index M größer als der gesuchte Wert ist. In diesem Fall wird die weitere Suche auf den Bereich beschränkt, der rechts durch M−1 begrenzt ist.
- Trifft auch diese Bedingung nicht zu, ist der gesuchte Datensatz gefunden.

Die Schritte ab 2. werden wiederholt, bis der gesuchte Datensatz gefunden ist oder sich herausstellt, dass ein Datensatz mit dem gesuchten Wert nicht existiert. Dieser Fall ist dann eingetreten, wenn der Suchbereich leer ist und R−L<1 gilt.

Da der Suchbereich bei diesem Verfahren schrittweise halbiert wird, bezeichnet man es auch als binäres Suchen. In einem Array mit n Elementen besteht der Suchbereich nach

- einem Schritt aus weniger als n/2 Elementen, nach
- zwei Schritten aus weniger als $(n/2)/2 = n/2^2$ Elementen, und nach
- s Schritten aus weniger als $n/2^s$ Elementen.

Falls man das gesuchte Element nicht schon vorher findet, kann man die Suche spätestens dann abbrechen, wenn der Suchbereich leer ist, d.h. weniger als einen Datensatz enthält. Diese Bedingung tritt spätestens nach

$$n/2^s < 1 \text{ oder } 2^s > n$$

Schritten ein. Da $2^{10} = 1024$ und $2^{20} > 1\,000\,000$ ist, werden Arrays mit 1000 bzw. 1 000 000 Datensätzen in höchstens 10 bzw. 20 Schritten durchsucht.

Damit haben wir bisher schon drei Algorithmen kennen gelernt, deren Zeitverhalten sich grundlegend unterscheidet:

- Beim binären Suchen ist der Aufwand proportional zum Logarithmus der Elementanzahl.
- Beim linearen Suchen ist der Aufwand proportional zur Anzahl der Elemente.
- Beim Auswahlsort ist der Aufwand proportional zum Quadrat dieser Anzahl.

Wenn man einem sortierten Array neue Elemente **hinzufügen** will, kann man das neue Element nicht einfach am Ende anfügen, da sonst die Sortierfolge anschließend meist nicht mehr erhalten wäre. Damit sie erhalten bleibt, kann man folgendermaßen vorgehen:

1. Zunächst bestimmt man die Position für das neue Element.
2. Dann verschiebt man alle Elemente ab dieser Position um eine Position nach hinten.
3. Dann schreibt man das Element an die frei gewordene Position.

Um ein Element an einer bestimmten Position zu **löschen**, kann man alle Elemente ab dieser Position um eine Position nach vorne verschieben.

Dieser Vergleich zeigt, dass ein sortiertes Array dann effizient ist, wenn oft in ihm gesucht wird, aber nur relativ wenige Elemente eingefügt oder gelöscht werden. Wenn dagegen relativ wenig Suchoperationen stattfinden, aber relativ oft Elemente eingefügt oder gelöscht werden, kann es günstiger sein, mit einem unsortierten Array zu arbeiten.

3. Stack

Die soeben beschriebenen Datenstrukturen sind nicht die einzige Möglichkeit, Daten in einem Array zu verwalten. Für viele Anwendungen ist ein so genannter **Stack** angemessen.

Ein Stack ist eine Datenstruktur, die sich mit einem Stapel zerbrechlicher Teller vergleichen **lässt**: Man kann immer entweder nur einen neuen Teller obendrauf legen oder den obersten Teller wegnehmen. Andere Operationen (wie einen Teller unterhalb des obersten wegzunehmen) sind verboten, da die darüber liegenden herunterfallen und zerbrechen könnten. Diese beiden zulässigen Operationen werden dabei üblicherweise als **push** (für „obendrauf legen") und **pop** (für „den obersten wegnehmen") bezeichnet.

Ein Stack kann mit einem Array realisiert werden. Das erste Element, das auf den Stack gelegt wird, kommt in Position 0, das zweite in Position 1 usw. Wie die Variable *Satzzahl* oben gibt eine oft als *SPtr* (*Stack Pointer*) bezeichnete Variable die Position des obersten Datensatzes im Array an. Diese Variable wird beim Start des Programms mit dem Wert −1 initialisiert und bei jeder *push*-Operation um Eins erhöht. Bei jedem Entfernen eines Elements mit *pop* wird der Wert um Eins reduziert.

Aufgaben 4.2.2

1. Legen Sie ein neues Projekt an. Das dazu gehörende Formular soll zunächst ein Edit- und ein Memo-Fenster enthalten. Ein Array a mit AnsiStrings soll die Texte aufnehmen, die in dem Edit-Fenster eingegeben werden.

    Die ersten 5 Teilaufgaben betreffen unsortierte Arrays:

    a) Beim Anklicken eines Buttons mit der Aufschrift „Einfügen" soll dem Array a der aktuelle Text im Edit-Fenster hinzugefügt werden.

4.2 Arrays und Container

b) Beim Anklicken eines Buttons „Anzeigen" sollen alle bisher im Array a abgelegten Strings im Memo-Fenster ausgegeben werden.
c) Beim Anklicken eines Buttons „Linear suchen" sollen alle Strings des Arrays a ausgegeben werden, die gleich dem String im Edit-Fenster sind.
d) Beim Anklicken eines Buttons „Löschen" soll das erste Element im Array gelöscht werden, dessen Wert der Text im Edit-Fenster ist.
e) Beim Anklicken eines Buttons „Sortieren" soll das Array mit dem Auswahlsort sortiert werden.

Die nächsten drei Teilaufgaben betreffen sortierte Arrays. Falls das Array vor der Ausführung einer dieser Operationen sortiert war, soll es auch nachher noch sortiert sein.

f) Beim Anklicken eines Buttons „Binär suchen" soll der String im Edit-Fenster im Array gesucht werden. Falls er gefunden wird, soll er anschließend im Memo-Fenster angezeigt werden.
g) Beim Anklicken eines Buttons „Sortiert Einfügen" soll der String im Edit-Fenster in das Array eingefügt werden.
h) Beim Anklicken eines Buttons „Sortiert Löschen" soll das erste Element im Array gelöscht werden, dessen Wert der Text im Edit-Fenster ist.

2. Die Datenstruktur **Stack**

Realisieren Sie einen Stack mit einem Array, dessen Elemente den Datentyp *AnsiString* haben.

– Beim Anklicken eines Buttons mit der Aufschrift *push* soll der Text eines Edit-Fensters auf den Stack gelegt werden (sofern noch Platz frei ist).
– Durch Anklicken eines Buttons *pop* soll der oberste String vom Stack entfernt (falls dieser ein Element enthält) werden.
– Durch Anklicken eines Buttons *top* soll der oberste String des Stacks in einem Memo-Fenster angezeigt werden.

Verwenden Sie dazu eine Variable *StackPtr*, die immer den Index des obersten Elements enthält.

Falls der Stack leer ist, sollen die Buttons *pop* und *top* über die Eigenschaft *Enabled* deaktiviert werden. Falls die Kapazität des verwendeten Arrays erschöpft ist, dasselbe für den Button *push*.

3. **Tröpfelverfahren zur Berechnung der ersten 5000 Stellen von π**

Im Jahr 1995 haben die beiden Mathematiker Rabinowitz und Wagon einen Algorithmus vorgestellt, mit dem man die Kreiszahl π auf beliebig viele Stellen berechnen kann (Rabinowitz/Wagon 1995, außerdem Stewart 1995).

Im Unterschied zu den meisten anderen Algorithmen zur Berechnung von π wird dabei der Näherungswert nicht als Gleitkommazahl berechnet. Vielmehr liefert dieses Verfahren eine Ziffer nach der anderen als Ganzzahl und wird deshalb auch als Tröpfelverfahren bezeichnet (weil die Ziffern wie aus einem Wasserhahn tröpfeln). Es beruht auf einer Reihendarstellung von π, die als Darstellung zu einer gemischten Basis betrachtet wird. Diese Darstellung wird dann in das Dezimalsystem umgerechnet.

Um n Stellen von π zu berechnen, definiert man ein Array A mit 10*n/3 *int*-Elementen und initialisiert alle Werte auf 2. Eine Ganzzahlvariable U für die Überträge erhält den Wert 0.

a) Die ersten n=31 Stellen von π erhält man, indem die folgenden Schritte n-mal wiederholt:

Vom obersten zum zweiten Index des Arrays A (for .. i--) führt man jeweils die folgenden Berechnungen durch, bei denen i jeweils den Index des aktuellen Arrayelements bezeichnet:

– Berechne die Summe

$S = U*i+10*A[i];$

– Berechne den Quotienten q und den Rest r, der sich bei der Division von S durch 2*i–1 ergibt. Ersetze den bisherigen Wert von A[i] durch r und den bisherigen Übertrag durch q.

Berechne die Summe S aus dem zehnfachen Wert des ersten Elements von A und dem Übertrag. Ersetze das erste Element von A durch den Rest der Division von S durch 10 und S durch den Quotienten dieser Division.

In den folgenden Listen der überwachten Ausdrücke sind die Werte für das Übertragsfeld in einem Array U gespeichert.

Nach dem ersten Durchlauf ergeben sich so die Werte:

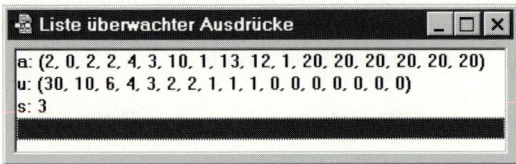

Nach dem zweiten Durchlauf:

4.2 Arrays und Container

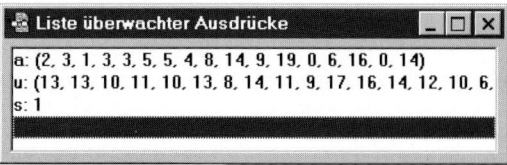

Nach dem dritten Durchlauf:

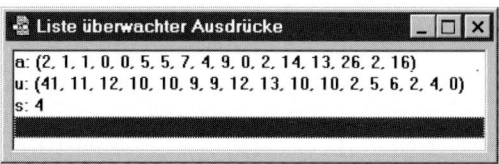

usw. Hier sieht man die ersten drei Stellen von π als den jeweiligen Wert von s nach jeweils einem solchen Durchlauf.

b) Das unter a) beschriebene Verfahren funktioniert allerdings nur für die ersten 31 Stellen von π, weil der Wert von S nach dem Durchlauf einer Schleife größer oder gleich 100 werden kann (maximal 109). Dieser Fall tritt erstmals für die 32. Stelle von π ein und muss durch die folgende Erweiterung des Verfahrens berücksichtigt werden.

Die nach jeweils einem Durchlauf gefundenen Ziffern S sind nicht immer die Ziffern von π, sondern müssen zunächst zwischengespeichert werden. In Abhängigkeit vom jeweils aktuellen Wert von S können dann die bisher zwischengespeicherten Werte entweder als gültige Ziffern freigegeben oder müssen um 1 erhöht werden:

- Falls S weder 9 noch 10 ist, können alle bisher zwischengespeicherten Ziffern als gültige Ziffern freigegeben werden. Die aktuelle Ziffer S muss als vorläufige Ziffer gespeichert werden.
- Falls S=9 ist, wird S den zwischengespeicherten Ziffern hinzugefügt.
- Falls S=10 ist, werden alle bisher zwischengespeicherten Ziffern um 1 erhöht, wobei 9 zu 0 wird. Alle so erhöhten Ziffern können als gültige Ziffern freigegeben werden. Als neue Ziffer wird 0 zwischengespeichert.

Nach Rabinowitz und Wagon sind bei diesem Verfahren alle Zwischenergebnisse für die ersten 5000 Stellen von π kleiner als 600 000 000. Damit können mit 32-bit-Binärzahlen mehr als 5000 Stellen berechnet werden.

Auf einem Pentium 200 dauert die Berechnung von 1000 Stellen ca. 2 Sekunden.

Die ersten 99995 Stellen von π findet man im Internet z.B. unter der Adresse http://cad.ucla.edu/repository/useful/PI.txt

Damit Sie Ihre Ergebnisse vergleichen können, davon die ersten 101 Stellen:

```
const AnsiString pi101 = "pi=3"
  +"14159265358979323846264338327950288419716939937510"
   "58209749445923078164062862089986280348253421170679"
```

4.2.3 Mehrdimensionale Arrays

Für einen Datentyp T wird ein mehrdimensionales Array D nach dem Schema

T D [*constant-expression* $_{opt}$] ... [*constant-expression* $_{opt}$]

deklariert, wobei mehrere Paare von eckigen Klammern mit Konstanten aufgeführt werden. Die Anzahl dieser Paare ist dabei im Prinzip unbegrenzt und wird auch als **Dimension** bezeichnet. So wird mit den Konstanten

```
const int m = 2, n = 3, p = 4;
```

durch

```
int a[m][n];
double d[m][n][p];
```

ein zweidimensionales Array a mit m*n Elementen und ein dreidimensionales Array d mit m*n*p Elementen definiert. Ein n-dimensionales Array ist ein eindimensionales Array, dessen Elemente (n–1)-dimensionale Arrays sind. Nach den letzten Definition ist

a ein Array mit m Elementen, die selbst Arrays mit n Elementen sind, und
d ein Array mit m Elementen, die selbst Arrays mit n*p Elementen sind.

Zweidimensionale Arrays werden auch als Tabellen oder Matrizen bezeichnet. Die Anzahl der Elemente in der ersten Dimension sind dann die Zeilen und die der zweiten die Spalten.

Da der Indexoperator [] linksassoziativ ist

a[i][j]=(a[i])[j]

können die Elemente dieser Arrays dann z.B. so angesprochen werden:

```
a[1][2]       // eine Variable des Datentyps int
d[1][2][3]    // eine Variable des Datentyps double
```

Da die Elemente eines eindimensionalen Arrays an unmittelbar **aufeinander folgenden Adressen** im Hauptspeicher abgelegt werden, belegen Arrayelemente, bei

4.2 Arrays und Container

denen sich der letzte Index um 1 unterscheidet, benachbarte Speicherplätze. Die Elemente von a liegen deshalb in der Reihenfolge

```
a[0][0]  a[0][1]  a[0][2]  a[1][0]  a[1][1]  a[1][2]
```

nacheinander im Hauptspeicher. Damit ergeben sich nach den Definitionen

```
T a[m][n];        // T irgendein Datentyp
T d[m][n][p];
```

die **Adressen der** einzelnen **Arrayelemente** nach den folgenden Formeln:

```
a[i][j]:       &a+(i*n+j)*sizeof(T)          // ***
d[i][j][k]:    &d+((i*n+j)*p+k)*sizeof(T)    // ***
```

Mehrdimensionale Arrays können bei ihrer Definition initialisiert werden. Dabei kann man durch verschachtelte Paare geschweifter Klammern für jede Dimension eine Liste der Werte vorgeben. Enthält eine solche Liste weniger Elemente als das Array, werden die ersten Elemente der jeweiligen Dimension initialisiert.

Beispiele: Durch die folgenden Initialisierungen erhält das Array die jeweils als Kommentar angegebenen Werte:

```
const int m=2, n=3;
int a[m][n] = {{1,2,3},{4,5,6}};
// a[0][0]=1  a[0][1]=2  a[0][2]=3
// a[1][0]=4  a[1][1]=5  a[1][2]=6

int b[m][n] = {{1},{4}};
// b[0][0]=1  b[0][1]=0  b[0][2]=0
// b[1][0]=4  b[1][1]=0  b[1][2]=0
```

Diese Darstellung mit den geschweiften Klammern wird auch im Debugger verwendet, um die Werte von Arrays anzuzeigen:

Auch ein mehrdimensionales Array kann mit einer Liste von Ausdrücken in einem einfachen Paar geschweifter Klammern initialisiert werden. Dadurch werden die ersten Elemente des Arrays initialisiert:

```
int c[2][3] = {1,4}; // c={{1,4,0},{0,0,0}}
```

Bei der Definition eines initialisierten mehrdimensionalen Arrays kann man die Elementanzahl für die erste Dimension auslassen. Dann werden die Werte der Initialisierungsliste den Arrays zugeordnet, deren Elementanzahl sich aus den Konstanten für die übrigen Dimensionen ergibt:

```
int e[][3]={{1,2,3},{1,2}};  // e={{1,2,3},{1,2,0}}
int f[][3]={1};              // f={{1,0,0}}
int g[][3]={1,2,3,4};        // g={{1,2,3},{4,0,0}}
```

Andere Elementanzahlen als die erste kann man allerdings nicht auslassen. Da in die Berechnung der Adresse eines Arrayelements die Anzahl der Elemente ab der zweiten Dimension eingeht, könnte andernfalls dessen Adresse (siehe die oben mit *** gekennzeichneten Formeln) nicht berechnet werden. Deshalb verweigert der Compiler auch die folgende Definition:

```
int h[][]={{1},{2}};// Fehler: Größe des Typs 'int[]' ist
                    // unbekannt oder Null
```

Aufgaben 4.2.3

1. Geben Sie Anweisungsfolgen an, mit denen man in einem Array die Position der folgenden Elemente findet. Falls es mehrere solche Elemente gibt, soll die Position des zuerst gefundenen bestimmt werden:

   a) in einem zweidimensionalen Array „int a[m][n]" das kleinste Element,
   b) in einem dreidimensionalen Array „int a[m][n][p]" das kleinste Element.

   Testen Sie diese Anweisungsfolgen.

2. Ein zweidimensionales Array d mit n Zeilen und Spalten soll eine **Entfernungstabelle** zwischen n Städten darstellen. Dabei ist der Wert des Elements d[i][j] die Entfernung zwischen den Städten mit den Nummern i und j. Alle Elemente d[i][i] haben den Wert 0, außerdem gilt d[i][j]==d[j][i]:

   ```
   d[][3]={{ 0, 10, 20},
           {10,  0, 15},
           {20, 15,  0}};
   ```

   Eine Fahrtroute durch m dieser Städte soll durch ein Array mit m+1 Elementen dargestellt werden, wobei das erste Element die Anzahl der besuchten Städte enthalten soll. Das Array

   ```
   int r[] = {4, 2, 1, 2, 0};
   ```

   stellt also die Route 2 -> 1 -> 2 -> 0 dar.

   a) Schreiben Sie eine Anweisungsfolge, die die Länge der durch r dargestellten Route bestimmt.
   b) Ein Array s mit m Zeilen soll m solcher Routen enthalten. Schreiben Sie eine Anweisungsfolge, die die kürzeste dieser Routen bestimmt.

   Testen Sie Ihre Anweisungen mit der Entfernungstabelle d.

4.2 Arrays und Container

3. Beim **Eliminationsverfahren von Gauß** zur Lösung eines linearen Gleichungssystems

$$a_{00}*x_0 + a_{01}*x_1 + \ldots + a_{0,n-1}*x_{n-1} = b_0 \quad \text{// Zeile 0}$$
$$a_{10}*x_0 + a_{11}*x_1 + \ldots + a_{1,n-1}*x_{n-1} = b_1 \quad \text{// Zeile 1}$$
$$\ldots$$
$$a_{n-1,0}*x_0 + a_{n-1,1}*x_1 + \ldots + a_{n-1,n-1}*x_{n-1} = b_{n-1} \quad \text{// Zeile n-1}$$

wird für j=1, ..., n–1 das

$-a_{j0}/a_{00}$ -fache der Zeile 0

zur Zeile j addiert. Dadurch werden alle Koeffizienten a_{j0} unterhalb von a_{00} zu 0. Diese Vorgehensweise wiederholt man für die Koeffizienten unterhalb von a_{11}, a_{22} usw. Dadurch erhält man ein Gleichungssystem der Form

$$a'_{00}*x_0 \quad + a'_{01}*x_1 + \ldots + a'_{0,n-1}*x_{n-1} = b'_0 \quad \text{// Zeile 0}$$
$$0*x_0 \quad + a'_{11}*x_1 + \ldots + a'_{1,n-1}*x_{n-1} = b'_1 \quad \text{// Zeile 1}$$
$$\ldots$$
$$0*x_0 \quad + 0*x_1 \quad + \ldots + a'_{n-1,n-1}*x_{n-1} = b'_{n-1} \quad \text{// Zeile n-1}$$

bei dem alle Koeffizienten unterhalb der Diagonale den Wert 0 haben. Dieses Gleichungssystem kann man rückwärts auflösen:

$$x_{n-1} = b'_{n-1} / a'_{n-1,n-1}$$
$$x_{n-2} = (b'_{n-2} - a'_{n-2,n-1} *x_{n-1})/a'_{n-2,n-2}$$
$$\ldots$$
$$x_0 = (b'_0 - a'_{0,n-1} *x_{n-1} - \ldots - a'_{01} *x_1)/a'_{0,0}$$

a) Schreiben Sie eine Funktion *GaussElimination*, die ein lineares Gleichungssystem löst. Da im Lauf der zahlreichen Rechenschritte Rundungsfehler das Ergebnis verfälschen können, soll außerdem eine Probe gemacht werden. Testen Sie diese Funktion mit n=3 und> den Werten

a[n][n]={{1,2,3},{1,4,6},{2,3,7}}; b[n]={1,2,3}; // x={0,–0.4,0.6}
a[n][n]={{2,3,–5},{4,8,–3},{–6,1,4}}; b[n]={–10,–19,–11}; //x={2,–3,1}

b) Dieses Verfahren funktioniert allerdings nur, wenn keine Division durch Null auftritt. Außerdem sollte zur Minimierung von Rundungsfehlern das zur Division in $-a_{j,i}/a_{i,i}$ verwendete Diagonalelement möglichst groß sein. Wenn das Gleichungssystem lösbar ist, erreicht man beide Ziele, indem man unterhalb der Diagonalen die Zeile mit dem größten Wert in der i-ten Spalte sucht und dann diese Zeile mit der i-ten Zeile vertauscht.

Realisieren Sie diese Vorgehensweise mit zwei Funktionen: In der einen soll nach der Zeile mit dem größten Spaltenwert gesucht werden und in der anderen sollen zwei Zeilen vertauscht werden.

4.2.4 Arrays, Zeiger und Zeigerarithmetik

Der Name eines Arrays wurde bisher fast immer nur zusammen mit dem Indexoperator in einem Ausdruck verwendet (z.B. a[i]). Verwendet man in einem Ausdruck den Namen eines **Arrays** ohne Indexoperator [], **wird** der Name meist **in einen Zeiger mit der Adresse des ersten Arrayelements konvertiert**. Eine der wenigen Ausnahmen ist der Operator *sizeof*. Deshalb ist nach den Definitionen

```
T* p;     // T irgendein Datentyp
T a[10];
```

die folgende Zuweisung möglich:

```
p = a;
```

Dabei erhält p denselben Wert wie durch

```
p = &a[0];
```

Entsprechend erhalten i und j durch die folgenden Anweisungen denselben Wert:

```
T i = a[0];
T j = *a;
```

Wegen dieser Konvertierung ist auch für Arrays die **Zeigerarithmetik** definiert. Zur Erinnerung an dieses schon in Abschnitt 3.9.5 behandelte Thema: Addiert man zu einem „Zeiger auf den Datentyp T" p den Wert i, erhält man die Adresse p+i*sizeof(T). Damit sind die folgenden Ausdrücke gleichwertig:

*(a+1)	ist gleichwertig mit	a[1]
*(a+2)	ist gleichwertig mit	a[2]
*(a+i)	ist gleichwertig mit	a[i]

Tatsächlich ist a[i] nicht nur gleichwertig mit *(a + i), sondern sogar durch diesen zweiten Ausdruck definiert. Aus dieser Definition ergibt sich die, zumindest auf den ersten Blick, überraschende **Kommutativität der Indizierung**:

```
a[i] == i[a].
```

Aus dieser Definition folgt außerdem, dass auch **für** einen **Zeiger indizierte Ausdrücke** gebildet werden können. Deshalb ist nach der Definition

```
T* p;
```

auch dieser Ausdruck definiert:

```
p[i] // i ein ganzzahliger Ausdruck
```

Da der Operator * stärker bindet als der Operator +, wird der Ausdruck

4.2 Arrays und Container

```
*p+i
```

als (*p)+i ausgewertet und nicht etwa als *(p+i). Falls p auf einen arithmetischen Datentyp zeigt, sind beide Ausdrücke zulässig, so dass der Compiler dann nicht vor einer versehentlich falschen oder vergessenen Klammerung warnen kann.

Damit kann man die Elemente eines Arrays sowohl mittels Zeigerarithmetik als auch mit dem Indexoperator ansprechen. Deshalb stellt sich die Frage, welche dieser beiden Möglichkeiten vorzuziehen ist. Einige Argumente:

- Der Zugriff auf Arrayelemente mit dem Indexoperator wird meist als einfacher angesehen. Zeigerarithmetik wird dagegen oft als trickreich, undurchsichtig und fehleranfällig beurteilt.

- In vielen (vor allem älteren) Büchern (z.B. Kernighan/Ritchie 1988, Abschnitt 5.3) findet man den Hinweis, dass der Zugriff über Zeigerarithmetik oft schneller ist. Bei modernen Compilern muss das allerdings nicht zutreffen, da sie oft effiziente Optimierungen einsetzen. Die folgende Tabelle enthält die Laufzeiten bei der Version 5 des C++Builders für den Auswahlsort von Seite 238 (Spalte a[i]) und in einer Variante mit Zeigern (Spalte *(a+i), siehe Aufgabe 2). Die Werte in den beiden Zeilen ergaben sich dabei mit der jeweiligen Einstellung unter *Projekt|Optionen|Compiler*.

Auswahlsort, n=10000	a[i]	*(a+i)
Option: *Voll-Debuggen*	1,13 Sek.	1,07 Sek.
Option: *Endgültig*	0,88 Sek.	0,90 Sek.

Offensichtlich erhält man mit Zeigerarithmetik nicht immer schnellere Programme.

Deswegen besteht bei Arrays meist keine Notwendigkeit, Zeigerarithmetik zu verwenden. Ebenso gibt es meist keine Veranlassung, Zeiger mit dem Indexoperator zu dereferenzieren. Aus den folgenden Gründen sollte man die Technik der Zeigerarithmetik aber doch kennen:

- Man findet sie in vielen Büchern und real existierenden Programmen.
- Mehrdimensionale Arrays müssen manchmal über Zeiger als Parameter an Funktionen übergeben werden.
- Die Standardbibliothek verwendet für ihre Iteratoren ein ähnliches Konzept.

Wie schon im letzten Abschnitt erwähnt wurde, ist ein **zweidimensionales Array** ein eindimensionales Array, dessen Elemente ebenfalls eindimensionale Arrays sind. Nach der Definition

```
T a[2][3];
```

ist deshalb a ein Zeiger auf das erste Array {a[0][0], a[0][1], a[0][2]}, der die Adresse des ersten Elements enthält:

a == &a[0][0]

Da das Array a aus Arrays mit drei Elementen besteht, ist a+1 ein Zeiger auf das zweite Array {a[1][0], a[1][1], a[1][2]}. Dieser Zeiger enthält die Adresse

a+1 == &a[1][0]

und nicht, wie man eventuell erwarten könnte, die Adresse &a[0][1]. Deshalb ist

*a   das Array {a[0][0], a[0][1], a[0][2]}
*(a+1) das Array {a[1][0], a[1][1], a[1][2]}

Diese beiden Arrays können auch als Ganzes mit einem einzigen Index angesprochen werden:

a[0]   ist wie *a das Array {a[0][0], a[0][1], a[0][2]}
a[1]   ist wie *(a+1) das Array {a[1][0], a[1][1], a[1][2]}

Indiziert man also ein **zweidimensionales Array** mit nur einem einzigen Index, ist dieser Ausdruck wieder ein Array.

Will man die einzelnen Elemente eines mehrdimensionalen Arrays mittels Zeigerarithmetik ansprechen, muss man die einzelnen Arrays weiter dereferenzieren, bis man die einzelnen Arrayelemente erreicht. Bei einem zweidimensionalen Array sind zwei Sterne notwendig, um die einzelnen Elemente zu erreichen:

*(a+i)+j   ein Zeiger auf das Arrayelement a[i][j]
((a+i)+j) das Arrayelement a[i][j]

In Pascal werden die Indizes mehrdimensionaler Arrays durch Kommas getrennt. Programmierer, die diese Schreibweise versehentlich in C++ verwenden, erhalten dann eine auf den ersten Blick eventuell etwas verwirrende Fehlermeldung wie in

```
a[1,2]=17;    // Fehler: L-Wert erwartet
int i=a[1,2]; // Fehler: Konvertierung von 'int*' nach
              // 'int' nicht möglich
```

Sie kommt daher, dass in C++ zwei durch ein Komma getrennte Werte mit dem so genannten Komma-Operator ausgewertet werden. Dabei erhält der Index den Wert des rechten Ausdrucks, so dass a[1,2] als a[2] ausgewertet wird. Dieser Ausdruck ist aber ein Array, dem kein Wert zugewiesen werden kann.

Anmerkungen für Pascal-Programmierer: In Pascal stellt der Name eines Arrays den gesamten Speicherbereich dar, den das Array belegt. Dieser Name wird nicht

4.2 Arrays und Container

in einen Zeiger auf das erste Element konvertiert. Deshalb kann ein Array einem anderen zugewiesen werden, das denselben Datentyp hat.

Aufgabe 4.2.4

Beschreiben Sie nach den Definitionen

```
int a[10]={1,3,5,7}, *p=a;
```

den Wert der folgenden Ausdrücke durch indizierte Ausdrücke des Arrays a:

```
*p
*p+1
(*p)+1
*(p+1)
*(p+3**p)
*p**p
```

4.2.5 Arrays als Funktionsparameter

Wenn man einer Funktion ein Array als Parameter übergeben will, kann man bei der Definition der Funktion einen formalen Parameter der Form

  direct-declarator [*constant-expression* opt]

angeben:

```
int sum1(int a[10])
{
int s=0;
for (int i=0; i<10; i++) s = s + a[i];
return s;
}
```

Diese Funktion kann man mit einem Array als aktuellem Parameter aufrufen:

```
int a1[10]={1,2,3,4,5,6,7,8,9,10};
int s1 = sum1(a1);
```

Ein formaler Arrayparameter wird implizit in einen Zeiger auf das erste Element des Arrays konvertiert. Deshalb ist die Definition der Funktion *sum2* gleichwertig mit der von *sum1*:

```
int  sum2(int* a)
{ // Genau dieselben Anweisungen wie bei sum1
int s=0;
for (int i=0;i<10;i++) s =s + a[i];
return s;
}
```

Wie im letzten Abschnitt dargestellt wurde, ist der Ausdruck „a[i]" durch „*(a+i*sizeof(T))" definiert. Deshalb kann man in der Funktionsdefinition das Arrayelement a[i] auch unter diesem Namen ansprechen und muss nicht etwa die Zeigerarithmetik verwenden (obwohl auch das möglich ist).

Da in den Ausdruck „*(a+i*sizeof(T))" die Anzahl der Elemente des Arrays nicht eingeht, ist die Konstante „10" in der Definition von *sum1* ohne jede Bedeutung. Deshalb ist es naheliegend, dass man bei einem formalen Parameter für ein Array die Anzahl der Elemente auch auslassen kann:

```
int sum3(int a[])
{ // Genau dieselben Anweisungen wie bei sum1
int s=0;
for (int i=0;i<10;i++) s =s + a[i];
return s;
}
```

Trotz der großen Ähnlichkeit darf diese Schreibweise nicht mit der Definition eines initialisierten Arrays ohne Elementanzahl verwechselt werden: Hier wird kein Array definiert. Vielmehr verdeutlicht diese Schreibweise nur, dass es nicht auf die Anzahl der Elemente ankommt, wenn ein eindimensionales Array als formaler Parameter übergeben wird.

Die Funktionen *sum1*, *sum2* und *sum3* können mit einem *int*-Array einer beliebigen Elementanzahl aufgerufen werden:

```
int a2[5]={1,2,3,4,5};
int s1 = sum1(a2);
int s2 = sum2(a2);
int s3 = sum3(a2);
```

Da jede dieser Funktionen 10 Elemente aufsummiert, werden durch diese Aufrufe Speicherbereiche angesprochen, die nicht für das Array reserviert sind. Das kann unerwartete Ergebnisse oder Programmabstürze zur Folge haben.

Wenn man eine Funktion mit verschieden großen Arrays aufrufen will, muss man die Größe des Arrays ebenfalls als Parameter übergeben:

```
int sum(int a[], int n)   // n: Anzahl der Arrayelemente
{                         //    des aktuellen Parameters
int s=0;
for (int i=0;i<n;i++) s =s + a[i];
return s;
}
```

Die Anzahl der Elemente eines Arrays kann man auch durch einen Ausdruck wie

```
sizeof(a)/sizeof(int) // Datentyp der Elemente von a: int
```

bestimmen. Allerdings erhält man diesen Wert nur im Gültigkeitsbereich der Arraydeklaration:

4.2 Arrays und Container

```
int s = sum(a5,sizeof(a5)/sizeof(int));
```

In der Funktionsdefinition hat *sizeof(a)* den Wert 4, da der Datentyp von a hier ein Zeiger auf das erste Element und kein Array ist:

```
int sum(int a[])
{
int s=0;
int n=sizeof(a)/sizeof(int);// <-- falsch, da sizeof(a)=4
for (int i=0;i<n;i++) s = s + a[i];
return s;
}
```

Bei einem **mehrdimensionalen Array** a geht die Anzahl der Arrayelemente ab der zweiten Dimension in die Berechnung der Adresse a[i][j] ein:

```
const int Dim1 = 2, Dim2 = 3;
int a2[Dim1][Dim2] = {{1,2,3},{4,5,6}};
a2[i][j] = *(&a2[0][0] + (Dim2*i + j)*sizeof(int))
```

Deswegen kann bei mehrdimensionalen Arrayparametern die Größenangabe für die zweite und weitere Dimensionen nicht ausgelassen werden. Die Elemente des zweidimensionalen Arrays a2 kann man wie in den folgenden Funktionen aufsummieren:

```
int sum2D1(int a[Dim1][Dim2])
{
int s=0;
for (int i=0;i<Dim1;i++)
  for (int j=0;j<Dim2;j++)
    s =s + a[i][j];
return s;
}

int sum2D2(int a[][Dim2])
{ // genau dieselben Anweisungen wie in sum2D1
}

int sum2D3(int (*a)[Dim2])
{ // genau dieselben Anweisungen wie in sum2D1
}
```

Offensichtlich haben alle diese Funktionen den Nachteil, dass *Dim2* in die Definition der Funktion eingeht. Es ist nicht wie bei eindimensionalen Arrays möglich, eine dieser Funktionen für ein Array zu verwenden, dessen zweite Dimension eine andere Elementanzahl als 3 hat. Im nächsten Abschnitt wird gezeigt, wie man diese Einschränkung mit dynamisch erzeugten mehrdimensionalen Arrays umgehen kann.

Anmerkung für Delphi-Programmierer: In Pascal ist es nicht möglich, für einen formalen Parameter des Typs „array[min..max] of T" ein Array mit anderen

Grenzen als aktuellen Parameter einzusetzen. Andernfalls könnte der Compiler die Bereichsgrenzen nicht prüfen. Diese gelegentlich recht lästige Einschränkung wurde in Object Pascal mit den offenen Arrayparametern (Syntax: „array of T") aufgelockert: Dabei wird außerdem die Anzahl der Arrayelemente automatisch als Parameter übergeben. In Standard-C++ gibt es keine offenen Arrayparameter, weshalb die Elementanzahl als zusätzlicher Parameter übergeben werden muss. Das Klassen-Template *vector* aus der Standardbibliothek lässt sich allerdings ähnlich wie ein offener Arrayparameter benutzen (siehe Abschnitt 4.2.7).

Aufgaben 4.2.5

1. a) Schreiben Sie eine Funktion *AuswSort*, die ein als Parameter übergebenes Array von *int*-Werten mit dem Auswahlsort aufsteigend sortiert. Die Anzahl der zu sortierenden Elemente soll ebenfalls als Parameter übergeben werden.
   b) Formulieren Sie den Auswahlsort mit der Zeigerarithmetik. Schreiben Sie dazu eine Funktion *AuswSortPtr*, die dieselbe Parameterliste wie die Funktion *AuswSort* hat.
   c) Testen Sie diese Funktionen, indem sie nach dem Sortieren prüfen, ob alle Arrayelemente in der richtigen Reihenfolge aufeinander folgen. Schreiben Sie dazu eine Funktion *TestSort*. Sie soll dieselbe Parameterliste wie die Funktion *AuswSort* haben. Das zu sortierende Array kann mit Zufallszahlen gefüllt werden.
   d) Testen Sie die Funktion *TestSort* an einigen Arrays
      – mit einem Arrayelement
      – mit zwei Arrayelementen in einer richtigen Anordnung
      – mit zwei Arrayelementen in einer falschen Anordnung
      – mit drei Arrayelementen in allen dabei möglichen Anordnungen.

2. Die im C++Builder (aber nicht im C++-Standard) vordefinierte Funktion

    *double **poly**(double x, int degree, double coeffs[ ]);* // #include <math.h>

   berechnet den Funktionswert des Polynoms, dessen Koeffizienten im Array *coeffs* übergeben werden. Dabei ist x der Wert, für den der Funktionswert berechnet wird, und *degree* der Grad des Polynoms. Mit

    double p[]={3,–2,1,–1}

   wird der Wert von $-x^3 + x^2 - 2*x + 3$ berechnet durch

    poly(x,3,p)

   Schreiben Sie eine Funktion *WerteTab*, die eine **Wertetabelle** im Bereich von a bis b in der Schrittweite h in einem Memo ausgibt. Dieser Funktion sollen a, b, h und das Polynom als Parameter übergeben werden.

4.2 Arrays und Container

4.2.6 Dynamisch erzeugte Arrays

Verwendet man in einem *new*-Ausdruck einen *new-declarator* mit eckigen Klammern (siehe auch 3.9.3) wird ein Array dynamisch erzeugt.

> *direct-new-declarator:*
>   [*expression*]
>   *direct-new-declarator* [*constant-expression*]

Im Unterschied zu Arrays, die durch eine Definition erzeugt werden, kann dabei die **Anzahl der Arrayelemente der ersten Dimension** durch **eine Variable** bestimmt werden und muss keine Konstante sein.

Die folgenden Definitionen reservieren Speicherplatz für Arrays auf dem Heap. Bei jeder dieser Definitionen ist die Elementanzahl der ersten Dimension eine Variable:

```
int Dim1=10;                       // eine Variable
const int Dim2=100, Dim3=200;      // Konstanten
int* a1=new int[Dim1];
int (*a2)[Dim2]=new int [Dim1][Dim2];
int (*a3)[Dim2][Dim3]=new int [Dim1][Dim2][Dim3];
```

Die Klammern um *a2 bzw. *a3 sind hier notwendig, da der Compiler sonst die linke Seite der Initialisierung als „Array von *Dim2* Zeigern auf *int*" und die rechte als „Zeiger auf ein Array mit *Dim2* Elementen des Datentyps *int*" interpretiert:

```
int* a2[Dim2]=new int[Dim1][Dim2]; //Fehler:Konvertierung
        // von 'int ( *)[10]' nach 'int *[10]' nicht möglich
```

Der *new*-Ausdruck liefert einen Zeiger auf das erste Element des Arrays. Damit können die so dynamisch erzeugten Arrays z.B. folgendermaßen angesprochen werden:

```
for (int i=0; i<Dim1; i++) a1[j1]=0;

for (int i=0; i<Dim1; i++)
  for (int j=0; j<Dim2; j++)
    a2[i][j]=0;

for (int i=0; i<Dim1; i++)
  for (int j=0; j<Dim2; j++)
    for (int k=0; k<Dim3; k++)
      a3[i][j][k]=0;
```

Speicherbereiche, die mit *new[]* reserviert wurden, müssen mit *delete[]* (und nicht nur mit *delete*) wieder freigegeben werden:

```
delete[] a1;
```

Im C++-Standard ist explizit festgelegt, dass das Ergebnis des Aufrufs

```
delete a;
```

für ein Array a undefiniert ist. Verwechselt man *delete* und *delete[ ]*, wird durch keine Warnung oder Fehlermeldung darauf hingewiesen,.

Wenn man ein mehrdimensionales Array dynamisch erzeugen will, bei dem **nicht nur die Elementanzahl der ersten Dimension eine Variable** ist, sondern auch die weiterer Dimensionen, kann man einen Zeiger definieren, der auf ein Array von Zeigern zeigt. Erhält ein solcher Zeiger dann die Adressen dynamisch erzeugter eindimensionaler Arrays, bekommt man ein zweidimensionales Array:

```
int** a2=new int*[Dim1]; // n Adressen mit den Adressen
for (int i=0; i<Dim1; i++)                 // der Zeilen
  a2[i]=new int[Dim2];
```

Nach diesen Anweisungen enthält a2[i] die Adresse eines eindimensionalen Arrays mit *Dim1* Elementen. Da der Indexoperator [] linksassoziativ ist, kann man die Elemente der Zeilen wie die Elemente eines zweidimensionalen Arrays ansprechen:

```
for (int i=0; i<Dim1; i++)
  for (int j=0; j<Dim2; j++)
    a2[i][j]=1; // setze alle Elemente auf 1
```

Obwohl die Elemente eines so dynamisch erzeugten Arrays wie die eines „normalen" zweidimensionalen Arrays

```
int b2[Dim1][Dim2];
```

mit einem doppelten Indexoperator angesprochen werden können und beide Ausdrücke nach demselben Schema ausgewertet werden,

a2[i][j]: *((a2+i)+j)
b2[i][j]: *((b2+i)+j)

stellen diese Ausdrücke jeweils völlig verschiedene Adressen dar. Im ersten Fall ist a2 ein Zeiger auf einen Zeiger, so dass die Zeigerarithmetik (a2+i) die Adresse a2+i*sizeof(int*) ergibt. Im zweiten Fall ist dagegen b2 ein Array mit *Dim2* Elementen. Deswegen ergibt sich durch b2+i die Adresse b2+i*sizeof(int[Dim2]). Aus diesem Grund ist auch die folgende Zuweisung nicht möglich:

```
a2=b2; // Fehler: Konvertierung von 'int (*)[100]' nach
       //         'int**' nicht möglich
```

Dynamisch erzeugte Arrays können in dem Ausdruck nach *new* nicht initialisiert werden. Deshalb ist der folgende Ausdruck nicht zulässig:

```
int* a=new int[10]({1,2,3}); // Fehler: Mit 'new' zuge-
// wiesenes Array darf keine Initialisierungswerte besitzen
```

4.2 Arrays und Container

Wenn man den für ein dynamisch erzeugtes Array reservierten Speicherbereich wieder freigeben will, muss man den Operator *delete* in der umgekehrten Reihenfolge für die einzelnen Arrays aufrufen, wie sie mit *new* reserviert wurden:

```
for (int i=0; i<Dim1; i++)
  delete[] a2[i];
delete[] a2;
```

Hält man diese Reihenfolge nicht ein wie in

```
delete[] a2;               // falsche Reihenfolge !
for (int i=0; i<Dim1; i++)
  delete[] a2[i];
```

wird zuerst der Zeiger auf das Array mit den Zeigern auf die Zeilen freigegeben. Da der Wert eines Zeigers nach seiner Freigabe undefiniert ist, operieren die folgenden *delete*-Ausdrücke mit undefinierten Operanden.

Ähnlich wie zweidimensionale Arrays kann man auch **höherdimensionale Arrays** dynamisch erzeugen. Durch die folgenden Anweisungen erhält man ein dreidimensionales Array mit *Dim1*Dim2*Dim3* Elementen des Datentyps T:

```
int*** p=new int**[Dim1];
for (int i=0; i<Dim1; i++)
  {
    p[i]=new int[Dim2];
    for (int j=0; j<Dim2; j++)
      p[i][j]=new int[Dim3];
  }
```

Allgemein kann man über einen Zeiger mit n Sternen ein n-dimensionales Array ansprechen.

Ein so dynamisch erzeugtes mehrdimensionales Array setzt sich letztendlich aus eindimensionalen Arrays zusammen, deren Adressen wiederum in einem Array enthalten sind. Deshalb kann man für solche Arrays Funktionen schreiben, denen die **Elementanzahl aller Dimensionen als Parameter** übergeben wird. Das ist mit mehrdimensionalen Arrays, die durch eine Definition erzeugt werden, nicht möglich: Übergibt man ein solches Array als Parameter, geht die Elementanzahl ab der zweiten Dimension in die Adressberechnung ein. Die Funktion kann deshalb nicht mit einem Array aufgerufen werden, dessen Elementanzahl ab der zweiten Dimension anders ist als in der Funktionsdefinition.

Die nächste Funktion erzeugt auf diese Weise ein zweidimensionales Array mit n*m Elementen. Der Funktionswert zeigt dabei auf ein Array mit Zeigern, die die Adressen der Zeilen des Arrays enthalten:

```cpp
int** Create2DArray(int Dim1, int Dim2)
{
int** p=new int*[Dim1];   // Dim1 Adressen mit den Adressen
for (int i=0; i<Dim1; i++)                  // der Zeilen
  p[i]=new int[Dim2];
return p;
}
```

Die nächsten Beispiele illustrieren, wie man dynamisch erzeugte zweidimensionale Arrays in einer Funktion ansprechen kann, der man die Anzahl der Elemente in allen Dimensionen als Parameter übergibt:

```cpp
void init2D(int** a, int n, int m)
{
for (int i=0;i<n;i++)
  for (int j=0;j<m;j++)
    a[i][j]=1; // setze alle Elemente auf 1
}

int sum2D4(int** a, int n, int m)
{
int s=0;
for (int i=0;i<n;i++)
  for (int j=0;j<m;j++)
    s =s + a[i][j];
return s;
}
```

Entsprechend kann man Funktionen für dynamisch erzeugte Arrays höherer Dimensionen definieren:

```cpp
int sum3D1(int*** a, int n1, int n2, int n3)
{
int s=0;
for (int i=0; i<n1; i++)
  for (int j=0; j<n2; j++)
    for (int k=0; k<n3; k++)
      s = s + a[i][j][k];
return s;
}

int sum4D1(int**** a, int n1, int n2, int n3, int n4)
{
int s=0;
for (int i=0; i<n1; i++)
  for (int j=0; j<n2; j++)
    for (int k=0; k<n3; k++)
      for (int l=0; l<n4; l++)
        s = s + a[i][j][k][l];
return s;
}
```

Anmerkungen für Pascal-Programmierer: In Pascal kann man mehrdimensionale Arrays unterschiedlicher Größe nicht so einfach wie in C++ als Parameter übergeben. Offene Arrayparameter stehen nur für eindimensionale und nicht für mehrdimensionalen Arrays zur Verfügung.

Aufgabe 4.2.6

1. Überarbeiten Sie die Funktion *GaussElimination* von Aufgabe 4.2.3.3 so, dass sie für ein beliebiges n ein lineares Gleichungssystem mit n Gleichungen und n Unbekannten löst. Die Koeffizientenmatrix a, n, die rechte Seite b, der Lösungsvektor x und der Vektor p für die Probe sollen als Parameter übergeben werden. Übernehmen Sie möglichst viele Anweisungen aus der Lösung von Aufgabe 4.2.3.3. Reservieren Sie den Speicherplatz für das Array a durch eine Funktion wie *Create2DArray* und geben Sie ihn durch eine Funktion wie *Free2DArray* wieder frei.

2. Lesen Sie die Koeffizienten und die rechte Seite des Gleichungssystems aus einem StringGrid (Komponentenpalette Seite „Zusätzlich") ein. In die Zellen *cells[i][j]* eines StringGrid kann man Werte eingeben, wenn die Option *goEditing* unter *Options* auf *true* gesetzt wird. Die Größe des StringGrid soll während der Laufzeit des Programms gesetzt werden können. Informieren Sie sich dazu in der Online-Hilfe über die Eigenschaften *RowCount* und *ColCount*. Beachten Sie, dass ein StringGrid seine Zellen mit *[Spalte][Zeile]* adressiert und nicht wie C++ mit *[Zeile][Spalte]*.

4.2.7 Array-Eigenschaften der VCL

Der C++Builder verwendet Arrays bei seinen Komponenten nur relativ selten. Allerdings sind zahlreiche Eigenschaften von Komponenten so genannte **Array-Eigenschaften**. Das sind zwar keine Arrays, sie werden aber wie Arrays angesprochen. Einige Beispiele:

1. Die Komponenten *TBitmap*, *TForm*, *TImage*, *TPaintBox*, *TPrint* sowie verschiedene andere enthalten eine Komponente **Canvas**, die eine Zeichenfläche darstellt. Die einzelnen Punkte dieser Zeichenfläche kann man über die Array-Eigenschaft ***Pixels*** ansprechen

   *__property TColor **Pixels**[int X][int Y];*

   wobei x und y die Koordinaten eines Pixels sind. Da die Koordinaten in einem Formular links oben durch (0,0) und rechts unten durch (*ClientWidth*–1, *ClientHeight*–1) gegeben sind, färben die Anweisungen

   ```
   int W=ClientWidth, H=ClientHeight;
   for (int i=0; i<=ClientWidth-1; i++)
     Canvas->Pixels[i][i*(H-1)/(W-1)] = clRed;
   ```

die Punkte auf der Diagonalen durch das Formular rot. Selbstverständlich wird man eine Gerade normalerweise nicht aus einzelnen Punkten zusammensetzen, sondern als durchgehende Linie zeichnen:

```
Canvas->Pen->Color = clRed;
Canvas->MoveTo(0,0);
Canvas->LineTo(ClientWidth-1,ClientHeight-1);
```

2. Die Komponente *TStrings*, die unter anderem von einem Memo oder in einer ListBox verwendet wird, enthält die Anzahl der Zeilen in der Eigenschaft *Count* und die einzelnen Zeilen in *Lines ->Strings[i]* (bei einem Memo).

3. Mit der Komponente *TStringGrid* kann man die Daten von ein- oder zweidimensionalen Arrays darstellen. Sie enthält eine Array-Eigenschaft *Cells*. Durch *Cells[i][j]* wird die Zelle in Zeile i und Spalte j angesprochen.

Anmerkungen für Delphi-Programmierer: In Delphi gibt es im Unterschied zum C++Builder auch so genannte **default-Array-Eigenschaften** (z.B. bei *TStrings*). Eine solche Array-Eigenschaft kann allein über den Namen der Komponente angesprochen werden (z.B. *Memo1.Lines[1]*). Im C++Builder müssen die entsprechenden Eigenschaften dagegen über weitere Klassenelemente angesprochen werden (z.B. *Memo1->Lines->Strings[1]*).

4.3 Sequenzielle Container der Standardbibliothek

Zum C++-Standard gehört eine umfangreiche Standardbibliothek. Fast die Hälfte der 776 Seiten dieses Standards befasst sich allein mit dieser Bibliothek. Derjenige Teil dieser Bibliothek, der Container und Algorithmen umfasst, wird auch als **Standard Template Library (STL)** bezeichnet. Da diese Bibliothek bis zur Fertigstellung des Standards immer wieder geändert wurde, entspricht die mit älteren Compilern ausgelieferte Version oft nicht dem endgültigen Standard.

Die folgenden Ausführungen sollen nur einen ersten Einblick geben. Die Online-Hilfe zur Standardbibliothek findet man unter *Start|Borland C++Builder|Hilfe|-Standard C++-Bibliothek*.

Die STL besteht vor allem aus Klassen- und Funktions-Templates. „Template" kann man mit „Schablone" oder „Vorlage" übersetzen. Eine solche Schablone definiert eine Klasse bzw. Funktion mit einem Datentyp als Parameter. Bei der Definition einer Variablen einer solchen Klasse übergibt man dann einen Datentyp als Argument. Daraus erzeugt der Compiler dann eine Klasse und eine Variable mit dem angegebenen Datentyp. Beim Aufruf eines Funktions-Templates erzeugt er eine Funktion und ruft diese auf.

4.3.1 Die Container-Klasse *vector*

Die aus dem Klassen-Template *vector* erzeugten Klassen können wie ein Array verwendet werden. Sie enthalten aber im Gegensatz zu einem Array zahlreiche Elementfunktionen. Diese Klassen gehören zu den so genannten **Container-Klassen**, da man in Variablen dieser Klassen Daten speichern kann. Weitere Container-Klassen sind *list*, *stack*, *queue* usw. Sie unterscheiden sich von einem *vector* durch ihre interne Organisation und die verfügbaren Elementfunktionen.

Das Klassen-Template *vector* steht zur Verfügung nach

```
#include <vector>
using namespace std;
```

Mit einem Klassen-Template definiert man eine Klasse, indem man nach dem Namen des Templates in spitzen Klammern einen Datentyp angibt. Diese Klasse kann man dann wie einen vordefinierten Datentyp in einer Definition verwenden:

```
vector<int> v1;      // vector<int> ist ein Datentyp
vector<double> v2;
```

Nach diesen beiden Definitionen sind *v1* und *v2* leere Vektoren, die Elemente des Datentyps *int* bzw. *double* aufnehmen können. Mit der Elementfunktion

   *void **push_back**(const T& x);* // T ist der Elementtyp des Vektors

kann man einem Vektor Elemente am Ende hinzufügen. Dabei wird der Speicherplatz für das Element automatisch reserviert:

```
for (int i=1; i<=100; i++)      // fügt dem Vektor v1
  v1.push_back(random(1000));   // 100 Elemente hinzu
```

Die Anzahl der Elemente eines Vektors erhält man mit der Elementfunktion

   *size_type **size**() const;* // *size_type*: ein Ganzzahldatentyp ohne Vorzeichen

Auf die einzelnen Elemente eines Vektors kann man mit dem **Indexoperator []**

```
for (int i=0; i<v1.size(); i++)
  Form1->Memo1->Lines->Add(v1[i]);
```

oder mit der Funktion **at** zugreifen:

```
for (int i=0; i<v1.size(); i++)
  Form1->Memo1->Lines->Add(v1.at(i));
```

Diese beiden Zugriffsmöglichkeiten unterscheiden sich vor allem beim Zugriff auf Indizes außerhalb des zulässigen Bereichs 0.. *size()*–*1*.

- Falls man mit [] einen unzulässigen Index verwendet, werden wie bei Arrays Speicherbereiche adressiert, die nicht für den Vektor reserviert sind. Das kann eine Zugriffsverletzung zur Folge haben, muss es aber nicht.
- Falls man mit *at* einen unzulässigen Index verwendet, wird die **Exception** *out_of_range* ausgelöst. Wie die nächste Tabelle zeigt, sind Zugriffe mit *at* jedoch langsamer als solche mit dem Indexoperator.

Der C++-Standard definiert den Datentyp *size_type* als Ganzzahldatentyp ohne Vorzeichen. Deshalb hat auch ein Ausdruck wie

```
v1.size()−1
```

diesen vorzeichenlosen Datentyp (siehe Seite 116). Falls *v1.size()* den Wert 0 hat, ist *v1.size()–1* dann nicht etwa –1, sondern der größte vorzeichenlose Ganzzahlwert. Die folgende Schleife ist deshalb mit *v1.size()=0* eine Endlosschleife:

```
for (int i=0; i<=v1.size()-1; i++) // falsch !!!
   Form1->Memo1->Lines->Add(v1[i]);
```

Mit einem Wert von *v1.size()* größer als Null werden die Elemente jedoch wie erwartet durchlaufen. Falls diese Schleife nur mit Vektoren getestet wird, die mindestens ein Element enthalten, bleibt der Fehler eventuell unentdeckt. Der Compiler weist zwar durch die Warnung „Vergleich von signed- und unsigned-Werten" auf dieses Problem hin. Da Warnungen aber oft übersehen werden, sollte man solche Schleifen **immer** mit der Bedingung <*v1.size()* formulieren.

Vektoren haben zahlreiche **Konstruktoren**. So kann man nicht nur wie bei der Definition von v1 bzw. v2 leere Vektoren anlegen, sondern z.B. auch wie bei den nächsten Definitionen Vektoren mit 1000 Elementen des jeweiligen Datentyps.

```
int max=1000;            // muss keine Konstante sein
vector<int> v3(max);     // Im Gegensatz zu einem Array
vector<double> v4(max);// runde Klammern: () und nicht []
```

Im Gegensatz zu Arrays, die durch eine Definition erzeugt werden, muss die Anzahl der Elemente hier keine Konstante sein. Wie bei einem Array werden Elemente eines Klassentyps dabei mit ihrem Standardkonstruktor initialisiert.

Da für Vektoren der Indexoperator zur Verfügung steht, kann der in Abschnitt 4.2.1 vorgestellte Auswahlsort auch mit einem Vektor durchführt werden:

```
vector<int> a(max);
for (int i=0; i<=max-2; i++)
  {
    int x,min = i;
    for (int j=i+1; j<=max-1; j++)
      if (a[j]<a[min]) min = j;
    x = a[i]; a[i] = a[min]; a[min] = x;
  }
```

4.3 Sequenzielle Container der Standardbibliothek

Wie die nächste Tabelle zeigt, sind diese Operationen etwas langsamer als die mit Arrays. Aktiviert man die Optimierung des Compilers, sind die Unterschiede aber meist tragbar. Die Werte ergaben sich mit der Version 5 des C++Builders und den jeweiligen Einstellungen unter *Projekt|Optionen|Compiler*. In der Spalte mit „vector at" wurde auf die Elemente des Vektors mit *at* zugegriffen:

Auswahlsort n=10000	Array	vector []	vector at
Option: *Voll-Debuggen*	1,13 Sek.	5,13 Sek.	18,6 Sek.
Option: *Endgültig*	0,88 Sek.	1,06 Sek.	2,70 Sek.

Es ist allerdings nicht notwendig, für Arrays oder Vektoren eigene Sortierfunktionen zu schreiben. Die Standardbibliothek enthält den vordefinierten Algorithmus *sort*, den man nach *#include <algorithm>* sowohl mit Vektoren und anderen Container-Klassen der STL als auch mit gewöhnlichen Arrays aufrufen kann. Dieser Algorithmus sortiert die Elemente mit dem Operator <. Für einen selbstdefinierten Datentyp muss dieser Operator mit einer Operatorfunktion definiert sein (siehe Abschnitt 6.9)

Offensichtlich ist diese Sortierfunktion deutlich schneller als der Auswahlsort:

Standardbibliothek *sort* n=10000	vector<int>	vector<double>	int a[n]
Option: *Voll-Debuggen*	0,0074 Sek.	0,0093 Sek.	0,0074 Sek.
Option: *Endgültige Version*	0,0035 Sek.	0,0057 Sek.	0,0035 Sek.

Diese Laufzeiten ergaben sich bei folgenden *sort*-Anweisungen:

1. Spalten *vector<int>* und *vector<double>*

   ```
   vector<T> v(max);//T ist der Datentyp der Elemente von v
   srand(0);// damit immer dieselben Werte sortiert werden
   for (int i=0; i<max; i++) v[i]=rand();
   sort(v.begin(), v.end()); // sortiert alle Elemente
   ```

   Hier ist kein *#include <algorithm>* notwendig, da *sort* nach *#include <vector>* zur Verfügung steht.

2. Beim Aufruf von *sort* für Arrays werden die Grenzen des zu sortierenden Bereichs als Zeiger auf diese Arrayelemente übergeben (Zeigerarithmetik). Diese Syntax erscheint zunächst vielleicht etwas ungewöhnlich:

   ```
   #include <algorithm> // notwendig für sort
   T a[max]; //T ist der Datentyp der Elemente von a
   srand(0);// damit immer dieselben Werte sortiert werden
   for (int i=0; i<max; i++) a[i]=rand();
   sort(a,a+max); // sortiert von Index 0 bis max-1
   ```

Im ersten dieser beiden Beispiele ist der Funktionswert von *v.begin()* und *v.end()* ein so genannter **Iterator**. Iteratoren zeigen auf die Elemente eines Containers und haben Ähnlichkeiten mit einem Zeiger auf ein Element eines Arrays. Insbesondere kann man mit dem Operator * das entsprechende Element des Containers ansprechen. Ein Iterator wird definiert wie in

```
vector<T>::iterator i; // ein Iterator i für einen Vektor
```

Falls man einen Container und einen Iterator öfters benötigt, kürzt man die langen Namen oft mit *typedef* ab:

```
typedef vector<double> Container;
typedef Container::iterator Iterator;
```

Für einen Iterator ist der Operator ++ definiert. Er bewirkt, dass der Iterator anschließend auf das nächste Element zeigt. Deshalb kann man alle Elemente eines Vektors folgendermaßen mit einem Iterator i durchlaufen:

```
for (Iterator i=v.begin(); i!=v.end(); i++)
  Form1->Memo1->Lines->Add(*i);
```

Da man auf die Elemente eines Vektors auch mit dem Indexoperator zugreifen kann, werden dadurch alle Elemente des Vektors v ausgegeben wie in

```
for (int i=0; i<v.size(); i++)
  Form1->Memo1->Lines->Add(v[i]);
```

Wir werden allerdings im nächsten Abschnitt andere Container kennen lernen, die keinen Indexoperator haben. Wenn man alle Elemente eines solchen Containers ausgeben will, muss man einen Iterator verwenden.

Der Funktionswert von *v.begin()* zeigt immer auf das erste Element des Containers v, während *v.end()* auf die erste Position nach dem letzten Element zeigt. Deshalb wird als Abbruchbedingung beim Durchlaufen aller Elemente eines Bereichs immer wie oben die Bedingung

i!=v.end()

verwendet. Auch die folgenden Elementfunktionen zum Einfügen und Löschen von Elementen verwenden Iteratoren:

*iterator **insert**(iterator position, const T& x = T());//* fügt x vor *position* ein
*iterator **erase**(iterator position);//* löscht das Element an der Position *position*
*iterator **erase**(iterator first, iterator last);* // löscht alle Elemente im Bereich

Der **Funktionswert** von *insert* ist ein Iterator, der auf das eingefügte Element im Container zeigt. Der von *erase* zeigt auf das Element, das auf das gelöschte folgt. Falls kein solches Element existiert, ist der Funktionswert *end()*.

4.3 Sequenzielle Container der Standardbibliothek

Mit dem oben definierten Vektor v werden durch die folgenden Anweisungen jeweils ein Element am Anfang und am Ende eingefügt:

```
v.insert(v.begin(),1);
v.insert(v.end(),2);
```

Die nächsten beiden Anweisungen löschen das erste bzw. alle Elemente von v:

```
v.erase(v.begin());
v.erase(v.begin(),v.end());
```

Die Beschreibung von Elementbereichen wie in diesem letzten Beispiel ist charakteristisch für alle Container und Algorithmen der STL: Wenn ein **Bereich von aufeinander folgenden Elementen eines Containers** durch ein Paar von Positionen (d.h. Iteratoren) beschrieben wird, dann zeigt der erste Wert des Paares immer auf das erste Element im Bereich. Der zweite Wert des Paares zeigt dagegen auf das erste Element, das nicht mehr zum Bereich gehört. Ein solches Wertepaar entspricht einem **halb offenen Intervall** [n,m) aus der Mathematik, das aus allen Werten x besteht, für die $n \leq x < m$ gilt.

Die folgenden Beispiele gelten für beliebige Container und nicht nur für einen Vektor v:

1. Da *v.end()* immer auf die Position nach dem letzten Element des Containers v zeigt, stellt der Bereich *v.begin()*, *v.end()* immer **alle Elemente** des Containers v dar.

2. In einem leeren Container gilt *v.begin()==v.end()*. In einem nicht leeren Container hat **das letzte Element** die Position *v.end()–1*.

3. Wenn eine Funktion eine Parameterliste wie

    *void **sort** (RandomAccessIterator first, RandomAccessIterator last);*

    hat, dann stehen die Iteratoren *first* und *last* meist für einen solchen Bereich. Der Datentyp *RandomAccessIterator* sagt etwas über die Anforderungen aus, die für den Iterator gelten müssen, damit *sort* aufgerufen werden kann. Diese sind bei einem *vector* und einem Array erfüllt, aber nicht beim Container *list*.

Zu einem Iterator i eines *vector* kann man einen Ganzzahlwert n addieren. Das Ergebnis i+n ist dann analog zur **Zeigerarithmetik** ein Iterator, der auf das Element zeigt, das sich n Positionen weiter befindet als das Element, auf das i zeigt.

1. Der Bereich

    v.begin(), v.begin()+3

    enthält die Positionen der ersten 3 Elemente

*(v.begin()), *(v.begin()+1), *(v.begin()+2),

aber nicht mehr die Position *v.begin()+3* des vierten Elements.

2. Mit einem Zeiger bzw. einem Array a stellen die beiden Iteratoren

   a, a+n

   den Bereich der n Elemente *a, *(a+1), ..., *(a+(n-1)) (Zeigerarithmetik) bzw. a[0], a[1], ..., a[n-1] dar. Die Analogie von Iteratoren und Zeigern sieht man insbesondere an einem Beispiel wie

   ```
   char* p="123";
   char* e=p+3; //Zeiger auf das Element nach dem letzten
   for (char* i=p; i!=e; i++)
     Memo1->Lines->Add(*i);
   ```

   Hier ist e die Position nach dem letzten Element des Strings "123". Die Schleife entspricht weitgehend der schon oben vorgestellten Schleife, mit der alle Elemente des Containers v durchlaufen wurden:

   ```
   vector<T>::iterator i; // ein Iterator i
   for (i=v.begin(); i!=v.end(); i++)
     Memo1->Lines->Add(*i);
   ```

3. Für Iteratoren ist ihre **Subtraktion** definiert. Die Differenz von zwei Iteratoren ist dann wie in der Zeigerarithmetik ein Ganzzahlwert, der den Unterschied ihrer Positionen darstellt. So erhält man die Anzahl der Elemente eines Containers als die Differenz der Iteratoren *begin()* und *end()*:

   v.size() = v.end()–v.begin() // Anzahl der Elemente

Durch das Einfügen oder Löschen von Elementen können **Iteratoren** eines Vektors **ungültig** werden. Das bedeutet aber nicht nur, dass der Iterator *pos* nach

```
Iterator pos = v.end()-1; // letztes Element
v.erase(pos);             // löscht das letzte Element
```

nicht mehr auf das letzte Element zeigt. Vielmehr ist ein ungültiger Operator **undefiniert**. Deswegen erreicht man auch z.B. durch

```
pos--;
```

nicht, dass er anschließend wieder auf das letzte Element zeigt. Ein Iterator muss deshalb nach jeder solchen Operation wieder auf einen definierten Wert gesetzt werden.

Mehrdimensionale Vektoren sind über verschachtelte Definitionen möglich:

4.3 Sequenzielle Container der Standardbibliothek

```
int max=10;
typedef vector<int> vi;
vector< vi > v11(max);
for (int i=0; i<max; i++) v11[i].reserve(max);
for (int i=0; i<max; i++)
  for (int j=0; j<max; j++)
    v11[i][j]=i+j;
```

Hier wird mit der Funktion *reserve* der Speicherplatz für *max* Elemente des Vektors *v11[i]* reserviert.

4.3.2 Algorithmen der Standardbibliothek

Zur Standardbibliothek gehören zahlreiche **Algorithmen** für Container (siehe Abschnitt 10.5). Das sind keine Elementfunktionen der Container-Klassen, sondern so genannte Funktions-Templates (siehe Abschnitt 10.1), die wie gewöhnliche globale Funktionen aufgerufen werden können. Sie stehen nach *#include <algorithm>* zur Verfügung und sind meist so konstruiert, dass sie als Argumente Iteratoren beliebiger Container akzeptieren. Die folgenden Beispiele zeigen nur einen Teil dieser Algorithmen und verwenden die beiden Container a und v:

```
const int max=10;
vector<T> v(max);   // reserviere Platz für max Elemente
T a[max];           // T ist der Datentyp der Elemente
```

Mit *fill* kann man den Elementen eines Containers einen Wert zuweisen:

void fill (ForwardIterator first, ForwardIterator last, const T& value);

Diese Funktion reserviert wie die meisten anderen Algorithmen der Standardbibliothek keinen Speicher im Zielbereich. Deswegen wurde dieser bereits bei der Definition der Container a und v reserviert. In der Parameterliste dieser Funktion steht *ForwardIterator* für einen Iterator, an den bestimmte Anforderungen gestellt werden. Diese sind aber bei einem Vektor v für *v.begin* und *v.end* ebenso erfüllt wie bei einem Array für einen Zeiger auf ein Arrayelement. Deshalb sind die folgenden Aufrufe möglich:

```
fill(v.begin(),v.end(),0);
fill(a,a+max,0); // füllt die max Elemente a[0]..a[max-1]
```

Dabei erhalten alle Elemente von v und a den Wert 0. Dasselbe Ergebnis erhält man auch mit den folgenden Anweisungen:

```
while (first != last) *first++ = value;
```

Der Algorithmus *copy* kopiert den Bereich von *first* bis *last* nach *result*:

*OutputIterator **copy**(InputIterator first,InputIterator last,OutputIterator result)*

Wie der zweite Aufruf im nächsten Beispiel zeigt, können so auch Arrays und insbesondere nullterminierte Strings kopiert werden. Da auch *copy* keine Elemente im Zielbereich erzeugt, wurde der notwendige Speicher vorher reserviert:

```
copy(v.begin(),v.end(),a); // kopiert v nach a
char* str1="12345";
char str2[120];// reserviere genügend Platz für die Kopie
copy(str1, str1 + strlen(str1) + 1, str2);
```

Mit *equal* kann man prüfen, ob zwei Bereiche dieselben Elemente enthalten.

*bool **equal**(InputIterator1 first1, InputIterator1 last1, InputIterator2 first2);*

equal vergleicht *first1* mit *first2*, *first1*+1 mit *first2*+1 usw. Deshalb müssen auf das Argument für *first2* mindestens *last1–first1* Elemente folgen.

```
if (equal (str1, str1 + strlen(str1) + 1, str2)) ...
```

Die Algorithmen *copy* und *equal* haben für Arrays die Funktionalität eines Zuweisungsoperators bzw. einer Prüfung auf Gleichheit. Im Gegensatz zu *memcpy* und *memcmp* funktionieren sie auch für Arrays mit Elementen eines Klassentyps.

Mit *find* kann man nach einem Wert in einem Container suchen:

*InputIterator **find**(InputIterator first, InputIterator last, const T& value);*

Der Funktionswert ist dann die Position des ersten Elements mit dem Wert *value* im Bereich [*first, last*). Falls das gesuchte Element nicht gefunden wurde, ist der Funktionswert das Argument für den zweiten Parameter *last*:

```
vector<T>::iterator p1=find(v.begin(), v.end(), 7);
if (p1!=v.end()) Memo1->Lines->Add(*p1);
else Memo1->Lines->Add("nicht gefunden");

T* p2=find(a, a+max, 7);
if (p2!=a+max) Memo1->Lines->Add(*p2);
else Memo1->Lines->Add("nicht gefunden");
```

Die nächsten drei Algorithmen setzen **sortierte Container** voraus. Ihre Laufzeit ist proportional zum Logarithmus der Elementanzahl. Mit *binary_search* kann man im Bereich [*first,last*) nach dem Wert *value* binär suchen. *lower_bound* und *upper_bound* liefern die untere bzw. obere Grenze des Bereichs, in den *value* eingefügt werden kann, ohne dass die Sortierfolge verletzt wird.

*bool **binary_search**(ForwardIterator first, ForwardIterator last,*
const T& value);
*ForwardIterator **lower_bound**(ForwardIterator first, ForwardIterator last,*
const T& value);
*ForwardIterator **upper_bound**(ForwardIterator first, ForwardIterator last,*
const T& value);

4.3 Sequenzielle Container der Standardbibliothek

Vergleichen wir zum Abschluss Arrays und Vektoren zur Verwaltung von Daten. Die folgenden Argumente gelten auch für die meisten anderen Container:

- Offensichtlich ist die Verwaltung von Daten in einem *vector* meist wesentlich einfacher als in einem Array. Durch die automatische Speicherverwaltung und die vordefinierten Funktionen kann man gegenüber Arrays viel Arbeit sparen.
- Der Nachteil von Vektoren gegenüber Arrays: Längere Übersetzungszeiten, etwas langsamere Programme und gelegentlich haarsträubende Fehlermeldungen des Compilers. Falls diese Nachteile tragbar sind, sollte man die Container-Klassen der Standardbibliothek verwenden.
- Wenn bei einem Array keine Datenverwaltung anfällt wie z.B. bei den Aufgaben 3 (Sieb des Eratosthenes) und 4 (Monte-Carlo-Simulation) in Abschnitt 4.2.1, bringen Container allerdings keinen Vorteil. Hier kann man sich die höhere Geschwindigkeit von Arrays zugute kommen lassen.

Anmerkungen für Pascal-Programmierer: Templates und die darauf basierende Standardbibliothek sind ein großer Vorteil von C++ gegenüber Pascal. Da Pascal keine Templates kennt, gibt es auch keine vergleichbare Bibliothek.

Aufgabe 4.3.2

1. Verwenden Sie für die Aufgaben in a) bis c) geeignete Algorithmen der STL.

    a) Sortieren Sie ein Array mit 10 Werten des Datentyps *int*. Geben Sie alle Werte des Arrays nach dem Sortieren aus.
    b) Kopieren Sie alle Elemente eines Arrays in ein anderes, das genügend groß ist.
    c) Prüfen Sie, ob zwei Arrays dieselben Elemente haben.

2. Lösen Sie Aufgabe 4.2.2.1 a) bis h) mit einem Vektor anstelle eines Arrays.

3. Überarbeiten Sie die beiden Versionen der Funktion *parseString* von Aufgabe 4.1.3 so, dass sie die gefundenen Teilstrings in einem *vector* zurückgeben. Damit diese Funktionen später zur Lösung weiterer Aufgaben verwendet werden können, sollen sie in eine Datei „\CppUtils\StringUt.cpp" aufgenommen werden, die mit *#include* in ein Programm eingebunden werden kann.

4.3.3 Die Container-Klassen *list* und *deque*

Wie schon in Abschnitt 4.2.2 gezeigt wurde, hängt der durchschnittliche Zeitaufwand für bestimmte Operationen bei einem Container von seiner internen Organisation ab. Dort war in einem nicht sortierten Array der Aufwand für das Suchen nach einem Element relativ groß, während der Aufwand für das Einfügen und Löschen relativ gering war. Dagegen war in einem sortierten Array der Aufwand für die Suche relativ gering und der für das Einfügen und Löschen höher.

Wenn der durchschnittliche Zeitaufwand für eine Operation proportional zur Anzahl der Elemente im Container ist, bezeichnet man die **Komplexität** der Operation als linear. Wenn der Zeitaufwand dagegen von der Anzahl der Elemente des Containers unabhängig ist, bezeichnet man sie als konstant. Beim Auswahlsort haben wir gesehen, dass seine Komplexität quadratisch ist. Die Komplexität des binären Suchens ist dagegen logarithmisch.

Die Komplexität der meisten Algorithmen fällt in eine der folgenden Kategorien:

Komplexität	n=1	n=10	n=100	n=1000
konstant	1	1	1	1
logarithmisch	1	4	7	10
linear	1	10	100	1000
n*log(n)	1	40	700	10000
quadratisch	1	100	10000	1000000

Diese Tabelle enthält ab der zweiten Spalte den Faktor, um den sich der Zeitaufwand gegenüber einem Container mit einem Element vervielfacht. Daraus kann man natürlich keine Aussagen über den absoluten Zeitaufwand ableiten. Im Einzelfall kann ein Algorithmus mit quadratischer Komplexität schneller sein als einer mit linearer Komplexität. Bei großen Werten von n ist die Komplexität aber der entscheidende Faktor für den Zeitaufwand einer Operation.

Die Standardbibliothek enthält neben *vector* weitere Container-Klassen, die sich unter anderem auch durch die Komplexität ihrer Operationen unterscheiden. Für die meisten Funktionen eines Containers enthält der C++-Standard Anforderungen an ihr Zeitverhalten:

– Beim Container *list* hat das Einfügen und Löschen an beliebigen Positionen eine konstante Komplexität. Allerdings besitzt ein solcher Container keinen Indexoperator, mit dem man ein Element über seine Position im Container adressieren kann.
– Beim Container *deque* („double ended queue") hat das Einfügen und Löschen von Elementen am Anfang und am Ende eine konstante Komplexität. An anderen Positionen ist die Komplexität dieser Operationen dagegen linear. Außerdem ist der Indexoperator definiert.
– Bei einem *vector* ist die Komplexität von Einfüge- und Löschoperationen am Ende konstant und in den anderen Positionen linear. Auch hier ist der Indexoperator definiert.

Diese Container-Klassen werden zusammenfassend auch als **sequenzielle Container** bezeichnet, da sie ihre Daten in einer linearen Anordnung verwalten. Für

4.3 Sequenzielle Container der Standardbibliothek

alle diese Container sind unter anderem die folgenden Operationen definiert. Dabei stehen a und b für Variablen, deren Datentyp eine Container-Klasse ist, p und q für Iteratoren und t für ein Element eines Containers:

Ausdruck	Datentyp	Bedeutung	Komplexität
a.begin()	Iterator	Zeiger auf erstes Element	konstant
a.end()	Iterator	Zeiger auf das Element nach dem letzten	konstant
a.size()	size_type	Anzahl der Elemente	konstant
a.empty()	bool	a.size()==0	konstant
a.insert(p,t)	Iterator	fügt eine Kopie von t vor p ein	verschieden
a.erase(p)	Iterator	löscht das Element an Position p	verschieden
a.erase(p,q)	Iterator	löscht Elemente im Bereich p, q	verschieden
a.clear()	void	a.erase(begin(),end())	verschieden
a==b	bool	a und b haben gleich viel Elemente, die alle gleich sind	linear
a!=b	bool	!(a==b)	linear
a<b	bool	a lexikografisch vor b	linear

Nach dem C++-Standard sind die folgenden Operationen nur für solche Container definiert, für die ihre **Ausführungszeit konstant** ist. Diese Container sind in der letzten Spalte aufgeführt:

Ausdruck	Rückgabewert	Bedeutung	Container
a.front()	T&	*a.begin()	vector, list, deque
a.back()	T&	*--a.end()	vector, list, deque
a.push_front(x)	void	a.insert(a.begin(),x)	list, deque
a.push_back(x)	void	a.insert(a.end(),x)	vector, list, deque
a.pop_front()	void	a.erase(a.begin())	list, deque
a.pop_back()	void	a.erase(--a.end())	vector, list, deque
a[n]	T&	*(a.begin()+n)	vector, deque
a.at(n)	T&	*(a.begin()+n)	vector, deque

Viele Aufgabenstellungen lassen sich mit verschiedenen Containern lösen. Im C++-Standard wird ein *vector* für den Normalfall empfohlen.

Die Container *list* und *deque* stehen nach den *#include*-Anweisungen

```
#include <list>
#include <deque>
using namespace std;
```

zur Verfügung. Sie besitzen die meisten Funktionen, die oben für einen Vektor vorgestellt wurden. Ersetzt man in den Beispielen des letzten Abschnitts die Definition

```
vector<T> v; // T ein Datentyp
```

durch eine der folgenden beiden,

```
list<T>  v;
deque<T> v;
```

werden die meisten dieser Beispiele ebenso übersetzt. Lediglich die Operationen, die den Indexoperator verwenden, werden für *list* nicht übersetzt. Außerdem steht der globale Algorithmus *sort* für *list* nicht zur Verfügung. An seiner Stelle muss die **Elementfunktion** *sort* verwendet werden:

```
v.sort(); // sortiert die Liste v
```

Die nächste Tabelle enthält die Ausführungszeiten für das Einfügen von verschieden großen Elementen am Anfang und am Ende verschiedener Container.

10000 Operationen; Projekt|Optionen|Compiler: Endgültig	*vector*	*deque*	*list*
1. push_back int	0,0020 sec.	0,0015 sec.	0,0043 sec.
2. push_back 100 Bytes	0,025 sec.	0,016 sec.	0,020 sec
3. push_back 1000 Bytes	0,41 sec.	0,16 sec.	0,19 sec.
4. push_back 1000 Bytes, mit *reserve*	0,11 sec.	–	–
5. push_front int	0,86 sec.	0,0019 sec.	0,0043 sec.
6. push_front 100 Bytes	42,5 sec.	0,015 sec.	0,021 sec.

– Die Zeilen 1.-3. enthalten die Zeiten für das Einfügen von Elementen des Datentyps *int* sowie von 100 und 1000 Bytes großen Strukturen. Wie man sieht, ist das Einfügen von kleinen Elementen mit *push_back* in einen *vector* schneller als in eine Liste, während bei größeren Elementen eine Liste schneller sein kann.
– Die Zeile 4 zeigt, dass ein *vector* die meiste Zeit für die Reservierung von Speicher benötigt. Wenn dieser im Voraus mit der Elementfunktion *reserve* reserviert wird, ist ein *vector* schneller als die anderen Container.
– Die Zeilen 5 und 6 zeigen, dass ein *vector* nicht verwendet werden sollte, um Elemente an anderen Positionen als am Ende einzufügen. Da ein *vector* kein *push_front* hat, wurde *v.insert(v.begin(), x)* verwendet.

Bei komplexen Aufgaben ist es oft nicht einfach, im Voraus zu entscheiden, welcher Container schnell genug ist. Wenn man nur Operationen verwendet, die in allen Containern verfügbar sind, kann der Zeitaufwand bei verschiedenen Containern verglichen werden, indem man einfach nur den Datentyp ändert.

Iteratoren für einen *list*-Container werden beim Einfügen nie ungültig. Beim Löschen wird nur der Iterator für das gelöschte Element ungültig (siehe Seite 274).

4.3.4 Die Container-Adapter *stack*, *queue* und *priority_queue*

Die so genannten **Container-Adapter** sind Container, die auf der Basis anderer Container definiert sind. Nach dem C++-Standard stehen die Adapter *stack*, *queue* und *priority_queue* zur Verfügung. Variablen dieser Container können nach

```
#include <stack>
#include <queue>
using namespace std;
```

folgendermaßen definiert werden:

```
stack<T> s; // T ein Datentyp
queue<T> q;
priority_queue<T> pq;
```

Mit diesen Definitionen werden der Stack und die Queue mit *deque* gebildet und *priority_queue* mit *vector*.

Bei einem Stack kann man anstelle von *deque* auch *vector* oder *list* verwenden, bei einer Queue auch *list*, und bei einer *priority_queue* auch *deque*. Dazu gibt man die Container-Klasse nach dem Datentyp der Elemente an. Die folgenden Definitionen entsprechen denen des letzten Beispiels:

```
stack<T, deque<T> > s; // Das Leerzeichen nach <T>
queue<T, deque<T> > q; // ist notwendig!
priority_queue<T,vector<T> > pq;
```

Für einen **Stack** stehen unter anderem die folgenden Funktionen zur Verfügung:

bool **empty**()   // *true*, falls der Stack leer ist, andernfalls *false*
size_type **size**()   // Anzahl der Elemente im Stack
value_type& **top**()   // das oberste Element
void **push**(*const value_type& x*) // legt das Argument auf den Stack
void **pop**()   // entfernt das oberste Element

Hier ist zu beachten, dass *pop* (im Gegensatz zu vielen anderen Implementationen von Stacks) den Wert des obersten Elements nicht zurückliefert.

Alle Container-Adapter haben keine Iteratoren. Ein Zugriff auf die Elemente ist nur über Funktionen wie *top* möglich.

Legt man die Elemente e_1, e_2, ..., e_n der Reihe nach mit *push* auf einen Stack, erhält man diese durch n *top*- und *pop*-Operationen in der umgekehrten Reihenfolge zurück, in der man sie auf den Stack gelegt hat. Deswegen bezeichnet man einen Stack auch als *last-in-first-out*-Struktur (LIFO).

Eine **Queue** hat bis auf *top* dieselben Funktionen wie ein Stack. Der Zugriff auf das erste bzw. letzte Element ist mit den folgenden Funktionen möglich:

*value_type& **front**()*
*value_type& **back**()*

Da man hier die Elemente mit *front* wieder in derselben Reihenfolge aus dem Container entfernen kann, in der man sie eingefügt hat, kann man mit einer *queue* eine *first-in-first-out*-Struktur (FIFO) realisieren.

Eine **Priority_Queue** ordnet ihre Elemente in einer Reihenfolge an. Mit *top* wird dann immer das oberste Element in dieser Anordnung entnommen. Die Reihenfolge ergibt sich in

```
priority_queue<T> p; // T ist der Datentyp der Elemente
```

aus dem Vergleich der Elemente mit dem Operator „<". Dieser Operator kann aber in der Definition durch einen anderen ersetzt werden:

```
priority_queue<T,vector<T>,greater<T> > p;
```

Beispiel: Die folgenden Anweisungen werden für die Container *stack* und *priority_queue* übersetzt:

```
stack<AnsiString> p;
// priority_queue<AnsiString> p; // geht auch

p.push("Daniel");
p.push("Alex");
p.push("Kathy");
while (!p.empty())
   {
     Memo1->Lines->Add(p.top());
     //   Memo1->Lines->Add(p.front());
     p.pop();
   }
```

Ersetzt man *p.top* durch *p.front*, kann man auch eine *queue* verwenden. Für die einzelnen Container werden die Werte dann in der folgenden Reihenfolge ausgegeben:

stack: „Kathy", „Alex", „Daniel" (LIFO)
priority_queue: „Kathy", „Daniel", „Alex" (alphabetisch geordnet)
queue: „Daniel", „Alex", „Kathy" (FIFO)

4.3.5 Container mit Zeigern

Wenn ein Container Zeiger enthält, wird beim Löschen von Container-Elementen (z.B. mit *erase*) nur der Speicherbereich für die Zeiger freigegeben. Der Spei-

4.3 Sequenzielle Container der Standardbibliothek

cherbereich, auf den die Zeiger zeigen, bleibt weiterhin reserviert. Wenn die Zeiger auf dynamisch erzeugte Variablen zeigen, ist ein Speicherleck die Folge:

```
vector<int*> v;
v.push_back(new int(17));
v.erase(v.begin()); // Speicherleck
```

Die zu einem Zeiger gehörenden Speicherbereiche müssen deshalb explizit wieder freigegeben werden:

```
for (vector<int*>::iterator i=v.begin(); i!=v.end(); i++)
   delete *i;
```

4.3.6 Die Container-Klasse *bitset* ⊕

Ein *bitset* ist ein Array von Bits, also der Werte 0 oder 1. Im Unterschied zu einem Array von Elementen des Datentyps *int* oder *bool*, das diese Werte genauso darstellen kann, werden in einem *bitset* alle Bits einzeln ausgenutzt. Ein *bitset* belegt also intern nur ca. 1/8 bzw. 1/32 des Speicherplatzes eines Arrays mit Elementen des Datentyps *bool* bzw. *int*. Außerdem sind für die Klasse *bitset* zahlreiche Funktionen definiert, die bei der Arbeit mit Bitleisten oft auftreten.

Das Klassen-Template *bitset* gehört zur C++-Standardbibliothek und steht nach

```
#include <bitset>
using namespace std;
```

zur Verfügung. Mit diesem Template wird dadurch eine Klasse definiert, dass man nach *bitset* in spitzen Klammern die Anzahl der Bits des Bitsets angibt. Im Gegensatz zu den bisher vorgestellten Container-Klassen wird hier also kein Datentyp angegeben, sondern eine ganzzahlige Konstante:

```
const int n=10;
bitset<n> b0;          // b0=0000000000
bitset<n> b1(7);       // b1=0000000111
bitset<n> b2("1001");  // b2=0000001001
```

Ein *bitset* besitzt die folgenden Konstruktoren:

bitset (); // Alle Bits der Variablen werden auf 0 gesetzt.
bitset (unsigned long val); // initialisiert die Bits mit dem Bitmuster von *val*
explicit *bitset* (const string& str, size_t pos = 0, size_t n = size_t(–1));
// initialisiert die Bits mit den Zeichen des Strings (nur '0' oder '1')

Mit der Elementfunktion

*unsigned long **to_ulong**() const;*

erhält man den zu einem Bitmuster gehörenden Wert. Damit kann man ein mit dem dritten Konstruktor angegebenes Bitmuster in einen Ganzzahlwert umwandeln:

```
int i=b2.to_ulong(); // i=9
```

Entsprechend erhält man mit der Elementfunktion

*string **to_string**() const;* // Datentyp *string* aus der Standardbibliothek

das Bitmuster als String. Da es sich dabei um den Datentyp *string* der Standardbibliothek handelt, muss er mit *c_str()* angesprochen werden, wenn man ihn in Funktionen verwendet, die einen *AnsiString* erwarten:

```
Memo1->Lines->Add(b0.to_string().c_str());
```

Zahlreiche Elementfunktionen und Operatoren decken häufig auftretende Operationen mit Bitsets ab. Ein Auszug:

reference operator[ ] (size_t pos); // Indexoperator, Bit an Position *pos*
*size_t **count**() const;* // Anzahl der gesetzten Bits
*size_t **size**() const;* // Anzahl der reservierten Bits
*bool **test**(size_t pos) const;*// true, falls das Bit an Position *pos* den Wert 1 hat
*bool **any**() const;* // true, falls irgendein Bit den Wert 1 hat
*bool **none**() const;* // true, falls kein Bit den Wert 1 hat
*bitset<N>& **set**();* // setzt alle Bits auf 1
*bitset<N>& **set**(size_t pos, int val = 1);* // setzt das Bit an Position *pos*
*bitset<N>& **reset**();* // setzt alle Bits auf 0
*bitset<N>& **reset**(size_t pos);* // setzt das Bit an Position *pos* auf 0
*bitset<N>& **flip**();* // schaltet alle Bits um (von 0 auf 1 und umgekehrt)
*bitset<N>& **flip**(size_t pos);* // schaltet das Bit an Position *pos* um.

Aufgaben 4.3.6

Formulieren Sie die Lösung der Aufgabe 4.3.2.2 so, dass Sie die Lösung mit möglichst wenigen Änderungen auf *list* und *deque* übertragen können.

4.4 Strukturen und Klassen

Oft ist es sinnvoll, nicht nur wie in einem Array Daten desselben Datentyps zusammenzufassen, sondern auch Daten verschiedener Datentypen. Das ist in C++ mit Klassen möglich, die auch die Grundlage der objektorientierten Programmierung sind.

Allerdings ist die objektorientierte Programmierung ein recht umfangreiches Gebiet, das die Kenntnis einiger bislang noch nicht behandelter Konzepte voraussetzt. Deshalb werden in diesem Abschnitt nur einige Grundbegriffe in Zusammenhang mit so genannten Strukturen betrachtet. Die objektorientierte Programmierung ist dann später der Gegenstand eines eigenen Kapitels.

Eine Klasse ist ein Datentyp, der gemäß dieser Syntaxregeln definiert wird:

> *class-specifier:*
>   *class-head* **{** *member-specification* _{opt} **}**
>
> *class-head:*
>   *class-key identifier* _{opt} *base-clause* _{opt}
>   *class-key nested-name-specifier identifier base-clause* _{opt}
>
> *class-key:*
>   **class**
>   **struct**
>   **union**

Als *member- specification* werden vorläufig nur Definitionen verwendet, die einer Definition von Variablen entsprechen.

4.4.1 Mit *struct* definierte Klassen

Verwendet man das Schlüsselwert *struct*, bezeichnet man die Klasse auch als **Struktur**. Die Elemente einer solchen Klasse sind im einfachsten Fall Datenfelder, die wie bei einer Definition von Variablen zwischen den geschweiften Klammern aufgeführt werden.

Beispiel: Der umgangssprachliche Begriff „Kalenderdatum" steht für drei Werte, die einen Tag, einen Monat und ein Jahr bezeichnen. Ein solches Datum kann durch die Klasse *CDatum* mit den Datenelementen *Tag*, *Monat* und *Jahr* dargestellt werden:

```
struct CDatum {
  int Tag;
  int Monat;
  int Jahr;
}; // Das Semikolon ist hier notwendig.
```

Mit diesem Datentyp kann man wie mit einem der vordefinierten Datentypen *int* usw. eine Variable des Datentyps *CDatum* definieren:

```
CDatum d;
```

Gibt man vor dem Semikolon, das eine Klassendefinition abschließt, einen Bezeichner an, ist dieser eine Variable des zugehörigen Klassentyps. Lässt man den Namen der Klasse aus, erhält man eine Variable des Klassentyps. Der Datentyp hat in diesem Fall keinen eigenen Namen.

Beispiel: Die Definition

```
struct CDatum {
  int Tag;
  int Monat;
  int Jahr;
} d; // d ist eine Variable des Datentyps CDatum.
```

ist gleichwertig mit den beiden Definitionen aus dem letzten Beispiel. Durch

```
struct { // Dieser Datentyp hat keinen eigenen
  int Tag;                                // Namen.
  int Monat;
  int Jahr;
} d; // Der Datentyp von d ist anonym
```

wird nur eine Variable des Klassentyps definiert. Dieser hat aber keinen eigenen Namen.

Eine Zusammenfassung inhaltlich zusammengehöriger Daten zu einer Klasse kann deutlich zur **Verständlichkeit eines Programms** beitragen und ist generell empfehlenswert.

Beispiel: Die Zusammengehörigkeit und Bedeutung der Daten kommt in

```
struct CKreis {
   int x,y,r;
} k1,k2;
```

unmittelbar zum Ausdruck. Findet man dagegen die Definitionen

```
int x1, x2, y1, y2, r1, r2;
```

in einem Programm, das man nicht selbst geschrieben hat, lassen sich nur aus der Verwendung der Variablen Rückschlüsse auf ihre Bedeutung ziehen. Das kann aber bei einem größeren Programm ziemlich aufwendig werden, insbesondere wenn keine zusätzlichen Kommentare die Bedeutung der Datenfelder erklären.

4.4 Strukturen und Klassen

Der etwas höhere Schreibaufwand für Strukturen wird durch die Ersparnis an Kommentaren und die leichtere Verständlichkeit meist kompensiert.

Typische Anwendungen von Strukturen findet man auch in der betriebswirtschaftlichen Datenverarbeitung. Dabei werden oft die einzelnen Zeilen einer Tabelle durch eine Struktur dargestellt, die auch als Datensatz bezeichnet wird. Aus solchen Strukturen werden dann Arrays oder Dateien aufgebaut. Datenbanken sind im Wesentlichen eine mehr oder weniger große Anzahl von Dateien, die alle aus solchen Datensätzen bestehen.

Beispiel: Eine Zeile der Tabelle

Konto-nummer	Konto-inhaber	Datum TT.MM.JJ			Bew.-art	Betrag
1019	Q. König	13	12	97	—	1234.56
		13	12	97	—	789.01
		14	12	97	+	23.45

kann für eine **Kontobewegung** stehen und durch die folgende Struktur dargestellt werden:

```
struct CKontobewegung {
  int KontoNr;
  char NameInhaber[20];
  ...
  double Betrag;// Currency wäre besser, siehe Ab-
} K;                                  // schnitt 4.5.1
```

Dieser Datensatz enthält mit dem Datum einen weiteren Datensatz. Will man dieses Datum unter einem eigenständigen Begriff ansprechen, kann man es innerhalb der Struktur ebenfalls als Struktur definieren:

```
struct CKontobewegung {
   int KontoNr;
   char NameInhaber[20];
   struct {
     int Tag;
     int Monat;
     int Jahr;
   } Datum;
   char BewArt;
   double Betrag;
} K;
```

Man bezeichnet einen Datensatz innerhalb eines anderen auch als **Datengruppe**. Die Verschachtelung von Strukturen kann im Prinzip unbegrenzt fortgesetzt werden. Wenn zuvor wie auf Seite 285 ein Name für die Datenstruktur vereinbart wurde, kann auch dieser verwendet werden:

```
struct CKontobewegung {
   int KontoNr;
   char NameInhaber[20];
   CDatum Datum;
   char BewArt;
   double Betrag;
} K;
```

Eine Variable, deren Datentyp eine Klasse ist, enthält alle Elemente, die bei der Definition der Klasse angegeben wurden. Diese Elemente werden durch den Namen der Variablen angesprochen, auf den ein Punkt und der Name des Elements folgt. Jeder so gebildete Ausdruck ist ein Ausdruck des Datentyps, der bei der Definition des Elements angegeben wurde.

Beispiel: Nach der Definition des letzten Beispiels kann man die Elemente der Variablen K folgendermaßen ansprechen:

```
K.KontoNr  // ein Ausdruck des Datentyps int
K.Datum    // ein Ausdruck des Datentyps CDatum
```

Die drei Elemente von *K.Datum* lassen sich einzeln ansprechen durch

```
K.Datum.Tag    // ein Ausdruck des Datentyps int
K.Datum.Monat
K.Datum.Jahr
```

Die Reihenfolge, in der die Elemente einer Struktur aufgeführt werden, ist bis auf die interne Darstellung ohne Bedeutung für ein Programm.

Beispiel: Die Definition

```
struct {
   CDatum Datum;
   char BewArt;
   double Betrag;
   int KontoNr;
   char NameInhaber[20];
} K;
```

ist bis auf die interne Darstellung gleichwertig mit der aus dem letzten Beispiel.

Mit jeder Definition einer Klasse erhält man ein neuen Datentyp. Deshalb hat jede der drei Variablen s1, s2 und i in

```
struct { int i;} s1;
struct { int i;} s2;
int i;
s1=s2; // Fehler: Konvertierung nicht möglich
s1=i;  // Fehler: Konvertierung nicht möglich
```

4.4 Strukturen und Klassen

einen anderen Datentyp. Obwohl alle drei gleich viel Speicherplatz belegen und deswegen problemlos einander zugewiesen werden könnten, wird diese **Zuweisung von Variablen eines Klassentyps** vom Compiler abgelehnt.

Variablen desselben Datentyps können einander dagegen als Ganzes zugewiesen werden. Da der Datentyp über seinen Namen identifiziert wird, haben k1 und k2 nach

```
CKontobewegung k1;
CKontobewegung k2;
```

bzw. nach

```
CKontobewegung k1, k2;
```

denselben Datentyp. Deshalb akzeptiert der Compiler die folgende Zuweisung:

```
k1=k2;
```

Eine **Klasse, die ein Array enthält** wie z.B.

```
struct CA {
  int a[10];
} ca, cb; // sizeof(ca) = 40;
```

umfasst den gesamten Speicherbereich des Arrays. Deshalb wird durch eine Zuweisung von Variablen eines solchen Datentyps auch das gesamte Array kopiert:

```
ca = cb; // kopiert das gesamte Array
```

Bei Variablen, deren Datentyp ein Array ist, verweigert der Compiler eine solche Zuweisung (siehe Seite 239):

```
int a[10], b[10]; // sizeof(a) = 40;
a=b; // Fehler: L-Wert erwartet
```

Obwohl man Variablen desselben Klassentyps einander wie in

```
k1=k2;
```

zuweisen kann, ist ein **Vergleich von zwei solchen Variablen** mit einem der Operatoren <, <=, == usw. **nicht möglich**. Der Compiler weigert sich, den booleschen Ausdruck in

```
if (k1==k2) ...//Fehler: 'operator==' nicht implementiert
```

zu übersetzen, wenn für den Datentyp von k1 und k2 der Operator „==" nicht definiert ist. Für Operatoren wie < oder <= ist das unmittelbar einsichtig: Ein byteweiser Vergleich der Operanden würde nur in den wenigsten Fällen das gewünschte Ergebnis erzielen, insbesondere wenn Strings enthalten sind. Aber auch eine Prüfung auf Gleichheit oder Ungleichheit ist nicht möglich, da diese Operatoren nur für Operanden definiert sind, deren Datentyp ein arithmetischer Datentyp, ein Aufzählungstyp oder ein Zeigertyp ist.

Die Ursache für diese Einschränkung liegt darin, dass C++ (wie auch viele andere Programmiersprachen) jedem Compiler die Freiheit gibt, auf Daten optimal zuzugreifen. Beispielsweise gibt es Prozessoren, bei denen 8- oder 16-bit-Operationen langsamer sind als 32-bit-Operationen. Der C++Builder richtet Datenfelder von Strukturvariablen auf 32-bit-Grenzen aus. Deshalb belegt die Variable k vom Typ *CKontobewegung* 48 Bytes, obwohl die Summe der Elemente nur 45 Bytes ist:

```
int i=sizeof(k);  // i=48 mit char[20]
int j=sizeof(int)+sizeof(char[20])+sizeof(CDatum)+
    sizeof(char)+sizeof(Currency);  // j=45
```

Deshalb wird ein Vergleich der Speicherbereiche wie in

```
int i=memcmp(&k1,&k2,sizeof k1);
```

nicht immer das gewünschte Ergebnis erzielen.

Die Größe von Variablen eines Strukturtyps durfte bei manchen Compilern und Speichermodellen unter DOS und 16-bit-Windows die **Obergrenze** von ca. 64 KB nicht übersteigen. Unter Win32 und dem C++Builder kann eine global definierte Variable bis zu ca. 2 GB groß sein. Die Größe einer lokal definierten Variablen ist durch den freien Speicherplatz auf dem Stack begrenzt.

Über einen **Zeiger** auf eine Variable eines Klassentyps kann man ein Element der Klasse ansprechen, indem man den Zeiger dereferenziert. Da der Operator „." aber eine höhere Priorität als der Dereferenzierungsoperator * hat, muss man den dereferenzierten Zeiger klammern. Ohne Klammer erhält man eine Fehlermeldung:

```
CKontobewegung* pk = new CKontobewegung;
(*pk).KontoNr =17;
*pk.KontoNr=17;  // Fehler: Auf linker Seite der Struktur
                 // ist . oder .* erforderlich
```

Als kleine Vereinfachung steht der **Pfeiloperator** -> zur Verfügung. Der erwartet als linken Operanden einen Zeiger auf eine Variable eines Klassentyps und als rechten Operanden ein Element dieser Klasse. Dann wird der Ausdruck e1->e2 vom Compiler in (*(e1)).e2 umgewandelt.

```
pk->KontoNr=17;
```

Im C++Builder sind alle Komponenten der VCL (z.B. *TForm*, *TEdit* usw.) Klassen. Alle mit den Mitteln der visuellen Programmierung definierten Variablen

4.4 Strukturen und Klassen

dieser Datentypen werden dynamisch erzeugt und über Zeiger (z.B. *Form1*, *Edit1*, *Label1*) angesprochen. Zum Zugriff auf die Elemente solcher Variablen verwendet man meist den Pfeiloperator:

```
Edit1->Text = "Hallo";
Memo1->Lines->Add("...");    // Gleichwertig dazu:
(*(*Memo1).Lines).Add("...");// Das ist sehr umständlich.
```

Eine Variable eines Klassentyps, der wie die bisherigen Strukturen nur Datenelemente enthält, kann bei ihrer Definition **initialisiert** werden. Dabei werden die Werte der Elemente wie bei der Initialisierung eines Arrays zwischen geschweiften Klammern aufgelistet. Falls diese Liste weniger Ausdrücke enthält als die Struktur Elemente, werden die übrigen Elemente mit 0 (Null) initialisiert. Ohne eine solche Liste werden die Elemente globaler Variablen mit 0 initialisiert, während die Elemente lokaler Variablen undefiniert bleiben.

Beispiel:
```
struct CKreis {
    int x,y,r;
} k1 = {0,0,1}; // k1.x=0, k1.y=0, k1.r=1

CKreis k2={}    // k2.x=0, k2.y=0, k2.r=0
CKreis k3;      // lokal undefiniert, global wie k2
```

Wenn eine Struktur weitere Strukturen enthält, kann für jede Struktur eine eigene durch geschweifte Klammern begrenzte Liste angegeben werden. Falls eine dieser Listen weniger Werte hat als die jeweilige Struktur Elemente, erfolgt die Zuordnung im Rahmen der Unterstruktur. Eine verschachtelte Struktur kann aber auch mit einer nicht verschachtelten Liste von Ausdrücken initialisiert werden.

Beispiel:
```
struct T {
    CDatum d; // wie oben
    int x,y,r;
};

T a = {{1,2},3};// a.d.Tag=1, a.d.Monat=2, a.x=3
T b = {1,2,3};  // b.d.Tag=1, b.d.Monat=2, b.d.Jahr=3
```

Die Zusammenfassung von Datenfeldern zu einer Struktur lässt sich mit der Zusammenfassung von Anweisungen zu Funktionen vergleichen: In beiden Fällen werden inhaltlich zusammengehörende Elemente unter einem eigenständigen Oberbegriff zusammengefasst.

Strukturen sind wie Arrays Zusammenfassungen von Variablen. Da beide aus mehreren Elementen bestehen können, bezeichnet man sie auch als **strukturierte Datentypen**. Ein Array unterscheidet sich von einer Struktur folgendermaßen:

– Die Elemente einer Struktur können verschiedene Datentypen haben, während alle Elemente eines Arrays denselben Datentyp haben.

– Ein Element einer Struktur wird durch seinen Namen bezeichnet, während ein Element eines Arrays durch einen Ausdruck (den Index) bezeichnet wird.

Im **Debugger** werden die Elemente einer Variablen eines Klassentyps im Fenster *Auswerten/Ändern* und in der *Liste überwachter Ausdrücke* wie bei einem Initialisierungsausdruck mit geschweiften Klammern zusammengefasst:

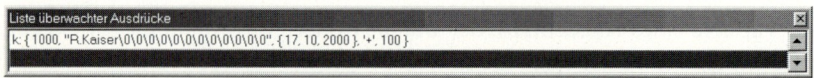

In der Online-Hilfe zum Stichwort „Formatbezeichner" werden zahlreiche Formatangaben beschrieben, mit denen man die Darstellung der angezeigten Ausdrücke steuern kann. Gibt man z.B. nach dem Namen der Struktur ",r" an, werden außer den Werten auch die Namen der Elemente der Struktur angezeigt:

Dieselbe Darstellung erhält man, wenn man beim Hinzufügen eines Ausdrucks den RadioButton *Datensatz/Struktur* markiert:

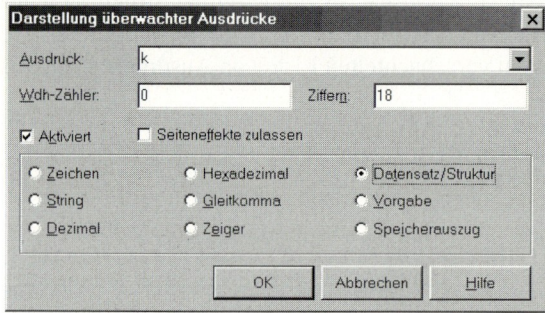

Anmerkung für Pascal-Programmierer: Den Strukturen von C++ entsprechen die Records von Pascal. In C++ gibt es keine Anweisung, die der *with*-Anweisung von Pascal entspricht.

Aufgaben 4.4.1

1. **Ein einfaches Programm zur Datenverwaltung**

   Schreiben Sie ein Programm, mit dem man Datensätze des in diesem Abschnitt vorgestellten Datentyps *CKontobewegung* ein- und ausgeben kann.

4.4 Strukturen und Klassen

Zur Verwaltung der Datensätze soll als Container ein *vector* der Standardbibliothek verwendet werden (siehe Abschnitt 4.2.2)

Dieses Programm soll etwa folgendermaßen aussehen:

Die Namen der Edit-Fenster sollen den Namen der Elemente der Struktur entsprechen, ebenso die Namen der Labels. Die Tab-Reihenfolge soll von oben nach unten laufen. Damit der Aufwand für diese Aufgabe nicht zu groß wird, kann auf Plausibilitätsprüfungen der Eingaben (z.B. mit einer Edit-Maske) verzichtet werden.

a) Schreiben Sie die beiden Funktionen:

```
CKontobewegung FormToKB()
{ // gibt die Werte des Formulars Form1 zurück
CKontobewegung K;
K.KontoNr = StrToInt(Form1->EKontoNr->Text);
// ... usw.
return K;
}

void KBToForm(CKontobewegung K)
{ // überträgt die Daten von K in das Formular Form1
Form1->EKontoNr->Text=IntToStr(K.KontoNr);
// ... usw.
}
```

Die erste soll die Daten aus den Edit-Feldern des Formulars als Funktionswert zurückgeben. Die zweite soll die Daten des Parameters K den Edit-Feldern des Formulars zuweisen. Zur Umwandlung des Datumsstrings in Ganzzahlwerte können Sie sich an Aufgabe 4.1.1 orientieren.

Damit der Datentyp *CKontobewegung* auch in anderen Programmen verwendet werden kann, soll er in einer eigenen Datei definiert werden (z.B. mit dem Namen „KBDecl.cpp" im Verzeichnis „\CppUtils"). Diese Datei soll dann in das aktuelle Projekt mit einer *include*-Anweisung eingebunden werden, z.B.

```
#include "\CppUtils\KBDecl.cpp"
```

Entsprechend sollen die Funktionen *KBToForm* und *FormToKB* in einer Datei mit dem Namen „KBForms.cpp" enthalten sein.

b) Beim Anklicken des Buttons mit der Aufschrift „Speichern" sollen die Daten der Eingabemaske unter Verwendung der Funktion *FormToKB* in den Container eingefügt werden.

c) Beim Anklicken des Buttons mit der Aufschrift „<" soll der Datensatz angezeigt werden, der sich im Container eine Position vor der des aktuell angezeigten Datensatzes befindet.

d) Beim Anklicken des Buttons mit der Aufschrift „>" soll der Datensatz angezeigt werden, der im Container auf den aktuell angezeigten Datensatz folgt.

e) Beim Anklicken der Buttons mit der Aufschrift „<<" bzw. „>>" soll der erste bzw. letzte Datensatz des Containers angezeigt werden.

f) Beim Anklicken des Buttons mit der Aufschrift „Löschen" soll der aktuell angezeigte Datensatz aus dem Container gelöscht werden.

g) Aktivieren bzw. deaktivieren Sie die Buttons mit der Aufschrift „<<", „<", „>", „>>" und „Löschen" in Abhängigkeit vom aktuellen Datenbestand im Container. Falls der Container leer ist, sollen alle diese Buttons deaktiviert werden. Andernfalls:

   – Die Buttons << und >> sollen immer aktiviert sein.
   – Falls vor dem aktuell angezeigten Datensatz kein weiterer kommt, soll der Button < deaktiviert sein und andernfalls aktiviert.
   – Falls nach dem aktuell angezeigten Datensatz kein weiterer kommt, soll der Button > deaktiviert sein und andernfalls aktiviert.

Fassen Sie die Aktivierung und Deaktivierung der Buttons in einer Funktion *EnableButtons* zusammen. Diese kann dann nach jedem Anklicken eines der Buttons aufgerufen werden.

h) Nach dem Einfügen oder Löschen eines Datensatzes werden die bisherigen Werte der Iteratoren des Containers ungültig. Damit der Iterator für die aktuelle Position auch nach einer dieser Operationen einen definierten Wert hat, soll er auf einen plausiblen Wert gesetzt werden. Beispielsweise wäre die Position des letzten Elements ein plausibler Wert nach dem Speichern eines Datensatzes. Nach dem Löschen kann der Datensatz nach dem gelöschten angezeigt werden.

4.4 Strukturen und Klassen

i) Geben Sie die Nummer des aktuell angezeigten Datensatzes auf einem Label an. Sie kann als Differenz des Iterators für die aktuelle Position und des Iterators für das erste Element bestimmt werden. Diese Differenz ist dann wie bei einer Subtraktion von Zeigern ein Ganzzahlwert.

2. Ein Datensatz zur Darstellung eines Girokontos soll die Elemente

   Adresse, Kontonummer, Kontostand und Kreditlimit

   enthalten. Die Adresse soll aus den Elementen

   Anrede, Vorname, Nachname, Postleitzahl, Ort, Straße, Hausnummer, Ausland, Vorwahl und Telefonnummer

   bestehen. Innerhalb der Adresse sollen die folgenden Felder zusammengefasst werden:

   Vor- und Nachname zu Name,
   PLZ bis Hausnummer zu Anschrift und
   Vorwahl und Telefonnummer zu Telefon.

   a) Stellen Sie diese Datenstruktur grafisch dar. Die Darstellung soll die Hierarchie der Elemente wiedergeben. Sie können sich dabei an der grafischen Darstellung einer Kontobewegung als Tabelle auf Seite 287 orientieren.
   b) Entwerfen Sie ein *struct*, das die Struktur dieses Datensatzes wiedergibt.

   Geben Sie an, wie die Elemente einer Variablen g dieses Strukturtyps angesprochen werden können, wenn die Variable

   c) allein unter ihrem Namen angesprochen wird,
   d) über einen Zeiger angesprochen wird.

3. Entwerfen Sie einen Datentyp, der eine Zeile der Bundesligatabelle darstellt. Datengruppen, die in der Tabelle durch Überschriften gekennzeichnet sind, sollen als Ganzes angesprochen werden können.

Verein	Punkte	Tore	Heim	Auswärts
1 Hamburger SV	45:15	68:29	38:10	30:19
2 Werder Bremen	45:15	66:34	44:13	22:21
3 Bayern München	41:19	67:25	43:7	24:18
...				

4.4.2 Verkettete Listen

In Programmiersprachen, die über keine Containerklassen wie die von Abschnitt 4.3 verfügen, sind Arrays oft die einzigen Container, in denen man mehrere Elemente speichern und verwalten kann. Allerdings hat man mit einem Array oft das Problem, dass man die Anzahl seiner Elemente immer schon zum Zeitpunkt der Kompilation oder beim Anlegen mit *new* festlegen muss. Wenn man die notwendige Größe zu diesem Zeitpunkt noch nicht kennt, muss man eine maximal mögliche Größe reservieren (falls man die überhaupt kennt). Das kann dazu führen, dass man mehr oder weniger **Speicherplatz** reserviert als tatsächlich benötigt wird.

Diesen Nachteil kann man mit verketteten Listen vermeiden. Eine solche Liste besteht aus Strukturen, die einen oder mehrere Zeiger auf sich selbst enthalten. Diese Strukturen werden auch als **Knoten** bezeichnet. Außer dem Zeiger enthält ein Knoten noch weitere Datenfelder mit den so genannten Nutzdaten. Auch die vordefinierten Containerklassen von Abschnitt 4.3 sind intern verkettete Listen.

Beispiel: Der Knoten *list_node* enthält den Zeiger *next* auf das nächste Element und die Nutzdaten *data*:

```
typedef AnsiString T;// Datentyp der „Nutzdaten"

struct list_node {
  T data;                // die "Nutzdaten"
  list_node* next;
};
```

Erzeugt man jetzt (z.B. mit *new*) mehrere Variablen des Datentyps *list_node*, kann man in jedem Knoten dem Zeiger *next* die Adresse eines nächsten Knotens zuweisen und so eine verkettete Liste erzeugen:

In dieser Grafik soll der letzte Pfeil, der auf keinen Knoten zeigt, andeuten, dass der Wert des **Zeigers** *next* **undefiniert** ist. Allerdings kann man in dieser Kette von Knoten weder das erste noch das letzte Element der Liste erkennen. Deshalb spricht man das erste Element durch einen eigenen Zeiger an:

```
list_node* first; // Zeiger auf das erste Element
```

Im letzten Knoten kennzeichnet man den Zeiger auf den nächsten Knoten mit dem Wert 0. Grafisch wird dieser Wert oft durch einen schwarzen Punkt dargestellt:

●

Damit hat die **verkettete Liste** einen eindeutigen Anfang und ein eindeutiges Ende:

4.4 Strukturen und Klassen

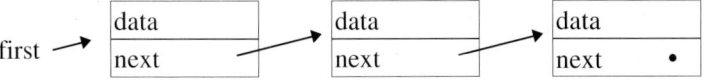

Betrachten wir nun etwas genauer, wie diese Datenstruktur mit den Definitionen

```
struct list_node { // Knoten einer verketteten Liste
  T data;          // T: der Datentyp der "Nutzdaten"
  list_node* next;
};
```

und der Variablen L

```
list_node* L; // Zeiger auf das erste Element
```

erzeugt werden kann:

1. Am Anfang soll die Liste leer sein. Das bringt man dadurch zum Ausdruck, dass L auf 0 und damit auf kein weiteres Listenelement zeigt:

   ```
   L=0;
   ```

   Diese Konstellation wird durch die folgende Grafik dargestellt:

   L ⟶ •

2. Neue Listenelemente werden dann zunächst einer Hilfsvariablen *tmp* des Datentyps *list_node* zugewiesen. Diese Hilfsvariable kann man mit

   ```
   list_node* tmp=new list_node;    // 2.1
   ```

   erzeugen. Dadurch ergibt sich:

   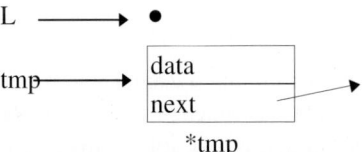

   Der Variablen *tmp* können Daten dann z.B. folgendermaßen zugewiesen werden:

   ```
   tmp->data = Form1->Edit1->Text; // 2.2
   ```

3. *tmp* kann durch die folgenden Anweisungen in die Liste L eingehängt werden:

```
tmp->next = L;    // 3.1: tmp->next erhält den Wert 0
L = tmp;          // 3.2: L erhält die Adresse von tmp
```

Damit ist die folgende Datenstruktur entstanden:

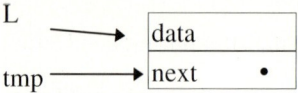

Die Reihenfolge, in der die Anweisungen 3.1 und 3.2 ausgeführt wurden, ist dabei wesentlich. Hätte man diese Reihenfolge vertauscht, d.h. durch

```
L = tmp;          // L erhält die Adresse von tmp
tmp->next = L;    // tmp->next zeigt jetzt auf *tmp
```

ersetzt, hätte man diese Struktur erhalten:

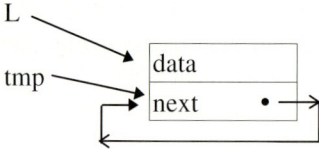

Das Ende der Liste ist jetzt nicht mehr durch eine Abfrage auf den Wert 0 erkennbar. Die so entstandene Struktur hat offensichtlich eine gewisse Analogie mit einer Endlosschleife.

Die Anweisungen unter 2. und 3. sind in der Funktion *insert* zusammengefasst:

```
void insert(list_node*& position, const T& data)
{ // hängt einen Knoten nach position in die Liste ein
list_node* tmp=new list_node;      // 2.1
tmp->data = data;                  // 2.2
tmp->next = position;              // 3.1
position = tmp;                    // 3.2
}
```

Hier wird der Parameter *position* als Referenz auf einen Zeiger übergeben, da er in der Funktion verändert wird. Vergisst man das Zeichen & für den Referenzparameter, wirkt sich die Zuweisung in der Funktion nur auf die lokale Kopie des Arguments aus und nicht auf das beim Aufruf übergebene Argument.

Ruft man *insert* mit einem Argument L für *position* auf, das auf einen Knoten zeigt,

4.4 Strukturen und Klassen

erhält man:

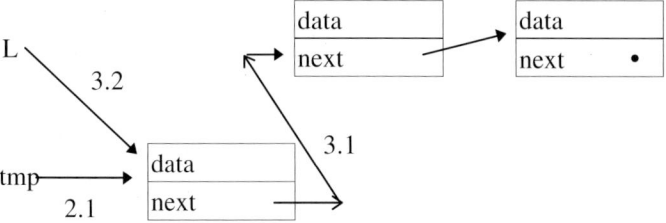

Auf diese Weise werden durch *insert(L, D)* neue Elemente auch in eine nichtleere Liste nach L eingehängt.

Die Funktionsweise von *insert* beruht vor allem darauf, dass eine mit *new* erzeugte Variable bis zum Aufruf von *delete* existiert.

- Sie existiert insbesondere unabhängig von dem Block, in dem sie erzeugt wurde. Deshalb existiert die mit

    ```
    tmp=new list_node;
    ```

    erzeugte Variable *tmp auch noch nach dem Verlassen der Funktion *insert*.

- Dagegen ist der Zeiger *tmp* eine „gewöhnliche" lokale Variable, deren Speicherplatz mit dem Verlassen des Blocks wieder freigegeben wird. Da aber die in *tmp* enthaltene Adresse dem Argument für den Parameter *position* zugewiesen wird, zeigt dieses Argument anschließend auf *tmp. Damit kann die lokal erzeugte dynamische Variable auch außerhalb des Blocks verwendet werden, in dem sie erzeugt wurde.

Listen, bei denen neue Elemente am Anfang eingehängt werden, bezeichnet man auch als „**Last-in-first-out**"-Listen (**LIFO**), da das zuletzt eingefügte Element am Anfang steht. Damit wird durch

```
list_node* first=0;

void __fastcall TForm1::LIFOClick(TObject *Sender)
{
insert(first, Edit1->Text);
}
```

eine solche LIFO-Liste aufgebaut. Der Zeiger *first* wird bei der Definition initialisiert.

LIFO-Listen können auch zur Implementation eines **Stacks** verwendet werden: Das „oberste" Element des Stacks entspricht dabei dem ersten Listenelement. Es ist das einzige, auf das ein direkter Zugriff möglich ist. Auf alle anderen Elemente der Liste kann man nur indirekt zugreifen.

Um alle Elemente einer **Liste** wieder **auszugeben**, kann man sich mit einer Hilfsvariablen *tmp* vom Anfang bis zum Ende durchhangeln:

```
void __fastcall TForm1::ShowListClick(TObject *Sender)
{
list_node* tmp=first;
while (tmp != 0)
  {
    Form1->Memo1->Lines->Add(tmp->data);
    tmp = tmp->next;
  }
}
```

Anstelle einer *while*-Schleife kann man auch eine *for*-Schleife verwenden:

```
for (list_node* tmp=first; tmp != 0; tmp = tmp->next)
   Form1->Memo1->Lines->Add(tmp->data);
```

Durch diese Funktion werden die Listenelemente in der Reihenfolge ausgegeben, in der sie sich in der Liste befinden. Da neue Elemente durch *LIFOClick* immer am Anfang eingehängt werden, werden die Listenelemente so in der umgekehrten Reihenfolge ausgegeben, in der sie eingegeben wurden.

Will man ein neues Element immer **am Ende** einer Liste **einhängen**, kann man sich jedesmal bis zum Ende der Liste durchhangeln und es dann dort einfügen. Das Durchhangeln ist jedoch zeitaufwendig und lässt sich vermieden, wenn man einen **Zeiger** *last* definiert, der immer **auf das letzte Element** der Liste zeigt:

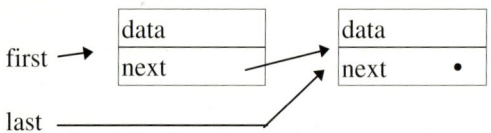

Ein neues Listenelement *tmp* wird dann durch die Anweisungen

```
last->next = tmp;      // 1.
tmp->next = 0;         // 2.
```

am Ende der Liste eingehängt. Mit

```
last = tmp;            // 3.
```

zeigt *last* anschließend wieder auf das jetzt letzte Element der Liste:

4.4 Strukturen und Klassen

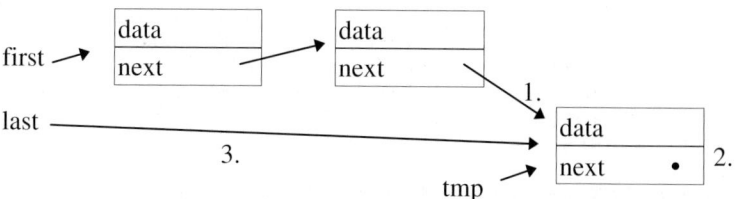

Diese Anweisungen werden durch die folgende Funktion zusammengefasst:

```
void insert_at_end(list_node*& last, T data)
// Fügt nach last einen neuen letzten Knoten in die
// Liste ein. Last zeigt anschließend auf diesen Knoten.
{
list_node* tmp = new list_node;
tmp->data = data;
last->next = tmp;   // 1.
tmp->next = 0;      // 2.
last = tmp;         // 3.
}
```

Allerdings funktioniert dieses Verfahren nur bei nichtleeren Listen. Wendet man es auf eine Liste an, die keine Elemente enthält,

first ⟶ •
last ⟶ •

dann ist in der Anweisung

```
last->next = tmp; // 1.
```

last->next nicht definiert und führt meist zu einer allgemeinen Schutzverletzung. Das Einfügen des ersten Elements in eine noch leere Liste muss deshalb gesondert behandelt werden. Dazu kann die Funktion *insert(first,...)* verwendet werden:

```
list_node* first = 0;
list_node* last = 0;

void __fastcall TForm1::FIFOClick(TObject *Sender)
{
if (last == 0)
   {
      insert(first, Form1->Edit1->Text);
      last = first;
   }
else insert_at_end(last, Form1->Edit1->Text);
}
```

Diese Anweisungen sind in der folgenden Funktion zusammengefasst:

```
void insert_list_node(list_node*& first,
                              list_node*& last, T data)
{ /* Erzeugt einen neuen Listen-Knoten und fügt diesen
     nach last ein. Last zeigt anschließend auf das
     letzte und first auf das erste Element der Liste. */
list_node* tmp=new list_node;
tmp->data = data;
tmp->next = 0;                     // 2.
if (last == 0) first = tmp;        // 3.2 von insert
else last->next = tmp;             // 1.
last = tmp;                        // 3.
}
```

Eine Liste, bei der Knoten am Ende eingehängt und am Anfang entnommen werden, bezeichnet man auch als „**First-in-first-out**"-Liste (**FIFO**) oder als **Queue**. FIFO-Listen werden oft zur Simulation von Warteschlangen verwendet. Solche Warteschlangen können sich bilden, wenn Ereignisse in der Reihenfolge ihres Eintreffens bearbeitet werden (Fahrkartenausgabe, Bankschalter, Kasse in einem Supermarkt usw.).

Im nächsten Beispiel wird eine aufsteigend **sortierte Liste** aufgebaut. Neue Elemente sollen an der Stelle in die Liste eingefügt werden, an die sie ihrem Ordnungsbegriff entsprechend gehören:

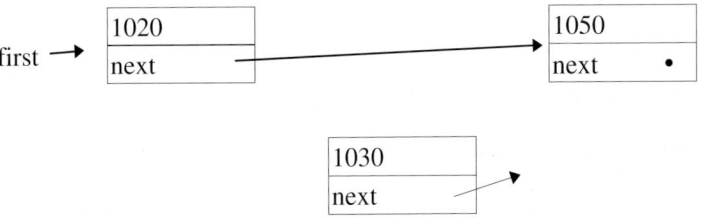

neues Listenelement mit dem Wert '1030'

Offensichtlich lässt sich dieses Einfügen einfach durch ein „Umhängen der Zeiger" erreichen:

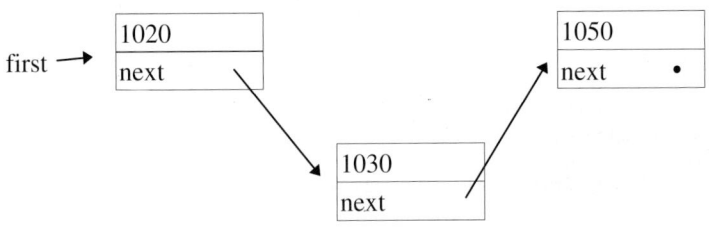

neues Listenelement mit dem Wert '1030'

Um die Position zu bestimmen, an der der neue Knoten einzufügen ist, kann man sich in einer nichtleeren Liste mit einer Hilfsvariablen p durch die Liste hangeln:

4.4 Strukturen und Klassen

```
list_node* p = first;
while (p->next != 0)
  if (p->next->data > data)
    p = p->next;
```

Der neue Knoten mit den Daten *data* ist dann unmittelbar nach *p->next* einzufügen, wenn gilt:

```
p->next->data > data
```

Dazu kann man die Funktion *insert(p->next, data)* verwenden. Durch diesen Aufruf wird ein neuer Knoten zwischen *p->next* und dem Knoten eingehängt, auf den *p->next* zeigt.

Diese Vorgehensweise ist jedoch nur dann möglich, wenn die folgenden Voraussetzungen erfüllt sind:

1. Damit

    ```
    while (p->next!=0)
    ```

    überhaupt definiert ist, muss p!=0 sein. Die Bedingung p==0 muss deshalb vor der Ausführung der Schleife geprüft werden. Wegen der Initialisierung

    ```
    p=first
    ```

    entspricht diese der Bedingung *first*==0 und damit einer leeren Liste. In diese wird ein neues Element eingefügt durch

    ```
    if (first==0) insert(first, data);
    ```

2. Durch die *while*-Schleife von oben wird ein Knoten immer nach der Position *p->next* eingefügt. Deshalb muss der Fall, dass der neue Knoten am Anfang einzufügen ist, ebenfalls vor der Schleife behandelt werden. Dieser Fall ist durch die Bedingung

    ```
    data < first->data
    ```

    gekennzeichnet. Der neue Knoten wird dann mit *insert* am Anfang eingefügt:

    ```
    else if (data < first->data ) insert(first,data);
    ```

3. Falls die Bedingung

    ```
    data < p->next->data
    ```

    nie eintritt, wird der neue Knoten durch die bisher betrachteten Anweisungen nicht in die Liste eingehängt. Diese Bedingung tritt aber genau dann nie ein, wenn kein Listenelement größer ist als das neue.

In diesem Fall ist das neue Element am Ende der Liste einzuhängen. Da man sich in der *while*-Schleife mit p bis auf das letzte Element durchgehangelt hat, kann man den neuen Knoten mit *insert(p->next, data)* einhängen.

Eine sortierte Liste durch also die folgende Funktion aufgebaut:

```
void insert_sorted_it(list_node*& first,T data)
{ // iterative Funktion zum Aufbau einer sortierten Liste
if (first == 0) insert(first,data);
else if (data < first->data ) insert(first,data);
else
  {
    list_node* p=first;
    bool eingehaengt = false;
    while ((p->next != 0) && (!eingehaengt))
      if (data < p->next->data)
        {
          insert(p->next,data);
          eingehaengt = true;
        }
      else p = p->next;
    if (!eingehaengt) insert(p->next,data);
  }
}
```

Im letzten *else*-Zweig der *if*-Anweisung von *insert_sorted_it* wird dieselbe Funktion *insert* ausgerufen wie in den ersten beiden Zweigen, nur mit *p->next* anstelle von *first*. Da p vor der Ausführung der *while*-Schleife den Wert *first* erhält und in der Schleife durch den jeweils nächsten Zeiger ersetzt wird, kann diese iterative Funktion durch die folgende rekursive ersetzt werden (zum Thema Rekursion siehe Abschnitt 6.5):

```
void insert_sorted_rec(list_node*& p, T data)
{ // rekursive Funktion zum Aufbau einer sortierten Liste
if (p == 0) insert(p,data);
else if (data < p->data) insert(p,data);
else insert_sorted_rec(p->next,data);
}
```

Wie man sieht, ist die rekursive Version wesentlich kürzer als die iterative. Das zeigt sich nicht nur beim sortierten Einfügen: Rekursive Funktionen eignen häufig gut Bearbeitung rekursiver Datenstrukturen.

Als Nächstes soll eine Funktion vorgestellt werden, mit der ein Knoten aus einer Liste „ausgehängt" werden kann:

4.4 Strukturen und Klassen

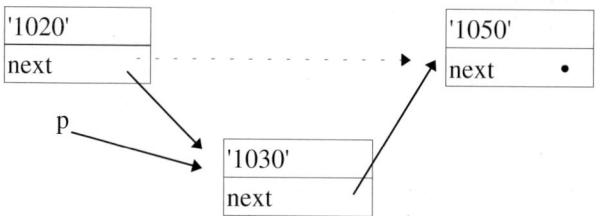

Der auf p folgende Knoten wird offensichtlich einfach durch ein Umhängen der Zeiger aus der Liste entfernt:

```
p = p->next;
```

Allerdings wird so der von *p belegte Speicher nicht freigegeben. Dazu muss man *delete* aufrufen:

```
void erase(list_node*& position)
{ // list.h
if (position==0) return; // oder Fehlermeldung
list_node* tmp = position;
position = position->next;
delete tmp;
}
```

Der von den Knoten einer verketteten Liste belegte Speicherplatz wird durch die folgende Funktion wieder freigegeben:

```
void clear(list_node*& first, list_node*& last)
{ // list.h
while (first!=0) erase(first);
last=0;
}
```

Vergleich von Arrays, sequenziellen Containern und verketteten Listen

Nachdem wir inzwischen drei verschiedene Container mit ähnlichen Möglichkeiten kennen gelernt haben, sollen ihre Vor- und Nachteile kurz verglichen werden

- Die Größe eines Arrays muss zum Zeitpunkt der Kompilation oder beim Anlegen mit *new* festgelegt werden. Wenn man zu diesem Zeitpunkt aber noch nicht weiß, wie viel **Speicherplatz** zur Laufzeit benötigt wird, reserviert man eventuell zu viel oder zu wenig. Den Speicherplatz für dynamische Datenstrukturen kann man dagegen bei Bedarf reservieren und wieder freigeben.
- Für eine mit *new* erzeugte Variable ist neben dem Speicherplatz für die eigentlichen „Nutzdaten" noch **Speicherplatz für die Adresse** (im Zeiger) notwendig. Speichert man eine Folge von kleinen Datensätzen (z.B. einzelne Zeichen) in einer verketteten Liste, kann das mit einem beträchtlichen Overhead verbunden sein. Die Adresse eines Arrayelements wird dagegen über den Index berechnet und belegt deshalb keinen eigenen Speicherplatz.

- Der **Zugriff auf das n-te Element** eines Arrays ist einfach über den Index möglich. Da man auf das n-te Element einer verketteten Liste in der Regel keinen direkten Zugriff hat, muss man sich zu diesem meist relativ zeitaufwendig durchhangeln. Obwohl die Containerklasse *vector* intern als verkettete Liste realisiert ist, kann man auf das n-te Element eines *vector* mit dem Indexoperator zugreifen.
- Will man in eine **sortierte Folge von Daten** neue Elemente einfügen bzw. entfernen, ohne die Sortierfolge zu zerstören, muss man in einer verketteten Liste nur die entsprechenden Zeiger umhängen. In einem Array müssen dagegen alle folgenden Elemente verschoben werden.

Offensichtlich kann man nicht generell sagen, dass einer dieser Container besser ist als die anderen. Vielmehr muss man in jedem Einzelfall den jeweils besten auswählen. Oft ist aber ein *vector* am einfachsten zu verwenden und hat keine Nachteile, die gegen seinen Einsatz sprechen (siehe auch den Vergleich von Arrays und Containern der Standardbibliothek auf Seite 277).

Aufgabe 4.4.2

Schreiben Sie ein Programm, das Strings aus einem Edit-Fenster in eine verkette Liste einhängt:

- Beim Anklicken eines Buttons mit der Aufschrift *ListInsert* soll der Text aus einem Edit-Fenster in eine verkette Liste am Ende eingehängt werden.
- Beim Anklicken eines Buttons mit der Aufschrift *ShowList* sollen die Strings der Liste in einem Memo angezeigt werden.
- Beim Anklicken eines Buttons mit der Aufschrift *ClearMem* soll der gesamte von der verketteten Liste belegte Speicherplatz wieder freigegeben werden.

4.4.3 „Memory leaks" und die Überwachung des Heap ⊕

Wenn der Speicherplatz für eine dynamisch erzeugte Variable nicht mehr benötigt wird, sollte man ihn wieder freigeben, da sonst unnötig Speicher reserviert wird (**memory leak**). Vergisst man die Freigabe in häufig ausgeführten Programmteilen, kann das zur Folge haben, dass die Auslagerungsdatei immer größer und das Programm immer langsamer wird. Genau genommen ist eine solche Nicht-Freigabe immer ein Programmfehler, auch wenn er nicht so gravierend ist wie ein Programmabsturz und eventuell nicht einmal bemerkt wird.

Vor allem in Programmen mit vielen dynamisch erzeugten Variablen sieht man nicht immer auf Anhieb, ob ihr Speicherplatz auch tatsächlich wie beabsichtigt wieder freigeben wird. Dann kann eine Prüfung mit der im C++Builder vordefinierten Funktion *GetHeapStatus* nützlich sein. Sie liefert eine Struktur des Datentyps *THeapStatus* zurück, die unter anderem das Datenfeld *TotalAllocated* enthält. Dieses Feld enthält die Anzahl der aktuell auf dem Heap reservierten

4.4 Strukturen und Klassen

Bytes, wenn beim Linken des Programms unter *Projekt|Optionen|Linker* das Feld „Dynamische RTL verwenden" nicht markiert ist. Für weitere Informationen wird auf die Online-Hilfe verwiesen.

Die folgende Funktion gibt die Anzahl der seit ihrem ersten Aufruf auf dem Heap zusätzlich reservierten Bytes als String zurück:

```
AnsiString bytes_allocated_on_heap()
{//Projektoptionen Linker:Ohne "Dynamische RTL" notwendig
static bool first_call=true;
static THeapStatus f;
THeapStatus  akt=GetHeapStatus();
if (first_call)
   {
     f=akt;
     first_call=false;
   }
return "Bytes allocated on heap: "+
            IntToStr(akt.TotalAllocated-f.TotalAllocated);
}
```

Hier wird die Differenz zum Wert beim ersten Aufruf ausgegeben, weil es nicht sinnvoll ist, den aktuellen Wert mit dem beim Programmstart oder beim Aufruf von *FormCreate* zu vergleichen. Da ein Programm selbst Daten dynamisch anlegt, erhält man immer „krumme" Werte, denen man nicht sofort ansieht, ob der inzwischen reservierte Speicher tatsächlich wieder freigegeben wurde.

Die Funktion *MemTest* zeigt den auf dem Heap zusätzlich reservierten Speicher an, nachdem mit *LIFOInsertClick* Elemente in eine Liste eingefügt wurden. Wenn am Schluss der Wert 0 angezeigt wird, wurde der gesamte auf dem Heap reservierte Speicher mit *clear* wieder freigegeben:

```
void MemTest(int id, int n)
{
Form1->Memo1->Lines->Add(bytes_allocated_on_heap());
for (int i=0; i<n; i++)
  Form1->LifoInsertClick(Form1);
Form1->Memo1->Lines->Add(bytes_allocated_on_heap());
clear(first,last);
Form1->Memo1->Lines->Add(bytes_allocated_on_heap());
}
```

Ab der Version 5 des C++Builders wird mit der Professional- und Enterprise-Ausgabe **CodeGuard** ausgeliefert. Nach einer Aktivierung unter *Projekt|Optionen|CodeGuard* erkennt CodeGuard memory leaks und andere Laufzeitfehler und zeigt sie in einem Fenster an. Außerdem werden sie in eine Protokolldatei mit dem Projektnamen und der Endung „cgl" (also z.B. „Project1.cgl") geschrieben. Die Konfiguration erfolgt unter *Tools|Konfiguration von CodeGuard*.

Aufgabe 4.4.3

Prüfen Sie, ob in der Aufgabe 4.4.2 beim Aufruf von *clear* tatsächlich der gesamte für die Liste belegte Speicherplatz wieder freigegeben wird. Verwenden Sie dazu CodeGuard, falls der in Ihrer Version des C++Builders enthalten ist. Andernfalls können Sie die Funktion *bytes_allocated_on_heap* verwenden.

4.4.4 Datenstrukturen mit generischen Zeigern ⊕

Mit einer Funktion wie

```
void insert(list_node*& position,const T& data)
```

kann man nur solche Knoten in eine Liste einfügen, die den Datentyp *list_node* haben. Listen, deren Nutzdaten einen anderen Datentyp haben, erfordern eigene Funktionen, die sich lediglich im Datentyp der Knoten unterscheiden. Zwar sind die Anweisungen in allen diesen Funktionen dieselben. Da aber alle Funktionen verschiedene Parameterlisten haben, lassen sich so keine allgemeinen Bibliotheken für beliebige Datentypen erstellen. Bei einer größeren Anzahl verschiedener Knotentypen kann es recht mühsam werden, dieselben Algorithmen mehrfach redundant zu verwalten.

Die vielen verschiedenen Varianten für solche Funktionen kann man sparen, wenn man verkettete Listen mit dem so genannten generischen Zeigertyp realisiert. Dieser Datentyp ist mit allen Zeigertypen kompatibel und kann deshalb Zeiger auf beliebige Datentypen enthalten. In einem solchen Knoten speichert man dann als Nutzdaten nicht die Daten, sondern nur deren Adresse. Wie die folgenden Ausführungen zeigen, ist die Arbeit mit generischen Zeigern aber nicht ohne Risiko.

Datenstrukturen mit generischen Zeigern werden in Programmiersprachen, die keine Templates kennen, oft für Bibliotheken mit verketteten Listen usw. verwendet. Da C++ mit Templates eine einfache und sichere Möglichkeit bietet, die damit verbundenen Probleme zu vermeiden, sollte man in C++ Templates oder eine vordefinierte **Containerklasse der Standardbibliothek bevorzugen**.

In C bzw. C++ ist der generische Zeigertyp *void**. Da man Datenstrukturen mit generischen Zeigern in vielen Programmiersprachen und oft auch noch in älteren C++- und C-Programmen findet, sollen sie an einem Beispiel mit einer verketteten Liste illustriert werden:

```
struct Glist_node {//Knoten für Liste mit gener. Zeigern
  void* data; // Zeiger auf die Datenwerte
  Glist_node* next;
};
```

4.4 Strukturen und Klassen

Die Anweisungen in den Funktionen zur Bearbeitung solcher Knoten sind identisch mit den oben angegebenen:

```
void insert(Glist_node*& position, void* data)
{ // hängt einen Knoten nach position in die Liste ein
  Glist_node* tmp=new Glist_node;   // 2.1
  tmp->data = data;                 // 2.2
  tmp->next = position;             // 3.1
  position = tmp;                   // 3.2
}
```

Mit dieser Funktion werden in eine verkettete Liste Adressen von Daten eines beliebigen Datentyps eingefügt. Anstelle von Werten des Datentyps *int* kann man auch die Adressen eines beliebigen anderen Datentyps verwalten:

```
Glist_node* g=0;
int* pi=new int(17);
insert(g,pi);
pi=new int(18);
insert(g,pi);
```

Bei der Arbeit mit Datenstrukturen, die nur die Adressen und nicht die eigentlichen Daten enthalten, ist allerdings besondere Vorsicht geboten. Da der Datentyp *void** zu jedem Zeigertyp kompatibel ist, muss der Datentyp der in die Liste eingefügten Knoten mit dem aus der Liste gelesenen Datentyp identisch sein:

```
for (Glist_node* i=g; i!=0; i=i->next)
  {
    int* d=(int*)i->data;
    Form1->Memo1->Lines->Add(*d);
  }
```

Die Daten in den Knoten lassen sich in jeden beliebigen anderen Datentyp konvertieren, ohne dass der Compiler vor einer falschen Konversion warnen kann. Das hat dann meist eine allgemeine Schutzverletzung zur Folge:

```
for (Glist_node* i=g; i!=0; i=i->next)
  {
    double* d=(double*)i->data;
    Form1->Memo1->Lines->Add(*d);
  }
```

4.4.5 Mit *union* definierte Klassen ⊕

Das Schlüsselwort *union* kann im Wesentlichen wie *struct* verwendet werden. Während aber alle Datenelemente einer Struktur aufeinander folgende und sich nicht überlappende Speicherbereiche belegen, beginnen die Speicherbereiche aller Elemente einer *union* an der derselben Adresse und überlappen sich also. Die Größe einer Union ergibt sich aus dem Speicherplatzbedarf der größten Variante.

Jedes Element einer *union* kann wie ein Element eines *struct* unter seinem Namen angesprochen werden. Der Compiler interpretiert dann den Speicherbereich, den das Element belegt, mit dem Datentyp des Elements. Die Variable u

```
union {
  double d;
  unsigned char c[sizeof(double)];
} u;
```

hat also die Elemente *u.d* und *u.c*. Der Datentyp von *u.d* ist *double*, und *u.c* ist ein Array mit 8 Elementen des Datentyps *unsigned char*. Da beide Elemente denselben Speicherbereich belegen, wird dieser durch *u.d* als *double* und durch *u.c* als Array interpretiert. Mit der Variablen u kann man also die einzelnen Bytes einer *double*-Variablen ansprechen. Wie in diesem Beispiel werden Unions oft verwendet, denselben Speicherbereich verschieden zu interpretieren.

Damit lassen sich Typprüfungen eines Compilers umgehen. Die folgenden Anweisungen ersetzen das siebte Byte von u.d durch das Bitmuster der Binärdarstellung von 100:

```
u.d=3.14;
u.c[7]=100;   // u.d=7.76617460625548E173
```

Da sich so völlig undurchschaubare Ergebnisse erzielen lassen, sollte man solche Konstruktionen vermeiden. Es gibt aber auch sinnvolle Anwendungen von Unions. Dazu zwei Beispiele:

1. Falls die verschiedenen Varianten einer *union* inhaltlich zusammenpassen, kann es bequem und risikolos sein, denselben Speicherbereich unter verschiedenen Namen anzusprechen. Der C++Builder verwendet Unions unter anderem im Datentyp *TRect*.

    ```
    struct TRect {
      // ...
      union {
        struct {
          POINT TopLeft;
          POINT BottomRight;
        };
        struct {
          int Left;
          int Top;
          int Right;
          int Bottom;
        };
      };
    };
    ```

    Hier ist *POINT* etwa folgendermaßen definiert:

4.4 Strukturen und Klassen

```
struct POINT {
  LONG x;
  LONG y;
};
```

Bei einer Variablen r des Datentyps *TRect* kann ein Rechteck entweder durch die zwei Punkte *r.TopLeft* und *r.BottomRight* (vom Typ *POINT*) oder durch die vier Zahlen *r.Left*, *r.Top* usw. beschrieben werden:

```
TRect r;
r.Left=17;
r.Top=18;    // r.TopLeft.x=17, r.TopLeft.y=18

POINT p={19,20};
r.BottomRight=p;  // r.Right=19, r.Bottom=20
```

2. Falls verschiedene Datenelemente nicht gleichzeitig vorkommen können, kann man sie in eine Union aufnehmen. Dadurch wird im Vergleich zu einer Struktur, die alle Elemente enthält, Speicherplatz gespart.

Diese Situation wäre z.B. bei einer Bank gegeben, die ihre Konten in Firmenkonten, Privatkonten und Mitarbeiterkonten unterteilt, und diese Konten Daten enthalten, die für die jeweilige Kontenart spezifisch sind, wie etwa

für Firmenkonten:	Branche Rechtsform Eigenkapital
für Privatkonten:	keine weiteren Daten
für Mitarbeiterkonten:	Abteilung Position

Würde man jetzt alle diese Daten in jedem Datensatz speichern, wäre das eine Verschwendung von Speicherplatz, da in jedem Datensatz immer nur ein Teil der Daten notwendig ist und der Rest nicht benutzt wird. Mit einer Union können die verschiedenen, sich gegenseitig ausschließenden Varianten auf denselben Speicherbereich gelegt werden. Damit man erkennen kann, welche Variante der Union gemeint ist, führt man ein **Erkennungsfeld**, in das man dann schreibt, welche Variante gültig ist.

Die Struktur *CKonto* enthält zunächst Daten, die in allen Kontenarten enthalten sind (*Kontonr*, *Kontostand* usw.). Im Erkennungsfeld *Kontenart* steht dann, welche der folgenden Varianten gültig ist:

```
enum TKontenart {kaFirma,kaMitarbeiter,kaPrivat};
struct CKonto {
  int Kontonr;
  double Kontostand;
  double Kreditlimit;
  TKontenart Kontenart; // Erkennungsfeld
  union {
    struct {  // Firmenkonto
      char Branche[20]; // string geht nicht in
      char Rechtsform;                // union
      double Eigenkapital;
    };
    struct { // Mitarbeiterkonto
    int Abteilung;
    char Position[20];
    };
  };
} k;
```

Zur Bearbeitung solcher Unions bietet sich eine Fallunterscheidung über das Erkennungsfeld an, z.B. mit einer *if-* oder *switch*-Anweisung. Im jeweiligen Zweig spricht man dann nur die jeweils definierten Elemente an.

```
if (k.Kontenart==kaFirma)
  {
    strcpy(k3.Branche,"Banküberfälle");
    k.Rechtsform='G';
    k.Eigenkapital=-1000;
  }
else if (k.Kontenart==kaMitarbeiter)
  {
    strcpy(k3.Position,"Indianer")
    k.Abteilung=17;
  }
else if (k.Kontenart==kaPrivat)
  { // ...
  }
```

Der Datentyp der Elemente einer *union* ist keinen Einschränkungen unterworfen, außer der, dass er keine Klasse mit nichttrivialen Konstruktoren sein darf. Da die Klasse *AnsiString* solche Konstruktoren hat, ist die folgende Definition nicht zulässig:

```
union {     // AnsiString hat nichttriviale Konstruktoren
  AnsiString s;// Fehler: Union-Element ::s ist vom Typ
} u;                      // Klasse mit Konstruktor
```

Da der Compiler zum Zeitpunkt der Kompilation nicht entscheiden kann, welche Variante zur Laufzeit des Programms gültig ist, kann der Feldname jeder einzelnen Variante zum Zeitpunkt der Kompilation angesprochen werden. Deswegen müssen die Namen aller Datenfelder in allen Varianten verschieden sein.

Anmerkung für Pascal-Programmierer: Den Unions entsprechen in Pascal die Records mit Varianten. Die Verwendung eines Erkennungsfelds ist der Normalfall: Es wird nach *case* im Record angegeben. Wenn man es auslassen will, gibt man nur einen Datentyp an.

4.4.6 Die Datentypen *TVarRec* und *Variant* ⊕

Die Ausführungen von Abschnitt 4.4.5 betreffen den C++-Standard. Die folgenden betreffen Erweiterungen unter Windows bzw. dem C++Builder. Diese sind im Wesentlichen dadurch gekennzeichnet, dass der Compiler den Datentyp einer Variablen in ein Erkennungsfeld einer Union schreibt.

In „include\vcl\systvar.h" ist die Klasse *TVarRec* im Wesentlichen so definiert:

```
struct TVarRec
{
  union {
    Integer       VInteger;     Boolean      VBoolean;
    Char          VChar;        PExtended    VExtended;
    PShortString  VString;      Pointer      VPointer;
    PChar         VPChar;       TObject*     VObject;
    TClass        VClass;       WideChar     VWideChar;
    PWideChar     VPWideChar;   Pointer      VAnsiString;
    PCurrency     VCurrency;    PVariant     VVariant;
  };
  Byte VType;
}
```

Eine Variable v dieses Datentyps kann Werte verschiedener Datentypen darstellen wie z.B.:

```
v.VInteger:   int   // Integer: ein anderer Name für int
v.VBoolean:   bool  // Boolean: ein anderer Name für bool
v.VChar:      char  // Char ein anderer Name für char
```

Den Datentyp des dargestellten Wertes schreibt der Compiler dann in das Element *VType*:

```
TVarRec v=17;    // v.VType=vtInteger=0
v="abc";         // v.VType=vtPChar=6
```

Der Datentyp *TVarRec* wird vor allem für **typvariante offene Arrayparameter** verwendet, mit denen Parameter eines dieser Datentypen an Funktionen übergeben werden können. In Delphi werden typvariante offene Arrayparameter in der formalen Parameterliste durch den Datentyp **array of const** bezeichnet. Der C++-Builder verwendet offene Arrayparameter unter anderem für die folgenden vordefinierten Funktionen, die auch schon am Ende von Abschnitt 4.1.3 vorgestellt wurden:

*AnsiString **Format**(const AnsiString Format, const TVarRec *Args,*
                                                const int Args_Size);
    *void **FmtStr**(AnsiString &Result, const AnsiString Format,*
                          *const TVarRec * Args, const int Args_Size);*

Mit dem vordefinierten Makro OPENARRAY kann man im C++Builder Ausdrücke des Datentyps *TVarRec** erzeugen. Die maximale Anzahl der Argumente ist auf 19 begrenzt. Diese Funktion kann man folgendermaßen verwenden:

```
AnsiString s;
s=Format("%d+%x=%g",OPENARRAY(TVarRec,(17,17,34.0)));
```

Die Funktion *toStr* soll lediglich zeigen, wie man diese Typinformationen in einem *TVarRec* auch in eigenen Funktionen verwenden kann.

```
AnsiString toStr(TVarRec t[], int n)
{
if (n!=0) return "Fehler";
char BoolChars[]={'F','T'};
switch (t[0].VType)
  {
  case vtInteger:  return IntToStr(t[0].VInteger);
  case vtBoolean:  return BoolChars[t[0].VBoolean];
  case vtChar:     return t[0].VChar;
  case vtExtended: return FloatToStr(*(t[0].VExtended));
  default: return "Fehler";
  }
}
```

Da der Aufruf von Funktionen mit offenen Arrayparametern aber relativ umständlich ist, werden solche Funktionen eher selten verwendet.

```
AnsiString s=toStr(OPENARRAY(TVarRec,(17)));
```

Der Datentyp *Variant*, der von Windows vor allem für „Object Linking and Embedding" (OLE) verwendet wird, ist ähnlich aufgebaut wie *TVarRec*. Eine Variable dieses Datentyps kann Werte verschiedener Datentypen darstellen, wobei die Verwaltung der aktuellen Variante automatisch zur der Laufzeit erfolgt.

Beispiel:
```
Variant v = 1;
        v = "String";
        v = true;     // boolescher Wert
        v = Now();    // aktuelles Datum
```

Obwohl Variablen des Datentyps *Variant* sehr flexibel sind, ist die Verwendung „normaler" typgebundener Variablen meist vorzuziehen, da sie weniger Speicherplatz belegen und oft wesentlich schneller sind (z.B. um den Faktor 10). Der Datentyp *Variant* ist vor allem für Datenbankfelder oder für OLE-Automatisierungsobjekte sinnvoll (z.B. in Abschnitt 4.5.2).

4.4.7 Bitfelder ⊕

Wenn man bei der Definition eines Datenelements in einer Klasse nach seinem Namen und einem Doppelpunkt einen konstanten Ausdruck angibt, ist das Datenelement ein Bitfeld:

identifier $_{opt}$ **:** *constant-expression*

In einem Bitfeld wird nur die in dem konstanten Ausdruck angegebene Anzahl von Bits für das jeweilige Datenelement verwendet. Als Datentypen sind Ganzzahl- oder Aufzählungstypen zulässig. Lässt man den Bezeichner aus, erhält man ein namenloses Bitfeld. Es belegt die angegebene Anzahl von Bits, die aber nicht angesprochen werden können.

Beispiel: In der Struktur S werden die ersten 7 Bits für das Alter reserviert, das nächste Bit für das Geschlecht usw.:

```
struct S {
  unsigned int Alter:7;       // 0..127, müsste reichen
  unsigned int Geschlecht:1;  // 0: W, 1: M
  unsigned int Geburtstag:5;  // 0..31;
  unsigned int Geburtsmonat:4; // 0..15;
  unsigned int Geburtsjahr:12; // 0..2047;
} s; // sizeof(S)=4
```

Eine Variable des Datentyps S belegt 4 Bytes. Wären die Datenfelder keine Bitfelder, würde sie 20 Bytes belegen.

Offensichtlich kann man mit Bitfeldern **Speicherplatz sparen**. Allerdings ist der Zugriff auf ein Bitfeld meist **zeitaufwendiger** als der Zugriff auf ein Datenfeld, das kein Bitfeld ist. Bei einigen Tests lag der zusätzliche Zeitaufwand bei ca. 50% (*Projekt|Option*: Voll-Debug) und ca. 300% (*Projekt|Option*: Endgültig).

Die einzelnen Bitfelder werden von rechts nach links zugeordnet. Für die Struktur S aus dem letzten Beispiel ergibt sich das folgende Layout:

Feld	Geburtsjahr	Geburtsmonat	Geburtstag	Geschlecht	Alter
Bits	28-17	16-13	12-8	7	6-0

Deshalb erhält man mit der nächsten Zuweisungen für u.i den Wert 256:

```
union U {
  S s;
  int i;
} u;

u.s.Geburtstag=1; // u.i=2^8
```

Bei der Verwendung von Bitfeldern ist zu beachten, dass ihnen nur Werte im zulässigen Bereich zugewiesen werden. Der Compiler gibt keine Warnung oder Fehlermeldung aus, falls die Werte außerhalb dieses Bereichs liegen:

```
s.Alter=1000;  // keine Warnung, s.Alter=1000%128;
s.test=1;      // s.test=-1;
```

Der Wert -1 für *s.test* ergibt sich hier deswegen, weil eine Zahl mit Vorzeichen in n Bits (Zweierkomplement) die Werte $-2^{n-1} .. 2^{n-1}-1$ darstellen kann. Mit einem Bit erhält man so den Bereich $-1 .. 0$.

Bitfelder werden vor allem in der Systemprogrammierung oder in der hardwarenahen Programmierung eingesetzt, wenn mehrere Bits in einem Byte eine gemeinsame Bedeutung haben. Win32 verwendet Bitfelder z.B. in der Datenstruktur *DCB*, die die Einstellungen für eine serielle Schnittstelle enthält:

```
typedef struct _DCB { // Aus Win32.hlp, nur ein Auszug
   DWORD DCBlength;            // sizeof(DCB)
   DWORD BaudRate;             // current baud rate
   DWORD fBinary: 1;           // binary mode, no EOF check
   DWORD fParity: 1;           // enable parity checking
   DWORD fOutxCtsFlow:1;       // CTS output flow control
   DWORD fOutxDsrFlow:1;       // DSR output flow control
   DWORD fDtrControl:2;        // DTR flow control type
   ...
} DCB;
```

Aufgabe 4.4.7

Entwerfen Sie eine Datenstruktur, mit der man die Datenfelder m (Mantisse), e (Exponent) und s (Vorzeichen) einer Gleitkommazahl im Format *double*

Mantisse m	Exponent e	s
0 (Positionen der Bits)	51 52 62	63

direkt ansprechen kann. Schreiben Sie eine Funktion, die das Bitmuster einer als Parameter übergebenen Zahl ausgibt. Zum Test können Sie die Zahl 0.1 (siehe Seite 148) verwenden. Geben Sie das Bitmuster der Zahl 1.0 und der Summe einer zehnfachen Additon von 0.1 aus (siehe auch Seite 155).

4.5 Einige Klassen der VCL

Die „Visual Component Library" (VCL) ist die Klassenbibliothek des C++Builders. Sie enthält neben den Klassen für die visuellen Komponenten zahlreiche weitere, die oft einfachere Lösungen als die Systemfunktionen von Windows

4.5 Einige Klassen der VCL

ermöglichen. Einige dieser Klassen werden jetzt vorgestellt. Dabei geht es um Grafik, die Steuerung von Microsoft Office Anwendungen, Internet, die visuelle Gestaltung von Ausdrucken, Datentypen für kaufmännische Rechnungen, Kalenderdatum und Uhrzeit.

4.5.1 Ein wenig Grafik: *TCanvas*, *TImage* und *TPrinter* ⊕

Wie schon in den Abschnitten 2.13 und 4.2.7 angesprochen wurde, besitzen die Komponenten *TBitmap*, *TForm*, *TImage*, *TPaintBox*, *TPrint* eine Eigenschaft *Canvas*, die eine Zeichenfläche darstellt.

Da auch ein Formular die Eigenschaft *Canvas* besitzt, kann man auch auf ein **Formular** zeichnen. Das ist aber meist **nicht empfehlenswert**, da ein Formular nicht automatisch neu gezeichnet wird, wenn es durch ein anderes Fenster verdeckt war und wieder in den Vordergrund kommt. Will man auch in diesem Fall wieder ein Bild, muss man es als Reaktion auf das Ereignis **OnPaint** neu zeichnen. Diesen Nachteil hat ein *Image* (Datentyp *TImage*, Seite *Zusätzlich* in der Komponentenpalette) nicht. Deshalb sollte man für die Darstellung von Bildern in der Regel die Eigenschaft *Canvas* eines *Image* und nicht die eines Formulars verwenden.

Die Farbe der Punkte dieser Zeichenfläche kann man über die Array-Eigenschaft **Pixels** setzen oder lesen:

   *__property TColor **Pixels**[int X][int Y];*

Dabei sind X und Y die Koordinaten eines Pixels. Die Koordinaten in einem Formular sind links oben durch (0,0) und rechts unten durch (*ClientWidth*–1, *ClientHeight*–1) gegeben.

Durch die nächste Anweisung erhält das Pixel mit den Koordinaten (px, py) die Farbe rot, wenn dieser Punkt im sichtbaren Bereich des zugehörigen *Image* ist (0 <= px < *Image1->ClientWidth–1* und 0 <= py < *Image1->ClientHeight–1*):

```
Image1->Canvas->Pixels[px][py] = clRed;
```

Falls unter Windows (*Systemsteuerung|Anzeige|Einstellungen*) für den Bildschirm mehr als 256 Farben eingestellt sind, kann man eine Farbe als beliebige Kombination der Intensität von Rot-, Grün- und Blauanteilen definieren. Diese Farbanteile sind die letzten 3 Bytes in einem 4 Bytes breiten Farbwert. Bezeichnet man diese Anteile mit R, G und B (im Bereich von 0..255 dezimal oder 0..FF hexadezimal), setzt sich der Farbwert folgendermaßen aus diesen Farbanteilen zusammen:

   TColor color = 0RGB; // R, G und B je ein Byte

Im Hexadezimalsystem kann man diese Anteile direkt angeben:

```
Image1->Canvas->Pixels[px][py]=0x00000000; // schwarz
Image1->Canvas->Pixels[px][py]=0x000000FF; // blau
Image1->Canvas->Pixels[px][py]=0x0000FF00; // grün
Image1->Canvas->Pixels[px][py]=0x00FF0000; // rot
```

Mit dem Makro *RGB* kann man die Farbanteile dezimal angeben:

*COLORREF **RGB**(BYTE bRed,   // red component of color*
   BYTE bGreen,   // green component of color
   BYTE bBlue);   // blue component of color

Die folgenden Werte ergeben dieselben Farben wie oben:

```
Image1->Canvas->Pixels[px][py]=RGB(0,0,0);    // schwarz
Image1->Canvas->Pixels[px][py]=RGB(0,0,255);  // blau
Image1->Canvas->Pixels[px][py]=RGB(0,255,0);  // grün
Image1->Canvas->Pixels[px][py]=RGB(255,0,0);  // rot
```

Falls unter Windows nur 256 Farben eingestellt sind, kann man mit dem Makro

*COLORREF **PALETTEINDEX**(WORD wPaletteIndex);*

eine Farbe aus der aktuellen Farbpalette wählen. Allerdings erhält man so nur 20 verschiedene Farben (für *wPaletteIndex* im Bereich 0..19) Will man mehr als diese 20 Farben nutzen, muss man eine eigene Farbpalette definieren. Darauf wird hier aber nicht näher eingegangen.

Mit der Windows-API Funktion ***GetDeviceCaps*** (siehe Online-Hilfe zum Win32-SDK) kann man erkennen, ob für den Bildschirm mehr als 256 Farben eingestellt sind. Falls sie den Wert -1 zurückgibt, sind mehr als 256 Farben verfügbar:

```
int n=GetDeviceCaps(Image1->Canvas->Handle,NUMCOLORS);
bool moreThan256Colors = (n==-1);
```

Meist ist der Bereich, der gezeichnet werden soll (das so genannte Weltkoordinatensystem), nicht mit dem Bereich der Bildschirmkoordinaten identisch. Wenn man z.B. die Funktion *sin* im Bereich von −1 bis 1 zeichnen will, würde man nur relativ wenig sehen, wenn man die Weltkoordinaten nicht transformiert.

Weltkoordinaten

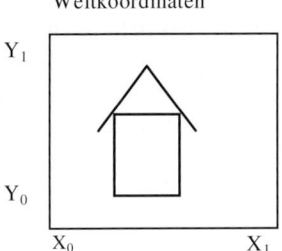

Bildschirmkoordinaten

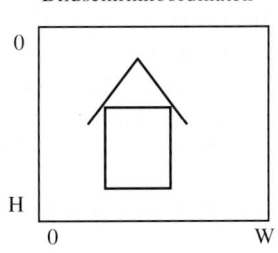

4.5 Einige Klassen der VCL

Durch die folgenden linearen Transformationen werden Weltkoordinaten in Bildschirmkoordinaten abgebildet

```
int x_Bildschirm(double x,double x0, double x1, double W)
{ // transformiert x aus [x0,x1] in Bildkoordinaten [0,W]
  return (x-x0)*W/(x1-x0);
}

int y_Bildschirm(double y,double y0, double y1, double H)
{ // transformiert y aus [y0,y1] in Bildkoordinaten [H,0]
  return (y-y1)*H/(y0-y1);
}
```

und umgekehrt:

```
double x_Welt(int px, double x0, double x1, double W)
{//transformiert px aus [0,W] in Weltkoordinaten [x0,x1]
  return x0 + px*(x1-x0)/W;
}

double y_Welt(int py, double y0, double y1, double H)
{//transformiert py aus [0,H] in Weltkoordinaten [y1,y0]
  return y1 + py*(y0-y1)/H;
}
```

Mit diesen Transformationen kann man eine Funktion y=f(x) folgendermaßen zeichnen:

- Zu jedem x-Wert eines Pixels px der Zeichenfläche bestimmt man die Weltkoordinaten x.
- Zu diesem x berechnet man den Funktionswert y=f(x).
- y transformiert man dann in Bildschirmkoordinaten py und zeichnet den Punkt an den Koordinaten (px,py).

Nach diesem Verfahren werden in *Function1Click* die Punkte der Funktion sin(x*x) im Bereich –4 bis 4 gezeichnet:

```
void __fastcall TForm1::Function1Click(TObject *Sender)
{ // zeichnet die Funktion y=sin(x*x) im Bereich [-4,4]
  double x0=-4, y0=-1, x1=4, y1=1; // Weltkoordinaten
  Image1->Canvas->Pen->Color = clRed;
  for (int px=0; px<=Form1->Image1->Width-1; px++)
    { // Bildkoordinaten: px,py, Weltkoordinaten: x,y
      // transformiere px in Weltkoordinaten
      double x = x_Welt(px, x0, x1, Image1->Width);
      double y = sin(x*x);
      // transformiere y in Bildkoordinaten
      int py = y_Bildschirm(y, y0, y1, Image1->Height);
      Image1->Canvas->Pixels[px][py]=clRed;
    }
}
```

Allerdings wird der so erhaltene Graph löchrig, falls zwei aufeinander folgende Punkte nicht unmittelbar nebeneinander liegen. Um eine durchgezogen Linie zu erhalten, kann man zwei benachbarte Punkte mit den Funktionen

*void __fastcall **MoveTo**(int X, int Y);*
*void __fastcall **LineTo**(int X, int Y);*

durch eine Gerade verbinden. *MoveTo* setzt den Zeichenstift an eine bestimmte Position, und *LineTo* zeichnet eine Gerade von der letzten Position des Zeichenstifts bis zur angegebenen Zielkoordinate. Damit erhält man eine durchgezogene Funktionskurve, wenn man in der letzten Funktion die Zeile

```
Image1->Canvas->Pixels[px][py] = clRed;
```

ersetzt durch

```
if (px == 0) Image1->Canvas->MoveTo(px,py);
else Image1->Canvas->LineTo(px,py);
```

Die Gitterlinien der folgenden Abbildung ergeben sich als Lösung der Aufgabe 2:

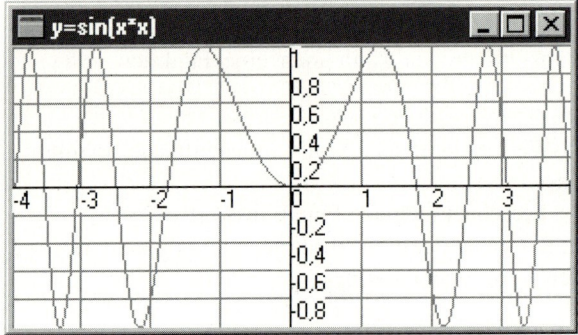

Mit der zur Klasse *TCanvas* gehörenden Funktion

*void __fastcall **TextOut**(int X, int Y, const System::AnsiString Text);*

wird der als Parameter übergebene Text auf dem Canvas ausgegeben. Dabei sind x und y die Koordinaten der Zeichenfläche (in Pixeln), ab denen der Text ausgedruckt wird. Will man mehrere Strings in aufeinanderfolgende Zeilen ausgeben, muss man die y-Koordinate jedes Mal entsprechend erhöhen. Dazu bietet sich die folgende Funktion an:

*int __fastcall **TextHeight**(const System::AnsiString Text);*

Sie liefert die Höhe des als Parameter übergebenen Strings in Pixeln zurück, wobei die aktuelle Schriftart berücksichtigt wird. Damit schreiben die folgenden Anweisungen den Text eines Memos auf den *Canvas* des Formulars *Form1*:

4.5 Einige Klassen der VCL

```
int y=0;      // y-Position der Zeile
int ZA=10;    // Zeilenabstand
int LR=10;    // linker Rand
for (int i=0; i<Form1->Memo1->Lines->Count;i++)
  {
    AnsiString z=Form1->Memo1->Lines->Strings[i];
    Form1->Canvas->TextOut(LR,y,z);
    y=y+ZA+Form1->Canvas->TextHeight(z);
  }
```

TextOut verwendet die Schriftart, Schrifthöhe usw. der Eigenschaft **Font** des *Canvas*. *Font* enthält unter anderem die folgenden Eigenschaften. Diese können in einem FontDialog gesetzt oder auch direkt zugewiesen werden:

__property TColor **Color**; // Farbe der Schrift
__property int **Height**; // Höhe der Schrift in Pixeln
__property int **Size**; // Größe der Schrift in Punkten
__property TFontName **Name**; // Name der Schriftart, z.B. "Courier"

Beispiele:

```
Image1->Canvas->TextOut(0,0,"Zeile 1");
Image1->Canvas->Font->Name="Courier";
Image1->Canvas->TextOut(0,Image1->Canvas
             ->TextHeight("Zeile 1"),"Zeile  2");
Image1->Canvas->Font->Name="Diese Schrift gibt es nicht";
Image1->Canvas->TextOut(0,2*Image1->Canvas
             ->TextHeight("Zeile 2"),"Zeile  3");
if (FontDialog1->Execute())
  Form1->Canvas->Font->Assign(FontDialog1->Font);
// Image1->Canvas->Font=FontDialog1->Font;  // nicht gut,
//                 da nur die Zeiger zugewiesen werden
Image1->Canvas->TextOut(0,3*Image1->Canvas
             ->TextHeight("Zeile 3"),"Zeile  4");
```

Die unter Windows verfügbaren **Drucker** können im C++Builder über die Klasse *TPrinter* angesprochen werden. Eine Variable dieser Klasse ist unter dem Namen ***Printer()*** vordefiniert und kann nach

```
#include <vcl\printers.hpp>
```

ohne jede weitere Initialisierung verwendet werden. Die Klasse *TPrinter* enthält unter anderem die Eigenschaft *Canvas*: Wenn man auf diese Zeichenfläche zwischen einem Aufruf der Funktionen ***BeginDoc*** und ***EndDoc*** zeichnet, wird die Zeichnung auf dem Drucker ausgegeben:

```
Printer()->BeginDoc(); // Initialisiert den Druckauftrag
// zeichne auf die Zeichenfläche des Druckers
Printer()->EndDoc(); // Erst jetzt wird gedruckt
```

Der Druckauftrag wird erst mit dem Aufruf von *EndDoc* an den Drucker übergeben. Durch *BeginDoc* wird er nur initialisiert, ohne dass der Drucker zu Drucken beginnt. Der Druckauftrag wird im Statusfenster des entsprechenden Druckers (unter Windows, *Arbeitsplatz|Drucker*) mit dem Titel angezeigt, der über die Eigenschaft *Title* gesetzt wurde:

```
Printer()->Title = "Mein Druckauftrag";
```

Eigenschaften des Druckers (wie Schriftart, Schriftgröße usw.) kann man über die Eigenschaften des *Canvas* von *Printer()* einstellen:

```
Printer()->Canvas->Font->Size=12;
```

Damit kann man ein **Memo** durch die folgenden Anweisungen **ausdrucken**:

```
Printer()->BeginDoc();  // Initialisiert Druckauftrag
int y=0;    // y-Position der Zeile
int ZA=10;  // Zeilenabstand
int LR=10;  // linker Rand
for (int i=0; i<Form1->Memo1->Lines->Count;i++)
  {
     AnsiString z=Form1->Memo1->Lines->Strings[i];
     Printer()->Canvas->TextOut(LR,y,z);
     y=y+ZA+Printer()->Canvas->TextHeight(z);
  }
Printer()->EndDoc();  // Beendet Druckauftrag
```

Diese Anweisungsfolge ist allerdings oft unzureichend: Falls der gesamte Text nicht auf einer einzigen Druckseite Platz findet, wird der Text außerhalb der Seitenränder nicht gedruckt.

Mit der Eigenschaft

__property int **PageHeight**;

erhält man die Höhe der aktuellen Druckseite. Wenn man dann vor jede Ausgabe einer Zeile prüft, ob sie noch auf die Seite passt, kann man mit

void __fastcall **NewPage**(*void*);

einen Seitenvorschub auslösen. Siehe dazu auch Aufgabe 1.

Mit der Klasse *TPrinter* kann man Texte und Grafiken drucken. Falls man nur einen Text ausdrucken will, kann man ihn in die *TStrings*-Eigenschaft *Lines* einer Variablen des Typs *RichEdit* laden und mit der Methode *Print* ausdrucken. In Abschnitt 4.5.2 wird gezeigt, wie man auf einfache Weise Textdateien im Format von Microsoft Word erstellen und ausdrucken kann, falls dieses Programm auf dem Rechner installiert ist. Mit den *QuickReport*-Komponenten (siehe Abschnitt 4.5.4) kann man Ausdrucke visuell gestalten.

Aufgaben 4.5.1

1. **Mehrseitige Memos ausdrucken**

   Überarbeiten Sie die im Text vorgestellten Anweisungen zum Ausdrucken eines Memos so, dass

   a) am Anfang einer jeden Seite eine Überschriftszeile gedruckt wird, die auch die aktuelle Seitenzahl enthält.

   b) vor dem Ausdruck einer Zeile geprüft wird, ob sie noch auf die aktuelle Seite passt. Falls das nicht zutrifft, soll ein Seitenvorschub ausgelöst werden.

   Achten Sie insbesondere darauf, dass eine Druckseite nicht allein aus einer Überschriftszeile bestehen kann.

2. **Funktionen zeichnen**

   Schreiben Sie ein Programm, mit dem man mathematische Funktionen der Form y=f(x) zeichnen kann. Sie können dazu die im Text vorgestellte Funktion *Function1Click* übernehmen. Erweitern Sie dieses Programm folgendermaßen:

   a) Auf die Zeichenfläche soll ein graues Gitternetz gezeichnet werden (Farbe *clGray*). Dazu kann man ab dem linken Bildrand (in Weltkoordinaten: x0) jeweils im Abstand *dx* Parallelen zur y-Achse zeichnen. Entsprechend ab y0 im Abstand *dy* Parallelen zur x-Achse. Schreiben Sie dazu eine geeignete Funktion *Gitternetz*, der alle notwendigen Werte als Parameter übergeben werden.

   b) Falls die x- bzw. y-Achse in den vorgegebenen Weltkoordinaten enthalten sind, soll durch den Nullpunkt ein schwarzes Koordinatenkreuz gezeichnet werden. Außerdem sollen die Schnittpunkte der Achsen und der Gitterlinien mit den entsprechenden Werten beschriftet werden.

   Falls die x- bzw. y-Achse nicht sichtbar ist, soll diese Beschriftung am Rand erfolgen.

   c) Damit die Funktion *Gitternetz* von a) und b) auch in anderen Programmen verwendet werden kann, soll sie zusammen mit den im Text vorgestellten Funktionen (*x_Welt*, *y_Welt*, *x_Bildschirm*, *y_Bildschirm*) in eine eigene Datei mit dem Namen „GraphUtils.cpp" aufgenommen werden. Wenn man sie dann im Verzeichnis „\CppUtils" speichert, kann man sie mit

   ```
   #include "\CppUtils\GraphUtils.cpp" // nur ein "\"
   ```

von einem beliebigen Programm aus verwenden. Da man in der Funktion Gitternetz die Eigenschaften bzw. Elementfunktionen des Image braucht, auf das man zeichnet, muss man dieses als Parameter übergeben, z.B.:

```
void Gitternetz(TImage* Image1, double x0, ...
```

Beim Aufruf dieser Funktion übergibt man dann das Image des aktuellen Formulars z.B. folgendermaßen als Argument:

```
Gitternetz(Form1->Image1,x0,x1,dx, ...
```

d) Testen Sie dieses Programm mit verschiedenen Funktionen, z.B.

	Funktion	x0	y0	x1	y1	dx	dy
1	y=sin(x*x)	–4	–1	4	1	1	0.2
2	y=exp(x)	–1	0	6	100	1	10
3	y=x*x	–2	–2	2	4	1	1
4	y=1/(1+x*x)	0	0	4	1	1	0.2
5	y=x*sin(x)	–2	–6	8	10	1	1

Damit die verschiedenen Funktionen gezeichnet werden können, ohne dass größere Programmänderungen notwendig sind, soll die entsprechende Funktion über eine globale Variable ausgewählt werden.

3. Der **Binomialkoeffizient** bin(n,k) ist der k-te Koeffizient von $(a+b)^n$ in der üblichen Reihenfolge beim Ausmultiplizieren:

$(a+b)^1 = 1*a+1*b$, d.h. bin(1,0)=1 und bin(1,1)=1
$(a+b)^2 = 1*a^2+ 2*ab+1*b^2$, d.h. bin(2,0)=1, bin(2,1)=2 und bin(2,2)=1
$(a+b)^3 = 1*a^3+3*a^2b+3*ab^2+1*b^3$, d.h. bin(3,0)=1, bin(3,1)=3 usw.

Für einen Binomialkoeffizienten gilt die folgende Formel:

bin(n,k) = n!/(k!*(n–k)!)

a) Schreiben Sie eine Funktion bin(n,k). Zeigen Sie die Werte von bin(n,k) für k=1 bis n und für n=1 bis 30 in einem Memo-Fenster an.

b) Wenn man als Zufallsexperiment eine Münze wirft und das Ergebnis „Kopf" mit 0 und „Zahl" mit 1 bewertet, sind die beiden Ergebnisse 0 und 1 möglich.

Wirft man zwei Münzen, sind die Ergebnisse

(0,0), (0,1), (1,0) und (1,1)

möglich. Damit ist die Anzahl der Ereignisse, die zu den Summen S=0, S=1 und S=2 führen, durch

4.5 Einige Klassen der VCL

bin(2,0) = 1, bin(2,1) = 2 und bin(2,2) = 1

gegeben. Es lässt sich zeigen, dass diese Beziehung ganz allgemein gilt: Beim n-fachen Werfen einer Münze ist die Anzahl der Ereignisse, die zu der Summe S=k führt, durch bin(n,k) gegeben (**Binomialverteilung**).

Stellen Sie die Binomialverteilung durch Histogramme grafisch dar:

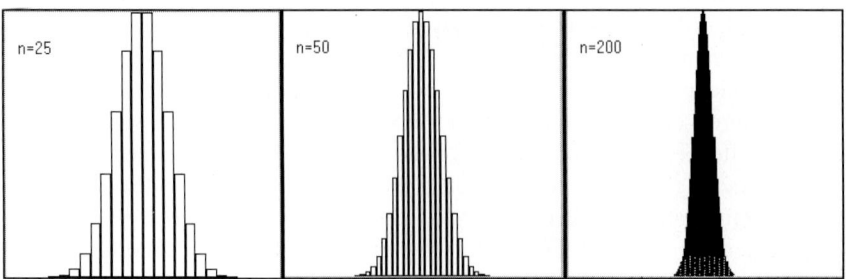

Anscheinend konvergieren diese Rechtecke gegen eine stetige Funktion. Diese Funktion wurde von dem Mathematiker Gauß berechnet und ist seither unter dem Namen Gauß'sche Glockenkurve oder Normalverteilung bekannt.

4. **Einfache Grafikanimationen mit Funktionsscharen**

Eine Schar einfacher Figuren (z.B. Geraden, Rechtecken oder Ellipsen) stellt oft eine optisch ansprechende Grafik dar.

Solche Kurvenscharen erhält man z.B. dadurch, dass man eine globale Variable (z.B. t) vor jedem Zeichnen einer solchen Kurve hochzählt und dann eine Kurve zeichnet, deren Lage von diesem Parameter t abhängt. Damit die Kurven nicht zu schnell nacheinander gezeichnet werden, kann man sie als Reaktion auf einen Timertick zeichnen.

a) Zeichnen Sie einige Scharen von Geraden, Rechtecken und Kreisen. Die folgenden Anfangs- und Endpunkte sollen nur eine Anregung sein. Setzen Sie Ihrer Phantasie keine Grenzen.

Anfangspunkt	Endpunkt
(x+r*sin(t),y+r*cos(t))	(x+r*sin(2*t),y+r*cos(2+t))
(x+r*sin(t),y+r*cos(t))	(x+r*sin(2*t),y+r*cos(2*t))
(rand()%ClientWidth, rand()%ClientHeight)	(rand()%ClientWidth, rand()%ClientHeight)

Dabei ist (x,y) der Mittelpunkt des Bildes und r der Radius, auf dem die Endpunkte liegen (z.B. r= ClientHeight /2).

b) Verwenden Sie für jede neue Figur eine andere Farbe, indem Sie eine Farbtabelle zyklisch durchlaufen.

c) Wenn man von diesen Figuren immer nur eine bestimmte Anzahl *Max* (z.B. 10 oder 50) stehen lässt und die am Anfang gezeichneten wieder löscht, erhält man Animationen wie bei manchen Bildschirmschonern.

Damit die Figuren wieder gelöscht werden können, müssen sie gespeichert werden. Dazu kann man ein zweidimensionales Array mit *MaxF*4 Elementen verwenden. In die *MaxF* Zeilen dieses Arrays trägt man nacheinander die Koordinaten der Anfangs- und Endpunkte der gezeichneten Figuren ein. Sobald man *Max* Geraden gezeichnet hat, löscht man die älteste Gerade, bevor man eine neue zeichnet. Die Koordinaten der neuen Geraden trägt man dann wieder in die entsprechende Zeile des Arrays ein, damit man sie später wieder löschen kann. Offensichtlich wird so mit einem Array eine FIFO-Liste realisiert: Der zyklisch laufende Index zeigt dabei immer auf das Element, das gelöscht und dann wieder neu gezeichnet wird.

Eine Figur kann man dadurch löschen, dass man sie in der Hintergrundfarbe neu zeichnet. Dazu kann man den Hintergrund zuvor auf eine bestimmte Farbe (z.B. *clWhite*) setzen, indem man das gesamte Rechteck des Image auf diese Farbe setzt (*Brush* und *Pen*).

Dass diese Aktion beim ersten Anklicken mit undefinierten Geraden arbeitet, ist nicht tragisch, da die in der Hintergrundfarbe gezeichneten Geraden unsichtbar sind.

5. Das so genannte **Räuber-Beute-Modell** stellt einen quantitativen Zusammenhang zwischen einer Population von Räuber- und Beutetieren (z.B. Füchsen und Hasen) dar. Bezeichnet man die Anzahl der Räuber mit r und die der Beutetiere mit b, geht man von folgenden Voraussetzungen aus:

Die Zuwachsrate der Beutetiere soll über einen Faktor *zb* von ihrer Anzahl *b* und über einen Faktor *fb* von der Anzahl der möglichen Begegnungen von Räuber- und Beutetieren r*b abhängen; zb entspricht einer zusammengefassten Geburten- und Sterberate.

Die Räuber ernähren sich ausschließlich von den Beutetieren. Damit ist ihre Zuwachsrate nur von ihrer Sterberate *sr* und ihrem „Jagderfolg" abhängig, der mit dem Faktor *fr* wieder von der Anzahl der möglichen Begegnungen zwischen Räubern und Beutetieren r*b abhängig sein soll:

```
r = r_alt − sr*r_alt + fr*r_alt*b_alt;
b = b_alt + zb*b_alt − fb*r_alt*b_alt;
```

4.5 Einige Klassen der VCL

Die beiden Gleichungen sind ein nichtlineares System von Differenzengleichungen, das nach seinen Entdeckern auch als **Lotka-Volterra-System** bezeichnet wird. Es lässt sich zeigen, dass dieses System **nicht analytisch lösbar** ist.

Schreiben Sie ein Programm, das den Verlauf der Populationen grafisch darstellt. Stellen Sie in dieser Grafik außerdem das Phasendiagramm mit den Wertepaaren (r,b) im zeitlichen Ablauf dar. Mit den Faktoren

```
const zb = 0.05;   fb = 0.001;
      sr = 0.05;   fr = 2*fb;
```

erhält man bei einer Skalierung der y-Werte auf den Bereich –10 bis 300:

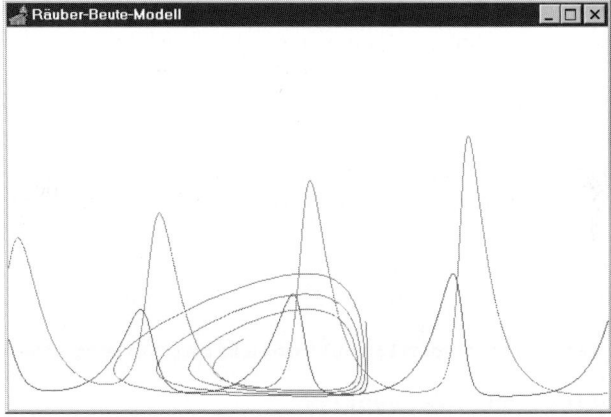

Bei diesem System können schon relativ geringe Änderungen der Parameter zu einem völlig anderen Verlauf der Populationen führen.

4.5.2 Die Steuerung von MS-Office: Word-Dokumente erzeugen ⊕

Die Anwendungen von MS-Office (Word, Excel, Access, Powerpoint, Outlook, Internet Explorer usw.) sind sogenannte COM-Server. Das bedeutet, dass man sie von einem Programm aus starten und ihre Funktionen aufrufen kann. Die Schnittstellen in VBA (Visual Basic for Applications) sind in den Dateien vba* von MS-Office 97 oder MS-Office 2000 (z.B. vbawrd8.hlp) beschrieben. Da diese Hilfedateien bei der Installation von Office nicht automatisch installiert werden, muss man sie eventuell bei Bedarf extra installieren.

Der C++Builder stellt in der Komponentenpalette unter „Servers" zahlreiche Klassen zur Verfügung, mit denen man die COM-Server von MS-Office starten und ihre Funktionen in einem Programm aufrufen kann.

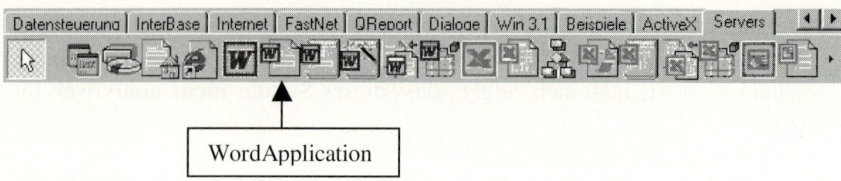

WordApplication

Diese Komponenten sind in den Dateien BCB5Com.hlp und BCB5MS97.hlp (www.borland.com/techpubs/bcppbuilder/v5/updates/pro.html) beschrieben. Hier sollen aber nicht alle ihre Funktionen vorgestellt werden. Das folgende Beispiel soll lediglich zeigen, wie man mit den Komponenten der Seite „Servers" MS Word aufrufen und Word-Dokumente erzeugen kann. Auf diese Weise kann man Ausgaben eines Programms formatieren und ausdrucken.

Für das nächste Beispiel wurde eine Komponente *WordApplication* mit dem Namen *WordApplication1* auf ein Formular gesetzt. Die Elementfunktion **Connect** stellt die Verbindung mit Winword her und startet diese Anwendung. Weist man der Eigenschaft **Visible** den Wert *true* zu, ist die Anwendung sichtbar. Ohne diese Zuweisung läuft sie im Hintergrund. Mit *Documents->Add()* wird ein neues Dokument erzeugt. Den Eigenschaften *Bold*, *Size* usw. von *WordApplication1->Selection->Font* kann ein boolescher Wert bzw. ein Ganzzahlwert zugewiesen werden. Mit **TypeText** wird Text in das Dokument eingefügt. Da diese Funktion Strings mit Zeichen des Typs *wchar_t* erwartet, muss ein String mit Zeichen des Typs *char* mit einer Funktion wie *StringToOleStr* konvertiert werden.

```
void __fastcall TForm1::Button1Click(TObject *Sender)
{
WordApplication1->Connect();
WordApplication1->Visible=true; // nur zum Test
WordApplication1->Documents->Add(); // neues Dokument
WordApplication1->Selection->Font->Bold=true;
WordApplication1->Selection->Font->Size=15;
WordApplication1->Selection->TypeText(
      StringToOleStr("Fette Überschrift mit 15 Punkt"));
WordApplication1->Selection->TypeParagraph();
WordApplication1->Selection->TypeParagraph();
WordApplication1->Selection->Font->Bold=false;
WordApplication1->Selection->Font->Size=10;
WordApplication1->Selection->TypeText(
      StringToOleStr("Nicht fetter Text mit 10 Punkt."));
WordApplication1->Selection->TypeParagraph();
WordApplication1->ChangeFileOpenDirectory(
                      StringToOleStr("C:\\test"));
WordApplication1->ActiveDocument->SaveAs(OleVariant(
                      StringToOleStr("test.doc")));
WordApplication1->PrintOut();
}
```

Die Deklaration dieser Funktionen findet man in der 134296 Zeilen langen Bibliothek „include\vcl\word_2K.h" Viele dieser Funktionen haben zahlreiche Parameter, wie z.B. *Printout* (hier nur ein Auszug).

4.5 Einige Klassen der VCL

> *virtual HRESULT STDMETHODCALLTYPE **PrintOut**(*
>   *TVariant* Background/*[in,opt]*/= TNoParam( ),*
>   *TVariant* Append/*[in,opt]*/= TNoParam( ),*
>   *TVariant* Range/*[in,opt]*/= TNoParam( ),*
>   *TVariant* OutputFileName/*[in,opt]*/= TNoParam( ),*
>   *TVariant* From/*[in,opt]*/= TNoParam( ),*
>   *TVariant* To/*[in,opt]*/= TNoParam( ),*
>   *TVariant* Item/*[in,opt]*/= TNoParam( ),*
>   *TVariant* Copies/*[in,opt]*/= TNoParam( ),*
>   *TVariant* Pages/*[in,opt]*/= TNoParam( ),*
>   *// ... weitere Parameter folgen*
>   *)=0; // [444]*

Hier sind die Werte nach dem Zeichen „=" **Default-Argumente** (siehe Seite 230 und Abschnitt 6.3.6). Für einen Parameter mit einem Default-Argument muss man beim Aufruf kein Argument angeben. Der Compiler verwendet dann das Default-Argument. Der Wert *TNoParam* bedeutet, dass für einen optionalen Parameter kein Argument übergeben wird. Wenn man für einen Parameter in der Parameterliste ein Argument übergeben will, aber für alle Parameter davor keine Argumente, übergibt man für die Argumente am Anfang *TNoParam*. Beim folgenden Aufruf von *PrintOut* werden 5 Exemplare gedruckt:

```
TVariant Copies=5;
WordApplication1->PrintOut(TNoParam() /* Background */,
    TNoParam() /* Append */, TNoParam() /* Range*/,
    TNoParam() /* OutputFileName*/, TNoParam() /* From */,
    TNoParam() /* To */, TNoParam() /* Item */,&Copies);
```

Falls beim Aufruf einer Funktion von Word ein Fehler auftritt, wird eine Exception ausgelöst. Deshalb sollte man alle solchen Funktionen in einer *try*-Anweisung (siehe Abschnitt 5.10) aufrufen.

Da es recht mühsam sein kann, in den verschiedenen Hilfe-Dateien die jeweils verfügbaren Informationen zu suchen, ist es oft am einfachsten, in Winword ein Makro aufzeichnen und dieses als Vorlage für eigene Programme zu nehmen.

4.5.3 Internet-Komponenten ⊕

Auf den Seiten *Internet* und *Fastnet* der Komponentenpalette finden sich zahlreiche Komponenten, die einen einfachen Zugriff auf Internetdienste ermöglichen. Die für ihren Einsatz notwendigen Voraussetzungen sind im Lieferumfang von Windows 9x enthalten.

Mit der Komponente **NMSMTP** kann man über einen Mail-Server **E-Mails** verschicken. Dazu sind im einfachsten Fall nur die folgenden Elemente notwendig. Die Port-Nummern für diese und die weiteren Beispiele findet man in der Datei „services" im Windows-Verzeichnis.

```
void __fastcall TForm1::EMailClick(TObject *Sender)
{
NMSMTP1->Host=MailserverName;
NMSMTP1->UserID=Username;
NMSMTP1->Port=25; // siehe "services" im Win-Verzeichnis

NMSMTP1->PostMessage->FromAddress=Absenderadresse;
NMSMTP1->PostMessage->FromName=Absendername;
NMSMTP1->PostMessage->ToAddress->Text=Empfaengeradresse;
NMSMTP1->PostMessage->Subject="I LOVE YOU";
NMSMTP1->PostMessage->Body->Text=
   "Lieber Supermarkt. \n"
   "Hier ist der Kühlschrank von Otto Schluckspecht. "
   "Bier is alle.\n Bringt mal 'ne Flasche vorbei. Aber "
   "dalli.\n Mit freundlichen Grüßen\n"
   "AEG Santo 1718 (Energiesparmodell) \n";
NMSMTP1->Connect();
NMSMTP1->SendMail();
NMSMTP1->Disconnect();
}
```

Weitere Eigenschaften von *PostMessage* wie *Attachments*, *ToCarbonCopy*, *ReplyTo* usw. ermöglichen die Versendung von Anlagen und Kopien mit der E-Mail.

Mit der Komponente *NMFTP* können Dateien über das **ftp**-Protokoll zwischen Rechnern ausgetauscht werden. Ihre Elementfunktion *Download* kopiert Dateien vom Server auf den lokalen Rechner. *Upload* kopiert lokale Dateien auf den Server:

> void **Download**(AnsiString RemoteFile, AnsiString LocalFile);
> void **Upload**(AnsiString LocalFile, AnsiString RemoteFile);

Für einen Download sind nur die folgenden Elemente notwendig:

```
void __fastcall TForm1::FtpClick(TObject *Sender)
{
NMFTP1->Host="ftp.uni-stuttgart.de";
NMFTP1->Port=21; // siehe "services" im Win-Verzeichnis
NMFTP1->UserID="ftp";
NMFTP1->Password="anonymous";
NMFTP1->Connect();
NMFTP1->Download("index.html","c:\\ftp-1.test");
NMFTP1->Disconnect();
}
```

Zahlreiche weitere Elementfunktionen der Komponente NMFTP ermöglichen es, Verzeichnisse zu wechseln, anzulegen usw.

Mit der Komponente *CppWebBrowser* der Seite *Internet* können Funktionen von Internet-Browsern in eigene Programme aufgenommen werden. Sie verwendet

4.5 Einige Klassen der VCL

die Microsoft-Systembibliothek SHDOCVW.DLL, die mit dem Internet Explorer ab Version 4 ausgeliefert wird.

Damit kann man z.B. Dokumente im HTML-Format anzeigen, deren Adresse durch eine so genannte URL (z.B. „http://www.yahoo.com") gegeben ist. Mit der Methode *Navigate* kann man ein HTML-Dokument laden, dessen Adresse man als *WideString* angibt. Wenn eine solches Dokument einen Link auf ein anderes HTML-Dokument enthält, wird das nach dem Anklicken geladen und angezeigt.

```
void __fastcall TForm1::Button1Click(TObject *Sender)
{
WideString url="http://www.yahoo.com";
CppWebBrowser1->Navigate(url,0,0,0,0);
}
```

Der Aufruf dieser Funktion zeigt die Startseite von www.yahoo.com an. Über die Links auf dieser Seite kann man sich wie in den Internet-Browsern von Netscape oder Microsoft zu weiteren Seiten durchklicken.

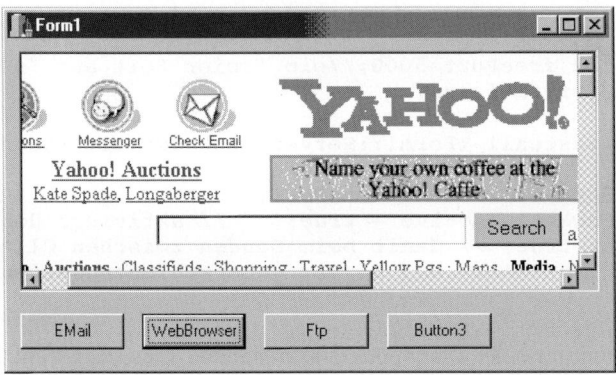

HTML-Dokumente auf dem Dateisystem des Rechners adressiert man wie in:

```
url="file:///C|\\CBuilder\\Examples\\DDraw\\directdw.htm"
// C:\CBuilder\Examples\DDraw\directdw.htm
```

Weitere Funktionen eines Internet-Browsers stehen über entsprechende Elementfunktionen und Eigenschaften zur Verfügung. Über die in der Online-Hilfe aufgeführten Argumente für die Funktion

> void __fastcall **ExecWB**(*Shdocvw_tlb::OLECMDID cmdID,*
> *Shdocvw_tlb::OLECMDEXECOPT cmdexecopt,*
> *TVariant *pvaIn=TNoParam(), TVariant *pvaOut=TNoParam());*

können Befehle an den Internet-Browser übergeben werden. Als Beispiel soll hier nur gezeigt werden, wie man damit die im Browser angezeigte Seite speichern kann:

```
void __fastcall TForm1::Button2Click(TObject *Sender)
{
TVariant fn="c:\\test1.htm";
CppWebBrowser1->ExecWB(Shdocvw_tlb::OLECMDID_SAVEAS,
         Shdocvw_tlb::OLECMDEXECOPT_DONTPROMPTUSER,&fn);
}
```

Alle Internetdienste beruhen letztlich auf dem TCP/IP-Protokoll. Mit den Komponenten *ClientSocket* und *ServerSocket* von der Seite *Internet* ist ein direkter Datenaustausch zwischen verschiedenen Anwendungen möglich, die über dieses Protokoll miteinander verbunden sind. Insbesondere können damit verschiedene Programme auf demselben Rechner oder in einem TCP/IP-Netzwerk Daten austauschen.

Ein Programm, das eine *ServerSocket*-Komponente enthält, kann als **Server** agieren. Dazu muss lediglich die Eigenschaft *Port* auf einen freien Wert gesetzt werden. Belegte Werte findet man in der Datei „Services" im Windows-Verzeichnis. Das Programm mit der *ServerSocket*-Komponente wird dann dadurch zu einem Server, dass man die Eigenschaft *Active* auf *true* setzt:

```
const int freePort=5000;//ein freier Port aus "services"
bool isServer=false;

void __fastcall TForm1::ServerClick(TObject *Sender)
{
ServerSocket1->Port = freePort;
ServerSocket1->Active = true;     // aktiviere den Server
isServer=true; // damit beim Senden zwischen Client
               // und Server unterschieden werden kann
}
```

Ein Programm mit einer *ClientSocket*-Komponente kann als **Client** agieren und mit einem Server Daten austauschen, der dieselbe Port-Nummer hat. Bei einem Client muss außerdem die Eigenschaft *Port* auf eine zulässige Adresse gesetzt werden. Für ein lokales Internet (Intranet) sind dafür z.B. die Adressen in den Bereichen 192.168.0.1 bis 192.168.255.255 reserviert. Ein Client wird wie ein Server durch die Zuweisung des Wertes *true* an die Eigenschaft *Active* aktiviert:

```
const AnsiString freeHost="192.168.0.2"; // zum Beispiel
// const AnsiString freeHost="localhost"; // geht ebenso

void __fastcall TForm1::ClientClick(TObject *Sender)
{
ClientSocket1->Port = freePort;
ClientSocket1->Host = freeHost;
ClientSocket1->Active = true;     // aktiviere den Client
isServer=false; // damit beim Senden zwischen Client
// und Server unterschieden werden kann
}
```

4.5 Einige Klassen der VCL

Ein Programm kann sowohl eine *ClientSocket*- als auch eine *ServerSocket*-Komponente enthalten. Durch die Aktivierung einer der beiden wird es dann entweder Client oder Server. Die folgenden Beispiele kann man dadurch ausprobieren, dass man dasselbe Programm zweimal startet und bei dem einen den Server- und beim anderen den Client-Button anklickt.

Nach der Aktivierung eines Servers bietet der seine Dienste an. Ein Client sucht nach seiner Aktivierung nach einem Server mit demselben Port und stellt dann die Verbindung zu ihm selbständig her. Wenn ein Client die Verbindung zu einem Server aufgenommen hat, tritt beim Server das Ereignis *OnClientConnect* und beim Client das Ereignis *OnConnect* ein:

```
void __fastcall TForm1::ServerSocket1ClientConnect(
            TObject *Sender, TCustomWinSocket *Socket)
{
Memo1->Lines->Add("Server: Ein Client hat sich
                                        verbunden");
}

void __fastcall TForm1::ClientSocket1Connect(
            TObject *Sender, TCustomWinSocket *Socket)
{
Memo1->Lines->Add("Client: Server gefunden");
}
```

Mit Funktionen wie

> *int __fastcall **SendBuf**(void *Buf, int Count);*
> *bool __fastcall **SendStream**(Classes::TStream* AStream);*
> *int __fastcall **SendText**(const AnsiString S);*

können ein Client und ein Server Daten austauschen. Bei einem Client werden diese Funktionen über das Element *Socket* und bei einem Server über das Element *Socket->Connections[i]* aufgerufen. Dabei ist i die Nummer des Clients, mit dem eine Verbindung besteht.

```
char buff[]="1234567890";

void __fastcall TForm1::SendeClick(TObject *Sender)
{
if (isServer)
  ServerSocket1->Socket->Connections[0]->SendBuf(buff,
                                        sizeof(buff));
  else ClientSocket1->Socket->SendBuf(buff,sizeof(buff));
}
```

Wenn ein Server von einem Client Daten empfängt, tritt das Ereignis *OnClient-Read* ein. Die empfangenen Daten können dann mit einer der Funktionen

> *int __fastcall **ReceiveBuf**(void *Buf, int Count);*
> *AnsiString __fastcall **ReceiveText**();*

aus dem Eingabepuffer in das Programm übernommen werden:

```
void __fastcall TForm1::ServerSocket1ClientRead(TObject
                               *Sender, TCustomWinSocket *Socket)
{
Memo1->Lines->Add("Server: Daten vom Client empfangen");
char RecBuff[11];
Socket->ReceiveBuf(RecBuff,sizeof(RecBuff));
Memo1->Lines->Add(RecBuff);
}
```

Entsprechend tritt bei einem Client das Ereignis *OnClientRead* ein, wenn er Daten von einem Server empfängt:

```
void __fastcall TForm1::ClientSocket1Read(TObject
                               *Sender, TCustomWinSocket *Socket)
{
Memo1->Lines->Add("Client: Daten vom Server empfangen");
char RecBuff[11];
Socket->ReceiveBuf(RecBuff,sizeof(RecBuff));
Memo1->Lines->Add(RecBuff);
}
```

Aufgabe 4.5.3

Schreiben Sie ein einfaches Programm mit einer *CppWebBrowser*-Komponente.

a) Beim Anklicken eines Buttons soll eine bestimmte HTML-Seite geladen werden (z.B. „www.yahoo.com"). Mit weiteren Buttons sollen die Methoden *GoBack* und *GoForward* (siehe dazu die Online-Hilfe) aufgerufen werden, mit denen man zwischen den zuletzt geladenen Seiten navigieren kann.

b) Als Reaktion auf einen weiteren Button soll eine HTML-Seite (z.B. die Seite „index.html" von „www.uni-stuttgart.de") mit einer NMFTP-Komponente auf die Festplatte kopiert und dann mit der *CppWebBrowser*-Komponente angezeigt werden.

4.5.4 Visuell gestaltete Ausdrucke mit *QuickReport* ⊕

Auf der Seite *QReport* der Komponentenpalette findet man die *QuickReport*-Komponenten, mit denen man Ausdrucke visuell gestalten kann. Viele dieser Komponenten sind für den Ausdruck von Daten aus Datenbanken. Die folgenden Ausführungen zeigen, wie man Daten ausdrucken kann, die nicht aus einer Datenbank kommen. Für weitere Informationen wird auf die Online-Hilfe und die Internetseite http://www.qusoft.com des Herstellers verwiesen.

4.5 Einige Klassen der VCL

Eine Seite eines Ausdrucks wird durch die Komponente **QuickRep** dargestellt. Auf sie setzt man *QRBand*-Komponenten. Die Eigenschaft *BandType* eines solchen **Bandes** bestimmt, wann es gedruckt wird. Einige zulässige Werte:

rbTitle   Das Band wird einmal am Anfang des Ausdrucks gedruckt.
rbPageHeader   Das Band wird am Anfang einer jeden Seite gedruckt.
rbDetail   Das Band wird für jeden Datensatz einmal ausgedruckt.
rbPageFooter   Das Band wird am Ende einer jeden Seite gedruckt.
rbSummary   Das Band wird einmal am Ende des Ausdrucks gedruckt.

Auf ein Band setzt man dann Komponenten wie *QRLabel* oder *QRMemo*. Sie haben zahlreiche Eigenschaften, über die man die Schriftart, -größe usw. einstellen kann. Beim Ausdruck des Bandes wird dann die Eigenschaft *Caption* des Labels bzw. die Eigenschaft *Lines* des Memos ausgedruckt.

Das folgende Formular enthält einen *QuickReport* mit zwei Bändern (*BandType* = *rbDetail* und *rbTitle*) und zwei Labeln:

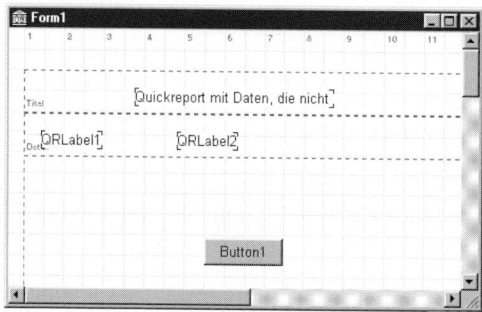

Die zu druckenden Daten kann man in der Ereignisbehandlungsroutine für das Ereignis **OnNeedData** der QuickReports definieren. In ihr setzt man den Parameter *MoreData* auf *true*, wenn anschließend weitere Druckzeilen folgen, und andernfalls auf *false*. Die folgende Funktion für das Ereignis *OnNeedData* der QuickReport-Komponente druckt dann die ersten zehn Quadratzahlen aus:

```
void __fastcall TForm1::QuickRep1NeedData(
                    TObject *Sender, bool &MoreData)
{
static int i=0;
i++;
if (i<=10)
   {
     QRLabel1->Caption = IntToStr(i)+': ';
     QRLabel2->Caption = IntToStr(i*i);
     MoreData=true;
   }
else MoreData=false;
}
```

Damit erhält man den folgenden Ausdruck:

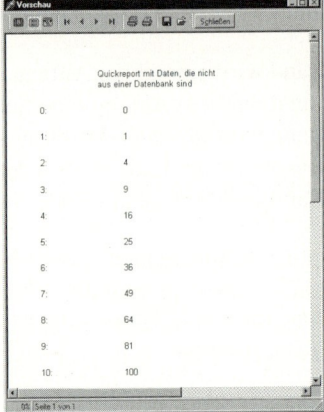

Dieser Ausdruck wird durch einen Aufruf von *Preview* in einem Fenster angezeigt. Mit *Print* wird der Report ausgedruckt.

```
void __fastcall TForm1::Button1Click(TObject *Sender)
{
QuickRep1->Preview(); // Drucken mit QuickRep1->Print();
}
```

Seitenzahlen kann man z.B. als Reaktion auf das Ereignis *BeforePrint* eines Bandes ausdrucken:

```
void __fastcall TForm1::QRBand2BeforePrint(TQRCustomBand
                                 *Sender, bool &PrintBand)
{
QRLabel3->Caption=QuickRep1->PageNumber;
}
```

Der Ausdruck eines **mehrzeiligen Textes** ist mit einem *QRStringsBand* recht einfach. Dazu setzt man ein solches Band auf einen *QuickRep* und auf das *QRStringsBand* ein *QRExpr*, dem man den Namen des Stringbandes zuweist:

```
void __fastcall TForm1::FormCreate(TObject *Sender)
{ // Diese Werte kann man auch im Objektinspektor setzen
QRExpr1->Expression="QRStringsBand1";
QRExpr1->AutoSize=false;
QRExpr1->AutoStretch=true;
QRExpr1->Width=QRStringsBand1->Width;
}
```

Nach diesen Initialisierungen wird beim Aufruf von *Print* oder *Preview* des QuickReports jeder String des TStrings-Objekts *QRStringsBand1->Items* in eine Zeile ausgegeben. Die Strings können mit *LoadFromFile* eingelesen werden:

```
void __fastcall TForm1::Button1Click(TObject *Sender)
{
QRStringsBand1->Items->LoadFromFile("c:\\test.txt");
QuickRep1->Preview(); // Drucken mit QuickRep1->Print();
}
```

4.5.5 Kaufmännische Rechnungen: Die Klassen *Currency* und *BCD* ⊕

Die in „include\vcl\sysdefs.h" definierte Klasse **Currency** enthält ein Datenfeld *Val* des 64 Bit breiten Ganzzahldatentyps *__int64* (siehe Abschnitt 3.4.7). Werte des Datentyps *Currency* werden mit 4 festen Nachkommastellen in *Val* dargestellt. Dabei werden die letzten 4 Stellen von *Val* immer als Nachkommastellen interpretiert.

Damit können Werte mit bis ca. 15 Stellen im Bereich –922337203685477,5808 ..922337203685477,5807 exakt dargestellt werden. Dieser Bereich ist in den meisten Währungen für alle Geldbeträge ausreichend, die in einer realen kaufmännischen Anwendung zu erwarten sind. Wegen des zugrundeliegenden Ganzzahldatentyps ist die Addition von Werten des Datentyps *Currency* exakt, ebenso die Multiplikation von Werten mit 2 Nachkommastellen. Deshalb ist diese Klasse **besser für Geldbeträge bei kaufmännischen Rechnungen geeignet** als ein Gleitkommadatentyp. So erhält man z.B. durch

```
double d=0;
long double l=0;
Currency c=0;
for (int i=1; i<=n; i++)
   {
      d=d+0.1;
      l=l+0.1;
      c=c+0.1;
   }
Form1->Memo1->Lines->Add("d="+FloatToStr(d)+" l="+
                    FloatToStr(l)+" c="+FloatToStr(c));
```

die Summen

```
d=999999,999838975
l=1000000,00000009
c=1000000
```

Die Klasse *Currency* hat unter anderem die folgenden Konstruktoren:

```
class Currency : public CurrencyBase
{
// __int64 Val; // wird von CurrencyBase übernommen
...
Currency()              {Val = 0;}
Currency(double val)    {Val = _roundToInt64(10000 * val);}
Currency(int val)       {Val = 10000*(__int64)val;}
Currency(const AnsiString& src);
...
```

Hier sind bei jedem Konstruktor in geschweiften Klammern die Anweisungen angegeben, die bei seinem Aufruf ausgeführt werden. Bei den Konstruktoren mit „double val" bzw. „int val" sieht man so, dass der übergebene Wert mit 10 000 multipliziert wird, wodurch man die 4 Nachkommastellen erhält.

Mit den folgenden Definitionen erhält man Variablen des Datentyps *Currency*:

```
Currency c1;         // c1=0;
Currency c2=1.23454; // c2=1,2345 (abgerundet)
Currency c3=1.23455; // c3=1,2346 (aufgerundet)
Currency c4=1.23445; // c4=1,2345 (aufgerundet)
Currency c5=1.23446; // c5=1,2346 (aufgerundet)
```

Werte außerhalb des Bereichs für *int* können auch als *AnsiString* zugewiesen werden:

```
AnsiString s="2147483648";
Currency c6=s;                         // c6=2147483648,0000
Currency c7=AnsiString("2147483648"); // wie c6
```

Für die Klasse *Currency* sind die üblichen arithmetischen Operatoren und Vergleichsoperatoren definiert. Außerdem kann man mit den Operatoren +, –, * und / auch Ausdrücke des Datentyps *Currency* und *int* bzw. *double* verbinden:

```
c1=1+c1;
```

Eine Umwandlung von Ausdrücken des Datentyps *Currency* in AnsiStrings und umgekehrt ist mit den folgenden globalen Funktionen möglich:

   *AnsiString **CurrToStr**(Currency Value);*
   *Currency **StrToCurr**(const AnsiString S);*

Bei manchen Compilern (z.B. Borland C++ 3.1) und Datenbanksystemen stehen für kaufmännische Rechnungen binär kodierte Ziffern (**BCD** – binary coded digits) zur Verfügung. Dabei wird jede einzelne Ziffer in einem eigenen Byte kodiert. Im C++Builder gibt es eine Klasse ***bcd***, die nach

```
#include <bcd.h>
```

zur Verfügung steht. In dieser Klasse wird eine Zahl durch eine Mantisse (ein Array mit zwei *long*-Werten) und einen *int*-Exponenten dargestellt. Sie hat einen größeren Wertebereich als die Klasse *Currency*. Außerdem stehen für sie auch trigonometrische Funktionen usw. zur Verfügung.

Anmerkungen für Delphi-Programmierer: In Delphi gehört der Datentyp *Currency* zu den Gleitkommadatentypen.

4.5.6 Klassen und Funktionen zu Uhrzeit und Kalenderdatum ⊕

Die Klasse *TDateTime* (aus „include\vcl\sysdefs.h") stellt ein Kalenderdatum und eine Uhrzeit in einem *double*-Wert dar, wobei die Stellen vor dem Komma die Anzahl der Tage seit dem 30.12.1899 sind. Die Nachkommastellen sind die Uhrzeit, wobei 24 Stunden dem Wert 1 entsprechen. Eine Stunde entspricht also 1/24.

Beispiele:
0   30. 12. 1899   0:00 Uhr
2,5   1. 1. 1900   12:00 Uhr
2,75   1. 1. 1900   18:00 Uhr
−1,25 29. 12. 1899   6:00 Uhr

Diese Klasse hat unter anderem die folgenden Konstruktoren, mit denen man ein Datum zu einem *double*-Wert, einem String oder vorgegeben Jahres-, Monats- und Stundenzahlen erhält:

TDateTime() // Datum und Uhrzeit 0
TDateTime(const double src) // Datum und Uhrzeit entsprechen *src*
TDateTime(const AnsiString& src, TDateTimeFlag flag = DateTime);
TDateTime(unsigned short year, unsigned short month, unsigned short day);

Aktuelle Werte für Datum und Uhrzeit erhält man mit den Elementfunktionen:

TDateTime **CurrentTime**();   // aktuelle Zeit
TDateTime **CurrentDate**();   // aktuelles Datum
TDateTime **CurrentDateTime**(); // aktuelles Datum und Zeit (Date + Time)

Die so erhaltenen Zeiten sind unter Windows 9x allerdings nur auf 1/18 Sekunde genau. Dasselbe Ergebnis erhält man auch mit den globalen Funktionen:

TDateTime **Time**(void); // aktuelle Zeit
TDateTime **Date**(void); // aktuelles Datum
TDateTime **Now**(void); // aktuelles Datum und Zeit (Date + Time)

Für die Konvertierung eines Kalenderdatums vom Datentyp *TDateTime* in einen AnsiString stehen ebenfalls sowohl Elementfunktionen

AnsiString **TimeString**() *const;*
AnsiString **DateString**() *const;*
AnsiString **DateTimeString**() *const;*

als auch globale Funktionen zur Verfügung:

AnsiString **TimeToStr**(*System::TDateTime Time*);
AnsiString **DateToStr**(*System::TDateTime Date*);
AnsiString **DateTimeToStr**(*System::TDateTime DateTime*);

AnsiString **FormatDateTime**(*const AnsiString Format, TDateTime DT*);

Ein String kann mit den folgenden Elementfunktionen in ein Datum umgewandelt werden:

TDateTime **StrToTime**(*const AnsiString S*);
TDateTime **StrToDate**(*const AnsiString S*);
TDateTime **StrToDateTime**(*const AnsiString S*);

Beispiele:

1. Durch das folgende Timer-Ereignis wird das aktuelle Datum und die aktuelle Zeit in eine Statusleiste geschrieben:

   ```
   void __fastcall TForm1::Timer1Timer(TObject *Sender)
   {
   StatusBar1->SimplePanel = true;
   StatusBar1->SimpleText = DateTimeToStr(Now());
   }
   ```

2. Die folgenden Aufrufe weisen das aktuelle Datum und die Zeit den Variablen t und d zu:

   ```
   TDateTime t=Time(); // aktuelle Zeit, z.B. "23:38:34"
   TDateTime d=Date();//aktuelles Datum, z.B. "25.01.99"
   ```

3. Die einfachste Möglichkeit, die Laufzeit von Anweisungen zu messen, erhält man nach folgendem Schema. Allerdings sind die so gemessenen Zeiten unter Windows 95 maximal auf 1/18 Sekunde genau:

   ```
   double start=Now();
   double s=0;
   for (int i=0; i<100000000; i++) s=s+i;
   double end=Now();
   Memo1->Lines->Add(TimeToStr(end-start));
   ```

Da die Zeiten, die man mit den Funktionen *Time* usw. erhält, manchmal zu ungenau sind, sollen noch zwei Funktionen der Windows-API vorgestellt werden, die eine **hochauflösende Zeitmessung** erlauben.

*BOOL **QueryPerformanceFrequency**(// aus win32.hlp
   LARGE_INTEGER *lpFrequency);*   // Adresse der Frequenz

*BOOL **QueryPerformanceCounter**(LARGE_INTEGER
   lpPerformanceCount);   // Adresse des aktuellen Zählerwertes

Dabei ist LARGE_INTEGER die folgende Datenstruktur:

4.5 Einige Klassen der VCL

```
typedef union _LARGE_INTEGER {
   struct {
      DWORD LowPart;
      LONG  HighPart;
   };
   LONGLONG QuadPart; // 64-bit int mit Vorzeichen
} LARGE_INTEGER;
```

Falls der Rechner, auf dem diese Funktionen aufgerufen werden, über eine hochauflösende Uhr verfügt (was heute meist zutreffen sollte), liefert *QueryPerformanceFrequency* einen von Null verschiedenen Funktionswert (*true*) und schreibt die Anzahl der Ticks pro Sekunde an die Adresse des übergebenen Arguments. Auf meinem Rechner erhielt ich den Wert 1193180, was eine Genauigkeit von etwa einer Mikrosekunde bedeutet und eine relativ genau Zeitmessung ermöglicht. Ein Überlauf des Timers ist prinzipiell möglich, findet aber angesichts der 64-bit-Werte erst nach 245 119 Jahren statt.

```
double GetHRFrequency()
{ // Der Funktionswert ist die Auflösung des HR-Timers
LARGE_INTEGER f;
BOOL bf = QueryPerformanceFrequency(&f);
if (bf) return f.QuadPart;
else return -1;
}

double HRFrequency =GetHRFrequency();

double HRTimeInSec()
{ // Der Funktionswert ist der aktuelle Wert des
  // HR-Timers in Sekunden
LARGE_INTEGER c;
BOOL bc = QueryPerformanceCounter(&c);
if (bc) return c.QuadPart/HRFrequency;
else return -1;
}
```

Mit diesen Funktionen kann man die Ausführungszeit für eine Anweisung dann z.B. folgendermaßen messen und anzeigen:

```
double Start1=HRTimeInSec();
s=Sum1(n); // die Funktion, deren Laufzeit gemessen wird
double End1=HRTimeInSec();
Form1->Memo1->Lines->Add("t1="+FloatToStr(End1-Start1));
```

Auf diese Weise wurden alle in diesem Buch angegebenen Laufzeiten gemessen. Die **Genauigkeit** der Ergebnisse ist allerdings **nicht so hoch**, wie man aufgrund der Auflösung eventuell erwarten könnte. So werden die Ergebnisse dadurch leicht verfälscht, dass auch der Aufruf dieser Funktionen eine gewisse Zeit benötigt. Außerdem ist Windows ein Multitasking-Betriebssystem, das anderen Prozessen, die gerade im Hintergrund laufen, Zeit zuteilt. Deswegen erhält man bei verschiedenen Zeitmessungen meist verschiedene Ergebnisse. Siehe dazu auch Aufgabe 3.

Aufgaben 4.5.6

1. Legen Sie eine Datei (z.B. mit dem Namen „TimeUtils.cpp") an, die alle Funktionen und Deklarationen für die hochauflösende Zeitmessung enthält. Wenn man diese Datei im Verzeichnis „\CppUtils" ablegt, kann man sie mit

    ```
    #include "\CppUtils\TimeUtils.cpp"
    ```

    in ein Programm einbinden und so Ausführungszeiten messen.

2. Prüfen Sie Genauigkeit von Timer-Ereignissen, indem Sie einen Timer starten, der z.B. jede Sekunde tickt. Geben Sie bei jedem Tick die mit *HRTimeInSec* gemessene Zeit seit dem Start des Timers in einem Memo-Fenster aus. Vergleichen Sie die angezeigten mit den erwarteten Werten.

3. Unter Windows NT erhält man mit der Funktion

    *BOOL **GetProcessTimes**(*
    HANDLE hProcess,   // Handle des Prozesses
    LPFILETIME lpCreationTime,//Zeitpunkt, als der Prozess erzeugt wurde
    LPFILETIME lpExitTime, // Zeitpunkt, als der Prozess beendet wurde
    LPFILETIME lpKernelTime,   // im „kernel mode" verbrachte Zeit
    LPFILETIME lpUserTime);   // im „user mode" verbrachte Zeit

    in *lpUserTime* die Zeit (in 100 ns Einheiten), die ein Prozess im so genannten „user mode" verbracht hat. Diese Zeit ist im Gegensatz zu der mit *QueryPerformanceCounter* gemessenen Zeit unabhängig davon, wie viel Zeit Windows anderen Prozessen zugeteilt hat. Unter Windows 9x zeigt der Funktionswert *false* an, dass diese Funktion nicht unterstützt wird.

    Das Handle des aktuellen Prozesses (für den Parameter *hProcess*) erhält man mit

    *HANDLE h=**OpenProcess**(*
    PROCESS_QUERY_INFORMATION,// *access flag*
    true, // *handle inheritance flag*
    GetCurrentProcessId()); // *process identifier*

    Informieren Sie sich in der Online-Hilfe zum Win32-SDK über diese Funktionen und die zugehörigen Datenstrukturen (FILETIME usw.). Schreiben Sie eine Funktion *ProcessTime_NT*, die wie die Funktion *HRTimeInSec* die Zeit, die der Prozess im *user mode* verbracht hat, als *double*-Wert zurückgibt. Die Umwandlung von Strukturen des Datentyps FILETIME in *double* ist über den Datentyp *LARGE_INTEGER* von Seite 341 möglich, indem man die Elemente *LowPart*- und *HighPart* einzeln zuweist. Den *LARGE_INTEGER*-Wert kann man dann wie in *HRTimeInSec* in *double* konvertieren.

4.5.7 Die Klasse *Set* ⊕

Neben der Container-Klasse *set* der Standardbibliothek (siehe Abschnitt 4.7.1) gibt es im C++Builder die Klasse **Set** zur Darstellung von Mengen. Sie ist in „include\vcl\sysdefs.h" definiert und stellt den Datentyp *Set* von Delphi dar.

Eine Menge des Datentyps *Set* erhält man nach dem Schema:

   Set<type, minval, maxval>

Dabei ist

   type: der Datentyp der Elemente, meist *char* oder *int*
   minval: das kleinste Element, das die Menge enthalten kann (muss ≥0 sein)
   maxval: das größte Element, das die Menge enthalten kann (muss ≤255 sein).

Beispiele: `Set<int,0,17> A, B, C, D, L, Z;`
          `// alle Mengen sind zunächst leer`

Einer solchen Menge kann man mit dem Operator „<<" **Elemente hinzufügen**. Mit dem Operator „>>" kann man Elemente aus der Menge **entfernen**:

```
A<<1<<3<<5; // A = {1, 3, 5}
B<<5<<3<<7; // B = {3, 5, 7}
D<<1<<2<<4; // D = {1, 2, 4}
Z<<0<<1<<2<<3<<4<<5<<6<<7<<8<<9;
// Z = {0, 1, 2, 3, 4, 5, 6, 7, 8, 9}
```

Mit der Elementfunktion

   bool __fastcall **Contains***(const T el) const;*

lässt sich feststellen, ob ein Wert in einer Menge enthalten ist:

```
for (int i=0; i<=255; i++)
  if (A.Contains(i))
    Form1->Memo1->Lines->Add(i);
```

Die üblichen Operationen mit Mengen sind über Operatoren definiert:

- A + B ist die **Vereinigung** der Mengen A und B und besteht aus den Elementen, die in A oder in B enthalten sind.
- A * B ist der **Durchschnitt** der Mengen A und B und besteht aus den Elementen, die in A und in B enthalten sind.
- A − B ist die **Differenz** der Mengen A und B und besteht aus den Elementen, die in A, aber nicht in B enthalten sind.

Beispiele: Mit den Mengen aus den letzten beiden Beispielen ergeben sich die als Kommentar angegebenen Werte:

```
C = A + B;   // C = {1, 3, 5, 7}
C = A + L;   // L leere Menge, C = A
C = A + D;   // C = {1, 2, 3, 4, 5}
C = D + Z;   // D = Z

C = A * B;   // C = {3, 5}
C = A * L;   // C = {}
C = A * D;   // C = {1}
C = D * Z;   // C = D

C = A − B;   // C = {1}
C = A − L;   // C = A
C = A − D;   // C = {3, 5}
C = D − Z;   // D = {}
```

Der C++Builder verwendet Mengen vor allem dann, wenn eine Eigenschaft aus einer beliebigen Kombination von bestimmten Werten bestehen kann:

1. Über die Eigenschaft **Style** eines Schriftobjekts (*TFont*) wird festgelegt, ob eine Schriftart normal, fett, kursiv, unterstrichen oder durchgestrichen angezeigt wird:

    enum TFontStyle { fsBold, fsItalic, fsUnderline, fsStrikeOut }; // Werte
       // fett, kursiv, unterstrichen, durchgestrichen
    *typedef Set<TFontStyle, fsBold, fsStrikeOut> **TFontStyles**;* // Mengentyp
    *__property TFontStyles **Style***   // Eigenschaft

2. Auch der Datentyp der Eigenschaft **BorderIcons** eines Formulars ist eine Menge:

    enum TBorderIcon { biSystemMenu, biMinimize, biMaximize, biHelp };
    *typedef Set<TBorderIcon, biSystemMenu, biHelp> **TBorderIcons**;*
    *__property TBorderIcons **BorderIcons**;*

    Durch die Elemente dieser Menge wird festgelegt, welche Symbole in der Titelleiste eines Formulars angezeigt werden:

    biSystemMenu   das Formular besitzt ein Steuermenü (Systemmenü)
    biMinimize   das Formular hat einen Schalter „Als Symbol ausführen"
    biMaximize   das Formular hat einen Schalter „Vollbild".

3. Der Datentyp **TShiftState** ist eine Menge mit Werten für den Status der Umschalt-, Alt- oder Strg-Tasten sowie der Maustasten:

    enum Classes__1 { ssShift, ssAlt, ssCtrl, ssLeft, ssRight, ssMiddle,
                                                              ssDouble };
    typedef Set<Classes__1, ssShift, ssDouble> TShiftState;

4.5 Einige Klassen der VCL

In den Funktionen, die als Reaktion auf die Tastatur-Ereignisse **OnKeyUp** und **OnKeyDown** sowie auf ein Drücken der Maustasten aufgerufen werden, enthält der Parameter *Shift* dann die Werte für die gedrückten Tasten:

void __fastcall TForm1::FormKeyDown(TObject *Sender, WORD &Key, TShiftState Shift)

Im **Objektinspektor** erkennt man Mengen daran, dass ihre Werte in eckigen Klammern [] eingeschlossen sind und vor dem Namen der Eigenschaft ein Pluszeichen steht. Klickt man es an, werden alle potenziellen Elemente der Menge angezeigt. Diese kann man mit *true* der Menge hinzufügen und mit *false* aus der Menge entfernen.

Anmerkung für Pascal-Programmierer: Die Klasse *Set* des C++Builders ist etwas unhandlicher als der Datentyp *Set* von Pascal, da im C++Builder keine Elementbereiche angegeben werden können. So können in Pascal Abfragen der Art

```
if (('a'<=c) and (c<='z')) or (('A'<=c) and
              (c<='Z')) or (('0'<=c) and (c<='9')) then
```

mit Elementbereichen kürzer und übersichtlicher formuliert werden:

```
if c in ['a'..'z','A'..'Z','0'..'9'].
```

Aufgabe 4.5.7

Schreiben Sie ein Programm, das ein Fenster anzeigt wie

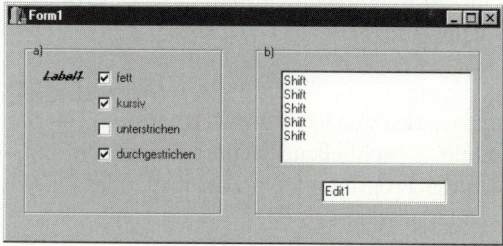

a) Falls die CheckBox *fett* markiert wird, soll die Schrift im Label in der Schriftart *fett* angezeigt werden. Wenn diese Markierung entfernt wird, soll die Schriftart nicht mehr *fett* angezeigt werden. Entsprechend für die anderen CheckBoxen.
b) Beim Ereignis *OnKeyDown* im Edit-Fenster soll im Memo angezeigt werden, ob die Umschalt-, Alt- oder Strg-Tasten gedrückt wurde.

4.6 Dateien

Daten in einem Programm wurden bisher vor allem in Variablen dargestellt. Diese Variablen stellen Speicherzellen im Hauptspeicher des Rechners dar, deren Reservierung am Ende des Programms wieder aufgehoben wird. Deshalb kann man danach nicht mehr auf die Daten zugreifen. Will man Daten über die Laufzeit eines Programms hinaus erhalten, müssen sie auf so genannten **externen Datenträgern** gespeichert werden. Das sind meist Magnetplatten (Festplatten oder Disketten), Magnetbänder, Speicherchips, optische Speichermedien (CD-ROMs oder MO-Disks) oder einfach Papier, auf dem Daten ausgedruckt werden.

Neben der dauerhaften Speicherung von Daten unterscheiden sich externe Datenträger meist auch durch ihre größere Speicherkapazität vom Hauptspeicher. Allerdings ist der Zugriff auf extern gespeicherte Daten oft langsamer als der auf Daten im Hauptspeicher. So muss bei einer Festplatte der Schreib-/Lesekopf mechanisch positioniert werden.

Das Speichermedium bestimmt auch die Zugriffsmöglichkeiten auf die Daten:

- Über einen Drucker können Daten nur ausgegeben werden.
- Bei Magnetbändern kann man meist nur einen Datensatz nach dem anderen schreiben bzw. in der gespeicherten Reihenfolge lesen. Diese Art der Bearbeitung einer Datei wird als **sequenziell** bezeichnet und steht für alle Speichermedien zur Verfügung.
- Auf Festplatten kann man auf einen Datensatz mit einer bestimmten Positionsnummer direkt zugreifen. Diese Möglichkeit wird als **Direktzugriff** oder **wahlfreier Zugriff** bezeichnet (siehe Abschnitt 4.6.8). Man findet diesen meist bei Dateien auf Magnetplatten, wenn alle Datensätze dieselbe Länge haben und deshalb die Adresse eines Datensatzes auf dem Datenträger berechnet werden kann.

In diesem Abschnitt werden zunächst die Klassen des C++-Standards zur Dateibearbeitung vorgestellt. Abschließend werden dann auch noch kurz die entsprechenden Funktionen der Programmiersprache C gezeigt, da sie auch oft in C++-Programmen verwendet werden.

4.6.1 Stream-Variablen, ihre Verbindung mit Dateien und ihr Zustand

Eine Gesamtheit von Daten, die auf einem externen Datenträger unter einem Namen gespeichert ist, wird als Datei oder File bezeichnet. In einem C++-Programm kann man eine Datei mit einer Variablen der Klassen *fstream*, *ifstream* oder *ofstream* ansprechen. Diese Klassen stehen nach

```
#include <fstream>
using namespace std;
```

4.6 Dateien

zur Verfügung und haben die folgenden Konstruktoren:

fstream();
fstream(const char* s,ios_base::openmode mode=ios_base::in|ios_base::out);
ifstream();
ifstream(const char* s, openmode mode = in);
ofstream();
ofstream(const char* s, openmode mode = out);

Das Argument für den Parameter s muss ein zulässiger Dateiname sein, der z.B. nach diesem Schema aufgebaut ist:

    Drive:\DirName\...\DirName\FileName

Hier kann man die Angaben für das Laufwerk und den Pfad bei Dateien im aktuellen Verzeichnis auch weglassen. Da das Zeichen „\" in einem String eine Escape-Sequenz einleitet, muss es doppelt angegeben werden:

```
fstream f("c:\\test\\test1.dat");
```

Durch den Aufruf eines solchen Konstruktors wird die Datei mit dem für den String s übergebenen Namen geöffnet. Das bedeutet, dass die Stream-Variable anschließend diese Datei darstellt, und dass die Datei mit den Funktionen für die Stream-Klasse bearbeitet werden kann. Eine geöffnete Datei wird beim Betriebssystem registriert, damit verhindert werden kann, dass sie gleichzeitig von einem anderen Programm geöffnet wird.

Die Konstruktoren ohne Parameter definieren eine Stream-Variable, ohne dass eine Datei geöffnet wird. Diese Stream-Variable kann man dann anschließend durch einen Aufruf der Elementfunktion *open* mit einer Datei verbinden. Die Parameter von *open* entsprechen denen der Konstruktoren:

*void **open** (const char*s,ios_base::openmode*
                                    mode=ios_base::in|ios_base::out);

Hier und bei den entsprechenden Konstruktoren hat der Parameter *mode* ein so genanntes **Default-Argument**: Setzt man beim Aufruf der Funktion für diesen Parameter kein Argument ein, wird das Default-Argument verwendet. Setzt man aber Werte ein, werden diese anstelle der Default-Werte verwendet. Ein *ifstream* verwendet als Default-Argument im Konstruktor und in der Funktion *open* für *mode* den Wert *ios::in* und ein *ofstream* den Wert *ios::out*.

Beispiel: Wenn man den Namen einer Datei in einem OpenDialog festlegen will, kann man z.B. folgendermaßen vorgehen:

```
fstream f;
if (OpenDialog1->Execute())
  {
    f.open(OpenDialog1->FileName.c_str(),
                              ios::binary|ios::out);
    ...
```

Der Wert für *mode* legt fest, welche Operationen mit der Datei möglich sind. Zulässig sind die folgenden Werte sowie eine Kombination davon:

in öffnet eine Datei für Leseoperationen. Falls die Datei beim Öffnen nicht existiert oder nicht gelesen werden kann (z.B. kein Zugriffsrecht), hat das einen Fehler zur Folge.

out erzeugt eine Datei für Schreiboperationen. Falls unter dem Namen beim Öffnen bereits eine Datei existiert, wird sie überschrieben.

app öffnet eine Datei für Schreiboperationen. Falls die Datei bereits existiert, wird sie geöffnet, ansonsten wird sie automatisch erzeugt. Neue Daten werden immer am Ende der Datei geschrieben.

trunc löscht die Daten einer bereits bestehenden Datei beim Öffnen.

ate öffnet eine Datei und setzt den Positionszeiger an das Ende der Datei.

binary Mit diesem Wert wird die Datei als **Binärdatei** (siehe Abschnitt 4.6.3) behandelt, und ohne ihn als **Textdatei** (siehe Abschnitt 4.6.4).

Diese Werte sind Ganzzahlkonstanten, bei denen immer genau ein Bit gesetzt ist. Mit dem Operator „|" können verschiedene Modi kombiniert werden. Die folgende Tabelle enthält die zulässigen Kombinationen. Jede dieser Kombinationen kann außerdem mit *binary* und *ate* kombiniert werden. Andere Kombinationen führen zu einem Fehler beim Öffnen der Datei. Alle diese Werte müssen nach „ios_base::" angegeben werden.

in	*out*	*trunc*	*app*	C
	+			"w"
	+		+	"a"
	+	+		"w"
+				"r"
+	+			"r+"
+	+	+		"w+"

Die mit „C" überschriebene Spalte enthält die entsprechenden Modi der Programmiersprache C.

Zwischen den Stream-Klassen bestehen im Wesentlichen die folgenden Unterschiede:

– Die Klasse *ifstream* hat keine Elementfunktionen zum Schreiben und kombiniert das Argument für *mode* immer mit *ios::in*. Deshalb kann man einen *ifstream* verwenden, wenn man eine Datei nur lesen will.

4.6 Dateien

- Entsprechend hat die Klasse *ofstream* keine Funktionen zum Lesen und kombiniert das Argument für *mode* immer mit *ios::out*.
- Ein *fstream* hat dagegen sowohl die Funktionen eines *ifstream* zum Lesen als auch die eines *ofstream* zum Schreiben. Allerdings verwendet ein *fstream* nur das Argument für *mode* und kombiniert es nicht mit den Voreinstellungen. Obwohl ein *fstream* immer die Funktionen zum Lesen bzw. Schreiben enthält, ist ihr Aufruf ein Fehler, wenn beim Öffnen nicht der entsprechende Modus gesetzt wurde.

Diese unterschiedlichen Kombinationen des Arguments für *mode* mit den Voreinstellungen haben die folgenden Konsequenzen:

- Bei einem *fstream* muss man immer alle Modi angeben, wenn man nicht das Default-Argument verwendet. So muss man *ios::out* angeben, wenn man eine Binärdatei zum Schreiben öffnen will:

    ```
    fstream f("c:\\test1.dat",ios::binary|ios::out);
    ```

    Wenn man einen *fstream* nur mit *ios::binary* öffnet, führt das Schreiben in die Datei zu einem Fehler.

- Da bei einem *ifstream* oder einem *ofstream* dagegen der angegebene Modus mit den Voreinstellungen kombiniert wird, kann man nach

    ```
    ofstream f("c:\\test1.dat",ios::binary);
    ```

    in eine Datei schreiben, ohne dass das zu einem Fehler führt.

Die Verbindung zwischen einer Datei und einer Stream-Variablen kann man mit der Elementfunktion

void **close***(); //* schließt die Datei

wieder trennen. Sie schreibt eventuell noch nicht gespeicherte Daten aus Zwischenpuffern in die Datei und hebt die Reservierung der Datei beim Betriebssystem auf. Deshalb ruft man diese Funktion meist auf, wenn man alle Operationen mit einer Datei beendet hat. Da *close* aber auch immer automatisch beim Verlassen der Verbundanweisung aufgerufen wird, in der die Stream-Variable definiert wurde, muss nicht auf jedes *open* ein *close* folgen. Allerdings ist ein überflüssiger Aufruf von *close* auch kein Fehler.

```
void ProcessFile(char* fn)
{
ifstream f(fn);
// bearbeite die Datei
f.close(); // überflüssig, aber nicht falsch
}
```

Die Stream-Klassen stellen die Daten einer Datei als einen **Stream** (Datenstrom) von Zeichen (Bytes) dar. Für die Arbeit mit Dateien ist es oft hilfreich, sich diese Daten als eine Folge von Datensätzen auf einem **Magnetband** vorzustellen. Im einfachsten Fall ist ein solcher Datensatz ein einzelnes Zeichen:

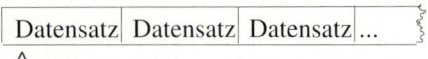

Dieses Modell liegt (vor allem aus historischen Gründen) vielen Operationen mit Dateien zugrunde und gilt auch für Dateien auf Festplatten.

Zu einem Stream gehört insbesondere ein **Positionszeiger**, der immer auf eine bestimmte Position der Datei zeigt. Man kann sich diesen Positionszeiger als einen Schreib-/Lesekopf vorstellen, der immer an einer bestimmen Position über dem Magnetband steht. Wenn ein Datensatz in die Datei geschrieben wird, wird dieser ab der momentanen Position des Schreib-/Lesekopfs auf das Magnetband geschrieben. Der Schreib-/Lesekopf steht anschließend am Anfang des nächsten Datensatzes.

Nach dem Öffnen einer Datei steht der Positionszeiger am Anfang der neuen, leeren Datei. Im Modell mit dem Magnetband kann man sich das so vorstellen, dass der zur Datei gehörende Schreib-/Lesekopf am Anfang eines leeren Magnetbands steht:

    | (Magnetband)
    ^   (Schreib-/Lesekopf)

Das Modell mit dem Magnetband zeigt einige wichtige Unterschiede zwischen Arrays und Files:

– In einem **Array** kann man ein bestimmtes Element direkt über seinen Index ansprechen (z.B. A[i]).
– In einem **Stream** kann man ein bestimmtes Element nie direkt ansprechen. Stattdessen muss der Positionszeiger („Schreib-/Lesekopf") an den Anfang des entsprechenden Elements positioniert werden. Anschließend kann das Element gelesen bzw. an dieser Stelle geschrieben werden.
– Im Gegensatz zu einem Array muss die Anzahl der Elemente eines Files beim Entwurf eines Programms nicht festgelegt werden.

4.6.2 Fehler und der Zustand von Stream-Variablen

Eine Stream-Variable enthält zahlreiche Daten. Dazu gehören z.B. ein Puffer für die Daten aus der Datei und der Positionszeiger. Ein Feld für den „**Zustand**" enthält Informationen darüber, ob die bisherigen Operationen erfolgreich waren. Wenn bei einer Operation mit einer Stream-Variablen ein **Fehler** auftritt, wird in diesem Feld ein Bit für die Kategorie des Fehlers gesetzt.

4.6 Dateien

Diesen Zustand kann man mit der booleschen Elementfunktion **good** abfragen. Ihr Wert ist *true*, falls bisher kein Fehler aufgetreten ist, und sonst *false*.

```
fstream f("c:\\\\test1.dat");
if (!f.good()) ShowMessage("Fehler beim Öffnen");
```

Hier wird nach dem Öffnen einer Datei geprüft, ob das möglich war. Da das Argument kein zulässiger Dateiname ist, erhält man eine Fehlermeldung.

Den Funktionswert von *good* kann man auch über den Namen der Stream-Variablen abfragen. Dieser Wert ist ungleich Null (*true*), wenn bisher kein Fehler aufgetreten ist, bzw. Null (*false*), falls ein Fehler aufgetreten ist:

```
fstream f("c:\\\\test1.dat");
if (f); // kein Fehler
else ShowMessage("Fehler beim Öffnen");
```

Nach dem C++-Standard werden im Feld für den Zustand die folgenden Bits bei den jeweils angegebenen Fehlerkategorien gesetzt:

- *eofbit*: Wenn über das Ende einer Datei hinaus gelesen wurde.
- *failbit*: Wenn eine Leseoperation nicht die gewünschte Anzahl von Zeichen lesen oder eine Schreiboperation nicht die gewünschte Anzahl schreiben konnte.
- *badbit*: Bei einem schwerwiegenden Fehler, bei dem jede weitere Operation mit der Stream-Variablen keine Aussicht auf Erfolg hat.

Bei den ersten beiden Kategorien kann z.B. eine weitere Leseoperation sinnvoll sein, wenn man die Fehlerbits mit der Elementfunktion

*void **clear**();*

zurücksetzt und den Positionszeiger auf den Anfang der Datei setzt.

Den Zustand der Bits erhält man auch als Funktionswert der Elementfunktionen:

*bool **eof**()*   // *true*, falls *eofbit* gesetzt ist
*bool **fail**()*   // *true*, falls *failbit* oder *badbit* gesetzt ist
*bool **bad**()*   // *true*, falls *badbit* gesetzt ist

Wenn in einer Stream-Variablen der Fehlerzustand gesetzt ist, sind alle weiteren Operationen mit der Datei wirkungslos. Deshalb sollte man vor jeder Operation mit einer Stream-Variablen prüfen, ob die bisherigen Operationen erfolgreich waren.

Mit der Elementfunktion

*void **exceptions**(iostate except);*

kann man erreichen, dass eine Exception (siehe Abschnitt 5.10) ausgelöst wird, wenn bei einer Operation mit einer Stream-Variablen ein Fehler auftritt. Ihr übergibt man als Argument das Bitmuster für die Fehlerkategorien, bei denen eine Exception ausgelöst werden soll:

```
f.exceptions(ios::failbit|ios::badbit|ios::eofbit);
```

Grundsätzlich sollte man den Erfolg **aller Dateioperationen prüfen**. Ohne Exceptions muss eine solche Prüfung nach jeder Dateioperation erfolgen. Mit Exceptions können mehrere Operationen in einer einzigen *try*-Anweisung geprüft werden. Dann kann man zwar eventuell nicht feststellen, wo der Fehler auftrat. Falls man aber nur wissen will, ob alles gut ging, reicht das meist aus.

4.6.3 Lesen und Schreiben von Binärdaten mit *read* und *write*

Mit dem Parameter *mode* kann man beim Öffnen einer Datei (siehe Seite 348) festlegen, ob eine Datei als Textdatei oder als Binärdatei geöffnet wird.

- Bei einer Textdatei werden bestimmte Zeichen in Abhängigkeit vom Betriebssystem, von Landeseinstellungen usw. in andere Zeichen konvertiert. So wird z.B. das Zeichen für ein Zeilenende '\n' unter Windows durch zwei Zeichen '\n''\r' dargestellt, während es unter UNIX nicht konvertiert wird.
- Bei einer Binärdatei werden keine solchen Konversionen durchgeführt.

Das ist aber bereits der einzige Unterschied zwischen Text- und Binärdateien. Man kann sowohl in eine Text- als auch in eine Binärdatei Daten im Klartext und im Binärformat schreiben. Wenn man allerdings Binärdaten in eine Datei schreibt, ist es notwendig, sie als **Binärdatei** zu öffnen, indem man im *mode* das Bit *ios::binary* setzt. Verwendet man hier die Voreinstellung **Textdatei** (indem man *ios::binary* nicht setzt), können bestimmte Zeichen konvertiert werden, und das ist bei Binärdaten (z.B. der Binärdarstellung einer Zahl) meist nicht erwünscht. Wenn man diese Datei später wieder liest, erhält man andere Werte als die geschriebenen.

Als Nächstes werden einige Anweisungen vorgestellt, mit denen man Binärdaten in eine Datei schreiben und aus einer Datei lesen kann. Im nächsten Abschnitt werden dann Textdaten betrachtet.

Mit der Elementfunktion der Stream-Klassen *fstream* und *ofstream*

    ostream& **write**(*const char* s, streamsize n);*

kann man n Zeichen des Datentyps *char* ab der Adresse in s in die zum Stream gehörende Datei schreiben. Diese Funktion ist aber nicht auf Daten des Datentyps *char* beschränkt. Man kann auch Daten eines anderen Datentyps schreiben, wenn man sie mit der **Typkonversion** *(char*)* als Daten des Typs *char* interpretiert.

4.6 Dateien

Der Funktionswert dieser Funktion ist die aktuelle Stream-Variable. Da eine Stream-Variable den Wert ihrer Elementfunktion *good* darstellt, kann man den Funktionswert zur Prüfung verwenden, ob *write* erfolgreich ausgeführt wurde.

Beispiele:

1. Durch die folgenden Anweisungen wird eine Datei mit dem Namen „test1.dat" angelegt. In sie werden 20 Mal *sizeof(int)* Bytes mit der Binärdarstellung der Variablen i geschrieben.

   ```
   fstream f("c:\\test1.dat",ios::binary|ios::out);
   if (!f) ShowMessage("Fehler bei open");
   for (int i=0; i<20; i++)
     {
       f.write((char*)&i,sizeof(int));
       if (!f) ShowMessage("Fehler bei write");
     }
   f.close();
   ```

   Hier wird nach jeder Dateioperation abgefragt, ob sie erfolgreich war. Wenn in den folgenden Beispielen auf eine solche Prüfung verzichtet wird, sollte sie in einer aufrufenden Funktion erfolgen.

   Da in diesem Beispiel nur in die Datei geschrieben wird, kann man anstelle von *fstream* auch die Klasse *ofstream* verwenden. Man spart so die Angabe *ios::out* bei der Definition der Stream-Variablen:

   ```
   ofstream f("c:\\test1.dat",ios::binary);
   ```

2. Da der Funktionswert von *write* die aktuelle Stream-Variable ist, und der Name einer Stream-Variablen als Bedingung für ihren Zustand verwendet werden kann, sind die beiden Anweisungen der *for*-Schleife des letzten Beispiels gleichwertig mit dieser einen *if*-Anweisung:

   ```
   for (int i=0; i<20; i++)
     if (f.write((char*)&i,sizeof(int)));
     else ShowMessage("Fehler bei write");
   ```

3. Oft verwendet man nicht nur einfache Datentypen, sondern Strukturen als Datensätze einer Datei:

   ```
   CKontobewegung K={1000,"ich",{1,7,00},'+',100};
   ofstream f("c:\\test\\test2.dat",ios::binary);
   f.write((char*)&K,sizeof(K));
   ```

   Strukturen sollte man aber nur dann mit *write* in eine Datei schreiben, wenn sie alle Daten enthalten. **Wenn die Struktur Zeiger** auf die Daten **enthält**, werden nur die Zeiger in die Datei geschrieben, während die Daten, auf die sie zeigen, nach dem Ende des Programms verloren sind. Deshalb sollte ein String in einer Struktur z.B. mit dem Datentyp *char[20]* definiert sein.

```
struct CKontobewegung {
  int KontoNr;
  char NameInhaber[20];
  // ...
};
```

Hätte man anstelle von *char[20]* eine Stringklasse gewählt, die einen Zeiger auf einen nullterminierten String enthält, würde nur der Zeiger in die Datei geschrieben. Deshalb kann man auch die Elemente einer Container-Klasse der Standardbibliothek nicht mit *write* und der Adresse des Containers in eine Datei schreiben.

4. Wenn man Daten aus einem Array in eine Datei schreibt, ist der Adressoperator in *write* nicht notwendig. Außerdem ist zu beachten, dass der Operator *sizeof* für ein Array die Größe des gesamten Arrays ergibt und nicht die Größe des ersten Arrayelements. Durch die folgenden Anweisungen wird eine Datei mit den ersten 5 Elementen des Arrays a angelegt:

```
int a[10]={0,1,2,3,4,5,6,7,8,9};
fstream f("c:\\test3.dat",ios::binary|ios::out);
f.write((char*)a,5*sizeof(int));
f.close();
```

Nach jedem Aufruf von *write* steht der Positionszeiger am Anfang des nächsten Datensatzes. Falls der Positionszeiger vor dem Schreiben einer Variablen am Ende der Datei steht, wird die Datei erweitert.

Datensatz
^

Durch den Aufruf von *write* wird ein Datensatz allerdings nur „logisch" und nicht unbedingt physikalisch in die externe Datei geschrieben: Genau genommen wird der Datensatz nur dem Betriebssystem übergeben und in einen Zwischenpuffer abgelegt. Das Betriebssystem schreibt die Daten erst dann in die externe Datei, wenn der Zwischenpuffer voll ist. Auf die Programmlogik hat diese Zwischenspeicherung keine Auswirkungen. Falls aber ein Programm abstürzt, bevor der Zwischenpuffer in die Datei geschrieben wurde, kann es vorkommen, dass ein Datensatz nach dem Aufruf von *write* trotzdem nicht in der externen Datei gespeichert wurde.

Mit der Elementfunktion *flush* kann man den Zwischenpuffer in die Datei schreiben:

   *ostream& **flush**();*

Ruft man diese Funktion nach jedem *write* auf, ist die Gefahr wesentlich geringer, dass bei einem Programmabsturz Daten verloren gehen. Dadurch wird das Programm allerdings auch etwas langsamer. Falls das akzeptabel ist, wird der Aufruf von *flush* **immer empfohlen**.

4.6 Dateien

Nachdem wir jetzt gesehen haben, wie man Daten in eine Datei schreibt, soll als Nächstes gezeigt werden, wie man eine **Datei lesen** kann. Dazu muss sie zum Lesen geöffnet sein. Wenn der Positionszeiger nicht explizit auf eine andere Position gesetzt wurde, steht er danach am Anfang der Datei:

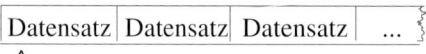

Mit der Elementfunktion der Stream-Klassen *fstream* und *ifstream*

  istream& **read**(*char* s, streamsize n);*

kann man n Zeichen des Datentyps *char* ab der aktuellen Position des Positionszeigers in den Speicherbereich ab der Adresse in s einlesen. Auch diese Funktion ist wie *write* nicht auf Daten des Datentyps *char* beschränkt. Wenn man Daten eines anderen Datentyps lesen will, interpretiert man sie mit der **Typkonversion** *(char*)* als Daten des Typs *char*.

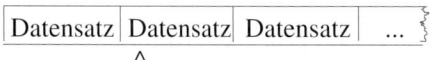

Falls *read* so viele Zeichen lesen konnte, wie im Argument für n angegeben wurden, ist beim Aufruf dieser Funktion kein Fehler aufgetreten. Den Erfolg von *read* kann man mit der Funktion *good* prüfen. Da der Funktionswert von *read* wie der von *write* die aktuelle Stream-Variable ist und eine Stream-Variable den Wert von *good* darstellt, kann man auch den Funktionswert von *read* für eine solche Prüfung verwenden.

Da man bei einer Datei zunächst meist nicht weiß, wie viele Datensätze sie enthält, liest man meist so lange Daten aus einer Datei, bis der Zustand der Stream-Variablen einen Fehler anzeigt. Diese Ursache des Fehlers ist dann entweder das Dateiende oder ein anderer Fehler. Mit der Funktion

  bool **eof**();

kann man abfragen, ob der Positionszeiger hinter dem letzten Zeichen der Datei steht. Ihr Funktionswert ist genau dann *true*, wenn über das Ende der Datei hinaus gelesen wurde. Im Gegensatz zu manchen anderen Programmiersprachen wird das Ende der Datei noch nicht angezeigt, nachdem der letzte Datensatz gelesen wurde.

Die folgenden Beispiele zeigen, wie die in den Beispielen zu *write* angelegten Dateien gelesen werden können:

1. Mit den folgenden Anweisungen kann man eine Datei lesen, bei der immer *sizeof(int)* Bytes als Werte des Datentyps *int* interpretiert werden. Anstelle von *fstream* kann man auch *ifstream* verwenden, da die Datei nur gelesen wird. Dann ist das *mode*-Argument *ios::in* überflüssig.

```
int i;
fstream f("c:\\test1.dat",ios::binary|ios::in);
if (!f) ShowMessage("Fehler bei open");
f.read((char*)&i,sizeof(int));
while (f)
   {
     Memo1->Lines->Add(i);
     f.read((char*)&i,sizeof(int));
   }
if (!f.eof()) ShowMessage("Fehler bei read");
else ; // f.eof(): kein Fehler
f.close();
```

Hier sieht man ein typisches **Schema für das Lesen von Dateien**, das man oft anwenden kann:

− Vor der Schleife wird ein erster Datensatz gelesen.
− In der Schleife wird zunächst der zuletzt gelesene Datensatz bearbeitet.
− Am Ende der Schleife wird der nächste Datensatz gelesen.

Das Ende einer Datei kann man nur erkennen, indem man über ihr letztes Zeichen hinaus liest. Danach hat die Funktion *good* den Wert *false*, obwohl inhaltlich kein Fehler aufgetreten ist. Wenn man nur auf „echte" Fehler reagieren will, ist dazu eine Prüfung wie nach der Schleife notwendig.

Nach einem Fehler beim Öffnen einer Datei wird das *failbit* und nicht das *eofbit* gesetzt. Würde man eine Schleife wie oben mit der Bedingung *f.eof()* kontrollieren, hätte das nach einem Fehler beim Öffnen der Datei eine Endlosschleife zur Folge, da *read* nach einem Fehler wirkungslos ist.

```
fstream f("c:\\test1.dat",ios::binary|ios::in);
if (!f) ShowMessage("Fehler bei open");
f.read((char*)&i,sizeof(int));
while (!f.eof())//Endlosschleife bei Fehler nach open
   {
     Memo1->Lines->Add(i);
     f.read((char*)&i,sizeof(int));
   }
```

2. Denselben Programmablauf wie im letzten Beispiel erhält man auch, wenn man den Funktionswert von *read* als Bedingung dafür verwendet, ob *read* erfolgreich ausgeführt werden konnte.

```
int i;
ifstream f("c:\\test1.dat",ios::binary);
if (!f) ShowMessage("Fehler bei open");
while (f.read((char*)&i,sizeof(int)))
   Memo1->Lines->Add(i);
if (!f.eof()) ShowMessage("Fehler bei read");
f.close();
```

4.6 Dateien

3. Die nächsten Anweisungen lesen eine Datei mit Datensätzen des Datentyps *CKontobewegung*:

```
CKontobewegung K;
fstream f("c:\\test2.dat",ios::binary|ios::in);
if (!f) ShowMessage("Fehler bei open");
while (f.read((char*)&K,sizeof(K)))
   Memo1->Lines->Add(K.KontoNr);
if (!f.eof()) ShowMessage("Fehler bei read");
f.close();
```

4. Die folgenden Aufrufe von *read* lesen jeweils fünf *int*-Werte in ein Array ein. Diese Vorgehensweise ist aber nur sinnvoll, wenn man weiß, dass die Datei auch fünf solche Werte enthält, bzw. ein Vielfaches davon.

```
int a[10];
fstream f("c:\\test3.dat",ios::binary|ios::in);
if (!f) ShowMessage("Fehler bei open");
while (f.read((char*)a,5*sizeof(int)))
   for (int i=0;i<5;i++)Memo1->Lines->Add(a[i]);
if (!f.eof()) ShowMessage("Fehler bei read");
f.close();
```

Anmerkungen für Pascal-Programmierer: Den Streams von C++ entsprechen die untypisierten Dateien von Turbo- und Object-Pascal. In C++ gibt es keine typisierten Dateien. Wie in den Beispielen gezeigt wurde, kann man aber mit *read* und *write* auch ganze Datensätze (Strukturen) in eine Datei schreiben bzw. lesen.

Die Bedeutung von *eof* in C++ und in Pascal unterscheidet sich in einem kleinen, aber entscheidenden Punkt: In Pascal liefert *eof* den Wert *true*, wenn der letzte Datensatz einer Datei gelesen wurde. In C++ erhält man diesen Wert erst dann, wenn über das Dateiende hinaus gelesen wurde.

Aufgaben 4.6.3

Damit bei diesen Übungen nicht versehentlich Dateien gelöscht werden, wird empfohlen, zunächst ein Testverzeichnis (z.B. „c:\test") anzulegen und in dieses einige Dateien zu kopieren, mit denen die folgenden Funktionen dann getestet werden können. Im jeweiligen OpenDialog soll dieses Verzeichnis und eine dieser Dateien dann als Voreinstellung gesetzt werden.

Überprüfen Sie bei jeder Aufgabe nach jeder Dateioperation, ob sie erfolgreich war. Wenn nicht, soll z.B. mit *ShowMessage(" ... ")* eine Fehlermeldung ausgegeben werden.

1. Legen Sie ein neues Projekt an, das z.B. den Namen *DateiUeb* erhalten soll. Nehmen Sie in dieses Projekt die folgenden Funktionen auf, die nach dem Anklicken eines Buttons aufgerufen werden sollen. Die Namen der Dateien sollen über einen OpenDialog erfragt werden.

a) Eine Funktion *CountBytes* soll alle Zeichen einer Datei zählen. Die Dateigröße soll dann in einem Memo-Fenster angezeigt werden. Vergleichen Sie Ihre Ergebnisse bei Textdateien (z.B. „c:\test\config.sys") und Binärdateien (z.B. „c:\test\command.com") mit der Anzeige im Windows-Explorer, wenn Sie die Dateien im Binär- oder Textmodus öffnen.

b) Schreiben Sie eine Funktion *CopyFile*, die eine Datei zeichenweise in eine andere Datei kopiert.

c) Schreiben Sie eine Funktion *CompareFiles*, die für zwei als Parameter übergebene Dateien prüft, ob sie identisch sind.

d) Schreiben Sie eine Funktion *WriteNTString*, die einen nullterminierten String (Datentyp *char**) einschließlich des Nullterminators in einen *ofstream* schreibt. Sowohl der String als auch der Stream sollen als Parameter übergeben werden. Eine Funktion *ReadNTString* soll ab der aktuellen Dateiposition in einem als Parameter übergebenen *ifstream* alle Zeichen bis zum nächsten Nullterminator '\0' lesen und alle Zeichen in einem *AnsiString* als Funktionswert zurückgeben.

e) Auch bei modernen Textverarbeitungsprogrammen kommt es gelegentlich vor, dass ein Text nach einem Programmabsturz nicht mehr gelesen werden kann. Dann kann es nützlich sein, wenn man den zuletzt geschriebenen Text zumindest teilweise rekonstruieren kann. Schreiben Sie eine Funktion *TextFilter*, die alle Zeichen im Bereich „ " (Leerzeichen) bis „z" aus einer Datei in eine andere kopiert.

2. **Ein einfaches Programm zur Datenverwaltung mit Dateien**

Schreiben Sie ein Programm (z.B. mit dem Namen *DatVerw*), das wie in Aufgabe 4.4.1.1 eine Eingabemaske für eine Kontobewegung des Datentyps *CKontobewegung* enthält. Falls Sie diese Aufgabe gelöst haben, können Sie die Eingabemaske in dieses Programm kopieren (mit gedrückter linker Maustaste die Maske im Formular markieren, dann mit *Strg+C* kopieren und mit *Strg+V* in das neue Formular einfügen).

In einem Menü *Datei* sollen die folgenden Menüpunkte angeboten werden:

Neu
Öffnen
Schließen
Zufallsdatei

Das Formular soll Buttons mit der Aufschrift „>" und „speichern" erhalten, die beim Start des Programms zunächst alle deaktiviert sind (Eigenschaft *Enabled*).

a) **Daten in eine Datei schreiben**

Nach der Auswahl der Menüoption *Datei|Neu* soll in einem OpenDialog nach einem Dateinamen gefragt werden, unter dem dann eine neue Datei angelegt wird. Damit nicht jedes Mal mühsam ein neuer Name eingetippt werden muss, soll der Name "kb.dat" im Verzeichnis "c:\test" vorgeschlagen werden.

Außerdem soll ein Button mit der Aufschrift „Speichern" aktiviert werden. Sobald er angeklickt wird, sollen die Daten der Eingabemaske in die Datei geschrieben (am Ende angefügt) werden.

Über die Menüoption *Datei|Schließen* soll die Datei geschlossen werden. Dabei sollen auch alle Buttons deaktiviert werden.

b) **Daten aus einer Datei lesen**

Wie unter a) soll unter *Datei|Öffnen* eine bestehende Datei geöffnet werden. Wenn die Datei Datensätze enthält, soll der erste Datensatz angezeigt werden.

Nach dem Öffnen der Datei soll der Button mit der Aufschrift „>" aktiviert werden. Wenn er angeklickt wird, soll der jeweils nächste Datensatz angezeigt werden. Nachdem alle Datensätze gelesen wurden (*f.eof()=true*), soll der Button „>" deaktiviert werden.

Überlegen Sie, ob es nicht sinnvoll wäre, die Sperre des Buttons *speichern* zu entfernen, um so den aktuell angezeigten Datensatz korrigieren und korrigiert in die Datei schreiben zu können.

c) **Testdateien anlegen**

Unter *Datei|Zufallsdatei* soll nach einem *OpenDialog* eine Datei von Kontobewegungen erzeugt werden. Mit einem *InputQuery*-Fenster kann zunächst gefragt werden, wie viele Datensätze in die Datei geschrieben werden sollen.

Schreiben Sie dazu eine Funktion *Zufalls_KB*, die einen Datensatz des Typs *CKontobewegung* mit zufälligen, aber plausiblen Daten als Funktionswert hat. Die einzelnen Werte können z.B. folgendermaßen bestimmt werden:

  KontoNr: ein zufälliger Wert zwischen 1000 und 1099
  Tag: ein zufälliger Wert zwischen 1 und 31
  Monat: ein zufälliger Wert zwischen 1 und 12
  Jahr: ein zufälliger Wert zwischen 2000 und 2001
  BewArt: '+' oder '–'
  Betrag: ein zufälliger Wert zwischen 0,01 und 300

Damit einige Ausdrucke, die in späteren Aufgaben erzeugt werden, einigermaßen realistisch aussehen, soll zu einer bestimmten Kontonummer immer derselbe Kontoinhaber gehören. Das kann man dadurch erreichen, dass man den Namen des Kontoinhabers aus einem Array von je 10 Vor- und Nachnamen zusammensetzt, wobei die vorletzte Ziffer der Kontonummer den Nachnamen und die letzte Ziffer den Vornamen bestimmt.

Damit diese Funktion auch in anderen Programmen verwendet werden kann, soll sie in die Datei „KBDecl.cpp" aufgenommen werden.

d) **Linear suchen**

Erweitern Sie das Formular um einen Button *LinSuchen*. Nach dem Anklicken dieses Buttons soll in der Datei ab der aktuellen Position nach dem nächsten Datensatz gesucht werden, dessen Namen den String enthält, der für den Namen des Kontoinhabers in einem Edit-Fenster eingegeben wurde.

Falls ein Datensatz gefunden wird, soll er angezeigt werden. Andernfalls soll mit *ShowMessage* darauf hingewiesen werden, dass kein solcher Datensatz gefunden wurde.

Stören Sie sich nicht daran, dass wir mit den bisher vorgestellten Sprachelementen noch keine Möglichkeit haben, wieder an den Anfang der Datei zurückzukommen. Diese Möglichkeit wird in Aufgabe 4.6.8 e) ergänzt.

4.6.4 Lesen und Schreiben von Daten mit den Operatoren << und >>

Nachdem wir im letzten Abschnitt gesehen haben, wie man Dateien mit Binärdaten anlegt und liest, werden diesem Abschnitt Dateien behandelt, die ihre Daten im Klartext enthalten. Damit kann man dann auch Texte (Meldungen, Daten usw.) in eine Datei schreiben und nicht nur wie in den meisten bisherigen Programmen am Bildschirm ausgeben.

In einen *ofstream* oder *fstream* kann man mit dem **Ausgabeoperator** << Daten der vordefinierten Datentypen als Texte ausgeben. So wird durch die Anweisungen

```
ofstream fs("c:\\test\\int-bin.dat", ios::binary);
for (int i=0; i<20; i++)
  fs<<i;
fs.close();
```

eine Datei mit den folgenden 30 Ziffern im Klartext angelegt:

```
0123456789101112131415161718 19
```

Dabei ist es unerheblich, ob die Datei wie oben als Binärdatei oder als Textdatei geöffnet wurde:

```
ofstream fs("c:\\int-t.dat");//ohne ios::binary Textdatei
```

In beiden Fällen erhält man exakt dieselbe Datei.

Da die Zahlen in dieser Datei ohne Trennzeichen aufeinander folgen, kann man allerdings beim Lesen der Datei nicht mehr feststellen, welche Zahlen in die

4.6 Dateien

Datei geschrieben wurden. Bei den im letzten Abschnitt behandelten Binärdateien bestand dieses Problem nicht, da dort alle Datensätze gleich lang sind. Bei solchen Dateien kann man die Daten, die gemeinsam einen Datensatz bilden, leicht als Blöcke derselben Länge identifizieren.

Mit dem Ausgabeoperator << können mehrere Ausdrücke in einer einzigen Anweisung zusammengefasst werden. So wird durch

```
ofstream f("c:\\test2.txt");
f<<"int:"<<5<<" float: "<<3.14f<<" double: "<<3.14<<endl;
f<<"long double: "<<5.1L<<" char: "<<'c'<<'\n';
f<<"string: \n neue Zeile"<<endl;
f.close();
```

eine Textdatei mit den folgenden Zeilen angelegt:

```
int:5 float: 3.14 double: 3.14
long double: 5.1 char: c
string:
 neue Zeile
```

Hier ist *endl* ein so genannter Manipulator, der die Escape-Sequenz '\n' in die Datei einfügt. Weitere Manipulatoren und Funktionen zur Formatierung von Text werden im nächsten Abschnitt vorgestellt.

Ein Ausdruck mit dem Ausgabeoperator stellt wie die Funktion *write* die Stream-Variable dar und kann deshalb zur Prüfung der Operation

```
if (f<<1<<"xyz"<<endl);
else ShowMessage("Fehler");
```

Die folgende Anweisung schreibt einen Datensatz des Typs *CKontobewegung* in eine Textdatei. Dabei wird der Name des Inhabers linksbündig (wegen *left* und *setw(20)*) in einem 20 Zeichen breiten Feld ausgegeben. Aller anderen Werte werden rechtsbündig in die Felder der jeweils mit *setw* gesetzten Breite geschrieben. Da eine gesetzte Ausrichtung erhalten bleibt, bis sie neu gesetzt wird, reichen dafür zwei Aufrufe. Die mit *setw* gesetzte Feldbreite gilt dagegen nur für die jeweils nächste Ausgabe und muss deswegen jedes Mal gesetzt werden:

```
CKontobewegung K;
f<<setw(4)<<K.KontoNr<<" "<<left<<setw(20)
    <<K.NameInhaber<<right<<setw(2)<<K.Datum.Tag<<"."
    <<setw(2)<<K.Datum.Monat<<"."<<setw(2)
    <<K.Datum.Jahr<<" "<<K.BewArt<<setprecision(8)
    <<K.Betrag<<endl;
```

Offensichtlich sind diese Funktionen mit relativ viel Schreibaufwand verbunden. Deswegen werden zur Formatierung von Strings oft andere Funktionen verwendet wie z.B. die Funktion *sprintf* aus der Programmiersprache C. Die so erzeugten Strings werden dann als Ganzes in die Textdatei geschrieben:

```
char s[100];
sprintf(s,"%4d %-20s   %2d.%2d.%2d   %c %8.2f\n",
       K.KontoNr, K.NameInhaber, K.Datum.Tag,
       K.Datum.Monat, K.Datum.Jahr, K.BewArt, K.Betrag);
f<<s; // wegen '\n' im Formatstring kein endl notwendig
```

Auch wenn die formatierte Ausgabe mit dem **Operator** << etwas umständlich aussieht, hat sie doch gegenüber den beiden anderen Funktionen den **Vorteil**, dass sie **typsicher** ist: Wenn man z.B. am Anfang eines größeren Programm eine Variablendeklaration hat und weiter hinten den Wert dieser Variablen mit *sprintf* formatiert, vergisst man bei einer eventuell notwendigen Änderung des Datentyps dieser Variablen leicht, dass man auch die Formatangabe ändern muss. Da der Compiler bei einem solchen Fehler keine Fehlermeldung ausgibt, muss man das gesamte Programm mühsam nach allen Stellen durchsuchen, an denen diese Variable verwendet wird. Bei einer Ausgabe mit << wird das Ausgabeformat dagegen automatisch an den neuen Datentyp angepasst.

Der Operator << funktioniert auch für Dateien, die als Binärdatei geöffnet wurden, indem im *mode* das Bit *ios::binary* gesetzt wurde. Ersetzt man im ersten Beispiel die Zeile zum Öffnen durch

```
fstream f("c:\\test2.txt",ios::out|ios::binary);
```

unterscheidet sich die erzeugte Datei nur durch die Zeichen, die für die Escape-Sequenz '\n' erzeugt werden:

'\n' bei einer Textdatei: Carriage Return + Linefeed (CR/LF)
'\n' bei einer Binärdatei: Linefeed (LF)

Liest man eine so erzeugte Datei in einen Editor ein, wird man oft keinen Unterschied zwischen einer Textdatei und einer Binärdatei feststellen: Viele Editoren interpretieren sowohl die Zeichenfolge CR/LF als auch ein einfaches LF als Zeilenende. Bei der Ausgabe einer Datei auf einem Drucker ist das aber oft anders: Die meisten Drucker können so eingestellt werden, dass sie entweder nur ein LF oder die Zeichen CR/LF als Zeilenende interpretieren. Wenn der Drucker dann die Zeichen CR/LF als Zeilenende erwartet, aber nur LF findet, erfolgt nur ein Zeilenvorschub, ohne dass die nächste Zeile am linken Rand der Seite beginnt.

In Abschnitt 6.9.4 wird gezeigt, wie man den Ausgabeoperator für selbstdefinierte Datentypen so überladen kann, dass sie wie die vordefinierten Datentypen mit diesem Operator ausgegeben werden können.

Aus einem zum Lesen geöffneten Stream kann man mit dem **Eingabeoperator** >> Daten der elementaren Datentypen lesen. Diese Daten müssen im Wesentlichen das Format von Literalen des entsprechenden Datentyps haben. Mit einem überladenen Operator für selbstdefinierte Datentypen kann man auch solche Daten mit diesem Operator einlesen.

4.6 Dateien

Durch die folgenden Anweisungen werden Ganzzahlliterale aus einer Datei gelesen. Diese Werte werden dann der Variablen i zugewiesen. Da der Operator >> führende Whitespace-Zeichen überliest, können so Zahlen gelesen werden, die durch Leerzeichen, Tabulatoren usw. getrennt sind:

```
int i;
ifstream f("c:\\test1-int.txt");
f>>i;
while (f)
   {
      Memo1->Lines->Add(i);
      f>>i;
   }
if (!f.eof()) ShowMessage("Fehler bei read");
f.close();
```

Da der Funktionswert des Eingabeoperators die Stream-Variable ist und diese als Bedingung dafür verwendet werden kann, ob erfolgreich gelesen werden konnte, ist folgende Variante gleichwertig:

```
int i;
ifstream f("c:\\test1-int.txt");
while (f>>i)
  Memo1->Lines->Add(i);
if (!f.eof()) ShowMessage("Fehler bei read");
f.close();
```

Eine solche Datei kann z.B. mit

```
ofstream f("c:\\test1-int.txt");
for (int i=0; i<100; i++)
  f<<i<<" ";
f.close();
```

angelegt werden. Dabei wird nach jeder Zahl ein Leerzeichen als Trennzeichen geschrieben.

Liest man mit dem Eingabeoperator >> ein Zeichen in eine Variable des **Datentyps** *char* ein, werden zunächst sämtliche **Whitespace-Zeichen** überlesen. Das nächste Zeichen wird dann der Variablen zugewiesen. So wird aus der mit

```
ofstream f("c:\\str.txt");
f<<"  Ist das nicht schön?"<<endl;
f.close();
```

angelegten Datei durch

```
ifstream f("c:\\str.txt");
char s;
f>>s;    // Ergebnis: s='I' und nicht das Leerzeichen!
f.close();
```

der Variablen s das Zeichen 'I' und nicht etwa ein Leerzeichen ' ' zugewiesen. Entsprechend werden auch bei einem String (z.B. in eine Variable des Datentyps *char**) führende Whitespace-Zeichen überlesen. Außerdem wird das Einlesen eines Strings immer durch das nächste Whitespace-Zeichen beendet. So wird aus der oben angelegten Datei durch

```
ifstream f("c:\\str.txt");
char s[20];
f>>s;    // Ergebnis: s="Ist" (ohne führende Leerzeichen!)
f.close();
```

nur der String bis zum ersten Leerzeichen in die Variable s eingelesen.

Die folgende Anweisung liest einen Datensatz des Typs *CKontobewegung* aus einer Textdatei, die wie in den Beispielen oben angelegt wurde:

```
f>>K.KontoNr>>Nachname>>Vorname>>K.Datum.Tag>>Punkt1>>
  K.Datum.Monat>>Punkt2>>K.Datum.Jahr>>K.BewArt>>K.Betrag;
```

Hier wurden die Hilfsvariablen

```
char Vorname[20], Nachname[20];
char Punkt1,Punkt2;
```

verwendet, da der Nachname und der Vorname des Kontoinhabers durch ein Leerzeichen getrennt sind und dieses Leerzeichen das Einlesen eines Strings abschließt. Die als Trennzeichen nach Tag und Monat eingefügten Dezimalpunkte werden in Punkt1 und Punkt2 eingelesen und anschließend nicht weiterverwendet. Offensichtlich funktioniert diese Anweisung aber nicht mehr, wenn der Name des Kontoinhabers mehr als ein Leerzeichen enthält. Deshalb sollte man eine Datei nur dann mit dem Operator >> lesen, wenn man ihr Format genau kennt.

Mit den **globalen** *getline*-**Funktionen** kann man Zeichen aus einer Textdatei in einen String der Standardbibliothek einlesen. Diese Funktionen lesen so lange, bis das Ende der Datei erreicht wurde oder das nächste Zeichen den Wert *delim* hat. Mit *delim*='\n' bzw. der zweiten Version erhält man die einzelnen Zeilen einer Textdatei.

istream& **getline***(istream& is, string & str, charT delim);*
istream& **getline***(istream& is, string& str)*
{ return getline(is, str, is.widen('\n')); }

Die Stream-Klassen haben auch **Elementfunktionen** mit dem Namen *getline*:

istream& **getline***(char_type* s, streamsize n, char_type delim);*
istream& **getline***(char_type *s, streamsize n)*

4.6 Dateien

Diese unterscheiden sich von den globalen Funktionen dadurch, dass sie ihre Daten nicht in einen String der Standardbibliothek schreiben, sondern in den Speicherbereich ab der Adresse in s. Dieser Speicherbereich muss zuvor reserviert worden sein. Da man aber oft nicht weiß, wie lang eine Zeile werden kann, ist die Arbeit mit den globalen Funktionen meist einfacher.

Beispiel: Die Funktion *CopyText* liest die als *ifn* übergebene Datei zeilenweise ein und schreibt die Zeilen in die Datei mit dem Namen *ofn*:

```
#include <string>
void CopyText(char* ifn, char* ofn)
{
ifstream in(ifn);
if (in)
  {
    ofstream out(ofn);
    string z;
    while (getline(in,z))
      out<<z<<endl;
    if (!in.eof())ShowMessage("Fehler bei read");
    out.close();
  }
in.close();
}
```

Wie die bisherigen Ausführungen gezeigt haben, kann man Daten sowohl im **Klartext** als auch in **Binärformat** speichern. Welche der beiden Formen man vorzieht, hängt von den Anforderungen im Einzelnen ab:

- Die Speicherung im Klartext hat den **Vorteil**, dass die Daten auch ohne ein spezielles Programm mit einem einfachen Editor gelesen und gegebenenfalls sogar bearbeitet werden können. Da dieses Datenformat auf allen Rechnerplattformen gleich ist, kann man solche Daten auch leicht zwischen verschiedenen Plattformen austauschen (z.B. UNIX, Windows oder zwischen Programmen, die auf demselben Betriebssystem laufen, aber mit verschiedenen Compilern geschrieben wurden).

  Allerdings ist es manchmal etwas mühsam, die einzelnen Datenfelder wieder auseinanderzudröseln (z.B. bei Strings).

- Das Lesen von Daten im Binärformat lässt sich dagegen bei den üblicherweise verwendeten festen Blocklängen meist einfacher programmieren. Wenn man die Daten nie zwischen verschiedenen Plattformen austauschen will, kann es vorteilhafter sein, dieses Format zu verwenden. Außerdem werden die Dateien meist kleiner, und oft ist es auch besser, wenn ein Anwender keine einfache Möglichkeit hat, die Daten zu manipulieren. Allerdings kann man mit *read* und *write* meist keine Klassen mit Zeigern in eine Datei schreiben.

Unter DOS werden manche Ein-/Ausgabe-Geräte über Streams angesprochen, die mit einem der folgenden Dateinamen geöffnet wurden:

"Con" bei Textfenster-Programmen für die Ausgabe an den Bildschirm und Eingabe von der Tastatur,
"Prn" für den Standarddrucker,
"Lpt1", "Lpt2" für die Parallel-Ports,
"Com1", "Com2" für die Seriell-Ports.

Teilweise funktioniert das mit dem C++Builder auch unter Windows:

```
CopyText("c:\\test\\config.sys", "lpt1");
```

Aber selbst wenn es funktioniert, ist diese Vorgehensweise mit gravierenden Nachteilen verbunden, da die so geöffneten Streams ziemlich unabhängig vom Betriebssystem sind: Das Programm bleibt blockiert, bis alle Daten ausgegeben sind, und funktioniert nicht mit Netzwerkdruckern. Da es unabhängig von den Druckerwarteschlangen von Windows ist, unterbricht es einen gleichzeitig laufenden Druckjob von Windows. Außerdem bieten diese Streams nur wenig oder keine Möglichkeiten, das Gerät zu konfigurieren und z.B. bei einem Drucker die Schriftart oder bei einer seriellen Kommunikation die Übertragungsrate zu setzen. Wenn man die unter Windows möglichen Einstellungen eines Druckers nutzen will, sollte man wie in Abschnitt 4.5.1 vorgehen. Die Konfigurationen einer seriellen Schnittstelle ist mit den entsprechenden Funktionen der Windows-API möglich (siehe Abschnitt 113).

Anmerkung für Delphi-Programmierer: In Pascal erhält man Textdateien mit dem Datentyp *Text*. Wenn man in solche Dateien mit *Write* schreibt, werden die Daten im Klartext ausgegeben. Mit *Read* kann man aus solchen Dateien Daten einlesen, die im Klartext vorliegen. Mit *Writeln* werden Daten zeilenweise ausgegeben (wie mit *endl*). Der Funktion *getline* entspricht *Readln*.

Delphi verwendet für eine mit *AssignPrn* geöffnete Textdatei die Einstellungen des Printerobjekts *Printer*:

```
Printer->Canvas->Font->Size = i;
```

Damit kann man auch in einer Funktion wie *PrintText* die Einstellungen der Schriftgröße usw. setzen.

Aufgabe 4.6.4:

1. Das HTML-Format ist ein Textformat, das unter anderem für Internetseiten verwendet wird. Damit es auf möglichst vielen verschiedenen Rechner- und Betriebssystemen eingesetzt werden kann, verwendet es nur Zeichen des ASCII-Zeichensatzes. Formatangaben werden auch als Markierungen be-

zeichnet und bestehen aus einem Paar von spitzen Klammern <>, zwischen denen Schlüsselworte und eventuell noch Parameter stehen.

Ein HTML-Dokument beginnt mit der Markierung <HTML> und endet mit </HTML>. Wie bei diesem Paar von Markierungen werden Bereiche oft durch Markierungen begrenzt, bei denen die Markierung für das Ende des Bereichs mit dem Zeichen „/" beginnt, und bei der das Schlüsselwort in der Ende-Markierung gleich oder ähnlich ist wie in der Anfangsmarkierung.

Bereiche können verschachtelt werden. So kann ein HTML-Dokument einen durch <HEAD> und </HEAD> begrenzten Bereich mit Angaben enthalten, die das gesamte Dokument betreffen. In einem solchen Bereich kann z.B. zwischen <TITLE> und </TITLE> der Text stehen, der in der Titelzeile des Browsers angezeigt wird.

Der im Hauptfenster des Browsers angezeigte Text ist in einem durch <BODY> und </BODY> begrenzten Bereich des HTML-Dokuments enthalten.

So wird zum Beispiel das HTML-Dokument

```
<HTML>
  <HEAD>
    <TITLE>
     Mein HTML Dokument
    </TITLE>
  </HEAD>
  <BODY>
    Text in meinem
    HTML-Dokument
    <BR>Neue Zeile
  </BODY>
</HTML>
```

von Netscape folgendermaßen dargestellt:

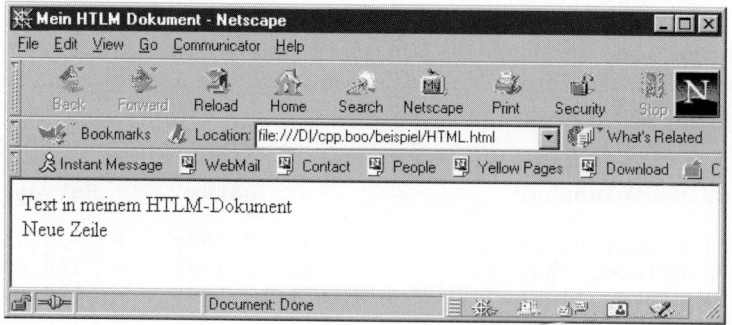

Die Einrückungen im HTML-Dokument wirken sich nicht auf die Formatierung aus und wurden hier nur zur besseren Übersichtlichkeit aufgenommen. Zeilenvorschübe im Text werden ebenfalls ignoriert und nur durch die Markierung <BR> erzeugt.

Da die Umlaute nicht zum ASCII-Zeichensatz gehören, werden sie durch spezielle Zeichenkombinationen dargestellt:

   ä: ä   ö: ö   ü: ü   ß: ß
   Ä: Ä   Ö: Ö   Ü: Ü

Beispiel: „In München steht ein Hofbräuhaus."

a) Schreiben Sie eine Funktion *TextToHtml*, die aus einer Textdatei ein HTML-Dokument erzeugt. Dazu sollen die notwendigen Markierungen erzeugt und der gesamte Text der Textdatei in einen durch <BODY> und </BODY> begrenzten Bereich kopiert werden. Die Titelzeile des Browsers soll den Dateinamen anzeigen. Die einzelnen Zeilen der Textdatei sollen im Browser ebenfalls als einzelne Zeilen dargestellt werden. Die Umlaute sollen durch die entsprechenden Zeichenkombinationen ersetzt werden.

b) Durch die Markierungen <TABLE BORDER> und </TABLE> werden Tabellen in einem HTML-Dokument begrenzt. In einem solchen Bereich wird

- eine Spaltenüberschrift durch <TH> eingeleitet
- eine neue Tabellenzeile durch <TR> eingeleitet
- in einer Tabellenzeile ein neues Datenelement durch <TD> eingeleitet.

Alle diese Markierungen brauchen keine Ende-Markierung, da sie durch die nächste Markierung dieser Art begrenzt werden.

Schreiben Sie eine Funktion *KBToHtml*, die aus einer Datei von Kontobewegungen (Datentyp *CKontobewegung*) eine HTML-Datei erzeugt, die die Daten der Datei in einer Tabelle darstellt.

2. Schreiben Sie eine Funktion *Listendruck*, die aus einer Datei von Kontobewegungen (Datentyp *CKontobewegung*) eine Textdatei erzeugt, die etwa folgendermaßen aussieht:

```
Datei: c:\test\kb.dat                          Seite 1
Kto. Kontoinhaber              Datum          Betrag

1004 Duestrip, Donald         31. 9.1997    +   21.75
1099 Prince, Charlie          15. 1.1998    -  168.61
1011 Mieze, Alexander          6.11.1997    -  174.06
```

a) Jede Seite soll mit einem „Blattkopf" beginnen, der in der ersten Zeile den Dateinamen und die aktuelle Seitenzahl enthält und in der zweiten Zeile die Bedeutung der darunter aufgeführten Daten erläutert. Darauf soll eine Leer-

4.6 Dateien

zeile folgen. Die dazu erforderlichen Anweisungen sollen in einer Funktion *Blattkopf* zusammengefasst werden.

b) Die Anzahl der Zeilen, die auf eine Seite gedruckt werden können, hängt von der Schriftgröße und vom Papierformat ab. Nehmen Sie deshalb an, dass auf eine Seite 72 Zeilen gedruckt werden können. Davon sollen maximal 60 bedruckt werden. Damit diese Funktion ohne großen Aufwand an andere Papierformate angepasst werden kann, sollen die Anzahl der Druckzeilen pro Seite sowie die Anzahl der Zeilen pro Seite als Variablen vereinbart werden.

Sobald auf eine Seite mehr Zeilen gedruckt sind, als die Variable *Druckzeilen_pro_Seite* angibt, soll ein Blattvorschub (z.B. als eine Folge von Leerzeilen) erfolgen, ebenso nach dem Ausdruck des letzten Datensatzes der Datei. Der Blattvorschub soll in einer Funktion mit dem Namen *Blattvorschub* ausgeführt werden.

c) Am Ende jeder Seite soll die Summe der Beträge aller Kontobewegungen mit der Bewegungsart '+' und die aller Kontobewegungen mit der Bewegungsart '–' gedruckt werden.

d) Die letzte Seite soll (außer wenn eine leere Datei ausgedruckt wird) nicht nur aus einem Blattkopf bestehen können.

Da der Ausdruck in eine Datei erfolgt und nicht auf einen Drucker, wird auf alle Feinheiten der Druckgestaltung verzichtet.

Diese Funktion kann in dem Programm von Aufgabe 4.6.1.2 unter *Datei|Drucken* angeboten werden. Den Namen der auszudruckenden Datei kann man in einem *OpenDialog* erfragen.

4.6.5 Manipulatoren und Funktionen zur Formatierung von Texten

Mit Manipulatoren kann man Angaben zur Formatierung von Ein- und Ausgaben in eine Kette von Ein- und Ausgabeoperatoren >> bzw. << einfügen. Neben den im letzten Abschnitt vorgestellten Manipulatoren *endl* und *setw* stehen weitere zur Verfügung nach

```
#include <iomanip>
using namespace std;
```

Die Manipulatoren *oct*, *dec* und *hex* setzen die **Basis des Zahlensystems** für die Ausgabe von Ganzzahlwerten. Mit der folgenden Anweisung erhält man die als Kommentar angegebene Ausgabe:

```
f<<"dezimal: "<<123<<" hexadezimal: "<<hex<<123
  <<" oktal: "<<oct<<123 <<" dezimal: "<<dec<<123<<endl;
// dezimal: 123 hexadezimal: 7b oktal: 173 dezimal: 123
```

Der Manipulator *showbase* bewirkt, dass vor einer Ganzzahl im Oktalsystem eine führende Null und im Hexadezimalsystem „0x" ausgegeben wird. Diese Einstellung kann man mit *noshowbase* wieder zurücksetzen. Ersetzt man in der letzten Anweisung „f" durch

```
f<<showbase
```

erhält man

```
dezimal: 123 hexadezimal: 0x7b oktal: 0173 dezimal: 123
```

Das Ausgabeformat von Werten des Datentyps *bool* kann mit dem Manipulator *boolalpha* auf alphanumerisch gesetzt und mit *noboolalpha* wieder zurückgesetzt werden. Durch die Anweisungen

```
f<<"true="<<true<<" false="<<false<<endl;
f<<boolalpha<<"true="<<true<<" false="<<false<<endl;
f<<noboolalpha<<"true="<<true<<" false="<<false<<endl;
```

erhält man die Zeilen

```
true=1 false=0
true=true false=false
true=1 false=0
```

Die Anzahl der Zeichen, die für die nächste Ausgabe verwendet wird, kann man mit dem Manipulator *setw* setzen. Im Unterschied zu den bisher vorgestellten Manipulatoren gilt diese Angabe aber immer nur für die nächste Ausgabe. Als Füllzeichen wird dabei das mit *setfill* gesetzte Zeichen verwendet. Die Ausrichtung innerhalb des Ausgabebereichs erfolgt mit *left* und *right*. Durch die nächsten beiden Anweisungen erhält man die als Kommentar angegebene Ausgabe:

```
f<<setw(5)<<1<<"2"<<setfill('$')<<setw(5)<<"3"<<endl;
f<<right<<setw(5)<<1<<"2"<<setfill('.')<<left<<setw(5)
                                              <<"3"<<endl;
//       12$$$$3
// $$$$123....
```

Für Gleitkommawerte stehen drei Formate zur Verfügung:

- Das Normalformat ist die Voreinstellung und entspricht der Formatangabe %g in *printf*.
- Das so genannte wissenschaftliche Format erhält man mit dem Manipulator *scientific*. Es entspricht der Formatangabe %e in *printf* und stellt den Wert mit einer Stelle vor dem Komma und einem Exponenten dar.
- Das Format *fixed* stellt eine Zahl durch die Stellen vor dem Komma, einen Dezimalpunkt und die Nachkommastellen dar. Es entspricht der Formatangabe %f in *printf*.

Diese Formate können mit

4.6 Dateien

resetiosflags(ios::fixed)
resetiosflags(ios::scientific)

wieder zurückgesetzt werden. Der mit **setprecision** gesetzte Wert bedeutet beim Normalformat die Anzahl der insgesamt verwendeten Stellen. Bei den anderen beiden Formaten bedeutet er die maximale Anzahl der Nachkommastellen. Auf Ganzzahlwerte wirkt sich dieser Wert nicht aus. Die Anweisungen

```
f<<"N1:"  <<setprecision(5)<<123.45678
   <<" N2:"<<setprecision(10)<<123.45678<<endl;
f<<"S1:"  <<setprecision(5)<<scientific<<123.45678
   <<" S2:"<<setprecision(10)<<123.45678<<endl;
f<<"F1:"  <<setprecision(5)<<fixed<<123.45678
   <<" F2:"<<setprecision(10)<<123.45678<<endl;
```

erzeugen die folgende Ausgabe:

```
N1:123.46 N2:123.45678
S1:1.23457e+02 S2:1.2345678000e+02
F1:123.45678 F2:123.4567800000
```

Mit den Manipulatoren **uppercase** bzw. **nouppercase** wird der Exponent bei einer Gleitkommadarstellung sowie das X bei der Hexadezimaldarstellung einer Ganzzahl in Groß- bzw. Kleinbuchstaben dargestellt. Nach dem Manipulator **showpos** wird auch bei positiven Ganzzahlen ein führendes Pluszeichen angezeigt. Diese Einstellung wird mit **noshowpos** wieder zurückgesetzt.

Der Manipulator **showpoint** bewirkt, dass bei einer Gleitkommazahl immer ein Dezimalpunkt angezeigt wird. Diese Einstellung kann mit **noshowpoint** wieder zurückgesetzt werden. So erhält man mit

```
f<<"NS"<<setprecision(7)<<123.0<<endl;
f<<"S1:" <<showpoint<<123.0<<endl<<"S2:"<<12.0<<endl;
f<<"S3:" <<1.0<<endl;
```

die folgende Ausgabe:

```
NS123
S1:123.0000
S2:12.00000
S3:1.000000
```

Das Überlesen von Whitespace-Zeichen kann mit **noskipws** unterbunden und mit **skipws** wieder auf die Voreinstellung zurückgesetzt werden. Durch

```
char c,c1;
f>>noskipws>>c>>skipws>>c1;
```

wird aus der Datei mit dem Text

```
"   Ist das nicht schön?"
```

das erste Leerzeichen in die Variable c eingelesen. Das zweite Leerzeichen wird dann überlesen, und c1 wird das Zeichen 'T' zugewiesen.

4.6.6 Textbildschirm-Anwendungen

Mit dem C++Builder kann man nicht nur Windows-Programme schreiben, sondern auch so genannte Textbildschirm- oder Konsolen-Anwendungen. Eine solche Anwendung verwendet wie ein DOS-Programm ein Textfenster für Ein- und Ausgaben. Im Gegensatz zu einem Programm für eine grafische Benutzeroberfläche erfolgen Ein- und Ausgaben vor allem zeichenweise über die Tastatur und den Bildschirm. Solche Programme werden meist von der Kommandozeile aus gestartet. Obwohl eine Konsolen-Anwendung wie ein DOS-Programm aussieht, kann man es nicht unter MS-DOS, sondern nur unter Win32 starten.

Ein Projekt für eine solche Anwendung erhält man im C++Builder, wenn man unter *Datei|Neu|Neu* den Konsolen-Experten auswählt. Daraufhin wird eine Datei „Projekt1.cpp" angelegt, die neben einigen *#include*-Anweisungen eine Funktion mit dem Namen *main* enthält:

```
int main(int argc, char **argv)
{
    return 0;
}
```

Sie wird beim Start eines Konsolen-Programms aufgerufen. Die Anweisungen, die beim Start des Programms ausgeführt werden sollen, werden dann in diese Funktion vor *return* eingefügt.

Ein- und Ausgaben erfolgen bei einem solchen Programm vor allem über die in <iostream> vordefinierten Streams

  cin // für die Eingabe von der Tastatur
  cout // für die Ausgabe am Bildschirm

Für diese Streams sind wie für ein *fstream*-Objekt die Operatoren „<<" und „>>" definiert. Ein- und Ausgaben erfolgen dann wie in diesem Beispiel:

```
#include <iostream> // für cin und cout notwendig
using namespace std;
int main(int argc, char **argv)
{
    int x,y;
    cout<<"x="; // der Anwender soll einen Wert eingeben
    cin>>x;     // den Wert einlesen
    cout<<"y=";
    cin>>y;
    cout<<"x+y="<<(x+y);
    return 0;
}
```

4.6 Dateien

Dieses einfache Beispiel zeigt bereits einen wesentlichen Unterschied zu den bisher entwickelten Programmen für eine grafische Benutzeroberfläche wie Windows. Hier erfolgen alle Ein- und Ausgaben sequenziell: Bevor der Anwender keinen Wert für x eingegeben hat, wird die nächste Frage nicht angezeigt. Damit Fehleingaben korrigiert werden können, sind relativ aufwendige Programmkonstruktionen notwendig, die durch weitere sequenzielle Eingaben realisiert werden müssen. Sowohl die Programmierung als auch die Bedienung von solchen Programmen ist oft ziemlich aufwendig. Im Gegensatz dazu kann ein Programm für eine grafische Benutzeroberfläche mehrere Eingabefelder gleichzeitig anzeigen. Mit der Maus kann dann jedes direkt adressiert werden.

Zur Formatierung der Ausgabe kann man die im letzten Abschnitt vorgestellten Manipulatoren und Funktionen verwenden:

```
for (int i=0; i<10; i++)
  cout <<setw(10)<<i<<setw(10)<<i*i<<endl;
```

Außerdem stehen Funktionen wie *printf* aus der Programmiersprache C zur Verfügung:

```
for (int i=0; i<10; i++)
  printf("%d   %d \n",i,i*i);
```

Ein Windows-Programm besitzt im Unterschied zu einem Textfenster-Programm keine vordefinierten Streams zur Ein- und Ausgabe, sondern nur Fenster. Verwendet man die Streams *cin* oder *cout* in einem Windows-Programm, bleibt das deshalb ohne sichtbares Ergebnis.

Aufgaben 4.6.6

Alle Programme, die ihre Meldungen in ein Memo ausgeben, können auch als Textbildschirm-Anwendung realisiert werden. Formulieren Sie z.B. die Lösungen der Aufgaben von Abschnitt 3.5 als Textbildschirm-Programm.

1. Aufgabe 3.5.1 (Quersumme)
2. Aufgabe 3.5.2 (Fibonacci-Zahlen)
3. Aufgabe 3.5.3 (Primzahlen)
4. Aufgabe 3.5.4 (Pythagoräische Zahlentripel)
5. Aufgabe 3.5.5 (3n+1-Problem)

Der Anwender soll in einem Menü auswählen können, welche Lösung er sich anzeigen lassen will.

4.6.7 Stringstreams

Mit den Stringstream-Klassen ***istringstream*** und ***ostringstream*** der Standardbibliothek von C++ kann man Werte von Variablen aus einem *string* lesen oder in einen *string* schreiben. Dabei werden die Zeichen des Strings wie die Zeichen eines Streams behandelt. Diese beiden Klassen stehen zur Verfügung nach

```
#include <sstream>
using namespace std;
```

Wenn man einen *istringstream* mit einem String initialisiert

```
string s="1.23";
istringstream is(s);
```

kann man mit dem Eingabeoperator Werte von Variablen aus dem Stringstream einlesen:

```
double d;
is>>d; // d=1.23
```

Dabei erhalten diese den Wert, den man auch bei einer Eingabe der Zeichen des Strings über die Tastatur erhalten würde:

```
cin>>d;
```

Wie beim Lesen aus einem Stream kann man über den Namen der Stringstream-Variablen abfragen, ob beim Lesen ein Fehler aufgetreten ist:

```
istringstream is("einszweidrei");
double d;
is>>d;
if (is) // kein Fehler beim Lesen
else    // beim Lesen ist ein Fehler aufgetreten
```

Außerdem kann man wie bei Streams Exceptions (siehe dazu auch Abschnitt 5.10.2) aufsetzen. Dann wird eine Exception ausgelöst, falls keine zum Datentyp passenden Werte gelesen werden konnten:

```
is.exceptions(ios::failbit);
```

Mit einem *ostringstream* kann man Werte **in einen String** schreiben. Dazu gibt man die Werte mit dem Ausgabeoperator in einen *ostringstream* aus:

```
ostringstream os;
os<<d;
```

Der so erzeugte String steht mit der Elementfunktion *str()* zur Verfügung:

```
os.str();
```

Dieser String besteht dann aus den Zeichen, die am Bildschirm ausgegeben würden, wenn man die Werte mit dem Ausgabeoperator in *cout* schreiben würde:

```
cout<<d;
```

4.6 Dateien

Da Stringstreams intern wie Streams verwaltet werden, ist es am einfachsten, für jede Konversion eine neue Stringstream-Variable anzulegen.

Mit den Stringstream-Klassen erhält man typsicher dasselbe Ergebnis wie mit den Funktionen *sprintf* oder *sscanf, atoi, atof* usw. von C. In älteren Versionen von C++ bieten die *strstream*-Klassen ähnliche Funktion wie die Stringstream-Klassen. Der Standard empfiehlt aber ausdrücklich, diese älteren Klassen nicht mehr zu verwenden.

Aufgaben 4.6.7

Wenn ein String den Wert einer Variablen eines bestimmten Datentyps darstellt, kann man diesen Wert mit einem *istringstream* aus dem String lesen und so in einen Wert dieses Datentyps umwandeln. Schreiben Sie die Funktionen

```
double StrToFloat(string s);
int StrToInt(string s);
```

die einen als Parameter übergebenen String in einen *double*- oder einen *int*-Wert umwandeln. Testen Sie diese Funktionen mit den Strings

StrToInt:	"123"	"123 "	"12 3"	"12A3"	" 123A"
StrToFloat:	"1.23"	"123 "	"1.2 3"	"1.2A3"	" 1.23A"

4.6.8 Dateibearbeitung im Direktzugriff ⊕

Wenn man die Daten aus einer Datei mit Funktionen wie *read* oder dem Eingabeoperator liest bzw. mit *write* oder dem Ausgabeoperator schreibt, wird der Positionszeiger mit jeder solchen Operation nach vorne bewegt. Deshalb kann man mit diesen Funktionen die Daten aus einer Datei nur in ihrer Reihenfolge in der Datei bearbeiten. Man spricht dann auch von sequenzieller Dateibearbeitung.

Bei Dateien auf Magnetplatten ist im Gegensatz zu Dateien auf Magnetbändern auch ein **Direktzugriff** auf einen Datensatz mit einer bestimmten Nummer möglich. Damit kann der Schreib-/Lesekopf an den Anfang eines bestimmten Datensatzes gesetzt werden, ohne dass sämtliche Elemente davor sequenziell gelesen werden müssen. Diese Zugriffsmöglichkeit wird auch als **wahlfreier Zugriff** (**random access**) bezeichnet. Voraussetzung dafür ist allerdings, dass man die Positionen der Datensätze kennt. Bei Binärdateien, bei denen alle Datensätze der Datei gleich groß sind, lässt sich diese Position leicht berechnen. Bei Textdateien mit unterschiedlich langen Datensätzen ist eine solche Berechnung meist nicht möglich.

Der Direktzugriff auf einen Datensatz mit einer bestimmten Positionsnummer ist bei einem *fstream* und *ifstream* mit den Funktionen

*istream& **seekg**(pos_type offs); //* „g" für get
*istream& **seekg**(off_type offs, ios_base::seekdir mode);*

und bei einem *ofstream* und *fstream* mit den Funktionen

*ostream& **seekp**(pos_type offs);   //* „p" für put
*ostream& **seekp**(off_type offs, ios_base::seekdir mode);*

möglich. Diese Funktionen setzen den zum Stream gehörenden Positionszeiger auf die Position, die *offset* Bytes von der durch *mode* angegebenen Position entfernt ist. Für *mode* sind die folgenden drei Konstanten definiert:

C++	C	Dateiposition
ios::beg	SEEK_SET	relativ zum Dateianfang
ios::cur	SEEK_CUR	relativ zur aktuellen Position
ios::end	SEEK_END	relativ zum Dateiende

Nach der Ausführung von *seekg* steht der Positionszeiger an der angegebenen Position, und eine darauf folgende *read*-Anweisung liest dann ab dieser Position. Entsprechend überschreibt eine auf *seekp* folgende *write*-Anweisung die Datei ab der Position, die mit *seekp* gesetzt wurde.

Beispiel: Durch die folgenden Anweisungen wird eine Binärdatei mit 10 Werten des Datentyps *int* angelegt:

```
ofstream f("c:\\direkt.dat",ios::binary);
for (int i=0; i<10; i++)
  f.write((char*)&i,sizeof(int));
f.close();
```

In dieser Datei wird dann durch die folgenden Anweisungen die vierte Zahl durch den Wert 100 überschrieben:

```
ofstream f("c:\\test\\direkt.dat",ios::binary);
int i=100;
f.seekp(3*sizeof(int));
f.write((char*)&i,sizeof(int));
f.close();
```

Hier muss man insbesondere darauf achten, dass die n-te Position in einer Datei die Positionsnummer n–1 hat.

Beim Direktzugriff zeigt sich der Unterschied zwischen den beiden Modi *app* und *ate*, die man beim Öffnen einer Datei angeben kann. Bei einer mit *app* geöffneten Datei finden alle Schreiboperationen immer am Ende der Datei statt, unabhängig davon, ob der Positionszeiger mit *seekp* positioniert wurde. Bei einer mit *ate* geöffneten Datei wird der Positionszeiger zunächst auf das Ende der Datei gesetzt. Er kann aber auch auf eine andere Position gesetzt werden.

4.6 Dateien

Wenn der Zustand eines Streams gut ist, erhält man die aktuelle Position des Positionszeigers mit

pos_type **tellp** *();* // die Position beim Schreiben
pos_type **tellg** *();* // die Position beim Lesen

Diese Funktionen liefern den Funktionswert -1, falls der Zustand des Streams nicht gut ist.

Beispiel: Durch die folgenden Anweisungen erhält man die **Größe einer Datei**, ohne dass man mühsam alle Zeichen lesen und zählen muss:

```
f.seekp(0, ios::end);
int length = f.tellp();
```

Mit dem Direktzugriff ist es insbesondere möglich, einen Datensatz wieder an derselben Position in eine Datei zu schreiben, von der er gelesen wurde. Dazu muss nur der Positionszeiger vor dem Schreiben auf die Anfangsposition zurückgesetzt werden. Diese Position kann vor dem Lesen mit *seekg* bestimmt werden.

Damit ist auch die in Aufgabe 4.6.1.2 b) aufgeworfene Frage beantwortet, wie man die Datensätze einer Datei korrigieren kann. Mit den Techniken der sequenziellen Dateiverarbeitung ist es nicht möglich, einen Datensatz aus einer Datei zu lesen, zu korrigieren und ihn dann an dieselbe Stelle in der Datei zurückzuschreiben.

Dateizugriff über Schlüsseltabellen

Der Direktzugriff ist die Grundlage vieler Verfahren für einen schnellen und effizienten Zugriff auf die Datensätze einer Datei. Solche Verfahren beruhen im Wesentlichen darauf, dass man neben den Datensätzen der Datei die Schlüsselwerte (z.B. die Kontonummer) dieser Datensätze einschließlich ihrer Dateipositionen im Hauptspeicher (z.B. in einem Array) verwaltet. Wenn man dann nach einem Datensatz mit einem bestimmten Schlüsselwert sucht, sucht man ihn zuerst im Hauptspeicher und greift dann über die Dateiposition im Direktzugriff auf den Datensatz in der Datei zu. Allerdings setzt dieses Verfahren voraus, dass im Arbeitsspeicher des Rechners genügend Platz für alle Schlüsselwerte der Datei ist.

Ein solche Schlüsseltabelle kann man mit der folgenden Struktur aufbauen:

```
struct CKeyPos {
  int key; // Schlüsselbegriff
  int pos; // Dateiposition
};
```

Diese Datensätze kann man in einem *vector* oder Array verwalten,

```
vector<CKeyPos> v;
```

in dem man dann die Schlüsselwerte und Positionen aus der Datei ablegt:

```
CKontobewegung K;
CKeyPos kp;
fstream f("c:\\kb.dat",ios::in|ios::out|ios::binary);
while (f.read((char*)&k,sizeof(k)))
   {
     kp.key=k.KontoNr;
     kp.pos=f.tellg()-int(sizeof(k));
     v.push_back(kp);
   }
f.clear(); // setzt eof zurück
```

Hier wird am Schluss die Funktion *clear* aufgerufen, damit das beim Lesen über das Ende der Datei hinaus gesetzte Zustandsbit wieder gelöscht wird. Das ist notwendig, damit weitere Operationen mit der Datei durchgeführt werden können.

Nach einem gesuchten Schlüsselwert sucht man dann zunächst in dem Array KP. Wenn man hier den gesuchten Wert gefunden hat, sucht man diesen über seine Dateiposition direkt in der Datei:

```
int gesucht=1017;
for (int i=0; i<v.size(); i++)
   if (v[i].key==gesucht)
     {
       f.seekg(v[i].pos);
       f.read((char*)&K,sizeof(K));
       KBForm1->Memo1->Lines->Add(KBToString(K));
     }
```

Eine effizientere Variante als hier mit einem *vector*, in dem man linear sucht, wird in Aufgabe 4.7.5 beschrieben.

Aufgaben 4.6.8

Erweitern Sie das Programm von Aufgabe 4.6.3.2 um folgende Optionen:

a) Die Erweiterungen unter b) bis e) sind unabhängig davon, ob eine neue oder eine bereits bestehende Datei geöffnet wird. Falls Sie eine neue Datei bisher nur zum Schreiben oder eine bestehende Datei nur zum Lesen geöffnet haben, passen Sie die Modi beim Öffnen der Datei so an, dass die folgenden Erweiterungen in beiden Fällen funktionieren.

b) Beim Anklicken eines Buttons mit der Aufschrift „<" soll der Datensatz angezeigt werden, der in der Datei vor dem aktuell angezeigten kommt. Falls der aktuell angezeigte Datensatz der erste in der Datei ist, soll dieser Button deaktiviert werden.

c) Beim Anklicken eines Buttons mit der Aufschrift „<<" soll der erste Datensatz der Datei angezeigt werden.

d) Beim Anklicken eines Buttons mit der Aufschrift „>>" soll der letzte Datensatz der Datei angezeigt werden.

4.6 Dateien

e) Beim Anklicken eines Buttons mit der Aufschrift „Korrektur" soll der aktuell angezeigte Datensatz an der Position in die Datei zurückgeschrieben werden, von der er gelesen wurde.

4.6.9 Sortieren, Mischen und Gruppenverarbeitung ⊕

Viele Aufgaben in Zusammenhang mit der Verarbeitung von Dateien setzen voraus, dass die Datcien sortiert sind.

Um eine **Datei** zu **sortieren**, kann man alle Datensätze in einen Container einlesen, diesen dann sortieren und die sortierten Daten dann wieder in eine Datei schreiben. Zum Sortieren verwendet man am einfachsten die Funktion *sort* der Standardbibliothek. Diese setzt allerdings voraus, dass für die zu sortierenden Datensätze der **Operator <** definiert ist.

Wie man solche Operatoren definiert, wird in Abschnitt 6.9 noch ausführlich dargestellt. Damit wir aber auch jetzt schon selbst definierte Datenstrukturen mit der Funktion *sort* sortieren können, soll das als kleiner Vorgriff kurz gezeigt werden. Man schreibt dazu eine Funktion, die einen Wert des Datentyps *bool* zurückgibt. Als Name der Funktion verwendet man das Schlüsselwort *operator*, das von dem Operator gefolgt wird, der definiert wird. Dieser Funktion übergibt man zwei Parameter des Datentyps, für die der Operator definiert wird. Als Rückgabewert der Funktion gibt man den booleschen Ausdruck an, der beim Aufruf der Funktion ausgewertet werden soll. Die folgende Funktion definiert das Ergebnis eines Vergleichs von zwei Kontobewegungen durch den Vergleich der Kontonummern:

```
bool operator<(const CKontobewegung& k1,
                         const CKontobewegung& k2)
{
return k1.KontoNr < k2.KontoNr;
}
```

Diese Funktion wird dann aufgerufen, wenn man zwei Datensätze des Typs *CKontobewegung* mit dem Operator < vergleicht. Die beiden Operanden werden dann dieser Funktion als Parameter übergeben:

```
CKontobewegung K1, K2;
if (K1<K2) ... // wie der Aufruf if (operator<(K1,K2))
```

Wenn man Datensätze des Datentyps *CKontobewegung* nicht nur nach der Kontonummer sortieren will, sondern auch nach anderen Ordnungsbegriffen, kann man eine globale Variable für den Sortierbegriff definieren und dann in Abhängigkeit von ihrem Wert das Vergleichsergebnis bestimmen:

```
enum TSortierbegriff {sbKontoNr, sbName, sbDatum,
          sbKontonrUndDatum} Sortierbegriff=sbKontoNr;
```

```
bool operator<(CKontobewegung k1,CKontobewegung k2)
{
if (Sortierbegriff==sbKontoNr)
  return k1.KontoNr < k2.KontoNr;
else if (Sortierbegriff==sbName)
  return k1.NameInhaber < k2.NameInhaber;
...
}
```

Mischen von Dateien

Falls der Container weniger Elemente aufnehmen kann, als die Datei Datensätze hat, kann man diese Vorgehensweise mehrfach wiederholen. Man erhält dann eine Folge von sortierten Dateien, die insgesamt dieselben Daten enthalten wie die ursprüngliche Datei. Mit den anschließend beschriebenen Mischverfahren können die sortierten Teildateien dann wieder zu einer einzigen sortierten Datei zusammengefügt werden. Auf diese Weise können beliebig große Dateien unabhängig vom verfügbaren Hauptspeicher sortiert werden.

Beginnen wir zunächst damit, zwei sortierte Dateien zu einer einzigen sortierten Datei zusammenzumischen. Diese Vorgehensweise lässt sich nicht nur zum Sortieren von Dateien einsetzen, sondern auch in vielen anderen Fällen, z.B. beim Abgleich von Bestandsdateien mit Bewegungsdateien.

Beispiel: Aus den beiden Dateien

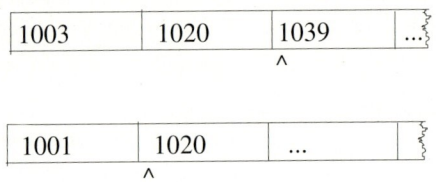

soll durch das Mischen die folgende neue Datei erzeugt werden:

Dazu kann man folgendermaßen vorgehen:

Falls beide Dateien mindestens einen Datensatz enthalten, wird von jeder Datei ein Datensatz gelesen. Wenn der Vergleich des zuletzt von Datei[0] gelesenen Datensatzes K[0] mit dem zuletzt aus Datei[1] gelesenen Satz K[1] ergibt, dass K[0] bezüglich der Sortierfolge vor K[1] kommt, wird K[0] in die Mischdatei übertragen und anschließend der nächste Satz von Datei[0] gelesen. Andernfalls wird K[1] in die Mischdatei übertragen und der nächste Satz von Datei[1] gelesen.

Mit den Definitionen

4.6 Dateien

```
const int n=2; // Anzahl der zu mischenden Dateien
ifstream D[n]; // ein Array der zu mischenden Dateien
ofstream M;    // die durch Mischen erzeugte Datei
CKontobewegung K[n];//aktueller Datensatz der i-ten Datei
```

wird der Datensatz aus der i-ten Datei durch die folgenden Anweisungen in die Mischdatei übertragen. Anschließend wird aus dieser Datei der nächste Datensatz gelesen:

```
M.write((char*)&K[i],sizeof(K[i]));
D[i].read((char*)&K[i],sizeof(K[i]));
```

Damit enthält K[i] immer den zuletzt gelesenen und noch nicht übertragenen Datensatz der i-ten Datei. Dieses Verfahren wird so lange wiederholt, wie noch nicht alle Datensätze der beteiligten Dateien gelesen sind:

```
while (D[0] || D[1])
  {
    int i=MinIndex(2);
    M.write((char*)&K[i],sizeof(K[i]));
    D[i].read((char*)&K[i],sizeof(K[i]));
  }
```

Die Auswahl des kleinsten Datensatzes erfolgt dabei in der Funktion *MinIndex*:

```
int MinIndex(int n)
{ // wegen der Schleifenbed. gilt für ein i: D[i]
int m=0;
for (int i=1; i<n; i++)
   if (!D[m]) m=i; // if (!D[0]) m=1 ...
   else if (D[i] || D[m])
      if (K[i]<K[m]) m=i;
return m;
}
```

Hier wird von allen den Dateien, die noch vollständig übertragen wurden, der Index desjenigen Datensatzes bestimmt, der bezüglich dem Operator < der kleinste ist. Dieses Verfahren ist offenbar analog zur Bestimmung des minimalen Index beim Auswahlsort. Allerdings dürfen bei der Suche nach dem kleinsten Arrayelement von K nur die Elemente zum Vergleich herangezogen werden, für die in den entsprechende Dateien nicht bereits der letzte Satz übertragen wurde. Dieses Verfahren lässt sich leicht auf mehr als zwei Dateien übertragen.

```
void Mischen()
{ // für 2 Dateien
D[0].open("c:\\test\\KB0.sor",ios::binary);
D[1].open("c:\\test\\KB1.sor",ios::binary);
M.open("c:\\test\\M.sor",ios::binary);
D[0].read((char*)&K[0],sizeof(K[0]));
D[1].read((char*)&K[1],sizeof(K[1]));
```

```
while (D[0] || D[1])
  {
    int i=MinIndex(2);
    M.write((char*)&K[i],sizeof(K[i]));
    D[i].read((char*)&K[i],sizeof(K[i]));
  }
D[0].close();
D[1].close();
M.close();
}
```

Gruppenverarbeitung

Bei vielen Aufgaben der Array- bzw. Dateiverarbeitung sind in einer Folge von Datensätzen aufeinander folgende Datensätze mit einem gemeinsamen Merkmal als zusammengehörig zu betrachten. Solche zusammengehörigen Daten werden dann auch als Gruppe bezeichnet und eine Änderung der Gruppe als Gruppenwechsel.

Wenn z.B. eine Datei von Kontobewegungen nach der Kontonummer sortiert ist, können Datensätze mit derselben Kontonummer als eine Gruppe betrachtet werden. In diesem Fall würde man eine Gruppe von Datensätzen mit derselben Kontonummer als Gruppe der Stufe 1 bezeichnen. Eine typische Aufgabe dieser Art wäre es dann, aus einer solchen Datei den folgenden Ausdruck zu erzeugen:

```
Datei: c:\test\KB0.sor      Ein-/Auszahlungen Seite 1

1000 Duestrip, Daniel
     1998    17. 5      +      67,17
     1998    23. 4      -      60,64
     Summe Kontonummer 1000:...........    6,53

1001 Duestrip, Alek
     1998    11. 5      -     239,35
     1998    29. 4      +     141,05
     1997    21. 3      +     284,39
     Summe Kontonummer 1001:...........  186,09

1002 Duestrip, Q.
     1998     3. 3      +     146,72
     1997    28. 3      -      49,66
     1997     2. 3      +      62,76
     1997    27. 5      +     297,83
     Summe Kontonummer 1002:...........  457,65
```

Eine solche Gruppenverarbeitung kann man durch zwei verschachtelte Schleifen erreichen, bei der die äußere Schleife der äußeren Gruppenbedingung (Dateiende) und die innere der inneren Gruppenbedingung (gleiche Kontonummer) entspricht. Jede Schleifenbedingung der inneren Schleife besteht aus der Schleifenbedingung der umgebenden Schleife sowie einer weiteren Bedingung für die jeweilige Gruppenstufe. Dieses **Staffelschema** ist in der Funktion *GW1* realisiert:

4.6 Dateien

```
void GW1(char* infn, char* outfn)
{ // Die Parameter sind die Dateinamen
VorlGS0(infn,outfn);
Lese_naechsten_Satz();
while (in)
   {
   VorlGS1();
   Setze_Gruppenkennzeichen_fuer_Stufe_1(); // damit die
            // Schleife mindestens einmal ausgeführt wird
   while (!GW_Stufe_1()&& (in))
      {
      Bearbeite_DS_Stufe_1(infn);
      Lese_naechsten_Satz();
      }
   NachlGS1();
   }
NachlGS0();
}
```

Ist die Datei innerhalb einer Gruppe noch nach einem weiteren Kriterium sortiert, können diese Datensätze ebenfalls als Gruppe betrachtet werden. In unserem Programm erhält man durch Sortieren mit dem Sortierbegriff *sbKontonrundDatum* eine solche Datei, in der man Datensätze mit derselben Kontonummer und Jahreszahl als Gruppe betrachten kann. Da hier eine Gruppe bereits in einer „Obergruppe" enthalten ist, spricht man auch von einer **Gruppe der Stufe 2**:

```
Datei: c:\test\KB2.sor     Ein-/Auszahlungen Seite 1

1000 Duestrip, Daniel
     1998   23. 4    -    60,64
     1998   17. 5    +    67,17
     Summe  1998:..............    6,53

     Summe Kontonummer 1000:...........    6,53

1001 Duestrip, Alek
     1997   21. 3    +   284,39
     Summe  1997:..............  284,39

     1998   29. 4    +   141,05
     1998   11. 5    -   239,35
     Summe  1998:..............   -98,3

     Summe Kontonummer 1001:...........  186,09

1002 Duestrip, Q.
     1997    2. 3    +    62,76
     1997   28. 3    -    49,66
     1997   27. 5    +   297,83
     Summe  1997:..............  310,93

     1998    3. 3    +   146,72
     Summe  1998:..............  146,72

     Summe Kontonummer 1002:...........  457,65
```

Einen solchen Gruppenwechsel der Stufe 2 erhält man mit dem Staffelschema

```
void GW2(char* infn, char* outfn)
{
VorlGS0(infn,outfn);
Lese_naechsten_Satz();
while (in)
   {
     VorlGS1();
     Setze_Gruppenkennzeichen_fuer_Stufe_1();// damit
         // die Schleife mindestens einmal ausgeführt wird
     while (!GW_Stufe_1()&& (in))
        {
          VorlGS2();
          Setze_Gruppenkennzeichen_fuer_Stufe_2(); // damit
             // die Schleife mindestens einmal ausgeführt wird
          while (!GW_Stufe_2() && !GW_Stufe_1() && in)
             {
                Bearbeite_DS_Stufe_2(infn);
                Lese_naechsten_Satz();
             }
           NachlGS2();
        }
     NachlGS1();
   }
NachlGS0();
}
```

Falls man eine Folge von Daten nicht in Gruppen unterteilt, spricht man auch von einer **Gruppe der Stufe 0**. Die sequenzielle Bearbeitung aller Datensätze einer Datei ist in diesem Sinn eine Gruppenverarbeitung der Stufe 0 (z.B. die Funktion *Listendruck*). Sie entspricht einem Staffelschema mit einer einzigen Schleife:

```
void GW0(char* infn, char* outfn)
{
VorlGS0(infn,outfn);
Lese_naechsten_Satz();
while (in)
   {
     Bearbeite_DS_Stufe_0(infn);
     Lese_naechsten_Satz();
   }
NachlGS0();
};
```

Aufgaben 4.6.9

1. **Dateien sortieren**

   Schreiben Sie eine Funktion *SortiereKBDatei*, die eine Datei von Datensätzen des Datentyps *CKontobewegung* in einen Container einliest (z.B. in ein Array oder in einen *vector* der Standardbibliothek), diesen sortiert und die sortier-

4.6 Dateien

ten Daten dann wieder in eine Datei schreibt. Verwenden Sie zum Sortieren einen für Kontobewegungen überladenen Operator <, der die Datensätze in Abhängigkeit vom Wert einer Variablen *Sortierbegriff*

```
enum TSortierbegriff {sbKontoNr, sbName, sbDatum,
              sbKontonrUndDatum} Sortierbegriff=sbKontoNr;
```

folgendermaßen sortiert:

a) *sbKontoNr*: nach der Kontonummer
b) *sbName*: nach dem Namen des Kontoinhabers
c) *sbDatum*: nach dem Datum
d) *sbKontonrUndDatum*: nach der Kontonummer, und wenn diese gleich ist, nach dem Datum.

2. **Mischen mit Folgeprüfung**

Wenn man die Funktion *Mischen* auf Dateien anwendet, die nicht sortiert sind, wird die gemischte Datei auch nicht sortiert sein. Erweitern Sie diese Funktion deswegen so, dass die Sortierfolge der Mischdatei beim Schreiben eines neuen Satzes dadurch geprüft wird, dass dieser neue Satz mit dem zuletzt in die Mischdatei geschriebenen Satz verglichen wird.

Da beim Schreiben des ersten Satzes kein zuletzt in die Mischdatei geschriebener Satz zum Vergleich auf die Sortierfolge zur Verfügung steht, soll in diesem Fall eine Prüfung der Sortierfolge unterbleiben. Die Anzahl der Sortierfehler soll mitgezählt und am Schluss am Bildschirm ausgegeben werden.

3. **Gruppenwechsel**

Schreiben Sie eine Funktion *GW1*, die eine nach der Kontonummer sortierte Datei von Kontobewegungen wie im Beispielausdruck zum Gruppenwechsel der Stufe 1 ausdruckt. Sie soll die folgenden Anforderungen erfüllen:

1. Jede Seite soll mit einem Blattkopf beginnen (wie in *Listenausdruck*).
2. Eine Seite bietet Platz für 72 Druckzeilen, von denen nicht mehr als 60 mit Kontobewegungen bedruckt werden sollen. Ab der 60sten Zeile sollen nur Summenzeilen gedruckt werden.
3. Auf einer neuen Seite dürfen unmittelbar nach dem Blattkopf keine Summenzeilen gedruckt werden.
4. Aufeinander folgende Kontobewegungen mit derselben Kontonummer sollen als Gruppe betrachtet werden. Am Anfang einer Gruppe sollen die Kontonummer und der Name des Kontoinhabers in einer eigenen Zeile gedruckt werden.
5. Alle Datensätze in derselben Gruppe sollen ohne die Kontonummer gedruckt werden, außer wenn es der erste Satz auf einer neuen Seite ist. In diesem Fall soll auch die Kontonummer gedruckt werden.

6. Am Ende einer Gruppe soll der Saldo der Beträge dieser Gruppe ausgedruckt werden.
7. Nach der letzten Kontobewegung soll der Gesamtsaldo aller Kontobewegungen ausgedruckt werden.

Damit (wie in 5. gefordert) die Daten einer Kontobewegung sowohl mit als auch ohne die Kontonummer ausgedruckt werden können, kann die zu verarbeitende Kontobewegung einer Variablen zugewiesen werden, die zum Drucken aufbereitet wird. In diesem „Drucksatz" wird z.B. die Kontonummer auf 0 gesetzt, wenn sie nicht gedruckt werden soll. Der Drucksatz wird dann durch eine Funktion ausgedruckt, die z.B. *Drucke_Zeile* heißt. In dieser Funktion wird die Kontonummer des Drucksatzes nur gedruckt, wenn sie von 0 verschieden ist.

4.6.10 C-Funktionen zur Dateibearbeitung ⊕

Zum Abschluss dieses Kapitels werden kurz die Funktionen der Programmiersprache C zur Dateibearbeitung vorgestellt. Da sie noch aus der Urzeit von C stammen und deshalb recht bekannt sind, findet man sie auch oft in C++-Programmen. Mit ihnen kann man dieselben Dateien lesen oder schreiben wie mit den Klassen von C++. Allerdings haben diese Klassen einige Vorteile, so dass man sie den Funktionen von C vorziehen sollte:

– Die Operatoren >> und << ermöglichen im Gegensatz zu den *printf*-Funktionen eine typsichere Ein- und Ausgabe.
– Die Trennung in *istream*- und *ostream*-Klassen ermöglicht bereits dem Compiler die Prüfung, ob in eine zum Lesen geöffnete Datei auch tatsächlich nicht geschrieben wird. Mit den C-Funktionen kann ein solcher Fehler erst zur Laufzeit entdeckt werden.
– Fehler können über Exceptions abgefangen werden.

In einem C-Programm wird eine Datei durch einen Zeiger auf eine in <stdio.h> definierte Struktur des Datentyps **FILE** dargestellt:

```
#include <stdio.h> // im C++Builder nicht notwendig
FILE* f; // f kann eine Datei darstellen
```

Ein solcher Zeiger wird erzeugt durch einen erfolgreichen Aufruf von

FILE *fopen(const char *filename, const char *mode);

Zulässige Werte für *mode* und deren Bedeutung ergeben sich aus der Tabelle in Abschnitt 4.6.1. Die Datenstruktur FILE enthält Informationen über Schreib- und Lesepuffer, die aktuelle Position in der Datei usw. Falls die Datei nicht geöffnet werden konnte wird der Wert NULL zurückgegeben.

4.6 Dateien

Der bei einem erfolgreichen Aufruf von *fopen* zurückgegebene Zeiger auf die Struktur FILE stellt die als *filename* angegebene Datei im Programm dar. Er wird bei allen Funktionen (Lesen, Schreiben usw.) angegeben, mit denen die Datei bearbeitet wird. Die Verbindung zwischen diesem Zeiger und der externen Datei gilt bis zum nächsten Aufruf von *fclose* mit diesem Zeiger:

int fclose(FILE *stream);

Ein Aufruf dieser Funktionen hat im Wesentlichen denselben Effekt wie ein Aufruf der Methode *open* oder *close* für eine *fstream*-Variable.

In einen zum Schreiben geöffneten Stream kann man mit der Funktion

size_t fwrite(const void *ptr, size_t size, size_t n, FILE *stream);

n Datenblöcke der Größe *size* schreiben. Dadurch werden die Bytes ab der Adresse in *ptr* in die durch *stream* bezeichnete Datei geschrieben. Der Funktionswert von *fwrite* ist die Anzahl der erfolgreich geschriebenen Datenblöcke. Die folgenden Beispiele zeigen, wie man Daten in eine Datei schreibt. Durch

```
int i=17;
FILE* f = fopen("c:\\test1.dat","wb");
if (f==NULL) // f=NULL ist ein gemeiner Fehler, besser !f
   ShowMessage("Fehler bei fopen");
fwrite(&i,sizeof(int),1,f); // Funktionswert 1
fclose(f);
```

wird eine Datei mit dem Namen „test1.dat" angelegt. Sie enthält *sizeof(int)* Bytes mit der Binärdarstellung der Zahl 17.

Die Funktion *fflush* schreibt alle Zwischenpuffer in die Datei:

int fflush(FILE *stream);

Mit der Funktion *fread* kann man einen oder mehrere Datensätze aus einer Datei einlesen:

size_t fread(void *ptr, size_t size, size_t n, FILE *stream);

Hier ist *ptr* die Adresse der Variablen, in die der gelesene Datensatz geschrieben werden soll. *size* gibt die Größe des zu lesenden Datenblocks an und n die Anzahl der zu lesenden Datenblöcke.

Mit der Funktion *feof* kann man abfragen, ob der Positionszeiger hinter dem letzten Zeichen der Datei steht.

int feof(FILE *stream);

Diese Funktion liefert dann einen von 0 verschiedenen Funktionswert, wenn über das Ende der Datei hinaus gelesen wurde.

Mit *ferror* kann man feststellen, ob bisher ein Fehler aufgetreten ist. In diesem Fall stellt dieses Makro einen von 0 verschiedenen Wert dar:

> *int ferror(FILE *stream);*

Die folgenden Beispiele zeigen, wie die oben mit *fwrite* angelegten Dateien gelesen werden können:

```
int i=0;
FILE* f = fopen("c:\\test1.dat","rb");
if (!f) ShowMessage("Fehler bei fopen");
n1=fread(&i,sizeof(int),1,f);
while (f)
  {
     Form1->Memo1->Lines->Add(IntToStr(i));
     n1=fread(&i,sizeof(int),1,f);
  }
fclose(f);
```

Im nächsten Beispiel wird eine Datei gelesen, deren Datensätze Strukturen sind:

```
CKontobewegung K;
FILE* f = fopen("c:\\test2.dat","rb");
if (!f) ShowMessage("Fehler bei fopen");
n2=fread(&K,sizeof(K),1,f);
while (f)
  {
     Form1->Memo1->Lines->Add(KBToString(K));
     n2=fread(&K,sizeof(K),1,f);
  }
fclose(f);
```

Die Funktion *fseek* setzt den zum Stream gehörenden Positionszeiger auf die Position, die *offset* Bytes von der durch *whence* angegebenen Position entfernt ist (**Direktzugriff**). Für *whence* sind die drei Konstanten SEEK_SET, SEEK_CUR, SEEK_END definiert, die in der Tabelle in Abschnitt 4.6.4 beschrieben wurden.

> *int fseek(FILE *stream, long offset, int whence);*

Ein darauf folgendes *fread* liest dann ab dieser Position, und ein darauf folgendes *fwrite* überschreibt die Datei ab dieser Position. Mit

> *long int ftell(FILE *stream);*

erhält man die aktuelle Position des Positionszeigers.

Zur Ausgabe von Daten im Klartext verwendet man vor allem die Funktion *fprintf*:

>   int *fprintf*(FILE *stream, const char *format[, argument, ...]);

Sie wird bis auf den ersten Parameter wie die schon in Abschnitt 3.9.6 vorgestellte Funktion *sprintf* aufgerufen.

Mit der Funktion *fscanf* kann man Daten aus einem Stream einlesen, wenn das Format der Daten bekannt ist:

>   int *fscanf*(FILE *stream, const char *format[, address, ...]);

Da *fscanf* aber abbricht, sobald ein Zeichen gelesen wird, das nicht den Formatangaben im Formatstring entspricht, sollte diese Funktion nur mit Vorsicht verwendet werden. Da *fscanf* außerdem das Lesen einer Zeichenfolge beendet, sobald ein Leerzeichen gelesen wird, können mit dieser Funktion keine Strings gelesen werden, die Leerzeichen enthalten.

Der Funktion *getline* entspricht in C die Funktion

>   char **fgets*(char *s, int n, FILE *stream);

4.7 Assoziative Container

Die Standardbibliothek enthält die **assoziativen Container** *set*, *multiset*, *map* und *multimap*. Sie verwalten ihre Elemente sortiert nach einem Schlüsselwert in einem Binärbaum und ermöglichen so einen schnellen Zugriff auf diese.

In Abschnitt 6.5.5 wird gezeigt, wie man selbst solche Binärbäume aufbauen kann. Allerdings sind die assoziativen Container aufgrund ihrer ausgefeilten internen Struktur meist effizienter und einfacher zu verwenden als selbstgestrickte Binärbäume. Deshalb sollte man sie gegenüber selbstdefinierten Bäumen bevorzugen, wann immer das möglich ist.

4.7.1 Die Container *set* und *multiset*

Die Container *set* und *multiset* stehen nach

```
#include <set>
using namespace std;
```

zur Verfügung und können definiert werden wie in

```
set<T> s;        // T: Der Datentyp der Elemente
multiset<T> ms;
```

Diese Container stellen Mengen im Sinn der Mathematik dar. Sie unterscheiden sich im Wesentlichen nur dadurch, dass ein Element in einem *set* nur einmal und in einem *multiset* auch mehrfach enthalten sein kann.

Neue Elemente können in eine Menge mit der Elementfunktion *insert* eingefügt und mit *erase* gelöscht werden:

pair<iterator,bool> **insert**(*const value_type& x*);
size_type **erase**(*const key_type& x*);

Mit der in allen assoziativen Containern definierten Elementfunktion *find* kann man feststellen, ob ein Element in der Menge enthalten ist oder nicht:

iterator **find**(*const key_type& x*) *const*;

Falls der als Argument übergebene Wert in der Menge enthalten ist, liefert diese Funktion die Position dieses Elements zurück und andernfalls den Iterator *end()*. Da ein assoziativer Container seine Daten sortiert verwaltet, verwendet die Elementfunktion *find* die Technik des binären Suchens und hat eine logarithmische Komplexität. Sie ist deshalb deutlich schneller als die globale Funktion *find*, die linear nach einem Element sucht.

Beispiel: Mit Mengen, die Strings enthalten, sind z.B. die folgenden Operationen möglich:

```
s.insert("Daniel");
s.insert("Alex");
s.insert("Kathy");
if (s.find("Alex")!=s.end())
  Form1->Memo1->Lines->Add("gefunden");
else Form1->Memo1->Lines->Add("nicht gefunden");
```

Bei einem *set* oder *multiset* kann man im Wesentlichen nur feststellen, ob ein Element enthalten ist oder nicht. Da diese Prüfung mit *find* relativ schnell ist, bieten sich diese Container an, wenn es lediglich um solche Prüfungen geht. Bei Tests habe ich aber in einem sortierten *vector* mit *binary_search* ein gesuchtes Element teilweise noch schneller als in einem *set* oder *multiset* gefunden. In den Containern *list* und *deque* dauerte diese Suche dagegen meist länger.

Einige Beispiele für die Anwendung dieser Container:

– Eine Rechtschreibprüfung, bei der die Wörter aus einem Wörterbuch in einer Menge abgelegt werden. Bei dem zu überprüfenden Text wird dann für jedes Wort geprüft, ob es im Wörterbuch enthalten ist.
– Da ein *set* einen bestimmten Wert höchstens einmal aufnimmt, kann man mit einem *set* leicht einen Container mit eindeutigen Elementen erzeugen.

4.7.2 Die Container *map* und *multimap*

Die assoziativen Containerklassen *map* und *multimap* stehen nach

```
#include <map>
using namespace std;
```

zur Verfügung und verwalten Wertepaare, die aus einem Schlüsselbegriff und zugeordneten Daten bestehen. Aufgrund ihrer internen Organisation ermöglichen *map* und *multimap* einen schnellen Zugriff auf die Daten, die zu einem Schlüsselbegriff gehören.

```
map<T1,T2> m;
multimap<T1,T2> mm;
```

Hier ist T1 der Datentyp des Schlüsselbegriffs und T2 der Datentyp der zugeordneten Daten. Ein *map* enthält zu jedem Schlüsselwert immer nur einen Datenwert, während ein *multimap* auch mehrere Daten enthalten kann. Die folgenden Beispiele verwenden sowohl für T1 als auch für T2 den Datentyp *AnsiString*. Die Wertepaare sind dann etwa folgendermaßen definiert:

```
struct pair { //T1 und T2 sind die Datentypen aus
    T1 first;                // map<T1,T2> bzw. multimap
    T2 second;
};
```

Wie bei allen anderen Containern kann man auch einem *map* oder *multimap* mit *insert* Elemente hinzufügen. Da die Elemente hier aber Wertepaare sind, müssen Wertepaare eingefügt werden. Diese können durch den etwas umständlichen Aufruf eines Konstruktors des Klassen-Templates *pair*

```
m.insert(pair<T1,T2>("Daniel","13.11.79"));
```

oder durch den etwas einfacheren Aufruf des Funktions-Templates *make_pair* erzeugt werden:

```
m.insert(make_pair("Daniel","13.11.79"));
```

Bei einem *map* (aber nicht bei einem *multimap*) ist das mit dem Indexoperator

reference operator[](const key_type& x);

einfacher. Die Zuweisungen

```
m["Daniel"]="13.11.79";
m["Alex"]="17.10.81";
```

legen die Paare ("Daniel","13.11.79") und ("Alex","17.10.81") in m ab. Der Operator [] liefert als Funktionswert die Daten zum Schlüsselwert zurück. Deswegen erhält man bei einem *map*

```
Form1->Memo1->Lines->Add("Daniel: "+m["Daniel"]);
```

den String "13.11.79". Damit kann man ein *map* wie ein Array ansprechen, ohne dass die Indexwerte wie bei einem Array ganzzahlig sein müssen. Bei einem *multimap* ist der Indexoperator nicht definiert.

Allerdings unterscheidet sich der Indexoperator bei einem *map* folgendermaßen von diesem Operator für ein Array: Falls das abgefragte Element nicht im Container enthalten ist, wird es automatisch eingefügt. Nach der Abfrage

```
Memo1->Lines->Add("Alex: "+m["Alexx"]); // Schreibfehler
```

hat m drei Elemente und nicht wie vor dieser Abfrage zwei. Deswegen sucht man Elemente meist besser mit *find*:

   iterator **find***(const key_type& x);*

Diese Funktion liefert einen Iterator auf ein Wertepaar mit dem gesuchten Schlüsselwert zurück, wenn es gefunden wurde, und andernfalls den Iterator *end*. Die Daten zum Schlüsselwert sind dabei das Element *second* des Wertepaares:

```
map<T1,T2>::iterator pos; // Definition des Iterators
pos=m.find("Daniel");
if (pos!=m.end())
   Memo1->Lines->Add("Daniel: "+AnsiString(pos->second));
else Memo1->Lines->Add("Daniel: nicht gefunden");
```

Der Funktionswert der in allen assoziativen Containern definierten Elementfunktionen

   iterator **lower_bound***(const key_type& x);*
   iterator **upper_bound***(const key_type& x);*

ist ein Iterator, der auf das erste Element zeigt, dessen Schlüsselwert nicht kleiner (bei *lower_bound*) bzw. größer (bei *upper_bound*) ist als das Argument. Bei einem *multimap*, in dem ein oder mehrere Paare mit dem Schlüsselwert x enthalten sind, besteht der Bereich (*lower_bound(x), upper_bound(x)*) aus allen Elementen mit dem Schlüsselbegriff x. Die Komplexität dieser Funktionen ist wie die von *find* logarithmisch.

4.7.3 Iteratoren der assoziativen Container

Auch für die assoziativen Container erhält man mit *begin()* die Position des ersten Elements und mit *end()* die auf das letzte Element folgende. Für einen Iterator i erhält man mit i++ die Position des nächsten Elements und mit *i seinen Wert. Da die Elemente eines assoziativen Containers Paare (siehe Seite 391) sind, erhält man den Schlüsselwert zu einem Iterator i mit *i->first* und den Datenwert mit *i->second*.

4.7 Assoziative Container

Da die Elemente nach den Schlüsselwerten sortiert verwaltet werden, ist das nächste Element immer das mit dem nächsten Schlüsselwert. Deshalb erhält man mit der folgenden *for*-Schleife immer eine nach dem Schlüsselbegriff sortierte Ausgabe der Elemente des Containers:

```
typedef map<AnsiString,int> MType;
MType m;

for (MType::iterator i=m.begin();i!=m.end();i++)
  Memo1->Lines->Add(i->first);
```

Ein *multimap* kann zu einem Schlüsselwert mehrere Daten enthalten. Mit den Elementfunktionen *lower_bound* und *upper_bound* erhält man dann Iteratoren, die den Bereich mit Werten im *multimap* darstellen, die alle als Schlüsselwert den als Argument übergebenen Wert haben. Wenn man zu allen verschiedenen Schlüsselwerten in einem *multimap* die jeweiligen Daten ausgeben will, erreicht man dann wie in dieser Schleife:

```
typedef multimap<AnsiString,int> MMType;
MMType mm;

for (MMType::iterator i=mm.begin(); i!=mm.end(); )
  { // i->first ist der Schlüsselwert
    MMType::iterator first=mm.lower_bound(i->first);
    MMType::iterator j, last=mm.upper_bound(i->first);
    for (j=first; j!=last; j++)
       { //j->second ist ein Datenwert zum Schlüsselwert
         i++; // Mit jedem gefundenen Wert hochzählen
       };
  }
```

Hier muss man insbesondere beachten, dass man den Iterator für die äußere Schleife nicht in der äußeren Schleife weiterzählt, sondern mit jedem gefundenen Datenwert. Da man mit i++ immer die Position des nächsten Elements erhält, wird sonst die innere Schleife so oft wiederholt, wie Daten zum jeweiligen Schlüsselwert vorhanden sind.

Iteratoren für einen assoziativen Container werden beim Einfügen nie ungültig. Beim Löschen wird nur der Iterator für das gelöschte Element ungültig (siehe Seite 274).

Aufgaben 4.7

1. Ein **Informationssystem** soll zu einem eindeutigen Schlüsselbegriff eine zugehörige Information finden, z.B. zu einer Artikelnummer den zugehörigen Preis.

   Schreiben Sie als **einfachen Prototyp** für ein solches System eine Funktion

   ```
   bool ValueToKey(KeyType Key,ValueType& Value)
   ```

Ihr Funktionswert soll *true* sein, wenn zum Argument für *Key* ein passender Wert gefunden wurde. Der gefundene Wert soll dann als Argument für *Value* zurückgegeben werden. Falls kein passender Wert gefunden wird, soll der Funktionswert *false* sein. Verwenden Sie dazu einen geeigneten Container.

Testen Sie diese Funktion. Damit man leicht sieht, ob der gesuchte Begriff auch tatsächlich gefunden wurde, sollen der Schlüsselbegriff und die Daten identisch sein. Am einfachsten wählt man 1000 bzw. 1000 000 **aufeinander folgende** Werte des Datentyps *int*. Um welchen Faktor dauert die Suche in einem Container mit 1000 000 Elementen etwa länger als die in einem Container mit 1000 Elementen?

2. Beim wiederholten Aufruf eines Zufallszahlengenerators wie *rand* oder *random* kann es vorkommen, dass sich die erzeugten Zufallszahlen wiederholen. Für manche Anwendungen braucht man allerdings **Zufallszahlen, die sich nicht wiederholen**.

   Schreiben Sie eine Funktion *NewRand*, die bei jedem Aufruf eine neue Zufallszahl liefert. Die bisher erzeugten Zufallszahlen sollen in einem geeigneten Container abgelegt werden.

3. Schreiben Sie eine **Rechtschreibprüfung**. Dabei soll zuerst ein Wörterbuch aus einer Textdatei erstellt werden, indem diese Datei zeilenweise eingelesen und alle Wörter daraus mit einer Funktion wie *parseString* (siehe Aufgabe 4.3.2.3) bestimmt werden. Diese Wörter sollen dann in einem geeigneten Container abgelegt werden.

   Anschließend soll die zu prüfende Datei als Textdatei zeilenweise eingelesen werden. Auch hier sollen die einzelnen Wörter mit einer Funktion wie *parseString* bestimmt werden. Für jedes Wort soll dann geprüft werden, ob es in dem Container mit den Wörtern aus dem Wörterbuch enthalten ist.

   Testen Sie diese Funktion und insbesondere auch ihr Zeitverhalten, indem Sie aus einer relativ großen Textdatei eine Kopie erstellen und in dieser Datei dann einzelne Wörter verändern. Verwenden Sie die ursprüngliche Datei als Wörterbuch.

4. Mit dem assoziativen Container *multimap* kann man leicht eine **Konkordanzliste** aus einem Text erstellen. Eine solche Liste ist ein alphabetisch geordnetes Verzeichnis aller Wörter aus einem Text, die zu jedem Wort die Nummer einer jeden Seite bzw. Zeile enthält, in der es vorkommt. Wenn man z.B. jedes Wort aus dem folgenden Text zusammen mit seiner Zeilennummer als Paar in einen solchen Container einträgt

   ```
   "Alle meine Entchen"
   "schwimmen in dem See,"
   "schwimmen in dem See,"
   ```

4.7 Assoziative Container

und dann alle diese Worte zusammen mit den zugehörigen Nummern ausgibt, erhält man diese Konkordanzliste:

```
Alle      1
Entchen   1
See       2   3
dem       2   3
in        2   3
meine     1
schwimmen 2   3
```

Eine Konkordanzliste aus dem Quelltext eines Programms bezeichnet man auch als **Cross-Reference-Liste**. Mit einer solchen Liste kann man feststellen, in welchen Zeilen eines Programms welche Namen (Variablen usw.) verwendet werden.

Schreiben Sie eine Funktion *MakeXRef*, die jeden String aus einem *vector* mit Strings mit der Funktion *parseString* (siehe Aufgabe 4.3.2.3) in Worte zerlegt und jedes solche Wort zusammen mit seiner Zeilennummer in eine geeignete Variable des Typs *multimap* ablegt. Eine Funktion *PrintXRef* soll jedes Wort aus dem mit *MakeXRef* angelegten *multimap* ausgeben sowie zu jedem solchen Wort die zugehörigen Zeilennummern.

Testen Sie diese Funktionen mit den Strings von oben. Eine zweite Variante der Funktion *MakeXRef* soll alle Zeilen einer Textdatei einlesen und zerlegen.

5. **Mit *multimaps* in einer Schlüsseltabelle suchen und eine Datei sortieren**

    Wenn man als Schlüsselwerte eines Containers der Klasse *multimap* die Schlüsselwerte von Datensätzen einer Datei nimmt und als zugehörige Werte die Dateiposition des jeweiligen Datensatzes, kann man den Datensatz zu einem Schlüsselwert in einer Datei schnell finden.

    a) Schreiben Sie eine Funktion *MMReadKeys*, die aus einer Datei von Kontobewegungen die Kontonummer und die Position eines Datensatzes in einen Container des Datentyps *multimap* einliest.

    b) Eine Funktion *MMFind* soll in diesem Multimap-Container nach einer Kontobewegung mit einer bestimmten Kontonummer suchen.

    c) Wenn man die Datensätze einer Datei im Direktzugriff lesen und schreiben kann ist es zwar technisch möglich, diese so zu vertauschen, dass sie anschließend sortiert sind. Da jedoch die Lese- und Schreibzugriffe relativ zeitaufwendig sind, kann man auf diese Weise keine optimalen Ausführungszeiten für das Sortieren einer Datei erwarten.

Schreibt man die Datensätze dagegen in der Reihenfolge in eine neue Datei, die sich aus dem in a) erzeugten Multimap-Container ergibt, geht das schneller. Die Dateiposition zu einem Datensatz mit einem Schlüsselwert ergibt sich dann aus dem zweiten Wert eines Wertepaares.

Schreiben Sie eine Funktion *MMSort*, die auf diese Weise aus einer nicht sortierten Datei von Kontobewegungen eine nach der Kontonummer sortierte Datei erzeugt.

4.8 Die numerischen Klassen der Standardbibliothek

Die numerischen Klassen der Standardbibliothek sind Klassen für komplexe Zahlen und Arrays mit numerischen Werten. Sie ermöglichen bei vielen Aufgaben aus dem Bereich der Linearen Algebra einfache und effiziente Lösungen.

4.8.1 Komplexe Zahlen ⊕

Die im C++-Standard definierten Klassen für **komplexe Zahlen** erhält man mit

```
#include <complex>
using namespace std;
```

Bei der Definition von Variablen dieser Klassen gibt man nach *complex* in spitzen Klammern den Datentyp des Real- und Imaginärteils an. Dafür sind die Datentypen *float*, *double* und *long double* zulässig:

```
complex<float> cf=−1;
complex<double> cd=−1;
complex<long double> cl=−1;
```

Aus diesen komplexen Zahlen, die alle den Wert –1 haben, kann man mit der Funktion *sqrt* die Wurzel ziehen:

```
cf=sqrt(cf);
cd=sqrt(cd);
cl=sqrt(cl);
```

Dabei erhält man die Ergebnisse

```
−4,37113882867379E−8+1i  // Darstellung mit der Funktion
6,1257422745431E−17+1i   // ComplexToStr von unten
6,1257422745431E−17+1i
```

die zwar nicht genau dem Wert i=0+1i (der so genannten imaginären Einheit) entsprechen, aber doch relativ genau. Zieht man dagegen die Wurzel aus dem Wert –1 des Datentyps *double*, hat das einen Laufzeitfehler zur Folge:

4.8 Die numerischen Klassen der Standardbibliothek

```
cd =sqrt(-1);
```

Eine komplexe Zahl besteht aus einem **Real-** und **Imaginärteil** des Datentyps, der bei der Definition der Variablen angegeben wurde. Dieser Datentyp wird im Folgenden mit T bezeichnet und steht für *float*, *double* oder *long double*. In jeder dieser Klassen werden der Real- und Imaginärteil durch die Datenfelder

T re_, im_; // interne Datenfelder für den Real- und Imaginärteil

dargestellt. Allerdings besteht keine Möglichkeit, diese Datenfelder direkt anzusprechen. Man erhält sie aber sowohl mit den Elementfunktionen

T imag() const { return im_; }// Die Anweisungen in geschweiften Klammern
T real() const { return re_; } // werden beim Aufruf der Funktion ausgeführt

als auch mit gleichnamigen globalen Funktionen. Damit kann man eine komplexe Zahl durch die Funktion *ComplexToStr* als *AnsiString* darstellen:

```
AnsiString ComplexToStr(complex<long double> c)
{// erste Zeile mit globalen Funktionen ist gleichwertig
//return FloatToStr(real(c))+"+"+FloatToStr(imag(c))+"i";
return FloatToStr(c.real())+"+"+FloatToStr(c.imag())+"i";
}
```

Variablen komplexer Zahlen können mit dem **Konstruktor**

complex(const T& re = T(), const T& im = T());

definiert werden. Ruft man ihn ohne Argument auf, werden Real- und Imaginärteil auf Null gesetzt. Mit einem Argument wird dieses zum Realteil, und der Imaginärteil wird Null:

```
complex<float> cf;          // cf.real()=0, cf.imag()=0;
complex<double> cd=-1;      // cd.real()=-1, cd.imag()=0;
complex<double> cd(-1);     // wie cd=-1;
complex<long double> cl(1,-1);//cl.real()=1,cl.imag()=-1;
```

Für komplexe Zahlen sind die Operatoren +, –, *, /, +=, –= usw. definiert. Ausdrücke mit diesen Operatoren können auch komplexe Zahlen und Gleitkommadatentypen verbinden:

```
cf=cf+1.0f;
cd=cd+1.0;
```

Allerdings können keine verschiedenen Typen komplexer Zahlen kombiniert werden:

```
// cf=cf+1.0;// complex<float> + double geht nicht
// cd=cd+1;  // complex<double> + int geht nicht
// cd=cd+cf; // complex<float>+complex<double> geht nicht
```

Mit den Operatoren == und != können komplexe Zahlen auf Gleichheit oder Ungleichheit geprüft werden. Da komplexe Zahlen aber nicht wohlgeordnet sind, können sie nicht mit einem der Operatoren <, <=, > und >= verglichen werden.

Für die üblichen Operationen mit komplexen Zahlen stehen globale Funktionen zur Verfügung:

*template <class T>inline T **norm** (const complex<T>& a)*
{ // Rückgabewert: das Quadrat des Betrags
return a.real()*a.real() + a.imag()*a.imag();}

*template <class T> inline T **abs** (const complex<T>& a)*
{ // Rückgabewert: Betrag, die Wurzel aus norm(a)
return (sqrt(norm(a))); }

*template <class T>complex<T> **conj** (const complex<T>& a)*
{ // Rückgabewert: der konjugierte Wert von a
return complex<T>(a.real(), –a.imag());}

*template <class T>inline T **arg** (const complex<T>& a)*
{ // Rückgabewert: Winkel in Polarkoordinaten
return a == complex<T>(0,0) ? T(0) : atan2(a.imag(), a.real());}

*template <class T> inline complex<T> **polar** (const T& r, const T& theta)*
{ // Rückgabewert: komplexe Zahl zu Polarkoordinaten (r,theta)
return complex<T>(r*cos(theta), r*sin(theta));}

Beispiele:
```
complex<double> c(3,4);    // c=3+4i
double d=norm(c);          // d=25
d=abs(c);                  // d=5
c=conj(c);                 // c=3-4i
c=polar(1.0,M_PI/2);       // c=0+i
d=arg(c);                  // d=pi/2
```

Außerdem sind zahlreiche mathematische Funktionen für komplexe Zahlen definiert:

*complex<T>**exp**(const complex<T>& x);// e^x*
*complex<T>**log10**(const complex<T>& x); // Logarithmus zur Basis 10*
*complex<T>**log**(const complex<T>& x); // natürlicher Logarithmus*
*complex<T>**pow**(const complex<T>& x, int y); // x^y*
*complex<T>**pow**(const complex<T>& x, T y); // x^y*
*complex<T>**pow**(const complex<T>& x, const complex<T>& y); // x^y*
*complex<T>**pow**(T x, const complex<T>& y); // x^y*
*complex<T>**sqrt**(const complex<T>& x)*
die trigonometrischen Funktionen *sin, cos, tan, asin, acos, atan*
die Hyperbelfunktionen *sinh, cosh, tanh*

4.8 Die numerischen Klassen der Standardbibliothek

Aufgaben 4.8.1

1. Die **quadratische Gleichung**

   $ax^2+bx+c=0$

   hat die beiden Lösungen

   $x = (-b \pm sqrt(b^2 - 4ac))/2a$

   Schreiben Sie ein Programm, das die Lösung dieser Gleichung zu den komplexen Koeffizienten a=2+3i, b=4–5i und c=–7+8i ausgibt. Außer der Lösung soll auch noch die Probe angezeigt werden.

2. Die Gleichung vom Grad n (n >= 1, ganzzahlig)

   $x^n-1=0$

   hat n komplexe Lösungen, die mit

   $w=\cos(2\pi/n) + i*\sin(2\pi/n)$

   durch $x_0=1$, $x_1=w$, $x_2=w^2$, ..., $x_{n-1}=w^{n-1}$ gegeben sind. Geben Sie (z.B. für n=10) für jede dieser **Einheitswurzeln** x_i^n in einem Memo aus.

3. Reelle Funktionen der Form y=f(x) (x und f(x) reelle Zahlen) können deshalb auf die übliche Weise grafisch dargestellt werden, weil jedes Element (x,f(x)) der Funktion als zweidimensionaler Punkt dargestellt werden kann. Bei **komplexen Funktionen** w=f(z) (w und f(w) komplexe Zahlen) ist das nicht möglich, weil sowohl z als auch f(z) zwei Dimensionen für ihre Darstellung benötigen, so dass für die Darstellung von w=f(z) vier Dimensionen notwendig sind.

   Um trotzdem einen gewissen Eindruck vom grafischen Verlauf einer komplexen Funktion f(z) zu bekommen, kann man die reelle Funktion abs(f(z)) für bestimmte Real- bzw. Imaginärteile zeichnen.

   Überarbeiten Sie eine Kopie der Lösung von Aufgabe 4.5.1.2 so, dass die Funktion abs(sin(z)) grafisch dargestellt wird. Der Imaginärteil von z soll über einen Schieberegler im Bereich von –10 bis +10 eingestellt werden können. Bei jeder Änderung des Imaginärteils soll die Funktion neu gezeichnet werden.

4.8.2 Valarrays und Slices ⊕

Die im C++-Standard definierte Klasse *valarray* steht nach

```
#include <valarray>
using namespace std;
```

zur Verfügung. Ein *valarray* ist ein Array von Werten, ähnlich wie die Container-Klasse *vector*. Während ein *vector* aber vor allem der Verwaltung von Daten dient, sind für Variablen des Typs *valarray* auch Rechenoperation definiert. Diese Operationen werden dann für alle Elemente des Arrays durchgeführt. So haben nach der Definition

```
int n=8;
valarray<double> v1(n), v2(n);
for (int i=0; i<n; i++) v1[i]=i; // v1[0]=0, ..., v1[7]=7
```

die Anweisungen

```
v2=v1;    // for (int i=0; i<n; i++) v2[i]=v1[i];
v2=v1+v2; // for (int i=0; i<n; i++) v2[i]=v1[i]+v2[i];
```

denselben Effekt wie die als Kommentar angegebenen *for*-Schleifen. Damit ist mit Valarrays die in der Mathematik für Vektoren übliche Schreibweise möglich. Diese Schreibweise ist oft übersichtlicher als eine Folge von *for*-Schleifen mit „normalen" Arrays (wie „double a[n]").

Im C++-Standard wird explizit darauf hingewiesen, dass diese Operationen intern möglichst so realisiert werden sollen, dass sie auf verschiedenen Prozessoren parallel abgearbeitet werden können. Das ist zwar unter Windows 9x nicht zu erwarten. Es zeigt aber, dass *valarray* und die zugehörigen Klassen für schnelle numerische Berechnungen gedacht sind. Zeitmessungen haben gezeigt, dass manche Operationen sogar etwas schneller sind als gleichwertige Schleifen mit „normalen" Arrays. Allerdings gilt das nicht für alle Operationen: Manche sind auch langsamer als normale Arrays.

Neben dem Operator + sind die Operatoren

–, *, /, %, ^, &

sowie

die trigonometrischen Funktionen *sin, cos, tan, acos, asin, atan*,
die Hyperbelfunktionen *sinh, cosh, tanh*
und die mathematischen Funktionen *exp, log, log10, pow, sqrt, abs*

definiert. Damit sind z.B. die folgenden Operationen möglich:

```
v1=sin(v1); // v1[0]=sin(0), ..., v1[7]=sin(7)
v1=sqrt(sin(v1)*sin(v1) + cos(v1)*cos(v1));
```

4.8 Die numerischen Klassen der Standardbibliothek

Sie haben dasselbe Ergebnis, wie wenn man die entsprechenden Operationen mit allen Elementen durchführt. Mit Funktionen wie *min*, *max*, *sum* usw. erhält man das Minimum, Maximum und die Summe der Elemente eines Valarrays:

```
double Min=v1.min();
double Max=v1.max();
double Sum=v1.sum();
```

Mit einem *slice* kann man eine Teilmenge eines Valarrays definieren. Ein *slice* ist eine Klasse mit Indizes eines Valarrays. Sie wird durch drei Parameter für den Anfangswert *start*, die Länge *length* und den Abstand *stride* beschrieben und meist mit diesem Konstruktor initialisiert:

slice(size_t start, size_t length, size_t stride) // Konstruktor

So wird durch

```
slice s1(0,4,2); // 4 gerade Indizes 0, 2, 4, 6
```

ein *slice* mit den als Kommentar angegebenen Indizes definiert. Der Indexoperator für Valarrays ist nun so überladen, dass man ein Valarray mit einem *slice* indizieren kann. Dadurch erhält man ein Valarray, das nur die im *slice* enthaltenen Indizes hat:

```
v2=v1[s1];
v2=v1[slice(0,4,2)]; // gleichwertig
```

Danach besteht v2 aus den Elementen v2[0], v2[2], v2[4] und v2[6], und v2.sum() ist ihre Summe:

```
double d=v2.sum(); // d=v2[0]+v2[2]+v2[4]+v2[6]
```

Ein eindimensionales Array v mit m*n Elementen kann man als zweidimensionales Array a mit m Zeilen und n Spalten interpretieren, indem man das Element mit dem Index n*i+j als das i-te Element (0<=i<m) der j-ten Spalte (0<=j<n) betrachtet. Beispiel mit m=2 und n=4:

```
a[0][0]=v[0], a[0][1]=v[1], a[0][2]=v[2], a[0][3]=v[3]
a[1][0]=v[4], a[1][1]=v[5], a[1][2]=v[6], a[1][3]=v[7]
```

In diesem Beispiel beschreiben die beiden Indexmengen

```
0, 1, 2, 3
4, 5, 6, 7
```

die beiden Zeilen und die vier Indexmengen

```
0, 4
1, 5
2, 6
3, 7
```

die vier Spalten des zweidimensionalen Arrays. Da das Slice *s(start, length, stride)* aus den Indizes mit dem Abstand *stride* besteht, kann man jede Zeile oder Spalte einer solchen Matrix durch ein Slice darstellen:

```
slice Zeile1(0,4,1);
slice Zeile2(4,4,1);
slice Spalte1(0,2,4);
slice Spalte2(1,2,4);
```

Stellt man ein zweidimensionales Array (eine Matrix) mit m Zeilen und n Spalten durch ein Valarray mit m*n Elementen dar

```
valarray<double> M(m*n);
```

ist das Matrixelement in der i-ten Zeile und der j-ten Spalte gegeben durch

```
m[n*i+j]
```

Die i-te Zeile bzw. die j-te Spalte der Matrix sind dann die Slices

```
M[slice(n*i,n,1)]  // die i-te Zeile von M (i=0, ..., m-1)
M[slice(j,m,n)]    // die j-te Spalte von M (j=0, ..., n-1)
```

Damit erhält man das Produkt der beiden Matrizen M1 und M2 (**Matrizenmultiplikation** der Mathematik) mit n Zeilen und n Spalten durch die Funktion:

```
valarray<double> MatMult(const valarray<double>& M1,
                         const valarray<double>& M2, int n)
{ // multipliziert die zwei n*n-Matrizen M1 und M2
valarray<double> M(n*n);
for (int i=0; i<n; i++)
   for (int j=0; j<n; j++)
     M[n*i+j]=(M1[slice(n*i,n,1)]*M2[slice(j,n,n)]).sum();
return M;
}
```

Diese ist zwar nicht unbedingt einfacher als eine elementweise Multiplikation wie in der Funktion *MatMultD*. Sie ist auch nicht schneller, sondern etwa um den Faktor 3 langsamer. Sie zeigt aber, wie vielseitig das Konzept der Slices ist:

4.8 Die numerischen Klassen der Standardbibliothek

```
double** MatMultD(double** M1,double** M2, int n)
{ // multipliziert die zwei n*n-Matrizen M1 und M2
  double** M=Create2DArray(n,n); // siehe Seite 266
  for (int i=0; i<n; i++)
    for (int j=0; j<n; j++)
      {
        M[i][j]=0;
        for (int k=0; k<n; k++)
          M[i][j]=M[i][j]+M1[i][k]*M2[k][j];
      }
  return M;
}
```

Mit einem **GSlice** („generalized slice") kann man eine Teilmenge eines Valarrays definieren, die man als mehrdimensionales Array interpretieren kann. Ein GSlice wird wie ein Slice durch den Anfangswert *start*, die Länge *length* und den Abstand *stride* definiert. Im Gegensatz zu einem Slice sind *size* und *stride* aber keine Ganzzahlwerte, sondern Mengen von Werten, die durch ein *valarray* dargestellt werden. Sie müssen dieselbe Anzahl von Elementen enthalten, und diese Anzahl ist dann die Anzahl der Dimensionen des Arrays. So stellt nach

```
valarray<size_t> length(2),stride(2);
size_t start=0;
length[0]=2;length[1]=3;
stride[0]=1;stride[1]=4;
gslice gs(0,length,stride); // 2*3=6 Indizes 0,4,8,1,5,9
```

das GSlice gs die als Kommentar angegebene Indexmenge dar. Dieses GSlice kann man als Indexmenge für ein zweidimensionales Array

```
0, 4, 8
1, 5, 9
```

interpretieren und damit ein Valarray indizieren:

```
int n=100;
valarray<double> v(n);
v[gs]; // Interpretiere v als zweidimensionales Array
```

Entsprechend erhält man mit einem GSlice, bei dem *length* und *stride* drei Elemente enthalten, dreidimensionale Arrays. Dieses Verfahren kann mit einer beliebigen Anzahl von Elementen und damit Dimensionen durchgeführt werden.

Eine weitere Möglichkeit zur Definition von Indexmengen sind so genannte **maskierte Arrays**: Ein maskiertes Array erhält man durch den Vergleich eines Valarrays mit einem der Vergleichsoperatoren <, <=, >, >=, == oder != und einem Ausdruck. Dieser Vergleich liefert als Ergebnis die Menge der Indizes, deren Elemente die für das Valarray formulierte Bedingung erfüllen. So besteht nach

```
int n=10;
valarray<double> v(n), a(n);
for (int i=0; i<n; i++) a[i]=i%4;
```

die Indexmenge des maskierten Arrays a>2.0 aus den Indizes 3 und 7, und nach

```
for (int i=0; i<n; i++) v[i]=i;
```

besteht das Valarray

```
v[a>2.0]  // v[v>2] wird nicht kompiliert
```

aus den Elementen v[3] und v[7].

Außerdem kann man eine Indexmenge über ein so genanntes **indirektes Array** definieren. Dazu verwendet man ein Valarray aus Elementen des Indextyps von Valarrays, also dem Datentyp *size_t* (der dem Datentyp *unsigned int* entspricht).

```
valarray<size_t> ind(2);
ind[0]=5;
ind[1]=2;
```

Mit einem solchen Array kann man nun ein beliebiges Valarray indizieren. Dadurch erhält man ein Array mit den Indizes der Indexmenge. Mit dem Valarray v aus dem letzten Beispiel ist dann v[ind] das Valarray mit den Elementen v[2] und v[5].

Aufgabe 4.8.2

Bei manchen Experimenten (Physik, Psychologie usw.) besteht ein linearer Zusammenhang der Art

$y = a*x + b$

zwischen einer unabhängigen Variablen x und einer abhängigen Variablen y. Allerdings sind die Werte von a und b oft nicht bekannt. Man versucht sie deswegen zu schätzen, indem man das Experiment mit n verschiedenen Werten von x_0, x_1, ..., x_{n-1} wiederholt und dabei die Werte y_0, y_1, ..., y_{n-1} für y ermittelt. Falls die Messwerte für y durch Störungen und/oder Messfehler verfälscht werden, kann man jedoch nicht erwarten, dass die Punkte (x_0, y_0), (x_1, y_1), ..., (x_{n-1}, y_{n-1}) alle auf einer Geraden liegen.

Zur Lösung dieses Problems hat der Mathematiker Gauß vorgeschlagen, die Werte für a und b so zu bestimmen, dass das Quadrat der Abweichungen

$$F(a,b) = (y_0 - (ax_0+b))^2 + (y_1 - (ax_1+b))^2 + ... + (y_{n-1} - (ax_{n-1}+b))^2$$

4.8 Die numerischen Klassen der Standardbibliothek

möglichst klein wird (**Methode der kleinsten Quadrate**). Die so ermittelte Gerade wird auch als **Regressionsgerade** bezeichnet. Mit

$$s_{xy} = x_0 y_0 + x_1 y_1 + \ldots + x_{n-1} y_{n-1}$$
$$s_x = x_0 + x_1 + \ldots + x_{n-1}$$
$$s_y = y_0 + y_1 + \ldots + y_{n-1}$$
$$s_{xx} = x_0 x_0 + x_1 x_1 + \ldots + x_{n-1} x_{n-1}$$
$$x_M = s_x/n$$
$$y_M = s_y/n$$

führt dieser Ansatz auf die folgenden Werte für a und b:

$$a = (n*s_{xy} - s_x*s_y)/(n*s_{xx} - s_x*s_x)$$
$$b = y_M - a*x_M$$

1. Formulieren Sie diese Gleichungen

    a) mit Valarrays und den zugehörigen Funktionen (*sum* usw.)
    b) mit Schleifen und dem Indexoperator wie mit normalen Arrays.

2. Testen Sie die Lösungen für a und b mit n (2, 100, 10 000) Messwerten, die

    a) auf einer Geraden y = ax + b liegen. Die berechneten Werte müssen dann die ursprünglichen Werte für a und b ergeben.
    b) um kleine Zufallswerte von der Geraden y = ax + b abweichen. Die berechneten Werte müssen dann in der Nähe der Werte für a und b liegen.

3. Stellen Sie die Messwerte und die berechnete Gerade in einem *TImage* grafisch dar. Sie können dazu die Grafik-Funktionen von Abschnitt 4.5.1 verwenden.

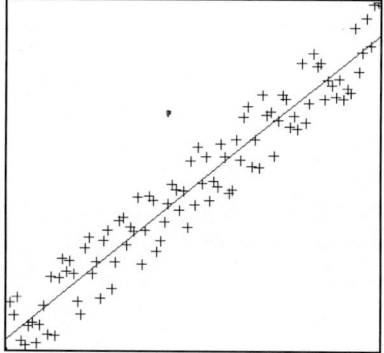

5 Anweisungen und Ausdrücke

In diesem Kapitel werden die Anweisungen von C++ vorgestellt. Bis auf das im letzten Abschnitt beschriebene Exception-Handling sind das im Wesentlichen die klassischen Kontrollstrukturen der strukturierten Programmierung.

Mit der Behandlung der Kontrollstrukturen ist eine Einführung in die Programmierlogik und die Programmverifikation verbunden. Die dabei vorgestellten Techniken haben mit C++ direkt nur wenig zu tun. Sie haben aber mit Programmieren im Allgemeinen zu tun und damit doch wieder mit C++.

Wenn man einen erfahrenen Programmierer nach dem Ergebnis seines Programms fragt, bekommt man oft nur Antworten wie: „Es müsste eigentlich dieses und jenes tun." (Anfänger sind meist etwas leichtfertiger.) Die Unsicherheit, die in dieser Antwort zum Ausdruck kommt, kann als symptomatisch für nahezu die gesamte Softwarebranche bezeichnet werden. Während man beim Kauf eines technischen Gerätes meist eine Garantie dafür erhält, dass das Gerät funktioniert, erhält man beim Kauf von Software in der Regel nur mehrseitige Erklärungen, in denen die Haftung für alle möglichen unangenehmen Folgen des Programms ausgeschlossen wird.

Sichere Aussagen über die Ergebnisse von Programmen bzw. Anweisungsfolgen sind meist nur mit den Techniken der Programmverifikation möglich. Sie können deshalb einen wichtigen Beitrag zur Qualität von Software leisten. Aus diesem Grund sollten in einer Einführung in das Programmieren immer auch die Techniken der Programmverifikation vermittelt werden.

Ich weiß allerdings, dass dieses Thema oft nicht besonders beliebt ist und als trocken empfunden wird. Da ich niemand von einer Beschäftigung mit den darauf folgenden Kapiteln abhalten will, sind sie so aufgebaut, dass die Abschnitte über die Programmierlogik nicht vorausgesetzt werden. Alle Abschnitte, die sich mit Programmierlogik beschäftigen, enthalten das Wort „Programmierlogik" in der Überschrift. Wer darauf verzichten möchte, kann sie auslassen. Wer sich dagegen intensiver damit beschäftigen will, sei auf Alagic/Arbib 1978, Dijkstra 1976 und Gries 1991 verwicsen, die dieses Thema formaler und strenger als hier behandeln. Ich habe hier auf mathematische Formalismen weitgehend verzichtet und versucht, die Grundideen möglichst einfach darzustellen.

Die Anweisungen von C++ werden durch die folgende Syntaxregel zusammengefasst:

statement:
    labeled-statement
    expression-statement
    compound-statement
    selection-statement
    iteration-statement
    jump-statement
    declaration-statement
    try-block

5.1 Die Ausdrucksanweisung

In C++ sind viele Anweisungen so genannte Ausdrucksanweisungen:

expression-statement:
    expression $_{opt}$ **;**

Eine **Ausdrucksanweisung** besteht aus einem optionalen Ausdruck, der durch ein Semikolon abgeschlossen wird. Wird der Ausdruck ausgelassen, bezeichnet man die Anweisung auch als **Nullanweisung** oder als **leere Anweisung**.

Beispielsweise ist die im nächsten Abschnitt genauer betrachtete Zuweisung syntaktisch ein so genannter Zuweisungsausdruck. Im einfachsten Fall wird dadurch einer Variablen v der Wert eines Ausdrucks x zugewiesen:

```
v = x;
```

Der Wert des gesamten Zuweisungsausdrucks ist der Wert des Ausdrucks rechts vom Zuweisungsoperator „=", also x. Da der Zuweisungsausdruck wieder ein Ausdruck ist, kann er wiederum auf der rechten Seite einer Zuweisung verwendet werden. Auf diese Weise können mehrere Zuweisungen in einer einzigen Anweisung erfolgen:

```
i=j=k=0; // z.B. nach der Definition int i, j, k;
```

Wenn ein Ausdruck aus mehreren Teilausdrücken besteht, ist nach dem C++-Standard **explizit nicht definiert**, **in welcher Reihenfolge** diese **Teilausdrücke ausgewertet werden**. Deshalb ist in

```
int j=0;
int i = (j+1)*(j = 2); //(0+1)*2=2 oder (2+1)*2=6 ?
```

5.1 Die Ausdrucksanweisung

nicht definiert, ob zuerst (j+1) mit j=0 und dann (j=2) oder zuerst (j=2) und dann (j+1) berechnet wird. Mit den Versionen 1 und 3 des C++Builders erhält i den Wert 2. Visual C++ von Microsoft liefert in Version 4 den Wert 6 und in Version 5 den Wert 2. Es ist also durchaus möglich, dass verschiedene Versionen eines Compilers verschiedene Werte ergeben.

Ausdrücke mit derart undefinierten Werten lassen sich vermeiden, wenn man jede Variable, die in einem Ausdruck verändert wird, höchstens einmal verwendet. Der Wert der folgenden Ausdrücke ist deshalb eindeutig definiert:

```
int j=0,k=0;
int i=(k+1)*(j=2); //(0+1)*2=2
i=j=k=0;
i=j*j;// nicht problematisch, da j nicht verändert wird
```

Jeder durch ein Semikolon abgeschlossene Ausdruck ist eine Ausdrucksanweisung. Deshalb sind die folgenden Anweisungen syntaktisch korrekt:

```
i;      // z.B. nach der Definition int i;
i*i+1;
f;      //
x==2;   // Schreibfehler? War hier "x=2;" gemeint?
```

Da der Wert des Ausdrucks e nach der Ausführung von

```
e;
```

verworfen wird, bleiben diese **Anweisungen** aber **ohne irgendwelche Folgen**. Peter van der Linden (1995, S. 19) berichtet von einem Programm, bei dem der Schreibfehler „x==2" anstelle von „x=2" einen Schaden von 20 Millionen Dollar verursacht hat.

Da als **Bedingungen** in Schleifen oder Auswahlanweisungen auch Ausdrücke **eines arithmetischen Datentyps** akzeptiert werden (wobei der Wert 0 in *false* und jeder andere Wert in *true* konvertiert wird), sind Anweisungen wie

```
if (i=j) k=17;
```

syntaktisch korrekt. Viele C/C++-Compiler akzeptieren solche Anweisungen ohne irgendeinen Hinweis darauf, dass hier eventuell ein Schreibfehler vorliegt und eigentlich

```
if (i==j) k=17;
```

gemeint war. Auch mir passieren solche Schreibfehler hin und wieder, obwohl ich schon oft ausdrücklich auf diese Fehlerquelle hingewiesen habe. Der C++Builder gibt hier zwar eine Warnung aus:

```
if (i=j) k=1;//Warnung:Möglicherweise inkorrekte Zuweisung
```

Falls man aber noch andere Warnungen hat, wird diese leicht übersehen.

Dass der Compiler hier nur eine Warnung und keine Fehlermeldung ausgibt, liegt daran, dass solche Konstruktionen „im Geist von C" („in the spirit of C") sind und gerne dazu benutzt werden, Programme möglichst kurz zu formulieren. So findet man bei Kernighan/Ritchie (1988, Abschnitt 5.5) die folgende Version der Funktion *strcpy*:

```
void strcpy(char *s, char *t)
{
   while (*s++ = *t++)
       ;
}
```

Hier wurden alle notwendigen Anweisungen so trickreich in die Schleifenbedingung verpackt, dass für den Schleifenkörper eine leere Anweisung ausreicht. Viele C-Programmierer halten solche Konstruktionen für die Krönung der Programmierkunst.

Wie das Beispiel mit der Warnung „Möglicherweise inkorrekte Zuweisung" zeigt, können Warnungen Hinweise auf schwerwiegende Fehler sein. Zwar gibt es auch Warnungen, die man bedenkenlos ignorieren kann. Da man aber bei vielen Warnungen die ernsthaften leicht übersieht, sollte man jedes Programm so schreiben, dass der **Compiler keine Warnungen** erzeugt. Allein schon aus diesem Grund sollte man auf Konstruktionen wie in *strcpy* verzichten.

Anmerkungen für Pascal-Programmierer: In Pascal sind Anweisungen und Ausdrücke syntaktisch streng getrennt. Dadurch lassen sich manche Sachverhalte nicht so knapp formulieren wie in C++. Allerdings akzeptiert kein Pascal-Compiler irgendeine der in diesem Abschnitt vorgestellten fehlerträchtigen Zweideutigkeiten.

5.2 Ausdrücke

In diesem Abschnitt sind sämtliche Syntaxregeln aus dem C++-Standard zusammengestellt, die einen Ausdruck definieren:

> *expression:*
>   *assignment-expression*
>   *expression* **,** *assignment-expression*

5.2 Ausdrücke

Die Syntax für einen Ausdruck ist über zahlreiche weitere Syntaxregeln für die verschiedenen Operatoren definiert. Da sich die Priorität der Operatoren aus der Reihenfolge ihrer Definition ergibt, werden sie in derselben Reihenfolge wie im Standard vorgestellt. Durch die vollständige Zusammenstellung aller Operatoren ergeben sich teilweise Überschneidungen mit den Ausführungen früherer Kapitel. Außerdem werden gelegentlich auch Sachverhalte angesprochen, die erst später behandelt werden. Damit diese Zusammenstellung aber vollständig ist, wurden diese Überschneidungen und Vorgriffe in Kauf genommen.

Ein Ausdruck stellt meist einen Wert dar und wird aus Operanden (z.B. Variablen, Konstanten, Funktionswerten) und Operatoren (z.B. +, -, *, /) gebildet. Die Auswertung eines Ausdrucks erfolgt meist (aber nicht immer) nach den üblichen Regeln (z.B. Punkt vor Strich).

Jeder Ausdruck hat einen Datentyp, der sich aus dem der beteiligen Operanden, Operatoren sowie den impliziten Typkonversionen ergibt. Im C++-Standard ist für jeden Operator beschrieben, welchen Datentyp die Operanden haben können.

In C++ kann man Operatoren überladen. Damit kann ihre Bedeutung für andere Datentypen als die im Standard beschriebenen definiert werden. So weit in diesem Abschnitt Ergebnisse von Operatoren beschrieben werden, gelten diese Ausführungen nur für die fundamentalen Datentypen.

5.2.1 Primäre Ausdrücke ⊕

Primäre Ausdrücke stehen in der Kette der Syntaxregeln für Ausdrücke am Anfang und haben deshalb die höchste Priorität.

> *primary-expression:*
>   *literal*
>   **this**
>   (*expression*)
>   *id-expression*

1. Ein primärer Ausdruck kann ein **Literal** sein. Das ist ein in einem Programm explizit aufgeführter Wert. Die Syntax und Bedeutung von Literalen wurde schon in Zusammenhang mit den jeweiligen Datentypen beschrieben.

   > *literal:*
   >   *integer-literal*
   >   *character-literal*
   >   *floating-literal*
   >   *string-literal*
   >   *boolean-literal*

Zur Illustration lediglich einige Beispiele:

```
int i=17;              // 17 ist ein integer-Literal
short j=40000u;        // ohne Warnung, j=-25536
char c='A';            // character-Literal
double d=1.7e3;        // floating-Literal
char *s="c:\\test\n";  // string-Literal
```

2. Das Schlüsselwort *this* ist nur im Zusammenhang mit der objektorientierten Programmierung von Bedeutung und wird in Abschnitt 8.1.4 beschrieben.

3. Da ein **geklammerter Ausdruck**

   (*expression* **)**

   wieder ein primärer Ausdruck ist, können Ausdrücke beliebig tief verschachtelt werden. Aus dieser Syntaxregel ergibt sich die rekursive Definition von Ausdrücken: Das zu definierende Sprachelement *expression* kann in seinem „elementaren Baustein" *primary expression* vorkommen.

   Ein Ausdruck mit Klammern hat denselben Datentyp und Wert wie der Ausdruck in den Klammern und kann genauso wie dieser verwendet werden. Bei der Auswertung eines geklammerten Ausdrucks wird zuerst der Wert in den Klammern ausgewertet. Damit können Zweideutigkeiten vermieden werden:

   ```
   Beispiel: int i = 2*(3+4); // i=2*7=14
             (((i)))=17;      // nicht sinnvoll, aber möglich
   ```

4. Ein *id- expression* ist ein *unqualified-id* oder ein *qualified-id* :

   id-expression:
     unqualified-id
     qualified-id

   Als *unqualified-id* haben wir bis jetzt vor allem **Bezeichner** kennen gelernt, z.B. als Name einer Variablen. Dazu gehören aber auch Operator- und Konversionsfunktionen, Destruktoren oder Templates. Die Bedeutung des Bezeichners muss sich aus einer vorherigen Deklaration ergeben.

   unqualified-id:
     identifier
     operator-function-id
     conversion-function-id
     ˜ class-name
     template-id

   Ein *qualified-id* wird vor allem mit dem **Bereichsoperator** :: (die Bezeichnung „Gültigkeitsbereichsauflösungsoperator" für „scope-resolution-operator" möchte ich vermeiden) gebildet.

5.2 Ausdrücke

qualified-id:
    ::_{opt} *nested-name-specifier* **template**_{opt} *unqualified-id*
    :: *identifier*
    :: *operator-function-id*
    :: *template-id*

Mit einem Ausdruck, der mit „::" beginnt, kann man einen global deklarierten Namen ansprechen, der durch eine lokale Deklaration verdeckt ist.

```
AnsiString s;   // eine globale Variable
typedef int I;  // ein globales typedef
double d(int i) {return i;} // eine Funktion

void __fastcall TForm1::ButtonClick(TObject *Sender)
{
int s;     // diese Deklaration verdeckt das globale s
::s="12";  // ::s ist die globale Variable
int I;     // die Variable I verdeckt den Datentyp I
::I j;     // j ist eine Variable des Datentyps int
double d=::d(17); // Aufruf der Funktion d
}
```

Ein *nested-name-specifier* besteht aus dem Namen einer Klasse oder eines Namensbereichs, auf den nach „::" ein unqualifizierter Bezeichner folgt:

nested-name-specifier:
    class-or-namespace-name :: *nested-name-specifier*   *opt*
    class-or-namespace-name ::   **template**_{opt} *nested-name-specifier*

class-or-namespace-name:
    class-name
    namespace-name

Bei einer Klasse kann man so Elemente der Klasse ansprechen. Wenn eine Klasse C ein Element x enthält, ist C::x das Element x dieser Klasse.

Beispiel: Ein *vector* der Standardbibliothek enthält als Element eine Klasse *iterator*. Diese kann man so ansprechen:

    vector<int>::iterator i;

Bei einem Namensbereich kann man Deklarationen aus diesem Bereich ansprechen, ohne dass man mit „using namespace" alle Elemente zur Verfügung stellt:

Beispiel: Der Namensbereich *std* enthält die Definition der Klasse *vector*. Diese kann man so ansprechen:

```
#include <vector>
std::vector<int>v;//ohne "using namespace std;"
```

5.2.2 Postfix-Ausdrücke ⊕

Der Begriff Postfix-Ausdruck kommt daher, dass der Operator rechts vom Ausdruck steht:

postfix-expression:
    primary-expression
    postfix-expression **[** *expression* **]**
    postfix-expression **(** *expression-list* $_{opt}$ **)**
    simple-type-specifier **(** *expression-list* $_{opt}$ **)**
    typename **::**$_{opt}$ *nested-name-specifier identifier* **(** *expression-list* $_{opt}$ **)**
    typename **::**$_{opt}$ *nested-name-specifier* **template**$_{opt}$ *template-id*
                                                   (*expression-list* $_{opt}$ **)**
    postfix-expression **.** **template**$_{opt}$ **::**$_{opt}$ *id-expression*
    postfix-expression **->** **template**$_{opt}$ **::**$_{opt}$ *id-expression*
    postfix-expression **.** *pseudo-destructor-name*
    postfix-expression **->** *pseudo-destructor-name*
    postfix-expression **++**
    postfix-expression **--**
    dynamic_cast < *type-id* **> (** *expression* **)**
    static_cast < *type-id* **> (** *expression* **)**
    reinterpret_cast < *type-id* **> (** *expression* **)**
    const_cast < *type-id* **> (** *expression* **)**
    typeid (*expression* **)**
    typeid (*type-id* **)**

expression-list:
    assignment-expression
    expression-list **,** *assignment-expression*

1. Jeder **primäre Ausdruck** ist auch ein Postfix-Ausdruck.

2. Ein mit eckigen Klammern [] gebildeter Ausdruck der Form

   postfix-expression **[** *expression* **]**

   ist ein **Arrayelement**. Einer der beiden Ausdrücke muss den Datentyp „Zeiger auf T" haben, und der andere muss ein Ganzzahl- oder ein Aufzählungstyp sein. Der Ausdruck hat dann den Datentyp T.

3. Ein Ausdruck der Form

   postfix-expression **(** *expression-list* $_{opt}$ **)**

   ist ein **Funktionsaufruf**. Einfache Formen von Funktionsaufrufen haben wir schon in zahlreichen Beispielen und Aufgaben kennen gelernt. Im nächsten Kapitel werden Funktionen ausführlich behandelt.

4. Eine **explizite Typkonversion** (Typecast) **in Funktionsschreibweise**

5.2 Ausdrücke

simple-type-specifier **(** *expression-list* _{opt} **)**

wird zusammen mit den anderen expliziten Typkonversionen in Abschnitt 5.2.20 vorgestellt.

5. Für einen skalaren Datentyp ist ein Ausdruck der Art

pseudo-destructor-name:
    ::_{opt} *nested-name-specifier* _{opt} *type-name* **::** ~ *type-name*
    ::_{opt} *nested-name-specifier* _{opt} **template**_{opt} *template-id* **::** ~ *type-name*
    ::_{opt} *nested-name-specifier* _{opt} ~ *type-name*

ein so genannter Pseudodestruktor. Sein einziger Effekt ist die Auswertung des Ausdrucks vor dem Punkt- oder dem Pfeiloperator:

postfix-expression **.** *pseudo-destructor-name*
postfix-expression **->** *pseudo-destructor-name*

Beispiel:
```
int* p;
p->int::~int();
int i;
i.int::~int();
```

Solche Ausdrücke sind nur selten notwendig. Sie ermöglichen aber die Verwendung von Templates (siehe Kapitel 10) mit skalaren Typargumenten, die Destruktor-Aufrufe enthalten.

6. Mit dem Punkt- oder Pfeiloperator kann man Klassenelemente (Datenelemente oder Funktionen in Klassen, Strukturen und Unions) ansprechen:

postfix-expression **.** **template**_{opt} **::**_{opt} *id-expression*
postfix-expression **->** **template**_{opt} **::**_{opt} *id-expression*

Beim Punktoperator muss der Datentyp des Ausdrucks links vom „.“ eine Klasse sein und beim Pfeiloperator -> ein Zeiger auf eine Klasse. Der Ausdruck e1->e2 wird in den gleichwertigen Ausdruck (*(e1)).e2 umgewandelt.

7. Durch die Inkrement- und Dekrementoperatoren ++ bzw. − −

postfix-expression **++**
postfix-expression **− −**

wird der Wert des Operanden um 1 erhöht bzw. um 1 vermindert. Der Wert des Ausdrucks ist der Wert des Operanden vor der Veränderung.

```
int i=0, j=0;
i=j++; // i=0, j=1
```

Der Datentyp des Operanden muss ein arithmetischer Datentyp oder ein Zeiger sein.

8. Die Typkonversionen mit *const_cast*, *static_cast*, *dynamic_cast* und *reinterpret_cast* werden zusammen mit den anderen expliziten Typkonversionen in Abschnitt 5.2.20 behandelt.

9. Wie schon in Abschnitt 3.11 erwähnt, kann man mit einem ***typeid***-Ausdruck prüfen, ob zwei Datentypen gleich oder verschieden sind:

    typeid (*expression*)
    typeid (*type-id*)

    Ein solcher Ausdruck hat den Datentyp *type_info*. Diese Klasse ist in *<typeinfo>* definiert und besitzt insbesondere die Elementfunktion *name()*, die den Namen des Datentyps als Funktionswert liefert.

5.2.3 Unäre Ausdrücke ⊕

Da der Operator bei den unären Ausdrücken links vom Operanden steht, werden sie auch als Präfix-Ausdrücke bezeichnet:

> *unary-expression:*
>   *postfix-expression*
>   **++** *cast-expression*
>   **--** *cast-expression*
>   *unary-operator cast-expression*
>   **sizeof** *unary-expression*
>   **sizeof** (*type-id*)
>   *new-expression*
>   *delete-expression*

1. Ein Postfix-Ausdruck ist auch ein unärer Ausdruck.

2. Durch die Präfix-Operatoren ++ bzw. – –

    ++ *cast-expression*
    -- *cast-expression*

    wird der Wert des Operanden wie bei den entsprechenden Postfix-Operatoren um 1 erhöht bzw. vermindert. Im Gegensatz zu den Postfix-Operatoren ist der Wert dieses Ausdrucks aber der des Operanden nach dieser Veränderung:

    ```
    int i=0, j=0;
    i=++j; // i=1, j=1
    ```

    Wenn der Wert eines solchen Präfix- oder Postfix-Ausdrucks nicht zugewiesen wird, sind die jeweiligen Operatoren gleichwertig:

    ```
    int i=0, j=0;
    i++; // i=1
    ++j; // j=1
    ```

5.2 Ausdrücke

Die Präfix-Operatoren können auch auf der linken Seite einer Zuweisung verwendet werden:

```
int j,i=0;
++j=i;       // i=0, j=0
```

3. Die unären (einstelligen) Operatoren

   unary-operator: one of
      * & + - ! ~

werden von rechts nach links ausgewertet und haben alle eine höhere Priorität als die teilweise gleichnamigen binären (zweistelligen) Operatoren.

Der **Dereferenzierungs-** oder **Indirektionsoperator** * kann auf einen Zeiger angewandt werden. Wenn der Zeiger p den Datentyp „Zeiger auf T" hat, hat *p den Datentyp T.

Mit dem **Adressoperator &** erhält man die Adresse des Operanden. Wenn der Operand x den Datentyp T hat, ist der Datentyp von &x „Zeiger auf T".

Der unäre **Operator +** kann auf einen Operanden angewandt werden, dessen Datentyp ein arithmetischer Datentyp, ein Aufzählungstyp oder ein Zeigertyp ist. Der Wert des Operanden wird durch diesen Operator nicht verändert. Der Datentyp des Ergebnisses ist der Datentyp des Operanden nach einer eventuellen ganzzahligen Typangleichung.

Der unäre **Operator -** kann auf einen Operanden angewandt werden, dessen Datentyp ein arithmetischer Datentyp oder ein Aufzählungstyp ist. Der Wert des Operanden wird dabei negiert. Bei einem vorzeichenlosen Datentyp wird der Operand von 2^n subtrahiert. Der Datentyp des Ergebnisses ergibt sich wie beim unären +.

Bei der **logischen Negation** mit ! wird der Operand zunächst in einen booleschen Wert umgewandelt. Der Wert *true* wird dann zu *false* und umgekehrt. Eine doppelte Negation ergibt nur für boolesche Operanden den ursprünglichen Wert:

   !!a = a // nur für boolesche Werte richtig

Für einen anderen Datentyp muss diese Beziehung nicht gelten, da der Operand in einen der Werte 0 oder 1 konvertiert wird:

   !!2 = !(!2) =!0 = 1

Der **Operator ~** (bitweises *not*) negiert die einzelnen Bits seines Operanden, der einen Ganzzahl- oder Aufzählungstyp haben muss. Das Ergebnis ist das **Einerkomplement** des Operanden. So ergibt sich für

```
int i=2;
unsigned int u=2;
```

das Einerkomplement

```
int j= ~i;   // j=-3;
double d=~u; // d=4294967293
```

4. Wendet man den Operator *sizeof* auf einen Ausdruck a an, liefert „sizeof a" die Anzahl der Bytes, die der Ausdruck a belegt. Dabei wird der Ausdruck nicht ausgewertet. Mit einem Datentyp in Klammern erhält man die Anzahl der Bytes, die eine Variable dieses Datentyps belegt.

```
Beispiele: int i=sizeof (int);  // i=4
           int j=sizeof 1;      // j=4
           int k=sizeof i++;    // k=4, i=4 (nicht 5!)
```

Auf den Operanden von *sizeof* werden die Standardkonversionen nicht angewandt, außer wenn der Ausdruck weitere Ausdrücke enthält, die eine solche Konversion bewirken. Deswegen erhält man für jeden der folgenden drei Ausdrücke den Wert 1:

```
sizeof(char)          // =1;
sizeof(signed char)   // =1;
sizeof(unsigned char) // =1;
```

und nicht etwa den Wert 4, der sich nach einer ganzzahligen Typangleichung auf den Datentyp *int* ergeben würde. Der Wert von *sizeof* ist für diese drei Datentypen im C++-Standard explizit so festgelegt. Wenn der Operand dagegen weitere Operanden enthält, werden diese Konversionen durchgeführt:

```
char c;
sizeof(c+0)  // =4;
```

Falls der Operand ein Array ist, wird er nicht in einen Zeiger konvertiert, außer er enthält weitere Operanden, die eine solche Konversion bewirken. Damit erhält man für ein Array a mit *sizeof(a)* die gesamte Größe des Arrays und nicht die Größe eines Zeigers, obwohl der Ausdruck a sonst in einen Zeiger auf das erste Element konvertiert wird. Mit „sizeof(a+0)" erhält man dagegen die Größe eines Zeigers:

```
int a[10];
int* p=a; // hier wird a in einen Zeiger konvertiert,
          // in der nächsten Zeile nicht:
int i=sizeof(a);    // i=40, Größe des Arrays
int j=sizeof(a+0);  // j=4, Größe eines Zeigers
```

Der Wert von *sizeof* steht auch im Debugger zur Verfügung:

5.2 Ausdrücke

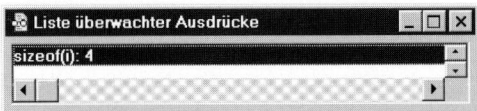

Die Verwendung von *sizeof* empfiehlt sich immer dann, wenn die Größe von Datenstrukturen benötigt wird. Beispielsweise kopiert die Funktion

```
void *memcpy(void *dest, const void *src, size_t n);
```

n Bytes ab der Adresse von *src* in den Speicherbereich ab der Adresse von *dest*. Damit kann man den Inhalt eines Arrays in ein anderes kopieren. Gibt man hier die Anzahl der zu kopierenden Bytes als Literal an, besteht (vor allem bei komplexeren Datenstrukturen) die Gefahr, dass man sich verrechnet.

```
int a[10],b[10];
memcpy(&b,&a,40);  // int: 4 Bytes
```

Falls man diese Anweisung für eine Plattform kompiliert, bei der der Datentyp *int* nicht 4 Bytes belegt (z.B. 2 Bytes unter 16-bit Windows oder 8 Bytes für ein 64-bit Windows NT oder UNIX), erhält man mit dieser Anweisung nicht mehr das gewünschte Ergebnis. Verwendet man dagegen

```
memcpy(&b,&a,sizeof a);
```

ist kein Anpassungsaufwand notwendig.

5. Ein *new-expression* versucht, einen Speicherbereich für einen Datentyp zu reservieren. Mit *delete-expression* kann man einen Speicherbereich wieder freigeben, der mit *new* reserviert wurde:

> *new-expression*
> *delete-expression*

Die Operatoren *new* und *delete* wurden schon in Abschnitt 3.9.3 beschrieben.

5.2.4 Typkonversionen in Typecast-Schreibweise ⊕

Die Typkonversionen in Typecast-Schreibweise

> *cast-expression:*
>   *unary-expression*
>   (*type-id*) *cast-expression*

werden zusammen mit den anderen Typkonversionen in Abschnitt 5.2.20 behandelt.

5.2.5 Zeiger auf Klassenelemente ⊕

Die Operatoren „.*" und „->*" werden in Abschnitt 8.4.14 beschrieben.

> *pm-expression:*
>   *cast-expression*
>   *pm-expression* **.*** *cast-expression*
>   *pm-expression* **->*** *cast-expression*

5.2.6 Multiplikative Operatoren ⊕

Der Datentyp der Operanden eines multiplikativen Operators * (Multiplikation) oder / (Division) muss ein arithmetischer Datentyp oder ein Aufzählungstyp sein. Für den Operator % (Rest bei der ganzzahligen Division) sind ganzzahlige Operanden oder Operanden eines Aufzählungstyps notwendig.

> *multiplicative-expression:*
>   *pm-expression*
>   *multiplicative-expression* ***** *pm-expression*
>   *multiplicative-expression* **/** *pm-expression*
>   *multiplicative-expression* **%** *pm-expression*

Das Ergebnis dieser Operationen wurde bereits in Zusammenhang mit den Ganzzahl- und Gleitkommadatentypen besprochen (siehe Abschnitt 3.4.4).

Die multiplikativen Operatoren sowie die meisten folgenden sind **binäre Operatoren**, bei denen links und rechts vom Operator ein Ausdruck verwendet wird. Falls der Datentyp der beiden Operanden verschieden ist, werden sie im Rahmen der **üblichen arithmetischen Konversionen** (siehe Abschnitte 3.4.4 und 3.7.6) in einen gemeinsamen Datentyp konvertiert, der dann auch der Datentyp des Ergebnisses ist.

5.2.7 Additive Operatoren ⊕

Die additiven Operatoren + oder –

> *additive-expression:*
>   *multiplicative-expression*
>   *additive-expression* **+** *multiplicative-expression*
>   *additive-expression* **−** *multiplicative-expression*

sind für die folgenden Kombinationen von Datentypen definiert:

– Beide Operanden haben einen arithmetischen Datentyp oder einen Aufzählungstyp. Dann ist das Ergebnis die Summe oder Differenz der Operanden.
– Ein Operand ist ein Zeiger und der andere ein Ganzzahldatentyp oder ein Aufzählungstyp. Dann ist das Ergebnis ein Zeiger, dessen Wert sich nach den

5.2 Ausdrücke

Regeln der Zeigerarithmetik ergibt. Bei der Subtraktion muss der Zeiger der linke Operand sein.
- Beim Operator „–" können beide Operanden auch Zeiger sein. Wenn diese dann auf das i-te und j-te Element eines Arrays a zeigen (p=a+i und q=a+j), dann ist die Differenz p–q durch i–j definiert. Zeigen p und q nicht auf Elemente desselben Arrays, ist das Ergebnis nicht definiert.

Beispiele:
```
int a[10],b[10];
int *p=a+1;
int *q=a+4;
int *r=b+4;
int pd1=p-q; // (a+1) - (a+4) = -3
int pd2=p-r; // nicht definiert
```

Da sich die Prioritäten der Operatoren aus ihrer Reihenfolge in dieser Auflistung ergeben und dabei die multiplikativen Operatoren vor den additiven kommen, folgt aus dieser Reihenfolge die höhere Priorität der multiplikativen Operatoren („Punkt-vor-Strich"-Regel).

5.2.8 Shift-Operatoren ⊕

Mit den **Shift-Operatoren** << und >> kann man die Bits eines Ganzzahloperanden um eine bestimmte Anzahl von Positionen nach links oder rechts verschieben. Der Datentyp der beiden Operanden muss ein Ganzzahldatentyp oder ein Aufzählungstyp sein.

shift-expression:
   additive-expression
   shift-expression << *additive-expression*
   shift-expression >> *additive-expression*

Der Ausdruck e1<<e2 hat dann das um e2 Positionen nach links verschobene Bitmuster von e1. Die rechts frei werdenden Bits werden mit Nullen aufgefüllt. Entsprechend hat e1>>e2 das um e2 Positionen nach rechts verschobene Bitmuster von e1. Das Ergebnis ist nicht definiert, falls e2 negativ ist oder einen Wert hat, der größer oder gleich der Anzahl der Bits von e1 ist. Beim Operator >> ist es außerdem nicht definiert, falls der Datentyp von e1 ein Datentyp mit Vorzeichen ist und der Wert von e1 negativ ist.

Beispiel: Stellt man eine Ganzzahl mit 8 Bits dar, erhält man:

```
int i=1<<2; // 0000 0001 << 2 = 0000 0100 = 4₁₀
int j=3>>1; // 0000 0011 >> 1 = 0000 0001 = 1₁₀
int is=1;
int sh1=is<<3;   // sh1=8,  8=1*(2^3)
```

Die folgenden Ergebnisse sind undefiniert und können bei anderen Compilern anders sein:

```
int sh2=is<<32;    // sh2=1,  undefiniert
int sh3=is<<100;   // sh3=16, undefiniert
int sh4=is<<-31;   // sh4=2,  undefiniert
is=-1;
int sh5=is>>1;     // sh5=-1, undefiniert
```

In den Fällen, in denen eine Shift-Operation definiert ist, hat das Ergebnis den Wert, der sich bei einer Multiplikation von e1 mit 2^{e2} ergibt, bzw. bei einer Division von e1 durch 2^{e2}. Da die Shift-Operationen meist schneller sind als Multiplikationen oder Divisionen, werden sie gelegentlich anstelle von Multiplikationen mit bzw. Divisionen durch Zweierpotenzen verwendet. Im C++Builder sind solche manuellen Optimierungen allerdings nicht notwendig. Der Compiler ersetzt jede Multiplikation oder Division mit einer konstanten Zweierpotenz automatisch durch eine Shift-Operation.

5.2.9 Vergleichsoperatoren ⊕

Der Datentyp der Operanden eines Vergleichsoperators muss ein arithmetischer Datentyp, ein Aufzählungstyp oder ein Zeigertyp sein. Das Ergebnis eines solchen Ausdrucks hat immer den Wert *false* oder *true* (Datentyp *bool*).

> *relational-expression:*
>   *shift-expression*
>   *relational-expression* < *shift-expression*
>   *relational-expression* > *shift-expression*
>   *relational-expression* <= *shift-expression*
>   *relational-expression* >= *shift-expression*

Beim Vergleich von Ausdrücken eines arithmetischen Datentyps oder eines Aufzählungstyps folgt das Ergebnis aus dem Vergleich der Werte dieser Ausdrücke. Durch eine der „üblichen arithmetischen Konversionen" werden die Operanden in einen gemeinsamen Datentyp konvertiert.

Ausdrücke der Art

```
if (0<=a<=10) ... // wird mit einem arithmetischen Daten-
                  // typ von a ohne Warnung kompiliert
```

sind syntaktisch zulässig, entsprechen aber vermutlich nicht dem erwarteten Ergebnis. Da die Vergleichsoperatoren linksassoziativ sind, wird zuerst der Teilausdruck (0 <= a) ausgewertet. Das Ergebnis ist einer der booleschen Werte *true* oder *false*. Durch eine der „üblichen arithmetischen Konversionen" wird dieser Wert in einen der Ganzzahlwerte 0 oder 1 umgewandelt. Dieser Wert wird dann mit dem Operator <= mit dem Wert 10 verglichen, wobei man immer das Ergebnis *true* erhält. Will man einen Wert mit einer Ober- und Untergrenze vergleichen, muss man diesen Vergleich z.B. folgendermaßen formulieren:

(0<=a)&&(a<=10)

5.2 Ausdrücke

Anmerkung für Pascal-Programmierer: In Pascal können immer nur zwei so genannte einfache Ausdrücke mit einem Vergleichsoperator kombiniert werden. Deshalb führt der folgende Ausdruck zu einer Fehlermeldung des Compilers:

```
1 < x < 10
```

5.2.10 Gleichheitsoperatoren ⊕

Die Gleichheitsoperatoren sind für dieselben Datentypen der Operanden definiert wie die Vergleichsoperatoren. Außerdem werden mit den Operanden dieselben Konversionen wie bei den Vergleichsoperatoren durchgeführt.

> *equality-expression:*
>   *relational-expression*
>   *equality-expression* **==** *relational-expression*
>   *equality-expression* **!=** *relational-expression*

Ein Gleichheitsausdruck hat den booleschen Wert, der sich aus der Gleichheit (==) oder Ungleichheit (!=) der Operanden ergibt.

Wie schon mehrfach erwähnt, muss man darauf achten, dass der Gleichheitsoperator nicht mit dem Zuweisungsoperator verwechselt wird:

```
if (i=1)... //Warnung:Möglicherweise inkorrekte Zuweisung
```

Aus denselben Gründen wie bei den Vergleichsoperatoren kann man auch die Gleichheit von mehr als zwei Ausdrücken nicht mit einem Ausdruck wie dem folgenden prüfen:

```
if (i==j==10) ... // immer false
```

5.2.11 Bitweise Operatoren ⊕

Die Operatoren & (bitweises *and*), ^ (bitweises *xor*) und | (bitweises *or*) verknüpfen die einzelnen Bits der Operanden eines Ganzzahl- oder Aufzählungstyps.

> *and-expression:*
>   *equality-expression*
>   *and-expression* **&** *equality-expression*
>
> *exclusive-or-expression:*
>   *and-expression*
>   *exclusive-or-expression* **^** *and-expression*
>
> *inclusive-or-expression:*
>   *exclusive-or-expression*
>   *inclusive-or-expression* **|** *exclusive-or-expression*

Auch bei diesen Operatoren werden mit den Operanden die üblichen arithmetischen Konversionen durchgeführt. Das Ergebnis der Operatoren ist durch die der folgenden Tabelle definiert:

Bit1	Bit2	Bit1&Bit2	Bit1^Bit2	Bit1|Bit2
0	0	0	0	0
0	1	0	1	1
1	0	0	1	1
1	1	1	0	1

Diese Operatoren werden meist dazu verwendet, einzelne Bits auf 0 oder 1 zu setzen, den Wert eines bestimmten Bits abzufragen oder bestimmte Bits zu invertieren. Solche Bitmanipulationen sind oft im Bereich der Systemprogrammierung notwendig, wenn die einzelnen Bits Zustände bzw. Eigenschaften anzeigen.

```
Beispiele: short i,j,k,l; // in den Kommentaren nur mit 8 Bits
           i = 1&2; // 0000 0001 & 0000 0010 = 0000 0000 = 0₁₀
           j = 1|2; // 0000 0001 | 0000 0010 = 0000 0011 = 3₁₀
           k = 1^3; // 0000 0001 ^ 0000 0011 = 0000 0010 = 2₁₀
           l = ~1;  // ~0000 0001 = 1111 1110 = -2₁₀

           i=i|8           // setze Bit Nr. 4 in i auf 1
           i=i|(1<<3)      // "
           i=i&(~(1<<3))   // setze Bit Nr. 4 in i auf 0
           i=i&0xFF        // die unteren 8 Bits von i
           i&(1<<3)        // true, falls Bit Nr. 4 gesetzt ist,
                           // sonst false
           i=i^(1<<3)      // invertiere Bit Nr. 4 in i
```

Ob eine Zahl gerade ist, kann man auch dadurch feststellen, dass man prüft, ob das niedrigstwertige Bit den Wert 0 hat:

```
if ((i&1)==0)... // nur für gerade Werte von i erfüllt
```

Da ein von 0 (Null) verschiedener Wert in den booleschen Wert *true* konvertiert wird, ist die folgende Bedingung für ungerade Werte von i erfüllt:

```
if (i&1) ... // nur für ungerade Werte von i erfüllt
```

5.2.12 Logische Operatoren ⊕

Die Operanden der Operatoren && (logisches *and*) und || (logisches *or*) können einen arithmetischen Datentyp, ein Aufzählungs- oder einen Zeigertyp haben.

logical-and-expression:
  inclusive-or-expression
  logical-and-expression **&&** *inclusive-or-expression*

logical-or-expression:
  logical-and-expression
  logical-or-expression || *logical-and-expression*

Ein Operand mit dem Wert 0 wird in den booleschen Wert *false* konvertiert und jeder andere Wert in *true*. Aus diesen booleschen Werten ergibt sich das Ergebnis des Ausdrucks dann so, wie das schon in Zusammenhang mit dem Datentyp *bool* beschrieben wurde.

5.2.13 Der Bedingungsoperator ⊕

Der Bedingungsoperator, der auch als „Konditionaloperator" oder „arithmetisches if" bezeichnet wird, ist der einzige dreistellige Operator von C++. Er verknüpft drei Ausdrücke, die durch ein „?"und ein „:" getrennt werden:

conditional-expression:
  logical-or-expression
  logical-or-expression **?** *expression* **:** *assignment-expression*

Bei der Auswertung des bedingten Ausdrucks

  $expr_1$? $expr_2$: $expr_3$

wird zuerst $expr_1$ ausgewertet und in den Datentyp *bool* konvertiert. Falls das Ergebnis den Wert *true* hat, wird $expr_2$ ausgewertet, und dieser Wert ist dann der Wert des bedingten Ausdrucks. Andernfalls ist $expr_3$ der Wert des bedingten Ausdrucks. Es wird immer nur einer der beiden Ausdrücke $expr_2$ oder $expr_3$ ausgewertet. Deshalb ist das Ergebnis von

```
z = (a>b) ? a : b;
```

dasselbe wie das von

```
if (a>b)
   z=a;
else
   z=b;
```

Falls $expr_2$ und $expr_3$ denselben Datentyp haben, ist dieser der Datentyp des bedingten Ausdrucks. Er muss kein arithmetischer Datentyp sein, sondern kann z.B. auch eine Klasse sein.

Beispiel: Mit den Definitionen

```
struct CDatum {int Tag, Monat, Jahr;} d1,d2;
int i;
```

  hat der Ausdruck

```
(i>0)?d1:d2;
```

den Datentyp *CDatum*. Dagegen wird der Ausdruck

```
(i>0)?i:d1;
```

nicht kompiliert, da *CDatum* nicht in *int* konvertiert werden kann.

Falls der Datentyp der Operanden ein arithmetischer Datentyp oder ein Aufzählungstyp ist, wird aus diesen nach den üblichen arithmetischen Konversionen ein gemeinsamer Datentyp bestimmt.

Beispiele: Mit

```
int a,b;
double d;
```

haben die Ausdrücke

```
(a>b) ? a : b
(a>b) ? a : d
```

den Datentyp *int* bzw. *double*.

Die Klammer um $expr_1$ kann meist weggelassen werden, da ? eine geringere Priorität als die Operatoren hat, die meist in $expr_1$ verwendet werden. Zur besseren Übersichtlichkeit wird aber immer empfohlen, sie doch zu schreiben.

Ein bedingter Ausdruck kann wie jeder andere Ausdruck in weiteren Ausdrücken verwendet werden. Verschachtelte bedingte Ausdrücke werden dabei rechtsassoziativ bezüglich ihren ersten und dritten Operanden ausgewertet, so dass

a ? b : c ? d : e ? f : g

ausgewertet wird als

a ? b : (c ? d : (e ? f : g))

Mit dem Bedingungsoperator können manche Sachverhalte kürzer als mit einer *if*-Anweisung formuliert werden. Eine solche Reduzierung des Quelltextes um vielleicht 10 Zeichen wird aber oft mit Grübeleien erkauft, die länger dauern als das Eintippen der eingesparten Zeichen. Da der erzeugte Code meist nicht effizienter ist als der einer entsprechenden *if*-Anweisung, ist es oft übersichtlicher, statt bedingter Ausdrücke *if*-Anweisungen (insbesondere verschachtelte) zu verwenden (Harbison/Steele, 1994, Abschnitt 7.8; Maguire 1993, S. 127-130). Bei *inline*-Funktionen (siehe Abschnitt 6.7) kann dieser Ausdruck aber doch wieder sinnvoll sein, da der Compiler einen Funktionsaufruf mit einer solchen Anweisung oft im Gegensatz zu einer *if*-Anweisung durch ihren Quelltext ersetzen kann.

5.2.14 Konstante Ausdrücke ⊕

Gewisse Ausdrücke müssen in C++ konstant sein: die Anzahl der Elemente bei der Definition eines Arrays, Ausdrücke nach *case*, die Länge eines Bitfelds, der Initialisierer eines Enumerators, und andere. Solche konstanten Ausdrücke können nach denselben Syntaxregeln wie ein *conditional- expression* gebildet werden:

> *constant-expression:*
>   *conditional-expression*

Konstante Ausdrücke eines arithmetischen Datentyps können im Wesentlichen nur Literale, Enumeratoren, mit *const* definierte Konstanten und *sizeof*-Ausdrücke enthalten.

5.2.15 Zuweisungsoperatoren

Eine Zuweisung ist syntaktisch ein so genannter Zuweisungsausdruck:

> *assignment-expression:*
>   *conditional-expression*
>   *logical-or-expression assignment-operator assignment-expression*
>   *throw-expression*
>
> *assignment-operator* **:** one of
>   `=  *=  /=  %=  +=  -=  >>=  <<=  &=  ^=  |=`

Mit dem Operator „=" wird der Wert des Ausdrucks rechts von „=" der linken Seite zugewiesen. Falls die Datentypen der beiden Seiten verschieden sind, sucht der Compiler nach einer Konversion, um den Wert der rechten Seite in den Datentyp der linken Seite umzuwandeln. Ist keine solche Konversion definiert, erzeugt er eine Fehlermeldung.

Bei der Zuweisung von Variablen eines Klassentyps wird der für die Klasse definierte Zuweisungsoperator aufgerufen. Wenn ein solcher Operator nicht explizit definiert ist, werden durch die Zuweisung alle Datenfelder kopiert.

Falls die linke Seite ein Referenztyp ist, erfolgt die Zuweisung an die Variable, auf die die Referenz zeigt. Deshalb wird in den folgenden Anweisungen der Variablen i der Wert 17 zugewiesen:

```
int i;
int &r=i;   // r ist eine Referenz auf i
r=17;
```

Die anderen Zuweisungsoperatoren sind folgendermaßen definiert: Das Ergebnis des Ausdrucks e1 op= e2 // hier steht op für *, /, % usw.

ist gleichwertig mit

e1 = e1 op e2

außer dass e1 nur einmal ausgewertet wird. Der Datentyp von e1 muss ein arithmetischer Datentyp ein. Bei += oder –= kann der Datentyp auch ein Zeigertyp sein (Zeigerarithmetik).

```
Beispiele: int i=1,j=2;
           i+=2;        // wie i=i+2; Ergebnis i=3
           i*=j+2;      // i=i*(j+2); Ergebnis i=3*4=12
           (++i)+=5;    // Ergebnis i=18, nicht undefiniert
                        // wie ++i=++i + 5
```

5.2.16 Der Komma-Operator ⊕

Mit dem Komma-Operator sind wir schließlich bei der Definition eines Ausdrucks angelangt. Da dieser Operator der letzte in der Reihenfolge der Definitionen ist, hat er die geringste Priorität.

Der Komma-Operator verknüpft zwei durch ein Komma getrennte Ausdrücke:

expression:
  assignment-expression
  expression **,** *assignment-expression*

Bei der Auswertung eines solchen Ausdrucks wird zuerst der linke Ausdruck ausgewertet und sein Wert verworfen. Dann wird der Ausdruck auf der rechten Seite ausgewertet. Dessen Typ und Wert ist dann der Typ und Wert des gesamten Ausdrucks. Da ein solcher Ausdruck von links nach rechts ausgewertet wird, ist

r=(a, b, c, ..., d)

gleichwertig mit

a; b; c; ...; r = d;

In einer Argumentliste wird ein Komma nicht als Komma-Operator interpretiert. Will man diesen hier verwenden, muss man ihn in Klammern setzen wie z.B. in

x= f((i=1,i++),(i,j)); // f wird mit zwei Argumenten aufgerufen

Der Komma-Operator ist eine beliebte Quelle für diffizile Schreibfehler. Einige Beispiele:

5.2 Ausdrücke

1. Verwechselt man in einem Gleitkommaliteral den Dezimalpunkt mit einem Komma, ist das ein syntaktisch korrekter Ausdruck, der vom Compiler nicht bemängelt wird:

    ```
    d=0,1;    // 0, Schreibfehler: Komma statt Dezimalpunkt
    d=(0,1);  // 1, Schreibfehler: Komma statt Dezimalpunkt
    ```

    Da der Komma-Operator eine geringere Priorität hat als ein Zuweisungsoperator, erhält die *double*-Variable d in der ersten Zuweisung den Wert 0, obwohl der Ausdruck auf der rechten Seite des Zuweisungsoperators den Wert 1 hat. In der zweiten Zuweisung erhält d dagegen den Wert 1.

2. Nach der Definition

    ```
    int a[10][20];
    ```

    ist der folgende Ausdruck ein eindimensionales Array mit 20 Elementen:

    ```
    a[2,3]  // a[3]=*(a+3), ein Array
    ```

5.2.17 L-Werte und R-Werte ⊕

Unterscheidet man Ausdrücke im Hinblick auf die Frage, ob sie veränderbar sind oder nicht, spricht man auch von L-Werten und R-Werten. Ein **L-Wert** ist ein Ausdruck, der einen veränderbaren Speicherbereich bezeichnet. Ein Ausdruck, der kein L-Wert ist, wird auch als **R-Wert** bezeichnet. Diese Begriffe kommen ursprünglich daher, dass ein L-Wert auch auf der linken und ein R-Wert nur auf der rechten Seite einer Zuweisung verwendet werden kann.

Im C++-Standard ist für jeden Operator explizit festgelegt, ob seine Operanden L-Werte sein müssen und ob ein Ausdruck mit diesem Operator ein L-Wert ist. Wenn man einen R-Wert verwendet, wo der Compiler einen L-Wert erwartet, erhält man die Fehlermeldung „L-Wert erwartet". Für einen R-Wert kann man immer auch einen L-Wert einsetzen.

Beispiele:

- Eine nicht konstante Variable ist ein L-Wert und eine Konstante ein R-Wert.
- Ein Stringliteral ist ein L-Wert. Jedes andere Literal ist dagegen ein R-Wert.
- Ein Element eines nicht konstanten Arrays ist ein L-Wert.
- Der linke Operand eines Zuweisungsoperators muss ein L-Wert sein. Ein mit einem Zuweisungsoperator gebildeter Ausdruck ist ein L-Wert.
- Der Operand eines der Operatoren ++ bzw. -- muss ein L-Wert sein.
- Ein Ausdruck wie x+1 ist für eine Variable x ein R-Wert.

Da für die meisten Ausdrücke aber sowieso aus dem Zusammenhang hervorgeht, ob sie ein L-Wert sind, wird dieser Begriff im Folgenden nur selten verwendet.

5.2.18 Die Priorität und Assoziativität der Operatoren ⊕

In C++ kann man in einem Ausdruck mehrere Operatoren kombinieren, ohne die Teilausdrücke klammern zu müssen. Die Kombination der Teilausdrücke ergibt sich dann aus der **Priorität der Operatoren**. Diese Priorität entspricht der Reihenfolge, in der die Syntaxregeln aufeinander aufbauen. Einige Beispiele:

1. Da die in diesem Abschnitt zuerst die Postfix-Ausdrücke aufgeführt wurden, haben die Postfix-Operatoren die höchste Priorität:

   2+a[3] = 2+(a[3]) und nicht (2+a)[3]

2. Die multiplikativen Operatoren *, / und % haben eine höhere Priorität als die arithmetischen Operatoren + und –. Deshalb werden Ausdrücke mit solchen Operatoren nach der üblichen Regel "Punkt-vor-Strich" aufgelöst:

   2*3 + 4*5 = (2*3) + (4*5) = 26

3. Die Shift-Operatoren haben eine höhere Priorität als die additiven Operatoren:

   i=j<<7+1=(j<<7)+1 und nicht i=j<<8

Für alle Operatoren ist außerdem noch die **Assoziativität** definiert. Sie entscheidet, ob Ausdrücke gleicher Priorität von links nach rechts oder von rechts nach links zusammengefasst werden. Alle binären Operatoren außer den Zuweisungsoperatoren sind linksassoziativ. Auch hierzu einige Beispiele:

1. Multiplikative Operatoren sind als binäre Operatoren linksassoziativ und werden „von links nach rechts" zusammengefasst. Deshalb wird in dem Ausdruck 20/2*5 zunächst der linke Teilausdruck (20/2) ausgewertet:

   20/2*5 = (20/2)*5 und nicht 20/(2*5)

2. Die Zuweisungsoperatoren werden von rechts nach links ausgewertet:

   „a=b=c" entspricht „a=(b=c)" und nicht „(a=b)=c"

Die Assoziativität darf nicht mit der Auswertungsreihenfolge verwechselt werden, die schon am Anfang dieses Abschnitts beschrieben wurde.

Die folgende Tabelle fasst die Prioritäten und Assoziativitätsregeln aller Operatoren von C++ zusammen. Die am Anfang aufgeführten Operatoren haben die höchste Priorität. Operatoren mit derselben Priorität sind zu einer Gruppe zusammengefasst. Damit diese Tabelle übersichtlich auf einer Seite dargestellt werden kann, wurden gelegentlich mehrere Operatoren in eine Zeile aufgenommen

5.2 Ausdrücke

Operator	Beschreibung	Assoziativität
:: ()	Bereichsoperator geklammerter Ausdruck	von rechts nach links
[ ] ( ) ( ) . , -> ++, -- dynamic_cast static_cast reinterpret_cast const_cast typeid	Arrayelement Funktionsaufruf Konversion in Funktionsschreibweise Klassenelement Postfix Inkrement bzw. Dekrement Typkonversion Typkonversion Typkonversion Typkonversion Typinformation	von links nach rechts
++, -- * & +, - ! ~ sizeof new delete	Präfix Inkrement bzw. Dekrement Dereferenzierung Adressoperator Unäres Plus bzw. Minus Logisches *nicht* Bitweises *nicht* Größe in Bytes Speicher reservieren Speicher freigeben	von rechts nach links
()	Typkonversion, z.B. (double) i	
.* ->*	Zeiger auf Klassenelement Zeiger auf Klassenelement	von links nach rechts
*, / %	Multiplikation bzw. Division Rest bei der Ganzzahldivision	von links nach rechts
+, -	Addition bzw. Subtraktion	von links nach rechts
<< >>	Linksverschiebung Rechtsverschiebung	von links nach rechts
< <= > >=	kleiner als kleiner oder gleich größer als größer oder gleich	von links nach rechts
== !=	gleich nicht gleich	von links nach rechts
&	Bitweises *und*	von links nach rechts
^	Bitweises *exklusives oder*	von links nach rechts
|	Bitweises *oder*	von links nach rechts
&&	Logisches *und*	von links nach rechts
||	Logisches *oder*	von links nach rechts
? :	Bedingungsoperator	von rechts nach links
= *=, /=, %=,+=,-=, <<=, >>=, &=, ^=, |=	Zuweisung Kombinierte Zuweisung	von rechts nach links
,	Komma-Operator	von links nach rechts

Obwohl die Priorität und Assoziativität für jeden Operator eindeutig definiert sind, sollte man lediglich additive und multiplikative Operatoren ohne Klammern kombinieren. Die Regeln für die anderen Operatoren entsprechen nicht immer den intuitiven Erwartungen. In der Einleitung zu „The C Programming Language" von Kernighan/Ritchie (1988) findet man die Bemerkung, dass einige Operatoren die falsche Priorität haben.

5.2.19 Alternative Zeichenfolgen ⊕

Der C++-Standard sieht für einige Operatoren alternative Zeichenfolgen vor, die leichter zu lesen sind als die Operatoren.

Operator	Alternative	Operator	Alternative	Operator	Alternative
&&	and	|	bitor	^=	xor_eq
||	or	^	xor	!=	not_eq
!	not	&=	and_eq	~	compl
&	bitand	|=	or_eq		

In der Version 5 des C++Builders stehen diese allerdings nicht zur Verfügung. Falls man sie trotzdem verwenden will, kann man sich mit Makros behelfen:

```
#define and &&
```

Aufgaben 5.2.19

1. Welchen Datentyp und Wert haben die Ausdrücke rechts vom Gleichheitszeichen nach der Zeile „//Aufgaben"? Welchen Wert erhält dabei die linke Seite?

    ```
    int i=0;

    void Aufg1()
    {
    int i=2,j=i,k=-6, m=8, n=10000, x=0, h[5];
    unsigned u=40000u,v=u;

    // Aufgaben
    int a= k/i/j+n/j;
    int b= k/i/j++ + m/j++;
    int c= i*4%-k*3;
    int d= k/-m-2;
    double e= m*n/u/v;
    int f= ++::i%++i;
    int g = sizeof 17-2;
    while(x<=5) h[x]=x++;
    }
    ```

    Diese Aufgabe hat ihren Zweck erfüllt, wenn Sie derartige Ausdrücke in Ihren Programmen möglichst vermeiden.

5.2 Ausdrücke

2. a) Welche Werte werden durch folgende Anweisungen ausgegeben:

   ```
   int w=1;
   for (int i=0; i<8*sizeof(w); i++)
     {
       Memo1->Lines->Add(IntToStr(i)+": "+IntToStr(w));
       w = w<<1;
     }
   ```

   b) Formulieren Sie die *for*-Schleife um, so dass man mit einer einzigen Anweisung im Schleifenkörper dasselbe Ergebnis wie in a) erhält.

3. Vergleichen Sie die Bedingung in a) mit der in b) und die in c) mit der in d). Alle Operanden sollen einen Ganzzahldatentyp haben. Geben Sie durch Klammern die Priorität und Assoziativität der Ausdrücke an:

   a) `if (a<=b && c<=d) ...`
   b) `if (a<=b & c<=d) ...`
   c) `if (i&1) ...`
   d) `if (i&1==0) ...`

4. Beschreiben Sie das Ergebnis der Anweisungen in a) bis c) und den Datentyp des Ausdrucks mit dem Bedingungsoperator.

   ```
   double x = 3.14;
   int a=1,b=2;
   ```

   a) `int s = a?b:x;`
   b) `int s = (x > 0) ? 1 : (x < 0) ? -1 : 0;`
   c) ```
      for (int n=0;n<4;n++)
        {
          char s[100];
          sprintf(s,"%d file%c found",n,(n==1)?' ':'s');
          Form1->Memo1->Lines->Add(s);
        }
      ```
   d) Überarbeiten Sie die *sprintf*-Anweisung in c) so, dass der Text in deutscher Sprache ausgegeben wird.

5. Ein C++-Compiler fasst die aufeinander folgenden Zeichen eines Programms so zu Bezeichnern, Schlüsselworten, Literalen und Operatoren zusammen, dass möglichst lange Sequenzen von solchen Zeichenfolgen entstehen.

   Überprüfen Sie, welche der Ausdrücke in den Zuweisungen an die Variable k so interpretiert werden können.

   ```
   int   i,j,k;
   i=3;j=1;k=2; k= i+++j;
   i=3;j=1;k=2; k= ++i+j++;
   i=3;j=1;k=2; k= -i+++j;
   i=3;j=1;k=2; k= +i+-j;
   i=3;j=1;k=2; k= i--+--j;
   ```
   ```

Stellen Sie die Priorität der syntaktisch korrekten Ausdrücke durch Klammern dar und geben Sie nach jeder Zeile den Wert der Variablen i, j und k an.

Auch diese Aufgabe hat ihren Zweck erfüllt, wenn Sie solche Ausdrücke in Ihren Programmen möglichst vermeiden.

6. Im Header <winnt.h> sind unter anderem die folgenden Konstanten definiert:

```
#define FILE_ATTRIBUTE_READONLY      0x00000001
#define FILE_ATTRIBUTE_HIDDEN        0x00000002
#define FILE_ATTRIBUTE_SYSTEM        0x00000004
#define FILE_ATTRIBUTE_DIRECTORY     0x00000010
#define FILE_ATTRIBUTE_ARCHIVE       0x00000020
...
```

Diese können in den Windows-API Funktionen

> *BOOL **SetFileAttributes**(*
> *LPCTSTR lpFileName,   // address of filename*
> *DWORD dwFileAttributes); // address of attributes to set*

> *DWORD **GetFileAttributes**(*
> *LPCTSTR lpFileName);   // address of the name of a file or directory*

dazu verwendet werden, die Attribute einer Datei zu setzen bzw. abzufragen. Schreiben Sie mit diesen Funktionen und Konstanten die folgenden Funktionen, denen jeweils der Name einer Datei als Parameter übergeben werden soll. Sie können das Ergebnis dieser Funktionen mit „Eigenschaften" im Windows-Explorer überprüfen. Legen Sie dazu eigene Dateien in einem Verzeichnis „test" an.

a) Eine Funktion *SetToROH* soll die Attribute der Datei auf *ReadOnly* und *Hidden* setzen.
b) Eine Funktion *isSystemFile* soll genau dann denn Wert *true* zurückgeben wenn die Datei das Attribut *System* hat.
c) Eine Funktion *SetFileAttributeToHidden* soll das Attribut der Datei auf *Hidden* setzen, ohne dass die anderen Attribute verändert werden.
d) Die Funktion *RemoveFileAttributeHidden* soll das Attribut *Hidden* der Datei löschen, ohne dass die anderen Attribute verändert werden.

5.2.20 Explizite Typkonversionen ⊕

Explizite Typkonversionen sind mit den folgenden Operatoren möglich:

```
const_cast     < type-id > ( expression )
static_cast    < type-id > ( expression )
dynamic_cast   < type-id > ( expression )
reinterpret_cast < type-id > ( expression )
```

5.2 Ausdrücke

Dabei wird der Ausdruck *expression* in den Datentyp *type- id* konvertiert. Zu den Konversionen im Einzelnen:

1. Bei einem **const_cast** müssen die Datentypen des Ausdrucks und des Typbezeichners bis auf einen oder mehrere *const-* bzw. *volatile*-Angaben gleich sein. Eine solche Konversion ist im Wesentlichen nur in den folgenden beiden Fällen möglich:

   a) Beide Datentypen sind Zeigertypen. Der konvertierte Ausdruck wird dann vom Compiler so behandelt, als wenn er mit den bzw. ohne die zusätzlichen Angaben deklariert wäre. Beispielsweise wird nach den Definitionen

   ```
   const int* pi=new int(17); // Zeiger auf const int
   ```

   die folgende Zuweisung vom Compiler abgelehnt:

   ```
   int* pj=pi;//Cannot convert 'const int *' to 'int *'
   ```

   Würde eine solche Zuweisung akzeptiert werden, könnte man die Konstante *pi indirekt über *pj verändern. Mit der Typkonversion

   ```
   int* pj=const_cast<int*>(pi);
   ```

   wird eine entsprechende Zuweisung dagegen akzeptiert.

   b) Der Datentyp T ist kein Zeiger. Dann hat

   const_cast<T&>(a)

   den Datentyp T und kann auch auf der linken Seite einer Zuweisung stehen:

   ```
   const int i=17;
   const_cast<int&>(i)=19; // Ergebnis: i=17
   ```

Man darf allerdings nicht erwarten, dass der Wert einer Konstanten tatsächlich verändert wird, wenn diese Veränderung nur deshalb zugelassen wird, weil „die Konstantheit" durch einen *const_cast* entfernt wird. Im C++-Standard ist explizit festgelegt, dass das Ergebnis einer solchen Veränderung undefiniert ist.

So ist im Beispiel unter a) das Ergebnis der Zuweisung

```
*pj=0;//Ergebnis: Im Standard undefiniert, unter BCB 0
```

undefiniert, ebenso das Ergebnis der letzten Zuweisung unter b). Wenn man im C++Builder hier den Wert 0 erhält, muss das für einen anderen Compiler oder in einer späteren Version nicht gelten.

Ein *const_cast* wird gelegentlich in der folgenden Situation verwendet: Wenn eine Funktion, die einen Referenzparameter verändert, von einer Funktion aufgerufen wird, in der dieser Parameter ein konstanter Referenzparameter ist, erhält man im C++Builder die als Kommentar angegebene Warnung:

```
void f(int& i)
{
i=1;
}

void g(const int& i)
{
f(i); // Warnung: Temporäre Größe für Parameter 'i' in
}     //          Aufruf von 'f(int&)' verwendet
```

Diese Warnung bedeutet, dass das Ergebnis vermutlich nicht den Erwartungen entspricht. Andere Compiler akzeptieren einen solchen Aufruf überhaupt nicht und betrachten ihn als Fehler. Ruft man g wie in den nächsten Anweisungen mit einer Variablen auf, ist ihr Wert danach unverändert:

```
int k=0;
g(k); // k=0
```

Ersetzt man im Aufruf von f den Parameter durch *const_cast<int&>(i)*, wird die Funktion g ohne Warnung übersetzt:

```
void g(const int& i)
{
f(const_cast<int&>(i)); // keine Warnung
}
```

Nach den folgenden beiden Anweisungen hat die Variable k den Wert 1, was vermutlich den Erwartungen entspricht:

```
int k=0;
g(k); // k=1
```

Allerdings kann man g auch mit einer Konstanten aufrufen, ohne dass der Compiler dies mit einer Warnung oder Fehlermeldung bemängelt. Dann entspricht das Ergebnis wieder nicht den vermutlichen Erwartungen:

```
const int k=0;
g(k); // k=0
```

Langer Rede kurzer Sinn: In den meisten Programmen gibt es keine sinnvollen Anwendungen für Typkonversionen mit einem *const_cast*. Wenn man eine Konstante verändern will, sollte man sie besser als Variable (ohne *const*) deklarieren. Stroustrup (1997, Abschnitt 10.2.7.1) verwendet *const_cast* zur Realisierung einer „logischen Konstantheit" für konstante Elementfunktionen einer Klasse.

5.2 Ausdrücke

2. Ein *static_cast* ist für einen Datentyp T und einen Ausdruck e des Datentyps E möglich, wenn die Deklaration

   T t(e);

   möglich ist. Das Ergebnis des *static_cast* ist dann der Wert der so definierten Variablen t. Solche Deklarationen sind z.B. für beliebige Kombinationen von Ganzzahl- und Gleitkommadatentypen möglich. Ihr Ergebnis entspricht den in Abschnitt 3.4.3 beschriebenen Konversionen.

   Deshalb wird in den folgenden Anweisungen der Datentyp des Zählers i in *double* konvertiert. Dadurch wird die Division als Gleitkommadivision ausgeführt und nicht als Ganzzahldivision:

   ```
   double s=0;
   for (int i=1; i<=10; i++)
     s=s+static_cast<double>(i)/(i+1);
   ```

   Außerdem ist ein *static_cast* in den folgenden Fällen möglich:

   – wenn T ein Aufzählungstyp und E ein Ganzzahldatentyp ist. Beispielsweise wird nach den Definitionen

   ```
   enum T {t1, t2} t;
   ```

   die Zuweisung

   ```
   t=17; // Warnung: int wird T zugewiesen
   ```

   nur mit einer Warnung übersetzt. Mit einem *static_cast* kann man diese Warnung unterbinden:

   ```
   t=static_cast<T>(17); // keine Warnung
   ```

   Allerdings ist das Ergebnis einer solchen Zuweisung undefiniert, wenn der zugewiesene Wert nicht dem Ganzzahlwert eines Enumerators entspricht.

   – wenn eine Standardkonversion von T nach E definiert ist. Damit kann insbesondere ein Zeiger auf T in einen Zeiger auf E konvertiert werden. So ist z.B. nach den Deklarationen

   ```
   typedef int *T; // T irgendein Datentyp
   void* pv;
   T* pt;
   ```

   nur die erste der nächsten beiden Zuweisungen zulässig:

   ```
   pv=pt;
   pt=pv; // Fehler: Konvertierung nicht möglich
   ```

Mit einem *static_cast* kann man dagegen auch einen „Zeiger auf void" einem Zeiger auf einen anderen Datentyp zuweisen:

```
pt=static_cast<T*>(pv);
```

Dabei erhält *pt* die Adresse von *pv*.

– wenn E und T Zeiger auf voneinander abgeleitete Klassen sind.

Beispielsweise ist *TButton* eine von *TObject* abgeleitete Klasse. Da in einer Ereignisbehandlungsroutine für einen ButtonClick für den formalen Parameter *Sender* ein Zeiger auf einen *TButton* übergeben wird, kann man die Eigenschaften dieses Buttons über einen *static_cast* ansprechen:

```
void __fastcall TForm1::ButtonClick(TObject *Sender)
{
Memo1->Lines->Add(
         static_cast<TButton*>(Sender)->Caption);
}
```

In allen diesen Fällen wird *const* nicht entfernt bzw. hinzugefügt. Falls das notwendig ist, muss zuerst ein *const_cast* und dann ein *static_cast* ausgeführt werden.

3. Bei einem **reinterpret_cast** wird meist das Bitmuster von *expression* als Ausdruck des als *type- id* angegebenen Datentyps interpretiert. Das ist im Wesentlichen in den folgenden Fällen möglich:

– Ein Zeiger kann in einen Ganzzahlwert konvertiert werden, falls der Datentyp des Ganzzahlwertes genügend groß ist, um den Wert des Zeigers darzustellen. Nach der Konversion

```
int* p;
int i=reinterpret_cast<int>(p);
```

stellt i die Adresse des Zeigers als Ganzzahlwert dar. Damit kann z.B. die Adresse einer Variablen ausgegeben werden:

```
Memo1->Lines->Add(reinterpret_cast<int>(p));
```

Da der Datentyp *short* für einen Zeiger nicht groß genug ist, wird die folgende Konversion nicht durchgeführt:

```
short s=reinterpret_cast<short>(p); // Fehler: Typ-
// umwandlung von 'int *' nach 'short' nicht zulässig
```

– Ein Ganzzahlwert kann in einen Zeiger konvertiert werden. Damit kann man z.B. eine Zeigervariable auf eine bestimmte Adresse legen:

```
p=reinterpret_cast<int*>(0x00FF0000);
```

5.2 Ausdrücke

Allerdings sind solche expliziten Adressierungen unter Windows meist nicht sinnvoll. Es gibt allerdings Betriebssysteme, bei denen Hardware-Komponenten des Rechners unter Hauptspeicheradressen angesprochen werden.

- Ein Zeiger auf eine Funktion kann in einen Zeiger auf eine Funktion eines anderen Typs konvertiert werden. Das Ergebnis des Aufrufs einer solchen Funktion ist meist undefiniert.

- Ein Zeiger auf eine Variable kann in einen Zeiger auf eine Variable eines anderen Typs konvertiert werden. Das Ergebnis der Verwendung einer solchen Variablen ist meist undefiniert.

Der C++-Standard garantiert ausdrücklich nicht, dass man mit einem *reinterpret_cast* tatsächlich wie in einigen dieser Beispiele die entsprechenden Adressen erhält. Deshalb sind die hier für den C++Builder vorgestellten Beispiele nicht unbedingt auf andere Compiler übertragbar.

4. Ein **dynamic_cast** ist nur für Klassen definiert und wird deshalb in Abschnitt 8.5.2 behandelt.

In der Programmiersprache C sind diese Operatoren nicht bekannt. Dafür gibt es dort die expliziten Typkonversionen in **Funktionsschreibweise**

simple-type-specifier **(** *expression-list* _{opt} **)**

sowie die in der **Typecast-Schreibweise**:

cast-expression:
  unary-expression
  (*type-id* **)** *cast-expression*

Beispiel: `double x = (double)1/2; // Typecast-Schreibweise`
`double x = double(1)/2; // Funktionsschreibweise`

Mit beiden Schreibweisen erhält man das dasselbe Ergebnis. Es ist im C++-Standard als das Ergebnis der ersten Konversion in der folgenden Liste definiert, in der es sich interpretieren lässt:

- *const_cast*
- *static_cast*
- *static_cast* gefolgt von einem *const_cast*
- *reinterpret_cast*
- *reinterpret_cast* gefolgt von einem *const_cast*

Beispiele:

1. In Compilern für 16-bit-Systeme ist der Datentyp *int* meist 16 und der Datentyp *long* meist 32 bit breit. Da eine Summe von *int*-Werten immer als *int*-Wert berechnet wird, erhält die *long*-Variable l in

   ```
   int i=20000;
   long l=i+i; // Bei 16-bit-Systemen l=-25536
   ```

   nicht den vermutlich erwarteten Wert 40000. Damit die rechte Seite als *long*-Wert berechnet wird, findet man in vielen Programmen Konversionen wie:

   ```
   long l=long(i)+i; // l=40000;
   ```

   Aus den oben aufgeführten Regeln ergibt sich dabei ein *static_cast*, da keiner der beteiligten Datentypen mit *const* deklariert wurde und eine Standardkonversion von *int* auf *long* definiert ist. Damit bewirkt „long(i)" eine Standardkonversion von *int* auf *long*.

   Bei Compilern für 32-bit-Systeme ist eine Konversion von *int* auf *long* meist nicht notwendig, da der Datentyp *int* 32 bit breit ist. Konversionen von Ganzzahl- auf Gleitkommadatentypen findet man aber auch hier:

   ```
   double x = (double)1/2; // x=0.5, ohne Konversion x=0
   double x = double(1)/2; // x=0.5, ohne Konversion x=0
   ```

   Mit derselben Begründung wie oben wird dabei eine Konversion von *int* auf *double* bewirkt.

2. Die Verwendung des Operators + in

   ```
   char* c="Darf ich Dir mein Internet zeigen";
   AnsiString s=c+"?";//Fehler:Unzulässige Zeigeraddition
   ```

   wird vom Compiler als Fehler zurückgewiesen, da die beiden Operanden den Datentyp *char** haben und für diesen Datentyp der Operator + nicht definiert ist. Da die Klasse *AnsiString* einen Konstruktor für einen Parameter des Datentyps *char** hat, wird in

   ```
   AnsiString s=AnsiString(c)+"?";
   ```

   c in den Datentyp *AnsiString* konvertiert. Für diesen ist der Operator + definiert. Er bewirkt, dass die beiden Operanden zu einem einzigen String „zusammengeklebt" werden.

3. Ein generischer Zeiger (Datentyp *void**) wird oft dazu verwendet, die Adresse eines Zeigers auf einen anderen Datentyp zu speichern. Da für generische Zeiger aber keine Standardkonversionen definiert sind, ist eine Zuweisung an einen anderen Datentyp nur mit einer expliziten Typkonversion möglich.

```
int* pi;
void* pv;
pi=pv; // Fehler: Konvertierung nicht möglich
pi=(int*)(pv); // Das geht
```

In allen diesen Beispielen ergibt sich das Ergebnis der Konversion aus einer Standardkonversion, da nur vordefinierte Datentypen beteiligt sind. Verwendet man dagegen selbstdefinierte Datentypen (z.B. Klassen), ist bei einer Typkonversion im Stil von C nicht immer auf Anhieb klar, welche Konversion tatsächlich durchgeführt wird. Deshalb sollte man für explizite Konversionen mit Klassen immer die Operatoren von C++ verwenden. Diese etwas unhandlichen Operatoren wurden nach Stroustrup (1994, Abschnitt 14.3.1) auch deswegen eingeführt, weil die Konversionen im Stil von C in einem Editor (z.B. mit *Find*) nur schlecht systematisch gesucht werden können.

5.3 Ein wenig Programmierlogik: Symbolische Ausführung

In diesem Abschnitt werden einige einfache Techniken vorgestellt, mit denen man das Ergebnis einer Folge von Anweisungen untersuchen und nachweisen kann.

Auf die Frage, was die beiden Anweisungen

```
a = b;
b = a;
```

bewirken, erhält man zunächst oft die Antwort, dass die Werte der beiden Variablen vertauscht werden. Diese Antwort wird aber meist schnell wieder zurückgenommen, insbesondere wenn man die Gefragten auffordert, sich die Auswirkung dieser Anweisungen in einem **Ablaufprotokoll** zu veranschaulichen. Darin werden die Werte aller beteiligten Variablen nach jeder Anweisung notiert.

Beispiele:

1. Wenn die Variablen a, b und c vor der Ausführung der Anweisungen

   ```
   c = a;
   a = b;
   b = c;
   ```

   die Werte a=1 und b=2 haben, ergibt sich das Ablaufprotokoll:

	a	b	c
	1	2	? // Wert von c undefiniert
c = a			1
a = b	2		
b = c		1	

2. Genauso erhält man für die Anweisungen

   ```
   x = x + y;
   y = x - y;
   x = x - y;
   ```

   mit den Anfangswerten x=1 und y=2 das Ablaufprotokoll

	x	y
	1	2
x = x + y	3	
y = x - y		1
x = x - y	2	

Offensichtlich werden durch diese Anweisungen die Werte der Variablen x und y vertauscht. **Frage**: Sehen Sie, ob das für beliebige Werte von x und y funktioniert? Oder gilt das nur in diesem speziellen Fall mit x=1 und y=2?

Jede Zeile eines Ablaufprotokolls ist eine **Momentaufnahme** der Werte der protokollierten Variablen. Ein Ablaufprotokoll ermöglicht die Darstellung dieser Werte im zeitlichen Ablauf eines Programms. Damit entspricht ein Ablaufprotokoll der charakteristischen Eigenschaft von Variablen, dass sich ihr Wert während der Laufzeit eines Programms ändern kann.

Ähnlich wie in einem Ablaufprotokoll kann man sich im **Debugger** des C++-Builders unter *Ansicht|Debug-Fenster|Überwachte Ausdrücke* die Werte ausgewählter Variablen während der Ausführung eines Programms anzeigen lassen.

Mit einem Ablaufprotokoll kann man die Auswirkung von Anweisungen nur für spezielle Werte der beteiligten Variablen untersuchen. Allgemeinere Ergebnisse erhält man mit einer so genannten **symbolischen Programmausführung**. Dabei nimmt man für die beteiligten Variablen nicht spezielle Werte an, sondern stellt diese Werte durch Symbole dar.

5.3 Ein wenig Programmierlogik: Symbolische Ausführung

Dazu wählt man z.B. für den Wert der Variablen

a das Symbol a_0,
b das Symbol b_0 usw.

Die Auswirkung von Anweisungen auf diese symbolischen Werte kann dann mit einem Ablaufprotokoll untersucht werden. So kann man das Ergebnis einer Folge von Anweisungen unabhängig von speziellen Werten der beteiligten Variablen untersuchen.

Beispiel: Für die Anweisungen

```
c = a;
a = b;
b = c;
```

ergibt sich das Ablaufprotokoll

	a	b	c
	a_0	b_0	c_0
c = a			a_0
a = b	b_0		
b = c		a_0	

Demnach werden durch diese Anweisungen die Werte der Variablen a und b vertauscht, und zwar unabhängig von ihrem Wert vor der Ausführung dieser Anweisungen. Angesichts der einfachen Anweisungen überrascht dieses Ergebnis kaum.

Nachdem wir im Ablaufprotokoll oben gesehen haben, dass durch

```
x = x + y;
y = x - y;
x = x - y;
```

die Werte der Variablen x und y vertauscht werden, wenn sie am Anfang die Werte 1 und 2 haben, stellt sich die Frage, ob die Werte von x und y auch für alle anderen Anfangswerte vertauscht werden. Die Antworten auf diese Frage sind meist sehr zaghaft. Kaum jemand ist sich sicher, ob das Ergebnis allgemein gültig ist oder nicht.

Führt man diese Anweisungen symbolisch aus, sieht man ohne großen Aufwand, dass sie tatsächlich immer die Werte von zwei Variablen vertauschen:

	x	y
	x_0	y_0
x = x + y	$x_0 + y_0$	
y = x − y		$(x_0 + y_0) - y_0 = x_0$
x = x − y	$(x_0 + y_0) - x_0 = y_0$	

Dieses Beispiel zeigt, dass die symbolische Programmausführung eine sehr einfache Technik ist, um das Ergebnis einer Folge von Anweisungen allgemeingültig nachzuweisen. Testet man eine Anweisungsfolge dagegen nur für bestimmte Werte in einem Ablaufprotokoll oder im Debugger, kann man nur sicher sein, was für die tatsächlich getesteten Werte passiert.

Wirth (1985) hat das mit der Formulierung beschrieben, dass man durch einen Test nur die Gegenwart von Fehlern entdecken, aber niemals die Korrektheit eines Programms nachweisen kann. Obwohl die symbolische Ausführung eines Programms große Ähnlichkeit mit einem Ablaufprotokoll hat, kann man mit ihr allgemeingültige Aussagen über das Ergebnis eines Programms erhalten.

Nachdem man das Ergebnis einer Folge von Anweisungen nachgewiesen hat, sollte man diesen Nachweis im Programm dokumentieren. Am einfachsten ist geht das mit Kommentaren:

```
// x=x0, y=y0
x = x + y;
y = x − y;
x = x − y;
// x=y0, y=x0
```

Hier ist der erste Kommentar die so genannte **Vorbedingung**, die vor der Ausführung einer Folge von Anweisungen gilt, und der zweite die so genannte **Nachbedingung**, die anschließend gilt. Die Vorbedingung hier besagt lediglich, dass der Wert von x mit x0 und der von y mit y0 bezeichnet wird. Die Nachbedingung besagt, dass diese ursprünglichen Werte vertauscht werden.

Im C++-Standard sind für zahlreiche Funktionen Vor- und Nachbedingungen (preconditions und postconditions) angegeben. Die Vorbedingungen beschreiben die Voraussetzungen, die beim Aufruf der Funktion erfüllt sein müssen. Die Nachbedingungen beschreiben das Ergebnis der Funktionen.

In der Regel sind Vor- und Nachbedingungen gute Kandidaten für Kommentare. Sie erfüllen meist alle Kriterien, die im Abschnitt über Kommentare aufgeführt wurden, und sind oft außerordentlich hilfreich, Zusammenhänge in einem Programm darzustellen.

5.3 Ein wenig Programmierlogik: Symbolische Ausführung

Wenn man nachgewiesen hat, dass durch eine Anweisungsfolge S aus einer Vorbedingung P die Nachbedingung Q folgt, schreibt man

// P
S
// Q

Falls die Vor- und die Nachbedingung gleich sind, bezeichnet man eine solche Bedingung auch als **invariant**. Wir werden später sehen, dass **Invarianten** zum Nachweis von Nach- aus Vorbedingungen **bei Wiederholungsanweisungen** sehr hilfreich sein können.

Neben Kommentaren sind **Assertions** (siehe Abschnitt 3.14.3) eine weitere Möglichkeit, Bedingungen in einem Programm zu dokumentieren. Im Gegensatz zu einem Kommentar werden sie während der Laufzeit des Programms ausgewertet und überprüft. Falls eine Bedingung falsch ist, wird durch eine Meldung darauf hingewiesen. Dass das Makro *assert* aus <assert.h> das Programm danach abbricht, ist allerdings oft zu drakonisch. In Abschnitt 5.10.7 wird gezeigt, wie mit **Exceptions** eine differenziertere Reaktion möglich ist.

```
int x0=x, y0=y; // Anfangswerte speichern
assert(x==x0 && y==y0);
x = x + y;
y = x - y;
x = x - y;
assert(x==y0 && y==x0);
```

Kommen wir noch einmal kurz zu den beiden Anweisungsfolgen zurück, mit denen man die Werte von zwei Variablen vertauschen kann. Im Unterschied zu dem Verfahren aus dem ersten Beispiel ist im zweiten Beispiel keine dritte Variable notwendig ist. Wie immer, wenn man mehrere Verfahren zur Auswahl hat, stellt sich die Frage: „Welches ist besser?"

Mögliche Vergleichskriterien:

- Verständlichkeit: Das erste Verfahren erscheint einfacher.
- Allgemeinheit: Das erste Verfahren lässt sich auf alle Datentypen anwenden, das zweite nur auf arithmetische. Aber auch bei arithmetische Datentypen ist das erste Verfahren allgemeiner, da keine Bereichsüberschreitungen auftreten können.
- Ausführungszeit: Beim ersten Verfahren sind drei Zuweisungen auszuführen, beim zweiten zusätzlich drei Additionen.
- Speicherplatzbedarf: Das zweite Verfahren braucht zwar keinen Speicherplatz für eine dritte Variable, aber die Anweisungen für die drei Rechenoperationen benötigen auch Programmcode und damit Speicherplatz.

Häufig beschreiben Vor- und Nachbedingungen nicht nur die Werte von Variablen, sondern **allgemeine Beziehungen** zwischen den Variablen. Ein solcher Nachweis kann ebenfalls **durch** eine **symbolische Ausführung** der Anweisungen erfolgen.

Beispiel: Wenn vor der Ausführung der Anweisungen

```
r = r - y;
q = q + 1;
```

die Vorbedingung

$q*y + r = x$, d.h. $q_0*y_0 + r_0 = x_0$

gilt, dann ersieht man aus dem symbolischen Ablaufprotokoll

	r	q
	r_0	q_0
r = r - y	$r_0 - y_0$	
q = q + 1		$q_0 + 1$

dass diese Beziehung auch noch nach der Ausführung dieser Anweisungen gilt:

$$q*y + r = (q_0 + 1)*y_0 + (r_0 - y_0)$$
$$= q_0*y_0 + y_0 + r_0 - y_0$$
$$= q_0*y_0 + r_0 = x_0 = x$$

Da der Wert der Variablen y durch die beiden Anweisungen nicht verändert wird, wurde diese Variable auch nicht ins Ablaufprotokoll aufgenommen. Damit gilt:

```
// q*y + r = x
r = r - y;
q = q + 1;
// q*y + r = x
```

Der Leser eines Programms kann die Gültigkeit der zweiten Bedingung leicht aus der ersten Bedingung herleiten, während er allein aus den Anweisungen kaum auf eine solche Bedingung schließen würde.

Selbstverständlich erwartet niemand von Ihnen, dass Sie allein aus den Anweisungen des letzten Beispiels die gefundenen Beziehungen herleiten, da diese Anweisungen ohne jeden Kontext „vom Himmel gefallen" sind. Wenn man dagegen ein Programm schreibt, will man ja immer ein bestimmtes Ergebnis erzielen.

5.3 Ein wenig Programmierlogik: Symbolische Ausführung

Dieses Ergebnis ist die Nachbedingung, und diese versucht man dann, aus den gegebenen Vorbedingungen herzuleiten.

Dazu David Gries (1981, S. 164): „A program and its proof should be developed hand in hand, with the proof usually leading the way... It is just too difficult to prove an already existing program correct, and it is far better to use the proof-of-correctness ideas throughout the programming process for insight."

Noch zwei Beispiele. Dabei sind x und y Ganzzahldatentypen:

1) Der Wert von x sei gerade, d.h. $x/2 = \frac{x}{2}$, wobei $\frac{x}{2}$ für das Ergebnis der Division von x durch 2 im Bereich der rationalen Zahlen steht. Dann gilt die als Kommentar angegebene Invarianz tatsächlich,

```
// x*y = u*v und x >= 0 und y >= 0
y = y*2;
x = x/2;
// x*y = u*v und x >= 0 und y >= 0
```

wie man für jede der drei Bedingungen getrennt nachweisen kann:

I)

	x	y
	x_0	y_0
y = y*2		$2*y_0$
x = x/2	$\frac{x_0}{2}$	

$$\begin{aligned}x*y &= (\frac{x_0}{2})*(2*y_0) &&\text{// Setze Werte aus dem Ablaufprotokoll ein} \\ &= x_0*y_0 &&\text{// Klammern auflösen} \\ &= u*v &&\text{// Folgerung aus der Vorbedingung einsetzen}\end{aligned}$$

II) Aus der Vorbedingung $x_0 >= 0$ folgt $x = \frac{x_0}{2} >= 0$

III) Aus der Vorbedingung $y_0 >= 0$ folgt $y = 2*y_0 >= 0$

2) Der Wert von x sei ungerade, d.h. $x/2 = \frac{x-1}{2}$, wobei der Bruch wieder für das Ergebnis der Division von x–1 durch 2 im Bereich der rationalen Zahlen steht. Dann gilt auch die folgende Invarianz, die man wiederum für jede der drei Bedingungen getrennt nachweisen kann:

```
// z + x*y = u*v und x >= 0 und y >= 0
z = z + y;
y = y*2;
x = x/2;
// z + x*y = u*v und x >= 0 und y >= 0
```

I)

	z	x	y
	z_0	x_0	y_0
z = z+y	z_0+y_0		
y = y*2			$2*y_0$
x = x/2		$\frac{x_0-1}{2}$	

$$z + x*y = (z_0 + y_0) + (\frac{x_0-1}{2})*2*y_0 \quad \text{// Werte aus dem Ablaufprotokoll}$$

$$= z_0 + y_0*x_0 \quad \text{// Klammern auflösen}$$

$$= u*v \quad \text{// Vorbedingung verwenden}$$

II) Aus der Vorbedingung $x_0 >= 0$ und x ungerade folgt $x_0 >= 1$ und damit

$$x = \frac{x_0-1}{2} >= 0$$

III) Aus der Vorbedingung $y_0 >= 0$ folgt $y = 2*y_0 >= 0$

Die Ergebnisse dieses Abschnitts lassen sich folgendermaßen zusammenfassen: **Die symbolische Ausführung von Anweisungen ist eine sehr einfache Technik, mit der man allgemein gültige Ergebnisse von Programmen nachweisen kann.** Damit lässt sich ein Maß an Softwarequalität erreichen, das mit den üblicherweise verwendeten Testverfahren meist nicht erreicht wird.

Aufgaben 5.3.4

Überprüfen Sie, ob sich aus den Vorbedingungen in 1. bis 5. die angegebenen Beziehungen herleiten lassen.

1. n ganzzahlig und ungerade, p, x, u und v Ganzzahl- oder Gleitkommadatentypen

5.4 Die Deklarationsanweisung

```
//  p0*x0^n = u^v
p = p*x;
n = n/2;
x = x*x;
//  p0*x0^n = u^v
```

2. n ganzzahlig und gerade, p, x, u und v Ganzzahl- oder Gleitkommadatentypen

```
//  p0*x0^n = u^v
n = n/2;
x = x*x;
//  p0*x0^n = u^v
```

3. i ganzzahlig, s Gleitkomma- oder Ganzzahldatentyp

```
// s = 1 + 2 + ... + i, d.h. s ist die Summe der
//                                ersten i Zahlen
i = i + 1;
s = s + i;
// s = 1 + 2 + ... + i
```

4. i ganzzahlig, s Gleitkomma- oder Ganzzahldatentyp

```
// s = 1*1 + 2*2 + ... + i*i, d.h. s ist die Summe
//                           der ersten i Quadratzahlen
i = i + 1;
s = s + i*i;
// s = 1*1 + 2*2 + ... + i*i
```

5. i ganzzahlig, s Gleitkomma- oder Ganzzahldatentyp

```
// s = 1*1 + 2*2 + ... + i*i
s = s + i*i;
i = i + 1;
// s = 1*1 + 2*2 + ... + i*i
```

5.4 Die Deklarationsanweisung

Durch eine Deklarationsanweisung wird dem Compiler die Bedeutung eines Bezeichners beschrieben. Da eine Deklaration in C++ syntaktisch eine Anweisung ist, kann sie überall dort stehen, wo auch eine Anweisung stehen kann. Es ist insbesondere nicht wie z.B. in C oder Pascal notwendig, alle Deklarationen vor den Anweisungen zusammenzufassen. Generell empfiehlt es sich, alle Variablen erst unmittelbar vor ihrer Verwendung zu deklarieren, um so den Bereich möglichst klein zu halten, in dem sie einen Fehler verursachen können.

declaration-statement:
   block-declaration

block-declaration:
    simple-declaration
    asm-definition
    namespace-alias-definition
    using-declaration
    using-directive

Einfache Deklarationen wurden schon in Abschnitt 3.8 vorgestellt.

5.5 Die Verbundanweisung und die Blockstruktur von C++

Durch eine **Verbundanweisung** (*compound-statement*) können mehrere Anweisungen syntaktisch zu einer einzigen zusammengefasst werden. Bei der Ausführung der Verbundanweisung werden dann ihre Anweisungen in der aufgeführten Reihenfolge ausgeführt. Anstelle von einer Verbundanweisung spricht man auch von einem **Block**.

compound-statement:
    { *statement-seq* _{opt} }

statement-seq:
    statement
    statement-seq statement

Beispiel: Eine Verbundanweisung kann eine eigenständige Anweisung sein:

```
{
   double x = 1E-20;
   double y = x*x;
}
{
   int x = 20000+2000;
};
```

Die Verbundanweisung wird selten als eigenständige Anweisung verwendet, sondern vor allem in Verbindung mit Auswahlanweisungen und Schleifen. Außerdem werden in einer Funktionsdefinition die Anweisungen der Funktion durch eine Verbundanweisung zusammengefasst.

Durch die Verbundanweisung wird die so genannte **Blockstruktur von C++** definiert: Ein Name, der in einem Block deklariert wird, kann nur innerhalb dieses Blocks verwendet werden. Eine in einem Block definierte Variable, Konstante usw. wird als **lokale Variable**, Konstante usw. dieses Blocks bezeichnet. Dagegen wird eine Variable, die außerhalb eines Blocks definiert ist, als **globale Variable** bezeichnet. Zwei in verschiedenen Verbundanweisungen definierte lokale Variablen mit demselben Namen sind zwei verschiedene Variablen.

Beispiel: In dem folgenden Programmfragment ist s eine globale Variable. Die lokale Variable x in der Funktion *f1* hat den Datentyp *int* und ist eine andere Variable als die des Datentyps *char* in *f2*:

```
AnsiString s; // eine globale Variable

void f1()
{
int x=1;       // eine lokale Variable
s = IntToStr(x);
}

void f2()
{
char x='c';    // eine lokale Variable
s = s+x;
}
```

Eine Verbundanweisung kann weitere Verbundanweisungen mit lokalen Deklarationen enthalten. Eine solche **Verschachtelung** von Blöcken kann im Prinzip unbegrenzt fortgesetzt werden. Dabei kann ein **Name**, der in einem äußeren Block bereits vergeben wurde, **in einem tiefer verschachtelten Block erneut vergeben werden**. Man sagt dann, dass die Bedeutung des äußeren Namens **verdeckt** wird. Die Bedeutung des Namens im tiefer verschachtelten Block ergibt sich dabei aus der Deklaration im tiefer verschachtelten Block. Eine verdeckte Variable, Konstante usw. kann im tiefer verschachtelten Block nicht mehr allein unter ihrem Namen angesprochen werden, sondern nur noch mit dem Bereichsoperator „::" (siehe Abschnitt 5.2.1) und ihrem Namen.

Der **Gültigkeitsbereich** (engl. **scope**) des Namens einer Variablen, Konstanten usw. ist der Bereich im Quelltext eines Programms, in dem sie allein unter ihrem Namen (d.h. ohne einen Bereichsoperator) bekannt ist. Dieser besteht also ab der Deklaration des Namens aus dem Block, in dem er vereinbart wird, sowie aus allen tiefer verschachtelten Blöcken, in denen derselbe Name nicht erneut vergeben wird. Er endet mit dem Block, in dem die Deklaration erfolgt ist.

Beispiel:
```
void f()
{
float i=1.2;        // i float
  {                 // i float
   int i;           // i int und undefiniert
    {               // int i
      typedef int i; // i Datentyp int
      i j=17;       // i Datentyp int
    }
   i = 1;           // int i
  }
  {
   double i;        //  double i
  }
}
```

In der Funktion f hat der Name i in jedem Block eine andere Bedeutung. Sie soll lediglich das Konzept des Gültigkeitsbereichs illustrieren und nicht als Empfehlung verstanden werden, allen Variablen ohne Grund denselben Namen zu geben.

Insbesondere wird der Wert der im äußeren Block vereinbarten Variablen i nicht durch Zuweisungen an die Variable i in einem tiefer verschachtelten Block beeinflusst.

Lokale Deklarationen haben gegenüber globalen **erhebliche Vorteile**:

1. Man muss bei der Vergabe eines Namens nicht darauf achten, ob er bereits in anderen Funktionen verwendet wird.
2. Der **Gültigkeitsbereich** ist kleiner: Je kleiner der Gültigkeitsbereich einer Variablen aber ist, desto einfacher kann man bei der Lektüre eines Programms überschauen, wo sie das Programm beeinflusst. Dadurch wird auch die Fehlersuche erleichtert.
3. Der Zeitraum, in dem eine lokale Variable **Speicherplatz** benötigt, ist kürzer. Der in dieser Zeit nicht benötigte Speicherplatz kann anderweitig verwendet werden.
4. Die **verteilte Programmierung** wird einfacher: Ein größeres Programm kann oft nur dadurch in einer bestimmten Zeit fertig gestellt werden, dass seine Entwicklung auf mehrere Programmierer verteilt wird. Bei globalen Namen müssen sie sich absprechen, wer welche Namen verwenden darf. Lokale Namen kann dagegen jeder ohne Absprache verwenden.

Es empfiehlt sich deshalb, alle Deklarationen **so lokal wie möglich** durchzuführen. Wenn globale anstelle von lokalen Variablen verwendet werden, ist das bei einfachen Programmen (wie etwa den Beispielen und Aufgaben in diesem Buch) oft nur ein **Schönheitsfehler**. Bei größeren Programmen kann das aber ein schwerwiegender **Entwurfsfehler** sein, da die Programme so wesentlich schneller unübersichtlich werden als mit lokalen Variablen.

Anmerkung für Pascal-Programmierer: Die Verbundanweisung wird in Pascal mit *begin* und *end* gebildet.

Aufgaben 5.5

1. Mit dieser Aufgabe soll lediglich das Konzept der Lokalität geübt werden. Der hier verwendete Programmierstil wird nicht zur Nachahmung empfohlen.

    a) Geben Sie in der folgenden Funktion nach jeder Anweisung den Datentyp und den Wert aller bisher deklarierten Variablen an.

5.5 Die Verbundanweisung und die Blockstruktur von C++

```cpp
void verschachtelt()
{
int i,j,k=7;
AnsiString s,t;
  {
  char j;
    {
    float i=0,j=i;
      {
      AnsiString i,j,k;
      i = "ckt"; j = "ra"; k = "vert";
      s = s+k+j+i+" ";
      }
    i = 1; j = 2;
    t = FloatToStr(i)+" + "+FloatToStr(j)+
                          " = "+FloatToStr(k);
      {
      AnsiString t,j,k,i=s;
        {
        char t,j,k;
        t = 's'; j = 'i'; k = 't';
        s = AnsiString(' ')+j+t+k+ ' ';
        }
        {
        char t,j,k;
        t = 'a'; j = 'D'; k = 's';
        s = AnsiString(j) + t + k+s;
        }
      t = "nz sch"; j = "ja ga"; k = "ön ";
      s = s+j+t+k+i;
      }
    }
  }
Form1->Memo1->Lines->Add(t);
Form1->Memo1->Lines->Add(s);
}
```

b) Welcher Text wird beim Aufruf dieser Funktion ausgegeben?

2. Welche der globalen Variablen können lokal definiert werden?

```cpp
AnsiString c,a,b;

void vertausche()
{
c = a;
a = b;
b = c;
}

void __fastcall TForm1::Button1Click(TObject *Sender)
{
a = 17;
b = 18;
vertausche();
}
```

5.6 Lebensdauer und Speicherklassenspezifizierer

Als **Lebensdauer** einer Variablen oder Konstanten bezeichnet man den Zeitraum während der Laufzeit eines Programms, in dem Speicherplatz für sie reserviert ist. Diese Lebensdauer hängt unter anderem auch davon ab, ob die Variable oder Konstante global oder lokal definiert wurde. In C++ gibt es die folgenden Arten der Lebensdauer:

- Die **statische Lebensdauer** ist die gesamte Laufzeit des Programms.
- Die **automatische Lebensdauer** beginnt mit ihrer Definition (der Ausführung der Deklarationsanweisung) und endet mit der Ausführung des Blocks, in dem die Variable definiert wurde.
- Die **dynamische Lebensdauer** betrifft nur Speicherbereiche, die mit *new* reserviert und mit *delete* wieder freigegeben werden. Sie beginnt mit der Ausführung von *new* und endet mit der Ausführung von *delete*.

Falls bei der Definition einer Variablen keiner der **Speicherklassenspezifizierer**

> *storage-class-specifier:*
>   `auto`
>   `register`
>   `static`
>   `extern`
>   `mutable`

angegeben wird, hat die Variable bei einer globalen Definition eine statische und bei einer lokalen eine automatische Lebensdauer. Mit einem solchen Spezifizierer kann die Lebensdauer folgendermaßen beeinflusst werden:

- Die Angabe *auto* bewirkt eine automatische Lebensdauer und ist nur bei Definitionen in einem Block oder in einer Parameterliste möglich. Da lokale Definitionen ohne Speicherklassenspezifizierer per Voreinstellung die Speicherklasse *auto* haben, ist diese Angabe überflüssig und wird meist weggelassen.
- Die Angabe *register* hat dieselbe Bedeutung wie *auto* und ist außerdem ein Hinweis für den Compiler, dass die Variable häufig benutzt wird. Der Compiler kann sie dann in einem Register des Prozessors anlegen, muss das aber nicht. Bei älteren C-Compilern wurde die Angabe *register* vor allem zur Laufzeitoptimierung verwendet. Bei neueren Compilern, die automatisch optimieren, wird allerdings oft von der Verwendung von *register* abgeraten, da so die Optimierungsstrategien des Compilers beeinträchtigt werden können und das Programm eventuell sogar langsamer wird. Beim C++Builder wird *register* eventuell ignoriert.
- Eine lokale Definition mit *static* hat es eine statische Lebensdauer zur Folge. Bei globalen Definitionen hat die Angabe *static* noch andere Bedeutungen, die wie die übrigen Speicherklassenspezifizierer später vorgestellt werden.

5.6 Lebensdauer und Speicherklassenspezifizierer

Ein C++-Compiler verwaltet den für ein Programm verfügbaren Speicher in verschiedenen Blöcken, die als statischer, automatischer und dynamischer Speicher bezeichnet werden. In Abhängigkeit von seiner Lebensdauer wird ein Speicherbereich für eine Variable oder Konstante dann in einem dieser Speicher reserviert (Stroustrup 1997, Abschnitt C.9).

- Variablen mit einer statischen Lebensdauer werden im so genannten **statischen Speicher** reserviert. In DOS-Programmen wurde dieser oft auch als Datensegment bezeichnet.
- Variablen mit einer automatischen Lebensdauer werden im so genannten **automatischen Speicher** reserviert. Dieser wird auch als Stack bezeichnet. Damit unterscheiden sich globale und lokale Variablen auch durch den Speicher, in dem sie angelegt werden.
- Variablen mit einer dynamischen Lebensdauer werden im so genannten **dynamischen Speicher** angelegt. Er wird auch als freier Speicher (free store) oder **Heap** bezeichnet.

Unter Win32 steht jedem Programm ein Speicher von ca. 2 GB zur Verfügung. Dieser verfügbare Speicher ist unabhängig vom physisch vorhandenen Speicher des Rechners und wird deshalb auch als virtueller Speicher bezeichnet. Der gesamte Speicher wird vom Compiler auf den statischen, automatischen und dynamischen Speicher aufgeteilt. Diese Bereiche sind unter Win32 wesentlich größer als z.B. unter Windows 3.x oder MS-DOS, wo je nach Speichermodell teilweise nur 64 KB zur Verfügung standen.

Im C++Builder kann man die Größe des Stacks und des Heaps unter *Projekt|-Optionen|Linker* einstellen:

Minimale Stackgröße: 0x00002000 (Voreinstellungen)
Maximale Stackgröße: 0x00100000

Definiert man z.B. ein lokales Array, das größer als der Stack ist

```
void f()
{
int a[0x00100000];
}
```

erhält man beim Aufruf dieser Funktion einen Laufzeitfehler (Stack overflow). Definiert man das Array dagegen global, erhält man keinen Fehler. Wenn man für den Stack einen genügend großen Speicherbereich reserviert, kann auch dieses Array lokal definiert werden.

Mit der Lebensdauer einer Variablen hängt auch ihre **Initialisierung** zusammen:

- Alle globalen Variablen ohne Initialisierer werden beim Start des Programms mit Null initialisiert: Dabei erhalten alle Bytes der Variablen den Wert 0.

- Lokale Variablen ohne Initialisierer werden nicht initialisiert und haben einen undefinierten Wert.
- Lokale automatische Variablen mit einem Initialisierer werden bei jeder Ausführung des Block initialisiert.
- Lokale statische Variablen mit einem Initialisierer werden nur ein einziges Mal initialisiert, und zwar vor der Ausführung der ersten Anweisung im Block. Deshalb behält eine lokale statische Variable in einer Funktion ihren Wert zwischen verschiedenen Aufrufen.

Beispiel: Die Werte von g und s werden bei jedem Aufruf der Funktion f hochgezählt. Der Wert von l wird dagegen bei jedem Aufruf mit 0 initialisiert.

```
int g=0; // g ist global und damit statisch

void f()
{
int l=0;
static int s=0; // Ab dem zweiten Aufruf von f
g++;l++;s++;             // ist s nicht mehr 0 !!!
Form1->Memo1->Lines->Add(IntToStr(g)+IntToStr(l)+
                                    IntToStr(s));
}
```

Deshalb wird bei sukzessiven Aufrufen von f nacheinander 111, 212, 313 usw. ausgegeben:

Anmerkung für Pascal-Programmierer: Den lokalen statischen Variablen von C entsprechen die lokalen initialisierten Konstanten von Pascal, die ebenfalls nur einmal initialisiert werden.

Aufgabe 5.6

Falls eine Funktion nur für relativ wenige verschiedene Ganzzahlargumente definiert ist und oft aufgerufen wird, kann man eventuell ein wenig Zeit sparen, wenn man alle ihre Funktionswerte beim ersten Aufruf der Funktion berechnet und in einem statischen Array ablegt. Bei jedem weiteren Aufruf der Funktion wird dann der Wert aus dem Array zurückgegeben.

Realisieren Sie diese Vorgehensweise mit den ersten 50 Fibonacci-Zahlen (siehe Aufgabe 3.5.3).

5.7 Auswahlanweisungen

Die Auswahlanweisungen gehören wie die Wiederholungsanweisungen (siehe Abschnitt 5.8) zu den so genannten Kontrollstrukturen: Mit ihnen wird die Ausführung anderer Anweisungen und damit der Programmablauf (Kontrollfluss) gesteuert.

In C++ gibt es die folgenden Auswahlanweisungen:

> *selection-statement:*
>   **if** (*condition*) *statement*
>   **if** (*condition*) *statement* **else** *statement*
>   **switch** (*condition*) *statement*

Hier ist *condition* entweder ein Ausdruck oder eine Definition, die mit einer Initialisierung verbunden ist:

> *condition:*
>   *expression*
>   *type-specifier-seq declarator* = *assignment-expression*

Der Wert von *condition* ist dann der in den Datentyp *bool* konvertierte Wert des Ausdrucks bzw. des Zuweisungsausdrucks.

Beispiele: Nach den Definitionen

```
double d=1.2;
int i=0;
```

hat *condition* die als Kommentar angegebenen Werte:

```
if (d) ... // true
if (i) ... // false
if (int j=i) ... // false
```

Wird in *condition* eine Variable definiert, erstreckt sich ihr Gültigkeitsbereich von der Definition bis zum Ende der *if*-Anweisung. Der Name dieser Variablen kann in dieser *if*-Anweisung nicht erneut vergeben werden:

```
if (int j=i)
{
   double j=17;//Fehler: Bezeichner j mehrfach deklariert
}
```

In einigen älteren Versionen von C++ war der Gültigkeitsbereich einer in *condition* definierten Variablen nicht auf die Anweisung beschränkt, sondern erstreckte sich bis zum Ende des Blocks, in dem sie definiert wurde.

Eine so in einer Bedingung definierte Variable wird bei einer *if*-Anweisung nur selten verwendet. Bei Schleifen werden auf diese Weise aber oft Laufvariablen definiert.

5.7.1 Die *if*-Anweisung

In einer *if*-Anweisung

> **if** (*condition*) *statement*
> **if** (*condition*) *statement* **else** *statement*

steht *condition* für einen **Ausdruck**, der oft durch den Vergleich von zwei Ausdrücken mit einem der Operatoren ==, !=, <, <=, >, >= gebildet wird und umgangssprachlich eine Bedingung darstellt. Die Anweisung nach *(condition)* wird auch als ***then*-Zweig** bezeichnet und die Anweisung nach *else* (sofern vorhanden) als ***else*-Zweig**.

Der Wert des Ausdrucks wird in einen der beiden booleschen Werte *true* oder *false* konvertiert. Ergibt sich dabei

- der Wert ***true***, wird der *then*-Zweig ausgeführt und anschließend die *if*-Anweisung verlassen. Ein eventuell vorhandener *else*-Zweig wird nicht ausgeführt.
- der Wert ***false***, wird der *then*-Zweig nicht ausgeführt. Hat die *if*-Anweisung einen *else*-Zweig, wird der ausgeführt und anschließend die *if*-Anweisung verlassen. Hat sie keinen *else*-Zweig, wird sie ohne die Ausführung einer Anweisung verlassen.

Falls *condition* eine Bedingung darstellt, bedeutet der Wert *true*, dass die Bedingung erfüllt ist, während *false* ausdrückt, dass sie nicht erfüllt ist. Damit kann die Ausführung von Anweisungen mit einer Auswahlanweisung von Bedingungen abhängig gemacht werden.

Die *if*-Anweisung ohne *else* kann als Spezialfall einer *if-else*-Anweisung aufgefasst werden, bei der im *else*-Zweig keine Anweisung steht.

Beispiel: Durch

```
if (Punktezahl < 100) Edit1->Text="Pech gehabt.";
```

wird entweder „Pech gehabt" oder nichts ausgegeben. Dagegen wird in der nächsten *if*-Anweisung immer eine Meldung ausgegeben:

```
if (Punktezahl < 100) Edit1->Text="Pech gehabt.";
else Edit1->Text = "Herzlichen Glückwunsch! "
                   "Sie haben drei Waschmaschinen gewonnen";
```

5.7 Auswahlanweisungen

Der *then*- oder *else*-Zweig einer *if*-Anweisung kann eine beliebige Anweisung sein. Insbesondere wird man eine Verbundanweisung wählen, wenn mehrere Anweisungen in Abhängigkeit von einer einzigen Bedingung ausgeführt werden sollen:

```
if (b)
  {
     S1;
     S2;
  }
```

Hier werden S1 und S2 nur ausgeführt, wenn b den Wert *true* hat. In

```
if (b) S1; S2;
```

wird S2 unabhängig vom Wert von b ausgeführt und S1 nur, wenn b *true* ist.

Die *if*-Anweisung ohne *else*-Zweig und die *if-else*-Anweisung sollen zunächst einzeln etwas genauer betrachtet werden.

Die bedingte Ausführung einer Anweisung

Mit einer *if*-Anweisung ohne *else*-Zweig kann man steuern, ob eine bestimmte Anweisung ausgeführt werden soll oder nicht.

Beispiele:

1. Um einen Laufzeitfehler bei einer Division durch 0 zu verhindern, kann man vor jeder Division prüfen, ob der Divisor von Null verschieden ist:

    ```
    if (n > 0)
      {
         Mittelwert = Summe/n;
         Edit1->Text="Mittelwert= "+FloatToStr(Mittelwert);
      }
    ```

2. Durch die folgenden beiden Anweisungen erhält *MaxTag* den Wert 29, wenn *Schaltjahr* den Wert *true* hat. Andernfalls bleibt der Wert von *MaxTag* unverändert bei 28.

    ```
    MaxTag = 28;
    if (Schaltjahr) MaxTag = 29;
    ```

Der *then*-Zweig einer *if*-Anweisung kann wieder eine *if*-Anweisung sein:

```
if (b1) if (b2) s;
```

In diesem Fall wird die Anweisung s genau dann ausgeführt, wenn b1 und b2 *true* sind. Das trifft offensichtlich genau dann zu, wenn *b1 && b2* den Wert *true* hat. Diese *if*-Anweisung ist damit gleichwertig mit

```
if (b1 && b2) s;
```

Wenn der *then*-Zweig einer *if*-Anweisung eine *if-else*-Anweisung ist, lässt sich aus den bisherigen Ausführungen nicht ableiten, ob sich der *else*-Zweig in

```
if (b1) if (b2) S1; else S2;
```

auf b1 oder b2 bezieht. Diese Zweideutigkeit ist generell so geregelt, dass ein *else*-Zweig immer zu der letzten Bedingung ohne *else*-Zweig gehört. Deshalb ist die letzte Anweisung gleichwertig mit

```
if (b1)
   {
      if (b2) S1;
      else S2;
   }
```

Die Auswahl einer von zwei Anweisungen

Mit einer *if-else*-Anweisung wird aus den beiden Alternativen *then-Zweig* und *else-Zweig* immer genau eine ausgewählt. Während also bei einer *if*-Anweisung ohne *else*-Zweig manchmal etwas gemacht wird und manchmal nicht, wird bei einer *if-else*-Anweisung immer etwas gemacht.

Beispiele:

1. In der Anweisung

    ```
    if (Schaltjahr) MaxTag = 29;
    else MaxTag = 28;
    ```

    erhält *MaxTag* offensichtlich denselben Wert wie im letzten Beispiel: 29, wenn Schaltjahr *true* ist, und 28, falls diese Bedingung nicht erfüllt ist.

2. Der erste Teil des letzten Beispiels

    ```
    if (n > 0)
      {
         Mittelwert = Summe/n;
         Edit1->Text="Mittelwert= "+FloatToStr(Mittelwert);
      }
    ```

    ist nicht ganz unproblematisch. Falls n einen Wert <= 0 hat (und das kommt ab und zu vor, auch wenn es nie vorkommen dürfte – natürlich immer erst dann, wenn das Programm beim Kunden ist, nie beim Testen), wartet der Anwender endlos auf seine Anzeige des Mittelwertes. Und wenn anschließend

5.7 Auswahlanweisungen

mit dem Mittelwert weitergerechnet wird, hat dieser einen undefinierten Wert, der das Ergebnis aller weiteren Rechnungen unbrauchbar macht, ohne dass man es sofort erkennt.

Es empfiehlt sich deswegen meist, allen Variablen, denen in einem Zweig einer *if*-Anweisung ein Wert zugewiesen wird, auch im anderen Zweig einen Wert zuzuweisen:

```
if (n > 0)
   {
     Mittelwert = Summe/n;
     Edit1->Text= "Mittelwert = "+FloatToStr(Mittelwert);
   }
else
   {
     Mittelwert = 0;
     Edit1->Text = "n="+IntToStr(n)+
                      "<=0 - Kein Mittelwert möglich";
   } // oder irgendeine andere Fehlermeldung
```

Der Aufwand für diesen vermeintlich überflüssigen *else*-Zweig lohnt sich meist. Stellen Sie sich nur vor, Sie müssten in einem großen Programm ohne eine geeignete Fehlermeldung nach einem solchen Fehler suchen.

Zwei aufeinander folgende *if*-Anweisungen ohne *else*-Zweig, bei denen die Bedingung in der ersten die Negation der anderen ist, können in eine einzige *if-else*-Anweisung übersetzt werden, wenn die Bedingung der zweiten nicht vor ihrer Prüfung verändert wird:

Beispiel: Die beiden Anweisungsfolgen

```
            if (x > 0)   a = -1;
            if (x <= 0)  a = 1;
```

und

```
            if (x > 0)   x = -1;
            if (x <= 0)  x = 1;
```

sehen auf den ersten Blick recht ähnlich aus. Da aber in der zweiten Anweisungsfolge die Bedingung für die zweite *if*-Anweisung durch die erste *if*-Anweisung beeinflusst wird, kann die zweite nicht in eine *if-else*-Anweisung übersetzt werden.

Da der *else*-Zweig einer *if-else*-Anweisung nur ausgeführt wird, wenn der zugehörige Ausdruck den Wert *false* ergibt, kann bei der Ausführung des *else*-Zweiges die Negation des booleschen Ausdrucks vorausgesetzt werden.

Bei einfachen Bedingungen der Art x *op* y (wobei *op* einer der Vergleichsoperatoren sein soll), ergibt sich die **Negation** aus der folgenden Tabelle:

x op y	Negation
x == y	x != y
x != y	x == y
x > y	x <= y
x < y	x >= y
x <= y	x > y
x >= y	x < y

Bei zusammengesetzten Bedingungen wie *p && q* oder *p || q* (wobei p und q einfache Bedingungen sein sollen), ergibt sich die Negation nach den so genannten **Regeln von de Morgan**:

	Negation
p && q	(!p) || (!q)
p || q	(!p) && (!q)

Insbesondere ist die oft intuitiv verwendete Negation nach folgendem Schema **falsch**:

!(p && q) = (!p) && (!q) bzw. // falsch
!(p || q) = (!p) || (!q)   // falsch

In den *else*-Zweigen die also die jeweils als Kommentar angegebene Bedingung vorausgesetzt werden:

```
if ((0 <= x) && (x <= 10))  ...
else // (x < 0) || (x > 10)  ...

if ((x == 0) || (c != 'J'))  ...
else // (x != 0) && (c == 'J')
```

Noch ein **Beispiel**:

In Abhängigkeit vom Wert einer Variablen *Bewegungsart* (Datentyp *char*, zulässige Werte '+' oder '–') soll der Wert der Variablen *Betrag* zur Variablen *Kontostand* addiert oder von dieser subtrahiert werden. Für diese Aufgabe werden meist zuerst die folgenden beiden Lösungen vorgeschlagen:

```
if (Bewegungsart=='+') Kontostand = Kontostand+Betrag;
else Kontostand = Kontostand–Betrag;
```

oder

5.7 Auswahlanweisungen

```
if (Bewegungsart=='+') Kontostand = Kontostand+Betrag;
if (Bewegungsart=='-') Kontostand = Kontostand-Betrag;
```

Beide Lösungen haben aber den Nachteil, dass eine unzulässige Bewegungsart zu einer falschen Verbuchung des Betrages führt: Im ersten Fall kommt es zu einer Abbuchung (so würde ich das machen, wenn die Bank mir gehören würde), und im zweiten Fall fällt jede falsche Kontobewegung unter den Tisch. Bei einer größeren Anzahl von Datensätzen bliebe ein solcher Fehler vermutlich sogar unentdeckt.

Fügt man diesen Anweisungen eine weitere hinzu, um eine falsche Bewegungsart abzufangen, muss man schon etwas nachdenken, um die richtige Bedingung zu finden (hier werden relativ oft && und || verwechselt): Ist

```
if ((Bewegungsart != '+') && (Bewegungsart != '-'))
                                       Fehlermeldung();
```

oder || anstelle von && richtig? Falls das Programm dann später auf noch andere Bewegungsarten erweitert wird, erhält man zunächst eine falsche Fehlermeldung, weil meist vergessen wurde, die Bedingung für die Fehlermeldung zu ändern.

Das Problem bei Aufgaben wie dieser liegt darin, dass die Aufgabenstellung zwar die Auswahl einer von zwei Bedingungen nahe legt. Tatsächlich ist aber eine Bedingung mehr zu berücksichtigen, nämlich die Fehlerbehandlung. Deshalb ist in diesem Beispiel eine von drei Anweisungen auszuwählen.

Die Auswahl einer aus mehreren Anweisungen

Schon bei der Vorstellung der *if-else*-Anweisung wurde darauf hingewiesen, dass als *else*-Zweig wiederum eine *if*-Anweisung verwendet werden kann. Mit einer so **verschachtelten *if-else*-Anweisung** ist es möglich, eine aus mehr als zwei Anweisungen ohne die oben genannten Nachteile auszuwählen:

```
if (Bewegungsart=='+') Kontostand = Kontostand + Betrag;
else if (Bewegungsart=='-') Kontostand =
                                       Kontostand - Betrag;
else Fehlermeldung();
```

Bezeichnen b1, b2, b3 usw. Ausdrücke und S1, S2, S3 usw. Anweisungen, dann ist eine verschachtelte *if*-Anweisung folgendermaßen aufgebaut:

```
if (b1) S1;
else if (b2) S2;
else if (b3) S3;
...
```

Die gesamte „Schachtel" gilt als eine einzige Anweisung. Bei der Ausführung einer solchen Anweisung wird zuerst b1 ausgewertet. Ergibt sich dabei der Wert *true*, wird S1 ausgeführt und anschließend die gesamte verschachtelte *if*-Anweisung verlassen. Ergibt die Auswertung von b1 jedoch den Wert *false*, wird im *else*-Zweig zu b1 der Ausdruck b2 ausgewertet. Ist dieser Ausdruck *true*, wird S2 ausgeführt und danach die gesamte verschachtelte *if*-Anweisung verlassen. Ist b2 *false*, wird b3 ausgewertet usw.

Sollen in einer verschachtelten *if*-Anweisung **möglichst wenig unnötige Überprüfungen** von Bedingungen durchgeführt werden, muss die am häufigsten auftretende Bedingung als erste aufgeführt werden, die zweithäufigste als zweite usw.

Falls in einer verschachtelten *if*-Anweisung der letzte *else*-Zweig nicht aus einer Auswahlanweisung besteht, ist sichergestellt, dass immer genau eine der vorgesehenen Anweisungen ausgeführt wird.

Beispiel:
```
if (b1) S1;
else if (b2) S2;
else if (b3) S3;
else S4;
```

Besteht der letzte *else*-Zweig dagegen aus einer Auswahlanweisung, kann es vorkommen, dass die verschachtelte *if*-Anweisung verlassen wird, ohne dass eine der aufgeführten Anweisungen ausgeführt wird.

Beispiel:
```
if (b1) S1;
else if (b2) S2;
else if (b3) S3;
else if (b4) S4;
```

Auch wenn die Anforderungen an ein Programm (Pflichtenheft) klar besagen, dass bei einer Auswahlanweisung nur die Bedingungen b1, b2 und b3 auftreten können, empfiehlt es sich doch fast **immer**, diesen Fall durch eine geeignete **Fehlermeldung in einem letzten offenen else-Zweig** zu berücksichtigen. Diese Fehlermeldung sollte möglichst nicht nur das Phänomen, sondern auch die Ursache beschreiben. Schon allein durch die Suche nach einem aussagekräftigen Text kann man so Fehler entdecken, die man sonst nicht gefunden hätte.

Findet man keinen adäquaten Text, bleibt immer noch eine Meldung der Art „Unmöglicher Fehler in Zeile ...". Wenn diese Meldung nie kommt, schadet das nichts. Und wenn sie doch einmal kommt, ist sie meist sehr hilfreich.

Wenn man sich definitiv sicher ist, dass im letzten offenen *else*-Zweig einer Auswahlanweisung wirklich keine Fehlermeldung notwendig ist, sollte man das in einem Kommentar begründen.

5.7 Auswahlanweisungen

Die übersichtliche Gestaltung von *if*-Anweisungen

Es empfiehlt sich immer, die Programmlogik durch **Einrücken** übersichtlich zum Ausdruck zu bringen:

```
if (n > 0)
   {
      Mittelwert = Summe/n;
      Edit1->Text= "Mittelwert = "+FloatToStr(Mittelwert);
   }
else
   {
      Mittelwert = 0;
      Edit1->Text = "n="+IntToStr(n)+
                           "<=0 - Kein Mittelwert möglich";
   } // oder irgendeine andere Fehlermeldung
```

Diese Programmstruktur ist wesentlich leichter zu durchschauen als

```
if (n > 0)
{
Mittelwert = Summe/n;
Edit1->Text= "Mittelwert = "+FloatToStr(Mittelwert);
}
else
{
Mittelwert = 0;
Edit1->Text = "n="+IntToStr(n)+
                     "<=0 - Kein Mittelwert möglich";
} // oder irgendeine andere Fehlermeldung
```

oder gar

```
if (n > 0) {Mittelwert = Summe/n; Edit1->Text=
"Mittelwert = "+FloatToStr(Mittelwert); } else {
Mittelwert = 0; Edit1->Text = "n="+IntToStr(n)+
"<=0 - Kein Mittelwert möglich"; } // oder irgendeine ...
```

Da das Layout eines Programms keinen Einfluss auf die Ausführung des Programms hat, ist darauf zu achten, dass durch das Einrücken kein falscher Sachverhalt suggeriert wird. So wird in

```
if (Bewart=='+') K = K+Betrag; else if (Bewart=='-')
                                              K=K-Betrag;
   else Fehlermeldung();
```

der Eindruck erweckt, dass sich der letzte *else*-Zweig auf die Bedingung *Bewart* == '+' bezieht, was aber nicht zutrifft.

Aufgaben 5.7.1

1. Welche der folgenden *if*-Anweisungen sind nach den Definitionen

   ```
   double x,Punkte;
   int i,j;
   bool b;
   ```

   syntaktisch und inhaltlich korrekt?

   a) `if (x=17) Edit1->Text = "Volltreffer";`
   b) `if (i>=1 && i<=10) Edit1->Text = "Volltreffer";`
   c) `if b && (i=j*x) Edit1->Text = "Volltreffer";`
   d) `if (Punkte >= 0) Edit1->Text = "Extremes Pech";`
      `else if (Punkte >= 20) Edit1->Text ="Ziemliches Pech";`
      `else if (Punkte >= 40) Edit1->Text =`
      `                         "Ein wenig Glück gehabt";`

   Für welche Werte von *Punkte* werden die entsprechenden Meldungen ausgegeben?

2. In Abhängigkeit vom Wert einer Ganzzahlvariablen *Note* soll eine Funktion den folgenden Text als Funktionswert zurückgeben:

1	sehr gut!!!
2	gut
3	na ja
4	schwach
5,6	durchgefallen

   Für jeden anderen Wert von *Note* soll der Text „Undefinierte Note " mit dem Wert der Variablen *Note* zurückgegeben werden.

3. In Abhängigkeit vom Wert der beiden Variablen *Lagergruppe* und *Materialgruppe* (beide Datentyp *char*) sollen gemäß der folgenden Tabelle die Werte der Variablen *LA_Summe*, *LB_Summe* usw. um den Wert der Variablen *Summe* erhöht werden:

Lager-gruppe	Material-gruppe	Verarbeitung
'A'	'A'	LA_Summe und MA_Summe um Summe erhöhen
'A'	'B'	LA_Summe und MB_Summe um Summe erhöhen
'A'	'X'	LA_Summe und MX_Summe um Summe erhöhen
'B'	'B'	LB_Summe und MB_Summe um Summe erhöhen
'B'	'D'	LB_Summe und MD_Summe um Summe erhöhen

   Falls *Lagergruppe* den Wert 'A' hat, aber *Materialgruppe* nicht einen der Werte 'A', 'B' oder 'X', soll die Meldung

5.7 Auswahlanweisungen

„Unzulässige Materialgruppe in Lager A"

ausgegeben werden; entsprechend für *Lagergruppe* = 'B'.

Falls *Lagergruppe* weder den Wert 'A' noch den Wert 'B' hat, soll die Meldung

„Unzulässige Lagergruppe"

erfolgen. In jedem dieser unzulässigen Fälle soll keine Summation durchgeführt werden.

4. **Datumsvergleich**

Die Ganzzahlvariablen t1, m1 und j1 sowie t2, m2 und j2 sollen zwei Kalenderdaten bezeichnen (z.B. t1=17, m1=5, j1=1997). Eine boolesche Variable *vorher* soll den Wert *true* erhalten, wenn das Datum (t1, m1, j1) zeitlich vor dem Datum (t2, m2, j2) liegt, und andernfalls den Wert *false*.

Diese Aufgabe wurde schon in Aufgabe 3.4.7.3 allein mit booleschen Variablen behandelt. Sie kann aber auch mit *if*-Anweisungen bearbeitet werden, was oft als einfacher angesehen wird.

Falls die Jahreszahlen in j1 und j2 verschieden sind, gibt der boolesche Ausdruck

```
j1 < j2
```

an, ob das erste Datum zeitlich vor dem zweiten liegt:

```
if (j1 != j2) vorher = (j1 < j2)
```

Wenn dagegen die Jahreszahlen gleich und die Monate verschieden sind, entscheiden die Monate über die zeitliche Anordnung der beiden Kalenderdaten. Sind sowohl die Jahre als auch die Monate gleich, entscheidet der Tag.

Wie muss die Lösung geändert werden, wenn eine boolesche Variable *vorher_oder_gleich* genau dann den Wert *true* erhalten soll, wenn das erste Datum vor dem zweiten liegt oder gleich dem zweiten ist?

5. **Steuerformel**

In § 32 des Einkommensteuergesetzes (EStG 1998) ist festgelegt, wie sich die Einkommensteuer aus dem zu versteuernden Einkommen berechnet:

§32 a Einkommensteuertarif

(1) Die tarifliche Einkommensteuer bemisst sich nach dem zu versteuernden Einkommen. Sie beträgt vorbehaltlich der §§ 32b, 34, 34b und 34c jeweils in Deutsche Mark für zu versteuernde Einkommen

1. *bis 12365 Deutsche Mark (Grundfreibetrag): 0;*

2. *von 12366 Deutsche Mark bis 58643 Deutsche Mark:*
   $(91,19*y + 2590)*y$

3. *von 58644 Deutsche Mark bis 120041 Deutsche Mark:*
   $(151,91*z + 3434)*z + 13938$

4. *von 120 042 Deutsche Mark an: 0,53*x − 22 843;*

„y" ist ein Zehntausendstel des 12312 Deutsche Mark übersteigenden Teils des abgerundeten zu versteuernden Einkommens. „z" ist ein Zehntausendstel des 58590 Deutsche Mark übersteigenden Teils des abgerundeten zu versteuernden Einkommens. „x" ist das abgerundete zu versteuernde Einkommen.

(2) Das zu versteuernde Einkommen ist auf den nächsten durch 54 ohne Rest teilbaren vollen Deutsche-Mark-Betrag abzurunden, wenn es nicht bereits durch 54 ohne Rest teilbar ist.

(3) Die zur Berechnung der tariflichen Einkommensteuer erforderlichen Rechenschritte sind in der Reihenfolge auszuführen, die sich nach dem Horner-Schema ergibt. Dabei sind die sich aus den Multiplikationen ergebenden Zwischenergebnisse für jeden weiteren Rechenschritt mit drei Dezimalstellen anzusetzen; die nachfolgenden Dezimalstellen sind wegzulassen. Der sich ergebende Steuerbetrag ist auf den nächsten vollen Deutsche-Mark-Betrag abzurunden.

a) Schreiben Sie eine Funktion *ESt*, die zu dem als Parameter übergebenen zu versteuernden Einkommen die Einkommensteuer als Funktionswert zurückgibt. Der Wert 151,91 unter 3. ist ein Druckfehler im Gesetzestext. Verwenden Sie stattdessen den richtigen Wert 151,96.

Welche Datentypen sind hier angemessen?

Zum Testen können Sie den folgenden Auszug aus der Steuertabelle verwenden:

5.7 Auswahlanweisungen 469

x	Est	x	Est	x	Est
10 800	0	48 600	10 599	86 400	24 663
16 200	1 020	54 000	12 381	91 800	27 018
21 600	2 484	59 400	14 217	97 200	29 461
27 000	4 000	64 800	16 129	102 600	31 994
32 400	5 570	70 200	18 129	108 000	34 615
37 800	7 193	75 600	20 218	113 400	37 324
43 200	8 870	81 000	22 396	118 800	40 123

b) In § 32, Absatz 5 des EStG ist festgelegt, wie die Einkommensteuer nach dem Splitting-Verfahren berechnet wird:

(5) Für Ehegatten, die nach den §§ 26, 26b zusammen zur Einkommensteuer veranlagt werden, beträgt die tarifliche Einkommensteuer vorbehaltlich der §§ 32b, 34 und 34b das Zweifache des Steuerbetrags, der sich für die Hälfte Ihres gemeinsam zu versteuernden Einkommens nach den Absätzen (1) bis (3) ergibt (Splitting-Verfahren).

Die Funktion *Splitting* soll als Funktionswert die nach dem Splitting-Verfahren berechnete Einkommensteuer zurückgeben. Verwenden Sie zur Lösung dieser Aufgabe die Lösung von a).

5.7.2 Die *switch*-Anweisung

Die Auswahl einer aus mehreren Anweisungsfolgen kann mit einer **switch-Anweisung oft übersichtlicher** als mit einer verschachtelten *if*-Anweisung dargestellt werden. Allerdings müssen die folgenden **Voraussetzungen** erfüllt sein:

1. Die Bedingung, aufgrund der die Auswahl der Anweisung erfolgt, muss dadurch gebildet werden, dass ein Ausdruck auf Gleichheit mit einer Konstanten geprüft wird. Bedingungen mit den Operatoren <, <=, !=, > und >= können also nicht verwendet werden, ebenso wenig wie Bedingungen, bei denen ein Ausdruck nicht mit einer Konstanten verglichen wird.
2. Der Datentyp der zum Vergleich herangezogenen Ausdrücke muss ein Ganzzahl- oder ein Aufzählungstyp sein. Gleitkommadatentypen und Strings können nicht verwendet werden.

Obwohl diese Voraussetzungen auf den ersten Blick recht einschränkend wirken, sind sie in der Praxis häufig erfüllt: Bei vielen Programmen kann ein Großteil der Auswahlanweisungen mit einer *switch*-Anweisung formuliert werden.

    switch (*condition*) *statement*

Hier muss der Datentyp des Ausdrucks *condition* ein Ganzzahl- oder ein Aufzählungstyp sein. Die Anweisung nach *(condition)* ist meist eine Verbundanweisung.

Vor jeder Anweisung, die zu *switch* gehört, kann eine *case*-Marke

    case *constant-expression* :

angegeben werden. Hier muss der Datentyp des konstanten Ausdrucks ebenfalls ein Ganzzahldatentyp sein. Die Werte aller Konstanten müssen innerhalb einer *switch*-Anweisung verschieden sein. Außerdem kann vor höchstens einer der Anweisungen, die zu *switch* gehören, eine *default*-Marke stehen:

    default :

Bei der Ausführung einer *switch*-Anweisung wird zuerst der Ausdruck *condition* ausgewertet. Falls der Wert dieses Ausdrucks gleich einer der *case*-Marken ist, wird die auf diese *case*-Marke folgende Anweisung ausgeführt. Ist keine der *case*-Marken gleich dem Wert von *condition*, wird die auf *default* folgende Anweisung ausgeführt. Besitzt die *switch*-Anweisung keine *default*-Marke, wird sie ohne die Ausführung einer Anweisung verlassen.

Nach der Ausführung der Anweisung, die auf eine *case*- oder eine *default*-Marke folgt, werden die darauf folgenden Anweisungen ausgeführt, unabhängig davon, ob vor ihnen weitere *case*- oder *default*-Marken stehen. Insbesondere wird eine *switch*-Anweisung nicht beendet, wenn eine solche Marke erreicht wird. Die *switch*-Anweisung hat in dieser Hinsicht mehr Ähnlichkeiten mit der *on-goto*-Anweisung von BASIC als mit der *case*-Anweisung von Pascal.

Wie schon am Anfang dieses Abschnitts bemerkt wurde, wird die **switch-Anweisung** oft zur Auswahl einer aus mehreren Anweisungsfolgen verwendet. Diese Anweisungsfolgen werden dann durch verschiedene *case*-Marken begrenzt. Damit die *switch*-Anweisung nach der Ausführung einer solchen Anweisungsfolge verlassen wird, verwendet man eine *break*-Anweisung (siehe auch Abschnitt 5.9).

Beispiel: Die *switch*-Anweisung

```
switch (Note)
{
case 1:Edit1->Text = "sehr gut!!!";
  break;
case 2:Edit1->Text = "gut";
  break;
case 3:Edit1->Text = "na ja";
  break;
case 4:Edit1->Text = "schwach";
  break;
case 5:
case 6:Edit1->Text = "durchgefallen";
  break;
default: Edit1->Text =
  "Was für eine Note ist "+IntToStr(Note);
}
```

5.7 Auswahlanweisungen

hat dasselbe Ergebnis wie die verschachtelte *if*-Anweisung:

```
if (Note==1) Edit1->Text = "sehr gut!!!";
else if (Note==2) Edit1->Text = "gut";
else if (Note==3) Edit1->Text = "na ja";
else if (Note==4) Edit1->Text = "schwach";
else if ((Note==5) || (Note==6))
                  Edit1->Text = "durchgefallen";
else Edit1->Text =
         "Was für eine Note ist "+IntToStr(Note);
```

Wie dieses Beispiel zeigt, können für verschiedene Werte von *condition* (hier die Werte 5 und 6) dieselben Anweisungen ausgeführt werden, indem verschiedene *case*-Marken ohne weitere Anweisungen (insbesondere ohne ein *break*) aufeinander folgen.

In einer *switch*-Anweisung wird eine *case*-Marke angesprungen, auch wenn sie in einer anderen Anweisung enthalten ist. Das folgende Beispiel ist syntaktisch korrektes C++ und wird ohne Warnung oder Fehlermeldung kompiliert:

```
 switch (Note)                       // kompletter Schwachsinn
 {
 case 3:Edit1->Text = "na ja";
 if (Note==2)
   {
      case 0:Edit1->Text = "hypa gut!!!";
   }
 else
   {
      case 1:Edit1->Text = "sehr gut!!!";
   }
 case 2:Edit1->Text = "gut";
    break;
 default: Edit1->Text =
              "Was für eine Note ist "+IntToStr(Note);
 }
```

Wie dieses Beispiel zeigt, unterscheidet sich die *switch*-Anweisung in ihrem Sprungverhalten nicht von einer *goto*-Anweisung (siehe Abschnitt 5.9). Deshalb sind damit auch dieselben undefinierten Ergebnisse wie mit einer *goto*-Anweisung möglich: Kaum jemand wird nach der Lektüre dieses Beispiels erwarten, dass nach der Ausführung der Anweisung nach „case 1" auch noch die Anweisung nach „case 2" ausgeführt wird. Es muss wohl nicht besonders darauf hingewiesen werden, dass von solchen Konstruktionen nur dringend abgeraten werden kann.

Da die *switch*-Anweisung keine strukturierte Anweisung ist, muss bei ihrer Verwendung immer darauf geachtet werden, dass nicht versehentlich ein *break* vergessen wird. Ohne ein *break* werden nacheinander alle Anweisungen der *switch*-Anweisung ausgeführt, so dass i in dem nächsten Beispiel den Wert 4 erhält:

```
int k=1;
switch (k)
{ int i=0;
  case 1: i=i+1;   // i=1
  case 2: i=i+1;   // i=2
  case 5:
  case 6: i=i+1;   // i=3
  default: i=i+1;  // i=4
}
```

Anmerkungen für Pascal-Programmierer: Die *if*-Anweisung von C ist bis auf die Syntax mit der *if*-Anweisung von Pascal identisch. Das Gegenstück zur *switch*-Anweisung ist die *case*-Anweisung von Pascal. Auf die gravierenden Unterschiede zwischen diesen beiden Anweisungen wurde bereits hingewiesen.

Aufgaben 5.7.2

Lösen Sie die Aufgaben aus Abschnitt 5.7.1 mit *switch*- anstelle von *if*-Anweisungen. Falls eine der Aufgaben nicht lösbar ist, geben Sie den Grund dafür an.

1. Aufgabe 4 (Material- und Lagergruppe)
2. Aufgabe 5 (Datumsvergleich)
3. Aufgabe 6 (Steuerformel)

5.7.3 Ein wenig Programmierlogik für Auswahlanweisungen

Die Regeln von de Morgan wurden schon mehrfach verwendet. Da sie vielleicht nicht jedem Leser geläufig sind, soll zunächst kurz gezeigt werden, wie man diese oder ähnliche logische Aussagen nachweisen kann.

Um zu überprüfen, ob die booleschen Ausdrücke

    !(p&&q) // not (p and q)

und

    (!p)||(!q) // (not p) or (not q)

äquivalent sind, kann man jeden dieser Ausdrücke für jeden möglichen Wert von p und q einzeln auswerten. Da sowohl p als auch q nur zwei verschiedene Werte annehmen können, sind 2*2 = 4 Fälle zu überprüfen.

Die Auswertung der einzelnen Möglichkeiten führt man zweckmäßigerweise tabellarisch in einer so genannten **Wahrheitstafel** durch. In den einzelnen Spalten einer Wahrheitstafel werden gewisse Teilausdrücke (meist mit zwei Operanden) ausgewertet, die schrittweise auf den Gesamtausdruck führen. Für jede mögliche Kombination von booleschen Werten der Operanden wird eine Zeile angelegt:

5.7 Auswahlanweisungen

p	q	p && q	!(p && q)	!p	!q	(!p)||(!q)
true	true	true	false	false	false	false
true	false	false	true	false	true	true
false	true	false	true	true	false	true
false	false	false	true	true	true	true

Entsprechend !(p\|\|q) == (!p)&&(!q) // not (p or q) = (not p) and (not q):

p	q	p || q	!(p||q)	!p	!q	(!p) &&(!q)
true	true	true	false	false	false	false
true	false	true	false	false	true	false
false	true	true	false	true	false	false
false	false	false	true	true	true	true

Nur als Randbemerkung: Tabellen dieser Art kann man sich durch Anweisungen wie den folgenden erzeugen lassen:

```
AnsiString w(bool b)
{
if (b) return " true";
else return " false";
}

void __fastcall TForm1::Button1Click(TObject *Sender)
{
for (bool p=true;p>=false;p--)
  for (bool q=true;q>=false;q--)
    {
      AnsiString s = w(p)+w(q)+w(p||q)+w(!(p||q))+
                     w((!p)&&(!q))+w(p&&q);
      Memo1->Lines->Add(s);
    }
}
```

Zur Untersuchung von booleschen Ausdrücken mit drei Operanden sind Wahrheitstafeln mit 2*2*2 = 8 Zeilen und für n Operanden mit 2^n Zeilen erforderlich.

Kommen wir nach diesen allgemeinen Bemerkungen nun zum eigentlichen Thema dieses Abschnitts. In allen Beispielen wird nur die *if*-Anweisung verwendet. Da die Bedingungen in einer *switch*-Anweisung Abfragen auf Gleichheit sind, lassen sich alle Ausführungen leicht auf die **switch-Anweisung** übertragen.

Da der *else*-Zweig einer *if*-Anweisung nur ausgeführt wird, wenn der zugehörige boolesche Ausdruck den Wert *false* ergibt, kann bei der Ausführung eines *else*-Zweiges die Negation des booleschen Ausdrucks vorausgesetzt werden.

Mit dieser trivialen Tatsache lässt sich

```
if (x > 0) a = 1;
else if (x <= 0) a = -1;
```

zu

```
if (x > 0) a = 1;
else a = -1;
```

vereinfachen oder

```
if (x < 0) a = 0;
else if ((x >= 0) && (x < 1)) a = 1;
else if ((x >= 1) && (x < 2)) a = 2;
else if ((x >= 2) && (x < 3)) a = 3;
else a = -1;
```

zu

```
if (x < 0) a = 0;
else if (x < 1) a = 1; // die Negation von x < 0
                       // kann vorausgesetzt werden
else if (x < 2) a = 2;
else if (x < 3) a = 3;
else a = -1;
```

Frage: Wie sieht Ihre Lösung für die Steuerformel in Aufgabe 5.7.1.6 aus? – Nur die wenigsten Lösungen, die mir bislang vorgelegt wurden, verwenden die einseitigen Grenzen. Diese einseitigen Grenzen lassen sich aber bei Bedarf (die nächste Steuerreform kommt bestimmt) leichter ändern.

Oft findet man (auch bei erfahrenen Programmierern) Formulierungen wie

```
if (x > 0) // nichts machen
else S; // die Anweisung S soll ausgeführt werden,
        // wenn x > 0 nicht gilt
```

Hier hat sich der Programmierer offensichtlich gescheut, die Bedingung x > 0 zu negieren: Entweder einfach durch

```
if (!(x > 0)) S; // Negation von x > 0
```

oder noch einfacher durch

```
if (x <= 0) S; // Negation von x > 0
```

Das gilt genauso für verknüpfte Bedingungen:

```
if ((x > 0) && (x < 10)) // nichts machen
else S; // S soll ausgeführt werden, wenn
        // (x > 0) && (x < 10) nicht gilt
```

wird zu

```
if (!((x > 0) && (x < 10))) S;
```

oder, wenn man die Regeln von de Morgan kennt,

5.7 Auswahlanweisungen

```
if ((x <= 0) || (x >= 10)) S;
```

In einer *if*-**Anweisung mit einem else-Zweig** kann nicht nur die Tatsache verwendet werden, dass im *else*-Zweig die Negation der entsprechenden Bedingung gilt, sondern genauso, dass diese Bedingung im *then*-Zweig gilt.

Betrachten wir dazu die Aufgabe, einer Variablen m den kleinsten Wert der beiden Ausdrücke a oder b zuzuweisen. Als Lösung ist z.B. naheliegend:

```
if (a < b) m = a;      // Ansatz 1
else m = b;
```

Bei dieser Anweisung gilt im *then*-Zweig die Bedingung a < b. Da sie im *then*-Zweig nicht verändert wird (weder der Wert von a noch der von b wird verändert) und die Zuweisung m = a die Bedingung m == a herstellt, gilt nach der Ausführung des *then*-Zweiges

(m = =a) and (a < b)

Das bedeutet aber gerade, dass m das Minimum von a und b ist. Entsprechend gilt nach der Ausführung des *else*-Zweiges

(m = = b) and (a >= b) // wobei a >= b aus der Negation von a < b folgt

Das bedeutet ebenfalls, dass m das Minimum von a und b ist.

Da bei der Ausführung einer *if-else*-Anweisung immer entweder der *then*- oder der *else*-Zweig ausgeführt wird, ist nach der Ausführung der Anweisungen von *Ansatz 1* m immer das Minimum von a und b.

Diese Überlegungen sollen durch die folgenden Kommentare zusammengefasst werden:

```
if (a < b) m = a;
           // (a < b) und (m == a), d.h. m == min(a,b)
else m = b;
           // (a >= b) und (m == b), d.h. m == min(a,b)
// m = min(a,b)
```

Diese Lösung kann mit folgender Überlegung auf die Bestimmung des Minimums von drei Ausdrücken a, b und c übertragen werden: Falls a < b gilt, bleiben als „Kandidaten" für das Minimum a und c. Das Minimum dieser beiden Werte kann man wie in *Ansatz 1* bestimmen. Falls dagegen a < b nicht gilt, also a >= b, wird das Minimum unter b und c gesucht:

```
if (a < b) // m = min(a,c)        // Ansatz 2
   {
      if (a < c) m = a;
      else m = c;
   }
else // a >= b,  m = min(b,c)
   {
      if (b < c) m = b;
      else m = c;
   }
```

Dabei können die geschweiften Klammern { und } in der *if*-Anweisung sogar weggelassen werden, da ein *else*-Zweig immer zu der letzten *if*-Anweisung ohne *else* gehört. Zur besseren Verständlichkeit können diese Klammern aber auch bleiben. Offensichtlich ergeben sich für jeden Zweig dieser verschachtelten *if*-Anweisung die folgenden als Kommentar angegebenen Bedingungen:

```
if (a < b)
   {
      if (a < c) m = a;
         // (a < b) && (a < c) && (m == a): m = min(a,b,c)
      else m = c;
         // (a < b) && (a >= c) && (m == c): m = min(a,b,c)
   }
else // a >= b
   {
      if (b < c) m = b;
         // (a >= b) && (b < c) && (m = b): m = min(a,b,c)
      else m = c;
         // (a >= b) && (b >= c) && (m = c): m = min(a,b,c)
   }
// m = min(a,b,c)
```

Die Übertragung auf die Bestimmung des Minimums von 4 oder noch mehr Variablen dürfte allerdings einiges Kopfzerbrechen und vor allem Schreibarbeit bereiten.

Einfacher als *Ansatz 2* erscheint

```
m = a;                         // Ansatz 3
if (b < m) m = b;
if (c < m) m = c;
```

Um diese Anweisungsfolge wie die bisherigen Beispiele zu verifizieren, muss man lediglich beachten, dass in einer **if-Anweisung ohne else-Zweig** entweder die zugehörige Bedingung erfüllt ist und der *then*-Zweig ausgeführt wird oder überhaupt nichts gemacht wird. Im zweiten Fall gelten dann alle Bedingungen, die vor der Ausführung der *if*-Anweisung gültig waren, anschließend unverändert weiter.

Die beiden Möglichkeiten werden in den folgenden Kommentaren durch *oder* zum Ausdruck gebracht:

5.7 Auswahlanweisungen

```
m = a;
// m == a
if (b < m) m = b;
   // ((b < a) && (m = b)) oder ((b >= a) && (m = a)):
                                          // m = min(a,b)
if (c < m) m = c;
   // ((c < min(a,b)) && (m = c)) oder ((c >= min(a,b)
                     && (m = min(a,b)), d.h. m = min(a,b,c)
// m = min(a,b,c)
```

Diese Vorgehensweise lässt sich ohne weiteres auf die Bestimmung des Minimums von 4 oder auch mehr Ausdrücken übertragen.

Entsprechend kann man auch verknüpfte Bedingungen untersuchen. Dabei sind lediglich die Regeln von de Morgan zu beachten:

Beispiel: In

```
if ((1 <= i) && (i <= 10)) S1;
else S2;
```

kann vor der Ausführung von S2

```
!((1 <= i) && (i <= 10))
== (!(1 <= i)) || (!(i <= 10))
== (1 > i) || (i > 10)
```

vorausgesetzt werden. Der letzte Ausdruck wird meist als einfacher empfunden als der erste, da er nur eine Verknüpfungen „einfacher Bedingungen" ist.

Die bisher vorgestellten Regeln lassen sich folgendermaßen zusammenfassen:

- Der **Nachweis**, dass eine *if*-Anweisung mit einem *else*-Zweig aus einer Vorbedingung P eine Nachbedingung Q erzeugt

    // P (Vorbedingung)
    if (b) S1;
    else S2;
    // Q (Nachbedingung)

    lässt sich durch die folgenden beiden Nachweise erbringen, die beide keine *if*-Anweisung enthalten:

    // P && b
    S1;
    // Q

    und

```
// P && (!b)
S2;
// Q
```

- Entsprechend kann man den **Nachweis einer *if*-Anweisung ohne *else*-Zweig**

    ```
    // P (Vorbedingung)
    if (b) S1;
    // Q (Nachbedingung)
    ```

    auf die nächsten beiden Nachweise zurückführen:

    ```
    // P && b
    S1;
    // Q
    ```

    und

    ```
    // P && (!b)
    // keine Anweisung
    // Q
    ```

Mit den bisher vorgestellten Techniken kann immer **nur eine einzige *if*-Anweisung** untersucht werden. Sie kann durchaus verschachtelt sein, aber es ist nicht möglich, damit eine Anweisungsfolge wie

```
if (x&1) z = z + y;   // x&1 ist true, wenn x
y = y*2;              // ungerade ist, sonst false.
x = x/2;
```

zu verifizieren, die aus einer Sequenz von Anweisungen besteht. Das ist allerdings mit einer **symbolischen Programmausführung** möglich.

Untersucht man eine solche Folge von Anweisungen für jeden booleschen Wert, der sich bei jeder *if*-Anweisung ergeben kann, getrennt, erhält man mehrere Folgen von *if*-Anweisungen, die man getrennt mit symbolischer Programmausführung verifizieren kann, wie das schon bei den Zuweisungen gemacht wurde. Bei einer *if*-Anweisung sind das 2 Anweisungsfolgen, bei 2 *if*-Anweisungen 4 Anweisungsfolgen usw.

Beispiel: Vor der Ausführung der Anweisungsfolge

```
if (x&1) z = z + y;
y = y*2;
x = x/2;
```

soll die Bedingung

5.7 Auswahlanweisungen

$$z + x*y = u*v$$

gelten. Durch diese Anweisungsfolge werden dann die Anweisungen

```
y = y*2;
x = x/2;
```

ausgeführt, falls x gerade ist, bzw. die Anweisungen

```
z = z + y;
y = y*2;
x = x/2;
```

falls x ungerade ist.

In den letzten beiden Beispielen von Abschnitt 5.3 wurde aber bereits nachgewiesen, dass die Beziehung $z + x*y = u*v$ in beiden Fällen invariant ist. Dieses Ergebnis wird zusammengefasst durch

```
// z + x*y = u*v
if (x&1) z = z + y;
y = y*2;
x = x/2;
// z + x*y = u*v
```

Aufgaben 5.7.3

1. Überprüfen Sie mit Wahrheitstafeln, ob die folgenden Formeln richtig sind:

   a) p && (q || r) <==> (p && q) || (p && r)
   b) p || (q && r) <==> (p || q) && (p || r)
   c) (p && q) || r <==> p && (q || r)

2. Geben Sie Bedingungen in Form von einfach verknüpften Bedingungen an, die bei der Ausführung von S2 vorausgesetzt werden können.

   a) `if ((x < 0) || (x > 100)) S1;`
      `else S2;`
   b) `if ((x != 1) && (c == 'j')) S1;`
      `else S2;`
   c) `if(!((i < 1) && (i > 10))) S1;`
      `else S2;`

3. Unter welchen Bedingungen werden S1, S2, S3 und S4 ausgeführt:

   ```
   if (1 <= x && x <= 10) S1;
   else if (5 <= x && x <= 15) S2;
   else if (x > 12) S3;
   else S4;
   ```

4. Begründen oder widerlegen Sie, dass die Variable *max* nach der Ausführung eines jeden Zweigs der *if*-Anweisung den maximalen Wert von x, y und z hat:

   ```
   if ((x >= y) && (x >= z)) max = x;
   else if ((y >= x) && (y >= z)) max = y;
   else max = z;
   ```

5. Überprüfen Sie, ob unter der Vorbedingung n>0 die Beziehung

   $p*x^n = u^v$

   auch noch nach der Ausführung von

   ```
   if (n&1) p = p*x;
   n = n/2;
   x = x*x;
   ```

   gilt, wenn sie vor der Ausführung dieser Anweisungen erfüllt war.

6. Begründen oder widerlegen Sie, dass die Funktion *median* immer den mittleren der drei als Parameter übergebenen Werte liefert:

   ```
   T median (T a, T b, T c) // T ein Datentyp, z.B. int
   {
   if (a < b)
     if (b < c)
       return b;
     else if (a < c)
       return c;
     else return a;
   else if (a < c)
     return a;
   else if (b < c)
     return c;
   else return b;
   }
   ```

5.8 Wiederholungsanweisungen

Wiederholungsanweisungen gehören wie die Auswahlanweisungen zu den Kontrollstrukturen. Während man mit einer Auswahlanweisung steuern kann, **ob** eine bestimmte Anweisung (oft eine Verbundanweisung) ausgeführt werden soll oder nicht, steuert man mit einer Wiederholungsanweisung, **wie oft** eine bestimmte Anweisung ausgeführt werden soll.

Wiederholungsanweisungen werden auch als **Schleifen** bezeichnet. Dieser Ausdruck kommt aus der Steinzeit der Programmierung, als den Rechnern die Programme noch mit Lochstreifen eingegeben wurden: Um Anweisungen wiederholt auszuführen, wurde der Lochstreifen zu einer Schleife zusammengeklebt.

5.8 Wiederholungsanweisungen

In C++ gibt es die folgenden drei Wiederholungsanweisungen:

iteration-statement:
    while (*condition*) *statement*
    do *statement* **while** (*expression*) **;**
    for (*for-init-statement condition* *opt* **;** *expression* *opt*) *statement*

5.8.1 Die *while*-Anweisung

In der *while*-**Anweisung**

    while (*condition*) *statement*

steht *condition* für einen Ausdruck, der als **Schleifenbedingung** bezeichnet wird. Die Anweisung heißt auch **Schleifenkörper**. Soll er aus mehreren Anweisungen bestehen, sind sie mit einer Verbundanweisung zusammenzufassen.

Bei der Ausführung einer *while*-Anweisung wird die Schleifenbedingung vor der ersten Ausführung des Schleifenkörpers ausgewertet und in den Datentyp *bool* konvertiert. Ergibt sich dabei der Wert *false* (d.h. die Bedingung ist nicht erfüllt), wird der Schleifenkörper nicht ausgeführt. Ist die Bedingung jedoch erfüllt, wird der Schleifenkörper ausgeführt und anschließend die Schleifenbedingung erneut ausgewertet. Die Ausführung des Schleifenkörpers wird so lange wiederholt, wie die Auswertung der Schleifenbedingung den Wert *true* ergibt.

Beispiele: 1. Durch die folgenden Anweisungen werden die Zahlen 1 bis n ausgegeben, falls n größer oder gleich 1 ist:

```
int i = 0;
while (i < n) // Datentyp von i und n: int
  {
    i++;
    Memo1->Lines->Add(IntToStr(i));
  }
```

2. Dasselbe Ergebnis erhält man auch durch

```
int i = 1;
while (i <= n)
  {
    Memo2->Lines->Add(IntToStr(i));
    i++;
  }
```

Beide Beispiele sind so genannte **Zählschleifen**, weil eine Variable hochgezählt wird, um die Wiederholung der eigentlichen Verarbeitungsanweisung zu steuern. Bei der ersten Schleife wird i auf einen Wert initialisiert, der um 1 geringer ist als der Wert, mit dem der Schleifenkörper erstmals ausgeführt wird. Nach dem Verlassen der Schleife ist der Wert von i gleich dem Wert, mit dem die Verarbeitungsanweisung zuletzt ausgeführt wurde. Bei der zweiten Schleife wird i mit dem Wert initialisiert, mit dem die Verarbeitung erstmals ausgeführt werden soll. Nach dem Verlassen der Schleife ist der Wert von i um 1 höher als der, mit dem der Schleifenkörper zuletzt ausgeführt wurde.

Beispiel: Die folgende Funktion berechnet den Wert eines Kapitals mit seinen Zinsen und Zinseszinsen:

```
void Zinsen(Currency Kapital,Currency Zinssatz,
                                        int Laufzeit)
{
int Jahre = 0;
while (Jahre < Laufzeit)
  {
    Kapital = Kapital*(1 + Zinssatz/100);
    Jahre++;
    Form1->Memo1->Lines->Add(IntToStr(Jahre)+
    ". Jahr: "+FloatToStrF(Kapital,ffFixed,8,2));
  }
}
```

5.8.2 Die *do*-Anweisung

In der ***do*-Anweisung**

```
do statement while ( expression ) ;
```

steht *expression* für einen Ausdruck, der in den Datentyp *bool* konvertiert werden kann und auch als **Schleifenbedingung** bezeichnet wird. Die Anweisungen zwischen *do* und *while* sind der **Schleifenkörper**.

Bei der Ausführung einer *do*-Anweisung wird zunächst der Schleifenkörper ausgeführt. Dann wird der Ausdruck ausgewertet und sein Wert in den Datentyp *bool* konvertiert. Ergibt sich dabei der Wert *false*, wird die *do*-Anweisung anschließend verlassen. Ergibt sich jedoch der Wert *true*, wird der Schleifenkörper erneut ausgeführt und danach wieder der Ausdruck ausgewertet. Die Ausführung des Schleifenkörpers wird also so lange wiederholt, bis die Schleifenbedingung den Wert *false* hat.

Die mit einer *while*-Anweisung erzielte Ausführung kann auch mit einer *do*- und einer *if*-Anweisung erreicht werden. Falls b und S jeweils dieselbe Schleifenbedingung bzw. Anweisung bezeichnen, ist die Ausführung von S in

```
while (b) S;
```

und

```
if (b)
  do S;
  while (b);
```

5.8 Wiederholungsanweisungen

äquivalent. Die zweite Formulierung ist jedoch umständlicher, da die Bedingung b zweimal aufgeführt werden muss. Entsprechend kann

```
do S;
while (b);
```

ersetzt werden durch

```
S;
while (b) S;
```

Auch in diesem Fall ist die zweite Formulierung umständlicher, da die Anweisung S zweimal aufgeführt werden muss.

Offensichtlich wäre bereits eine der beiden Wiederholungsanweisungen ausreichend. Allerdings kommen in der Praxis beide Arten von Schleifen vor: Manchmal muss der Schleifenkörper mindestens einmal wiederholt werden, manchmal auch nicht. In jedem dieser Fälle ist aber die jeweils „passende" Schleife einfacher und leichter verständlich.

5.8.3 Die *for*-Anweisung

Die *for*-Anweisung

>   **for** (*for-init-statement condition* _{opt} ; *expression* _{opt}) *statement*
>
>   *for-init-statement:*
>   *expression-statement*
>   *simple-declaration*

ist im Wesentlichen gleichwertig mit der nächsten *while*-Schleife. Sie unterscheiden sich lediglich durch den Gültigkeitsbereich von Variablen, die im *for-init-statement* definiert werden, falls dieses eine Definition ist.

>   *for-init-statement*
>   **while** (*condition*)
>   {
>   *statement*
>   *expression* ;
>   }

Aus weiteren Syntaxregeln für das *for-init-statement* folgt, dass es immer durch ein Semikolon abgeschlossen wird. Deshalb müssen die beiden runden Klammern zwischen *for* und *statement* immer zwei Semikolons enthalten.

Beispiel: Die schon im Abschnitt über die *while*-Schleife vorgestellte Zinsberechnung kann auch mit einer *for*-Schleife formuliert werden:

```
        void Zinsen (Currency Kapital,Currency Zinssatz,
                                                int Laufzeit)
        {
        for (int Jahre = 1; Jahre<=Laufzeit; Jahre++)
           {
           Kapital = Kapital*(1 + Zinssatz/100.0);
           Form1->Memo1->Lines->Add(IntToStr(Jahre)+
                  ". "+FloatToStrF(Kapital,ffFixed,8,2));
           }
        }
```

Wenn in dem *for-init-statement* eine Variable deklariert wird, ist ihr Gültigkeitsbereich die auf die *for*-Anweisung folgende Anweisung. In älteren Versionen des Entwurfs für den C++-Standard hat sich dieser Gültigkeitsbereich bis zum Ende des Blocks erstreckt, in dem die *for*-Anweisung stand. Damit auch Programme übersetzt werden können, die nach dieser alten Regel geschrieben sind, kann man im C++Builder unter *Projekt|Optionen|C++|Kompatibilität* den Radiobutton „Nicht auf Schleife beschränkt" markieren.

Sowohl das *for-init-statement* als auch *condition* und *expression* können ausgelassen werden. Die Semikolons sind aber immer notwendig. Fehlt *condition*, wird angenommen, dass dieser Ausdruck *true* ist. Die Schleife ist dann eine Endlosschleife, falls sie nicht durch eine Sprunganweisung verlassen wird. Die Anweisungen unter 1. bis 4. sind alle syntaktisch korrekt und inhaltlich gleichwertig:

1. `for (int i=0;true;i++) { S; }  // S irgendeine Anweisung`
2. `for (int i=0;;i++) { S; }`
3. `int i=0;`
   `for (;;i++) { S; }`
4. `int i=0;`
   `for (;;) { S; i++;}`

Bei der *for*-Anweisung wird gelegentlich auch der Komma-Operator verwendet, um mehrere Ausdrücke am Anfang der Schleife zu initialisieren:

```
double Summe;
int i;
for (i=0,Summe=0;i<10;i++) Summe+=i;
```

Das *for-init-statement* ist entweder eine Ausdrucksanweisung oder eine Definition. In der nächsten *for*-Schleife ist es eine Definition.

```
double Summe; // undefinierter Wert
for (int i=0,Summe=0;i<10;i++) Summe+=i;
```

Deshalb ist *Summe* in der *for*-Schleife eine *int*-Variable. Die *double*-Variable *Summe* hat nach der Schleife denselben undefinierten Wert wie vorher.

5.8 Wiederholungsanweisungen

Kontrolliert man eine Schleife durch einen Gleitkommaausdruck, besteht die Gefahr, dass aufgrund der Ungenauigkeiten der Gleitkommaformate die Anzahl der Wiederholungen nicht den Erwartungen entspricht.

Beispiele: In der folgenden *for*-Schleife wird die Abbruchbedingung f==1 nie erreicht:

```
int i=0;
for (float f=0;f!=1;f+=0.1) i++;
```

Sowohl die *for*-Schleife in

```
int i=0;
for (float f=0;f<=1;f+=0.1) i++; // <= !!
```

als auch die in

```
int i=0;
for (float f=0;f<1;f+=0.1) i++; // < !!
```

wird mit einem Wert von i==10 verlassen. Ersetzt man dagegen in den letzten beiden Schleifen den Wert 0.1 durch 0.25, erhält man bei der ersten Schleife den Wert i==5 und bei der zweiten den Wert i==4.

Falls es bei einer **Schleife** auf die exakte Anzahl der Wiederholungen ankommt, sollte man diese **nie durch einen Gleitkommaausdruck** kontrollieren. Beim Vergleich solcher Ausdrücke mit einem der Vergleichsoperatoren kann es vorkommen, dass die Schleife einmal mehr oder einmal weniger durchlaufen wird, als man das aus dem Programmtext eventuell erwartet.

Außerdem muss darauf geachtet werden, dass eine *for*-Schleife nicht durch unterschiedliche Datentypen versehentlich zu einer Endlosschleife wird wie in

```
for (char c=0;c<=255;c++) // Endlosschleife, da char
                          // maximal 127 (signed) und 255 vom Typ int

for (int i=0;i!=1.5;i++)  // Endlosschleife: immer i!=1.5

for (int i=0;i<=10;i=i+0.1) // Endlosschleife: immer i==0
```

Derartige Unsicherheiten werden vermieden, wenn man

1. als **Laufvariable** (mit der die Anzahl der Wiederholungen kontrolliert wird) eine Ganzzahlvariable verwendet,
2. in *condition* die Laufvariable mit einer ganzzahligen Ober- bzw. Untergrenze vergleicht,
3. in *expression* die Laufvariable um einen ganzzahligen Wert erhöht bzw. vermindert und
4. darauf achtet, dass die Ober- und die Untergrenze sowie die Laufvariable denselben Datentyp haben.

Die folgenden beiden Beispiele sind nach diesem Schema aufgebaut:

```
for (int i=a;i<=b;i++) { S; } // Anfangswert a, Endwert b
for (int i=a;i>=b;i--) { S; }
```

Anmerkung für Pascal-Programmierer: Der *while*-Schleife von C++ entspricht die *while*-Schleife von Pascal und der *do*-Schleife die *repeat*-Schleife. Dabei ist die Abbruchbedingung der *do*-Schleife die Negation der Abbruchbedingung der *repeat*-Schleife. Die *for*-Schleife von Pascal bietet weniger Möglichkeiten als die von C++. Da die Laufvariable in Pascal ein ordinaler Datentyp sein muss, ist aber die Anzahl der Wiederholungen immer eindeutig definiert. Bei der *for*-Schleife in Pascal ist außerdem sichergestellt, dass sie nie zu einer Endlosschleife werden kann (wenn man nicht gerade die Laufvariable in der Schleife verändert). Die zusätzlichen Möglichkeiten von C++ sind potenzielle Quellen für diffizile Fehler.

Aufgaben 5.8.3

1. Formulieren Sie die Funktion *Zinsen* aus Abschnitt 5.8.1 mit einer *do*-Schleife.

2. Ein **Hypothekendarlehen** über einen Betrag von k DM mit einem Zinssatz von p% und einer Tilgung von t% sei als Annuitätendarlehen vereinbart. Dabei hat der Schuldner jedes Jahr am Jahresende eine gleich bleibende Rate von (p+t)% zu leisten.

    Von dieser konstanten Rate entfallen p% der Restschuld auf die Zinsen. Der Rest ist dann die Tilgung, die wegen der im Laufe der Jahre abnehmenden Restschuld jährlich größer wird.

    Schreiben Sie eine Funktion, die die Restschuld, Zinsen und Tilgungsraten für jedes Jahr der Laufzeit des Hypothekendarlehens ausgibt. Die Zinsen und die Tilgungsraten sollen jeweils am Jahresende fällig werden.

3. Der Schleifenkörper der *for*-Schleife

    ```
    for (T d=0;d<=1;d+=0.1) // T ein Gleitkommadatentyp
    ```

    wird mit dem Datentyp *float* 10 Mal und mit *double* 11 Mal wiederholt.

    a) Ersetzen Sie diese *for*-Schleife durch eine *for*-Schleife, die durch Ganzzahlausdrücke kontrolliert wird und die genau die 11 Werte 0, 0.1, 0.2, ..., 0.9 und 1 ausgibt.

    b) Ersetzen Sie die *for*-Schleife mit den Gleitkommawerten *ug*, *og* und d

    ```
    for (double f=ug;f<=og;f+=d) // <= !!
    ```

5.8 Wiederholungsanweisungen

durch eine *for*-Schleife, die durch Ganzzahlausdrücke kontrolliert wird und die den Schleifenkörper mit den Werten ug, ug+d, ug+2d, ..., og-d, og durchläuft.

5.8.4 Endlosschleifen, Abbruchbedingungen und Windows

Beim Entwurf einer Schleife ist stets darauf zu achten, dass sie nach einer endlichen Anzahl von Wiederholungen auch wieder verlassen wird. Wenn beispielsweise vor der Ausführung von

```
do i++;         // i und n: ein Ganzzahldatentyp
   // ...       // keine weiteren Veränderungen von i und n
while (i != n)
```

i = 5 und n = 0 gilt, wird die Abbruchbedingung i == 0 nie eintreten und deshalb die Schleife auch nie verlassen, da i in der Schleife immer weiter erhöht wird. Eine solche Schleife wird deshalb als **Endlosschleife** bezeichnet.

Genau genommen wird diese Endlosschleife aber doch nicht endlos durchlaufen: Da i einen Ganzzahldatentyp hat, wird i so lange erhöht, bis es den maximal darstellbaren positiven Wert erreicht hat. Danach bewirkt eine weitere Addition von 1 einen negativen Wert von i, über den man dann doch wieder bei n ankommt. Trotzdem ist das meist ziemlich sicher nicht das, was man eigentlich wollte, und es dauert auch fast endlos.

Dagegen wird diese Schleife nicht zu einer Endlosschleife, wenn vor ihrer Ausführung (i = 0) und (n = 5) gilt. Eine allgemeine Bedingung dafür, dass diese *do*-Schleife nicht zu einer Endlosschleife wird, kann man so formulieren: Da i in dieser Schleife immer um 1 erhöht wird, muss vor ihrer Ausführung i < n gelten, damit die Abbruchbedingung eintreten kann und die Schleife nicht zu einer Endlosschleife wird.

Schleifen, die etwas länger dauern, können ähnlich lästige Nebeneffekte haben wie Endlosschleifen, da sie manche Funktionen von Windows bis zu ihrem Ende behindern. So wird z.B. in der folgenden Schleife der aktuelle Wert von i nicht im Fenster *Edit1* angezeigt, solange die Schleife ausgeführt wird. Erst nach dem Ende der Schleife wird dann der Wert 10000 angezeigt.

```
void __fastcall TForm1::Button1Click(TObject *Sender)
{
for (int i=0; i<=10000; i++)
   Edit1->Text = IntToStr(i);
}
```

Das liegt daran, dass Windows alle Steuerelemente (insbesondere auch alle Edit-Fenster) selbst verwaltet. Deshalb schreibt der C++Builder bei einer Zuweisung an *Edit1->Text* den zugewiesenen String nicht direkt in das Edit-Fenster, sondern sendet Windows nur eine Botschaft mit der Aufforderung, den String in das Fenster zu schreiben. Windows bearbeitet diese Botschaft allerdings erst dann, wenn die Ausführung der Funktion *Button1Click* beendet ist. Deshalb wird die Anzeige in *Edit1* auch erst nach dem Ende der Schleife aktualisiert.

Da der C++Builder die Bearbeitung von Botschaften in der Funktion *Application->ProcessMessages* zusammenfasst, lässt sich dieser Mangel jedoch leicht beheben, indem man diese Funktion aufruft:

```
void __fastcall TForm1::Button1Click(TObject *Sender)
{
for (int i=0; i<=10000; i++)
  {
    Edit1->Text = IntToStr(i);
    Application->ProcessMessages();    // <---
  }
}
```

Durch diese Erweiterung wird jetzt jede Botschaft bearbeitet, unmittelbar nachdem sie an Windows gesendet wurde. Deshalb werden jetzt alle Werte von i im Edit-Fenster angezeigt und nicht nur der letzte.

Bei den früher üblichen DOS-Programmen oder den 16-bit-Programmen für Windows konnte eine Endlosschleife das ganze System blockieren. Es war nicht möglich, andere Programme zu aktivieren oder das „hängende" Programm abzubrechen, ohne das gesamte Windows abzubrechen (mit *Strg+Alt+Del* oder dem Reset-Schalter des Rechners). Da man mit dem C++Builder aber nur Programme für Win32 entwickeln kann, besteht hier diese Gefahr nicht. Ein Programm, das unter der Entwicklungsumgebung des C++Builders läuft, kann jederzeit mit dem Button „Pause" aus der Symbolleiste abgebrochen werden.

Bedingungen nach dem Verlassen einer Schleife

Die Schleifen von C++ werden so lange wiederholt, wie die Schleifenbedingung erfüllt ist. Deshalb gilt nach dem Verlassen einer Schleife die Negation der Schleifenbedingung.

Beispiel: Nach der Ausführung von

```
while ((c != 'j')&&(i >= 0))
  {
   ...
  }
// c=='j' || i<0
```

kann die als Kommentar angegebene Bedingung vorausgesetzt werden.

Die Bedingungen, die nach dem Verlassen einer Schleife gelten, lassen sich oft über die Negation der Schleifenbedingung hinaus verschärfen, indem man weitere Informationen berücksichtigt, die vor dem Verlassen der Schleife gelten.

5.8 Wiederholungsanweisungen

Beispiel: Nach dem Verlassen von

```
i = 10;
do { i--;         // keine weiteren Veränderungen
    ... }         // von i im Schleifenkörper
while (i > 0);
```

kann nicht nur die Bedingung (i <= 0), sondern sogar

```
i == 0
```

vorausgesetzt werden, da der Wert von i im Schleifenkörper immer um 1 verkleinert wird und vorher größer als 0 war.

Dass eine Bedingung eintritt, die sich nach dem Verlassen einer Schleife aus der Schleifenbedingung ergibt, setzt natürlich voraus, dass diese Schleife auch tatsächlich verlassen wird und keine Endlosschleife ist.

Aufgaben 5.8.4

1. Unter welchen Bedingungen werden die folgenden Schleifen nicht zu Endlosschleifen (Datentyp von i und n: *int*, d: *double*):

    a) ```
       while (n != 0)
          {
             .
           n = n+2;
             .
          }
       ```

    b) ```
       while (i > 0)
          {
             .
           i = i/2;
             .
          }
       ```

    c) ```
       while (i < n)
          {
             .
           i++;
             .
          }
       ```

    d) ```
       d = 0;
       do d = d + 0.1;
          ...
       while (d != 10);
       ```

    e) ```
       while (i > 0) n = 2*n;
       // keine weiteren Zuweisungen an i, r und n
       ```

    f) Die Schleife von b), wenn man i > 0 durch i >= 0 ersetzt?

2. Geben Sie möglichst strenge Bedingungen an, die nach dem Verlassen der folgenden Anweisungen gelten:

    a) ```
       while ((n > 0) && (c != 'q'))
          {
            n--;
            ...  // keine weiteren Veränderungen von n
          };
       ```

b) ```
n = 10;
while ((n > 0) && (c != 'q'))
  {
     n--;
     ...   // keine weiteren Veränderungen von n
  };
```

3. Die bekannten **Fraktalbilder** der **Mandelbrot**-Menge (nach dem Mathematiker Benoit Mandelbrot) entstehen dadurch, dass man mit den Koordinaten eines Bildpunktes (x,y) nacheinander immer wieder folgende Berechnungen durchführt:

$$x = x^2 - y^2 + x$$
$$y = 2xy + y$$

Dabei zählt man mit, wie viele Iterationen notwendig sind, bis entweder $x^2 + y^2 > 4$ gilt oder bis eine vorgegebene maximale Anzahl von Iterationen (z.B. 50) erreicht ist.

In Abhängigkeit von der Anzahl i dieser Iterationen färbt man dann die Koordinaten desjenigen Bildpunktes ein, mit dem man die Iteration begonnen hat: Falls die vorgegebene maximale Anzahl von Iterationen erreicht wird, erhält dieser üblicherweise die Farbe Schwarz (*clBlack*). In allen anderen Fällen erhält der Bildpunkt einen von i abhängigen Farbwert..

Färbt man so alle Bildpunkte von x0 = –2; y0 = 1.25; (links oben) bis x1 = 0.5; y1 = –1.25; (rechts unten) ein, erhält man das „**Apfelmännchen**".

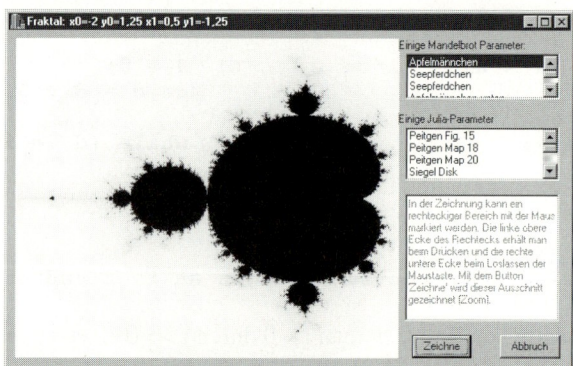

a) Schreiben Sie eine Funktion *ZeichneFraktal*, die ein solches Fraktal in ein *Image* (aus der Komponentenpalette, Seite *Zusätzlich*, Datentyp *TImage*) zeichnet. Diese Funktion soll nach dem Anklicken des Buttons „Zeichne" aufgerufen werden. Sie können dazu folgendermaßen vorgehen:

Ein *Image* hat links oben die Koordinaten (0,0) und rechts unten die Koordinaten (*Width*, *Height*). Transformieren Sie jeden Bildpunkt (px,py)
```

5.8 Wiederholungsanweisungen

des *Image* in die Koordinaten des Rechtecks mit den Eckpunkten (x0,y0) {links oben} und (x1,y1) {rechts unten}. Sie können dazu die Funktionen *x_Welt* und *y_Welt* aus „\CppUtils\GraphUtils.cpp" (siehe Abschnitt 4.5.1) verwenden:

```
double x = x_Welt(px,x0,x1,Image->Width);
double y = y_Welt(py,y1,y0,Image->Height);
```

Führen Sie dann mit jedem so erhaltenen Punkt (x,y) die oben beschriebenen Berechnungen durch. Als Farbwert zu der so bestimmten Anzahl i von Iterationen wählt man im einfachsten Fall mit *PALETTEINDEX* einen Farbwert aus der Standardpalette der Windows-Farben:

```
color = PALETTEINDEX(1 + i%16);
```

Das Pixel zur Koordinate (px,py) des *Image* setzt man dann mit der Eigenschaft *Pixels* auf diese Farbe:

```
Image1->Canvas->Pixels[px][py] = color;
```

b) Falls für den Bildschirm mehr als 256 Farben eingestellt sind (*Arbeitsplatz\Systemsteuerung\Anzeige\Einstellungen*), kann man mit dem Makro

> COLORREF **RGB**(BYTE bRed,   // red component of color
>   BYTE bGreen,   // green component of color
>   BYTE bBlue);   // blue component of color

auf einfache Weise wesentlich mehr Farben als mit *PALETTEINDEX* erzeugen. Es setzt die als Parameter übergebenen Farbanteile zu einem Farbwert zusammen. Erzeugt man z.B. mit den folgenden Anweisungen einen Farbwert zur Anzahl i der Iterationen, erhält man farblich wesentlich differenziertere Bilder als mit *PALETTEINDEX*:

```
i=i%256; // maximal 255 Farben
int r30=i%30;    // i->[0..29]
int t=255-5*r30; // [0..29]->[255..145]
if (i<30)        return RGB(255-8*i,255,255);
else if (i<60)   return RGB(0,255-8*r30,255);
else if (i<90)   return RGB(0,0,t);
else if (i<120)  return RGB(0,t,0);
else if (i<150)  return RGB(t,0,0);
else if (i<180)  return RGB(t,t,0);
else if (i<210)  return RGB(t,0,t);
else if (i<240)  return RGB(0,t,t);
else             return RGB(t,t,t); // Graustufen
```

Hier werden z.B. Werte von i zwischen 60 und 90 auf verschiedene Blautöne abgebildet. Dabei werden Farben vermieden, die nahe bei schwarz liegen. Diese Anweisungen sind aber nur als Anregung gedacht. Mit anderen Farbzuordnungen kann man interessante Variationen erhalten.

c) Bei größeren Fenstern kann der Zeichnen eines Fraktals leicht einige Minuten dauern. Deshalb soll das Zeichnen des Bildes durch das Anklicken eines Buttons mit der Aufschrift „Abbruch" abgebrochen werden können.

Damit das Anklicken dieses Buttons in der Schleife erkannt wird, muss die Funktion *Application->ProcessMessages()* aufgerufen werden. Da auch dieser Aufruf Zeit benötigt, sollte sie nur in der äußeren der beiden Schleifen aufgerufen werden, damit das Programm nicht zu langsam wird. Durch diesen Aufruf sieht man dann insbesondere auch, wie das Bild aufgebaut wird.

d) Ausschnitte eines Fraktalbildes kann man folgendermaßen vergrößern („**Zoom in**"): Man verwendet die aktuellen Mauskoordinaten beim Drücken bzw. Loslassen der Maustaste (Ereignisse *OnMouseDown* bzw. *OnMouseUp*) als Eckpunkte (links oben bzw. rechts unten) des neuen Bildes. Diese Koordinaten werden dann mit denselben Formeln wie unter a) in die neuen Weltkoordinaten (x0,y0) und (x1,y1) umgerechnet. Nach dem Anklicken des Buttons „Zeichne" wird das Fraktalbild dann mit den neuen Werten (x0,y0) und (x1,y1) gezeichnet.

e) Bei den Fraktalbildern der **Julia**-Menge (nach dem französischen Mathematiker Gaston Julia) verwendet man anstelle der am Anfang dieser Aufgabe angegebenen Formeln die folgenden:

$$x = x^2 - y^2 + jx$$
$$y = 2xy + jy$$

Der einzige Unterschied zu den Formeln für die Mandelbrot-Fraktale ist der, dass jx und jy konstante Werte sind (z.B. jx=-0.745 und jy=0.1125).

Erweitern Sie das Programm so, dass in Abhängigkeit von einer globalen Variablen Mandelbrot- oder Julia-Fraktale gezeichnet werden.

f) In je einer Listbox sollen Parameter für verschiedene Mandelbrot- und Julia-Fraktale zur Auswahl angeboten werden. Beim Anklicken eines Eintrags der Listbox sollen dann die entsprechenden Parameter für die Eckpunkte übernommen werden. Dazu kann man eine Struktur wie

```
struct TMandelbrotParam {
  char* Name;
  double x0; double y0;
  double x1; double y1;
};
```

definieren und dann ein Array mit solchen Strukturen mit den entsprechenden Parametern initialisieren:

5.8 Wiederholungsanweisungen

```
const int nMBAW=13;
TMandelbrotParam MBPar[nMBAW]=
  {
    {"Apfelmännchen", -2,     1.25,  0.5,   -1.25},
    {"Seepferdchen",  -0.88,  0.18,  -0.70, 0.0},
    // ...
    {"Spirale",       -0.750, 0.105, -0.740, 0.095}
  };
```

5.8.5 Ein wenig Programmierlogik für Schleifen

Auch Zuweisungen, die durch Schleifen kontrolliert werden, können mit Ablaufprotokollen untersucht werden. Falls die Anzahl der Wiederholungen des Schleifenkörpers durch Variablen kontrolliert wird, hängt die Anzahl der Zeilen eines solchen Ablaufprotokolls vom Wert der kontrollierenden Variablen ab.

Beispiel: Falls n vor der Ausführung der *for*-Anweisung

```
int s=0, n=3;
for (int i=1; i<n; i++) s=s+i;
```

den Wert 3 hat, wird der Schleifenkörper mit i=1 und i=2 ausgeführt:

	condition i<=n	s	i
s = 0		0	
for (i=1;i<=n;i++)			
i = 1			1
i<=n	true		
s = s+i		0+1=1	
i++			2
i<=n	true		
s = s+i		1+2=3	
i++			3
i<=n	false		

Für dieselbe *for*-Anweisung erhält man mit einem größeren Wert von n ein entsprechend längeres Ablaufprotokoll.

Wenn man das Ergebnis einer Schleife mit einer symbolischen Programmausführung nachweisen will, muss man das Ergebnis für jede mögliche Anzahl von Wiederholungen einzeln nachweisen. Das ist allerdings meist nicht praktikabel.

Mit der unter 1. bis 4. beschriebenen Vorgehensweise kann man dagegen nachweisen, dass nach der Ausführung einer *while*-Schleife unabhängig vom speziellen Wert der beteiligten Variablen ein bestimmtes **Ergebnis E** gilt:

1. Man bestimmt eine Invariante I für den Schleifenkörper. (Zur Erinnerung: Eine Invariante ist eine Bedingung, die durch eine Anweisung bzw. eine Folge von Anweisungen nicht verändert wird.)

2. Man zeigt, dass die Invariante vor der ersten Ausführung der Schleife gilt.
3. Man zeigt, dass die Schleife nicht zu einer Endlosschleife wird.
4. Aus der Invariante und der Bedingung nach dem Verlassen der Schleife leitet man das gesuchte Ergebnis ab.

In dem folgenden Programmschema sind diese Bedingungen als Kommentare angegeben:

```
// I                          2.
while (b)
   {
       // I                   1. // hier kann man sogar I && b voraussetzen
       S;
       // I                   1.
   }
// (!b) && I ==> E }          3. und 4.
```

Wegen 2. gilt die Invariante vor der ersten Ausführung des Schleifenkörpers. Da die Invariante nach jeder Ausführung des Schleifenkörpers gilt, wenn sie am Anfang des Schleifenkörpers gültig war, gilt sie insbesondere auch nach dem Verlassen der Schleife, da nach der letzten Anweisung im Schleifenkörper nur die Schleifenbedingung geprüft wird, aber keine Anweisungen durchgeführt werden. Wegen 3. tritt dieser Fall tatsächlich auch ein.

Beispiel: Für die Anweisungsfolge

```
x = u;
y = v;
z = 0;
while (x != 0)
   {
       if (x&1) z = z + y; // if (x ungerade) ...
       y = y*2;
       x = x/2;
   }
```

gilt wegen

```
x = u;
y = v;
z = 0;
```

vor der ersten Ausführung des Schleifenkörpers

$z + x*y == u*v$

Im letzten Beispiel von Abschnitt 5.7.3 wurde aber schon nachgewiesen, dass diese Beziehung unter den Anweisungen des Schleifenkörpers invariant ist.

5.8 Wiederholungsanweisungen

```
assert(z+x*y==u*v);
while (x != 0)
  {
    assert(z+x*y==u*v);
    if (x&1) z = z + y;// x&1=true für ungerade x
    y = y*2;
    x = x/2;
    assert(z+x*y==u*v);
  }
```

Nach dem Verlassen der Schleife gilt außerdem die Negation der Schleifenbedingung, also

x == 0

Daraus folgt mit der Invarianten, dass nach der Ausführung der Schleife

z == u*v

gilt. Bereits in Aufgabe 5.8.4.1.b wurde gezeigt, dass diese Schleife nicht zu einer Endlosschleife werden kann.

Mit diesem Programm kann man das Produkt von zwei Zahlen berechnen. Die Anweisungen dieser Funktion lassen sich für binär dargestellte ganze Zahlen einfach durchführen:

- Ob eine Zahl ungerade ist oder nicht (x&1), erkennt man am niedrigstwertigen Bit.
- Die Multiplikation einer binär dargestellten Zahl mit 2 erreicht man durch eine Linksverschiebung der Bits um eine Stelle.
- Die Division (ohne Rest) einer binär dargestellten Zahl durch 2 erreicht man durch eine Rechtsverschiebung der Bits um eine Stelle.

Dieses Verfahren entspricht dem Staffelschema zur Multiplikation, mit dem in der Grundschule Zahlen im Dezimalsystem multipliziert werden:

```
11*101 // 3*5 im Binärsystem, ohne führende Nullen
11     // trägt 1100 zum Ergebnis bei, 11<<2
 00 // 0 aus 101 trägt nichts zum Ergebnis bei, 0&1 false
  11   // 11<<0
1111
```

Damit die Verifikation einer Schleife nicht unnötig kompliziert wird, sollte man als Schleifenbedingung keine komplizierten Ausdrucksanweisungen verwenden.

Zur Verifikation einer *do*-**Schleife** ist es oft am einfachsten, sie in eine *while*-Schleife zu transformieren. Dadurch können die beiden Fälle getrennt behandelt werden, die sich daraus ergeben, dass bei der ersten Ausführung des Schleifenkörpers die Negation der Schleifenbedingung nicht gelten muss, die ab der zweiten Wiederholung gilt.

Beim Nachweis des Ergebnisses einer Schleife besteht die größte Schwierigkeit meist im Auffinden der Schleifeninvarianten. Im letzten Beispiel und in der letzten Aufgabe fiel diese Invariante „vom Himmel". Das lag daran, dass auch die jeweiligen Anweisungen vom Himmel fielen. Wenn man dagegen selbst eine Schleife entwickelt, soll sie ein bestimmtes Ergebnis erzielen. Aus diesem beabsichtigten Ergebnis lässt sich dann eine Invariante meist ohne allzu großen Aufwand ableiten.

Aufgaben 5.8.5

1. Erstellen Sie für die folgenden Anweisungen mit den angegebenen Anfangswerten Ablaufprotokolle.

    a) n = 4
    ```
    f = 1;
    for (int i=2; i<=n; i++)
      f = f*i;
    ```

    b) u = 3, v = 5
    ```
    x = u;
    y = v;
    z = 0;
    while (x != 0)
       {
         if (x&1) z = z + y;
         y = y * 2;
         x = x/2;
       }
    ```

    c) wie b), mit u = 0, v = 5

    d) u = 3, v = 2
    ```
    p = 1;
    n = v;
    x = u;
    while (n > 0)
       {
         if (n&1) p = p * x;
         n = n/2;
         x = x*x;
       }
    ```

2. Bestimmen Sie eine Invariante für die Schleife in der Funktion *Potenz* und weisen Sie deren Ergebnis unter der Vorbedingung n>=0 nach. Sie können dazu die Ergebnisse der Aufgabe 5.7.3.5 verwenden.

5.8 Wiederholungsanweisungen

```
double Potenz(double x, int n)
{
double p = 1;
while (n > 0)
   {
     if (n&1) p = p*x;
     n = n/2;
     x = x*x;
   }
return p;
}
```

3. Für zwei ganze Zahlen a und b teilt a die Zahl b, falls es eine Zahl k gibt, so dass a*k = b ist.

   Der **größte gemeinsame Teiler ggT** von zwei Zahlen a, b ist der größte Teiler, der sowohl a als auch b teilt. Beispiele:

   ggT(4,30) = 2, ggT(2,7) = 1, ggT(0,5) = 5

   Aus dieser Definition der Teilbarkeit ergibt sich unmittelbar:

   1. ggT(a,b) = ggT(b,a)
   2. ggT(a,–b) = ggT(a,b)
   3. ggT(a,0) = a

   Wegen 2. kann man sich ohne Beschränkung der Allgemeinheit auf a > 0 und b >= 0 beschränken. Aus

   a = (a/b) * b + a%b

   folgt

   a – (a/b) * b = a%b

   Damit ist jeder gemeinsame Teiler t von a und b auch ein Teiler von b und a%b und umgekehrt, da

   $t*k_a$=a und $t*k_b$=b und $t*k_a - (a/b)*t*k_a$ = a %b

   d.h.

   ggT(a,b) = ggT(b,a % b)

   Dabei ist a%b kleiner als b.

   Beweisen Sie mit einer geeigneten Invariante, dass die Funktion *ggT* den größten gemeinsamen Teiler der Argumente als Funktionswert hat.

```
int ggt(int x, int y)
{ // x=x0,y=y0
while (y != 0)
   {
      int r = x%y;
      x = y;
      y = r;
   }
return x; // ggT(x0,y0)==x;
}
```

4. Beim **Hornerschema** wird der Funktionswert eines Polynoms

   $$h = p[n]*x^n + p[n-1]*x^{n-1} + \ldots + p[1]*x + p[0]$$

   dadurch berechnet, dass die Klammern in

   $$h = (\ldots((p[n]*x + p[n-1])*x + p[n-2]) \ldots + p[1])*x + p[0]$$

   von innen nach außen ausmultipliziert werden. Dabei werden nur n+1 Multiplikationen benötigt. Mit der Funktion *Potenz* wären es (n+2)*(n+1)/2.

   ```
   double Horner(double x, int n, double p[])
   { // p: Array mit den Koeffizienten des Polynoms
   double s = 0; // n: Der Grad des Polynoms.
   int i = 1;
   while (i <= n+1)
      {
         s = s*x + p[n-i+1];
         i++;
      }
   return s;
   }
   ```

   a) Beweisen Sie mit Invarianten, dass dieser Algorithmus für ein Polynom mit den Koeffizienten p[n], p[n–1], ..., p[0] den Funktionswert berechnet:

   $$s = p[n]*x^n + p[n-1]*x^{n-1} + \ldots + p[1]*x + p[0]$$

   b) Erweitern Sie diesen Algorithmus so, dass in einer weiteren Variablen die Ableitung des Polynoms berechnet wird.

5. Übertragen Sie das in diesem Abschnitt verifizierte Multiplikationsverfahren auf die Multiplikation von zwei positiven ganzen Zahlen, deren Ziffern in einem String dargestellt werden. Zur Addition solcher Zahlen kann die Lösung von Aufgabe 4.1.6 verwendet werden. Testen Sie diese Funktion mit einer Funktion, die die Fakultät berechnet. Dabei ergibt sich z.B.

   45!=119622220865480194561963161495657715064383733760000000000

   Sie können die Fakultäten der Stringzahlen auch mit denen von *double*-Werten vergleichen.

5.9 Die Sprunganweisungen *goto*, *break* und *continue*

Durch eine Sprunganweisung wird der Ablauf des Programms an einer anderen Stelle fortgesetzt.

> *jump-statement:*
>   **break** ;
>   **continue** ;
>   **return** *expression* _{opt} ;
>   **goto** *identifier* ;

Bei der *goto*-Anweisung muss der Bezeichner nach *goto* eine Sprungmarke (*label*) sein. Eine solche Sprungmarke wird dadurch definiert, dass man sie zusammen mit einem Doppelpunkt vor eine Anweisung schreibt:

> *labeled-statement:*
>   *identifier* **:** *statement*
>   **case** *constant-expression* **:** *statement*
>   **default** **:** *statement*

Bei der Ausführung einer *goto*-Anweisung wird als nächste Anweisung die Anweisung ausgeführt, die auf das angesprungene Label folgt. Solche Sprünge sind nur innerhalb einer Funktion möglich.

Beispiel:
```
void __fastcall TForm1::ButtonClick(TObject *Sender)
{
int x,sign;
if (x >= 0) goto then;
sign = -1;
goto Ende;
then: sign = 1;
Ende:Edit1->Text = IntToStr(sign);
}
```

Wie dieses Beispiel zeigt, kann mit *goto*-Anweisungen derselbe Programmablauf wie mit einer *if-else*-Anweisung erzeugt werden. In vielen früheren Programmiersprachen war das *goto* sogar oft (fast) die einzige Kontrollstruktur, da es direkt in eine entsprechende Anweisung des Prozessors übersetzt werden kann. Bei Batch-Programmen (BAT-Dateien) unter MS-DOS ist das heute noch so. Mit diesem *goto* mussten dann fast alle Schleifen, *if*-Anweisungen, Funktionsaufrufe usw. realisiert werden, und die resultierenden Programme sahen meist noch wesentlich unübersichtlicher aus als das folgende:

```
void __fastcall TForm1::Button1Click(TObject *Sender)
{     int m = 2;
L1:   m = m+1;
      int n = m;
      Memo1->Lines->Add("m="+IntToStr(m));
L2:   if (n&1) goto L4;
      n = n/2;
      goto L5;
L4:   n = 3*n+1;
L5:   Memo1->Lines->Add("    n="+IntToStr(n));
      if (n!=1) goto L2;
      if (m<20) goto L1;
} // nach Assembler-Output mit "BCC32.EXE -S ulam.cpp"
```

Obwohl dieses Programm die Anforderungen der strukturierten Programmierung erfüllt, ist sein Ablauf vermutlich für die meisten Leser erheblich schwerer nachzuvollziehen als beim folgenden Programm:

```
void __fastcall TForm1::Button2Click(TObject *Sender)
/* ulam.cpp
   Vermutung von Ulam bzw. Collatz: Der Algorithmus in
   der inneren repeat-Schleife konvergiert für alle Werte
   von m. Obwohl diese Vermutung inzwischen für alle
   Zahlen < 7*10¹¹ nachgewiesen wurde, konnte sie bisher
   noch nicht bewiesen werden. */
{
int m = 2;
do {
    m = m+1;
    int n = m;
    Memo1->Lines->Add("m="+IntToStr(m));
    do {
        if (n&1) n = 3*n+1;
        else n = n/2;
        Memo1->Lines->Add("    n="+IntToStr(n));
    }
    while (n!=1);
  }
while (m < 20);
};
```

Wie das vorletzte Beispiel zeigt, können Programme mit *goto*-Anweisungen sehr undurchsichtig werden, da die Reihenfolge, in der die Anweisungen im Programm stehen, völlig von der abweichen kann, in der sie ausgeführt werden. Deshalb kann man aus dem Programmtext kaum noch ersehen, was beim Ablauf des Programms tatsächlich passiert.

Außerdem kann man mit *goto*-Anweisungen Programme schreiben, deren Auswirkungen nicht definiert (und damit nicht vorhersehbar) sind! Diese Gefahr besteht bei allen anderen bisher behandelten Anweisungen nicht. Zu den undefinierten *goto*-Anweisungen gehört ein Sprung in eine strukturierte Anweisung, insbesondere also **in eine Auswahlanweisung** und **in eine Schleife**. Solche Sprünge werden von den meisten C++-Compilern nicht als Fehler bemängelt:

5.9 Die Sprunganweisungen goto, break und continue

Beispiele für undefinierte *goto*-Anweisungen:

```
void undefined()
{
AnsiString s;
int i=10, x=10;
goto L10;      // undefinierter Sprung in if
L2:goto L20;   // undefinierter Sprung in Schleife
L3:goto L30;   // undefinierter Sprung in Schleife
L4: Form1->Memo1->Lines->Add(s);
return;

if (x>0) L10: s = s+"x > 0";
else     L11: s = s+"x <= 0";
goto L2;

while (i>0)
   {
      L20: i--;
      s = s+"#"+IntToStr(i);
   }
goto L3;

for (int j=10;j<= 20;j++)
   L30:s = s+" for j="+IntToStr(j);
goto L4;
}
```

Offensichtlich kann man die *goto*-Anweisung auf vielfältige Art missbrauchen. Einen solchen Missbrauch verhindert man am einfachsten dadurch, dass man sie überhaupt nicht verwendet. Das war in den 60er und 70er Jahren das Ziel einer großen „Gehirnwaschaktion", bei der altertümliche *goto*-Programmierer zu modernen „strukturierten" Programmierern umgezogen wurden. Heute ist das kein Thema mehr, weil mit den inzwischen üblichen Kontrollstrukturen *if-else*, *switch, while, do* usw. kaum noch jemand freiwillig *goto*-Anweisungen einsetzt.

Ein Verzicht auf die *goto*-Anweisung bedeutet keine Einschränkung der möglichen Programme. Wie Böhm und Jacopini 1966 gezeigt haben, können alle Programme, die mit *goto*-Anweisungen geschrieben werden können, auch allein mit Schleifen und Auswahlanweisungen geschrieben werden.

Allerdings muss nicht jede Verwendung der *goto*-Anweisung ein fehlerhaftes oder undurchschaubares Programm nach sich ziehen. So kann man aus einer Schleife oder einer Auswahlanweisung springen, ohne dass undefinierte Effekte zu befürchten sind (wenn man an eine zulässige Stelle springt). Allerdings kann nach einem Sprung aus einer *while*-Schleife nicht mehr die Negation der Schleifenbedingung vorausgesetzt werden.

```
AnsiString s;
char gesuchtes_Zeichen;
bool gefunden = false;
for (int i=1; i<=s.Length();i++)
  if (s[i]==gesuchtes_Zeichen)
     {
        gefunden = true;
        goto L99;
     }
L99:if (gefunden)
   Edit1->Text = "gefunden";
```

ist sicher nicht weniger übersichtlich als

```
while ((i < s.Length()) && (!gefunden))
 ...
```

Nachdem das *goto* den Touch des Unberührbaren bekommen hat, man es aber doch manchmal braucht, wurde die Anweisung **break** erfunden. Sie kann nur in einer *switch*-Anweisung verwendet werden und hat dasselbe Ergebnis wie ein *goto* auf das Ende der aktuell umschließenden Schleife bzw. *switch*-Anweisung. *break* ist allerdings auch nicht ohne Risiko: Baut man um eine Schleife mit einem *break* eine weitere, dann wird durch das *break* nur die innere verlassen, nicht jedoch die gesamte Schleife. In einer solchen Situation ist ein Sprung auf ein Schleifenende wesentlich ungefährlicher und überschaubarer.

Erweitert man z.B. die Suche nach einem einzigen Zeichen

```
gefunden = false;
for (int i=1;i<=s.Length();i++)
  if (s[i]==gesuchtes_Zeichen)
     {
        gefunden = true;
        break;
     }
```

auf die Suche nach einer Zeichenfolge in einem String, funktioniert die ursprünglich funktionierende Lösung nicht mehr.

```
for (int i=1;i<=s.length();i++)
   for (int j=1; j<=gesuchte_Zeichen.Length();i++)
      if (s[i]==gesuchte_Zeichen[j])
         {
            gefunden = true;
            break; // jetzt wird nur noch die innere Schleife
         }                                     // verlassen
```

Die Anweisung **continue** kann wie die *break*-Anweisung nur in einer Schleife verwendet werden und bewirkt, dass die restlichen Anweisungen des Schleifenkörpers übergangen werden. Anschließend wird die Schleifenbedingung geprüft und der nächste Durchlauf der Schleife durchgeführt. *continue* ist also gleichwertig mit einem Sprung auf das Ende des Schleifenkörpers.

Die Schleife

```
int i=0;
do { Edit1->Text = IntToStr(i);
     if (i >= 3) continue;
     i++;// Der Zähler wird ab i=3 nicht mehr hochgezählt
   }
while (i != 10);
```

ist eine Endlosschleife, und die folgenden beiden Schleifen sind gleichwertig:

```
for (int i=1;i<=s.Length();i++)
  {
    if (('a'<=s[i]) && (s[i]<='z'))
      continue;
    j++;
  };

for (int i=1;i<=s.Length();i++)
  if (('a'<=s[i]) && (s[i]<='z'));
  else j++;
```

Bei der ersten erspart man sich gegenüber der zweiten einen Verschachtelungsblock. Diese Ersparnis geht aber auf Kosten der expliziten Programmlogik: Es ist nicht unmittelbar offensichtlich, dass für die Anweisungen nach *continue* die Negation der *if*-Bedingung vorausgesetzt werden kann. Diese Bedingung wirkt sich außerhalb ihrer zugehörigen Anweisung aus. Nach Kernighan/Ritchie (1988, Abschnitt. 3.7) wird *continue* nur selten benötigt. Es wird vor allem dazu verwendet, eine Negation und eine Verschachtelung wie im obigen Beispiel einzusparen.

Langer Rede kurzer Sinn: Die *goto*-Anweisung ist sinnvoll, um eine Schleife (insbesondere eine verschachtelte) zu verlassen. Ansonsten hat sie kaum sinnvolle Anwendungen. Vor allem sollte man den Programmablauf immer durch die üblichen strukturierten Kontrollanweisungen (*if*, *switch*, *while*, *do* und *for*) steuern. Auch auf *break* und *continue* sollte man eher verzichten.

Die einzige Sprunganweisung, auf die man in den wenigsten Programmen verzichten kann, ist die ***return*-Anweisung**:

return *expression $_{opt}$* ;

Mit ihr wird ein Funktionsaufruf beendet. Als nächste Anweisung wird die auf den Aufruf folgende Anweisung ausgeführt. Falls nach *return* ein Ausdruck angegeben wird, ist sein Wert der Funktionswert. Der Datentyp dieses Ausdrucks wird durch eine Standardkonversion in den Datentyp des Funktionswertes umgewandelt. Falls der Datentyp des Funktionswerts *void* ist, darf nach *return* kein Ausdruck angegeben werden. Siehe dazu auch Abschnitt 6.1.

Aufgabe: Hier gibt es (außer nichts zu üben) nichts zu üben.

5.10 Exception-Handling

Die üblichen Kontrollstrukturen (*if*, *while* usw.) sind für die Steuerung eines normalen Programmablaufs angemessen und ausreichend. Sie führen allerdings schnell zu komplizierten und unübersichtlichen Programmstrukturen, wenn man damit alle möglichen Fehler abfangen will. Wenn z.B. bei der Berechnung

```
m = s_x/n;
s = sqrt(s_xx/(n-1));
```

einer der beiden Divisoren 0 oder s_xx negativ ist, bewirkt der von vielen Compilern erzeugte Code einen Programmabbruch aufgrund einer „Division by Zero" oder „Invalid Floating Point Operation". Die Folge sind entnervte und nervende Kunden, die am Montagmorgen anrufen, weil das Programm abgestürzt ist. Um solche Programmabstürze zu verhindern, müssen alle möglichen Fehler abgefangen werden. Außerdem sollte man den Anwender auf die Ursache des Fehlers hinweisen:

```
if (n > 0)
  {
     m = s_x/n;
     //hier folgen Anweisungen, die nur m verwenden
     if (n > 1)
        {
           if (s_xx >= 0)
              {
                 s = sqrt(s_xx/(n-1));
                 // hier Anweisungen, die m und s verwenden
              }
           else
              {
                 ShowMessage("s_xx < 0, setze s = 0");
                 s = 0;
              }
        }
     else
        {
           ShowMessage("n <= 1, setze s = 0");
           s = 0;
        }
  }
else
  {
     ShowMessage("n <= 0, setze m = 0");
     m = 0;
  }
```

Dadurch wird das Programm, in dem eigentlich nur zwei Anweisungen ausgeführt werden sollen, beträchtlich **aufgeblasen**. Bei der Arbeit mit Dateien oder dynamischen Datenstrukturen entstehen oft noch wesentlich tiefer verschachtelte Strukturen, bei denen man dann vor lauter Sicherungsmechanismen kaum noch

5.10 Exception-Handling

sieht, was eigentlich gemacht wird. Dabei besteht die Gefahr, dass sich durch die zusätzlichen Anweisungen **neue Fehler** in das Programm **einschleichen**. Um diese zusätzlichen Fehlerquellen zu vermeiden, kann es sogar besser sein, auf das konsequente Abfangen aller denkbaren Fehler zu verzichten.

Außerdem ist es nicht immer einfach, wirklich alle möglichen Fehler vorherzusehen: Die Voraussetzung x >= 0 für den Aufruf der Funktion *sqrt* wird leicht vergessen. Und die Prüfung, ob ein String eine zulässige Zahl darstellt, ist oft nicht wesentlich einfacher als seine Konvertierung. Hinzu kommt, dass jeder Programmierer oft unbewusst implizite Annahmen macht, wie z.B. die, dass vor dem Aufruf einer Auswertungsfunktion immer zuerst Daten eingegeben werden. Wenn ein Anwender dann an einem blauen Montagmorgen die Auswertung ohne eine vorhergehende Dateneingabe aufruft, klingelt schnell das Telefon.

Kurzum: **Es ist gar nicht so einfach, fehlerfreie Programme zu schreiben.**

Wenn man aber Fehler schon nicht mit 100%iger Sicherheit vermeiden kann, sollte man wenigstens versuchen, ihre Auswirkungen zu begrenzen, um die Programme so möglichst fehlertolerant zu machen. Das ist mit **Exceptions** möglich. Wenn ein Programm entdeckt, dass die Voraussetzungen für eine sinnvolle weitere Ausführung nicht gegeben sind, kann es eine Exception auslösen und dadurch an einer anderen Stelle fortgesetzt werden, an der auf diese Situation reagiert wird. Damit kann man auf Fehler, die an verschiedenen Stellen in einem Programm auftreten, an einer zentralen Stelle reagieren. Insbesondere kann man die Anweisungen zur Reaktion auf einen Fehler zusammenfassen und von den eigentlich auszuführenden Anweisungen trennen. Dadurch lassen sich so unübersichtliche Programmstrukturen wie im Beispiel oben vermeiden.

Das Wort „Exception" kann man mit „Ausnahme" übersetzen. Es steht für Ereignisse, die normalerweise nicht vorkommen und die deshalb Ausnahmen vom Regelfall sind. Häufig sind das Laufzeitfehler wie eine Division durch Null, eine Bereichsüberschreitung, eine allgemeine Schutzverletzung usw.

In diesem Abschnitt werden einige Begriffe verwendet, die erst später im Zusammenhang mit Funktionen und Klassen vorgestellt werden. Da man das Exception-Handling aber auch nutzen kann, ohne alle Feinheiten zu kennen, erschien mir dieser Vorgriff sinnvoll. Insbesondere setzen die Abschnitte 5.10.6, 5.10.8 und 5.10.10 tiefere Kenntnisse über Klassen voraus und sollten am besten nach Kapitel 8 nochmals gelesen werden. Die Alternative zu diesem Vorgriff wäre eine Aufteilung in zwei getrennte Kapitel gewesen.

5.10.1 Die *try*-Anweisung

Eine ***try**-Anweisung* (*try*-Block) besteht aus dem Schlüsselwort *try* und einer Verbundanweisung, auf die ein oder mehrere Exception-Handler (*handler*) folgen:

try-block:
    try *compound-statement handler-seq*

handler-seq:
    handler handler-seq _{opt}

handler:
    catch (*exception-declaration*) *compound-statement*

exception-declaration:
    type-specifier-seq declarator
    type-specifier-seq abstract-declarator
    type-specifier-seq
    ...

Bei der Ausführung der *try*-Anweisung werden die Anweisungen aus der Verbundanweisung nach *try* der Reihe nach abgearbeitet. Falls dabei keine Exception ausgelöst wird, werden die Exception-Handler der *handler-seq* übergangen.

Löst jedoch eine dieser Anweisungen eine Exception aus, werden unmittelbar nach der Exception alle Exception-Handler der Reihe nach daraufhin geprüft, ob die Exception zu ihnen passt. Beim ersten passenden Handler wird dann die Verbundanweisung nach *catch* ausgeführt. Damit ist die Ausführung der gesamten *try*-Anweisung beendet. Sowohl die Anweisungen, die in der *try*-Anweisung auf die Exception folgen, werden übergangen, als auch alle weiteren Handler.

Der C++Builder löst bei den meisten **Laufzeitfehlern eine Exception** aus. Solche Laufzeitfehler können eine Division durch Null sein, Konversionsfehler (z.B. bei *StrToInt("eins")*), nicht genügend Speicher bei *new*, allgemeine Schutzverletzungen usw. Wenn man solche Anweisungen in einem *try*-Block ausführt, kann man in einem Exception-Handler gezielt darauf reagieren. Ohne Exception-Handling führen solche Laufzeitfehler zu einem Programmabbruch.

Die allgemeinste (aber auch undifferenzierteste) Form einer Exception-Deklaration ist „...". Gibt man diese nach *catch* an, passt der Handler zu jeder Exception.

Beispiel:
```
void Auswertung()
{
int n = 0;
double m, s, s_x=17, s_xx=18;
try {
    m = s_x/n; // löst wegen n=0 eine Exception aus
    s = sqrt(s_xx/(n–1));
  }
catch(...)     // passt zu jeder Exception
  {
    ShowMessage("Fehler ...");
    // weitere Anweisungen
  }
}
```

5.10 Exception-Handling

In diesem Beispiel tritt wegen n=0 bei der Berechnung von m eine Exception auf. Daraufhin wird die Ausführung der Verbundanweisung nach *try* ohne die Berechnung von s beendet. Da die Exception-Deklaration „..." zu jeder Exception passt, wird nach der Exception die Verbundanweisung nach *catch* ausgeführt.

Im C++-Standard ist festgelegt, dass die Funktionen aus den Bibliotheken von ANSI-C keine Exceptions auslösen sollen, damit diese Bibliotheken auch von C-Programmen verwendet werden. Deshalb löst *sqrt* mit einem negativen Argument keine Exception aus. Der C++-Standard lässt aber Erweiterungen zu, die das ermöglichen. Sie werden in Abschnitt 5.10.9 für den C++Builder gezeigt.

Exceptions sind nicht nur nützlich, um Fehler wie bei einer Division durch 0 abzufangen. Zwei Beispiele dazu:

1. Die Funktionen zur Konvertierung eines Strings wie *StrToInt*, *StrToFloat*, *StrToDate* usw. lösen eine Exception aus, wenn sie das String-Argument nicht in den gewünschten Datentyp konvertieren können. Deshalb kann man mit einer *try*-Anweisung prüfen, ob ein von einem Anwender eingegebener String einen zulässigen Wert darstellt:

    ```
    try { t = StrToDateTime(Edit1->Text); }
    catch(...)
      {
        ShowMessage("Unzulässiges Datum");
        Edit1->SetFocus();
      }
    ```

    Wenn *Edit1->Text* hier ein unzulässiges Kalenderdatum (z.B. „29.2.98") enthält, wird der Anwender durch eine Meldung darauf hingewiesen. Anschließend erhält das Eingabefeld den Fokus, damit der Anwender die Eingabe korrigieren kann:

2. Wenn unter *Tools|Debugger Optionen|Sprach-Exceptions* die CheckBoxen „Bei Delphi-Exceptions stoppen" und „Bei C++-Exceptions stoppen" markiert sind (Voreinstellung nach der Installation), hält das Programm nach seinem Start im Debugger (z.B. mit *F9* vom Editor aus) nach einer Exception an.

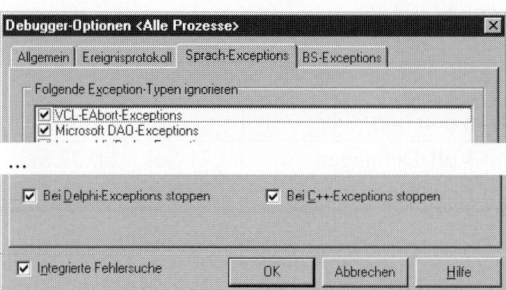

Dabei erhält man zunächst eine vom C++Builder erzeugte Meldung:

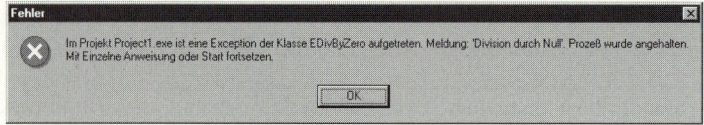

Wenn danach die nächste Anweisung des Programms mit *F7* oder *F8* ausgeführt wird, hält das Programm in der Verbundanweisung nach *catch* an. Hier kann man sich die Werte aller Variablen anzeigen lassen.

Diese einfachste Form der *try*-Anweisung kann also bereits bei der Programmentwicklung sehr hilfreich sein, da man mit den Werten der Variablen die Ursache für einen Fehler finden kann. Das ist ein wichtiger Vorteil gegenüber älteren Compilern wie Borland Pascal 7.0 oder Borland C++ 3.1, bei denen lokale Variablen nach einem Laufzeitfehler im Debugger nicht angezeigt wurden. Wenn man mit einem solchen Debugger die Werte der Variablen ansehen wollte, musste man das Programm erneut starten und sich dann mühsam zu der Stelle vortasten, an der der Fehler aufgetreten ist.

Die Vorteile, die mit einer *try*-Anweisung verbunden sind, erhält man allerdings nicht umsonst. Wie die folgende Tabelle zeigt, ist ein Programm mit einer *try*-Anweisung etwas **langsamer**. Sie enthält die Ausführungszeiten für die Anweisungen unter 1., 2. und 3.

1. ```
   for (int i=0; i<n; i++)
      sum =sum+i;
   ```

2. ```
   try {
       for (int i=0; i<n; i++)
          sum =sum+i;
   }
   catch (...) { }
   ```

3. ```
   for (int i=0; i<n; i++)
      try {
         sum =sum+i;
      }
      catch (...) { }
   ```

Laufzeit für n= 10 000 000	1.	2.	3.
Projektoptionen: Voll-Debuggen	0,21 Sek.	0,27 Sek.	0,54 Sek.
Projektoptionen: Endgültige Version	0,09 Sek.	0,24 Sek.	0,54 Sek.

Anmerkungen für Delphi-Programmierer: Der *try*-Anweisung von C++ entspricht die *try-except*-Anweisung von Delphi.
   ```

5.10.2 Exception-Handler und Exceptions der Standardbibliothek

Ein Exception-Handler behandelt nur die Exceptions, die zu ihm passen. Ob eine Exception zu einem Exception-Handler **passt**, ergibt sich dabei aus dem **Datentyp**, den jede Exception hat. Wenn dieser Datentyp mit dem Datentyp in der *exception-declaration* übereinstimmt oder eine davon abgeleitete Klasse ist, passt die Exception zum Exception-Handler. Auf Seite 523 wird gezeigt, dass man für den Datentyp oft am besten einen Referenztyp verwendet.

handler:
    catch (*exception-declaration*) *compound-statement*

exception-declaration:
    type-specifier-seq declarator
    type-specifier-seq abstract-declarator
    type-specifier-seq
    ...

Nachdem ein zu einer Exception passender Exception-Handler gefunden wurde, wird seine Verbundanweisung ausgeführt und anschließend die Exception gelöscht. Falls der erste Exception-Handler jedoch nicht passt, bleibt die Exception so lange bestehen, bis ein passender Exception-Handler gefunden wird. Wie später noch gezeigt wird, kann man so mit einer *try*-Anweisung nicht nur feststellen, dass eine Exception aufgetreten ist, sondern auch auf Exceptions unterschiedlicher Datentypen unterschiedlich reagieren

Die folgenden Beispiele zeigen den Datentyp einiger Exceptions der Standardbibliothek und einen passenden Exception-Handler. Alle diese Exceptions sind von der Klasse *exception* der Standardbibliothek von C++ abgeleitet.

1. Wenn man in einen Container der Standardbibliothek (dazu gehören in diesem Zusammenhang auch Strings) an einer nicht vorhandenen Position einen String einfügt oder löscht, wird die Exception ***std::out_of_range*** ausgelöst:

   ```
   string s; // s ist ein leerer String
   try{ s.insert(1,"lll");}//Exception: std::out_of_range
   catch(out_of_range&)
   { Memo1->Lines->Add("out of range");}
   ```

2. Wenn man bei einem Container mit der Funktion *at* eine nicht vorhandene Position anspricht, wird ebenfalls die Exception ***std::out_of_range*** ausgelöst:

   ```
   vector<double> v;   // v ist ein leerer Vektor
   try { v.at(1)=17; } // Exception: std::out_of_range
   catch(out_of_range&)
   { Memo1->Lines->Add("vector out of range"); }
   ```

   Verwendet man dagegen den Indexoperator, wird von der Standardbibliothek keine Exception ausgelöst.

```
v[1]=17;        // Zugriffsverletzung
```

Das hat eine Zugriffsverletzung zur Folge, falls dabei nicht reservierte Speicherbereiche angesprochen werden:

3. Falls der mit *new* angeforderte Speicherplatz nicht zur Verfügung gestellt werden kann, erhält man eine Exception der Klasse *std::bad_alloc*:

```
struct T2GB { int b[1024*1024*511];}; // ca. 2 GB
try { T2GB* p=new T2GB; } // Exception: std::bad_alloc
catch(bad_alloc&)
  { Memo1->Lines->Add("new ging schief "); }
```

4. Die **Stream-Klassen** der Standardbibliothek lösen bei einem Fehler (siehe Abschnitt 4.6.2) eine Exception aus, wenn zuvor durch einen Aufruf der Elementfunktion

   *void **exceptions**(iostate except);*

   die Fehlerkategorie festgelegt wurde, bei der eine Exception ausgelöst werden soll. Diese Fehlerkategorien wurden schon in Abschnitt 4.6.2 beschrieben:

   - *eofbit*: Wenn über das Ende einer Datei hinaus gelesen wurde.
   - *failbit*: Wenn eine Leseoperation nicht die gewünschte Anzahl von Zeichen lesen oder eine Schreiboperation nicht die gewünschte Anzahl schreiben konnte.
   - *badbit*: Bei einem schwerwiegenden Fehler, bei dem jede weitere Operation mit der Stream-Variablen keine Aussicht auf Erfolg hat.

   Die Klassen *ios_base* und *ios* enthalten die Symbole **eofbit**, **failbit** und **badbit** für die Bits, die der Funktion *exceptions* einzeln oder kombiniert als Argument übergeben werden können, damit bei einem entsprechenden Fehler eine Exception ausgelöst wird. Deshalb muss man eine dieser Klassen zusammen mit dem Bereichsoperator angeben, wenn man diese Symbole verwenden will. Der Datentyp jeder so ausgelösten Exception ist die von *exception* abgeleitete Klasse *ios::failure*:

```
ifstream f;
f.exceptions(ios::eofbit|ios::failbit|ios::badbit);
try {
  f.open("c:\\test\\test.dat");
  char c;
  while (f>>c)
    // bearbeite c
  f.close();
}
catch (ios::failure&) { // Im C++Builder 4: exception
   if (f.eof());// Dateiende nicht unbedingt ein Fehler
   if (f.bad())   ShowMessage("Ganz schlecht");
   if (f.fail())  ShowMessage("Fehler");
}
```

5.10 Exception-Handling

Hier wird im Exception-Handler mit den Funktionen *bad*, *fail* und *eof* abgefragt, zu welcher Kategorie der Fehler gehört, der die Exception ausgelöst hat.

Aufgrund der Beschreibung zu *badbit* könnte man eventuell erwarten, dass beim Öffnen einer nicht existierenden Datei zum Lesen eine Exception ausgelöst wird. Das ist aber nicht so. Öffnet man nach

```
f.exceptions(ios::badbit);
```

eine nicht existierende Datei, wird keine Exception ausgelöst. Wenn man dagegen eine solche Datei nach

```
f.exceptions(ios::failbit);
```

öffnet, wird eine Exception ausgelöst. Außerdem könnte man eventuell erwarten, dass bei einem nicht gesetzten *eofbit* keine Exception ausgelöst wird, wenn man wie in der *while*-Schleife oben über das Ende der Datei hinausliest. Aber auch das trifft nicht zu, da in diesem Fall ebenfalls eine Exception ausgelöst wird. Deshalb führt man im Exception-Handler auf eine Exception nach *eof* oft wie im Beispiel oben keine weiteren Aktionen durch.

Ruft man die Elementfunktion *exceptions* ohne Parameter auf, ist der Funktionswert das Bitmuster der gesetzten Bits:

> *iostate **exceptions**() const;*

5. Auch die Stringstream-Klassen (siehe Abschnitt 4.6.7) gehören zu den Stream-Klassen. Sie haben viele gemeinsame Elementfunktionen und unterscheiden sich von diesen im Wesentlichen nur dadurch, dass sie aus einem String lesen bzw. in einen String schreiben. Die gemeinsamen Funktionen lösen bei denselben Fehlern wie die Filestream-Klassen eine Exception aus, wenn sie durch die Funktion *exceptions* entsprechend initialisiert wurden.

Eine *try*-Anweisung kann **mehrere Exception-Handler** enthalten. Diese werden dann bei einer Exception alle der Reihe nach daraufhin überprüft, ob die Exception zu ihnen passt. Beim ersten zur Exception passenden Handler wird dann die zugehörige Verbundanweisung ausgeführt und die Exception gelöscht. Auf diese Weise kann man **auf verschiedene Exceptions**, die in einer einzigen *try*-Anweisung auftreten, **unterschiedlich reagieren**.

Da eine Exception auch zu einem Datentyp passt, der eine Basisklasse der Exception ist, kann man in einem einzigen Exception-Handler auf alle von der Basisklasse abgeleiteten Klassen und damit **auf verschiedene Exceptions einheitlich reagieren**. Da der Datentyp einer Basisklasse und der einer abgeleiteten Klasse verschieden sind, ist aber auch eine unterschiedliche Reaktion möglich.

Die Standardbibliothek stellt ihre Exception-Klassen in *<stdexcept>* zur Verfügung, um über bestimmte Fehler zu informieren. Sie sind alle von der Klasse *exception* aus *<exception>* abgeleitet. Einige dieser Fehler sind in Gruppen zusammengefasst: Logikfehler gehen auf Fehler in der internen Logik eines Programms zurück und sind Programmierfehler, die im Prinzip vermeidbar sind. Laufzeitfehler können dagegen erst während der Laufzeit eines Programms entdeckt und nur schwer vermieden werden. Die folgende Hierarchie enthält die Beschreibung der Exception-Klassen aus dem C++-Standard. Falls Ihnen diese Beschreibungen etwas knapp vorkommen: Im Standard steht auch nicht mehr.

exception
⊢ *logic_error* // nicht eingehaltene Vorbedingungen und Klasseninvarianten
    ⊢ *domain_error* // Bereichsfehler
    ⊢ *invalid_argument* // unzulässige Argumente
    ⊢ *length_error* // ein Objekt soll erzeugt werden, dessen Länge die maximal zulässige überschreitet
    ⊢ *out_of_range* // ein Argument ist nicht im erwarteten Bereich
⊢ *runtime_error* // Laufzeitfehler
    ⊢ *range_error* // Bereichsfehler bei internen Berechnungen
    ⊢ *overflow_error* // Überlauf bei arithmetischen Berechnungen
    ⊢ *underflow_error* // Unterlauf bei arithmetischen Berechnungen
⊢ *bad_alloc* // wenn der mit *new* angeforderte Speicher nicht verfügbar ist
⊢ *bad_cast* // bei einem *dynamic_cast* mit einem unzulässigen Referenztyp
⊢ *bad_typeid* // bei der Ausführung von *type_id* mit einem Nullzeiger
⊢ *bad_exception* // wird von der Funktion *unexpected* ausgelöst
⊢ *ios_base::failure* // kann von den *iostream*-Klassen ausgelöst werden

Abgeleitete Klassen sind hier eingerückt dargestellt. So sind *logic_error* und *runtime_error* direkt von *exception* abgeleitet, und *domain_error* von *logic_error*.

Beispiel: In der folgenden *try*-Anweisung wird die Exception *out_of_range* ausgelöst. Diese passt nicht zum ersten Exception-Handler mit dem Datentyp *range_error*. Da *exception* eine Basisklasse von *out_of_range* ist, passt sie aber zum Handler mit dem Datentyp *exception*:

```
string s;
try { s.insert(1,"lll"); }
catch (range_error&)
  { ShowMessage("range error"); }
catch(exception&)
  { ShowMessage("exception"); }
catch (...)
  { ShowMessage("Was war das?"); }
```

Da die Exception-Handler in der aufgeführten **Reihenfolge** geprüft werden, sollten die spezielleren vor den allgemeineren Handlern stehen. Wird diese Reihenfolge nicht eingehalten, wird die Exception durch den Handler für die allgemeinere Exception behandelt und gelöscht, ohne dass der Handler für die speziellere

5.10 Exception-Handling

Exception jemals erreicht werden kann. Ein Handler mit der Exception-Deklaration „..." muss deshalb immer der letzte sein, da er alle Exceptions behandelt.

Beispiel: In der ersten *try*-Anweisung wird die Anweisung nach *length_error* nie erreicht, da eine Exception schon durch den übergeordneten Handler mit dem Datentyp *logic_error* abgefangen wird:

```
try { ... } // falsch
catch (logic_error&) // fängt auch length_error
  { ShowMessage("logisch"); }
catch (length_error&) // wird nie erreicht
  { ShowMessage("Mich kriegt keiner"); }
```

In der nächsten *try*-Anweisung wird ein *length_error* vom ersten Handler abgefangen. Ein *logic_error*, der kein *length_error* ist, wird vom zweiten, und alle anderen werden vom letzten abgefangen.

```
try { ... } // richtig
catch (length_error&)
  { ShowMessage("Längenfehler"); }
catch (logic_error&)
  { ShowMessage("logic, aber nicht length"); }
catch (...)
  { ShowMessage("alles andere"); }
```

Für alle diese Klassen sind im Standard außer einem Konstruktor keine weiteren Elemente definiert. Sie erben alle von der Basisklasse *exception* die Elementfunktion *what*, die in Abschnitt 5.10.6 beschrieben wird. Deswegen kann ein Programm nur diese Funktion verwenden, wenn es portabel sein soll.

5.10.3 Vordefinierte Exceptions der VCL

Die Exceptions der VCL sind wie in der Standardbibliothek in einer Klassenhierarchie definiert. Hier ist die **Basisklasse** die Klasse ***Exception***. Eine unvollständige Übersicht über diese Klassenhierarchie:

Exception
|– *EAbort*
|– *EOutOfMemory*
|– *EIntError*
   |– *EDivByZero*
   |– *ERangeError*
   |– *EIntOverflow*
(Fortsetzung rechts)

|– *EMathError*
|– *EInvalidOp*
|– *EZeroDivide*
|– *EOverflow*
|– *EUnderflow*
|– *EConvertError*
|– *EAccessViolation*
...

Die folgenden Beispiele illustrieren den Datentyp einiger Exceptions des C++-Builders und einen passenden Exception-Handler. Für weitere Informationen wird auf die Online-Hilfe verwiesen (z.B. ab „EAbort" mit „>>" durchblättern).

1. Bei einem Zugriff auf einen Speicherbereich, auf den man keine Zugriffsberechtigung hat, wird die Exception *EAccessViolation* ausgelöst.

   ```
   try {
     int* i=0;// auf Adresse 0 kann man nicht zugreifen
     *i=17;   // das geht schief
   }
   catch (EAccessViolation&)
     { ShowMessage("Unzulässiger Speicherzugriff"); }
   ```

2. Falls ein Argument einer Konvertierungsfunktion nicht entsprechend konvertiert werden kann, wird eine Exception der Klasse *EConvertError* ausgelöst. Jede der folgenden Konvertierungen löst eine solche Exception aus:

   ```
   try {
     TDateTime t = StrToDateTime("29.2.1999");
     int i = StrToInt("Eins");
     double d = StrToFloat("1.1");//Fehler, falls das
              // Dezimaltrennzeichen "," in Systemsteuerung|
              // Ländereinstellungen|Währung gesetzt wurde.
     AnsiString s=Format("e=%4i",OPENARRAY(TVarRec,(d)));
   }
   catch (EConvertError&) // Referenztyp notwendig
    { ShowMessage("Konvertierungsfehler"); }
   ```

   Die Funktion

   *AnsiString **Format**(const AnsiString Format, const TVarRec * Args,*
   const int Args_Size);

   bietet im Wesentlichen dieselben Möglichkeiten zur Formatierung wie die *printf*-Funktionen. Allerdings löst sie im Gegensatz zu diesen eine Exception *EConvertError* aus, wenn ein Argument nicht zu seiner Formatangabe passt.

3. Für Ganzzahl- und Gleitkommadivisionen durch Null werden unterschiedliche Exceptions erzeugt: *EDivByZero* bzw. *EZeroDivide*. Die ähnlichen Namen kann man leicht verwechseln:

   ```
   int n=0;
   double m;
   try { m = 1.0/n; // Gleitkommadivision
   }
   catch (EDivByZero&) // fängt nur Ganzzahldivisionen
   {        // durch 0 ab, die es hier aber nicht gibt
     ShowMessage("Div by 0");
   }
   ```

   Durch die Gleitkommadivision 0/0.0 (ebenso 0.0/0 und 0.0/0.0) wird keine der beiden Exceptions *EDivByZero* bzw. *EZeroDivide* ausgelöst, sondern *EInvalidOp*. Eine Ganzzahldivision 0/0 löst die Exception *EDivByZero* aus.

5.10 Exception-Handling

4. Wenn man auf dem Stack mehr Speicher reservieren will als verfügbar ist, erhält man einen Stack-Overflow (Exception *EStackOverflow*). Das ist sowohl bei zu großen lokalen Variablen

```
void zu_gross()
{
int a[10*1024*1024];
ShowMessage(a[1]);
}
```

als auch bei rekursiven Funktionen möglich:

```
void recurse()
{
recurse();
}
```

5. Auch die visuellen Komponenten lösen bei einem Fehler eine Exception aus. So wird z.B. die Exception *EStringListError* ausgelöst, wenn man ein nicht existierendes Listenelement anspricht:

```
ListBox1->Items->Clear();
try { ListBox1->Items[1] =
                 "Zeile 1 gibt es wegen Clear nicht"; }
catch (EStringListError&)
  { ShowMessage("Fehler"); }
```

Im Unterschied zu Delphi werden durch den C++Builder in den folgenden Fällen keine Exceptions ausgelöst:

1. Da es in C++ es keine Möglichkeit gibt, wie in Pascal mit dem Compilerbefehl {$R+} Range-Checks zu aktivieren, lösen in C++ Bereichsüberschreitungen bei einem Array keine Exceptions der Klasse *ERangeError* aus:

```
int a[10],i=10;
try { a[i] = 0; }     // a[10] gibt es nicht: Trotzdem
catch (ERangeError&)  // wird keine Exception ausgelöst
  { ShowMessage("i="+IntToStr(i)); }
```

Da der C++Builder aber auch Pascal-Units verwenden kann (mit *Projekt|Zum Projekt hinzufügen*), kann eine solche Exception auch in einem C++-Programm auftreten, wenn sie in einer Pascal-Unit ausgelöst wird.

2. Im C++Builder kann man nicht wie in Delphi mit {$Q+} Overflow-Checks aktivieren und eine Exception der Klasse *EIntOverflow* auslösen:

```
int i=0x7FFFFFFF;
double x=i+i;
```

Verwendet man eine Pascal-Unit, in der die Compiler-Option {$Q+} gesetzt ist, kann man auch in einem Programm des C++Builders die Exception *EIntOverflow* erhalten.

3. Wie schon in Abschnitt 5.10.1 erwähnt wurde, lösen Funktionen wie *sqrt* keine Exception aus (siehe dazu auch Abschnitt 5.10.9).

5.10.4 Der Programmablauf bei Exceptions

Eine *try*-Anweisung ist eine Anweisung wie jede andere auch und kann deshalb auch wieder in einer *try*-Anweisung enthalten sein. Wenn bei einer solchen Verschachtelung von *try*-Anweisungen in einem inneren Block eine Exception auftritt, wird zuerst geprüft, ob ein Exception-Handler in diesem Block zur Exception passt. Falls das nicht zutrifft, wird ein passender Exception-Handler im umgebenden Block gesucht, usw.

Beispiel: Im C++Builder werden bei einer Gleitkomma- bzw. Ganzzahldivision durch Null die Exception *EZeroDivide* bzw. *EDivByZero* ausgelöst:

```
void verschachtelt()
{
double s = 0;
try { // äußerster Block
   for (int i=-2;i<=2;i++)
      try { // äußere Schleife
         for (int j=-2;j<=2;j++)
            try { // innere Schleife
               s = s + 1.0/j + 10/i;
            }
            catch (EZeroDivide&) // Gleitkomma/0
               { ShowMessage("j wars"); }
      }
      catch (EDivByZero&) // Ganzzahl/0
         { ShowMessage("i wars"); }
}
catch(...)
   { ShowMessage("wer war das?"); }
}
```

Deshalb wird hier die mit j=0 durch 1.0/j ausgelöste Exception durch den Exception-Handler der inneren Schleife abgefangen, und der Exception-Handler des äußersten Blocks wird nicht aufgerufen. Die durch 10/0 ausgelöste Exception wird dagegen nicht vom Exception-Handler der inneren Schleife, sondern von dem der äußeren Schleife behandelt.

Wird eine Exception in der aktuellen Funktion nicht behandelt, dann wird in der Funktion, die diese aufgerufen hat, nach einem passenden Exception-Handler gesucht. Das wird so lange wiederholt, bis ein passender Exception-Handler gefunden wird oder bis der Aufruf-Stack komplett durchsucht ist. Im letzten Fall wird die vordefinierte Funktion *terminate* aufgerufen, die das Programm abbricht. Die-

5.10 Exception-Handling

se Suche nach einem Exception-Handler in einer aufrufenden Funktion wird auch als „stack unwinding" bezeichnet.

Beispiel: Beim Aufruf der Funktion f(0) wird eine Exception ausgelöst:

```
int f(int i)
{
return 1/i;
};
```

Diese wird in der nächsten *try*-Anweisung der Aufrufhierarchie abgefangen:

```
int t()
{
try { return f(0); }
catch(...) { ShowMessage("da ging was schief"); }
};
```

Da eine Exception in dem Handler gelöscht wird, in dem sie abgefangen wird, ist sie in höheren Stufen der Aufrufhierarchie nicht mehr vorhanden. Deshalb führt ein Aufruf der Funktion u zur Meldung „da ging was schief" und nicht zu der „uhuhuhu":

```
int u()
{
try { return t();}
catch(...) { ShowMessage("uhuhuhu"); }
}
```

Der Programmablauf nach einer Exception unterscheidet sich grundlegend von dem bei den üblichen Kontrollstrukturen: Wenn eine Exception auftritt, springt das Programm sowohl über Blockgrenzen als auch über Funktionsaufrufe hinweg in den Exception-Handler der nächsten umgebenden *try*-Anweisung. Auf diese Weise kann man Fehler, die an verschiedenen Stellen in einem Programm auftreten, an einer zentralen Stelle behandeln.

Beispiel: Viele Funktionen aus den Bibliotheken von C setzen die globale Variable *errno* auf einen von Null verschiedenen Wert, um anzuzeigen, dass bei ihrem Aufruf ein Fehler aufgetreten ist. Oft will man mehrere solche Funktionen f1, f2 usw. nacheinander aufrufen, aber nur dann, wenn beim Aufruf zuvor kein Fehler aufgetreten ist. Dazu wird dann z.B. die folgende Programmstruktur verwendet:

```
errno=0;
f1(); // setzt bei einem Fehler errno auf != 0
if (errno!=0) ShowMessage("Fehler bei f1")
else
 {
  f2(); // setzt bei einem Fehler errno auf != 0
  if (errno!=0) ShowMessage("Fehler bei f2")
  else
   {
     f3();// setzt bei einem Fehler errno auf != 0
     if (errno!=0) ShowMessage("Fehler bei f3")
   }
 }
```

Wenn die Funktionen f1, f2 usw. die Exceptions *exception1*, *exception2* usw. auslösen, erreicht man mit der folgenden Programmstruktur denselben Effekt. Diese ist offensichtlich einfacher und übersichtlicher:

```
try {
   f1();
   f2();
   f3();
}
catch(exception1&){ShowMessage("Fehler bei f1")}
catch(exception2&){ShowMessage("Fehler bei f2")}
catch(exception3&){ShowMessage("Fehler bei f3")}
```

5.10.5 Das vordefinierte Exception-Handling der VCL

Im C++Builder sind alle Funktionen, die direkt oder indirekt als Reaktion auf ein Ereignis von Windows (z.B. das Anklicken eines Buttons) aufgerufen werden, in eine *try*-Anweisung eingebettet. Diese *try*-Anweisung ist in der Funktion *MainWndProc* enthalten, die alle Windows-Steuerelemente von ihrer Basisklasse *TWinControl* erben:

```
void __fastcall MainWndProc(Messages::TMessage &Message);
{ // sinngemäß aus source\vcl\controls.pas übertragen
try {
  // ...
  WindowProc(Message);   // ruft die Ereignisbehandlungs-
  // ...                 // routine auf
}
catch(...)
  { Application->HandleException(this); }
  // ähnlich wie ShowMessage(E.message)
}
```

Die Funktion *MainWndProc* wird von Windows aufgerufen, wenn das Steuerelement eine Botschaft erhält (z.B. ein Button, nachdem er angeklickt wurde). Der Aufruf von *WindowProc(Message)* führt dann zum Aufruf der Ereignisbehandlungsroutine (z.B. *Button1Click*), die für das Ereignis definiert wurde.

5.10 Exception-Handling

Wenn beim Aufruf der Ereignisbehandlungsroutine eine **Exception** auftritt, **die in dieser Funktion nicht behandelt wird**, greift schließlich das Exception-Handling von *MainWndProc*. Deshalb stürzt ein Programm nach dem Aufruf der folgenden Funktion nicht einfach ab, obwohl sie kein explizites Exception-Handling enthält:

```
void __fastcall TForm1::Button1Click(TObject *Sender)
{ // diese Funktion enthält kein explizites Exception-
int i = StrToInt("Das ist keine Zahl");   // Handling
}
```

Das gilt genauso für **Funktionen, die** von einer Ereignisbehandlungsroutine **aufgerufen werden**. Wenn in der Funktion *Create_GPF* eine der allseits beliebten allgemeinen Schutzverletzungen stattfindet, wird diese ebenfalls durch das vordefinierte Exception-Handling abgefangen, ohne dass deswegen gleich das ganze Programm abstürzt:

```
void Create_GPF()
// erzeugt oft eine allgemeine Schutzverletzung
{
int i, a[10];// Die Initialisierung von i wird vergessen.
a[i] = 17;     // Das wird meist schief gehen, da i einen
}              // undefinierten Wert hat.
```

Das so in der VCL vordefinierte Exception-Handling fängt damit praktisch alle Laufzeitfehler ab. Deshalb sind Programme, die mit dem C++Builder entwickelt wurden, weitgehend absturzsicher, auch ohne dass man explizit ein Exception-Handling einbaut. Sie unterscheiden sich dadurch von Programmen, die mit den meisten anderen C++-Compilern entwickelt wurden. In solchen Programmen führen alle Fehler, die nicht explizit im Rahmen eines *try*-Blocks ausgeführt werden, zu einem Programmabbruch.

Beide Ansätze haben ihre **Vor- und Nachteile**: Ein Programm ohne vordefiniertes Exception-Handling kann durch einen unbedeutenden Fehler auf einem Nebenschauplatz abstürzen und wichtige Daten mit in die Tiefe reißen. Bei einem Programm mit einem vordefinierten Exception-Handling bleibt dagegen eventuell unklar, welche der Anweisungen nach einer Exception nicht ausgeführt wurden. Dadurch können gravierende Folgen eines Fehlers verdeckt werden.

5.10.6 *throw*-Ausdrücke und selbst definierte Exceptions

Eine Exception wird immer durch einen ***throw*-Ausdruck** ausgelöst. Es gibt keine andere Möglichkeit, eine Exception auszulösen. Da die Anweisungen in einem Exception-Handler nur ausgeführt werden, nachdem eine dazu passende Exception ausgelöst wurde, kann man diese nur über einen *throw*-Ausdruck erreichen.

throw-expression:
    throw *assignment-expression* _{opt}

Der Datentyp eines *throw*-Ausdrucks ist *void*. Deshalb wird ein solcher Ausdruck meist nur in einer Ausdrucksanweisung verwendet. Da C++ hier das Schlüsselwort „throw" verwendet, sagt man anstatt „eine Exception auslösen" oft auch „eine Exception auswerfen". Nach Stroustrup (1994, Abschnitt 16.3) wurde das Wort „throw" nur deshalb gewählt, weil das eigentlich zutreffende Wort „raise", das man mit „auslösen" übersetzen kann, schon von C belegt ist.

Bei der Ausführung des *throw*-Ausdrucks wird eine temporäre Variable erzeugt und mit dem Wert des Zuweisungsausdrucks initialisiert. Sie existiert bis zur Abarbeitung eines passenden Exception-Handlers, falls sie nicht mit „throw;" weitergegeben wird und in diesem Fall weiterhin existiert. Ihr **Datentyp** ergibt sich aus dem des Zuweisungsausdrucks.

Durch das Auslösen einer Exception wird der aktuelle Block verlassen. Dabei wird der Speicherplatz aller in diesem Block definierten nicht statischen Variablen wieder freigegeben. Für Variablen, deren Datentyp eine Klasse ist, wird ihr **Destruktor** aufgerufen (siehe Abschnitt 8.1.5). Als **nächste Anweisung** wird dann der erste passende Exception-Handler der *try*-Anweisung ausgeführt, die in einem umgebenden Block bzw. der Aufrufhierarchie als letzte begonnen und noch nicht beendet wurde.

Beispiel: Der *throw*-Ausdruck in der Funktion f löst eine Exception des Datentyps *int* aus. Die dabei erzeugte Variable hat den Wert 1 und existiert auch noch nach dem Verlassen des Blocks, der zur Funktion f gehört. Der Speicherplatz für die lokale Variable x wird mit dem Verlassen des Blocks wieder freigegeben:

```
void f()
{
int x=1;
throw x;
}
```

Die in einem *throw*-Ausdruck erzeugte temporäre Variable kann man in einem Exception-Handler verwenden, wenn man in der Exception-Deklaration nach dem Datentyp einen Bezeichner angibt. Dieser ist dann der Name einer **Variablen dieses Datentyps**, die mit dem Wert der temporären Variablen initialisiert wird. Diese Variable erhält so den Wert des Zuweisungsausdrucks, der im *throw*-Ausdruck angegeben wurde.

Diese Initialisierung ist deshalb möglich, weil ein Exception-Handler nur dann zu einer Exception passt, wenn er denselben Datentyp hat oder eine Basisklasse davon ist. Da die im Exception-Handler definierte Variable so den Wert des Zuweisungsausdrucks erhält, der im *throw*-Ausdruck angegeben wurde, können auf diese Weise **Informationen** von der Stelle, an der die Exception ausgelöst wird, an den Exception-Handler **übergeben** werden. Wie die letzten beiden der folgenden Beispiele zeigen, sind das oft Informationen über die Ursache der Exception.

5.10 Exception-Handling

Beispiele:

1. Die Ausdrücke nach *throw* in der Funktion f passen in der aufgeführten Reihenfolge zu den Exception-Handlern in g und initialisieren dort die jeweiligen Variablen:

   ```
   void f(int i)
   {
   if (i==1) throw "Hallo";  // Datentyp char*
   if (i==2) throw 1.7;      // Datentyp double
   if (i==3) throw 17;       // Datentyp int
   }

   void g(int i)
   {
   try { f(i); }
   catch (char* s)    {ShowMessage(s);} // s="Hallo"
   catch (double d)   {ShowMessage(FloatToStr(d));} //d=1.7
   catch (int i)      {ShowMessage(IntToStr(i));} // i=17
   }
   ```

   Dieses Beispiel soll lediglich zeigen, wie Daten vom *throw*-Ausdruck an den Exception-Handler übergeben werden können. Diese Übergabe von Daten aus einer Funktion unterscheidet sich grundlegend von den üblichen Techniken, bei denen Daten aus einer Funktion über Parameter oder globale Variablen weitergegeben werden.

2. Diese Klasse *exception* der Standardbibliothek von C++ besitzt eine Elementfunktion *what*, die einen Zeiger auf einen nullterminierten String zurückgibt:

   ```
   string s;
   try { s.insert(1,"lll"); }
   catch(exception& e)
     { Memo1->Lines->Add(e.what()); }
   ```

   Dieser String enthält hier den Text „string index out of range in function: basic_string::replace". Hier wird also offensichtlich die Funktion *replace* von der Funktion *insert* aufgerufen.

3. Damit man auch von mathematischen Funktionen bei einem Fehler eine Exception erhält, ist es oft am einfachsten, die Funktionen aus <math.h> durch eigene Funktionen zu ersetzen, die bei einem Fehler eine Exception auslösen:

   ```
   double Sqrt(double d)  // Ersatz für sqrt
   {
   if (d<0) throw "negatives Argument bei Sqrt";
   errno=0;      // Bibliotheksfunktionen setzen errno
   d=sqrt(d);                            // nie auf Null
   if (errno!=0) // falls ein Fehler aufgetreten ist
      throw "Fehler bei Sqrt";
   return d;
   }
   ```

Hier wird die globale Variable *errno* verwendet, die von den Bibliotheksfunktionen auf einen von Null verschiedenen Wert gesetzt wird, wenn bei ihrem Aufruf ein Fehler aufgetreten ist. Da diese Variable nur bei einem Fehler in der Bibliotheksfunktionen einen Wert erhält, wird sie vor dem Aufruf von *sqrt* auf Null gesetzt. In Abschnitt 5.10.9 wird gezeigt, wie man im C++-Builder mit der Funktion *_matherr* erreichen kann, dass bei einem Fehler in einer beliebigen Funktion aus <math.h> eine Exception ausgelöst wird.

Meist wählt man für den Zuweisungsausdruck nach *throw* einen **Ausdruck**, dessen Datentyp eine **Klasse** ist und der durch den Aufruf eines Konstruktors erzeugt wird. Dabei werden oft Klassen verwendet, die nur den Zweck haben, als Exceptions verwendet zu werden. Bei einem bestimmten Fehler wird dann eine bestimmte Exception ausgelöst, so dass der Fehler über die Exception eindeutig identifiziert werden kann. In der Standardbibliothek von C++ ist in der Header-Datei <exception> die Klasse *exception* definiert:

```
class exception {
 public:
  exception() throw();// hier ist throw eine Exception-
  exception(const exception&) throw();    // Spezifikation
  exception& operator=(const exception&) throw();
  virtual ~exception() throw();
  virtual const char* what() const throw();
};
```

Diese Klasse ist die **Basisklasse** der schon in Abschnitt 5.10.2 vorgestellten Exception-Klassen der Standardbibliothek aus der Header-Datei <stdexcept>. Alle diese Klassen besitzen wie die Klasse *logic_error* einen Konstruktor, dem man den von der Elementfunktion *what* zurückgegebenen String übergeben kann:

```
class logic_error : public exception {
 public:
   logic_error (const string& what_arg);
};
```

Von der Klasse *exception* kann man auch eigene Klassen ableiten. In der Klasse *my_exception* wird die virtuelle Funktion *what* der Basisklasse überschrieben:

```
#include <exception>
class my_exception:public exception {
   string str;
   public:
   my_exception(const string& msg):str(msg) { };
   const char* what() const throw(){return str.c_str(); }
};
```

Da ein Exception-Handler mit einer Basisklasse auch zu einer Exception einer abgeleiteten Klasse passt, kann man alle Exceptions von abgeleiteten Klassen auch über einen Exception-Handler mit einer Basisklasse abfangen und so auf ganze Gruppen von Exceptions in einem einzigen Handler reagieren. Wenn man

5.10 Exception-Handling

dabei die Variable im Exception-Handler als **Referenz** oder als Zeiger deklariert und eine **virtuelle Funktion** dieser Variablen aufruft, führt das zum Aufruf der letzten überschreibenden Funktion (siehe Abschnitt 8.4.2) der Variablen, die im *throw*-Ausdruck angegeben wurde. Deshalb wird durch

```
void f()
{
throw my_exception("ich bin's");
}

try { f(); }
catch (exception& e) // Referenz Basisklasse
{ ShowMessage(e.what());}// Aufruf my_exception::what
```

die Meldung „ich bin's" ausgegeben. Es ist insbesondere nicht notwendig, auf jede Exception der Hierarchie in einem eigenen Exception-Handler zu reagieren:

```
try { f(); }
catch (my_exception& e) // unnötig umständlich
  { ShowMessage(e.what()); }
catch (exception& e)
  { ShowMessage(e.what()); }
```

Beim Aufruf über eine **Nicht-Referenz** wird dagegen die Funktion aufgerufen, die zum statischen Datentyp der Variablen gehört. Deshalb erhält man durch

```
try { f(); }
catch (exception e) // keine Referenz
{ ShowMessage(e.what()); } // Aufruf exception::what
```

die Meldung, die zur Basisklasse *exception* gehört.

Es ist auch möglich, bei einem *throw*-Ausdruck einen **Zeiger** zu übergeben

```
void f()
{
exception e;
throw &e;
}
```

und diesen über einen Zeiger abzufangen:

```
try { f();}
catch (exception* e)
{
// *e existiert nicht mehr
}
```

Da dabei aber nur eine Kopie des Zeigers und keine der dereferenzierten Variablen *e an den Exception-Handler übergeben wird, existiert *e nach dem Verlassen der Funktion f nicht mehr, falls e dort nicht statisch definiert wird.

Deshalb sollte man als **Datentyp** für die in einem Exception Handler definierte Variable **immer einen Referenztyp** wählen, wenn man Datenelemente dieser Variablen verwendet. Über einen Referenztyp einer Basisklasse führt außerdem der Aufruf einer **virtuellen Funktion** zum Aufruf der letzten überschreibenden Funktion der Variablen, die im *throw*-Ausdruck angegeben wurde. So kann man **mit einem einzigen Exception-Handler differenziert** auf verschiedene Exceptions **reagieren**. Reagiert man dagegen mit nicht virtuellen Funktionen auf jede Exception in einem eigenen Handler, muss man nach jeder Änderung eines Programms, durch die eine neue Exception ausgelöst wird, irgendwo oben in der Aufrufhierarchie einen Exception-Handler einbauen.

Auch **in einem Exception-Handler** kann man wieder eine **Exception auslösen**. Gibt man dabei nach *throw* keinen Ausdruck an, wird die aktuelle Exception an den nächsthöheren Exception-Handler weitergegeben. Wird dagegen ein Ausdruck angegeben, wird die aktuelle Exception gelöscht und eine neue Exception mit dem angegebenen Ausdruck ausgelöst.

Beispiele: Eine von einem *logic_error* abgeleitete Exception wird weitergegeben:

```
try { /*...*/ }
catch (logic_error&)
{
  ShowMessage("logisch");
  throw; // gibt die Exception weiter
}
```

Eine von einem *logic_error* abgeleitete Exception wird hier als *runtime_error* weitergegeben:

```
try { /*...*/ }
catch(logic_error&)
{ throw runtime_error("Ausgetrickst!");
} // gibt runtime_error weiter
```

Falls man nicht sicher ist, ob nur Exceptions auftreten, die von bestimmten Basisklassen abgeleitet sind, sollte man alle übrigen Exceptions mit „..." abfangen:

```
try { f(); }
catch (exception& e)
{ ShowMessage(e.what());}// Information verwenden
catch (...) // Alle restlichen Exceptions abfangen
{ ShowMessage("Was war das?");}
```

In der Programmiersprache C kann man mit *setjmp* und *longjmp* einen ähnlichen Programmablauf wie mit *throw* erreichen. Der Aufruf von *longjmp* hat allerdings in einem C++-Programm ein undefiniertes Verhalten zur Folge, wenn dadurch ein Block verlassen wird, in dem Variablen definiert wurden, deren Destruktor beim normalen Verlassen des Blocks aufgerufen wird.

5.10 Exception-Handling 525

Im C++Builder ist die Klasse *Exception* die Basisklasse der in der VCL ausgelösten Exceptions. Sie und die abgeleiteten Klassen haben zahlreiche Konstruktoren zur Formatierung der Meldung, die als Eigenschaft *Message* (Datentyp *AnsiString*) zur Verfügung steht. Zwei Beispiele für ihre Konstruktoren:

Exception*(const System::AnsiString Msg);*
Exception*(const AnsiString Msg, const TVarRec *Args, const int Args_Size);*

Definiert man in einem Exception-Handler eine Variable eines von *Exception* abgeleiteten Datentyps, **muss** ihr Datentyp immer ein **Referenztyp** sein. Für weitere Einzelheiten wird auf die Online-Hilfe verwiesen.

Beispiele:

1. Bei einer Division durch Null erzeugt der Exception-Handler

    ```
    int n=0; double m, s_x=17;
    try { m = s_x/n; // löst wegen n=0 eine Exception aus
    }
    catch (Exception& E) // Referenztyp notwendig
    { ShowMessage("Fehler: "+E.Message); }
    ```

    eine Meldung der Art:

    ```
    "Fehler: EDivByZero"
    ```

2. Die nächsten beiden *throw*-Ausdrücke sollen lediglich zeigen, wie man die beiden Konstruktoren verwenden kann:

    ```
    try {
      throw Exception("Da ging was schief");
      throw Exception("i=%d f=%f",OPENARRAY(TVarRec,(i,f)));
    }
    catch (Exception& E) { ShowMessage(E.Message); }
    ```

3. Die Exception *EAbort* unterscheidet sich von den anderen Exceptions der VCL dadurch, dass sie kein Meldungsfenster erzeugt. Sie kann auch durch einen Aufruf der Funktion *Abort* ausgelöst werden.

    ```
    void rechne()
    {
    if (Gewinn < 0)
      {
         Gewinn = 100;
         throw EAbort("Super");
      }
    }
    ```

    Diese Exception kann man dann folgendermaßen abfangen:

```
void Abrechnung()
{
try { rechne(); }
catch(Exception&)
  { /* keiner hat's gemerkt */ };
}
```

5.10.7 Fehler, Exceptions und die Korrektheit von Programmen

Bisher wurde immer nur relativ undifferenziert davon gesprochen, dass eine Exception bei einem „Fehler" ausgelöst wird. Nachdem wir nun gesehen haben, wie man an einer beliebigen Stelle eine Exception auslösen kann, stellt sich die Frage, wann das sinnvoll und was in diesem Zusammenhang überhaupt ein „Fehler" ist.

Dazu ist die Überlegung hilfreich, dass jede Anweisung und jede Funktion **eine bestimmte Aufgabe** (ihre Spezifikation) hat, da sie sonst gar nicht geschrieben worden wäre. Wenn der Aufruf der Funktion dann nicht dazu führt, dass sie ihre Aufgabe erfüllt, ist es meist sinnlos, weitere Anweisungen auszuführen, die vom Ergebnis dieses Aufrufs abhängen, da sie Folgefehler nach sich ziehen können.

Wenn man **alle Funktionen** in einem Programm **so konstruiert**, dass sie **genau dann eine Exception** auslösen, wenn sie **ihre Aufgabe nicht erfüllen**, kann man mit einer einzigen *try*-Anweisung überprüfen, ob in einer Folge von Funktionsaufrufen alle ihre Aufgabe erfüllen:

```
try {
  y=Sqrt(x);
  z=f1(y);
  result=f2(y,z);
}
catch(...) { }
```

Tritt dann bei der Ausführung einer solchen *try*-Anweisung keine Exception auf, kann man sicher sein, dass alle Funktionen im *try*-Block ihre Aufgabe erfüllt haben. Das ist **einfacher und übersichtlicher**, als wenn man diese Prüfung vor und nach jedem Funktionsaufruf durchführt. Bei Funktionen, die oft aufgerufen werden, kann das mit der Wiederholung zahlreicher gleichartiger Prüfungen verbunden sein, die ebenfalls wieder die Ursache von Fehlern sein können.

```
bool errorflag=false;
errno=0;
if (x>=0) y=sqrt(x);
else errorflag=true;
if (errno!=0) errorflag=true;
if (y>0 && y<max && !errorflag) z=f1(y);
else errorflag=true;
if (!errorflag) result=f2(y,z);
else errorflag=true;
```

5.10 Exception-Handling

Alle bisher betrachteten Exceptions werden bei solchen Fehlern ausgelöst, bei denen eine Funktion ihre Aufgabe nicht erfüllt:

- Die Funktion *Sqrt* von Seite 521 löst eine Exception aus, wenn die Vorbedingung d<0 nicht erfüllt ist oder wenn die Variable *errno* darauf hinweist, dass der Funktionswert nicht die Wurzel des Arguments ist.
- Wenn der mit *new* angeforderte Speicher nicht zur Verfügung gestellt werden kann, hat die Anweisung mit *new* ihre Aufgabe nicht erfüllt.
- Wenn beim Lesen aus einem Stream die erwarteten Zeichen nicht gelesen werden konnten, hat die Lese-Funktion ihre Aufgabe nicht erfüllt.
- Wenn die Funktion *exp* aus <math.h> mit einem zu großen Argument aufgerufen wird, kann sie das Ergebnis nicht im Datentyp des Funktionswertes darstellen. Ein solcher Fehler ist nur schwer vor dem Aufruf der Funktion festzustellen und passt deshalb zu einer von *runtime_error* abgeleiteten Klasse.

Oft kann man für eine Funktion nachweisen, dass sie ihre Aufgabe erfüllt, wenn bei der Ausführung ihrer Anweisungen bestimmte Bedingungen (die Vorbedingungen) erfüllt sind. Dann beschränkt sich der Nachweis ihrer Richtigkeit auf den **Nachweis ihrer Vorbedingungen**.

Die Standardbibliothek stellt für verletzte Vorbedingungen, die man vor dem Aufruf einer Funktion entdecken kann, die Klasse ***logic_error*** (siehe Seite 512) zur Verfügung. Die Klasse ***runtime_error*** ist dagegen für Fehler gedacht, die man nur schwer vor dem Aufruf einer Funktion entdecken kann und die erst während ihrer Laufzeit festgestellt werden können. Dazu gehört z.B. der Aufruf einer Funktion wie *exp*, bei der man nur schwer vorher feststellen kann, welche Argumente zu einem Überlauf führen.

Meyer (1997, Kap. 11) betrachtet die Beziehungen zwischen einer Funktion und ihrem Aufrufer unter dem Stichwort „**design by contract**" als formalen Vertrag, bei dem jeder Beteiligte Rechte und Pflichten hat. Eine Funktion hat die Pflicht, ihre Spezifikation zu erfüllen, wenn der Aufrufer ihre Vorbedingungen einhält. Und der Aufrufer hat die Pflicht, beim Aufruf einer Funktion ihre Vorbedingungen einzuhalten. Wenn einer der Beteiligten seine Pflicht nicht erfüllt, ist der Vertrag zwischen den beiden gebrochen („**When the contract is broken**", Kap. 12). Er empfiehlt, genau bei einer solchen Vertragsverletzung eine Exception auszulösen.

In einem *try*-Block fasst man oft solche Anweisungen zusammen, die voneinander abhängig sind und bei denen ein Fehler Folgefehler nach sich zieht. Anweisungen, die dagegen von einander unabhängig sind, können in getrennten *try*-Blöcken enthalten sein: Wenn ein Fehler in einem Teil eines Programms keine Auswirkungen auf einen anderen Teil eines Programms hat, braucht der andere Teil nach einem Fehler im einen Teil des Programms auch nicht abgebrochen werden.

In **Programmiersprachen ohne Exception-Handling** wird meist folgendermaßen auf Fehler reagiert:

- Nach einem besonders schweren Fehler (z.B. einer Division durch Null) wird das Programm meist abgebrochen. Dadurch wird aber auch die Ausführung von Anweisungen unterbunden, die von diesem Fehler überhaupt nicht betroffen sind.
- Bei weniger schweren Fehlern wird eine Statusvariable wie *errno* in der Programmiersprache C gesetzt oder ein spezieller Funktionswert wie bei vielen Funktionen der Windows-API zurückgegeben. Allerdings wird die Abfrage der Statusvariablen oft vergessen. So prüfen nur die wenigsten Programme nach einem Aufruf von *sqrt* den Wert von *errno*. Sie rechnen deshalb nach einem Fehler eventuell mit völlig sinnlosen Werten weiter, ohne dass das bemerkt wird.
- In der Programmiersprache C werden Vor- und Nachbedingungen oft mit dem Makro *assert* (siehe Abschnitt 3.14.3) überprüft. Falls dabei eine Bedingung nicht erfüllt ist, wird das Programm abgebrochen. Diese Reaktion ist aber oft zu drakonisch und schließt die Verwendung von *assert* aus.

Ein Exception-Handling ermöglicht also gegenüber diesen konventionellen Techniken eine **differenziertere** und **weniger fehleranfällige** Reaktion. Gegenüber *assert* kann man Exceptions als **Verfeinerung** betrachten. Außerdem kann man mit Exceptions an einer **zentralen Stelle** auf die Fehler reagieren.

Der Programmablauf bei einer Exception ist allerdings **weniger strukturiert** als bei den üblichen Kontrollstrukturen und deshalb schwerer aus dem Programmtext abzuleiten. Während mit *if*, *while* usw. immer ein ganzer Block kontrolliert wird, kann man mit *throw* aus einem tiefer verschachtelten Block oder einer Funktion in den Block des Exception-Handlers einer umgebenden *try*-Anweisung springen. Da ein Programm mit einem Exception-Handling außerdem langsamer ist, sollten **Exceptions nur dann** verwendet werden, wenn mit den üblichen Kontrollstrukturen keine zufriedenstellende Lösung möglich ist. Insbesondere sollte man *throw*-Ausdrücke nicht dazu verwenden, trickreiche Programmabläufe wie ein *goto* in eine aufrufende Funktion zu realisieren.

Beispiel: Wenn beim Lesen nach dem Ende einer Datei eine Exception ausgelöst wird, kann man alle Daten einer Datei auch in einer Endlosschleife lesen und die Schleife mit einer Exception verlassen:

```
try {
  ifstream f("c:\\test\\test.dat");
  f.exceptions(ios::eofbit|ios::failbit);
  char c;
  while (true) // nicht while (f)
    f>>c;
  f.close();
}
```

5.10 Exception-Handling

```
catch (ios_base::failure& e)
{
if (f.eof()); // eof ist hier kein Fehler
// ...
}; // ...
```

Die Schleifenbedingung *f* ist allerdings meist leichter verständlich, da sie direkt zum Ausdruck bringt, dass eine Datei ganz gelesen wird.

5.10.8 Die Freigabe von Ressourcen bei Exceptions

Wenn ein Programm Ressourcen (Hauptspeicher, Dateien usw.) reserviert, sollten diese nach Gebrauch wieder freigegeben werden, damit sie für andere Anwendungen zur Verfügung stehen. Eine solche Freigabe sollte auch nach einer Exception erfolgen.

In der folgenden Funktion werden zunächst 4 KB RAM reserviert. Falls dann beim Aufruf der Funktion f eine Exception auftritt, wird *delete* nicht erreicht und der Speicher nicht mehr freigegeben.

```
void MemoryLeak()
{
int* p = new int[1024];
f(); // löst eventuell eine Exception aus
delete[] p;
}
```

Eine unnötige Reservierung von 4 KB Hauptspeicher hat meist keine gravierenden Auswirkungen und wird oft nicht einmal bemerkt. Falls das aber oft geschieht, kann die Auslagerungsdatei groß und das Programm langsamer werden. Wenn eine Datei reserviert und nicht mehr freigegeben wird, können andere Anwender eventuell nicht mehr auf sie zugreifen, bis man das Programm beendet und neu startet.

Auf den ersten Blick mag der folgende Ansatz zur Lösung dieses Problems naheliegend erscheinen:

```
int* p = new int[1024] ;   // reserviere die Ressource
try {
  // verwende die Ressource
}
catch(...)
{
   delete[] p; // bei einer Exception freigeben
   throw; // damit das zweite delete übersprungen wird
}
delete[] p;// p freigeben, falls keine Exception auftritt
```

Hier wird die Ressource vor der *try*-Anweisung reserviert und ausschließlich im Block nach *try* verwendet. Falls dabei eine Exception auftritt, wird sie im Block nach *catch* wieder freigegeben. Falls dagegen keine Exception auftritt, wird dieser Block nie ausgeführt und die Ressource nach der *try*-Anweisung freigegeben. Durch „throw;" wird sichergestellt, dass sie nicht zweimal freigegeben wird und dass die Exception in einem umgebenden *try*-Block behandelt werden kann.

Dieser Ansatz ist allerdings recht aufwendig. Man kann den Aufwand aber reduzieren, wenn eine Ressource nur in einem Block benötigt wird. Beim Verlassen eines Blocks wird für eine in diesem Block definierte nicht statische Variable eines Klassentyps immer ihr Destruktor (siehe Abschnitt 8.1.5) aufgerufen. Das gilt auch dann, wenn der Block aufgrund einer Exception verlassen wird. Deshalb kann man eine Klasse definieren, die die **Ressource in ihrem Destruktor freigibt**. Wenn man dann eine Variable dieser Klasse in dem Block definiert, ist sichergestellt, dass die Ressource auch bei einer Exception wieder freigegeben wird. Stroustrup (1997, Abschnitt 14.4.1) bezeichnet diese Technik als „resource acquisition is initialization" („**Ressourcenbelegung ist Initialisierung**").

Beispiel: Der für ein Objekt der Klasse

```
class SafeResource{
  int* v;
public:
  SafeResource() {v=new int;}; // reservieren
  virtual ~SafeResource(){delete v;};//freigeben
};
```

reservierte Speicher wird beim Verlassen des Blocks wieder freigegeben, in dem eine Variable dieser Klasse definiert wird, und zwar auch dann, wenn beim Aufruf von f eine Exception auftritt:

```
void g()
{
SafeResource a;
f(); // löst eventuell eine Exception aus
}
```

Viele **Klassen der Standardbibliothek** sind nach diesem Schema konstruiert und geben die von ihnen reservierten Ressourcen im Destruktor wieder frei. Dadurch ist automatisch sichergestellt, dass jede lokale, nicht statische Variable einer solchen Klasse ihre Ressourcen auch bei einer Exception wieder freigibt.

– Alle **Stream-Klassen** der Standardbibliothek heben die Reservierung einer Datei im Destruktor wieder auf. Im Unterschied zu den C-Funktionen zur Dateibearbeitung besteht mit diesen Klassen also keine Gefahr, dass eine Datei nach einer Exception unnötig reserviert bleibt.
– Die Destruktoren der **Container-Klassen** aus der Standardbibliothek geben den gesamten Speicherbereich wieder frei, den ein Container belegt. Dabei wird der Destruktor für jedes Element des Containers aufgerufen.

5.10 Exception-Handling

Die Freigabe von Ressourcen im Destruktor findet automatisch in der **richtigen Reihenfolge** statt. Werden mehrere Ressourcen reserviert, kann eine später reservierte eine früher reservierte verwenden. Deshalb muss die später reservierte Ressource vor der früher reservierten freigegeben werden. Diese Anforderung wird erfüllt, da die Destruktoren immer in der umgekehrten Reihenfolge ihrer Konstruktoren ausgeführt werden (siehe Abschnitt 8.2.2).

Wenn **im Konstruktor** einer Klasse eine **Exception** auftritt, wird für alle Elemente der Klasse, deren Konstruktor zuvor vollständig ausgeführt wurde, ihr Destruktor aufgerufen. Da für alle Elemente eines Klassentyps ihr Konstruktor immer vor der Ausführung der Anweisungen im Konstruktor aufgerufen wird (siehe Abschnitt 8.2.2), sind alle solchen Elemente vor der Ausführung der Anweisungen im Konstruktor vollständig konstruiert. Deshalb werden die von Elementen eines Klassentyps reservierten Ressourcen bei einer Exception im Konstruktor wieder freigegeben. Exceptions während der Ausführung eines Konstruktors können mit einem *function-try*-Block abgefangen werden (siehe Abschnitt 8.1.5).

Beispiel: Wenn die Funktion *init* im Konstruktor von C1 eine Exception auslöst, wird der zuvor mit *new* reservierte Speicher nicht wieder freigegeben:

```
class C1 {
  int* p;
public:
  C1()
  {
  p=new int[100];
  init(); // löst eventuell eine Exception aus
  }
}
```

Da vor dem Aufruf der Anweisungen im Konstruktor von C2 der Standardkonstruktor für den *vector* v aufgerufen wird, ist das Element v beim Aufruf von *init* vollständig konstruiert. Wenn dann der Aufruf von *init* eine Exception auslöst, wird der von v belegte Speicher wieder vollständig freigegeben:

```
class C2 {
  vector<int> v;
public:
  C2() // Konstruktor von C2
  {
  v.push_back(17);
  init(); // löst eventuell eine Exception aus
  }
}
```

Neben den bisher vorgestellten Möglichkeiten von Standard-C++ kann man im C++Builder die Freigabe von Ressourcen auch mit ***try-__finally*** sicherstellen.

Dabei werden die Anweisungen in dem Block nach _finally_ immer ausgeführt, und zwar unabhängig davon, ob in dem Block nach _try_ eine Exception auftritt oder nicht. Da durch eine _try-__finally_-Anweisung keine Exceptions behandelt werden, verwendet man sie meist in einer _try-catch_-Anweisung.

Beispiel:
```
void test_tryFin(int i)
{
int* p;
try {
  try {
    p=new int;
    f(); // löst eventuell eine Exception aus
  }
  __finally
   { delete p; }// hier Ressource freigeben
}
catch(...)
  { }; // hier Exception behandeln
}
```

Damit lassen sich die Programmstrukturen _try-finally_ von Delphi bzw. ___try-__finally_ von C leicht auf den C++Builder übertragen. Da dieses Sprachelement aber nicht im C++-Standard enthalten ist, sind solche Programme nicht portabel.

Anmerkung für Delphi- und C-Programmierer: In Delphi kann die Freigabe von Ressourcen mit _try-finally_ und in C mit ___try-__finally_ sichergestellt werden.

Aufgaben 5.10.8

1. Geben Sie an, welche Anweisungen beim Aufruf der Funktion f

```
void f()
{
try { try {
          f1();
          f2();
        }
        catch(...)
          {
           f3();
          }
        f4();
    }
catch (...)
     {
      f5();
     }
}
```

ausgeführt werden, wenn

5.10 Exception-Handling

a) in keiner der Funktionen f1, f2 usw. eine Exception ausgelöst wird
b) in f1 eine Exception ausgelöst wird
c) in f2 eine Exception ausgelöst wird
d) in f1 und f3 eine Exception ausgelöst wird
e) in f1 und f4 eine Exception ausgelöst wird.

2. Definieren Sie eine Funktion mit einem *int*-Parameter, die in Abhängigkeit vom Wert des Arguments eine Exception des Datentyps

   a) *int*
   b) *char*
   c) *double*
   d) *char**
   e) *exception*
   f) *logic_error*

   auslöst und zeigen sie den jeweils übergebenen Wert bzw. den der Funktion *what* in einem Exception-Handler an.

3. Die Funktion f soll in Abhängigkeit vom Wert des Arguments eine Exception der Datentypen *exception, logic_error, range_error* oder *out_of_range* auslösen. Welche Ausgabe erzeugt ein Aufruf der Funktion in a)? Von welcher Klasse wird die Funktion *what* in b) bis d) aufgerufen?

a)
```
void g1(int i)
{
try { f(i); }
catch(logic_error& e)
  { Form1->Memo1->Lines->Add("logisch"); }
catch(out_of_range& e)
  { Form1->Memo1->Lines->Add("range"); }
catch(exception& e)
  { Form1->Memo1->Lines->Add("exception"); }
};
```

b)
```
void g2(int i)
{
try { f(i); }
catch(logic_error& e)
  { Form1->Memo1->Lines->Add(e.what()); }
catch(out_of_range& e)
  { Form1->Memo1->Lines->Add(e.what()); }
catch(exception& e)
  { Form1->Memo1->Lines->Add(e.what()); }
};
```

c)
```
void g3(int i)
{
try { f(i); }
catch(exception e)
  { Form1->Memo1->Lines->Add(e.what()); }
};
```

d) ```
void g4(int i)
{
try { f(i); }
catch(exception& e)
 { Form1->Memo1->Lines->Add(e.what()); }
catch(...)
 { Form1->Memo1->Lines->Add("irgendeine Exception"); }
};
```

4. Erweitern Sie die Funktionen *StrToFloat* und *StrToInt* von Aufgabe 4.6.7 so, dass eine Exception ausgelöst wird, wenn beim Lesen des Strings ein Fehler auftritt. Testen Sie, welche der folgenden Argumente von *StrToInt* und *StrToFloat*

   "123",   " 123 ",   "1 23",   "12A3",   " 123A",       " "

   eine Exception auslösen, wenn die Elementfunktion *exceptions* mit den folgenden Argumenten aufgerufen wurde:

   a) 0
   b) *ios::failbit*
   c) *ios::eofbit*
   d) *ios::badbit*

5. Definieren Sie eine von der Klasse *exception* abgeleitete Klasse *MeineException*, deren Elementfunktion *what* einen im Konstruktor angegebenen Text zurückgibt. Lösen Sie in einer Funktion eine Exception dieser Klasse aus und zeigen Sie den Text an.

6. In der Standardbibliothek von C++ wird den Konstruktoren der Exception-Klassen ein *string* übergeben. Spricht etwas dagegen, anstelle eines Strings des Datentyps *string* einen Zeiger auf einen nullterminierten String zu übergeben?

7. Beurteilen Sie die Funktion *Sqrt*:

```
class ENegative {};

double Sqrt(double d)
{
try {
  if (d<0) throw ENegative();
  return sqrt(d);
}
catch(...)
{
  ShowMessage("negativ");
  return 0;
}
}
```
```

5.10 Exception-Handling

8. Eine Eingabemaske wie

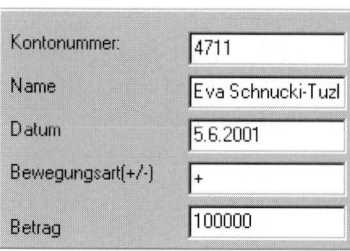

soll verschiedene Edit-Fenster mit Strings enthalten. Bei der Übernahme der Daten aus dieser Maske sollen die Strings mit Funktionen wie *IntToStr*, *FloatToStr* und *DateToStr* in Ganzzahl-, Gleitkomma- und Datumswerte umgewandelt werden. Diese Funktionen sollen eine Exception auslösen, wenn die Umwandlung nicht möglich ist.

Entwerfen Sie eine Funktion *getData*, die die Daten aus der Eingabemaske übernimmt und in die entsprechenden Datentypen konvertiert. Diese Funktion soll von einer Funktion *saveData* aufgerufen werden können, die die konvertierten Daten z.B. in einem Container speichert. Falls die Konvertierung nicht möglich ist, soll der Anwender durch eine Meldung darauf hingewiesen werden.

a) In einer ersten Variante der Funktion *getData* soll der Anwender nur darauf hingewiesen werden, dass eine der Umwandlungen nicht möglich war.
b) In einer zweiten Variante der Funktion *getData* soll der Anwender gezielt auf die Umwandlung hingewiesen werden, die nicht möglich war.

9. Bei einem Aufruf der Funktion f soll gelegentlich die Gefahr bestehen, dass eine Exception ausgelöst wird. Stellen Sie sicher, dass der von *new* reservierte Speicher auch wieder freigegeben wird.

```
void h()
{
vector<int*> v;
int* p=new int(17);
v.push_back(p);
f();//falls hier eine Exception auftritt, Speicherleck
for (vector<int*>::iterator i=v.begin(); i!=v.end();
                                                    i++)
   delete i;
}
```

5.10.9 Exceptions in <math.h> und die Funktion *_matherr* ⊕

In Abschnitt 5.10.1 wurde darauf hingewiesen, dass in C++ keine Exception ausgelöst wird, wenn in einer Funktion der Standardbibliotheken von ANSI-C ein Fehler auftritt. Diese Voreinstellung kann man in der Version 5 des C++Builders für die Funktionen aus <math.h> abändern, indem man die vordefinierte Funktion

```
int _RTLENTRY _matherr(struct _exception *e);
```

durch eine eigene Version dieser Funktion überschreibt, die eine Exception auslöst. Siehe dazu auch die Beschreibungen in „math.h" und in der Online-Hilfe. Dazu reicht es aus, die eigene Funktion in das Programm aufzunehmen.

```
#include <math.h>
int _RTLENTRY _matherr(struct _exception *e)
{ // Funktioniert im C++Builder 5, aber nicht in 4 oder 3
if (e->type == TLOSS)
  // Ergebnis bedeutungslos, z.B. sin(10e70)
   { throw EMathError("TLOSS - Ergebnis bedeutungslos: "+
     AnsiString(e->name)+"("+FloatToStr(e->arg1)+","+
     FloatToStr(e->arg2)+")"); }
else if (e->type == DOMAIN)
  // Argument nicht im zulässigen Bereich, z.B. log(-1).
   { throw EMathError("Unzulässiges Argument");}
else if (e->type == SING) // Singularität, z.B. log(0).
   { throw EMathError("Singularität"); }
else if (e->type == UNDERFLOW) // z.B. exp(-1000)
   { throw EUnderflow("UNDERFLOW "); }
else if (e->type == OVERFLOW) // z.B. exp(1000).
   { throw EOverflow("OVERFLOW "); }
else { throw EMathError("Unerwarteter MathError"); }
return 0;
}
```

Hier werden nur für TLOSS die gesamten in *_exception* (siehe <math.h>) verfügbaren Informationen angezeigt. Nimmt man diese Funktion in ein Programm auf, löst jeder der Funktionsaufrufe

```
sin(1e70);
sqrt(-2);
log(0);
exp(1000);
```

eine Exception aus. Ein Underflow (z.B. exp(–1000)) löst keine Exception aus.

In früheren Versionen des C++Builders hat die Aufnahme dieser Funktion in ein Programm keinen Effekt. Im C++-Standard ist die Funktion *_matherr* nicht enthalten.

5.10.10 Die Klasse *auto_ptr* ⊕

Für einen Zeiger auf einen mit *new* reservierten Speicherbereich kann man mit dem Klassen-Template (siehe Abschnitt 10.2) ***auto_ptr*** auf einfache Weise eine Klasse definieren, die diesen Speicherbereich im Destruktor wieder freigibt. Dieses Klassen-Template gehört zur Standardbibliothek von C++ und steht nach

```
#include <memory>
using namespace std;
```

zur Verfügung. Mit ihm erhält man eine Klasse, indem man nach *auto_ptr* in spitzen Klammern einen Datentyp angibt. Sie enthält einen Zeiger auf diesen Datentyp, der hier mit *ptr* bezeichnet werden soll, und einen Destruktor der den Speicherbereich, auf den *ptr* zeigt, mit *delete ptr* wieder freigibt.

Diese Klasse kann man wie einen vordefinierten Datentyp zur Definition einer Variablen verwenden. Der dabei in spitzen Klammern angegebene Datentyp ist dann der Datentyp, auf den der in der Klasse enthaltene Zeiger *ptr* zeigt. Bei der Definition einer Variablen gibt man einen Zeiger auf einen mit *new* reservierten Speicherbereich an. Dadurch wird *ptr* dieser Zeiger zugewiesen. Mit einem *auto_ptr* kann man sich die Definition einer eigenen Klasse wie *SafeResource* auf Seite 521 ersparen.

```
void g() // analog zur Funktion g auf Seite 521
{
auto_ptr<int> ap(new int(17)); // *ap.ptr=17
f();
} // Beim Verlassen des Blocks wird der Destruktor von ap
  // aufgerufen, der den Zeiger mit delete freigibt.
```

Nach dieser Definition zeigt der in *ap* enthaltene Zeiger *ptr* auf die *int*-Variable, die mit *new int(17)* angelegt wurde. Der mit *new* reservierte Speicherbereich wird auch dann wieder freigegeben, wenn der Block aufgrund einer Exception verlassen wird. Es ist also nicht notwendig, ihn durch einen expliziten Aufruf von *delete* wieder freizugeben.

Den Zeiger in einem Auto-Pointer erhält man mit der Elementfunktion ***get***:

```
ap.get()
```

Da der Destruktor eines Auto-Pointers den Speicherplatz mit *delete* wieder freigibt, dürfen mehrere Auto-Pointer nicht mit demselben Zeiger initialisiert werden. Sonst würde derselbe Speicherbereich mehrfach mit *delete* freigegeben. Außerdem darf ein Auto-Pointer nicht mit einem Zeiger initialisiert werden, der auf einen mit *new[ ]* oder auf einen durch eine Definition reservierten Speicherbereich zeigt.

Beispiel: Wenn man mehrere Auto-Pointer mit demselben Zeiger initialisiert, wird für diesen Zeiger beim Verlassen eines Blocks mehrmals *delete* aufgerufen. Auch die Definitionen von *ap3* und *ap4* sind falsch, ohne dass der Compiler darauf hinweist.

```
void g()
{
int* p=new int(1);
auto_ptr<int>ap1(p);
auto_ptr<int>ap2(p);
int* pa=new int[10];
auto_ptr<int>ap3(pa);  // zulässig, aber falsch
int i;
auto_ptr<int>ap4(&i);  // zulässig, aber falsch
}
```

Das Klassen-Template *auto_ptr* ist so konstruiert, dass ein Auto-Pointer in gewisser Weise der alleinige Besitzer des Zeigers ist, mit dem er initialisiert wird. Durch eine **Zuweisung** geht der **Besitz** (also *ptr*) des Auto-Pointers der rechten Seite auf den der linken Seite über. Der Auto-Pointer auf der rechten Seite besitzt seinen Zeiger anschließend nicht mehr, was dadurch zum Ausdruck kommt, dass er einen Nullzeiger besitzt (ptr=0). Der Speicherbereich, auf den die linke Seite vor der Zuweisung gezeigt hat, wird im Rahmen der Zuweisung freigegeben.

```
auto_ptr<int> ap(new int(1)); // ap.ptr=x mit x>0
auto_ptr<int> aq;   // aq.ptr=0
aq=ap; // aq.ptr=x, ap.ptr=0
```

Hier wird also die Variable auf der rechten Seite einer Zuweisung durch die Zuweisung verändert. Das ist bei Zuweisungen von anderen Datentypen nicht so. Entsprechend geht bei der Initialisierung eines Auto-Pointers mit einem anderen der Besitz auf den neuen Auto-Pointer über:

```
auto_ptr<int> ap(new int(1)); // Adresse ap.ptr>0
auto_ptr<int> aq(ap);         // Adresse ap.ptr=0
```

Das hat insbesondere zur Folge, dass ein Auto-Pointer, der als Argument für einen Werteparameter an eine Funktion übergeben wird, seinen Besitz an die lokale Variable verliert, die dem Parameter in der Funktion entspricht. Deshalb werden Auto-Pointer normalerweise nicht als Werteparameter, sondern als konstante Referenzparameter an eine Funktion übergeben werden.

Beispiel: Der Zeiger *ptr* im Auto-Pointer *ap* hat nach dem Aufruf von

```
void f(auto_ptr<int> a) { }
```

den Wert 0:

```
f(ap); // ap=0
```

Offensichtlich ist also im Umgang mit Auto-Pointern eine gewisse Vorsicht angebracht.

5.10.11 Exception-Spezifikationen

Bei einer Funktionsdeklaration kann man nach der Parameterliste eine Exception-Spezifikation mit einer Liste von Datentypen angeben:

exception-specification:
    throw (*type-id-list* _{opt})

Die Funktion darf dann nur Exceptions der angegebenen oder davon abgeleiteter Datentypen auslösen. Ohne eine Exception-Spezifikation darf sie jede Exception auslösen. Wenn in der Funktion eine Exception ausgelöst wird, die nicht in ihrer Exception-Spezifikation enthalten ist, führt das zum Aufruf der Funktion *std::unexpected()*, die wiederum *std::terminate()* (siehe Abschnitt 5.10.12) aufruft und nach der Voreinstellung das Programm abbricht.

Das folgende Beispiel zeigt, wie sich eine Exception-Spezifikation auswirkt:

```
typedef int X;        // X und Y sind irgendwelche
typedef exception Y;  // Datentypen

void f() throw (X, Y)
{
// ...
}
```

Diese Exception-Spezifikation hat denselben Effekt, wie wenn der Block aus der Funktionsdefinition in der folgenden *try*-Anweisung enthalten wäre:

```
void f()
{
try {
  // ...
 }
catch (X) { throw; } // gibt die Exception weiter
catch (Y) { throw; } // gibt die Exception weiter
catch (...)
 {
   std::unexpected(); // Programmabbruch
 }
}
```

Da ein Aufruf von *std:unexpected()* normalerweise nicht erwünscht ist, gibt man in einer Exception-Spezifikation alle Exceptions an, die beim Aufruf der Funktion vorkommen können.

Eine Exception-Spezifikation bietet also vor allem die Möglichkeit, explizit zu dokumentieren, welche Exceptions in einer Funktion zu erwarten sind. Der C++-Standard verwendet Exception-Spezifikationen häufig. Einige Beispiele:

```
void* operator new(std::size_t size) throw(std::bad_alloc);
void operator delete(void* ptr) throw();
void* operator new[](std::size_t size) throw(std::bad_alloc);
void operator delete[](void* ptr) throw();
```

Hier wird explizit zum Ausdruck gebracht, dass der Operator *new* die Exception *bad_alloc* auslösen kann, während der Operator *delete* keine Exceptions auslöst.

Wenn man bei einer Funktion eine Exception-Spezifikation angibt, sollte man darauf achten, dass in ihr keine Funktionen aufgerufen werden, die andere Exceptions auslösen.

5.10.12 Die Funktion *terminate* ⊕

In bestimmten Situationen muss die Behandlung einer Exception abgebrochen werden. Dann wird die Funktion *terminate* aufgerufen, die nach der Voreinstellung die Funktion *abort* aufruft. Diese bricht das Programm ab, ohne weitere Destruktoren aufzurufen.

Die Funktion *terminate* wird aufgerufen, wenn

- eine Exception durch **keinen** passenden **Exception-Handler** abgefangen wird
- bei der Definition einer **globalen Variablen** eine Exception auftritt, weil ihr Konstruktor eine Exception auslöst
- in einem **throw-Ausdruck** eine Klasse verwendet wird, deren Konstruktor oder Destruktor eine Exception auslöst
- ein **throw-Ausdruck ohne Operand** außerhalb eines Exception-Handlers ausgeführt wird
- ein Destruktor als Folge einer Exception aufgerufen wird und dieser selbst wieder eine Exception auslöst. Das ist insbesondere dann der Fall, wenn ein Block aufgrund einer Exception verlassen wird und für die in diesem Block definierten Objekte ihr Destruktor aufgerufen wird, der dann eine Exception auslöst. Deshalb sollte **jeder Destruktor** alle Funktionen, die eine Exception auslösen können, in einer *try*-Anweisung aufrufen.

  Beispiel: In der Klasse C soll der Aufruf einer Funktion im Destruktor eine Exception auslösen, die nicht abgefangen wird. Dann führt ein Aufruf der Funktion f zu einem Programmabbruch.

  ```
  void f()
  { // das sieht eigentlich ganz harmlos aus
  C c;
  throw exception();
  }
  ```

Die von *terminate* aufgerufene Funktion kann mit der Funktion *terminate_handler* **set_terminate**(*terminate_handler f*) *throw*();

gesetzt werden, der ein Funktionszeiger des Typs

typedef void (*terminate_handler)();

als Argument übergeben wird. Dazu besteht aber meist kein Grund.

5.10.13 Das Win32-Exception-Handling mit *try-__except* ⊕

Im C++Builder steht auch das strukturierte Exception-Handling von Win32 mit der *try-__except*-Anweisung zur Verfügung. Dabei handelt es sich um eine Erweiterung von Microsoft für die Programmiersprache C. Sie unterscheidet sich unter anderem folgendermaßen von einer *try-catch*-Anweisung:

1. Im Block nach *__except* werden nur solche Exceptions erkannt, die mit *RaiseException* ausgelöst wurden. Mit *throw* ausgelöste Exceptions werden dagegen nicht erkannt.
2. Mit *RaiseException* können nur Exceptions des Datentyps *int* ausgelöst werden, mit *throw* dagegen Exceptions eines beliebigen Datentyps.
3. Falls ein Programm eine mit *RaiseException* ausgelöste Exception nicht behandelt, wird das Exception-Handling von Win32 aufgerufen und nicht die Funktion *terminate*.

Microsoft empfiehlt in der Online-Hilfe zu Visual C++, in C++-Programmen das Exception-Handling von C++ (mit *try-catch*) zu bevorzugen.

6 Funktionen

Mit Funktionen können Anweisungen unter einem eigenen Namen zusammengefasst und unter diesem Namen wieder aufgerufen werden. Dieses einfache Konzept hat viele Vorteile:

- **Mehrfach auszuführende Anweisungsfolgen** können über einen Namen aufgerufen werden. Da man sie nicht jedes Mal ins Programm schreiben muss, spart das Schreibarbeit und man erhält kürzere, übersichtlichere Programme.
- Wenn **Änderungen** einer solchen mehrfach auszuführenden Anweisungsfolge notwendig werden, muss man sie nur einmal durchführen.
- Eine Programmiersprache kann um selbst definierte, **problemangemessene Sprachelemente** erweitert werden.
- Bei der Suche nach der Lösung eines komplexeren Problems kann man systematisch die Strategie der **schrittweisen Verfeinerung** anwenden. Dabei versucht man die Lösung eines Gesamtproblems dadurch zu finden, dass man es in einfachere Teilprobleme zerlegt, die dann isoliert gelöst werden. Diese Vorgehensweise ist die wohl wichtigste allgemeine Lösungsstrategie.
- Wenn man die Lösung jedes Teilproblems in einer Funktion zusammenfasst, wird die **Struktur der Lösung explizit** im Programm dokumentiert.

Funktionen bieten aber mehr als nur die Zusammenfassungen von Anweisungen:

- Mit **Parametern** können die Anweisungen einer Funktion mit verschiedenen Werten bzw. Variablen durchgeführt werden.
- **Lokale Deklarationen** von Variablen usw. in einer Funktion sind von den Deklarationen in anderen Funktionen getrennt und damit auf die Lösung eines einzigen Teilproblems beschränkt.

Neben diesen Möglichkeiten, die in den meisten Programmiersprachen bestehen, gibt es in C++ außerdem noch die folgenden:

- Verschiedene Funktionen mit hinreichend unterschiedlichen Parametern können denselben Namen haben (**überladene Funktionen**).
- Mit **Operatorfunktionen** können Operatoren für Operanden eines selbst definierten Datentyps definiert werden.

6.1 Die Definition und der Aufruf von Funktionen

Eine Funktionsdefinition wird durch die folgende Syntaxregel beschrieben:

function-definition:
  decl-specifier-seq *opt* *declarator ctor-initializer* *opt* *function-body*
  decl-specifier-seq *opt* *declarator function-try-block*

function-body:
  compound-statement

Vorläufig werden wir nur die erste Variante mit dem *functionbody* verwenden. Hier steht die optionale *decl-specifier-seq* für eine Folge von einer oder mehreren der folgenden Angaben:

decl-specifier:
  storage-class-specifier
  type-specifier
  function-specifier
  friend
  typedef

Diese Folge enthält meist einen Datentyp, der dann der **Datentyp des Funktionswertes** ist. Das kann ein beliebiger Datentyp außer einem Array- oder Funktionstyp sein. Falls kein Datentyp angegeben wird, hat der Funktionswert den Datentyp *int*. Die Angabe *typedef* ist in einer Funktionsdefinition nicht möglich.

Der *declarator* muss die folgende Form haben:

  F (*parameter-declaration-clause*) *cv-qualifier-seq* *opt* *exception-specification* *opt*

Hier steht F für den Namen der Funktion. Unter diesem Namen kann die Funktion dann aufgerufen werden.

In C++ können **Funktionen nur global** definiert werden. Im Unterschied zu Pascal kann man Funktionen nicht lokal innerhalb von Funktionen definieren.

Für eine ohne Parameterliste definierte Funktion besteht ein **Funktionsaufruf** aus dem Namen der Funktion, auf den das Klammerpaar „()" (der Aufrufoperator) folgt. Die Funktion muss in C++ (im Gegensatz zur Programmiersprache C) vor ihrem Aufruf deklariert oder definiert werden. Durch einen Funktionsaufruf wird die Verbundanweisung des *function-body* der Funktionsdefinition ausgeführt. Sie enthält oft eine *return*-**Anweisung**.

  return *expression* *opt* **;**

Bei der Ausführung der *return*-Anweisung wird die Funktion verlassen. Wenn diese Anweisung einen Ausdruck enthält, ist sein Wert der Funktionswert. Dieser

6.1 Die Definition und der Aufruf von Funktionen

Ausdruck muss in den Datentyp des Funktionswertes konvertiert werden können. Eine Funktion, deren **Funktionswert nicht** den Datentyp *void* hat, sollte mit *return* immer einen Wert zurückgeben. Sonst ist der Funktionswert undefiniert.

Wenn der Datentyp des **Funktionswertes** *void* ist, kann die Funktion keinen Funktionswert zurückgeben. Dann darf nach *return* kein Ausdruck angegeben werden. Bei einer solchen Funktion kann die *return*-Anweisung auch weggelassen werden. Dann wird der Aufruf beendet, wenn die Verbundanweisung abgearbeitet ist.

Beispiele:

1. Der Funktionswert von *f1* ist nur für negative Argumente definiert:

    ```
    int f1(int i)
    {
    if (i<0) return i;
    } // Warnung: Funktion sollte einen Wert zurückgeben
    ```

    Da der Funktionswert von *f2* den Datentyp *void* hat, darf nach *return* kein Ausdruck angegeben werden. Diese *return*-Anweisung kann man auch weglassen:

    ```
    void f2(int i)
    {
    Form1->Memo1->Lines->Add(IntToStr(i));
    return; // ohne return derselbe Programmablauf
    }
    ```

2. Falls kein Datentyp für den Funktionswert angegeben wird, hat dieser den Datentyp *int* und nicht etwa den Datentyp *void*. Deshalb erhält man am Ende der Funktion auch die angegebene Warnung:

    ```
    f3() // impliziter Datentyp des Funktionswertes: int
    {
    Form1->Memo1->Lines->Add(IntToStr(i));
    } // Warnung: Funktion sollte einen Wert zurückgeben
    ```

    Diese Funktion kann folgendermaßen aufgerufen werden und hat einen undefinierten Funktionswert:

    ```
    int i=f3();
    ```

3. Ein Funktionsaufruf ist ein Ausdruck, der durch ein darauf folgendes Semikolon zu einer Ausdrucksanweisung wird. Deshalb ist auch der folgende Aufruf zulässig. Dabei wird die Verbundanweisung aus der Funktionsdefinition ausgeführt. Allerdings wird der Funktionswert nicht verwendet.

    ```
    f3();
    ```

4. Der Name einer Funktion ist auch ohne den Aufrufoperator () ein zulässiger Ausdruck. Er hat den Datentyp „Zeiger auf eine Funktion ..." (siehe Abschnitt 6.3.8). Sein Wert ist die Adresse der Funktion. Deswegen wird mit der Funktion f3 von oben auch der folgende Ausdruck vom Compiler ohne Fehlermeldung akzeptiert. Seine Auswertung führt aber nicht zur Ausführung der Verbundanweisung aus der Funktionsdefinition:

```
f3; // keine Fehlermeldung oder Warnung
```

5. Auch eine Ereignisbehandlungsroutine ist eine Funktion:

```
void __fastcall TForm1::Button1Click(TObject *Sender)
{
}
```

Diese Funktion ist eine **Elementfunktion** (siehe Abschnitt 8.1.4) der Klasse *TForm1*, was durch „TForm1::" zum Ausdruck kommt. Eine Ereignisbehandlungsroutine braucht man nicht explizit aufrufen. Der C++Builder sorgt dafür, dass sie immer dann aufgerufen wird, wenn das entsprechende Ereignis eintritt. Sie kann aber auch wie jede andere Funktion explizit aufgerufen werden. Der folgende Aufruf hat dasselbe Ergebnis wie das 10fache Anklicken von *Button1*:

```
void __fastcall TForm1::Button2Click(TObject *Sender)
{
for (int i=0;i<10;i++) Button1Click(Sender);
}
```

Bei der **Ausführung eines Funktionsaufrufs** wird die Verbundanweisung aus der Funktionsdefinition ausgeführt und danach die auf den Funktionsaufruf folgende Anweisung. Ein Funktionsaufruf wirkt sich also so aus, als ob die unter dem aufgerufenen Namen vereinbarten Anweisungen an der aufrufenden Stelle in das Programm kopiert wären (**copy rule**).

Beispiel: Nach den Funktionsdefinitionen

```
void P1()
{
Form1->Memo1->Lines->Add("In P1 angekommen");
Form1->Memo1->Lines->Add("P1 wird verlassen");
}

void P2()
{
Form1->Memo1->Lines->Add("In P2 angekommen");
P1();
P1();
Form1->Memo1->Lines->Add("P2 wird verlassen");
}
```

6.1 Die Definition und der Aufruf von Funktionen

```
void P3()
{
Form1->Memo1->Lines->Add("In P3 angekommen");
P1();
P2();
Form1->Memo1->Lines->Add("P3 wird verlassen");
}
```

werden nach einem Aufruf von P3 die Anweisungen folgendermaßen abgearbeitet:

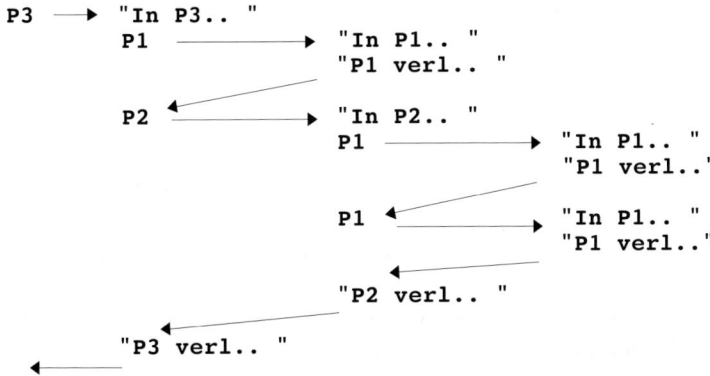

Wenn man nur darstellen will, welche Funktionen aufgerufen werden, verwendet man oft ein **Strukturdiagramm**. Ein solches Strukturdiagramm wird ausgehend vom obersten Knoten durchlaufen. Wenn von einem Knoten mehrere Zweige ausgehen, werden sie von links nach rechts abgearbeitet. Jeder Zweig wird bis zu seinem Endpunkt durchlaufen. Danach geht die Kontrolle an den aufrufenden Knoten zurück.

Beispiel: Für die Funktion P3 aus dem letzten Beispiel erhält man das Strukturdiagramm:

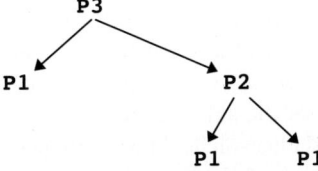

Anmerkung für Pascal-Programmierer: Den Prozeduren von Pascal entsprechen in C++ die Funktionen, deren Funktionswert den Datentyp *void* hat.

6.2 Die Verwaltung von Funktionsaufrufen über den Stack

Die Ausführungen in diesem Abschnitt sind etwas technisch und für das prinzipielle Verständnis von Funktionen nicht notwendig. Dafür reicht die *copy rule* meist aus. Sie zeigen aber, wie die *copy rule* intern realisiert wird und wie Funktionszeiger, gegenseitige Funktionsaufrufe und insbesondere rekursive Funktionen funktionieren.

Die Funktionsaufrufe und ihre Rücksprungadressen werden über einen **Stack** verwaltet. Diese Datenstruktur wurde bereits in Kapitel 4 vorgestellt. Für einen Stack stehen im Wesentlichen nur die beiden Operationen **push** und **pop** zur Verfügung. Mit ihnen wird ein Element oben auf dem Stack abgelegt bzw. das oberste Element vom Stack genommen.

Bei der Containerklasse *stack* aus der Standardbibliothek von C++ wird durch *pop* das oberste Element nur entfernt und nicht als Funktionswert zurückgeliefert. Dieses Element erhält man mit der Funktion *top*. Im Zusammenhang mit dem Aufruf-Stack wird *pop* dagegen meist so verwendet, dass diese Operation das oberste Element als Funktionswert zurückliefert und es gleichzeitig vom Stack entfernt.

Der durch die *copy rule* beschriebene Programmablauf bei Funktionsaufrufen wird folgendermaßen realisiert: Jedes laufende Programm besitzt einen Aufruf-Stack, auf dem der **Prozessor** immer die Adresse der auf den aktuellen Funktionsaufruf folgenden Anweisung findet. Sobald er die letzte Anweisung in einer Funktion ausgeführt hat, holt er diese Adresse vom Stack und führt als Nächstes diese Anweisung aus. Der Aufruf-Stack wird folgendermaßen verwaltet:

– Bei der Übersetzung einer **Funktionsdefinition** merkt sich der **Compiler** zunächst die Adresse der ersten Anweisung, die zur Verbundanweisung der Funktion gehört. Danach übersetzt er alle Anweisungen dieser Funktion bis zum Ende der Funktionsdefinition. Das entsprechende „}" erkennt der Compiler dadurch, dass er die Klammern „{" und „}" seit dem Beginn der Funktionsdefinition mitzählt: Sobald er so viele „}" wie „{" gesehen hat, erzeugt er eine Anweisung, durch die der Prozessor die aktuelle Adresse vom Stack holt. Auch bei einer *return*-Anweisung wird eine solche Anweisung erzeugt.
– Wenn der **Compiler** einen **Funktionsaufruf** übersetzt, erzeugt er eine Anweisung, durch die der Prozessor die Adresse der nächsten auszuführenden Anweisung (nach dem Funktionsaufruf) auf den Stack legt. Anschließend erzeugt er einen Sprung auf die erste Anweisung der aufgerufenen Funktion.

Beispiel: Nummeriert man die Anweisungen aus dem Beispiel des letzten Abschnitts (ohne die Memo-Anweisungen in P2 und P3) der Reihe nach mit @1, @2 usw. durch, erhält man in der rechten Spalte die entsprechenden *push*-, *pop*- und *goto*-Anweisungen:

6.2 Die Verwaltung von Funktionsaufrufen über den Stack 549

```
void P1()
{
@1:...Add("In P1 angekommen");
@2:} // Rücksprung                    pop

void P2()
{
@3:P1();                              push @4 (=P1)
                                      goto @1
@4:P1();                              push @5
                                      goto @1
@5:};                                 pop

void P3()
{
@6:P1();                              push @7 (=P2)
                                      goto @1
@7:P2();                              push @8
                                      goto @3
@8:};                                 pop
```

Die folgende Tabelle enthält in der linken Spalte die Anweisungen, die bei einem Aufruf von P3 ausgeführt werden. Die rechte Spalte enthält die Rücksprungadressen auf dem Stack (oberster Eintrag rechts) nach der Ausführung der jeweiligen Anweisung. Hier sieht man, wie der Stack während des Programmablaufs „pulsiert".

Anweisung	Stack-Operation	aktueller Stack
@6:P1();	push @7 goto @1	@7
@1:...Add("In P1 ...");		@7
@2:} // Rücksprung	pop	
@7:P2();	push @8 goto @3	@8
@3:P1();	push @4 goto @1	@8 @4
@1:...Add("In P1 ...");		@8 @4
@2:} // Rücksprung	pop	@8
@4:P1();	push @5 goto @1	@8 @5
@1:...Add("In P1 ...");		@8 @5
@2:} // Rücksprung	pop	@8
@5:} // Rücksprung	pop	

Mit *Ansicht\Debug-Fenster\Aufruf-Stack* wird der aktuelle Stack angezeigt:

Hier steht die zuletzt aufgerufene Funktion (also die, in der man sich gerade befindet) ganz oben. Darunter stehen die Funktionen, deren Adressen sich noch auf dem Stack befinden. So kann man feststellen, über welche Funktionen man in die aktuelle Funktion gekommen ist.

Aufgabe 6.2

Schreiben Sie ein Programm, in dem sich verschiedene Funktionen gegenseitig aufrufen (z.B. die Funktionen P1, P2 und P3 aus dem letzten Abschnitt) und führen Sie es schrittweise im Debugger aus. Beobachten Sie den Aufruf-Stack, wenn Sie mit *F7* in eine Funktion verzweigen.

6.3 Funktionen mit Parametern

Bei der Deklaration einer Funktion kann man nach dem Namen der Funktion eine Liste von **formalen Parametern** angeben:

> *parameter-declaration-clause:*
> *parameter-declaration-list* $_{opt}$ ... $_{opt}$
> *parameter-declaration-list* , ...

> *parameter-declaration-list:*
> *parameter-declaration*
> *parameter-declaration-list* , *parameter-declaration*

Falls die Parameterliste nicht ausgelassen wird, besteht sie aus einer oder mehreren durch Kommas getrennten Parameterdeklarationen:

> *parameter-declaration:*
> *decl-specifier-seq declarator*
> *decl-specifier-seq declarator* = *assignment-expression*
> *decl-specifier-seq abstract-declarator* $_{opt}$
> *decl-specifier-seq abstract-declarator* $_{opt}$ = *assignment-expression*

In der *decl-specifier-seq* einer Parameterdeklaration kann als *decl-specifier*

> *decl-specifier:*
> *storage-class-specifier*
> *type-specifier*
> *function-specifier*
> `friend`
> `typedef`

nur ein Speicherklassenspezifizierer und ein Datentyp angegeben werden. Als Speicherklassenspezifizierer sind hier nur *auto* und *register* zulässig. Da *auto* aber die Voreinstellung ist und *register* ignoriert wird, gibt man sie nur selten an.

6.3 Funktionen mit Parametern

Eine Parameterdeklaration muss genau einen Datentyp enthalten. Dieser ist dann der **Datentyp des Parameters**. Im Gegensatz zur Programmiersprache C ist der Datentyp in C++ nicht automatisch *int*, wenn er ausgelassen wird. Auf den Datentyp in einer Parameterdeklaration kann ein Bezeichner folgen. Dieser ist dann der Name einer **lokalen Variablen** in der Verbundanweisung der Funktionsdefinition.

Beim Aufruf einer Funktion muss **für jeden Parameter** der Funktionsdeklaration **ein Argument** angegeben werden (Ausnahmen: Default-Argumente und variable Argumente). Die Parameter werden dann mit den Argumenten initialisiert. Die Zuordnung ergibt sich aus ihrer Reihenfolge.

Beispiel: Die Funktion s3 hat drei formale Parameter a, b und c:

```
double s3(int a, double b, int c)
{
return a+b+c;
}
```

Beim Aufruf dieser Funktion

```
s3(1,2,3);
```

werden die lokalen Variablen a, b und c mit den Werten der aktuellen Parameter 1, 2 und 3 initialisiert.

Falls bei einer Parameterdeklaration in einer Funktionsdefinition nach dem Datentyp kein Bezeichner angegeben wird, gehört zu diesem Parameter keine lokale Variable. Solche Parameter sind bei Funktionsdefinitionen nicht üblich. Sie werden aber oft bei Funktionsdeklarationen verwendet, die keine Definitionen sind. Eine solche Deklaration wird auch als **Funktionsprototyp** oder **Prototyp** bezeichnet (siehe auch Abschnitt 7.1.3).

Beispiel: Die folgenden drei Prototypen für die Funktion s3 aus dem letzten Beispiel sind gleichwertig:

```
double s3(int, double, int);
double s3(int a, double b, int c);
double s3(int x, double y, int z);
```

Eine Parameterliste kann auch lediglich aus dem Datentyp *void* bestehen wie in

```
int f(void) { /* ... */ }
```

Diese Parameterliste ist gleichwertig mit einer leeren Parameterliste. Deshalb kann eine solche Funktion nur ohne Argumente aufgerufen werden. Außer in diesem Sonderfall darf der Datentyp *void* nicht in einer Parameterdeklaration verwendet werden, da beim Aufruf für den Parameter kein Argument eingesetzt werden kann. Von *void* abgeleitete Datentypen wie *void** sind aber möglich.

Im C++-Standard werden die **Begriffe Argument und Parameter** folgendermaßen verwendet: Die Deklaratoren aus einer Parameterdeklaration heißen „Parameter", „formale Argumente" oder „formale Parameter". Ein Ausdruck in einem Funktionsaufruf heißt „Argument", „aktuelles Argument" oder „aktueller Parameter".

Vergleichen wir kurz den Funktionsbegriff in C++ mit dem in der **Mathematik**: In der Mathematik ist eine Funktion f:D→W eine Vorschrift, die jedem Element x des **Definitionsbereichs** D eindeutig ein Element f(x) des **Wertebereichs** W zuordnet.

Beispiel: Die Sinusfunktion *sin* ordnet jeder reellen Zahl x wieder eine reelle Zahl *sin(x)* zu, z.B.

$$\sin(1) = 0{,}84147... \qquad \sin(2) = 0{,}90930... \quad \sin(3) = 0{,}14112...$$

Der Funktionswert bestimmt sich dabei aus den Parametern aufgrund bestimmter Rechenvorschriften.

Dem Definitionsbereich der Mathematik entspricht in C++ der Datentyp der Parameter und dem Wertebereich der Datentyp des Funktionswertes. Die Zuordnung des Funktionswertes erfolgt durch die Anweisungen in der Funktionsdefinition. Während der Funktionswert in der Mathematik für jeden Wert des Definitionsbereichs definiert ist, muss das bei Funktionen in C++ nicht gelten. In der Funktion *id* ist *id(x)* für x ≤ 0 undefiniert. Der Compiler weist darauf durch die als Kommentar angegebene Warnung hin:

```
int id(int x)
{
if (x > 0) return x; // Warnung: Funktion sollte einen
}                    //          Wert zurückgeben
```

In den nächsten Abschnitten wird genauer gezeigt, wie ein *declarator* in der Parameterdeklaration einer Funktionsdefinition gebildet werden kann. Die verschiedenen Möglichkeiten ergeben sich vor allem aus den Syntaxregeln für einen *declarator*, die schon in Abschnitt 3.8 vorgestellt wurden.

6.3.1 Werteparameter

Ein Parameter, dessen Datentyp kein Referenztyp (siehe Abschnitt 6.3.2) ist, wird auch als **Werteparameter** bezeichnet. Jeder Werteparameter ist in der zur Funktionsdefinition gehörenden Verbundanweisung eine lokale Variable, die auf dem Stack angelegt und beim Aufruf der Funktion mit dem Wert (daher der Name) des Arguments initialisiert wird. Da die lokale Variable einen anderen Speicherbereich als das Argument belegt, wird das Argument bei einem Aufruf der Funktion nicht verändert.

6.3 Funktionen mit Parametern

Beispiel: Nach dem Aufruf der Funktion

```
void f(int x) // x ist ein Werteparameter
{
x = 2;
}
```

in

```
y = 3;
f(y);
```

hat die Variable y (wie schon vor dem Aufruf von f) unverändert den Wert 3, da nur der in f lokalen Variablen x der Wert 2 zugewiesen wird, nicht jedoch der globalen Variablen y.

Als **Argument** kann für einen Werteparameter ein beliebiger Ausdruck (eine Konstante, Variable usw.) eingesetzt werden, für den eine **Konversion** in den Datentyp des Parameters definiert ist. Die Funktion f aus dem letzten Beispiel kann deswegen auch mit einem konstanten Gleitkommawert aufgerufen werden:

```
f(1.2)
```

Da alle Werteparameter auf dem Stack angelegt werden, müssen sie den dafür verfügbaren Speicherbereich mit den lokalen Variablen teilen. Bei Systemen mit einem relativ kleinen Stack (z.B. MS-DOS oder Windows 3.x) wurde deswegen oft auf Werteparameter verzichtet. Da die Initialisierung der lokalen Variablen mit den Werten der aktuellen Parameter bei großen Parametern mit einem gewissen Zeitaufwand verbunden ist, sollte man große Werteparameter auch bei Systemen mit einem großen Stack nur mit Bedacht verwenden.

Den Aufruf einer Funktion mit Werteparametern kann man leicht in einem Ablaufprotokoll darstellen: Für jeden Werteparameter legt man eine lokale Variable an, die den Wert des entsprechenden Arguments erhält.

Beispiel: Die Funktion *vertausche* sei definiert durch

```
void vertausche(int x, int y)
{
int h = x;
x = y;
y = h;
}
```

Dann erhält man für die Anweisungen

```
x = 17;
y = 18;
vertausche(x,y);
```

das Ablaufprotokoll:

	x	y			
x = 17	17				
y = 18		18			
vertausche(x,y)					
lokale Variablen	---	---	x	y	h
// implizite Zuweisung	---	---	17	18	
h = x	---	---			17
x = y	---	---	18		
y = h	---	---			17
nach dem Verlassen der Funktion	17	18			

Dieses Ablaufprotokoll soll vor allem zeigen, dass die lokalen Variablen aus der Funktionsdefinition und der Parameterliste nur existieren, solange die Funktion ausgeführt wird. Außerdem sieht man, dass die globalen Variablen x und y während dieser Zeit verdeckt sind. Ansonsten sind die Anweisungen in diesem Beispiel sinnlos, da die globalen Variablen x und y nicht verändert werden.

6.3.2 „Call by reference" mit Referenzparametern

Wenn der Datentyp eines Parameters ein Referenztyp ist, wird der Parameter auch als **Referenzparameter** bezeichnet. Einen Referenzparameter erhält man mit einer Parameterdeklaration nach dem Schema:

    T& p

Hier steht T für den Datentyp und p für den Namen des Parameters. Dabei darf T kein Referenztyp sein, da Referenzen von Referenzen nicht zulässig sind.

Beim Aufruf einer Funktion wird jeder Parameter mit dem Argument initialisiert. Übergibt man als Argument für einen Referenzparameter eine Variable desselben Datentyps, dann bedeutet diese **Initialisierung**, dass der Parameter ein anderer Name für das Argument ist. Mit diesem Argument werden dann beim Aufruf der Funktion alle Anweisungen ausgeführt, die in der Funktionsdefinition mit dem Parameter ausgeführt werden. Diese Form der Initialisierung wird vom Compiler dadurch realisiert, dass die Adresse des Arguments auf dem Stack übergeben wird. Über diese Adresse wird dann das Argument angesprochen.

Deshalb kann der Wert einer Variablen, die als Argument für einen nicht konstanten **Referenzparameter** übergebenen wird, in einer Funktion **verändert werden**. Mit einem Werteparameter ist das nicht möglich. Da für einen Referenzparameter des Typs T& keine Variable des Typs T auf dem Stack angelegt wird, **spart** man so gegenüber Werteparametern den **Speicherplatz** für diese Variable auf dem Stack und die **Zeit** für ihre Initialisierung mit dem Argument.

Beispiel: Mit der Funktion

6.3 Funktionen mit Parametern

```
void f(int& x)   // x ist ein Referenzparameter
{
x = 2;
}
```

hat y nach der Ausführung von

```
int y = 3;
f(y);
```

den Wert 2, da die Anweisung x=2 direkt mit der globalen Variablen y und nicht mit einer in f lokalen Variablen x ausgeführt wird. Deswegen werden beim Aufruf der folgenden Funktion *vertausche* auch die Werte der beiden als Argument übergebenen Variablen vertauscht:

```
void vertausche(int& x, int& y)
{
int h = x;
x = y;
y = h;
}
```

Damit der Wert des Arguments in der Funktion verändert werden kann, muss das Argument eine **Variable** sein, die **denselben Datentyp** wie der Parameter hat. Bei Klassen kann der Datentyp auch eine vom Datentyp des Parameters abgeleitete Klasse sein. Mit anderen Argumenten soll ein Referenzparameter nach dem C++-Standard nur initialisiert werden können, wenn er konstant ist. (siehe Abschnitt 6.3.4).

Im Gegensatz zu den Anforderungen des C++-Standards akzeptiert der C++Builder für einen Referenzparameter auch Argumente eines anderen Datentyps sowie Argumente, die keine Variablen sind. Er erzeugt dann aus dem Argument eine temporäre Variable mit dem Datentyp des Parameters und übergibt diese an die Funktion. Da alle Operationen in der Funktion mit dieser temporären Variablen ausgeführt werden, wird das Argument durch Operationen in der Funktion nicht verändert. Andere Compiler akzeptieren einen solchen Aufruf überhaupt nicht und betrachten ihn als **Fehler**.

Beispiel: Der C++Builder akzeptiert auch die folgenden Aufrufe der Funktion f von oben. Dabei wird der Wert des Arguments nicht verändert:

```
const int ci=17;
f(ci);    //Datentyp des Arguments ci: nicht int
// unverändert ci=17;
double d=18;
f(d);     //Datentyp des Arguments d: nicht int
// unverändert d=18;
f(17.0);  //Datentyp des Arguments: keine Variable
```

Bei allen diesen Aufrufen erhält man die Warnung, die man immer als Hinweis auf einen schwerwiegenden **Fehler** betrachten sollte:

```
Warnung: Temporäre Größe für Parameter 'x' in
         Aufruf von 'f(int&)' verwendet
```

Referenzparameter können die Ursache **subtiler Programmfehler** sein, **wenn für verschiedene Parameter dasselbe Argument eingesetzt wird**.

Beispiel:
```
void pad(AnsiString& a, AnsiString& b,AnsiString& c)
{
c = a+b;
c = c+a;
}

AnsiString x="a",y="b",z;
pad(x,y,z); // z = "aba"

z = "c";
pad(z,x,z); // z = "caca" !!!
```

Dasselbe Ergebnis erhält man, wenn a und b konstante Referenzparameter sind. Beim letzten Aufruf von *pad* erhält man das intuitiv erwartete Ergebnis "cac", wenn a und b Werteparameter sind.

Den Aufruf einer Funktion mit **Referenzparametern** kann man in einem **Ablaufprotokoll** dadurch darstellen, dass man jeden Parameter durch das Argument ersetzt, mit dem er aufgerufen wird.

Beispiel: Für die Anweisungen aus dem letzten Beispiel erhält man so das folgende Ablaufprotokoll. Die jeweiligen Argumente sind als Kommentar angegeben.

	x	y	z
x = "a"	"a"		
y = "b"		"b"	
z			""
pad(x,y,z) // a=x, b=y, c=z			
c = a+b;// z=x+y			"ab"
c = c+a; //z=z+x			"aba"
z = "c"			"c"
pad(z,x,z) // a=z, b=x, c=z			
c = a+b // z = z+x			"ca"
c = c+a; // z = z+z			"caca"

Anmerkung für Pascal-Programmierer: Den Referenzparametern von C++ entsprechen in Pascal die Variablenparameter.

6.3.3 Zeiger als Parameter

Mit einer Parameterdeklaration nach dem Schema

T * p

ist der Parameter p ein Zeiger auf den Datentyp T. Dieser Parameter wird beim Aufruf der Funktion wie jeder andere Werteparameter mit dem Wert des Arguments initialisiert. Wenn man einen Zeiger in einer Funktion verändern will, übergibt man ihn als Referenzparameter:

```
void f(int*& p)
{
p=new int;
}
```

Insofern unterscheiden sich Zeiger überhaupt nicht von Werteparametern eines anderen Datentyps. Diese Art von Parametern wird hier nur deshalb in einem eigenen Abschnitt behandelt, um einige ihrer typischen Anwendungen zu zeigen.

In der Programmiersprache C gibt es keine Referenzparameter und auch kein anderes Sprachelement, mit dem man den Wert eines **Arguments** durch eine Funktion **verändern** kann. Um mit einer Funktion eine als Argument übergebene Variable zu verändern, übergibt man deshalb in C als Parameter einen Zeiger auf die Variable. Die Variable wird dann in der Funktionsdefinition durch eine Dereferenzierung des Zeigers angesprochen.

Beispiel: Mit der Funktion *vertausche* können die Werte von zwei Variablen des Datentyps *int* vertauscht werden:

```
void vertausche(int* x, int* y)
{
int h = *x;
*x = *y;
*y = h;
}
```

Beim Aufruf der Funktion übergibt man dann die Adresse der zu vertauschenden Variablen als Argument:

```
int x=0,y=1;
vertausche(&x,&y);
```

Da viele C++-Programmierer früher in C programmiert haben und C++-Programme oft C-Bibliotheken verwenden, findet man diese Technik auch heute noch in vielen C++-Programmen. Sie bietet dieselben Möglichkeiten wie Referenzparameter. Allerdings ist es aus den folgenden Gründen einfacher, Referenzparameter zu verwenden:

- Die Parameter müssen in der Funktionsdefinition nicht dereferenziert werden.
- Beim Aufruf der Funktion muss der Adressoperator & nicht angegeben werden.

Für einen Parameter des generischen Zeigertyps *void** (siehe Abschnitt 3.9.2) kann als Argument ein Zeiger auf einen beliebigen Datentyp eingesetzt werden. Da der dereferenzierte Parameter in der Funktion den Datentyp *void* hat, kann man ihn nicht in einem Ausdruck verwenden. Um den Speicherbereich anzusprechen, auf den der Parameter zeigt, ist eine explizite Typkonversion notwendig. Da man über diesen Speicherbereich in der Funktionsdefinition meist nur weiß, dass er aus einzelnen Bytes besteht, spricht man diese Bytes oft als Ausdrücke des Datentyps *char* an.

Auf diese Weise werden mit der Funktion *vertausche* die Werte von zwei Variablen eines beliebigen Datentyps vertauscht:

```
void vertausche(void* a, void* b, int s)
{
for (int i=0; i<s; i++)
  {
  char c=*((char*)a+i);//oder c=*(static_cast<char*>(a)+i)
  *((char*)a+i)=*((char*)b+i);
  *((char*)b+i)=c;
  }
}
```

Diese Funktion kann dann so aufgerufen werden:

```
int ia=1,ib=2;
vertausche(&ia,&ib,sizeof(int));

double da=1,db=2;
vertausche(&da,&db,sizeof(double));

int aa[10]={1,2,3};
int ab[10]={4,5,6};
vertausche(aa,ab,sizeof(aa));
```

Bei Parametern des Typs *void** ist jedoch besondere Vorsicht geboten: Da dieser Datentyp zu jedem Zeigertyp kompatibel ist, kann der Compiler keinerlei weitere Typprüfungen durchführen. Deshalb kann man die Funktion *vertausche* mit verschiedenen Datentypen für a und b oder einem Wert von s mit s != sizeof(a) aufrufen, ohne dass der Compiler auf einen solchen Fehler hinweisen kann.

Da man in C++ Funktionen für Parameter verschiedener Datentypen mit Funktions-Templates (siehe Abschnitt 10.1) ohne diese Risiken realisieren kann, sind in C++ Parameter des Datentyps *void** nur selten notwendig.

6.3 Funktionen mit Parametern

Alle Variablen eines **Klassentyps der VCL** müssen mit dem Operator *new* erzeugt werden. Deshalb kann eine solche Klasse nicht als Werteparameter übergeben werden, da der Parameter sonst in der zur Funktionsdefinition gehörenden Verbundanweisung eine Variable der Speicherklasse *auto* wäre, die ohne *new* erzeugt wird. Aus diesem Grund werden Klassen der VCL meist über Zeiger als Parameter übergeben. Auch eine Übergabe als Referenzparameter ist möglich.

Beispiel: Die Funktion *Cross* zeichnet ein Kreuz auf den als Argument übergebenen *Canvas*:

```
void Cross(TCanvas* Canvas,int x,int y,int width)
{
Canvas->MoveTo(x-width/2,y);
Canvas->LineTo(x+width/2,y);
Canvas->MoveTo(x,y-width/2);
Canvas->LineTo(x,y+width/2);
}
```

Diese Funktion kann dann so aufgerufen werden:

```
Cross(Form1->Canvas,100,200,10);
```

Für einen Parameter, dessen Datentyp ein Zeiger auf eine Klasse ist, kann als Argument auch ein **Zeiger auf eine abgeleitete Klasse** eingesetzt werden. Da alle Klassen der VCL von der Klasse *TObject* abgeleitet sind, kann z.B. die Funktion

```
void __fastcall TForm1::Button1Click(TObject *Sender)
{
}
```

mit einem Zeiger auf eine Variable eines beliebigen Klassentyps der VCL als Argument aufgerufen werden:

```
Button1Click(Button1);
Button1Click(Memo1);
```

Ein solcher Aufruf hat dann dasselbe Ergebnis, wie wenn der Button1 angeklickt wird.

Anmerkung für Delphi-Programmierer: Parametern von C++, deren Datentyp ein generischer Zeiger ist, entsprechen in Object Pascal die untypisierten Parameter.

6.3.4 Konstante Parameter

Gibt man vor einem Parameter das Schlüsselwort *const* an, kann er in der zur Funktionsdefinition gehörenden Verbundanweisung nicht verändert werden. Jeder entsprechende Versuch wird vom Compiler mit einer Fehlermeldung honoriert:

```
void TestConst1(const int i)
{
i=17;//Fehler: const-Objekt kann nicht modifiziert werden
}
```

Konstante Werteparameter sind nur selten sinnvoll. Da sich die Veränderung eines Werteparameters in einer Funktionsdefinition nur auf die lokale Kopie der Daten auswirkt, hat das Argument nach dem Aufruf der Funktion denselben Wert wie vorher, und zwar unabhängig davon, ob der Parameter mit *const* deklariert wurde oder nicht.

Auch **konstante Referenzparameter** erscheinen auf den ersten Blick nicht als besonders sinnvoll: Im Abschnitt 6.3.2 wurden Referenzparameter vor allem dann verwendet, wenn ein Argument in der Funktion verändert werden soll. Das wird aber bei einem konstanten Referenzparameter gerade unterbunden.

Allerdings wird bei einem Referenzparameter das Argument nicht wie bei einem Werteparameter der entsprechenden lokalen Variablen zugewiesen. Stattdessen wird nur seine Adresse auf den Stack kopiert. Deshalb sind bei großen Parametern **Funktionsaufrufe mit Referenzparametern** deutlich **schneller** als solche mit Werteparametern. Wenn man sicherstellen oder explizit dokumentieren will, dass ein Parameter in einer Funktion nicht verändert wird, kombinieren konstante Referenzparameter diesen Vorteil von Werteparametern mit der höheren Geschwindigkeit von Referenzparametern.

So erhält man z.B. für 50 000 Aufrufe der Funktionen

```
const int Size = 10000;   // 1, 100
struct TBig {             // sizeof(TBig)=10000
   char s[Size];
};

int Wertepar(TBig b)
{
return b.s[1];
}

int ConstWertepar(const TBig b)
// dieselben Anweisungen wie WertePar

int Ref(TBig& b) // dieselben Anweisungen wie WertePar

int ConstRef(const TBig& b)
// dieselben Anweisungen wie WertePar

int Ptr(TBig* b)
{
return b->s[1];
}
```

mit der Version 5 des C++Builders die folgenden Ausführungszeiten:

6.3 Funktionen mit Parametern

50 000 Aufrufe	Size=1	Size=100	Size =10 000
Wertepar, ConstWertepar	0,0026 Sek.	0,0083 Sek.	1,26 Sek.
ConstRef, Ref, Ptr	0,0011 Sek.	0,0011 Sek.	0,0011 Sek.

Es empfiehlt sich deshalb, **immer Referenzparameter** und keine Werteparameter zu verwenden, wenn das möglich ist. Aus diesem Grund werden die meisten größeren Parameter bei Bibliotheksfunktionen als Referenzparameter übergeben. Bei kleineren Parametern (bis zu *sizeof(int)*) ist der Vorteil aber meist gering.

Wenn das Argument für einen konstanten Referenzparameter nicht denselben Datentyp wie der Parameter hat oder keine Variable ist, erzeugt der Compiler aus dem Argument eine temporäre Variable vom Datentyp des Parameters und übergibt sie an die Funktion. Deshalb kann der Aufruf einer solchen Funktion mit einem Argument, das einen anderen Datentyp als der Parameter hat, etwas länger dauern. Mit konstanten Referenzparametern erhält man im Gegensatz zu nicht konstanten Referenzparametern die in Abschnitt 6.3.2 beschriebene Warnung „Temporäre Größe für ..." nicht:

```
int f(const int& x)
{
return x*x;
}

const int ci=17;
f(ci); // keine Warnung: Temporäre Größe für 'x' ...
double d=18;
f(d);   // keine Warnung: Temporäre Größe für 'x' ...
f(7.0);// keine Warnung: Temporäre Größe für 'x' ...
```

Was schon in Abschnitt 3.10 für konstante Zeiger gesagt wurde, gilt auch für solche Parameter. Mit *const* vor dem Datentyp kann die dereferenzierte Variable und mit *const* vor dem Parameter kann der Zeiger nicht verändert werden:

```
void f1(const int* pi, int* const pi)
{
*pi=17;      // Fehler: const-Objekt kann
pj=(int*)17; //        nicht modifiziert werden
}
```

Die Verwendung von *const* bei Zeigern garantiert deshalb, dass die dereferenzierte Variable bzw. der Zeiger in der Funktion nicht verändert wird. Deswegen haben auch viele Funktionen der Standardbibliothek konstante Zeiger als Parameter wie z.B.:

*size_t **strlen**(const char *s);*

Anmerkung für Delphi-Programmierer: Den konstanten Parametern von C++ entsprechen in Object Pascal ebenfalls die konstanten Parameter.

6.3.5 Seiteneffekte und die Reihenfolge von Auswertungen

Beginnen wir diesen Abschnitt zunächst mit einer **Aufgabe**: Versuchen Sie vor dem Weiterlesen herauszufinden, welche Ausgabe das folgende Programm erzeugt:

```
int z;

int f(int x)
{
z = z - x;
return x*x;
}

void __fastcall TForm1::SeiteneffClick(TObject *Sender)
{ // nach Jensen/Wirth 1974, S. 80
z = 10;
Memo1->Lines->Add(IntToStr(f(z)+f(10))+", "+IntToStr(z));
z = 10;
Memo1->Lines->Add(IntToStr(f(10)+f(z))+", "+IntToStr(z));
}
```

Lösung:

Mit einem Ablaufprotokoll kann man sich das Ergebnis dieser Funktionsaufrufe meist wesentlich leichter als ohne veranschaulichen.

Ablaufprotokoll für f(z) + f(10):

				z
z = 10				10
f(z): Aufruf von f mit dem aktuellen Parameter z				
		x	f	
	x = z; // formaler = akt. Param.	10		
	z = z − x			0
	return x*x		100	
	// f(z) = 100			
f(10): Aufruf von f mit dem aktuellen Parameter 10				
		x	f	
	x = 10; // formaler = akt. Param.	10		
	z = z − x			−10
	return x*x		100	
	// f(10) = 100			

Damit ergibt sich f(z) + f(10) = 200 und z = −10.

6.3 Funktionen mit Parametern

Ablaufprotokoll für f(10) + f(z):

			z
z = 10			10
f(10): Aufruf von f mit dem aktuellen Parameter 10			
	x	f	
x = z; // formaler = akt. Param.	10		
z = z – x			0
return x*x		100	
// f(10) = 100			
f(z): Aufruf von f mit dem aktuellen Parameter z			
	x	f	
x = 0; // formaler = akt. Param.	0		
z = z – x			0
return x*x		0	
// f(z) = 0			

Damit ergibt sich f(10) + f(z) = 100 und z = 0.

Diese Ergebnisse sind insofern überraschend, als z vor jeder der beiden Additionen den Wert 10 hat und man üblicherweise erwartet, dass die Reihenfolge, in der zwei Ausdrücke addiert werden, keinen Einfluss auf das Ergebnis hat (Kommutativgesetz).

Die Ursache für diesen heimtückischen Effekt ist die Veränderung der globalen Variablen z in der Funktion f. Eine solche Veränderung einer globalen Variablen oder eines Arguments durch eine Funktion wird als **Seiteneffekt** bezeichnet. Ein Seiteneffekt kann zu unerwarteten Ergebnissen führen, wenn mehrere solche Funktionswerte in einem Ausdruck verwendet werden.

Seiteneffekte lassen sich verhindern, wenn man in einer Funktion nur lokale Variablen dieser Funktion verändert. Außerdem sind bei Funktionen des Rückgabetyps *void* solche Überraschungen kaum zu befürchten, da der Funktionswert nicht in einem Ausdruck verwendet werden kann. Solche Funktionen können nur als Folge von Anweisungen aufgerufen werden, und bei einer solchen Folge ist man sich meist darüber im klaren, dass sich die Reihenfolge der Anweisungen auf das Ergebnis auswirkt.

Wenn Sie die Funktion *TForm1::SeiteneffClick* aufrufen und das Ergebnis mit den zugehörigen Ablaufprotokollen vergleichen, werden Sie wahrscheinlich noch mehr überrascht sein: Sie erhalten mit der Version 5 des C++Builders nämlich nicht, wie nach den Ablaufprotokollen zu erwarten wäre,

200 , 10
100 , 0

sondern

200 , 10
100 , 10

Die Ursache für dieses überraschende Ergebnis ist, dass der Compiler die Teilausdrücke eines Ausdrucks keineswegs von links nach rechts auswerten muss. Im C++-Standard ist ausdrücklich festgelegt, dass die einzelnen Teilausdrücke eines Ausdrucks in keiner bestimmten Reihenfolge ausgewertet werden müssen (siehe dazu auch die Ausführungen in Abschnitt 5.1). Auch die Compiler anderer Programmiersprachen (z.B. Pascal) nehmen sich derartige Freiheiten heraus, um ihre Arbeit nach mehr oder weniger durchschaubaren Kriterien optimieren zu können.

Wenn ein Ausdruck Teilausdrücke mit Seiteneffekten enthält, wirkt sich die Reihenfolge ihrer Auswertung auf den Gesamtausdruck aus. Bei Teilausdrücken ohne Seiteneffekte kann das nicht passieren. Man sollte deswegen **Teilausdrücke** (z.B. Funktionen) **mit Seiteneffekten** in einem Ausdruck **vermeiden**.

Falls man aber doch einmal eine Funktion mit einem Seiteneffekt braucht, kann man eine bestimmte Reihenfolge der Auswertungen dadurch erzwingen, dass man die Teilausdrücke in verschiedenen Anweisungen auswertet und anschließend zusammensetzt.

Beispiel: Um für

f(z) + f(10)

die Reihenfolge „von links nach rechts" zu erzwingen, weist man die Werte der Teilausdrücke Variablen zu und setzt diese Teilergebnisse anschließend zusammen:

t1 = f(z);
t2 = f(10);

Funktionen sind nicht die einzigen Ausdrücke, die Seiteneffekte haben können. Einige **vordefinierte Operatoren** wie ++ oder -- **haben ebenfalls Seiteneffekte**. So ist z.B. in dem Programmfragment

```
int a[10], i=0;
while (i<10) a[i]=i++;
```

nicht festgelegt, in welcher Reihenfolge a[i] und i++ in

```
a[i]=i++
```

6.3 Funktionen mit Parametern

ausgewertet werden: Wenn zuerst i++ ausgewertet wird und dann a[i] diesen Wert erhält, wird a[0] nicht initialisiert, und das nicht definierte Arrayelement a[10] wird mit 9 überschrieben. Wenn dagegen der Index von a[i] vor der Auswertung von i++ bestimmt wird, erhält man das vermutlich erwartete Ergebnis.

Selbst wenn man mit einer bestimmten Version eines Compilers das erwartete Ergebnis erhält, kann das bei der nächsten Version oder bei einem anderen Compiler ganz anders sein.

Aufgaben 6.3.5

1. Die folgenden Anweisungen wurden ohne Fehler übersetzt. Nach dem Aufruf der Funktion f hat die Variable a allerdings immer noch denselben Wert wie vorher. Wieso?

    ```
    int a=0;
    void Init1()
    {
    a=1; // globale Variable
    }

    void f()
    {
    Init1;
    }
    ```

2. Die folgende Funktion soll einen Zeiger auf das erste Zeichen von s nach dem Komma als Funktionswert zurückgeben. Allerdings erhält man meist nicht das erwartete Ergebnis. Wieso?

    ```
    char* Nachkommastellen(char *s)
    {
    char w[200];
    strcpy(w, s);
    return strstr(w, ",")+1;
    }
    ```

3. Stellen Sie sich vor, Sie arbeiten an einem größeren Projekt und haben eine Funktion geschrieben, die häufig aufgerufen wird. Zunächst sind Sie davon ausgegangen, dass diese Funktion die ihr übergebenen Parameter nicht verändert. Nachdem das Projekt schon weit fortgeschritten ist, stellen Sie fest, dass es doch notwendig ist, einen Parameter zu verändern. Vergleichen Sie den Aufwand für diese Programmänderung, wenn Sie

    a) diesen Parameter als Referenzparameter definieren,
    b) wie in C einen Zeiger auf die zu verändernde Variable übergeben.

4. Ein als Parameter übergebener Zeiger soll in einer Funktion verändert werden. Schreiben Sie eine solche Funktion

a) mit einem Referenzparameter
b) mit einem Zeiger, wie man das auch in C machen muss.

Welche Funktion ist Ihrer Meinung nach einfacher?

5. Schreiben Sie eine Funktion *zero*, die den von einer Variablen eines beliebigen Datentyps belegten Speicherplatz mit Nullen belegt.

6. Bestimmen Sie für die Funktionen

```
int f(int& x)
{
x++;
return x;
}

int g(int& x)
{
x=2*x;
return x;
}
```

das Ergebnis der Ausdrücke

```
x = 0;
int y=f(x)+g(x);
x = 0;
y=g(x)+f(x);
```

a) wenn x den Datentyp *int* hat.
b) wenn x den Datentyp *double* hat.
c) wenn x den Datentyp *char* hat.

6.3.6 Default-Argumente

Gibt man in einer Parameterdeklaration nach einem Parameter und einem Gleichheitszeichen einen Ausdruck an, ist der Ausdruck ein Default-Argument.

> *parameter-declaration: // nur ein Auszug*
>   *decl-specifier-seq declarator* = *assignment-expression*

Für einen Parameter mit einem Default-Argument muss beim Aufruf der Funktion kein Argument angegeben werden. Lässt man ein Argument aus, wird das Default-Argument als Argument verwendet. Die Zuordnung der aktuellen zu den formalen Parametern ergibt sich dabei aus der Reihenfolge von links nach rechts.

6.3 Funktionen mit Parametern

In der Funktion *Datum* haben alle drei Parameter Default-Argumente:

```
CDatum Datum(int Tag=0, int Monat=0, int Jahr=0)
{ // CDatum ist eine Struktur mit "int Tag, Monat, Jahr"
unsigned short year, month, day;
TDateTime aktDatum=Date();   // aktuelles Datum
aktDatum.DecodeDate(&year, &month, &day);
if (Tag==0)    Tag=day;
if (Monat==0)  Monat=month;
if (Jahr==0)   Jahr=year;
CDatum d={Tag,Monat,Jahr};
return d;
}
```

Die Funktion *Datum* kann deshalb sowohl ohne Argumente als auch mit einem, zwei oder drei Argumenten aufgerufen werden. Für die am Ende der Parameterliste fehlenden Argumente werden dann die Default-Argumente verwendet:

```
CDatum d1=Datum();          // wie Datum(0,0,0)
CDatum d2=Datum(31);        // wie Datum(31,0,0)
CDatum d3=Datum(31,2);      // wie Datum(31,2,0)
CDatum d4=Datum(31,2,1998); // wie Datum(31,2,1998)
```

Sobald ein Parameter in einer Parameterliste ein Default-Argument hat, müssen alle folgenden Parameter Default-Argumente haben. Sonst könnte der Compiler die Argumente nicht den Parametern zuordnen.

```
void f(int i, int j=0, int k)
{ // Fehler: Vorgabewerte für nachfolgende Parameter 'j'
}                                                // fehlen
```

Im Unterschied zu manchen anderen Sprachen kann man ausgelassene Parameter nicht durch Kommas markieren:

```
f(1, ,3); // in C++ nicht möglich
```

Wie die folgenden Beispiele zeigen, können auch Strukturen, Konstanten- und Referenzparameter Default-Argumente haben:

```
CKontobewegung k1={1000,""};
void defParam(int i=1,double d=2,CKontobewegung k=k1){};
void defRefParam(int& i=j){};
void defConstParam(const int& i=j){};
```

Default-Argumente ersparen die Angabe von Argumenten, deren Bedeutung ein Default-Wert ist. Wenn man bei einer Funktion wie *Datum* für bestimmte Argumente das Systemdatum will, muss man in Programmiersprachen ohne Default-Argumente die richtigen Werte angeben. Diese kann man aber verwechseln.

Anmerkung für Delphi-Programmierer: In Delphi gibt es ab Version 4 Default-Argumente.

6.3.7 Der Datentyp einer Funktion

Formal gehören Funktionen zu den zusammengesetzten Datentypen. Der **Datentyp einer Funktion** ergibt sich aus dem Datentyp der Parameter und dem des Funktionswertes. Da der Compiler aber bei einem Parameter bestimmte Datentypen in andere konvertiert oder Angaben ignoriert, können Funktionen denselben Datentyp haben, obwohl sie auf den ersten Blick verschieden aussehen. Die wichtigsten Faktoren in diesem Zusammenhang sind:

1. Jeder Parameter des Datentyps „Array mit Elementen des Datentyps T" wird in den Datentyp „Zeiger auf T" konvertiert (siehe auch Abschnitt 4.2.5). Deshalb haben die folgenden Funktionen alle denselben Datentyp „Zeiger auf Funktion mit einem Parameter des Datentyps *int** und Rückgabewert *double*" bzw. kürzer „*double(*)(int*)*":

   ```
   double f11(int* a) {} // Datentyp f11: double(*)(int*)
   double f12(int x[]){}
   double f13(int a[10]){}
   double f14(int a[11]){}
   ```

   Bei mehrdimensionalen Arrays geht dagegen die zweite und jede weitere Dimension in den Datentyp des Parameters ein. Die Datentypen der folgenden vier Funktionen sind deshalb alle verschieden:

   ```
   int f15(int* x[21]) {return x[3][0];}
   int f16(int x[][20]) {return x[2][0];}
   int f17(int x[17][18]) {return x[0][0];}
   int f18(int x[17][19]) {return x[1][0];}
   ```

2. Beim Datentyp eines Parameters werden *const*- oder *volatile*-Angaben auf der „äußersten Ebene des Datentyps" ignoriert. Diese Formulierung aus dem C++-Standard bezieht sich auf die Position von *const* bzw. *volatile* in der verbalen Beschreibung des Datentyps und nicht auf die Position in der Deklaration. Da der Parameter x in f2 bzw. f3 den Datentyp „const int" bzw. „volatile int" hat und die Angaben „const" bzw. „volatile" hier außen stehen, wirken sich diese Angaben nicht auf den Funktionstyp aus. Deshalb haben die Funktionen f21, f22 und f23 alle denselben Datentyp „int(*)(int)":

   ```
   int f21(int x) {return x*x;}
   int f22(const int x) {return x+1;}
   int f23(volatile int x) {return x;}
   ```

   Wenn solche Angaben wie in „Zeiger auf const T" im Inneren der verbalen Beschreibung des Datentyps des Parameters „enthalten" sind, werden die Datentypen sehr wohl unterschieden. Insbesondere sind für jeden Datentyp T die Parametertypen „Zeiger auf T" und „Zeiger auf const T" sowie „Referenz auf T" und „Referenz auf const T" verschieden. Deswegen haben die Funktionen g1 und g2 sowie g3 und g4 einen verschiedenen Datentyp:

6.3 Funktionen mit Parametern

```
void g1(int& i) {}        // Datentyp g1: void(*)(int&)
void g2(const int& i) {}  // DT g2: void(*)(const int&)
void g3(int* i) {}        // DT g3: void(*)(int*)
void g4(const int* i) {}  // DT g4: void(*)(const int*)
```

In der verbalen Beschreibung des Parametertyps der Funktionen g5 bzw. g6 steht *const* dagegen auf der äußersten Ebene: „const Zeiger auf int" bzw. „const Referenz auf T". Deshalb hat g5 denselben Datentyp wie g1 und g6 denselben wie g3.

```
void g5(int& const i) {}  // DT g5: void(*)(int&)
void g6(int* const i) {}  // DT g6: void(*)(int*)
```

3. Da ein mit *typedef* definierter Name für einen Datentyp nur ein Synonym für diesen Datentyp ist, sind für den Compiler zwei Datentypen gleich, die sich nur dadurch unterscheiden, dass einer der beiden mit *typedef* als Synonym für den anderen Datentyp definiert wurde. Deshalb haben die Funktion f31 und f32 denselben Datentyp:

```
typedef int Tint;
int f31(int x)  {return x*x;} // DT f31: int(*)(int)
int f32(Tint x) {return x+1;} // DT f32: int(*)(int)
```

4. Jeder Parameter des Datentyps „Funktion mit Funktionswert des Datentyps T" wird in den Datentyp „Zeiger auf eine Funktion mit Funktionswert des Datentyps T" konvertiert (siehe auch Abschnitt 6.3.8). Deshalb haben die folgenden beiden Funktionen denselben Datentyp „double (*)(double (*)(double))":

```
double sum1(double f(double x)) {}
double sum2(double (*f)(double x)) {}
```

5. Default-Argumente und Exception-Spezifikationen (siehe Abschnitt 5.10.11) gehören nicht zum Datentyp einer Funktion. Deshalb haben die folgenden Funktionen alle denselben Datentyp:

```
double f1(int a) {}            // DT double(*)(int)
double f2(int a=0) {}          // DT double(*)(int)
double f3(int a) throw () {}   // DT double(*)(int)
```

6. Die Speicherklassenspezifizierer *auto* oder *register* bei einem Parameter wirken sich nicht auf den Datentyp der Funktion aus.

Der hier als abgekürzte Schreibweise angegebene Funktionstyp wird auch bei den Fehlermeldungen des C++Builders oder bei *typeid* verwendet. Durch

```
// #include <typeinfo> ist vorher notwendig
Memo1->Lines->Add(typeid(f1).name());
```

wird der String „int(*)(double)" ins Memo-Fenster geschrieben.

6.3.8 Zeiger auf Funktionen

In Zusammenhang mit der Verwaltung von Funktionsaufrufen (siehe Abschnitt 6.2) wurde gezeigt, dass ein Funktionsaufruf zu einem Sprung an die Adresse der ersten Anweisung einer Funktion führt. Diese Adresse wird auch als die **Adresse der Funktion** bezeichnet. Nach diesem Sprung werden die Anweisungen der Funktionsdefinition ausgeführt.

Die Adresse einer Funktion f aus einem C++-Programm erhält man mit dem Ausdruck **&f**. Der Datentyp dieses Ausdrucks ist ein Zeiger auf den Datentyp dieser Funktion. Diese Adresse kann einer Variablen zugewiesen werden, die denselben Datentyp wie der Ausdruck &f hat. Ein Zeiger auf einen Funktionstyp kann z.B. folgendermaßen definiert werden:

```
int (*g)(int);
```

Hier ist g ein Zeiger auf eine Funktion mit einem Parameter des Datentyps *int*, die den Funktionswert *int* hat. Die Klammern um *g sind notwendig, weil der Operator () stärker bindet als * und g sonst als Prototyp für eine Funktion interpretiert wird, die wie die Funktion h einen Zeiger auf *int* als Funktionswert hat:

```
int* h(int); // ein Prototyp und kein Funktionszeiger
```

Dem Funktionszeiger g kann die Adresse einer Funktion zugewiesen werden, die denselben Datentyp hat. Der Aufruf von g führt dann zum Aufruf der zugewiesenen Funktion. Außerdem kann der Wert 0 (Null) jedem Zeiger auf eine Funktion zugewiesen werden. Er wird aber meist nur verwendet, um auszudrücken, dass der Zeiger auf keine Funktion zeigt.

Beispiel: Nach den Definitionen

```
int f1(int i)
{
return i;
}

int f2(int i)
{
return i*i;
}

int (*f)(int);
```

erhält der Funktionszeiger f durch die Zuweisung

```
f=&f1;
```

den Wert der Adresse von f1. Der Aufruf von f führt dann zum Aufruf von f1:

6.3 Funktionen mit Parametern

```
int x=f(2); // x=2
```

Nach der Zuweisung

```
f=&f2;
```

führt der Aufruf von f dagegen zum Aufruf der Funktion f2:

```
int y=f(2); // y=4
```

Verwendet man den Namen einer Funktion auf der rechten Seite einer Zuweisung, wird er durch eine Standardkonversion in einen Zeiger auf die Funktion konvertiert. Deshalb muss man im letzten Beispiel den Adressoperator nicht angeben. Die folgenden beiden Zuweisungen sind gleichwertig:

```
f=f1;
f=&f1;
```

Beim Aufruf einer Funktion über einen Funktionszeiger muss dieser nicht dereferenziert werden. Das ist zwar möglich. Man erhält so aber dasselbe Ergebnis, wie wenn man nur den Namen der Funktion verwendet:

```
double x=(*f)(1);
double x=f(1);
```

Funktionstypen lassen sich meist **übersichtlicher** formulieren, wenn man mit *typedef* ein Synonym für den Funktionstyp definiert. Dabei wird der Name des Funktionstyps an der Stelle angegeben, an der bei einer Funktionsdeklaration der Name der Funktion steht. Mit

```
typedef double TDoubleFunction(double);
```

sind die folgenden beiden Definitionen der Funktionszeiger f und g gleichwertig:

```
TDoubleFunction *f;
double (*g)(double);
```

Diesen beiden Funktionszeigern kann dann z.B. die Funktion

```
double id(double a)
{
return a;
}
```

zugewiesen werden:

```
f=id;
g=id;
```

Mit durch *typedef* definierten Funktionstypen lassen sich insbesondere **Arrays mit Funktionszeigern einfacher** definieren als mit explizit angegebenen Funktionstypen. Die folgenden beiden Definitionen sind gleichwertig:

```
TDoubleFunction *fktArr1[10]={sin,cos};
double (*fktArr2[10])(double) = {sin,cos};
```

Der ersten dieser beiden Definitionen sieht man unmittelbar an, dass hier ein Array mit 10 Funktionszeigern definiert wird, dessen erste beide Elemente mit den Funktionen *sin* und *cos* initialisiert werden Die gleichwertige zweite Definition mutet dagegen eher kryptisch an. Wenn man eine solche Definition hinschreiben will, ist nicht immer auf Anhieb klar, in welcher Reihenfolge der Operator *, der Name des Arrays, der Operator [] und die Klammern () aufeinander folgen müssen.

Mit Funktionszeigern kann man einer Funktion insbesondere auch **Funktionen als Parameter** übergeben. In der Funktion *sum1* ist der Datentyp des Parameters f ein Zeiger auf eine Funktion:

```
double sum1(double (*f)(double x))
{
double s=0;
for (int i=0; i<10; i++) s = s+(*f)(i);
return s; // s=f(0)+f(1)+...+f(9)
}
```

Der Funktion *sum1* kann man dann eine Funktion mit einem Parameter und einem Funktionswert des Datentyps *double* übergeben, wie z.B. die Funktionen *id* (siehe Seite 571) und *sin*:

```
double d1=sum1(id);   // d1=0+1+2+3+...+9=45
double d2=sum1(sin);  // d2=sin(0)+sin(1)+...+sin(9)
```

Aus den schon im Zusammenhang mit Funktionsaufrufen angegebenen Gründen braucht man einen als Parameter übergebenen Funktionszeiger nicht zu dereferenzieren. Deshalb werden Parameter, die Zeiger auf Funktionen sind, meist mit derselben Syntax wie Funktionen definiert:

    T D **(***parameter-declaration-clause* **)** *cv-qualifier-seq* _{opt} *exception-specification* _{opt}

Die folgende Definition der Funktion *sum2* ist gleichwertig mit der von *sum1*:

```
double sum2(double f(double x))
{
double s=0;
for (int i=0; i<10; i++) s = s+f(i);
return s; // s=f(0)+f(1)+...+f(9)
}
```

6.3 Funktionen mit Parametern

Funktionen mit Parametern eines Funktionstyps sind oft sehr vielseitig. Die Funktion *Wertetabelle* gibt für eine beliebige Funktion f des Datentyps *double (*)(double)* eine Wertetabelle in einem Memo-Fenster aus:

```
typedef double TDoubleFunction(double);

void Wertetabelle(double a, double b, double delta,
                                    TDoubleFunction f)
// Wertetabelle der Funktion f von a bis b mit der
// Schrittweite delta.
{
for (double x=a; x<=b; x+=delta)
   Form1->Memo1->Lines->Add(
          "f("+ FloatToStrF(x,ffFixed,2,2)+
          ")="+ FloatToStrF(f(x),ffFixed,5,5));
}
```

Diese Funktion kann dann folgendermaßen aufgerufen werden:

```
double xhoch3(double x) { return x*x*x; }

void __fastcall TForm1::WerteTabClick(TObject *Sender)
{
Wertetabelle(0, 1, 0.1, xhoch3);
Wertetabelle(0, 1, 0.1, sin);
}
```

Mit einem Array von Funktionszeigern lassen sich verschiedene Funktionen auch in einer Schleife ansprechen:

```
TDoubleFunction *fktArr1[10]={sin,cos};

for (int i=0; i<2; i++)
   Wertetabelle(0, 1, 0.1, fktArr1[i]);
```

Anmerkung für Pascal-Programmierer: Den Funktionszeigern von C++ entsprechen in Pascal die Prozedur- bzw. Funktionstypen.

Aufgaben 6.3.8

1. Durch eine Funktion *InitPunkt* soll eine Variable des Datentyps

   ```
   struct C2DPunkt {
      int x, y;
   };
   ```

   initialisiert werden. Falls diese Funktion ohne Parameter aufgerufen wird, sollen beide Koordinaten auf 0 gesetzt werden. Bei einem Aufruf mit einem Parameter soll x den Wert des Parameters erhalten und y den Wert 0. Beim Aufruf mit zwei Parametern soll x den Wert des ersten und y den Wert des zweiten Parameters erhalten.

2. In je einem Array sollen Funktionen dargestellt werden, die denselben Datentyp haben wie die Funktionen

   i) void f1(void){};
   ii) int f2(int,int){};
   iii) double f3(double){};
   iv) char* f4(char*){};

   a) Definieren Sie für jeden dieser Funktionstypen ein solches Array mit 10 Elementen. Verwenden Sie dazu

   a1) mit *typedef* deklarierte Namen für die Funktionstypen.
   a2) keine mit *typedef* deklarierte Namen für die Funktionstypen.

   b) Weisen Sie die 4 Funktionen f1, f2 f3 und f4 jeweils dem ersten Element der unter a) und b) definierten Arrays zu und rufen Sie diese Funktionen über die Arrayelemente auf. Überprüfen Sie mit dem Debugger, ob jedes Mal die richtige Funktion aufgerufen wird.

   c) Geben Sie die Namen der Datentypen der Funktionen f1, f2, f3 und f4 mit *typeid* in einem Memo-Fenster aus. Sie erhalten diese Namen über die Elementfunktion *name* von *typeid*, wenn Sie die Header-Datei <typeinfo> mit einer #*include*-Anweisung in das Programm eingebunden haben.

3. Beim **Newton-Verfahren** zur Bestimmung einer Nullstelle der Funktion f:R → R ersetzt man einen Näherungswert x_0 für die Lösung durch die Nullstelle der Tangente im Punkt $(x_0, f(x_0))$:

   $y = f'(x_0)(x-x_0) + f(x_0) = 0$

   Damit wird x_0 durch den folgenden Wert ersetzt:

   $x = x_0 - f(x_0)/f'(x_0)$

   Diese Schritte werden so lange wiederholt, bis man einen genügend guten Näherungswert für die Lösung hat oder bis eine maximale Anzahl von Iterationen durchgeführt ist. Wenn das Newton-Verfahren konvergiert, verdoppelt sich ab einer genügend guten Näherung die Anzahl der richtigen Stellen bei jeder Iteration.

   Implementieren Sie das Newton-Verfahren unter Verwendung von Funktionszeigern in den folgenden zwei Varianten. Der erste Näherungswert soll als Parameter übergeben werden.

   a) Die Ableitung wird durch einen Näherungswert ersetzt.
   b) Die Ableitung wird ebenfalls als Funktion übergeben.

6.3 Funktionen mit Parametern

c) Testen Sie die beiden Verfahren z.B. mit der Funktion $f(x) = x^2 - r$ und vergleichen Sie die Ergebnisse mit der vordefinierten Funktion *sqrt(r)*. Als erster Näherungswert kann hier der Wert r verwendet werden.

Die Iterationen sollen abgebrochen werden, wenn sich zwei aufeinanderfolgende Werte um weniger als das z.B. 100fache der minimal darstellbaren Differenz zu 1 unterscheiden. Dieser Wert ist in der Standardbibliothek von C++ definiert

```
std::numeric_limits<double>::epsilon();
```

und steht nach den folgenden Anweisungen zur Verfügung:

```
#include <limits>
using namespace std;
```

4. Um einen Näherungswert für das Integral einer Funktion $f: R \to R$ im Intervall von a bis b zu finden, kann man folgendermaßen vorgehen:

   – Man ersetzt die Funktion f durch eine Gerade durch die Punkte (a,f(a)) und (b,f(b)) und berechnet die Fläche des so erhaltenen Trapezes (**Trapezregel**).

   Zur Erhöhung der Genauigkeit kann man das Intervall [a,b] in n–1 Teilintervalle [a,a+h], [a+h,a+2h] ... usw. mit h = (b–a)/n zerlegen. Summiert man die Trapezflächen der Teilintervalle auf, erhält man die **Trapezsumme** (siehe auch Aufgabe 3.7.6):

   $$T_n = h*[f(a)/2 + f(a+h) + ... + f(b-h) + f(b)/2]$$

   – Man ersetzt die Funktion f durch ein quadratisches Polynom durch die Punkte (a,f(a)), ((a+b)/2,f((a+b)/2) und (b,f(b)) (**Simpson-Regel**). Zerlegt man das Intervall wie bei der Trapezregel in Teilintervalle und summiert man diese Flächen auf, erhält man die Summe

   $$S_n = h*[f(a)+4f(a+h)+2f(a+2h)+4f(a+3h)+...+2f(b-2h)+4f(b-h)+f(b)]/3$$

   a) Schreiben Sie die Funktionen *Trapezsumme* und *Simpsonsumme*. Dabei sollen a, b, n und f als Parameter übergeben werden.

   b) Da man vorab oft kaum entscheiden kann, wie gut die so berechneten Näherungswerte sind, erhöht man n sukzessive (z.B. durch Verdoppeln), bis sich zwei aufeinander folgende Näherungswerte um weniger als eine vorgegebene Schranke unterscheiden.

   Schreiben Sie eine Funktion *iterate*, die diese Iterationen für die Funktionen *Trapezsumme* und *Simpsonsumme* durchführen. Beide sollen als Parameter übergeben werden.

c) Testen Sie Ihr Programm, indem Sie die so erhaltenen Näherungswerte mit den exakten Werten vergleichen, die man über die Stammfunktion erhält (z.B. für ein quadratisches Polynom).

5. Schreiben Sie eine Funktion *PlotFunction*, die eine als Parameter übergebene Funktion des Typs „double (*) (double)" in ein *Image* (Datentyp *TImage*, Seite *Zusätzlich* in der Komponentenpalette) zeichnet. Sie können sich dazu an den Ausführungen in Abschnitt 4.5.1 und Aufgabe 4.5.1.2 orientieren.

   a) Die Zeichenfläche soll zunächst mit einem weißen Rechteck „gelöscht" werden.
   b) Der Funktion *PlotFunction* soll die linke und rechte Grenze des Bereichs, in dem sie gezeichnet werden soll, als Parameter übergeben werden. Der minimale und maximale Funktionswert soll in *PlotFunktion* berechnet werden. Die zu zeichnende Funktion soll das Image von unten bis oben ausfüllen.
   c) In das *Image* soll außerdem ein Gitternetz mit z.B. 10 Gitterlinien in x- und y-Richtung gezeichnet werden. Dazu soll die Funktion *Gitternetz* aus „\CppUtils\GraphUtils.cpp" verwendet werden.
   d) Bieten Sie in einer Listbox verschiedene Funktionen (z.B. *sin*, *cos* usw.) zum Zeichnen an. Sie sollen durch Anklicken in der Listbox zum Zeichnen ausgewählt werden.

6. In Aufgabe 5.8.4.3 (Fraktalbilder) wurden die Iterationen mit den Formeln

   $x = x^2 - y^2 + x$ bzw. $x = x^2 - y^2 + jx$
   $y = 2xy + y$ $y = 2xy + jy$

   berechnet. Mit der komplexwertigen Funktion

   $f(z) = z^2$ // $z = x+iy$, in C++: z=Complex(x,y)

   lassen sich diese Iterationen auch beschreiben durch

   $z = f(z) + z$ bzw. $z = f(z) + $ Complex(jx,jy)

   Hier wurde die folgende Definition verwendet:

   ```
   #include <complex>
   typedef complex<double> Complex;
   ```

   a) Überarbeiten Sie die Funktion *ZeichneFraktal* aus Aufgabe 5.8.4.3 zu einer Funktion *ZeichneFraktalComplex*. Sie soll eine Funktion des Typs

      ```
      Complex f(const Complex&);
      ```

      als Parameter haben, mit der dann die Iterationen durchgeführt werden. Wenn man *ZeichneFraktalComplex* mit dem Argument

6.3 Funktionen mit Parametern

```
Complex CFQuadr(const Complex& z)
{
return z*z;
}
```

aufruft, müssen sich dieselben Fraktale wie mit *ZeichneFraktal* ergeben. Interessante Fraktale erhält man aber auch mit anderen Funktionen wie z.B.

$f(z) = z^3$
$f(z) = z^2 - 0.5z$
$f(z) = z^3 + 0.3x$

b) Mit dem in Aufgabe 3 vorgestellten Newton-Verfahren kann man auch die Nullstellen von komplexen Funktionen wie in a) bestimmen. Die Anweisungen sind dieselben. Der einzige Unterschied ist, dass mit komplexen und nicht mit reellen Zahlen gerechnet wird.

Beim Newton-Verfahren stellt sich die Frage, für welche Anfangswerte es gegen eine Lösung konvergiert. Die Antwort lässt sich veranschaulichen, indem man für „alle" Werte aus einem rechteckigen Ausschnitt der komplexen Ebene überprüft, ob das Verfahren mit diesem Startwert konvergiert. Wie bei den Fraktalbildern färbt man dann den zum Startwert gehörigen Bildpunkt entsprechend ein:

- Falls zwei aufeinander folgende Näherungswerte genügend nahe beieinander liegen, nimmt man an, dass eine Lösung gefunden wurde. Der Bildpunkt erhält dann eine Farbe, die sich aus der Anzahl der Iterationen ergibt (nicht Schwarz).
- Falls nach einer maximalen Anzahl von Iterationen keine Lösung gefunden wurde, färbt man den Punkt zu diesem Startwert schwarz ein.

Überarbeiten Sie die Funktion *ZeichneFraktalComplex* so zu einer Funktion *ZeichneNewtonFraktal*, dass jeder Punkt der Zeichenfläche nach diesem Schema eingefärbt wird.

Wie die nächsten beiden Bilder für die Funktion $f(z)=z^3-z$ zeigen, ergeben sich dabei interessante Muster (links der Bereich (–10,10) bis (10,10), rechts ein Ausschnitt):

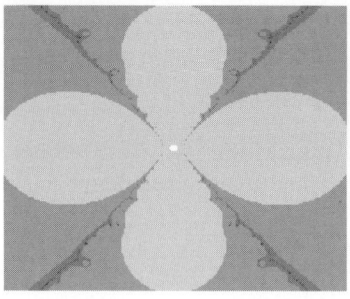
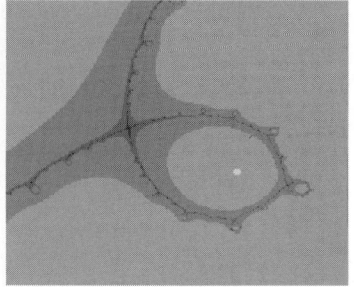

Man sieht, dass schon geringe Änderungen der Startwerte zu einer deutlich langsameren Konvergenz führen können. Verwendet man bei dieser Darstellung eine größere Anzahl von Farben, erhält man wesentlich differenziertere Strukturen.

c) Die Nullstellen der komplexen Funktion

$f(z) = z^n - 1$

sind die so genannten Einheitswurzeln:

```
Complex(cos(2*M_PI*double(i)/n),
                    sin(2*M_PI*double(i)/n));
```

Wählen Sie für solche Funktionen die Farben in b) so, dass man an der Farbe sieht, gegen welche Einheitswurzel der Startwert konvergiert.

In den folgenden beiden Bildern wurden die Konvergenzbereiche der Einheitswurzeln von $f(z)=z^3-1$ in verschiedene Graustufen eingefärbt (links der Bereich (–10, –10) bis (10,10), rechts ein Ausschnitt).

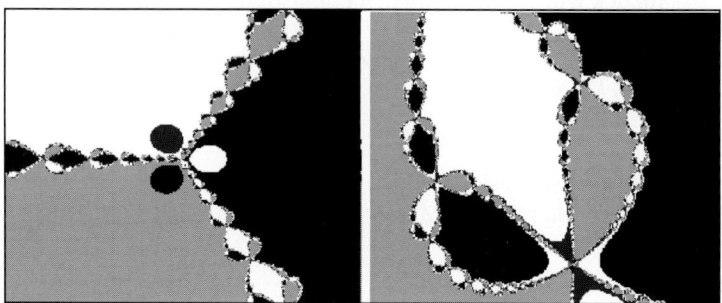

Hier sieht man, dass an den Grenzen der Konvergenzbereiche schon geringe Änderungen der Startwerte zu einer anderen Nullstelle führen.

6.3.9 Unspezifizierte Anzahl von Argumenten ⊕

Eine formale Parameterliste kann mit „..." (diese drei Punkte werden auch als „ellipsis" oder „Auslassungszeichen" bezeichnet) abgeschlossen werden:

parameter-declaration-clause:
   parameter-declaration-list _{opt} **...** _{opt}
   parameter-declaration-list **, ...**

Beim Aufruf einer so deklarierten Funktion kann dann für „..." eine beliebige Anzahl von Argumenten eingesetzt werden.

Die Verarbeitung der Parameter erfolgt mit den folgenden in <stdarg.h> definierten Datentypen und Makros:

  va_list: der Datentyp, der die Liste der variablen Argumente darstellt.
  void va_start(va_list ap, lastfix): ein Makro, das *ap* mit dem ersten variablen Parameter initialisiert. *lastfix* ist hier der letzte feste (d.h. nichtvariable) Parameter. *va_start* muss vor *va_arg* und *va_end* aufgerufen werden.
  type va_arg(va_list ap, type): Dieses Makro interpretiert den nächsten variablen Parameter in der Liste *ap* als Wert des als *type* angegeben Datentyps und setzt den Zeiger in *ap* auf das nächste Element.
  void va_end(va_list ap): sollte aufgerufen werden, nachdem die Liste der variablen Argumente bearbeitet wurde.

Die Funktion *intsum* berechnet die Summe der als Parameter des Datentyps *int* übergebenen variablen Elemente bis zum aktuellen Parameter mit dem Wert 0:

```
int intsum(char *msg,...)
{
int arg, sum = 0;
va_list ap;
va_start(ap, msg);
while ((arg = va_arg(ap,int)) != 0) sum += arg;
va_end(ap);
return sum;
}
```

Diese Funktion kann folgendermaßen aufgerufen werden:

```
Memo1->Lines->Add(IntToStr(intsum("",1,2,0)));      // 3
Memo1->Lines->Add(IntToStr(intsum("",1,2,3,0)));    // 6
Memo1->Lines->Add(IntToStr(intsum("",1,2,3,4,0))); // 10
```

Allerdings wird auch der folgende Aufruf vom Compiler akzeptiert, da er nicht überprüfen kann, ob der Typ der Argumente mit dem der Parameter übereinstimmt:

```
int i=intsum("",1.1,1.2,3,4,0));
```

Das Ergebnis dieser Funktion wird dann sicher nicht die Summe der übergebenen Parameter sein. Man sollte deswegen **Funktionen mit einer unspezifizierten Anzahl von Argumenten nur mit Vorsicht einsetzen**.

Mit unspezifizierten Argumenten ist z.B. die Familie der *printf*-Funktionen definiert, die in C vor allem zur Ausgabe von Text verwendet werden.

```
int printf(const char *format,  ...);
```

Anmerkung für Pascal-Programmierer: In Pascal gibt es keine Möglichkeit, Funktionen mit einer unspezifizierten Anzahl von Argumenten zu definieren.

6.3.10 Die Funktionen *main* bzw. *WinMain* und ihre Parameter

Wenn man mit dem C++Builder eine neue **Textbildschirm-Anwendung** anlegt (*Datei\Neu\Konsolen-Experte*), erzeugt er ein Quellprogramm, das die Funktion *main* mit der folgenden Parameterliste enthält:

*int **main**(int argc, char * argv[ ])*

Hier enthält der Parameter *argc* die Anzahl der beim Start des Programms übergebenen Kommandozeilenparameter. Der Parameter *argv* ist ein Array von *argc* Zeigern auf Strings. Sie enthalten:

- argv[0]: den vollständigen Pfadnamen des aktuellen Programms,
- argv[1]: den ersten Kommandozeilenparameter, der nach dem Namen des Programms angegeben wurde,
- argv[2]: den zweiten Kommandozeilenparameter,
- argv[argc-1]: den letzten Kommandozeilenparameter,
- argv[argc]: NULL.

Startet man z.B. die Textbildschirm-Anwendung Test.exe

```
int main(int argc, char **argv)
{
for (int i=0; i<argc; i++)
  cout<<argv[i]<<endl;
}
```

vom Verzeichnis „c:\test" mit den Kommandozeilenparametern "a b" durch

```
test a b
```

erhält man die folgende Ausgabe:

```
C:\TEST>TEST.EXE
a
b
```

6.3 Funktionen mit Parametern

Die vom C++Builder erzeugte Parameterliste der Funktion *main* kann man auch durch eine der folgenden Varianten ersetzen:

```
int main()
int main(int argc)
int main(int argc, char **argv, char **env)]
```

Die erste dieser Varianten wird man nur wählen, wenn keine Kommandozeilenparameter berücksichtigt werden, und die zweite, wenn nur ihre Anzahl, aber nicht ihr Inhalt von Bedeutung ist. Bei der letzten Variante ist *env* ebenfalls ein Array von Zeigern auf Strings. Jedes Element von *env[i]* enthält einen String der Form "Env=Value", wobei

- *Env* der Name einer Umgebungsvariablen ist, z.B. PATH oder COMSPEC,
- *Value* der Wert der Umgebungsvariablen ist.

Ergänzt man die Parameterliste von *main* um „char **env", erhält man durch

```
int main(int argc, char **argv, char **env)
{
int i=0;
while (env[i])
   {
      cout<<env[i]<<endl;
      i++;
   }
}
```

z.B. die folgende Ausgabe:

```
winbootdir=C:\WINDOWS
COMSPEC=C:\WINDOWS\COMMAND.COM
PROMPT=$p$g
PATH=C:\WINDOWS;C:\WINDOWS\COMMAND;
```

Das Argument *env* ist im C++Builder auch über die globale Variable *_environ* verfügbar:

```
extern char ** _environ;
```

Beim Start eines **Windows-Programms** wird nicht die Funktion *main*, sondern die Funktion **WinMain** gestartet. Sie ist in der Datei mit der Erweiterung „.cpp" enthalten, deren Name beim Speichern des Projekts als Projektname angegeben wurde:

```
WINAPI WinMain(HINSTANCE, HINSTANCE, LPSTR, int)
{
   try
   {
      Application->Initialize();
      Application->CreateForm(__classid(TForm1), &Form1);
      Application->Run();
   }
   catch (Exception &exception)
   {
      Application->ShowException(&exception);
   }
   return 0;
}
```

Hier sind alle Parameter außer dem dritten meist nicht von Bedeutung (siehe dazu Win32.hlp). Der dritte Parameter ist ein Zeiger auf die Kommandozeile. Da man diese aber auch über die in der Unit System vordefinierte Variable

char *CmdLine;

sowie die einzelnen Teilstrings und ihre Anzahl mit den Funktionen

*AnsiString __fastcall **ParamStr**(int Index);   // der i-te Teilstring*
*int __fastcall **ParamCount**(void);   // die Anzahl*

erhält, besteht meist keine Veranlassung, die Parameter aus *WinMain* zu verwenden. Die folgende Funktion gibt sowohl die gesamten Kommandozeile als auch ihre Teilstrings in einem Memo-Fenster aus:

```
void __fastcall TForm1::Button1Click(TObject *Sender)
{
Memo1->Lines->Add(CmdLine);
for (int i=0; i<=ParamCount(); i++)
   Memo1->Lines->Add(ParamStr(i));
}
```

Unter *Start|Parameter* kann man auch in der Entwicklungsumgebung des C++-Builders einen String eingeben, der dann als Kommandozeilenparameter an das Programm übergeben wird.

Anmerkung für Delphi-Programmierer: Die Funktionen *ParamStr* und *ParamCount* stehen auch in Delphi zur Verfügung.

6.3.11 Der Aufruf von Funktionen aus Delphi im C++Builder ⊕

In ein Projekt des C++Builders können mit *Projekt|Dem Projekt hinzufügen* auch Units eingebunden werden, die mit Delphi in Object Pascal geschrieben wurden. Der C++Builder erzeugt dann eine Datei mit der Endung „.hpp", die für alle Deklarationen aus dem Interface-Teil der Pascal-Unit die entsprechenden Dekla-

6.3 Funktionen mit Parametern

rationen in C++ enthält. Im Folgenden werden kurz die wichtigsten Regeln für den Aufruf solcher Funktionen im C++Builder zusammengestellt. Eine genauere Beschreibung dieser Parametertypen findet man bei Kaiser (1997).

1. Prozeduren aus Pascal werden in Funktionen mit dem Funktionswert *void* übersetzt. So wird z.B. für die Pascal-Funktion

    ```
    procedure Werteparameter(i:integer);
    begin
    Form1.Memo1.Lines.Add(IntToStr(i));
    end;
    ```

    in der Datei mit der Endung „..hpp" die folgende Deklaration erzeugt:

    ```
    extern PACKAGE void __fastcall Werteparameter(int i);
    ```

2. Variablenparameter aus Pascal werden in Referenzparameter übersetzt. Für die Funktion

    ```
    procedure VarParameter(var i:integer);
    begin
    inc(i);
    end;
    ```

    wird in der Datei mit der Endung „..hpp" die folgende Deklaration erzeugt:

    ```
    extern PACKAGE void __fastcall VarParameter(int &i);
    ```

3. Ein formaler Parameter, der für einen Datentyp T mit der Syntax „array of T" deklariert wird, ist ein so genannter **offener Arrayparameter**. Einem solchen formalen Parameter entspricht eine lokale Variable des Typs „array[0..n–1] of T", wobei n die Anzahl der Arrayelemente des aktuellen Parameters ist. Der Index des ersten aktuellen Arrayelements ist 0 oder *low(A)* und der des letzten *high(A)*.

    ```
    function Summe(A:array of Extended):Extended;
    var i:integer;
    begin
    result:=0;
    for i:=low(A) to high(A) do
     result := result+A[i];
    end;
    ```

    Für einen offenen Arrayparameter kann als aktueller Parameter ein beliebiges Array *A* des jeweiligen Elementtyps eingesetzt werden. Der C++Builder erzeugt dazu den folgenden Prototyp:

    ```
    extern PACKAGE Extended __fastcall Summe(const
                        Extended * A, const int A_Size);
    ```

Der Index des letzten Arrayelements muss im C++Builder als zusätzlicher Parameter übergeben werden. Dazu kann sowohl ein expliziter Wert als auch das vordefinierte Makro ARRAYSIZE verwendet werden.

```
const int max=100;
long double d[max];
Memo1->Lines->Add(FloatToStr(Summe(d,max)));
```

bzw.

```
Memo1->Lines->Add(FloatToStr(Summe(d,ARRAYSIZE(d)-1)))
```

4. Parameter des Datentyps *array of const* (so genannte typvariante offene Arrayparameter) sind offene Arrays des Datentyps *TVarRec* (siehe Abschnitt 4.5.1) und können Werte verschiedener Datentypen darstellen. Für die Pascal-Deklaration

```
function MakeStr(const Args: array of const): string;
```

erzeugt der C++Builder den folgenden Prototyp:

```
extern PACKAGE System::AnsiString __fastcall MakeStr(
    const System::TVarRec * Args, const int Args_Size);
```

Die aktuellen Parameter für eine solche Funktion können mit dem Makro OPENARRAY erzeugt werden:

```
MakeStr(OPENARRAY(TVarRec,(17,"Hall",'o',34.0))));
```

6.3.12 Traditionelle K&R-Funktionsdefinitionen ⊕

Vor dem ANSI-Standard für die Programmiersprache C war die so genannte traditionelle Schreibweise für formale Funktionsparameter verbreitet, die in einer früheren Version von Kernighan und Ritchie eingeführt wurde. Dabei werden in der Parameterliste einer Funktion nur die Namen der Parameter ohne ihren Datentyp angegeben. Der Datentyp folgt erst anschließend vor dem Block, der zur Definition der Funktion gehört.

Beispiel: Die traditionelle Funktionsdefinition

```
f(i,j) // Warnung: Stil der Funktionsdefinition
int i, j;                    // ist nun veraltet
{ return i+j; }
```

entspricht der heute üblichen Schreibweise:

```
f(int i,int j)
{ return i+j; }
```

6.4 Schrittweise Verfeinerung als Entwurfstechnik 585

Die traditionelle Schreibweise wird von älteren Versionen des C++Builders übersetzt. Die als Kommentar angegebene Warnung weist aber darauf hin, dass diese Schreibweise veraltet ist. Man findet diese Form der Parameterdeklaration oft noch in älteren C-Programmen oder Büchern über C. Die Version 5 des C++-Builders unterstützt die alte Schreibweise nicht mehr.

6.3.13 Aufrufkonventionen ⊕

In Zusammenhang mit Funktionen begegnet man gelegentlich den folgenden Schlüsselwörtern. Sie bestimmen vor allem, wie die Parameter bei einem Funktionsaufruf auf dem Stack übergeben werden.

_cdecl   bewirkt, dass die Parameter von rechts nach links auf den Stack gelegt werden. Der Stack wird von der aufrufenden Funktion wieder abgeräumt. Diese Art der Parameterübergabe ist z.B. für Funktionen mit einer unspezifizierten Anzahl von Parametern notwendig.

_stdcall wie _cdecl. Allerdings ist damit keine unspezifizierte Anzahl von Argumenten möglich.

_pascal   bewirkt, dass die Parameter von links nach rechts auf den Stack gelegt werden. Der Stack wird von der aufgerufenen Funktion wieder abgeräumt.

_fastcall bewirkt, dass die ersten drei Parameter in Registern übergeben werden.

Normalerweise sollte man die Voreinstellungen des Compilers aber nicht ändern.

6.4 Schrittweise Verfeinerung als Entwurfstechnik

Falls eine Aufgabe so komplex ist, dass man die Lösung nicht auf Anhieb explizit formulieren kann, ist es oft sinnvoll, sie in **einfachere Teilprobleme** zu zerlegen und diese dann getrennt in eigenen Funktionen zu lösen. Eine solche Vorgehensweise wird als schrittweise Verfeinerung bezeichnet und ist eine der wichtigsten Strategien zur Lösung von Problemen. Schon Julius Cäsar proklamierte sie mit seiner Devise „teile und herrsche".

Natürlich führt nicht jede Zerlegung eines Problems in Teilprobleme automatisch zu einer Lösung. Es kann durchaus vorkommen, dass man mit einer bestimmten Zerlegung einfach nicht weiterkommt. Dann ist es in der Regel sinnvoll, sich einen völlig neuen Lösungsansatz zu überlegen. Der beruht meist auf einer anderen Zerlegung des Gesamtproblems und ist deshalb ebenfalls das Ergebnis einer schrittweisen Verfeinerung.

Betrachten wir dazu als einfaches Beispiel einen „Taschenrechner", bei dem ein binärer Ausdruck wie

```
17,18  +  19,20
```

als String aus einem Edit-Fenster eingelesen wird. In diesem String sollen zunächst die beiden Operanden und der Operator erkannt werden. Dann sollen die beiden Operanden in Gleitkommazahlen umgewandelt und gemäß dem Operator verknüpft werden.

Dabei sollen vor und nach jedem Operanden beliebig viele Leerzeichen zulässig sein. Solche Füllzeichen (meist nicht nur Leerzeichen, sondern auch Tabs usw.) werden oft als *whitespace* bezeichnet.

Man kann die Aufgabe natürlich direkt angehen und der Reihe nach alle Zeichen s[i] des Strings untersuchen:

```
int i = 1;
while (i <= s.Length())
   {
      if (s[i] ...) ...
      else ...
      ...
   }
```

Eine kurze Überlegung zeigt aber, dass dieser direkte Ansatz vielleicht nicht der beste ist: Bei der Analyse des Strings wiederholen sich nämlich gewisse „Elementaraktionen" mehrfach:

whitespace_ueberlesen
Zahl_lesen
whitespace_ueberlesen
Operand_einlesen
whitespace_ueberlesen
Zahl_lesen

Diese Aktionen kann man in jeweils eigenen Funktionen durchführen und anschließend zu einer Lösung zusammenzusetzen. Bei einer solchen Zerlegung in Teilprobleme muss natürlich darauf geachtet werden, dass die einzelnen Lösungen zusammenpassen und das Gesamtproblem lösen.

In diesem Beispiel heißt das vor allem, dass beim Lesen des Strings keine Zeichen ausgelassen oder doppelt gelesen werden. Dies kann man dadurch erreichen, dass bei jedem Aufruf einer dieser Funktionen s[i] immer das nächste, bisher noch nicht verarbeitete Zeichen von s ist. Wenn diese Bedingung dann auch noch nach dem Verlassen einer dieser Funktionen gilt, kann man sicher sein, dass sie auch beim nächsten Aufruf einer dieser Funktionen wieder gilt. Diese Bedingung ist also eine Invariante, die zwischen verschiedenen Aufrufen unverändert gültig ist.

6.4 Schrittweise Verfeinerung als Entwurfstechnik

Diese Invariante, „ein Zeichen weiter als das zuletzt verarbeitete zu schauen", wird sich bei komplexeren Ausdrücken, die nicht so starr aufgebaut sind wie in diesem einführenden Beispiel, als nützlich und sinnvoll erweisen. Damit sieht man am Anfang jeder dieser Funktionen, ob als nächstes Zeichen eine Zahl, ein Operand oder noch etwas anderes kommt.

Die folgenden Funktionen sind alle nach diesem Schema aufgebaut:

```
void whitespace_ueberlesen(AnsiString s, int& i)
{ // lässt sich auf Tabs usw. erweitern
while ((i <= s.Length()) && (s[i]==' ')) i++;
// (s[i] <> ' ') or "fertig"
}

bool SubstrInStr(AnsiString Substr, AnsiString Str)
{ // true, falls SubStr in Str enthalten ist
return Str.Pos(Substr);
// SubstrInStr("a","abc");   // true
// SubstrInStr("abc","a");   // false
// SubstrInStr("abc","abc");// true
// SubstrInStr("","");       // false
}

double Zahl_lesen(AnsiString s, int& i)
{
AnsiString ops = "";
while ((i<=s.Length())&& SubstrInStr(s[i],"0123456789,"))
   ops = ops + s[i++]; // s[i] zuweisen, anschließend i++
// (s[i] keine Ziffer) or (fertig)

try {return StrToFloat(ops);}
catch(...)
   { // Falls s[i] keine Ziffer war ist ops==""
     ShowMessage("Unerwartetes Zeichen: '"+
                              AnsiString(s[i])+"'");
     return 0;
   }
}

char Operand_einlesen(AnsiString s, int& i)
{
if (i <= s.Length())
   return s[i++];
return ' '; //damit kein undefinierter Wert zurückgegeben
        // wird und der Fehler anschl. erkannt werden kann
}
```

Jede dieser Funktionen löst offensichtlich die Teilaufgabe, die sich aus ihrem Namen ergibt. Damit erfüllt die folgende Funktion die Vorgaben der Aufgabenstellung:

```
double binary_expression(AnsiString s)
{
int i = 1;
if (i <= s.Length())
  {
    whitespace_ueberlesen(s,i);
    double op1 = Zahl_lesen(s,i);
    whitespace_ueberlesen(s,i);
    char Operand = Operand_einlesen(s,i);
    whitespace_ueberlesen(s,i);
    double op2 = Zahl_lesen(s,i);
    switch (Operand)
    {
      case '+': return op1 + op2; // wegen return kein
      case '-': return op1 - op2; //             break
      case '*': return op1 * op2;
      case '/': return op1 / op2;
      default: ShowMessage("Unzulässiger Operand: '"+
                                AnsiString(Operand)+"'");
    }
  }
return 0; // schwache Fehlerbehandlung
}
```

Diese Lösung ist sicherlich leichter durchschaubar als der ursprüngliche Ansatz.

Funktionen sind nicht nur für die Lösung der eigentlichen Aufgabe sinnvoll. Zu jeder Funktion gehört auch ein Test, mit dem man prüft, ob sie auch wirklich tut, was sie tun soll. Es bietet sich an, einen solchen Test in einer eigenen **Testfunktion** durchzuführen und diese anschließend mindestens einmal aufzurufen:

```
void test1Expr (AnsiString s, double soll)
{
double erg = binary_expression(s);
if (erg != soll)
  Form1->Memo1->Lines->Add(s+"="+FloatToStr(erg)+
                        ", soll = "+FloatToStr(soll));
}

void test_binary_expressions()
{ // Lästig: In Zahl_lesen erwartet StrToFloat das
  // Dezimaltrennzeichen als Komma, während bei Gleit-
  // kommaliteralen ein Dezimalpunkt erwartet wird.
test1Expr("1+1",2);             // kein whitespace
test1Expr("1,1+2,2",3.3);
test1Expr("1,1*2,2",2.42);
test1Expr("1,1-2,2",-1.1);
test1Expr("1,1/2,2",0.5);
test1Expr("1   + 1   ",2);      // dasselbe mit whitespace
test1Expr(" 1,1 +   2,2 ",3.3);
test1Expr(" 1,1 * 2,2 ",2.42);
test1Expr(" 1,1  -2,2 ",-1.1);
test1Expr("    1,1/    2,2 ",0.5);
test1Expr("1 1",2);             // teste die Fehlermeldung
} // Deckt dieser Test wirklich alle möglichen Fehler ab?
```

Nachdem man sich von der Richtigkeit der getesteten Bausteine überzeugt hat, kann man sie einfach auszukommentieren:

```
void __fastcall TForm1::Button1Click(TObject *Sender)
{
// test_binary_expressions(); // Testfunktion
double r=binary_expression(Edit1->Text);
Memo1->Lines->Add(FloatToStr(r));
}
```

Falls einer der Bausteine später Schwächen zeigt oder erweitert werden muss, ist es immer hilfreich, wenn man die ursprünglichen Testdaten wieder zur Verfügung hat. Und sei es nur, um zu entdecken, dass der ursprüngliche Test nicht vollständig war und dass man einige Konstellationen übersehen hat.

Es ist deswegen empfehlenswert, die Testroutinen nach dem Abschluss des Tests *nicht* aus dem Quellprogramm zu entfernen. Die Testroutinen gehören in unmittelbare Nähe zu der Funktion, die sie testen. Da der Linker Funktionen, die nirgendwo aufgerufen werden, nicht in das Exe-File aufnimmt, belastet ein solcher „toter Code" (dead code) das Programm nicht.

Wir werden auf die Funktion *binary_expression* in Abschnitt 6.6.2 zurückkommen und sie so erweitern, dass sie auch geklammerte Ausdrücke auswerten kann.

6.5 Etwas Programmierlogik und -stil für Funktionen

Jede Funktion sollte eine **klar definierte Aufgabe** haben. Falls eine Funktion keine Aufgabe hat, braucht man sie auch nicht zu schreiben. Und falls ihre Aufgabe nicht eindeutig definiert ist, kann man nicht in jedem Einzelfall eindeutig entscheiden, ob sie diese Aufgabe erfüllt oder nicht. Oft ist eine solche Aufgabe in einem Pflichtenheft beschrieben. Oft ergibt sie sich aber auch nur als nützlicher Zwischenschritt bei der Lösung eines Problems.

Ein Aufruf der Funktion führt dann diese Aufgabe aus. Da eine Funktion über ihren Namen aufgerufen wird, steht dieser im Quelltext für den Funktionsaufruf. Wenn der **Name der Funktion** so gewählt ist, dass er die von ihr gelöste Aufgabe beschreibt, dokumentiert er die Aufgabe, die der Aufruf löst. Deshalb sollte man den Namen einer Funktion immer so wählen, dass er die von ihr gelöste **Aufgabe beschreibt**. Bei Funktionen, die einen Wert zurückgeben, kann auch ein Name sinnvoll sein, der das Ergebnis beschreibt. Aussagekräftige Namen für Funktionen tragen **maßgeblich** zur **Verständlichkeit** eines Programms bei.

Beispiel: Bei mathematischen Funktionen ist die Wahl eines aussagekräftigen Namens oft einfach: *fib(n)* berechnet den n-ten Wert der Fibonacci-Folge, *ggT* den größten gemeinsamen Teiler usw. Falls diese kurzen

Namen keine Missverständnisse befürchten lassen, sind sie ausreichend. Sonst sind längere Namen notwendig.

Bei nicht-mathematischen Funktionen ist das oft nicht so einfach. Es soll schon vorgekommen sein, dass ein Programmierer länger nach einem passenden Namen als nach den Anweisungen für eine Funktion gesucht hat.

Gelegentlich findet man Empfehlungen für Funktionsnamen wie die folgenden:

- Verben oder Kombinationen von Verben mit Substantiven für Funktionen, die für eine Aktion stehen (Rückgabetyp *void*).
- Adjektive für Funktionen, die einen booleschen Wert zurückgeben.
- Substantive für Funktionen, die einen Wert zurückgeben.

Oft ist es aber nicht einfach, solche Regeln konsequent einzuhalten. Deshalb sollte man sie nicht überbewerten.

Beispiele: Die folgenden Namen sind aussagekräftig:

*void **WriteToFile**(ofstream f, CKontobewegung k)*
*double **Potenz**(double x, int n)* // berechnet x^n
*bool **isPrimenumber**(int n)* // *true*, falls n eine Primzahl ist
*double **EinkommensteuerNachDemSplittingVerfahren**(double x);*

Da aussagekräftige Namen aber oft nicht einfach zu finden sind, gibt es in vielen Programmen Funktionen mit nichtssagenden Namen:

*double **f1**(double x, int n)* // berechnet x^n
*bool **f2**(int n)* // *true*, falls n eine Primzahl ist

Beim Aufruf einer solchen Funktion ist dann immer ein Kommentar notwendig, der ihr Ergebnis beschreibt.

Da man beim Aufruf einer Funktion das Ergebnis erwartet, das ihr Name verspricht, sollte eine Funktion auch tatsächlich das entsprechende Ergebnis haben.

Beispiel: Wenn die Funktion *Potenz* aus ihren Argumenten x und n überhaupt nicht x^n, sondern einen ganz anderen Wert berechnet (z.B. n*x), sind entweder ihr Name oder ihre Anweisungen falsch:

```
z = Potenz(a,3)+Potenz(b,2); // z = 3*a + 2*b
```

Dieses Beispiel ist vielleicht etwas extrem, da *Potenz* für fast alle Werte falsche Ergebnisse hat. In der Praxis findet man aber viele Funktionen, die für relativ viele Werte richtige Ergebnisse liefern, aber für einige wenige auch falsche, weil man sie beim Testen übersehen hat.

6.5 Etwas Programmierlogik und -stil für Funktionen

In Kapitel 5 wurde für verschiedene Anweisungen gezeigt, wie man ihr Ergebnis formal nachweisen kann. Ein solcher formaler Nachweis gibt meist eine höhere Sicherheit über die Richtigkeit eines Programms als einfaches Überlegen im Kopf. Deshalb wird jetzt gezeigt, wie man nachweisen kann, dass ein Funktionsaufruf ein bestimmtes Ergebnis hat. Das ist oft einfacher, als man auf den ersten Blick erwartet. Im Wesentlichen sind nur diese beiden Punkte zu beachten:

1. Da der Aufruf einer Funktion die Ausführung ihrer Anweisungen bewirkt, muss man für diese Anweisungen nachweisen, dass sie das gewünschte Ergebnis haben. Diese Anweisungen sind aber letztendlich immer Kontrollstrukturen und elementare Anweisungen.

   ```
   void f(Parameter)
   { // Vorbedingung P
   // Anweisungen
   } // Nachbedingung Q
   ```

2. Falls dieser Nachweis eine Vorbedingung voraussetzt und diese beim Aufruf der Funktion erfüllt ist, gilt das für die Anweisungen der Funktion nachgewiesene Ergebnis auch für den Funktionsaufruf.

   ```
   // Vorbedingungen für die Argumente
   f(Argumente);
   // Nachbedingung
   ```

Wenn sich die Vorbedingung für die Anweisungen der Funktion allein aus den Parametern ergibt, ist ihr Nachweis beim Aufruf meist einfach, da er sich nur aus den Argumenten ergibt. Das gilt insbesondere für Funktionen ohne Seiteneffekte.

Beispiele:

1. In Aufgabe 5.8.5.2 wurde unter der Vorbedingung n>=0 nachgewiesen, dass die Anweisungen der Funktion

   *double **Potenz**(double x, int n)*

   den Wert x^n berechnen und als Funktionswert liefern. Deshalb hat z nach den nächsten Aufrufen den im Kommentar angegebenen Wert:

   ```
   z = Potenz(a,3)+Potenz(b,2); // z = a³ + b²
   ```

   Dieser Kommentar ist überflüssig, da er die Information davor wiederholt. Er ist aber nur deswegen überflüssig, weil der Name der Funktion ihre Bedeutung beschreibt und weil sie tatsächlich die Potenz berechnet. Wäre eine dieser beiden Bedingungen nicht erfüllt, wäre ein Kommentar notwendig.

2. Viele Funktionen bestehen wie die Funktion *errormessage* nur aus einfachen Anweisungen, die keine Vorbedingungen voraussetzen. Bei solchen Funktionen ist meist unmittelbar klar, was ihr Aufruf bewirkt:

```
void errormessage(AnsiString s);
{ ShowMessage(s); };
```

3. Die Vorbedingung ergibt sich oft daraus, dass der Wertebereich eines Parameters größer ist als der Bereich der Werte, für die die Anweisungen der Funktion richtige Ergebnisse liefern. Da die Funktion *sqrt* aus <math.h> nur aus nicht negativen Werten die Wurzel berechnen kann, darf sie auch nur mit solchen Werten aufgerufen werden. Das Argument von *StrToInt* muss ein String sein, der eine Zahl darstellt.

Meyer (1997, Kap. 11) betrachtet die Beziehungen zwischen einer Funktion und ihrem Aufrufer unter dem Stichwort „**design by contract**" als formalen Vertrag, bei dem jeder Beteiligte Rechte und Pflichten hat. Eine Funktion hat die Pflicht, ihre Spezifikation zu erfüllen, wenn der Aufrufer ihre Vorbedingungen einhält. Und der Aufrufer hat die Pflicht, beim Aufruf einer Funktion ihre Vorbedingungen einzuhalten. Wenn einer der Beteiligten seine Pflicht nicht erfüllt, ist der Vertrag zwischen den beiden gebrochen („**When the contract is broken**", Kap. 12). Er empfiehlt, genau bei einer solchen Vertragsverletzung eine Exception auszulösen (siehe auch Abschnitt 5.10.7).

Es gibt allerdings Funktionen, bei denen die Formulierung und Prüfung der Vorbedingung ziemlich aufwendig ist. So ist z.B. die Prüfung der Vorbedingung für die Funktion *StrToInt* fast mit genauso viel Arbeit verbunden wie die Konvertierung des Arguments. Bei solchen Funktionen kann es doch wieder sinnvoll sein, sie ohne Prüfung ihrer Argumente aufzurufen und dann den Aufrufer über den Fehler zu informieren (am besten über eine Exception, eventuell aber auch über eine Statusvariable oder einen speziellen Funktionswert).

Bei der Entwicklung eines umfangreichen Anwendungsprogramms ist das Zerlegen in Teilprobleme meist schwieriger als bei mathematischen Aufgaben. Es sagt einem nämlich niemand (anders als bei den Aufgaben in einem Lehrbuch), welche Anweisungen man zu einer Funktion zusammenfassen soll. Und die **Architektur**, die sich nach der ersten Zerlegung mit der Technik der schrittweisen Verfeinerung ergibt, ist nicht immer die beste: Man kann nur hoffen, dass man nach mehreren Überarbeitungen zu einer passablen Lösung kommt. Und wenn schon Stroustrup keine **allgemein gültige** Alternative zur schrittweisen Verfeinerung sieht, gibt es vermutlich auch keine: „There is only one basic way of dealing with complexity: divide and conquer" (Stroustrup 1997, Abschnitt 23.2). An dieser Einschätzung hat sich seit den frühen Werken von Wirth (z.B. Systematisches Programmieren 1983, Kap. 15) nicht viel geändert.

Vermutlich hat auch Ghezzi recht, wenn er das Design eines umfangreichen Softwaresystems als kreative Aktivität bezeichnet, die man nicht mechanisieren kann (Ghezzi 1991, S. 125). Und nochmals Stroustrup (1997, Abschnitt 23.2): „....the selection of the parts and the specification of the interfaces between the parts is where the most experience and taste is required."

6.5 Etwas Programmierlogik und -stil für Funktionen

Offensichtlich gibt es also keine festen Regeln dafür, wie man ein umfangreiches Gesamtproblem optimal (was immer das auch sein mag) in Bausteine zerlegen soll. Dennoch gibt es einige **Faustregeln**, deren Verletzung oft ein **Hinweis** darauf ist, dass die so entstandenen Funktionen nicht optimal sind:

- Das wichtigste Kriterium wurde schon am Anfang dieses Abschnitts genannt: Der **Name** einer Funktion soll klar und deutlich zum Ausdruck bringen, was bei ihrem Aufruf gemacht wird.
  Diese Anforderung sollte man aber nicht nur als Problem der Namensgebung nach dem Entwurf, sondern auch als **Entwurfskriterium** betrachten: Eine Funktion sollte solche Anweisungen enthalten, die unter einem eindeutigen und aussagekräftigen Begriff zusammengefasst werden können. Wenn Sie Schwierigkeiten haben, einen entsprechenden Namen für eine Funktion zu finden, ist das oft ein Hinweis darauf, dass sie nicht besonders gut verwendet werden kann.
- Die **Aufgabe** einer Funktion sollte so präzise formuliert sein, dass man in jedem Einzelfall entscheiden kann, ob sie ihre Aufgabe erfüllt oder nicht.
- Die Parameterliste und der Funktionswert sollen die einzige **Schnittstelle zur Außenwelt** sein. Insbesondere sollen keine globalen Variablen verwendet werden. Dann wird ihr Ergebnis allein durch ihre Parameter bestimmt, und man sieht bei jedem Funktionsaufruf, von welchen Argumenten das Ergebnis abhängt. Sie ist dann eine kleine, in sich geschlossene Einheit, deren Ergebnis sich allein aus dem Bereich der Funktionsdefinition im Quelltext ergibt. Eine solche Funktion kann man leichter überschauen und besser verwenden als eine, die globale Variablen benötigt.
- Es sollte möglich sein, die Funktion zu verwenden, ohne wissen zu müssen, wie sie implementiert ist. Gute Beispiele dafür sind die vordefinierten Funktionen der Standardbibliothek.
- Die Empfehlungen für die maximale **Größe des Anweisungsteils** von Funktionen reichen von einer Bildschirm- oder Druckseite bis zu ca. 200 Zeilen. Von größeren Anweisungsteilen wird meist abgeraten.
  Einer meiner früheren Kollegen hat neue Funktionen in sein Programm einfach immer dadurch aufgenommen, dass er ähnliche Anweisungen irgendwo kopiert, dann in einen neuen *if*-Zweig eingefügt und an die speziellen Anforderungen angepasst hat. Die Folge war eine einzige Funktion mit ca. 50 Seiten und vielen globalen Variablen. Solche Funktionen lassen sich kaum noch überschauen und vernünftig debuggen. Es wäre besser gewesen, die einzelnen Zweige in eigenen Funktionen zusammenzufassen. Er hätte dann auch gesehen, dass man viele dieser Funktionen zu einer einzigen Funktion zusammenfassen kann.
- Meist werden als Obergrenze für die **Größe der Parameterliste** ca. 7 Parameter empfohlen. Diese Zahl wird mit Ergebnissen von psychologischen Untersuchungen begründet, nach denen mehr Einzelinformationen oft nur relativ schlecht überschaut werden können. Falls eine Funktion mehr Parameter benötigt, sollte man sie zusammenfassen (z.B. mit *struct* oder *class*).

– Eine **einheitliche Namensgebung** ermöglicht den Aufruf einer Funktion, ohne dass man jedes Mal mühsam nach der genauen Schreibweise ihres Namens suchen muss. Ähnliche Funktionen sollten **ähnliche Parameterlisten** haben. In diesem Punkt sind die Funktionen der C-Bibliotheken nicht immer vorbildlich: Beispielsweise erwarten *fread* und *fwrite* den FILE-Stream immer als letztes Argument. Bei *fseek* muss er dagegen das erste Argument sein.

Selbst wenn man eine Funktion formal verifiziert hat, erst recht aber, wenn nicht: **Man sollte jede Funktionsdefinition mindestens einmal im Debugger durchlaufen**, damit man wenigstens einmal gesehen hat, ob sie auch wirklich das tut, was sie tun soll. Dabei sollte jede Verzweigung mindestens einmal durchlaufen werden, ebenso jede Schleife für die Randwerte sowie für Werte innerhalb und außerhalb der Grenzbereiche. Steve Maguire widmet diesem Ratschlag in „Writing Solid Code" (Maguire 1993) ein ganzes Kapitel: „Step through Your Code".

Aufgaben 6.5

1. Überprüfen Sie, ob die Funktionen in den Aufgaben von Abschnitt 3.5 eine klar definierte Aufgabe haben und ob die Namen dieser Funktionen ihre Aufgabe einigermaßen klar beschreiben. Ergänzen Sie diese Funktionen so, dass sie auf Argumente, für die sie ihre Aufgabe nicht erfüllen können, angemessen reagieren.

2 Versuchen Sie, einen passenden Namen für die folgende Funktion zu finden:

```
double doit_babe(double i, int *p1, int p2, float p3)
{
int y=0;
if (p2==1)
   for (int j=0;j<=i;j++) y=y+i;
else if (i==2) y=Mehrwertsteuer(p2,5);
else if (i==3) y=druckeAdressaufkleber(p2);
return y;
};
```

3. Für die in Abschnitt 5.8.5 behandelten Funktionen

   *int **ggt**(int x, int y)* // Aufgabe 5.8.5.3
   *double **Horner**(double x, int n, double p[])* // Aufgabe 5.8.5.4

   soll nachgewiesen werden, dass nach ihrem Aufruf die als Kommentar angegebenen Beziehungen gelten:

   ```
   double y=ggt(a,b);
   // y ist der größte gemeinsame Teiler von a und b
   double z=Horner(x,n,p);
   // z= p[n]*x^n + p[n–1]*x^{n-1} +  ... +  p[1]*x + p[0]
   ```

   Welche Schritte sind für einen solchen Nachweis erforderlich?

6.6 Rekursion

Wenn eine Funktion in dem Block aufgerufen wird, der zu ihrer Definition gehört, bezeichnet man sie als rekursiv. Rekursive Funktionen ermöglichen oft einfache Lösungen rekursiv formulierter Probleme.

Beispiel: Die Summe s(n) der ersten n Zahlen

$$s(n) = 0 + 1 + 2 + \ldots + (n-1) + n$$

$$= \underbrace{s(n-1)} + n$$

kann rekursiv definiert werden durch

$$s(n) = \begin{cases} 0, \text{ falls } n <= 0 \\ s(n-1) + n, \text{ falls } n > 0 \end{cases}$$

In diesem Beispiel sind die Funktionswerte für n<=0 explizit definiert und können unmittelbar bestimmt werden. Die nicht explizit definierten Funktionswerte für n>0 können dagegen nicht direkt aus der Definition bestimmt werden und erfordern rekursive Zwischenschritte:

Beispiel: s(2) = 2 + s(1)   // s(2) ist nach der rekursiven Definition 2 + s(1)
          = 2 + 1 + s(0)// s(1) ist nach der rekursiven Definition 1 + s(0)
          = 2 + 1 + 0   // s(0) ist nach der rekursiven Definition 0
          = 3   // Jetzt erst kann man die Summanden summieren.

Die rekursive Definition von s(n) aus dem ersten Beispiel lässt sich unmittelbar in eine rekursive Funktion übersetzen:

```
int s(int n)
{
if (n <= 0) return 0;    // Abbruchbedingung
else return s(n-1) + n;  // rekursiver Aufruf
}
```

Ruft man diese Funktion mit einem Argument n<=0 auf, wird unmittelbar der Funktionswert 0 zurückgegeben. Für n>0 wird dagegen beim Aufruf von s(n) auch s(n-1) aufgerufen. Falls auch n-1>0 ist, wird beim Aufruf von s(n-1) auch noch s(n-2) aufgerufen. Diese Verschachtelung von Aufrufen wird so lange fortgeführt, bis n=0 ist.

Anfänger sehen rekursive Funktionen oft als etwas Mysteriöses an und wundern sich, wie das überhaupt funktionieren kann. Rekursive Aufrufe sind aber einfach deswegen möglich, weil bei jedem Aufruf einer Funktion die Rücksprungadresse (die Adresse der auf den Aufruf folgenden Anweisung) auf den Stack gelegt wird.

Diese Technik wurde in Abschnitt 6.2 vorgestellt und funktioniert für rekursive Aufrufe genauso wie für nichtrekursive. Außerdem werden alle lokalen Variablen auf den Stack gelegt, und dazu gehören insbesondere auch die Parameter. Bei Referenzparametern wird nur ihre Adresse auf den Stack gelegt.

Beispiel: Ein Aufruf von s(2) führt zu den in der linken Spalte aufgeführten Anweisungen. In den rechten Spalten ist angegeben, wie die lokalen Variablen auf dem Stack abgelegt werden (ohne die Rücksprungadressen):

Stack ---->

Aufruf s(2)	n	s				
n = Argument	2					
Aufruf s(1)	–	–	n	s		
n = Argument	–	–	1			
Aufruf s(0)	–	–	–	–	n	s
n = Argument	–	–	–	–	0	
s = 0	–	–	–	–		0
// s(0)=0 berechnet	–	–	–	–		
s = s(0) + n	–	–			1	
// s(1)=1 berechnet	–	–				
s = s(1) + n			3			
// s(2)=3 berechnet						

Beim Aufruf von s(2) werden zuerst die lokalen Variablen n und s auf dem Stack angelegt. Dann erhält n den Wert des Arguments. In der nächsten Anweisung

s = n + s(n–1)

wird zuerst die rechte Seite ausgewertet. Da diese Auswertung mit einem erneuten Aufruf der Funktion s verbunden ist, werden neue lokale Variablen s und n auf dem Stack angelegt. Sie verdecken die vorher angelegten Variablen s und n, was durch „–" dargestellt wird.

Diese Schritte werden so lange wiederholt, bis ein Aufruf von n nicht mehr mit einem rekursiven Aufruf verbunden ist. Der dabei berechnete Wert s(0) wird dann zur Berechnung von s im Aufruf von s(1) usw. verwendet, bis schließlich der Wert von s(2) zurückgegeben wird.

Offensichtlich können rekursive Funktionen den **Stack kräftig beanspruchen**. Wollte man mit der rekursiven Funktion s die Summe der ersten 100 000 Zahlen berechnen, würde man 100 000 Mal ca. 10 Bytes auf den Stack legen. Das ist aber unter MS-DOS und 16-bit-Windows überhaupt nicht möglich (Stack Overflow) und auch unter dem relativ großen Stack von Win32 alles andere als optimal, da die Verwaltung des Stacks auch ihre Zeit braucht.

6.6 Rekursion

Außerdem besteht bei rekursiven Funktionen die Möglichkeit, dass die rekursiven Aufrufe wie bei einer **Endlosschleife** nicht abbrechen, wenn eine Abbruchbedingung vergessen oder falsch formuliert wird. Bei der Funktion s wäre das etwa dann der Fall, wenn die Abbruchbedingung

```
if (n<=0) s = 0
```

durch

```
if (n==0) s = 0
```

ersetzt würde und s mit einem negativen Parameter aufgerufen wird.

Im Gegensatz zur rekursiven hat die iterative Lösung

```
int s(int n)
{
int sum = 0;
for (int i=1; i<=n; i++) sum = sum + i;
return sum;
}
```

den Vorteil, dass sie wesentlich weniger Speicherplatz auf dem Stack erfordert und deutlich schneller ist. Die rekursive Version der Funktion s ist also äußerst ineffektiv. Sie wurde nur behandelt, um die Funktionsweise rekursiver Funktionen an einem besonders einfachen Beispiel aufzuzeigen.

Unabhängig von irgendwelchen technischen Einschränkungen ist **ein Problem** dann durch eine **rekursive** Funktion **lösbar**, wenn die folgenden beiden Voraussetzungen erfüllt sind:

1. Es kann in bestimmten Spezialfällen explizit gelöst werden. Diese Spezialfälle entsprechen den Abbruchbedingungen.
2. Alle anderen Fälle führen in endlich vielen Schritten auf eine Abbruchbedingung (Rekursionsschritte).

Iterative und rekursive Lösungen sollen anhand eines weiteren Beispiels verglichen werden. Das so genannte **Pascal-Dreieck** (nach dem Mathematiker Blaise Pascal) entsteht dadurch, dass man zunächst die Zahl 1 in eine Zeile schreibt. Die nächste Zeile entsteht dann aus der vorhergehenden, indem man die Summe der darüber stehenden bildet, wobei man sich links von der ersten und rechts von der letzten eine Null denkt. Bezeichnet man die k-te Zahl in der n-ten Zeile des Pascal-Dreiecks mit p(n,k),

```
                    1
                 1     1
              1     2     1
           1     3     3     1
        1     4     6     4     1
     1     5    10    10     5     1
                  ............
```

dann ist p(n,k) für 0 <= k <= n durch

$$p(n,k) = \begin{cases} 1, \text{ falls } (n=0) \text{ oder } (k=n) \\ p(n-1,k-1) + p(n-1,k) \text{ sonst} \end{cases}$$

definiert (eine Zahl ist die Summe der beiden darüber stehenden). Sowohl n als auch k werden dabei ab 0 gezählt.

Beispiel: p(0,0) = 1

                 p(1,0) = 1   p(1,1) = 1

        p(2,0) = 1   p(2,1) = 2   p(2,2) = 1   usw.

Eine rekursive Funktion zur Berechnung von p(n,k) lässt sich unmittelbar aus der rekursiven Definition von p(n,k) ableiten. Bei dieser Lösung muss man gar nicht viel überlegen – es genügt, die Definition abzuschreiben:

```
int p(int n, int k)
{
if ((0 <= k) && (k <= n))
   if ((k == 0) || (k == n)) return 1;
   else return p(n-1,k-1) + p(n-1,k);
else return 0;//außerhalb des Dreiecks alles auf 0 setzen
}
```

Eine Messung der Rechenzeiten von p(n,k) ergab etwa die folgenden Werte:

ca. 1982 auf einem AppleII+ mit Apple Pascal		2000 auf einem Pentium 333 mit dem C++Builder 5	
p(14,7)	18 Sek	p(24,12)	0,49 Sek.
P(15,7)	33 Sek	p(25,12)	0,95 Sek.
P(16,8)	65 Sek	p(26,13)	1,91 Sek.
P(17,8)	130 Sek	p(27,13)	3,67 Sek.

Unabhängig von den tatsächlichen Zeiten zeigen beide Vergleiche dasselbe Grundverhalten: Erhöht man n in der Mitte des Pascal-Dreiecks um 1, verdoppelt sich die Rechenzeit. Dieses Verhalten wird sofort verständlich, wenn man sich die Struktur der Aufrufe veranschaulicht, z.B. bei der Berechnung von p(4,2):

6.6 Rekursion

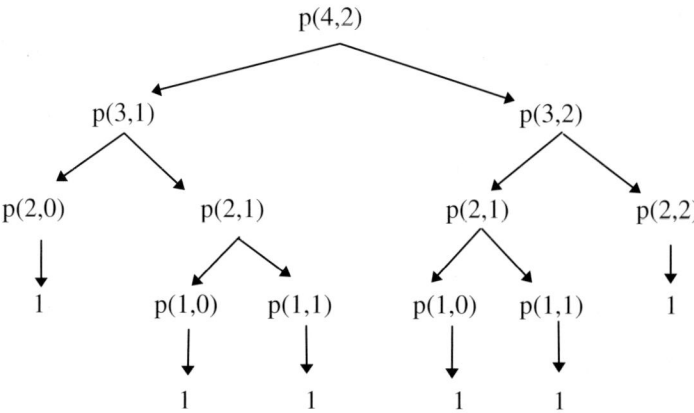

Hier wird p(2,1) zweimal berechnet, da sich die rekursive Funktion nicht „merken kann", dass sie diesen Wert bereits berechnet hat. Solche Mehrfachberechnungen führen dazu, dass bei der Berechnung von p(16,8) die kompletten Verzweigungen unter p(15,7) und p(15,8) durchgerechnet werden, wodurch sich der Rechenaufwand bei jeder Erhöhung von n um 1 verdoppelt.

Während sich die rekursive Version der Funktion p direkt aus der Definition des Pascal-Dreiecks ergab, ist kaum unmittelbar einsichtig, dass eine iterative Funktion zur Berechnung von p(n,k) durch die schon früher vorgestellte Funktion für die Binomialkoeffizienten gegeben ist:

```
int bin(int n, int k)
{ // siehe Aufgabe 4.5.1.3
  int b;
  if ((0 <= k) && (k <= n)) b = 1;
  else b = 0;
  for (int i = 1; i<= k; i++)
     b = b*(n-i+1)/i;
  return b;
}
```

Diese Funktion liefert ihre Ergebnisse im Gegensatz zur rekursiven Lösung im Bruchteil einer Sekunde, da höchstens (n–k) Multiplikationen und Divisionen notwendig sind.

Das Beispiel zeigt, dass **rekursive Lösungen oft einfacher** und eleganter als iterative formuliert werden können. Allerdings ist die Funktion p derart **ineffektiv**, dass man sie kaum in einem realen Programm verwenden kann. Sie kann aber nützlich sein, um die Ergebnisse einer nichtrekursiven mit denen einer rekursiven Version zu vergleichen:

```
void test()
{
for (int n=0; n<=10; n++)
   for (int k=0; k<=n; k++)
     {
        int p1=p(n,k), b=bin(n,k);
        if (p1 != b) Form1->Memo1->Lines->Add(
                "("+IntToStr(n)+","+k+"): p="+p1 +" b="+b);
     }
}
```

Allerdings muss **nicht jede rekursive Lösung ineffektiv** sein. Wie die Beispiele in den nächsten Abschnitten zeigen, gibt es auch rekursive Algorithmen, bei denen die Rekursionstiefe nicht allzu groß wird und bei denen keine unnötigen Mehrfachberechnungen auftreten. Wenn diese dann noch wesentlich einfacher sind als entsprechende iterative Verfahren, ist die rekursive Lösung vorzuziehen.

6.6.1 Quicksort

Der so genannte „Quicksort" ist einer der schnellsten Algorithmen, mit dem man ein Array sortieren kann. Dieses Verfahren ist auch unter dem Namen „Sortieren durch Zerlegen" bekannt.

Das zu sortierende Array sei gegeben durch

   A[0]..A[n]

Beim „Sortieren durch Zerlegen" geht man folgendermaßen vor:

1. Zerlege A[0]..A[n] so in zwei Teile A[0]..A[L] und A[L+1]..A[n], dass alle Elemente des ersten Teils kleiner oder gleich allen Elementen des zweiten Teils sind.
2. Falls der linke Teil des Arrays A[0]..A[L] noch nicht sortiert ist, wendet man 1. auf diesen linken Teil an.
3. Falls der rechte Teil des Arrays A[L+1]..A[n] noch nicht sortiert ist, wendet man 1. auf diesen rechten Teil an.

Ein so entstandenes Teilarray A[L]..A[R] braucht nicht weiter sortiert zu werden, wenn es bereits sortiert ist. Ein einfaches Kriterium dafür ist, dass es höchstens noch aus einem Element besteht, d.h. L >= R gilt.

Wenn jetzt noch eine Funktion *Zerlege(L,R,L1,R1)* zur Verfügung steht, die das Teilarray

   A[L]..A[R]

so in zwei Teilarrays A[L]..A[L1] und A[R1]..A[R] zerlegt, dass jedes Element des linken Teilarrays kleiner oder gleich jedem Element des rechten Teilarrays ist, kann man dieses Verfahren für das Arrays A[L]..A[R] wie folgt beschreiben:

6.6 Rekursion

```
void sortiere(int L, int R)
{
int L1, R1;
zerlege(L,R,L1,R1);
if (L < L1) sortiere(L,L1);
if (R1 < R) sortiere(R1,R);
}
```

Das gesamte Array A wird dann durch den Aufruf *Sortiere(0,n)* sortiert.

Damit die Funktion *Zerlege* das Array A[L]..A[R] so umordnet, dass für ein Arrayelement X anschließend

$$A[L]..A[L1] <= X <= A[R1]..A[R]$$

gilt, kann man so vorgehen:

1. Zuerst wählt man ein beliebiges Arrayelement X aus, z.B. X=A[(L+R)/2].
2. Anschließend sucht man ausgehend von A[L] nach dem ersten Element A[R1], für das A[R1] >= X gilt.
3. Dann sucht man ausgehend von A[R] nach dem ersten Element A[L1], für das A[L1] <= X gilt.
4. Falls nicht schon A[R1] rechts und A[L1] links von X liegt, werden A[R1] und A[L1] vertauscht.

Die Schritte 1. bis 3. werden dann so lange wiederholt, bis Ru > Lo ist.

Beispiel: (L = 10 und R = 17)

```
                      X = A[13] = 10
A[10]   A[11]   A[12]   A[13]   A[14]   A[15]   A[16]   A[17]
 10       5      13      10      18       4      10       6
 ^R1                                                     ^L1
```

Vertausche A[10] und A[17]:

```
  6       5      13      10      18       4      10      10
                 ^R1                             ^L1
```

Vertausche A[12] und A[16]:

```
  6       5      10      10      18       4      13      10
                         ^R1              ^L1
```

Vertausche A[13] und A[15]:

```
  6       5      10       4      18      10      13      10
                         ^R1     ^L1
```

Dieses Verfahren wird durch die folgende Funktion realisiert:

```
void vertausche(int& K1,int& K2)
{
int H = K1;
K1 = K2;
K2 = H;
}

void zerlege(int L, int R, int& Lo, int& Ru)
{
int X = A[(L+R)/2];      // Vergleichselement
R1 = L;
L1 = R;
while (R1 <= L1)
  {
    while (A[R1] < X) Ru++;
    // A[L]..A[R1-1] < X und A[R1] >= X
    while (X < A[L1]) L1--;
    // A[L1] >= X und X < A[L1-1]..A[R]
    if (R1 <= L1)
      {
        vertausche(A[R1],A[L1]);
        // A[L]..A[R1] <= X <= A[R1]..A[R]
        R1++;
        L1--;
        // A[L]..A[R1-1] <= X <= A[L1+1]..A[R]
      }
    // A[L]..A[R1-1] <= X <= A[L1+1]..A[R]
  }
// R1 > L1 und A[L]..A[R1-1] <= X <= A[L1+1]..A[R]
}
```

Damit ist die Funktion *Quicksort* mit den beiden Funktionen *Zerlege* und *Sortiere* gegeben durch

```
void Quicksort()
{
sortiere(0,Satzzahl);
}
```

Der Quicksort ist eines der schnellsten und damit wichtigsten Sortierverfahren. Er steht deshalb über vordefinierte Bibliotheksfunktionen zur Verfügung:

1. In den auch zum C++-Standard gehörenden Bibliotheken der Programmiersprache C ist der Quicksort in der vordefinierten Funktion **qsort** definiert:

   *void **qsort**(void *base, size_t nelem, size_t width, int (_USERENTRY
   *fcmp)(const void *, const void *)); // nach #include <stdlib.h>*

   Die Bedeutung der einzelnen Parameter:

   base   die Adresse des zu sortierenden Arrays
   nelem die Anzahl der zu sortierenden Elemente
   width die Größe jedes Elements (in Bytes)

6.6 Rekursion

fcmp eine Funktion, die zwei Arrayelemente vergleicht, deren Adressen als Parameter übergeben werden. Der ganzzahlige Funktionswert stellt das Ergebnis des Vergleichs der beiden Elemente **elem1* und **elem2* so dar:

*elem1 < *elem2	Rückgabewert < 0
*elem1 == *elem2	Rückgabewert = 0
*elem1 > *elem2	Rückgabewert > 0

Die Funktion *compare* ist ein Beispiel für eine solche Vergleichsfunktion. Sie vergleicht zwei Datensätze des Typs *CKontobewegung* bezüglich ihres Datenfelds *Kontonummer*:

```
int compare( const void *a, const void *b)
{
if     ( ((CKontobewegung*)a)->KontoNr <
           ((CKontobewegung*)b)->KontoNr ) return  -1;
else if ( ((CKontobewegung*)b)->KontoNr <
           ((CKontobewegung*)a)->KontoNr ) return   1;
else return 0;
}
```

Damit kann man ein Array mit n Elementen des Datentyps *CKontobewegung* folgendermaßen sortieren:

```
const int Max_KB = 100000;
CKontobewegung A[Max_KB];

qsort(A, n, sizeof(CKontobewegung), compare);
```

2. Ein Aufruf der Funktion *sort* aus der Standardbibliothek von C++ ist einfacher als ein Aufruf von *qsort*. Sie verwendet ebenfalls einen Quicksort und setzt lediglich voraus, dass der Operator „<" für die Arrayelemente definiert ist. Für selbstdefinierte Datentypen kann man diesen leicht durch eine Operatorfunktion definieren:

```
inline bool operator<(const CKontobewegung& k1,
                      const CKontobewegung& k2)
{
return k1.KontoNr < k2.KontoNr;
}
```

Dann werden die Elemente i bis k eines Arrays a sortiert durch

```
#include <algorithm>    // notwendig für sort
using namespace std;

CKontobewegung a[100];
sort(a+i,a+k);
```

Insbesondere werden durch

```
sort(a,a+n);
```

die ersten n Elemente des Arrays a sortiert. Diese Funktion ist auch für einige **Containerklassen** der Standardbibliothek definiert, die gegenüber Arrays teilweise beträchtliche Vorteile haben.

In der folgenden Tabelle sind die Laufzeiten für das Sortieren verschieden großer Arrays zusammengestellt. Die Zeiten in den einzelnen Spalten ergaben sich mit den Funktionen:

AS: Auswahlsort (siehe Abschnitt 4.2.1)
QS: Quicksort (wie oben)
qsort: *qsort* (aus der Standardbibliothek von C)
sort: *sort* (aus der Standardbibliothek von C++)

	AP, Apple II, 1984		TP 3, Apple II		BP 7, 486/33	C++Builder 5.0 (Projekt|Option Endgültig, Pentium 333)			
n	AS	QS	AS	QS	AS	AS	QS	qsort	sort
25	4	2	1	?					
50	12	4	3	?					
100	43	8	8	2					
200	166	19	31	4					
400	646	43	118	9	1,25				
800					4,98				
1600					19,92	0,50			
3200						2,05			
6400						8,34	0,02	0,35	0,02
12800							0,05	0,71	0,04
25600							0,11	1,42	0,09

Da ich diese beiden Sortierverfahren schon seit über 15 Jahren in meinen Vorlesungen vergleiche, wollte ich Ihnen meine historische Sammlung von Laufzeiten auf verschiedenen Plattformen nicht vorenthalten (AP: Apple Pascal, TP: Turbo Pascal, BP: Borland Pascal). Ursprünglich sollte diese Tabelle nur demonstrieren, dass eine Verdoppelung der Satzzahl beim Auswahlsort etwa eine Vervierfachung der Laufzeit mit sich bringt, beim Quicksort dagegen nur etwa eine Verdoppelung.

Die Beschleunigung der Ausführungszeiten hat mehrere Ursachen: Einerseits sind natürlich die Prozessoren schneller geworden. Andererseits sind auch die Compiler erheblich besser geworden: Allein die Verwendung von Referenzparametern anstelle von Werteparametern in der Operatorfunktion *operator<* bringt eine Beschleunigung um den Faktor 2 bis 4.

Eine ausführliche Darstellung und Diskussion zahlreicher **Sortierverfahren** findet man bei Wirth (1983, Algorithmen ...) und Knuth (1973, Vol. 3).

6.6.2 Ein rekursiv absteigender Parser

In Abschnitt 6.4 haben wir eine Funktion *binary_expression* entwickelt, die einen binären Ausdruck aus zwei Zahlen und einem der Operatoren +, –, * oder / auswerten kann. Diese Funktion soll jetzt so erweitert werden, dass nicht nur zwei Zahlen verknüpft werden können, sondern beliebig viele. Dabei sollen die multiplikativen Operatoren stärker binden als die additiven, außerdem sollen geklammerte Teilausdrücke möglich sein. Die Syntax, nach der solche Ausdrücke gebildet werden können, soll sich an der **Syntax von C++** orientieren.

Ein **Ausdruck** soll dabei wie ein additiver Ausdruck in C++ gebildet werden können: entweder als multiplikativer Ausdruck oder als Verknüpfung von zwei oder mehr Ausdrücken mit einem der additiven Operatoren + oder – wie in

additive-expression:
  multiplicative-expression
  additive-expression **+** *multiplicative-expression*
  additive-expression **–** *multiplicative-expression*

Das ist genau die Syntaxregel aus Abschnitt 5.2.7. Sie wird durch die Funktion *AdditiveExpr* realisiert. Da man am nächsten zu verarbeitenden Zeichen s[i] erkennen kann, dass ein multiplikativer Ausdruck vorliegt, kann man ihn wie in der mit „// <--" gekennzeichneten Zeile einlesen. Anschließend prüft man, ob darauf ein + oder – folgt. Trifft das zu, addiert man diesen Ausdruck zum Ergebnis:

```
double AdditiveExpr()
{
whitespace_ueberlesen(s,i);
double result = MultExpr();    // <--
while ( (i<=s.Length()) && (SubstrInStr(s[i],"+-")) )
   {
      char op = Operand_einlesen(s,i);
      whitespace_ueberlesen(s,i);
      switch (op)
        {
        case '+': result = result + MultExpr();
           break;
        case '-': result = result - MultExpr();
           break;
        }
      whitespace_ueberlesen(s,i);
   }
return result;
}
```

Die hier verwendeten Funktionen *whitespace_ueberlesen*, *Operand_einlesen* und *SubStrInStr* wurden in Abschnitt 6.4 vorgestellt.

Ein multiplikativer Ausdruck ist entweder ein primärer Ausdruck oder eine Verknüpfung von zwei oder mehr primären Ausdrücken mit einem der multiplikativen Operatoren * oder /. Die folgende Syntaxregel ist eine Vereinfachung gegenüber C++:

> *multiplicative-expression:*
>   *primary-expression*   *// Vereinfachung*
>   *multiplicative-expression* * *primary-expression* *// Vereinfachung*
>   *multiplicative-expression* / *primary-expression* *// Vereinfachung*

Diese Syntax wird durch die Funktion *MultExpr* realisiert:

```
double MultExpr()
{
double result = PrimExpr();
whitespace_ueberlesen(s,i);
while ( (i <= s.Length()) && (SubstrInStr(s[i],"*/")) )
   {
      char op = Operand_einlesen(s,i);
      whitespace_ueberlesen(s,i);
      switch (op)
         {
         case '*': result = result * PrimExpr();
            break;
         case '/': result = result / PrimExpr();
            break;
         }
      whitespace_ueberlesen(s,i);
   }
return result;
}
```

Durch diese Aufteilung in primäre und multiplikative Ausdrücke wird die stärkere Bindung der multiplikativen gegenüber den additiven Operatoren erreicht.

Ein primärer Ausdruck soll schließlich wie in

> *primary-expression:*
>   *literal*
>   (*expression*)
>   *postfix-expression* (*expression-list* _{opt})

entweder ein Literal für eine Zahl, ein geklammerter Ausdruck oder ein Vorzeichen sein, auf das ein Ausdruck folgt:

```
double PrimExpr()
{
double result;
if (SubstrInStr(s[i],"1234567890,"))
                              result=Zahl_lesen(s,i);
```

6.6 Rekursion

```
    else if (s[i]=='(')
      {
        i++; // weiterlesen nach "(" nicht vergessen
        whitespace_ueberlesen(s,i);
        result = AdditiveExpr();
        if (s[i]== ')')
          {
             i++;
             whitespace_ueberlesen(s,i);
          }
        else errormessage(i,"')' expected");
      }
    else if (s[i]=='-')
      {
        i++; // weiterlesen nach "-" nicht vergessen
        whitespace_ueberlesen(s,i);
        result = -PrimExpr(); // factor =-factor
      }
    else errormessage(i,"");
    return result;
  }
```

Offensichtlich ermöglichen die gegenseitig rekursiven Aufrufe dieser Funktionen eine direkte Übersetzung der ebenfalls schon rekursiven Syntaxregeln. Würde man diese nichtrekursiv programmieren, wäre das sicher nicht so einfach.

Die Verschachtelung der Funktionen im Überblick:

```
AnsiString s; // globale Variablen: nicht schön, aber
int i;        // einfach
double MultExpr(); // Prototyp für die rekursiven Aufrufe
double PrimExpr(); // Prototyp für die rekursiven Aufrufe

double AdditiveExpr() { /* wie oben */ }
double MultExpr()     { /* wie oben */ }

void errormessage(int i, AnsiString msg)
{
AnsiString m=s;
m.Insert("<---",i+1);
if (msg=="") ShowMessage("Syntaxfehler bei Pos. "
                                  +IntToStr(i)+"\n"+m);
else ShowMessage(msg+IntToStr(i)+"\n"+m);
}

double PrimExpr()     { /* wie oben */ }

double Expression(AnsiString t)
{
i=1;
s=t;
return AdditiveExpr();
}
```

Mit der Funktion *Expression* kann man einen Ausdruck aus einem Edit-Fenster auswerten und das Ergebnis zusammen mit dem Ausdruck in einem Memo-Fenster anzeigen. Damit sieht man im Gegensatz zu ähnlichen Rechnern wie z.B. *calc*, was man eingetippt hat und was tatsächlich gerechnet wurde:

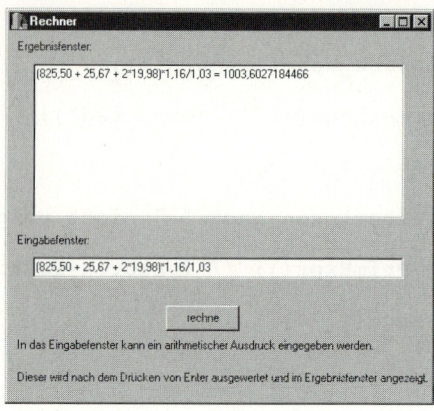

6.6.3 Rekursiv definierte Kurven ⊕

Rekursive definierte Kurven sind ein weiteres Beispiel dafür, dass rekursiv formulierte Probleme oft einfach mit rekursiven Programmen gelöst werden können. Betrachten wir dazu die so genannten **Schneeflockenkurven**, die folgendermaßen definiert sind:

> Eine Gerade wird in drei gleich große Teile unterteilt. Im mittleren Teil wird ein gleichseitiges Dreieck ohne dessen Grundlinie gezeichnet. Wiederholt man diese Konstruktion mit jeder Teilgeraden, erhält man eine Folge von Kurven K_0, K_1, K_2 usw.

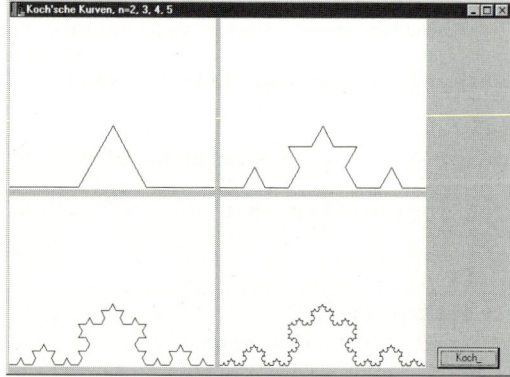

6.6 Rekursion

Diese „Schneeflockenkurven" wurden von dem schwedische Mathematiker Helge von Koch (1870–1924) erfunden und werden deshalb auch als **Kochsche Kurven** bezeichnet.

Sie werden durch die Funktion *Koch* gezeichnet. In dieser Funktion wird nur dann eine Linie gezeichnet, wenn die Abbruchbedingung erfüllt ist. In allen anderen Fällen wird die Funktion rekursiv aufgerufen. Dabei werden als Parameter die Endpunkte des entsprechenden gleichseitigen Dreiecks übergeben:

```
int round(double x)
{
return int(x+0.5);
}

#include <math>
void Koch(TCanvas* C, int n, double leftx, double lefty,
                double rightx, double righty)
{
const double r = std::sqrt(3)/6;//ca. r=0.29;
if (n<=1)
   {
     C->MoveTo(round(leftx), round(lefty));
     C->LineTo(round(rightx), round(righty));
   }
else
   {
     Koch(C,n-1, leftx, lefty,
       (rightx + 2.0*leftx)/3.0,(righty + 2.0*lefty)/3.0);
     Koch(C,n-1,
       (rightx + 2.0*leftx)/3.0,(righty + 2.0*lefty)/3.0,
       0.5*(rightx + leftx) - r*(lefty - righty),
       0.5*(righty + lefty) + r*(leftx - rightx));
     Koch(C,n-1,
       0.5*(rightx + leftx) - r*(lefty - righty),
       0.5*(righty + lefty) + r*(leftx - rightx),
       (2.0*rightx + leftx)/3.0,(2.0*righty + lefty)/3.0);
     Koch(C,n-1,
       (2.0*rightx + leftx)/3.0,(2.0*righty + lefty)/3.0,
       rightx, righty);
   }
}
```

Die Abbildung von oben wurde durch die folgende Funktion gezeichnet:

```
void __fastcall TForm1::Koch_Click(TObject *Sender)
{
Form1->Caption = "Koch'sche Kurven, n=2, 3, 4, 5";
int W=Image1->ClientWidth-1;
int H=Image1->ClientHeight-3;
Koch(Form1->Image1->Canvas,2,0,H,W,H);
Koch(Form1->Image2->Canvas,3,0,H,W,H);
Koch(Form1->Image3->Canvas,4,0,H,W,H);
Koch(Form1->Image4->Canvas,5,0,H,W,H);
}
```

Die Kochschen Kurven konvergieren gegen eine stetige Funktion K, die nirgendwo differenzierbar ist. Die Kurve K hat einige weitere interessante Eigenschaften: Obwohl alle Kurven K_n durch ein endliches Rechteck begrenzt sind, wird ihre Länge mit n beliebig groß. Deswegen ist K unendlich lang und trotzdem durch ein endliches Rechteck begrenzt. Mit einer Verallgemeinerung des Dimensionsbegriffs (durch den Mathematiker Hausdorff) von ganzzahligen auf reelle Werte hat diese Kurve die Dimension $\log(4)/\log(3) \cong 1.26$. Mandelbrot bezeichnet Mengen, deren Dimension nicht ganzzahlig ist, als Fraktal (nach Peitgen/Richter, 1986).

6.6.4 Indirekte Rekursion ⊕

Eine Funktion kann ab ihrer Deklaration aufgerufen werden. Diese Deklaration muss keine Definition sein: Ein Prototyp reicht aus. Wenn eine Funktion vor ihrer Definition in einer anderen Funktion aufgerufen wird, die wiederum in der Definition der ersten Funktion aufgerufen wird, spricht man von **indirekter Rekursion**.

Beispiel:
```
void Flop(int N)
{
void Flip(int N);           // Funktionsprototyp
Form1->Memo1->Lines->Add("Flop");
if (N>0) Flip(N-1);
}

void Flip(int N)
{
Form1->Memo1->Lines->Add("Flip");
if (N>0) Flop(N-1);
}
```

Anmerkung für Delphi-Programmierer: Rekursion funktioniert in Object Pascal genauso wie in C++.

Aufgaben 6.6.4

1. Schreiben Sie die folgenden Funktionen als rekursive Funktionen. Alle diese Aufgaben sind lediglich Übungen zur Formulierung rekursiver Funktionen. Keine der so erhaltenen Lösungen ist bezüglich der Effizienz mit der iterativen Lösung vergleichbar.

    a) Fakultät (siehe auch Aufgabe 3.7.4).
    b) Fibonacci-Zahlen (siehe auch Aufgabe 3.5.3).
    c) Die Funktion *ggT* soll den größten gemeinsamen Teiler von zwei Werten als Funktionswert zurückgeben (siehe auch Aufgabe 5.8.5.3).
    d) Schreiben Sie für jede dieser Funktionen ein kleines Testprogramm, das die Ergebnisse der rekursiven mit der iterativen Lösung vergleicht.

6.6 Rekursion

2. Die Ackermann-Funktion

$$\text{ack}(n,m) = \begin{cases} m+1 & \text{für } n=0 \\ \text{ack}(n-1,1) & \text{für } m=0 \\ \text{ack}(n-1,\text{ack}(n,m-1)) & \text{sonst} \end{cases}$$

setzt mit dem Index n (ab n=1) in gewisser Weise die „Folge" Addition, Multiplikation, Potenzierung fort. Für die ersten Werte von n gilt:

ack(0,m) = m + 1
ack(1,m) = m + 2
ack(2,m) = 2*m + 3
ack(3,m) = 2^{m+3} – 3

Definieren Sie die rekursive Funktion *ack* und vergleichen Sie ihre Werte bis n=3 und m=10 mit den expliziten Formeln. Wegen

ack(4,m) = ack(3,ack(4,m–1)) = 2^(ack(4,m–1)+3) – 3 // $2^{\text{ack}(4,m-1)+3}$ – 3

= 2^{2^(ack(4,m–2)+3) – 3} + 3) – 3

ergibt sich für ack(4,m) ein Wert in der Größenordnung

$$\text{ack}(4,m) = 2^{2^{2^{\cdots}}}$$

wobei der „Turm der Potenzen" m+3 Glieder hoch ist. Offensichtlich wächst diese Funktion sehr schnell: Bereits ack(4,2) hat 19729 Dezimalstellen. Mit n>4 erhält man ein noch schnelleres Wachstum.

3. Erweitern Sie den Rechner aus Abschnitt 6.6.2 um Funktionen wie *sin*, *cos* usw. Testen Sie diese Erweiterungen.

4. Ein Verzeichnis (Laufwerk, Unterverzeichnis) kann mit den beiden Funktionen

*HANDLE **FindFirstFile**(*
  LPCTSTR lpFileName, // Zeiger auf Pfad und Suchmaske
  LPWIN32_FIND_DATA lpFindFileData) // Zeiger auf struct

*BOOL **FindNextFile**(*
  HANDLE hFindFile, // Handle - Rückgabewert von FindFirstFile
  LPWIN32_FIND_DATA lpFindFileData) // Zeiger auf struct

nach allen Dateien durchsucht werden, deren Name einem bestimmten Muster entspricht (z.B. „*.*" oder „*.cpp"). Dazu wird zuerst *FindFirstFile* aufgerufen, wobei das Argument für *lpFileName* auf einen nullterminierten String mit dem Pfad und der Suchmaske zeigt (z.B. auf "c:*.*").

Falls dabei eine solche Datei gefunden wird, gibt diese Funktion einen von INVALID_HANDLE_VALUE verschiedenen Wert zurück. Er wird bei einem Aufruf von *FindNextFile* für den Parameter *hFindFile* eingesetzt. Diese Funktion sucht dann nach der nächsten Datei mit diesem Muster. Falls eine Datei mit diesem Muster gefunden wurde, ist ihr Funktionswert von Null verschieden und andernfalls Null.

Die zurückgegebene Datenstruktur

```
typedef struct _WIN32_FIND_DATA { // wfd
    DWORD    dwFileAttributes; // Dateiattribute
    FILETIME ftCreationTime;
    FILETIME ftLastAccessTime;
    FILETIME ftLastWriteTime;
    DWORD nFileSizeHigh;  // Dateigröße (obere 32 Bit)
    DWORD nFileSizeLow;   // Dateigröße (untere 32 Bit)
    TCHAR cFileName[MAX_PATH];    // langer Dateiname
    TCHAR cAlternateFileName[14]; // 8.3-Dateiname
} WIN32_FIND_DATA;
```

enthält unter anderem in *dwFileAttributes* die Attribute und in *cFileName* den Namen der Datei. Wenn die gefundene Datei ein Verzeichnis ist, ist in den Attributen dasselbe Bit gesetzt wie in der vordefinierten Konstanten FILE_ATTRIBUTE_DIRECTORY. Dieses Verzeichnis kann man dann rekursiv durchsuchen, ebenso alle weiteren Unterverzeichnisse. Die Verzeichnisse mit den Namen „." und „.." muss man dabei ignorieren.

Nachdem man ein Verzeichnis durchsucht hat, sollte man das mit *FindFirstFile* reservierte Handle mit *FindClose* wieder schließen und freigeben:

BOOL **FindClose**(HANDLE hFindFile)   // file search handle

Weitere Informationen zu diesen Funktionen findet man in der Online-Hife zum Windows-SDK.

a) Schreiben Sie eine Funktion *SearchSubdirs*, die alle Dateien eines Laufwerks in einem RichEdit-Fenster anzeigt (ein Memo ist zu klein, wenn das Laufwerk viele Dateien enthält). Das Laufwerk soll über eine *DriveComboBox* (Komponentenpalette Seite Win.3.1) ausgewählt werden können. Zählen Sie die Anzahl der gefundenen Dateien und vergleichen Sie diese Anzahl mit dem Ergebnis der Suchfunktion von Windows (unter Windows *Start|Suchen*).

FindFirstFile findet immer nur im aktuellen Verzeichnis Dateien mit dem angegebenen Muster. Wenn man z.B. nach Dateien mit dem Muster "*.cpp" sucht, werden diese nur in solchen Unterverzeichnissen gefunden,

6.6 Rekursion

deren Name auch nach diesem Muster aufgebaut ist. Deshalb sollte man nur das Muster „*.*" bzw. „*" verwenden, wenn man alle Dateien in allen Unterverzeichnissen finden will.

b) Überarbeiten Sie die Funktion *SearchSubdirs* so zu einer Funktion *SearchSubdirsTV*, dass alle Verzeichnisse eines Laufwerks wie im Windows-Explorer in einem TreeView angezeigt werden. Dabei kann wie in der Abbildung auf Icons usw. verzichtet werden:

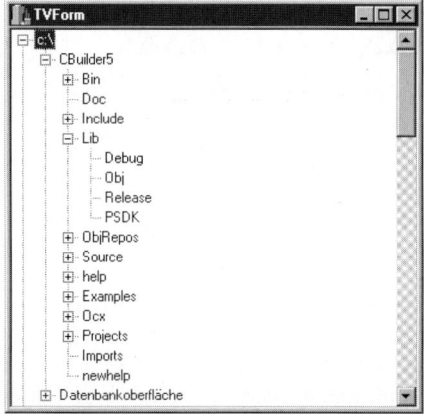

Die Baumknoten für die Laufwerke (z.B. „c:\") erhält man z.B. mit

```
TreeView1->Items->Add(TreeView1->TopItem, "c:\\");
```

Die Knoten der ersten Ebene („CBuilder5" usw.) erhält man mit

```
TTreeNode* T=
    TreeView1->Items->Item[TreeView1->Items->Count-1]
Form1->TreeView1->Items->AddChild(T,"CBuilder5");
```

und die der zweiten Ebene (z.B. „Bin", „Lib") z.B. mit

```
T=T->Item[T->Count-1];
Form1->TreeView1->Items->AddChild(T,"Bin");
```

Der übergeordnete Knoten zu einem Knoten T ist *T->Parent*.

5. Die folgenden Figuren entstehen rekursiv aus einem gleichseitigen Dreieck. Falls die Abbruchbedingung nicht erreicht ist, wird das Dreieck in 4 weitere Teildreiecke unterteilt, von denen die drei äußeren gezeichnet werden (ähnlich wie die Koch'schen Kurven).

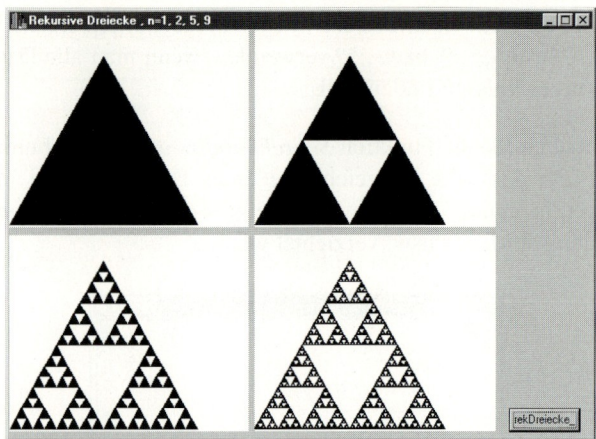

Schreiben Sie ein Programm, das diese Dreiecke zeichnet. Zum Zeichnen eines Dreiecks kann die Funktion *Polygon* des Canvas verwendet werden.

6.6.5 Rekursive Datenstrukturen und binäre Suchbäume

Eine Klasse, die einen oder mehrere Zeiger auf sich selbst enthält, wird in Analogie zu rekursiven Funktionen auch als **rekursiver Datentyp** bezeichnet. Die Klassen heißen dann auch **Knoten**. Außer dem Zeiger enthält ein Knoten noch weitere Datenfelder mit den so genannten Nutzdaten. Beispielsweise bestehen die in Abschnitt 4.4.2 vorgestellten verketteten Listen aus rekursiven Datentypen:

```
typedef AnsiString T; // der Datentyp der „Nutzdaten"

struct list_node {
  T data;              // die "Nutzdaten"
  list_node* next;
};
```

Aus solchen Knoten erzeugt man eine verkettete Liste, indem man dann (z.B. mit *new*) mehrere Variablen des Datentyps *list_node* erzeugt und dann in jedem Knoten dem Zeiger *next* die Adresse des nächsten Knotens zuweist. Das erste Element der Liste stellt man dann durch einen eigenen Zeiger auf den ersten Knoten dar:

```
list_node* first; // Zeiger auf das erste Element
```

Im letzten Knoten kennzeichnet man den Zeiger auf das nächste Element mit dem Wert 0. Grafisch wird dieser Wert meist durch einen schwarzen Punkt dargestellt:

●

6.6 Rekursion

Die so erzeugte Liste hat dann einen eindeutigen Anfang und ein eindeutiges Ende:

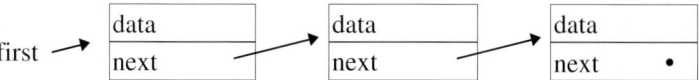

Eine verkettete Liste wird mit rekursiven Datentypen gebildet, die einen einzigen Verweis auf sich enthalten. Wenn ein Knoten mehr als einen Zeiger auf weitere Knoten enthält, kann man **Baumstrukturen** darstellen:

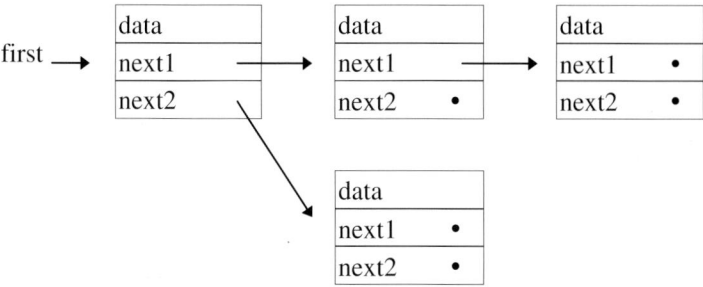

Offensichtlich lassen sich mit rekursiven Datentypen während der Laufzeit eines Programms flexible Datenstrukturen aufbauen. Mit passend gewählten Knoten kann man so beliebige **endliche Graphen** darstellen. Dazu identifiziert man die Knoten mit den **Ecken** und die Zeiger mit den **Kanten**.

Baumstrukturen sollen im Folgenden am Beispiel von **binären Suchbäumen** illustriert werden. Die Knoten eines solchen Baumes enthalten einen Schlüsselwert, eventuell weitere Daten sowie Zeiger auf einen linken und rechten Knoten: Der linke Knoten stellt einen binären Suchbaum dar, dessen Schlüsselwerte alle kleiner sind als der des darüber liegenden Knotens. In dem Baum, der zum rechten Knoten gehört, sind alle Schlüsselwerte größer.

Als konkretes Beispiel soll ein binärer Suchbaum entwickelt werden, der als Schlüsselwerte die Kontonummern aus einer Datei von Kontobewegungen enthält. Zu jedem Schlüsselwert werden die Positionsnummern der Datensätze in eine verketteten Liste eingehängt, bei der ein Zeiger immer auf das letzte Element der Liste zeigt.

Der Baum soll zunächst beim sequenziellen Lesen der Datei aufgebaut werden. Danach können die Positionsnummern der Datensätze mit einem bestimmten Schlüsselwert in dem Baum gesucht werden. Über diese Positionsnummern kann dann im Direktzugriff auf die Datensätze mit dem Schlüsselwert zugegriffen werden.

Beispiel: Durch die Datei mit den Schlüsselwerten

```
        1040 1011 1030 1070 1030 1011 1050 1080 1070 1070

   Pos   0    1    2    3    4    5    6    7    8    9
```

soll der folgende Baum aufgebaut werden:

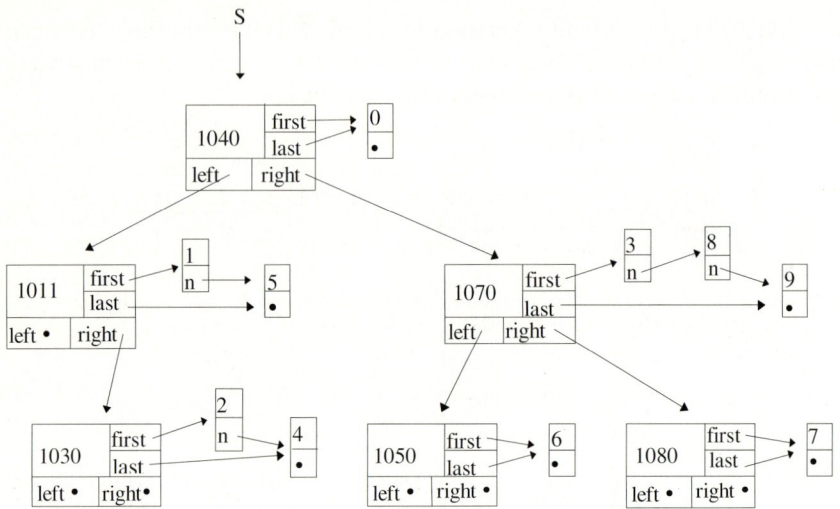

Der Aufbau eines solchen Baumes ist mit den folgenden Datentypen möglich:

```
typedef int DataType;
typedef int KeyType;

struct list_node {
  DataType data;  // für die Dateiposition
  list_node* next;
};

struct tree_node {
  KeyType key;    // für die Kontonummer
  list_node *first, *last;
  tree_node *left, *right;
};
```

Die Felder in einem Knoten des Typs *tree_node* haben die folgende Bedeutung:

- *key* ist der Schlüsselwert,
- *first* ist ein Zeiger auf eine verkettete Liste mit den Positionsnummern,
- *last* ist ein Zeiger auf das letzte Element der verketteten Liste,
- *left* ist ein Zeiger auf einen Baum, der nur Schlüsselwerte enthält, die kleiner sind als der Schlüsselwert in diesem Knoten,
- *right* ist ein Zeiger auf einen Baum, der nur Schlüsselwerte enthält, die größer sind als der Schlüsselwert in diesem Knoten.

6.6 Rekursion

Ein neuer Knoten mit dem Schlüsselwert *key* und der Positionsnummer *pos* wird dann durch die folgende Funktion in den Baum eingehängt:

```
void insert_tree_node(tree_node*& n, KeyType key,
                                     DataType data)
{
if (n==0)
   {
     n = new tree_node;
     n->key   = key;
     n->left  = 0;
     n->right = 0;
     n->first = 0;
     n->last  = 0;
     // Erzeuge einen neuen Listenknoten, auf den n->first
     // und n->last anschließend zeigen:
     insert_list_node(n->first, n->last,data);
   }
else if (key<n->key) insert_tree_node(n->left,key,data);
else if (key>n->key) insert_tree_node(n->right,key,data);
else insert_list_node(n->first, n->last,data);
}
```

Hier bewirken die rekursiven Aufrufe, dass ein neuer Baumknoten gemäß dem Ordnungsbegriff *key* im linken oder rechten Teilbaum eingehängt wird. Falls ein Baumknoten mit dem Schlüsselwert *key* bereits existiert, wird ein neuer Listenknoten in die Liste zu diesem Schlüsselwert eingehängt.

Im Zweig nach „if (n==0)" wird ein neuer Baumknoten erzeugt, dessen Zeiger alle auf 0 gesetzt werden. Außerdem wird der Schlüsselwert eingetragen, und mit der Funktion *insert_list_node* von Abschnitt 4.4.2 wird ein Listenknoten in die verkettete Liste eingehängt, auf die *n->first* und *n->last* zeigen.

Die Funktion *CreateKeyTree* erzeugt einen binären Suchbaum, der als Schlüsselwerte die Kontonummern und als Listendaten die Positionsnummern enthält:

```
#include <fstream>
fstream f("c:\\test\\kb.dat",ios::binary);

void CreateKeyTree(tree_node*& t)
{
CKontobewegung K;
int pos = f.tellg();
while (f.read((char*)&K,sizeof(K)))
   {
      insert_tree_node(t,K.KontoNr,pos);
      pos = f.tellg();
   }
f.clear(ios::eofbit); // Da über das Ende der Datei
// hinausgelesen wurde, wird das eofbit gesetzt. clear
// setzt die Datei wieder in den Zustand good.
}
```

Eine häufige Operation mit einem binären Suchbaum ist die **Suche nach einem Knoten mit einem bestimmten Schlüsselwert**. Da der Binärbaum so aufgebaut ist, dass alle kleineren Schlüsselwerte links und alle größeren rechts vom aktuellen Knoten eingehängt sind, braucht man nach einem kleineren Schlüssel nur links und nach einem größeren nur rechts weiterzusuchen. Das wird durch die Funktion *search_node* realisiert. Sie gibt einen Zeiger auf den Knoten mit dem gesuchten Schlüsselwert zurück, wenn ein solcher vorhanden ist, und andernfalls den Wert 0:

```
tree_node* search_node(tree_node* t, int key)
{
tree_node* result = 0;
if (t != 0)
   {
     if (key<t->key) result=search_node(t->left,key);
     else if (key>t->key) result=search_node(t->right,key);
     else result=t;
   }
return result;
}
```

Falls der Baum, in dem mit *search_node* gesucht wird, einigermaßen ausgeglichen ist, halbiert sich der verbleibende Suchbereich mit jedem Rekursionsschritt. Der Knoten mit dem gesuchten Schlüsselwert wird in einem Baum mit n Knoten dann in etwa $\log_2(n)$ Rekursionsschritten gefunden. Damit ist die Suche in einem binären Suchbaum ähnlich schnell wie die mit binärem Suchen in einem sortierten Array.

Alle Datensätze, deren Positionen in der verketteten Liste eines Baumknotens enthalten sind, werden durch *process_tree_node* ausgegeben:

```
void process_tree_node(tree_node* n)
{
for (list_node* i=n->first; i!=0; i=i->next)
   {
      CKontobewegung K;
      f.seekg(i->data);
      f.read((char*)&K,sizeof(K));
      Form1->Memo1->Lines->Add(K.KontoNr);
   }
}
```

Mit dieser Funktion kann man alle Listenwerte zu einem gesuchten Schlüsselwert ausgeben:

```
void __fastcall TForm1::SearchTreeClick(TObject *Sender)
{
tree_node* x = search_node(t,StrToInt(Edit1->Text));
if (x != 0) process_tree_node(x);
}
```

6.6 Rekursion

Eine weitere häufige Operation auf binären Suchbäumen ist das **Durchlaufen aller Knoten**. Mit derselben Begründung wie bei *search_node* gibt *TraverseTree* alle Elemente des Baumes in sortierter Reihenfolge aus:

```
void TraverseTree(tree_node* n)
{
if (n!=0)
   {
     TraverseTree(n->left);
     process_tree_node(n);
     TraverseTree(n->right);
   }
}
```

Offensichtlich sind binäre Suchbäume sehr effiziente Datenstrukturen. Wie die Aufgaben am Ende dieses Abschnitts zeigen, lassen sich zahlreiche Probleme mit solchen Bäumen lösen.

6.6.6 Rekursive Datenstrukturen in der Standardbibliothek von C++

Einige der schon in den Abschnitten 4.3 und 4.7 vorgestellten Containerklassen der Standardbibliothek von C++ sind intern als rekursive Datenstrukturen mit Templates realisiert.

Die Containerklasse *list* ist eine **doppelt verkettete Liste**. Jeder Knoten enthält einen Zeiger auf das nächste und einen Zeiger auf das vorherige Element. Damit kann man eine solche Liste sowohl vorwärts als auch rückwärts durchlaufen. Einige der Funktionen und Datenstrukturen in den Beispielen in Abschnitt 4.3 wurden in Anlehnung an die Funktionen und Datenstrukturen aus „list.h" und „list.cc" aus dem include-Verzeichnis des C++Builders entworfen.

Die Knoten einer solchen Liste durchläuft man allerdings nicht wie in Abschnitt 4.4.2, indem man sich vom ersten bis zum letzten Knoten durchhangelt:

```
for (list_node* tmp=first; tmp != 0; tmp = tmp->next)
  Memo1->Lines->Add(tmp->data);
```

Statt dessen verwendet man Iteratoren. Ein **Iterator** stellt eine Position im Container dar. Mit *begin()* erhält man die Position des ersten Elements und mit *end()* die auf das letzte Element folgende. Für einen Iterator i erhält man mit i++ die Position des nächsten Listenelements und mit *i seinen Wert:

```
list<T> L;
for (list<T>::iterator i=L.begin(); i!=L.end(); i++)
  Memo1->Lines->Add(*i);
```

Die assoziativen Container *set*, *multiset*, *map* und *multimap* sind als **binäre Bäume** realisiert. Mit den in Abschnitt 6.6.5 vorgestellten Strukturen und Algorithmen ist allerdings das im C++-Standard geforderte logarithmische Zeitverhalten für das Suchen und Einfügen nicht immer garantiert: Falls ein sortierter Datenbestand eingelesen wird, werden alle neuen Knoten immer nur rechts oder links eingehängt, was zu einem linearen Zeitverhalten führt.

Deswegen werden **balancierte Bäume** verwendet: Bei solchen Bäumen werden neue Knoten immer so eingefügt, dass der Baum links und rechts von jedem Knoten etwa dieselbe Tiefe hat. Die Bibliothek des C++Builders verwendet so genannte „red black trees". Wie man in den Dateien „tree.h" und „tree.cc" aus dem include-Verzeichnis des C++Builders sieht, sind die Datenstrukturen und Algorithmen für diese Bäume allerdings wesentlich komplizierter als die in Abschnitt 6.6.5 vorgestellten.

Für einen **binären Suchbaum**, bei dem zu jedem Schlüsselwert mehrere Werte möglich sind, kann man die Klasse *multimap* verwenden.

Mit den Containerklassen der Standardbibliothek stehen deshalb fertige Klassen für lineare Listen und binäre Suchbäume zur Verfügung. Es ist daher nicht oft nötig, solche Datenstrukturen selbst zu entwerfen. Durch die ausgefeilten Algorithmen der Bibliothek sind diese meist schneller als eigene Funktionen.

Aufgaben 6.6.6

1. Schreiben Sie ein Programm, das Strings aus einem Edit-Fenster in einen Binärbaum einhängt:

    – Beim Anklicken eines Buttons mit der Aufschrift *TreeInsert* soll der Text aus einem ersten Edit-Fenster als Schlüsselwert in einen binären Suchbaum eingetragen werden. Der Text aus einem zweiten Edit-Fenster soll im Baumknoten in eine verkette Liste am Ende eingehängt werden.
    – Beim Anklicken eines Buttons mit der Aufschrift *ShowTree* sollen die Strings der Liste in einem Memo angezeigt werden.

2. Schreiben Sie ein Programm, das eine Liste mit allen verschiedenen Wörtern aus einem Text erstellt (**Konkordanzliste**). Diese Wörter sollen dann alphabetisch ausgegeben werden, wobei auf jedes Wort die Nummern der Zeilen folgen sollen, in denen es vorkommt.

    Dazu können Sie folgendermaßen vorgehen: Lesen Sie die Textdatei mit der globalen Funktion *getline* (siehe Abschnitt 4.6.4) zeilenweise ein. Zerlegen Sie jede Zeile mit der Funktion *parseString* von Aufgabe 4.3.2.3 in einzelne Wörter. Tragen Sie dann jedes so gefundene Wort als Schlüsselwert in einen binären Suchbaum ein. Zu jedem Schlüsselwert sollen die Zeilennummern in einer verketteten Liste gespeichert werden.

6.6 Rekursion

In Aufgabe 4.7.4 wurde eine solche Konkordanzliste mit dem Container *multimap* gelöst. Vergleichen Sie den Aufwand für diese beiden Lösungen.

3. Schreiben Sie ein Programm, das alle **doppelten Dateien** auf einer oder mehreren Festplatten findet. Für das Durchsuchen aller Dateien auf einem Laufwerk können Sie sich an Aufgabe 6.6.4.4 orientieren.

   In diesem Zusammenhang stellt sich die Frage, wann zwei Dateien als gleich betrachtet werden sollen. Der Name ist dafür nicht unbedingt als Kriterium geeignet: Zwei Dateien mit demselben Namen können verschiedene Inhalte haben und zwei Dateien mit verschiedenen Namen denselben.

   Am sichersten wäre es, wenn man alle Dateien mit derselben Größe zeichenweise vergleichen würde. Das wäre allerdings sehr zeitaufwendig. Ein pragmatischer Kompromiss ist ein Schlüssel, bei dem die Dateigröße und der Dateiname zu einem einzigen String zusammengesetzt werden (z.B. „325config.sys", wenn die Datei „config.sys" 325 Bytes groß ist). Mit diesem Schlüssel werden nur diejenigen Dateien als gleich betrachtet, die denselben Namen und dieselbe Dateigröße haben.

   a) Lösen Sie diese Aufgabe mit einem binären Suchbaum, der in jedem Knoten den Namen einer Datei enthält. Doppelte Dateien werden dann in eine verkettete Liste eingehängt.
   b) Lösen Sie diese Aufgabe mit dem assoziativen Container *multimap* aus der Standardbibliothek von C++ (siehe Abschnitt 4.7).

4. Ein Verzeichnis auf einem Laufwerk enthält Dateien und Unterverzeichnisse. Es bietet sich deshalb an, ein Laufwerk bzw. Verzeichnis durch rekursive Datenstrukturen darzustellen.

   a) Entwerfen Sie geeignete rekursive Datenstrukturen. Sie können dazu so vorgehen:

   Die Liste der Dateien und Unterverzeichnisse eines Verzeichnisses kann man in einer verketteten Liste mit einem Zeiger auf die erste und letzte Datei verwalten. Ein Knoten für ein Verzeichnis besteht dann aus zwei Zeigern auf den ersten und letzten Knoten mit den Dateinamen. Außerdem kann man den Namen des Verzeichnisses in den Knoten aufnehmen.

   Da ein Verzeichnis wiederum Verzeichnisse enthalten kann, muss man in einen Knoten für eine Datei nicht nur deren Namen, sondern auch einen Zeiger auf ein Verzeichnis aufnehmen. Falls der Knoten dann eine Datei darstellt, wird dieser Zeiger auf 0 gesetzt, während er bei einem Unterverzeichnis auf einen Verzeichniseintrag zeigt.

Schreiben Sie außerdem eine Funktion, die eine Datei in ein Verzeichnis einhängt, sowie eine Funktion, die einem Verzeichnisknoten ein neues Verzeichnis zuweist, das ein leeres Verzeichnis darstellen soll.

b) Überarbeiten Sie eine Kopie der Funktion *SearchSubdirs* aus Aufgabe 6.5.4 so, dass alle Dateien und Unterverzeichnisse eines Laufwerks bzw. Verzeichnisses in die unter a) entworfene Datenstruktur eingehängt wird.

c) Schreiben Sie eine Funktion *ShowDirTree*, die die Verzeichnisse der in b) gesammelten Daten wie im Explorer von Windows in einem TreeView anzeigt. Siehe dazu die Ausführungen zu Aufgabe 6.6.4.4 b).

d) Erweitern Sie die Lösung der Aufgaben a) bis c) so, dass im TreeView mit jedem Knoten die Anzahl der in allen Unterverzeichnissen belegten Bytes angezeigt wird:

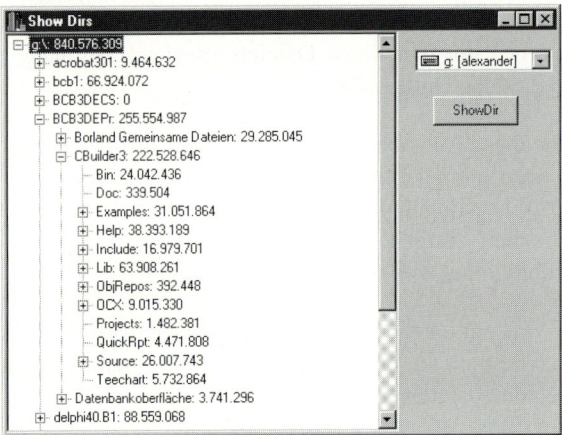

6.7 Inline-Funktionen

Gibt man bei einer Funktionsdeklaration vor dem Namen der Funktion den Funktionsspezifizierer *inline* an, bezeichnet man diese Funktion als *inline*-Funktion.

function-specifier:
```
    inline
    virtual
    explicit
```

6.7 Inline-Funktionen

Beispiel:
```
inline int max(int a, int b)
{
if (a<b) return b;
else return a;
}
```

Eine solche Angabe ist eine Aufforderung an den Compiler, jeden Aufruf dieser Funktion „zu expandieren", d.h. durch die Anweisungen der Funktionsdefinition zu ersetzen. Er soll diese Anweisungen also nicht nur ein einziges Mal übersetzen und dann immer wieder aufrufen (siehe Abschnitt 6.2). Das hat die folgenden Auswirkungen:

- Durch eine Expansion wird der Aufwand für den Funktionsaufruf und die Übergabe der Parameter auf dem Stack gespart. Dadurch werden die Funktionsaufrufe etwas schneller. Der Geschwindigkeitsvorteil ist aber nur bei kleinen Funktionen spürbar, die häufig aufgerufen werden. Bei Funktionen mit einem großen Anweisungsteil ist er meist kaum messbar.
- Falls der Compiler bei einer Expansion mehr Code erzeugt als durch einen Aufruf, wird die Exe-Datei größer. Bei einer kleinen Funktion kann durch eine Expansion aber auch weniger oder nicht viel mehr Code erzeugt werden.

Im C++-Standard ist explizit festgelegt, dass der Compiler den Aufruf einer *inline*-Funktion nicht zwingend expandieren muss. Ein gewöhnlicher Aufruf ist ebenfalls konform zum Standard. Die meisten Compiler expandieren nur „einfache" Funktionen. Deshalb kann man nur bei **kleinen** und **einfachen Funktionen Vorteile** durch *inline* erwarten. Das Ergebnis eines Funktionsaufrufs ist aber immer unabhängig davon, ob es sich um eine *inline*-Funktion handelt oder nicht.

Beispiel: Die meisten Compiler sollten diese Funktion expandieren können:

```
inline bool operator<(const CKontobewegung& x,
                      const CKontobewegung& y)
{
return (x.KontoNr < y.KontoNr);
}
```

Ihre Laufzeit war bei meinen Tests etwa 25% geringer als die derselben Funktion ohne *inline*. Der Effekt von Referenzparametern war aber deutlich höher.

Laufzeit in Sek.	Werteparameter	Referenzparameter
Ohne *inline*	1,32	0,55
Mit *inline*	1,00	0,40

Der C++Builder expandiert *inline*-Funktionen nur, wenn die CheckBox „Inline Expandierung deaktivieren" unter *Projekt|Optionen|Compiler* nicht markiert ist.

In der **Programmiersprache C** gibt es keine *inline*-Funktionen. Eine „Expansion" von Anweisungen kann man in C mit einem **Makro** erreichen. Sein Aufruf wird vom Präprozessor durch die Folge der definierenden Anweisungen ersetzt.

Beispiel:
```
#define Max(a,b)  (((a)>(b))?(a):(b))
#define Murx(a,b) (((a)>(b))??(a):(b))
```

Da der Präprozessor aber kein C++ kann und nur Zeichenfolgen ersetzt, kann er bei der Definition eines Makros nicht die Syntax von C++ und bei seinem Aufruf nicht die Konsistenz der Argumente mit den Parametern prüfen.

Beispiel: Das Makro *Murx* aus dem letzten Beispiel erzeugt erst bei seinem Aufruf eine Fehlermeldung. Mit dem Makro *Max* erhält man für *int*-Argumente richtige Ergebnisse. Für Argumente eines Zeigertyps werden dagegen die Zeiger (d.h. die Adressen) und nicht die Werte verglichen, auf die sie zeigen. Das Ergebnis hängt deshalb von der Reihenfolge ab, in der die Argumente definiert werden:

```
AnsiString s=Max("B","A"); // s="A"
AnsiString t=Max(1,2);
```

Deshalb sollte man in C++ *inline*-Funktionen gegenüber Makros bevorzugen.

6.8 Überladene Funktionen

In C++ kann derselbe Name für mehrere Funktionen mit verschiedenen Parameterlisten verwendet werden. Der Compiler entscheidet dann beim Aufruf einer solchen Funktion anhand des Datentyps der Argumente, welche Funktion aufgerufen wird. Eine solche mehrfache Verwendung desselben Namens für verschiedene Funktionen bezeichnet man als **Überladen von Funktionsnamen**.

Überladene Funktionen sind **sinnvoll** und angemessen, wenn für verschiedene Funktionen derselbe Name zutreffend ist. In Programmiersprachen, die keine überladenen Funktionen kennen, muss man solche Namen durch zusätzliche Angaben „künstlich" unterscheiden. Diese Namen beschreiben dann die Funktion oft nicht mehr treffend.

Beispiel: Zur Programmiersprache C gehören die folgenden Funktionen zur Bestimmung des Absolutbetrags (–x für x<0, sonst x) einer Zahl:

   int ***abs****(int x);* // in der Datei „include\stdlib.h"
   double ***fabs****(double x);* // in der Datei „include\math.h"

Bestimmt man den Betrag einer Gleitkommazahl irrtümlich mit *abs* und nicht mit *fabs*, werden die Nachkommastellen abgeschnitten. Ein *long double* Argument wird mit *fabs* in *double* konvertiert.

Im C++-Standard sind die meisten Funktionen aus „math.h" für die Datentypen *float*, *double* und *long double* überladen. In der Version 5 des C++Builders sind

6.8 Überladene Funktionen

diese aber nicht enthalten. Da die Konstruktoren einer Klasse (siehe Abschnitt 8.1.5) dadurch charakterisiert sind, dass sie alle denselben Namen wie die Klasse haben, ermöglichen überladene Funktionen verschiedene Konstruktoren. Auch die Operatorfunktionen (siehe Abschnitt 6.9) für einen Operator haben alle denselben Namen.

Durch die folgenden beiden Definitionen werden zwei verschiedene Funktionen definiert, die beide den Namen f haben:

```
int f(int x) {return x*x;}
double f(double x) {return x+1;}
```

Die nächsten beiden Funktionsaufrufe führen dann zum Aufruf der im Kommentar angegebenen Funktion:

```
s=f(1);    // Aufruf von f(int), s=1*1;
s=f(1.0);  // Aufruf von f(double), s=1+1;
```

Falls eine überladene Funktion aber mit einem Argument eines anderen Datentyps aufgerufen wird, stellt sich die Frage, ob überhaupt eine dieser Funktionen aufgerufen wird, und wenn ja, welche:

```
s=f(1.0f); // Wird float in double oder int konvertiert?
```

Damit der Compiler verschiedene überladene Funktionen unterscheiden kann, müssen sie einen verschiedenen Datentyp haben. Wie schon in Abschnitt 6.3.7 gezeigt wurde, können auch Funktionen mit verschiedenen Parametertypen denselben Datentyp haben und deshalb nicht überladen werden. Die folgenden Beispiele fassen einige Ergebnisse aus diesem Abschnitt zusammen:

– Da ein Name für ein Array von Elementen des Datentyps T in einen Zeiger auf das erste Element konvertiert wird, hat für den Compiler ein eindimensionaler Arrayparameter denselben Datentyp wie ein Zeiger auf T. Deshalb führen die folgenden Definitionen zu der Fehlermeldung „Für die Funktion existiert bereits ein Funktionsrumpf" des Compilers

```
int f(int x[17]) {return x[0];}//
int f(int x[19]) {return x[1];}// Fehler: Für die ...
int f(int x[]) {return x[2];}   // Fehler: Für die ...
int f(int* x) {return x[3];}    // Fehler: Für die ...
```

Im Gegensatz zu eindimensionalen Arrayparametern geht bei mehrdimensionalen Arrayparametern die zweite und jede weitere Dimension in den Datentyp ein. Die folgenden vier Definitionen werden vom Compiler akzeptiert:

```
int f(int x[17][18]) {return x[0][0];}
int f(int x[17][19]) {return x[1][0];}
int f(int x[][20]) {return x[2][0];}
int f(int* x[21]) {return x[3][0];}
```

− Wenn sich die Parameter nur durch *const* oder *volatile* auf der „äußersten Ebene des Datentyps" unterscheiden, sind sie für den Compiler gleich. Deshalb haben die folgenden Funktionen denselben Datentyp:

```
int f(int x) {return x*x;}
int f(const int x) {return x+1;} //Fehler: Für die ...
```

Wenn solche Angaben wie in „Zeiger auf const T" im Inneren der verbalen Beschreibung des Datentyps des Parameters „enthalten" sind, werden die Datentypen dagegen unterschieden. Deswegen sind die folgenden Funktionsdefinitionen verschieden und damit zulässig:

```
void f(int& i) {}
void f(const int& i) {}
void g(int* i) {}
void g(const int* i) {}
```

Ein unterschiedlicher Funktionstyp ist allerdings keine hinreichende Bedingung dafür, dass Funktionen überladen werden können. Auch in den folgenden Fällen können Funktionen nicht überladen werden, obwohl ihr Datentyp verschieden ist:

1. Falls sich nur der Datentyp des Funktionswertes unterscheidet. Der Compiler kann nach den beiden Definitionen

```
int f(int x) {return x*x;}
double f(int x) {return x+1;} // Fehler: Redeklaration
                              // von 'f(int)' mit anderem Typ
```

nicht entscheiden, welche dieser Funktionen er hier aufrufen soll:

```
double x=f(3);
```

2. Zwei Parameterlisten, die sich nur in ihren Default-Argumenten unterscheiden, sind gleichwertig. Nach den beiden Definitionen

```
int f() {return 1;}
int f(int x=1) {return x*x;}
```

kann der Compiler nicht entscheiden, welche Funktion er hier aufrufen soll:

```
f();//Fehler:Mehrdeutigkeit zwischen 'f()' und 'f(int)'
```

Beim Aufruf einer überladenen Funktion sucht der Compiler nach einer **am besten passenden Funktion**. Als Ergebnis dieser Suche gibt es drei Möglichkeiten:

− Es wird keine solche Funktion gefunden, und der Compiler erzeugt eine Fehlermeldung.
− Es wird genau eine solche Funktion gefunden, die dann aufgerufen wird.
− Es wird mehr als eine solche Funktion gefunden. Dann ist der Funktionsaufruf mehrdeutig, und es wird eine Fehlermeldung ausgegeben.

6.8 Überladene Funktionen

Die Entscheidung, welche Funktion am besten zu einem Funktionsaufruf passt, erfolgt nach einem umfangreichen Regelwerk, das im C++-Standard ausführlich beschrieben ist. Die wichtigsten dieser **Regeln für Funktionen** mit **einem einzigen Parameter** sind unter den Punkten 1 - 5 zusammengefasst.

Die Nummerierung dieser Regeln definiert ihre **Rangfolge**. Die erste Regel, nach der ein Funktionsaufruf zu einer Funktionsdefinition passt, legt fest, welche Funktion aufgerufen wird. Falls nach dieser ersten Regel mehrere Funktionen passen, kann der Aufruf mehrdeutig sein (Compilerfehler). Weitere Regeln, die hier nicht aufgeführt sind, können aber auch eine eindeutige Auflösung ermöglichen.

1. **Exakt passende Funktion:** Das Argument hat denselben Datentyp wie der Parameter. Dabei werden auch Array- und Zeigertypen sowie Funktionen und Funktionszeiger als gleich betrachtet.

   Beispiel: Nach den Funktionsdefinitionen

   ```
   void f(char *s) { };
   void f(const char *s) { };
   void f(double g(double)) { }
   ```

   führen die folgenden Aufrufe zum Aufruf der jeweils im Kommentar angegebenen Funktion:

   ```
   const char s[20]="123";
   f(s);        // Aufruf von f(const char*)
   f("Hallo");  // Aufruf von f(char*)
   f(sin);      // Aufruf von f(double f(double))
   ```

   Da ein Stringliteral den Datentyp „Array mit n Elementen des Datentyps const char" hat, wird durch f("Hallo") die erste und nicht etwa die zweite Funktion aufgerufen.

2. **Typangleichungen:** Bei einem formalen Parameter des Datentyps *int* werden durch eine ganzzahlige Typangleichung („integral promotion") Argumente der Datentypen *bool*, *char*, *signed char*, *unsigned char*, *short int* oder *unsigned short int* oder von Aufzählungstypen in den Datentyp *int* konvertiert. Durch eine Gleitkomma-Typangleichung wird *float* in *double* konvertiert.

   Beispiel: Nach den Definitionen

   ```
   void f(int x) { }
   void f(unsigned char x) { }
   void f(double x) { }
   ```

   werden die folgenden Aufrufe wie angegeben aufgelöst:

   ```
   short int si;
   f(si);     // Aufruf von f(int)
   ```

```
f('c');    // Aufruf von f(int) -
           // nicht f(unsigned char)
enum E {e1,e2} e;
f(e);      // Aufruf von f(int)
f(3.14f);  // Aufruf von f(double)
```

3. **Standardkonversion:** Der Datentyp des Arguments kann durch eine der folgenden Konversionen in den Datentyp des Parameters konvertiert werden:

   – ein beliebiger arithmetischer Datentyp oder Aufzählungstyp in einen beliebigen anderen arithmetischen Datentyp,
   – der Wert 0 sowohl in einen Zeigertyp als auch in einen arithmetischen Datentyp,
   – ein Aufzählungstyp in einen beliebigen numerischen Datentyp,
   – ein beliebiger Zeigertyp in den Datentyp *void**.

   Beispiel: Nach den Definitionen

   ```
   void f(char* x) { }
   void f(double x) { }
   ```

   führen die folgenden Aufrufe alle zum Aufruf von *f(double)*:

   ```
   f(true);
   f('c');
   f(1);
   ```

   Da das Argument 0 sowohl zu einem Zeiger als auch zu einem arithmetischen Datentyp passt, ist der folgende Aufruf zweideutig:

   ```
   f(0); // Fehler: Mehrdeutigkeit zwischen
         //  'f(char*)' und 'f(double)'
   ```

   Dagegen führt der folgende Aufruf zum Aufruf von *f(char *)*:

   ```
   char* p=0;
   f(p);
   ```

Obwohl die Datentypen *long* und *int* beim C++Builder denselben Wertebereich haben, sind sie verschiedene Datentypen. Bei einem *int*-Parameter wird das Argument durch eine Typangleichung konvertiert, während bei einem *long*-Parameter eine Standardkonversion stattfindet. Deshalb ist mit den Definitionen

```
void f(double x) { }
void f(int x){};
```

der Aufruf

```
f(1);
```

6.8 Überladene Funktionen

eindeutig. Mit den Definitionen

```
void f(double x) {}
void f(long x){};
```

ist er dagegen mehrdeutig, weil der Wert 1 durch eine Standardkonversion sowohl in *double* als auch *long* konvertiert werden kann.

4. **Benutzerdefinierte Konversion:** Das Argument kann durch eine benutzerdefinierte Konversion in den formalen Parameter konvertiert werden. Solche Konversionen werden mit einem Konstruktor oder mit einem Konvertierungsoperator definiert (siehe die Abschnitte 8.1.5 und 8.2.7).

   Beispiel: Nach den Definitionen

   ```
   void f(double x) { }

   class MyClass {
     public:
        operator int() { return 1;};
   };

   MyClass m;
   ```

   führt der folgende Ausdruck zum Aufruf von f(1):

   ```
   f(m);
   ```

5. Das Argument passt zu einer Funktion mit einer unspezifizierten Anzahl von Argumenten.

   Beispiel: Nach den Definitionen

   ```
   void f(double x) { }
   void f(...) { }
   ```

   führt der folgende Ausdruck zum Aufruf von f(...):

   ```
   f("");
   ```

Für einen **nicht konstanten Referenzparameter** sollte nur eine Variable desselben Datentyps eingesetzt werden, da der C++Builder sonst eine temporäre Variable verwendet. Diese Variable passt dann besser zu diesem Parameter als zu einem konstanten Referenzparameter.

Beispiel: Mit den Definitionen

```
void f(const int& i) {}
void f(int& i) {}
int i;
```

wird der folgende Aufruf wie angegeben aufgelöst:

```
f(i);  // f(int& i)
```

Mit konstanten bzw. nicht konstanten Argumenten eines Datentyps, der in den Parameter konvertiert werden kann, ergeben sich die folgenden Aufrufe bzw. Mehrdeutigkeiten:

```
char c;
f('c');    // f(const int&)
// f(c);   // Mehrdeutigkeit zwischen
           //  'f(const int&)' und 'f(int&)'
double d;
f(d);      // f(int&), Temporäre ... verwendet
f(3.14);   // f(const int&)
const double cd=1;
f(cd);     // f(const int&)
```

Für **konstante Referenzparameter** gelten die Regeln unter 1 - 5.

Bei **Funktionen mit mehreren Parametern** werden diese Regeln auf jeden Parameter angewandt. Wenn für einen Funktionsaufruf mehrere Funktionen in Frage kommen, wird diejenige aufgerufen, bei der

– jedes Argument genauso gut oder besser passt als bei allen anderen, und
– mindestens ein Argument besser passt als bei allen anderen.

Falls es keine passende Funktion oder mehrere solcher Funktionen gibt, erzeugt der Compiler eine Fehlermeldung.

Beispiel: Nach den beiden Definitionen

```
int f(int i, int j){return i;}      // f1
int f(double c, double i){return i;} // f2
```

gibt es beim Aufruf

```
f('a',1.1); // Fehler: Mehrdeutigkeit ..
```

keine am besten passende Funktion: 'a' passt besser zu *f1* und 1.1 passt besser zu *f2*. Dagegen gibt es bei dem Aufruf

```
f(1L,1L); // Fehler: Mehrdeutigkeit ..
```

zwei am besten passende Funktionen: 1L passt sowohl zu *f1* als auch zu *f2*.

Wenn man einem **Funktionszeiger** eine überladene Funktion zuweisen will, müssen die Datentypen der beiden Funktionstypen exakt übereinstimmen.

6.8 Überladene Funktionen

Beispiel: Mit den beiden Funktionen f aus dem letzten Beispiel und den Definitionen

```
int (*fp1)(int i, int j);
int (*fp2)(char i, int j);
```

ist nur die erste der folgenden beiden Zuweisungen möglich:

```
fp1 = f; // OK, da die Typen exakt übereinstimmen
fp2 = f; // Fehler: Zeiger stimmen nicht überein
```

Offensichtlich sind die Regeln für die Auflösung von Aufrufen überladener Funktionen **umfangreich und kompliziert**. Angesichts der vielfältigen Kombinationsmöglichkeiten von Argumenten und Parametern ist aber ein so umfangreiches Regelwerk notwendig, damit sich verschiedene Compiler einheitlich verhalten.

Wie die Beispiele teilweise schon gezeigt haben, können solche Aufrufe bei ähnlichen Parameterlisten leicht dazu führen, dass eine ganz andere Funktion als die gewünschte aufgerufen wird. Deshalb sollte man keine überladenen Funktionen definieren, die allzu **diffizile Feinheiten** dieser Regeln ausnutzen. Stattdessen sollte man beim Entwurf der Parameterlisten darauf achten, dass beim Aufruf keine **Missverständnisse** möglich sind. Das erreicht man oft einfach dadurch, dass alle überladenen Funktionen

– eine unterschiedliche Anzahl von Parametern haben
– nur Parameter eines selbstdefinierten Datentyps haben, da dann nur die Regeln 1 (exakt passende Funktion) oder 4 (benutzerdefinierte Konversion) in Frage kommen.

Viele überladene Funktionen der Standardbibliothek unterscheiden sich auf diese Weise deutlich voneinander.

Anmerkung für Delphi-Programmierer: In Delphi gibt es ab Version 4 überladene Funktionen.

Aufgaben 6.8

1. a) Definieren Sie überladene Funktionen *Abs*, die für Argumente der Datentypen *int*, *double* und *long double* den Absolutbetrag als Funktionswert desselben Datentyps wie das Argument ergeben.
   b) Mit welchen der folgenden Datentypen können die Funktionen *Abs* aufgerufen werden? Welche dieser Funktionen wird dabei aufgerufen?

   b1) short   b4) enum {e1=–1, e2=1}e;
   b2) unsigned   b5) float
   b3) unsigned long   b6) char*

2. Überarbeiten Sie das Newton-Verfahren von Aufgabe 6.3.8.3 so, dass es für Argumente des Datentyps *double* bzw. *long double* einen Funktionswert desselben Datentyps liefert.

3. In der Datei „include\stddefs.h" sind die Konstanten TRUE und FALSE so definiert:

   ```
   #ifndef TRUE
   #   define TRUE   1
   #   define FALSE  0
   #endif
   ```

   Welche der beiden Funktionen

   ```
   void f(bool b) { }
   void f(int i)  { }
   ```

   wird durch die folgenden Ausdrücke aufgerufen?

   a) `f(true);`
   b) `f(TRUE);`

4. Welche der folgenden Funktionsaufrufe können aufgelöst werden? Welche Funktionen werden jeweils aufgerufen?

   a) Nach den Definitionen

   ```
   void g(char *) { }
   void g(const char *) { }

   const char* s1="abc";
   char* s2="abc";
   char* const s3="abc";
   const char s4[20]="abc";
   char s5[20]="abc";
   char const s6[20]="abc";
   ```

   in den folgenden Ausdrücken:

   ```
   g(s1);          g(s4);
   g(s2);          g(s5);
   g(s3);          g(s6);
   ```

   b) Nach den Definitionen

   ```
   void h(char *, double d=0) { }
   void h(const char *, int i=0) { }
   ```

   in den folgenden Ausdrücken (s1 bis s6 wie in a)):

   ```
   h(s1,1);        h(s4,1);
   h(s2,1);        h(s5,1);
   h(s3,1);        h(s6,1);
   ```

6.9 Überladene Operatoren mit globalen Operatorfunktionen

Die meisten Operatoren können durch eine so genannte **Operatorfunktion** überladen werden. Durch eine Operatorfunktion wird dann der Operator für einen oder zwei Operanden eines selbst definierten Datentyps definiert. Der Name einer solchen Funktion setzt sich dabei aus dem Schlüsselwort *operator* und einem der folgenden Operatoren zusammen:

> *operator-function-id:*
>   **operator** *operator*
>
> *operator:* one of
>   **new delete new[] delete[] + - * / % ^ & | ~ ! = < > +=
>   -= *= /= %= ^= &= |= << >> >>= <<= == != <= >= && ||
>   ++ -- , ->* -> () []**

Beispiel: Schon in Zusammenhang mit den Containerklassen der Standardbibliothek wurde erwähnt, dass die Funktion *sort* zum Sortieren den Operator „<" verwendet. Sobald dieser Operator für einen Datentyp definiert ist, kann ein Container oder ein Array mit Elementen dieses Datentyps mit dieser Funktion sortiert werden.

```
#include <algorithm>
CKontobewegung A[10];
sort(A,A+10);
```

Für zwei Operanden des Datentyps

```
struct CKontobewegung {int KontoNr; /* usw. */ };
```

kann man den Operator „<" durch diese Operatorfunktion definieren:

```
inline bool operator<(const CKontobewegung& x,
                      const CKontobewegung& y)
{
 return (x.KontoNr < y.KontoNr);
}
```

Nach dieser Definition kann man den Operator „<" auf zwei Operanden des Datentyps *CKontobewegung* anwenden:

```
CKontobewegung K1, K2;
if (K1<K2) ... // Aufruf von operator<(K1,K2)
```

Ein solcher Ausdruck wird dann als Aufruf der Funktion mit dem Namen „operator<" ausgewertet. Diese Funktion kann sogar unter diesem Namen aufgerufen werden. Allerdings ist diese umständliche Schreibweise nicht üblich:

```
if (operator<(K1,K2)) ... // umständlich
```

Ein durch eine Operatorfunktion definierter Operator hat **dieselbe Priorität, Assoziativität** und Anzahl von Operanden wie dieser Operator für einen vordefinierten Datentyp. Es ist nicht möglich, diese Eigenschaften zu verändern. Es ist auch nicht möglich, **andere Operatoren** als die hier aufgeführten zu definieren. Deshalb kann weder ein neuer Operator ** für die Potenzierung noch ein unärer Operator „/" definiert werden. Da in dieser Liste die Operatoren

.   .*   ::   ?:

nicht enthalten sind, können diese nicht überladen werden. Bei den ersten drei Operatoren liegt das darin begründet, dass sie als Operanden einen Namen und nicht einen Ausdruck haben.

Es ist außerdem nicht möglich, die Bedeutung der Operatoren für die vordefinierten Datentypen zu verändern. Mindestens einer der Parameter einer Operatorfunktion muss einen selbst definierten Datentyp haben.

Eine Operatorfunktion kann sowohl als **globale Funktion** als auch als **Elementfunktion einer Klasse** definiert werden. Da Elementfunktionen erst in Abschnitt 8.1.1 vorgestellt werden, wird in diesem Abschnitt nur gezeigt, wie man globale Operatorfunktionen definiert. Allerdings können die Operatoren „=" (Zuweisung), „()" (Funktionsaufruf), „[]" (Indexoperator) und „->" (Zugriff auf ein Klassenelement) nicht mit globalen Funktionen überladen werden, sondern nur mit Elementfunktionen (siehe Abschnitt 8.2.4).

Anmerkung für Delphi-Programmierer: In Object Pascal gibt es keine überladenen Operatoren.

6.9.1 Globale Operatorfunktionen

Das letzte Beispiel zeigt bereits das Schema, nach dem eine globale Operatorfunktion für einen **binären Operator** @ definiert wird. Hier wird das Zeichen @ als Symbol für einen der Operatoren von oben verwendet. Nach der Definition

```
T operator@(T1 x, T2  y) // @ steht für einen Operator
{ // T, T1 und T2 stehen für Datentypen
return ...
}
```

kann der Operator @ mit einem ersten Operanden des Typs T1 und einem zweiten Operanden des Typs T2 aufgerufen werden:

```
x @ y  // Datentyp von x bzw. y: T1 bzw. T2
```

Der Wert dieses Ausdrucks ist dann der Funktionswert der Operatorfunktion

```
operator@(x,y)
```

6.9 Überladene Operatoren mit globalen Operatorfunktionen

und hat den Datentyp T.

Entsprechend wird ein **unärer Operator** durch eine globale Funktion mit einem Parameter überladen. Für einen Operanden x ist der Wert des Ausdrucks

@x

der Wert des Funktionsaufrufs

operator@(x)

Die Operatoren

+ - * &

können sowohl als unäre als auch als binäre Operatoren überladen werden. Die Anzahl der Operanden entscheidet dann wie bei einer überladenen Funktion darüber, welche Funktion aufgerufen wird.

Bei überladenen Operatoren gelten die **Identitäten** der Operatoren für die vordefinierten Datentypen **nicht automatisch**. Wenn für überladene Operatoren und beliebige Operanden x, y immer

x +=y und x=x+y bzw.
++x und x+1

gleich sein soll, muss dies durch entsprechende Definitionen sichergestellt werden. Bei manchen Operatoren kann man diese Identitäten dadurch herstellen, dass man sie auf andere Operatoren zurückführt.

Wenn z.B. der Operator „==" definiert ist, kann man den Operator „!=" folgendermaßen durch diesen Operator definieren:

```
inline bool operator!=(const T& x, const T& y)
{
return !(x == y);
}
```

Entsprechend lassen sich die Operatoren „>", „>=" und „<="auf den Operator „<" zurückführen:

```
inline bool operator>(const T& x, const T& y)
{
return y < x;
}

inline bool operator<=(const T& x, const T& y)
{
return !(y < x);
}
```

```
inline bool operator>=(const T& x, const T& y)
{
return !(x < y);
}
```

Diese Beispiele wurden mit leichten Änderungen aus „utility.h" übernommen. Die Definitionen aus „utility.h" gehören zum C++-Standard.

6.9.2 Die Inkrement- und Dekrementoperatoren

Die Operatoren „++" und „––" können im Gegensatz zu den anderen Operatoren sowohl als Präfix- als auch als Postfixoperator verwendet werden. Um den Präfix- vom Postfixoperator zu unterscheiden, wird beim Postfixoperator ein zusätzlicher Parameter des Datentyps *int* angegeben. Dieser zusätzliche Parameter erhält beim Aufruf über den Operator automatisch den Wert 0. Beim Aufruf über den Namen *operator@* erhält er dagegen den Wert des Arguments.

Beispiel: Nach den Definitionen

```
struct C {
  int x;
};

C operator++(C& c) // Präfixoperator
{ // siehe dazu auch das nächste Beispiel
c.x++;
return c;
}

C operator++(C& c, int i) // Postfixoperator
{
c.x+=10; // Unsinn - nur zur Illustration
return c;
}
```

werden durch die folgenden Ausdrücke die jeweils als Kommentar angegebenen Funktionen aufgerufen:

```
++c; // operator++(c)
c++; // operator++(c,0)
operator++(c,2); // operator++(c,2)
```

6.9.3 Referenzen als Funktionswerte

Der vordefinierte Präfixoperator „++" kann mit einer Variablen eines vordefinierten Datentyps auf der linken Seite einer Zuweisung stehen:

```
++x=17; // operator++(x)=17, Ergebnis x=17
```

6.9 Überladene Operatoren mit globalen Operatorfunktionen 637

Solche Ausdrücke sind auch mit den Operatoren „*" (Dereferenzierung), „="
(Zuweisung), „[]" (Indexoperator), den Ein- und Ausgabeoperatoren << bzw. >>
und den kombinierten Zuweisungsoperatoren („+=", „*=", „&=" usw.) möglich.

Normalerweise sollte man die Operatorfunktionen für die selbstdefinierten Datentypen so definieren, dass sie wie die vordefinierten Datentypen verwendet werden können. Deshalb sollten auch die Funktionswerte dieser Operatorfunktionen auf der linken Seite einer Zuweisung stehen können. Das ist möglich, wenn der **Datentyp des Funktionswertes** ein **Referenztyp** ist:

```
C& operator++(C& c)  // Präfix
{
c.x++;
return c;
}
```

Ein Referenztyp für den Funktionswert ist auch bei Funktionen möglich, die keine Operatorfunktionen oder Elementfunktionen sind. Dann ist der Funktionswert ist ein anderer Name für den Ausdruck nach *return*:

```
int& f(int& i)
{
i=i+10;
return i;
}
```

Ein solcher Funktionsaufruf kann auf der linken Seite einer Zuweisung stehen:

```
int x=0;
f(x)=1; // x=1 und nicht etwa 10 oder 11
```

Offensichtlich hat ein solcher Ausdruck nicht viel mit der üblichen Verwendung von Funktionen gemein und wird meist als recht verwirrend angesehen. Wenn man die Funktionsdefinition nicht unmittelbar vor sich hat, sieht man dieser Funktion auf den ersten Blick kaum an, dass f(x) wegen „return i" nur ein anderer Name für das Argument x ist. Deswegen bemängelt der Compiler auch bei der folgenden *return*-Anweisung, dass der Datentyp des Parameters und der des Rückgabewerts verschieden sind:

```
unsigned int& f(int& i)
{
return i;//Fehler: Mit 'int' initialisierte Referenz-
} // Variable muss L-Wert des Typs 'unsigned int' haben
```

Ebenso bemängelt der Compiler, wenn eine Referenz auf eine lokale Variable zurückgegeben wird, die nach dem Verlassen der Funktion nicht mehr definiert ist:

```
int& f(int i)
{
return i; // Fehler: Versuch, eine Referenz an die lokale
}                     // Variable 'i' zurückzugeben
```

Genau dieser Fehler wird aber in der Funktion f3 nicht erkannt:

```
int& f3(int i)
{
int& j=i;
return j;  // keine Fehlermeldung, trotzdem Unsinn
}
```

Operatorfunktionen, die auf der linken Seite einer Zuweisung stehen können, sind nicht die einzige Anwendung von Referenztypen. Weitere Anwendungen ergeben sich daraus, dass bei der Rückgabe eines Funktionswertes durch eine *return*-Anweisung die folgende **Analogie zur Parameterübergabe** bei einem Funktionsaufruf besteht (siehe dazu auch Abschnitt 8.2.5.):

– Falls der Datentyp des **Funktionswertes keine Referenz** ist, wird der Ausdruck nach *return* in den Speicherbereich kopiert, der zum Funktionswert gehört, ähnlich wie ein Werteparameter bei einem Funktionsaufruf in die entsprechende lokale Variable kopiert wird.

– Wenn der **Funktionswert** dagegen **einen Referenztyp** hat, wird nur die Referenz (also die Adresse) zurückgegeben, ähnlich wie beim Aufruf einer Funktion mit einem Referenzparameter. Bei einem umfangreichen Funktionswert kann das mit einem spürbaren Zeitvorteil verbunden sein.

Referenzen für Funktionswerte sind außerdem bei Funktionen notwendig, die einen Referenzparameter haben, für den wieder ein Aufruf dieser Funktion eingesetzt werden soll. Damit das Argument denselben Datentyp wie der Parameter hat, muss der Funktionswert einen Referenztyp haben. Mit einer Funktion wie g

```
T& g(T& x, int y)  // T irgendein Datentyp
{
...
return x;
}
```

erreicht man dann, dass bei dem **verschachtelten Aufruf**

```
g(g(g(f,x),y),z)
```

g jedes Mal dieselbe Variable f verwendet. Ohne Referenztypen würde bei jedem Aufruf von g eine Kopie des Ausdrucks nach *return* zurückgegeben. Beispiele für solche Funktionen folgen im nächsten Abschnitt.

Referenztypen von Funktionswerten sind meist nur bei Operatorfunktionen sinnvoll. Diese Ausführungen sollen allerdings **nicht** dazu verleiten, **alle** Operatorfunktionen mit einem Referenztyp für den Funktionswert zu definieren. Solche Funktionswerte sind meist nur bei den Ein- und Ausgabeoperatoren, dem Indexoperator [], Präfix-++ bzw. -- und dem Zuweisungsoperator angemessen.

6.9.4 Die Ein- und Ausgabe von selbst definierten Datentypen

Die Ein- und Ausgabeoperatoren „>>" und „<<" lassen sich leicht auf selbst definierte Datentypen erweitern. Dazu definiert man Operatorfunktionen für diese Operatoren nach dem folgenden Schema:

```
ostream& operator<<(ostream& f, const T& K)
{        // T ist ein selbst definierter Datentyp
return f<< // Ausgabe der Elemente von K
}

istream& operator>>(istream& f, T& K)
{    // T ist ein selbst definierter Datentyp
f>>  // Einlesen der Elemente von T
     // zum selbst definierten Datentyp zusammensetzen
return f;
}
```

Da sich alle zusammengesetzten Datentypen letztendlich aus vordefinierten Datentypen zusammensetzen, für die die Operatoren „<<" und „>>" vordefiniert sind, kann man diese Elemente nach den Ausdrücken „f<<" bzw. „f>>" angeben.

Bei diesen Operatorfunktionen haben der Funktionswert und der erste Parameter denselben Datentyp. Deshalb kann man den Funktionswert einer solchen Funktion wieder als erstes Argument in diese Funktion einsetzen:

```
operator<<(operator<<(operator<<(f,x),y),z)
```

Dieser verschachtelte Funktionsaufruf ist aber nur eine andere Schreibweise für den Ausdruck

```
(((f<<x)<<y)<<z)
```

und dieser Ausdruck ist gleichwertig zu

```
f<<x<<y<<z
```

da die Shift-Operatoren << und >> linksassoziativ sind. Deswegen kann man diese Operatoren wie bei den vordefinierten Datentypen verketten, wenn man sie nach dem Schema von oben definiert.

Ähnlich wie im Beispiel in Abschnitt 4.6.4 kann man z.B. die Operatorfunktion für die Ausgabe von Strukturen des Datentyps *CKontobewegung* definieren:

```
ostream& operator<<(ostream& f, const CKontobewegung& K)
{
return f<<setw(4)<<K.KontoNr<<" "<<left<<setw(20)
       <<K.NameInhaber<<right<<setw(2)<<K.Datum.Tag<<"."
       <<setw(2)<<K.Datum.Monat<<"."<<setw(2)
       <<K.Datum.Jahr<<" "<<K.BewArt<<setprecision(8)
       <<double(K.Betrag)<<endl;
}
```

Mit dieser Funktion kann man eine Variable dieses Datentyps folgendermaßen in einen *ostream* (z.B. einen *ofstream* oder einen *ostringstream*) schreiben:

```
fstream f("c:\\test\\kb.dat");
f<<K; // K eine Variable des Datentyps CKontobewegung
```

Den Eingabeoperator für eine *CKontobewegung* kann man so z.B. definieren:

```
istream& operator>>(istream& f, CKontobewegung& K)
{
char Vorname[20] ,Nachname[20], BetragStr[20], Punkt1,
    Punkt2;
f>>K.KontoNr>>Nachname>>Vorname>>K.Datum.Tag>>Punkt1
 >>K.Datum.Monat>>Punkt2>>K.Datum.Jahr>>K.BewArt
 >>BetragStr;
K.Betrag=StrToCurr(BetragStr);
strcpy(Vorname,K.NameInhaber);
return f;
}
```

Aufgaben 6.9

1. Auf den ersten Blick erscheint es vielleicht als naheliegend, mit dem Operator ^ Potenzen zu realisieren, so dass x^n für x^n steht. Welcher Wert würde sich dabei für den folgenden Ausdruck ergeben?

    x^n – 1

2. Eine rationale Zahl (ein Bruch im Sinne der Bruchrechnung) besteht aus einem ganzzahligen Zähler und einem Nenner und kann deshalb durch die folgende Klasse dargestellt werden:

    ```
    struct CBruch {
       int z,n; // z: Zähler, n: Nenner
    };
    ```

    Die Bruchrechnung ist auf Rechnern nicht sehr verbreitet, da die Rechnungen leicht zu einem Überlauf führen. Sie ist aber ein einfaches Beispiel dafür, wie man überladene Operatoren definieren kann.

    Zur Vereinfachung werden Brüche im Folgenden durch Wertepaare wie (1,2) dargestellt und nicht mit einem Bruchstrich wie in ½.

    a) Zwei Brüche (pz,pn) und (qz,qn) sind gleich, wenn pz*qn==pn*qz gilt. Definieren Sie die Operatoren „==" und „!=" für Operanden des Datentyps *CBruch*. Stellen Sie sicher, dass zwischen diesen Operatoren die üblichen Beziehungen gelten.

    b) Der Bruch (pz,pn) ist kleiner als (qz,qn), wenn pz*qn<pn*qz gilt. Definieren Sie die Operatoren „<", „>=", „<=" und „>" für Operanden des Da-

6.9 Überladene Operatoren mit globalen Operatorfunktionen

tentyps *CBruch*. Stellen Sie sicher, dass zwischen diesen Operatoren die üblichen Beziehungen gelten.

c) Definieren Sie Operatorfunktionen für die folgenden Operationen.

(pz,pn) + (qz,qn) = (pz*qn + pn*qz, pn*qn)
(pz,pn) − (qz,qn) = (pz*qn − pn*qz, pn*qn)
(pz,pn) * (qz,qn) = (pz*qz, pn*qn)
(pz,pn) / (qz,qn) = (pz*qn, pn*qz)

Bei diesen Operationen sollen der Zähler und Nenner gekürzt werden, indem man beide durch den größten gemeinsamen Teiler dividiert. Dazu kann die Funktion *ggT* (siehe Aufgabe 5.8.5.3) verwendet werden:

```
int ggT(int a, int b)
{
int x=a;
int y=b;
while (y != 0)
   {
      int r = x%y;
      x = y;
      y = r;
   }
return x; // ggT(a,b)==x;
}
```

d) Testen Sie diese Operatoren. Vergleichen Sie dazu die Werte, die sich bei der geometrischen Reihe

$$1 + p + p^2 + \ldots p^n = (p^{n+1} - 1)/(p-1) \quad // \ p=z/n$$

durch Aufsummieren (linke Seite) und mit der Summenformel (rechte Seite) ergeben. Sie können diese Werte außerdem mit dem Wert der Summenformel vergleichen, indem Sie den Bruch einsetzen.

3. Definieren Sie für die Klasse *CBruch* aus Aufgabe 2 überladene Operatoren << und >>, so dass ein Bruch sowohl aus einem *istream* eingelesen als auch über einen *ostream* (z.B. *cin* oder *cout*) ausgegeben werden kann.

Verwenden Sie diese Operatoren in zwei Funktionen *BruchToStr* und *StrToBruch*, die einen *CBruch* über einen *ostringstream* in einen *string* der Standardbibliothek von C++ umwandeln bzw. über einen *istringstream* einen Bruch aus einem *string* einlesen.

7 Modulare Programmierung und Namensbereiche

Oft sind bestimmte Funktionen, Datentypen usw. nicht nur in einer einzigen Quelltextdatei notwendig, sondern in mehreren. Dann ist es auf den ersten Blick am einfachsten, alle mehrfach verwendeten Definitionen jedes Mal in den Quelltext zu kopieren. Dieses „cut and paste" erfüllt seinen Zweck zunächst völlig. Falls die kopierten Programmteile allerdings später einmal geändert werden müssen, zeigt sich der Nachteil dieser Vorgehensweise. Da sie mehrfach vorhanden sind, muss man die Änderungen in jeder Kopie durchführen. Das kann mit einer beträchtlichen Arbeit verbunden und auch gefährlich sein: Wer kann schon garantieren, dass zwei Änderungen, die identisch sein sollen, auch tatsächlich identisch sind?

Deshalb ist es besser, die mehrfach verwendeten Programmteile in eigenen Dateien zusammenzufassen, damit sie nur ein einziges Mal existieren. Dafür gibt es verschiedene Möglichkeiten:

- Die Dateien enthalten den Quelltext und werden mit einer *#include*-Anweisung in alle Quelltexte eingebunden werden, die sie benötigen.
- Die Dateien enthalten vom Compiler erzeugten Code, der entweder in das ausführbare Programm aufgenommen oder während der Laufzeit des Programms aufgerufen wird.

Die Aufteilung eines Programms auf verschiedene Quelltextdateien ist aber nicht nur dann sinnvoll, wenn man Programmteile mehrfach verwendet. Wenn man inhaltlich zusammengehörige Programmteile in Dateien zusammenfasst, kann man das Gesamtprojekt klarer und übersichtlicher gliedern, als wenn alles in einer einzigen Datei steht.

In diesem Kapitel wird gezeigt, worauf man bei einer solchen Aufteilung achten muss, und wie man Bibliotheken erstellen und verwenden kann, die vom Compiler erzeugten Code enthalten. Im letzten Abschnitt werden Namensbereiche vorgestellt, mit denen man Namenskonflikte verhindern kann.

7.1 Separate Kompilation und statische Bibliotheken

Ein C++-Compiler übersetzt jede Quelltextdatei, die zu einem Programm gehört, unabhängig von allen anderen. Dabei werden zunächst die Präprozessoranweisungen übersetzt (Makro-Erweiterungen, *#include*-Anweisungen usw.). Das Ergebnis ist dann eine so genannte **Übersetzungseinheit** (translation unit). Falls sie ein korrektes C++-Programm ist, erzeugt der Compiler aus ihr eine so genannte **Object-Datei**, die beim C++Builder die Namensendung „.obj" hat. Aus den Object-Dateien erzeugt dann der so genannte **Linker** das ausführbare Programm. Der Linker ist ein eigenständiges Programm, das beim C++Builder in die Entwicklungsumgebung integriert ist.

7.1.1 Projekte im C++Builder ⊕

Der C++Builder verwaltet die Dateien, aus denen ein lauffähiges Programm oder eine DLL erzeugt werden soll, als so genanntes Projekt. Die zu einem Projekt gehörenden Dateien werden unter *Ansicht|Projektverwaltung* angezeigt:

Hier besteht das Projekt mit dem Namen *Project1* aus zwei Formularen und ihren zugehörigen Units mit den Namen „Datei1.cpp" und „Datei2.cpp".

Wenn eine zu einem Projekt gehörende Quelltextdatei oder ein Formular geändert wird, übersetzt der Compiler beim Aufruf von *Projekt|Projekt aktualisieren* (*Strg+F9*) bzw. *Start|Start* (*F9*) alle geänderten Dateien neu. Dann wird der Linker aufgerufen, der aus den dabei erzeugten Object-Dateien eine ausführbare Exe-Datei erzeugt.

Mit *Projekt|Dem Projekt hinzufügen* kann man auch Quelltextdateien in C und C++, Formulare aus anderen Projekten, Object-Dateien, Bibliotheken usw. in ein Projekt aufnehmen. Der C++Builder bietet hier die folgenden Dateitypen an:

7.1 Separate Kompilation und statische Bibliotheken

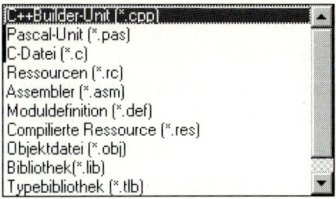

Mit der Projektverwaltung des C++Builders kann man nicht nur Projekte verwalten, die aus einer einzigen Anwendung bestehen. Wenn eine Anwendung Quelltexte enthält, die auch noch von anderen Anwendungen benutzt werden, und die andere Anwendung automatisch neu kompiliert werden soll, wenn sich einer dieser Quelltexte ändert, ist es sinnvoll, alle diese Anwendungen zu einer **Projektgruppe** zusammenzufassen. Das ist mit *Projekt|Existierendes Projekt hinzufügen* oder *Neues Projekt hinzufügen* möglich.

Die folgenden Beispiele wurden im C++Builder dadurch realisiert, dass dem Projekt mit *Datei|Neue Unit* eine weitere Unit hinzugefügt wurde. Die erste Unit wurde unter dem Namen „Datei1.cpp" und die zweite unter „Datei2.cpp" gespeichert.

7.1.2 Bindung ⊕

Da der Compiler jede Übersetzungseinheit eines Programms unabhängig von allen anderen kompiliert, kann man in jeder solchen Übersetzungseinheit die Namen für eine Variable, Funktion usw. frei wählen. Insbesondere kann man in verschiedenen Übersetzungseinheiten **denselben Namen** verwenden. Der C++-Standard benutzt in diesem Zusammenhang den Begriff „Einheit" als Oberbegriff für Variablen, Funktionen, Klassen, Templates usw.

Mit der Verwendung desselben Namens in verschieden Übersetzungseinheiten kann man aber ganz unterschiedliche Ziele verfolgen.

– Manchmal will man in den verschiedenen Übersetzungseinheiten eines Programms dieselbe Einheit ansprechen. So will man z.B. mit dem Namen *sin* meist immer dieselbe Sinusfunktion aufrufen.
– Manchmal will man einen Namen aber auch unabhängig von seiner Bedeutung in einer anderen Übersetzungseinheit verwenden. Wenn z.B. alle Übersetzungseinheiten eine Funktion mit dem Namen *test* enthalten, soll das jedes Mal eine andere Funktion sein.

In C++ entscheidet die so genannte **Bindung** eines Namens darüber, ob er in einer anderen Übersetzungseinheit eines Programms bzw. Projekts dieselbe „Einheit" bezeichnet oder nicht.

– Ein Name mit **externer Bindung** bezeichnet in einer anderen Übersetzungseinheit eines Projekts dieselbe Einheit.

- Ein Name mit **interner Bindung** bezeichnet in einer anderen Übersetzungseinheit eines Projekts eine andere Einheit.
- Ein Name **ohne Bindung** kann in keinem anderen Gültigkeitsbereich derselben Übersetzungseinheit angesprochen werden. Im Gegensatz dazu können Namen mit externer oder interner Bindung in einem anderen Gültigkeitsbereich derselben Übersetzungseinheit angesprochen werden.

Die Bindung eines Namens hängt davon ab, ob seine Deklaration lokal oder global ist und ob sie Angaben wie *extern*, *static* und *const* enthält. In Bezug auf ihre Bindung unterscheiden sich Namen aus einem Namensbereich nicht von globalen Namen.

1. **Ohne** weitere Angaben wie *extern*, *static* und *const* haben alle global deklarierten Namen von Variablen, Konstanten, Referenzen, Funktionen, Klassen, Aufzählungstypen, Enumeratoren und Templates **externe Bindung** und alle lokalen Namen keine Bindung.

   Alle solchen Namen haben außerdem dann externe Bindung, wenn sie keine interne Bindung haben. Das betrifft insbesondere die unter 3. und 4. beschriebenen Konstellationen.

2. Ein globaler Name für eine Variable, Konstante, Referenz, Funktion oder ein Funktions-Template hat **interne Bindung**, wenn er mit der Angabe *static* deklariert wird. Im C++-Standard wird **ausdrücklich** davon **abgeraten**, *static* bei globalen Deklarationen oder Definitionen zu verwenden. Das gilt auch für alle Deklarationen oder Definitionen in einem Namensbereich. Um Deklarationen auf eine Übersetzungseinheit zu beschränken, werden statt dessen unbenannte Namensbereiche (siehe Abschnitt 7.3.4) empfohlen. Die Angabe *static* soll nur innerhalb von Funktionen und Klassen verwendet werden.

   Bei der Definition von lokalen Variablen und Klassenelementen hat *static* eine völlig andere Bedeutung und keine Auswirkung auf die Bindung (siehe Abschnitte 5.6 und 8.2.9). Diese Angabe bewirkt bei der Definition einer lokalen Variablen, dass sich ihre Lebensdauer auf die gesamte Laufzeit eines Programms erstreckt. Ein Klassenelement hat externe Bindung, unabhängig davon, ob sie als *static* gekennzeichnet sind oder nicht.

3. Ein globaler Name für eine Variable, Konstante oder eine Referenz hat interne Bindung, wenn er mit der Angabe *const* und ohne *extern* deklariert wird. Ein mit *const* und *extern* deklarierter Name hat dagegen externe Bindung.

4. Eine lokal mit *extern* deklarierte (nicht definierte) Variable oder Funktion hat externe Bindung, falls in einem umgebenden Block derselbe Name mit demselben Datentyp nicht deklariert ist. Falls jedoch in einem umgebenden Block eine Deklaration desselben Namens mit demselben Datentyp sichtbar ist, erhält der lokale Name die Bindung des Namens aus dem umgebenden Block.

7.1 Separate Kompilation und statische Bibliotheken

Bei einer Funktion wirkt sich die Angabe *extern* weder auf die Bindung aus noch darauf, ob die Deklaration eine Definition oder nur eine Deklaration ist.

Beispiele:

Die Bindung der Namen aus den folgenden Deklarationen ist als Kommentar angegeben. Wenn die Dateien „Datei1.cpp" und „Datei2.cpp" zu demselben Projekt gehören, bezeichnen die Namen in beiden Dateien dieselbe oder verschiedene Variablen bzw. Funktionen, wenn sie im Kommentar als „dieselbe" oder „andere" gekennzeichnet sind:

Datei1.cpp:

```
double d;          // externe Bindung
int i;             // externe Bindung
const int c=1;     // interne Bindung
extern const int ce=1; // externe Bindung
int x;             // externe Bindung

static int fs()    // interne Bindung
{
return 1;
}
```

Datei2.cpp:

```
extern double d; // externe Bindung, dieselbe
static int i;    // interne Bindung, andere
const int c=1;   // interne Bindung, andere
extern const int ce; // externe Bindung, dieselbe

void f2() // externe Bindung
{
extern double y;// externe Bindung, das y von unten
extern int i;   // interne Bindung, wie das globale i
extern int x;   // externe Bindung, da kein globales x
}

double y;

static int fs()  // interne Bindung, andere
{
return 2;
}
```

7.1.3 Deklarationen und Definitionen ⊕

Da ein Name mit externer Bindung auch in einer anderen Übersetzungseinheit eines Projekts bekannt ist, kann man in mehreren Übersetzungseinheiten eines Projekts dieselben Variablen, Funktionen usw. verwenden. Diese Variablen, Funktionen usw. müssen dann in genau einer Übersetzungseinheit des Programms definiert werden (siehe Abschnitt 7.1.4). Eine **Definition** reserviert für eine Variable Speicherplatz und legt für eine Funktion ihre Anweisungen fest.

Da der Compiler jede Übersetzungseinheit für sich übersetzt, muss man ihm vor der Verwendung eines in einer anderen Übersetzungseinheit definierten Namens mitteilen, wie er dort definiert ist. Das geschieht durch eine **Deklaration, die keine Definition ist**.

Im C++-Standard ist **Deklaration** der Oberbegriff, der auch **Definitionen** umfasst: Jede Definition ist auch eine Deklaration. Diejenigen Deklarationen, die keine Definitionen sind, werden einzeln aufgezählt:

- Variablendeklarationen mit der Angabe *extern* und ohne einen Initialisierer
- Funktionen, bei denen die Verbundanweisung der Funktionsdefinition durch ein Semikolon ersetzt wird. Eine solche Funktionsdeklaration wird auch als **Prototyp** bezeichnet
- *typedef*-Deklarationen (siehe Abschnitt 3.11)
- statische Datenelemente von Klassen (siehe Abschnitt 8.2.9)
- *using*-Deklarationen und *using*-Direktiven (siehe Abschnitt 7.3.2).

Bei einem Prototyp für eine Funktion muss man für die Parameter nur den Datentyp angeben. Die Namen der Parameter sind nicht notwendig.

Beispiel: Die beiden Prototypen der Funktion f sind gleichwertig:

```
void f(int);
void f(int i);
```

Die allermeisten Deklarationen von Variablen und Funktionen bis zu diesem Kapitel waren Definitionen. Deklarationen, die keine Definitionen sind, kommen meist nur bei Programmen vor, die sich aus mehreren Quelltextdateien zusammensetzen.

Wenn die folgenden beiden Dateien zu einem Projekt gehören, gelten für die Deklarationen mit den als Kommentar angegebenen Nummern die anschließenden Bemerkungen:

Datei1.cpp

```
int i;                     // 1.
void f(int x) {/*...*/ }   // 1.
int j;                     // 2.
int k;                     // 3.
void g() { /* .. */ }      // 3.
extern double y;           // 4.
void h();                  // 4.
```

7.1 Separate Kompilation und statische Bibliotheken

Datei2.cpp

```
extern int i;             // 1.
void f(int);              // 1.
extern double j;          // 2.
extern int k=1;           // 3. Definition wegen Init.
void g() { /* .. */ }     // 3.
extern double y;          // 4.
void h();                 // 4.
```

1. Die in „Datei1.cpp" definierte und in „Datei2.cpp" deklarierte Variable i stellt denselben Speicherbereich dar. Auch die Funktion f ist in beiden Dateien dieselbe.
2. Der Linker überprüft nicht, ob die Datentypen in zwei verschiedenen Dateien übereinstimmen. Deswegen werden die Deklarationen von j ohne Warnung oder Fehlermeldung akzeptiert.
3. Der Linker überprüft nicht immer, ob ein Programm doppelte Definitionen enthält. So haben die beiden Definitionen von k eine Warnung des Linkers zur Folge („Public symbol 'k' defined in both module 'Datei1.obj' and 'Datei2.obj'"), nicht jedoch die beiden Definitionen der Funktion g.
4. Falls eine Variable oder eine Funktion in verschiedenen Übersetzungseinheiten eines Programms nur deklariert, aber nie definiert wird, führt das beim Linken zu der Fehlermeldung „Unresolved external ...".

Im nächsten Abschnitt wird beschrieben, wie man solche Fehler vermeiden kann.

Da auch eine lokal deklarierte Funktion externe Bindung hat, kann man Funktionen aus anderen Übersetzungseinheiten oder Bibliotheken auch nach einer lokalen Deklaration verwenden:

Datei1.cpp

```
void f(int i) { /* ... */ } // Definition
```

Datei2.cpp

```
void g()
{
void f(int);// lokale Deklaration von f aus Datei1.cpp
f(17);      // Aufruf der Funktion f aus Datei1.cpp
}
```

7.1.4 Die „One Definition Rule" ⊕

Wie die Beispiele 2. – 4. im letzten Abschnitt gezeigt haben, können mehrfache Definitionen von Variablen und Funktionen in verschiedenen Übersetzungseinheiten eines Programms zu Fehlern beim Linken führen. Deshalb verlangt der C++-Standard, dass jeder Name mit externer Bindung in den verschiedenen Übersetzungseinheiten eines Programms nur ein einziges Mal definiert werden darf. Diese Anforderung wird auch als **One Definition Rule** bezeichnet und durch die Regeln ODR-1 bis ODR-4 beschrieben:

ODR-1: Jede globale Variable und jede Funktion, die keine *inline*-Funktion ist, muss in einem Programm genau ein einziges Mal definiert werden.

Damit der Compiler eine *inline*-Funktion expandieren kann, muss er ihre Definition kennen. Mit einem Prototyp ist keine Expansion möglich.

ODR-2: Jede *inline*-Funktion muss in jeder Übersetzungseinheit definiert werden, in der sie verwendet wird.

Die nächste Regel ermöglicht die Zusammenfassung von Definitionen in einer *#include*-Datei (siehe dazu den nächsten Abschnitt). Genau genommen ist der Name „One Definition Rule" hier irreführend, da ODR-3 mehrere Definitionen zulässt, die dann als eine Einzige betrachtet werden, wenn sie identisch sind:

ODR-3: Ein Programm kann mehr als eine Definition

- einer Klasse,
- eines Aufzählungstyps,
- einer inline-Funktion mit externer Bindung,
- eines Klassen-Templates,
- eines nichtstatischen Funktions-Templates,
- eines statischen Datenelements eines Klassen-Templates oder
- einer Template-Spezialisierung, bei der mindestens ein Template-Parameter nicht spezifiziert ist,

enthalten. Falls alle diese Definitionen

- in verschiedenen Übersetzungseinheiten enthalten und
- Zeichen für Zeichen identisch sind,
- wobei alle Zeichen dieselbe Bedeutung haben,

werden sie als eine einzige betrachtet. Wenn diese Voraussetzungen nicht erfüllt sind, ist das Verhalten des Programms nicht definiert.

Beispiel: Die beiden Definitionen der Klasse C sind zwar Zeichen für Zeichen identisch. Die Bedeutung von T ist jedoch in den beiden Klassen verschieden:

Datei1.cpp

```
typedef double T;
struct C {
  T i;
};
```

Datei2.cpp

```
typedef int T;
struct C {
  T i;
};
```

7.1 Separate Kompilation und statische Bibliotheken

Da ein C++-Compiler die verschiedenen Übersetzungseinheiten eines Programms unabhängig von den anderen übersetzt, erhält man nur von den wenigsten Compilern einen Hinweis auf diesen Fehler. Gemäß dem C++-Standard muss der Compiler keine Fehlermeldung erzeugen, wenn eine der unter ODR-1 bis ODR-3 aufgeführten Anforderungen nicht eingehalten wird. Auch der C++Builder bringt bei einem solchen Fehler keine Warnung oder Fehlermeldung.

Die nächste Anforderung wurde in allen bisherigen Programmen eingehalten:

ODR-4: Keine Übersetzungseinheit darf mehr als eine Definition einer Variablen, einer Funktion, einer Klasse, eines Aufzählungstyps oder eines Templates enthalten.

7.1.5 Header-Dateien und Bibliotheken ⊕

Wenn ein Projekt aus verschiedenen Quelltextdateien besteht, die wiederum gemeinsame Deklarationen verwenden, müssen diese nach der One Definition Rule in allen Dateien gleich sein. Um diese Gleichheit sicherzustellen, fasst man alle solchen Deklarationen üblicherweise in so genannten **Header-Dateien** mit der Endung „h" zusammen. Die Deklarationen der Header-Dateien verwendet man dann mit einer *#include*-Anweisung in den Quelltextdateien.

Üblicherweise nimmt man in eine Header-Datei folgende Deklarationen auf. Die hier unter 5. – 10. aufgeführten Positionen ergeben sich direkt aus den Regeln ODR-2 und ODR-3. Deshalb kann eine so aufgebaute Header-Datei mit *#include* in beliebig viele Quelltextdateien eines Projekts übernommen werden.

Deklaration	Beispiel
1. Variablendeklarationen	`extern int i`
2. Funktionsprototypen	`int next(int x);`
3. Konstanten	`const int max=100;`
4. Deklarationen mit *typedef*	`typedef int T;`
5. Klassendeklarationen	`class C;`
6. Klassendefinitionen	`class C{ ... };`
7. Aufzählungstypen	`enum TFarbe {rot, gelb};`
8. Template-Deklarationen	`template<class T> T f(T x);`
9. Template-Definitionen	`template<class T> T f(T x){ }`
10. Inline-Funktionen	`inline int next(int x) {return ++i; };`
11. Include-Anweisungen	`#include <cstdio>`
12. Makro-Definitionen	`#define MAX 100`
13. Bedingte Kompilation	`#ifdef ...`
14. Kommentare	`// no comment`
15. Benannte Namensbereiche	`namespace N {...}`

Dagegen nimmt man die folgenden Definitionen normalerweise nicht in eine Header-Datei auf. Die ersten beiden Zeilen dieser Tabelle ergeben sich aus der Regel ODR-1:

Deklaration	Beispiel
Funktionsdefinitionen (außer *inline*)	`int next(int i) {return i;}`
Variablendefinitionen	`int i;`
Unbenannte Namensbereiche	`namespace { ... }`
Exportierte Template-Funktionen	`export template<typename T> f(T x) { }`

Die Definitionen zu den Deklarationen der Header-Dateien werden in einer separaten Quelltextdatei zusammengefasst. Diese kann man dann mit *Projekt|Dem Projekt hinzufügen* in das Projekt aufnehmen.

Anstelle einer Quelltextdatei kann man aber auch eine Object-Datei oder eine aus einer oder mehreren Object-Dateien erzeugte **Bibliothek** in ein Projekt aufnehmen. Eine solche Bibliothek kann man mit dem Hilfsprogramm *TLib* erzeugen. So wird z.B. mit der folgenden Anweisung die Bibliothek „Utils.lib" erzeugt

```
CBuilder\bin\tlib Utils +GraphUtils.obj +TimeUtils.obj
```

Dieses Hilfsprogramm ist neben anderen in den verschiedenen Textdateien im Verzeichnis „CBuilder\Examples\WinTools" beschrieben.

Eine Object-Datei kann man auch mit „#pragma link" zum Projekt linken:

```
#pragma link "c:\\cpplib\\utils.obj"   // "\\", nicht "\"
```

Solche *.obj- und *.lib-Dateien werden auch als **statisch gelinkte Bibliotheken** bezeichnet. Beispielsweise besteht die Standardbibliothek von C aus solchen Bibliotheken: Die Header-Dateien (im Verzeichnis „include") enthalten die Deklarationen, und die zugehörigen Object- oder Bibliotheksdateien befinden sich in im Verzeichnis „lib". Der C++Builder sucht solche Dateien automatisch in den Verzeichnissen, die unter *Tools|Umgebungsoptionen|Bibliothek* eingetragen sind.

Wenn eine Header-Datei nur Deklarationen enthält, die keine Definitionen sind, kann man die Header-Datei auch mit *#include* in die Datei mit den Definitionen zu den Deklarationen aufnehmen. Auf diese Weise kann der Compiler die Konsistenz mancher Deklarationen prüfen. Auch der C++Builder erzeugt in jeder Unit, die man mit *Datei|Neue Unit* anlegt, eine solche *#include*-Anweisung:

Unit1.cpp

```
#include <vcl.h>
#pragma hdrstop
#include "Unit1.h"
// hier die eigenen Deklarationen einfügen
```

Unit1.h

```
#ifndef Unit1H
#define Unit1H
// hier die eigenen Definitionen einfügen
#endif
```

7.1.6 Der Aufruf von in C geschriebenen Funktionen ⊕

Ein C-Compiler übergibt einer Object-Datei als Symbol für eine Funktion meist ihren Namen. Im Gegensatz dazu übernimmt ein C++-Compiler auch die Datentypen der Parameter in das Symbol für die Object-Datei, damit überladene Funktionen unterschieden werden können. Bei Elementfunktionen von Klassen wird außerdem der Name der Klasse übernommen.

Damit man in einem C++-Programm auch Object-Dateien verwenden kann, die mit einem C-Compiler erzeugt wurden, kann man durch die Angabe *extern "C"* festlegen, dass der Compiler die Namenskonventionen von C verwenden soll:

```
extern "C" double sin(double __x);
```

Hier bedeutet „C" allerdings nicht, dass die Funktion in der Programmiersprache C geschrieben sein muss. Dieser String bedeutet lediglich, dass die Namen in der Object-Datei nach denselben Konventionen wie in C vergeben sein müssen. Es ist durchaus möglich, dass auch ein Fortran- oder Pascal-Compiler diese Namenskonventionen verwendet. Außerdem können verschiedene C-Compiler unterschiedliche Namen und Formate erzeugen. Deshalb ist auch mit *extern "C"* nicht gewährleistet, dass die mit einem bestimmten Compiler erzeugte Object-Datei vom Linker eines anderen Herstellers verwendet werden kann.

Falls man mehrere Namen aus einer solchen Object-Datei verwenden will, ist es etwas umständlich, vor jedem Namen „extern "C"" anzugeben. Deswegen kann man eine Gruppe solcher Namen in geschweiften Klammern zusammenfassen. So findet man z.B. in „include\math.h":

```
#ifdef __cplusplus
extern "C" {
#endif
double        _RTLENTRY _EXPFUNC sin     (double __x);
long double _RTLENTRY _EXPFUNC sinl    (long double __x);
// usw.
#ifdef __cplusplus
} // extern "C"
#endif /* __cplusplus */
```

Hier wird das von jedem C++-Compiler vordefinierte Makro *__cplusplus* benutzt, um festzustellen, ob diese Datei von einem C- oder C++-Compiler übersetzt wird. Auf diese Weise kann die Header-Datei „math.h" sowohl von einem C- als auch von einem C++-Compiler verwendet werden.

Anmerkung für Delphi-Programmierer: Object Pascal unterstützt die modulare Programmierung wesentlich besser als C++, da der Pascal-Compiler die einzelnen Quelltextdateien eines Projekts nicht isoliert von den anderen übersetzt, sondern alle Quelltextdateien eines Projekts als eine einzige Übersetzungseinheit behandelt. Deshalb kann der Pascal-Compiler die Konsistenz der Deklarationen in den verschiedenen Units überprüfen. So können zahlreiche Fehler schon während der Kompilation entdeckt werden, die in C++ erst vom Linker oder überhaupt nicht entdeckt werden können.

Den Funktionsdeklarationen einer Header-Datei von C++ entsprechen in Delphi die Deklarationen im Interface-Teil einer Unit. Die zugehörigen Funktionsdefinitionen befinden sich in Delphi im Implementationsteil der Unit. Da der Pascal-Compiler alle Quelltextdateien eines Projekts als eine einzige Übersetzungseinheit behandelt, können Deklarationen aus dem Interface-Teil einer Unit auch in anderen Units verwendet werden.

Aufgaben 7.1

1. Die folgenden beiden Dateien enthalten einige Inkonsistenzen. Welche werden vom Compiler bzw. Linker entdeckt, wenn *Unit0.cpp* dem Projekt hinzugefügt und

    a) *Unit0.h* mit einer *#include*-Anweisung in *Unit0.cpp* aufgenommen wird,
    b) die *#include*-Anweisung in *Unit0.cpp* vergessen wird.

    Unit0.cpp

    ```
    #include "Unit0.h" // in b) weglassen
    double x0;
    double x1=1;
    const double c=3;
    extern const double d=3;
    void f(double)
    {
       x0++;
    };
    ```

    Unit0.h

    ```
    #ifndef Unit1H
    #define Unit1H
       int x0;                     // 1.
       int x1=1;                   // 2.
       const int c=3;              // 3.
       extern int d=3;             // 4.
       extern const int e=3;       // 5.
       void f(int);                // 6.
    #endif
    ```

7.1 Separate Kompilation und statische Bibliotheken

2. Erzeugen Sie für die folgenden Deklarationen eine Header-Datei „Unit3.h" und eine cpp-Datei „Unit3.cpp", so dass die Header-Datei mit #include in beliebig viele Quelltextdateien eines Projekts eingebunden werden kann. In allen diesen Dateien sollen die so deklarierten Namen dieselben Variablen, Funktionen usw. bezeichnen:

```
struct TSpielkarte {
  char* Farbe;
  int Wert;
};

const int AnzahlKartenProHand=5;
typedef TSpielkarte THand[AnzahlKartenProHand];

const int AnzahlSpielkarten=16;
TSpielkarte Spielkarten[AnzahlSpielkarten] = {
  {"Pik",9},{"Pik",10}, {"Pik",11}, {"Pik",12},
  {"Herz",9},{"Herz",10}, {"Herz",11}, {"Herz",12},
  {"Kreuz",9},{"Kreuz",10}, {"Kreuz",11}, {"Kreuz",12},
  {"Karo",9},{"Karo",10}, {"Karo",11}, {"Karo",12}
  }; // zur Vereinfachung nur wenig Karten

int AnzahlVerteilteKarten=0;
int AnzahlMitspieler=2;
const int MaxAnzahlMitspieler=100;
THand Hand[MaxAnzahlMitspieler];

void zeigeHand(TMemo* Memo, THand H)
{
Memo->Clear();
for (int i=0; i<AnzahlKartenProHand; i++)
  Memo->Lines->Add(AnsiString(H[i].Farbe)+
                                       " "+H[i].Wert);
}

inline void verteileKarten(TSpielkarte* K, THand H)
{
for (int i=0; i<AnzahlKartenProHand; i++)
  H[i]=K[AnzahlVerteilteKarten+i];
AnzahlVerteilteKarten+=AnzahlKartenProHand;
}

#include <algorithm> // für swap
#include <stdlib>    // für rand()
void MischeKarten(TSpielkarte* K)
{
for (int i=0; i<50;i++)
  {
    int p=rand()%AnzahlSpielkarten;
    int q=rand()%AnzahlSpielkarten;
    std::swap(K[p],K[q]);
  }
}
```

Verwenden Sie diese Definitionen in einem Projekt mit zwei Formularen. In jedem Formular sollen beim Anklicken eines Buttons die folgenden Anweisungen ausgeführt werden:

```
void __fastcall TForm1::Button1Click(TObject *Sender)
{ // in Form2: Hand[1] anstelle Hand[0]
MischeKarten(Spielkarten);
if (AnzahlVerteilteKarten+AnzahlKartenProHand<
                                       AnzahlSpielkarten)
  verteileKarten(Spielkarten, Hand[0]);
Label1->Caption="n="+IntToStr(AnzahlVerteilteKarten);
zeigeHand(Memo1,Hand[0]); // in Form2: Memo2,Hand[1]
}
```

3. Schon in früheren Abschnitten haben wir Hilfsfunktionen in eigenen Dateien definiert und diese dann mit einer *#include*-Anweisung übernommen:

   \CppUtils\GraphUtils.cpp (Abschnitt 4.5.1)
   \CppUtils\TimeUtils.cpp (Aufgabe 4.5.6.1)

   Da wir diese Dateien bisher immer nur in eine einzige Quelltextdatei eines Projekts eingebunden haben, hat das auch funktioniert, obwohl sie Funktionsdefinitionen und nicht nur Deklarationen enthalten.

   a) Teilen Sie jede dieser Dateien so in eine Header-Datei mit der Endung „.h" und in eine Datei mit der Endung „.cpp" auf, dass die Header-Dateien in mehrere Quelltextdateien eines Projekts eingebunden werden können, ohne dass Namenskonflikte entstehen. Damit die alten Projekte auch nach diesen Änderungen übersetzt werden können, sollen diese Dateien in einem anderen Verzeichnis als „\CppUtils" abgelegt werden (z.B. „\CppLib").

   Testen Sie diese Bibliotheken, indem Sie diese wie unter b), c) und d) verwenden. Sie können dazu z.B. die Lösung der Aufgaben von Abschnitt 4.5.1 bzw. 6.3.8.5 oder ein eigenes Programm verwenden.

   b) Nehmen Sie die in Aufgabe a) erzeugten Dateien mit der Endung „*.cpp". mit *Projekt|Dem Projekt hinzufügen* in das Projekt auf und erzeugen Sie ein lauffähiges Programm.

   c) Nach der erfolgreichen Lösung von b) hat der Compiler aus den „*.cpp"-Dateien Object-Dateien mit der Endung „*.obj" erzeugt. Entfernen Sie die unter b) in das Projekt aufgenommenen cpp-Dateien wieder aus dem Projekt und fügen Sie statt dessen die Object-Dateien dem Projekt hinzu. Sie können diese auch mit „#pragma link" in das Projekt aufnehmen.

   d) Erzeugen Sie aus den Object-Dateien von b) mit dem Hilfsprogramm *TLib* eine Bibliotheksdatei und fügen Sie diese anstelle der Object-Dateien dem Projekt hinzu.

7.2 Dynamic Link Libraries (DLLs)

Im letzten Abschnitt wurde gezeigt, wie man Funktionen und Daten mit Object-Dateien und Bibliotheken verschiedenen Programmen zur Verfügung stellen und so mehrfach verwenden kann. Da diese Funktionen bei der Erstellung der Exe-Datei fest in das Programm eingebunden werden, bezeichnet man sie auch als **statisch** gelinkte Bibliotheken. Im Unterschied dazu werden Bibliotheken, deren Funktionen erst während der Laufzeit eines Programms geladen werden, als **dynamisch** gelinkte Bibliotheken (Dynamic Link Libraries, DLLs) bezeichnet. Eine DLL wird nur einmal in den Hauptspeicher geladen, auch wenn mehrere Programme ihre Funktionen verwenden. DLLs sind kein Konzept der Sprache C++, sondern gehören zu Windows. Andere Betriebssysteme bieten ähnliche Konzepte.

DLLs haben gegenüber statisch gelinkten Bibliotheken die folgenden Vor- und Nachteile:

– Bei einer statisch gelinkten Bibliothek nimmt der Linker alle benötigten Funktionen in die Exe-Datei auf. Wenn drei verschiedene Programme dieselben Funktionen aus einer Bibliothek verwenden, wird der Code für diese Funktionen in alle drei Exe-Dateien aufgenommen. Werden alle drei Programme gleichzeitig ausgeführt, belegt derselbe Code dreimal Platz im Hauptspeicher. Bei einer DLL können dagegen mehrere Programme denselben Code verwenden.
– Bei der Verwendung statischer Bibliotheken ist die Exe-Datei für die Ausführung eines Programms ausreichend. Ein Programm, das DLLs verwendet, kann erst während der Laufzeit feststellen, ob eine DLL fehlt. Wenn eine beim Start des Programms notwendige DLL nicht vorhanden ist, lässt sich das Programm nicht starten.
– Ändert man Funktionen in einer DLL (ohne die Übergabeparameter zu ändern), muss lediglich die geänderte DLL ausgewechselt werden, ohne dass die gesamte Anwendung neu erzeugt werden muss.
– Wenn eine DLL versehentlich durch eine gleichnamige mit anderen Funktionen ersetzt wird, kann das die Funktionsfähigkeit aller Programme beeinträchtigen, die diese DLL verwenden. Das kann z.B. die Folge eines fehlerhaften Installationsprogramms sein, das eine neue Version einer DLL durch eine ältere ersetzt.

7.2.1 DLLs erzeugen ⊕

Mit dem C++Builder legt man ein Projekt für eine DLL am einfachsten mit *Datei|Neu|DLL* an. Der C++Builder erzeugt dann etwa die folgende Quelltextdatei:

```
#include <vcl.h>
#pragma hdrstop
//-------------------------------------------------------------
//   Wichtiger Hinweis zur DLL-Speicherverwaltung, falls
//   ... ca. 20 weitere Textzeilen ...
//   MEMMGR.LIB nicht explizit eingebunden werden.
//-------------------------------------------------------------

int WINAPI DllEntryPoint(HINSTANCE hinst,
                         unsigned long reason, void*)
{
    return 1;
}
```

In diese Datei schreibt man dann wie in ein C++-Programm die gewünschten Funktionen und Daten. Globale Daten einer DLL stehen auch in dem Programm zur Verfügung, das die DLL verwendet. Die vordefinierte Funktion *DllEntryPoint* muss nicht besonders berücksichtigt werden. Sie ermöglicht aber spezielle Aktionen beim ersten oder bei weiteren Aufrufen der DLL (siehe Win32.hlp). Da jede DLL eine solche Funktion benötigt, darf sie nicht entfernt werden.

Alle Funktionen, die von der DLL für andere Programme zur Verfügung gestellt werden sollen, werden dann mit

    __declspec(dllexport)

gekennzeichnet. Gleichwertig dazu sind die auch schon unter 16-bit-Windows verfügbaren Speicherklassenspezifizierer

    __export bzw. **_export**

Beispiel: *__declspec* kann vor oder nach dem Datentyp des Funktionswertes stehen:

```
__declspec(dllexport) int Min(int X, int Y)
{
return X < Y ? X:Y;
}

int __declspec(dllexport) Max(int X, int Y)
{
return X > Y ? X:Y;
}
```

__export bzw. *_export* muss immer vor dem Namen der Funktion stehen:

```
int __export Min(int X, int Y)
{
return X < Y ? X:Y;
}
```

7.2 Dynamic Link Libraries (DLLs)

```
int _export Max(double X, int Y)
{
return X > Y ? X:Y;
}
```

Wenn man das DLL-Projekt kompiliert, erzeugt der Compiler die DLL (mit der Namensendung „.dll") und die so genannte Importbibliothek (mit der Endung „.lib").

Ein Programm kann eine DLL auf zwei Arten verwenden:

- durch **implizites Laden**: Die DLL wird **beim Start** des Programms automatisch geladen.
- durch **explizites Laden**: Die DLL wird **während der Laufzeit** des Programms durch Aufrufe von speziellen Windows API-Funktionen geladen.

7.2.2 Implizit geladene DLLs ⊕

Betrachten wir zunächst die erste dieser beiden Möglichkeiten: Damit eine DLL beim Start eines Programms **implizit geladen** wird, fügt man die beim Kompilieren der DLL erzeugte Importbibliothek (mit der Endung „.lib") dem Projekt hinzu (mit *Projekt\Dem Projekt hinzufügen*).

Damit man eine Funktion aus einer DLL in einem Programm verwenden kann, muss man sie mit

```
__declspec(dllimport)
```

oder

```
__import bzw. _import
```

deklarieren. Dabei muss die importierte Funktion mit derselben Parameterliste wie in der DLL deklariert werden.

Beispiel: Die im letzten Beispiel exportierten Funktionen können nach den folgenden Deklarationen

```
__declspec(dllimport) int Min(int, int);
__declspec(dllimport) int Max(int, int);
```

verwendet werden:

```
void __fastcall TForm1::Button1Click(TObject
                                            *Sender)
{
Button1->Caption=Min(5,7);
}
```

Wenn man eine Funktion auf diese Weise in ein Programm einbindet, wird die DLL beim Start des Programms geladen. Die DLL wird dann der Reihe nach in den folgenden Verzeichnissen gesucht:

1. im Verzeichnis, von dem die Anwendung gestartet wurde,
2. im aktuellen Verzeichnis,
3. im Windows-System-Verzeichnis, das man mit *GetSystemDirectory* erhält,
4. im Windows-Verzeichnis, das man mit *GetWindowsDirectory* erhält,
5. in den Verzeichnissen der Umgebungsvariablen *Path*.

Wird die DLL beim Start des Programms nicht gefunden, kann das Programm auch nicht ausgeführt werden. Falls sie bereits geladen ist, wird sie kein zweites Mal geladen. Statt dessen wird ihr so genannter Referenzzähler erhöht. Beim Ende des Programms wird dieser Zähler um 1 reduziert. Wenn er den Wert 0 erreicht, wird der von der DLL belegte Speicher wieder freigegeben.

Alle **Funktionen der Windows-API** stehen über implizit geladene DLLs zur Verfügung. Die Datei „include\windows.h" bindet über eine *#include*-Anweisung die Datei „winbase.h" ein, die unter anderem die folgenden Deklarationen enthält:

WINBASEAPI HMODULE WINAPI **LoadLibraryA**(LPCSTR lpLibFileName);
WINBASEAPI BOOL WINAPI **FreeLibrary**(HMODULE hLibModule);
WINBASEAPI FARPROC WINAPI **GetProcAddress**(
                      HMODULE hModule, LPCSTR lpProcName);

Hier ist WINBASEAPI ein Makro, das in „__declspec(dllimport)" aufgelöst wird. Die Funktion *LoadLibraryA* wird über ein Makro auch unter dem Namen *LoadLibrary* zur Verfügung gestellt.

7.2.3 Explizit geladene DLLs ⊕

Wird eine Funktion aus einer DLL nicht während der gesamten Laufzeit eines Programms benötigt, kann es sinnvoll sein, sie nur bei Bedarf **explizit** zu **laden**. Das ist möglich mit der Windows-API Funktion

HINSTANCE **LoadLibrary**(
    LPCTSTR lpLibFileName); // address of filename of executable module

Der Funktionswert von *LoadLibrary* ist das Handle der DLL, wenn sie geladen werden konnte, und andernfalls der Wert 0. Die Adresse einer Funktion der DLL erhält man mit

7.2 Dynamic Link Libraries (DLLs)

*FARPROC **GetProcAddress**(*
  HMODULE hModule,   // handle to DLL module
  LPCSTR lpProcName);   // name of function

Hier gibt man für *hModule* das Handle an, das man als Funktionswert von *Load-Library* erhalten hat, und für *lpProcName* den Namen der Funktion. Den Funktionswert weist man dann einem Funktionszeiger zu, über den die Funktion aufgerufen wird. Für den Datentyp des Funktionszeigers definiert man meist mit *typedef* einen Namen:

```
typedef int __stdcall TMin(int X, int Y);
```

Beim Aufruf von *GetProcAddress* muss man den Namen der Funktion so angeben, wie er in der DLL steht. Bei DLLs, die in C++ geschrieben sind, ist dieser Name meist nicht der Name, der im Quelltext verwendet wird. Versucht man z.B., die Funktion *Min* aus der am Anfang dieses Abschnitts erzeugten DLL wie in den nächsten Anweisungen zu laden, erhält man als Funktionswert von *GetProcAddress* den Wert 0, was bedeutet, dass die Funktion nicht gefunden wurde:

```
typedef int __stdcall TMin(int X, int Y);
HINSTANCE h = LoadLibrary("MeineDLL.dll");
if (h==0) ShowMessage("Kann 'MeineDLL' nicht laden");
else
   TMin* Min=(TMin*)GetProcAddress(h,"Min"); // 0 !
```

Das liegt daran, dass ein C++-Compiler die Namen von Funktionen durch Symbole für die Datentypen der Parameter ergänzt. Diese Ergänzung der Namen kann man mit *extern "C"* unterbinden:

```
extern "C" __declspec(dllexport) int Min(int X, int Y)
{
return X < Y ? X:Y;
}
```

Dann wird der Name nur durch einen Unterstrich „_" ergänzt. Deshalb muss in *GetProcAddress* für die Funktion „Min" der Name „_Min" angegeben werden:

```
TMin* Min=(TMin*)GetProcAddress(h,"_Min");
```

Allerdings können mit *extern "C"* deklarierte Funktionen nicht überladen werden, da dann alle überladenen Funktionen denselben Namen haben.

Wenn eine DLL nicht mehr benötigt wird, ruft man die Funktion *FreeLibrary* mit dem Handle der DLL auf. Dadurch wird der Referenzzähler um 1 reduziert.

*BOOL **FreeLibrary**(*
  HMODULE hLibModule);   // handle to loaded library module

7.2.4 Hilfsprogramme zur Identifizierung von Funktionen in DLLs ⊕

Man kann auch Funktionen aus einer DLL aufrufen, die nicht mit *extern "C"* deklariert sind, sofern man ihre Namen kennt. Dazu gibt es verschiedene Hilfsprogramme, die in der Online-Hilfe sowie in den Textdateien im Verzeichnis „CBuilder\Examples\WinTools" beschrieben sind.

Mit dem Hilfsprogramm **IMPDEF** kann man die Namen der von einer DLL zur Verfügung gestellten Funktionen anzeigen lassen. Beim Aufruf von IMPDEF (z.B. in einer DOS-Session) übergibt man als ersten Parameter den Namen einer Datei, die dann mit der Namensendung „.def" angelegt wird. Der zweite Parameter ist der Name der DLL, z.B.:

```
impdef meinedll MEINEDLL.DLL
```

Dadurch erhält man die Datei „meinedll.def" mit dem Inhalt:

```
LIBRARY       MEINEDLL.DLL

EXPORTS
    @Max$qii                    @1    ; Max(int,int)
    @Min$qii                    @2    ; Min(int,int)
```

Hier findet man nach EXPORTS die Liste der intern verwendeten Funktionsnamen. Deshalb muss man beim Aufruf von *GetProcAddress* für die Funktion „Min" den Namen „@Min$qii" angeben:

```
void __fastcall TForm1::Button1Click(TObject *Sender)
{
typedef int __stdcall TMin(int X, int Y);
HINSTANCE h = LoadLibrary("MeineDLL.dll");
if (h==0) ShowMessage("'MeineDLL' nicht geladen");
else
   {
     TMin* Min=(TMin*)GetProcAddress(h,"@Min$qii");
     if (Min == 0) ShowMessage("'Min' nicht gefunden");
     else Button1->Caption = Min(3,4);
   }
}
```

Dabei ist zu beachten, dass sich der Name einer Funktion in der DLL ändert, wenn die Datentypen der Parameter oder der Datentyp des Rückgabewertes verändert werden. Ersetzt man z.B. in der Funktion *Min* den Datentyp des ersten Parameters durch *double*, erhält man

```
    @Min$qdi     @2    ; Min(double,int)    // .def-Datei
```

Die Namen der in einer DLL verfügbaren Funktionen lassen sich auch mit dem Programm **TDUMP** (im Verzeichnis „bin" des C++Builders) anzeigen. Durch den Aufruf „tdump c:\windows\system\kernel32.dll" erhält man unter anderem:

7.2 Dynamic Link Libraries (DLLs)

```
Exports from KERNEL32.dll
  680 exported name(s), 780 export addresse(s)...
    Ordinal  RVA       Name
    -------  --------  ----
    ...
    0270     0001bb98  FreeLibrary
    0371     00006c18  GetProcAddress
    0494     00007433  LoadLibraryA
```

Da alle diese Funktionen in C geschrieben sind, bekommt man hier keine Hinweise, mit welchen Parametern diese Funktionen aufgerufen werden können.

Mit dem Hilfsprogramm **IMPLIB** kann man von einer vorhandenen DLL eine Importbibliothek (mit der Endung „.lib") erzeugen. Diese kann man dann dem Projekt hinzufügen, das die DLL und ihre Funktionen verwendet. Auf diese Weise kann man auch DLLs verwenden, deren Quelltext nicht verfügbar ist.

Offensichtlich ist es wesentlich umständlicher, eine DLL erst während der Laufzeit des Programms explizit zu laden. Deshalb werden DLLs meist beim Start des Programms implizit geladen.

7.2.5 DLL-Funktionen mit visuell gestalteten Komponenten ⊕

Eine DLL kann auch Formulare oder andere visuell gestaltete Komponenten der VCL zur Verfügung stellen. Die Konstruktion der entsprechenden Funktionen soll an einem Beispiel illustriert werden.

Zunächst legt man mit *Datei|Neu* ein DLL-Projekt an. Der DLL wird dann mit *Datei|Neues Formular* ein Formular hinzugefügt, das mit den Mitteln der visuellen Programmierung gestaltet wird. Das Formular wird dann in einer von der DLL exportierten Funktion erzeugt, mit *ShowModal* angezeigt und anschließend wieder freigegeben.

Im folgenden Beispiel wurde dem Formular ein Button und ein Edit-Fenster hinzugefügt:

```cpp
#include <vcl.h>
#pragma hdrstop
#include "UseVCL.h"

#pragma package(smart_init)
#pragma resource "*.dfm"
TForm1 *Form1;

__fastcall TForm1::TForm1(TComponent* Owner)
    : TForm(Owner)
{
}
```

```
void __fastcall TForm1::Button1Click(TObject *Sender)
{
Button1->Caption="aaa";
}

__declspec(dllexport) void Use_VCL(ShortString& s)
{
TForm1* F=new TForm1(0); // erzeugt das visuell gestal-
F->ShowModal();          //            tete Formular
s=F->Edit1->Text;
delete F;
}
```

In Abschnitt 9.4 wird noch genauer beschrieben, wie ein Formular oder andere Komponenten der VCL mit *new* erzeugt werden können.

Die von der DLL exportierte Funktion kann dann nach ihrer Deklaration mit *__declspec(dllimport)* aufgerufen werden:

> `__declspec(dllimport) void Use_VCL(ShortString& s);`

Falls das Formular in einem Package enthalten ist, muss dieses Package beim Start des Programms ebenfalls verfügbar sein.

In diesem Beispiel wurde der Datentyp *ShortString* und nicht *AnsiString* verwendet, um den Text aus dem Edit-Fenster zu übergeben. Benutzt eine DLL den Datentyp *AnsiString*, muss man die Bibliothek MEMMGR.LIB dazu linken (siehe dazu den vom C++Builder am Anfang einer DLL erzeugten Kommentar). Außerdem muss dann beim Start des Programms die DLL BORLNDMM.DLL vorhanden sein.

7.2.6 Projektgruppen ⊕

Bei der Entwicklung von DLLs hat man oft zwei Projekte: Eines für die DLL und eines, das ihre Funktionen aufruft. Diese beiden Projekte muss man dann immer wieder abwechselnd öffnen: Nachdem man die Funktionen im DLL-Projekt geschrieben hat, muss man das aufrufende Projekt öffnen, um die DLL-Funktionen zu testen. Wenn man dann einen Fehler im DLL-Projekt entdeckt hat, muss man dieses öffnen, um die Funktion zu ändern und die DLL neu zu kompilieren, usw.

Das wiederholte Öffnen der Projekte ist etwas mühsam. Und wenn man nach der Änderung der DLL vergisst, sie neu zu kompilieren, bemerkt man erst nach einem eventuell umfangreichen Test, dass man eine veraltete DLL verwendet.

Diese umständliche Vorgehensweise lässt sich vereinfachen, indem man die verschiedenen Projekte in einer Projektgruppe zusammenfasst. Dazu legt man mit *Datei|Neu|Neu* eine neue Projektgruppe an. Danach wird das Fenster für die Projektverwaltung angezeigt, in dem man der Projektgruppe durch Anklicken der rechten Maustaste neue oder bestehende Projekte hinzufügen kann:

7.2 Dynamic Link Libraries (DLLs)

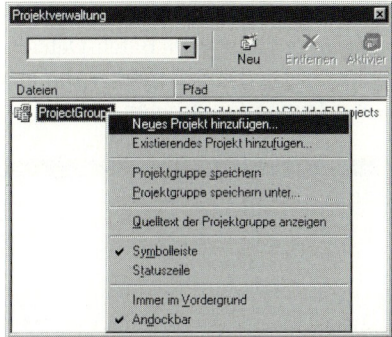

Nachdem man der Projektgruppe so z.B. die beiden Projekte *UseDLL* und *MeineDLL* hinzugefügt hat, werden diese in der Projektverwaltung angezeigt:

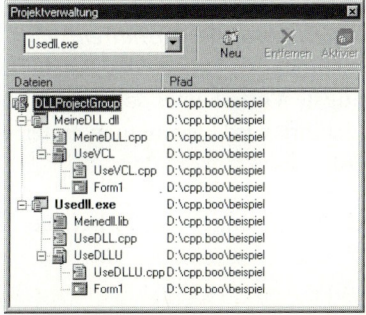

Durch einen Doppelklick auf eines der Projekte (bzw. durch Anklicken des Buttons *Aktivieren*) wird dieses zum so genannten **aktiven Projekt**. Es wird dann in der Menüleiste des C++Builders unter *Projekt* zum Aktualisieren bzw. Erstellen angeboten:

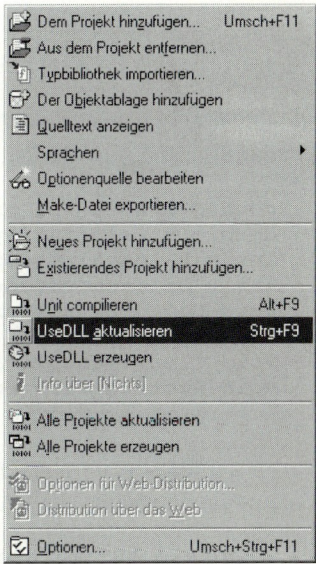

Insbesondere wird mit *Strg+F9* das aktuelle Projekt aktualisiert und mit *F9* das aktuelle Projekt ausgeführt. Außerdem kann man alle Projekte der Projektgruppe aktualisieren oder neu erstellen.

Obwohl Projektgruppen hier im Zusammenhang mit DLLs vorgestellt werden, ist ihre Verwendung keineswegs auf DLLs beschränkt: Projektgruppen sind immer dann nützlich, wenn mehrere Projekte gemeinsam bearbeitet werden und voneinander abhängen.

7.2.7 Batch-Dateien ⊕

Mit *Datei|Neu|Neu|Batch-Datei* kann man Batch-Dateien mit DOS-Befehlen in eine Projektgruppe aufnehmen. Die DOS-Befehle kann man nach dem Anklicken der rechten Maustaste unter *Optionen* eintragen:

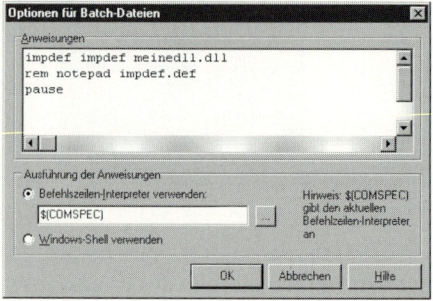

Wählt man über die rechte Maustaste *Ausführen*, wird die Batch-Datei ausgeführt. Man dass muss also nicht den Namen der Batch-Datei auf der Kommandozeile eingeben. Der wichtigste Vorteil einer solchen Batch-Datei ist aber, dass die immer automatisch ausgeführt wird, wenn man unter *Projekt* die Option *Alle Projekte erstellen* auswählt.

Eine Batch-Datei mit den Anweisungen dieses Beispiels kann bei der Erstellung von DLLs hilfreich sein.

Aufgabe 7.2

Legen Sie eine Projektgruppe an (z.B. mit dem Namen *DLLPrGrp*) und fügen Sie ihr die folgenden Projekte hinzu:

a) ein DLL-Projekt *GraphDLL*. Die dabei erzeugte DLL soll die folgenden Funktionen (siehe Aufgabe 7.1.3, bzw. Abschnitt 4.5.1) zur Verfügung stellen:

```
double x_Welt(int px, double x0, double x1, double W)
double y_Welt(int py, double y0, double y1, double H)
int x_Bildschirm(double x, double x0, double x1,double W)
int y_Bildschirm(double y, double y0, double y1,double H)
void Gitternetz(TImage* Image1, double x0, double x1,
   double dx, int W, double y0,double y1,double dy, int H)
void ClearImage(TImage* Image1)
void PlotFunction(double x0, double x1, real_func f,
                                         TImage* Image1)
```

b) ein DLL-Projekt *TimeDLL*. Die dabei erzeugte DLL soll die folgende Funktion zur Verfügung stellen (siehe Aufgaben 7.2 bzw. 4.5.6.1):

```
double HRTimeInSec()
```

c) eine Anwendung *UseDLLImpl*, die diese DLL implizit lädt und die Funktionen aufruft:

```
void __fastcall TForm1::Button1Click(TObject *Sender)
{
double Start1=HRTimeInSec();
PlotFunction(-10, 10, sin, Image1);
double End1=HRTimeInSec();
Memo1->Lines->Add("t1="+FloatToStr(End1-Start1));
}
```

d) eine Anwendung *UseDLLExpl*, die diese DLLs explizit lädt und die Funktionen wie in c) aufruft.

7.3 Namensbereiche

Wenn bei einem Projekt mit mehreren Quelltextdateien Namen mit externer Bindung mehrfach vorkommen, können Namenskonflikte auftreten. Diese Gefahr besteht insbesondere, wenn

– mehrere Programmierer unabhängig voneinander Teile eines Programms entwickeln,
– fertige Bibliotheken von verschiedenen Herstellern verwendet werden.

Beispiel: Mit den Deklarationen

Prog1.h

```
extern int i;
int f(int);
```

Prog1.cpp

```
int i;
int f(int i) { return i; }
```

Prog2.h

```
extern int i;
int f(int);
```

Prog2.cpp

```
int i;
int f(int i) { return i+1; }
```

ist es wegen der externen Bindung von Funktionsdeklarationen nicht klar, welche der beiden Funktionen aufgerufen wird:

Prog.cpp

```
#include "Prog1.h"
#include "Prog2.h"
i=f(17); // f, i aus Prog1 oder aus Prog2 ?
```

Wenn bei der Entwicklung der verschiedenen Programmteile eine Absprache möglich ist, lassen sich solche Konflikte vermeiden. Allerdings kann der Aufwand für die Koordination recht groß sein. Außerdem führt die künstliche Unterscheidung verschiedener Namen durch spezielle Namenserweiterungen oft zu unschönen Namen. Wenn bei der Entwicklung der verschiedenen Programmteile dagegen keine Absprache möglich ist, weil diese z.B. von verschiedenen Firmen unabhängig voneinander entwickelt werden, lassen sich diese Konflikte nicht oder nur mit großem Aufwand lösen.

Im Unterschied zur Programmiersprache C können solche Namenskonflikte in C++ mit Namensbereichen vermieden werden. Ein **Namensbereich** fasst Deklarationen unter einem eigenen Namen zusammen. Die Elemente des Namensbereichs können dann mit dem Namen des Namensbereichs und dem Bereichsoperator „::" gezielt angesprochen werden. Wenn ein Name so mit dem Operator „::" aus verschiedenen Bezeichnern zusammengesetzt wird, bezeichnet man diesen auch als **qualifizierten Namen**.

Beispiel: Hier werden die Deklarationen aus dem letzten Beispiel jeweils in einem eigenen Namensbereich zusammengefasst:

Prog1.h

```
namespace Prog1 {
   extern int i;
   int f(int);
}
```

Prog1.cpp

```
namespace Prog1 {
   int i;
   int f(int i)
   {
   return i;
   }
}
```

Prog2.h

```
namespace Prog2 {
   extern int i;
   int f(int);
}
```

7.3 Namensbereiche

Prog2.cpp

```
namespace Prog2 {
    int i;
    int f(int i)
    {
    return i+1;
    }
}
```

Dann kann man über den Namensbereich gezielt angeben, welche der Deklaration gemeint ist:

Prog.cpp

```
#include "Prog1.h"
#include "Prog2.h"
Prog1::i=Prog1::f(17);  // f aus Prog1.h
Prog2::i=Prog2::f(17);  // f aus Prog2.h
```

7.3.1 Die Definition von benannten Namensbereichen

Ein benannter Namensbereich wird gemäß der Syntaxregel

namespace *identifier* **{** *namespace-body* **}**

global oder in einem anderen Namensbereich deklariert. Ein *namespace-body* ist dabei eine beliebige Folge von Deklarationen:

namespace-body:
    declaration-seq _{opt}

Beispiel: Die Namen i und f gehören zum Namensbereich N:

```
namespace N {
    int i;
    int f(int i) { return i+1; }
}
```

Ein Namensbereich muss nicht mit einer einzigen *namespace*-Deklaration definiert werden, sondern kann sich aus mehreren solchen Deklarationen in verschiedenen Übersetzungseinheiten zusammensetzen. Alle Namensbereiche mit demselben Namen bilden dann in einem Projekt einen einzigen Namensbereich.

Beispiel: Mit den folgenden Deklarationen gehören die Namen i, f, j und g zum Namensbereich N. Die globale Funktion ::f gehört nicht zu diesem Namensbereich und ist eine andere Funktion als N::f.

Unit1.cpp

```
namespace N {
   int i;
   int f(int i)
   {
   // ...
   }
}

void f()
{
}

namespace N {
   int j;
   int g(int i)
   {
   /* ... */
   }
}
```

Unit1.h

```
namespace N {
   extern int i;
   extern int j;
   int f(int);
   int g(int);
}
```

Da die Deklaration eines Namensbereichs ebenfalls eine Deklaration ist, können Namensbereiche verschachtelt werden. Auf die Elemente kann man dann mit einer verschachtelten Qualifizierung zugreifen.

Beispiel:
```
namespace N {
      int i;          // 1.
      namespace A {
         int i;       // 2.
      }
      namespace B {
         int i;       // 3.
      }
} // end of namespace

N::i=17;      // 1.
N::A::i=18;   // 2.
N::B::i=19;   // 3.
```

Ein Namensbereich kann sowohl Funktionsdefinitionen als auch Prototypen enthalten. Die zu einem Prototyp gehörende Definition kann auch außerhalb des Namensbereichs stehen. Sie wird dann mit dem Namensbereich und dem Operator „::" vor dem Namen gekennzeichnet. In der Verbundanweisung einer solchen

7.3 Namensbereiche

Funktionsdefinition können die Elemente des Namensbereichs ohne explizite Qualifizierung angesprochen werden.

Beispiel: Die Funktion f wird im Namensbereich N deklariert und außerhalb des Namensbereichs definiert. Die Funktion g wird im Namensbereich definiert:

```
namespace N {
  int f(int);
  int g(int i)
  {
  return i+1;
  }
} // end of namespace

int N::f(int i)
{
return g(i);//N::g, ohne explizite Qualifizierung
}
```

In der Funktionsdefinition von f wird die Funktion g ohne explizite Qualifizierung angesprochen.

Alle globalen Deklarationen gehören zum so genannten **globalen Namensbereich**. Namen aus diesem Namensbereich kann man mit dem Operator „::" ansprechen, auch wenn die globale Deklaration durch eine lokale verdeckt wird.

Beispiel:
```
int i;
int f(int i)
{
::i=17;     // das globale i
return ++i; // das lokale i
}
```

7.3.2 Die Verwendung von Namen aus Namensbereichen

Wenn ein Name aus einem Namensbereich öfter verwendet wird, ist es etwas mühsam, ihn immer mit dem Namen des Namensbereichs und dem Operator „::" anzusprechen. Mit einer *using*-Deklaration oder einer *using*-Direktive kann man das vereinfachen.

Eine *using*-**Deklaration** definiert im aktuellen Gültigkeitsbereich ein Synonym für einen Namen aus einem Namensbereich.

> *using-declaration:*
>   **using typename** opt **::** opt *nested-name-specifier unqualified-id* **;**
>   **using ::** *unqualified-id* **;**

Nach einer *using*-Deklaration kann man den dabei angegebene Bezeichner ohne weitere Qualifizierung mit dem Bereichsoperator :: verwenden.

Beispiel: Mit dem Namensbereich N aus dem vorletzten Beispiel können die Funktionen f und g auch folgendermaßen aufgerufen werden:

```
void h()
{
using N::f;
using N::g;
f(1);   // N::f(1)
g(1);   // N::g(1)
}
```

Die mit einer *using*-Deklaration in einen Bereich eingeführten Namen dürfen nicht mit anderen Deklarationen kollidieren.

Beispiel: Mit dem Namensbereich N aus den letzten Beispielen erhält man die als Kommentar angegebene Fehlermeldung:

```
void h()
{
int f;
using N::f;//Fehler: Bezeichner 'f' mehrfach
}                                  // deklariert
```

Wird ein Name aus einem Namensbereich nach einer *using*-Deklaration verwendet, werden nur die Elemente des Namensbereichs berücksichtigt, die zum Zeitpunkt der *using*-Deklaration im Namensbereich enthalten sind.

Beispiel:
```
namespace N {
   int f(int);
}

using N::f;

namespace N {
   int f(char);
}

void h()
{
f('c');   // Aufruf von f(int), obwohl f(char)
}         // inzwischen dem Namensbereich hinzugefügt wurde

void g()
{
using N::f;
f('c');   // Aufruf von f(char)
}
```

Mit einer *using*-Direktive

using-directive:
    using namespace ::_{opt} *nested-name-specifier* _{opt} *namespace-name* ;

7.3 Namensbereiche

kann man sämtliche Namen aus einem Namensbereich so verwenden, als ob sie außerhalb ihres Namensbereichs deklariert worden wären. Im Unterschied dazu wird bei einer *using*-Deklaration ein Name in einen Namensbereich einführt.

Beispiel: Verwendet man den Namensbereich

```
namespace N {
    int i;
}
```

wie in der Funktion h mit einer *using*-Direktive, steht sowohl die lokale Variable i als auch die gleichnamige Variable aus dem Namensbereich N zur Verfügung:

```
void h()
{
int i;
using namespace N;
::i=17; // N::i
}
```

Dagegen erhält man mit

```
void h()
{
int i;
using N::i; // Fehler: Bezeichner 'f' mehrfach
}                              // deklariert
```

beim Kompilieren die als Kommentar angegebene Fehlermeldung.

Wenn man an mehreren Stellen in einem Programm immer wieder dieselbe Gruppe von Deklarationen aus einem Namensbereich braucht, kann man diese in einem eigenen Namensbereich zusammenfassen und dann den ganzen Namensbereich mit einer *using*-Direktive verwenden:

```
namespace M1 {
using N::f;
using N::g;
}

void h()
{
using namespace M1;
f(1); // N::f(1)
g(2); // N::g(1)
}
```

Globale *using*-Direktiven sollen nach Stroustrup (1997, Abschnitt 8.2.3) vor allem älteren (in C geschriebenen) Programmen die Verwendung von Bibliotheken mit Namensbereichen erleichtern, ohne dass große Änderungen notwendig sind.

So werden z.B. die Funktionen der C-Bibliotheken *math.h*, *stdio.h* usw. in C++ im Namensbereich *std* definiert. Über *using*-Direktiven werden sie im globalen Namensbereich zur Verfügung gestellt, wenn man sie wie in C mit

```
#include <math.h>
#include <stdio.h>
```

in ein Programm aufnimmt. Mit den *#include*-Anweisungen

```
#include <cmath>
#include <cstdio>
```

stehen sie aber nur im Namensbereich *std* zur Verfügung. Diese Dateien bestehen im C++Builder im Wesentlichen nur aus den folgenden Anweisungen:

```
#define   __USING_CNAME__
#include <math.h>
#undef    __USING_CNAME__
```

In *math.h* werden dann in Abhängigkeit vom Makro *__USING_CNAME__* die Namen aus dem Namensbereich *std* mit *using*-Direktiven global zur Verfügung gestellt:

```
#if defined(__cplusplus) && !defined(__USING_CNAME__) ...
   ...
   using std::sqrt;
   using std::tan;
   ...
#endif /* __USING_CNAME__ */
```

Ältere Programme können so ohne Änderung die alten Bibliotheken verwenden (z.B. mit *#include <math.h>*). Neue Programme können dagegen (z.B. mit *#include <cmath>*) die Vorteile von Namensbereichen nutzen und parallel andere Bibliotheken verwenden, die Funktionen mit denselben Namen zur Verfügung stellen.

Alle Deklarationen der Standardbibliothek von C++ (außer Makros und den Operatorfunktionen *new* und *delete*) sind im Namensbereich *std* enthalten. Da bei ihnen meist keine Gefahr von Missverständnissen besteht, können sie einem Programm mit einer globalen *using*-Direktive zur Verfügung gestellt werden:

```
using namespace std;
```

Bei anderen Bibliotheken als der Standardbibliothek von C++ ist es aber meist besser, keine globalen *using*-Direktiven zu verwenden und den Namen des Namensbereichs jedes Mal anzugeben. So kommt explizit zum Ausdruck, zu welcher Bibliothek eine Funktion gehört:

```
MeineBibliothek::f();
DeineBibliothek::g();
```

7.3.3 Aliasnamen für Namensbereiche

Je kürzer die Namen von Namensbereichen sind, desto größer ist die Wahrscheinlichkeit, dass ein anderer Namensbereich denselben Namen hat. Das kann Namenskonflikte zur Folge haben. Deshalb empfiehlt es sich, für Namensbereiche möglichst lange und aussagekräftige Namen zu wählen. Allerdings ist die Verwendung von langen Namen recht umständlich.

Einen Ausweg aus diesem Dilemma bieten Aliasnamen für einen Namensbereich. Ein solcher Aliasname deklariert ein Synonym für einen Namensbereich. Unter dem Aliasnamen kann man dann die Elemente des Namensbereichs wie unter dem eigentlichen Namen ansprechen.

Beispiel:
```
namespace Meine_ganz_spezielle_Superbibliothek
{
void f(int i) { /* ... */ }
namespace Datenbankfunktionen
  {
  void g(int i) { /* ... */ }
  }
}

namespace S=Meine_ganz_spezielle_Superbibliothek;
namespace DB=Meine_ganz_spezielle_Superbibliothek::
                                      Datenbankfunktionen;
S::f(17);
DB::g(17);
```

Mit Aliasnamen kann man auch leicht eine Version einer Bibliothek durch eine andere ersetzen:
```
namespace S=
        Meine_ganz_spezielle_Superbibliothek_Version_2;
```

Allerdings sollte man Aliasnamen nicht übermäßig einsetzen, da man sonst leicht die Übersicht verliert.

7.3.4 Unbenannte Namensbereiche

Oft verwendet man Namensbereiche nur, um die Gültigkeit von Deklarationen auf eine Übersetzungseinheit zu beschränken und so Konflikte mit Namen in anderen Übersetzungseinheiten zu vermeiden. Dazu wählt man einen in allen Übersetzungseinheiten des Projekts eindeutigen Namen für den Namensbereich.

Beispiel:
```
namespace CXAZTTT96227 { // hoffentlich eindeutig
    // ...
    }
```

Mit einem **anonymen** oder **unbenannten Namensbereich** kann man die Suche nach einem eindeutigen Namen für einen Namensbereich an den Compiler delegieren. Dazu lässt man bei der Deklaration eines Namensbereichs den Namen des Namensbereichs aus:

```
namespace { namespace-body }
```

Für einen unbenannten Namensbereich erzeugt der Compiler dann einen in allen Übersetzungseinheiten des Projekts eindeutigen Namen. Bezeichnet man diesen eindeutigen Namen mit *unique*, wird ein namenloser Namensbereich vom Compiler wie die folgende Konstruktion behandelt:

```
namespace unique { /* empty body */ }
using namespace unique;
namespace unique { namespace-body }
```

Wegen der *using*-Anweisung können dann alle Elemente eines unbenannten Namensbereichs in derselben Übersetzungseinheit direkt angesprochen werden. Außerhalb von ihr können sie nicht angesprochen werden.

Beispiel:
```
namespace {

    int i=1;
    double x=2;

    void f()
    {
    // ...
    }

} // end of namespace

void g()
{
f();
}
```

Mit einem namenlosen Namensbereich erreicht man, dass seine Elemente außerhalb ihrer Übersetzungseinheit nicht sichtbar sind, auch wenn sie externe Bindung haben. Sie können dann außerhalb ihrer Übersetzungseinheit genauso wenig angesprochen werden, wie wenn man sie mit *static* mit interner Bindung definiert. Wie schon in Abschnitt 7.1.2 erwähnt wurde, rät der C++-Standard ausdrücklich dazu, unbenannte Namensbereiche gegenüber *static* zu bevorzugen.

Deshalb kann man mit unbenannten Namensbereichen **Namen verbergen**. Oft soll eine Übersetzungseinheit ja nur einen Teil ihrer Funktionen bzw. Deklarationen (die Schnittstelle) zur Verfügung stellen. Zahlreiche weitere Funktionen sind reine Hilfsfunktionen, die lediglich den Zweck haben, die Funktionen der Schnittstelle übersichtlich und effizient zu realisieren. Diese Hilfsfunktionen bzw. -deklarationen sollten von einem Anwender nie aufgerufen werden können.

7.3 Namensbereiche

Dazu fasst man die Hilfsfunktionen in einem unbenannten Namensbereich zusammen. Die Funktionen der Schnittstelle definiert man am besten in einem benannten Namensbereich:

Util.h

```
namespace S { // die Schnittstelle in einem benannten
                                        // Namensbereich
    void f();
}
```

Util.cpp

```
#include "Util.h"
namespace { // die Hilfsfunktionen in einem unbenannten
                                        // Namensbereich
    void Hilfsfunktion1() { /* .. */ }
    void Hilfsfunktion2() { /* .. */ }

    void S::f()
    {
    Hilfsfunktion1();
    Hilfsfunktion2();
    }
}
```

Anmerkung für Delphi-Programmierer: In Object Pascal sind alle Deklarationen im Implementationsteil einer Unit wie in einem unbenannten Namensbereich vor einem Zugriff aus einer anderen Übersetzungseinheiten eines Projekts geschützt.

7.3.5 Module und das Geheimnisprinzip

Große Programme bestehen meist aus vielen Funktionen, Variablen usw. Damit man die Übersicht nicht so leicht verliert, sollte man inhaltlich zusammengehörige Daten, Funktionen usw. zusammenfassen. Eine solche Zusammenfassung wird auch als Modul oder Baustein bezeichnet. Der Zugriff auf die Daten eines Moduls soll dann nur über bestimmte Elemente (meist Funktionen) möglich sein, die auch als Schnittstelle des Moduls bezeichnet werden. Dieses allgemein anerkannte Entwurfsprinzip wird auch als **Geheimnisprinzip (information hiding)** bezeichnet.

Module sind z.B. Funktionen, Dateien (Übersetzungseinheiten), Bibliotheken (statisch oder dynamisch gelinkte) und Klassen. Jedes solche Modul unterstützt das Geheimnisprinzip durch bestimmte Sprachkonzepte:

– Bei einer Funktion wird das Geheimnisprinzip durch lokale Deklarationen realisiert. Ihre Schnittstelle ist ihre Parameterliste und ihr Rückgabewert.

- Bei einer Datei wird es in C++ durch Namen in einem unbenannten Namensbereich (siehe Abschnitt 7.3.4) realisiert. Die Schnittstelle definiert man in einem benannten Namensbereich in einer eigenen Header-Datei.
- Bei einer Bibliothek ist die Schnittstelle die Header-Datei.
- Namen aus einem Namensbereich können nur mit einer Qualifizierung über den Namen des Namensbereichs (bzw. nach einer *using*-Deklarationen oder Direktive) angesprochen werden und sind damit in gewisser Weise gegen einen versehentlichen Zugriff geschützt.
- Klassen sind vielseitigere Module als Namensbereiche und Dateien. Bei ihnen ist das Geheimnisprinzip mit Zugriffsrechten realisiert (Abschnitt 8.1.3).

Auf den ersten Blick mag es vielleicht absurd erscheinen, Geheimniskrämerei zum Prinzip zu erheben, da so die Möglichkeiten eines Benutzers eingeschränkt werden. Wenn durch eine solche Einschränkung aber ein versehentlicher oder absichtlicher Missbrauch verhindert werden kann, hat sie meist nur **Vorteile**:

- Wenn die Daten eines Moduls von außen verändert werden können, sind keine generellen Aussagen über das Ergebnis der Funktionen des Moduls möglich, da jede Veränderung das beabsichtigte Ergebnis zerstören kann.
- Bei der Suche nach der Ursache für einen Programmfehler wird der Bereich, in dem der Fehler verursacht werden kann, eingeschränkt: Je kleiner der Bereich ist, in dem man auf eine Variable zugreifen kann, desto kleiner ist der Bereich, in dem der Fehler verursacht werden kann.

Diese Vorteile können allerdings auch mit **Nachteilen** verbunden sein:

- Wenn der Zugriff auf die Daten nur über eine Funktion der Schnittstelle möglich ist, kann das etwas zeitaufwendiger sein als ein direkter Zugriff.
- Die Schnittstelle muss alle Funktionen zur Verfügung stellen, die ein Anwender benötigt. Das erfordert vom Entwickler ein Verständnis für die Anforderungen des Anwenders.

Das Geheimnisprinzip sollte deswegen nie blind angewandt werden: In jedem Einzelfall muss geprüft werden, ob die Vorteile diese Nachteile rechtfertigen.

Aufgaben 7.3

1. Geben Sie an, welche Funktionen in den mit a), b), c) und d) gekennzeichneten Zeilen gemeint sind:

```
void f(){};
void g(){};

namespace A {
  void f(){};
  void g(){};
}
```

7.3 Namensbereiche

```
namespace B {
  using ::f;    // a)
  using A::g;   // b)
}

void h()
{
using namespace B;
f();            // c)
B::g();         // d)
}
```

2. In der Lösung der Aufgabe 7.1.3 wurden die Funktionen zur hochauflösenden Zeitmessung folgendermaßen auf zwei Dateien verteilt:

TimeUtils.h

```
double HRTimeInSec(); // Deklaration, keine Definition
```

TimeUtils.cpp // die zugehörigen Definitionen

```
double GetHRFrequency(){ /* wie in Aufgabe 4.5.6.1 */}
double HRTimeInSec()   { /* wie in Aufgabe 4.5.6.1 */}
double HRFrequency=GetHRFrequency();
```

Überarbeiten Sie diese Lösung so, dass die Funktion *HRTimeInSec* in einem Namensbereich „TimeUtils" zur Verfügung steht. Die anderen beiden Namen *GetHRFrequency* und *HRFrequency* sollen außerhalb ihrer Quelltextdatei nicht verfügbar sein.

3. Zwei verschiedene Quelltextdateien sollen zwei verschiedene Funktionen mit demselben Namen f enthalten. Beide Funktionen sollen in einem Namensbereich enthalten sein, der ebenfalls in jeder Datei gleich ist:

f1.cpp:
```
namespace N{
  int f(const int i)
  {
  return i;
  }
} // end of namespace
```

f1.h
```
namespace N{
  int f(const int i);
} // end of namespace
```

f2.cpp:
```
namespace N{
  int f(const int i)
  {
  return i+1;
  }
} // end of namespace
```

f2.h
```
namespace N{
  int f(const int i);
} // end of namespace
```

Kann man die beiden Funktionen f gemeinsam in einem Programm verwenden, ohne diese Quelltextdateien zu ändern?

8 Objektorientierte Programmierung

Die objektorientierte Programmierung erweitert die in den letzten Kapiteln dargestellten Konzepte der strukturierten Programmierung um Begriffe wie **Klassen, Objekte, Vererbung** und **Polymorphie**. Diese relativ abstrakten Konzepte finden sich in ähnlicher Form in vielen modernen Programmiersprachen. Sie werden auch als Kriterium dafür betrachtet, dass man eine Programmiersprache als objektorientiert bezeichnen kann.

Klassen ermöglichen die Zusammenfassung von Daten und Funktionen. Eine solche Zusammenfassung ist in nicht objektorientierten Programmiersprachen in der Regel nicht möglich, da diese Daten und Funktionen relativ streng trennen.

Vererbung ermöglicht die Konstruktion neuer Klassen aus vorhandenen. Die neuen Klassen übernehmen die Elemente der Basisklassen und können zusätzliche Elemente haben. Die Nachfolger unterscheiden sich in den zusätzlichen Elementen von den Vorgängern und sind in den geerbten mit ihnen identisch. Auf diese Weise kann man einen Vorgänger als Baustein wiederverwenden und den Nachfolger als Erweiterung des Vorgängers betrachten. Vererbung ist außerdem die Grundlage für die Polymorphie, die unter anderem eine einfache Erweiterung von Programmen ermöglicht.

Klassen können sehr hilfreiche Programmbausteine sein. In den letzten Jahren hat sich die Überzeugung durchgesetzt, dass anspruchsvolle und komplexe Programme (wie für grafische Benutzeroberflächen) ohne die objektorientierten Konzepte kaum mehr mit vertretbarem Aufwand realisiert werden können.

Damit Klassen hilfreich sind, müssen sie allerdings richtig entworfen sein. Es ist meist einfach, irgendwelche Klassen zu schreiben, die der Compiler übersetzen kann. Schwieriger ist es dagegen, sie so zu gestalten, dass sie sich auch in späteren Phasen eines Projekts bewähren. Deshalb werden auch die Grundbegriffe der objektorientierten Analyse und des objektorientierten Designs behandelt. Dabei zeigt sich, dass man oft nur mit den erst in Abschnitt 8.4.9 behandelten abstrakten Basisklassen ein tragfähiges Konzept erhält. Die Dramaturgie vieler Beispiele und Aufgaben soll verschiedene Design-Alternativen und die Schwierigkeiten bei der Auswahl der richtigen zeigen. In Abschnitt 8.4.10 zeigt sich dann, dass alles doch nicht so schwierig ist, wie es zunächst gelegentlich ausgesehen haben mag.

8.1 Klassen

In der objektorientierten Programmierung ist ein **Objekt** eine Zusammenfassung von Daten und Funktionen unter einem Oberbegriff. Dieser Begriff hat der objektorientierten Programmierung den Namen gegeben.

In C++ ist ein Objekt eine Variable, deren Datentyp eine Klasse ist. Anstelle von Objekt sind auch die Bezeichnungen **Klassenobjekt**, **Klasseninstanz** oder **Instanz** verbreitet, die aber im Folgenden nicht verwendet werden. Zur Vermeidung von umständlichen Formulierungen werden Objekte auch als Variablen bezeichnet und umgekehrt, falls es nicht darauf ankommt, ob ein Datentyp eine Klasse ist.

Klassen werden meist mit dem Schlüsselwort *class* definiert:

class-specifier:
    class-head **{** *member-specification* _{opt} **}**

class-head:
    class-key identifier _{opt} *base-clause* _{opt}
    class-key nested-name-specifier identifier base-clause _{opt}

class-key:
    class
    struct
    union

Anstelle von *class* kann man auch *struct* oder *union* verwenden. Bei mit *union* definierten Klassen sind allerdings zahlreiche Einschränkungen zu beachten. Deshalb werden solche Klassen im Rahmen der objektorientierten Programmierung nur selten verwendet und im Folgenden auch nicht weiter berücksichtigt.

8.1.1 Datenelemente und Elementfunktionen

Die Elemente einer Klasse werden durch geschweifte Klammern zusammengefasst. Wie die Syntaxregel für eine *member-declaration* zeigt, können hier Funktionsdefinitionen, Datenfelder sowie weitere Deklarationen angegeben werden.

member-specification:
    member-declaration member-specification _{opt}
    access-specifier **:** *member-specification* _{opt}

member-declaration:
    decl-specifier-seq _{opt} *member-declarator-list* _{opt} **;**
    function-definition **;** _{opt}
    qualified-id **;**
    using-declaration

8.1 Klassen

member-declarator-list:
  member-declarator
  member-declarator-list **,** *member-declarator*

member-declarator:
  declarator pure-specifier _{opt}
  declarator constant-initializer _{opt}
  identifier _{opt} **:** *constant-expression*

pure-specifier:
  = 0

constant-initializer:
  = *constant-expression*

Bereits in Abschnitt 4.4.1 wurde gezeigt, wie man Klassen definiert, die nur Datenelemente enthalten. In diesem Kapitel werden vor allem Klassen definiert, die auch Funktionen enthalten. Funktionen, die zu einer Klasse gehören, werden als **Elementfunktionen** (member function) bezeichnet.

Beispiel: Die Klasse *C2DPunkt* soll einen zweidimensionalen Punkt darstellen und fasst dessen Koordinaten x und y (Datenfelder) sowie die Funktionen *Init*, *toStr* und *display* zusammen.

```
class C2DPunkt{
    double x,y;
    void Init(double x_, double y_);
    AnsiString toStr();
    void display();
};
```

Anstelle von *class* kann bei einer Klassendefinition auch *struct* verwendet werden:

```
struct C2DPunkt{
    double x,y;
    void Init(double x_, double y_);
    AnsiString toStr();
    void display();
};
```

Die Unterschiede zwischen einer Klassendefinition mit *struct* und *class* werden in Abschnitt 8.1.3 beschrieben.

Eine Elementfunktion kann innerhalb oder außerhalb der Klasse definiert werden. Wenn sie **außerhalb der Klasse definiert** wird, gibt man vor ihrem Namen den Namen der Klasse und den Bereichsoperator „::" an.

Beispiele: Die Funktionen für die Klasse *C2DPunkt* aus dem letzten Beispiel können folgendermaßen definiert werden:

```
void C2DPunkt::Init(double x_, double y_)
{
x = x_;
y = y_;
}

AnsiString C2DPunkt::toStr()
{
return "("+FloatToStr(x)+"|"+FloatToStr(y)+")";
} // z.B. (2,345|3,45678)

void C2DPunkt::display()
{
Form1->Memo1->Lines->Add(toStr());
}
```

Wenn eine **Elementfunktion** nicht außerhalb, sondern **innerhalb der Klasse definiert** (und nicht nur deklariert) wird, ist sie automatisch eine *inline*-**Funktion**.

Beispiel: Die folgende Klassendefinition unterscheidet sich von der aus dem letzten Beispiel nur dadurch, dass die Funktionen hier *inline*-Funktionen sind. Dabei ist es unerheblich, ob die Klasse mit *class* oder *struct* definiert wird.

```
class C2DPunkt{
   double x,y;

   void Init(double x_, double y_)
   {
   x = x_;
   y = y_;
   }

   AnsiString toStr()
   {
   return "("+FloatToStr(x)+"|"+FloatToStr(y)+")";
   } // z.B. (2,345|3,45678)

   void display()
   {
   Form1->Memo1->Lines->Add(toStr());
   }

};
```

Damit eine Elementfunktion eine *inline*-Funktion ist, muss man sie allerdings nicht in der Klasse definieren. Man kann sie auch außerhalb der Klasse mit dem Schlüsselwort *inline* definieren:

Beispiel:
```
inline void C2DPunkt::Init(double x_, double y_)
{
x = x_;
y = y_;
}
```

8.1 Klassen

Wie bei globalen *inline*-Funktionen muss der Compiler den Aufruf einer *inline*-Elementfunktion nicht durch ihre Anweisungen ersetzen. Ein solcher Aufruf kann auch als „gewöhnlicher" Funktionsaufruf übersetzt werden.

Wenn man eine Elementfunktion außerhalb der Klasse definiert, muss man die **Default-Argumente** bei der Deklaration in der Klasse angeben und nicht bei der Definition außerhalb.

Normalerweise definiert man alle Klassen global. Es ist aber auch möglich, eine Klasse lokal in einer Funktion zu definieren. Dann müssen aber alle Elementfunktionen der Klasse innerhalb der Klasse definiert werden.

Beispiel: Die lokale Definition der Klasse C in der Funktion f1 ist zulässig, da alle Elementfunktionen von C innerhalb der Klasse definiert werden:

```
void f1()
{
  class C {
    int g() {}
  };
}
```

Dagegen ist die lokale Klassendefinition in f2 nicht möglich, da eine Elementfunktion außerhalb der Klasse definiert wird:

```
void f2()
{
  class C {
    int g();
  };

  int C::g() {}//Fehler: Bezeichner g darf keinen
              // Typqualifizierer besitzen
}
```

Gelegentlich ist es notwendig, Klassen zu definieren, die sich gegenseitig voraussetzen. Das ist mit einer **Vorwärtsdeklaration** möglich, die nur aus dem Schlüsselwort *class* bzw. *struct* und dem Namen der Klasse besteht.

Beispiel: Hier ist *Vektor* für *Matrix* und *Matrix* für *Vektor* notwendig:

```
class Vektor; // Vorwärtsdeklaration

class Matrix {
  Vektor mult(const Matrix&,const Vektor&);
};

class Vektor {
  Vektor mult(const Matrix&,const Vektor&);
};
```

Anmerkung für Delphi-Programmierer: Den Klassen von C++ entsprechen in Object Pascal die mit *class* oder *object* definierten Klassen. In Object Pascal kann man keine Elementfunktionen innerhalb einer Klasse definieren.

8.1.2 Der Gültigkeitsbereich von Klassenelementen

Die Zusammengehörigkeit der Elemente einer Klasse kommt insbesondere dadurch zum Ausdruck, dass man in einer Elementfunktion alle Elemente der Klasse allein über ihren Namen ansprechen kann. Es ist dabei nicht notwendig, die Klasse in irgendeiner Form anzugeben.

Beispiel: In der Funktion *Init* werden die Datenfelder x und y der Klasse *C2DPunkt* angesprochen. In der Funktion *display* wird die Funktion *toStr* aus dieser Klasse aufgerufen:

```
class C2DPunkt{
   double x,y;
   void Init(double x_, double y_);
   AnsiString toStr();
   void display();
};

void C2DPunkt::Init(double x_, double y_)
{
x = x_; // x und y sind die Datenfelder aus der
y = y_; // Klasse C2DPunkt
}

void C2DPunkt::display()
{
Form1->Memo1->Lines->Add(toStr());
}
```

Der Gültigkeitsbereich von Namen, die in einer Klasse deklariert sind, wird als **Klassengültigkeitsbereich** (*class scope*) bezeichnet. Er ist durch die folgenden Regeln charakterisiert:

– Ein in einer Klasse deklarierter Name ist nicht nur im Bereich ab seiner Deklaration bekannt, sondern **in allen Elementfunktionen** der Klasse. Dabei ist es unerheblich, ob die Funktionsdefinition vor oder nach der Deklaration des Namens erfolgt und ob die Funktion innerhalb oder außerhalb der Klasse definiert wird.
– Falls in einer Elementfunktion derselbe Name wie in der Klasse deklariert wird, verdeckt die lokale Deklaration in der Funktion die der Klasse.

Ein in einer Elementfunktion verdecktes Klassenelement kann man mit dem Bereichsoperator ansprechen. Dazu gibt man vor seinem Namen den Namen der Klasse und den Bereichsoperator „::" an. Auf diese Weise stehen die Datenelemente einer Klasse allen Elementfunktionen zur Verfügung. Wenn man verschie-

8.1 Klassen

denen Funktionen, die keine Elementfunktionen sind, dieselben Daten zur Verfügung stellen will, muss man diese außerhalb der Funktionen global definieren.

Beispiele:

1. Ein Klassenelement kann auch vor seiner Definition in der Klasse verwendet werden:

    ```
    int x,y;

    class C2DPunkt{
      void Init(double x_, double y_)
      {
      x = x_;
      y = y_;
      }

      double x,y;
    };
    ```

    Hier werden in der Elementfunktion *Init* die Klassenelemente x und y und nicht etwa die globalen Variablen x und y angesprochen.

2. Wenn man in einer Elementfunktion denselben Namen wie in der Klasse lokal deklariert, verdeckt die lokale Deklaration die der Klasse:

    ```
    void C2DPunkt::Init(double x_, double y_)
    {
    double x;
    x = x_; // hier ist x die lokale Variable
    y = y_;
    }
    ```

    Das gilt insbesondere auch für die Parameter einer Elementfunktion:

    ```
    void C2DPunkt::Init(double x, double y)
    {
    x = x; // hier sind x und y die Parameter aus der
    y = y; // Parameterliste der Elementfunktion
    }
    ```

    Deshalb wählt man für die Parameter einer Elementfunktion meist andere Namen als für die Datenelemente.

3. Die durch eine lokale Deklaration verdeckten Namen der Klassenelemente kann man mit dem Namen der Klasse und dem Bereichsoperator ansprechen. Deswegen muss man für die Parameter einer Elementfunktion nicht zwingend andere Namen wie für die Elemente wählen:

```
void C2DPunkt::Init(double x, double y)
{
C2DPunkt::x = x;
C2DPunkt::y = y;
}
```

Allerdings ist diese Art der Benennung von Elementen nicht sehr verbreitet. Insbesondere muss man so bei einer Änderung des Namens der Klasse diesen auch beim Zugriff auf die Elemente ändern.

Der **Klassengültigkeitsbereich** ergänzt den **blockbezogenen** (lokalen) **Gültigkeitsbereich** (der durch eine Verbundanweisung { ... } begrenzt ist) und den Gültigkeitsbereich in einem **Namensbereich**. Trotz aller inhaltlichen Unterschiede haben sie die folgenden Gemeinsamkeiten:

– Jeder dieser Gültigkeitsbereiche definiert einen Bereich im Quelltext, in dem eine deklarierte Einheit allein mit ihrem Namen angesprochen werden kann.
– Wenn in einem solchen Gültigkeitsbereich ein weiterer definiert wird, verdeckt eine gleichnamige Deklaration in dem verschachtelten Gültigkeitsbereich die Deklaration aus dem umgebenden.

Anmerkung für Delphi-Programmierer: Der Gültigkeitsbereich von Klassenelementen entspricht in C++ dem von Object Pascal.

8.1.3 Objekte und die Zugriffsrechte *private* und *public*

Eine Klasse ist ein Datentyp und ein Objekt eine Variable, deren Datentyp eine Klasse ist. Deshalb kann man ein Objekt wie eine Variable eines einfachen Datentyps definieren. Es enthält dann alle Elemente der Klasse. Diese kann man unter dem Namen des Objekts ansprechen, auf den ein Punktoperator „.“ und der Name des Elements folgt. Mit einem Zeiger auf ein Objekt kann man auch den Pfeiloperator „->" verwenden.

Beispiel: Mit der Klasse *C2DPunkt* erhält man durch die folgenden Definitionen zwei Objekte p bzw. *pc dieser Klasse:

```
C2DPunkt p;
C2DPunkt* pc=new C2DPunkt;
```

Diese Objekte enthalten dann die Datenelemente

p.x und *p.y*

bzw.

pc->x und *pc->y*

8.1 Klassen

Solange eine Klasse keine virtuellen Elementfunktionen oder statischen Elemente (mehr darüber später) enthält, ergibt sich der **Speicherplatzbedarf** für ein Objekt nur aus dem für seine Datenelemente. Die Elementfunktionen tragen nicht dazu bei. Falls der Compiler für die Elemente eines Objekts nicht mehr Platz als notwendig reserviert, belegt ein Objekt genauso viel Speicherplatz wie alle Datenelemente seiner Klasse zusammen:

sizeof(C2DPunkt) = sizeof(double) + sizeof(double) = *16*

Mit den **Zugriffsrechten** *private*, *protected* und *public* kann man für jedes Klassenelement explizit festlegen, ob man über ein Objekt darauf zugreifen kann.

access-specifier:
```
    private
    protected
    public
```

Diese Spezifizierer definieren ab ihrer Angabe einen Abschnitt mit Zugriffsrechten, die für alle folgenden Elemente bis zum nächsten solchen Spezifizierer oder bis zum Ende der Klasse gelten. Ein Element aus einem *private*, *protected* oder *public* Abschnitt heißt auch *private*, *protected* oder *public* Element.

- Ein *public* Element kann ohne Einschränkungen angesprochen werden, d.h. sowohl über ein Objekt als auch in einer Elementfunktion der Klasse.
- Ein *private* Element kann nur in einer Element- oder *friend*-Funktion (siehe Abschnitt 8.2.3) der Klasse angesprochen werden, aber nicht über ein Objekt.
- Ein *protected* Element kann in dieser oder einer abgeleiteten Klasse (siehe Abschnitt 8.3.2) wie ein *private* Element angesprochen werden.

Ohne die Angabe eines Zugriffsrechts sind alle Elemente einer mit *class* definierten Klasse *private*, während alle Elemente einer mit *struct* definierten Klasse *public* sind. Dieses voreingestellte Zugriffsrechte ist der **einzige Unterschied** zwischen einer mit *class* und einer mit *struct* definierten Klasse.

Beispiel: Alle Elemente der Klassen C0 und C1 haben dieselben Zugriffsrechte:

```
class C0 {
  int x;
  int f() { return x; }
};

struct C1 {
 private:
  int x;
  int f() { return x; }
};
```

Jeder Zugriff auf diese Elemente über ein Objekt führt zu einer Fehlermeldung:

```
void test(C0 a, C1 b)
{
 a.x=1;//Fehler: Zugriff auf 'C0::x' nicht möglich
 a.f();//Fehler: Zugriff auf 'C0::f()' nicht mögl.
 b.x=1;//Fehler: Zugriff auf 'C1::x' nicht möglich
 b.f();//Fehler: Zugriff auf 'C1::f()' nicht mögl.
}
```

Mit dem Zugriffsrecht *public* sind alle diese Zugriffe zulässig:

```
class C0 {
 public:
  int x;
  int f() { return x; }
};

struct C1 {
 int x;
 int f() { return x; }
};
```

Ein *private* Element einer Klasse kann man nur in den Elementfunktionen genau dieser Klasse ansprechen. Da eine Elementfunktion einer verschachtelten Klasse keine Elementfunktion der umgebenden Klasse ist, kann man aus einer solchen Funktion nicht auf die Elemente der umgebenden Klasse zugreifen.

Beispiel: Die Klasse C enthält als Element eine Klasse E. In einer Elementfunktion von E kann man nur dann auf das Element x zugreifen, wenn es das Zugriffsrecht *public* hat:

```
class C {
 int x;
 class E {
  int f(C p) { return p.x; } // Fehler: Zugriff
                             // auf 'C::x' nicht möglich
 };
};
```

Eine Klasse kann eine **beliebige Anzahl von Abschnitten** mit verschiedenen Zugriffsrechten in einer beliebigen Reihenfolge enthalten.

Beispiel:
```
class C {
 public:
  int f(C p) { return p.x; }
 private:
  int x;
};
```

Der Compiler prüft das Zugriffsrecht auf ein Klassenelement allerdings nur bei der Verwendung seines Namens. Über Zeiger oder Referenzen kann auch ein Speicherbereich verändert werden, der zu einem *private* Datenelement gehört. Da so aber Werte verändert werden, die man ausdrücklich mit *private* als geschützt gekennzeichnet hat, sollte man solche Manipulationen vermeiden.

8.1 Klassen

Die *public* Elemente einer Klasse werden auch als ihre **Schnittstelle** bezeichnet. Da ein **Benutzer** einer Klasse dadurch charakterisiert ist, dass er ein Objekt der Klasse verwendet, kann er nur auf ihre Schnittstelle zugreifen. Auf die *private* Elemente kann er nicht zugreifen.

- Deshalb muss die Schnittstelle einer Klasse alle Funktionen zur Verfügung stellen, die ein Benutzer der Klasse benötigt. Das verlangt vom Entwickler Weitsicht und ein Problemverständnis aus der Sicht des Benutzers.
- Allerdings sollte die Schnittstelle auch keine unnötigen Elemente haben: Je weniger Elemente sie enthält, desto leichter kann sie vom Benutzer verstanden und vom Entwickler an neue Anforderungen angepasst werden.

Deswegen sollte man jede Klasse so gestalten, dass ihre **Schnittstelle vollständig und minimal** ist.

Mit den Sprachkonzepten „Klasse" und „Zugriffsrecht" kann man **Variablen** definieren**, die nur bestimmten Funktionen zur Verfügung stehen**. Dazu muss man nur die Variablen als *private* Datenelemente und die Funktionen als Elementfunktionen in dieselbe Klasse aufnehmen. Ohne solche Sprachelemente ist das nicht möglich. Wenn man in einer Programmiersprache wie C Variablen hat, auf die mehrere Funktionen zugreifen müssen, muss man die Variablen global definieren. Dann können aber auch alle anderen Funktionen auf diese Daten zugreifen.

Schnittstellen ohne Datenelemente haben viele weitere **Vorteile**. Deshalb werden meist **alle Datenelemente** einer Klasse *private* deklariert:

- Oft müssen verschiedene Datenelemente einer Klasse immer in einer bestimmten Beziehung zueinander stehen. Wenn diese Datenelemente *private* sind, muss man nur in den Elementfunktionen darauf achten, dass diese Beziehung hergestellt wird. Bei *public* Datenelementen kann sie über jedes Objekt verletzt werden.
- Bei *private* Datenelementen ist der **Bereich** im Quelltext eines Programms, in dem sie verändert werden können, **kleiner** als bei *public* Elementen. Je kleiner dieser Bereich ist, desto kleiner ist der Bereich, in dem sie einen Fehler verursachen können und in dem man nach seiner Ursache suchen muss.
- Bei einem *private* Datenelement kann man gezielt festlegen, ob es nur gelesen oder auch geändert werden kann, indem man entsprechende Elementfunktionen zur Verfügung stellt.
- Das Zugriffsrecht *private* ermöglicht die Trennung der Implementation einer Klasse von ihrer Schnittstelle. Dann kann ein Benutzer die Klasse auch nach einer Änderung ihrer Implementation wie bisher verwenden, ohne seine Aufrufe zu ändern. Die Notwendigkeit von Änderungen ist nicht selten: Oft kann man erst nach der Fertigstellung eines Systems erkennen, dass Algorithmen zu langsam sind und optimiert werden müssen. Bei vielen großen Projekten ändern sich die Anforderungen während ihrer Realisierung.

Oft sind auch *private* **Elementfunktionen** sinnvoll. Das sind meist Hilfsfunktionen, die nur in den Elementfunktionen aufgerufen werden, aber einem Benutzer der Klasse ausdrücklich nicht zur Verfügung stehen sollen.

Beispiel: Eine Klasse *MeinString* soll einen String durch einen Zeiger auf einen nullterminierten String darstellen und seine Länge im Datenelement *Laenge*:

```
class MeinString {
    char* s; // Zeiger auf nullterminierten String
 public:
    int Laenge;   // Länge des Strings
};
```

Wenn die Länge dann wie hier ein *public* Datenelement ist, kann sie über jedes Objekt verändert werden, ohne dass dieser Wert der Länge entsprechen muss, auf die der Zeiger s zeigt. Stellt man die Länge dagegen durch ein *private* Datenelement n dar und gibt diesen Wert durch eine Funktion zurück, kann die Länge nur gelesen, aber nicht durch eine Zuweisung an das Datenelement gesetzt werden:

```
class MeinString {
    char* s; // Zeiger auf nullterminierten String
    int n;   // Länge des Strings
 public:
    int Laenge(){ return n; } // Länge des Strings
};
```

Hier muss man nur in den Elementfunktionen der Klasse darauf achten, dass die Länge richtig gesetzt wird. Dieser Bereich des Quelltextes ist wesentlich kleiner als der, in dem ein Objekt der Klasse existiert.

Dieses Beispiel zeigt, wie man mit eingeschränkten Zugriffsrechten einen versehentlichen oder absichtlichen **Missbrauch von Daten** weitgehend **ausschließen** kann, indem man die zulässigen Operationen mit den Daten vorgibt.

Für eine Klasse mit ausschließlich *private* Datenelementen lässt sich leichter nachweisen, dass sie ihre Aufgaben auch tatsächlich erfüllt:

- Dann können die Datenelemente eines Objekts der Klasse nur in den Elementfunktionen der Klasse verändert werden. Für den **Nachweis**, dass die Datenelemente bestimmte Eigenschaften haben, kann man sich dann **auf die** *public* **Elementfunktionen der Klasse beschränken**. Mit einem Nachweis für diese Funktionen ist dann für jedes Objekt der Klasse nachgewiesen, dass seine Datenelemente immer diese Eigenschaften haben.
- Mit *public* Datenelementen muss dagegen auch jeder Bereich berücksichtigt werden, in dem ein Objekt der Klasse definiert ist. Wenn man die Verwendung der Klasse nicht kennt, weil sie z.B. anderen Benutzern zur Verfügung gestellt wird, ist ein solcher Nachweis überhaupt nicht möglich.

8.1 Klassen

Auch die C++-Standardbibliothek verwendet keine *public* Datenelemente. Um meine Beispiele kurz und einfach zu halten werden, benutze ich aber gelegentlich solche Elemente. Auch bei Elementen eines Klassentyps mit **vielen Elementfunktionen** sind *public* Datenelemente oft bequemer. Dann steht die Schnittstelle der Elemente über ein Objekt zur Verfügung wie z.B. die Eigenschaft *Text* von *TEdit* in einem Formular:

```
Form1->Edit1->Text="Hallo";
```

Wäre *Edit1* hier *private*, müsste man in der Klasse *TForm1* alle Funktionen explizit definieren, die man von einem *Edit* verwenden will.

Im C++Builder (aber nicht in Standard-C++) gibt es außerdem noch das Zugriffsrecht **__published**. Elemente in einem solchen Abschnitt haben dieselben Zugriffsrechte wie in einem *public* Abschnitt. Sie werden aber bei Klassen aus der Komponentenpalette im Objektinspektor angezeigt. Der C++Builder fügt alle Komponenten, die mit den Mitteln der visuellen Programmierung auf ein Formular gesetzt werden, in einen solchen Abschnitt ein. Die Einträge in diesem Abschnitt sollten nicht manuell verändert werden:

```
class TForm1 : public TForm {
__published: // Komponenten, die von der IDE verwaltet
    TButton *Button1;                                  // werden
    void __fastcall Button1Click(TObject *Sender);
private:   // Benutzerdeklarationen
public:    // Benutzerdeklarationen
    __fastcall TForm1(TComponent* Owner);
};
```

Wie die vom C++Builder nach *private:* oder *public:* in die Header-Datei eingefügten Kommentare andeuten sollen, kann man die Klasse hier um **eigene Elemente** ergänzen. Nimmt man eine selbst definierte Funktion in die Klasse auf

```
private: // Benutzerdeklarationen
    void MeineFunktion();
```

kann man die Elemente der Formularklasse direkt mit ihrem Namen ansprechen:

```
void TForm1::MeineFunktion()
{
Edit1->Text="MeineFunktion";
}
```

Bei einer globalen Funktion muss man auch den Namen des Formulars angeben:

```
void MeineFunktion()
{
Form1->Edit1->Text="MeineFunktion";
}
```

Anmerkung für Delphi-Programmierer: Die Zugriffsrechte *private* und *public* von C++ entsprechen denen von Object Pascal.

8.1.4 Der Aufruf von Elementfunktionen und der *this*-Zeiger

Da zu einer Klasse Datenelemente gehören können, auf die die Elementfunktionen zugreifen, kann eine nicht statische Elementfunktion außerhalb einer Klasse nur nach der Definition eines Objekts aufgerufen werden. Es ist nicht möglich, eine Elementfunktion wie eine globale Funktion allein über den Namen aufzurufen, mit dem sie definiert wurde:

Beispiel: Der Aufruf einer nicht statischen Elementfunktion allein über ihren Namen führt zu einer Fehlermeldung des Compilers:

```
C2DPunkt::Init(0,0); // Fehler: Verwenden Sie .
                     // oder -> zum Aufruf von C2DPunkt::Init
```

Mit dem Objekt p bzw. einem Zeiger q auf ein Objekt

```
C2DPunkt p;
C2DPunkt* q = new C2DPunkt;
```

kann eine Elementfunktion mit dem Punkt- oder Pfeiloperator nach dem Namen des Objekts aufgerufen werden:

```
p.Init(0,0);
q->Init(0,0);
```

Beim **Aufruf einer** nicht virtuellen **Elementfunktion** bestimmt der Compiler die aufzurufende Funktion über den Datentyp, der bei der Definition des Objekts angegeben wurde. Wie bei einer gewöhnlichen Funktion steht so bereits zum Zeitpunkt der Kompilation fest, welche Funktion aufgerufen wird. Deshalb bezeichnet man diese Art der Auflösung von Funktionsaufrufen auch als **frühe Bindung**. Im Gegensatz dazu spricht man bei den später vorgestellten virtuellen Funktionen von **später Bindung**, da sich hier erst während der Laufzeit des Programms ergibt, welche Funktion aufgerufen wird.

Beispiel: Nach der Definition der Objekte

```
C2DPunkt p1,p2;
```

wird jeder der beiden Aufrufe

```
p1.Init(0,0);
p2.Init(1,1);
```

in einen Aufruf von *C2DPunkt::Init* übersetzt, da *p1* und *p2* beide den Datentyp *C2DPunkt* haben.

8.1 Klassen

In diesem Zusammenhang stellt sich die Frage, woher die Elementfunktion *C2DPunkt::Init* weiß, dass sie beim ersten Aufruf die Datenfelder von *p1* und beim zweiten die von *p2* verwenden soll. Die Antwort ergibt sich daraus, dass der Compiler jeder nicht statischen Elementfunktion automatisch die Adresse des aktuellen Objekts als zusätzlichen Parameter **this** übergibt. Über diesen Zeiger werden dann alle Klassenelemente adressiert.

Beispiel: Der Compiler übersetzt die Elementfunktion

```
void C2DPunkt::Init(double x_, double y_)
{
x = x_;
y = y_;
}
```

so, als ob sie mit einem zusätzlichen Parameter *this* vereinbart wäre, dessen Datentyp ein Zeiger auf ihre Klasse ist. Alle Klassenelemente werden über diesen Parameter *this* adressiert:

```
void C2DPunkt::Init(double x_, double y_,
                    C2DPunkt* this)
{
this->x = x_;
this->y = y_;
}
```

Beim Aufruf einer Elementfunktion wird dann automatisch ein Zeiger auf das aktuelle Objekt für den Parameter *this* übergeben. Der Aufruf

```
p1.Init(0,0);
```

wird übersetzt als

```
C2DPunkt::Init(0, 0, &p1);
```

Auf diese Weise ist auch der **Klassengültigkeitsbereich** realisiert. Da der Compiler jeden Zugriff auf ein nicht statisches Element *e* einer Klasse wie *this->e* übersetzt, kann man so in jeder Elementfunktion alle Elemente der Klasse ansprechen.

Der Parameter *this* kann in einer nicht statischen Elementfunktion verwendet werden. Das ist zwar nur selten notwendig. Wir werden jedoch später einige solche Situationen kennen lernen.

Beispiel: Die folgende Definition wird vom Compiler akzeptiert:

```
void C2DPunkt::Init(double x, double y)
{
this->x = x;
this->y = y;
};
```

Anmerkung für Delphi-Programmierer: Dem *this*-Zeiger von C++ entspricht in Object Pascal der Zeiger *self*.

8.1.5 Konstruktoren und Destruktoren

In den bisherigen Beispielen wurde die Elementfunktion *Init* dazu verwendet, die Datenelemente eines Objekts zu initialisieren. Damit man den Aufruf einer solchen Initialisierungsfunktion nicht versehentlich vergisst, kann man in C++ so genannte Konstruktoren definieren. Der Compiler akzeptiert dann die Definition eines Objekts nur, wenn dabei ein Konstruktor aufgerufen wird.

Ein **Konstruktor** ist eine Elementfunktion der Klasse, die dadurch charakterisiert ist, dass sie denselben Namen wie die Klasse hat. Er darf keinen Rückgabetyp haben (auch nicht *void*) und nicht *virtual* oder *static* sein (siehe Abschnitt 8.4.2 und 8.2.9). Eine Klasse kann mehrere Konstruktoren haben. Diese müssen sich dann wie alle anderen überladenen Funktionen durch hinreichend verschiedene Parameter unterscheiden. Die Parameter können auch Default-Argumente haben.

Ein Konstruktor wird in den folgenden Situationen automatisch aufgerufen:

1. Wenn man **ein Objekt durch eine Definition erzeugt**. Dabei muss nach dem Namen des Objekts eine Liste von Argumenten angegeben werden, die zur Parameterliste des Konstruktors passt. Bei der Definition des Objekts wird dann der Konstruktor mit diesen Argumenten aufgerufen.

   Beispiel: Mit der Klassendefinition

   ```
   class C2DPunkt{
     double x,y;
    public:
     C2DPunkt(double x_)
     { // ein Parameter: x-Wert
     x=x_;
     y=0;
     }

     C2DPunkt(double x_, double y_)
     {
     x=x_;
     y=y_;
     }
   };
   ```

   können folgendermaßen Objekte dieser Klasse definiert werden:

   ```
   C2DPunkt p(3);     // p=(3,0)
   C2DPunkt q(5,6);   // q=(5,6)
   ```

   Dagegen wird diese Definition vom Compiler nicht akzeptiert:

8.1 Klassen

```
C2DPunkt p;//Fehler: Keine Übereinstimmung für
// 'C2DPunkt::C2DPunkt()' gefunden
```

Die beiden Konstruktoren von *C2DPunkt* können auch durch einen einzigen mit einem Default-Argument ersetzt werden:

```
class C2DPunkt{
  double x,y;
 public:
  C2DPunkt(double x_, double y_=0)
  {
  x=x_;
  y=y_;
  }
};
```

Wann der Konstruktor aufgerufen wird, hängt von der Art der Definition ab:

- Bei einer globalen Definition wird der Konstruktor ein einziges Mal beim Start des Programms aufgerufen.
- Bei einer lokalen nicht statischen Definition wird er bei jeder Ausführung der Deklarationsanweisung aufgerufen.
- Bei einer lokalen statischen Definition wird er bei der ersten Ausführung der Definition aufgerufen.

2. Wenn ein **Objekt mit *new* erzeugt** wird. Dabei muss man nach *new* den Namen der Klasse und anschließend eine Liste von Argumenten für einen Konstruktor angeben. Bei der Ausführung der *new*-Anweisung wird dann der Konstruktor aufgerufen, der zu den Argumenten passt.

   Beispiel: Mit der Klasse *C2DPunkt* aus dem letzten Beispiel sind die ersten beiden Definitionen möglich. Die dritte wird dagegen vom Compiler abgelehnt:

   ```
   C2DPunkt* pp=new C2DPunkt(3);    // *pp=(3,0)
   C2DPunkt* pq=new C2DPunkt(5,6);  // *pq=(5,6)
   C2DPunkt* p=new C2DPunkt;        // Fehler
   ```

3. Ein **Konstruktor** kann **explizit** mit seinem Namen (also dem Namen der Klasse) **aufgerufen** werden. Dabei wird ein **temporäres Objekt** erzeugt, das keinen Namen hat. Solche Ausdrücke werden oft in einer Zuweisung, bei einer *return*-Anweisung, als Argument oder als Default-Argument verwendet.

   Beispiel: In den mit 1, 2, 3 und 4 gekennzeichneten Anweisungen werden temporäre Objekte erzeugt:

   ```
   C2DPunkt Nullpunkt()
   {
   return C2DPunkt(0,0);  // 1
   }
   ```

```
void f(const C2DPunkt& r=C2DPunkt(0,0))
{
}

void test()
{
C2DPunkt p(1,2);
p=C2DPunkt(3,4);    // 2
f(C2DPunkt(5,6));   // 3
f();                // 4
}
```

Die temporären Objekte in diesem Beispiel existieren nur während der Ausführung des Ausdrucks, in dem sie erzeugt werden. Ein temporäres Objekt, das eine Referenz initialisiert, existiert während der gesamten Lebensdauer des initialisierten Objekts. Deshalb existiert das beim Aufruf f() erzeugte temporäre Objekt bis zum Ende des Blocks der Funktion f.

Ein Konstruktor, der mit einem einzigen Argument aufgerufen werden kann, heißt **konvertierender Konstruktor**, da sein Aufruf für ein temporäres Objekt wie eine Typkonversion aussieht. Solche Konstruktoren gehören zu den **benutzerdefinierten Konversionen** (siehe Abschnitt 8.2.7) und werden oft dazu verwendet, einem Ausdruck einen bestimmten Datentyp zu geben:

```
AnsiString s=AnsiString("a")+"b"; // das geht;
s="a"+"b"; // Fehler: unzulässige Zeigeraddition
```

Ein temporäres Objekt wird außerdem durch einen *throw*-Ausdruck erzeugt.

4. Wenn eine Funktion einen Parameter hat, dessen Datentyp eine Klasse mit einem konvertierenden Konstruktor ist, dann kann die Funktion auch mit einem Argument für diesen Konstruktor aufgerufen werden. Der Compiler erzeugt dabei aus dem Argument mit dem konvertierenden Konstruktor ein temporäres Objekt, das der Funktion als Argument übergeben wird.

   Beispiel: Die Klasse *C2DPunkt* von oben hat einen konvertierenden Konstruktor, der mit einem Ganzzahlargument aufgerufen werden kann. Deshalb kann man die Funktion

   ```
   void f(C2DPunkt x)
   {}
   ```

   auch mit einem Ganzzahlargument aufrufen. Dieser Aufruf führt dann zum Aufruf des Konstruktors, der aus dem Argument y ein temporäres Objekt *C2DPunkt(y)* erzeugt:

   ```
   f(1); // f(C2DPunkt(1));
   ```

5. Bei der Definition eines **Arrays von Objekten** wird **für jedes Arrayelement** in der Reihenfolge der Indizes ein Konstruktor aufgerufen. Die Konstruktoren

8.1 Klassen

kann man in einer Initialisiererliste angeben. Für Konstruktoren mit einem Parameter genügt ein Argument für den Konstruktor.

Beispiel: Mit der Klasse *C2DPunkt* erzeugt die folgende Definition die als Kommentar angegebenen Arrayelemente:

```
C2DPunkt a[2]= {C2DPunkt(1,2),3};
// a[0]=(1,2), a[1]=(3,0)
```

Enthält diese Liste weniger Elemente als das Array, werden die restlichen Elemente durch den so genannten Standardkonstruktor initialisiert. Das ist ein Konstruktor, der ohne Argumente aufgerufen werden kann (siehe Abschnitt 8.1.6). Bei einem Array ohne eine solche Liste und einem mit *new* angelegten Array, bei dem man keine Initialisiererliste angeben kann, werden alle Elemente mit dem Standardkonstruktor initialisiert. Falls die Klasse keinen Standardkonstruktor hat, bringt der Compiler eine Fehlermeldung.

Beispiel: Die folgende Definition führt zum zweifachen Aufruf des Standardkonstruktors der Klasse *C2DPunkt*, falls dieser definiert ist, bzw. zu einer Fehlermeldung:

```
C2DPunkt* pa=new C2DPunkt[2];
```

6. Wenn eine Klasse Datenelemente eines Klassentyps enthält, wird beim Erzeugen eines Objekts der umgebenden Klasse ein Konstruktor für jedes enthaltene Objekt aufgerufen (siehe Abschnitt 8.2.2).

Normalerweise ist es die **Aufgabe eines Konstruktors,** alle Datenelemente eines Objekts der Klasse so zu initialisieren, dass sie beim Aufruf einer beliebigen Elementfunktion in einem definierten Zustand sind. Wenn eine Elementfunktion der Klasse Datenelemente verwendet, die nach dem Aufruf eines Konstruktors nicht initialisiert sind, ist das meist ein **Fehler**.

Beispiel: Nach der Definition

```
class C2DPunkt{
  double x,y;
public:
  C2DPunkt(double x_, double y_=0)
  {
  x=x_; // Initialisierung von y wurde vergessen
  }

  AnsiString toStr()
  {
  return "("+FloatToStr(x)+"|"+FloatToStr(y)+")";
  } // z.B. (2,345|3,45678)
};
```

wird beim Aufruf von *toStr* ein undefinierter Wert von y verwendet.

Die von einem Objekt reservierten Ressourcen (z.B. Speicher) müssen am Ende seiner Existenz auch wieder freigegeben werden. Damit das nicht versehentlich vergessen wird, kann man diese Freigabe in einem **Destruktor** durchführen.

Ein Destruktor ist dadurch charakterisiert, dass sein Name mit dem Zeichen „~" (Tilde) beginnt, auf das der Name der Klasse folgt. Ein Destruktor muss *public* sein und darf weder eine Parameterliste noch einen Rückgabetyp (auch nicht *void*) haben. Während eine Klasse also mehrere verschiedene Konstruktoren haben kann, kann sie nur einen einzigen Destruktor haben.

Ein Destruktor wird in den folgenden Situationen automatisch aufgerufen:

1. Beim Verlassen des Blocks, in dem ein lokales, nicht statisches Objekt durch eine Definition erzeugt wurde. Das gilt auch, wenn der Block verlassen wird, weil eine Exception ausgelöst wird. Für ein Array von Objekten wird der Destruktor für jedes Element des Arrays aufgerufen.
2. Wird während der Ausführung eines Konstruktors eine Exception ausgelöst, dann wird für alle bisher konstruierten Objekte ihr Destruktor aufgerufen.
3. Am Ende des Programms für ein Objekt, das durch eine globale oder eine lokale statische Definition erzeugt wurde.
4. Wenn für ein mit *new* erzeugtes Objekt *delete* aufgerufen wird.
5. Für ein mit *new[ ]* erzeugtes Array von Objekten wird durch den Aufruf von *delete[ ]* der Destruktor für jedes Objekt des Arrays aufgerufen.
6. Wenn ein Objekt Element eines anderen Objekts ist, ruft der Destruktor des umgebenden Objekts die Destruktoren aller Elemente auf.
7. Bei einem temporären Objekt mit dem Ende der Ausdrucksanweisung, in der es erzeugt wurde. Falls das temporäre Objekt eine Referenz initialisiert, wird der Destruktor am Ende der Lebensdauer der Referenz aufgerufen.

Man kann einen Destruktor auch explizit aufrufen. Das ist aber meist nicht notwendig.

Beispiel: Der Aufruf der Funktion *test*

```
class C{
 public:
  ~C () // Destruktor
  {
    Form1->Memo1->Lines->Add("Destruktor");
  }
};

void test()
{
C* pc=new C;
delete pc;        // 1.
C c;
Form1->Memo1->Lines->Add("vor dem Blockende");
}                 // 2.
```

8.1 Klassen

führt zur folgenden Ausgabe:

```
Destruktor
vor dem Blockende
Destruktor
```

Falls für eine Klasse kein Destruktor definiert wird, erzeugt der Compiler einen als *public inline* Funktion mit einem leeren Anweisungsteil:

C:: ~C() { }

Dieser **automatisch erzeugte Destruktor** ist ausreichend, falls alle von einem Objekt reservierten Ressourcen am Ende seiner Lebenszeit automatisch wieder freigegeben werden. Das gilt insbesondere dann, wenn in den Konstruktoren nur Elemente initialisiert werden. Deshalb muss man nicht für jede Klasse, die einen oder mehrere Konstruktoren hat, auch einen Destruktor definieren. Ein mit *new* reservierter Speicherbereich wird allerdings nicht automatisch wieder freigegeben. Deshalb benötigt jede Klasse einen Destruktor, die in einem Konstruktor mit *new* Speicher reserviert.

Da eine Klasse nur einen einzigen Destruktor hat, muss die Reservierung der Ressourcen in allen Konstruktoren so erfolgen, dass sie im Destruktor wieder freigegeben werden können. Falls z.B. ein Konstruktor eine bestimmte Ressource reserviert, während ein anderer Konstruktor sie nicht reserviert, muss sich im Destruktor feststellen lassen, ob sie freigegeben werden muss. Solche Fallunterscheidungen können vermieden werden, indem die Ressourcen in allen Konstruktoren durch dieselben Anweisungen reserviert werden.

Konstruktoren und Destruktoren unterliegen denselben **Zugriffsrechten** wie alle anderen Klassenelemente: Damit ein Objekt mit einem Konstruktor angelegt werden kann, muss dieser *public* sein.

Betrachten wir als weiteres Beispiel eine **einfache Stringklasse** *MeinString*. Diese soll ähnlich wie die vordefinierten Stringklassen *AnsiString* oder *string* aus der Standardbibliothek verwendet werden können. Als Datenelemente soll sie nur einen Zeiger auf das erste Zeichen eines nullterminierten Strings und einen *int*-Wert für die Länge enthalten.

Bei der Definition eines Objekts dieser Stringklasse soll ein Stringliteral angegeben werden können. Für dieses Literal soll dann der notwendige Speicherplatz auf dem Heap reserviert werden. Außerdem soll dem Element für die Stringlänge der entsprechende Wert zugewiesen werden. Diese Operationen werden durch den mit „1" gekennzeichneten Konstruktor ausgeführt:

```
class MeinString {
  char* s; // Zeiger auf nullterminierten String
  int n;   // Länge des Strings
 public:
  MeinString(const char* p)    // 1
  { // p muss auf einen nullterminierten String zeigen
    n=strlen(p);
    s=new char[n+1];
    strcpy(s,p);
  };

  MeinString(char c)           // 2
  { // kann auch mit einem int-Argument aufgerufen werden
    n=1;
    s=new char[n+1];
    *s=c;
    *(s+1)='\0';
  };
};
```

Der mit „2" gekennzeichnete Konstruktor ermöglicht die Initialisierung eines Strings mit einem einzigen Zeichen des Datentyps *char*, was auf den ersten Blick durchaus als sinnvoll erscheint.

Allerdings sollte man bei allen Funktionen beachten, dass sie aufgrund von Standardkonversionen auch mit Argumenten eines anderen Datentyps als dem des Parameters aufgerufen werden können. Deshalb kann man diesen Konstruktor auch mit einem Argument des Datentyps *int* aufrufen. Es ist aber fraglich, ob ein Anwender mit dem Konstruktoraufruf *MeinString(65)* wirklich einen String mit dem Zeichen 'A' anlegen will oder ob er nicht vielleicht intuitiv annimmt, dass er so einen String mit 65 Leerzeichen enthält. Deshalb sollte man **nur solche Konstruktoren implementieren, bei denen die Gefahr eines versehentlichen Missbrauchs nicht allzu groß ist.** Die Klasse *string* der Standardbibliothek hat im Gegensatz zu *AnsiString* keinen Konstruktor mit einem Parameter des Typs *char*.

Mit dem folgenden Destruktor wird der von einem Objekt dieser Stringklasse reservierte Speicherbereich wieder freigegeben:

```
class MeinString {
  char* s; // Zeiger auf nullterminierten String
  int n;   // Länge des Strings
 public:
  // ...
  ~MeinString()
  {
    delete[] s;
  };
};
```

Anmerkung für Delphi-Programmierer: In Object Pascal sind Konstruktoren nicht durch denselben Namen wie die Klasse gekennzeichnet, sondern durch das

Schlüsselwort *constructor*. Ein solcher Konstruktor muss dann wie eine normale Elementfunktion explizit aufgerufen werden. Er wird insbesondere nicht wie in C++ automatisch aufgerufen, wenn ein Objekt definiert wird.

Aufgaben 8.1.5

1. Beschreiben Sie die Aufgaben eines Konstruktors und Destruktors. Werden diese Aufgaben in der folgenden Klasse erfüllt?

```
class C {
   int n, max;
   int* a;
public:
  C()
  {
   max=100;
   a=new int[max];
  }

  C(int i)
  {
   n=1;
   a=new int[100];
   a[0]=i;
  };

  C(int i,int j)
  {
   n=2;
   max=100;
   a=new int[100];
   a[1]=i;
   a[2]=j;
  };

  void add_data(int d)
  {
  if (n<max-1)
    {
      ++n;
      a[n]=d;
    }
  }

  void show_data()
  {
  for (int i=0; i<n; ++i)
    Form1->Memo1->Lines->Add(IntToStr(a[i]));
  }
};
```

2. Welche der folgenden Klassen benötigen einen Destruktor?

a)
```
class C1 {
   int x,y,z;
   public:
   C1(int x_=0, int y_=0, int z_=0)
   {
   x=x_; y=y_; z=z_;
   }
};
```

b)
```
class C2 {
   int* x;
   public:
   C2(int n)
   {
   x=new int[n];
   }
};
```

c)
```
#include <fstream>
class C3 {
   ifstream f;
   public:
   C3(char* FileName)
   {
    f.open(FileName);
   }
};
```

3. Definieren Sie die folgenden Klassen. Jede soll geeignete Konstruktoren sowie bei Bedarf auch einen Destruktor enthalten.

   a) Die Klasse *CKreis* soll einen Kreis darstellen und als *private* Datenelement den Radius (Datentyp *double*) enthalten. Ein Konstruktor und die Elementfunktion *setzeRadius* sollen einen Parameter des Datentyps *double* haben, der den Radius setzt. Die Elementfunktion *Radius()* soll den Radius als Funktionswert zurückgeben. Alle Elementfunktionen von *CKreis* sollen innerhalb der Klasse definiert werden.

   b) Die Klasse *CQuadrat* soll ein Quadrat darstellen und als *private* Datenelement die Seitenlänge (Datentyp *double*) enthalten. Ein Konstruktor und die Elementfunktion *setze_Seitenlaengen* sollen einen Parameter des Datentyps *double* haben, der die Seitenlänge setzt. Die Elementfunktion *Seitenlaenge()* soll die Seitenlänge als Funktionswert haben. Alle Elementfunktionen sollen außerhalb der Klasse definiert werden.

   c) Die Klasse *CRechteck* soll ein Rechteck darstellen und als *private* Datenelemente die Seitenlängen a und b (Datentyp *double*) enthalten, die durch einen Konstruktor initialisiert werden. Diese sollen auch mit der Funktion *setze_Seitenlaengen* gesetzt werden können, die zwei Parameter des Datentyps *double* hat. Die jeweiligen Seitenlängen sollen als Funktionswert der Funktionen *Seitenlaenge_a()* und *Seitenlaenge_b()* zurückgegeben werden.

d) Ergänzen Sie jede der unter a) bis c) definierten Klassen um die Elementfunktionen *Flaeche()*, *Umfang()* und *toStr()*. Die Funktion *toStr()* soll einen String der Art „Kreis mit Radius 5" oder „Rechteck mit a=6 und b=7" zurückgeben.

e) Legen Sie mit jedem Konstruktor der unter a) bis c) definierten Klassen zwei Objekte an. Das erste soll durch eine Definition und das zweite mit *new* angelegt werden. Rufen Sie jede Funktion aus d) für jedes dieser Objekte auf.

4. Ein einfaches Programm zur Verwaltung von Immobilien soll die Klassen *CGrundstueck, CEigentumswohnung* usw. enthalten, mit denen Grundstücke usw. dargestellt werden können.

Jede dieser Klassen soll ein Datenfeld *Anschrift* des Datentyps *char** und ein Datenfeld *Kaufpreis* des Datentyps *double* enthalten. Zusätzlich zu diesen beiden Feldern sollen diese Klassen auch noch die folgenden Datenelemente enthalten:

- Die Klasse *CGrundstueck* soll das Datenelement *Flaeche* enthalten.
- Die Klasse *CEigentumswohnung* soll die Datenelemente *Wohnflaeche* und *AnzahlZimmer* enthalten.
- Die Klasse *CSchloss* soll das *int*-Element *AnzahlSchlossgeister* enthalten.
- Die Klasse *CEinfamilienhaus* soll die Datenelemente *Wohnflaeche*, *Grundstuecksgroesse* und *AnzahlZimmer* enthalten.
- Die Klasse *CGewerbeobjekt* soll das Datenelement *Nutzflaeche* und *Nutzungsart* (Datentyp *char**, z.B. für „Büro", „Restaurant") enthalten.

a) Definieren Sie diese Klassen. Jede Klasse soll einen Konstruktor haben, der alle Datenelemente initialisiert. Falls die Klasse einen Destruktor benötigt, soll dieser ebenfalls definiert werden.

b) Für jede Klasse soll eine Elementfunktion *toStr* die Datenelemente der Klasse zu einem String zusammenfassen. Verschiedene globale Funktionen mit dem Namen *display* sollen *toStr* in einem Memo ausgeben.

5. a) Welche Ausgabe erzeugt ein Aufruf der Funktion *test1*?

```
void display(AnsiString s, int i=-1)
{
if (i>=0) s=s+IntToStr(i);
Form1->Memo1->Lines->Add(s);
}
```

```
class C{
  int x;
public:
  C (int x_=0)
  { // Beim Aufruf ohne Argument ein Standard-
    x=x_;                                  // konstruktor
    display("Konstruktor: ", x);
  }
  ~C ()
  { display("Destruktor: ",x);  }
};

void f1(C c)
{
display("  in f1(): Werteparameter");
};

void f2(const C& c)
{
display("  in f2(): Referenzparameter");
};

C f3(int i)
{
display("  in f3(): return-Wert");
return C(i);
};

void test1()
{
C x(1);
C* z=new C(2);
display("vor x=C(3)");
x=C(3);
display("vor f1(4)");
f1(4);
display("vor f2(x)");
f2(x);
display("vor f3(5)");
x=f3(5);
delete z;
display("Ende von test()");
}
```

Vergleichen Sie ihre Vermutungen anschließend mit dem Ergebnis eines Programms, das die Funktion *test1* aufruft.

b) Wenn Speicher mit *new[]* reserviert wird, muss er mit *delete[]* wieder freigegeben werden. Gibt man mit *new* reservierten Speicher mit *delete[]* wieder frei, ist das Ergebnis undefiniert, ebenso, wie wenn man mit *new[]* reservierten Speicher mit *delete* wieder freigibt. Beschreiben Sie zunächst, welche Ausgabe Sie von einem Aufruf der Funktion *test2* erwarten. Vergleichen Sie Ihre Vermutungen dann mit dem Ergebnis eines Programms, das die Funktion *test2* aufruft.

8.1 Klassen

```
void test2()
{
display("vor p1");
C* p1=new C[2];
delete[] p1;

display("vor p2");
C* p2=new C[2];
delete p2;

display("vor p3");
C* p3=new C;
delete[] p3;

display("vor p4");
C* p4=new C(4);
delete[] p4;
display("Ende von test()");
}
```

6. Definieren Sie für die Klasse *MeinString* eine Elementfunktion *c_str*. Sie soll wie bei den Stringklassen *string* bzw. *AnsiString* den Zeiger auf den internen nullterminierten String zurückgeben und damit auch Argumente des Typs *MeinString* bei den Stringfunktionen wie *strcpy* usw. ermöglichen.

7. In der folgenden Klasse soll der Datentyp T ein großer Datentyp sein. Um den Zeitaufwand für die Funktion *data* zu minimieren, gibt diese als Funktionswert eine Referenz und keine Kopie des Elements x zurück. Beurteilen Sie diesen Ansatz.

```
class C {
  T x;
public:
  C(T x_) { x=x_; }

  T& data() // T data() wäre zu langsam
  {
  return x;
  }
};
```

8. Die Funktionen (siehe Abschnitt 4.5.6)

```
double GetHRFrequency()
{
LARGE_INTEGER f;
BOOL bf=QueryPerformanceFrequency(&f);
if (bf) return f.QuadPart; // Datentyp von QuadPart:
else return -1;            //           __int64
}

double HRFrequency=GetHRFrequency();
```

```
double HRTimeInSec()
{
LARGE_INTEGER c;
BOOL bc=QueryPerformanceCounter(&c);
if (bc) return c.QuadPart/HRFrequency;
else return -1;
}
```

kann man folgendermaßen zur hochauflösenden Zeitmessung verwenden:

```
double Start1=HRTimeInSec();
s=Sum1(n);
double End1=HRTimeInSec();

Memo1->Lines->Add("t="+FloatToStr(End1-Start1));
```

Schreiben Sie eine Klasse *CHRTimer* mit den Elementfunktionen *Start*, *End* und *TimeStr*, die ohne die globale Variable *HRFrequency* auskommt. Beim Aufruf von *Start* und *End* sollen entsprechende Datenelemente der Klasse auf die aktuelle Zeit gesetzt werden. Die Funktion *TimeStr* soll die zwischen den letzten Aufrufen von *Start* und *End* vergangene Zeit als String ausgeben (in Sekunden) und folgendermaßen verwendet werden können:

```
CHRTimer t;
t.Start();
s=Sum1(n);
t.End();
Memo1->Lines->Add("t1="+t.TimeStr());
```

9. Was halten Sie von dem folgenden Trick, den ich im Internet gefunden habe (http://home.att.net/~robertdunn/CodeSamples/CheapTricks.html): „Borland, for some unfathomable reason, decided to make member data private in many classes. Here is a rather clever way to get around it:"

```
#define private public
#define protected public
#include <theworld.h>
#undef private
#undef public
```

10. Schreiben Sie eine Klasse *MeinStack*, die einen Stack mit einem Array und den folgenden Elementfunktionen realisiert.

   a) Das Array soll im Konstruktor mit einer als Parameter übergebenen Elementanzahl dynamisch reserviert werden.
   b) Die Funktion *push* soll einen als Argument übergebenen Wert auf die nächste freie Position ablegen.
   c) Die Funktion *pop* soll den zuletzt auf den Stack gelegten Wert als Funktionswert zurückgeben.
   d) Die boolesche Funktion *full* soll den Wert *true* zurückgeben, wenn alle Elemente des Arrays belegt sind, und andernfalls den Wert *false*.

e) Die boolesche Funktion *empty* soll angeben, ob der Stack leer ist.

11. Eine verkettete Liste wird im einfachsten Fall aus Knoten wie

    ```
    typedef int T;       // T: der Datentyp der "Nutzdaten"

    struct list_node { // Knoten einer verketteten Liste
      T data;
      list_node* next;
    };
    ```

    zusammengesetzt (siehe auch Abschnitt 4.4.2). Wenn man eine solche Liste mit einem Zeiger auf das erste und letzte Element verwaltet, kann man ein neues Element mit der folgenden Funktion einfügen:

    ```
    list_node *first=0,*last=0;

    void insert_list_node(list_node*& first,
                                      list_node*& last, T data)
    { /* Erzeugt einen neuen Listen-Knoten und fügt diesen
         nach last ein. Last zeigt anschließend auf das
       letzte und first auf das erste Element der Liste. */
    list_node* tmp=new list_node;
    tmp->data = data;
    tmp->next = 0;
    if (last == 0) first = tmp;
    else last->next = tmp;
    last = tmp;
    }
    ```

    Die Elemente der Liste kann man dann mit der Funktion *show()* ausgeben:

    ```
    void show()
    {
    for (list_node* tmp=first; tmp != 0; tmp = tmp->next)
      Form1->Memo1->Lines->Add(tmp->data);
    }
    ```

    Definieren Sie eine Klasse *MeineListe* für eine solche Liste. Im Destruktor soll der von der Liste belegte Speicherplatz wieder freigegeben werden.

8.1.6 OO Analyse und Design: Der Entwurf von Klassen

Im Rahmen der objektorientierten Programmierung stellt sich die Frage, wie man zu einer gegebenen Problemstellung Klassen findet, die zur Lösung des Problems beitragen. Diese Fragen sind Gegenstand der objektorientierten Analyse und des objektorientierten Designs (OOAD). Die folgenden Ausführungen sollen nur einen kleinen Einblick in dieses Thema geben. Für eine ausführlichere Darstellung wird auf Booch (1994), Meyer (1997) und Stroustrup (1997, Kap. 23 und 24) verwiesen.

Ausgangspunkt für die Beispiele sollen die folgenden Problemstellungen sein:

1. Ein Programm für einen Bauernhof soll die Schweine Franz und Grunz, das Huhn Frieda und die Kühe Milka und Rittersport darstellen.
2. Für eine Bank sollen Ein- und Auszahlungen auf Konten verbucht werden.
3. Ein Zeichenprogramm soll Zeichnungen aus Kreisen, Quadraten, Rechtecken usw. zeichnen

Bei der objektorientierten Analyse versucht man, in einer Problemstellung („der Realität") „Objekte" zu finden, die eine Identität, einen Zustand und ein Verhalten haben. Der **Zustand** eines Objekts wird durch die **Werte von Eigenschaften** beschrieben. Das **Verhalten** wird durch **Operationen** dargestellt, die den Zustand verändern oder auf ihm beruhen. Dabei soll der Begriff „Objekt" hier zunächst für ein „reales Objekt" stehen und nicht für ein Objekt in einem Programm. Meyer verwendet den Begriff „externes Objekt", um ein reales Objekt von einem Objekt in einem Programm zu unterscheiden.

Das Ziel der Analyse sind Klassen bzw. Objekte, deren Aufgaben einfacher sind als das Gesamtproblem und die das Gesamtproblem gemeinsam lösen. Diese Vorgehensweise ist deshalb eine Form der schrittweisen Verfeinerung. Sie unterscheidet sich aber grundlegend von der funktionsorientierten Variante der schrittweisen Verfeinerung, die oft bei nicht objektorientierten Programmiersprachen wie C oder Pascal verwendet wird. Dort wird versucht, ein Problem dadurch zu lösen, dass man es in einfachere Teilfunktionen zerlegt. Hier sind dagegen Objekte, also Zusammenfassungen von Daten und Funktionen, das Ziel der Zerlegung. Ein Programm, das man mit einer objektorientierten Zerlegung erhält, ist meist grundlegend anders aufgebaut als eines, das man mit einer funktionsorientierten Zerlegung erhält.

Beispiele: Bei den Problemstellungen von oben findet man z.B. diese Objekte:

1. Sowohl das Schwein Franz als auch das Schwein Grunz haben eine eigene Identität, obwohl diese beiden Tiere für einen Außenstehenden vielleicht nicht einmal unterscheidbar sind.

   Im Hinblick auf ihren Verkaufspreis kann das Gewicht der Schweine eine relevante Eigenschaft sein. Wenn die Schweine dagegen eine Attraktion für Ferien auf dem Bauernhof sind, sind vielleicht ihr Name und ihre Augenfarbe wichtig. Für ein Computerspiel, das Ferien auf dem Bauernhof simuliert, sind z.B. die Operationen „gehen", „fressen" oder „grunzen" denkbar.

2. Die Einzahlung eines bestimmten Betrags (z.B. 100 DM) auf ein ganz bestimmtes Konto (z.B. meines). Damit eine solche Einzahlung von jeder anderen Einzahlung desselben Betrags auf mein Konto unterschieden werden kann, muss man eventuell eine Belegnummer berücksichtigen.

8.1 Klassen

Ein Konto kann die Eigenschaften Kontostand und Kontonummer haben. Operationen können Ein- und Auszahlungen sein. Da Ein- und Auszahlungen aber auch Objekte sein können, ist hier eine differenziertere Unterscheidung zwischen der Operation „einzahlen" und einem Objekt „Einzahlung" notwendig, das eine ganz konkrete Einzahlung darstellt.

3. Eine Zeichnung kann aus einem bestimmten Kreis (z.B. mit Mittelpunkt (0,0) und Radius 10) und einem bestimmten Quadrat (z.B. mit der linken oberen Ecke im Punkt (10,10) und der Seitenlänge 20) bestehen.

   Ein Kreis ist durch die Eigenschaften Mittelpunkt und Radius eindeutig bestimmt. Als Gegenstand einer Zeichnung kann er auch noch eine Farbe und eine Strichstärke haben. Bei einem Zeichenprogramm kann die Operation „zeichne" sinnvoll sein, die einen Kreis zeichnet.

Diese Beispiele zeigen, dass reale Objekte **konkret fassbare Objekte** sein können, wie z.B. eines der beiden Schweine, oder auch Objekte, die nur **in der Vorstellung** existieren, wie z.B. geometrische Figuren.

Reale Objekte werden dann durch **Objekte in einem Programm** dargestellt. Die Identität eines realen Objekts kommt im eindeutigen Namen des Programmobjekts zum Ausdruck. Den Eigenschaften der realen Objekte entsprechen die Datenelemente und den Operationen die Elementfunktionen der Objekte im Programm.

Oft haben mehrere reale Objekte dieselben Eigenschaften und Operationen. Dann kann es sinnvoll sein, diese Objekte unter einem Oberbegriff zusammenzufassen. Ein solcher Oberbegriff steht dann für ein **Konzept der Realität**, das durch eine **Klasse** in einem Programm dargestellt wird.

Beispiele:

1. Für die beiden Schweine Franz und Grunz ist der Oberbegriff Schwein naheliegend. Aber auch der Oberbegriff Tier kann angemessen sein. Falls der Bauernhof von einem Biologen übernommen wird, sind vielleicht auch die Oberbegriffe Wirbeltier oder Säugetier sinnvoll. Die Konzepte „Schwein", „Tier" usw. können dann durch Klassen wie *CSchwein* oder *CTier* dargestellt werden.

2. Für die zahlreichen Konten einer Bank kann der Oberbegriff Konto angebracht sein. Im Rahmen einer differenzierteren Betrachtung können aber auch die Begriffe Sparkonto oder Girokonto angemessen sein.

3. Für die verschiedenen Kreise einer Zeichnung bietet sich der Begriff „Kreis" an. Falls man eine Zeichnung aber nicht nur aus Kreisen, sondern auch aus anderen Figuren zusammensetzen will, kann der Begriff „Figur" besser sein.

Wie diese Beispiele zeigen, sind oft verschiedene Oberbegriffe möglich. Welcher jeweils angemessen ist, kann **nur im Hinblick auf das zu entwickelnde Programm** entschieden werden.

Auch wenn es keine allgemein gültigen Rezepte gibt, wie man die zur Lösung eines Problems notwendigen Klassen findet, so besteht doch Übereinstimmung darüber, dass **eine Klasse ein einziges, klar umrissenes, einfaches Konzept darstellen soll** (Booch 1994, Abschnitt 3.6; Meyer 1997, S. 730; Stroustrup 1997, Abschnitt 23.4.2). Solche Klassen bieten eine gewisse Gewähr dafür, dass sie leicht verstanden und an neue Anforderungen angepasst werden können.

Beispiel: Alle in den bisherigen Beispielen und Aufgaben mit aussagekräftigen Namen bezeichneten Klassen stellen ein solches Konzept dar:

C2DPunkt, CKreis, CRechteck, CGrundstueck, MeinString usw.

Dagegen sollen die mit Namen wie C, D usw. bezeichneten Klassen lediglich Sprachelemente von C++ illustrieren.

Mit einer Klasse kann man die Variablen und Funktionen zusammenfassen, die gemeinsam ein Konzept der Realität darstellen. Ihre Zusammengehörigkeit kommt dann durch diese **Zusammenfassung** explizit zum Ausdruck.

– In einer nicht objektorientierten Programmiersprache wie C, in der es nur Funktionen und Variablen gibt, bringt man die Zusammengehörigkeit von Daten und Funktionen meist durch eine Namensgebung oder eine Zusammenfassung in einer Quelltextdatei zum Ausdruck:

```
struct Konto { ... }
void init_Konto(Konto& k, int Kontonummer, ... );
void Einzahlung(Konto& k, double Betrag) { }
```

Beim Aufruf einer Funktion müssen dann die zugehörigen Daten explizit übergeben werden:

```
Konto k;
init_Konto(k, 4711, ...)
Einzahlung(k,100);
```

Wenn mehrere Funktionen dieselben Daten verwenden, müssen diese Daten vor den Funktionen, also global, definiert werden. Bei einer größeren Anzahl von Funktionen erhält man so leicht viele globale Variablen, denen man nicht unmittelbar ansieht, wo sie benötigt werden. Dadurch wird das Programm unübersichtlich. Änderungen und Erweiterungen führen leicht zu Fehlern.

– In der objektorientierten Programmierung wird beim Aufruf einer Elementfunktion ein Zeiger auf die zugehörigen Daten implizit übergeben:

8.1 Klassen

```
Konto k(4711, ...);  // Initialisierung mit Konstruktor
k.einzahlen(100);    // Aufruf der Elementfunktion
```

Da alle Elementfunktionen alle Daten der Klasse verwenden können, sind keine globalen Variablen notwendig, wenn mehrere Funktionen gemeinsame Daten verwenden müssen.

Klassen sind außerordentlich nützlich, um Programme übersichtlich zu gestalten. Bei großen Projekten behält man so leichter den Überblick. Stellen Sie sich doch einmal vor, wie lange Sie für ein funktionierendes Programm mit dem C++Builder brauchen würden, wenn die Komponenten ganz ohne Klassen – als Gemisch von Datentypen und Funktionen – realisiert wären, wobei nur aus der ergänzenden Dokumentation erkenntlich würde, was wie zusammengehört.

Außerdem ist es mit Klassen viel einfacher, mehrere Instanzen eines abstrakten Datentyps anzulegen als mit globalen Variablen und Funktionen.

Die Suche nach den Klassen, die für die Lösung eines Problems angemessen sind, ist meist ein **iterativer Prozess**: Nachdem man eine Klasse gefunden hat, wird man sie oft wieder verwerfen oder überarbeiten. **Booch** (1994, S. 136) **gesteht freimütig ein, dass er es außer in trivialen Fällen nie geschafft hat, eine Klasse auf Anhieb richtig zu entwerfen.**

Anfänger entwerfen oft Klassen, die kein Konzept, sondern eine Funktion darstellen. Solche Klassen haben meist nur eine einzige Elementfunktion oder werden dadurch charakterisiert, dass sie etwas tun: „Diese Klasse berechnet ... ". Ihr Name ist oft ein Verb und kein Substantiv. Meyer (1997, Abschnitt 22.2) gibt weitere Kriterien an, die auf Entwurfsfehler bei Klassen hindeuten.

Da Objekte in einem Programm meist Objekte der Realität darstellen und solche Objekte ebenso wie Klassifikationen in der Umgangssprache mit Substantiven beschrieben werden, wird oft empfohlen (z.B. Meyer 1997, S. 727 und S. 881; Booch, 1994, S. 164),

– für die Namen von Klassen und Objekten Substantive zu verwenden.

Die Empfehlungen für die grammatikalische Kategorie von Namen für Elementfunktionen ergeben sich meist aus dem Rückgabetyp:

– Verben für die Namen von Funktionen, die für eine Aktion stehen (Rückgabetyp *void*).
– Adjektive für Namen von Funktionen mit einem booleschen Rückgabewert.
– Substantive für die Namen von Funktionen, die einen Wert zurückgeben.

Allerdings werden diese Empfehlungen nicht überall befolgt: In der UML wird der erste Buchstabe eines Klassennamens groß und der von Attributen und Elementfunktionen klein geschrieben. In den Beispielen dieses Buches beginnen die Namen von Klassen meist mit einem „C" wie in *CQuadrat*, um im Text Verwechslungen mit einem realen Quadrat zu vermeiden.

Gelegentlich findet man die Empfehlung, Klassen und Objekte dadurch zu identifizieren, dass man in einem Pflichtenheft die **Substantive markiert**. Verben deuten auf Funktionen hin. Von dieser Technik sollte man jedoch nicht allzu viel erwarten:

- Einerseits bietet die Umgangssprache oft viele verschiedene Möglichkeiten an, denselben Sachverhalt auszudrücken. So kann die inhaltliche Bedeutung von zwei Sätzen gleich sein, bei denen der erste andere Substantive und Verben enthält als der zweite:

    „Eine Abhebung reduziert den Kontostand um den abgehobenen Betrag"
    „Wenn der Kunde etwas abhebt, reduziert das den Kontostand"

- Andererseits haben die Beispiele von oben gezeigt, dass sich viele Abstraktionen nicht unmittelbar aus der Problemstellung ergeben. Die geeignete Wahl der Abstraktionen ist aber oft für die Qualität einer Klassifikation entscheidend.

    So sind z.B. bei einer Klassifizierung der Tierwelt die unmittelbar offensichtlichen Objekte Füchse, Hasen usw. Man wird aber nie ein Tier der Spezies Wirbeltier finden. Dieser Begriff ist eine Abstraktion, die Objekte mit bestimmten Merkmalen zu einer Gruppe zusammenfasst.

Neben den Klassen, die sich aufgrund von realen Objekten ergeben, sind oft auch Klassen notwendig, die nur Hilfsmittel zur Realisierung eines Programms sind. Solche Klassen werden auch als **Implementationsklassen** bezeichnet. Dazu gehören z.B. Containerklassen, die Daten verwalten. Solche Container findet man nicht direkt in der Problemstellung, sondern nur indirekt aufgrund der Notwendigkeit, Daten zu verwalten.

8.1.7 Ein wenig Programmierlogik: Klasseninvarianten und Korrektheit

In diesem Abschnitt wird gezeigt, wie man nachweisen kann, dass eine Klasse korrekt implementiert ist. Daraus ergeben sich auch konkrete und hilfreiche Hinweise für das Design einer Klasse. Siehe dazu auch Meyer (1997).

Die erste Anforderung an eine korrekte Implementation ergibt sich aus der Notwendigkeit, dass die Datenelemente vieler Objekte gewisse Konsistenzbedingungen erfüllen müssen. Bei vielen Klassen ist der Wertebereich der Datenelemente größer als bei den realen Objekten, die sie darstellen. Dann müssen für die Datenelemente eines Objekts zusätzliche Bedingungen gelten, damit es ein reales

8.1 Klassen

Objekt darstellt. Falls ein Objekt diese Bedingungen nicht erfüllt, ist es in einem inkonsistenten Zustand.

Beispiele:

1. Ein Objekt der Klasse *MeinString* ist in einem inkonsistenten Zustand, wenn s nicht auf einen reservierten Speicherbereich mit n+1 Zeichen (n ≥ 0) zeigt, bei dem das letzte Zeichen der Nullterminator '\0' ist:

   ```
   class MeinString {
     char* s; // Zeiger auf nullterminierten String
     int n;   // Länge des Strings
    public:
     // ...
   };
   ```

2. Da ein Punkt der Ebene beliebige Koordinaten aus dem Wertebereich von *double* haben kann, sind für die Koordinaten x und y eines Objekts der Klasse *C2DPunkt* keine zusätzlichen Konsistenzbedingungen notwendig. Man sagt dann auch, dass die Konsistenzbedingung immer erfüllt, d.h. *true* ist.

3. Damit die Klasse *CKreis* einen Kreis darstellt, muss der Radius r ≥ 0 sein.

Ein Ausgangspunkt für den Nachweis der Korrektheit einer Klasse ergibt sich aus dem typischen „Lebenslauf" eines Objekts:

1. Ein Objekt wird immer mit einem Konstruktor erzeugt. Deshalb muss jedes Objekt nach seiner Konstruktion in einem konsistenten Zustand sein.
2. Nach dem Erzeugen des Objekts werden Elementfunktionen aus der Schnittstelle der Klasse aufgerufen. Deswegen muss jedes Objekt nach dem Aufruf einer Elementfunktion in einem konsistenten Zustand sein.
3. Nach dem Aufruf seines Destruktors ist ein Objekt nicht mehr verfügbar. Deswegen muss es nach dem Aufruf des Destruktors nicht mehr in einem konsistenten Zustand sein.

Für ein Objekt einer Klasse C mit den Elementfunktionen f1, f2 usw. kann dieser Lebenslauf durch die folgende Skizze dargestellt werden:

C c(Argumente); // Aufruf eines Konstruktors

↓

c.f1(Argumente) // Aufruf einer Elementfunktion

↓

c.f2(Argumente) // Aufruf einer Elementfunktion

↓

// Aufruf des Destruktors

Falls jeder Konstruktor ein konsistentes Objekt erzeugt, kann beim ersten Aufruf einer Elementfunktion vorausgesetzt werden, dass das Objekt die Konsistenzbedingung erfüllt, da eine Elementfunktion nur nach einem Konstruktor aufgerufen werden kann. Wenn dann jede Elementfunktion aus der Schnittstelle die Konsistenzbedingung nicht zerstört, kann ein Anwender sicher sein, dass ein Objekt nach dem Aufruf einer solchen Funktion in einem konsistenten Zustand ist. Die Konsistenzbedingung muss also unter den Elementfunktionen der Klasse invariant sein. Sie wird deshalb auch als **Klasseninvariante** bezeichnet.

Der Nachweis einer Klasseninvarianten ist also mit den folgenden Schritten möglich:

1. Für jeden Konstruktor wird nachgewiesen, dass er die Klasseninvariante herstellt (also als Nachbedingung hat).

2. Für jede Elementfunktion aus der Schnittstelle wird nachgewiesen, dass diese Bedingung tatsächlich invariant ist. Dazu kann man wie bei einer gewöhnlichen Funktion vorgehen und nachweisen, dass aus einer Vorbedingung P die Nachbedingung Q folgt (siehe Abschnitt 6.5). Diese beiden Bedingungen P und Q sind hier gleich und werden als I bezeichnet:

   ```
   T C::f(Parameterliste) // analog zu Abschnitt 6.5
   { // Vorbedingung I
   // Anweisungen von f
   } // Nachbedingung I
   ```

   Während der Ausführung von f und nach einer *private* oder *protected* Elementfunktion muss die Klasseninvariante nicht gelten.

3. Für den Destruktor ist ein solcher Nachweis nicht notwendig.

Beispiele:

1. Die auf Seite 701 vorgestellten Konstruktoren der Klasse *MeinString* sind so implementiert, dass man unmittelbar sieht, dass sie die Klasseninvariante herstellen:

   ```
   class MeinString {
     // Klasseninvariante I: s zeigt auf einen reservier-
     //    ten Speicherbereich mit n+1 Zeichen, wobei das
     //    letzte Zeichen der Nullterminator ist.
     char* s;
     int n;
   public:
     MeinString(const char* p)
     {// Vorbedingung: p zeigt auf einen nullterminierten
       n=strlen(p);                                 // String
       s=new char[n+1];
       strcpy(s,p);
     }; // I
   ```

8.1 Klassen

```
    MeinString(char c)
    { // keine besondere Vorbedingung notwendig
      n=1;
      s=new char[n+1];
      *s=c;
      *(s+1)='\0';
    }; // I
};
```

Außerdem muss man noch für jede *public* Elementfunktion nachweisen, dass die Klasseninvariante nach dem Verlassen der Funktion gilt. Anders als bei Konstruktoren kann man dabei die Invariante beim Aufruf voraussetzen.

2. Da die Klasseninvariante von *C2DPunkt* immer erfüllt ist, wird sie durch jeden Konstruktor hergestellt und gilt nach dem Aufruf jeder Elementfunktion.

3. Falls der Konstruktor der Klasse *CKreis* die Bedingung r ≥ 0 nicht herstellt, kann man eine Exception auslösen.

4. Da sich eine Klasseninvariante immer aus dem Zustand der Datenelemente ergibt, kann sie nur durch Funktionen verletzt werden, die den Wert der Datenelemente verändern. Viele Elementfunktionen verändern aber den Zustand einer Klasse nicht, wie z.B. eine Funktion, die bei einem *CKreis* die Fläche aus dem Radius berechnet und zurückgibt.

In C++ werden solche Funktionen als **konstante Elementfunktionen** bezeichnet (siehe Abschnitt 8.2.10). Bei ihnen kann man nach der Parameterliste das Schlüsselwort *const* angeben. Der Compiler prüft dann, ob diese Funktion auch wirklich keine Datenelemente verändert:

```
double CKreis::Flaeche() const
{
return r*r*3.14;
}; // I
```

Für die Korrektheit einer Klasse ist neben den Konsistenzbedingungen notwendig, dass die Elementfunktionen und die Konstruktoren bestimmte Aufgaben erfüllen. Eine solche Aufgabe wird auch als Nachbedingung bezeichnet und setzt oft eine Vorbedingung voraus, die sich meist aus den Argumenten ergibt.

Beispiele:

1. Nach der Definition

    ```
    MeinString s("bla bla bla");
    ```

    wird man erwarten, dass der Zeiger s.s auf eine Kopie des Stringarguments zeigt. Diese Nachbedingung wird offensichtlich durch den folgenden Konstruktor hergestellt:

```
MeinString(const char* p)
{ // Vorbedingung: p zeigt auf einen nullterminierten
  //               String
  n=strlen(p);
  s=new char[n+1];
  strcpy(s,p);
  // Nachbedingung: s zeigt auf eine Kopie des null-
  //                terminierten Strings von p
}; // I und Q
```

Die Nachbedingung dieses Konstruktors kann man so formulieren: „s.s zeigt auf einen nullterminierten String, der eine Kopie des nullterminierten Strings ist, auf den das Argument für p zeigt".

2. Die Elementfunktion *Append* hat die Aufgabe, den nullterminierten String p an den String s anzuhängen:

```
void Append(char* p)
{ // Vorbedingung: p zeigt auf einen nullterminierten
  n=n+strlen(p);                              // String
  char* s1=new char[n+1];
  strcpy(s1,s);
  s1=strcat(s1,p);
  delete[] s;
  s=s1;
}
```

3. **Konstante Elementfunktionen** (siehe Seite 717) können keine Daten ihres Ob jekts verändern und deshalb auch keine Klasseninvariante zerstören. Für sie muss man deshalb nur nachweisen, dass sie ihre Aufgabe erfüllen. Da sie oft nur einen Funktionswert zurückgeben, reicht dafür der Nachweis, dass dieser korrekt ist.

Diese Beispiele zeigen, dass eine **Klasse** dann **korrekt implementiert** ist, wenn jedes Objekt immer in einem konsistenten Zustand ist und wenn jede Elementfunktion ihre Aufgabe erfüllt. Für den Nachweis der korrekten Implementation einer Klasse sind deshalb nur die folgenden Schritte notwendig. Dabei werden die Konsistenzbedingungen der Klasse als Klasseninvariante bezeichnet:

1. Jeder Konstruktor stellt aus den Vorbedingungen für seine Parameter die Klasseninvariante und seine spezifischen Nachbedingungen her:

```
C::C(Parameter) // Ein Konstruktor der Klasse C
{ // Vorbedingungen für die Parameter
  Anweisungen des Konstruktors
};// Klasseninvariante und Nachbedingungen
```

2. Jede Elementfunktion stellt aus den Vorbedingungen für ihre Parameter und der Klasseninvarianten die Klasseninvariante und ihre spezifischen Nachbedingungen her:

8.1 Klassen

```
C::f(Parameter) // Eine Elementfunktion der Klasse C
{ // Klasseninvariante und Vorbedingungen für die
  //                                      Parameter
  Anweisungen der Funktion
};// Klasseninvariante und Nachbedingungen
```

In Abschnitt 6.5 wurde gezeigt, wie man einen solchen Nachweis mit formalen Mitteln führen kann. Das mag auf den ersten Blick oft als übertriebener Aufwand erscheinen. Aber ohne einen solchen Nachweis bleibt meist nur die Hoffnung auf eine korrekte Implementation. Und Hoffnungen können bekanntlich trügen.

Aber auch ohne einen formalen Nachweis ist die explizite Formulierung einer Klasseninvarianten und der Vor- und Nachbedingungen für eine Elementfunktion hilfreich, da sie zu einer Konzentration auf die Aufgaben der Klasse zwingt und damit zu einem besseren Verständnis der Klasse beiträgt. So kann man eine Klasse von Anfang an so entwerfen, dass sie ihre Spezifikation erfüllt.

1. Mit einer explizit formulierten Klasseninvarianten kann man in jeder Elementfunktion und in jedem Konstruktor gezielt darauf achten, dass diese nach dem Aufruf auch tatsächlich gilt. Dann können auch alle Konstruktoren so geschrieben werden, dass sie die Klasseninvariante herstellen. Ohne eine explizite Formulierung werden spezielle Sonderfälle leicht übersehen, die ein Objekt der Klasse in einen inkonsistenten Zustand bringen.
2. Ohne eine explizit formulierte Spezifikation der Elementfunktionen und der Konstruktoren werden sie oft mit einem intuitiven Verständnis des Problems geschrieben. Dann passiert es aber leicht, dass einzelne Funktionen nicht richtig zusammenpassen.
3. Die explizit formulierte Spezifikation kann man als Kommentar in den Quelltext übernehmen. Sie ist dann eine hilfreiche Programmdokumentation.
4. Falls man eine Klasseninvariante mit Ausdrücken aus Datenelementen der Klasse formulieren kann, kann man sie vor dem Verlassen einer *public* Elementfunktion automatisch überprüfen und eventuell eine Exception auslösen.

Aufgabe 8.1.7

1. a) Geben Sie Klasseninvarianten für die Klassen von Aufgabe 8.1.5.3 an.
   b) Was halten Sie davon, die Fläche und den Umfang bei diesen Klassen nicht in entsprechenden Elementfunktionen zu berechnen, sondern sie in Datenelementen zu speichern und deren Wert zurückzugeben?
2. Geben Sie eine Vorbedingung an, mit der die Funktion *replace* die Klasseninvariante der Klasse *MeinString* erhält:

   ```
   void MeinString::replace(int from, char* x)
   { // ersetze die Zeichen ab 'from' durch die von x
   int xn=strlen(x);
   for (int i=0; from+i<n && i<xn; i++)
     s[from+i]=x[i];
   }
   ```

8.1.8 UML-Diagramme für Klassen und Objekte

Die *Unified Modeling Language* (UML) ist eine Sprache zur Spezifikation, Modellierung, Dokumentation und Visualisierung von Software-Systemen. Sie fasst verschiedene Konzepte zu einem einheitlichen Standard zusammen, die sich im Lauf der Zeit unabhängig voneinander entwickelt haben.

Da sich UML inzwischen weitgehend durchgesetzt hat, werden in diesem Abschnitt die Diagramme vorgestellt, mit denen im *UML Notation Guide* Klassen und Objekte dargestellt werden. UML ist allerdings mehr als nur diese Diagramme. Für weitere Informationen wird auf die Veröffentlichungen der Object Management Group (www.omg.com) verwiesen. Dort findet man auch die vollständigen Entwürfe der UML.

Eine **Klasse** wird als Rechteck dargestellt, das meist durch zwei horizontale Linien in drei Abschnitte unterteilt ist. Der obere Abschnitt enthält den Namen der Klasse, der mittlere die Datenelemente und der untere die Elementfunktionen.

Die einzelnen Abschnitte brauchen nicht alle Elemente der Klasse enthalten. Ein Diagramm soll immer nur die Elemente darstellen, die im jeweiligen Zusammenhang benötigt werden. Deshalb können die unteren beiden Abschnitte oder einzelne Elemente auch ausgelassen werden. Bei Bedarf kann man auch weitere Abschnitte in das Diagramm aufnehmen.

Da die UML nicht an eine spezielle Programmiersprache gebunden ist, verwendet sie teilweise Begriffe, die in C++ nicht üblich sind. So werden z.B. die **Datenelemente** einer Klasse in UML als **Attribute** bezeichnet.

Attribute werden nach folgendem Schema dargestellt:

visibility name : *type-expression* = *initial-value* { *property-string* }

Hier steht *visibility* für das **Zugriffsrecht**. Dabei werden die folgenden Symbole

+ public
\# protected
- private

oder auch die Bezeichner *public*, *protected* und *private* verwendet. Der Name des Attributs wird durch *name* dargestellt, sein Datentyp durch *type-expression* und sein eventueller Anfangswert durch *initial-value*.

Die **Elementfunktionen** werden in UML als **Operationen** bezeichnet und nach folgendem Schema dargestellt:

visibility name (*parameter-list*) : *return-type-expression* { *property-string* }

8.1 Klassen

Hier steht *name* für den Namen der Funktion, *parameter-list* für die Parameterliste und *return-type-expression* für den Datentyp des Funktionswertes. Falls eine Funktion keinen Wert zurückgibt (in C++ *void*), wird der *return-type-expression* ausgelassen. Die einzelnen Parameter werden nach dem folgenden Schema angegeben:

kind name : *type-expression* = *default-value*

Hier steht *kind* für *in*, *out* oder *inout* und bezeichnet die Art der Parameterübergabe (Werte- bzw. Referenzparameter). Der Name des Parameters wird mit *name* bezeichnet, sein Datentyp mit *type-expression* und *default-value* steht für ein Default-Argument.

Für die folgenden Beispiele wird die Klasse *C2DPunkt* verwendet:

```
class C2DPunkt{
   double x,y;
   void moveTo(double x_=0, double y_=0);
 public:
   C2DPunkt(double x_=0, double y_=0);
   double distance();
   AnsiString toStr();
};
```

Diese Klasse kann dann durch die folgenden Diagramme dargestellt werden:

C2DPunkt
x: double y: double
+ C2DPunkt(x double, y double) - moveTo(x double, y double) + toStr() : AnsiString + distance() : double

Der Detaillierungsgrad kann auch reduziert werden:

C2DPunkt
C2DPunkt(x double, y double) toStr() : AnsiString

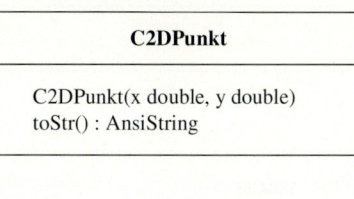

Ein **Objekt** wird durch ein Rechteck mit zwei Unterteilungen dargestellt. Der obere Teil enthält den Namen des Objekts und den Namen der Klasse, die beide unterstrichen sind:

Objektname : Klassenname

Der untere Teil enthält die Attribute der Klasse zusammen mit ihren Werten in der Darstellung

Attributname : Datentyp = Wert

Dabei kann der Datentyp auch ausgelassen werden. Der Wert wird als Literal dargestellt, wobei UML keine weiteren Vorschriften für die Syntax der Literale macht.

Beispiel: Ein Objekt P der Klasse *C2DPunkt* mit den Koordinaten x=2 und y=3:

P : C2DPunkt
x = 2   y = 3

Auch hier können einzelne Attribute oder der gesamte Teil mit ihnen ausgelassen werden, wenn sie im aktuellen Zusammenhang ohne Bedeutung sind:

P : C2DPunkt

Im oberen Abschnitt kann der Name des Objekts ausgelassen werden. In diesem Fall soll der Doppelpunkt vor dem Klassennamen angegeben werden:

:C2DPunkt

Außerdem kann hier der Klassenname des Objekts zusammen mit dem Doppelpunkt ausgelassen werden:

P

8.2 Klassen als Datentypen

In C++ dienen Klassen nicht nur dazu, die Konzepte der objektorientierten Programmierung zu realisieren. Vielmehr sollen sie einem Programmierer auch „die Möglichkeit zu geben, neue Datentypen zu schaffen, die er genauso einfach wie

8.2 Klassen als Datentypen

die eingebauten Datentypen verwenden kann" (Stroustrup, 1997, Abschnitte 10.1 und 10.3).

Selbstverständlich ist es schwierig, eine klare Grenze zwischen diesen beiden Zielen zu ziehen, da sie eng miteinander verwoben sind. Verzichtet man aber auf eine solche Differenzierung, entsteht bei einigen Sprachelementen der Eindruck, als ob sie etwas mit objektorientierter Programmierung zu tun hätten, obwohl das überhaupt nicht zutrifft.

Deshalb wurde das Thema „Klassen" in diesen und den letzten Abschnitt unterteilt. Ein Vergleich mit anderen objektorientierten Sprachen zeigt, dass man die Konzepte des letzten Abschnitts in allen diesen Sprachen findet. Für die Konzepte aus diesem Abschnitt findet man aber oft keine Entsprechungen.

8.2.1 Der Standardkonstruktor

Ein Konstruktor, der ohne Argumente aufgerufen werden kann, wird als **Standardkonstruktor** oder auch als **Default-Konstruktor** bezeichnet. Der Standardkonstruktor einer Klasse C wird dann durch die Definition

```
C c;
```

aufgerufen. Diese Schreibweise entspricht allerdings nicht dem üblichen Schema, nach dem eine Funktion ohne Parameter immer mit einem leeren Paar runder Klammern aufgerufen wird:

```
C c(); // Funktionsdeklaration, kein Aufruf des Standard-
       //                       Konstruktors
```

Im C++-Standard ist ausdrücklich festgelegt, dass diese Schreibweise als Funktionsdeklaration und nicht als Aufruf des Standardkonstruktors interpretiert wird. Wenn ein Objekt dagegen mit *new* erzeugt wird, ist es ohne Bedeutung, ob die Klammern angegeben oder weggelassen werden:

```
C* p=new C;   // Diese beiden Definitionen
C* q=new C(); // sind gleichwertig
```

Ein Standardkonstruktor kann ein Konstruktor **ohne Parameter** oder einer **mit Default-Argumenten** sein:

```
struct C {
  C() { } // Standardkonstruktor
};

struct C1 {
  C1(int i=0, int j=0) { } // Standardkonstruktor
};
```

Bei der schon früher betrachteten Stringklasse *MeinString* wird man normalerweise erwarten, dass der String s nach der Definition

```
MeinString s;
```

ein leerer String ist. Das erreicht man durch den einen Standardkonstruktor, der Platz für ein einziges Zeichen reserviert, das dann den Nullterminator '\0' erhält:

```
class MeinString {
   char* s;
   int n; // Länge des Strings
 public:
   MeinString()
   {
      n=0;
      s=new char[n+1];
      *s='\0';
   }// Stellt die Klasseninvariante her (siehe Seite 716)
};
```

Definiert man für eine Klasse keinen Konstruktor, **erzeugt** der **Compiler** einen **Standardkonstruktor**, wenn dieser benötigt wird. Er ist eine *public inline* Funktion mit einem leeren Anweisungsteil. Für eine Klasse C ohne einen Konstruktor erzeugt der Compiler also den Standardkonstruktor

```
C::C() { };
```

Deshalb kann man ein Objekt der Klasse C folgendermaßen definieren:

```
C c;
```

Falls eine Klasse jedoch einen oder mehrere Konstruktoren enthält, erzeugt der Compiler keinen Standardkonstruktor. Deshalb wird für die Klasse

```
struct C {
   C(int i) { }
};
```

die folgende Definition vom Compiler zurückgewiesen:

```
C c;//Fehler: Keine Übereinstimmung für 'C::C()' gefunden
```

Ein **Standardkonstruktor** wird immer dann aufgerufen, wenn bei der Definition eines Objekts kein anderer Konstruktor aufgerufen wird. Dadurch wird gewährleistet, dass jedes Objekt durch einen Konstruktoraufruf initialisiert wird. Das gilt insbesondere auch dann,

- wenn ein Array von Objekten ohne Initialisiererliste definiert wird oder
- wenn ein Objekt in einer Klasse enthalten ist, deren Konstruktor keinen Elementinitialisierer (siehe Abschnitt 8.2.2) für dieses Objekt enthält.

8.2 Klassen als Datentypen

Wir werden später im Zusammenhang mit virtuellen Funktionen sehen, wie wichtig die Initialisierung eines Objekts mit solchen Funktionen durch einen Konstruktor ist.

Der aufgerufene Konstruktor wird anhand der Argumente bestimmt, die bei der Definition des Objekts als Initialisierer angegeben werden. Die Definition eines Objekts ohne solche Argumente führt zum Aufruf des Standardkonstruktors. Deshalb ist ein **Standardkonstruktor immer dann notwendig**, wenn man ein Objekt ohne Argumente für einen Konstruktor definiert.

Beispiel: Da die Klasse C keinen Standardkonstruktor hat,

```
struct C {
  C(int n) {};
};

class D {
  C e;
};
```

sind die folgenden Definitionen nicht zulässig:

```
C a[5]; // Fehler: Standardkonstruktor ... nicht
        //         gefunden
D d;    // Fehler: Compiler konnte Standard-
        //         konstruktor nicht ... generieren
```

8.2.2 Objekte als Klassenelemente und Elementinitialisierer

Wenn eine Klasse C wie in

```
class C{
  E e;   // führt zum Aufruf des Standardkonstruktors
 public:
  C(int n) { };
};
```

ein **Element** enthält, **dessen Datentyp eine Klasse** E ist, wird bei der Definition eines Objekts der Klasse C automatisch der Standardkonstruktor von E aufgerufen. Meist will man das Element e jedoch mit einem anderen Wert als dem initialisieren, der sich mit dem Standardkonstruktor ergibt. Das ist mit dem Aufruf eines entsprechenden Konstruktors von E im Konstruktor von C möglich:

```
class C{ // initialisiert e doppelt
  E e;   // führt zum Aufruf des Standardkonstruktors
 public:
  C(int n)
  {
    e=E(n); // zweiter Aufruf eines Konstruktors für e
  };
};
```

Allerdings wird dadurch der automatische Aufruf des Standardkonstruktors nicht unterbunden. Deshalb werden so zwei Konstruktoren für e aufgerufen. Dabei ist der erste Aufruf des Standardkonstruktors überflüssig und kostet unnötig Zeit, da der von ihm gesetzte Wert gleich anschließend überschrieben wird.

Den **automatischen Aufruf** des Standardkonstruktors kann man **mit** einem **Konstruktorinitialisierer** *(ctor-initializer)* **verhindern**:

> *ctor-initializer:*
> : *mem-initializer-list*
>
> *mem-initializer-list:*
> *mem-initializer*
> *mem-initializer* , *mem-initializer-list*
>
> *mem-initializer:*
> *mem-initializer-id* **(** *expression-list* *opt* **)**
>
> *mem-initializer-id:*
> **::** *opt* *nested-name-specifier* *opt* *class-name*
> *identifier*

Einen Konstruktorinitialisierer gibt man nach der Parameterliste eines Konstruktors an. Er beginnt mit einem Doppelpunkt, auf den durch Kommas getrennte **Elementinitialisierer** *(mem-initializer)* für jedes zu initialisierende Element folgen.

Ein Elementinitialisierer besteht aus dem Namen des zu initialisierenden Elements und einer eventuell leeren Liste von Ausdrücken:

- Wenn der Datentyp des Elements eine Klasse ist, muss diese Liste eine zulässige Liste von Argumenten für einen Konstruktor des Elements sein. Der Elementinitialisierer initialisiert dann das Element mit diesem Konstruktor.
- Ein Element e eines skalaren Datentyps kann mit höchstens einem Argument initialisiert werden. Der Ausdruck e(a) entspricht dabei einer Zuweisung e=a und der Ausdruck e() der Zuweisung e=0.

Ein nicht statisches Datenelement einer Klasse, dessen Datentyp eine Klasse ist, wird also folgendermaßen initialisiert:

- Wenn ein Elementinitialisierer für das Element angegeben ist, wird der entsprechende Konstruktor aufgerufen und **nicht** sein **Standardkonstruktor**.
- Wenn kein Elementinitialisierer für das Element angegeben ist, wird **automatisch** sein **Standardkonstruktor aufgerufen**. Da ein Elementinitialisierer mit einer leeren Liste von Ausdrücken zum Aufruf des Standardkonstruktors führt, kann man einen solchen Elementinitialisierer ebenso gut auch auslassen.

8.2 Klassen als Datentypen

Deshalb werden alle Elemente einer Klasse, deren Datentyp eine Klasse ist, entweder durch ihren Standardkonstruktor oder den Konstruktor initialisiert, der durch einen Elementinitialisierer aufgerufen wird. Elemente, deren Datentyp keine Klasse ist, werden dagegen nur mit Elementinitialisierern initialisiert.

Beim Aufruf eines Konstruktors für eine Klasse C, die mehrere Elemente eines Klassentyps enthält, werden zuerst die Elemente in der **Reihenfolge** initialisiert, in der sie in der Klasse definiert werden. Die Reihenfolge ihrer Elementinitialisierer hat darauf keinen Einfluss. **Danach** werden die Anweisungen des **Konstruktors** von C ausgeführt. Da die Elemente vor den Anweisungen des Konstruktors initialisiert werden, kann man im Konstruktor von C voraussetzen, dass alle Elemente von C, deren Datentyp eine Klasse ist, durch einen Konstruktor initialisiert sind. Die **Destruktoren** werden immer in der umgekehrten Reihenfolge der Konstruktoren aufgerufen.

Beispiel: Mit den Klassen

```
class E {
 public:
  E(int n)
  {
   Form1->Memo1->Lines->Add("Konstruktor E");
  }
};

class C{
   int i;
   double d;
 public:
  C(int n):e(n),i(3),d()
   { // hier kann vorausgesetzt werden, dass e, i
     // und d initialisiert sind
    Form1->Memo1->Lines->Add("Konstruktor C");
   };
   E e; // führt nicht zum Aufruf des Standard-
}; // konstruktors von E, da e oben angegeben ist

C c(5);
```

erhält man die Ausgabe

```
Konstruktor E
Konstruktor C
```

Die Elemente werden in der Reihenfolge ihrer Definition in der Klasse initialisiert (also zuerst i, dann d und dann e) und nicht in der Reihenfolge ihrer Elementinitialisierer (also nicht zuerst e, dann i und dann d). Da e in der Liste der Elementinitialisierer des Konstruktors von C enthalten ist, wird der Standardkonstruktor für e nicht aufgerufen.

Dieses Beispiel zeigt insbesondere auch, wie ein Argument für einen Konstruktor von C an einen Konstruktor eines Elements weitergegeben wird:

```
C(int n):e(n),...
```

Wenn ein Konstruktorinitialisierer aus mehreren Elementinitialisierern besteht, erweckt das bei einem Leser eventuell den Eindruck, dass die Elemente in der Reihenfolge der Elementinitialisierer initialisiert werden. Um dem vorzubeugen, empfiehlt es sich, die **Elementinitialisierer in derselben Reihenfolge wie die Definition der Elemente** aufzuführen.

Definiert man einen Konstruktor außerhalb der Klasse, gibt man die Elementinitialisierer bei der Definition und nicht bei der Deklaration an:

```
C::C(int n):i(3),d(),e(n){}  // Reihenfolge der Definition
```

Der implizit definierte **Standardkonstruktor** ist eine Funktion mit einem leeren Anweisungsteil, die insbesondere keine Elementinitialisierer enthält. Deshalb werden durch diesen Konstruktor alle Datenelemente einer Klasse, deren Datentyp selbst eine Klasse ist, mit ihrem Standardkonstruktor initialisiert.

Beispiel: Die Klasse C soll zwei nicht statische Datenelemente des Typs C1 und C2 und keinen explizit definierten Standardkonstruktor haben:

```
struct C {
  C1 c1;
  C2 c2;
};
```

Dann hat der vom Compiler implizit erzeugte Standardkonstruktor

```
C::C() { };
```

denselben Effekt wie

```
C::C(): c1(),c2() { }
```

Obwohl der implizit erzeugte Standardkonstruktor so aussieht, als ob er nichts tun würde, können mit seinem Aufruf doch umfangreiche und zeitaufwendige Operationen verbunden sein.

Mit einem Elementinitialisierer kann man auch **Datenelemente der Art „const T", „T&", „T* const" initialisieren**, an die keine Zuweisungen möglich sind:

```
class C{
  const int a;
  public:
  // C(int n){a=n;}; // Fehler: const-Objekt kann nicht
  //                 // modifiziert werden
```

8.2 Klassen als Datentypen

```
    C(int n):a(n) {}
};
```

Wenn man ein Element e einer Klasse C mit einem Elementinitialisierer initialisiert, wird der Konstruktor für e vor den Anweisungen im Konstruktor von C ausgeführt. Deshalb kann man eine Exception im Konstruktor von e nicht in einer *try*-Anweisung im Konstruktor von C abfangen.

Beispiel: Wenn im Konstruktor von E eine Exception ausgelöst wird, tritt sie vor der *try*-Anweisung im Konstruktor von C auf und kann deshalb nicht in ihrem Handler behandelt werden:

```
class C {
  E e;
public:
  C():e()
  {
    try      { /* ... */ }
    catch(...) { /* ... */ }
  }
}
```

Damit man in einem Konstruktor auch die Exceptions in den Elementinitialisierern behandeln kann, stellt der C++-Standard das Sprachkonstrukt ***function-try-block*** zur Verfügung. Dieses kann nur in einem Konstruktor verwendet werden:

function-try-block:
    try *ctor-initializer* $_{opt}$ *function-body handler-seq*

Wenn man einen Konstruktor mit einem *function-try-block* definiert, führen nicht nur die in einem Elementinitialisierer ausgelösten Exceptions, sondern auch die im Konstruktor ausgelösten Exceptions zur Ausführung des zugehörigen Handlers.

Beispiel: Wenn ein Objekt der Klasse C mit dem Argument 0 für i_ erzeugt wird, führt das beim Aufruf der Funktion f zu einer Division durch 0:

```
int f(int i)
{
return 1/i;
}

class C {
   int i;
   double d;
 public:
   C(int, double);
};

C::C(int i_, double d_)
try
```

```
            : i(f(i_)), d(d_)
            {
              // ... Anweisungen des Konstruktors von C
            }
            catch (...) // Dieser Handler behandelt alle
            {// Exceptions, die im Konstruktor oder in einem
             // seiner Elementinitialisierer auftreten
             // ...
            }
```

In der Version 5 des C++Builders stehen *function-try-blocks* allerdings noch nicht zur Verfügung.

Anmerkung für Delphi-Programmierer: Da Konstruktoren in Object Pascal nicht automatisch aufgerufen werden, sondern wie alle anderen Funktionen explizit aufgerufen werden müssen, ist in Object Pascal kein Sprachelement notwendig, das den Elementinitialisierern entspricht.

Aufgaben 8.2.2

1. Die Klasse E soll in einem Standardkonstruktor die Meldung „Standardkonstruktor" und in einem Konstruktor mit einem *int*-Parameter die Meldung „int-Konstruktor" ausgeben.

    ```
    class C {
      E e1,e2;
    public:
      C() { }
      C(int i):e1(i) { }
      C(int i,int j):e1(i),e2(j) { }
    };
    ```

    Welche Meldungen erhält man dann durch die folgenden Definitionen:

    ```
    C c0;
    C c1(1);
    C c2(1,2);
    ```

2. Überarbeiten Sie die Klasse *CKreis* aus Aufgabe 8.1.5.3 zu einer Klasse *C2DKreis*. Sie soll als Element einen *C2DPunkt* enthalten, der die Position eines Kreises beschreibt. Definieren Sie für diese Klasse Konstruktoren, bei denen für die Position ihre Koordinaten oder ein *C2DPunkt* angegeben werden können. Falls nur ein Argument für den Radius übergeben wird, soll die Position der Nullpunkt sein. Ein Standardkonstruktor soll den Radius 1 setzen. Verwenden Sie für möglichst viele Elemente Elementinitialisierer.

3. Im Konstruktor der Klasse *CRechteck1* soll der Mittelpunkt des Rechtecks angegeben werden. In der Klasse soll allerdings nicht der Mittelpunkt, sondern der linke obere Eckpunkt gespeichert werden:

8.2 Klassen als Datentypen

```
class CRechteck1 {
  C2DPunkt LinksOben; // Eckpunkt links oben
  double a,b; // Seitenlängen
 public:
  CRechteck1(C2DPunkt Mittelpunkt, double a_,
                                  double b_): a(a_),b(b_),
     LinksOben(Mittelpunkt.x-a/2, Mittelpunkt.y-b/2){ }
  AnsiString toStr()
  {
  return FloatToStr(LinksOben.x)+"|"+
                                  FloatToStr(LinksOben.y);
  }
};
```

Mit dieser Definition erhält der Punkt *LinksOben* jedoch nicht den beabsichtigten Wert. Finden Sie die Ursache dieses Fehlers und korrigieren Sie die Definition so, dass ein Objekt dieser Klasse das gewünschte Ergebnis hat.

4. In Abschnitt 8.2.1 wurde als Ergänzung zu den Konstruktoren aus Abschnitt 8.1.5 der folgende Standardkonstruktor für die Klasse *MeinString* definiert:

```
class MeinString {
  char* s;
  int n; // Länge des Strings
 public:
  MeinString()
  {
    n=0;
    s=new char[n+1];
    *s='\0';
  };
};
```

Da hier nur Platz für ein einziges Zeichen '\0' reserviert wird, hätte man ebenso gut den folgenden Standardkonstruktor verwenden können:

```
class MeinString {
  // ...
  MeinString():n(0)
  {
    s=new char('\0');
  };
};
```

Vergleichen Sie diese beiden Konstruktoren. Ist einer besser als der andere?

8.2.3 *friend*-Funktionen und -Klassen

In Abschnitt 8.1.3 wurde empfohlen, alle Datenelemente einer Klasse *private* zu deklarieren. Dann kann man diese Elemente nur in einer Element- oder *friend*-Funktion der Klasse ansprechen. Die Notwendigkeit von *friend*-Funktionen ergibt sich dabei daraus, dass eine Zugriffsbeschränkung auf Elementfunktionen manchmal zu streng ist. Ein Beispiel dafür wäre, wenn für die Klasse

```
class C2DKreis{
  C2DPunkt position; // Position des Kreises
  double r;          // Radius
 public:
   C2DKreis(C2DPunkt p, double r_):position(p), r(r_){}
};
```

eine globale Funktion geschrieben werden soll, die den Kreis an eine bestimmte Position setzt. Dann ist die naheliegende Lösung

```
void SetToPosition(C2DKreis& k, const C2DPunkt& p)
{
k.position.x=p.x; // Fehler: Zugriff auf
k.position.y=p.y; // 'C2DKreis::position' nicht möglich
}
```

nicht möglich, weil auf die *private* Elemente von k und p nicht zugegriffen werden kann. Da hier auf die Elemente von zwei verschiedenen Klassen zugegriffen wird, lässt sich dieses Problem nicht dadurch lösen, dass man diese Funktion als Elementfunktion einer der beiden Klassen definiert. Es erscheint aber auch nicht als angemessen, die Datenelemente nur wegen dieser einen Funktion *public* zu definieren.

Eine *friend*-**Funktion** einer Klasse ist eine Funktion, die kein Element der Klasse ist und die trotzdem auf *private* und *protected* Elemente der Klasse zugreifen kann. Sie wird mit dem Schlüsselwort *friend* in der Klasse deklariert, auf deren Elemente sie zugreifen können soll:

```
class C {
  int i;
  friend void f(C& x);
};

void f(C& x) // nicht: void C::f(C& x)
{
x.i=0; // bei nicht-friend nicht möglich, da i private
}
```

Dabei spielt es keine Rolle, ob sie in einem *private*, *public* oder *protected* Abschnitt der Klasse aufgeführt wird. Sie hat keinen *this*-Zeiger und wird wie eine gewöhnliche Funktion aufgerufen, d.h. ohne den Punkt- oder Pfeiloperator mit einem Objekt:

```
void call_f()
{
C c;
f(c); // nicht: c.f(c)
}
```

8.2 Klassen als Datentypen

Eine Funktion wird dadurch zum *friend* einer Klasse, dass man eine *friend*-Deklaration in die Klasse aufnimmt. Man sagt deshalb auch, dass sich eine Klasse ihre Freunde auswählt, und nicht etwa die Freunde die Klasse wählen. Und das Zugriffsrecht auf *private* Elemente wird auch durch die Formulierung beschrieben, dass Freunde einer Klasse in die Taschen greifen dürfen.

Auch eine Elementfunktion einer Klasse kann ein *friend* einer Klasse sein:

```
class C {
  void g(C& c);
};

class D {
  friend void C::g(C& x);
};
```

Wenn alle Elementfunktionen einer Klasse C *friend* einer Klasse D sein sollen, deklariert man die **Klasse C als *friend*** der Klasse D:

```
class D {
  double d;
  friend C;
};

C::g(C& c)
{
D x;
x.d = 1;
}
```

Damit lässt sich das Problem mit der Funktion *SetToPosition* dadurch lösen, dass man sie als *friend* der beiden Klassen *C2DPunkt* und *C2DKreis* deklariert:

```
class C2DPunkt{
  double x,y;
  friend void SetToPosition(C2DKreis&k,const C2DPunkt&p);
  // ...
};

class C2DKreis{
  C2DPunkt position; // Position des Kreises
  friend void SetToPosition(C2DKreis&k,const C2DPunkt&p);
  // ...
};
```

Hätte man *SetToPosition* folgendermaßen realisiert, würde es ausreichen, diese Funktion nur als *friend* der Klasse *C2DKreis* zu definieren:

```
void SetToPosition(C2DKreis& k, const C2DPunkt& p)
{
k.position=p;
}
```

Da hier nur auf ein Element der Klasse *C2DKreis* zugegriffen wird, kann man diese Funktion auch durch eine Elementfunktion dieser Klasse realisieren:

```
class C2DKreis{
  C2DPunkt position;
  double r; // Radius
 public:
  void SetToPosition(const C2DPunkt& p)
  {
  position=p;
  }
};
```

Wie dieses Beispiel zeigt, kann man eine globale *friend*-Funktion manchmal durch eine Elementfunktion ersetzen. In der Praxis ist das sogar recht oft möglich. Beispielsweise findet man in der umfangreichen Standardbibliothek von C++ nur relativ wenige *friend*-Funktionen.

Wenn es keinen Grund gibt, der für eine globale *friend*-Funktion spricht, sollte man eine **Elementfunktion bevorzugen**. Bei einer Elementfunktion ist es offensichtlicher, dass sie zur Klasse gehört und bei einer Änderung der Klasse eventuell ebenfalls geändert werden muss. Außerdem wird der Gültigkeitsbereich von Klassenelementen nicht auf Funktionen erweitert, die nicht zur Klasse gehören.

Die nächsten beiden Punkte zeigen allerdings, dass es auch Situationen gibt, in denen man eine globale Funktion benötigt, die auf die Elemente einer Klasse zugreifen kann und die deshalb ein *friend* der Klasse sein muss. Solche Situationen ergeben sich vor allem aus den folgenden Unterschieden zwischen einer Elementfunktion und einer globalen Funktion:

1. Aus der unterschiedlichen Syntax ihres Aufrufs:

   ```
   SetToPosition(k,p); // Aufruf der globalen Funktion
   k.SetToPosition(p); // Aufruf der Elementfunktion
   ```

   Meist besteht kein Grund, eine dieser beiden Schreibweisen gegenüber der anderen zu bevorzugen. Bei den Operatorfunktionen für die Operatoren << und >> ist es allerdings üblich, das Stream-Objekt links vom Operator zu schreiben. Implementiert man diese Operatoren als Elementfunktion einer Klasse C (siehe Abschnitt 8.2.4), muss man ein Objekt c dieser Klasse links und das Stream-Objekt f rechts vom Operator schreiben:

   ```
   c<<f // Im Gegensatz zur üblichen Konvention f<<c
   c>>f // Im Gegensatz zur üblichen Konvention f>>c
   ```

   Deswegen sollte man die Operatoren << und >> immer durch eine globale Funktion überladen.

8.2 Klassen als Datentypen

2. Eine Elementfunktion kann nur mit einem Objekt ihrer Klasse aufgerufen werden. Diese Klasse ist dann der Datentyp des ersten Parameters in einer entsprechenden globalen Funktion:

```
SetToPosition(k1,p); // Dem ersten Argument k1
k2.SetToPosition(p); // entspricht hier das Objekt k2
```

Das Argument einer Funktion kann dagegen auch einen anderen Datentyp als der Parameter haben, falls eine **benutzerdefinierte Konversion** (siehe Abschnitt 8.1.5 und 8.2.7) definiert ist, die es in den Datentyp des Parameters konvertiert. Deshalb kann die globale Funktion *SetToPosition* auch mit einem Ganzzahlargument aufgerufen werden, wenn die Klasse *C2DKreis* einen Konstruktor mit einem Ganzzahlparameter hat:

```
SetToPosition(1,p);//Arg.: temporäres Objekt C2DKreis(1)
```

Dagegen ist auch mit einem solchen Konstruktor der Aufruf

```
1.SetToPosition(p)
```

nicht möglich, da der Wert 1 nicht in einen *C2DKreis* konvertiert wird.

Falls eine solche Konversion notwendig ist, muss man eine globale Funktion wählen. Im nächsten Abschnitt wird gezeigt, dass deshalb binäre Operatorfunktionen oft als globale Funktionen und nicht als Elementfunktionen realisiert werden.

Anmerkung für Delphi-Programmierer: Den *friend*-Funktionen von C++ entsprechen in Object Pascal die Funktionen, die in derselben Unit definiert sind.

8.2.4 Überladene Operatoren als Elementfunktionen

Schon in Abschnitt 6.9 wurde gezeigt, wie man eine **Operatorfunktion** als **globale** Funktion definiert:

T operator@(C1 x, C2 y)

Hier ist @ ein Symbol für einen binären Operator, der durch eine globale Operatorfunktion überladen werden kann, und T der Datentyp des Funktionswertes. Falls C1 und C2 Klassen sind und in der Operatorfunktion auf *private* oder *protected* Elemente der Klassen zugegriffen wird, deklariert man diese Funktion als *friend* der Klassen. Für Objekte x und y der Datentypen C1 und C2 ist dann der Ausdruck

x@y

der Funktionswert der Operatorfunktion

operator@(x,y)

Alle Operatorfunktionen kann man auch als **Elementfunktionen einer Klasse** definieren. Eine Elementfunktion der Klasse C1 für einen binären Operator @ hat einen Parameter, der dann dem zweiten Operanden entspricht:

T C1::operator@(C2 x)

Für ein Objekt x der Klasse C1 ist dann der Ausdruck

x@y

der Funktionswert der Operatorfunktion

x.operator@(y)

Entsprechend wird ein **unärer Operator** @ durch eine Elementfunktion ohne Parameter überladen. Für ein Objekt x einer Klasse C ist dann der Wert des Ausdrucks

@x

der Wert des Funktionsaufrufs

x.operator@()

Die Präfix- und Postfix-Versionen der Operatoren ++ und – – werden wie bei globalen Funktionen durch einen zusätzlichen *int*-Parameter unterschieden:

```
T& operator++();       // präfix Elementfunktion
T& operator- -();      // präfix Elementfunktion
T operator++(int);     // postfix Elementfunktion
T operator- -(int);    // postfix Elementfunktion
```

Beispiel: Für die Klasse *MeinString* kann der Operator < durch die globale Funktion definiert werden:

```
bool operator<(const MeinString& s,
                         const MeinString& t)
{// muss friend von MeinString sein
return (strcmp(s.s, t.s) < 0);
}// sehr einfach: funktioniert nicht mit Umlauten
```

Eine entsprechende Elementfunktion ist:

```
class MeinString {
  char* s;
  int n; // Länge des Strings
  public:
```

8.2 Klassen als Datentypen

```
        bool operator<(const MeinString& t)
        {
        return (strcmp(s, t.s) < 0);
        }
    };
```

In einem Programm können beide Funktionen definiert werden. Dann wird die am besten passende Funktion aufgerufen. Bei den folgenden Ausdrücken sind das die als Kommentar angegebenen Funktion:

```
    s1<s2       // s1.operator<(s2)
    s1<"123"    // s1.operator<(MeinString("123"))
    "123"<s1    // operator<(MeinString("123"),s1)
```

Im C++-Standard ist festgelegt, dass die Operatoren = (Zuweisung), () (Funktionsaufruf), [] (Indexoperator) und -> (Zugriff auf ein Klassenelement) nicht mit globalen Funktionen überladen werden können, sondern **nur mit Elementfunktionen**. Alle anderen Operatoren können sowohl mit globalen Funktionen als auch mit Elementfunktionen überladen werden. Für jeden solchen binären Operator @ kann dann der Ausdruck

  x@y

sowohl als Aufruf der Elementfunktion

  x.operator@(y)

als auch als Aufruf der globalen Funktion

  operator@(x,y)

interpretiert werden. Entsprechendes gilt auch für einen unären Operator. Eine als Elementfunktion und eine als globale Funktion definierte Operatorfunktion unterscheiden sich insbesondere dadurch, dass bei einer Elementfunktion der Datentyp des ersten Operanden die Klasse sein muss. Bei einer globalen Funktion kann der erste Operand dagegen auch einen anderen Datentyp haben.

Beispiel: Der Operator + soll nicht nur zwei Strings s1 und s2 der Stringklasse *MeinString* verbinden, sondern auch einen *MeinString* mit einem nullterminierten String (Datentyp *char**) oder einem einzelnen Zeichen:

```
        s1 + s2
        s1 + "char*"
        s1 + 'c'
        "char*" + s2
        'c' +s2
```

Mit einer Elementfunktion lassen sich nur die ersten drei Operationen realisieren. Da bei den letzten beiden der Datentyp des linken Operanden nicht die Stringklasse ist, sind diese nur mit einer globalen Operatorfunktion möglich.

Diese **Asymmetrie** wird von einem Anwender der Klasse meist als störend empfunden. Normalerweise will man mit einem binären Operator verschiedene Datentypen kombinieren können, ohne dass man die Reihenfolge der Operanden beachten muss. Deshalb realisiert man **binäre Operatoren meist mit globalen Operatorfunktionen**.

Damit man mit einem binären Operator n verschiedene Datentypen kombinieren kann, ist es nun **keineswegs notwendig**, bis zu n*n verschiedene Operatorfunktionen mit **allen Kombinationen** der Datentypen der Parameter zu definieren:

```
MeinString operator+(const MeinString& s,
                                   const MeinString& t);
MeinString operator+(const MeinString& s, const char* t);
MeinString operator+(const MeinString& s, const char t);
MeinString operator+(const char* s,const MeinString& t);
MeinString operator+(const char s,const MeinString& t);
// Kombinationen wie (char,char) sind hier nicht möglich,
// da Operatoren für eingebaute Datentypen nicht überladen
// werden können.
```

Da eine Funktion mit einem Parameter des Typs C auch mit einem Argument eines Typs D aufgerufen werden kann, wenn eine Konversion von D nach C definiert ist, lässt sich die Anzahl der Operatorfunktionen durch geeignete Konversionsfunktionen reduzieren. Solche Konversionen sind z.B. benutzerdefinierte Konversionen (siehe Abschnitt 8.2.7), zu denen auch die Konversionen mit Konstruktoren gehören (siehe Abschnitt 8.1.5). Deshalb kann eine Funktion, deren Parameter eine Klasse ist, auch mit einem Argument aufgerufen werden, das ein Argument für einen Konstruktor dieser Klasse ist. Dadurch wird dann der Konstruktor mit diesem Argument aufgerufen. Deshalb reicht es aus,

- eine einzige globale Operatorfunktion mit zwei Parametern des Datentyps der Klasse zu definieren sowie
- für jeden Datentyp, der als Operand zulässig sein soll, einen Konstruktor, der einen Parameter dieses Datentyps hat.

Mit diesen Funktionen kann dann der Ausdruck *x@y* mit allen Datentypen gebildet werden, für die ein solcher Konstruktor definiert ist.

Beispiel: Mit den Konstruktoren

```
class MeinString {
 public:
   MeinString(char* p);
   MeinString(char c);
};
```

und der globalen Operatorfunktion

8.2 Klassen als Datentypen

```
MeinString operator+(const MeinString& s,
                              const MeinString& t)
{ // Muss ein friend von MeinString sein
MeinString tmp;
tmp.n=s.Laenge()+t.Laenge();
tmp.s=new char[tmp.n+1];
strcpy(tmp.s, s.s);
strcat(tmp.s, t.s);
return tmp; // tmp erfüllt die Klasseninvariante
}           // (siehe Seite 716)
```

können alle Ausdrücke aus dem letzten Beispiel gebildet werden.

Deswegen ist es für binäre Operatoren oft **am einfachsten**, eine einzige globale Operatorfunktion sowie geeignete Konversionsfunktionen zu definieren. Allerdings führt dann jeder Aufruf einer Operatorfunktion mit einem Argument eines anderen Datentyps als dem des Parameters dazu, dass ein Konstruktor ein temporäres Objekt erzeugt. Falls das zu **zeitaufwendig** ist, kann es doch wieder sinnvoll sein, für verschiedene Parametertypen verschiedene Operatorfunktionen zu definieren.

Bisher wurden vor allem binäre Operatoren betrachtet, mit denen Operanden verschiedener Datentypen symmetrisch kombiniert werden können. Das ist allerdings nicht bei allen binären Operatoren notwendig. So ist der linke Operand der Operatoren +=, –=, *= und /= üblicherweise ein Objekt der Klasse, für die sie definiert werden. Deswegen werden diese Operatoren meist **mit Elementfunktionen** realisiert. Ein Beispiel für den Operator += der Klasse *MeinString* folgt erst im nächsten Abschnitt, da dafür ein Copy-Konstruktor benötigt wird.

Mit dem Operator += kann man dann den Operator + definieren:

```
MeinString operator+(const MeinString& s,
                              const MeinString& t)
{
return MeinString(s)+=t;
}
```

Da in dieser Funktion nicht auf die Elemente von *MeinString* zugegriffen wird, muss sie auch kein *friend* dieser Klasse sein. Die Operatorfunktionen +=, –=, *= und /= werden deshalb oft zur Definition der Operatoren +, –, * und / verwendet, da man dann **keine *friend*-Funktionen** braucht.

Als Beispiel für eine als Elementfunktion definierte Operatorfunktion wird jetzt der **Indexoperator** [] für die Funktion *MeinString* definiert. Dieser Operator ist ein binärer Operator, der nur als nicht statische Elementfunktion einer Klasse und nicht durch eine globale Funktion überladen werden kann:

```
class MeinString { // Eine rudimentäre Stringklasse
  char* s;
```

```
    int n; // Länge des Strings
public:

char& operator[](int i)
{  // Vorbedingung: 0<=i<n
return *(s+i);
}; // Die Klasseninvariante ist erfüllt.
};
```

Nach dieser Definition ist der Aufruf der Operatorfunktion

```
s.operator[](i) // z.B. nach MeinString s("123"); int i;
```

gleichwertig mit dem indizierten Ausdruck:

```
s[i]
```

Da der Datentyp des Funktionswerts der Operatorfunktion ein Referenztyp ist, kann man einen solchen Ausdruck auch auf der linken Seite einer Zuweisung verwenden:

```
s[1]='A';
```

Diese Operatorfunktion kann man leicht so erweitern, dass der Zugriff auf einen unzulässigen Index erkannt wird und z.B. eine Exception auslöst:

```
char& operator[](int i)
{
if (i<0||i>=n) throw std::out_of_range("String-Index");
return *(s+i);
};
```

Der Parameter des Indexoperators kann einen **beliebigen Datentyp** haben und muss nicht wie bei einem Array ein Ganzzahldatentyp sein. Auf diese Weise kann man Klassen realisieren, die sich wie assoziative Container verhalten. Der gesuchte Wert wird dabei als Argument übergeben, und der gefundene Wert ist der Funktionswert der Operatorfunktion. Siehe dazu Aufgabe 2.

Der **Pfeiloperator** -> für den Zugriff auf ein Klassenelement kann nur mit einer nicht statischen Elementfunktion ohne Parameter überladen werden. Falls diese Funktion definiert ist, wird der Ausdruck x->m interpretiert als

```
(x.operator->())->m
```

Bei der Implementation dieses Operators sollte man darauf achten, dass wie bei Zeigern die üblichen Identitäten gelten:

p->m == (*p).m == p[0].m

8.2 Klassen als Datentypen

Operatoren sind **nicht nur für mathematische Operationen** geeignet. Ihre eingängige Symbolik ermöglicht oft auch für andere Operationen kurze und prägnante Ausdrücke. So verwenden die **Iteratoren** der Containerklassen aus der Standardbibliothek unter anderem die folgenden Operatoren:

- Der Operator ++ rückt den Iterator auf das nächste Element im Container vor.
- Der Operator - - setzt den Iterator auf die vorangehende Position.
- Der Operator * liefert das Element im Container, auf das der Iterator zeigt.

Diese Operatoren stehen bei den verschiedenen Containerklassen für völlig verschiedene Anweisungen. Da sie aber in allen Containern dieselbe Bedeutung haben, kann man alle Container mit derselben Syntax durchlaufen, ohne dass man sich um die Details der Implementierung kümmern muss. Diese einheitliche Schnittstelle der Iteratoren ist die Grundlage der Algorithmen der Standardbibliothek. Alle Algorithmen sind ausschließlich mit Hilfe von Iteratoren definiert.

Da die Operatoren der Iteratoren wiederum dieselben sind wie die der Zeigerarithmetik und diese auch dort dieselbe Bedeutung haben, funktionieren alle Algorithmen der Standardbibliothek auch mit Datenstrukturen, die über Zeiger angesprochen werden. Da dazu auch Arrays gehören, funktionieren alle solchen Algorithmen auch mit Arrays.

Aufgaben 8.2.4

1. In Aufgabe 6.9.2 wurde ein Bruch durch eine Struktur

    ```
    struct CBruch {
      int z,n; // z: Zähler, n: Nenner
    };
    ```

    dargestellt, bei der alle Datenelemente *public* sind. Überarbeiten Sie die Lösung dieser Aufgabe so, dass die Datenelemente *private* sind. Ergänzen Sie diese Klasse um geeignete Konstruktoren.

2. Ein assoziativer Container ist eine Datenstruktur, die Paare von Schlüsselwerten und Daten verwaltet. In der Klasse *AssozContainer* heißen die Schlüsselwerte und Daten wie in der Standardbibliothek *first* und *second*:

    ```
    class AssozContainer { // alles sehr einfach
       int n; // Anzahl der Elemente im Container
       typedef AnsiString T1;// Datentyp der Schlüsselwerte
       typedef AnsiString T2;// Datentyp der Daten
       struct Paar {
         T1 first;   // Schlüsselwert
         T2 second;  // Daten
       };
       Paar a[100]; // nur zur Vereinfachung so einfach
    public:
       AssozContainer():n(0) {};
    ```

```
    void show_all()
    {
    for (int i=0; i<n; ++i)
      Form1->Memo1->Lines->Add(a[i].first+
                               ": "+a[i].second);
    }
};
```

Die Arbeit mit einem solchen Container ist mit einem Indexoperator besonders einfach, der zu einem als Index verwendeten Schlüsselwert die zugehörigen Daten liefert. Mit einem Index, zu dem keine Daten gehören, soll ein neues Paar im Container abgelegt werden.

Die folgenden Beispiele sollen die Arbeit mit einem solchen Operator illustrieren. Die Ergebnisse der Operationen sind jeweils anschließend als Kommentar angegeben:

```
AssozContainer a;
a.show_all();
// Keine Ausgabe, da der Container leer ist.

a["Luigi Mafiosi"]="Luigi@palermo.net";
a.show_all();
// Luigi Mafiosi: Luigi@palermo.net

a["Karl Erbschleicher"]="Karl@aahoohell.kom";
a.show_all();
// Luigi Mafiosi: Luigi@palermo.net
// Karl Erbschleicher: Karl@aahoohell.kom

a["Luigi Mafiosi"]="Luigi@Bankers.net"; // palermo.net
                                        // war zu langsam
a.show_all();
// Luigi Mafiosi: Luigi@Bankers.net
// Karl Erbschleicher: Karl@aahoohell.kom

Memo1->Lines->Add(a["Karl Erbslaicher"]);  // Schreib-
a.show_all();                              // fehler
// Luigi Mafiosi: Luigi@Bankers.net
// Karl Erbschleicher: Karl@aahoohell.kom
// Karl Erbslaicher:

// Nicht schön: Karl ist ohne Adresse eingetragen.
// Aber bei std::map ist das auch nicht anders.
```

a) Definieren Sie zu der Klasse *AssozContainer* einen Indexoperator, der dieselben Ergebnisse wie in diesem Beispiel hat.

b) Ein Iterator ist eine Klasse, die eine Position in einem Container darstellt. Sie enthält meist

8.2 Klassen als Datentypen

- einen Zeiger (der die Position darstellt) auf ein Element im Container
- einen Konstruktor, der den Zeiger mit einem anderen Zeiger für eine Position in diesem Container initialisiert
- einen Operator ++, der den Zeiger auf das nächste Element im Container setzt
- einen Operator – –, der den Zeiger auf das vorangehende Element im Container setzt
- einen Operator *, der das Element im Container zum Zeiger im Iterator liefert
- einen Operator ->, der den Zeiger im Iterator liefert
- einen Operator !=, der die Zeiger zweier Iteratoren vergleicht

Für die Klasse *AssozContainer* ist die Klasse *iterator* ein solcher Iterator:

```
class iterator {
  Paar* p;
 public:
  iterator(Paar* p_):p(p_) { }

  bool operator!= (const iterator& y);
  iterator& operator++(int);
  Paar& operator* ();
  Paar* operator-> ();
};
```

Nehmen Sie diese Klasse lokal in die Klasse *AssozContainer* auf. Definieren Sie die Operatorfunktionen so, dass man den Container wie in dem folgenden Beispiel mit dem Operator ++ durchlaufen kann:

```
AssozContainer::iterator i=a.begin();
for (i=a.begin(); i!=a.end();++i)
   s=i->second;// ebenso: Paar p=*i;
```

Außerdem sollen in der Klasse *AssozContainer* noch die Elementfunktionen *begin* und *end* definiert werden. Sie sollen einen *iterator* zurückliefern, der auf das erste Element im bzw. nach dem Container zeigt.

8.2.5 Der Copy-Konstruktor

Ein Objekt kann bei seiner Definition mit einem anderen Objekt derselben oder einer abgeleiteten Klasse (siehe Abschnitt 8.3.6) initialisiert werden:

```
class C { // ...
} c;      // definiere c für die nächste Anweisung

C d=c; // keine Zuweisung: Initialisierung, da Definition
```

Eine solche **Initialisierung** mit dem Zuweisungsoperator führt ebenso wie die in der Funktionsschreibweise

```
C d(c);  // gleichwertig mit C d=c;
```

zum Aufruf des so genannten Copy-Konstruktors. Beide Schreibweisen sind gleichwertig. Obwohl eine Initialisierung syntaktisch und inhaltlich eine gewisse Ähnlichkeit mit einer Zuweisung

```
d=c;
```

hat, ist sie eine andere Operation als eine Zuweisung. Bei einer Zuweisung wird der Zuweisungsoperator (siehe dazu den nächsten Abschnitt) und nicht der Copy-Konstruktor der Klasse aufgerufen.

Da eine solche Initialisierung immer mit einer Definition verbunden ist, müssen die dabei definierten Datenelemente initialisiert werden wie bei jedem anderen Konstruktor auch. Bei einer Zuweisung werden dagegen die bisherigen Werte der linken Seite ungültig. Falls das Objekt auf der linken Seite Zeiger enthält, müssen die Speicherbereiche freigegeben werden, auf die sie zeigen. Diesen unterschiedlichen Anforderungen kann man in einem Zuweisungsoperator und in einem Copy-Konstruktor nachkommen.

Ein **Copy-Konstruktor** einer Klasse C ist dadurch charakterisiert, dass sein erster Parameter den Datentyp *C&*, *const C&*, *volatile C&* oder *const volatile C&* hat. Weitere Parameter können vorhanden sein. Sie müssen aber alle Default-Argumente haben.

Beispiele:

1. Alle Konstruktoren der Klasse C außer dem ersten sind Copy-Konstruktoren:

```
class C {
 public:
   C()                     { };
   C(C& c)                 { };
   C(C& c, int i=0)        { };
   C(const C& c)           { };
};
```

Mit

```
const C c;
```

führt dann die Initialisierung

```
C d=c;
```

zum Aufruf des Konstruktors mit dem *const*-Parameter. Dabei wird die rechte Seite als erstes Argument übergeben. Hätte man das Objekt c ohne *const* definiert, könnte der Compiler nicht entscheiden, ob er den zweiten oder den dritten Konstruktor von C aufrufen soll.

8.2 Klassen als Datentypen

2. Dagegen ist der zweite Konstruktor von C1 kein Copy-Konstruktor. Der dritte Konstruktor ist deswegen nicht zulässig, da sein Aufruf zu einer endlosen Rekursion führen würde:

```
class C1 {
 public:
   C1();
   C1(C1& c, int i);
   C1(C1 c); // Fehler: Konstruktor ... nicht zulässig
};
```

Bei den meisten Klassen reicht ein einziger Copy-Konstruktor der Form

```
C::C(const C&);
```

aus. Objekte dieser Klassen kann man dann sowohl mit konstanten als auch mit nicht konstanten Ausdrücken initialisieren. Außerdem ist dann sichergestellt, dass der initialisierende Ausdruck nicht verändert wird. Wenn eine Klasse dagegen nur den Konstruktor

```
C::C(C&);
```

besitzt, kann ein Objekt dieser Klasse nicht mit konstanten Ausdrücken initialisiert werden.

Wenn man für eine Klasse **explizit keinen** Copy-Konstruktor definiert, erzeugt der Compiler einen, wenn er benötigt wird. Dieser **implizit** erzeugte Copy-Konstruktor bewirkt, dass bei einer Initialisierung alle nicht statischen Datenelemente mit den entsprechenden Werten der Elemente des initialisierenden Ausdrucks initialisiert werden.

Beispiel: Die Klasse C soll zwei nicht statische Datenelemente des Typs C1 und C2 haben:

```
struct C {
   C1 c1;
   C2 c2;
};
```

Dann erzeugt der Compiler für diese Klasse einen Copy-Konstruktor, der alle Elemente wie in dem folgenden Copy-Konstruktor initialisiert:

```
C(const C& x): c1(x.c1),c2(x.c2) { }
```

Falls das Element eine Klasse ist, wird zur Initialisierung der Copy-Konstruktor des Elements ausgerufen. Bei einem Array werden alle Elemente einzeln initialisiert. Ein Element eines skalaren Datentyps wird mit dem vordefinierten Zuweisungsoperator initialisiert.

Beispiel: Auch wenn man für die Klasse *C2DPunkt* keinen Copy-Konstruktor definiert, ist nach der Definition

```
C2DPunkt p1(2,3);
```

die folgende Initialisierung möglich:

```
C2DPunkt p2=p1;
```

Dabei werden alle Datenelemente von p2 mit den entsprechenden Werten von p1 initialisiert, so dass diese Initialisierung denselben Effekt hat wie

```
p2.x = p1.x;
p2.y = p1.y;
```

Bei einer Klasse, die **keine Zeiger** enthält, ist der vom Compiler **implizit erzeugte Copy-Konstruktor ausreichend**, wenn jedes Element eines Klassentyps durch seinen Copy-Konstruktor richtig initialisiert wird. Wenn eine Klasse jedoch Zeiger enthält, zeigen sie in beiden Objekten auf denselben Speicherbereich.

Beispiel: Falls für die Klasse *MeinString* wie bisher kein Copy-Konstruktor definiert ist, wird bei der Initialisierung von t mit s der implizit definierte Copy-Konstruktor aufgerufen:

```
MeinString s("123");
MeinString t=s;
```

Diese Initialisierung bewirkt, dass die Zeiger t.s und s.s beide auf denselben Speicherbereich zeigen.

Eine solche Kopie wird auch als „**flache Kopie**" bezeichnet. Sie hat die folgenden, meist unerwünschten Konsequenzen:

– Jede Veränderung von s bewirkt auch eine Veränderung von t (und umgekehrt).
– Wenn der Speicherbereich für eines der beiden Objekte freigegeben wird, zeigt das andere auf einen nicht reservierten Speicherbereich.
– Nach dieser Zuweisung besteht keine Möglichkeit mehr, den Speicherbereich freizugeben, auf den t vor der Zuweisung gezeigt hat.

Entsprechende Ergebnisse des vom Compiler erzeugten Copy-Konstruktors erhält man bei allen Klassen, die Zeiger enthalten. Diese lassen sich durch einen explizit definierten Copy-Konstruktor vermeiden. Deshalb wird für eine Klasse meist dann ein **expliziter Copy-Konstruktor benötigt, wenn sie Zeiger enthält**.

Betrachten wir als Beispiel wieder die Klasse *MeinString*. Da der Copy-Konstruktor bei einer Definition (aber nicht bei einer Zuweisung) aufgerufen wird,

8.2 Klassen als Datentypen

```
C x=y; // ruft den Copy-Konstruktor der Klasse C auf
x=y;   // ruft den Zuweisungsoperator auf
```

muss er Speicherplatz für das neue Objekt reservieren und diesen mit den Daten der rechten Seite füllen:

```
class MeinString {
    char* s;
    int n; // Länge des Strings
  public:
    // ...
    MeinString (const MeinString& x)
    {
      n=x.n;              // 1
      s=new char[n+1];    // 2
      strcpy(s,x.s);      // 3
    };//dieser Konstruktor stellt die Klasseninvariante her
};
```

Auf die Kommentare kommen wir beim überladenen Zuweisungsoperator für diese Klasse zurück.

Da der Compiler nicht darauf hinweist, wenn ein Copy-Konstruktor verwendet wird, ohne dass er explizit definiert wurde, sollte man für jede Klasse mit Zeigern einen solchen Konstruktor definieren. Beispielsweise hängt die folgende Definition des Operators += für die Klasse *MeinString* entscheidend davon ab, dass der Copy-Konstruktor nicht nur eine flache Kopie liefert:

```
MeinString& MeinString::operator+=(const MeinString& t)
{
if (t.s)
  { // Vorbedingung: p zeigt auf einen nulltermin. String
    MeinString tmp(*this); //Aufruf des Copy-Konstruktors
    n+=t.n;
    delete[] s;
    s=new char[n+1];
    strcpy(s,tmp.s);
    strcat(s,t.s);
  }
return *this;
}
```

Hier ist die mit dem Copy-Konstruktor erzeugte Kopie des „alten" Strings deshalb notwendig, weil sowohl der neue als auch der alte String durch den Zeiger s dargestellt werden und der Speicherbereich für den alten String vor der Reservierung des Speichers für den neuen freigegeben werden muss. Die übrigen Anweisungen sind weitgehend mit denen des Operators + (siehe Abschnitt 8.2.4) identisch.

Bei einer Initialisierung durch ein **temporäres Objekt** wie in

```
C d=C(1); // C(1) ist ein temporäres Objekt
```

lässt der C++-Standard explizit offen, ob d durch einen Aufruf des Copy-Konstruktors mit dem temporären Objekt initialisiert wird

```
C d=C(C(1)); // C(1) als Argument des Copy-Konstruktors
```

oder ob C(1) direkt in dem Speicherbereich von d konstruiert wird. Viele moderne Compiler (auch der C++Builder) nutzen diese Möglichkeit zur **Optimierung** und sparen den Aufruf des Copy-Konstruktors, so dass lediglich der Konstruktor für das temporäre Objekt aufgerufen wird.

Bisher wurde nur die Initialisierung von Objekten betrachtet, deren Datentyp kein Referenztyp ist. Bei der **Initialisierung einer Referenzvariablen**

```
C& d=c;
```

mit einer Variablen c desselben Datentyps oder dem einer von C abgeleiteten Klasse wird der Copy-Konstruktor nicht aufgerufen. Diese Initialisierung hat zur Folge, dass die Referenz d so an c gebunden wird, dass d ein anderer Name für c ist. Auch die **Initialisierung einer konstanten Referenz**

```
const C& d=c;
```

führt normalerweise nicht zum Aufruf des Copy-Konstruktors. Hier kann c auch ein konstanter Ausdruck sein.

Im Unterschied zum C++-Standard akzeptiert der C++Builder auch die Initialisierung einer Referenzvariablen mit einer Konstanten. Er erzeugt dann aus der Konstanten mit dem Copy-Konstruktor ein temporäres Objekt und bindet die Referenz an dieses. Durch eine Warnung der Art „Temporäre Größe... verwendet" wird auf diese Abweichung vom Standard hingewiesen.

Der Copy-Konstruktor wird nicht nur bei der Ausführung einer Deklarationsanweisung mit einer **Initialisierung** wie in

```
C d=c;
```

aufgerufen. Die folgenden Punkte beschreiben weitere Situationen, die zum **Aufruf** eines **Copy-Konstruktors** führen können. In den Beispielen wird die Klasse C verwendet:

```
class C {
 public:
   C(int);
};
```

8.2 Klassen als Datentypen

1. Bei einem Funktionsaufruf wird ein Parameter (die lokale Variable) mit seinem Argument initialisiert. Für einen **Werteparameter** führt diese Initialisierung zum Aufruf des Copy-Konstruktor mit dem Argument:

    ```
    void f1(C c)
    { // das lokale Objekt c wird beim Aufruf der Funktion
      // f1 mit dem Argument a wie in C c=a initialisiert.
    }

    C c(1);  // Aufruf des Konstruktors C::C(int)
    f1(c);   // Führt zum Aufruf des Copy-Konstruktors
    ```

    Falls das Argument für den Werteparameter ein **temporäres Objekt** ist, kann dieses durch die oben beschriebene **Optimierung** direkt in dem Speicherbereich konstruiert werden, der zur lokalen Variablen in der Funktion gehört. Dann unterbleibt der Aufruf des Copy-Konstruktors:

    ```
    f1(C(1));  // Kein Aufruf des Copy-Konstruktors mit dem
               // temporären Objekt C(1)
    ```

    Bei einem **Referenzparameter** wird der Copy-Konstruktor nicht aufgerufen:

    ```
    void f2(const C& c) { }

    C c(1);  // Definiere das Objekt c
    f2(c);   // Kein Aufruf des Copy-Konstruktors
    ```

    Im Gegensatz zu f1 wird so der Aufruf des Copy-Konstruktors und des Destruktors immer gespart. Deswegen sollte man konstante Referenzparameter gegenüber Werteparametern bevorzugen.

2. Auch die Rückgabe eines Funktionswerts mit *return* ist eine Initialisierung. Wenn dabei ein **nicht temporäres Objekt** zurückgegeben wird, führt das zum Aufruf des Copy-Konstruktors:

    ```
    C f3()
    {
    C c(1);
    return c; // Initialisiert den Funktionswert mit c
    };

    C c(1);
    c=f3(); // Aufruf des Copy-Konstruktors bei return
    ```

    Ein **temporäres Objekt** kann der Compiler direkt im Speicherbereich des Funktionswertes konstruieren:

    ```
    C f4()
    {
    return C(1);//Initialisiert den Funktionswert mit C(1)
    };
    ```

Das spart den Aufruf des Copy-Konstruktors des Destruktors für das lokale Objekt, so dass die Funktion f4 schneller ist als f3.

Falls der Datentyp des Funktionswerts ein **Referenztyp** ist, wird wie bei einer Parameterübergabe ebenfalls kein Objekt erzeugt und deswegen auch kein Konstruktor aufgerufen. Allerdings muss man hier darauf achten, dass keine Referenz auf ein lokales Objekt zurückgegeben wird. Im C++Builder weist der Compiler auf einen solchen Fehler hin.

3. Wenn in einem *throw*-Ausdruck ein Konstruktor angegeben wird, erzeugt dieser ein Objekt, das ein weiteres temporäres Objekt initialisiert. Die Lebensdauer dieses temporären Objekts erstreckt sich von der Ausführung des *throw*-Ausdrucks bis zur Ausführung eines passenden Exception-Handlers. Deshalb wird auch durch

    ```
    throw C(1);
    ```

    der Copy-Konstruktor von C aufgerufen.

    Wenn man in der *exception-declaration* eines Exception-Handlers ein Objekt definiert, wird dieses mit dem Wert des *throw*-Ausdrucks initialisiert, der die Exception ausgelöst hat. Deshalb wird in dem folgenden Programmfragment das Objekt e über den Copy-Konstruktor initialisiert:

    ```
    try { // ...
    }
    catch (C& e)//initialisiert e mit dem Copy-Konstruktor
    {
    }
    ```

4. Die Initialisierung in einem *new*-Ausdruck, einem *static_cast*-Ausdruck, einer Typkonversion in Funktionsschreibweise und bei einem Elementinitialisierer entspricht der bei einer Deklaration

    ```
    C c(a);
    ```

    Hier wird der am besten passende Konstruktor aufgerufen. Das kann der Copy-Konstruktor sein, muss es aber nicht.

Ein Copy-Konstruktor wird also nicht nur bei einer Definition mit einer Initialisierung aufgerufen, sondern auch in vielen anderen Situationen, denen man das eventuell nicht unmittelbar ansieht. Deshalb wird nochmals an die Empfehlung von oben erinnert, für jede Klasse mit Zeigern einen expliziten Copy-Konstruktor zu definieren.

Anmerkung für Delphi-Programmierer: In Object Pascal gibt es keine Möglichkeit, ein Objekt bei seiner Definition durch eine Zuweisung mit einem anderen zu initialisieren.

8.2 Klassen als Datentypen

8.2.6 Der Zuweisungsoperator = für Klassen

Da Zuweisungen und Initialisierungen ähnlich aussehen,

```
C d=c;  // Initialisierung, da Deklaration
d=c;    // Zuweisung, da keine Deklaration
```

soll unmittelbar im Anschluss an den Copy-Konstruktor gezeigt werden, wie man den Zuweisungsoperator „=" für Klassen definieren kann. Diese Funktion wird bei einer Zuweisung aufgerufen.

Der Zuweisungsoperator für eine Klasse C wird durch eine Elementfunktion

```
C::operator=
```

definiert, die genau einen Parameter des Typs C, C&, *const C&*, *volatile C&* oder *const volatile C&* hat. Eine Klasse kann mehr als einen Zuweisungsoperator haben. Dieser muss eine nicht statische **Elementfunktion** sein. Es ist nicht möglich, ihn als globale Operatorfunktion zu definieren.

Wenn man für eine Klasse **explizit keinen** Zuweisungsoperator definiert, erzeugt der Compiler einen, wenn er benötigt wird. Dieser **implizit** erzeugte Zuweisungsoperator hat eine der beiden Formen

```
C& operator=(C& x)
C& operator=(const C& x)
```

und bewirkt, dass allen nicht statischen Datenelementen die Werte der entsprechenden Elemente des Ausdrucks auf der rechten Seite zugewiesen werden. Er gibt über den Rückgabetyp C& das Objekt zurück, an das die Zuweisung erfolgt.

Beispiel: Die Klasse C soll zwei nicht statische Datenelemente des Typs C1 und C2 und keinen Zuweisungsoperator haben:

```
struct C {
  C1 c1;
  C2 c2;
};
```

Dann erzeugt der Compiler für diese Klasse einen Zuweisungsoperator, der alle Elemente wie im folgenden Zuweisungsoperator kopiert:

```
C& operator=(const C& x)
{
c1=x.c1;
c2=x.c2;
return *this;
}
```

Falls das Element eine Klasse ist, wird dabei der Zuweisungsoperator des Elements ausgerufen. Bei einem Array werden alle Elemente einzeln zugewiesen.

Für ein Element eines skalaren Datentyps wird der vordefinierte Zuweisungsoperator verwendet.

Beispiel: Auch wenn man für die Klasse *C2DPunkt* keinen Zuweisungsoperator definiert, ist nach der Definition

```
C2DPunkt p1,p2;
```

die Zuweisung

```
p1 = p2;
```

möglich. Dabei werden die Werte aller Datenelemente von p2 an p1 zugewiesen, so dass diese Zuweisung denselben Effekt hat wie

```
p1.x = p2.x;
p1.y = p2.y;
```

Bei einer Klasse, die keine Zeiger enthält, ist der implizit erzeugte Zuweisungsoperator ausreichend, wenn jedes Element eines Klassentyps durch seinen Zuweisungsoperator richtig kopiert wird. Wenn eine Klasse jedoch Zeiger enthält, erhält man mit dem vom Compiler erzeugten Operator eine „**flache Kopie**". Die damit verbundenen Probleme wurden schon im letzten Abschnitt beschrieben.

Beispiel: Falls für die Klasse *MeinString* wie bisher kein Zuweisungsoperator definiert ist, wird bei der folgenden Zuweisung der implizit definierte Zuweisungsoperator aufgerufen:

```
t=s; // z.B. nach: MeinString s("123"),t("xyz");
```

Diese Zuweisung bewirkt, dass die Zeiger t.s und s.s beide auf denselben Speicherbereich zeigen.

Eine Klasse benötigt einen explizit überladenen Zuweisungsoperator meist dann, wenn sie Zeiger enthält. Dieses Kriterium wurde auch schon für den Destruktor und den Copy-Konstruktor angegeben. Generell kann man sagen: **Wenn eine Klasse eine dieser Funktionen benötigt, benötigt sie meist auch die beiden anderen.** Bei Klassen, die keine Zeiger enthalten, kann man sich die Definition aller dieser Funktionen sparen, da die vom Compiler erzeugten Funktion reichen.

Flache Kopien können mit einem Zuweisungsoperator vermieden werden. In dieser Operatorfunktion kann dann der zur linken Seite gehörende Speicherbereich freigegeben und durch eine Kopie der rechten Seite ersetzt werden. Diese Operatorfunktion wird für eine Klasse C normalerweise nach folgendem Schema definiert:

8.2 Klassen als Datentypen

```
C& operator=(const C& x)
{
if (this==&x) return *this;
// 1. alten Speicherbereich freigeben
// 2. neuen Speicherbereich reservieren
// 3. x in das aktuelle Objekt kopieren
return *this;
};
```

Der Rückgabe von *this* ermöglicht es, einen Zuweisungsausdruck wieder auf der linken Seite einer Zuweisung zu verwenden und so Zuweisungsketten wie bei den eingebauten Datentypen zu bilden:

```
x=y=z    // x=(y=z)
```

Da der Zuweisungsoperator rechtsassoziativ ist, wird dieser Ausdruck vom Compiler wie der verschachtelte Funktionsaufruf

```
x.operator=(y.operator=(z))
```

behandelt. Dieser Ausdruck zeigt, dass der Funktionswert des Ausdrucks (y=z) das Argument für den äußeren Funktionsaufruf ist. Deshalb liegt es nahe, für den Rückgabetyp denselben Datentyp wie für das Argument zu wählen, also den Referenztyp C&.

Allerdings sind solche Zuweisungsketten auch mit dem Rückgabetyp C anstelle von C& möglich. Die Notwendigkeit für den Referenztyp ergibt sich lediglich aus der Klammerregel, nach der durch

```
(x=y)=z;
```

zunächst x den Wert von y erhält, und x anschließend durch den Wert von z überschrieben wird. Dieses Ergebnis erhält man nur mit einem Referenztyp. Mit dem Rückgabetyp C erhält x in dieser Zuweisung nur den Wert von y, aber nicht den von z, da der Funktionswert von (x=y) ein temporäres Objekt ist und diesem z zugewiesen wird.

Da man solche diffizilen Feinheiten leicht übersieht, sollte man den **Zuweisungsoperator immer nach dem Schema von oben definieren.**

Betrachten wir als Beispiel einen Zuweisungsoperator für die Klasse *MeinString*. Dieser kann folgendermaßen definiert werden:

```
class MeinString {
  char* s;
  int n; // Länge des Strings
  public:
  // ...
```

```
MeinString& operator=(const MeinString& x)
{
if (this!=&x)           // a
  {
    delete[] s;         // b
    n=x.n;              // 1
    s=new char[n+1];    // 2
    strcpy(s,x.s);      // 3
  }
  return *this;         // c
}; // dieser Operator stellt die Klasseninvariante her
};
```

In der Zeile b dieser Operatorfunktion wird zunächst der Speicherbereich wieder freigegeben, auf den der Zeiger s bisher gezeigt hat. Die Zeilen 1 bis 3 konstruieren den neuen String aus der rechten Seite der Zuweisung und sind mit den entsprechenden Anweisungen im Copy-Konstruktor identisch. Eine Prüfung wie in Zeile a ist notwendig, damit ein Objekt auch sich selbst zugewiesen werden kann. Ohne eine solche Abfrage würde die Zuweisung

```
s = s;
```

dazu führen, dass der Speicherbereich mit den Zeichen des Strings zuerst (Zeile b) freigegeben und dann in Zeile 3 als Quelle für die Kopie verwendet wird. Das Ergebnis eines Zugriffs auf einen mit *delete* freigegebenen Speicherbereich ist aber undefiniert.

Abschließend soll nochmals auf den **Unterschied** zwischen dem **Zuweisungsoperator** und dem **Copy-Konstruktor** hingewiesen werden: Der Copy-Konstruktor wird nur bei einer Initialisierung aufgerufen und nicht bei einer Zuweisung. Der Zuweisungsoperator wird dagegen nur bei einer Zuweisung aufgerufen:

```
C x=y;  // ruft den Copy-Konstruktor der Klasse C auf
x=y;    // ruft den Zuweisungsoperator auf
```

Die beiden Funktionen der Klasse *MeinString* zeigen die typischen Unterschiede:

– Bei der Initialisierung wird der Speicher für ein Objekt nur reserviert, während bei einer Zuweisung der für den linken Operanden reservierte Speicher auch freigegeben werden muss. Deswegen ist die mit // b gekennzeichnete Anweisung im Copy-Konstruktor nicht notwendig.
– Der Copy-Konstruktor kann wie jeder andere Konstruktor keinen Funktionswert zurückgeben. Deswegen hat er keine Anweisung wie in // c.
– Mit dem Copy-Konstruktor sind keine Zuweisungen wie s=s möglich. Deshalb ist die mit // a gekennzeichnete Anweisung nicht notwendig.

Im Unterschied zu allen anderen Operatorfunktionen wird ein überladener Zuweisungsoperator nicht an eine abgeleitete Klasse vererbt (siehe Abschnitt 8.3.5).

8.2 Klassen als Datentypen

Aufgaben 8.2.6

1. Begründen Sie für jede der folgenden Klassen, ob sie einen Standardkonstruktor, einen Copy-Konstruktor, einen überladenen Zuweisungsoperator oder einen Destruktor benötigen. Falls eine solche Funktion notwendig ist, definieren Sie diese. Ist es ein Fehler, diese Funktionen zu definieren, wenn sie nicht notwendig sind?

   a) Die Klassen *CKreis*, *CQuadrat* und *CRechteck* von Aufgabe 8.1.5.3
   b) Die Klasse *CBruch* von Aufgabe 8.2.4.2
   c) Die Klassen *CGrundstueck, CEigentumswohnung, CEinfamilienhaus* und *CGewerbeobjekt* von Aufgabe 8.1.5.4
   d) Wie wäre ihre Antwort, wenn die Strings in den Klassen von c) nicht mit *char**, sondern durch einen String der Klassen *string* oder *AnsiString* definiert wäre.
   e) Wie wäre ihre Antwort, wenn die Strings in den Klassen von b) nicht mit *char**, sondern durch ein Array von Zeichen (z.B. char Anschrift[100]) definiert wäre.
   f) Die Klasse *MeinStack* von Aufgabe 8.1.5.10
   g) Wie wäre ihre Antwort, wenn das Array in *MeinStack* durch einen *vector* aus der Standardbibliothek ersetzt würde.

2. Beschreiben Sie am Beispiel der Funktionen *test1* und *test2*, wann welche Konstruktoren der folgenden Klassen aufgerufen werden:

   ```
   void display(AnsiString s, int i=-1)
   {
   if (i>=0) s=s+IntToStr(i);
   Form1->Memo1->Lines->Add(s);
   }

   class C{
     int x;
    public:
     C (int x_=0)
     { // Beim Aufruf ohne Argument ein Standard-
       x=x_;                                  // konstruktor
       display("   Konstruktor: ", x);
     }

     C (const C& c)
     {
       x=c.x;
       display("   Kopierkonstruktor: ", x);
     }

     C& operator=(const C& c)
     {
       x=c.x;
       display("   operator=: ", x);
       return *this;
     }
   ```

```cpp
  ~C ()
  {
     display("   Destruktor: ",x);
  }

  friend int f3(C c);
  friend int f4(const C& c);
};

C f1(int i)
{
return C(i);
}

C f2(int i)
{
C tmp(i);
return tmp;
}

int f3(C c)
{
return c.x;
}

int f4(const C& c)
{
return c.x;
}
```

a) Welche Ausgabe erzeugt ein Aufruf der Funktion *test1*:

```cpp
void test1()
{
display("vor C x=C(1)");
C x=C(1);
C y=x;
display("vor x=y");
x=y;
display("vor C z(x)");
C z(x);
display("vor f1(2)");
f1(2);
display("vor f2(3)");
f2(3);
display("vor f3(4)");
f3(4);
display("vor f3(x)");
f3(x);
display("vor f4(4)");
f4(4);
display("vor f4(x)");
f4(x);
display("Ende von test1");
}
```

8.2 Klassen als Datentypen

b) Welche Ausgabe erzeugt ein Aufruf der Funktion *test2*:

```
class D {
 C c1;
 C c2;
};

void test2()
{
display("vor D d1");
D d1;
display("vor D d2=d1");
D d2=d1;
display("vor d2=d1");
d2=d1;
display("nach d2=d1");
}
```

3. Definieren Sie die Operatoren +=, –=, *= und /= für die Klasse *CBruch* aus Aufgabe 8.2.4.2. Führen Sie die Operatoren +, –, * und / auf diese Operatoren zurück, so dass die üblichen Beziehungen wie

    x += y ist gleichwertig mit x = x + y

   gelten. Nur am Rande sei darauf hingewiesen, dass die Operatoren +, –, * und / bei dieser Definition keine *friend*-Funktionen der Klasse sein müssen.

4. In der Programmiersprache C werden ganze Arrays wie

    ```
    T a[10], b[10]; // T ein Datentyp
    ```

   oft mit

    ```
    memcpy(a,b,10*sizeof(T));
    ```

   kopiert. Beurteilen Sie dieses Vorgehen, wenn der Datentyp T eine Klasse ist.

5. Das Ergebnis des Präfixoperators ++ ist das veränderte Objekt. Mit einer Variablen x eines vordefinierten Datentyps kann der Ausdruck ++x auch auf der linken Seite einer Zuweisung verwendet werden. Deshalb ist der Funktionswert dieses Operators meist ein Referenztyp. Für eine Klasse C wird der Operator meist mit einer Elementfunktion nach diesem Schema definiert:

    ```
    C& C::operator++() // Präfix ++
    {
    // erhöhe das Objekt
    return *this;
    }
    ```

   Der Postfix-Operator liefert dagegen das ursprüngliche Objekt und kann nicht auf der linken Seite einer Zuweisung verwendet werden. Er wird meist nach diesem Schema definiert:

```
C C::operator++(int) // Postfix ++
{
C temp=*this;
++(*this); // Aufruf des Präfix-Operators
return temp;
}
```

Vergleichen Sie die Laufzeit der beiden Operatoren.

6. Für kaufmännische Rechnungen sind Gleitkommadatentypen ungeeignet, da ihre Ergebnisse nicht exakt sind. Deswegen sollten Geldbeträge in ganzzahligen Pfennigbeträgen dargestellt werden.

Definieren Sie eine Klasse *Festkomma64*, die Dezimalzahlen mit bis zu 4 Nachkommastellen durch das 10000-fache ihres Wertes ganzzahlig darstellt. Verwenden Sie dazu den 64-bit Ganzzahldatentyp *__int64*. Die Grundrechenarten +, −, * und / sollen durch überladene Operatoren zur Verfügung gestellt werden. Dazu können die Rechenoperationen von *__int64* verwendet werden. Geeignete Konstruktoren sollen Argumente der Datentypen *int* und *double* in diesen Datentyp konvertieren. Eine Funktion *toStr* soll eine solche Festkommazahl als String darstellen.

Testen Sie diesen Datentyp mit der Funktion

```
Festkomma64   Est(Festkomma64   x)
{ // Einkommensteuertarif nach § 32a (1)
Festkomma64   est;
x=(x/54)*54;
if (x <= 12365) est = 0;
else if (x <= 58643)
   {
     Festkomma64   y = (x-12312)/10000;
     est = (91.19*y+2590)*y;
   }
else if (x <= 120041)
   {
     Festkomma64   z = (x-58590)/10000;
     est = (151.96*z + 3434)*z +13938;
   } // Druckfehler im Gesetz: 151,96 anstelle 151,91
else   est = 0.53*x -22843;
return 10000*(est/10000);
};
```

Dabei müssen sich zu den Werten unter x die jeweils rechts davon unter *Est* angegebenen Werte ergeben (aus der Grundtabelle zum Einkommensteuergesetz):

8.2 Klassen als Datentypen

x	Est	x	Est	x	Est
10 800	0	48 600	10 599	86 400	24 663
16 200	1 020	54 000	12 381	91 800	27 018
21 600	2 484	59 400	14 217	97 200	29 461
27 000	4 000	64 800	16 129	102 600	31 994
32 400	5 570	70 200	18 129	108 000	34 615
37 800	7 193	75 600	20 218	113 400	37 324
43 200	8 870	81 000	22 396	118 800	40 123

7. Für eine Klasse ohne einen explizit definierten Copy-Konstruktor bzw. Zuweisungsoperator erzeugt der Compiler diese Funktionen, falls sie verwendet werden. Da diese Funktionen leicht aufgerufen werden, ohne dass man es bemerkt, kann es sinnvoll sein, ihren Aufruf zu unterbinden, um flache Kopien zu vermeiden. Wie kann man den Aufruf dieser Funktionen verhindern?

8. Wenn in einem Ausdruck ein **temporäres Objekt** erzeugt wird, ruft der Compiler einen **Konstruktor** für das Objekt auf. Am Ende der Auswertung des Ausdrucks wird dann der **Destruktor** für jedes so erzeugte Objekt aufgerufen. Deshalb können auch bei einfachen Ausdrücken relativ viele Konstruktoren und Destruktoren aufgerufen werden.

   Beschreiben Sie die Ausgabe der Funktion *test3* für die Klasse C aus Aufgabe 2, wenn für C der Operator + definiert wird:

```
C operator+(const C& c1,const C& c2)
{ // friend in der Klasse C
display("  operator+: ", c1.x+c2.x);
return C(c1.x+c2.x);
}

void test3()
{
C s1,s2,s3,s4;
display("1. vor + ");
s1=C(1)+C(3);
display("2. vor + ");
C x=C(5),y=C(7);
s2=x+y;
display("3. vor + ");
s3=C(9);
s3=s3+C(11);
display("4. vor + ");
s4=x;
s4=s4+y;
display("Ende von test");
}
```

8.2.7 Benutzerdefinierte Konversionen

In Zusammenhang mit dem Copy-Konstruktor (siehe Abschnitt 8.2.5) wurden nur Initialisierungen der Form

```
C d=c;
```

betrachtet, bei denen c den Datentyp C hatte oder den einer von C abgeleiteten Klasse. Mit so genannten benutzerdefinierten Konversionen ist eine solche Initialisierung aber auch mit einem anderen Datentyp von c möglich.

Ein Konstruktor einer Klasse C, der mit genau einem Argument eines Datentyps T aufgerufen werden kann, definiert eine **Konversion** des Datentyps T in den Datentyp C und wird deshalb auch als **konvertierender Konstruktor** bezeichnet. Der Compiler ruft einen solchen Konstruktor automatisch dann auf, wenn er einen Ausdruck des Datentyps C erwartet, aber einen des Datentyps T vorfindet. Dabei erzeugt er aus dem Ausdruck c ein temporäres Objekt C(c) und verwendet dieses als Argument für den Copy-Konstruktor:

```
C d=C(c);
```

Da das Argument für den Copy-Konstruktor hier ein temporäres Objekt ist, muss der Compiler den Copy-Konstruktor hier nicht einmal unbedingt aufrufen. Wie schon in Abschnitt 8.2.5 beschrieben wurde, kann er diesen Aufruf wegoptimieren und das temporäre Objekt direkt im Speicherbereich von d konstruieren.

Beispiele:

1. Die Klasse *AnsiString* hat einen Konstruktor mit einem Parameter des Datentyps *char**. Dieser ermöglicht die Initialisierung und die Zuweisung:

    ```
    AnsiString s="1,23|5,67"; //s=AnsiString("1,23|5,67");
    s="1,23|5,67"; //s=AnsiString("1,23|5,67");
    ```

2. Die Klasse

    ```
    class C2DPunkt{
      double x,y;
     public:
      C2DPunkt (AnsiString s)
      {
      int p=s.Pos("|");
      if (p>0)
         {
           x=StrToFloat(s.SubString(1,p-1));
           y=StrToFloat(s.SubString(p+1,s.Length()-p));
         }
      };
    };
    ```

8.2 Klassen als Datentypen

konvertiert mit ihrem Konstruktor den Datentyp *AnsiString* in die Klasse *C2DPunkt*. Dieser Konstruktor wird dann aufgerufen, wenn ein Objekt des Datentyps *C2DPunkt* mit einem *AnsiString* initialisiert wird:

```
C2DPunkt p=s; // p=C2DPunkt(s), s wie in 1.
```

Durch die Definition eines entsprechenden Konstruktors kann so für jeden Datentyp eine Konversion in eine Klasse definiert werden. Da aber nur Klassen Konstruktoren haben, ist es auf diese Weise nicht möglich, eine Konversion eines Datentyps T1 in einen Datentyp T2 zu definieren, der keine Klasse ist.

Die Konversion einer Klasse in einen beliebigen Datentyp ist dagegen mit einer **Konversionsfunktion** möglich. Eine solche Funktion wird als **Operatorfunktion** der zu konvertierenden Klasse definiert, bei der nach dem Schlüsselwort *operator* der Datentyp angegeben wird, in den Klasse die konvertiert werden soll:

conversion-function-id:
    operator *conversion-type-id*

conversion-type-id:
    type-specifier-seq conversion-declarator   *opt*

conversion-declarator:
    ptr-operator conversion-declarator   *opt*

Hier steht *conversion-type-id* für den Datentyp, in den die Klasse konvertiert wird. Er darf kein Funktions- oder Arraytyp sein. Die Konversionsfunktion darf keine Parameter und auch keinen Rückgabetyp haben und muss eine Elementfunktion sein. Sie gibt einen Ausdruck des konvertierten Datentyps als Funktionswert zurück.

Beispiele:

1. In der Klasse *C2DPunkt* ist die Operatorfunktion eine Konversionsfunktion:

```
class C2DPunkt{
  double x,y;
 public:
  C2DPunkt(double x_, double y_):x(x_),y(y_) { };

  operator AnsiString()    // Konversionsfunktion
  {
  return "("+FloatToStr(x) +"|"+ FloatToStr(y)+")";
  }
};
```

Sie wird in den nächsten beiden Anweisungen automatisch aufgerufen. Ohne eine solche Konversionsfunktion wäre dazu der explizite Aufruf einer Funktion wie *toStr* wie in den früheren Beispielen notwendig:

```
AnsiString s=C2DPunkt(1,2);
s=C2DPunkt(3,4);
```

Diese Konversionen hätte man auch durch eine Erweiterung der Klasse *AnsiString* um einen Konstruktor mit einem Parameter des Datentyps *C2DPunkt* erreichen können. Allerdings sind Änderungen an fertigen Klassen oft eine heikle Angelegenheit. Außerdem ist dazu ihr Quelltext notwendig.

2. In der Standardbibliothek ist *basic_ios* eine Basisklasse der Klassen *ifstream*, *ofstream*, *fstream* usw. Diese hat die Konversionsfunktion

```
class basic_ios ... {
  // ...
  public:operator void*() const
```

die einen Nullzeiger zurückgibt, wenn die boolesche Elementfunktion *fail* den Wert *true* zurückgibt, und andernfalls einen von 0 (Null) verschiedenen Zeiger. Deshalb kann man mit dem Namen eines Stream-Objekts prüfen, ob weitere Operationen mit dem Stream sinnvoll sind:

```
fstream f;
while (f)
  {
    // ...
  }
```

Die mit einem Konstruktor oder einer Konversionsfunktion definierten Konversionen werden auch als **benutzerdefinierte Konversionen** bezeichnet. Wenn eine solche Konversion des Datentyps T1 in den Datentyp T2 definiert ist, verwendet der Compiler in den folgenden Fällen automatisch maximal eine solche Konversion. In den Beispielen soll t1 ein Ausdruck des Datentyps T1 sein:

1. Bei einer **Initialisierung** (siehe Abschnitt 8.2.5) wie in der Definition

```
T2 x=t1;
```

Da eine solche Initialisierung insbesondere auch bei einer Parameterübergabe und der Rückgabe eines Funktionswertes stattfindet, kann eine Funktion mit einem Parameter des Datentyps T2 auch mit einem Argument des Datentyps T1 aufgerufen werden. Deshalb kann man die Funktion

```
void f(AnsiString s);
```

auch mit einem Argument der Klasse *C2DPunkt* aufrufen, wenn diese wie im Beispiel oben eine entsprechende Konversionsfunktion hat:

```
f(C2DPunkt(3,4));
```

8.2 Klassen als Datentypen

2. Wenn der Compiler als Operand eines Operators einen Ausdruck des Datentyps T2 erwartet, aber einen Ausdruck des Datentyps T1 vorfindet. Die folgende Zuweisung von t1 an die Variable i des fundamentalen Datentyps *int* ist nur mit einer benutzerdefinierten Konversion von T1 nach *int* möglich:

   ```
   int i;
   T1 t1;
   i=t1; // t1 ist kein Argument einer Operatorfunktion
   ```

3. Bei einer **expliziten Typkonversion**. Alle folgenden Konversionen rufen die Konversionsfunktion von *C2DPunkt* auf:

   ```
   AnsiString(C2DPunkt(3,4));
   (AnsiString)C2DPunkt(3,4);
   static_cast<AnsiString>(C2DPunkt(3,4));
   ```

4. Da immer nur maximal eine solche Konversion durchgeführt wird, ist

   ```
   C2DPunkt p="1,234|5,678";// Fehler: Konvertierung ...
   ```

   nicht möglich, da hier zwei Konversionen notwendig sind. Wie im Beispiel oben gezeigt wurde, ist jede der beiden Konversionen einzeln möglich:

   ```
   AnsiString s="1,234|5,678";
   C2DPunkt p=s;
   ```

Die **benutzerdefinierten Konversionen** werden zusammen mit den für die fundamentalen Datentypen vordefinierten **Standardkonversionen** auch als **implizite Konversionen** bezeichnet, da der Compiler sie automatisch durchführt.

Auf den ersten Blick ist es vielleicht verlockend, eine Elementfunktion wie *toStr* durch eine Konversionsfunktion zu ersetzen, da diese automatisch aufgerufen wird und man sich deshalb den expliziten Aufruf von *toStr* sparen kann. Wie das folgende Beispiel zeigt, führen Konversionsfunktionen aber leicht zu Mehrdeutigkeiten, vor allem in Verbindung mit Operatorfunktionen:

```
class C2DPunkt{
 double x,y;
public:
 C2DPunkt(double x_, double y_):x(x_),y(y_) { };
 C2DPunkt (AnsiString s);   // wie oben
 operator AnsiString();     // wie oben
 friend C2DPunkt operator+(const C2DPunkt& p1,
                           const C2DPunkt& p2);
};

C2DPunkt operator+(const C2DPunkt& p1,const C2DPunkt& p2)
{
return C2DPunkt(p1.x+p2.x,p1.y+p2.y);
};
```

```
AnsiString s("1,234|5,678");
C2DPunkt p(1,2);
```

Mit diesen Definitionen ist dann der erste der nächsten beiden Ausdrücke mehrdeutig und hat eine Fehlermeldung des Compilers zur Folge, während der zweite ohne Beanstandung übersetzt wird:

```
s+p;  // Fehler: Mehrdeutigkeit ...
p+s;  // kein Fehler, (2,234|7,678)
```

Hier kann der Compiler offensichtlich nicht entscheiden, ob er den Operator + für die Klasse *AnsiString* oder den für *C2DPunkt* verwenden soll:

```
C2DPunkt(s)+p;      // (2,234|7,678)
s+AnsiString(p);    // 1,234|5,678(1|2)
```

Da solche Mehrdeutigkeiten vom Compiler erkannt werden, kommt es nicht zu unerwarteten Ergebnissen. Da man außerdem wie in den letzten beiden Anweisungen durch eine explizite Konversion festlegen kann, welche Interpretation man will, lässt sich auch jede gewünschte Interpretation realisieren. Das Ziel, Funktionsaufrufe zu sparen, wird aber letztendlich doch nicht erreicht.

8.2.8 Explizite Konstruktoren ⊕

Wenn die Klasse C einen Konstruktor hat, der mit genau einem Argument eines Datentyps T aufgerufen werden kann, ist das ein konvertierender Konstruktor. Er wird bei einer Initialisierung in der Form

```
C c=t;
```

automatisch vom Compiler aufgerufen, um das Objekt c mit dem Ausdruck t des Datentyps T zu initialisieren. Diesen impliziten Aufruf des Konstruktors bei einer solchen Initialisierung kann man unterbinden, indem man ihn mit dem Schlüsselwort *explicit* als **expliziten Konstruktor** definiert:

```
struct C{
  explicit C(T x) { };
};
```

Ein expliziter Konstruktor wird bei einer Initialisierung in der Form

```
C c=t;
```

nicht automatisch aufgerufen, um den Datentyp von t in C zu konvertieren. Deswegen ist diese Initialisierung dann nur noch möglich, wenn t den Datentyp C hat bzw. den einer von C abgeleiteten Klasse. Ein expliziter Konstruktor kann nur explizit in der Form

```
C c(t);
```

8.2 Klassen als Datentypen

mit einem Argument des Datentyps T aufgerufen werden. Er wird außerdem bei einer expliziten Typkonversion aufgerufen.

Beispiel: Deklariert man den Konstruktor von

```
class MeinString {
  // ...
 public:
   explicit MeinString(char c);
};
```

als *explicit*, sind die folgenden Initialisierungen alle nicht möglich:

```
MeinString m1='y';
MeinString m2=1.1;
MeinString m3=17;
```

Ohne die Angabe *explicit* werden sie dagegen alle vom Compiler akzeptiert. Die nächsten Initialisierungen sind dagegen unabhängig davon möglich, ob der Konstruktor explizit ist oder nicht:

```
MeinString m1('y');
MeinString m2=m1;
```

Da bei einem Funktionsaufruf ein Parameter durch eine Initialisierung der Form

```
C c=t;
```

mit dem Argument initialisiert wird, kann man durch einen expliziten Konstruktor insbesondere verhindern, dass dieser bei einem Funktionsaufruf das Argument in den Datentyp des Parameters konvertiert.

Beispiel: Die folgenden Aufrufe der Funktion

```
void f(const MeinString& s)  { }
```

werden vom Compiler abgelehnt, wenn der Konstruktor explizit ist:

```
f('y'); // Fehler: 'const MeinString&' kann nicht
f(1.1);    // mit 'char' initialisiert werden
f(17);
```

Mit einem nicht expliziten Konstruktor werden sie dagegen akzeptiert.

Einen Konstruktor kennzeichnet man deshalb oft dann als *explicit*, wenn man verhindern will, dass eine Funktion mit einem Parameter der Klasse nicht mit einem Argument für einen Konstruktor der Klasse aufgerufen werden kann.

8.2.9 Statische Klassenelemente

Datenelemente und Elementfunktionen einer Klasse können mit dem Schlüsselwort *static* deklariert werden. Sie sind dann **statische Klassenelemente** und unterscheiden sich grundlegend von nicht statischen, da sie wie globale Variablen oder Funktionen unabhängig davon angesprochen werden können, ob ein Objekt der Klasse definiert wurde oder nicht.

Deshalb gelten viele Aussagen über nicht statische Elemente für statische Elemente nicht, weshalb diese bisher auch immer wieder explizit ausgeschlossen wurden. Zu den wenigen Gemeinsamkeiten gehört die Syntax, mit der ein Element über ein Objekt oder in einer Elementfunktion angesprochen wird. Außerdem müssen bei einem Zugriff die üblichen **Zugriffsrechte** gegeben sein.

Für ein **statisches Datenelement** gilt:

- Seine Deklaration in einer Klasse ist **keine Definition**. Deshalb muss man es außerdem noch global oder in einem Namensbereich definieren. Dazu muss der Name der Klasse und der Bereichsoperator „::" verwendet werden:

    ```
    struct C {
      static int ReferenceCount; // keine Definition
      C()
      {
      ++ReferenceCount;
      };
      ~C()
      {
      --C::ReferenceCount;
      };
    };

    int C::ReferenceCount=0;   // Definition
    ```

- Es hat eine statische Lebensdauer und existiert wie eine globale oder lokale statische Variable während der gesamten Laufzeit eines Programms. Insbesondere existiert es unabhängig davon, ob ein Objekt der Klasse definiert wurde oder nicht. Deswegen kann man statische Datenelemente auch mit dem Bereichsoperator und dem Namen der Klasse ansprechen:

    ```
    void test()
    {
    Form1->Memo1->Lines->Add(C::ReferenceCount);      // 0
      { C c;
        Form1->Memo1->Lines->Add(c.ReferenceCount); // 1
        C d;
        Form1->Memo1->Lines->Add(d.ReferenceCount); // 2
      } // Ruft den Destruktor für c und d auf
    Form1->Memo1->Lines->Add(C::ReferenceCount);      // 0
    C c;
    Form1->Memo1->Lines->Add(c.ReferenceCount);       // 1
    }
    ```

8.2 Klassen als Datentypen

Wenn mehrere Objekte einer Klasse angelegt werden, verwenden alle für ein statisches Datenelement denselben Speicherbereich. Deshalb wird in der Funktion *test* immer dieselbe Variable angesprochen. Aufgrund der Anweisungen im Konstruktor und im Destruktor zeigt diese an, wie viele Objekte einer Klasse angelegt sind.

– Es gehört nicht zu dem Speicherbereich, der für ein Objekt reserviert wird. Der von *sizeof* für eine Klasse zurückgegebene Wert berücksichtigt keine statischen Datenelemente.

Für eine **statische Elementfunktion** gilt:

– Sie kann unabhängig davon aufgerufen werden, ob ein Objekt angelegt wurde oder nicht. Ihr Aufruf ist sowohl mit dem Namen der Klasse und dem Bereichsoperator „::" als auch über ein Objekt möglich:

```
struct C {
  static void f() {};
};

void test()
{
C::f();
C c;
c.f();
}
```

– Da sie ohne ein Objekt aufgerufen werden kann, wird ihr kein *this*-Zeiger übergeben. Sie kann deshalb auch keine nicht statischen Datenelemente ansprechen oder *virtual* oder *const* sein:

```
struct C {
  int i;
  static void f()
  {
  i=1; // Fehler: Kein Zugriff auf C::i möglich
  };
};
```

Statische Datenelemente und Elementfunktionen können also im Wesentlichen wie globale Variablen und Funktionen verwendet werden. Sie haben aber gegenüber diesen die **Vorteile**:

– Die Anzahl der globalen Namen wird reduziert und damit auch die Gefahr von Namenskonflikten.
– Man kann explizit zum Ausdruck bringen, zu welcher Klasse ein Element inhaltlich gehört.
– Durch ihre Deklaration in einem *private* oder *protected* Abschnitt kann der Zugriff auf sie begrenzt werden.

8.2.10 Konstante Klassenelemente und Objekte

Datenelemente und Elementfunktionen einer Klasse können mit dem Schlüsselwort *const* deklariert werden und sind dann **konstante Klassenelemente**.

Einem **konstanten Datenelement** kann weder in einer Initialisierung bei seiner Definition noch in einer Zuweisung ein Wert zugewiesen werden, sondern nur mit einem Elementinitialisierer in einem Konstruktor:

```
struct C {
  const int k=100; //Fehler:Initialisierung nicht möglich
  const int j;
  C(int n):j(n) {} // initialisiert j mit dem Wert n
};
```

Ein konstantes Datenelement ist kein konstanter Ausdruck, der z.B. für eine Arraydefinition verwendet werden kann:

```
struct C {
  const int max;
  int a[max]; // Fehler: Konstantenausdruck erforderlich
};
```

Dagegen kann ein mit *static* und *const* deklariertes Element eines Ganzzahl- oder Aufzählungstyps mit einer Ganzzahlkonstanten initialisiert werden. Es ist dann ein „konstanter Ausdruck" und kann für eine Arraydefinition verwendet werden. Mit einem anderen Datentyp ist eine solche Initialisierung nicht möglich:

```
struct C {
  static const int max=100;
  int a[max];                 // das geht
  static const double pi=3.14; // Compiler-Fehlermeldung
  static const double PI;      // das geht
};

const double C::PI=3.14;
```

Außerdem ist ein Enumerator eines Aufzählungstyps (siehe Abschnitt 8.2.11) ein konstanter Ausdruck, den man für Arraydefinitionen verwenden kann.

Deklariert man eine **Elementfunktion** einer Klasse mit *const*, übergibt der Compiler den *this*-Zeiger als *const this** an die Funktion. Deshalb können in einer **konstanten Elementfunktion** keine Datenelemente verändert werden:

```
struct C {
  int i;
  void f(int j) const
  {
  i=j;//Fehler:const-Objekt kann nicht modifiziert werden
  }
};
```

8.2 Klassen als Datentypen

Durch die Kennzeichnung einer Elementfunktion als *const* kann man explizit zum Ausdruck bringen, dass sie keine Datenelemente verändert. Eine solche Kennzeichnung wird immer empfohlen, da man so der Klassendefinition unmittelbar ansieht, ob eine Funktion den Zustand eines Objekts und die Klasseninvariante (siehe auch Seite 717) verändert oder nicht.

Einem Element eines **konstanten Objekts** kann nur in einem Konstruktor ein Wert zugewiesen werden. Mit einem solchen Objekt können außerdem **nur konstante Elementfunktionen** aufgerufen werden. Der Aufruf einer nicht ausdrücklich als *const* gekennzeichneten Funktion ist nicht möglich, auch wenn sie keine Datenelemente verändert. Deshalb sind die beiden Funktionsaufrufe in *test* ein Fehler, wenn die aufgerufenen Funktionen wie hier nicht konstant sind:

```
class C {
  int i;
  int Daten[100];
public:
  C(int n) { } // initialisiere die Daten
  int set_index(int i_) { i=i_; }
  int get_data()
  { return Daten[i]; }
};

void test()
{
const C c(17);
c.set_index(10); // Fehler: set_index ist nicht const
Form1->Memo1->Lines->Add(c.get_data()); // ebenso Fehler
}
```

Der C++Builder bringt bei einem solchen Fehler allerdings nur eine Warnung.

Mit dem Schlüsselwort *mutable* kann man für ein Datenelement einer Klasse eine *const*-Angabe für ein Objekt oder eine Elementfunktion unwirksam machen. Deshalb kann man das Element i in der Klasse C als *mutable* kennzeichnen und die Funktion *set_index* als *const*, obwohl sie i verändert. Damit können die Funktionen wie in *test* aufgerufen werden.

Ein *public mutable* Element kann auch in einem konstanten Objekt verändert werden:

```
struct C {
    mutable int x;
};

const C c;
c.x=17; // zulässig, da x mutable
```

Offensichtlich sollte man *mutable* nur dann verwenden, wenn sich das nicht vermeiden lässt.

8.2.11 Weitere Deklarationsmöglichkeiten in Klassen ⊕

Eine Klassendefinition kann außer Datenelementen und Elementfunktionen auch Definitionen von Klassen und Aufzählungstypen sowie *typedef*-Deklarationen enthalten. Diese Definitionen können dann in allen Elementfunktionen verwendet werden. Außerhalb einer Elementfunktion kann man sie mit dem Namen der Klasse und dem Bereichsoperator verwenden, wenn ein Zugriffsrecht besteht.

Beispiel: Die Klasse C enthält die Klasse D, den Aufzählungstyp E und die *typedef*-Deklaration F:

```
class C {
  class D { };
  enum E {e1, e2 };
  typedef int F;

  void f()
  {
   D d;
   E e;
   F f;
  }
};
```

Diese werden in der Elementfunktion f verwendet. In der globalen Funktion g kann man sie nur verwenden, wenn sie in C *public* sind:

```
void g()
{
  C::D d;
  C::E e;
  C::I i=C::e1;
}
```

Bei einer ***enum***-Deklarationen sind sowohl der Datentyp als auch die Enumeratoren Elemente der Klasse. Ein Enumerator kann wie ein statisches Datenelement sowohl mit dem Namen der Klasse und dem Bereichsoperator „::" als auch über ein Klassenelement und dem Punkt- oder Pfeiloperator angesprochen werden.

Beispiel: Enumeratoren eines Aufzählungstyps sind konstante Ausdrücke und werden bei der Definition von Arrays verwendet:

```
class C1 {
  enum E {max=100};
  void Arraydefinitionen()
  {
  int a1[C1::max]; // Array mit max Elementen
  C1 c;
  int a2[c.max];    // Array mit max Elementen
  C1* pc;
  int a3[pc->max]; // Array mit max Elementen
  }
};
```

8.2.12 Klassen und Header-Dateien

Wenn man eine Klasse in verschiedenen Quelltextdateien eines Programms bzw. Projekts verwenden will, verteilt man die Klassendefinition und die Definitionen der Elementfunktionen auf zwei verschiedene Dateien. Siehe dazu Abschnitt 7.1.5 und insbesondere die One Definition Rule in Abschnitt 7.1.4.

– Die Datei mit der Klassendefinition wird als Header-Datei bezeichnet und bekommt üblicherweise einen Namen, der mit „.h" endet. Sie enthält auch die innerhalb der Klasse definierten Funktionen, die *inline*-Funktionen sind.
– Die Datei mit den außerhalb der Klasse definierten Elementfunktionen bekommt denselben Namen, aber mit einer anderen Endung, z.B. „.cpp" anstelle von „.h". Die zugehörige Header-Datei wird vor der ersten Definition mit einer *#include*-Anweisung übernommen.

Diese Dateien verwendet man dann so:

– Die Header-Datei übernimmt man mit einer *#include*-Anweisung in alle Quelltexte, die diese Klasse benötigen.
– Die cpp-Datei oder eine daraus erzeugte Object-Datei wird dem Projekt hinzugefügt.

Oft definiert man **jede Klasse in einem eigenen Paar solcher Dateien**.

Auch der C++Builder geht so vor und legt für jedes Formular eines Programms eine Klasse in einer eigenen Header-Datei an. Diese Klasse ist in der Datei mit dem Namen der Unit und der Endung „.h" enthalten. Sie wird im lokalen Menü des Quelltexteditors (das man mit der rechten Maustaste erhält) unter der Option „Quelltext-/Headerdatei öffnen Strg+F6" angeboten. Der C++Builder nimmt in diese Klasse automatisch alle Komponenten auf, die dem Formular mit den Mitteln der visuellen Programmierung hinzugefügt wurden.

Beispiel: Für ein Formular mit einem Button, einem Edit-Fenster und einem Label, dessen Unit unter dem Namen „Unit1" gespeichert wird, erzeugt der C++Builder die folgende Datei „Unit1.h" (leicht gekürzt):

```
class TForm1 : public TForm
{
__published:  // Komponenten, die von der IDE
                            // verwaltet werden
    TButton *Button1;
    TEdit *Edit1;
    TLabel *Label1;
    void __fastcall Button1Click(TObject*Sender);
private:   // Benutzerdeklarationen
public:    // Benutzerdeklarationen
    __fastcall TForm1(TComponent* Owner);
};
```

Hier sind nach *__published:* alle Komponenten aufgeführt, die dem Formular im Rahmen der visuellen Programmierung hinzugefügt wurden. Der Name einer Komponente ist dabei der Wert der Eigenschaft *Name*, wie er im Objektinspektor gesetzt wurde. Es ist meist nicht notwendig und auch nicht empfehlenswert, die Einträge im Abschnitt nach *__published:* zu verändern.

Die Elementfunktionen werden in der Datei definiert, deren Name aus dem Namen der Unit und der Endung „.cpp" besteht. In diese Datei wird die Header-Datei mit einer *#include*-Anweisung aufgenommen. Der C++Builder fügt die Rahmen der Funktionen, die als Reaktion auf ein Ereignis definiert werden, ebenfalls in diese Datei ein.

Beispiel: Die Elementfunktion *Button1Click* der Klasse *TForm1* aus der Header-Datei „Unit1.h" wird in der Datei „Unit1.cpp" definiert:

```
#include <vcl.h>
#include "Unit1.h"
//---------------------------------------------
TForm1 *Form1;
//---------------------------------------------
__fastcall TForm1::TForm1(TComponent* Owner)
    : TForm(Owner)
{}
//---------------------------------------------
void __fastcall TForm1::Button1Click(TObject
                                    *Sender)
{
}
```

Hier wird außerdem ein Zeiger *Form1* definiert. Das vom C++Builder automatisch erzeugte Hauptprogramm (in der Datei, deren Name aus dem Projektnamen und der Endung „.cpp" besteht), benutzt diesen über das *USEFORM*-Makro: Dieses Makro ist in „include\vcl\sysdefs.h" definiert und bewirkt, dass *Form1* über eine *extern*-Deklaration im Hauptprogramm verfügbar ist. Mit *CreateForm* wird dann beim Start des Programms das Formular erzeugt.

Beispiel:
```
USEFORM("Unit1.cpp", Form1);
WINAPI WinMain(HINSTANCE, HINSTANCE, LPSTR, int)
{
    try
    {
        Application->Initialize();
        Application->CreateForm(__classid(TForm1),
                                &Form1);
        Application->Run();
    }
    catch (Exception& exception)
    {
        Application->ShowException(&exception);
    }
    return 0;
}
```

8.2 Klassen als Datentypen

Der C++Builder enthält die Header für alle visuellen Komponenten in Dateien mit der Endung „.hpp". Wenn man ein Formular mit den Mitteln der visuellen Programmierung gestaltet, fügt der C++Builder die notwendigen *#include*-Anweisungen in die Unit ein:

Beispiel:
```
#include <Classes.hpp>        // unit1.h, wie oben
#include <Controls.hpp>
#include <StdCtrls.hpp>
#include <Forms.hpp>
```

Anmerkungen für Delphi-Programmierer: In Object Pascal werden Klassendefinitionen nicht auf zwei verschiedene Dateien verteilt. Der Header-Datei von C++ entspricht der Interface-Teil und der cpp-Datei der Implementationsteil der Unit.

8.2.13 Überladene Operatoren für *new* und *delete* ⊕

In der Regel ist es nicht notwendig, die vordefinierten Operatoren zur dynamischen Speicherverwaltung durch eigene zu ersetzen. Bei den meisten Compilern sind diese schon so gut implementiert, dass eigene Versionen eher schlechter als besser sind. Die folgenden Ausführungen behandeln deshalb nur einige Grundkonzepte. Als einfache Anwendung wird dabei gezeigt, wie man mit überladenen Operatoren leicht kontrollieren kann, ob für jedes mit *new* angelegte Objekt auch wirklich *delete* aufgerufen wurde.

Die Ausdrücke

```
new T, delete p, new T[n], delete[] p
```

führen zum Aufruf der entsprechenden Operatorfunktionen

```
void* operator new(std::size_t) throw(std::bad_alloc);
void operator delete(void*) throw();
void* operator new[](std::size_t) throw(std::bad_alloc);
void operator delete[](void*) throw();
```

Dabei werden der als Parameter übergebene Datentyp T und der positive Ganzzahlwert n wie in der nächsten Tabelle eingesetzt. Hier ist x ein vom Compiler abhängiger Wert für den Overhead bei der Verwaltung von Arrays:

Ausdruck	aufgerufene Operatorfunktion
new T	operator new(sizeof(T)),
new T[n]	operator new(sizeof(T)*n+x)
delete p	operator delete(p)
delete[] p	operator delete[](p)

Für diese Operatorfunktionen gibt es vordefinierte globale Funktionen. Diese können sowohl durch globale als auch durch Elementfunktionen überladen werden.

- Wenn einer dieser Operatoren durch eine **globale Funktion** überladen wird, finden alle Aufrufe des globalen Operators ab dem Start des Programms mit den im Programm definierten Operatorfunktionen statt.
- Überlädt man den Operator dagegen als **Elementfunktion** einer Klasse, wird der überladene Operator aufgerufen, wenn sein Operand die Klasse ist. Die globalen Operatoren stehen mit dem Bereichsoperator :: vor ihrem Namen weiterhin zur Verfügung

Deshalb kann man diese Operatoren für jede Klasse individuell überladen. Die folgende Klasse protokolliert jeden Aufruf von *new* oder *delete* durch eine Meldung. Da in den überladenen Operatoren die globalen Operatoren verwendet werden, unterscheiden sich die überladenen Operatoren nur durch die Meldung von den globalen:

```
class C {
public:
  void* operator new(size_t size)
  {
   Form1->Memo1->Lines->Add("C-new:");
   return ::new C;
  };

  void* operator new[](size_t size)
  {
    Form1->Memo1->Lines->Add("C-new[]:");
    return ::operator new(size);
  };

  void operator delete(void *p)
  {
    Form1->Memo1->Lines->Add("C-del:");
    ::delete(p);
  };

  void operator delete[](void *p)
  {
    Form1->Memo1->Lines->Add("C-del[]:");
    ::delete[](p);
  };
};
```

Die folgenden Aufrufe verwenden die für die Klasse überladenen Operatoren:

```
C* p1=new C;
delete p1;
C* p2=new C[10];
delete[] p2;
```

8.2 Klassen als Datentypen

Mit dem Bereichsoperator werden die globalen Operatoren aufgerufen:

```
C* p3=::new C;
::delete p3;
C* p4=::new C[10];
::delete[] p4;
```

Die Operatorfunktionen für die Operatoren *new*, *delete* usw. sind statisch, auch ohne dass sie explizit als statisch gekennzeichnet sind.

Aufgaben 8.2.13

1. Zerlegen Sie die Klassen *CQuadrat* und *CKreis* aus Aufgabe 8.1.5.3 jeweils in eine Header-Datei mit der Klassendefinition und in eine Datei mit den Funktionsdefinitionen. Die Header-Dateien sollen die Namensendung „.h" und die Dateien mit den Funktionsdefinitionen die Endung „.cpp" bekommen. Nehmen Sie die cpp-Dateien in ihr Projekt auf und binden Sie die Header-Dateien mit einer *#include*-Anweisung ein.

2. Kennzeichnen Sie möglichst viele Elementfunktionen der Klassen *CQuadrat* und *CKreis* aus Aufgabe 1 als *const*.

3. Eine Elementfunktion einer Klasse kann sowohl außerhalb als auch innerhalb der Klasse definiert werden. Im letzten Fall ist sie dann eine *inline*-Funktion. Nach der One Definition Rule (siehe Abschnitt 7.1.4) sind diese beiden Möglichkeiten gleichwertig. Insbesondere kann man eine Header-Datei mit einer Klassendefinition, innerhalb der Funktionen definiert werden, in mehreren Quelltexten eines Projekts mit einer *#include*-Anweisung verwenden.

   Vergleichen Sie für diese beiden Alternativen den Aufwand für den Compiler, wenn eine Elementfunktion geändert und die Header-Datei in vielen Dateien eines Projekts verwendet wird.

4. Entwerfen Sie eine Klasse, die mitzählt, wie oft von ihr mit *new* Objekte angelegt wurden. Der Zähler soll beim Aufruf von *delete* wieder reduziert werden.

5. Definieren Sie eine Klasse *Singleton*, von der nur ein einziges Objekt erzeugt werden kann. Dazu soll sie eine Funktion *Instance* haben, die einen Zeiger auf dieses Objekt zurückliefert. Beim ihrem ersten Aufruf soll *Instance* ein neues Objekt erzeugen.

   Die Verwaltung von Daten in einer solchen Klasse kann eine Alternative zu einer globalen Definition der Daten sein. Dadurch kann sichergestellt werden, dass mehrere (auch lokale) Definitionen (durch einen Aufruf von *Instance*) immer dieselben Daten verwenden. Siehe dazu Gamma (1995, S. 127).

8.3 Vererbung

Neben der Klassenbildung ist die Vererbung ein weiteres grundlegendes Konzept der objektorientierten Programmierung. Sie ermöglicht es, neue Klassen auf der Basis vorhandener Klassen zu definieren. Die neuen Klassen übernehmen (erben) die Elemente der Basisklassen und können zusätzliche Elemente enthalten. Sie unterscheiden sich durch die zusätzlichen Elemente von den Basisklassen und sind in den übernommenen mit ihnen identisch.

Vererbung ermöglicht die Erweiterung einer Basisklasse, indem sie in der abgeleiteten Klasse wiederverwendet wird:

- Dadurch erspart man sich die Wiederholung von Deklarationen.
- Da die abgeleitete Klasse nur die Erweiterungen enthält, kommen die Unterschiede der beiden Klassen explizit zum Ausdruck.
- Die abgeleitete Klasse unterscheidet sich von der Basisklasse nur in den Elementen, die nicht von ihr übernommen wurden. Auf diese Weise kann man Klassen konstruieren, bei denen bestimmte Elemente definitiv mit denen einer Basisklasse übereinstimmen, während andere Elemente diese erweitern.

Vererbung ist außerdem die Grundlage für virtuelle Funktionen, die dann im nächsten Abschnitt vorgestellt werden. Eine ausführliche Diskussion der grundlegenden Konzepte der Vererbung findet man bei Martin (1996 und 2000), Meyer (1997) und Taivalsaari (1996).

8.3.1 Die Elemente von abgeleiteten Klassen

Eine Klasse kann von einer oder mehreren Klassen abgeleitet werden. Dazu gibt man bei der Definition der abgeleiteten Klasse nach einem „:" und dem Zugriffsrecht den oder die Namen der Basisklassen an:

base-clause:
  : *base-specifier-list*

base-specifier-list:
  base-specifier
  base-specifier-list **,** *base-specifier*

base-specifier:
  ::*opt* *nested-name-specifier*   *opt* *class-name*
  virtual access-specifier *opt* ::*opt* *nested-name-specifier*   *opt* *class-name*
  access-specifier virtual *opt* ::*opt* *nested-name-specifier*   *opt* *class-name*

access-specifier:
  private
  protected
  public

8.3 Vererbung

Die abgeleitete Klasse enthält dann alle **Elemente** der Basisklassen **außer** den **Konstruktoren** sowie den Funktionen, die der Compiler automatisch für die Klasse erzeugt. Diese Übergabe von Elementen an abgeleitete Klassen bezeichnet man als **Vererbung**. Da *friend*-Funktionen keine Klassenelemente sind, werden diese auch nicht vererbt.

Beispiel: Die Klasse D wird von der Klasse C abgeleitet:

```
class C { // Basisklasse C
   int a, b, c;
 public:
   void f() {};
};

class D : public C {// von C abgeleitete Klasse D
   double d;
};
```

D enthält die Datenelemente a, b, c und d. Die Funktion f kann sowohl über ein Objekt der Klasse C als auch über ein Objekt der Klasse D aufgerufen werden:

```
void test(C x, D y)
{
x.f();
y.f();
}
```

Eine abgeleitete Klasse kann wiederum als Basisklasse verwendet werden. So kann man eine im Prinzip unbegrenzte Folge von abgeleiteten Klassen konstruieren, die man auch als **Klassenhierarchie** bezeichnet.

Die bei der Definition einer abgeleiteten Klasse angegebene Basisklasse bezeichnet man auch als **direkte Basisklasse**. Eine Basisklasse, die keine direkte Basisklasse ist, heißt **indirekte Basisklasse**. Mit einer von C abgeleiteten Klasse D und einer von D abgeleitete Klasse E ist dann auch E eine von C abgeleitete Klasse. Die Relation (im mathematischen Sinn) „ist abgeleitet von" ist deshalb eine transitive Relation.

Beispiel: Mit den Klassen C und D aus dem letzten Beispiel ist E eine sowohl von C als auch von D abgeleitete Klasse:

```
class E : public D {// von D abgeleitete Klasse E
   double e;
};
```

E enthält die Datenelemente a, b, c, d und e. C ist eine direkte Basisklasse von D und eine indirekte von E.

778   8 Objektorientierte Programmierung

Zur grafischen Darstellung der Ableitungen in einer Klassenhierarchie verwenden der C++-Standard und UML Pfeile, die von einer abgeleiteten Klasse zur direkten Basisklasse zeigen. Die Klassenhierarchie aus dem letzten Beispiel würde man z.B. so darstellen:

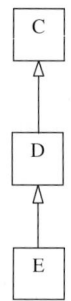

Die Pfeilrichtung bedeutet hier „ist direkt abgeleitet von". Manche Autoren verwenden Pfeile, die gerade in die entgegengesetzte Richtung zeigen. Oft stellt man eine Klassenhierarchie aber auch dadurch dar, dass man abgeleitete Klassen eingerückt unter die Basisklasse schreibt:

C
  ⊢ *D*
    ⊢ *E*

Im C++Builder erhält man eine solche Darstellung im lokalen Menü des Class-Explorer (*Ansicht\ClassExplorer*, meist links vom Editor-Fenster) unter der Option „Klassenhierarchie":

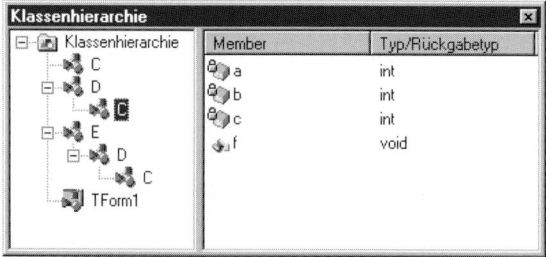

Ein Objekt einer abgeleiteten Klasse enthält ein Objekt jeder Basisklasse, von der es abgeleitet wird. Dieses besteht aus den Elementen, die von der Basisklasse geerbt werden. Im C++-Standard wird ein solches Objekt einer Basisklasse auch als **Teilobjekt** („sub-object") bezeichnet. Ein solches Teilobjekt hat keinen eigenen Namen, unter dem man es ansprechen kann. Der Compiler verwendet es aber z.B. bei den in Abschnitt 8.3.9 beschriebenen Konversionen. Das folgende Diagramm soll die verschiedenen Teilobjekte für ein Objekt der Klasse E aus den letzten Beispielen veranschaulichen. Die Gruppierung der Teilobjekte durch die gestrichelten Linien entspricht aber nicht dem UML-Standard.

8.3 Vererbung

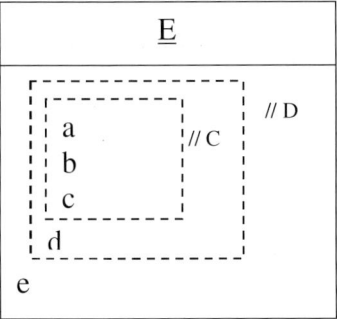

In anderen Programmiersprachen werden anstelle von „Basisklasse" und „abgeleitete Klasse" oft andere Begriffe verwendet: In Object Pascal „Vorgänger" und „Nachfolger", in Eiffel „Vorfahr" (ancestor) und „Nachkomme" (descendant) und in UML „Oberklasse" (super class) und „Unterklasse" (sub class) .

8.3.2 Zugriffsrechte auf die Elemente von Basisklassen

Schon in Abschnitt 8.1.3 wurde darauf hingewiesen, dass man mit den **Zugriffsrechten** *private, protected* und *public* für jedes Klassenelement explizit festlegen kann, wie man über ein Objekt oder aus einer Elementfunktion auf dieses zugreifen kann:

- Ein *public* Element kann man sowohl über ein Objekt als auch in jeder Elementfunktion dieser oder einer davon abgeleiteten Klasse ansprechen.
- Ein *protected* Element kann man nur in einer Element- oder *friend*-Funktion der Klasse, in der es deklariert wird, oder einer davon abgeleiteten Klasse ansprechen.
- Ein *private* Element kann man nur in einer Element- oder *friend*-Funktion der Klasse ansprechen, in der es deklariert wird.

In Abschnitt 8.1.3 wurde empfohlen, Datenelemente *private* und nicht *public* zu deklarieren, um den Bereich möglichst klein zu halten, in dem das Element verändert werden kann. Deshalb sollte man auch **protected Elemente vermeiden**, da sie nicht nur in der eigenen Klasse, sondern auch in einer abgeleiteten Klasse verändert werden können. Außerdem stellt eine Klasse, die Datenelemente einer Basisklasse verwendet, kein in sich geschlossenes Konzept dar.

Wie die Syntaxregel für einen *basespecifier* zeigt, kann man auch hier eines der **Zugriffsrechte** *public*, *protected* oder *private* angeben.

```
class C {
};

class D : public C { // anstelle von public ist auch
};                   // private oder protected möglich
```

In Abhängigkeit vom Zugriffsrecht vor der Basisklasse bezeichnet man diese auch als *public* **Basisklasse**, *protected* **Basisklasse** oder *private* **Basisklasse**. Die abgeleitete Klasse nennt man dann auch eine *public*, *protected* oder *private* abgeleitete Klasse.

Vorläufig sollen allerdings nur *public* abgeleitete Klassen verwendet werden. Für sie gilt:

- Auf die *public* bzw. *protected* Elemente der Basisklasse kann man in der abgeleiteten Klasse wie auf *public* bzw. *protected* Elemente der abgeleiteten Klasse zugreifen.
- Die *private* Elemente der Basisklasse können in der abgeleiteten Klasse nicht angesprochen werden.

Deshalb kann man auf die Elemente aus einem *protected*-Abschnitt nicht über ein Objekt zugreifen, sondern nur in einer Elementfunktion dieser oder einer abgeleiteten Klasse. Man bezeichnet die Elemente aus einem *protected* Abschnitt auch als Entwicklerschnittstelle, da sie vor einem Benutzer der Klasse verborgen sind und nur von einem Entwickler in einer abgeleiteten Klasse verwendet werden können.

Beispiel: In der Elementfunktion f der von C abgeleiteten Klasse *D* kann man auf das *private* Element nicht zugreifen:

```
class C {
  int priv; // private, da class
 protected:
  int prot;
 public:
  int publ;
};

class D : public C {
  int f()
  {
  int i=priv; // Fehler: Zugriff nicht möglich
  int j=prot;
  int k=publ;
  }
};
```

In einem Objekt der Klasse *D* kann man nur auf das *public* Element von C zugreifen:

```
D d;
d.priv=1; // Fehler: Zugriff nicht möglich
d.prot=1; // Fehler: Zugriff nicht möglich
d.publ=1; // das geht
```

Die Zugriffsrechte auf die Elemente von *private* und *protected* Basisklassen werden in Abschnitt 8.3.9 beschrieben. Da sie wesentlich beschränkter sind als bei

8.3 Vererbung

public Basisklassen, ist die Angabe *public* bei der Ableitung in den folgenden Beispielen wichtig. Erfahrungsgemäß wird sie von Anfängern leicht vergessen, was dann zu Fehlermeldungen des Compilers führt.

Anmerkung für Delphi-Programmierer: Das Konzept der Vererbung entspricht in Object Pascal dem von C++. Auch die Zugriffsrechte auf die Elemente von Basisklassen sind im Wesentlichen gleichwertig.

8.3.3 Die Bedeutung von Elementnamen in einer Klassenhierarchie

Da eine abgeleitete Klasse außer den in ihr definierten Elementen alle Elemente der Basisklassen enthält, ist ein Element aus einer Basisklasse auch in einer abgeleiteten Klasse enthalten, ohne dass es in der abgeleiteten Klasse definiert wird. Falls der Name eines Elements einer Basisklasse nicht für ein Element einer abgeleiteten Klasse verwendet wird, kann man das Element der Basisklasse wie ein Element der abgeleiteten Klasse verwenden.

Beispiel: Die von der Klasse C geerbten Elemente der Klasse D

```
struct C {
  int a;
  void f() {};
};

struct D : public C {
  double b;
};
```

kann man wie Elemente der Klasse D ansprechen:

```
void test(D y)
{
y.a=17;
y.f();
}
```

Allerdings kann man in einer abgeleiteten Klasse auch Elemente mit demselben Namen wie in einer Basisklasse definieren. Die folgenden Ausführungen zeigen, wie der Name eines solchen Elements einer Klasse zugeordnet wird.

Definiert man in einer abgeleiteten Klasse ein **Element mit demselben Namen** wie in einer Basisklasse, **verdeckt** dieses in der abgeleiteten Klasse das Element der Basisklasse. Das heißt aber nicht, dass es in der abgeleiteten Klasse nicht vorhanden ist. Ein verdecktes Element kann mit dem Namen seiner Klasse und dem Bereichsoperator „::" angesprochen werden, wenn ein Zugriffsrecht besteht.

Beispiel:
```cpp
class C {
  public:
    int i;
    void f(char* s) { };
    int f(int j)   { i=j; }
};

class D: public C {
    int i;
  public:
    int f(int j)
    {
      i=j;
      Form1->Memo1->Lines->Add("D::i="+IntToStr(i));
      C::f(j+1); // f aus C
      Form1->Memo1->Lines->Add("C::i="+IntToStr(C::i));
    }
};

D d;
d.f(3);     // Aufruf von D::f(int)
d.C::f(2);  // Aufruf von C::f(int)
```

Eine **verdeckte Funktion** aus einer Basisklasse **wird** bei der Auflösung eines Funktionsaufrufs **nie berücksichtigt**. Das gilt auch dann, wenn die Argumente exakt zu den Parametern der aufgerufenen Funktion in der Basisklasse und überhaupt nicht zu denen in der abgeleiteten Klasse passen.

Beispiel: Mit der Klassenhierarchie aus dem letzten Beispiel führt der folgende Funktionsaufruf zu einer Fehlermeldung, da die Funktion f(char*) in der Basisklasse verdeckt wird.

```cpp
D d;
d.f("bla bla bla");
```

Wenn der **Name** eines Klassenelements verwendet wird, berücksichtigt der Compiler bei der Suche nach seiner **Bedeutung** alle Deklarationen der aktuellen Klasse sowie alle nicht verdeckten Deklarationen der Basisklassen. Bei einem mit einer Klasse und dem Bereichsoperator „::" qualifizierten Namen werden alle Elemente ab dieser Klasse entsprechend berücksichtigt.

Falls er dabei eine eindeutige Deklaration findet, wird diese verwendet. Falls keine oder mehr als eine gefunden wird, erzeugt er eine Fehlermeldung.

Beispiel: Die Klassen C, D und E sollen folgendermaßen definiert sein:

```cpp
struct C {
  void f1() {};
  void f2() {};
  void f3() {};
};
```

8.3 Vererbung

```
struct D : public C {
  void f1() {};
  void f3() {};
};

struct E : public D {
  void f1() {};
};
```

Die nächste Tabelle fasst zusammen, wie Aufrufe der Funktionen f1, f2 und f3 für Objekte der Klassen C, D und E übersetzt werden:

	C	D	E
f1	C::f1	D::f1	E::f1
f2	C::f2	C::f2	C::f2
f3	C::f3	D::f3	D::f3

In diesem Beispiel wurden in den abgeleiteten Klassen Funktionen mit dem gleichen Namen wie in den Basisklassen definiert, um zu illustrieren, wie ein Name einer Klasse zugeordnet wird. In Abschnitt 8.3.9 wird allerdings gezeigt, dass man **einer Funktion in einer abgeleiteten Klasse nie denselben Namen wie den in einer Basisklasse geben sollte, außer wenn die Funktion virtuell ist.**

Anmerkung für Delphi-Programmierer: Die Bedeutung von Elementnamen aus einer Basisklasse entspricht in Object Pascal der von C++.

8.3.4 *using*-Deklarationen in abgeleiteten Klassen ⊕

Die in diesem Abschnitt vorgestellten Möglichkeiten wird man vermutlich nur selten benötigen. Sie werden nur vorgestellt, weil sie zu C++ gehören.

Mit einer *using*-**Deklaration** kann man die Deklaration eines Namens aus einer Basisklasse in eine abgeleitete Klasse übernehmen. Dadurch wird das Element der Basisklasse in der abgeleiteten Klasse so behandelt, wie wenn es in der abgeleiteten Klasse deklariert wäre. Damit kann man erreichen, dass auch eine verdeckte Funktion aus einer Basisklasse bei einem Funktionsaufruf berücksichtigt wird. Da verdeckte Funktionen aber sowieso nicht verwendet werden sollen, dürfte auch kein Grund bestehen, von dieser Möglichkeit Gebrauch zu machen.

Beispiel: Die folgende *using*-Deklaration bewirkt, dass die Funktion f aus der Klasse C in der Klasse D so behandelt wird, wie wenn sie in D deklariert wäre. Deshalb wird sie auch beim Aufruf f('x') berücksichtigt. Ohne die *using*-Deklaration würde sie wie C::g nicht berücksichtigt.

```
struct C {
  void f(char) { };
  void g(char) { };
};
```

```
            struct D : C {
              using C::f;
              void f(int) { f('x'); } //Aufruf von C::f(char)
              void g(int) { g('x'); } //Aufruf von D::g(int)
            };
```

Durch eine *using*-Deklaration erhält das Element das **Zugriffsrecht** des Abschnitts, in dem sie sich befindet. Deshalb kann man so das Zugriffsrecht auf ein Element einer Basisklasse in der abgeleiteten Klasse **ändern**. Voraussetzung dafür ist ein Zugriffsrecht auf das Element der Basisklasse.

Beispiel:
```
          class C {
            int priv; // private, da class
          protected:
            int prot;
          public:
            int publ;
          };

          class D : public C {
          public:
            using C::priv; // Fehler: Zugriff nicht möglich
            using C::prot;
          protected:
            using C::publ;
          };

          void test()
          {
          D d;
          d.prot=0;
          d.publ=0; // Fehler: Zugriff nicht möglich
          }
```

8.3.5 Konstruktoren, Destruktoren und implizit erzeugte Funktionen

Eine abgeleitete Klasse enthält alle Elemente ihrer Basisklassen. In einem Objekt einer abgeleiteten Klasse können die Elemente einer Basisklasse gemeinsam als ein Objekt der Basisklasse betrachtet werden. Ein solches Objekt einer direkten Basisklasse kann mit einem Elementinitialisierer initialisiert werden, der den Namen der Basisklasse und Argumente für einen Konstruktor der Basisklasse hat.

– Solche Elementinitialisierer für Basisklassen unterscheiden sich von den in Abschnitt 8.2.2 vorgestellten Elementinitialisierern für ein **Datenelement** einer Klasse nur dadurch, dass sie den Namen der Basisklasse und nicht den Namen des Datenelements verwenden.
– Wenn man für eine Basisklasse keinen solchen Elementinitialisierer angibt, wird das Objekt der Basisklasse mit seinem **Standardkonstruktor** initialisiert. Dann muss die Basisklasse einen solchen Konstruktor haben.
– Da man so keine Teilobjekte von indirekten Basisklassen initialisieren kann, muss man in jeder Klasse immer die der direkten Basisklassen initialisieren.

8.3 Vererbung

Beispiel: In den Klassen D und E initialisieren die Elementinitialisierer mit dem Namen der Basisklasse die Teilobjekte der jeweiligen Basisklasse:

```
class C {
  int i,j;
 public:
  C(int x,int y):i(x),j(y) { }
};

class D : public C {
  int k,a;
  C c;
 public:
  D(int x,int y,int z):C(x,y),a(1),c(x,y),k(z) {}
}; // C(x,y) initialisiert das Teilobjekt
   // zur Basisklasse C

class E : public D {
  int m;
 public:
  E(int x,int y, int z):D(x,3,z),m(z) { }
}; // D(x,3,z) initialisiert das Teilobjekt
   // zur Basisklasse D
```

Die **Reihenfolge**, in der die Elementinitialisierer angegeben werden, hat keinen Einfluss auf die Reihenfolge, in der die **Konstruktoren** ausgeführt werden. Diese werden bei Klassen ohne Mehrfachvererbung immer in der folgenden Reihenfolge ausgeführt:

1. Die Konstruktoren der Basisklassen in der Reihenfolge, in der die Klassen voneinander abgeleitet sind (im letzten Beispiel also der von C zuerst).
2. Die nicht statischen Datenelemente in der Reihenfolge, in der sie in der Klasse definiert wurden.
3. Als letztes die Verbundanweisung des Konstruktors.

Damit beim Leser eines Programms nicht eventuell der irreführende Eindruck erweckt wird, dass die Elemente in der Reihenfolge der Elementinitialisierer initialisiert werden, wird empfohlen, diese Initialisierer immer in derselben Reihenfolge anzugeben, in der die Elemente in der Klasse definiert werden.

Die **Destruktoren** werden immer in der umgekehrten Reihenfolge ausgeführt, in der die Konstruktoren ausgeführt wurden. Durch diese Reihenfolge wird sichergestellt, dass ein später aufgerufener Destruktor keine Speicherbereiche anspricht, die von einem schon früher aufgerufenen Destruktor freigegeben wurden.

Betrachten wir nun ein etwas praxisnäheres Beispiel. Einen Punkt der Ebene kann man durch zwei Koordinaten x und y beschreiben und einen Punkt im Raum durch drei Koordinaten x, y und z. Die Koordinaten eines *C2DPunkt* kann man in einem *C3DPunkt* wiederverwenden. Definiert man die Koordinaten in der Basisklasse *protected*, kann man sie auch in der abgeleiteten Klasse ansprechen:

```cpp
class C2DPunkt{
 protected:
  double x,y;
 public:
  C2DPunkt(double x_, double y_):x(x_), y(y_) { }

  AnsiString toStr()
  {
  return "("+FloatToStr(x) + "|" + FloatToStr(y)+")";
  }

  void display()
  {
  Form1->Memo1->Lines->Add(toStr());
  }
};
```

Diese Klasse kann man als Basisklasse für die Klasse *C3DPunkt* verwenden:

```cpp
class C3DPunkt : public C2DPunkt{
   double z;
 public:
  C3DPunkt (double x_,double y_,double z_);
  AnsiString toStr();
  void display();
};
```

C3DPunkt erbt von der Basisklasse *C2DPunkt* die Datenelemente x und y, die hier in der Definition von *toStr* angesprochen werden:

```cpp
AnsiString C3DPunkt::toStr()
{
return "("+FloatToStr(x) + "|" +
                FloatToStr(y)+ "|" + FloatToStr(z)+")";
}
```

Den Konstruktor der Basisklasse kann man beim Konstruktor der abgeleiteten Klasse als Elementinitialisierer angeben:

```cpp
C3DPunkt::C3DPunkt(double x_, double y_, double z_):
                        C2DPunkt(x_,y_), z(z_) { }
```

Die Elementfunktionen *toStr* und *display* der Basisklasse werden verdeckt:

```cpp
void C3DPunkt::display()
{
Form1->Memo1->Lines->Add(toStr());
};
```

Mit den Definitionen

```cpp
C2DPunkt p2(1,2);
C3DPunkt p3(1,2,3);
```

und den Anweisungen

8.3 Vererbung

```
p2.display();
p3.display();
```

erhält man dann die Ausgabe:

```
(1|2)
(1|2|3)
```

Konstruktoren, Destruktoren und die Operatorfunktion für den Zuweisungsoperator werden nicht an eine abgeleitete Klasse vererbt. Da sie nur die Elemente ihrer Klasse kennen, können sie zusätzliche Elemente der abgeleiteten Klasse nicht berücksichtigen und deshalb ihre Aufgaben nicht erfüllen.

Deshalb werden auch bei abgeleiteten Klassen vom Compiler Funktionen für einen Standard- oder Copy-Konstruktor, einen Zuweisungsoperator oder einen Destruktor **implizit erzeugt**, wenn diese nicht explizit definiert werden:

- Der implizit definierte **Standardkonstruktor** ist eine Funktion mit einem leeren Anweisungsteil (siehe Abschnitt 8.2.1). Da er keine Elementinitialisierer enthält, werden alle Teilobjekte der Klasse mit ihrem Standardkonstruktor initialisiert.
- Der implizit definierte **Copy-Konstruktor** kopiert alle Teilobjekte der Klasse. Falls diese Teilobjekte Klassen sind, wird dazu der Copy-Konstruktor für diese Klassen verwendet.
- Der implizit definierte **Zuweisungsoperator** kopiert alle Teilobjekte der Klasse. Falls sie Klassen sind, wird dazu ihr Zuweisungsoperator verwendet.
- Der implizit definierte **Destruktor** ruft die Destruktoren aller Teilobjekte auf.

Falls eine abgeleitete Klasse keine Elemente (z.B. zusätzliche Zeiger) enthält, für die spezielle Operationen notwendig sind, reichen die implizit erzeugten Funktionen aus. Falls sie aber solche Elemente enthält, müssen diese Funktionen explizit definiert oder ihr Aufruf durch eine *private*-Deklaration unterbunden werden. Vergisst man die Definition einer dieser Funktionen in der abgeleiteten Klasse, wird man vom Compiler allerdings nicht auf diesen Fehler hingewiesen: Er ruft dann einfach die implizit erzeugten Funktionen auf.

Bei der Definition dieser Funktionen müssen alle Elemente der Klasse berücksichtigt werden, also nicht nur die der abgeleiteten Klasse, sondern auch die der Basisklasse. Falls man diese einzeln anspricht, besteht die Gefahr, dass nach einer Erweiterung der Basisklasse vergessen wird, die zusätzlichen Elemente auch in der abgeleiteten Klasse zu berücksichtigen. Diese Gefahr kann man vermeiden, indem man die entsprechende Funktion der Basisklasse aufruft:

- Bei den Konstruktoren ist das mit einem Elementinitialisierer möglich. Das gilt insbesondere auch für den Copy-Konstruktor, der so den Copy-Konstruktor der Basisklasse aufrufen kann:

```
D(const D& d):C(d) // Aufruf des Copy-Konstruktors für
{                  // das Teilobjekt der Basisklasse C
// ... Konstruiere die zusätzlichen Elemente von D
}
```

- Im Zuweisungsoperator ruft man den Zuweisungsoperator der Basisklasse auf. Dadurch werden die Elemente der Basisklasse zugewiesen:

```
D& operator=(const D& rhs) // Basisklasse C,
{                          // abgeleitete Klasse D
if (this==&rhs) return *this;
C::operator=(rhs); // Aufruf von this->C::operator=
// ... Kopiere die zusätzlichen Elemente von D
return *this;
};
```

Hier wird der Zuweisungsoperator der Basisklasse über den Namen *operator=* aufgerufen, da man die Basisklasse nicht vor dem Operator angeben kann (*C::=rhs* geht nicht).

Aufgaben 8.3.5

1. Welche Ausgabe erhält man durch einen Aufruf der Funktion *test*?

```
class C {
  int i,j;
public:
  C(int x,int y): i(x),j(y)
  {
  Form1->Memo1->Lines->Add("Konstruktor C");
  }

  C(): i(0),j(0)
  {
  Form1->Memo1->Lines->Add("Standardkonstruktor C");
  }

  ~C()
  {
  Form1->Memo1->Lines->Add("Destruktor C");
  }
};

class D : public C {
  int k,a,b;
  C c;
public:
  D(int x):C(x,17),a(x),b(0),c(x,1),k(19)
  {
  Form1->Memo1->Lines->Add("Konstruktor-1 D");
  }
```

8.3 Vererbung

```
        D(int x,int y, int z):C(x,y),a(1),b(2),c(x,y),k(z)
        {
        Form1->Memo1->Lines->Add("Konstruktor-2 D");
        }

        ~D()
        {
        Form1->Memo1->Lines->Add("Destruktor D");
        }
    };

    class E : public D {
      int m;
      C c;
     public:
      E(int x,int y, int z):D(x,3,z),m(z)
      {
      Form1->Memo1->Lines->Add("Konstruktor E");
      }

      ~E() {
      Form1->Memo1->Lines->Add("Destruktor E");
      }
    };

    void test()
    {
    C c(1,2);
    D d(1,2,3);
    E e(1,2,3);
    }
```

2. Einen eindimensionalen Punkt kann man sich als Zahl auf einem Zahlenstrahl vorstellen. Definieren Sie analog zu den Beispielen im Text eine Klasse *C1DPunkt*, die eine Zahl darstellt. Von dieser Klasse soll *C2DPunkt* und von *C2DPunkt* soll *C3DPunkt* abgeleitet werden. Definieren Sie für jede dieser Klassen Konstruktoren, die alle Koordinaten initialisieren, sowie Funktionen *toStr* und *display* wie im Text.

3. Überarbeiten Sie die Lösung von Aufgabe 8.1.5.4.

   a) Definieren Sie für die Klassen *CGrundstueck* usw. eine Klassenhierarchie.
   b) Welche dieser Klassen benötigt einen explizit definierten Copy-Konstruktor, Zuweisungsoperator und Destruktor. Definieren Sie diese bei Bedarf.
   c) Vergleichen Sie diese Hierarchie mit den Klassen aus Aufgabe 8.1.5.4.
   d) Welche dieser Klassen würde einen explizit definierten Copy-Konstruktor, Zuweisungsoperator und Destruktor benötigen, wenn Strings der Klassen *string* bzw. *AnsiString* statt nullterminierten Strings verwendet würden.

4. Manchmal hat man mehrere Möglichkeiten, verschiedene Klassen voneinander abzuleiten:

a) Da ein Quadrat eine und ein Rechteck zwei Seitenlängen hat, kann man eine Klasse für ein Rechteck von einer Klasse für ein Quadrat ableiten und so die Seitenlänge des Quadrats im Rechteck verwenden.

b) Man kann ein Quadrat aber auch als Rechteck mit zwei gleichen Seiten betrachten. Definieren Sie eine Basisklasse für ein Rechteck und leiten Sie von dieser eine Klasse für ein Quadrat ab, bei der im Konstruktor die beiden Seitenlängen auf denselben Wert gesetzt werden.

c) Vergleichen Sie die Vor- und Nachteile der beiden Hierarchien.

5. Eine Klasse C soll einen explizit definierten Standardkonstruktor, einen Copy-Konstruktor, einen überladenen Zuweisungsoperator und einen Destruktor haben. Für eine von C abgeleitete Klasse D soll keine dieser Funktionen explizit definiert sein.

   a) Welche Funktionen werden dann durch die folgenden Anweisungen aufgerufen?

   ```
   D d1;
   D d2=d1;
   d2=d1;
   ```

   b) Überprüfen Sie Ihre Vermutungen mit einer Klasse C, deren Konstruktoren bzw. deren Zuweisungsoperator eine Meldung ausgeben, dass sie aufgerufen wurden.

6. Die Klassen der C++-Standardbibliothek kann man ebenso wie jede andere Klasse als Basisklasse für eigene abgeleitete Klassen verwenden. Da die Klasse *string* z.B. keinen Konstruktor hat, der ein *int*- oder *double*-Argument in einen String umwandelt, kann man eine abgeleitete Klasse mit einem solchen Konstruktor definieren. Welche Vor- und Nachteile sind mit einer solchen Erweiterung verbunden?

8.3.6 Vererbung bei Formularen im C++Builder

Für jedes Formular, das der C++Builder anlegt, erzeugt er eine von der Klasse *TForm* abgeleitete Klasse. In diese werden alle Elemente aufgenommen, die man dem Formular mit den Mitteln der visuellen Programmierung hinzufügt:

```
class TForm1 : public TForm
{
__published: // Komponenten, die von der IDE verwaltet
    TButton *Button1;                                // werden
    TMemo *Memo1;
    void __fastcall Button1Click(TObject *Sender);
private:   // Benutzerdeklarationen
public:    // Benutzerdeklarationen
    __fastcall TForm1(TComponent* Owner);
};
```

8.3 Vererbung

Da diese Klasse von *TForm* abgeleitet ist, enthält sie alle Elemente dieser Basisklasse. Durch diese Ableitung ist sichergestellt, dass sich *TForm1* in den geerbten Elementen wie ein Formular der Klasse *TForm* verhält.

Im C++Builder kann man auch ein visuell gestaltetes **Formular als Basisklasse** verwenden. Unter *Datei|Neu* findet man in der **Objektgalerie** verschiedene vordefinierte Formulare und insbesondere die Formulare des aktuellen Projekts:

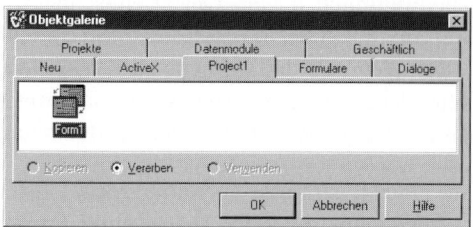

Nach dem Anklicken des gewünschten Formulars wird ein neues Formular erzeugt, das von der Basisklasse (hier *TForm1*) abgeleitet ist:

```
class TForm2 : public TForm1
{
__published:   // Von der IDE verwaltete Komponenten
    void __fastcall FormCreate(TObject *Sender);
 private:       // Anwender-Deklarationen
 public:        // Anwender-Deklarationen
    __fastcall TForm2(TComponent* Owner);
};
```

8.3.7 OO Design: *public* Vererbung und „ist ein"-Beziehungen

Vererbung bedeutet, dass eine abgeleitete Klasse alle Elemente der Basisklasse enthält. Sie kann auch mehr Elemente enthalten, aber nie weniger. Daraus ergeben sich die folgenden Beziehungen zwischen einer Basisklasse und einer abgeleiteten Klasse:

1. Da eine abgeleitete Klasse alle Elemente der Basisklasse enthält, kann ein Objekt einer abgeleiteten Klasse wie ein Objekt der Basisklasse verwendet werden, wenn in der abgeleiteten Klasse keine Elemente aus der Schnittstelle der Basisklasse verdeckt werden. Insbesondere können über ein Objekt der abgeleiteten Klasse alle Elementfunktionen aus der Schnittstelle der Basisklasse aufgerufen werden.

In Abschnitt 8.3.9 wird gezeigt, dass man verdeckte Funktionen vermeiden sollte. Dann ist ein Objekt einer abgeleiteten Klasse auch ein Objekt der Basisklasse. Man sagt deshalb auch, dass zwischen einer abgeleiteten Klasse und einer Basisklasse eine **„ist ein"-Beziehung** besteht.

2. Da eine abgeleitete Klasse mehr Elemente als die Basisklasse haben kann, ist die abgeleitete Klasse eine speziellere Klasse als die Basisklasse. Die Basisklasse ist dagegen eine allgemeinere Klasse als eine abgeleitete Klasse, da sie alle Gemeinsamkeiten der abgeleiteten Klassen enthält. Deshalb bezeichnet man eine Basisklasse auch als **Verallgemeinerung** oder **Generalisierung** einer abgeleiteten Klasse und eine abgeleitete Klasse als **Spezialisierung** der Basisklasse.

Die **Konsistenzbedingungen** für ein Objekt einer abgeleiteten Klasse bestehen aus denen für ein Objekt der Basisklasse sowie eventuell weiteren Bedingungen für die Datenelemente der abgeleiteten Klasse. Die **Klasseninvariante** einer abgeleiteten Klasse besteht also aus der Klasseninvarianten der Basisklasse, die mit einem logischen *und* mit weiteren Bedingungen verknüpft ist.

Da eine Funktion aus einer Basisklasse auch mit einem Objekt einer abgeleiteten Klasse aufgerufen werden kann, muss der **Aufruf einer Funktion der Basisklasse auch mit jedem Objekt einer abgeleiteten Klasse das richtige Ergebnis** haben. Deshalb muss man bei einer Vererbung immer prüfen, ob jede Funktion aus der Schnittstelle der Basisklasse auch für ein Objekt einer abgeleiteten Klasse sinnvoll ist. Falls das nicht zutrifft, sollte man die Klassen auch nicht voneinander ableiten. Außerdem darf eine Funktion der Basisklasse **nie** die **Klasseninvariante** der abgeleiteten Klasse **zerstören**.

Beispiele: 1. Ein Quadrat kann als Rechteck mit zwei gleichen Seiten dargestellt werden:

```
class CRechteck{
  double a,b;
 public:
  CRechteck(double a_,double b_):a(a_),b(b_){};
  double Flaeche() {return a*b; };
  double Umfang()  {return 2*(a+b); };
};

class CQuadrat:public CRechteck {
 public:
  CQuadrat(double a_):CRechteck(a_,a_) {}
};
```

In dieser Hierarchie liefern die Funktionen *Flaeche* und *Umfang* auch für ein Objekt der abgeleiteten Klasse richtige Ergebnisse.

Die Klasseninvariante von *CQuadrat* besteht hier aus der Klasseninvarianten *true* für das Rechteck und der zusätzlichen Bedingung a==b.

2. Ergänzt man die Klasse *CRechteck* aus 1. um die Funktion *setze_-Seitenlaengen*, dann kann diese Funktion auch über ein *CQuadrat* aufgerufen werden. Da ein solcher Aufruf im Quadrat die Gleich-

8.3 Vererbung

heit der beiden Seitenlängen zerstören kann, ist die Ableitung eines Quadrats von einem solchen Rechteck nicht angemessen:

```
class CRechteck{
  double a,b;
public:
  CRechteck(double a_,double b_):a(a_),b(b_){};
  void setze_Seitenlaengen(double a_,double b_)
  {
     a=a_;
     b=b_;
  }
  double Flaeche() {return a*b; };
  double Umfang()  {return 2*(a+b); };
  AnsiString toStr()
  {
     return "Rechteck mit den Seitenlängen "+
        FloatToStr(a)+ " und " + FloatToStr(b);
  }
};
```

Auch die Funktion *toStr* ist für ein Quadrat nicht unbedingt korrekt. Zwar ist die Meldung „Rechteck mit den Seitenlängen 1 und 1" für ein Quadrat nicht falsch. Aber spezieller Text für ein Quadrat wie „Quadrat mit der Seitenlänge 1" wäre besser.

Offensichtlich kann die Funktion *setze_Seitenlaengen* die Klasseninvariante der abgeleiteten Klasse zerstören.

Eine Klasse stellt meist ein Konzept der Realität dar (siehe Abschnitt 8.1.6). In diesem Beispiel werden die Konzepte „Quadrat" und „Rechteck" durch die Klassen *CQuadrat* und *CRechteck* dargestellt. Dabei ist im ersten Fall eine Vererbung gerechtfertigt und im zweiten Fall nicht. Deshalb zeigt dieses Beispiel, dass **die Konzepte allein keine Entscheidung darüber ermöglichen**, ob eine Vererbung bei den Klassen sinnvoll ist, die diese Konzepte darstellen.

Bei der Klassenhierarchie des letzten Beispiels kommen zwei renommierte Autoren mit ähnlichen Namen zu völlig unterschiedlichen Ergebnissen und haben trotzdem beide Recht:

- Scott Meyers (1998, S. 159) leitet eine Klasse für ein Quadrat von einer Klasse für ein Rechteck ab und definiert für die Basisklasse eine Funktion, die wie die Funktion *setze_Seitenlaengen* die beiden Seitenlängen des Rechtecks setzt. Da ein Aufruf dieser Funktion in einem *CQuadrat* die Bedingung zerstört, dass beide Seitenlängen gleich sind, ist nach seiner Meinung die *public* Ableitung eines Quadrats von einem Rechteck völlig falsch.
- Betrand Meyer (1997, S. 826-827) leitet ebenfalls eine Klasse für ein Quadrat von einer Klasse für ein Rechteck ab. Allerdings verlangt er, dass alle Funktionen, die mit einem Quadrat aufgerufen werden können, die Gleichheit der Seitenlängen nicht zerstören. Deshalb ist hier eine *public* Vererbung korrekt.

Der Preis für diese Hierarchie ist aber, dass die Klasse *CRechteck* keine Funktion haben darf, die die beiden Seitenlängen auf verschiedene Werte setzt. Bei einem Zeichenprogramm, bei dem die Größe der Figuren verändert werden muss, ist eine solche Einschränkung aber oft nicht akzeptabel.

Stroustrup (1997, Abschnitt 23.4.3.1) vertritt am Beispiel von Kreisen und Ellipsen die Ansicht, dass man meistens weder ein Rechteck von einem Quadrat noch ein Quadrat von einem Rechteck ableiten soll. Wir werden auf dieses Beispiel in Abschnitt 8.4.10 zurückkommen und dann eine Hierarchie finden, die nicht mit diesen Problemen verbunden ist.

Booch (1994, Kapitel 4) und Meyer (1997) beschäftigen sich ausführlich mit der historischen Entwicklung der Klassifikationen in der Biologie, Chemie, Philosophie usw. Diese Entwicklung zeigt, dass verschiedene Sichtweisen und Zielsetzungen zu völlig anderen Hierarchien führen können.

Beispiel: Nach Booch (1994, S. 148) wurden in früheren Klassifikationen der Biologie Tiere nach ihrem Körperbau, inneren Merkmalen und evolutionären Beziehungen klassifiziert. Neuere Klassifikationen beruhen auf Ähnlichkeiten der DNA. Nach den DNA-Klassifikationen haben Lungenfische mehr Gemeinsamkeiten mit Kühen als mit Forellen.

Wenn eine **Klasse** ein Konzept der Realität darstellt, **wird** sie meist **mit** diesem **Konzept identifiziert**. Dann sollte man darauf achten, dass zwischen den Klassen dieselben Beziehungen bestehen wie zwischen den Konzepten, die sie darstellen. Da zwischen einer Basisklasse und einer abgeleiteten Klasse eine „ist ein"-Beziehung besteht, sollte deshalb auch zwischen ihren Konzepten eine „ist ein"-Beziehung bestehen. Deswegen sollte man **nur solche Klassen voneinander ableiten**, bei denen auch **für die Konzepte eine „ist ein"-Beziehung** besteht und die **Verallgemeinerungen bzw. Spezialisierungen** voneinander **sind**. Falls das nicht gilt, führt die Hierarchie leicht zu **Problemen**. Typische Probleme mit einer solche Hierarchie werden in Abschnitt 8.4.9 gezeigt.

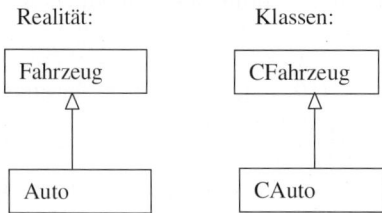

In dieser Abbildung soll der Pfeil eine „ist ein"-Beziehung darstellen. Diese Beziehung soll nicht nur für die Klassen, sondern auch für die Konzepte der Realität gelten.

8.3 Vererbung

Wenn eine Klasse von einer Basisklasse abgeleitet wird, damit sie ihre Datenelemente verwenden kann, besteht zwischen den Konzepten, die die Klassen darstellen, oft keine „ist ein"-Beziehung.

Beispiel: In Abschnitt 8.3.5 wurde die Klasse *C3DPunkt* von *C2DPunkt* abgeleitet, damit sie Datenelemente der Basisklasse wiederverwenden kann:

```
class C2DPunkt {
 protected:
  double x,y;
  // ...
};

class C3DPunkt : public C2DPunkt {
  double z;//C3DPunkt enthält die Elemente x,y,z
  // ...
};
```

Es erscheint allerdings als fraglich, ob zwischen den Konzepten, die diese Klassen darstellen, auch wirklich eine „ist ein"-Beziehung besteht: Im üblichen Sprachgebrauch wird man einen Punkt im Raum kaum als einen Punkt der Ebene bezeichnen. Und wenn man Punkte der Ebene wie

(1,2), (3,4) usw.

und Punkte im Raum

(1,2,3), (4,5,6) usw.

jeweils unter einem eigenen Oberbegriff zusammenfasst, dann sind die Punkte der Ebene und die Punkte im Raum disjunkte Mengen, bei denen man einen Punkt der Ebene nicht als Verallgemeinerung eines Punktes im Raum betrachten kann.

Als **Kriterium für eine „ist ein"-Beziehung** sollten also **nicht nur die Konzepte an sich** oder **die Datenelemente** betrachtet werden, sondern vor allem die **Elementfunktionen ihrer Schnittstelle**. Eine Klasse hat meist nur den Sinn und Zweck, von einem Anwender benutzt zu werden. Dafür stehen ihm die Elemente ihrer Schnittstelle zur Verfügung, und das sind normalerweise Elementfunktionen und keine Datenelemente.

Booch (1994, S. 59 und S. 112) bezeichnet eine „ist ein"-Beziehung als Lackmus-Test für die Vererbung: Falls für zwei Klassen C und D die Beziehung „D ist ein C" nicht gilt, soll D auch nicht von C abgeleitet werden. Meyer (1997, S. 811) ist nicht ganz so streng und verlangt lediglich, dass sich vernünftige Gründe für eine solche Interpretation finden lassen sollten.

Allerdings muss nicht jede Klassenhierarchie, die keine „ist ein"-Beziehung darstellt, zu Problemen führen. Wir werden die Hierarchie mit dem *C2DPunkt* und dem *C3DPunkt* in Abschnitt 8.4.2 ganz nützlich finden. Probleme mit solchen Hierarchien werden wir in Abschnitt 8.4.10 sehen und sie dann durch eine andere Hierarchie ersetzen. Wie in diesem Beispiel sind *protected* Datenelemente oft ein Hinweis darauf, dass solche Probleme entstehen können.

Die bisherigen Beispiele in diesem Abschnitt waren nicht immer einfach und sollten vor allem zeigen, worauf man beim Entwurf einer Klassenhierarchie achten sollte. Das bedeutet aber nicht, dass der Entwurf einer Klassenhierarchie immer kompliziert ist. Im realen Leben findet man viele Konzepte, die **Verallgemeinerungen bzw. Spezialisierungen** voneinander sind. Solche Konzepte lassen sich **meist ohne Probleme** durch Klassen in einer Hierarchie darstellen.

Beispiele: Jedes Auto ist ein Fahrzeug. Deswegen kann eine Klasse für ein Auto meist von einer Klasse für ein Fahrzeug abgeleitet werden. Da ein Girokonto ein spezielles Konto ist, spricht meist nichts gegen die Ableitung einer Klasse für ein Girokonto von einer Klasse für ein Konto.

Dass zwischen einer abgeleiteten Klasse und einer Basisklasse eine „ist ein"-Beziehung bestehen soll, darf allerdings **nicht** dazu verleiten, **jede umgangssprachliche „ist ein"-Formulierung** durch eine Vererbung darzustellen.

- Eine „ist ein"-Beziehung darf nur als **notwendige Bedingung** verstanden werden: Ist sie für die zugrundeliegenden Konzepte nicht erfüllt, ist das ein Hinweis darauf, dass die Klassenhierarchie zu Problemen führen kann.
- Wenn dagegen eine „ist ein"-Beziehung besteht, muss das noch lange nicht bedeuten, dass eine Vererbung sinnvoll ist.

Beispiele: 1. Die Aussage „Tübingen ist eine Stadt" sollte nicht dazu führen, eine Klasse für die Stadt Tübingen von einer Klasse für eine Stadt abzuleiten. Vererbung ist eine Beziehung zwischen Klassen. Eine spezielle Stadt wird besser durch ein Objekt einer Klasse *Stadt* als durch eine eigene Klasse dargestellt. Dass die Definition einer eigenen Klasse für ein spezielles Objekt wie eine Stadt nicht sinnvoll ist, sieht man außerdem daran, dass es in der Realität keine verschiedenen Objekte einer Klasse wie *CTuebingen* gibt.
2. Die Aussage „Jedes Quadrat ist ein Rechteck" legt diese Klassenhierarchie nahe, für die schon auf Seite 792 gezeigt wurde, dass sie nicht unproblematisch ist:

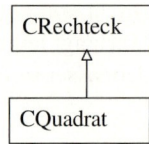

8.3 Vererbung

Diese Beispiele zeigen, dass die unbedachte Übertragung von umgangssprachlichen „ist ein"-Formulierungen leicht zu unpassenden Hierarchien führen kann.

Offensichtlich kann man sich in der Suche nach „der richtigen" Hierarchie grenzenlos verlieren. Deshalb soll dieser Abschnitt mit einem Rat von Meyer (1997, S. 862) abgeschlossen werden: Das **Ziel einer Klassenhierarchie** ist die **Konstruktion von Software** und **nicht Philosophie**. Selten gibt es nur eine einzige Lösung. Und falls es mehrere gibt, ist es oft nicht einfach, die beste zu finden. Das wichtigste Kriterium ist hier, dass die Klassen ihren Zweck für bestimmte Anwendungen gut erfüllen. Und das kann auch mit Klassen möglich sein, die in einem philosophischen Sinn nicht perfekt sind.

8.3.8 OO Design: Komposition und „hat ein"-Beziehungen

Wenn man ein Quadrat zusammen mit einem *C2DPunkt* für seine Position darstellen will, hat man die Wahl zwischen den folgenden beiden Möglichkeiten:

1. Man leitet die Klasse *C2DQuadrat* von der Klasse *C2DPunkt* ab:

    ```
    class C2DPunkt {
      double x,y;
      public:
      double Abstand() { return sqrt(x*x+y*y); }
      // ...
    };

    class C2DQuadrat1:public C2DPunkt {
      double Seitenlaenge;
      // ...
    };
    ```

2. Man nimmt in *C2DQuadrat* ein Element des Typs *C2DPunkt* auf:

    ```
    class C2DQuadrat2 {
      C2DPunkt Position;
      double Seitenlaenge;
      // ...
    };
    ```

Diese beiden Klassen haben die folgenden Unterschiede und Gemeinsamkeiten:

1. Objekte der beiden Klassen haben **denselben Informationsgehalt**. Die Datenelemente eines Objekts *q1* der Klasse *C2DQuadrat1* unterscheiden sich nur durch ihre Namen von denen eines Objekts *q2* der Klasse *C2DQuadrat2*:

    ```
    q1.x                q2.Position.x
    q1.y                q2.Position.y
    q1.Seitenlaenge     q2.Seitenlaenge
    ```

2. Die beiden Klassen unterscheiden sich durch ihre Schnittstelle, da eine abgeleitete Klasse die Schnittstelle der Basisklasse erbt. Über ein Objekt der Klasse *C2DQuadrat1* kann man auf die Funktion *Abstand* zugreifen:

   ```
   q1.Abstand();
   ```

   Über ein *private* Datenelement wie *Position* hat man dagegen keinen Zugriff auf die Funktion *Abstand*:

   ```
   q2.Position.Abstand(); // Fehler: Kein Zugriff möglich
   ```

Allerdings scheinen Zweifel angebracht, ob zwischen den durch diese Klassen dargestellten Konzepten eine „ist ein"-Beziehung besteht: Das würde bedeuten,

– dass jede Elementfunktion eines Punktes auch für ein Quadrat sinnvoll ist (siehe Aufgabe 8.3.9.2) und
– dass ein Punkt eine Verallgemeinerung eines Quadrats ist.

Meist wird man eher sagen, dass ein Quadrat eine Position **hat**. Dann erscheint die zweite Lösung besser.

Falls eine Klasse D ein Datenelement einer Klasse C enthält, bezeichnet man die Beziehung zwischen den beiden Klassen auch als **„hat ein"-Beziehung** oder als **Komposition**. Eine „hat ein"-Beziehung unterscheidet sich von einer „ist ein"-Beziehung zwischen D und C dadurch, dass

1. die Schnittstelle von C über ein Objekt der Klasse D nicht verfügbar ist,
2. die Klassen C und D keine „ist ein"-Beziehung darstellen müssen,
3. die Klasse D mehr als ein Element der Klasse C enthalten kann.

Beim Entwurf von Klassen hat man oft die **Qual der Wahl** zwischen einer **Komposition und** einer *public* **Vererbung**. Da man mit beiden Alternativen denselben Informationsgehalt darstellen kann, geben die Datenelemente meist keinen Hinweis darauf, welche Alternative besser ist. Oft geben aber die letzten drei Punkte einen Hinweis auf eine solche Entscheidung:

1. Falls man in der einen Klasse die Schnittstelle der anderen benötigt, muss man eine Vererbung wählen. Andernfalls ist oft eine Komposition besser.
2. Eine *public* Vererbung sollte man nur dann wählen, wenn zwischen den Konzepten, die die Klassen darstellen, eine „ist ein"-Beziehung besteht. Kriterien dafür wurden in Abschnitt 8.3.7 angegeben. Bei einer „hat ein"-Beziehung ist meist eine Komposition besser.
3. Falls ein Objekt einer Klasse D prinzipiell mehrere Elemente einer Klasse C enthalten kann, ist in der Regel eine Komposition angemessener.

8.3 Vererbung

8.3.9 Konversionen zwischen *public* abgeleiteten Klassen

In Abschnitt 8.3.7 wurde gezeigt, dass man ein Objekt einer *public* abgeleiteten Klasse wie ein Objekt einer Basisklasse verwenden kann, wenn in der abgeleiteten Klasse keine Elementfunktion der Basisklasse verdeckt wird. Deshalb sollte man ein Objekt einer *public* abgeleiteten Klasse auch anstelle eines Objekts einer Basisklasse verwenden können. Das ist in C++ tatsächlich möglich:

– Ein **Objekt** einer *public* abgeleiteten Klasse kann man einem Objekt einer Basisklasse zuweisen. Dabei wird das Objekt der abgeleiteten Klasse in das Teilobjekt der Basisklasse konvertiert, das in der abgeleiteten Klasse enthalten ist.
– Einen **Zeiger** auf ein Objekt einer abgeleiteten Klasse kann man einem Zeiger auf ein Objekt einer Basisklasse zuweisen. Der Zeiger auf das Objekt der abgeleiteten Klasse wird dann in einen Zeiger auf das Teilobjekt der Basisklasse konvertiert, das im Objekt der abgeleiteten Klasse enthalten ist.
– Eine **Referenz** auf eine Basisklasse kann mit einem Objekt einer abgeleiteten Klasse initialisiert werden.
– Eine Funktion mit einem **Parameter** eines Basisklassentyps kann mit einem Argument aufgerufen werden, dessen Typ eine abgeleitete Klasse ist. Der Parameter kann dabei ein Werteparameter, ein Zeiger oder eine Referenz sein.

Das sind die einzigen Konversionen, die der Compiler ohne eine benutzerdefinierte Konversionsfunktion (siehe Abschnitt 8.2.7) zwischen verschiedenen Klassen durchführt. Deshalb werden Klassen in der umgekehrten Reihenfolge (von der Basisklasse zur abgeleiteten Klasse) oder nicht voneinander abgeleitete Klassen nicht ineinander konvertiert.

Beispiele: Hier wird eine *public* von der Klasse *C2DPunkt* abgeleitete Klasse *C3DPunkt* vorausgesetzt. Außerdem sollen diese Variablen definiert sein:

```
C2DPunkt p2(1,2);
C3DPunkt p3(3,4,5);

C2DPunkt* pp2=new C2DPunkt(1,2);
C3DPunkt* pp3=new C3DPunkt(3,4,5);
```

1. Dann ist die Zuweisung

    ```
    p2=p3;
    ```

    möglich. Dabei wird der Wert p3.z ignoriert. Die folgende Zuweisung wird dagegen vom Compiler zurückgewiesen:

    ```
    p3=p2; // Fehler: Konversion nicht möglich
    ```

2. Auch von den nächsten beiden Zuweisungen ist nur die erste möglich:

   ```
   pp2=pp3;
   pp3=pp2; // Fehler: Konversion nicht möglich
   ```

3. Die Funktion *show* kann man nicht nur mit einem Argument des Datentyps *C2DPunkt*, sondern auch mit einem des Typs *C3DPunkt* aufrufen:

   ```
   void show(const C2DPunkt& p)
   {
   Form1->Memo1->Lines->Add(p.toStr());
   }

   show(p2); // (1,2) mit p2 von oben
   show(p3); // (3,4) mit p3 von oben
   ```

4. Verschiedene Klassen sind verschiedene Datentypen, auch wenn sie gleich definiert sind. Deshalb ist diese Zuweisung nicht möglich:

   ```
   struct { int i;} s1;
   struct { int i;} s2;
   s1 = s2; // Fehler: Konversion nicht möglich
   ```

Wie schon in Abschnitt 8.3.3 gezeigt wurde, führt der Aufruf einer nicht virtuellen Elementfunktion immer zum Aufruf der Funktion, die zum Datentyp des Objekts gehört, mit dem sie aufgerufen wird. Deshalb kann man eine nicht virtuelle Funktion aus einer abgeleiteten Klasse nicht über ein Objekt einer Basisklasse aufrufen. Das gilt auch dann, wenn die Funktion aus der Basisklasse in einer abgeleiteten Klasse verdeckt wird und wenn sie über einen Zeiger oder eine Referenz auf ein Objekt der abgeleiteten Klasse aufgerufen wird. In Abschnitt 8.4.2 wird aber gezeigt, wie genau das mit virtuellen Funktionen möglich ist.

Beispiel: Mit den Zeigern *pp2* und *pp3* aus dem letzten Beispiel erhält man mit den folgenden Anweisungen die jeweils als Kommentar aufgeführte Ausgabe für einen *C2DPunkt*:

```
pp2=&p3;
pp2->toStr(); // (3,4)
```

Obwohl *pp2* wie *pp3* auf einen *C3DPunkt* zeigt, wird beim Aufruf über *pp2* nicht die Funktion *C3DPunkt::show* aufgerufen:

```
pp3->toStr(); // (3,4,5)
```

Auch der Aufruf der Funktion *show* führt unabhängig vom Datentyp des Arguments immer zum Aufruf der Funktion *C2DPunkt::show*:

```
show(p2); // (1,2)
show(p3); // (3,4)
```

8.3 Vererbung   801

Von einer Funktion, die wie *show* mit Argumenten verschiedener Klassen aufgerufen werden kann, erwartet man aber normalerweise, dass sie für jedes Argument das richtige Ergebnis hat. Das richtige Ergebnis wäre hier die Ausgabe aller Koordinaten des Arguments, und das würde man durch einen Aufruf der Elementfunktion des Arguments erreichen. Ein solches Ergebnis ist deshalb mit nicht virtuellen Funktionen nicht möglich.

Wenn eine Funktion aus einer Basisklasse in einer abgeleiteten Klasse verdeckt wird, entsteht beim Aufruf der Funktion über einen Zeiger oder eine Referenz auf ein Objekt der Basisklasse eventuell der falsche Eindruck, dass die Funktion aus der abgeleiteten Klasse aufgerufen wird, wenn der Zeiger oder die Referenz auf ein Objekt der abgeleiteten Klasse zeigt.

Beispiel: Da die Funktion *toStr* aus *C3DPunkt* die Funktion der Basisklasse verdeckt, erwartet man eventuell bei den beiden Aufrufen

```
pp2=&p3;
pp2->toStr(); // (1,2)
show(p3);     // (3,4)
```

dass die Funktion *toStr* aus der Klasse *C3DPunkt* aufgerufen wird, da *pp2* und das Argument von *show* auf ein Objekt dieser Klasse zeigen.

Um diesen falschen Eindruck zu verhindern, sollte man **verdeckte Funktionen vermeiden**. **Stattdessen** sollte man **virtuelle Funktionen** (siehe Abschnitt 8.4.2) verwenden, wenn man eine Funktion aus einer Basisklasse in einer abgeleiteten Klasse mit demselben Namen, aber mit anderen Anweisungen implementieren will.

Anmerkung für Delphi-Programmierer: In Object Pascal sind dieselben Zuweisungen im Rahmen einer Klassenhierarchie möglich wie in C++.

Aufgaben 8.3.9

1. Besteht zwischen den Konzepten unter a) bis d) eine „ist ein"- oder eine „hat ein"-Beziehung? Da es oft nicht einfach ist, sich für eine der beiden zu entscheiden, sollen Sie möglichst für beide Sichtweisen Argumente suchen.

    a) Automobil, Motor, Räder
    b) Katze, Hund, Tier
    c) Fahrzeug, Landfahrzeug, Wasserfahrzeug, Automobil, Segelboot
    d) Mitarbeiter, Abteilungsleiter, Sekretärin

2. In Aufgabe 8.3.5.4 wurde eine Klasse für ein Quadrat von einer Klasse für ein Rechteck abgeleitet und auch umgekehrt. In Abschnitt 8.3.7 wurde gezeigt, dass die Ableitung eines Quadrats von einem Rechteck mit einer Element-

funktion wie *setze_Seitenlaengen* nicht unproblematisch ist. Prüfen Sie, ob die Elementfunktionen *Flaeche* und *Umfang* aus der Basisklasse in jeder der beiden Hierarchien auch in der abgeleiteten Klasse korrekt sind?

3. Zur Lösung der Aufgabe 8.3.5.3 wird oft diese Hierarchie vorgeschlagen:

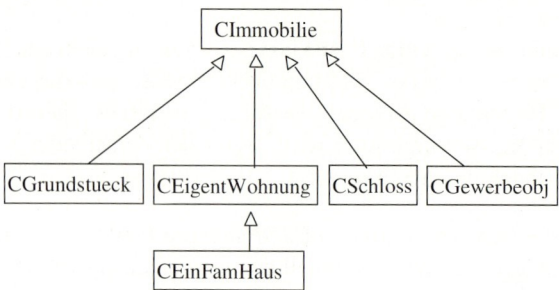

a) Zwischen welchen voneinander abgeleiteten Klassen scheint die „ist ein"-Beziehung auch für die Konzepte gerechtfertigt zu sein?

b) Ändern Sie diese Hierarchie so ab, dass alle voneinander abgeleiteten Klassen Konzepte darstellen, zwischen denen eine „ist ein"-Beziehung besteht?

4. Ein *C2DQuadrat* soll wie in Abschnitt 8.3.8 ein Quadrat mit einer Position (ein *C2DPunkt*) darstellen. Damit das *C2DQuadrat* durch die Seitenlänge und die Position eindeutig bestimmt ist, sollen die Seiten parallel zu den Koordinatenachsen und die Position der Mittelpunkt sein.

Wenn ein *C2DPunkt* Funktionen wie *Abstand* (Abstand vom Nullpunkt) oder *drehe(double Winkel)* (dreht den Punkt um den Winkel *Winkel* um den Nullpunkt) hat, dann sind diese nur bei einer Ableitung, aber nicht bei einer Komposition in einem *C2DQuadrat* verfügbar. Betrachten Sie die Alternative zwischen einer Komposition und einer Vererbung unter dem Gesichtspunkt, ob das sinnvoll ist.

5. Wieso gibt es keine implizite Konversion einer Basisklasse in eine abgeleitete Klasse?

8.3.10 *protected* und *private* abgeleitete Klassen ⊕

Gibt man in einem *base-specifier* vor der Basisklasse eines der **Zugriffsrechte** *public*, *protected* oder *private* an, bezeichnet man diese auch als **public**, **protected** oder **private Basisklasse**. Die abgeleitete Klasse nennt man dann eine *public*, *protected* oder *private* abgeleitete Klasse und die Art der Vererbung eine *public*, *protected* oder *private* Vererbung. Ohne eine explizite Angabe eines solchen Zugriffsrechts ist eine mit *class* deklarierte Klasse eine *private* abgeleitete Klasse und eine mit *struct* deklarierte eine *public* abgeleitete.

8.3 Vererbung

Die Art der Ableitung wirkt sich einerseits darauf aus, ob eine Konversion einer abgeleiteten Klasse in eine Basisklasse definiert ist. Eine solche **Konversion** ist **nur bei einer** *public* **Ableitung** definiert. Deshalb kann ein Objekt einer abgeleiteten Klasse nur einem Objekt einer *public* Basisklasse zugewiesen werden. Eine *private* oder *protected* Ableitung unterbindet solche Zuweisungen.

Beispiel: Objekte der *protected* oder *private* von C abgeleiteten Klassen können nicht an ein Objekt der Basisklasse zugewiesen werden:

```
class C {};
class D_publ : public    C {};
class D_prot : protected C {};
class D_priv : private   C {};

void test(D_publ& d1, D_prot& d2, D_priv& d3)
{
C c=d1;
c=d2; // Fehler: Konvertierung nicht möglich
c=d3; // Fehler: Konvertierung nicht möglich
}
```

Eine *protected* **Ableitung** unterscheidet sich von einer *private* Ableitung nur dadurch, dass eine Konversion in einer *friend*- oder Elementfunktion einer *protected* abgeleiteten Klasse definiert ist. Allerdings wird die *protected* Vererbung nur selten eingesetzt. Scott Meyers meint dazu: „... no one seems to know what protected inheritance is supposed to mean" (Meyers 1997, S. 156).

Die Art der Ableitung wirkt sich außerdem auf das **Zugriffsrecht** auf *public* oder *protected* Elemente der Basisklasse aus. Auf *private* Elemente besteht in der abgeleiteten Klasse unabhängig von der Art der Vererbung kein Zugriffsrecht. Im Einzelnen gilt:

- In einer *public* abgeleiteten Klasse kann auf die *public* bzw. *protected* Elemente der Basisklasse wie auf *public* bzw. *protected* Elemente der abgeleiteten Klasse zugegriffen werden.
- In einer *protected* abgeleiteten Klasse kann auf die *public* und *protected* Elemente der Basisklasse wie auf *protected* Elemente der abgeleiteten Klasse zugegriffen werden.
- In einer *private* abgeleiteten Klasse kann auf die *public* und *protected* Elemente der Basisklasse wie auf *private* Elemente der abgeleiteten Klasse zugegriffen werden.

In einer Elementfunktion einer abgeleiteten Klasse können deshalb unabhängig von der Art der Vererbung nur *public* und *protected* Elemente der Basisklasse angesprochen werden, aber keine *private* Elemente.

Beispiel: Mit der Basisklasse

```
class C {
  int priv; // private, da class
 protected:
  int prot;
 public:
  int publ;
};
```

bestehen in einer Elementfunktion einer *public* abgeleiteten Klasse die folgenden Zugriffsrechte auf die Elemente der Basisklasse:

```
class D : public C {// mit protected oder private
  void f()          // dasselbe Ergebnis
  {
  int i=priv; // Fehler: Zugriff nicht möglich
  int j=prot;
  int k=publ;
  }
};
```

Mit einer *protected* oder *private* Ableitung hätte man dasselbe Ergebnis erhalten.

Da man **über ein Objekt** einer Klasse nur ein Zugriffsrecht auf die *public* Elemente der Klasse hat, kann man nur bei einer *public* abgeleiteten Klasse auf die *public* Elemente einer Basisklasse (ihre Schnittstelle) zugreifen.

Beispiel: Mit der *public* abgeleiteten Klasse aus dem letzten Beispiel erhält man:

```
D d;
d.priv=1; // Fehler: Zugriff nicht möglich
d.prot=1; // Fehler: Zugriff nicht möglich
d.publ=1; // das geht
```

Hätte man D *protected* oder *private* von C abgeleitet, wäre auch der Zugriff auf das *public* Element nicht zulässig:

```
D d; // D private oder protected von C abgeleitet
d.priv=1; // Fehler: Zugriff nicht möglich
d.prot=1; // Fehler: Zugriff nicht möglich
d.publ=1; // Fehler: Zugriff nicht möglich
```

Merkmale einer *private* Ableitung einer Klasse D von einer Klasse C sind also:

- Es ist keine Konversion von D nach C definiert.
- Über ein Objekt der Klasse D kann man nicht auf die Schnittstelle von C zugreifen.

8.3 Vererbung

Am Ende von Abschnitt 8.3.8 wurde gezeigt, dass eine Komposition mit einem *private* Element dieselben Eigenschaften hat. Deshalb besteht diesbezüglich **kein Unterschied** zwischen einer *private* **Vererbung** und einer **Komposition**.

Beispiel: Mit einer Klasse *C2DPunkt* besteht hinsichtlich dieser beiden Eigenschaften kein Unterschied zwischen den folgenden beiden Klassen:

```
class C2DQuadrat1 {
  C2DPunkt Position;
  double Seitenlaenge;
}

class C2Dquadrat2:private C2DPunkt {
  double Seitenlaenge;
}
```

Da eine Komposition und eine *private* Ableitung diese Gemeinsamkeiten haben, sind sie oft gleichwertige Alternativen. Da die **Komposition** meist als einfacher angesehen wird und ihre Bedeutung meist intuitiv klar ist, sollte man diese aber **bevorzugen**. Außerdem ist *private* Vererbung kein besonders bekanntes Sprachelement. Manche Autoren, wie z.B. Rumbaugh (1999, S. 395), empfehlen, auf *private* Vererbung generell zu verzichten.

Es gibt allerdings gelegentlich Aufgaben, die man nur mit einer *private* Vererbung lösen kann. Dazu gehören Klassen, bei denen sichergestellt werden soll,

– dass von ihnen keine Objekte angelegt werden und
– dass sie nur als Basisklassen verwendet werden.

Solche Klassen können als „Hilfsklassen" nützlich sein, um Implementierungsdetails zusammenzufassen, die der Anwender nicht verwenden soll. Man erhält eine solche Klasse, indem man alle ihre Konstruktoren in einem *protected* Abschnitt deklariert. Dann können von dieser Klasse keine eigenständigen Objekte erzeugt werden. Die Konstruktoren können aber mit Elementinitialisierern im Konstruktor einer abgeleiteten Klasse aufgerufen werden:

```
class C {
 protected:
   C(int x) { };
};

class D: private C {
 public:
   D(int x):C(x) { }
};
```

Eine weitere Anwendung der *private* Vererbung wird in Abschnitt 8.4.5 gezeigt.

Anmerkung für Delphi-Programmierer: In Object Pascal gibt es keine *protected* und *private* Vererbung. Die einzige Art der Vererbung ist die *public* Vererbung.

8.3.11 Mehrfachvererbung und virtuelle Basisklassen

In allen bisherigen Beispielen hatte eine abgeleitete Klasse nur eine einzige direkte Basisklasse. Diese Art der Vererbung wird auch als **Einfachvererbung** (single inheritance) bezeichnet. In C++ ist es aber auch möglich, eine Klasse nicht nur aus einer Basisklasse abzuleiten, sondern aus mehreren:

```
class C1 {
  int a;
};

class C2 {
  int a;
};

class D : public C1, public C2 {
};
```

Diese Art der Vererbung bezeichnet man als **Mehrfachvererbung** (multiple inheritance). Wie in diesem Beispiel gibt man dabei mehrere Basisklassen einschließlich ihrer Zugriffsrechte nach dem „:" an und trennt sie durch Kommas. In der grafischen Darstellung der Klassenhierarchie zeigen dann zwei oder mehr Pfeile von der abgeleiteten Klasse auf ihre Basisklassen:

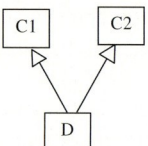

Die abgeleitete Klasse enthält wie bei einer Einfachvererbung alle Elemente der Basisklassen. Falls wie in diesem Beispiel mehrere Basisklassen Elemente desselben Namens enthalten, kann es leicht zu Mehrdeutigkeiten kommen. Spricht man z.B. in einer Elementfunktion von D das Element a an, ist ohne weitere Angaben nicht klar, ob es sich um das Element aus C1 oder das aus C2 handelt:

```
class D : public C1, public C2{
   void f(int i)    // Dazu muss a in den Basisklassen
   {                // public oder protected sein.
   a=i; // Fehler: Element ist mehrdeutig: 'C1::a' und
   }                                       // 'C2::a'
};
```

Solche Mehrdeutigkeiten kann man durch eine Qualifizierung des Elementnamens mit dem Klassennamen auflösen:

```
class D : public C1, public C2{
   void f(int i)
   {
   C1::a=17;
   C2::a=17;
   }
};
```

8.3 Vererbung

Außerhalb einer Elementfunktion kann man die Elemente wie in der Funktion f ansprechen:

```
void f(D d, D* pd)
{
d.C1::a=17;
pd->C1::a=17;
}
```

Der Compiler prüft die Eindeutigkeit eines Namens vor den Zugriffsrechten auf diesen Namen. Deshalb kann man Mehrdeutigkeiten nicht dadurch verhindern, dass man die Elemente in der einen Basisklasse als *private* deklariert.

Eine Klasse kann keine mehrfache direkte Basisklasse einer abgeleiteten Klasse sein, da man dann die Elemente der Basisklassen nicht unterscheiden kann:

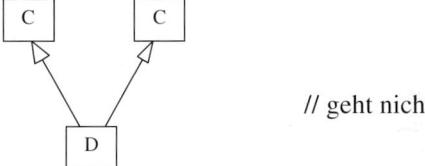
// geht nicht

Als indirekte Basisklasse kann dieselbe Klasse jedoch mehrfach vorkommen:

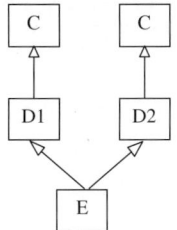

Hier enthält die Klasse E zwei Basisklassen des Typs C. Falls C ein Element a enthält, kann man die beiden über C in E enthaltenen Elemente a so ansprechen:

```
void f(E e, E* pe)
{
e.D1::a=17;      // nicht e.D1::C::a
pe->D2::a=17;    // nicht pe->D2::C::a
}
```

Manchmal möchte man allerdings nicht, dass ein Objekt einer mehrfach verwendeten Basisklasse mehr als einmal in einem Objekt der abgeleiteten Klasse enthalten ist. Damit eine Basisklasse von verschiedenen abgeleiteten Klassen gemeinsam benutzt wird, definiert man sie als **virtuelle Basisklasse**.

Eine mehrfach verwendete Basisklasse C ist eine virtuelle Basisklasse von F, wenn sie in allen Basisklassen von F als virtuell gekennzeichnet ist. Dazu gibt man vor oder nach dem Zugriffsrecht auf die Klasse das Schlüsselwort *virtual* an:

```
class D3: virtual public C {
};

class D4: public virtual C { // umgekehrte Reihenfolge
};

class F: public D3, public D4 {
};
```

Diese Klassenhierarchie wird durch das folgende Diagramm dargestellt:

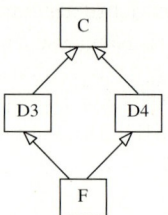

Da die Klasse C in dieser Klassenhierarchie nur einmal an die Klasse F vererbt wird, ist das Element a in F eindeutig. Es ist nicht wie oben notwendig, beim Zugriff auf dieses Element anzugeben, von welcher Klasse es geerbt wurde:

```
void f(F f, F* pf)
{
f.a=17;       // f.D3::a=17 nicht notwendig
pf->D4::a=1;  // ebenfalls nicht notwendig, aber möglich
}
```

Ein Objekt einer virtuellen Klasse unterscheidet sich nicht von dem einer nicht virtuellen. Der Unterschied zwischen virtuellen und nicht virtuellen Basisklassen kommt erst dann zum Tragen, wenn eine virtuelle Klasse als Basisklasse einer weiteren Klasse verwendet wird.

Eine Klasse kann eine Basisklasse sowohl als virtuelle als auch als nicht virtuelle Basisklasse enthalten. Definiert man zusätzlich zu den Klassen C, D3, D4 und F noch die Klassen

```
class D5: public C {
};

class G: public D3, public D4, public D5 {
};
```

erhält man das Hierarchiediagramm

8.3 Vererbung

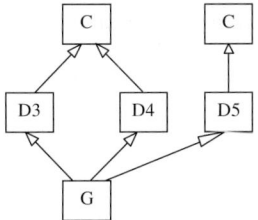

Die **Reihenfolge**, in der die Basisklassen bei der Definition einer Klasse angegeben werden, bestimmt die Reihenfolge, in der die Konstruktoren und Destruktoren aufgerufen werden: Die Konstruktoren werden in derselben und die Destruktoren in der umgekehrten Reihenfolge aufgerufen. Dabei werden die Konstruktoren der virtuellen Basisklassen vor den anderen aufgerufen.

Bei der Definition eines Objekts der Klasse G werden die Konstruktoren in der folgenden Reihenfolge aufgerufen:

C   // Konstruktor für die virtuelle Basisklasse C
D3
D4
C   // Konstruktor für die nicht virtuelle Basisklasse C
D5
G

Bei der einfachen *public* Vererbung wurde darauf hingewiesen (siehe Abschnitt 8.3.7), dass sie einer „ist ein"-Beziehung entspricht. Nach diesem Schema entspricht die mehrfache Vererbung einer „ist sowohl ein ... als auch ein .."-Beziehung (Booch 1994, S. 124). Betrachten wir dazu zwei Beispiele:

1. Die einfachste Anwendung der mehrfachen Vererbung besteht in der Zusammenfassung von Klassen, die keine inhaltlichen Gemeinsamkeiten haben.

    Stellen Sie sich dazu eine Bank vor, die sowohl Konten als auch Immobilien in den Klassen *CKonto* und *CImmo* verwaltet.

    ```
    struct CKonto {
     int KontoNr;
     void print()
     {
     Form1->Memo1->Lines->Add(KontoNr);
     };
    };

    struct CImmo {
     AnsiString Adresse;
     void print()
     {
     Form1->Memo1->Lines->Add(Adresse);
     };
    };
    ```

Eine aus beiden Klassen abgeleitete Klasse

```
struct CImmoKonto: public CKonto, public CImmo {
};
```

kann dann mit allen Funktionen aufgerufen werden, die für eine dieser beiden Klassen definiert sind:

```
void processKonto(CKonto* k) { }
void processImmo(CImmo* k)   { }

test()
{
CImmoKonto* ik=new CImmoKonto;
processKonto(ik);
processImmo(ik);
}
```

Gleichnamige Elementfunktionen der Basisklassen können wie in der Elementfunktion *print* verwendet werden:

```
struct CImmoKonto: public CKonto, public CImmo {
 void print()
 {
   CKonto::print();
   CImmo::print();
 };
};
```

2. In der C++-Standardbibliothek wird mehrfache Vererbung bei I/O-Streams folgendermaßen verwendet (stark vereinfacht):

   a) Die Klasse *basic_ios* stellt Operationen und Datentypen zur Verfügung, die für alle Dateien sinnvoll sind, unabhängig davon, ob sie zum Lesen oder zum Schreiben geöffnet sind. Dazu gehören u.a. die Funktionen

   > *void clear(iostate state = goodbit);*
   > *void setstate(iostate state);*
   > *bool good() const;*
   > *bool eof() const;*
   > *bool fail() const;*
   > *bool bad() const;*
   > *iostate exceptions() const;*
   > *void exceptions(iostate except);*

   b) In der Klasse *basic_istream* werden Eingabefunktionen definiert, z.B. *get*, *getline*, *read*, *seekg* und der Operator >>:

   ```
   class basic_istream : virtual public basic_ios {
   // ...
   };
   ```

8.3 Vererbung

c) In der Klasse *basic_ostream* werden Ausgabefunktionen definiert, z.B. *put*, *write*, *seekp* und der Operator <<:

```
class basic_ostream : virtual public basic_ios {
// ..
}
```

d) Die Klasse *basic_iostream* definiert außer einem Konstruktor keine eigenen Funktionen, sondern erbt nur die Elemente der beiden Basisklassen:

```
class basic_iostream : public basic_istream, public
                                            basic_ostream {
// ..
};
```

Diese Klassenhierarchie wird dann durch das folgende Diagramm dargestellt:

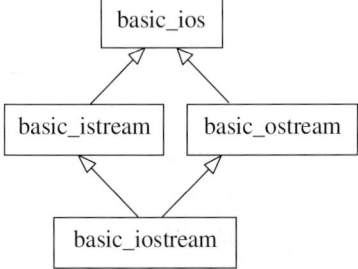

Da eine von zwei Klassen C1 und C2 abgeleitete Klasse im Sinne einer „ist ein"-Beziehung sowohl ein C1 als auch ein C2 ist, führt eine Mehrfachvererbung leicht dazu, dass die abgeleitete Klasse kein einziges, in sich geschlossenes Konzept mehr darstellt. Dieses Kriterium war aber in Abschnitt 8.1.6 als eines der wichtigsten dafür genannt worden, dass eine Klasse „gut" und einfach ist. Andererseits zeigt gerade das letzte Beispiel, dass sie doch nützlich sein kann.

Mehrfache Vererbung war Gegenstand zahlreicher Kontroversen (siehe dazu z.B. Stroustrup, 1994, Abschnitt 12.6). Viele halten sie für zu kompliziert und bezweifeln ihren Nutzen. Stroustrup (1994, Abschnitt 2.1) hält sie für nicht besonders wichtig und insbesondere für wesentlich weniger wichtig als Templates oder das Exception-Handling.

Booch meint (1994, S. 64), dass mehrfache Vererbung oft unnötig verwendet wird. Meyers (1998, Item 43) illustriert das an einem umfangreichen Beispiel, für das zunächst eine Lösung mit einer Mehrfachvererbung naheliegend erscheint. Nach weiteren Überlegungen findet er aber eine wesentlich einfachere Lösung, die nur eine Einfachvererbung verwendet.

In den Programmiersprachen Smalltalk und Object Pascal gibt es keine mehrfache Vererbung.

Aufgaben 8.3.11

1. Eine Klasse *CKreis* soll die Funktionen *Flaeche*, *Umfang* und *toStr* haben, und ein *C2DPunkt* die Funktionen *Abstand* und *toStr*. Vergleichen Sie die folgenden Design-Alternativen für eine Klasse, die einen Kreis zusammen mit seiner Position darstellt:

   a) Die Klasse *C2DKreis* soll durch Mehrfachvererbung von einem *CKreis* und einem *C2DPunkt* abgeleitet werden.
   b) Die Klasse *C2DKreis* soll einen *CKreis* und einen *C2DPunkt* als Element enthalten.
   c) Die Klasse *C2DKreis* soll von einem *CKreis* abgeleitet werden und einen *C2DPunkt* als Element enthalten.
   d) Die Klasse *C2DKreis* soll wie in Aufgabe 8.2.2.2 den Radius und die Position des Kreises als Element des Typs *C2DPunkt* enthalten.

   Definieren Sie die Klassen in a) bis d) mit Konstruktoren, die wie in Aufgabe 8.2.2.2 aufgerufen werden können. Welche dieser Alternativen ist am besten geeignet, einen Kreis mit seiner Position darzustellen?

2. a) Definieren Sie die Klassenhierarchie:

   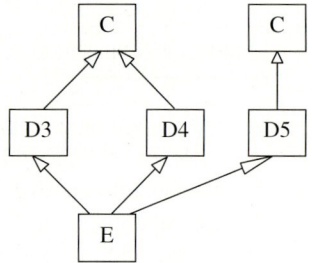

   b) In welcher Reihenfolge werden die Konstruktoren und Destruktoren der Basisklassen beim Erzeugen eines Objekts der Klasse E aufgerufen?

8.4 Virtuelle Funktionen, späte Bindung und Polymorphie

Ein entscheidender Unterschied zwischen objektorientierten und nicht objektorientierten Sprachen ist die Möglichkeit, Aufrufe von Elementfunktionen nicht schon zum Zeitpunkt der Kompilation aufzulösen, sondern erst während der Laufzeit des Programms. Die dazu verwendete Technik wird als **späte Bindung** bezeichnet. Elementfunktionen, die diese Technik verwenden, heißen in C++ **virtuelle Elementfunktionen**.

8.4 Virtuelle Funktionen, späte Bindung und Polymorphie

8.4.1 Der statische und der dynamische Datentyp

Im Zusammenhang mit virtuellen Funktionen ist immer wieder der Begriff **dynamischer Datentyp** nützlich. Dieser unterscheidet sich nur bei einem Zeiger oder einer Referenz auf ein Objekt vom statischen Datentyp. Der dynamische Datentyp ist bei einem Zeiger der Datentyp des Objekts, auf den der Zeiger zeigt. Bei einer Referenz ist er der Datentyp des Objekts, mit dem die Referenz initialisiert wird. Der dynamische Datentyp kann sich während der Laufzeit eines Programms ändern, da einem Zeiger auf eine Basisklasse auch ein Zeiger auf ein Objekt einer abgeleiteten Klasse zugewiesen werden kann. Eine Referenz kann mit einem Objekt einer abgeleiteten Klasse initialisiert werden.

Wenn man explizit zum Ausdruck bringen will, dass man mit dem Begriff „Datentyp" nicht den dynamischen Datentyp meint, spricht man vom **statischen Datentyp**. Mit dem Begriff „Datentyp" (ohne das Attribut „dynamisch") ist meist der statische Datentyp gemeint. Dieser ergibt sich allein aus einer Deklaration und verändert sich während der Laufzeit eines Programms nicht.

Beispiel: Wenn D eine von C abgeleitete Klasse ist, haben die folgenden Objekte den als Kommentar angegebenen statischen Datentyp:

```
C c;     // C
C* pc;   // Zeiger auf C
D d;     // D
D* pd;   // Zeiger auf D
```

Nach der Zuweisung

```
pc=&d;
```

hat pc den dynamischen Datentyp „Zeiger auf D" und nach

```
pc=&c;
```

„Zeiger auf C". Der statische Datentyp wird durch keine dieser Zuweisungen verändert.

Bei einem Referenzparameter ist der dynamische Datentyp der Datentyp des Arguments, mit dem die Funktion aufgerufen wird. Dieser ergibt sich erst beim Aufruf der Funktion und nicht schon bei ihrer Definition.

Beispiel: Wenn die Funktion f mit einem Argument aufgerufen wird, dessen Datentyp eine von C abgeleitete Klasse ist, ist der dynamische Datentyp von c in f der des Arguments:

```
void f(const C& c)
{
// der dynamische Datentyp von c ist der Datentyp
// des Arguments, mit dem f aufgerufen wird.
}
```

8.4.2 Virtuelle Funktionen

Eine nicht statische Elementfunktion, die man mit dem Schlüsselwort *virtual* kennzeichnet, ist eine **virtuelle Funktion** und wird manchmal auch als **Methode** bezeichnet. Wenn dann in einer abgeleiteten Klasse eine Funktion

- mit demselben Namen,
- derselben Parameterliste und
- im Wesentlichen demselben Datentyp des Funktionswertes

wie eine virtuelle Funktion einer direkten oder indirekten Basisklasse definiert wird, ist diese **ebenfalls virtuell**. Man sagt dann, dass die Funktion in der abgeleiteten Klasse die der Basisklasse **überschreibt**. Falls die Funktion in der abgeleiteten Klasse nur denselben Namen, aber eine andere Parameterliste hat, überschreibt sie die Funktion der Basisklasse dagegen nicht, sondern **verdeckt** sie.

Beispiel: Sowohl C::f als auch E::f sind virtuelle Funktionen, da E::f dieselbe Parameterliste wie C::f hat. Dagegen ist D::f nicht virtuell, da diese Funktion eine andere Parameterliste hat und deshalb C::f verdeckt:

```
struct C {
  virtual void f() {};
};

struct D : public C {
  void f(int i) {};
};

struct E : public D {
  void f() {};
};
```

Dieses Beispiel zeigt insbesondere, dass E::f die Funktion C::f überschreibt, obwohl D::f die Funktion C::f verdeckt.

In einer überschreibenden Funktion ist die Angabe *virtual* zulässig, aber **ohne** jede **Bedeutung**. Deswegen hätte man im letzten Beispiel *virtual* ebenso gut auch bei der Funktion f in der Klasse E angeben können:

```
struct E : public D {
   virtual void f() {};
};
```

Virtuelle Funktionen werden vererbt. Deshalb ist eine virtuelle Funktion aus einer Basisklasse, die in einer abgeleiteten Klasse nicht überschrieben wird, auch eine virtuelle Funktion der abgeleiteten Klasse.

Beispiel: In der Klassenhierarchie im letzten Beispiel ist auch C::f eine virtuelle Funktion von D, da C::f in D nicht überschrieben wird.

8.4 Virtuelle Funktionen, späte Bindung und Polymorphie

Der Aufruf einer **nicht virtuellen Funktion** führt immer zum Aufruf der Funktion, die zum **statischen Datentyp** des Objekts gehört, mit dem sie aufgerufen wird. Beim Aufruf einer **virtuellen Funktion** über einen Zeiger oder eine Referenz wird dagegen die **letzte überschreibende Funktion** aufgerufen, die zum **dynamischen Datentyp** des verwendeten Objekts gehört:

- Falls die aufgerufene Funktion im dynamischen Datentyp definiert wird, ist sie diese letzte überschreibende Funktion.
- Andernfalls muss die aufgerufene Funktion in einer Basisklasse definiert sein. Dann ist die nächste überschreibende Funktion, die man ausgehend vom dynamischen Datentyp in der nächsten Basisklasse findet, diese letzte überschreibende Funktion.

Beispiel: Mit den Klassen aus dem letzten Beispiel werden nach den folgenden Zuweisungen die jeweils als Kommentar angegebenen Funktionen aufgerufen:

```
C* pc=new C; // stat. DT von pc: Zeiger auf C

pc->f();   // C::f
pc=new E;  // dyn. Datentyp von pc: Zeiger auf E
pc->f();   // E::f
C c;
pc=&c;     // dyn. Datentyp von pc: Zeiger auf C
pc->f();   // C::f
```

Wäre die Funktion f hier nicht virtuell, würde immer die Funktion *C::f* aufgerufen, da *pc* den statischen Datentyp „Zeiger auf C" hat.

Da die Funktion f in D nicht überschrieben wird, ist die letzte überschreibende Funktion von f in der Klasse D die Funktion *C::f*. Der folgende Aufruf führt deshalb zum Aufruf von *C::f*:

```
D d;
pc=&d;     // dyn. Datentyp von pc: Zeiger auf D
pc->f();   // C::f
```

Die beim Aufruf einer virtuellen Funktion aufgerufene Funktion hängt immer vom aktuellen Objekt ab. Deshalb können nur Funktionen virtuell sein, die in Verbindung mit einem Objekt aufgerufen werden müssen. Das sind gerade die nicht statischen **Elementfunktionen**. Gewöhnliche (globale) Funktionen, statische Elementfunktionen oder *friend*-Funktionen können nicht virtuell sein, da sie unabhängig von einem Objekt aufgerufen werden können.

Wenn eine virtuelle Funktion nicht über einen Zeiger oder eine Referenz, sondern über ein **„gewöhnliches" Objekt** aufgerufen wird, führt das zum **Aufruf** der Funktion, die zum statischen Datentyp gehört.

Beispiel: Die Objekte c und e sind weder Zeiger noch Referenzen. Deshalb wird immer die Funktion aufgerufen, die zum statischen Typ gehört:

```
E e;
C c=e; // statischer Datentyp von c: C
c.f();  // C::f(&c)
```

Dasselbe Ergebnis würde man auch beim Aufruf über einen Zeiger oder eine Referenz erhalten, wenn f nicht virtuell wäre.

Da ein Klassenelement f in einer Elementfunktion derselben Klasse vom Compiler immer als „this->f" angesprochen wird (siehe Abschnitt 8.1.4), ist jeder Aufruf einer Elementfunktion in einer Elementfunktion ein Aufruf über einen Zeiger. Deshalb führt der **Aufruf** einer virtuellen Elementfunktion auch in einer nicht virtuellen Elementfunktion der Klasse immer zum Aufruf der Funktion, die zum dynamischen Datentyp des Objekts gehört. Dabei ist es unerheblich, ob das Objekt ein Zeiger, eine Referenz oder ein „gewöhnliches" Objekt ist.

Beispiel: Wenn man die Klasse C von oben durch eine nicht virtuelle Funktion g ergänzt

```
struct C {
  void g(){f();};
  virtual void f() {};
}c;

E e;
```

führen die folgenden Aufrufe zum Aufruf der als Kommentar angegebenen Funktion. Dabei ist auch das Argument für den *this*-Parameter angegeben.

```
c.g(); // C::f(&c)
e.g(); // E::f(&e)
```

Obwohl hier jedes Mal die Funktion g aufgerufen wird, ruft diese beim ersten Aufruf eine andere Funktion auf als beim zweiten Aufruf.

Der Aufruf einer virtuellen Funktion über einen Zeiger oder eine Referenz unterscheidet sich also grundlegend von dem einer nicht virtuellen Funktion:

- Der Aufruf einer nicht virtuellen Funktion wird bereits bei der Kompilation in den Aufruf der Funktion übersetzt, die sich aus dem Datentyp des entsprechenden Objekts ergibt. Da diese Zuordnung bereits bei der Kompilation stattfindet, wird sie auch als **frühe Bindung** bezeichnet.
- Im Gegensatz dazu ergibt sich diese Zuordnung beim Aufruf einer virtuellen Funktion über einen Zeiger oder eine Referenz nicht schon bei der Kompilation, sondern erst während der Laufzeit. Deshalb bezeichnet man diese Zuordnung auch als **späte Bindung**.

8.4 Virtuelle Funktionen, späte Bindung und Polymorphie

Da sich der dynamische Datentyp eines Objekts während der Laufzeit eines Programms ändern kann, kann derselbe Funktionsaufruf zum Aufruf von verschiedenen Funktionen führen. Dieses Verhalten virtueller Funktionen wird auch als **Polymorphie** („viele Formen") bezeichnet. Eine Klasse mit virtuellen Funktionen heißt auch **polymorphe Klasse**.

Im Unterschied zu nicht virtuellen Funktionen kann man also beim Aufruf einer virtuellen Funktion dem Quelltext nicht entnehmen, welche Funktion tatsächlich aufgerufen wird. Die damit verbundene Gefahr von Unklarheiten muss man durch ein geeignetes Design der Klassenhierarchie vermeiden (siehe Abschnitt 8.4.4 und 8.4.10).

Der **typische Einsatzbereich** von virtuellen Funktionen ist eine Klassenhierarchie, in der die verschiedenen Klassen Funktionen mit derselben Aufgabe und derselben Schnittstelle haben, wobei die Aufgabe in jeder Klasse durch unterschiedliche Anweisungen gelöst wird. Definiert man dann jede dieser Funktionen mit den für die jeweilige Klasse richtigen Anweisungen virtuell, wird beim Aufruf einer solchen Funktion über einen Zeiger oder eine Referenz automatisch **immer „die richtige" Funktion** aufgerufen.

In der folgenden Klassenhierarchie haben die beiden Klassen *C2DPunkt* und *C3DPunkt* eine solche Funktion *toStr*. Diese hat in beiden Klassen dieselbe Aufgabe, einen Punkt durch einen String darzustellen. Wegen der unterschiedlichen Anzahl von Koordinaten sind dafür aber in den beiden Klassen verschiedene Anweisungen notwendig:

```
class C2DPunkt{
 protected:
  double x,y;
 public:
  C2DPunkt(double x_, double y_):x(x_),y(y_) { };

  virtual AnsiString toStr()
  {
  return "("+FloatToStr(x) + "|" + FloatToStr(y)+")";
  }
};

class C3DPunkt : public C2DPunkt{
  double z;
 public:
  C3DPunkt (double x_,double y_,double z_):
                      C2DPunkt(x_,y_),z(z_) { };

  AnsiString toStr() // ebenfalls virtuell
  {
  return "("+FloatToStr(x) + "|" + FloatToStr(y)+"|"+
                                  FloatToStr(z)+")";
  }
};
```

Diese Klassen unterscheiden sich von denen in Abschnitt 8.3.5 nur durch das Wort „virtual". Diese kleine Änderung hat zur Folge, dass bei den folgenden Beispielen immer automatisch „die richtige" Funktion aufgerufen wird:

1. In einem Container (z.B. einem Array oder einem Vektor) mit Zeigern auf Objekte einer Basisklasse kann man auch **Zeiger auf Objekte** einer abgeleiteten Klasse ablegen:

    ```
    const int n=2;
    C2DPunkt*a[n]={new C2DPunkt(1,2),new C3DPunkt(1,2,3)};
    ```

    Obwohl die Elemente des Containers auf Objekte verschiedener Klassen zeigen, kann man alle in einer einzigen Schleife bearbeiten:

    ```
    for (int i=0; i<n; ++i)
      Form1->Memo1->Lines->Add(a[i]->toStr());
    ```

    Da hier eine virtuelle Funktion aufgerufen wird, erhält man die Ausgabe:

    ```
    (1|2)
    (1|2|3)
    ```

2. In einer Funktion ist der dynamische Datentyp eines **Referenzparameters** der Datentyp des Arguments, mit dem die Funktion aufgerufen wird. Der Aufruf einer virtuellen Funktion des Parameters führt so zum Aufruf der entsprechenden Funktion des Arguments. Deshalb wird beim Aufruf der Funktion

    ```
    void show(const C2DPunkt& p) // Der dynamische Daten-
    {                            // typ von p ist der Datentyp des Arguments.
    Form1->Memo1->Lines->Add(p.toStr());
    }
    ```

    die Elementfunktion *toStr* des Arguments aufgerufen. Mit den folgenden Anweisungen erhält man so dieselbe Ausgabe wie im letzten Beispiel:

    ```
    C2DPunkt p2(1,2);
    C3DPunkt p3(1,2,3);
    show(p2); // ruft C2DPunkt::toStr auf
    show(p3); // ruft C3DPunkt::toStr auf
    ```

3. Wenn eine nicht virtuelle **Funktion** f einer Basisklasse eine virtuelle Funktion aufruft, führt der Aufruf von f mit einem Objekt einer abgeleiteten Klasse zum Aufruf der virtuellen Funktion, die zum dynamischen Datentyp des Objekts gehört, mit dem f aufgerufen wird.

    Dazu soll die Klasse *C2DPunkt* um eine nicht virtuelle Funktion *display* erweitert werden, die die virtuelle Funktion *toStr* der Klassenhierarchie aufruft:

8.4 Virtuelle Funktionen, späte Bindung und Polymorphie

```
class C2DPunkt{
 protected:
  double x,y;
 public:
  C2DPunkt(double x_, double y_):x(x_),y(y_) { };

  virtual AnsiString toStr()
  {
  return "("+FloatToStr(x) + "|" + FloatToStr(y)+")";
  }

  void display() // nicht virtuell
  {
  Form1->Memo1->Lines->Add(toStr());
  }
};
```

Der Aufruf von *display* führt dann zum Aufruf der Funktion *toStr*, die zum dynamischen Datentyp des *this*-Zeigers gehört. Das ist gerade der Datentyp des Objekts, mit dem *display* aufgerufen wird:

```
C2DPunkt p2(1,2);
C3DPunkt p3(1,2,3);
p2.display(); // C2::display(&p2) ruft p2->toStr() auf
p3.display(); // C2::display(&p3) ruft p3->toStr() auf
```

Wäre die Funktion *toStr* hier nicht virtuell, würde sie auch beim Aufruf mit einem Objekt einer abgeleiteten Klasse die Werte zur Basisklasse ausgeben:

```
C2DPunkt* pp2=new C3DPunkt(1,2,3);
pp2->toStr();// nicht virtuell: Aufruf von C2::toStr
```

Das war gerade das Beispiel aus Abschnitt 8.3.9. Mit der virtuellen Funktion *toStr* erhält man also die richtigen Werte. Deshalb kann die Hierarchie der Klassen *C2DPunkt* usw. mit der virtuellen Funktion *toStr* sinnvoll sein, obwohl in Abschnitt 8.3.7 festgestellt wurde, dass sie nicht unbedingt eine „ist ein"-Beziehung darstellt. In Abschnitt 8.4.10 werden wir eine weitere Hierarchie betrachten, bei der dann zwischen den Klassen eine „ist ein"-Beziehung besteht.

Offensichtlich ist die Polymorphie von virtuellen Funktionen eine der wichtigsten Eigenschaften objektorientierter Programmiersprachen. Deshalb ist in vielen anderen objektorientierten Sprachen (z.B. Java) späte Bindung die **Voreinstellung** für alle Elementfunktionen. Auch die Unified Modelling Language (UML) geht davon aus, dass alle Funktionen mit derselben Signatur in einer Klassenhierarchie normalerweise polymorph sind. Meyer (1997, S. 513-515) kritisiert heftig, dass in C++ frühe Bindung die Voreinstellung ist und dass man späte Bindung nur mit der zusätzlichen Angabe *virtual* erhält. Da sich ein Programmierer oft darauf verlässt, dass die Voreinstellungen einer Sprache richtig sind, entsteht der Eindruck, dass späte Bindung etwas Spezielles ist. Mit früher Bindung ist aber die Gefahr von Fehlern wie bei der Funktion *toStr* verbunden. Er empfiehlt deshalb, alle Elementfunktionen virtuell zu definieren, falls es nicht einen expliziten Grund gibt, der dagegen spricht.

Damit man virtuelle Funktionen überhaupt einsetzen kann, müssen die folgenden **Voraussetzungen** erfüllt sein:

1. Die Funktionen müssen **Elementfunktionen einer Klassenhierarchie** sein. Ohne Vererbung ist auch keine Polymorphie möglich. Falls eine virtuelle Funktion in einer abgeleiteten Klasse nicht überschrieben wird, unterscheidet sich ihr Aufruf nicht von dem einer nicht virtuellen Funktion.
2. Die virtuellen Funktionen müssen **dieselbe Schnittstelle** haben.
3. Der Aufruf der virtuellen Funktionen muss **über Zeiger oder Referenzen** erfolgen. Deshalb werden Objekte oft über Zeiger angesprochen, obwohl ansonsten kein Grund dazu besteht.
4. Sowohl die Klassenhierarchie als auch die virtuellen Funktionen müssen gefunden werden. Dafür ist meist ein umfassenderes Verständnis des Problems und eine **gründlichere Problemanalyse** notwendig als für eine Lösung, die diese Techniken nicht verwendet. Eine falsche oder unpassende Hierarchie kann die Lösung eines Problems aber behindern.

Die Ausführungen über objektorientierte Analyse und objektorientiertes Design haben gezeigt, dass weder die Klassen noch ihre Hierarchien vom Himmel fallen. Allerdings wird in den nächsten Abschnitten gezeigt, wie man solche Hierarchien oft systematisch konstruieren kann.

Betrachten wir noch zwei Beispiele zur **letzten überschreibenden Funktion**:

1. Die Klassen C, D und E unterscheiden sich von denen in Abschnitt 8.3.3 dadurch, dass alle Funktionen außer C::f3 virtuell sind:

    ```cpp
    struct C {
      virtual void f1() {};
      virtual void f2() {};
      void f3() {};
    };

    struct D : public C {
      void f1() {};
      virtual void f3() {};
    };

    struct E : public D {
      void f1() {};
    };
    ```

    Nach der Definition

    ```cpp
    C* pc=new C;//statischer Datentyp von pc: Zeiger auf C
    ```

8.4 Virtuelle Funktionen, späte Bindung und Polymorphie

ist der dynamische Datentyp von pc nach den folgenden Zuweisungen als Kommentar angegeben, ebenso die jeweils aufgerufene Funktion:

```
pc=new D;    // dynamischer Datentyp von pc: Zeiger auf D
pc->f1();    // D::f1
pc->f2();    // C::f2
pc->f3();    // C::f3, da f3 in C nicht virtuell ist

pc=new E;    // dynamischer Datentyp von pc: Zeiger auf E
pc->f1();    // E::f1
pc->f2();    // C::f2
pc->f3();    // C::f3, da f3 in C nicht virtuell ist

C c;
pc=&c;       // dynamischer Datentyp von pc: Zeiger auf C
pc->f1();    // C::f1
pc->f2();    // C::f2
pc->f3();    // C::f3
```

Hätte pc hier nicht den statischen Datentyp „Zeiger auf C", sondern „Zeiger auf D", würde durch

```
pc->f3();
```

eine virtuelle Funktion aufgerufen. Das hätte nach den ersten beiden Zuweisungen den Aufruf der Funktion D::f3 zur Folge.

Die folgenden Tabellen enthalten die letzte überschreibende Funktion zum jeweiligen dynamischen Datentyp. Die Einträge in diesen Tabellen entsprechen im Wesentlichen denen der Tabellen in Abschnitt 8.3.3, mit denen die Bedeutung eines Namens in einer Klassenhierarchie gezeigt wurde. Diese ergab sich aus dem statischen Datentyp:

	C
f1	C::f1
f2	C::f2
f3	—

	D
f1	D::f1
f2	C::f2
f3	D::f3

	E
f1	E::f1
f2	C::f2
f3	D::f3

2. Die letzte überschreibende Funktion ist bei einer einfachen Vererbung immer eindeutig bestimmt. Bei einer **Mehrfachvererbung** kann sie auch mehrdeutig sein. In der folgenden Klassenhierarchie überschreiben die Funktionen D1::f und D2::f die Funktion C::f:

```
struct C {
  virtual void f() { } ;
};

struct D1: virtual C {
  void f() { } ;
};
```

```
struct D2:virtual C {
  void f() { } ;
};

struct E: D1, D2 {
};
```

Da die Funktion f in E nicht überschrieben wird, hat sie in dieser Klasse keine eindeutige letzte überschreibende Funktion. Deshalb wird dieses Beispiel vom Compiler nicht akzeptiert.

Hätte man die Funktion f in der Klasse D1 nicht definiert,

```
struct D1:virtual C {
   // void f() { } ;
};
```

könnte man ebenso eine Mehrdeutigkeit erwarten, da auf den ersten Blick nicht klar ist, ob beim Aufruf der Funktion f über ein Objekt der Klasse E die Funktion C::f oder D2::f aufgerufen wird. Allerdings ist die letzte überschreibende Funktion von f in E hier eindeutig die Funktion D2::f. Deshalb wird dieses Beispiel auch problemlos übersetzt.

Fassen wir noch **einige technische Einzelheiten** im Zusammenhang mit virtuellen Funktionen zusammen:

1. Wenn man eine virtuelle Funktion mit dem Bereichsoperator und dem Namen einer Klasse aufruft, führt das zum Aufruf der letzten überschreibenden Funktion, die zu dieser Klasse gehört. Deshalb wird in der Funktion g immer C::f aufgerufen, unabhängig vom Datentyp des Objekts, über das g aufgerufen wird:

   ```
   struct C {
     virtual void f() {};
     void g() {C::f();}
   };

   struct D : public C {
       void f() {};
   };
   ```

2. Da die beim Aufruf einer virtuellen Funktion aufgerufene Funktion immer erst während der Laufzeit bestimmt wird, kann der Aufruf einer **virtuellen** *inline*-**Funktion** nie durch die Anweisungen der Funktion ersetzt werden.

3. Das Schlüsselwort *virtual* ist syntaktisch ein Funktionsspezifizierer:

   function-specifier:
       inline
       virtual
       explicit

8.4 Virtuelle Funktionen, späte Bindung und Polymorphie

Alle diese Spezifizierer dürfen nur bei der Deklaration oder Definition einer Funktion innerhalb der Klassendefinition angegeben werden. Bei der Definition einer Funktion außerhalb der Klasse darf er nicht angegeben werden:

```
struct C {
  virtual void f();
};

virtual void C::f(){} // Fehler: Speicherklasse
                      // 'virtual' ist hier nicht erlaubt
```

4. Das Zugriffsrecht auf eine virtuelle Funktion ergibt sich aus dem Zugriffsrecht in dem Objekt, über das sie aufgerufen wird. Dieses wird durch das Zugriffsrecht einer überschreibenden Funktion nicht beeinflusst. Deshalb ist nach den Definitionen

```
struct C {
  virtual void f() {};
};

struct D : public C {
 private:
  void f() {};
};

C* pc=new D;
D* pd=new D;
```

nur der erste der folgenden beiden Aufrufe möglich:

```
pc->f(); // zulässig, da f in C public ist
pd->f(); // Fehler: Zugriff nicht möglich
```

Dabei wird die Funktion D::f aufgerufen, obwohl f in D *private* ist. Der zweite Aufruf ist dagegen nicht zulässig, da sie in der Klasse D *private* ist.

5. Eine virtuelle Funktion verwendet die **Default-Argumente** der Funktion, die zum statischen Typ des Objekts gehört, mit dem sie aufgerufen wird. Eine überschreibende Funktion übernimmt keine Default-Argumente aus einer Funktion einer Basisklasse.

```
struct C {
  virtual void f(int a = 17);
};

struct D : public C {
  void f(int a);
};
```

```
void m()
{
D* pd = new D;
C* pc = pd;
pc->f(); // Aufruf von D::f(17)
pd->f(); // Fehler: Zu wenige Parameter im Aufruf von
};                                        // D::f(int)
```

Deshalb sollte ein Default-Argument in einer überschreibenden virtuellen Funktion nie einen anderen Wert wie in einer Basisklasse haben.

6. Damit eine Funktion D::f eine Funktion C::f mit derselben Parameterliste in einer Basisklasse überschreibt, müssen die Datentypen der Funktionswerte nicht identisch sein. Es reicht aus, dass sie **kovariant** sind. Das bedeutet, dass die folgenden Abweichungen zulässig sind:

  – Beide sind Zeiger oder Referenzen auf Klassen, und
  – der Rückgabetyp von C::f ist eine Basisklasse des Rückgabetyps von D::f, und
  – der Rückgabetyp von D::f hat dieselbe oder eine geringere Anzahl *const*- oder *volatile*-Angaben als der von C::f.

Der Rückgabewert wird dann entsprechend konvertiert.

7. Damit eine Funktion D::f eine Funktion C::f in einer Basisklasse überschreibt, müssen die Datentypen aller Parameter identisch sein. Es reicht nicht aus, dass sie **kovariant** sind. Siehe dazu Aufgabe 8.4.3.6.

8. Eine mit einer *using*-Deklaration aus einer Basisklasse übernommene virtuelle Funktion wird bei der Auswahl der aufzurufenden Funktion ignoriert. Deshalb wird in der Funktion *test* D::f aufgerufen und nicht C::f.

```
struct C {
  virtual void f() { } ;
};

struct D : public C {
  void f() { };
};

struct E : public D {
  using C::f;
};

void test()
{
C* pc=new E;
pc->f(); // Aufruf von D::f
};
```

9. Virtuelle Funktionen können auch über eine Object-Datei zu einem Programm gelinkt werden.

10. Auch **Operatorfunktionen** können virtuell sein. Der Zuweisungsoperator einer abgeleiteten Klasse überschreibt aber wegen der unterschiedlichen Parametertypen nie den der Basisklasse.

Anmerkung für Delphi-Programmierer: Virtuelle Methoden sind in Object Pascal genauso durch späte Bindung realisiert wie in C++. Da in Object Pascal alle Objekte von Klassen automatisch über Zeiger angesprochen werden, auch wenn man sie nicht mit *new* angelegt hat, wird der Aufruf jeder virtuellen Elementfunktion mit später Bindung aufgelöst.

8.4.3 Die interne Realisierung von virtuellen Funktionen: *vptr* und *vtbl*

Für viele Anwendungen von virtuellen Funktionen sind die Ausführungen im letzten Abschnitt ausreichend. Gelegentlich ist es aber doch hilfreich, wenn man sich vorstellen kann, wie diese intern realisiert werden. Da diese interne Realisierung im C++-Standard nicht festgelegt ist, muss kein Compiler so vorgehen, wie das anschließend beschrieben wird. Allerdings gehen viele, wenn nicht sogar alle Compiler nach diesem Schema vor.

Späte Bindung kann folgendermaßen realisiert werden:

1. Für jede Klasse mit virtuellen Funktionen legt der Compiler eine **Tabelle** mit den Adressen **der virtuellen Funktionen** (die *virtual function table* oder *vtbl*) an. Diese Tabelle enthält für jede virtuelle Funktion der Klasse einen Funktionszeiger mit der Adresse ihrer letzten überschreibenden Funktion.

    Beispiel: Im letzten Abschnitt wurde für jede virtuelle Funktion der Klassen C, D und E die letzte überschreibende Funktion in einer Tabelle dargestellt:

    ```
    struct C {
      virtual void f1() {};
      virtual void f2() {};
      void f3() {};
    };

    struct D : public C {
      void f1() {};
      virtual void f3() {};
    };

    struct E : public D {
      void f1() {};
    };
    ```

C	
f1	C::f1
f2	C::f2
f3	—

D	
f1	D::f1
f2	C::f2
f3	D::f3

E	
f1	E::f1
f2	C::f2
f3	D::f3

Diese Tabellen sind dann die virtuellen Tabellen (die *vtbl*) der Klassen C, D und E.

2. In jedem Objekt einer Klasse mit virtuellen Funktionen legt der Compiler einen Zeiger auf die *vtbl* seiner Klasse an. Dieser so genannte **vptr** (*virtual table pointer*) wird vom Konstruktor mit der Adresse der *vtbl* initialisiert.

   Beispiel: Ein Objekt einer Klasse mit virtuellen Methoden unterscheidet sich von dem einer Klasse ohne virtuelle Methoden um die zusätzliche Adresse für den *vptr*. Deshalb ist ein Objekt der Klasse C2 um die für einen Zeiger notwendigen Bytes größer Wert als eines von C1:

   ```
   class C1 { // sizeof(C1)=4
       void f(){};
       int i;
   };

   class C2 { // sizeof(C2)=8
       virtual void f(){};
       int i;
   };
   ```

3. Der Aufruf einer virtuellen Funktion wird in einen Aufruf der entsprechenden Funktion aus der *vtbl* des aktuellen Objekts übersetzt, wenn der Aufruf über einen Zeiger oder eine Referenz erfolgt. Auf diese Weise führt das zum Aufruf der Funktion, auf deren *vtbl* der *vptr* im aktuellen Objekt zeigt.

   Beispiel: Die *vtbl* ist ein Array von Funktionszeigern. Bezeichnet man seine Adresse (den *vptr*) mit vp und den zu einer virtuellen Funktion f gehörenden Index mit i, wird der Aufruf p->f() für einen Zeiger p auf ein Objekt vom Compiler folgendermaßen behandelt:

   ```
   (*(p->vp[i]))(p) // p ist das Argument für this
   ```

Eine virtuelle Funktion gehört also über den *vptr* zu einem Objekt. Man kann das auch so sehen, dass **ein Objekt seine virtuellen Funktionen „enthält"**.

Der **indirekte Funktionsaufruf** ist der wesentliche Unterschied zwischen dem Aufruf einer virtuellen und dem einer nicht virtuellen Funktion. Über diesen wird die späte Bindung eines Funktionsaufrufs an die aufgerufene Funktion realisiert.

Durch die indirekte Sprungtechnik sind virtuelle Elementfunktionen etwas langsamer als nicht virtuelle. Der zusätzliche Zeitaufwand ist aber nicht allzu groß und dürfte bei den meisten Programmen nicht ins Gewicht fallen. Die folgenden

8.4 Virtuelle Funktionen, späte Bindung und Polymorphie

Zeiten wurden mit Funktionen mit einem leeren Anweisungsteil gemessen. Wenn sie Anweisungen enthalten, sind die Unterschiede noch geringer:

Laufzeit für 100 000 000 Aufrufe von	virtuellen Funktionen	nicht virtuellen Funktionen
Projektoptionen: Voll-Debuggen	4,46 Sekunden	3,88 Sekunden
Projektoptionen: Endgültige Version	3,69 Sekunden	3,03 Sekunden

Da ein Konstruktor die Aufgabe hat, alle Elemente eines Objekts zu initialisieren, erzeugt der Compiler für jeden Konstruktor automatisch Anweisungen, die den *vptr* mit der Adresse seiner *vtbl* initialisieren.

Im Zusammenhang mit virtuellen Funktionen zeigt sich insbesondere, wie wichtig es ist, dass jedes Objekt durch den Aufruf eines Konstruktors initialisiert wird. Nur so ist gewährleistet, dass jede virtuelle Funktion über einen initialisierten *vptr* aufgerufen wird. Deshalb wird in C++ auch so genau darauf geachtet, dass **jedes Objekt durch den Aufruf eines Konstruktors initialisiert wird**. Das gilt sowohl für ein eigenständiges Objekt als auch für ein Teilobjekt, das als Datenelement oder als Basisklasse in einem Objekt enthalten ist:

– Mit Elementinitialisierern kann ein Teilobjekt mit einem seiner Konstruktoren initialisiert werden.
– Gibt man bei der Definition eines Objekts keine Argumente für einen Konstruktor an, wird es immer mit seinem Standardkonstruktor initialisiert.

Polymorphie ist **nur über Zeiger** möglich. Das ist nicht nur in C++ so. Da ein Objekt d einer abgeleiteten Klasse D mehr Elemente als ein Objekt c einer Basisklasse C haben kann, können bei einer Zuweisung

```
c=d;
```

nicht alle Elemente von d nach c kopiert werden. Wenn der Aufruf einer virtuellen Funktion von C nach einer solchen Zuweisung zum Aufruf einer überschreibenden Funktion aus der abgeleiteten Klasse D führen würde, könnte diese Funktion auf Elemente ihrer Klasse D zugreifen, die es in C überhaupt nicht gibt.

Bei der Zuweisung von Zeigern besteht dieses Problem nicht: Wenn pc und pd Zeiger auf Objekte der Klassen C und D sind, werden bei der Zuweisung

```
pc=pd;
```

nur die Zeiger kopiert. Diese sind aber immer gleich groß (4 Bytes bei einem 32-Bit-System) und können einander deshalb problemlos zugewiesen werden. Beim Aufruf einer Funktion über die vtbl der Klasse werden dann immer nur Elemente der aktuellen Klasse angesprochen:

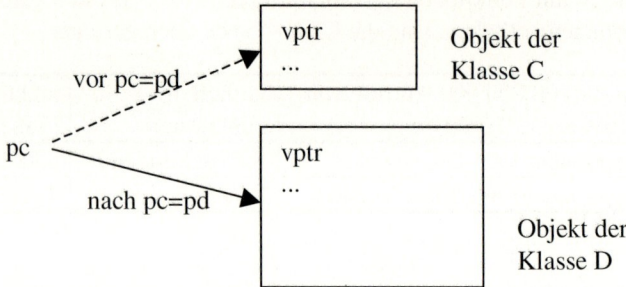

Deswegen übersetzt ein C++-Compiler den Aufruf einer virtuellen Funktionen nur beim Aufruf über einen Zeiger in einen Aufruf der letzten überschreibenden Funktion. Beim Aufruf über ein Objekt ruft er dagegen die Funktion auf, die zum statischen Datentyp des Objekts gehört.

In manchen Programmiersprachen (z.B. in Java, wo man überhaupt keine Zeiger definieren kann, oder in Object Pascal) führt der Aufruf einer virtuellen Funktion immer zum Aufruf der Funktion, die zum dynamischen Datentyp gehört. Das wird intern dadurch realisiert, dass alle Objekte Zeiger sind, ohne dass sie explizit als Zeiger definiert werden müssen. Dieser „Trick", der auch als **Referenzsemantik** bezeichnet wird, macht den Umgang mit virtuellen Funktionen einfacher und erspart die Unterscheidung von Funktionsaufrufen über Zeiger und Objekte.

Allerdings hat die Referenzsemantik auch ihren Preis. Wenn alle Objekte Zeiger sind, führt eine Zuweisung von Objekten zu einer Kopie der Zeiger und nicht zu einer Kopie der Objekte.

Beispiel: In einer Programmiersprache mit Referenzsemantik sollen c und d Objekte derselben Klasse sein und ein Datenelement x haben. Dann zeigen c und d nach einer Zuweisung auf dasselbe Objekt:

```
c.x=0;
d.x=1;
c=d; // Zuweisung
// d.x=0, obwohl d nicht verändert wurde
```

Wenn man in einer solchen Programmiersprache die Objekte und nicht nur die Zeiger kopieren will, muss man dafür Funktionen schreiben, die meist das tun, was in C++ der vom Compiler erzeugte Zuweisungsoperator macht. Diese Funktionen werden in Java oder Object Pascal nicht automatisch erzeugt.

Aufgabe 8.4.3

1. Überarbeiten Sie die Klassen *C1DPunkt*, *C2DPunkt* und *C3DPunkt* der Lösung von Aufgabe 8.3.5.2 so, dass die in jeder Klasse definierte Funktion

8.4 Virtuelle Funktionen, späte Bindung und Polymorphie

toStr virtuell ist. Wie in den Beispielen in diesem Abschnitt soll die Elementfunktion *display* nur in *C1DPunkt* definiert sein und *toStr()* ausgeben.

a) Rufen Sie *display* mit p1, p2 und p3 auf. Verfolgen Sie im Debugger (schrittweise Ausführung mit F7), welche der Funktionen *toStr* dabei aufgerufen werden.

```
C1DPunkt p1(1);
C2DPunkt p2(1,2);
C3DPunkt p3(1,2,3);
```

b) Erweitern Sie diese Klassen um die virtuellen Funktionen

```
double C1DPunkt::length()
{
return fabs(x); // benötigt #include <math.h>
};

double C2DPunkt::length()
{
return sqrt(x*x + y*y);
};

double C3DPunkt::length()
{
return sqrt(x*x + y*y + z*z);
};
```

Welche Funktionen werden dann mit der globalen Funktion

```
void show(C1DPunkt& p)
{
Form1->Memo1->Lines->Add(FloatToStr(p.length()));
};
```

und p1, p2 und p3 von a) aufgerufen durch

```
show(p1);
show(p2);
show(p3);
```

2. Die Klassen *C1DPunkt* usw. sollen wie in Aufgabe 1 definiert sein. Sie sollen alle um eine Funktion *setze* erweitert werden, die einen Punkt an die als Argument übergebene Position setzen, wie z.B.:

```
void C1DPunkt::setze(C1DPunkt Ziel);
void C2DPunkt::setze(C2DPunkt Ziel);
```

Kann man diese Funktionen virtuell definieren und so erreichen, dass immer die richtige Funktion zu einem Objekt aufgerufen wird?

3. Überarbeiten Sie die Klassenhierarchie der Lösung von Aufgabe 8.3.5.3 mit den Klassen *CImmobilie*, *CGrundstueck* usw.

a) Eine einzige globale Funktion *display* soll beliebige Objekte der Hierarchie mit ihrer Elementfunktion *toStr* in ein Memo ausgeben.

b) In einer Object-Datei können auch Klassen mit virtuellen Funktionen enthalten sein. Legen Sie mit *Datei|Neu|Neu|Unit* eine neue Unit an. Übertragen Sie die Definition der Basisklasse *CImmobilie* in die Header-Datei und die Definitionen der Elementfunktionen in die Cpp-Datei dieser Unit. Beim Kompilieren des Projekts wird dann eine Object-Datei erzeugt. Entfernen Sie dann mit den entsprechenden Menüoptionen unter *Projekt* die Cpp-Datei aus dem Projekt und fügen Sie diesem die Object-Datei hinzu.

4. Welche Werte erhalten i und j bei den Initialisierungen:

```
struct C {
   virtual int f(int i=1)   { return i; }
};

struct D:public C {
   virtual int f(int i=2)   { return i; }
};

C* pc=new D;
int i=pc->f();
C* pd=new D;
int j=pd->f();
```

5. Damit eine Funktion in einer abgeleiteten Klasse eine gleichnamige Funktion in einer Basisklasse überschreibt, muss die Parameterliste in beiden Funktionen identisch sein. Falls einer der Parameter einen anderen Datentyp hat, verdeckt die Funktion in der abgeleiteten Klasse die der Basisklasse. Das gilt insbesondere auch dann, wenn der Datentyp des Parameters eine abgeleitete Klasse des Parameters der Basisklasse ist.

Welche Probleme könnten entstehen, wenn eine Funktion f in einer abgeleiteten Klasse D eine gleichnamige Funktion in einer Basisklasse C überschreiben würde und ein Parameter von D::f eine abgeleitete Klasse des entsprechenden Parameters von C::f ist? Sie können dazu die folgenden Klassen und die Funktion g verwenden:

```
struct C {
   virtual void f(C& c) { };
};

struct D : public C {
   int e;
   void f(D& d) { d.e=0; };
};

void g(C& x, C& y)
{
x.f(y);
};
```

8.4.4 OO-Design: Der Einsatzbereich von virtuellen Funktionen

Vergleichen wir nun den **Einsatzbereich** von virtuellen und nicht virtuellen Funktionen.

Eine **virtuelle Funktion** kann in einer abgeleiteten Klasse durch eine Funktion mit demselben Namen und derselben Parameterliste überschrieben werden. Da der Name einer Funktion ihre Aufgabe beschreiben soll, kann man so **dieselbe Aufgabe in verschiedenen Klassen einer Hierarchie mit unterschiedlichen Funktionen** lösen. Beim Aufruf über einen Zeiger oder eine Referenz auf ein Objekt einer Basisklasse wird dann die Funktion aufgerufen, die zum dynamischen Datentyp gehört.

Beispiel: In den beiden Klassen dieser Hierarchie wird die Fläche durch unterschiedliche Anweisungen bestimmt. Diese Aufgabe kann mit virtuellen Funktionen gelöst werden, weil beide dieselbe Parameterliste haben:

```
class CQuadrat{
 protected:
  double a;
 public:
  CQuadrat(double a_):a(a_){};
  virtual double Flaeche() {return a*a; };
};

class CRechteck:public CQuadrat{
  double b;
 public:
  CRechteck(double a_): CQuadrat(a_), b(b_) {}
  double Flaeche() {return a*b; };
};
```

In den folgenden Fällen ist **keine virtuelle Funktion notwendig**:

- falls sie in allen abgeleiteten Klassen das richtige Ergebnis liefert und deswegen in keiner abgeleiteten Klasse überschrieben werden muss.
- falls von dieser Klasse nie eine Klasse abgeleitet wird.

In diesen Fällen kann man genauso gut auch eine virtuelle Funktion verwenden. Der Programmablauf ist dann derselbe wie bei einer nicht virtuellen Funktion. Eine nicht virtuelle Funktion hat den Vorteil, dass ihr Aufruf ein wenig schneller ist und kein Speicherplatz für den *vptr* benötigt wird. Das fällt aber normalerweise nicht ins Gewicht.

Beispiele: 1. In dieser Klassenhierarchie liefert die Funktion *Flaeche* auch in der abgeleiteten Klasse richtige Ergebnisse.

```
class CRechteck{
  double a,b;
public:
  CRechteck(double a_,double b_):a(a_),b(b_){};
  double Flaeche() {return a*b; };
};

class CQuadrat:CRechteck {
public:
  CQuadrat(double a_):CRechteck(a_,a_) {}
};
```

2. Die Container-Klassen der Standardbibliothek (*string*, *vector*, *list*, *map* usw.) sind nicht dafür konstruiert, als Basisklassen verwendet zu werden (siehe Abschnitt 8.4.6). Deshalb können alle ihre Elementfunktionen auch nicht virtuell sein.

Normalerweise ist es kein Fehler, wenn man alle Funktionen in einer Klasse virtuell definiert. Das hat gegenüber nicht virtuellen Funktionen den Vorteil, dass man sie in einer abgeleiteten Klasse überschreiben kann.

8.4.5 Komposition und *private* Mehrfachvererbung ⊕

Auf den ersten Blick scheint es keine Anwendungen von virtuellen Funktionen bei einer *private* Vererbung zu geben. Da durch eine *private* Vererbung Zuweisungen von Zeigern bzw. Referenzen auf Objekte einer abgeleiteten Klasse an Zeiger bzw. Referenzen auf Objekte einer Basisklasse unterbunden werden, kann ein Zeiger bzw. eine Referenz keinen anderen dynamischen Datentyp bekommen als den statischen.

Die letzte überschreibende Funktion einer virtuellen Funktion wird aber nicht nur beim Aufruf über einen Zeiger oder eine Referenz aufgerufen, sondern auch beim Aufruf über eine Elementfunktion:

```
struct C {
  virtual void f() {};
  void g() { f(); } // ruft die letzte überschreibende
};                  //                Funktion von f auf

struct D:private C {
  void f() {} // überschreibt f aus der Basisklasse
  void h() { g(); };
};

void test()
{
D d;
d.h();
}
```

8.4 Virtuelle Funktionen, späte Bindung und Polymorphie

Hier führt der Aufruf d.h() zum Aufruf von D::f, falls die virtuelle Funktion C::f durch D::f überschrieben wird. Würde C::f in D nicht überschrieben, würde stattdessen C::f aufgerufen.

In Abschnitt 8.3.9 wurde gezeigt, dass *private* Ableitung und Komposition oft gleichwertige Alternativen sind. Beide können verwendet werden, wenn zwischen einer Klasse D und einer Klasse C eine „hat ein"-Beziehung besteht. Das Beispiel oben zeigt aber einen Vorteil der *private* Ableitung: Hätte man C als Element von D definiert, könnte man die Funktion C::f in D nicht überschreiben:

```
struct D {
  C c;
  void h() { c.g(); };
};
```

Deshalb kann eine Klasse wie

```
class CMitarbeiter {
  CAnschrift Anschrift;
  CKrankenversicherung kv;
  CRentenversicherung rv;
  ...
};
```

auch so realisiert werden:

```
class CMitarbeiter1: private CAnschrift,
                     private CKrankenversicherung,
                     private CRentenversicherung {
  ...
};
```

Diese Alternative mit der mehrfachen *private* Vererbung bietet dann die Möglichkeit, virtuelle Funktionen der Basisklassen zu überschreiben. Sie setzt aber voraus, dass keine Namenskonflikte die Mehrfachvererbung sabotieren.

8.4.6 Virtuelle Konstruktoren und Destruktoren

Im C++-Standard ist ausdrücklich festgelegt, dass ein **Konstruktor nicht virtuell** sein kann. Stroustrup (1997, Abschnitt 15.6.2) begründet das damit, dass ein Konstruktor den exakten Typ des Objekts kennen muss, das er konstruiert. Da ein Konstruktor außerdem anders als gewöhnliche Funktionen mit der Speicherverwaltung zusammenarbeitet, gibt es auch keine Zeiger auf einen Konstruktor.

In anderen Programmiersprachen (z.B. Object Pascal und Smalltalk) gibt es aber virtuelle Konstruktoren. Da die Klassen der VCL in Object Pascal geschrieben sind, können im C++Builder auch die Klassen der VCL virtuelle Konstruktoren haben (siehe Abschnitt 9.6).

Allerdings kann man in C++ **virtuelle Konstruktoren** leicht **simulieren**. Stroustrup (1997, Abschnitt 15.6.2) verwendet dazu virtuelle Funktionen, die ein Objekt mit einem Konstruktor erzeugen und als Funktionswert zurückgeben:

```
class C {
  public:
    C()                       {}
    C(const C&)               {}
    virtual C* make_new()  { return new C(); }
    virtual C* clone()     { return new C(*this); }
};

class D : public C {
  public:
    D()                 {}
    D(const D&)         {}
    D* make_new()  { return new D(); }
    D* clone()     { return new D(*this); }
};

void f(C* pc)
{
C* pn=pc->make_new();
C* c=pc->clone();
}
```

Hier entspricht *make_new* einem virtuellen Standardkonstruktor und *clone* einem virtuellen Copy-Konstruktor. Obwohl die Datentypen der Funktionswerte nicht gleich sind, überschreiben diese Funktionen in der abgeleiteten Klasse die der Basisklasse, da sie kovariant sind. Deshalb entscheidet bei ihrem Aufruf wie in der Funktion f der dynamische Datentyp des Arguments darüber, welchen Datentyp das konstruierte Objekt hat.

Im Unterschied zu einem Konstruktor kann ein **Destruktor virtuell** sein. Da vor seinem Aufruf immer ein Konstruktor aufgerufen wurde, kann ein vollständig initialisiertes Objekt vorausgesetzt werden.

Obwohl ein Destruktor nicht vererbt wird und obwohl er in der abgeleiteten Klasse einen anderen Namen als in der Basisklasse hat, überschreibt ein Destruktor in einer abgeleiteten Klasse den virtuellen Destruktor einer Basisklasse. Ein virtueller Destruktor in der Basisklasse hat zur Folge, dass die Destruktoren in allen abgeleiteten Klassen ebenfalls virtuell sind.

Wie das folgende Beispiel zeigt, sind virtuelle Destruktoren oft notwendig:

```
class C {
  int* pi;
  public:
    C()  { pi=new(int); }
    ~C() { delete pi; }
};
```

8.4 Virtuelle Funktionen, späte Bindung und Polymorphie

```
class D : public C {
  double* pd;
 public:
  D()  { pd=new(double); }
  ~D() { delete pd; }
};

void test()
{
C* pc=new D;
delete pc;
}
```

Da der Destruktor hier eine nicht virtuelle Funktion ist, wird in *test* durch „delete pc" der Destruktor aufgerufen, der sich aus dem statischen Datentyp von pc ergibt, und das ist der Destruktor von C. Deshalb wird der für *pd reservierte Speicherplatz nicht freigegeben, obwohl das durch die Definition des Destruktors von D wohl gerade beabsichtigt war.

Dieses Problem lässt sich mit einem virtuellen Destruktor in der Basisklasse lösen. Wie bei jeder anderen virtuellen Funktion wird dann der zum dynamischen Datentyp gehörende Destruktor aufgerufen. Falls dieser Datentyp eine abgeleitete Klasse ist, werden auch noch die Destruktoren aller Basisklassen aufgerufen:

```
class C {
  int* pi;
 public:
  C()  { pi=new(int); }
  virtual ~C() { delete pi; }
};
```

Der **Destruktor** einer Klasse sollte **immer dann virtuell** sein, wenn

1. von dieser Klasse weitere Klassen abgeleitet werden, die einen explizit definierten Destruktor benötigen, und
2. für einen Zeiger auf ein Objekt dieser Klasse *delete* aufgerufen wird.

Da man bei der Definition einer Klasse aber oft nicht abschätzen kann, wie sie später verwendet wird, sollte man alle Destruktoren virtuell definieren. Der Preis für einen unnötig virtuellen Destruktor ist nur der zusätzliche Speicherplatz für den *vptr* und der etwas größere Zeitaufwand für den indirekten Funktionsaufruf.

Ein Destruktor wird außerdem oft dann virtuell definiert, wenn die Klasse polymorph sein soll, aber keine andere virtuelle Funktion hat. Das ist manchmal für die Operatoren *typeid* und *dynamic_cast* notwendig (siehe Abschnitt 8.5.1).

In diesem Zusammenhang ist es bemerkenswert, dass **alle Containerklassen** der Standardbibliothek (*string*, *vector*, *list*, *map* usw.) **nicht virtuelle Destruktoren** haben. Deshalb sollte man von diesen Klassen nie Klassen ableiten, die einen Destruktor benötigen.

8.4.7 Virtuelle Funktionen in Konstruktoren und Destruktoren ⊕

Da ein Konstruktor einer abgeleiteten Klasse immer alle Konstruktoren der Basisklassen in der Reihenfolge aufruft, in der sie in der Klassenhierarchie voneinander abgeleitet sind, erhält der *vptr* eines Objekts nacheinander in dieser Reihenfolge die Adresse der *vtbl* einer jeden Basisklasse. Am Schluss dieser Initialisierung erhält er die Adresse der *vtbl* der aktuellen Klasse. Er erhält insbesondere nicht die Adresse der *vtbl* einer eventuell von der aktuellen Klasse abgeleiteten Klasse. Das hat zur Folge, dass der Aufruf einer virtuellen Funktion in einem Konstruktor nicht zum Aufruf einer diese Funktion überschreibenden Funktion führen kann. Deswegen werden Aufrufe von virtuellen Funktionen in einem Konstruktor immer wie Aufrufe von nicht virtuellen Funktionen nach ihrem **statischen Datentyp** aufgelöst.

Dasselbe gilt auch für den Aufruf einer virtuellen Funktion in einem **Destruktor**. Hier ist der Grund allerdings nicht der, dass der *vptr* noch nicht die Adresse der richtigen *vtbl* enthält. Dieser enthält immer noch die Adresse der richtigen *vtbl*, so dass immer die richtige virtuelle Funktion aufgerufen wird. Da die Destruktoren aber in der umgekehrten Reihenfolge der Konstruktoren aufgerufen werden, verwendet diese Funktion eventuell Speicherbereiche, die durch den Destruktor einer abgeleiteten Klasse bereits wieder freigegeben wurden. Damit ein solcher Zugriff auf nicht reservierte Speicherbereiche nicht stattfinden kann, wird der Aufruf einer virtuellen Funktion in einem Destruktor ebenfalls nach dem statischen Datentyp aufgelöst.

Beispiel: Der Aufruf von f im Konstruktor von D führt zum Aufruf von C::f:

```
struct C {
  C()   {  f();  }
  virtual void f()
  {
   Form1->Memo1->Lines->Add("C");
  }
};

struct D : public C {
  D():C() { } // Aufruf von C::f und nicht D::f
  void f()
  {
   Form1->Memo1->Lines->Add("D");
  }
};

D* pd=new D;
```

8.4.8 Virtuelle Funktionen und Erweiterbarkeit

Virtuelle Funktionen sind eine einheitliche Schnittstelle der verschiedenen Klassen einer Hierarchie. Sie ermöglichen über diese einheitliche Schnittstelle eine unterschiedliche Behandlung der verschiedenen Klassen der Hierarchie.

In Abschnitt 8.4.2 wurde das am Beispiel der Klassen *C3DPunkt* und *C2DPunkt* illustriert. Über die einheitliche Schnittstelle der Funktion *toStr* wurden sowohl zweidimensionale als auch dreidimensionale Punkte ausgegeben:

```
C2DPunkt* a[2]={ new C2DPunkt(1,2),new C3DPunkt(1,2,3) };

for (int i=0; i<2; ++i)
  Form1->Memo1->Lines->Add(a[i]->toStr());
```

Wenn man eine solche einheitliche Behandlung wie in der Funktion *toStr* ohne die Techniken der objektorientierten Programmierung realisieren will (z.B. in der Programmiersprache C), liegt es nahe, die verschiedenen Datentypen in einem neuen Datentyp zusammenzufassen. Dafür bietet sich eine Struktur mit einem **Typfeld** und einer *union* an. Die *union* enthält dann einen der vorgesehenen Datentypen, und das Typfeld gibt an, welcher Datentyp das ist. In der Ausgabefunktion kann man dann über das Typfeld entscheiden, welcher Fall vorliegt.

Beispiel:
```
          struct S2DPunkt {
             double x,y;
          };

          struct S3DPunkt {
            double x,y,z;
          };

          enum TTypfeld {P2D,P3D};

          struct SPunkt {
            TTypfeld Typfeld;
            union {
              S2DPunkt p2;
              S3DPunkt p3;
            };
          };

          AnsiString toStr(SPunkt p)
          {
          switch (p.Typfeld) {
            case P2D:return "("+FloatToStr(p.p2.x) + "|" +
                    FloatToStr(p.p2.y)+")";
                    break;
            case P3D:return "("+FloatToStr(p.p3.x) + "|" +
              FloatToStr(p.p3.y)+ "|" + FloatToStr(p.p3.z)+")";
                    break;
            default: return "Fehler";
            }
          };
```

Nehmen wir an, die Funktion *toStr* müsste jetzt so erweitert werden, dass außer den Datentypen *S2DPunkt* und *S3DPunkt* auch noch andere Datentypen dargestellt werden können (z.B. *S4DPunkt* und *S5DPunkt*):

– Bei der nicht objektorientierten Version der Funktion *toStr* ist für eine solche Erweiterung eine Änderung dieser Funktion notwendig.

 In unserem trivialen Beispielprogramm ist eine solche Änderung ziemlich unproblematisch. Im Rahmen eines großen Projekts kann aber schon eine an sich einfache Erweiterung recht aufwendig werden. Außerdem bringt jeder Eingriff in ein Programm immer die Gefahr mit sich, dass Programmteile, die bisher funktioniert haben, anschließend nicht mehr funktionieren. Dazu kommt ein unter Umständen recht umfangreicher und kostspieliger Test.

– Bei der objektorientierten Version ist dagegen keine Änderung des bisherigen Programms notwendig, wenn der Datentyp, um den die Darstellung erweitert wird, ein Nachfolger der Basisklasse ist. Für den neuen Datentyp muss lediglich die virtuelle Funktion definiert werden.

 Dann kann der neue Datentyp überall da verwendet werden, wo auch die Basisklasse verwendet wird. Beim Aufruf einer virtuellen Funktion über einen Zeiger oder eine Referenz wird dann immer die Funktion aufgerufen, die „das Objekt mitbringt".

Im Beispiel von oben kann die *for*-Schleife auch Objekte von abgeleiteten Klassen anzeigen. Zum Zeitpunkt der Kompilation der Funktionsaufrufe muss überhaupt noch nicht bekannt sein, welche Funktionen die Objekte „mitbringen", deren Zeiger im Array a enthalten sind.

Offensichtlich ist es ein **gravierender Vorteil**, wenn man ein Programm **erweitern** kann, **ohne** dass man den **Quelltext ändern** muss. Dadurch ist sichergestellt, dass seine bisherige Funktionalität nicht beeinträchtigt wird. Die systematische Nutzung dieser Möglichkeit kann ein wichtiger Beitrag zur **Qualitätssicherung** sein. Deshalb entwirft man Klassenhierarchien oft so, dass eine Erweiterung einfach nur dadurch möglich ist, dass man neue Klassen in die Hierarchie einhängt.

Für die Erweiterung von Klassen ist ihr **Quelltext nicht notwendig**. Die Klassendefinitionen (meist in einer Header-Datei) und die Object-Datei mit den kompilierten Elementfunktionen reichen dafür aus. Deshalb kann der Entwickler einer Klassenbibliothek einem Anwender vorkompilierte Klassen und deren Header zur Verfügung stellen, ohne seinen Quelltext preisgeben zu müssen. Der Anwender kann diese dann wie eigene Klassen erweitern.

8.4 Virtuelle Funktionen, späte Bindung und Polymorphie

Einen weiteren wichtigen Vorteil soll das folgende Szenario illustrieren:

> Stellen Sie sich einfach vor, sie müssten den C++Builder schreiben (irgendjemand muss das schließlich machen) – oder noch schlimmer, sie wären dafür verantwortlich, dass eine Gruppe von Programmierern die nächste Version des C++Builders in den nächsten drei Monaten fertig stellt. Stellen Sie sich weiter vor, ein Kollege wäre für die Komponente *TEdit* verantwortlich und Sie für *TEditMask*. Beide Komponenten haben viele Gemeinsamkeiten, die bereits implementiert sein sollen. Der nächste Schritt wäre die Erweiterung der gemeinsamen Basis um die Besonderheiten der jeweiligen Komponenten.
>
> Wenn jetzt alle diese Erweiterungen immer wieder zu Änderungen an der bereits fertig gestellten Basis führen, wird diese nie richtig stabil, da sich die Entwickler laufend gegenseitig den Boden unter den Füßen wegziehen.
>
> Sind die Gemeinsamkeiten der beiden Komponenten dagegen so durch eine Basisklasse realisiert, dass sich die Erweiterungen in abgeleiteten Klassen realisieren lassen, braucht an der bereits realisierten Basis nichts oder nur wenig geändert zu werden. Das reduziert den Aufwand gegenüber der nicht objektorientierten Version beträchtlich.

Damit erreicht man durch eine geeignete Klassenhierarchie, dass Zwischenstufen eines Projekts abgeschlossen werden können und trotzdem erweiterbar sind. Das kann besonders bei großen Projekten entscheidend für ihren weiteren Fortschritt sein.

Übrigens gibt es diese gemeinsame Basis für die beiden Komponenten *TEditMask* und *TEdit* tatsächlich: Sie heißt *TCustomEdit*. Ganz generell sind im C++Builder alle Klassen der VCL (der Bibliothek der visuellen Komponenten), deren Namen mit *TCustom* beginnen, Basisklassen, die Gemeinsamkeiten von abgeleiteten Klassen realisieren.

Wiederverwendbarkeit, **Erweiterbarkeit** und **Qualitätssicherung** sind Schlüsselbegriffe für eine erfolgreiche Softwareentwicklung. Diese Ziele werden durch die Techniken der objektorientierten Programmierung unterstützt. Die dafür notwendigen Klassenhierarchien erhält man allerdings nicht mehr allein aus der Analyse der Problemstellung. Vielmehr muss man sie systematisch konstruieren.

Die Abschnitte 8.4.2 und 8.4.3 haben gezeigt, dass es nicht einfach ist, den Begriff „virtual" in einem einzigen Satz zu beschreiben. Bjarne Stroustrup, der Entwickler von C++, hat die Frage, wieso virtuelle Funktionen eigentlich „virtuell" heißen, gelegentlich so beantwortet: „well, **virtual means magic**" („virtuell bedeutet Zauberei", Stroustrup 1994, Abschnitt 12.4.1). Angesichts der Möglichkeit, eine Funktion ohne Änderung ihres Quelltextes zu erweitern, ist dieser Satz nicht einmal so falsch.

8.4.9 Rein virtuelle Funktionen und abstrakte Klassen

Eine einheitliche Schnittstelle findet man oft auch bei Klassen, die keine inhaltlichen Gemeinsamkeiten haben und die nicht von einer gemeinsamen Basisklasse abgeleitet sind. Betrachten wir als Beispiel eine Tierhandlung, die Tiere und Autos besitzt und diese in den folgenden Klassen darstellt:

```
class CTier {
  double Lebendgewicht;
  double PreisProKG;
 public:
  CTier(double LGewicht_, double PreisProKG_):
    Lebendgewicht(LGewicht_), PreisProKG(PreisProKG_) {}
  double Wert()    {return Lebendgewicht*PreisProKG;}
  AnsiString toStr(){return "Wert: "+FloatToStr(Wert());}
};

class CAuto {
  int Sitzplaetze;
  double Wiederverkaufswert;
 public:
  CAuto(int Sitzpl_, double WVK_): Sitzplaetze(Sitzpl_),
                       Wiederverkaufswert(WVK_) {}
  double Wert() { return Wiederverkaufswert; }
  AnsiString toStr(){return "Wert: "+FloatToStr(Wert());}
};
```

Wenn diese beiden Klassen eine gemeinsame Basisklasse hätten, könnte man Funktionen für die Basisklasse definieren und diese Funktionen auch mit den abgeleiteten Klassen aufrufen. In diesen Funktionen könnte man dann die virtuellen Funktionen *toStr* und *Wert* verwenden.

Allerdings ist es auf den ersten Blick nicht unbedingt naheliegend, wie eine solche Basisklasse aussehen soll: Für welche Klasse C kann man schon sagen, dass sowohl ein *CAuto* als auch ein *CTier* ein C ist? Außerdem besitzen diese Klassen keine gemeinsamen Datenelemente. Deshalb kann auch die Basisklasse keine Datenelemente enthalten. Und wenn die Basisklasse keine Datenelemente enthält – was sollen dann ihre Elementfunktionen machen?

Die Lösung ist so einfach, dass sie oft gar nicht so leicht gefunden wird: Die Elementfunktionen der Basisklasse sollen am besten nichts machen. Wenn eine Basisklasse nur den Zweck hat, eine gemeinsamen Basisklasse für die abgeleiteten Klassen zu sein, braucht sie auch nichts zu machen: Man wird die Funktion *Wert* auch nie für diese **Basisklasse** aufrufen wollen. Deshalb ist die Klasse

```
class CBasisklasse {
 public:
  virtual ~CBasisklasse(){};
  virtual double Wert()   {};
  virtual AnsiString toStr(){};
};
```

8.4 Virtuelle Funktionen, späte Bindung und Polymorphie

als gemeinsame Basisklasse völlig ausreichend:

```
class CTier : public CBasisklasse {
  // Rest wie oben
};

class CAuto : public CBasisklasse{
  // Rest wie oben
};
```

Bemerkenswert an der Elementfunktion der Basisklasse ist ihr leerer Anweisungsteil. In der nicht objektorientierten Programmierung sind solche Funktionen meist völlig sinnlos, da ihr Aufruf nur eine etwas umständliche Art ist, nichts zu machen. In der objektorientierten Programmierung können sie sinnvoll sein: Der Sinn besteht einzig und allein darin, in einer abgeleiteten Klasse überschrieben zu werden.

Von einer solchen Basisklasse wird man nie ein Objekt anlegen. Außerdem ist es immer ein Fehler, eine solche leere Funktion aufzurufen. Wenn das trotzdem geschieht, hat man vergessen, sie in einer abgeleiteten Klasse zu überschreiben. Deshalb wäre es naheliegend, beim Aufruf einer solchen Funktion eine Fehlermeldung ausgeben. Allerdings würde der Fehler dann erst zur Laufzeit entdeckt.

Damit derartige Fehler schon bei der Kompilation erkannt werden können, kann man eine solche Funktion mit dem *pure-specifier* „*=0*" als **rein virtuelle Funktion** kennzeichnen:

pure-specifier:
    = 0

Für eine rein virtuelle Funktion ist keine Definition notwendig, so dass die „leeren" Funktionsdefinitionen von oben überflüssig sind:

```
class CBasisklasse {
 public:
  virtual ~CBasisklasse(){};
  virtual double Wert()=0;
  virtual AnsiString toStr()=0;
};
```

Eine Klasse, die mindestens eine rein virtuelle Funktion enthält, wird als **abstrakte Klasse** bezeichnet. Von einer abstrakten Klasse können keine Objekte definiert werden. Auf diese Weise wird durch den Compiler sichergestellt, dass eine rein virtuelle Funktion nicht aufgerufen wird.

Eine abstrakte Klasse kann nur als Basisklasse verwendet werden. Wenn in einer Klasse, die von einer abstrakten Klasse abgeleitet wird, nicht alle rein virtuellen Funktionen überschrieben werden, ist die abgeleitete Klasse ebenfalls abstrakt.

Abstrakte Klassen stellen **Abstraktionen** dar, bei denen ein Oberbegriff nur eingeführt wird, um Gemeinsamkeiten der abgeleiteten Klassen hervorzuheben. Solche Abstraktionen findet man auch in umgangssprachlichen Begriffen wie „Wirbeltier" oder „Säugetier". Auch von diesen gibt es keine Objekte, die nicht zu einer abgeleiteten Klasse gehören.

Die Funktion *Wert* wurde in den beiden Klassen von oben durch jeweils unterschiedliche Anweisungen realisiert. Deshalb kann sie in der Basisklasse nur als rein virtuelle Funktion definiert werden. Bei der Funktion *toStr* ist das anders: Sie besteht in beiden Klassen aus denselben Anweisungen und kann deshalb auch schon in der Basisklasse definiert werden:

```
class CBasisklasse {
 public:
   ~CBasisklasse(){};
   virtual double Wert()=0;
   virtual AnsiString toStr()
              { return "Wert: "+FloatToStr(Wert()); }
};
```

Dieses Beispiel zeigt, dass eine rein virtuelle Funktion auch schon in einer Basisklasse aufgerufen werden kann. Der Aufruf der Funktion *toStr* führt dann zum Aufruf der Funktion *Wert*, die zu dem Objekt gehört, mit dem *toStr* aufgerufen wird.

Wenn für den **Destruktor** einer Basisklasse keinerlei Anweisungen sinnvoll sind, aber aus den in Abschnitt 8.4.6 aufgeführten Gründen ein virtueller Destruktor notwendig ist, liegt es nahe, diesen als **rein virtuell** zu definieren. Dadurch erhält man allerdings beim Linken die Fehlermeldung, dass der Destruktor nicht definiert wurde („Unresolved external ..."), da der Destruktor einer Basisklasse immer automatisch vom Destruktor einer abgeleiteten Klasse aufgerufen wird. Diese Fehlermeldung muss man mit einem Anweisungsteil unterbinden, der auch leer sein kann:

```
class C {
  public:
    virtual ~C(){};
};
```

Mit einem rein virtuellen Destruktor kann man verhindern, dass ein Objekt dieser Klasse angelegt wird, indem man ihn zusätzlich mit einer leeren Verbundanweisung definiert:

```
class C {
  public:
    virtual ~C()=0
      {};
};
```

8.4 Virtuelle Funktionen, späte Bindung und Polymorphie

Das ist eine der wenigen Situationen, in der eine rein virtuelle Funktion mit einem Anweisungsteil notwendig ist.

Anmerkung für Delphi-Programmierer: Den rein virtuellen Funktionen von C++ entsprechen in Object Pascal die abstrakten Methoden. Im Unterschied zu C++ können in Object Pascal auch Objekte von Klassen angelegt werden, die solche abstrakten Methoden enthalten. Beim Aufruf einer abstrakten Funktion wird dann eine Exception ausgelöst.

8.4.10 OO-Design: Virtuelle Funktionen und abstrakte Basisklassen

Oft benötigt man in verschiedenen Klassen einer Hierarchie verschiedene Funktionen mit verschiedenen Parameterlisten, die alle dieselbe Aufgabe haben. Das ist dann mit den folgenden Problemen verbunden:

- Wegen der verschiedenen Parameterlisten können diese Funktionen nicht eine virtuelle Funktion der Basisklasse überschreiben.
- Würde man sie nicht virtuell definieren, würden sie sich gegenseitig verdecken, was auch nicht wünschenswert ist (siehe Abschnitt 8.3.9).
- Wenn man allen diesen Funktionen verschiedene Namen gibt, würde das Prinzip verletzt, dass der Name ihre Bedeutung beschreibt. Außerdem könnte eine Funktion der Basisklasse über ein Objekt einer abgeleiteten Klasse aufgerufen werden.

Beispiel: Für die praktische Arbeit mit den Klassen der Hierarchie

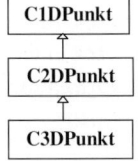

ist meist eine Funktion notwendig, die einen Punkt dieser Klassen an eine bestimmte Position setzt. Da diese Funktion (z.B. mit dem Namen *setze*) in allen diesen Klassen einen anderen Parametertyp hat (einen *C1DPunkt* in der Klasse *C1DPunkt*, einen *C2DPunkt* in *C2DPunkt* usw.), sind mit ihr die oben dargestellten Probleme verbunden (siehe auch Aufgabe 8.4.3.2). Unterschiedliche Namen (wie z.B. *setze1*, *setze2* usw.) wären auch keine Lösung, da der Aufruf von *setze1* auch über einen *C3DPunkt* möglich ist.

Solche Probleme treten oft bei Hierarchien auf, die keine „ist ein"-Beziehungen darstellen, aber leicht damit verwechselt werden. Coplien (1992, S. 227) bezeichnet solche Beziehungen als **„ist ähnlich wie ein"-Beziehungen** (is-like-a relationship). Man erkennt sie oft an Elementfunktionen, die in allen Klassen der Hierarchie dieselbe Aufgabe haben, aber in jeder Klasse eine andere Parameterliste. Er empfiehlt, die Hierarchie durch eine andere zu ersetzen, bei der eine „ist ein"-Beziehung besteht.

Dass diese Hierarchie keine „ist ein"-Beziehung darstellt, haben wir schon in Abschnitt 8.3.7 festgestellt, da sich ein dreidimensionaler Punkt kaum als zweidimensionaler Punkt interpretieren lässt. Trotzdem konnten wir von dieser Hierarchie in Abschnitt 8.4.2 profitieren, da sie die Möglichkeit bietet, einen Punkt einer abgeleiteten Klasse anstelle eines Punkts der Basisklasse zu verwenden und die **virtuelle Funktion** *toStr* über ein Objekt der Basisklasse aufzurufen.

Das ist **typisch**: Die Konsequenzen der falschen Hierarchie zeigen sich oft erst recht **spät**, wenn ein Projekt schon weit fortgeschritten ist. Dann kann der **Aufwand für eine Korrektur** recht **hoch** sein. Deswegen sollte man beim Entwurf einer Klassenhierarchie **immer** darauf achten, dass sie eine **„ist ein"-Beziehung** darstellt.

Mit einer abstrakten Basisklasse *CPunkt* bietet sich die folgende Alternative an:

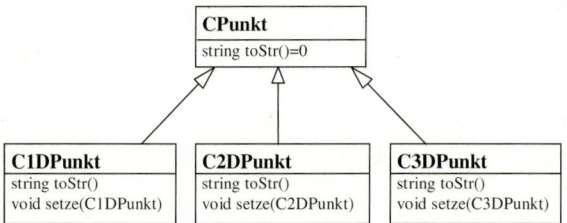

In der Basisklasse *CPunkt* definiert man dann alle diejenigen Funktionen als rein virtuell, die man in allen abgeleiteten Klassen der Hierarchie benötigt und überschreibt. Dann kann man diese Funktionen auch über einen Zeiger oder eine Referenz auf ein Objekt der Basisklasse für Objekte abgeleiteter Klassen aufrufen.

Diese Hierarchie hat gegenüber der von oben einige Vorteile:

– Man kann sie problemlos im Sinn einer „ist ein"-Beziehung interpretieren: Sowohl ein *C1DPunkt* als auch ein *C2DPunkt* oder ein *C3DPunkt* stellt einen Punkt dar. Die Gesamtheit aller Punkte umfasst sowohl die ein- als auch die zwei- und dreidimensionalen Punkte. Der Begriff „Punkt" ist eine Verallgemeinerung der ein-, zwei- oder dreidimensionalen Punkte.
– Wenn die verschiedenen Klassen gleichnamige Funktionen mit unterschiedlichen Parametern haben (wie z.B. eine Funktion *setze*, die einen Punkt an eine Position setzt), können diese Funktionen in den abgeleiteten Klassen definiert werden, ohne dass sie sich gegenseitig verdecken.

Die Definition einer gemeinsamen Basisklasse mit rein virtuellen Funktionen ist oft **die Lösung der mit „ist ähnlich wie ein"-Beziehungen verbundenen Probleme**. Wenn man mehrere Klassen mit Funktionen hat, die sich gegenseitig überschreiben können und bei denen man die Vorteile virtueller Funktionen

8.4 Virtuelle Funktionen, späte Bindung und Polymorphie

nutzen will, aber zwischen den Klassen keine „ist ein"-Beziehung besteht, dann sollte man immer nach einem **Oberbegriff suchen** und diesen **als Basisklasse** verwenden. Die gemeinsamen Funktionen kann man dann in der Basisklasse rein virtuell definieren und in den abgeleiteten Klassen überschreiben. In der Umgangssprache findet man viele solche Oberbegriffe: „Wirbeltier", „Lebewesen", „Punkt", „Fahrzeug" usw. bezeichnen Oberbegriffe, von denen es keine Objekte gibt, die nicht zu einer konkreteren (abgeleiteten) Klasse gehören.

Die abstrakte Basisklasse bringt dann die Gemeinsamkeiten aller abgeleiteten Klassen explizit zum Ausdruck. Stroustrup (1997, Abschnitt 12.5) bezeichnet abstrakte Basisklassen „as a clean and powerful way of expressing concepts". Meyers (1996, Item 33) und Riel (1996, Heuristic 5.7) empfehlen sogar, **alle Basisklassen abstrakt** zu definieren („All base classes should be abstract classes", „make non-leaf classes abstract"), da solche Klassen leicht erweitert werden können.

Viele Klassenbibliotheken verwenden eine gemeinsame Basisklasse, von der dann alle (oder fast alle) Klassen abgeleitet werden. In den Microsoft Foundation Classes (MFC) heißt diese Klasse *CObject*, in der Visual Component Library (VCL) von Borland *TObject* und in der Programmiersprache Smalltalk *Object*. Diese Basisklasse ist zwar nicht immer abstrakt. Innerhalb einer solchen Hierarchie gibt es aber oft zahlreiche abstrakte Klassen, die das Verhalten abgeleiteter Klassen definieren.

In der C++-Standardbibliothek werden Vererbung und Polymorphie allerdings nur selten eingesetzt. So haben hier die verschiedenen Containerklassen keine gemeinsame Basisklasse. Ein Grund dafür ist der, dass die Algorithmen (z.B. *sort*) nicht nur mit Containerklassen funktionieren sollen, sondern auch mit konventionellen Arrays (z.B. int a[10]). Solche Arrays können aber nicht von einer Basisklasse abgeleitet werden. Deshalb sind die Algorithmen nicht als Elementfunktionen, sondern als globale Funktionen realisiert.

Wenn man ein Programm so konstruieren will, dass es möglichst leicht erweitert werden kann, führt das zu einer anderen Sicht einer **Klassenhierarchie** als bisher:

- Bisher waren die Klassen aus der Problemstellung vorgegeben. Die Konstruktion einer Klassenhierarchie bestand vor allem aus der Suche nach einer Anordnung dieser vorgegebenen Klassen in einer Hierarchie.

- Bei der Konstruktion eines Programms mit dem Ziel der Erweiterbarkeit wird eine Klassenhierarchie dagegen systematisch konstruiert: **Jede Funktion, die in einer anderen Klasse dieselbe Aufgabe haben kann, ist ein Kandidat für eine virtuelle Funktion.** Alle Klassen, die eine solche Funktion haben, werden dann von einer gemeinsamen Basisklasse abgeleitet, in der diese Funktion rein virtuell definiert ist.

Dabei müssen die anderen Klassen bei der Konstruktion der Hierarchie überhaupt noch nicht bekannt sein. Oft kann man vorhersehen, in welcher Richtung spätere Erweiterungen eines Programms möglich sind. Solche potenziellen Erweiterungen sollte man bei der Konstruktion einer solchen Klassenhierarchie möglichst berücksichtigen.

Es ist sicher nicht leicht, beim Entwurf eines Buchhaltungsprogramms für eine Tierhandlung vorauszuahnen, dass sie später auch einmal mit Autos handeln wird. Wenn man aber die Abstraktion findet, dass die Objekte eines Buchhaltungsprogramms Buchungen sind, kann man vermutlich einen großen Teil des Programms auf eine entsprechende Basisklasse aufbauen. Und von dieser kann man dann leicht auch Klassen für Immobilien und Grundstücke ableiten, wenn der geschäftstüchtige Händler in diese Bereiche expandiert.

Mit den bisherigen Ausführungen dieses Kapitels sind die Konzepte der objektorientierten Programmierung vorgestellt. Das soll der Anlass für einen kurzen Rückblick sein, der die Verwendung dieser Konzepte in die beiden Gruppen der konkreten und abstrakten Datentypen zusammenfasst.

- Die letzten Abschnitte haben gezeigt, dass Vererbung und Polymorphie außerordentlich hilfreich sein können. Das heißt aber nicht, dass alle Klassen diese Konzepte verwenden müssen.

  Es gibt viele nützliche Klassen, die nicht in einer Hierarchie enthalten sind und die unabhängig von anderen Klassen existieren. Solche Klassen stellen meist ein relativ einfaches, in sich geschlossenes Konzept mit allen dafür notwendigen Funktionen dar. Sie werden auch als **konkrete Typen** bezeichnet und haben oft Ähnlichkeiten mit den fundamentalen Datentypen. Dazu gehören z.B. Stringklassen, Containerklassen usw. Auch Klassen wie *C1DPunkt*, *C2DPunkt*, *CKreis*, *CQuadrat* usw. sind konkrete Typen, wenn sie nicht in einer Klassenhierarchie enthalten sind.

  Konkrete Typen benutzen Klassen, um Daten und Funktionen zusammenzufassen. Da sie normalerweise nicht als Basisklassen dienen, können ihre Funktionen ebenso gut virtuell wie auch nicht virtuell sein. Deshalb sind sie meist nicht virtuell und damit etwas schneller. Wenn konkrete Typen von anderen Klassen verwendet werden, dann meist als Elemente. Manche Autoren sprechen von **objektbasierter Programmierung**, wenn nur das Klassenkonzept ohne Vererbung verwendet wird.

- Wenn mehrere Klassen eine gemeinsame Schnittstelle haben, kann man diese in einer Basisklasse zusammenfassen. Die Funktionen der Schnittstelle der Basisklasse sind oft rein virtuell. Dann wird die Basisklasse auch als **abstrak-**

8.4 Virtuelle Funktionen, späte Bindung und Polymorphie

ter Typ** bezeichnet. Abstrakte Typen haben oft **keine Konstruktoren, keine Datenelemente** und **nur rein virtuelle Funktionen** sowie **einen virtuellen Destruktor**.

Abgeleitete Klassen implementieren dann spezifische Varianten der Schnittstelle. Diese Funktionen sind über die Technik der späten Bindung an ihre Klassen gebunden und verhalten sich dadurch so, als ob sie in der Klasse enthalten wären.

Vererbung ohne virtuelle Funktionen ist nur selten sinnvoll. Wenn Klassen voneinander abgeleitet werden, dann haben sie meist auch virtuelle Funktionen. In einer Basisklasse sind die virtuellen Funktionen oft rein virtuell. Deswegen ergänzen sich **Vererbung, virtuelle Funktionen** und **rein virtuelle Funktionen** und **treten oft gemeinsam auf**.

Aufgabe 8.4.10

1. In Aufgabe 8.4.4.1 wurde gezeigt, dass sowohl die Ableitung eines Quadrats von einem Rechteck als auch die eines Rechtecks von einem Quadrat problematisch sein kann. Entwerfen Sie eine Hierarchie für diese Klassen, die diese Probleme vermeidet. In dieser Hierarchie sollen die Funktionen *Flaeche*, *Umfang* und *toStr* zur Verfügung stehen.

2. Ein Programm soll Zeichnungen mit Geraden, Kreisen, Rechtecken usw. verwalten und zeichnen können. Für diese Figuren sollen die Klassen *CGerade*, *CKreis* und *CRechteck* entworfen werden.

   a) Alle diese Klassen sollen die Funktionen *zeichne* und *toStr* haben, die eine Figur auf einem *TImage* zeichnen bzw. als String darstellen.

   b) Eine Zeichnung mit solchen Figuren soll durch eine Klasse *CZeichnung* dargestellt werden, in der die verschiedenen Figuren in einem Container (z.B. einem Array oder einem *vector*) enthalten sind. Ihre Elementfunktion *zeichne* soll alle Figuren der Zeichnung zeichnen. Falls das Zeichenprogramm später einmal um weitere Figuren erweitert wird, sollen auch diese ohne eine Änderung des Quelltextes der Klasse *CZeichnung* gezeichnet werden können. Testen Sie diese Funktionen mit einer einfachen Zeichnung.

   c) Damit eine Zeichnung in einer Datei gespeichert werden kann, sollen die Klassen um eine Funktion *write* erweitert werden. Diese Funktion soll bei einer Figur die Figur und bei einer Zeichnung alle Figuren der Zeichnung in einen *ofstream* schreiben. Damit man beim Lesen der Datei erkennen kann, zu welcher Figur die Daten gehören, soll vor den Daten eines Objekts der Name der Figur stehen (z.B. im Klartext „Gerade", „Kreis" usw.).

   d) Eine mit den Funktionen von c) angelegte Datei soll mit einer Funktion *LeseZeichnung* der Klasse *CZeichnung* gelesen werden. Dabei muss immer zuerst der Name der Figur gelesen werden. Danach können die Daten zur Figur gelesen werden. Die entsprechende Figur kann mit einem Konstruktor erzeugt werden, der die Daten aus der Datei liest.

Entwerfen Sie zu diesen Klassen eine Hierarchie, so dass das Programm später auch noch um weitere Figuren erweitert werden kann.

3. Für welche der Klassen in a) bis c) ist ein virtueller Destruktor notwendig? Ergänzen Sie die Klassen gegebenenfalls:

a) die Klassen *CKreis*, *CQuadrat* und *CRechteck* aus Aufgabe 8.1.5.3.
b) die Klassen *CGrundstueck*, *CEigentumswohnung*, *CEinfamilienhaus* und *CGewerbeobjekt* aus Aufgabe 8.4.3.2.
c) die Klasse *MeinString*.

8.4.11 Protokollklassen und Programmgerüste

Eine Funktion einer Basisklasse kann auch **rein virtuelle Funktionen aufrufen**. Damit kann eine Funktion in einer Basisklasse ein einheitliches Verhalten in verschiedenen abgeleiteten Klassen definieren, wobei erst in den abgeleiteten Klassen festgelegt wird, was die aufgerufenen Funktionen im Einzelnen machen.

Die Klasse *CFileHandler* soll das als einfaches Beispiel illustrieren. In der Funktion *process_file* werden alle Datensätze einer Datei sequenziell bearbeitet. Diese Funktion ruft die rein virtuellen Funktionen dieser Klasse auf:

```
class CFileHandler {
  virtual void open()=0;
  virtual istream& read()=0;
  virtual void process_one_record()=0;
 public:
  virtual ~CFileHandler() {};
  void process_file()
  {
  open();
  while(read())
    process_one_record();
  // close(); // überflüssig, aber nicht falsch
  }
};
```

Ein Anwender kann dann die Funktion *process_file* in einer abgeleiteten Klasse verwenden, wenn er die rein virtuellen Funktionen der Basisklasse überschreibt:

```
class CMyFileHandler : public CFileHandler {
  ifstream f;
  AnsiString fn;
  CKontobewegung k;
  void open() { f.open(fn.c_str(),ios::binary); }
  istream& read() { return f.read((char*)&k,sizeof(k)); }
```

8.4 Virtuelle Funktionen, späte Bindung und Polymorphie

```
  void process_one_record()
  {
  Form1->Memo1->Lines->Add(k.KontoNr);
  };
 public:
  CMyFileHandler(AnsiString fn_):fn(fn_){};
};

void test()
{
CMyFileHandler f("c:\\test\\kb.dat");
f.process_file();
}
```

Meyer (1997, S. 504) bezeichnet eine abstrakte Basisklasse, in der ein Teil der Funktionen rein virtuelle Funktionen aufruft, auch als **Verhaltensklasse** („behavior class"), da sie das Verhalten von abgeleiteten Klassen beschreibt. Andere Autoren (z.B. Meyers, S. 150) sprechen von **Protokollklassen**. Solche Klassen haben oft keine Konstruktoren, keine Datenelemente und nur rein virtuelle Funktionen sowie einen virtuellen Destruktor.

Falls eine größere Anzahl von Klassen nach diesem Schema aufgebaut ist, um gemeinsam die Architektur einer Anwendung oder eines Programmbausteins zu definieren, spricht man auch von einem **Programmgerüst**. Solche Programmgerüste realisieren oft komplette Anwendungen, deren Verhalten der Anwender im Einzelnen dadurch anpassen kann, dass er die richtige Funktion überschreibt. Das ist meist wesentlich einfacher als die komplette Anwendung zu schreiben.

In einer abgeleiteten Klasse werden dann die rein virtuellen Funktionen überschrieben. Dieser Ansatz lässt sich leicht auf komplexere Aufgaben wie z.B. einen Gruppenwechsel (siehe Abschnitt 4.6.9) übertragen. Die Algorithmen der Standardbibliothek (z.B. *for_each*, siehe Abschnitt 10.3.1 und 10.4.6) sind aber noch allgemeiner als Protokollklassen, da man mit ihnen nicht nur Dateien, sondern auch Arrays und Container der Standardbibliothek bearbeiten kann.

Aufgabe 8.4.11

1. Ergänzen Sie das Programm aus Aufgabe 8.4.10.2 um die folgenden Funktionen:

    a) Die Funktion *loesche* soll eine auf einem *TImage* gezeichnete Figur dadurch löschen, dass sie diese in der Hintergrundfarbe zeichnet.
    b) Die Funktion *verschiebe_um(const C2DPunkt& delta)* soll eine Figur zunächst löschen und dann an der Position neu zeichnen, die sich aus der Verschiebung um die Koordinaten *delta.x* und *delta.y* ergibt. Mit einer gleichnamigen Funktion soll auch eine Zeichnung verschoben werden können.

2. Eine Bibliothek soll Funktionen zur Datenübertragung über verschiedene Protokolle (z.B. ISDN, Analogmodems, UMTS usw.) zur Verfügung stellen. Bei jedem Protokoll soll zunächst eine Verbindung hergestellt werden. Dann sollen die Daten übertragen und anschließend die Verbindung beendet werden. Skizzieren Sie eine geeignete Programmstruktur, die sich leicht auf zukünftige Protokolle erweitern lässt.

8.4.12 Muster (Patterns)

Bei den unterschiedlichsten Programmen wiederholen sich oft gleichartige Entwurfsmuster. In ihrem Buch „Design Patterns" haben Gamma u.a. (Gamma, 1995) eine Sammlung bewährter Muster zusammengestellt. Diese sind sehr allgemein mit Begriffen wie „Produkt", „Factory" usw. beschrieben. Im Vorwort weisen die Autoren darauf hin, dass sich der Leser nicht entmutigen lassen soll, wenn er nicht alles sofort versteht. Sie hätten beim Schreiben auch nicht alles sofort verstanden.

Im Folgenden werden zwei dieser Muster vorgestellt, die virtuelle Funktionen verwenden. Für eine ausführlichere Darstellung wird auf das Buch von Gamma verwiesen. Auch das Singleton aus Aufgabe 8.2.13.5 ist aus dieser Sammlung.

Ein Programmgerüst für eine Anwendung kann selbst wieder Programmgerüste enthalten. Als Beispiel soll die Klasse *CFileHandler* aus dem letzten Abschnitt in einer Klasse *CApplication* verwendet werden:

```
class CApplication { // Programmgerüst für ein Anwendung
  CFileHandler* f;
public:
  ~CApplication() { }
  void list_file()
  {
  f->process_file();
  }
  // ...
};
```

Der Anwender verwendet dann die Klassen *CApplication* und *CFileHandler* dadurch, dass er ihre rein virtuellen Funktionen in selbst definierten abgeleiteten Klassen wie *CMyApplication* und *CMyFileHandler* implementiert:

```
class CMyFileHandler : public CFileHandler {
  // z.B. wie oben
};

class CMyApplication : public CApplication {
  // ...
};
```

8.4 Virtuelle Funktionen, späte Bindung und Polymorphie

Vor einem Aufruf von *list_file* aus *CApplication* muss der Zeiger f mit einem Objekt der vom Anwender definierten Klasse *CMyFileHandler* initialisiert werden. Diese Initialisierung ist aber in der Basisklasse nicht möglich, da *CMyFileHandler* zum Zeitpunkt des Entwurfs der Basisklassen überhaupt noch nicht bekannt ist.

Da diese Initialisierung erst nach der Definition einer abgeleiteten Klasse möglich ist, liegt es nahe, sie in einer virtuellen Funktion wie *CreateFileHandler* durchzuführen. Diese ist in der Basisklasse rein virtuell und liefert in einer abgeleiteten Klasse einen Zeiger auf ein Objekt der jeweiligen Klasse zurück. Ihr Aufruf kann dann in einer Funktion wie *NewFileHandler* erfolgen, die bereits in der Basisklasse definiert ist:

```
class CApplication {
  CFileHandler* f;
  virtual CFileHandler* CreateFileHandler(char* fn)=0;
 public:
  ~CFileHandler(){ }
  void NewFileHandler(char* fn)
  {
  f=CreateFileHandler(fn);
  }
};
```

Der Anwender implementiert dann *CreateFileHandler* in jeder abgeleiteten Klasse so, dass diese Funktion einen Zeiger auf ein Objekt dieser Klasse liefert:

```
class CMyApplication : public CApplication {
  CFileHandler* CreateFileHandler(char* fn)
  {
  return new CMyFileHandler(fn);
  }
 public:
  // ...
};
```

Vor dem ersten Aufruf einer Funktion des Programmgerüsts ruft der Anwender dann eine Funktion wie *NewFileHandler* auf:

```
void test(CApplication* app)
{
app->NewFileHandler("c:\\test\\kb.dat");
app->list_file();
}

test(new CMyApplication);
test(new CYourApplication);
```

Nach diesem Schema wurden in Abschnitt 8.4.6 virtuelle Konstruktoren simuliert. Gamma bezeichnet die Funktion *CreateFileHandler* als **factory method** oder als **virtuellen Konstruktor**, da sie ein Objekt „herstellt". Solche „Factory-Methoden" kann man verwenden, wenn eine Klasse nicht vorhersehen kann, welche Objekte sie erzeugen muss, und wenn diese Aufgabe an abgeleitete Klassen delegiert werden soll. Mit einer *factory method* kann man es vermeiden, anwendungsspezifische Anweisungen in eine Klasse aufzunehmen. Die spezifischen Funktionen werden erst nachträglich (in der abgeleiteten Klasse) in die Basisklassen hineinkonstruiert.

Die Verwendung von solchen „Factory-Methoden" wird als Muster „factory method" bezeichnet. An diesem Muster sind die folgenden Klassen beteiligt:

- Das **Produkt** (hier *CFileHandler*) definiert die Schnittstellen der Objekte, die durch Factory-Methoden erzeugt werden.
- Das **konkrete Produkt** (hier *CMyFileHandler*) implementiert die Schnittstellen des Produkts.
- Die **Anwendung** (hier *CApplication*) deklariert die Factory-Methoden, die Produkte erzeugen. Sie kann außerdem Funktionen zur Verfügung stellen, die Produkte erzeugen (hier *NewFileHandler*).
- Die **konkrete Anwendung** (hier *CMyApplication*) implementiert die Factory-Methoden, die Produkte erzeugen.

Die Anwendung verlässt sich dann darauf, dass die abgeleiteten Klassen die Factory-Methoden definieren und immer das richtige Objekt erzeugen.

Wenn eine Anwendung für verschiedene Plattformen (z.B. MS Windows, XWindow usw.) zur Verfügung gestellt werden soll, müssen einzelne Funktionen oft für jede Plattform unterschiedlich realisiert werden. Die Auswahl der Anweisungen für die jeweilige Plattform kann man dann hart kodieren:

```
CFileHandler* fh;
if (AppType==MSWindows) fh=new MSWindowsFileHandler;
else if (AppType==XWindow) fh=new XWindowFileHandler;
else ...
```

Falls solche Unterscheidungen oft notwendig sind, enthält das Programm viele solche Verzweigungen und wird leicht unübersichtlich. Eine versehentlich falsch formulierte Abfrage wird durch den Compiler nicht entdeckt:

```
...
else if (AppType==MSWindows) fh=new XWindowFileHandler;
...
```

Deshalb ist es besser, wenn man die Anwendung so konstruiert, dass nach einer einzigen Initialisierung wie beim Aufruf von *MyApplication* immer automatisch die richtigen Funktionen aufgerufen werden:

8.4 Virtuelle Funktionen, späte Bindung und Polymorphie

```
void MyApplication(Factory* f)
{
CFileHandler* fh=f->CreateFileHandler("c:\\kb.dat");
fh->process_file();
}

MyApplication(new MSWinFactory);
```

Eine solche Konstruktion ist mit einer gemeinsamen Basisklasse der verschiedenen Anwendungen möglich, wenn man die Anwendung mit den Funktionen der Basisklasse formuliert. Wenn diese dann für jedes Element der Anwendung einen virtuellen Konstruktor enthält, kann er immer das richtige Objekt konstruieren:

```
class Factory {
 public:
   virtual CFileHandler* CreateFileHandler(char* fn)=0;
   // + virtuelle Konstruktoren für alle weiteren
   // Elemente, die zu einer Anwendung gehören sollen
   virtual ~Factory(){};
};
```

In abgeleiteten Klassen werden dann die Funktionen implementiert, die konkrete Objekte konstruieren:

```
class MSWinFactory:public Factory {
   CFileHandler* CreateFileHandler(char* fn)
   {
   return new CMyFileHandler(fn);
   };
};

class UNIXFactory:public Factory {
   CFileHandler* CreateUNIXFileHandler(char* fn)
   {
   return new CUNIXFileHandler(fn);
   };
};
```

Dann kann eine Funktion wie *process_file* über einen Zeiger auf ein Objekt der Basisklasse aufgerufen werden:

```
void MyApplication(Factory* f)
{
CFileHandler* fh=f->CreateFileHandler("c:\\kb.dat");
fh->process_file();
}
```

Beim Aufruf

```
MyApplication(new MSWinFactory);
```

führt dann der Aufruf von *CreateFileHandler* ebenso zum Aufruf von „new CMyFileHandler" wie in der Funktion *test* von oben. Allerdings kann *MyAppli-*

cation auch mit einem Objekt auf eine andere von *Factory* abgeleitete Klasse aufgerufen werden.

Dieses Muster wird in der Sammlung von Gamma als **Abstract Factory** bezeichnet. Es ist durch eine zweifache Entkopplung über zwei Gruppen von einer abstrakten und mehreren konkreten Klassen charakterisiert. Die erste Gruppe definiert die Factorys:

- Die abstrakte Factory (hier die Klasse *Factory*) deklariert die Schnittstellen, die abstrakte Produkte erzeugen.
- Die konkrete Factory (hier die Klasse *MSWinFactory*) implementiert diese Schnittstellen für jedes konkrete Produkt.

Jedes konkrete Produkt wird durch ein weiteres Paar von Klassen definiert:

- Ein abstraktes Produkt (hier die Klasse *CFileHandler*) deklariert die Schnittstelle für ein Produkt.
- Ein konkretes Produkt implementiert die Schnittstelle des abstrakten Produkts (hier die *CMyFileHandler*) und die Konstruktion eines konkreten Produkts.

Zur Definition der Anwendung verwendet der Anwender dann in einer Funktion wie *MyApplication* nur die Schnittstellen, die im abstrakten Produkt und in der abstrakten Factory definiert sind.

Aufgabe 8.4.12

Gamma illustriert das Muster **Abstract Factory** am Beispiel einer Bibliothek, die Elemente für verschiedene grafische Benutzeroberflächen (z.B. MS-Windows, XWindow, MacWindows) zur Verfügung stellen soll. Eine Anwendung soll mit ihr Programme für verschiedene Benutzeroberflächen erzeugen können.

Die abstrakte Factory wird dabei durch eine Klasse *GUIFactory* dargestellt:

```
class GUIFactory {
 public:
  virtual Button* CreateButton()=0;
  virtual Scrollbar* CreateScrollbar()=0;
  virtual ~CFileHandler() {}
};
```

Diese enthält die Schnittstelle, die abstrakte Produkte wie *Button*, *Scrollbar* usw. konstruiert. Von dieser sind konkrete Factorys (*MSWindowsFactory*, *XWindowFactory* usw.) abgeleitet, die jedes konkrete Produkt (*MSWindowsButton*, *MSWindowsScrollbar* usw.) für jede Benutzeroberfläche erzeugen.

Eine Anwendung soll dann allein über die abstrakten Produkte der abstrakten Factory definiert werden können:

8.4 Virtuelle Funktionen, späte Bindung und Polymorphie

```
void CreateAppWindow(GUIFactory* guiFactory)
{//verwendet nur abstrakte Factory und abstrakte Produkte
Button* b=guiFactory->CreateButton();
b->OnClick();
Scrollbar* s=guiFactory->CreateScrollbar();
}
```

Das Argument für den Parameter *guiFactory* legt dann fest, für welche Benutzeroberfläche die Anwendung erzeugt wird:

```
CreateAppWindow(new MSWindowsFactory);
// bzw. CreateAppWindow(new XWindowFactory);
```

Simulieren Sie eine solche Architektur, indem Sie in den einzelnen Funktionen entsprechende Meldungen ausgeben.

8.4.13 UML-Diagramme für Vererbung und Komposition

In der Unified Modelling Language (UML) wird die **Vererbung** auch als Generalisierung bezeichnet. Eine Basisklasse wird als Oberklasse (super class) und eine abgeleitete Klasse als Unterklasse (sub class) bezeichnet.

Zur grafischen Darstellung der Vererbung werden Pfeile verwendet, die von der abgeleiteten Klasse zur Basisklasse zeigen:

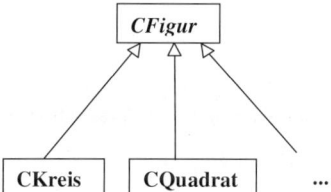

Dabei werden ausdrücklich umrandete Dreiecke △ als Pfeilspitzen verlangt und keine gefüllten ▲.

Anstelle eines Pfeils von jeder abgeleiteten Klasse zu ihren Basisklassen können die abgeleiteten Klassen auch durch Linien verbunden werden, so dass nur eine einzige Pfeilspitze auf eine Basisklasse zeigt:

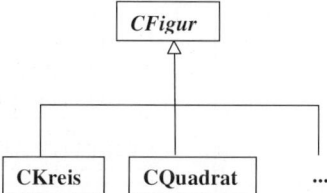

Wie schon in Abschnitt 8.1.6 gezeigt wurde, kann der Detaillierungsgrad der Darstellung den jeweiligen Bedürfnissen angepasst werden. Nimmt man Operationen (Elementfunktionen) in die Diagramme auf, sind gleichnamige Operationen mit derselben Schnittstelle in der Regel polymorph. Abstrakte Klassen bzw. Elementfunktionen werden durch kursiv geschriebene Namen gekennzeichnet:

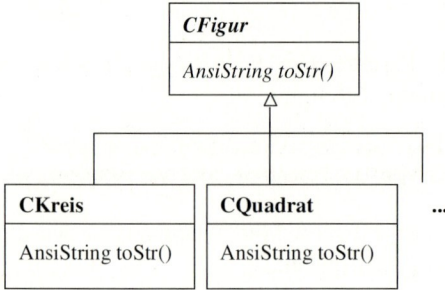

In dieser Klassenhierarchie ist also wegen der kursiven Schrift *CFigur* eine abstrakte Basisklasse mit der rein virtuellen Funktion *toStr*. Die Klassen *CKreis* und *CQuadrat* sind dagegen nicht abstrakt, und die hier definierten Funktionen *toStr* überschreiben die Funktion aus der Basisklasse.

Das Dreieck an der Spitze als Pfeil zur Basisklasse wird auch als **Diskriminator** bezeichnet. Neben diesem Diskriminator kann man auch durch einen Text zum Ausdruck bringen, nach welchem Kriterium die Hierarchie gebildet wurde:

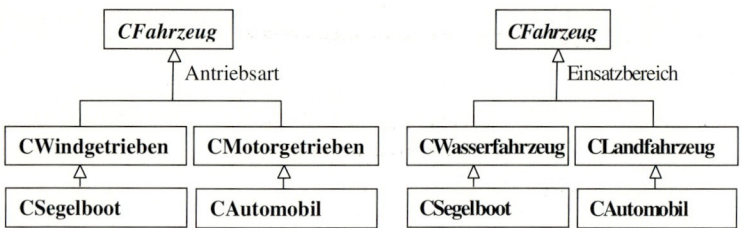

Wenn eine Klasse Elemente enthält, die wiederum Klassen sind (**Komposition**), werden diese im einfachsten Fall durch Attribute dargestellt, ohne dass besonders hervorgehoben wird, dass ihr Datentyp eine Klasse ist. Die Elemente können aber auch durch Rechtecke umrandet werden:

CWindow
OKButton: CButton
AbortButton: CButton
Caption: CCaption
moveTo(x double, y double)

CWindow
OKButton: CButton
AbortButton: CButton
Caption: CCaption
moveTo(x double, y double)

8.4 Virtuelle Funktionen, späte Bindung und Polymorphie

Außerdem können bei einer Komposition die Elemente außerhalb der enthaltenden Klasse gezeichnet werden. Diese verbindet man mit einem Pfeil, an dessen Ende eine gefüllte Raute auf die enthaltende Klasse zeigt. Die Namen der Klassenelemente kann man links vom Pfeil angeben, muss es aber nicht.

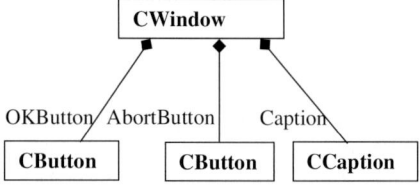

8.4.14 Zeiger auf Klassenelemente ⊕

Dieses Thema hat zunächst nur wenig mit virtuellen Funktionen zu tun und hätte auch schon früher behandelt werden können. Da Zeiger auf Elementfunktionen aber auch auf virtuelle Funktionen zeigen können, soll das an einem Beispiel illustriert werden.

Mit Funktionszeigern (siehe Abschnitt 6.3.7) kann man Funktionen als Parameter an eine Funktion übergeben sowie Variablen definieren, denen man Funktionen zuweisen kann:

```
typedef double (* ZF)(double);

double Trapezsumme(ZF f, double a, double b, int n)
{
double s = (f(a) + f(b))/2;
double h = (b-a)/n;
for (int i=1; i<n; ++i)
  s = s + f(a+i*h);
return s*h;
}

#include <math.h>

void test_FP()
{
// Die Funktion sin wird als Argument übergeben:
double s1=Trapezsumme(sin,0,2,1000);
// Dem Funktionszeiger f wird die Funktion cos zugewiesen
ZF f=cos; // Die Kosinus-Funktion aus math.h
double s2=Trapezsumme(f,0,2,1000);
}
```

Überträgt man diese Syntax auf nicht statische Elementfunktionen von Klassen, wird das vom Compiler nicht akzeptiert. Mit statischen Elementfunktionen geht es dagegen:

```
class C {
 public:
   static double s(double x) {return x*x; }
   virtual double f(double x) {return x*x; }
};

void test_FP1()
{
C c;
double s1=Trapezsumme(c.s,0,2,1000), // das geht
s=Trapezsumme(c.f,0,2);//Fehler:Konvertierung von
          // 'double(* (_closure)(double))(double)' nach
}         // 'double (*)(double)' nicht möglich
```

Der Grund dafür ist der *this*-Zeiger, der einer nicht statischen Elementfunktion implizit als Parameter übergeben wird. Da statische Elementfunktionen diesen Parameter nicht haben, können sie wie „gewöhnliche" Funktionen verwendet werden.

Damit man für eine nicht statische Elementfunktion dieselben Möglichkeiten wie mit Funktionszeigern für gewöhnliche Funktionen hat, muss man einen **Zeiger auf eine Elementfunktion** verwenden. Die Definition eines solchen Zeigers unterscheidet sich von der eines Zeigers auf eine Funktion nur dadurch, dass man vor dem * die Klasse angibt, zu der die Elementfunktion gehört, sowie den Bereichsoperator „::":

```
typedef double (* ZF)(double);      // Zeiger auf Funktion
typedef double (C::* ZEF)(double);// Zeiger auf Element-
                                  // funktion der Klasse C
```

Einen Zeiger auf ein Element der Klasse C kann man als rechte Seite der Operatoren „.*" bzw. „->*" an ein Objekt binden, das den Datentyp C oder den einer von C abgeleiteten Klasse hat:

pm-expression:
  cast-expression
  pm-expression .* *cast-expression*
  pm-expression ->* *cast-expression*

Das Ergebnis eines solchen Ausdrucks ist dann das Element des Objekts, das durch den Zeiger auf das Element beschrieben wird. Wie später noch gezeigt wird, muss das Element keine Funktion sein, sondern kann auch ein Datenelement sein. Da der Aufrufoperator () stärker bindet als die Operatoren „.*" bzw. „->*", müssen die Operanden eines solchen Operators geklammert werden.

Mit den Deklarationen von oben kann man einen Zeiger auf eine Elementfunktion als Parameter an die Funktion *call* übergeben und diesen Parameter mit einem dieser Operatoren an das Objekt binden:

8.4 Virtuelle Funktionen, späte Bindung und Polymorphie

```
void call(ZEF x)
{
C c;
(c.*x)(1.0);

C* p=&c;
(p->*x)(1.0);
}
```

Einen Zeiger auf eine Elementfunktion f der Klasse C erhält man mit dem Ausdruck &C::f. Im Unterschied zu gewöhnlichen Funktionen kann man diesen Ausdruck nicht durch den Ausdruck C::f (ohne den Adressoperator) ersetzen. Deswegen kann man die Funktion *call* folgendermaßen aufrufen:

```
call(&C::f);
```

Hätte man in der Funktion *call* anstelle der Operatoren „.*" bzw. „->*" die Operatoren „." bzw. „->" verwendet sowie einen Parameter, der denselben Name wie eine Elementfunktion hat, würde unabhängig vom Wert des Parameters immer die Elementfunktion f aufgerufen:

```
void call1(ZEF f)
{
C c;
(c.f)(1.0); // f ist eine Elementfunktion von C
C* p=&c;
(p->f)(1.0);
}
```

In Abschnitt 8.3.6 wurde gezeigt, dass man einem Objekt c einer Basisklasse C ein Objekt d einer abgeleiteten Klasse D zuweisen kann:

```
D* d;
C* c=d;
```

Bei Zeigern auf Elementfunktionen gilt gerade die entgegengesetzte Regel. Könnte man einem Zeiger *pmc* auf ein Element einer Basisklasse einen Zeiger auf ein Element *pmd* einer abgeleiteten Klasse zuweisen, würde man über *pmc* eventuell das in C nicht vorhandene Element ansprechen, auf das *pmd* zeigt. Dieser Sachverhalt wird auch als **Kontravarianz** bezeichnet. Deshalb wird die zweite der nächsten beiden Zuweisungen vom Compiler abgelehnt:

```
ZEF p=&C::f;
p=&D::f; // Fehler: Konvertierung von 'double (D::*)
     // (double)' nach 'double (C::*)(double)' nicht möglich
```

Das nächste Beispiel zeigt, wie man mit Zeigern auf Elementfunktionen eine umfangreiche Kette von Abfragen wie in der Funktion *dispatch1* vereinfachen kann. Dabei soll eine von mehreren Elementfunktionen ausgewählt werden, die alle denselben Datentyp haben.

```cpp
class CBasisklasse{
 public:
   virtual void anzeigen()=0;
   virtual void drucken() =0;
   virtual void aendern() =0;
};

class CBestellung : public CBasisklasse{
 public:
   void anzeigen() {};
   void drucken()  {};
   void aendern()  {};
};

class CLagerbestand : public CBasisklasse{
 public:
   void anzeigen() {};
   void drucken()  {};
   void aendern()  {};
};

enum Aktion {anzeigen,drucken,aendern};

void dispatch1(Aktion a, CBasisklasse* p)
{
if (a==anzeigen)      p->anzeigen();
else if (a==drucken)  p->drucken();
else if (a==aendern)  p->aendern();
}
```

Dasselbe Ergebnis wie mit der Funktion *dispatch1* erhält man auch mit der Funktion *dispatch*. Diese zeigt insbesondere auch, dass Zeiger auf Elementfunktionen auch mit **virtuellen** Funktionen zum Aufruf der richtigen Funktion führen:

```cpp
typedef void (CBasisklasse::* ZEFB)();

ZEFB Aktionen[]={&CBasisklasse::anzeigen,
        &CBasisklasse::drucken, &CBasisklasse::aendern};

void dispatch(Aktion a, CBasisklasse* p)
{
(p->*Aktionen[a])();
}
```

Die Funktion *dispatch* ist offensichtlich einfacher als *dispatch1* und kann auch leichter um neue Verzweigungen erweitert werden.

Wie schon erwähnt, gelten die bisherigen Ausführungen nicht nur für Elementfunktionen, sondern auch für **Datenelemente** einer Klasse. Wenn eine Klasse C ein Datenelement des Datentyps T hat, ist *pmd* nach der Deklaration

T C::* pmd

8.4 Virtuelle Funktionen, späte Bindung und Polymorphie

ein Zeiger auf ein Datenelement des Datentyps T der Klasse C. Einem solchen x kann dann die Adresse eines beliebigen Elements e des Datentyps T der Klasse C zugewiesen werden:

pmd = &C::e;

Dieses Element kann dann in einem Objekt der Klasse C mit einem der Operatoren „.*" bzw. „->*" angesprochen werden.

Beispiel: Mit der Klasse

```
struct CDaten { // alles public
  int i1;
  int i2;
  int i3;
  double d1;
  double d2;
};
```

sind *pmd_i* und *pmd_d* Zeiger auf Elemente des Datentyps *int* bzw. *double* der Klasse *CDaten*:

```
int CDaten::* pmd_i;
double CDaten::* pmd_d;
```

Einem solchen Zeiger auf ein Element kann man dann ein Element des entsprechenden Datentyps der Klasse *CDaten* zuordnen. Andere Datentypen werden nicht akzeptiert:

```
pmd_i=&CDaten::i1;
pmd_i=&CDaten::d1;//Fehler: Konvertierung 'double
// CDaten::*' nach 'int CDaten::*' nicht möglich
```

Mit dem Operator .* erhält man dann die jeweils als Kommentar aufgeführten Ergebnisse:

```
CDaten c;
int x=c.*pmd_i; // x=c.i1
pmd_i=&CDaten::i2;
x=c.*pmd_i;      // x=c.i2
```

Aufgabe 8.4.14

Definieren Sie eine Klassenhierarchie mit einer Basisklasse und zwei davon abgeleiteten Klassen, ähnlich wie die Klassen *CBasisklasse*, *CBestellung* und *CLagerbestand* im Text. Alle Elementfunktionen der Basisklasse sollen rein virtuell sein, denselben Datentyp haben und in den abgeleiteten Klassen überschrieben werden. Bei ihrem Aufruf sollen sie eine Meldung ausgeben, aus der hervorgeht, welche Funktion aufgerufen wurde und zu welcher Klasse sie gehört. In einer Funktion wie *dispatch* soll eine dieser Funktionen über ein Array von Zeigern auf Elementfunktionen aufgerufen werden.

Rufen Sie *dispatch* für alle Kombinationen von Klassen und Elementfunktionen auf. Überprüfen Sie, ob so auch tatsächlich die erwarteten Funktionen aufgerufen werden.

8.5 Laufzeit-Typinformationen

Wenn man in Abhängigkeit vom dynamischen Datentyp eines Zeigers oder einer Referenz auf ein Klassenobjekt bestimmte Anweisungen ausführen will, fasst man diese meist in virtuellen Funktionen zusammen. Der Aufruf einer solchen Funktion führt dann zum Aufruf der Funktion, die zum dynamischen Datentyp des Objekts gehört.

Es gibt jedoch Situationen, in denen das nicht möglich oder umständlich ist. Dann kann es hilfreich sein, den dynamischen Datentyp des Objekts mit den Operatoren *typeid* oder *dynamic_cast* zu bestimmen und das Objekt in den dynamischen Datentyp zu konvertieren.

Diese Operatoren verwenden die so genannten Laufzeit-Typinformationen („runtime type information", „RTTI"), die nur für polymorphe Klassen zur Verfügung stehen. Durch diese im C++-Standard festgelegte Voraussetzung wird die Implementierung dieser Typinformationen vereinfacht. Sie können dann über einen Zeiger in der *virtual function table* (*vtbl*) adressiert werden.

Für die meisten Anwendungen sind virtuelle Funktionen ausreichend, so dass es in der Regel nicht notwendig ist, die Operatoren *typeid* und *dynamic_cast* zu verwenden. Wie später gezeigt wird, hat die Verwendung dieser Operatoren gegenüber virtuellen Funktionen oft außerdem den Nachteil, dass die Möglichkeit zur Erweiterung ohne Quelltextänderung verloren geht. Deshalb ist es meist empfehlenswert, virtuelle Funktionen gegenüber diesen Operatoren zu bevorzugen.

Damit der C++Builder den für die Laufzeit-Typinformationen notwendigen Code erzeugt, muss unter *Projekt|Optionen|C++* die Checkbox „RTTI aktivieren" markiert sein.

8.5.1 Typinformationen mit dem Operator *typeid* ⊕

Schon in Abschnitt 3.11 wurde erwähnt, dass der Operator **typeid**

```
typeid ( expression )
typeid ( type-id )
```

8.5 Laufzeit-Typinformationen

ein Ergebnis des Datentyps *type_info* liefert. Diese Klasse ist in *<typeinfo>* im Namensbereich *std* folgendermaßen definiert:

```
class type_info {
 public:
   virtual ~type_info();
   bool operator==(const type_info& rhs) const;
   bool operator!=(const type_info& rhs) const;
   bool before(const type_info& rhs) const;
   const char* name() const;
 private:
   type_info(const type_info& rhs);
   type_info& operator=(const type_info& rhs);
};
```

Mit den Operatoren == bzw. != kann überprüft werden, ob zwei Datentypen gleich sind. Der Funktionswert von *name()* ist ein String mit dem Namen des Datentyps, der allerdings bei verschiedenen Compilern verschieden sein kann. Da die Klasse einen *private* Copy-Konstruktor hat, kann man keine Objekte dieses Datentyps definieren.

Beispiel: Die folgenden Anweisungen geben „int" und „int*" aus:

```
int i;
if (typeid(i)==typeid(int))
  Memo1->Lines->Add(typeid(123).name());
typedef int* Pint;
if (typeid(int*)==typeid(Pint))
  Memo1->Lines->Add(typeid(int*).name());
```

Es ist nicht möglich, Objekte des Datentyps *type_info* zu definieren:

```
type_info t1; // Keine Übereinstimmung für
              // 'type_info::type_info()' gefunden
type_info t2=typeid(int);//Zugriff auf 'type_info
   //::type_info(const type_info &)' nicht möglich
```

Alle *const-* oder *volatile*-Angaben auf der obersten Ebene werden von *typeid* ignoriert. Unterhalb der obersten Ebene werden sie dagegen berücksichtigt.

Beispiel: Ergänzt man die erste Definition aus dem letzten Beispiel auf der obersten Ebene um *const*, erhält man wie im letzten Beispiel das Ergebnis „int":

```
const int i=17;
if (typeid(i)==typeid(int))
  Memo1->Lines->Add(typeid(i).name());
```

Ergänzt man die zweite Definition um *const* unterhalb der obersten Ebene, wird „const int *" ausgegeben:

```
const int* const Pint=&i;
Memo1->Lines->Add(typeid(Pint).name());
```

Wie bei *sizeof* wird der Operand von *typeid* nicht ausgewertet. Deswegen hat i nach der Ausführung der folgenden Anweisung denselben Wert wie zuvor:

```
typeid(i++);
```

Für einen Nullzeiger p wird durch *typeid(*p)* die Exception *bad_typeid* ausgelöst.

In den bisherigen Beispielen ergab sich der Wert von *typeid* immer aus dem statischen Datentyp des Operanden. Das ist aber nicht immer so:

– Falls der Operand von *typeid* ein Ausdruck und dessen Datentyp eine **polymorphe Klasse** ist, ergibt sich *typeid(x)* aus dem **dynamischen Datentyp** des Operanden x.
– In allen anderen Fällen ergibt sich dieser Wert dagegen aus dem **statischen Datentyp** des Operanden. Das gilt insbesondere auch, wenn der Datentyp ein Zeiger auf eine polymorphe Klasse ist.

Deshalb kann man mit *typeid* über einen Zeiger oder eine Referenz auf ein Objekt einer polymorphen Basisklasse dessen dynamischen Datentyp bestimmen.

Beispiel: Mit den Definitionen

```
class C {
  virtual void f(){}; // damit C polymorph ist
};

class D : public C {
};

D d;
C* pc=&d;
C& c=d;
```

erhält man die jeweils als Kommentar angegebenen Ergebnisse:

```
typeid(*pc).name();   // D
typeid(c).name());    // D
typeid(pc).name();    // C*
```

Die Typinformationen des dynamischen Typs erhält man also nur mit einem Objekt einer polymorphen Klasse und nicht mit einem Zeiger auf ein solches Objekt. Das kann Anlass zu **Verwechslungen** bieten, da man virtuelle Funktionen oft über einen Zeiger und nicht über das Objekt aufruft:

```
pc->f();   // ruft f zum dynamischen DT von pc auf
```

In den letzten Abschnitten wurde gezeigt, wie man mit virtuellen Funktionen die zum jeweiligen dynamischen Datentyp gehörende Funktion aufrufen kann. Nach-

8.5 Laufzeit-Typinformationen

dem wir nun gesehen haben, dass man den dynamischen Datentyp auch mit *typeid* abfragen kann, liegt es nahe, dasselbe Ergebnis mit einer expliziten Abfrage des Datentyps zu realisieren.

Dazu wird im nächsten Beispiel die Funktion *toStr* in einer Basisklasse als nicht virtuelle Funktion definiert. In dieser führt man dann in Abhängigkeit von dem mit *typeid* bestimmten Datentyp des aktuellen Objekts die entsprechenden Anweisungen aus. Falls dazu Elemente aus einer abgeleiteten Klasse benötigt werden, konvertiert man die aktuelle Klasse mit *static_cast* oder *dynamic_cast* in die abgeleitete Klasse. Diese **eine nicht virtuelle Funktion** hat dann **dasselbe Ergebnis wie die virtuellen Funktionen** aus der entsprechenden Klassenhierarchie.

Beispiel: Bei den folgenden Klassen hat die nicht virtuelle Funktion *toStr* dasselbe Ergebnis wie eine der virtuellen Funktionen aus dem Beispiel in Abschnitt 8.4.1:

```
class C2DPunkt{
 public:
   double x,y;
   C2DPunkt(double x_, double y_):x(x_),y(y_) { };
   AnsiString toStr();
   void display();
   virtual ~C2DPunkt(){};
}; // polymorphe Klasse, da virtueller Destruktor

class C3DPunkt : public C2DPunkt{
 public:
   double z;
   C3DPunkt (double x_, double y_, double z_):
                   C2DPunkt(x_,y_),z(z_) { };
};

AnsiString C2DPunkt::toStr()
{
if (typeid(*this)==typeid(C2DPunkt))
   return "("+FloatToStr(x)+"|"+FloatToStr(y)+")";
else if (typeid(*this)==typeid(C3DPunkt))
    {
   C3DPunkt p3=*static_cast<C3DPunkt*>(this);
   return "("+FloatToStr(p3.x) + "|" +
        FloatToStr(p3.y)+"|"+FloatToStr(p3.z)+")";
    }
};

void C2DPunkt::display()
{
Form1->Memo1->Lines->Add(toStr());
};
```

```
void test()
{
C2DPunkt p2(1,2);
C3DPunkt p3(1,2,3);
p2.display();
p3.display();
}
```

Obwohl man so dasselbe Ergebnis erreicht wie im letzten Abschnitt, unterscheiden sich die beiden Ansätze gravierend:

- Dort wurde nur der kleinste gemeinsame Nenner der abgeleiteten Klassen in die Basisklassen gepackt.
- Hier ist dagegen die gesamte Funktionalität der abgeleiteten Klassen bereits in den Basisklassen enthalten.

Der **Nachteil** einer solchen Klassenhierarchie ist der **vollständige Verlust der Erweiterbarkeit ohne Quelltextänderung**: Jede Erweiterung muss direkt im Quelltext der Basisklasse durchgeführt werden wie bei der Lösung in Abschnitt 8.4.8 mit einem Typfeld. Diese Lösung wäre bezüglich der Ausführungszeit sogar geringfügig schneller, da die Auswertung der Typinformationen schon während der Kompilation erfolgen kann und nicht erst während der Laufzeit.

Obwohl es also naheliegend ist, den Operator *typeid* wie in diesem Beispiel zu verwenden, ist davon doch meist abzuraten. **Erweiterbarkeit ohne Quelltextänderung lässt sich nur mit virtuellen Funktionen erreichen**. Die Definition konkreter Aktionen in Basisklassen zerstört diese Erweiterbarkeit und bringt meist keine Vorteile.

8.5.2 Typkonversionen mit *dynamic_cast* ⊕

Das Ergebnis von

```
dynamic_cast<T>(v)
```

ergibt sich aus dem Versuch, den Ausdruck v in den Datentyp T zu konvertieren. Dabei muss T ein Zeiger oder eine Referenz auf eine Klasse sein und v auf ein Objekt der Klassenhierarchie von T zeigen. Deshalb akzeptiert der Compiler einen *dynamic_cast* nur in einer der beiden Formen

```
dynamic_cast<T*>(v)
dynamic_cast<T&>(v)
```

Im ersten Fall muss T* ein Zeiger auf eine Klasse oder der Datentyp *void** sein, und im zweiten Fall (mit T&) ein Klassenreferenztyp.

Betrachten wir zunächst nur die Ergebnisse für Zeiger. Die Ergebnisse für Referenztypen ergeben sich analog dazu und werden anschließend beschrieben.

8.5 Laufzeit-Typinformationen

Falls der Datentyp von *v die Klasse T oder eine von T abgeleitete Klasse ist, bezeichnet man die Konversion

```
dynamic_cast<T*>(v)
```

auch als **upcast**, da der Datentyp von v in einen Datentyp konvertiert wird, der in den üblichen Klassendiagrammen darüber liegt. Das Ergebnis ist dann ein Zeiger auf das Teilobjekt des Typs T, das in *v enthalten ist. Deshalb ist das Ergebnis der Zuweisung

```
T* p=dynamic_cast<T*>(v)
```

identisch mit dem der Zuweisung

```
T* p=v
```

Bei einem upcast kann man sich die Schreibarbeit für *dynamic_cast* also sparen. Da man einen *dynamic_cast* aber oft verwendet, ohne dass man den dynamischen Datentyp von v kennt, ist es praktisch, wenn man diesen nicht vorher extra prüfen muss.

Bei den anderen zulässigen Kombinationen von T* und v muss der Datentyp von *v eine polymorphe Klasse sein, d.h. eine Klasse mit mindestens einer virtuellen Funktion. Diese Voraussetzung ist insbesondere auch für den Ausdruck

```
void* p=dynamic_cast<void*>(v);
```

notwendig, mit dem man die Adresse des Objekts erhält, auf das der dynamische Datentyp von v zeigt.

Dann wird während der Laufzeit geprüft, ob das Objekt, auf das v zeigt, in den Datentyp T konvertiert werden kann. Falls das möglich ist, ist das Ergebnis der Konversion ein Zeiger auf dieses Objekt des Typs T, andernfalls der Wert 0.

Dazu soll jetzt der statische Datentyp des Zeigers v mit C* und der dynamische Typ mit X* bezeichnet werden. Falls dann

- C eine *public* Basisklasse von T ist und
- T eine *public* Basisklasse von X ist und
- T nur einmal von C abgeleitet ist,

bezeichnet man die Konversion

dynamic_cast<T>(v)*

auch als **downcast**. Dabei wird die Aussage „C ist Basisklasse von D" auch dann als wahr betrachtet, wenn C und D dieselben Klassen sind.

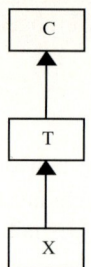

Falls dagegen

- C eine *public* Basisklasse von X ist und
- T eine eindeutige *public* Basisklasse von X

bezeichnet man die Konversion als **crosscast**.

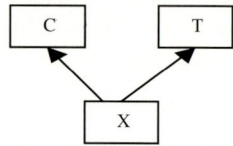

Bei einem downcast oder einem crosscast ist das Ergebnis der Konversion ein Zeiger auf das Objekt des Typs T, das in *v enthalten ist. In allen anderen Fällen ist das Ergebnis dann der Wert 0 (Null) als Nullzeiger des Typs T.

Beispiele:

1. Mit den Klassen

```
class C {
  virtual f(){};
};

class D:public C {
};
```

ist die Konversion nach der ersten Zuweisung in

```
C* pc=new D;
D* pd=dynamic_cast<D*>(pc); // pd!=0
```

ein downcast, so dass *pd* anschließend auf das durch *new* erzeugte Objekt des Typs D zeigt. Ohne den Operator *dynamic_cast* in der Zuweisung an *pd* würde diese vom Compiler abgelehnt.

Nach der ersten Zuweisung in

```
pc=new C;
pd=dynamic_cast<D*>(pc);    // pd=0
```

8.5 Laufzeit-Typinformationen

ist die Konversion dagegen weder ein down- noch ein crosscast, und das Ergebnis ist der Wert 0.

2. Mit den Klassen

```
class C1 {
  virtual f(){};
};

class C2 { // nicht polymorph
};

class D : public C1,public C2 {
};
```

erhält man mit

```
D d;
C1* c1=&d;
C2* c2=dynamic_cast<C2*>(c1);
```

für c2 einen Zeiger auf das Teilobjekt des Typs C2 von d. Dieses Beispiel zeigt insbesondere, dass nur der Datentyp des Ausdrucks eine polymorphe Klasse sein muss, nicht jedoch der Datentyp, in den konvertiert wird.

3. Aufgrund von Mehrfachvererbung können mehrere Objekte der Klasse, auf die konvertiert wird, in *v enthalten sein. Bei einer solchen Mehrdeutigkeit ist das Ergebnis der Konversion der Wert 0. Diese Situation ist in der Hierarchie

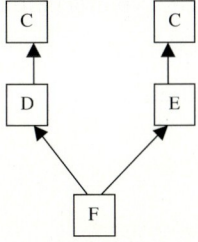

nach den folgenden Anweisungen gegeben:

```
F* pf=new F;
C* pc=dynamic_cast<C*>(pf); // pd=0
```

Mit zwei eindeutigen Konversionen kann man angeben, in welches der beiden Objekte des Typs C man *pf* konvertieren will:

```
D* pd=dynamic_cast<D*>(pf);  // pd!=0;
pc=dynamic_cast<C*>(pd);     // pc!=0
```

Die Aussagen von oben gelten entsprechend auch für **Referenztypen**. Da es jedoch für Variablen keinen ausgezeichneten Wert wie 0 (Null) bei Zeigern gibt, wird dann die Exception *std::bad_cast* ausgelöst, wenn die Konversion nicht möglich ist.

Beispiel: Mit den Klassen aus dem Beispiel und der Funktion

```
void Ref(C& cr)
{
D d;
try {
      d=dynamic_cast<D&>(cr); // d!=0
      Form1->Memo1->Lines->Add("geht ");
}
catch (...)
{
Form1->Memo1->Lines->Add("geht nicht");
}
}
```

erhält man mit

```
C c;
D d;
Ref(c);
Ref(d);
```

beim ersten Aufruf der Funktion *Ref* die Ausgabe „geht" und beim zweiten Aufruf die Ausgabe „geht nicht".

8.5.3 Anwendungen von Laufzeit-Typinformationen ⊕

Ein typischer Einsatzbereich von Laufzeit-Typinformationen soll am Beispiel der folgenden Klassenhierarchie illustriert werden:

```
class C {
 public:
   virtual void f()
   {
     Form1->Memo1->Lines->Add("C");
   }
};

class D : public C{
 public:
   void f() // virtuell, überschreibt f in C
   {
     Form1->Memo1->Lines->Add("D");
   }
};
```

8.5 Laufzeit-Typinformationen

```
class E : public D {
 public:
   void f() // virtuell, überschreibt f in C
   {
     Form1->Memo1->Lines->Add("E");
   }
};
```

Mit einer solchen Klassenhierarchie, in der eine virtuelle Elementfunktion in einer Basisklasse durch virtuelle Funktionen in den abgeleiteten Klassen überschrieben wird, erzielt man durch einen Aufruf der Funktion

```
void g1(C* p)
{
p->f();
}
```

dasselbe Ergebnis wie durch den Aufruf einer der Funktionen *g2* oder *g3*:

```
void g2(C* p)
{
if (typeid(*p)==typeid(C))       p->f();
else if (typeid(*p)==typeid(D)) p->f();
else if (typeid(*p)==typeid(E)) p->f();
}

void g3(C* p)
{
if (dynamic_cast<E*>(p))       p->f();
else if (dynamic_cast<D*>(p)) p->f();
else if (dynamic_cast<C*>(p)) p->f();
}
```

Da die Funktion *g1* einfacher ist und außerdem im Unterschied zu den anderen beiden ohne Quelltextänderung erweitert werden kann, empfiehlt es sich, diese den beiden anderen vorzuziehen. Allerdings müssen für *g1* Voraussetzungen erfüllt sein, die für die anderen beiden nicht notwendig sind:

1. Die in *g1* aufgerufene Funktion muss bereits in der Basisklasse definiert sein, die *g1* als Parameter übergeben wird.
2. Alle Funktionen, die eine virtuelle Funktion der Basisklasse überschreiben, müssen dieselbe Parameterliste und im Wesentlichen denselben Rückgabetyp haben.

Zur Vermeidung der umständlicheren Versionen *g2* oder *g3* kann man die erste dieser beiden Voraussetzungen dadurch herstellen, dass man in der Basisklasse die Funktion f mit einem leeren Anweisungsteil definiert, so dass ihr Aufruf keine Auswirkungen hat. Dadurch wird die Basisklasse allerdings unübersichtlicher, da sie um eine Funktion erweitert wird, die inhaltlich keine Bedeutung hat. Bei einer größeren Anzahl solcher Funktionen kann dies ein größerer Nachteil sein als die auf den ersten Blick umständlichere Abfrage des Datentyps.

Deshalb wird ein *dynamic_cast* oft zur Prüfung verwendet, ob der dynamische Typ eines Zeigers oder einer Referenz von einer bestimmten Klasse abgeleitet ist. Falls das zutrifft, können die Elemente der abgeleiteten Klasse verwendet werden.

Solche Prüfungen treten vor allem bei umfangreichen Klassenbibliotheken wie z.B. der VCL auf. Angenommen, Sie möchten in verschiedenen Komponenten eines Formulars mit denselben Anweisungen auf bestimmte Ereignisse reagieren. Dazu kann man diese Anweisungen in jeder entsprechenden Ereignisbehandlungsroutine definieren, was aber mit Redundanz verbunden ist.

Diese Redundanz lässt sich vermeiden, wenn man das einheitliche Verhalten nur ein einziges Mal definiert. Da die Komponente, die das Ereignis ausgelöst hat, immer als Argument für den Parameter *Sender* übergeben wird und alle Komponenten der VCL von *TObject* abgeleitet sind, kann man den Datentyp dieser Komponente mit den Laufzeit-Typinformationen überprüfen.

Beispiel: Bei einem Doppelklick auf verschiedene Edit- und Memo-Felder eines Formulars soll ihr gesamter Text markiert und in die Zwischenablage kopiert werden:

```
void __fastcall TForm1::Edit1DblClick(TObject
                                            *Sender)
{
// if (typeid(*Sender)==typeid(TEdit))
if (dynamic_cast<TEdit*>(Sender))
   {
     dynamic_cast<TEdit*>(Sender)->SelectAll();
     dynamic_cast<TEdit*>(Sender)->
                                 CopyToClipboard();
   }
else if (dynamic_cast<TMemo*>(Sender))
//else if (typeid(Sender)==typeid(TMemo))
   {
     dynamic_cast<TMemo*>(Sender)->SelectAll();
     dynamic_cast<TMemo*>(Sender)->
                                 CopyToClipboard();
   }
}
```

Diese Methode wird dann z.B. beim Erzeugen des Formulars der Eigenschaft *OnDblClick* der Komponenten zugewiesen:

```
void __fastcall TForm1::FormCreate(TObject
                                            *Sender)
{
Edit2->OnDblClick = Edit1DblClick;
Memo1->OnDblClick = Edit1DblClick;
}
```

8.5.4 *static_cast* mit Klassen ⊕

Der Operator *static_cast* hat zwar nichts mit Laufzeit-Typinformationen zu tun. Da er jedoch mit Klassen ähnlich wie ein *dynamic_cast* zu einem downcast verwendet werden kann, soll diese Möglichkeit jetzt vorgestellt werden.

Bezeichnet man den statischen Datentyp von v mit C, ist das Ergebnis von

```
static_cast<T>(v)
```

ein Zeiger auf das in v enthaltene Objekt des Datentyps T, falls

- C ein Zeiger bzw. eine Referenz auf eine Klasse ist und
- T ein Zeiger bzw. eine Referenz auf eine von C abgeleitete Klasse ist und
- eine Standardkonversion von T* nach C* existiert und
- C keine virtuelle Basisklasse von T ist.

Andernfalls ist das Ergebnis der Konversion undefiniert.

Allerdings ist das Ergebnis eines *static_cast* im Gegensatz zu einem *dynamic_cast* nicht vom dynamischen, sondern nur vom statischen Datentyp von v abhängig. Deshalb besteht bei einem *static_cast* die Gefahr, dass man Elemente der konvertierten Klasse anspricht, die überhaupt nicht definiert sind. Deshalb sollte man einen downcast nur dann mit einem *static_cast* durchführen, wenn man wirklich sicher ist, dass der konvertierte Ausdruck den gewünschten Datentyp hat. Ein *dynamic_cast* ist meist sicherer.

Beispiel: Mit den Klassen

```
class C {
};
class D : public C {
 public:
   int x;
};
```

wird in der Funktion g das in C nicht definierte Element x angesprochen:

```
void g()
{
C* pc=new C;
D* pd=static_cast<D*>(pc);
pd->x=17;// Zugriff auf nicht definiertes Element

C c;
D d=static_cast<D&>(c);
d.x=17; // Zugriff auf nicht definiertes Element
}
```

Falls der Datentyp in *static_cast* kein Zeiger oder keine Referenz ist, wird die Konversion vom Compiler abgelehnt. Mit den Definitionen aus der Funktion g ist diese Konversion nicht möglich:

```
D d1=static_cast<D>(c); // Fehler: Konvertierung
                        // 'C' nach 'D' nicht möglich
```

Schon in Abschnitt 5.2.20 wurde darauf hingewiesen, dass eine Typkonversion in der Funktions- oder Typecast-Schreibweise durch die erste der folgenden Konversionen interpretiert wird:

- *const_cast*
- *static_cast*
- *static_cast* gefolgt von einem *const_cast*
- *reinterpret_cast*
- *reinterpret_cast* gefolgt von einem *const_cast*

Deshalb entsprechen die folgenden Typkonversionen mit den Definitionen aus dem letzten Beispiel einem *static_cast*:

```
void g()
{
C* pc=new C;
D* pd=(D*)(pc);

C c;
D d=(D&)(c);
}
```

Da bei einer Typkonversion in der Funktions- oder Typecast-Schreibweise die Art der Konversion aber nicht explizit zum Ausdruck kommt, wird bei Klassen von dieser Schreibweise allgemein abgeraten.

Mit einer Typkonversion in der Funktions- oder Typecast-Schreibweise kann im Unterschied zu einem *static_cast* ein Zeiger auf eine abgeleitete Klasse in einen Zeiger auf eine Basisklasse konvertiert werden, auch wenn diese nicht *public* abgeleitet ist.

Beispiel: Mit den Klassen

```
class C {
  virtual void f(){};
};

class D : private C {
};
```

wird die erste der nächsten beiden Konversionen vom Compiler abgelehnt, während die zweite akzeptiert wird. Der dynamische Datentyp von *pc2* ist D*.

```
D d;
C* pc1=static_cast<C*>&d;   // geht nicht
C* pc2=(C*)&d;              // geht
```

Da so die Beschränkungen der Zugriffsrechte auf die Elemente einer Basisklasse umgangen werden können, ist dies ein weiterer Grund, diese Konversion nicht zu verwenden.

8.5.5 Laufzeit-Typinformationen für die Klassen der VCL ⊕

Alle Klassen der VCL sind von der vordefinierten Klasse *TObject* abgeleitet. Dazu gehören z.B. Klassen wie *TEdit* und *TLabel*, aber auch selbst definierte Klassen, die von *TObject* abgeleitet sind. *TObject* besitzt unter anderem die folgenden Elementfunktionen, die ähnliche oder auch weiter gehende Informationen wie der Operator *typeid* liefern:

   static ShortString __fastcall **ClassName**(TClass cls);
   ShortString __fastcall **ClassName**(){ return ClassName(ClassType());}

   static long __fastcall **InstanceSize**(TClass cls);
   long __fastcall **InstanceSize**(){ return InstanceSize(ClassType()); }

Mit *ClassName* erhält man den Namen und mit *InstanceSize* die Größe (in Bytes) eines Objekts.

Beispiel: Durch die Anweisungen

```
Memo1->Lines->Add(typeid(TEdit).name());
Memo1->Lines->Add(Edit1->ClassName());
Memo1->Lines->Add(TObject::ClassName
                             (Edit1->ClassType()));
Form1->Memo1->Lines->Add(Form1->Edit1->
                             InstanceSize());
Form1->Memo1->Lines->Add(TObject::
         InstanceSize(Form1->Edit1->ClassType()));
```

   erhält man die Ausgabe

   Stdctrls::TEdit
   TEdit
   TEdit
   304
   304

Siehe dazu auch Abschnitt 9.3.

Anmerkung für Delphi-Programmierer: In Delphi sind alle mit *class* definierten Klassen von der Klasse *TObject* abgeleitet. Diese enthält wie im C++Builder die

Elementfunktionen *ClassInfo*, *ClassType*, *ClassName* usw., die zur Laufzeit Typinformationen wie *typeid* in C++ liefern.

Mit den Operatoren *is* und *as* kann man feststellen, ob der dynamische Datentyp eines Ausdrucks eine bestimmte Klasse ist oder von einer bestimmten Klasse abgeleitet ist. Den Operator *is* kann man in der Form

   c is C // c ist ein Objekt und C eine Klasse

verwenden. Dieser Ausdruck stellt einen booleschen Wert dar, der *true* ist, falls der dynamische Datentyp von c von C abgeleitet oder C ist, und andernfalls *false*. Der Operator *as* kann wie in

   c as C // c ist ein Objekt und C eine Klasse

verwendet werden und liefert eine Referenz auf C, falls „c is C" den Wert *true* hat. Falls das nicht zutrifft, wird eine Exception des Typs *EInvalidCast* ausgelöst. Die folgenden C++-Anweisungen entsprechen den als Kommentar angegebenen Anweisungen in Object Pascal:

```
if (dynamic_cast <TEdit*> (Sender) ...
// if Sender is TEdit ...
TEdit& ref_b = dynamic_cast <TEdit&> (*Sender)
// b := Sender as TEdit;
```

Aufgaben 8.5

1. Die folgenden Teilaufgaben verwenden die Klassen:

    ```
    class C {
      virtual void f(){}; // damit C1 polymorph ist
    } c;

    class D1:public C {
    } d1;

    class D2:public C {
    } d2;
    ```

   a) Geben Sie den Wert der booleschen Variablen b1, ..., b9 an:

    ```
    c=d1;
    bool b1= typeid(c)==typeid(d1);
    c=d2;
    bool b2= typeid(c)==typeid(d2);

    D1* pd1=&d1;
    D2* pd2=&d2;
    C* pc=pd1;
    bool b3= typeid(*pc)==typeid(d1);
    bool b4= typeid(pc)==typeid(pd1);
    ```

8.5 Laufzeit-Typinformationen

```
pc=&c;
bool b5= typeid(*pc)==typeid(d1);

C& rc=c;
bool b6= typeid(rc)==typeid(d1);
bool b7= typeid(c)==typeid(d1);
rc=d1;
bool b8= typeid(rc)==typeid(d1);
C& rc1=d1;
bool b9= typeid(rc1)==typeid(d1);
```

b) Welche Ergebnisse würde man in Aufgabe a) erhalten, wenn die Funktion f in der Klasse C nicht virtuell wäre?

c) Zusätzlich zu den Klassen von oben sollen die Klassen E1 und E2 sowie die Zeiger *pd1* usw. definiert sein:

```
class E1:public D2 {
} e1;

class E2:public D2 {
} e2;

D1* pd1=&d1;
D2* pd2=&d2;
E1* pe1=&e1;
E2* pe2=&e2;
C*  pc=&c;
```

Geben Sie an, ob die Zeiger p1, ..., p4 nach den folgenden Anweisungen den Wert 0 (Null) oder einen anderen Wert haben:

```
D2* p1= dynamic_cast<D2*>(pc);
pc=pd1;
D2* p2= dynamic_cast<D2*>(pc);
pc=pe1;
D2* p3= dynamic_cast<D2*>(pc);
pc=pe2;
D2* p4= dynamic_cast<D2*>(pc);
```

d) Welche der folgenden *dynamic_cast*-Ausdrücke lösen eine Exception aus?

```
C& rc=c;
C& rd1=d1;
C& rd2=d2;
C& re1=e1;
C& re2=e2;
D2 x1= dynamic_cast<D2&>(c);
D2 x2= dynamic_cast<D2&>(rd1);
D2 x3= dynamic_cast<D2&>(rd2);
D2 x4= dynamic_cast<D2&>(re1);
D2 x5= dynamic_cast<D2&>(re2);

rd1=e1;
D2 x6= dynamic_cast<D2&>(rd1);
```

2. Was wird beim Aufruf der Funktion *test* ausgegeben:

```
class C {
 public:
   virtual void f()
   {
   Form1->Memo1->Lines->Add(typeid(*this).name());
   };

   C()  { f(); }
   ~C() { f(); }
};

class D:public C {
 public:
   D()  { f(); }
   ~D() { f(); }
};

void test()
{
D d;
}
```

9 Die Bibliothek der visuellen Komponenten (VCL)

Alle visuellen und nicht visuellen Komponenten der Komponentenpalette sowie zahlreiche weitere Klassen im C++Builder werden zusammen als „Bibliothek der visuellen Komponenten" (Visual Component Library, **VCL**) bezeichnet. Dabei ist das Wort „visual" etwas irreführend, da die VCL viele Klassen enthält, die nicht visuell sind.

Die spezielle Architektur dieser Klassenbibliothek ist die Grundlage für die einfache Bedienbarkeit und die Vielseitigkeit des C++Builders. Da die VCL in die Entwicklungsumgebung des C++Builders integriert ist, können Komponenten aus der Komponentenpalette auf ein Formular gesetzt und ohne Schreibarbeit in ein Programm aufgenommen werden. Dabei werden die beim Entwurf eines Formulars gesetzten Eigenschaften in das Programm übernommen. Die Komponentenpalette kann man außerdem um eigene Komponenten ergänzen, die dann ebenfalls in die Entwicklungsumgebung integriert werden. Auch von solchen selbstdefinierten Komponenten können Eigenschaften im Objektinspektor gesetzt werden.

Dieses Kapitel gibt einen Überblick über den Aufbau und die wichtigsten Sprachelemente in Zusammenhang mit der VCL. Die Klassen der VCL sind in Object Pascal für Delphi geschrieben. Delphi ist ein weitgehend mit dem C++Builder identisches Entwicklungssystem, das aber statt C++ die Programmiersprache Object Pascal verwendet. Da der Compiler des C++Builders auch Quelltexte von Object Pascal übersetzen kann, können diese Klassen auch hier verwendet werden.

Die VCL ist eine umfangreiche Klassenhierarchie. Das sieht man schon am Umfang und der Vielzahl der Header mit der Endung *.hpp im Verzeichnis „include\vcl" des C++Builders. Angesichts dieses Umfangs ist keine vollständige Beschreibung dieser Klassen und ihrer Elemente beabsichtigt. Für weitere Informationen wird auf die Online-Hilfe verwiesen.

In Object Pascal ist anstelle von „Elementfunktion" der Begriff „Methode" verbreitet. Da man diesen Begriff auch in der Online-Hilfe des C++Builders häufig findet, werden die beiden Begriffe hier gleichbedeutend verwendet.

9.1 Besonderheiten der VCL

Die Klassen der VCL sind in Object Pascal für Delphi geschrieben. Solche Klassen unterscheiden sich im Wesentlichen in den folgenden Punkten von Klassen nach dem von C++-Standard.

1. In Object Pascal werden alle Klassen von der vordefinierten Klasse *TObject* abgeleitet, auch wenn *TObject* nicht als Basisklasse angegeben wird.

   ```
   class DELPHICLASS TObject
   {                         //aus "include\vcl\systobj.h"
    public:
      __fastcall  TObject(); // Body provided by VCL
      __fastcall Free();
      // ...
      virtual __fastcall ~TObject();//Body provided by VCL
   };
   ```

   Einige weitere Elemente von *TObject* werden in Abschnitt 9.3 vorgestellt. In dieser Definition bewirkt das in „include\vcl\sysmac.h" definierte Makro

   ```
   #define DELPHICLASS __declspec(delphiclass, package)
   ```

   dass diese Klasse nach den Konventionen von Object Pascal erzeugt wird. Sie unterscheidet sich dann von Klassen nach dem C++-Standard in den Laufzeit-Typinformationen, beim Exception-Handling sowie im Verhalten der Konstruktoren und Destruktoren.

   Alle Klassen, die von der Basisklasse *TObject* abgeleitet sind, gehören zur VCL. Das sind z.B. alle Klassen der Komponentenpalette wie *TEdit* oder *TMemo*. Da alle von dieser Basisklasse abgeleitet sind, kann einem Zeiger auf ein Objekt dieser Klasse ein Zeiger auf eine beliebige Klasse der VCL zugewiesen werden. Deswegen kann eine Funktion wie

   ```
   void f(TObject *Sender) { }
   ```

   mit einem Zeiger auf ein Edit-Fenster aufgerufen werden:

   ```
   f(Edit1);
   ```

2. In Object Pascal werden alle Objekte von Klassen, die von *TObject* abgeleitet sind, dynamisch durch den Aufruf eines Konstruktors auf dem Heap angelegt. Alle Variablen eines Klassentyps sind intern Zeiger, auch wenn sie wie Variablen definiert und angesprochen werden, die keine Zeiger sind.

   Im C++Builder müssen alle **Objekte** von Klassen der VCL mit *new* **auf dem Heap** angelegt werden. Es ist nicht möglich sie in einer Definition ohne *new* zu definieren. Das gilt insbesondere für alle vordefinierten Klassen der VCL wie *TEdit*, *TButton* usw.

9.1 Besonderheiten der VCL

Beispiel: Da alle direkt oder indirekt von *TObject* abgeleiteten Klassen mit *new* angelegt werden müssen, ist nur die erste der folgenden beiden Definitionen möglich:

```
class C :public TObject {
};

C* pc=new C;
C c; // Fehler: Klassen im VCL-Stil müssen mit
     //         dem Operator new erstellt werden
```

3. Für Klassen, die von *TObject* abgeleitet sind und die so genannte *properties* enthalten (siehe Abschnitt 9.2), erzeugt der Compiler keinen Copy-Konstruktor und keinen Zuweisungsoperator.

   Da alle von *TComponent* abgeleiteten Klassen *properties* enthalten, können Objekte solcher Klassen ohne einen explizit definierten Zuweisungsoperator oder Copy-Konstruktor nicht kopiert werden. Das gilt insbesondere für die Klassen der Komponentenpalette, die alle von *TComponent* abgeleitet sind.

```
void f(TEdit *Edit1, TEdit *Edit2)
{
*Edit1=*Edit2; // Fehler: Klassen mit Eigenschaften
};             // dürfen nicht über ihren Wert kopiert werden
```

   Da die Klasse C dagegen keine *properties* enthält, können Objekte dieser Klassen kopiert werden:

```
class C :public TObject {};

void g(C* c1, C* c2)
{
*c1=*c2;
}
```

   Viele Klassen der VCL haben eine Funktion **Assign**, die Objekte der Klasse kopiert.

4. In Object Pascal überschreibt eine Funktion in einer abgeleiteten Klasse eine Funktion mit demselben Namen aus einer Basisklasse nur dann, wenn sie mit dem Schlüsselwort *override* gekennzeichnet ist. Deshalb kann eine Funktion in einer abgeleiteten Klasse denselben Namen wie eine Funktion in einer Basisklasse haben, ohne sie zu überschreiben. Mit **__declspec(hidesbase)** erreicht man das auch im C++Builder.

   Beispiel: Ohne *__declspec(hidesbase)* überschreibt f in D die virtuelle Funktion f der Basisklasse C.

```
struct C {
  virtual void f(){};
};
```

```
struct D: public C {
  void f(){};
};

C* pc=new D;
```

Der Aufruf von c->f() führt deshalb zum Aufruf von D::f(). Mit

```
struct D: public C {
  __declspec(hidesbase) void f(){};
};
```

führt derselbe Aufruf dagegen zum Aufruf von C::f().

5. Nach dem C++-Standard werden die Konstruktoren aller Basisklassen und Teilobjekte immer automatisch in der Reihenfolge aufgerufen, die sich aus der Reihenfolge ihrer Definition (siehe Abschnitt 8.3.5) ergibt. In Object Pascal werden die Konstruktoren dagegen nicht automatisch aufgerufen, sondern müssen explizit aufgerufen werden. Deswegen werden sie in der Reihenfolge ihrer Aufrufe ausgeführt.

Wenn von einer Klasse der VCL eine Klasse in C++ abgeleitet wird, betrachtet der Compiler die letzte Pascal-Klasse als Basisklasse der C++-Klassen. Deshalb wird ihr Konstruktor zuerst aufgerufen. Da dieser Konstruktor eventuell die Konstruktoren ihrer Basisklassen aufruft, werden diese danach aufgerufen. Nachdem dann schließlich der leere Konstruktor von *TObject* aufgerufen wurde, werden die Konstruktoren der C++-Klassen in der Reihenfolge ihrer Definition aufgerufen.

6. Nach dem C++-Standard führt der Aufruf einer virtuellen Elementfunktion im Konstruktor einer Klasse immer zum Aufruf der Funktion, die zum statischen Datentyp der Klasse des Konstruktors gehört (siehe Abschnitt 8.4.7). Bei einer von *TObject* abgeleiteten Klasse wird dagegen in einem Konstruktor immer die virtuelle Funktion aufgerufen, die zum dynamischen Datentyp der konstruierten Klasse gehört.

Beispiel: Die Klasse CPP unterscheidet sich von der Klasse VCL nur dadurch, dass sie von *TObject* abgeleitet ist:

```
struct C { // C++-Basisklasse
  C() { show(); }
  virtual void show()
    { Form1->Memo1->Lines->Add("C"); }
};

struct CPP : public C {
  void show(){Form1->Memo1->Lines->Add("CPP");}
};
```

9.1 Besonderheiten der VCL

```
struct T : public TObject {// VCL-Basisklasse
T() { show(); }
virtual void show()
  { Form1->Memo1->Lines->Add("T"); }
};

struct VCL : public T {
 void show(){Form1->Memo1->Lines->Add("VCL");}
};
```

Wenn man dann von jeder dieser Klassen ein Objekt erzeugt

```
CPP* c=new CPP;
VCL* v=new VCL;
```

wird im ersten Fall die virtuelle Funktion der Basisklasse und im zweiten die der abgeleiteten Klasse aufgerufen.

C
VCL

7. Nach dem C++-Standard werden nach einer Exception im Konstruktor einer Klasse die Destruktoren für alle vollständig konstruierten Objekte aufgerufen (siehe Abschnitt 8.1.5). Bei Klassen der VCL wird der Destruktor dagegen für alle Elemente aufgerufen, auch wenn sie nicht vollständig konstruiert sind.

8. Klassen, die von *TObject* abgeleitet sind, können virtuelle Konstruktoren haben. Siehe dazu Abschnitt 9.6.

9. **Mehrfache Vererbung** ist bei Klassen der VCL **nicht zulässig**.

   ```
   class C1:public TObject {
   };

   class C2:public TObject {
   };

   class D:public C1,public C2 { // Fehler: VCL-Klassen
   };          // dürfen nicht mehrere Basisklassen haben
   ```

10. Klassen der VCL dürfen **keine virtuellen Basisklassen** haben.

    ```
    class C : virtual TObject {// Fehler: Virtuelle Basis-
    }; // klassen werden bei VCL-Klassen nicht unterstützt
    ```

11. Bei von *TObject* abgeleiteten Klassen kann man späte Bindung nicht nur mit *virtual*, sondern auch mit __*declspec(dynamic)* erreichen bzw.

    ```
    #define DYNAMIC __declspec(dynamic)//aus vcl\sysmac.h
    ```

    Der Aufruf einer damit deklarierten Funktion führt zum Aufruf derselben Funktion wie bei einer Deklaration mit *virtual*. Die beiden Deklarationen haben nur einen anderen internen Aufbau der *vtbl* zur Folge. Für jede mit *virtual* deklarierte Funktion wird in der *vtbl* ihrer Klasse sowie in jeder davon abgeleiteten Klasse ein Eintrag angelegt. Bei mit *dynamic* deklarierten Funktionen wird ein solcher Eintrag nur in der Klasse angelegt, in der die Funktion definiert wird. Bei Klassen in einer umfangreichen Klassenhierarchie wie der VCL wird so die *vtbl* kleiner. Der Aufruf wird dafür aber auch etwas langsamer, da in den Basisklassen nach der Funktion gesucht werden muss. DYNAMIC wird in vielen Klassen der VCL verwendet (siehe z.B. die in „vcl\controls.hpp").

9.2 Visuelle Programmierung und Properties (Eigenschaften)

Properties (Eigenschaften) sind spezielle Klassenelemente, die im C++Builder, aber nicht in Standard-C++ zur Verfügung stehen. Wir haben sie bereits bei der ersten Begegnung mit dem Objektinspektor kennen gelernt und wie Variablen bzw. Datenelemente benutzt: Einer *Property* wurde ein Wert zugewiesen, und eine *Property* wurde wie eine Variable in einem Ausdruck verwendet.

9.2.1 Lesen und Schreiben von Eigenschaften

Eine *Property* ist allerdings mehr als eine Variable: Mit einer *Property* können Methoden und Datenelemente zum Lesen bzw. Schreiben verbunden sein. Wenn mit einer *Property*

– eine Methode zum Lesen verbunden ist, wird diese Methode aufgerufen, wenn die *Property* in einem Ausdruck verwendet (gelesen) wird.
– eine Methode zum Schreiben verbunden ist, wird diese aufgerufen, wenn der *Property* ein Wert zugewiesen wird.
– ein Datenelement zum Lesen verbunden ist, wird der Wert dieses Datenelements verwendet, wenn die *Property* in einem Ausdruck verwendet (gelesen) wird.
– ein Datenelement zum Schreiben verbunden ist, wird der an die *Property* zugewiesene Wert diesem Datenelement zugewiesen.

Die mit einer *Property* verbundenen Methoden oder Datenelemente werden bei der Deklaration der *Property* nach *read*= oder *write*= angegeben. Diese Möglichkeiten entsprechen den folgenden Syntaxregeln:

<property declaration> ::=
  __property*<type><id>[<prop dim list>]* = "{" *<prop attrib list>* "}"
<prop dim list> ::= "[" *<type>* [*<id>*] "]" [*<prop dim list>*]
<prop attrib list> ::= *<prop attrib>* [, *<prop attrib list>*]
<prop attrib> ::=   read = *<data/function id>*
<prop attrib> ::=   write = *<data/function id>*

9.2 Visuelle Programmierung und Properties (Eigenschaften)

Diese Syntaxregeln aus der Online-Hilfe des C++Builders unterscheiden sich von denen, die sonst zur Beschreibung der Sprachelemente aus dem C++-Standard verwendet wurden. Zusammen mit den Beispielen dürfte ihre Bedeutung aber klar werden.

Beispiel: In der Klasse

```
class C {
  int fx;
  void setx(int x_){fx=x_*x_;};
 public:
  __property int x = {read=fx, write=setx};
};
```

wird eine *Property* x des Datentyps *int* definiert. Durch die Angabe *write=setx* wird festgelegt, dass bei einer Zuweisung an die *Property* (also an x) die Funktion *setx* aufgerufen wird.

Da in *read=fx* keine Methode angegeben wird, sondern ein Datenelement, wird beim Lesen der Eigenschaft x (also z.B. bei der Zuweisung v=x an eine Variable v) keine Methode aufgerufen, sondern der Wert von fx zugewiesen.

Die Klasse C kann folgendermaßen verwendet werden:

```
C c;
c.x=2;      // führt zum Aufruf von c.setx(2)
int y=c.x;  // wie y=c.fx
```

Wie dieses Beispiel zeigt, können Properties in Klassen definiert werden, die nicht von *TObject* abgeleitet sind. Normalerweise verwendet man sie aber nur in Klassen der VCL.

Für einen Benutzer sieht eine *Property* wie ein „ganz normales Datenelement" aus. Sie unterscheidet sich von einem solchen Datenelement aber dadurch, dass der Zugriff auf eine *Property* (wenn sie gelesen oder beschrieben wird) mit Anweisungen verbunden werden kann. Der Datentyp einer *Property* kann beliebig sein.

Die Angaben nach *read* oder *write* legen für eine *Property* fest, wie auf sie zugegriffen wird. Eine *Property* muss mindestens eine *read-* oder *write-*Angabe enthalten. Wenn eine *Property* nur eine *read-*Angabe enthält, kann diese nur gelesen werden, und wenn sie nur eine *write-*Angabe enthält, kann sie nur beschrieben werden. Die Angaben nach *read* oder *write* müssen Datenelemente oder Methoden aus derselben Klasse oder aus einer Basisklasse sein. Deshalb muss eine *Property* auch immer ein Klassenelement sein.

Durch den Datentyp einer Eigenschaft sind die Parameter und der Rückgabetyp der **Funktionen** zum Lesen bzw. Schreiben der Eigenschaft eindeutig festgelegt:

- Wird nach *read* eine Funktion angegeben, muss das eine Funktion ohne Parameter sein, deren Funktionswert denselben Datentyp hat wie die *Property*. Verwendet man die Eigenschaft in einem Ausdruck, wird diese Funktion aufgerufen. Ihr Funktionswert ist dann der Wert der *Property*.
- Wird nach *write* eine Funktion angegeben, muss das eine Funktion mit Rückgabetyp *void* und einem einzigen Werte- oder Konstantenparameter sein, der denselben Datentyp hat wie die *Property*. Bei einer Zuweisung an die *Property* wird dann diese Funktion mit dem Argument aufgerufen, das zugewiesen wird.

Beispiel: Für die Eigenschaft e des Datentyps T müssen die Lese- und Schreibmethoden r und w die folgenden Funktionstypen haben:

```
typedef int T; // irgendein Datentyp

class CT {
  T fx;
  T r() {return fx;}; // Lesemethode
  void w(T x){fx=x;}; // Schreibmethode
public:
  __property T e = {read=r, write=w};
};
```

Wird nach *read* oder *write* ein **Datenelement** angegeben, muss es denselben Datentyp wie die *Property* haben.

Die Funktionen zum Lesen oder Schreiben einer **Property** können **virtuell** sein und in abgeleiteten Klassen überschrieben werden. So kann die Verwendung einer Eigenschaft in verschiedenen Klassen einer Klassenhierarchie mit verschiedenen Anweisungen verbunden sein.

Beispiel:
```
class C {
    virtual void w(T x) { fx=x; };
  protected:
   T fx;
  public:
    __property T x={read=fx, write=w};
};

class D:public C {
   void w(T x) { fx=x*x; };
  public:
    __property T x={read=fx, write=w};
};
```

Eine Eigenschaft unterscheidet sich also grundlegend von einer Variablen, obwohl sie wie eine solche verwendet werden kann. Diese Unterschiede haben insbesondere zur Folge, dass man von einer Eigenschaft nicht mit dem Adressoperator & die Adresse bestimmen kann. Das geht selbst dann nicht, wenn nach *read* und *write* ein Datenelement angegeben wird, da ein Nachfolger diese Datenelemente durch

9.2 Visuelle Programmierung und Properties (Eigenschaften)

Lese- und Schreibmethoden überschreiben kann. Außerdem kann man eine Property nicht als Referenz an eine Funktion übergeben.

Das Konzept der **Properties** ist eng mit der **visuellen Programmierung** verbunden. Da mit einer Zuweisung an eine Property Anweisungen ausgeführt werden können, lässt sich mit der Änderung einer Eigenschaft direkt die visuelle Darstellung der Komponente ändern.

Beispiel: Wird die Eigenschaft *Top* einer visuellen Komponente verändert, ändert sich nicht nur der Wert des zugehörigen Datenelements, sondern außerdem die grafische Darstellung dieser Komponente: Sie wird an der alten Position entfernt und an der neuen Position neu gezeichnet.

Eine Eigenschaft mit dem Zugriffsrecht __*published*__ wird im **Objektinspektor** angezeigt, wenn die Klasse in die Komponentenpalette installiert wurde (siehe Abschnitt 9.8). Da auch beim Setzen einer Eigenschaft im Objektinspektor zur Entwurfszeit die zugehörige Funktion zum Schreiben aufgerufen wird, kann so auch ihre visuelle Darstellung aktualisiert werden. Properties bilden deshalb die Grundlage für die visuelle Gestaltung eines Formulars zur Entwurfszeit.

Properties haben Ähnlichkeiten mit einem überladenen Zuweisungsoperator. Ein solcher Operator ist allerdings im Unterschied zu einer Property immer für die ganze Klasse definiert und nicht nur für ein einzelnes Datenelement.

Aufgabe 9.2

Definieren Sie eine einfache Klasse mit einer Eigenschaft mit Lese- und Schreibmethoden. Verfolgen Sie im Debugger schrittweise, zu welchen Aufrufen Zuweisungen von und an diese Eigenschaft führen.

9.2.2 Array-Properties

Über so genannte *Array-Properties* kann man Eigenschaften mit Parametern definieren. Dazu wird bei der Definition einer Eigenschaft nach ihrem Namen in eckigen Klammern eine Parameterliste angegeben:

<property declaration> ::=
    __property<type><id>[<prop dim list>] = "{" <prop attrib list> "}"
<prop dim list> ::= "[" <type> [<id>] "]" [<prop dim list>]

Bei einer Array-Property dürfen nach *read*- oder *write* nur Funktionen und keine Datenelemente angegeben werden.

– Die Funktion nach *read* muss dabei eine Funktion mit derselben Parameterliste sein, wie sie in eckigen Klammern in der Eigenschaft angegeben wurde. Der Ergebnistyp der Funktion muss derselbe sein wie der Datentyp der

Property. Wenn der Wert der Eigenschaft gelesen wird (also z.B. einer Variablen zugewiesen wird), müssen nach der Eigenschaft in eckigen Klammern Ausdrücke angegeben werden. Diese Ausdrücke sind dann die Argumente, mit denen die *read*-Funktion aufgerufen wird, und der zugewiesene Wert ist der Funktionswert dieser Funktion.
- Die Funktion nach *write* muss eine Funktion sein, deren Parameterliste mit denselben Parametern wie die *read*-Funktion beginnt. Zusätzlich muss sie einen weiteren Parameter des Datentyps der *Property* haben. Wenn der Eigenschaft ein Wert zugewiesen wird, müssen in eckigen Klammern Ausdrücke angegeben werden. Diese Ausdrücke sind dann die ersten Argumente der *write*-Prozedur. Der zugewiesene Wert ist das letzte Argument.

Beispiel: Nach den Definitionen

```
class A {
  void put(AnsiString p1, double f) { };
  double get(AnsiString p) { };
 public:
  __property double prop[AnsiString p]={read=get,
                                       write=put};
};

A a;
double x;
```

entsprechen die folgenden Zuweisungen jeweils den als Kommentar angegebenen Funktionsaufrufen:

```
a.prop["lll"] = 1.3;   // a.put("lll",1.3);
x = a.prop["lll"];     // x=a.get("lll");
```

Bei *Array-Properties* muss der Index also kein ganzzahliger Wert sein.

Array-Properties sind nicht auf Parameterlisten mit einem einzigen Parameter beschränkt:

Beispiel:
```
class A { // sehr einfach, nur zur Illustration
  AnsiString Vorname[10];   // der Syntax
  AnsiString Nachname[10];
  int Alter[10];
  int n;
  void put(AnsiString p1, AnsiString p2, int f)
  {
    Vorname[n]=p1;
    Nachname[n]=p2;
    Alter[n]=f;
    ++n;
  };
};
```

9.2 Visuelle Programmierung und Properties (Eigenschaften)

```
      int get(AnsiString p1, AnsiString p2)
        { for (int i=0;i<n; ++i)
            if (Vorname[i]==p1&&Nachname[i]==p2)
              return Alter[i];
          return -1;
        }
   public:
    A():n(0){}
    __property int prop[AnsiString p][AnsiString pq] =
                                  {read=get, write=put};
  };

  A a;
  a.prop["Daniel"]["Kaiser"] = 17;
                       // a.put("Daniel","Kaiser",17);
  int x=a.prop["Daniel"]["Kaiser"]; // x=17
  x=a.prop["D."]["Kaiser"];         // x=-1
```

Anmerkung für Delphi-Programmierer: In Delphi kann man bei einer einzigen Array-Eigenschaft in einer Klasse nach der Definition das Wort *default* angeben. Diese *Property* kann dann allein über den Namen eines Objekts der Klasse angesprochen werden. Die VCL verwendet *default Array-Properties* vor allem für *TStrings* und ermöglicht so die folgende Abkürzung:

```
Memo1.Lines[1]:='';
```

Im C++Builder muss eine Array-Eigenschaft dagegen immer über ihren vollen Namen angesprochen werden:

```
Memo1->Lines->Strings[1]="";
```

9.2.3 Indexangaben

Bei der Definition einer *Property* kann man nach dem Schlüsselwort *index* einen konstanten Ganzzahlwert angeben.

    <prop attrib> ::= index = <const int expression>

Wenn man eine solche Indexangabe verwendet, darf man nach *read* und *write* nur Funktionen und keine Datenelemente angeben. Beim Zugriff auf eine Eigenschaft mit einer Indexangabe wird automatisch der jeweilige Index als Argument an die Lese- oder Schreibfunktion übergeben. Deshalb müssen diese Funktionen einen Parameter für den Index haben. In der Lesemethode ist das der letzte und in der Schreibmethode der vorletzte.

Beispiel: Nach den Deklarationen

```
typedef AnsiString T; // ein beliebiger Datentyp
```

```
class C {
  void put(int i, T f)    { };
  T get(int i)   { };
 public:
  __property T m1={read=get, write=put, index=0};
  __property T m2={read=get, write=put, index=1};
};

C c;
```

entsprechen die folgenden Zuweisungen den als Kommentar angegebenen Funktionsaufrufen:

```
c.m1="17";    // c.put(0,"18")
T x = c.m1;   // x = ti.get(0)
c.m2="19";    // c.put(1,"19")
x = c.m2;     // x = ti.get(1)
```

Mit Indexangaben kann man verschiedene *Properties* über eine einzige Funktion ansprechen. Welche Eigenschaft gemeint ist, erkennt man dann am Indexparameter. Über diesen kann man die entsprechenden Anweisungen für die Eigenschaft auswählen (z.B. in einer *switch*-Anweisung).

9.2.4 Speicherangaben

Die Definition einer Eigenschaft kann Speicherangaben und Standardwerte enthalten:

<prop attrib> ::=   *stored = <data/function id>*
<prop attrib> ::=   *stored = <boolean constant>*

<prop attrib> ::=   *default = <constant>*
<prop attrib> ::=   *nodefault*

Diese Angaben steuern für Komponenten aus der Komponentenpalette, die mit den Mitteln der visuellen Programmierung in ein Projekt übernommen wurden, wie die Werte der im Objektinspektor gesetzten Eigenschaften gespeichert werden. Andere Auswirkungen haben diese Angaben nicht. Deshalb sind sie nur für solche Komponenten von Bedeutung, die in die Komponentenpalette aufgenommen werden.

Bei einer in die Komponentenpalette installierten Klasse werden die als *published* gekennzeichneten Eigenschaften im Objektinspektor angezeigt. Diesen Eigenschaften können beim visuellen Entwurf eines Programms im Objektinspektor Werte zugewiesen werden, die dann in einer DFM-Datei gespeichert werden, falls sie von den Standardwerten abweichen. Die DFM-Datei wird in die EXE-Datei des Programms aufgenommen. Beim Start eines Programms wird aus diesen Angaben das Formular aufgebaut.

Ohne die Angabe *default* nach einer Eigenschaft hat diese keinen Standardwert, so dass in diesem Fall der Wert der Eigenschaft immer gespeichert wird. Wenn man dagegen bei einer Eigenschaft nach *default* einen Standardwert angibt, wird der Wert der Eigenschaft nur gespeichert, wenn er von diesem Standardwert abweicht. Eine *default*-Angabe ist nur bei Eigenschaften möglich, die keine Array-Eigenschaften sind.

Nach einer *store*-Angabe kann durch eine boolesche Konstante oder eine Elementfunktion mit einem booleschen Ergebnis festgelegt werden, ob die Eigenschaft überhaupt gespeichert wird oder nicht.

Standard- und Speicherangaben verkürzen lediglich die Zeit für das Laden eines Formulars. Bei den meisten Anwendungen sind solche Angaben nicht notwendig.

9.2.5 Überschriebene Eigenschaften

In einer abgeleiteten Klasse können die Zugriffsrechte, Zugriffsmethoden und Speicherangaben einer Eigenschaft gegenüber einer Basisklasse geändert werden. Im einfachsten Fall gibt man dazu nur das Wort __property und den Namen einer ererbten *Property* an. Wenn diese Angabe in einem *public* Abschnitt gemacht wird und die *Property* in der Basisklasse in einem *protected* Abschnitt war, hat sie für die aktuelle Klasse das Zugriffsrecht *public*. Außerdem kann *read*, *write*, *stored*, *default* oder *nodefault* angegeben werden. Jede solche Angabe überschreibt die entsprechenden Angaben der Basisklasse.

9.3 Die Klassenhierarchie der VCL

Alle Klassen der VCL sind von *TObject* abgeleitet. Viele Elementfunktionen dieser Klasse sind nur für den internen Gebrauch vorgesehen und nicht für einen Aufruf durch den Anwender. Deshalb werden hier auch nicht alle diese Funktionen vorgestellt. Für eine vollständige Beschreibung wird auf die Online-Hilfe verwiesen.

```
class __declspec(delphiclass) TObject
{ // nur ein Auszug aus "include\VCL\systobj.h"
 public:
   __fastcall TObject() { ... }
   __fastcall Free();
   TClass __fastcall ClassType();
   static ShortString __fastcall ClassName(TClass cls);
   static long __fastcall InstanceSize(TClass cls);
   static bool __fastcall ClassNameIs(TClass cls,
                           const AnsiString string);
   ShortString __fastcall ClassName() { ... }
   bool __fastcall ClassNameIs(const AnsiString string);
   long __fastcall InstanceSize(){}
```

```
    virtual void __fastcall Dispatch(void *Message);
    virtual void __fastcall DefaultHandler(void* Message);
    virtual void __fastcall FreeInstance();
    virtual __fastcall ~TObject() {}
    // ...
};
```

Die statischen Elementfunktionen wie z.B. *InstanceSize* können sowohl über die Klasse mit *__classid* (siehe Abschnitt 9.6) als auch über ein Objekt aufgerufen werden:

```
int i1=TObject::InstanceSize(__classid(TEdit));
int i2=Edit1->InstanceSize(); // i1=i2=516
```

InstanceSize gibt die Anzahl der Bytes zurück, die ein Objekt der Klasse belegt. Entsprechend erhält man mit *ClassName* den Namen einer Klasse bzw. den Namen der Klasse eines Objekts als *ShortString*:

```
ShortString s1=TObject::ClassName(__classid(TEdit));
ShortString s2=Edit1->ClassName(); // s1=s2="TEdit"
```

Die statischen Elementfunktionen von *TObject* sind die Grundlage für **Typinformationen**, die für eine Klasse **zur Laufzeit** zur Verfügung stehen. So kann man z.B. mit der Funktion *ClassNameIs* bestimmen, ob eine Klasse der VCL einen bestimmten Typ hat.

Die Elementfunktionen *DefaultHandler* und *Dispatch* werden in Abschnitt 9.7 beschrieben.

Von *TObject* sind unter anderem die folgenden Klassen direkt abgeleitet:

TObject
|– *Exception*
|– *TParser*
|– *TPersistent*
|– *TPrinter*
... // und viele weitere Klassen

Einige dieser Klassen werden von der VCL intern verwendet und sind weder in der Online-Hilfe noch in den Handbüchern dokumentiert (z.B. *TParser*).

Die meisten Objekte sind jedoch beschrieben, so dass hier nur ein Überblick über die Klassenhierarchie gegeben wird:

– *Exception* ist die Basisklasse für alle Exceptions (siehe Abschnitt 5.10.5) der VCL. Daraus lassen sich eigene Exception-Klassen ableiten wie

```
class EMyException : public Exception{};
class EMyDivByInt0ExC : public EDivByZero{};
```

9.3 Die Klassenhierarchie der VCL

– **TPrinter** stellt die Schnittstelle zu einem Drucker unter Windows zur Verfügung. Dieser Drucker hat eine Zeichenfläche (Canvas), auf die man wie auf die Zeichenfläche eines *TImage*-Objekts zeichnen kann. Siehe dazu das Beispiel in Abschnitt 4.5.1.

– **TPersistent** ist eine abstrakte Basisklasse für alle Objekte, die in Streams geladen und gespeichert werden können. Über diese Klasse können Elemente der VCL in eine DFM-Datei geschrieben bzw. aus ihr gelesen werden.

```
TObject
|– Exception
|– TParser
|– TPersistent
     |– TCanvas
     |– TComponent
     |– TStrings
     ... //
|– TPrinter
...
```

TComponent (in „include\vcl\classes.hpp") ist die Basisklasse für alle Komponenten der Komponentenpalette, und zwar sowohl der visuellen (vor allem die Nachfolger von *TControl*) als auch der nicht visuellen (wie *TTimer* oder *TApplication*). Damit eine Komponente in die Komponentenpalette installiert werden kann, muss sie von *TComponent* abgeleitet werden.

```
TObject
|– Exception
|– TParser
|– TPersistent
     |– TCanvas
     |– TComponent
          |– TApplication
          |– TControl
          |– TMenu
          |– TTimer
          ... // und viele weitere Klassen
     |– TStrings
     ... //
|– TPrinter
...
```

Jedes Objekt der Klasse *TComponent* sowie einer davon abgeleiteten Klasse hat einen **Eigentümer**, der im **Konstruktor** angegeben werden muss:

    __fastcall virtual **TComponent**(TComponent* AOwner);

Der Eigentümer einer Komponente ist dafür verantwortlich, dass der Speicherplatz für eine Komponente freigegeben wird, wenn er selbst z.B. durch einen Aufruf von *Free* freigegeben wird. Normalerweise gehören alle Komponenten eines Formulars dem Formular. Ein Formular gehört wiederum der *Application*, die im Hauptprogramm von der Funktion *WinMain* gestartet wird. Den Eigentümer erhält man mit der Eigenschaft *Owner*:

 __property TComponent **Owner** = {read=FOwner};*

Die Eigenschaft *Components* ist das Array der Komponenten, die zu dieser Komponente gehören, und ihre Anzahl *ComponentCount*. Diese Eigenschaft enthält die Anzahl der Komponenten, die bezüglich der Eigenschaft *Owner* zu dieser Komponente gehören.

 *__property int **ComponentCount** = { ... };*
 __property TComponent **Components**[int Index] = { ... };*

Die Komponenten können angesprochen werden durch

 Components[0] .. Components[ComponentCount–1]

Beispiel: Die Funktion *ClearAllEdits* löscht alle Edit-Felder einer Komponente:

```
void ClearAllEdits(TComponent* c)
{ // lösche alle Edit-Felder von c
for (int i=0; i<c->ComponentCount; ++i)
  if (c->Components[i]->ClassNameIs("TEdit"))
    ((TEdit*)(c->Components[i]))->Clear();
}
```

 Ruft man diese Funktion mit einem Zeiger auf ein Formular auf, werden alle Edit-Felder des Formulars gelöscht:

```
ClearAllEdits(Form1);
```

Die Eigenschaft *Name* enthält den Namen der Komponente, also z.B. „Button1":

 *__property System::AnsiString **Name** = { ... };*

Beispiel: *ShowNames* schreibt die Namen sämtlicher Komponenten von c in ein Memo-Fenster:

```
void ShowNames(TComponent* c)
{
for (int i=0; i<c->ComponentCount; ++i)
Form1->Memo1->Lines->Add(c->Components[i]->Name);
}
```

9.3 Die Klassenhierarchie der VCL

Die Funktion *FindComponent* gibt die Komponente mit dem als Argument übergebenen Namen zurück. Damit kann man die Komponenten eines Formulars allein über ihren Namen ansprechen.

TComponent* __fastcall **FindComponent**(*const System::AnsiString AName*)

Beispiel: Der Funktionswert von *FindComponent* ist die Komponente mit dem angegebenen Namen, die mit einem Typecast auf den entsprechenden Datentyp konvertiert werden kann:

```
TComponent* c=FindComponent("Button1");
((TButton*)(c))->Caption="11";
```

TControl ist die Basisklasse für die so genannten Steuerelemente (Controls). Das sind visuelle (also sichtbare) Komponenten. Viele zusätzliche Elemente dieser Klassen befassen sich damit, wie das Steuerelement dargestellt wird: Ort, Größe, Farbe und Aufschrift.

```
TObject
|- Exception
|- TParser
|- TPersistent
    |- TCanvas
    |- TComponent
        |- TApplication
        |- TControl
            |- TGraphicsControl
            |- TWinControl
        |- TMenu
        |- TTimer
        ...
    |- TStrings
    ...
|- TPrinter
...
```

Die Angaben für die Position usw. von **TControl** (in „include\vcl\controls.hpp") sind insbesondere die folgenden zusätzlichen Eigenschaften und Methoden gegenüber *TComponent*:

```
__property int Top = { ... }     // y-Koordinate der linken oberen Ecke
__property int Left = { ... }    // x-Koordinate der linken oberen Ecke
__property int Height = { ... }  // Höhe des Steuerelements
__property int Width = { ... }   // Breite des Steuerelements
```

Alle diese Angaben sind in Pixeln und beziehen sich auf das Formular. Für Formulare beziehen sie sich auf den Bildschirm. Da sie *__published* sind, stehen sie auch im Objektinspektor zur Verfügung. Alle diese Eigenschaften können mit einem einzigen Aufruf der Funktion

> *virtual void __fastcall* **SetBounds**(*int ALeft, int ATop, int AWidth,*
> *int AHeight);*

gesetzt werden. Die *Client*-Eigenschaften beziehen sich auf den so genannten Client-Bereich des Steuerelements. Das ist der nutzbare Bereich, und dieser ist für die meisten Steuerelemente (außer Formularen) derselbe wie der durch *Top, Left, Width* und *Height* definierte Bereich:

> *__property int* **ClientHeight** = { ... };
> *__property int* **ClientWidth** = {... };
> *__property Windows::TRect* **ClientRect** = {...};
> *__property POINT* **ClientOrigin** = { ... };

Ob die Komponente angezeigt wird oder nicht, ergibt sich aus dem Wert der Eigenschaft

> *__property bool* **Visible** = { ... };

Dieser Wert wird auch durch die Funktionen *Show* und *Hide* gesetzt, die ein Steuerelement sichtbar bzw. unsichtbar machen:

> *void __fastcall* **Show**(*void*);
> *void __fastcall* **Hide**(*void*);

Mit *Enabled* kann man steuern, ob die Komponente auf Maus-, Tastatur- oder Timer-Ereignisse reagiert:

> *__property bool* **Enabled** = { ... };

Alle bisher für *TControl* dargestellten Eigenschaften sind *public* oder *published* und stehen damit in jeder abgeleiteten Klasse zur Verfügung. Weitere Eigenschaften sind *protected*. Sie werden nur in bestimmten Nachfolgern als *published* freigegeben:

> *__property Graphics::TColor* **Color** = { ... };
> *__property Graphics::TFont** **Font** = { ... };
> *__property bool* **ParentColor** = { ... };
> *__property bool* **ParentFont** = { ... };
> *__property Menus::TPopupMenu** **PopupMenu** = { ... };
> *__property System::AnsiString* **Text** = { ... };

Steuerelemente der Klasse *TControl* können in einem Windows-Steuerelement der Klasse *TWinControl* enthalten sein. Das enthaltende Element kann mit der Eigenschaft **Parent** gesetzt oder gelesen werden:

9.3 Die Klassenhierarchie der VCL

__property TWinControl* **Parent** = {...};

Parent ist oft ein Formular, eine GroupBox oder ein Panel. Ändert man die Position einer Komponente K, wird auch die aller Komponenten verschoben, die K als *Parent* haben.

Die Eigenschaft *Parent* von *TControl* darf nicht mit der Eigenschaft *Owner* von *TComponent* verwechselt werden. *Owner* ist für die Freigabe der untergeordneten Komponenten verantwortlich. *Parent* und *Owner* können verschiedene Komponenten sein: Für einen Button in einer GroupBox ist meist das Formular der *Owner* und die GroupBox der *Parent*.

Weitere Eigenschaften von *TControl* definieren die **Ereignisse**, auf die ein Steuerelement reagieren kann. Auch diese Eigenschaften sind *protected* und werden erst in abgeleiteten Klassen als *published* freigegeben:

__property Classes::TNotifyEvent **OnClick** = { ... };
__property Classes::TNotifyEvent **OnDblClick** = { ... };
__property TMouseEvent **OnMouseDown** = { ... };
__property TMouseMoveEvent **OnMouseMove** = { ... };
__property TMouseEvent **OnMouseUp** = { ... };

Die von *TControl* abgeleitete Klasse **TWinControl** (in „include\vcl\controls.hpp") ist die Basisklasse für alle Steuerelemente von Windows (*TButton*, *TBitBtn* usw.).

TObject
|– *TPersistent*
   |– *TComponent*
      |– *TControl*
         |– *TGraphicsControl*
         |– ***TWinControl***
      |– *TMenu*
      |– *TTimer*
      ... // und viele weitere Klassen

TWinControl hat zusätzlich zu den Eigenschaften von *TControl* unter anderem die Eigenschaft **Handle**:

__property HWND **Handle** = { ... };

Ein *Handle* ist eine interne, eindeutige Nummer eines Fensters unter Windows, die von manchen Funktionen der Windows-API benötigt wird. Mit diesem Handle können solche Funktionen aufgerufen werden. Da die VCL die meisten Windows-Funktionen in ihren Komponenten enthält, benötigt man diese Funktionen bei vielen Anwendungen nicht. Mit dem Handle stehen aber auch sie im C++Builder zur Verfügung.

Beispiel: Mit den Funktionen *MoveToEx* und *LineToEx* der Windows-API kann man auf ein Formular zeichnen, wenn man ihnen das Handle des *Canvas* übergibt:

```
#include <windows.h>
void WinAPICross(HWND h, int x, int y, int w)
{ // Kreuz mit Mittelpunkt (x,y) und Breite w
MoveToEx(h,x-w,y,0); // positioniert Zeichenstift
LineTo(h,x+w,y);     // zeichne eine Linie
MoveToEx(h,x,y-w,0);
LineTo(h,x,y+w);
}
```

Das Ergebnis dieser Funktion unterscheidet sich nicht von dem bei einem Aufruf der Zeichenfunktionen des *Canvas* von *TForm*:

```
void CanvasCross(int x, int y, int w)
{ // Kreuz mit Mittelpunkt (x,y) und Breite w
Form1->Canvas->MoveTo(x-w,y);
Form1->Canvas->LineTo(x+w,y);
Form1->Canvas->MoveTo(x,y-w);
Form1->Canvas->LineTo(x,y+w);
}

CanvasCross(50,50,100);
WinAPICross(Form1->Canvas->Handle,50,50,100);
```

Windows-Steuerelemente können den **Fokus** haben. Dann werden ihr alle Tastatureingaben zugeteilt. Die folgenden Methoden hängen direkt damit zusammen:

bool __fastcall **Focused***(void);* // gibt an, ob das Steuerelement den Fokus hat
virtual void __fastcall **SetFocus***(void);* // gibt dem Steuerelement den Fokus

TabOrder ist die Position des Steuerelements in der Tab-Ordnung des *Parent*-Steuerelements. Diese Position gibt an, in welcher Reihenfolge die Komponenten den Fokus erhalten, wenn die Tab-Taste gedrückt wird. Der Wert von **TabStop** entscheidet, ob das Steuerelement durch das Drücken der Tab-Taste erreicht werden kann.

__property *TTabOrder* **TabOrder** = { ... };
__property *bool* **TabStop** = { ... };

Zusätzlich zu den Ereignissen von *TControl* sind die folgenden Ereignisse definiert:

__property *Classes::TNotifyEvent* **OnEnter**={..}; //wenn die Komponente den
__property *Classes::TNotifyEvent* **OnExit**={...}; // Fokus erhält oder verliert

__property *TKeyEvent* **OnKeyDown** = { ... }; // wenn die Komponente den
__property *TKeyPressEvent* **OnKeyPress** = { ... }; // Fokus hat und eine
__property *TKeyEvent* **OnKeyUp** = { ... }; // Taste gedrückt wird

Aufgabe 9.3

Verändert man die Größe eines Formulars während der Laufzeit eines Programms, behalten die Komponenten dieses Fensters ihre ursprüngliche Position und Größe. Dann kann ein Button, der beim Entwurf des Programms in der Mitte des Formulars zentriert war, völlig außerhalb der Mitte liegen.

Schreiben Sie eine Unit *ResizeUnit* mit einer Klasse *TResize* und einer Methode *Resize*. Beim ersten Aufruf von *Resize* sollen die Positionen *Top*, *Left*, *Width* und *Height* aller Komponenten des Formulars in einem Array gespeichert werden. Bei jedem Aufruf von *Resize* sollen dann die Positionsangaben aufgrund der aktuellen Größe des Fensters neu berechnet und gesetzt werden (z.B. mit *SetBounds*).

Ruft man *Resize* beim Ereignis *OnResize* auf, werden die Positionen aller Komponenten bei jeder Änderung der Größe des Formulars angepasst.

9.4 Selbst definierte Komponenten und ihre Ereignisse

Komponenten und Formulare kann man auch ohne die Hilfsmittel der visuellen Programmierung während der Laufzeit eines Programms erzeugen. Auf diese Weise können Bedingungen berücksichtigt werden, die sich erst während der Laufzeit ergeben und die zur Entwurfszeit noch nicht bekannt sind.

Beispiel: Die Funktion *MakeEdit* erzeugt ein Edit-Fenster:

```
TEdit* MakeEdit(TForm* F,int l,int t,int w,int h)
{
TEdit* E = new TEdit(F);
E->Parent = F;
E->SetBounds(l, t, w, h);
return E;
};
```

Hier wird der Eigentümer *Owner* beim Aufruf des Konstruktors gesetzt. Die Zuweisung an *Parent* ist notwendig, damit das Fenster angezeigt wird. Diese Funktion kann dann so aufgerufen werden:

```
TEdit* E1=MakeEdit(Form1,10,10,100,100);
E1->Text= "blablabla";
```

Eine Komponente kann auch von einer geeigneten Basisklasse abgeleitet und in ihrem Konstruktor initialisiert werden.

Beispiel: Die von *TEdit* abgeleitete Komponente *TEdit1* erhält ihre Positionsangaben im Konstruktor:

```
class TEdit1: public TEdit {
public:
  __fastcall TEdit1(TForm *Form,
             int l,int t,int w,int h) :TEdit(Form)
  {
  Parent = Form;
  SetBounds(l,t,w,h);
  };
};
```

Die folgenden Anweisungen entsprechen denen des letzten Beispiels:

```
TEdit1* E2=new TEdit1(Form1,80,80,200,100);
E2->Color = clYellow;
E2->Text  = "blublub";
```

Diese Vorgehensweise kann auf alle Komponenten übertragen werden. Da so alle Eigenschaften wie im Objektinspektor gesetzt werden können, hat man dieselben Gestaltungsmöglichkeiten wie bei der visuellen Programmierung.

Wenn man auf diese Weise ein **Formular** erzeugt, muss man den Konstruktor

*__fastcall **TForm**(TComponent* AOwner, int Dummy);* // **zwei Parameter**

mit einem beliebigen Argument für *dummy* verwenden. Er erzeugt ein Formular, das nicht aus einer DFM-Datei geladen wird, die im Rahmen der visuellen Programmierung erzeugt wird. Verwendet man stattdessen den Konstruktor

*__fastcall virtual **TForm**(TComponent* AOwner);* // **ein Parameter**

wird ein visuell erzeugtes Formular gesucht. Da das nicht existiert, wird die Exception *EResNotFound* ausgelöst. In der zugehörigen Meldung wird dann darauf hingewiesen, dass die entsprechende Ressource nicht gefunden wurde.

Beispiel: Der Konstruktor dieser Klasse erzeugt ein Formular mit einem Button, das nicht aus der DFM-Datei geladen wird:

```
class TFormWithButton: public TForm {
  public:
    TFormWithButton(TForm* AOwner);
    TButton* B;
    void __fastcall BClick(TObject* Sender);
}; // BClick wird auf Seite 901 beschrieben

TFormWithButton::TFormWithButton(TForm* AOwner):
                  TForm(AOwner, 0) // 0 für Dummy
{
Parent = AOwner;
Show(); // damit das Formular angezeigt wird
B = new TButton(this);
B->Parent = this;
B->Caption = "xxx";
};
```

9.4 Selbst definierte Komponenten und ihre Ereignisse

Ein solches Formular wird dann z.B. folgendermaßen erzeugt:

```
void __fastcall TForm1::Button1Click(TObject
                                        *Sender)
{
TFormWithButton* BF=new TFormWithButton(Form1);
}
```

Alle Klassen, die von *TControl* abgeleitet sind, können auf **Ereignisse** reagieren. Sie enthalten dazu spezielle Zeiger auf Elementfunktionen wie

*__property Classes::TNotifyEvent **OnClick** = { ... };//*wenn die Komponente
*__property Classes::TNotifyEvent **OnDblClick** = {...}; //* angeklickt wird

*__property Classes::TNotifyEvent **OnEnter**={..};//*wenn die Komponente den
*__property Classes::TNotifyEvent **OnExit**={...};//* Fokus erhält oder verliert

*__property TKeyEvent **OnKeyDown** = { ... }; //* wenn die Komponente den
*__property TKeyPressEvent **OnKeyPress** = { ... }; //* Fokus hat und eine
*__property TKeyEvent **OnKeyUp** = { ... }; //* Taste gedrückt wird

Solche Funktionszeiger werden in der Online-Hilfe des C++Builders auch als **Closure** bezeichnet. Diese Datentypen sind z.B. in „include\vcl\classes.hpp" definiert:

*typedef void __fastcall (__closure ***TNotifyEvent**)(System::TObject*Sender);*
*typedef void __fastcall (__closure ***TKeyEvent**)*
       (System::TObject Sender, Word &Key, Classes::TShiftState Shift);*
*typedef void __fastcall (__closure ***TKeyPressEvent**)*
                          (System::TObject Sender, char &Key);*
*typedef void __fastcall (__closure ***TMouseEvent**) (TObject* Sender,*
     TMouseButton Button, Classes::TShiftState Shift, int X, int Y);

Einem mit **__closure** definierten Funktionszeiger kann man auch die Adresse einer entsprechenden Elementfunktion aus einem Objekt einer abgeleiteten Klasse zuweisen. Mit einem ohne __closure definierten Zeiger auf eine Elementfunktion ist das nicht möglich. Siehe dazu die Ausführungen zum Thema Kontravarianz auf Seite 859.

Wenn man einer solchen Eigenschaft die Adresse einer Funktion zuweist, dann wird diese Funktion aufgerufen, wenn das entsprechende Ereignis eintritt. Auf diese Weise können auch Komponenten, die nicht mit den Mitteln der visuellen Programmierung erzeugt wurden, auf Ereignisse reagieren.

Beispiel: In der Klasse *TFormWithButton* von oben hat die Elementfunktion

```
void __fastcall TFormWithButton::BClick
                                    (TObject* Sender)
{
B->Caption = "Button clicked";
};
```

den Datentyp *TNotifyEvent* und kann deshalb der Eigenschaft *OnClick* zugewiesen werden:

```
TFormWithButton(Classes::TComponent* AOwner,
          int Dummy) : Forms::TForm(AOwner, Dummy)
{
// Rest wie oben
B->OnClick = BClick;
};
```

Die VCL verwendet Closures vor allem für Ereignisbehandlungsroutinen.

Auch die Klasse **TApplication** enthält zahlreiche Zeiger auf Elementfunktionen. Da diese Klasse nicht im Objektinspektor angezeigt wird, ist die Zuweisung von Methoden die einzige Möglichkeit, eigene Reaktionen auf die entsprechenden Ereignisse zu definieren:

class TApplication : public Classes::TComponent
{ *// Auszug aus include\vcl\forms.hpp*
  // ...
  __property Classes::TNotifyEvent **OnActivate** *...*
     /* Dieses Ereignis tritt ein, wenn die Anwendung aktiv wird. Eine Anwendung wird aktiv, wenn sie gestartet wird oder wenn der Fokus von einer anderen Anwendung auf sie umgeschaltet wird. */
  __property TExceptionEvent **OnException** *...*
  // wenn eine unbehandelte Exception auftritt
  __property TIdleEvent **OnIdle** *...*

Beispiel: Das Ereignis *OnIdle* tritt ein, wenn die Anwendung gerade „untätig" ist, weil sie z.B. keine Benutzereingabe zu bearbeiten hat. Wenn man *OnIdle* die Funktion

```
void __fastcall TForm1::MyIdleHandler(TObject
                                    *Sender, bool &Done)
{
static int i=0;
Button2->Caption=IntToStr(i);
i++;
Done=false;
}
```

zuweist, zählt die Anwendung in ihrer „freien Zeit" den Zähler i hoch und zeigt seinen Wert auf einem Button an:

9.4 Selbst definierte Komponenten und ihre Ereignisse

```
void __fastcall TForm1::FormCreate(TObject
                                           *Sender)
{
Application->OnIdle=MyIdleHandler;
}
```

OnIdle weist man vor allem Funktionen zu, die immer dann ausgeführt werden sollen, wenn Windows gerade keine Benutzereingaben verarbeiten soll. Diese Funktionen (z.B. Grafik-Animationen) laufen dann in gewisser Weise „im Hintergrund" und ermöglichen dem Anwender trotzdem Eingaben.

Anmerkungen für Delphi-Programmierer: Die im C++Builder mit *__closure* definierten Funktionszeiger werden in Delphi mit „of object" definiert und als Methodenzeiger bezeichnet.

Aufgabe 9.4

1. Die Reaktion auf ein Ereignis kann während der Laufzeit eines Programms dadurch verändert werden, dass man dem Methodenzeiger für dieses Ereignis eine andere Methode zuweist.

   Realisieren Sie dies mit einem Formular, das einen Button und drei Radio-Buttons enthält. Durch das Anklicken eines der RadioButtons soll eine von drei Ereignisbehandlungsroutinen für das Ereignis *OnClick* des Buttons ausgewählt werden.

2. Definieren Sie eine Klasse *MyForm*, deren Konstruktor ein Formular wie das Folgende ohne die Hilfsmittel der visuellen Programmierung erzeugt:

Als Reaktion auf ein Anklicken des Buttons mit der Aufschrift

   – *Eingabe löschen* soll jedes Edit-Fenster mit *Clear* gelöscht werden.
   – *Daten speichern* soll von jedem Edit-Fenster das Textfeld gelesen werden, ohne die Daten weiter zu verwenden.
   – *Programm beenden* soll das Formular durch einen Aufruf von *Close* geschlossen werden.

9.5 MDI-Programme

Ein **MDI**-Programm (Multiple Document Interface) besteht aus einem übergeordneten Fenster, das mehrere untergeordnete Fenster enthalten kann. Die untergeordneten Fenster werden während der Laufzeit des Programms als Reaktion auf entsprechende Benutzereingaben (z.B. *Datei|Neu*) erzeugt. Typische MDI-Programme sind Programme zur Textverarbeitung, in denen mehrere Dateien gleichzeitig bearbeitet werden können. Im Gegensatz zu MDI-Programmen bezeichnet man Programme, die keine untergeordneten Fenster enthalten, als **SDI**-Programme (Single Document Interface).

In einem MDI-Programm kann immer nur das Hauptformular das übergeordnete Fenster sein. Es wird dadurch als **übergeordnetes Fenster** definiert, dass man seine Eigenschaft *FormStyle* im Objektinspektor auf *fsMDIForm* setzt. In einem SDI-Formular hat diese Eigenschaft den Wert *fsNormal* (Voreinstellung).

Ein **MDI-Child-Formular** wird dem Projekt zunächst als ein neues Formular hinzugefügt. Es wird dadurch als **untergeordnetes Fenster** definiert, dass seine Eigenschaft *FormStyle* den Wert *fsMDIChild* erhält. Dieser Wert kann auch während der Laufzeit des Programms gesetzt werden.

Das MDI-Child-Formular kann nun wie jedes andere Formular visuell gestaltet werden. Für die folgenden Beispiele wird ein MDI-Child-Formular angenommen, das ein Memo mit der Eigenschaft *Align = alClient* enthält. Aufgrund dieser Eigenschaft füllt das Memo das gesamte Formular aus. Gibt man diesem Formular den Namen *MDIChildForm*, erhält man in der Unit zu diesem Formular die Klasse

```
class TMDIChildForm : public TForm
{
__published: // IDE-verwaltete Komponenten
    TMemo *Memo1;
private:  // Benutzer-Deklarationen
public:   // Benutzer-Deklarationen
    __fastcall TMDIChildForm(TComponent* Owner);
};
```

Damit dieses MDI-Child-Formular beim Start des Programms nicht automatisch erzeugt und angezeigt wird, muss man es unter *Projekt|Optionen|Formulare* aus der Liste der automatisch erzeugten Formulare in die Liste der verfügbaren Formulare verschieben:

9.5 MDI-Programme

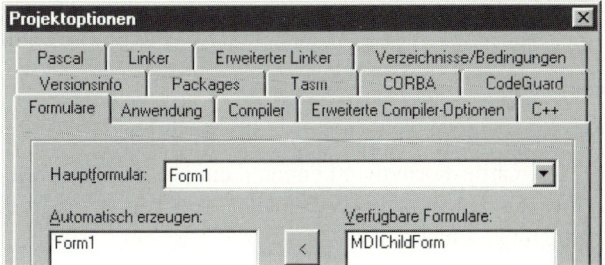

Während der Laufzeit des Programms wird dann durch den Aufruf von

```
MDIChildForm=new TMDIChildForm(this);
```

ein Fenster erzeugt, das dem visuell entworfenen Formular entspricht. Hier ist *MDIChildForm* der Zeiger, der in der Unit zu diesem Formular vom C++Builder automatisch erzeugt wird. Da Windows die MDI-Fenster selbst verwaltet, ist hier die Zuweisung an *MDIChildForm* nicht einmal notwendig. Der Aufruf des Konstruktors reicht aus:

```
void __fastcall TForm1::Neu1Click(TObject *Sender)
{ // z.B. als Reaktion auf Datei|Neu
new TMDIChildForm(this); // this ist hier ein Zeiger auf
// das Formular, das Neu1Click aufruft
}
```

Jeder Aufruf von *new MDIChildForm* erzeugt dann ein neues Formular mit einem Memo. In jedem der Memos kann man wie in einem einfachen Editor einen eigenständigen Text schreiben:

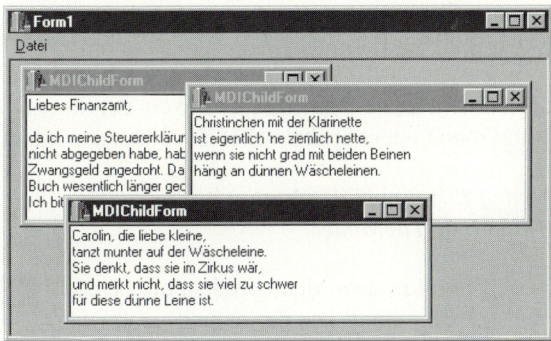

Wenn man bei einem solchen MDI-Child-Formular den Button „Schließen" rechts oben anklickt, wird das Formular allerdings nicht geschlossen, sondern nur minimiert. Dieses Verhalten ergibt sich aus der Voreinstellung der VCL für MDI-Child-Formulare. Es kann dadurch geändert werden, dass man in der Ereignisbehandlungsroutine für das Ereignis *OnClose* den Parameter *Action* auf *caFree* setzt:

```
void __fastcall TMDIChildForm::FormClose(TObject *Sender,
                                         TCloseAction &Action)
{
Action=caFree;
}
```

Die einzelnen MDI-Child-Formulare können dann als *MDIChildren[i]* angesprochen werden. Ihre Anzahl ist durch *MDIChildCount* gegeben. Mit der folgenden Methode werden alle geschlossen:

```
void __fastcall TForm1::AlleSchliessen1Click(TObject
                                             *Sender)
{
for (int i=MDIChildCount-1; i>=0; i--)
  MDIChildren[i]->Close();
} // Hier muss man von oben nach unten zählen
```

Das jeweils aktive MDI-Child-Formular ist gegeben durch

> *__property TForm* **ActiveMDIChild** = {read=GetActiveMDIChild};*

Mit einer expliziten Typkonversion kann *ActiveMDIChild* auf den tatsächlichen Datentyp des Nachfolgers von *TForm* konvertiert werden:

```
dynamic_cast<TMDIChildForm*>(ActiveMDIChild)->Memo1->
                                       Lines->Add("added");
```

Für die **Anordnung** von MDI-Child-Formularen stehen die folgenden Methoden zur Verfügung:

> *Cascade*   // ordnet die Formulare überlappend an
> *Tile*   // ordnet die Formulare nebeneinander an

Vor dem Aufruf von *Tile* kann man über den Wert der Eigenschaft *TileMode* festlegen, ob sie horizontal oder vertikal nebeneinander angeordnet werden.

> *enum TTileMode { tbHorizontal, tbVertical };*
> *__property TTileMode **TileMode**;*

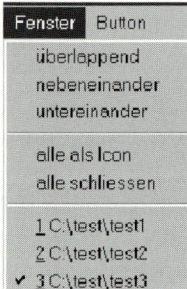

MDI-Programme zeigen oft in dem Menü, in dem die Fenster angeordnet werden können, eine Liste der aktuell geöffneten MDI-Fenster an (siehe rechts). Eine solche Liste wird demjenigen Menüpunkt des Hauptformulars hinzugefügt, dessen Name der Eigenschaft *WindowMenu* des Hauptformulars zugewiesen wird:

```
Form1->WindowMenu = Fenster1;
```

Hier ist *Fenster1* derjenige Menüpunkt aus der Menüleiste des Hauptformulars

```
TMenuItem* Fenster1;
```

der dem Menüpunkt „Fenster" entspricht.

Aufgabe 9.5

1. Entwerfen Sie analog zum Beispiel mit den MDI-Memos ein Programm, das in einem MDI-Fenster ein Bild auf einem *TImage* (aus der Seite „Zusätzlich" der Komponentenpalette) anzeigt. Sie können zur Auswahl des Bildes einen *OpenPictureDialog* verwenden und es mit *Picture->LoadFromFile* laden.

   Die Menüleiste soll lediglich die Option „Datei" mit dem Unterpunkt „Öffnen" und die Option „Fenster" mit dem Unterpunkt „cascade" anbieten.

2. Der C++Builder erzeugt nach der Auswahl von *MDI-Anwendung* in der Objektgalerie (unter *Datei|Neu|Projekte*) den Rahmen für eine MDI-Anwendung mit einem Memo auf dem Child-Formular. Ändern Sie eine solche Anwendung so ab, dass anstelle eines Memos eine RichEdit-Komponente (Seite Win32 der Komponentenpalette).

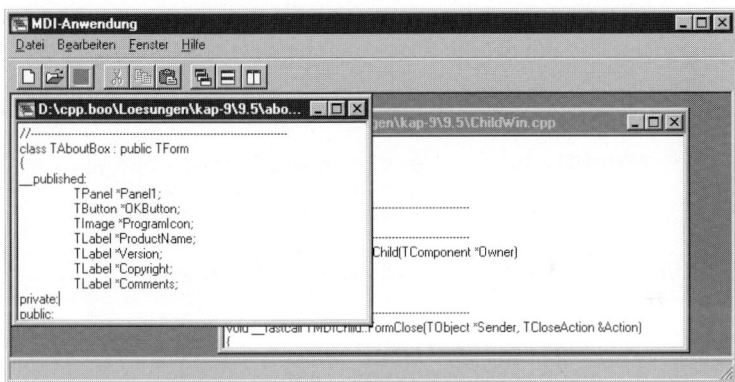

9.6 Klassenreferenztypen und virtuelle Konstruktoren

Wie schon in Abschnitt 9.1 erwähnt wurde, können Klassen der VCL virtuelle Konstruktoren haben:

```
class C :public TObject {
  public:
    virtual C(){};
};
```

Bei nicht von *TObject* abgeleiteten Klassen ist das nicht möglich:

```
class C{
  public:
    virtual C(){}; // Fehler: Speicherklasse 'virtual'
};                 //        ist hier nicht erlaubt
```

Virtuelle Konstruktoren können in Object Pascal mit so genannten **Klassenreferenztypen** aufgerufen werden. Mir ist nicht bekannt, wie das mit dem C++-Builder geht (vielleicht kann mir ein Leser weiterhelfen), und ich vermute, dass es nicht möglich ist. Deshalb wird zunächst gezeigt, wie man in Object Pascal virtuelle Konstruktoren aufruft. Da man mit dem C++Builder auch Funktionen aufrufen kann, die in Object Pascal geschrieben sind, ist über diesen Umweg auch im C++Builder der Aufruf virtueller Konstruktoren möglich.

In Object Pascal sind Klassenreferenztypen Datentypen, die nach dem Schema

CLASS OF Typname

definiert werden, wobei „Typname" für den Namen einer Klasse steht. Einer Variablen eines Klassenreferenztyps kann dann eine Klasse (also ein Datentyp) zugewiesen werden. Die zugewiesene Klasse muss dabei mit der Klasse zuweisungskompatibel sein, mit der die Klassenreferenz definiert wurde.

Beispiele: Object Pascal verwendet unter anderem die Klassenreferenztypen

```
TFormClass      = class of TForm;
TControlClass   = class of TControl;
TComponentClass = class of TComponent;
```

Einer Variablen eines solchen Klassenreferenztyps

```
var fcv:TFormClass;
    contcv:TControlClass;
    compcv:TComponentClass;
```

kann dann eine Klasse zugewiesen werden:

```
fcv    := TForm;
contcv := TControl;
compcv := TComponent;
```

Die Zuweisung eines Datentyps an eine Variable ist auf den ersten Blick ungewöhnlich: Bei anderen Datentypen als Klassen geht das nicht. Diese Möglichkeit beruht darauf, dass eine Variable eines Klassenreferenztyps die Adresse der *vtbl* (siehe Abschnitt 8.4.3) der Klasse enthält und diese Adresse bei einer Zuweisung kopiert wird.

Wenn mit einer Variablen eines Klassenreferenztyps ein **virtueller Konstruktor** aufgerufen wird, führt das zum Aufruf des Konstruktors der Klasse, die der Va-

9.6 Klassenreferenztypen und virtuelle Konstruktoren

riablen zugewiesen wurde. Auf diese Weise können virtuelle Konstruktoren wie virtuelle Funktionen aufgerufen werden. Dabei wird während der Laufzeit des Programms ein Objekt der Klasse erzeugt, die der Variablen zugewiesen wurde.

Beispiel: Die Klassen der Klassenreferenztypen aus dem letzten Beispiel haben virtuelle Konstruktoren mit dem Namen *Create*. Deshalb wird beim Aufruf der Funktion *CreateControl* ein Objekt der Klasse erzeugt, die als Argument für den ersten Parameter übergeben wird.

```
function CreateControl(C:TControlClass;
                      const ControlName: string;
                      X, Y, W, H: Integer): TControl;
begin
Result := C.Create(Form1);
with Result do
  begin
    Parent := Form1;
    Name := ControlName;
    SetBounds(X, Y, W, H);
    Visible := true;
  end;
end;
```

Die folgenden beiden Aufrufe von *CreateControl* erzeugen Objekte der von *TControl* abgeleiteten Klassen *TEdit* oder *TButton*. In *CreateControl* werden dabei *TEdit.Create* bzw. *TButton.Create* aufgerufen:

```
procedure TForm1.CreateClick(Sender: TObject);
begin
CreateControl(TEdit,'Ed1',1,1,100,25);
CreateControl(TButton,'But1',1,100,100,25);
end;
```

Will man die so erzeugten Steuerelemente im Programm ansprechen, kann man den Funktionswert von *CreateControl* einem Steuerelement zuweisen. Da *TEdit* bzw. *TButton* von *TControl* abgeleitet sind und nicht umgekehrt, ist hier ein Typecast notwendig:

```
var E1:TEdit;
    B1:TButton;

procedure TForm1.CreateClick(Sender: TObject);
begin
E1:=TEdit(CreateControl(TEdit,'Ed1',1,1,100,25));
E1.Text := 'xxx';
B1 := TButton(CreateControl(TButton,'But1',
                            1,100,100,25));
B1.Caption := 'yyy';
B1.OnClick := Button1Click;
end;
```

Im **C++Builder** werden Klassenreferenztypen durch die Klasse *TMetaClass* dargestellt. Die Namen der Klassenreferenztypen von Object Pascal sind mit *typedef* deklariert und deshalb nur ein anderer Name für *TMetaClass**:

```
typedef System::TMetaClass* TFormClass;
typedef System::TMetaClass* TControlClass;
typedef System::TMetaClass* TComponentClass;
```

Mit *__classid* erhält man im C++Builder die Adresse der *vtbl* einer Klasse. Diese Adresse kann man einer Variablen des Datentyps *TMetaClass** zuweisen:

```
TMetaClass* mc=__classid(TLabel);
```

Der C++Builder verwendet *__classid* z.B. beim Aufruf von *CreateForm* von *TApplication* in *WinMain*.

Fügt man einem Projekt im C++Builder die Pascal-Unit mit der oben vorgestellten Funktion *CreateControl* hinzu (über die Option *Projekt* in der Menüleiste), erzeugt der C++Builder eine Header-Datei (Endung .hpp) mit der folgenden Funktionsdeklaration:

```
extern Controls::TControl* __fastcall CreateControl(
    System::TMetaClass* C,Forms::TForm* Form,const System::
    AnsiString ControlName, int X, int Y, int W, int H);
```

Dieser Funktion kann man mit *__classid(ClassName)* die *vtbl* einer Klasse übergeben. Deshalb kann man die in Object Pascal geschriebene Funktion *CreateControl* im C++Builder folgendermaßen aufrufen:

```
CreateControl(__classid(TButton),Form1,"But",1,1,100,25);
CreateControl(__classid(TLabel),Form1,"Lab",200,1,90,25);
```

Ein virtueller Konstruktor einer Basisklasse wird in einer abgeleiteten Klasse durch einen Konstruktor mit derselben Parameterliste überschrieben.

Beispiel: Da der Konstruktor von *TEdit* virtuell ist und der von *TEdit2* dieselbe Parameterliste hat, ist dieser ebenfalls virtuell:

```
class TEdit2: public TEdit {
  public:
  __fastcall TEdit2(Classes::TComponent* AOwner);
  {
  Parent = (TForm*)Form;
  Text = "bloplob";
  Show();
  };
};
```

Deshalb wird durch den Aufruf

9.6 Klassenreferenztypen und virtuelle Konstruktoren

```
CreateControl(__classid(TEdit2),Form1,"Ed2",
                                 1,100,100,25);
```

ein Objekt der Klasse *TEdit2* erzeugt.

Die **Elementfunktionen von *TMetaClass*** entsprechen den statischen Elementfunktionen von *TObject*:

```
class PACKAGE TMetaClass
{   // aus vcl/systobj.h
 public:
  // ...
  ShortString __fastcall ClassName()
  {
   return TObject::ClassName(this);
  }
  TClass __fastcall ClassParent()
  {
   return TObject::ClassParent(this);
  }
  // ...
}
```

Sie haben dieselben Namen wie die statischen Elementfunktionen aus *TObject*, aber einen Parameter weniger, für den immer der *this*-Zeiger eingesetzt wird. Diese Funktionen können wie in *ShowBaseNames* aufgerufen werden:

```
void ShowBaseNames(TMetaClass* M)
{
for (TMetaClass* C=M;C!=0; C=C->ClassParent())
   Form1->Memo1->Lines->Add(C->ClassName());
}
```

Da *ClassParent* immer die direkte Basisklasse und *ClassName* den Namen der Klasse als String zurückgibt, erhält man bei einem Aufruf von *ShowBaseNames* die Namen aller Basisklassen in ihrer Reihenfolge in der Klassenhierarchie. Für *TObject* hat *ClassParent* den Wert 0, da *TObject* keine Basisklasse hat. Deshalb wird *TObject* als letztes ausgegeben. *ShowBaseNames* kann mit dem Namen einer Klasse aufgerufen werden, ohne dass zuvor ein Objekt definiert wurde:

```
ShowBaseNames(__classid(TEdit));
```

In *TObject* und damit in allen Klassen der VCL steht die Elementfunktion *ClassType* zur Verfügung. Sie gibt die Metaklasse eines Objekts zurück und kann deshalb als Argument in *ShowBaseNames* eingesetzt werden:

```
void __fastcall TForm1::Button3Click(TObject *Sender)
{
ShowBaseNames(Sender->ClassType());
}
```

Aufgabe 9.6

Zeigen Sie wie in *ShowBaseNames* für eine Klasse (z.B. *TButton*) und alle ihre Basisklassen den jeweils von einem Objekt der Klasse belegten Speicherplatz an. Sie können dazu die Funktion *InstanceSize* von *TMetaClass* verwenden.

9.7 Botschaften (Messages)

Windows ist ein ereignisgesteuertes System, das alle Benutzereingaben (z.B. Mausklicks, Tastatureingaben) usw. für alle Programme zentral entgegennimmt. Bei jedem solchen Ereignis wird dann eine Botschaft an das Programm gesendet, für das sie bestimmt sind.

Obwohl es in Zusammenhang mit Botschaften üblich ist, von „versenden" zu sprechen, ist dieser Begriff in gewisser Weise irreführend: Das Versenden von Botschaften hat nichts mit einem E-Mail-System oder Ähnlichem zu tun. Vielmehr stehen hinter dem Begriff **Versenden von Botschaften** die folgenden beiden Techniken: Entweder werden Botschaften (vor allem für Benutzereingaben) in eine Warteschlange (die so genannte *message queue*) der Anwendung abgelegt, oder Windows ruft direkt eine so genannte *Window-Prozedur* auf, in der die Botschaften für das Fenster dann verarbeitet werden.

Da unter Windows mehrere Programme gleichzeitig laufen können, von denen jedes mehrere Fenster haben kann, hat der Begriff Versenden allerdings doch eine gewisse Berechtigung: Bei jeder Botschaft muss der Adressat (das Programm oder das Fenster) bestimmt werden.

9.7.1 Die Message Queue und die Window-Prozedur

Die Botschaften aus der *message queue* werden in einer Schleife verarbeitet, die meist als *message loop* bezeichnet wird. Jedes Windows-Programm hat eine solche *message loop*. In der VCL ist sie in der Funktion *TApplication::Run* enthalten, die im Hauptprogramm aufgerufen wird:

```
procedure TApplication.Run; // aus source\vcl\forms.pas,
// C++: void __fastcall TApplication::Run()
begin // C++: {
// ...
repeat if not ProcessMessage then Idle;
until Terminated;
// C++: do if (!ProcessMessage()) Idle();
// C++: while (!Terminated);
// ...
end; // C++: }
```

9.7 Botschaften (Messages)

ProcessMessage holt mit *PeekMessage* eine Botschaft nach der anderen aus der Warteschlange. Falls der Ereignisbehandlungsroutine *OnMessage* von *TApplication* eine Funktion zugewiesen wurde, hat *Assigned(FOnMessage)* den Wert *true*. Dann wird zunächst diese Funktion über *FOnMessage* aufgerufen:

```
function TApplication.ProcessMessage:Boolean;
// C++: bool __fastcall TApplication::ProcessMessage()
var Handled: Boolean; // aus source\vcl\forms.pas
    Msg: TMsg;
begin
  Result := false;
  if PeekMessage(Msg, 0, 0, 0, PM_REMOVE) then
  begin
    ...
    Handled := false;
    if Assigned(FOnMessage) then FOnMessage(Msg,Handled);
    if not Handled and ... then
      begin
        ...
        TranslateMessage(Msg);
        DispatchMessage(Msg);
      end;
    ...
  end;
end;
```

Wenn die Funktion *FOnMessage* die boolesche Variable *Handled* nicht auf *true* setzt, wird anschließend *TranslateMessage* aufgerufen. Diese Funktion übersetzt so genannte virtuelle Tastaturcodes in Zeichenbotschaften und legt sie in die *message queue* der Anwendung.

DispatchMessage sendet die Botschaft an das Fenster (Formular, Edit-Fenster usw.), für das sie bestimmt ist. Dadurch wird die so genannte **Window-Prozedur** dieses Fensters aufgerufen. Jedes Steuerelement besitzt eine eigene *Window-Prozedur*, so dass in einem Programm mit einem Formular, einem Edit-Fenster und einem Button jede dieser drei Komponenten eine solche *Window-Prozedur* hat. In dieser Funktion reagiert das Steuerelement auf die Botschaft. Ihr Aufruf führt insbesondere zum Aufruf der Ereignisbehandlungsroutinen für das Steuerelement. Mehr dazu in Abschnitt 9.7.3.

Diese Art der Bearbeitung von Botschaften in der *message loop* führt übrigens auch dazu, dass ein Programm, das längere Zeit in einer Schleife verbringt, nicht auf Eingaben reagiert: Da Benutzereingaben meist in die *message queue* abgelegt werden, werden sie ohne einen expliziten Aufruf von *Application->Process-Messages* einfach nicht abgeholt.

Nach diesen Ausführungen bestehen also die folgenden Möglichkeiten, Botschaften abzufangen und auf sie zu reagieren:

1. auf Botschaften für eine Anwendung, indem man das Ereignis *OnMessage* für *TApplication* definiert;

2. auf Botschaften für ein Steuerelement in seiner *Window-Prozedur* oder einer davon aufgerufenen Funktion.

Diese Möglichkeiten werden in den nächsten beiden Abschnitten beschrieben.

9.7.2 Botschaften für eine Anwendung

Wird der Eigenschaft *OnMessage* von *TApplication* die Adresse einer Funktion des Typs *TMessageEvent* zugewiesen, kann man in dieser Funktion auf Botschaften aus der *message queue* reagieren, bevor sie an die *Window-Prozedur* des Steuerelements weitergeleitet werden.

```
typedef void __fastcall (__closure *TMessageEvent)
                        (tagMSG &Msg, bool &Handled);
```

Der Parameter *Msg* hat dabei die folgende Datenstruktur:

```
typedef struct tagMSG  // aus wtypes.h
{
  HWND hwnd;       // das Handle (interne Nummer) des Fensters,
                   //    für das die Botschaft bestimmt ist
  UINT message;    // identifiziert die Art der Botschaft
  WPARAM wParam;   // Daten, abhängig von der Art
  LPARAM lParam;   //    der Botschaft
  DWORD time;      // Zeitpunkt der Botschaft
  POINT pt;        // Mauskoordinaten
} MSG;
```

Mit dem Parameter *Handled* kann man festlegen, ob die Botschaft anschließend an die *Window-Prozedur* weitergeleitet wird oder nicht. Setzt man *Handled* auf *true*, wird die Botschaft nicht weitergeleitet. In den nächsten beiden Beispielen haben die Funktionen *ShowXY* und *ShowMsg* den Datentyp *TMessageEvent* und können dem Funktionszeiger *OnMessage* zugewiesen werden wie in

```
void __fastcall TForm1::Button1Click(TObject *Sender)
{
Application->OnMessage = ShowXY;
}
```

1. Die Funktion *ShowXY* zeigt die aktuelle Mauskoordinate an, wenn sich der Mauszeiger über einem beliebigen Fenster der Anwendung befindet:

```
void __fastcall TForm1::ShowXY(TMsg &M,bool& Handled)
{
AnsiString x = IntToStr(M.pt.x);
AnsiString y = IntToStr(M.pt.y);
Label1->Caption = "("+x+","+y+")";
}
```

9.7 Botschaften (Messages)

Setzt man in *ShowXY* außerdem noch *Handled* auf *true*, werden die Botschaften anschließend nicht an die Anwendung weitergegeben. Dann kann man das Programm aber nicht mehr mit der Tastenkombination Alt-F4 beenden.

2. Die Funktion *ShowMsg* schreibt alle Botschaften für die aktuelle Anwendung in ein Memo-Fenster. Man erhält so einen Eindruck von der Vielzahl der Botschaften, die Windows einer Anwendung sendet:

```
void __fastcall TForm1::ShowMsg(TMsg& M,bool& Handled)
{
static int n=0;
++n;
Memo1->Lines->Add(IntToStr(n)+": "
                            +IntToStr(M.message));
};
```

Mit dem C++Builder wird das Programm **WinSight32** ausgeliefert. Damit kann man sich die Meldungen wesentlich „luxuriöser" als mit *ShowMsg* anzeigen lassen.

9.7.3 Die Behandlung von Botschaften in der VCL

Im letzten Abschnitt wurde gezeigt, wie Windows Botschaften an eine Anwendung übergibt und wie man auf sie reagieren kann. Jetzt geht es darum, wie Botschaften an die Steuerelemente einer Anwendung weitergeben werden und wie man auf sie in den Klassen der VCL reagieren kann.

TWinControl und jede abgeleitete Klasse (und damit jedes Steuerelement von Windows) enthalten eine so genannte *Window-Prozedur*, die alle Botschaften von Windows für dieses Steuerelement entgegennimmt. Diese Funktion ist die Elementfunktion *MainWndProc*, die selbst keinerlei Behandlung der Botschaften durchführt, sondern lediglich für das vordefinierte Exception-Handling sorgt:

```
procedure TWinControl.MainWndProc(var Message: TMessage);
begin
  try
    try
      WindowProc(Message);
    finally
      FreeDeviceContexts;
      FreeMemoryContexts;
    end;
  except // C++: catch(...)
    Application.HandleException(this);
  end;
end;
```

Hier ist *WindowProc* eine Eigenschaft, die im Konstruktor von *TControl* mit der Adresse der virtuellen Funktion *WndProc* initialisiert wird. Da *WndProc* virtuell ist, führt ihr Aufruf zum Aufruf der Funktion, die *WndProc* in der aktuellen

Klasse überschreibt. Das ist z.B. bei einem Button die Funktion *WndProc* aus *TButtonControl*, da *WndProc* in *TButton* nicht überschrieben wird:

```
procedure TButtonControl.WndProc(var Message: TMessage);
begin // Basisklasse von TButton, source\vcl\StdCtrls.pas
  case Message.Msg of // C++: switch(Message.Msg)
    WM_LBUTTONDOWN, WM_LBUTTONDBLCLK:
         if ... and not Focused then
         begin
           FClicksDisabled := true;
           Windows.SetFocus(Handle);
           FClicksDisabled := false;
           if not Focused then Exit;
         end;
  ...
  inherited WndProc(Message);
  // C++: TWinControl::WndProc(Message);
end;
```

Der Datentyp *TMessage* ist folgendermaßen definiert:

```
struct TMessage
{
   Cardinal Msg;
   union
   {
      struct
      {
         Word WParamLo;   Word WParamHi;   Word LParamLo;
         Word LParamHi;   Word ResultLo;   Word ResultHi;
      };
      struct
      {  int WParam;      int LParam;      int Result; };
   };
} ;
```

Er enthält in *Msg* die Nummer der Botschaft. In „include\winuser.rh" sind für alle von Windows vordefinierten Botschaften symbolische Konstanten definiert. Die Bedeutung dieser ca. 200 Konstanten ist in der Online-Hilfe zum Win32 SDK beschrieben. Alle Botschaften von Windows beginnen mit WM_ für „windows message". Einige Beispiele:

```
#define WM_KEYDOWN        0x0100 // wenn eine Taste gedrückt wird
#define WM_KEYUP          0x0101 // wenn eine Taste gedrückt wird
#define WM_MOUSEMOVE      0x0200 // wenn sich die Maus bewegt
#define WM_RBUTTONDOWN    0x0204 // wenn die rechte Maustaste
                                            gedrückt wird
#define WM_RBUTTONUP      0x0205 // wenn die rechte Maustaste
                                            losgelassen wird
#define WM_RBUTTONDBLCLK 0x0206 // Doppelklick auf die rechte
                                            Maustaste
```

9.7 Botschaften (Messages)

Für die ersten drei dieser Ereignisse können bei den meisten Komponenten auch im Objektinspektor (unter Ereignisse) Ereignisbehandlungsroutinen definiert werden. Wie die letzten drei Beispiele zeigen, kann man mit einem Message-Handler aber auch auf weitere Ereignisse reagieren. Allerdings sollte man solche Erweiterungen nur mit Bedacht einsetzen, da das Programm dann vom ansonsten recht einheitlichen Verhalten von Windows-Programmen abweicht.

Für die meisten Botschaften sind Strukturen definiert, bei denen die Namen der Elemente ihre Bedeutung beschreiben. So haben alle Mausbotschaften den Datentyp

```
struct TWMMouse {
  unsigned Msg;  // ID der Windows-Botschaft
  int Keys;      // enthält die gedrückten Maustasten
  union {
    struct {
      Windows::TSmallPoint Pos; // Mauskoordinaten
      int Result;// für manche Botschaften notwendig
    };
    struct {
      short XPos; // Mauskoordinaten
      short YPos;
    };
  };
};
```

Alle Tastenbotschaften haben den Datentyp

```
struct TWMKey {
  unsigned Msg;     // ID der Windows-Botschaft
  Word CharCode;    // virtueller Tastencode
  Word Unused;
  int KeyData;      // Flags für erweiterte Tasten usw.
  int Result;       // Rückgabewert der Anwendung
};
```

Diese Datentypen sind in „include\VCL\Messages.hpp" definiert und in der Online-Hilfe beschrieben. Der Name des Datentyps ergibt sich aus dem Namen der Botschaft ohne das Unterstrichzeichen und beginnt mit dem Buchstaben „T".

In *WndProc* wird meist auf ganze Gruppen von Botschaften reagiert. Mit *inherited* wird die Funktion *WndProc* aus der nächsten Basisklasse aufgerufen. Das ist hier die Funktion *TWinControl.WndProc*:

```
procedure TWinControl.WndProc(var Message: TMessage);
                                             { override }
begin
// ...
inherited WindowProc(Message);
// C++: TControl::WndProc(Message);
end;
```

Auch hier wird mit *inherited* die Funktion *WndProc* aus der Basisklasse aufgerufen, was zum Aufruf der Funktion *WndProc* aus *TControl* führt, die unter anderem bei einer Bewegung der Maus *Application->HintMouseMessage* aufruft:

```
procedure TControl.WndProc(var Message: TMessage);
// C++: void TControl::WndProc(TMessage& Message)
begin
// ...
  case Message.Msg of
    WM_MOUSEMOVE: Application.HintMouseMessage(this,
                                                Message);
// ...
Dispatch(Message);
end;
```

Als letzte Anweisung wird in *TControl.WndProc* die virtuelle Funktion **Dispatch** aufgerufen. Dieser Aufruf führt zum Aufruf der letzten überschreibenden Funktion der in *TObject* definierten virtuellen Funktion *Dispatch*:

```
class __declspec(delphiclass) TObject {
// ...
virtual void __fastcall Dispatch(void *Message);
virtual void __fastcall DefaultHandler(void* Message);
// ...
```

Dispatch enthält Anweisungen, die gezielt auf einzelne Botschaften reagieren. Falls in der so aufgerufenen Funktion *Dispatch* keine Reaktion auf eine Botschaft definiert ist, wird *Dispatch* aus der Basisklasse aufgerufen. Falls in allen so aufgerufenen Funktionen keine Reaktion auf diese Botschaft definiert ist, wird die virtuelle Funktion **DefaultHandler** aufgerufen. Sie realisiert den größten Teil des Standardverhaltens von Fenstern unter Windows.

Wir fassen zusammen: Beim Aufruf der Window-Prozedur *MainWndProc* eines Steuerelements (meist durch *SendMessage* oder *DispatchMessage*) werden nacheinander die folgenden Funktionen aufgerufen:

1. *WndProc* des aktuellen Steuerelements sowie *WndProc* von allen Basisklassen
2. *Dispatch* des aktuellen Steuerelements sowie eventuell *Dispatch* von allen Basisklassen
3. Falls eine Botschaft in *Dispatch* nicht behandelt wird, führt das zum Aufruf der Elementfunktion *DefaultHandler* des aktuellen Steuerelements sowie eventuell von *DefaultHandler* aller Basisklassen.

In einem **selbst definierten Steuerelement** kann man jede dieser Funktionen überschreiben und so seine Reaktion auf spezielle Botschaften definieren:

1. In *WndProc* reagiert man meist auf ganze Gruppen von Botschaften, um für eine Klasse und alle davon abgeleiteten Klassen ein einheitliches Verhalten zu implementieren. Am Ende dieser Funktion muss man immer *WndProc* aus der Basisklasse aufrufen.

9.7 Botschaften (Messages)

2. In *Dispatch* reagiert man dagegen gezielt auf bestimmte Botschaften. Am Ende muss man immer die Funktion *Dispatch* der Basisklasse aufrufen. Diese Technik wird üblicherweise zur Reaktion auf Botschaften verwendet und in Abschnitt 9.7.4 noch ausführlicher beschrieben.
3. In *DefaultHandler* kann man auf Botschaften reagieren, auf die in *WndProc* oder *Dispatch* nicht reagiert wird. Diese Funktion wird in einigen Klassen der VCL überschrieben. In selbst definierten Klassen überschreibt man aber meist *Dispatch* und nicht *DefaultHandler*.

In den nächsten Beispielen wird gezeigt, wie man in *TForm1* auf Mausbotschaften so reagieren kann, dass die aktuellen Mauskoordinaten auf einem Label angezeigt werden, wenn sich die Maus über dem Formular befindet:

1. Man kann die Funktion *WndProc* überschreiben. Das ist allerdings nicht üblich, da in *WndProc* meist auf ganze Gruppen von Botschaften reagiert wird.

```
class TForm1 : public TForm {
// ...
 void __fastcall WndProc(Messages::TMessage &Message);
// ...
}

void __fastcall TForm1::WndProc(TMessage &Message)
{
if (WM_MOUSEMOVE == Message.Msg)
  {
    int x = Message.LParamLo;
    int y = Message.LParamHi;
    Label1->Caption="("+IntToStr(x)+","+IntToStr(y)+")";
  };
TForm::WndProc(Message);
}
```

2. Normalerweise überschreibt man die Funktion *Dispatch*, um auf ein bestimmtes Ereignis zu reagieren:

```
class TForm1 : public TForm {
// ...
virtual void __fastcall Dispatch(void *Message);
// ...
}

void __fastcall TForm1::Dispatch(void *Message)
{
switch (((TMessage*)Message)->Msg)
  {
    case WM_MOUSEMOVE:
      int x=((TMessage*)Message)->LParamLo;
      int y = ((TMessage*)Message)->LParamHi;
      Form1->Label1->Caption="["+IntToStr(x)+","+
                                  IntToStr(y)+"]";
      TForm::Dispatch(Message);
      break;
```

```
        default:
          TForm::Dispatch(Message);
          break;
      }
    }
```

3. Mit den unter 1. und 2. beschriebenen Möglichkeiten kann man auf jede Botschaft reagieren, die ein Formular erhält. Da ein Formular schon den Zeiger *OnMouseMove* auf eine Ereignisbehandlungsroutine für die Botschaft WM_MOUSEMOVE enthält, kann man diesem Zeiger auch die Adresse einer passenden selbst definierten Elementfunktion zuweisen:

```
void __fastcall TForm1::MyMouseMove(TObject *Sender,
                    TShiftState Shift, int X, int Y)
{
Label1->Caption="/"+IntToStr(X)+","+IntToStr(Y)+"/";
}
```

Diese Zuweisung kann z.B. in *FormCreate* erfolgen:

```
void __fastcall TForm1::FormCreate(TObject *Sender)
{
OnMouseMove=MyMouseMove;
}
```

Eine solche Funktion kann man auch vom C++Builder durch einen Doppelklick beim Ereignis *OnMouseMove* im Objektinspektor erzeugen lassen. Dann führt der C++Builder die Zuweisung an den Funktionszeiger selbst durch.

Auf ihrem Weg durch die verschiedenen Funktionen kann man eine **Botschaft** auch **manipulieren** und so das Verhalten von Steuerelementen verändern. Das soll am Beispiel der Botschaft *WM_NCHitTest* („Non Client Hit Test") gezeigt werden, die immer dann an ein Fenster gesendet wird, wenn die Maus über dem Fenster bewegt oder eine Maustaste gedrückt oder losgelassen wird.

Auf dieses Ereignis wird in der Funktion *DefaultHandler* reagiert, die nach *Dispatch* aufgerufen wird. Diese Botschaft enthält im Element *Result* einen Wert, der angibt, in welchem Teil des Fensters sich der Cursor befindet. Ein Auszug aus diesen Werten (eine vollständige Liste findet man in „win32.hlp" unter WM_NCHitTest):

HTBOTTOM   Der Cursor befindet sich am unteren Rand eines Fensters
HTCAPTION   Der Cursor befindet sich in der Titelzeile
HTCLIENT   Der Cursor befindet sich im Client-Bereich
HTHSCROLL   Der Cursor befindet sich in einem horizontalen Scrollbalken
HTMENU   Der Cursor befindet sich in einem Menü

9.7 Botschaften (Messages)

Ändert man jetzt den Rückgabewert *HTCLIENT* auf *HTCAPTION*, wird Windows „vorgeschwindelt", dass der Cursor über der Titelzeile ist, obwohl er sich tatsächlich im Client-Bereich befindet:

```
void __fastcall TForm1::Dispatch(void *Message)
{
switch (((TMessage*)Message)->Msg)
  {
    case .. :
      // ..
      break;
    default:
      TForm::Dispatch(Message);
      if (((TMessage*)Message)->Result == HTCLIENT)
        ((TMessage*)Message)->Result = HTCAPTION;
      break;
  }
};
```

Damit kann das Fenster auch mit einer gedrückten linken Maustaste bewegt werden, wenn sich der Cursor über dem Client-Bereich befindet. Ein Doppelklick auf den Client-Bereich vergrößert das Fenster auf Maximalgröße, und der nächste Doppelklick verkleinert das Fenster wieder.

Dieses Beispiel sollte lediglich illustrieren, wie man die Botschaften von Windows manipulieren und so in das Verhalten von Windows eingreifen kann. Es wird nicht zur Nachahmung empfohlen, da sich solche Steuerelemente anders verhalten als das der Anwender normalerweise erwartet.

9.7.4 Selbst definierte Message-Handler für Windows-Steuerelemente

Der C++Builder stellt in „include\vcl\sysmac.h" die folgenden Makros zur Verfügung, um die Funktion *Dispatch* zu überschreiben,

```
#define BEGIN_MESSAGE_MAP \
        virtual void __fastcall Dispatch(void *Message) \
        {\
          switch (((PMessage)Message)->Msg) \
          {
#define VCL_MESSAGE_HANDLER(msg,type,meth) \
            case    msg: \
              meth(*((type *)Message));        \
              break;
#define END_MESSAGE_MAP(base) \
            default:\
               base::Dispatch(Message);      \
               break;                         \
          }\
        }
```

Die Parameter dieser Makros bedeuten:

1. Die Ganzzahlkonstante *msg* ist die Nummer der Botschaft, deren Verhalten überschrieben wird.
2. Der Parameter *type* steht für den Datentyp der Botschaft.
3. Für *meth* wird der Name der Funktion angegeben, die als Reaktion auf die Botschaft aufgerufen werden soll. Ihr Name kann frei gewählt werden. Borland empfiehlt allerdings, als Namen für einen Message-Handler den Namen der Botschaft ohne das Unterstrichzeichen zu verwenden. Diese Funktion muss immer die Funktion *Dispatch* der Basisklasse aufrufen.
4. Für *base* wird der Name der Basisklasse angegeben. Dadurch wird die Funktion *Dispatch* dieser Klasse aufgerufen.

Beispiele:

1. *TRButtonEdit* ist eine Edit-Komponente, die im Unterschied zu *TEdit* auch auf die rechte Maustaste reagiert:

   ```
   class TRButtonEdit: public TEdit {
    public:
      __fastcall TRButtonEdit(Forms::TForm* AOwner):
                          TEdit(AOwner){ Parent=AOwner;};
    protected:
      void __fastcall WMRButtonDown(Messages::TWMMouse
                                                  &Message);
        BEGIN_MESSAGE_MAP
          VCL_MESSAGE_HANDLER(WM_RBUTTONDOWN, TWMMouse,
                                              WMRButtonDown);
        END_MESSAGE_MAP(TEdit);
   };

   void __fastcall TRButtonEdit::WMRButtonDown
                           (Messages::TWMMouse &Message)
   {
   Form1->Memo1->Lines->Add("RB down");
   TEdit::Dispatch(Message);
   }
   ```

2. Durch den folgenden Message-Handler wird die aktuelle Position des Mauszeigers in einem Label angezeigt, wenn er sich auf dem Formular befindet:

   ```
   class TForm3 : public TForm {
    public:
      __fastcall TForm3(Forms::TForm* AOwner):
                   TForm(AOwner,1){ Parent=this; Show();};
    protected:
      void __fastcall WMMouseMove(Messages::TWMMouse
                                                  &Message);
        BEGIN_MESSAGE_MAP
          VCL_MESSAGE_HANDLER(WM_MOUSEMOVE, TWMMouse,
                                              WMMouseMove);
        END_MESSAGE_MAP(TForm);
   };
   ```

9.7 Botschaften (Messages)

```
void __fastcall TForm3::WMMouseMove(Messages::TWMMouse
                                                  &Msg)
{
Form1->Label1->Caption = "("+IntToStr(Msg.XPos)+","
                           +IntToStr(Msg.YPos)+")";
TForm::Dispatch(Message);
};
```

Die hier mit den Makros definierte Funktion *Dispatch* entspricht der selbst definierten Funktion *Dispatch* auf Seite 919.

9.7.5 Botschaften versenden

Botschaften spielen unter Windows eine zentrale Rolle. Viele Funktionen, die Windows zur Verfügung stellt, werden über Botschaften aufgerufen. Für das Versenden von Botschaften stehen vor allem die folgenden Funktionen der Windows-API zur Verfügung:

```
LRESULT SendMessage(    // aus win32.hlp
    HWND hWnd,          // handle of destination window
    UINT Msg,           // message to send
    WPARAM wParam,      // first message parameter
    LPARAM lParam);     // second message parameter

BOOL PostMessage(       // aus win32.hlp
    HWND hWnd,          // handle of destination window
    UINT Msg,           // message to post
    WPARAM wParam,      // first message parameter
    LPARAM lParam);     // second message parameter
```

PostMessage legt eine Botschaft in die *message queue* desjenigen Programms ab, zu dem das Fenster gehört, dessen *Handle* als Argument für *hWnd* angegeben wird. Diese Botschaft wird aus der *message queue* im Rahmen der *message loop* entnommen und bearbeitet.

SendMessage ruft die *Window-Prozedur* des Fensters auf, dessen *Handle* als erster Parameter übergeben wird. Ihr Funktionswert ist der Wert von *Result* in der Botschaft. Im Unterschied zu *PostMessage* ist dieser Aufruf erst dann beendet, wenn die Botschaft verarbeitet wurde. Der Aufruf von *PostMessage* ist dagegen beendet, ohne dass die Botschaft bearbeitet wurde. Da eine mit *SendMessage* versandte Botschaft nicht in die *message queue* abgelegt wird, kann man sie nicht in *TApplication::OnMessage* abfangen.

Diese Funktionen (vor allem *SendMessage*) werden von Windows selbst ausgiebig benutzt und stehen auch für eigene Anwendungen zur Verfügung. Das folgende Beispiel soll nur einen Eindruck davon vermitteln, wie ein großer Teil des

Grundverhaltens von Steuerelementen bereits in Windows definiert ist und von dort über Botschaften aufgerufen werden kann:

Beispiel: Die folgende Funktion gibt bei jeder Änderung im Memo-Feld die aktuelle Zeilen- und Spaltenposition des Cursors als Aufschrift auf *Label1* aus:

```
void __fastcall TForm1::Memo1Change(TObject
                                           *Sender)
{
int Z,S,ZL;
Z = SendMessage(Memo1->Handle,EM_LINEFROMCHAR,
                              Memo1->SelStart,0);
S = SendMessage(Memo1->Handle,EM_LINEINDEX,Z,0);
ZL= SendMessage(Memo1->Handle,EM_LINELENGTH,S,0);
S = Memo1->SelStart-S;
Label1->Caption = "Z="+IntToStr(Z)+" S="
                                +IntToStr(S);
}
```

Unter der Beschreibung der Botschaft *EM_SETLIMITTEXT* findet man den Hinweis, dass einzeilige Edit-Fenster auf 32766 Bytes beschränkt sind und mehrzeilige (z.B. Memos) auf 65535 Bytes.

Für die verschiedenen Botschaften sind in „include\winuser.rh" Namen definiert. Sie sind in Gruppen zusammengefasst, die jeweils mit den angegebenen Anfangsbuchstaben beginnen:

Window Messages:	WM_*	Button Notification Codes:	BN_*
ListBox Messages:	LB_*	Combo Box Messages:	CB_*
Edit Control Messages:	EM_*	Scroll Bar Messages:	SBM_*
Dialog Messages:	DM_*		

Über diese Anfangsbuchstaben kann man sich in der Online-Hilfe zum Win32 SDK einen Überblick über die Botschaften verschaffen.

Oft ist es sinnvoll, eigene Botschaften zu definieren, die man dann mit *SendMessage* oder *PostMessage* versendet und auf die man dann in einem eigenen Message-Handler oder in einer eigenen *Window-Prozedur* reagiert. Damit die Konstanten, die man für solche Botschaften vergibt, nicht zufällig mit denen für andere Botschaften identisch sind, ist die Konstante *WM_User* definiert:

```
/* NOTE: All Message Numbers below 0x0400 are RESERVED.
 * Private Window Messages Start Here:
 */ // aus "include\winresrc.h"
#define WM_USER                                  0x0400
```

Die Nummern ab *WM_User* bis zu $7FFF kann man für eigene Botschaften vergeben. Mit der Windows API Funktion *RegisterWindowMessage* erhält man eine auf dem aktuellen System garantiert eindeutige Botschaftsnummer.

9.7 Botschaften (Messages)

Aufgaben 9.7

1. Wie schon erwähnt wurde, stellt Windows einen großen Teil seiner Funktionen über Botschaften zur Verfügung. Dazu gehören für Eingabefenster (*TEdit* und *TMemo*) die Botschaften

   WM_COPY   // kopiert den markierten Bereich in die Zwischenablage
   WM_CUT   // löscht den markierten Bereich
   WM_PASTE // kopiert die Zwischenablage in das Eingabefenster

   Schreiben Sie Funktionen, die diese Operationen mit *SendMessage* realisieren. Die letzten beiden Argumente für SendMessage sind dabei 0.

2. In einem Formular mit verschiedenen Edit-Fenstern soll nach dem Drücken der Enter-Taste automatisch das nächste Edit-Fenster den Fokus erhalten, ohne dass extra die Tab-Taste gedrückt wird.

   Die Weitergabe des Fokus kann man dadurch erreichen, dass man dem Formular die Botschaft *WM_NEXTDLGCTL* sendet, wobei die Parameter *wParam* und *lParam* den Wert 0 bekommen. Diese Botschaft kann man von jedem Edit-Fenster an das Formular senden, wenn das Ereignis *OnKeyPress* eintritt und die Enter-Taste (*CharCode* = 13) gedrückt wird.

   Noch einfacher ist es, wenn man für das Formular die Eigenschaft *KeyPreview* auf *true* setzt und diese Botschaft beim Ereignis *OnKeyPress* versendet, wenn die Enter-Taste gedrückt wird.

3. Schreiben Sie eine von *TEdit* abgeleitete Komponente *TTabEdit*. Über eine boolesche Eigenschaft *EnterNextDlgCtl* soll entschieden werden können, ob das Drücken der Enter-Taste den Fokus auf das nächste Dialogfeld setzt oder nicht. Sie können sich dazu an der letzten Aufgabe orientieren.

4. Schreiben Sie eine von *TEdit* abgeleitete Komponente *TFocusColorEdit*. Diese soll automatisch eine auswählbare Hintergrundfarbe erhalten, sobald sie den Fokus erhält. Verliert sie den Fokus, soll sie wieder die in *Color* festgelegte Hintergrundfarbe erhalten und ansonsten mit *TEdit* identisch sein. Sie können dazu die Botschaften *WM_SetFocus* und *WM_Killfocus* abfangen. Diese werden einem Dialogelement immer dann zugesandt, wenn es den Fokus erhält oder verliert.

5. Schreiben Sie eine von *TMemo* abgeleitete Komponente *TResizableMemo*. Wenn die linke Maustaste über dieser Komponente gedrückt wird, soll der rechte Rand bei jeder Mausbewegung an die aktuelle x-Koordinate der Mausposition angepasst werden.

6. Schreiben Sie eine von *TCustomLabel* abgeleitete Komponente *TColBorderLabel*, die ein Label mit einem farbigen Rand darstellt. *TCustomLabel* hat

einen Canvas, in den man die Randlinien zeichnen kann. Die Farbe der Randlinien soll durch eine Eigenschaft *BorderColor* und deren Dicke durch die Eigenschaft *BorderWidth* dargestellt werden. Die boolesche Eigenschaft *ShowBorder* soll entscheiden, ob der farbige Rand dargestellt wird oder nicht.

Falls der Eigenschaft *BlinkIntervall* (Datentyp *int*) ein Wert größer Null zugewiesen wird, soll der Rand blinken. Dazu kann ein Timer verwendet werden, der mit dem in *BlinkIntervall* angegebenen Zeitintervall tickt: Bei jedem Tick wird der Rand neu gezeichnet.

7. Viele Zeichenprogramme verwenden zum Zeichnen von Figuren (Linien, Rechtecken, Kreisen usw.) so genannte „Gummibandfiguren". Dabei merkt sich das Programm beim Drücken der linken Maustaste die Anfangsposition der zu zeichnenden Figur. Bei jeder Mausbewegung wird dann die zuvor gezeichnete Figur wieder gelöscht und bis zur aktuellen Mausposition neu gezeichnet. Durch dieses Neuzeichnen bei jeder Mausbewegung entsteht der Eindruck, dass die Figur mit einem Gummiband gezogen wird.

Das Löschen und Neuzeichnen der Figur ist besonders einfach, wenn für *Canvas.Pen.Mode* der Wert *pmNot* gewählt wird (siehe dazu außerdem die Beschreibung von *SetROP2* in der Online-Hilfe zum Windows SDK). Dieser Modus bewirkt, dass anschließende Zeichenoperationen mit der inversen Bildschirmfarbe durchgeführt werden. Damit bewirken zwei aufeinander folgende Zeichenoperationen, dass der ursprüngliche Zustand wieder hergestellt wird, ohne dass man sich um die Hintergrundfarbe kümmern muss (was bei einem mehrfarbigen Hintergrund recht mühsam sein kann).

Entwerfen Sie eine Komponente *TRubberShape* als Nachfolger von *TImage*, auf der man so Linien, Kreise und Rechtecke zeichnen kann. Diese Komponente ist bereits ein kleines Grafikprogramm, mit dem man einfache Zeichnungen erstellen kann:

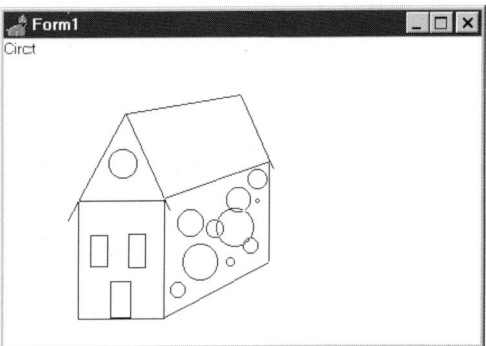

9.8 Die Erweiterung der Komponentenpalette

Die Komponentenpalette des C++Builders kann einfach um eigene Komponenten erweitert werden. Solche selbst definierten Komponenten sind im Prinzip „ganz normale Klassen". Bei ihrer Definition müssen lediglich die folgenden Besonderheiten berücksichtigt werden:

1. Eine selbst definierte Komponente muss von *TComponent* abgeleitet sein. Um den Anpassungsaufwand gering zu halten, wird man allerdings nur selten *TComponent* als direkte Basisklasse wählen. Stattdessen wird man aus den in der VCL verfügbaren Komponenten diejenige auswählen, die mit der selbst definierten die meisten gemeinsamen Eigenschaften hat.

   Als einfaches Beispiel soll in diesem Abschnitt eine Komponente **TTacho** entwickelt werden, die wie eine Tachonadel auf einem Tachometer Werte in einem Bereich zwischen *min* und *max* anzeigt. Da die Komponente *TShape* runde Steuerelemente darstellen kann und auch einen *Canvas* hat, soll *TTacho* von *TShape* abgeleitet werden.

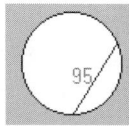

2. Die selbst definierte Komponente wird in einer Unit implementiert, die die Funktion *Register* enthält. Diese Funktion muss in einem Namensbereich enthalten sein, der denselben Namen hat wie die Datei, in der die Komponente enthalten ist (alle Buchstaben außer dem ersten sind klein). Die Funktion *Register* enthält einen Aufruf von *RegisterComponents* mit der Seite der Komponentenpalette, auf der die Komponente eingetragen wird.

   Diese Schritte führt der C++Builder automatisch durch, wenn man in der Menüleiste *Datei|Neu|Komponente* auswählt. Dann wird in einem Dialogfenster nach dem Namen der Basisklasse (Vorfahrtyp) gefragt, aus dem die selbst definierte Komponente mit dem als „Klassenname" angegebenen Namen abgeleitet werden soll:

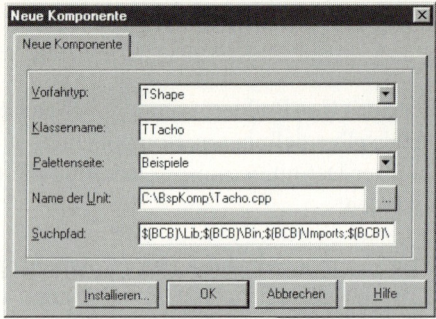

Beispiel: Mit den Angaben in diesem Dialog erzeugt der C++Builder im Verzeichnis „C:\BspKomp" die beiden Dateien „Tacho.h":

```
#ifndef TachoH
#define TachoH
//---------------------------------------------------------
#include <SysUtils.hpp>
#include <Controls.hpp>
#include <Classes.hpp>
#include <Forms.hpp>
#include <ExtCtrls.hpp>
//---------------------------------------------------------
class PACKAGE TTacho : public TShape
{
private:
protected:
public:
        __fastcall TTacho(TComponent* Owner);
__published:
};
//---------------------------------------------------------
#endif
```

und „Tacho.cpp":

```
#include <vcl.h>
#pragma hdrstop

#include "Tacho.h"
#pragma package(smart_init)
//---------------------------------------------------------
// ValidCtrCheck wird benutzt, um sicherzustellen,
// dass die erzeugten Komponenten keine rein
// virtuellen Funktionen besitzen.
//

static inline void ValidCtrCheck(TTacho *)
{
        new TTacho(NULL);
}
//---------------------------------------------------------
```

9.8 Die Erweiterung der Komponentenpalette

```
__fastcall TTacho::TTacho(TComponent* Owner)
       : TShape(Owner)
{
}
//--------------------------------------------------
namespace Tacho
{
    void __fastcall PACKAGE Register()
    {
    TComponentClass classes[1] = {__classid(TTacho)};
    RegisterComponents("Beispiele", classes, 0);
    }
}
```

In einer einzigen Unit können auch **mehrere Komponenten** definiert werden. Sie können mit einem einzigen Aufruf von *Register* auf verschiedenen Seiten der Komponentenpalette installiert werden. Dazu kann man wie in der nächsten Version von *Register* vorgehen. Das letzte Argument beim Aufruf von *RegisterComponents* ist immer der Index des letzten Elements im Array:

```
void __fastcall PACKAGE Register()
{
// Array für die zwei Komponenten TKomp1 und TKomp2:
TComponentClass c1[2] = {__classid(TKomp1),
                                 __classid(TKomp2)};
//Komp1 und Komp2 der Seite "Verschiedenes" hinzufügen
RegisterComponents("Verschiedenes", c1, 1);
// Ein zweites Array für die Komponente TKomp3:
TComponentClass c2[1] = {__classid(TKomp3)};
// Komp1 der Seite "Beispiele" hinzufügen:
RegisterComponents("Beispiele", c2, 0);
}
```

3. Dann ergänzt man die Klasse um alle notwendigen Konstruktoren, Datenelemente, Ereignisse und Elementfunktionen. Diejenigen Datenelemente und Ereignisse, die im Objektinspektor verfügbar sein sollen, werden in einen *__published* Abschnitt aufgenommen, sofern sie nicht schon in der Basisklasse *__published* sind. Diese Definitionen werden für *TTacho* nach 5. zusammen dargestellt.

4. Da die Installation in die Komponentenpalette etwas zeitaufwendig ist, sollte man die Komponente zunächst gründlich testen. Dazu kann man z.B. so vorgehen:

Die Header-Datei der zu testenden Komponente wird in das Projekt aufgenommen und ein Zeiger auf die Komponente in einen *public* Abschnitt eines Formulars (siehe 1. und 2. im Beispiel). Als Reaktion auf ein Ereignis (z.B. in *FormCreate*) wird die Komponente über einen expliziten Aufruf ihres Konstruktors mit *new* erzeugt (siehe 3.). Anschließend wird der Eigenschaft *Parent* ein Wert zugewiesen (meist *this*). Die letzten beiden Schritte werden bei Komponenten aus der Komponentenpalette automatisch ausgeführt.

Beispiel:

```
#include "tacho.h" // <-- 1. manuell einfügen

class TForm1 : public TForm
{
 __published:   // IDE-verwaltete Komponenten
   TButton *Button1;
   //   ...
   void __fastcall FormCreate(TObject *Sender);
 private: // Benutzer-Deklarationen
 public:     // Benutzer-Deklarationen
    TTacho* Tacho1; // <-- 2. manuell einfügen
};

void __fastcall TForm1::FormCreate(TObject *Sender)
{
Tacho1 = new TTacho(this); // <-- 3. Komp. erzeugen
Tacho1->Parent = this; // <-- 4. nicht vergessen !!!
 // hier kann man der Komponente weitere Eigenschaften
}// zuweisen, die man später im Objektinspektor setzt
```

5. Mit *Komponente|Komponente Installieren* (von der Menüleiste aus) wird die Komponente in das angegebene Package aufgenommen, das dann in die Komponentenpalette installiert wird:

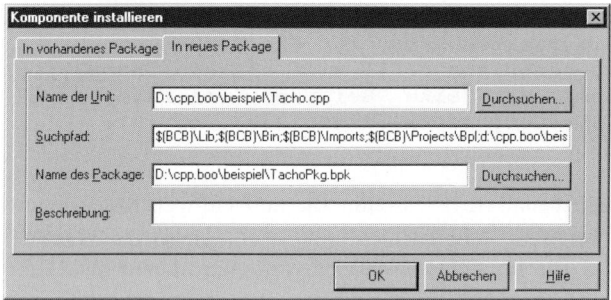

Hier muss man darauf zu achten, dass immer die richtige Unit eingetragen ist, da der C++Builder gelegentlich auch andere Units des Projekts vorschlägt. Zum Package wird außerdem im Verzeichnis „Projects\bpl" eine „Package Library" erstellt. Diese Library mit der Endung „bpl" enthält die Komponente und wird in die Liste der unter *Projekt|Optionen|Packages* angezeigten Packages aufgenommen. Hier kann man das Package bei Bedarf auch wieder entfernen.

Falls beim Kompilieren des Packages Fehler aufgetreten sind, kann man es neu kompilieren, indem man den Button mit der Aufschrift „Compil." anklickt. Nach einer erfolgreichen Kompilation ist der Button „Install." aktiviert. Mit ihm kann die Komponente dann installiert werden.

9.8 Die Erweiterung der Komponentenpalette

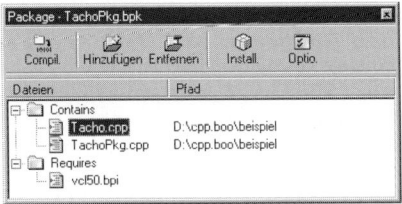

Für weitere Informationen wird auf die Online-Hilfe zum Thema „Selbstdefinierte Komponenten erzeugen" verwiesen.

Betrachten wir nun die Funktionen, die eine neue Tachonadel zeichnen. Die Klasse *TShape* besitzt in einem *protected* Abschnitt die virtuelle Funktion

*virtual void __fastcall **Paint**(void);*

Sie wird automatisch aufgerufen, wenn das *Shape* neu gezeichnet wird. Das ist z.B. dann der Fall, wenn das zugehörige Fenster neu gezeichnet werden muss, weil es zuvor verdeckt war. Wenn man auf den *Canvas* von *TShape* zeichnen will, muss man *Paint* überschreiben und in der überschreibenden Funktion die Zeichenfunktionen aufrufen. Damit das *TTacho* zugrunde liegende *Shape* gezeichnet wird, muss zuerst die Funktion *Paint* der Basisklasse aufgerufen werden:

```
void __fastcall TTacho::Paint(void)
{
TShape::Paint(); // zeichne Shape
Canvas->Font->Color = clGray;
Canvas->TextOut(Height/2,Width/2,IntToStr(fpos)+"   ");

Canvas->Pen->Color=Brush->Color;//Hintergrundfarbe löscht
DrawLine(fpos_alt);        //    den alten Zeiger
Canvas->Pen->Color=color;  // zeichnet neuen Zeiger
DrawLine(fpos);
}
```

Hier wird die neue Tachonadel einfach dadurch gezeichnet, dass die alte Tachonadel in der Hintergrundfarbe übermalt wird (und damit nicht mehr sichtbar ist) und dann die neue Tachonadel gezeichnet wird. Die Tachonadel wird dabei durch eine einfache Linie dargestellt:

```
void TTacho::DrawLine(int y0)
{ // zeichne die Linie von unten-Mitte zum Endpunkt
Canvas->MoveTo(Height/2,Width);
TPoint P = y(y0);
Canvas->LineTo(P.x,P.y);
}
```

Der aufwendigste Teil ist hier die Berechnung des Endpunkts der Tachonadel auf dem Kreisbogen in der Funktion y:

```
TPoint TTacho::y(double x0)
{ // berechne den Endpunkt auf dem Kreisbogen
// min <= x0 <= max (Vorbedingung)
double x = Width*(x0-min)/(max-min);
// 0 <= x <= Width
double r = Width/2.0;
// 0 <= x <= 2r
double y = round(r-sqrt(r*r - (x-r)*(x-r)));
return TPoint(x,y);
}
```

Die zugehörige Header-Datei:

```
#ifndef TachoH
#define TachoH
//---------------------------------------------------------------
#include <vcl\SysUtils.hpp>
#include <vcl\Controls.hpp>
#include <vcl\Classes.hpp>
#include <vcl\Forms.hpp>
#include <vcl\ExtCtrls.hpp>
//---------------------------------------------------------------
class TTacho : public TShape
{
 private:
  int fpos,fpos_alt,
      fmin,fmax;
  TColor fcolor;
  void __fastcall setpos(int i);
  TPoint y(double x0);
  void DrawLine(int y0);

 protected:
 public:
   __fastcall TTacho(TComponent* Owner);
   void __fastcall Paint(void);
  __published:
   __property OnClick;
   __property TColor color={read=fcolor,
                              write=fcolor,default=0};
   __property int min={read=fmin, write=fmin, default=0};
   __property int max={read=fmax,write=fmax, default=100};
   __property int pos={read=fpos, write=setpos};
};
//---------------------------------------------------------------
#endif
```

Nach der Installation der Komponente mit *Komponente\Komponente Installieren* steht sie in der Komponentenpalette auf der bei *RegisterComponents* angegebenen Seite (z.B. „Beispiele") wie die vordefinierten Komponenten zur Verfügung (ganz rechts) und kann durch einfaches Anklicken in ein Formular übernommen werden. Weist man der Komponente kein eigenes Icon zu, wird in der Komponentenpalette das Icon der Basisklasse angezeigt.

9.8 Die Erweiterung der Komponentenpalette

Die als *published* deklarierten Eigenschaften von *TTacho* und der Basisklasse *TShape* werden im Objektinspektor angezeigt:

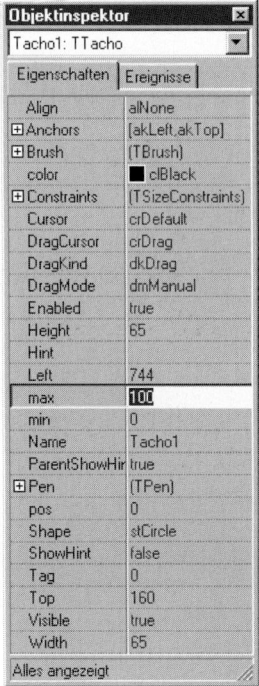

Weitere Beispiele für selbst definierte Komponenten findet man in der Online-Hilfe unter „Selbst definierte Komponenten erzeugen", in den Beispielen im Verzeichnis „Examples" und im Internet z.B. unter

http://www.borland.com/

Aufgabe 9.8

Erweitern Sie die Komponentenpalette um die in den Aufgaben des letzten Abschnitts entwickelten Komponenten

TTabEdit *TFocusColorEdit* *TResizableMemo*
TColBorderLabel *TRubberShape*

10 Templates und die STL

Templates sind Vorlagen für Funktionen oder Klassen, denen man als Parameter Datentypen übergeben kann. Aus einem Template und einem Argument für den Datentyp eines Parameters erzeugt der Compiler dann eine Funktion oder Klasse, die anstelle des Parameters das Argument als Datentyp enthält. Da der Compiler diese Funktionen oder Klassen generiert, spricht man auch von **generischer Programmierung**. Templates werden auch als generische Funktionen bzw. Klassen, Schablonen oder Vorlagen bezeichnet.

Generische Programmierung bietet eine beträchtliche Flexibilität, die man allein aus der Verwendung von Datentypen als Parametern zunächst vielleicht gar nicht erwartet. Das sieht man insbesondere an den Containerklassen und Algorithmen der C++-Standardbibliothek, die nahezu ausschließlich mit Templates realisiert sind. Dieser Teil der Standardbibliothek wird deshalb auch als **STL** (Standard Template Library) bezeichnet. Die STL ist aber nicht nur eine Sammlung nützlicher Funktionen und Datenstrukturen (z.B. Container). Sie bietet durch ihre spezielle Architektur eine Allgemeinheit und Vielseitigkeit, die ohne Templates wohl kaum erreichbar ist. Das zeigt sich insbesondere daran, dass fast jeder Algorithmus mit jedem Container verwendet werden kann. Außerdem kann man leicht eigene Algorithmen definieren, die mit allen Containern funktionieren.

In diesem Kapitel wird zunächst gezeigt, wie man Klassen-Templates definieren und verwenden kann. Dazu werden oft Beispiele aus der STL verwendet, um zu zeigen, wie Templates dort eingesetzt werden. Da die STL in vielerlei Hinsicht vorbildlich ist, erhält man so Anregungen für eigene Templates. Außerdem sieht man, wie die STL aufgebaut ist und wie man sie verwenden kann.

Die Architektur der STL beruht außerdem auf Funktionsobjekten und Iteratoren, die anschließend vorgestellt werden. Zum Schluss kommen dann die Algorithmen der STL, die alle diese Konzepte verbinden.

Generische Programmierung hat nichts mit objektorientierter Programmierung zu tun. Zwar beruhen Klassen-Templates auf Klassen und können vererbt werden oder virtuelle Funktionen enthalten. Das Erzeugen von Klassen oder Funktionen aus einem Template hat aber damit nichts zu tun. In der STL werden Vererbung und Polymorphie nur selten verwendet.

Die STL wurde von Alexander Stepanov und Meng Lee entworfen und Ende 1993 dem Standardisierungskomitee für C++ vorgestellt. Der Standard war damals kurz vor seiner Verabschiedung. Nach Plauger (1999, S. 10) waren die Teilnehmer von der STL derart beeindruckt, dass die Verabschiedung des Standards aufgeschoben und die STL 1994 als Teil der Standardbibliothek in den C++-Standard aufgenommen wurde. Die STL hat dann eine Flut von Änderungen des damaligen Entwurfs für den Standard ausgelöst. Als Folge wurden dann die Klassen für Strings, komplexe Zahlen und I/O-Streams als Templates realisiert.

Um die Möglichkeiten und den Aufbau der STL zu zeigen, haben Stepanov und Lee eine Version der STL von 1995 frei zur Verfügung gestellt (siehe z.B. im Internet unter „ftp://butler.hpl.hp.com/stl/stl.zip"). Diese stimmt zwar nicht mehr in allen Einzelheiten, aber doch weitgehend mit dem 1998 verabschiedeten C++-Standard überein. Einige der hier und in den Lösungen verwendeten Quelltexte wurden daraus übernommen. Da dort verlangt wird, die folgende „copyright notice" abzudrucken, sei dieser Pflicht hiermit nachgekommen:

```
/*
 * Copyright (c) 1994
 * Hewlett-Packard Company
 *
 * Permission to use, copy, modify, distribute and sell this
 * software and its documentation for any purpose is hereby
 * granted without fee, provided that the above copyright
 * notice appear in all copies and that both that copyright
 * notice and this permission notice appear in supporting
 * documentation.  Hewlett-Packard Company makes no
 * representations about the suitability of this software
 * for any purpose.  It is provided "as is" without express
 * or implied warranty.
 */
```

Eine ausführliche aktuelle Darstellung der STL findet man bei Austern (1999) und Jossutis (1999).

Anmerkung für Delphi-Programmierer: In Object Pascal gibt es keine Templates.

10.1 Generische Funktionen: Funktions-Templates

Wenn ein Compiler eine Funktionsdefinition wie

```
void vertausche(int& a, int& b)
{
int h = a;
a = b;
b = h;
}
```

übersetzt, erkennt er an den Datentypen der Parameter, wie viele Bytes er bei den einzelnen Zuweisungen in der Funktion kopieren muss. Deswegen kann diese Version der Funktion *vertausche* auch nicht dazu verwendet werden, die Werte von zwei Variablen anderer Datentypen als *int* zu vertauschen.

Eine Funktion, die die Werte von zwei *double*-Variablen vertauscht, kann aus denselben Anweisungen bestehen. Sie muss sich nur im Datentyp der Parameter und der lokalen Variablen h von der Funktion oben unterscheiden.

Mit einem **Funktions-Template** kann man sich nun die Arbeit ersparen, zwei Funktionen zu schreiben, die sich lediglich im Datentyp der Parameter unterscheiden. Ein solches Template wird ähnlich wie eine Funktion definiert und kann wie eine Funktion aufgerufen werden. Der Compiler erzeugt dann aus einem Funktions-Template eine Funktion mit den entsprechenden Datentypen und ruft diese Funktion dann auf.

Einem Template werden Datentypen als Parameter übergeben. Das erspart aber nicht nur Schreibarbeit. Wichtiger ist, dass sich so Algorithmen unabhängig von Datentypen formulieren lassen. Darauf beruhen die Algorithmen der STL.

10.1.1 Die Deklaration von Funktions-Templates mit Typ-Parametern

Eine Template-Deklaration beginnt mit dem Schlüsselwort *template*, auf das in spitzen Klammern Template-Parameter und eine Deklaration folgen. Falls die Deklaration eine Funktionsdeklaration oder -definition ist, ist das Template ein **Funktions-Template**. Der Name der Funktion ist dann der **Name** des Templates.

template-declaration :
    export$_{opt}$ **template** < *template-parameter-list* > *declaration*

template-parameter-list :
    template-parameter
    template-parameter-list , *template-parameter*

template-parameter:
    type parameter
    parameter declaration

type-parameter
    class *identifier*$_{opt}$
    class *identifier*$_{opt}$ = *type-id*
    typename *identifier*$_{opt}$
    typename *identifier*$_{opt}$ = *type-id*
    template < *template-parameter-list* > *declaration* **class** *identifier*$_{opt}$
    template < *template-parameter-list* > *declaration* **class** *identifier*$_{opt}$ = *type-id*

Mit dem Schlüsselwort *export*, das derzeit von den meisten Compilern noch nicht unterstützt wird, erhält man ein so genanntes exportiertes Template (siehe dazu Abschnitt 10.2.8).

Ein **Typ-Parameter** ist ein **Template-Parameter**, der aus einem der Schlüsselworte *typename* oder *class* und einem Bezeichner besteht. Der Bezeichner kann dann in der Template-Deklaration wie ein Datentyp verwendet werden. Dabei sind *typename* und *class* gleichbedeutend. In älteren C++-Compilern war nur *class* zulässig. Neuere Compiler akzeptieren auch *typename*. Da *typename* explizit zum Ausdruck bringt, dass ein Datentyp gemeint ist, der nicht unbedingt eine Klasse sein muss, wird im Folgenden meist *typename* verwendet.

Beispiel: Die folgenden beiden Templates sind semantisch gleichwertig:

```
template <class T>
inline void vertausche(T& a, T& b)
{
  T h = a;
  a = b;
  b = h;
}

template <typename T>
inline void vertausche(T& a, T& b)
{
  T h = a;
  a = b;
  b = h;
}
```

Alle Algorithmen der C++-Standardbibliothek sind Funktions-Templates, die beim C++Builder in „include\algorith.h" und in „include\algorith.cc" definiert sind. Dazu gehört auch das Funktions-Template *swap*, das genau wie *vertausche* definiert ist.

Bei der Definition von Funktions-Templates ist insbesondere zu beachten:

- Spezifizierer wie *extern*, *inline* usw. müssen wie im letzten Beispiel nach „template < ... >" angegeben werden.
- Parameter von Funktions-Templates können Templates sein, die wiederum Templates enthalten. Falls bei der Kombination von zwei Templates zwei spitze Klammern aufeinander folgen, werden diese als der Operator „>>" interpretiert, was eine Fehlermeldung zur Folge hat. Diese kann man verhindern, wenn man die beiden spitzen Klammern durch ein Leerzeichen trennt:

```
template <typename T> void f(vector<complex<T>> a)
                   // Fehler: undefiniertes Symbol a
template <typename T> void f(vector<complex<T> > a)
                   // "> >": kein Fehler
```

10.1.2 Spezialisierungen von Funktions-Templates

Ein Funktions-Template kann wie eine gewöhnliche Funktion aufgerufen werden, die kein Template ist.

Beispiel: Das im letzten Beispiel definierte Funktions-Template *vertausche* kann folgendermaßen aufgerufen werden:

```
int i1=1, i2=2;
vertausche(i1,i2);
string s1,s2;
vertausche(s1,s2);
```

Der Compiler erzeugt aus einem Funktions-Template dann eine Funktionsdefinition, wenn diese in einem bestimmten Kontext notwendig ist und nicht schon zuvor erzeugt wurde. Eine solche Funktionsdefinition ist insbesondere beim **Aufruf eines Funktions-Templates** notwendig. Durch den Aufruf des Templates wird die erzeugte Funktion außerdem aufgerufen.

Wenn der Compiler beim Aufruf eines Funktions-Templates eine Funktionsdefinition erzeugt, bestimmt er den Datentyp der Template-Argumente aus dem Datentyp der Argumente des Funktions-Templates, falls das möglich ist. Die Datentypen der Template-Argumente werden dann in der Funktionsdefinition anstelle der Template-Parameter verwendet. Eine aus einem Funktions-Template erzeugte Funktion wird auch als **Spezialisierung** des Templates bezeichnet.

Beispiel: Aus dem ersten Aufruf von *vertausche* im letzten Beispiel erzeugt der Compiler die folgende Spezialisierung und ruft diese auf:

```
inline void vertausche(int& a, int& b)
{
   int h = a;
   a = b;
   b = h;
}
```

Aus dem zweiten Aufruf von *vertausche* wird eine Spezialisierung mit dem Datentyp *string* erzeugt:

```
inline void vertausche(string& a,string& b)
{
   string h = a;
   a = b;
   b = h;
}
```

Wenn ein Funktions-Template mit Argumenten aufgerufen wird, für die schon eine Spezialisierung erzeugt wurde, wird keine neue Spezialisierung erzeugt, sondern die zuvor erzeugte Spezialisierung erneut aufgerufen.

Beispiel: Beim zweiten Aufruf von *vertausche* wird die Spezialisierung aus dem ersten Aufruf aufgerufen:

```
int i1=1, i2=2;
vertausche(i1,i2);
vertausche(i1,i2); // keine neue Spezialisierung
```

Der Compiler leitet ein Template-Argument auch dann aus einem Argument beim Aufruf des Funktions-Templates ab, wenn das Argument und der Parameter eine der folgenden Formen haben:

   const **T**   **T***   **T&**   **T**[*integer-constant*]

Im C++-Standard sind weitere Formen beschrieben, in denen eine solche Ableitung möglich ist.

Beispiel: Mit dem Funktions-Template

```
template <typename T> string f(T x)
{
return typeid(T).name(); // #include <typeinfo>
}
```

sind die folgenden Aufrufe möglich:

```
string s1=f(1);    // s1="int"
int* pi;
string s2=f(pi);   // s2="int*"
```

Ändert man den Datentyp des Funktionsparameters von T zu T*,

```
template <typename T> string f(T* x)
// Rest wie oben
```

kann der Typ des Template-Arguments nicht aus dem Datentyp *int* des Arguments beim Aufruf f(1) abgeleitet werden:

```
s1=f(1);   // Fehler: 'f(int)' nicht gefunden
s2=f(pi);  // das geht mit pi von oben
```

Allerdings kann der Compiler den Datentyp der Template-Argumente **nicht bei allen** Funktions-Templates aus den Argumenten beim Aufruf ableiten.

Beispiel Da das Funktions-Template *New* keine Parameter hat, kann der Compiler bei seinem Aufruf auch keinen Datentyp ableiten:

```
template <typename T>T* New()
{
return new T;
}
```

10.1 Generische Funktionen: Funktions-Templates

Deshalb erhält man beim Aufruf von *New* eine Fehlermeldung:

```
int* p=New(); // Fehler: 'New()' nicht gefunden
```

Damit eine Funktion mit bestimmten Template-Argumenten aus einem Funktions-Template erzeugt wird, gibt man sie beim Aufruf als **explizit spezifizierte Template-Argumente** in spitzen Klammern nach dem Namen des Templates an.

Beispiel: Durch das explizit spezifizierte Template-Argument erreicht man mit

```
int* p=New<int>();
```

dass die Spezialisierung der Funktion *New* mit dem Datentyp *int* erzeugt wird.

Wie in diesem Beispiel werden explizit spezifizierte Template-Argumente oft für den Datentyp des Funktionswerts bei einem Funktions-Template verwendet. Gibt man mehrere Template-Argumente explizit an, werden sie den Template-Parametern in der aufgeführten Reihenfolge zugeordnet. Falls ein explizit spezifiziertes Template-Argument auch abgeleitet werden kann, wird der Datentyp der expliziten Spezifizierung verwendet.

Beispiel: Die Funktion f gibt die Datentypen ihrer Argumente aus:

```
#include <typeinfo> // für typeid
template<typename T, typename U>
void f(T a, T b, U c)
{
Form1->Memo1->Lines->Add(typeid(a).name());
Form1->Memo1->Lines->Add(typeid(b).name());
Form1->Memo1->Lines->Add(typeid(c).name());
}
```

Die folgenden Aufrufe erzeugen Spezialisierungen mit den als Kommentar angegebenen Parametertypen:

```
f(1, 2, 3.0);              // f(int,int,double);
f<char>(1.0, 2, 3.0);      // f(char,char,double);
f<double,int>(1.0,2,3.0);// f(double,double,int);
```

Bei der Ableitung eines Template-Arguments aus einem Argument beim Aufruf des Funktions-Templates führt der Compiler lediglich die folgenden **Konversionen** durch:

- Ein Array wird in einen entsprechenden Zeiger konvertiert.
- Eine Funktion wird in einen entsprechenden Funktionszeiger konvertiert.
- *const-* oder *volatile-*Angaben der obersten Ebene werden ignoriert.

Deswegen erzeugt der Compiler auch für verschiedene Argumente eines Funktions-Templates verschiedene Spezialisierungen. Die Argumente werden nicht wie beim Aufruf einer gewöhnlichen Funktion in den Datentyp der Parameter konvertiert. Insbesondere wird ein Argument nicht in den Datentyp des Parameters einer zuvor erzeugten Spezialisierung konvertiert.

Beispiel: Aus dem Funktions-Template f des letzten Beispiels werden mit den folgenden Argumenten zwei verschiedene Spezialisierungen erzeugt:

```
f(1,   2,   3.0);  // f(int,int,double);
f('a', 'b', 3.0);  // f(char,char,double);
```

Falls mehrere Funktionsparameter eines Funktions-Templates denselben Template-Parameter als Datentyp haben, müssen die beim Aufruf **abgeleiteten Datentypen** ebenfalls **gleich** sein. Bei einem explizit spezifizierten Template-Argument werden die Funktionsargumente dagegen durch eine implizite Typkonversion wie bei gewöhnlichen Funktionen in den Datentyp des Template-Arguments konvertiert.

Beispiel: Bei dem Funktions-Template f von oben haben die ersten beiden Funktionsparameter a und b beide den Template-Parameter T als Datentyp. Beim Aufruf

```
f(1.0, 2, 3.0); // Fehler: Keine Übereinstimmung
                // für 'f<T,U>(double,int,double)' gefunden
```

dieses Templates leitet der Compiler aus dem ersten Argument den Datentyp *double* und beim zweiten *int* ab. Da diese verschieden sind, erzeugt der Compiler eine Fehlermeldung.

Mit explizit spezifizierten Typ-Argumenten werden die Funktions-Argumente dagegen in die Argumente des Typ-Parameters konvertiert. Deshalb ist der folgende Aufruf möglich:

```
f<int>(1.0, 2, 3.0); // f(int,int,double);
```

Damit der **Compiler** aus einem Funktions-Template eine Funktion erzeugen kann, **muss** er **seine Definition kennen**. Deshalb muss jedes Programm, das ein Template verwendet, den Quelltext der Template-Definition enthalten. Es reicht nicht wie bei gewöhnlichen Funktionen aus, dass der Compiler nur eine Deklaration sieht, deren Definition dann zum Programm gelinkt wird.

Der Compiler kann aus einem Funktions-Template nur dann eine Funktion erzeugen, wenn die **Anweisungen der Funktionsdefinition** für die Argumente **definiert** sind. Andernfalls erhält man beim Erzeugen der Spezialisierung eine Fehlermeldung.

Beispiel: Aus dem Funktions-Template *max* (das man auch in der C++-Standardbibliothek findet)

10.1 Generische Funktionen: Funktions-Templates

```
template <typename T>
inline T max(const T& x,const T& y)
{
return ((x>y)?x:y);
}
```

kann mit dem Template-Argument *int* eine Funktion erzeugt werden, da die Anweisungen dieser Funktion für *int*-Werte definiert sind:

```
max(1,2);
```

Dagegen führt der Aufruf dieses Funktions-Templates mit Argumenten des Typs

```
struct S { int i; };
```

zu der Fehlermeldung

„'operator>' ist im Typ 'S' nicht implementiert"

Dabei ist es eventuell etwas irritierend, dass diese Fehlermeldung bei der *return*-Anweisung in der Definition des Templates angezeigt wird. Falls mehrere Aufrufe von Funktions-Templates zur Erzeugung verschiedener Spezialisierungen führen, kann es etwas mühsam sein, den Aufruf herauszufinden, der zu der fehlerhaften Spezialisierung führt. Falls man Funktions-Templates der Standardbibliothek aufruft, wird der Fehler oft in Dateien diagnostiziert, von denen man nicht einmal wusste, dass es sie gibt.

Jede Spezialisierung eines Funktions-Templates enthält ihre eigenen **statischen lokalen Variablen**.

Beispiel: Mit dem Funktions-Template

```
template <typename T> int f(T j)
{
static int i=0;
return i++;
}
```

erhält man mit den folgenden Funktionsaufrufen die jeweils als Kommentar angegebenen Werte:

```
int i1=f(1);   // 0
int i2=f(1);   // 1
int i3=f(1.0); // 0
```

Eine aus einem Funktions-Template erzeugte Funktion unterscheidet sich nicht von einer „von Hand" geschriebenen Funktion. Deshalb sind Funktions-Templates eine einfache Möglichkeit, Funktionen mit identischen Anweisungen zu definieren, die sich nur im Datentyp von Parametern, lokalen Variablen oder dem des Funktionswertes unterscheiden.

Die Laufzeit von Funktions-Templates sollte sich eigentlich nicht von der gewöhnlicher Funktionen unterscheiden. Deshalb ist es etwas überraschend, dass sich trotzdem Unterschiede beobachten lassen:

Auswahlsort, n=10000 C++Builder Version 5	„Normale" Funktion		Template-Funktion	
	a[i]	*(a+i)	a[i]	*(a+i)
Voll-Debuggen	1,63 Sek.	1,76 Sek.	2,11 Sek.	2,11 Sek.
Endgültige Version	0,97 Sek.	0,93 Sek.	0,92 Sek.	1,25 Sek.

Ausdrücke mit *static_cast*, *const_cast* usw. sind zwar keine Aufrufe von Funktions-Templates. Sie verwenden aber die Syntax explizit spezifizierter Template-Argumente, um den Datentyp des Rückgabewerts der Konversion festzulegen:

```
static_cast<int>(3.5); // Datentyp int
```

10.1.3 Funktions-Templates mit Nicht-Typ-Parametern ⊕

Wie die letzte Zeile der Syntaxregel

template-parameter:
 type parameter
 parameter declaration

zeigt, kann ein Template-Parameter nicht nur ein Typ-Parameter sein, sondern auch ein gewöhnlicher Parameter wie bei einer Funktionsdeklaration. Solche Template-Parameter werden auch als **Nicht-Typ-Parameter** bezeichnet und müssen einen der Datentypen aus der Tabelle von Abschnitt 10.2.3 haben. Vorläufig werden nur die folgenden Parameter und Argumente verwendet.

Datentyp	Argument
Ganzzahldatentyp oder Aufzählungstyp	konstanter Ausdruck eines Ganzzahl- oder Aufzählungstyps
Zeiger auf ein Objekt oder eine Funktion	Die Adresse eines Objekts oder einer Funktion mit externer Bindung

Im Template sind ganzzahlige Nicht-Typ-Parameter konstante Ausdrücke. Sie können deshalb z.B. zur Definition von Arrays verwendet, aber nicht verändert werden. In *GetValue* wird beim ersten Aufruf ein Array initialisiert, dessen Elementanzahl über einen Ganzzahlparameter definiert ist. Bei jedem weiteren Aufruf wird dann nur noch der Wert eines Arrayelements zurückgegeben:

10.1 Generische Funktionen: Funktions-Templates

```
template <typename T, int max>inline T GetValue(int n)
{
static T a[max];
static bool firstCall=true;
if (firstCall)
  { // berechne die Werte nur beim ersten Aufruf
    for (int i=0; i<max; i++)
       a[i]=i*i; // bzw. eine zeitaufwendige Berechnung
    firstCall=false;
  }
return a[n];
}
```

Mit einem Funktionszeiger kann man einem Funktions-Template eine Funktion als Template-Argument übergeben:

```
const int Max=100;
template <double (*f)(double)> double sum2()
{
double s=0;
for (int i=0; i<Max; i++) s = s+f(i);
return s; // s=f(0)+f(1)+...+f(Max-1)
};
```

Dieses Funktions-Template kann man z.B. mit

```
inline double f(double x)
{
return x;
}
```

wie in

```
double s2=sum2<f>();
```

aufrufen. Dieser Aufruf ist deutlich schneller (bei meinen Messungen etwa doppelt so schnell) als der Aufruf der Funktion *sum1*, der man die Funktion als Funktionszeiger übergibt (siehe Abschnitt 6.3.8):

```
double sum1(double (*f)(double x))
{
double s=0;
for (int i=0; i<Max; i++) s = s+f(i);
return s; // s=f(0)+f(1)+...+f(Max-1)
}
```

Der Geschwindigkeitsvorteil ergibt sich daraus, dass der Funktionsaufruf im Template *inline* expandiert werden kann, was beim Aufruf über den Funktionszeiger nicht möglich ist. Ohne eine *inline*-Expansion ist der Unterschied gering. In Abschnitt 10.1.5 wird eine weitere Version dieser Funktion vorgestellt, die den Funktionswert schon bei der Kompilation berechnet.

10.1.4 Explizit instanziierte Funktions-Templates ⊕

Durch eine **explizite Instanziierung** eines Funktions-Templates wird aus dem Template eine Funktionsdefinition erzeugt, auch ohne dass man das Template aufruft. Dazu gibt man nach dem Wort *template* als *declaration* eine Spezialisierung eines zuvor definierten Funktions-Templates an.

> *explicit-instantiation* :
>   **template** *declaration*

Beispiel: Das Template *max* von oben kann so instanziiert werden:

```
template int max(int,int);
```

Normalerweise besteht **keine Notwendigkeit** für eine explizite Instanziierung, da die Funktion vom Compiler bei Bedarf automatisch erzeugt wird. Mit einer expliziten Instanziierung kann man aber **überprüfen**, ob die Anweisungen der Funktion für die angegebenen Argumente auch übersetzt werden können. Außerdem wird die erzeugte Funktion in eine **Object-Datei** aufgenommen. Wenn eine Quelltextdatei mit einem Funktions-Template kompiliert und aus dem Template keine Funktion erzeugt wird, ist sie auch nicht in der Object-Datei enthalten.

10.1.5 Explizit spezialisierte und überladene Templates

Mit den bisher vorgestellten Möglichkeiten werden alle Spezialisierungen eines Templates aus einer einzigen Template-Definition erzeugt. Deshalb bestehen alle diese Spezialisierungen aus denselben Anweisungen und unterscheiden sich nur in ihren Datentypen. Das ist aber oft unzureichend, da man für verschiedene Datentypen oft auch verschiedene Funktionen benötigt. Solche unterschiedlichen Varianten von Templates sind mit explizit spezialisierten und überladenen Templates möglich.

Eine **explizite Spezialisierung** ist ein Template, das der Compiler für spezielle Template-Argumente verwendet. Sie beginnt mit dem Schlüsselwort *template* und einem leeren Paar von spitzen Klammern. Die darauf folgende *declaration* muss ein bereits zuvor deklariertes Template deklarieren. Nach dem Namen des Templates können in spitzen Klammern die Template-Argumente angegeben werden, für die die Spezialisierung verwendet werden soll. Falls die Template-Argumente aus den Argumenten beim Aufruf eines Funktions-Templates abgeleitet werden können, kann man sie auch weglassen.

> *explicit-specialization* :
>   **template < >** *declaration*

10.1 Generische Funktionen: Funktions-Templates

Beispiel: Für das Template

```
template <typename T> bool kleiner(T x,T y)
{
return x<y;
}
```

ist

```
template <> bool kleiner<char*>(char* x,char* y)
{
return strcmp(x,y)<0;
}
```

eine explizite Spezialisierung für das Template-Argument *char**. Da der Compiler diesen Datentyp aber aus dem der Argumente beim Aufruf abgeleiten kann, ist *<char*>* hier nicht notwendig:

```
template <> bool kleiner(char* x,char* y)
{
return strcmp(x,y)<0;
}
```

Ruft man dann das Template mit den Argumenten der Spezialisierung auf, wird die explizite Spezialisierung verwendet.

```
kleiner("ab","cd");//abgeleitetes Argument: char*
```

Da die Template-Argumente bei einer expliziten Spezialisierung vollständig festgelegt sind, bezeichnet man eine explizite Spezialisierung auch als **vollständige Spezialisierung**.

Ebenso wie Funktionen können auch Funktions-Templates überladen werden. Falls mehrere Funktions-Templates und „gewöhnliche" Funktionen aufgrund ihrer Parameter usw. für einen Funktionsaufruf in Frage kommen, wird zunächst von jedem Funktions-Template eine Spezialisierung erzeugt. Dabei werden die Template-Argumente aus den Funktionsargumenten abgeleitet. Alle so erzeugten Spezialisierungen sind dann zusammen mit den gewöhnlichen Funktionen Kandidaten für den Aufruf.

Aus diesen Kandidaten wird dann die am besten passende Funktion nach dem unter 1. bis 4. beschriebenen Verfahren ausgewählt. Dieses Verfahren wird am Beispiel der überladenen Funktionen *kleiner* illustriert:

```
template <typename T> bool kleiner(T x,T y)
{
return x<y;
}
```

```
template <typename T> bool kleiner(T* x,T* y)
{
return *x<*y;
}

template <> bool kleiner<char*>(char* x,char* y)
{                        // explizite Spezialisierung
return strcmp(x,y)<0;
}

bool kleiner(char* x,char* y) // gewöhnliche Funktion
{
return strcmp(x,y)<0;
}
```

1. Von allen Template-Spezialisierungen wird in den folgenden Schritten nur noch das am meisten spezialisierte berücksichtigt. Dabei ist ein erstes Template **mehr spezialisiert** als ein zweites, wenn das zweite mit allen Datentypen aufgerufen werden kann, mit denen man auch das erste aufrufen kann, aber nicht umgekehrt.

    Beispiel: Von den beiden Funktions-Templates ist das zweite das am meisten spezialisierte. Man kann das erste mit jedem Datentyp aufrufen, mit dem man auch das zweite aufrufen kann, aber nicht umgekehrt. Deshalb führt der Aufruf von *kleiner* für alle Zeiger zum Aufruf des zweiten Templates:

    ```
    int *x, *y;
    kleiner(x,y); // kleiner<int*>(x,y)
    ```

2. Von den verbleibenden Funktionen wird die am besten passende wie bei gewöhnlichen Funktionen ausgewählt. Für ein aus einem Funktionsargument abgeleitetes Template-Argument werden keine Konversionen durchgeführt.

    Beispiel: Der Aufruf

    ```
    kleiner(1,'x');// Fehler: Keine Übereinstimmung
                   // für 'kleiner<T>(int,char)' gefunden
    ```

    führt zu einer Fehlermeldung des Compilers, da das Argument 'x' nicht in den Datentyp *int* konvertiert wird. Mit explizit spezifizierten Argumenten ist eine solcher Aufruf aber möglich:

    ```
    kleiner<int>(1,'x'); // das geht
    ```

3. Falls eine „gewöhnliche" Funktion genauso gut passt wie eine aus einem Funktions-Template erzeugte Spezialisierung, wird die „gewöhnliche" Funktion aufgerufen.

10.1 Generische Funktionen: Funktions-Templates

Beispiel: Beim Aufruf

```
kleiner("aa","bb");  // kleiner(char*,char*)
```

wird die Funktion und keine der Spezialisierungen des Funktions-Templates aufgerufen. Wäre die gewöhnliche Funktion *kleiner* nicht definiert, würde die explizite Spezialisierung aufgerufen.

Für Typ-Parameter eines Funktions-Templates kann man deshalb sowohl mit einer expliziten Spezialisierung als auch mit einer überladenen Funktion erreichen, dass für spezielle Argumente eine bestimmte Funktion aufgerufen wird. Für Nicht-Typ-Parameter besteht diese Möglichkeit aber nur mit einer expliziten Spezialisierung.

4. Falls die ersten drei Schritte zu keiner oder mehr als einer passenden Funktion führen, hat das eine Fehlermeldung des Compilers zur Folge.

Diese Beispiele zeigen, wie man erreichen kann, dass für spezielle Template-Argumente auch spezielle Funktionen aufgerufen werden. Wäre nur die erste Version der Funktion *kleiner* definiert, würden in der Funktion *Minimum* bei Arrays mit Zeigern die Zeiger (mit den Adressen) verglichen und nicht die Werte, auf die sie zeigen.

Im Funktions-Template *Minimum* werden so in Abhängigkeit vom Datentyp der Arrayelemente immer die entsprechenden überladenen Versionen von *kleiner* aufgerufen. liefert das minimale Element eines Arrays. Dabei

```
template <typename T> T Minimum(T A[],int n)
{
int iMin = 0;
for (int j=iMin+1;j<n;j++)
  if (kleiner(A[j],A[iMin])) iMin=j;
return A[iMin];
}
```

Für ein Array mit Werten erhält man so den minimalen Wert. Mit einem Array mit Zeigern erhält man den minimalen dereferenzierten Wert und mit einem Array von Zeigern auf *char* den bezüglich *strcmp* minimalen minimalen Wert:

```
int a[5]={5,4,6,2,1};
int x=Minimum(a,5);     // x=1
int* p[5]={new int(5),new int(4),new int(6),new int(2)};
int* y=Minimum(p,4);    // *y=2
char* n[5]={"15","14","16","02","01"};
char* z=Minimum(n,5); // z="01"
```

In der Version 5 des C++Builders werden allerdings nicht immer die richtigen Funktionen ausgewählt. Die Beispiele hier wurden mit dem gnu-Compiler (Version 2.95.2) getestet.

10.1.6 Rekursive Funktions-Templates

Mit ganzzahligen Nicht-Typ-Parametern können rekursive Funktions-Templates definiert werden. Diese Technik soll hier nur an einem einfachen Beispiel vorgestellt werden.

In dem Funktions-Template *sum3<f,n>* wird *sum3<f,n–1>* aufgerufen:

```
template<double (*f)(double), int n>
inline double sum3()
{
return f(n)+ sum3<f,n-1>();
};
```

Die rekursiven Aufrufe können mit einer expliziten Spezialisierung beendet werden:

```
template<>
inline double sum3<f,0> ()
{
return f(0);
};
```

Dieses Template kann man dann mit einer Funktion wie

```
inline double f(double x)
{
return x;
}
```

und einer Konstanten als Argument für n aufrufen:

```
double s3=sum3<f,3>();
```

Dieser Aufruf des Templates *sum3* führt dann bereits bei der Kompilation zur rekursiven Bestimmung der Ausdrücke

```
double s3=f(3)+f(2)+f(1)+f(0);
```

Mit

```
const int Max=100;
double s4=sum3<f,Max-1>();
```

wird der Ausdruck

```
double s4=f(0)+f(1)+ ... f(Max-1);
```

bereits bei der Kompilation berechnet. Dieser Aufruf dauert unabhängig vom Wert von *Max* immer gleich lang. Allerdings erhält man mit großen Werten von *Max* beträchtliche Übersetzungszeiten.

10.1 Generische Funktionen: Funktions-Templates

Solche rekursiven Templates kann man als **Code-Generatoren** verwenden, die bereits **bei der Kompilation Ausdrücke berechnen**, die gewöhnlich nur während der Laufzeit eines Programms berechnet werden. Diese Technik wird auch als **Template-Metaprogrammierung** bezeichnet.

Veldhuizen (1999) verwendet solche Templates für Berechnungen, bei denen es auf höchste Geschwindigkeit ankommt und nicht auf die Dauer einer Kompilation. Für ausführlichere Informationen zu diesem Thema wird auf die Internetseite „http://extreme.indiana.edu/~tveldhui/papers/" von Veldhuizen verwiesen.

Aufgabe 10.1

1. Überarbeiten Sie die Funktion *Auswahlsort*

   ```
   void AuswahlSort(int A[],int n)
   {
   for (int i=0;i<n-1;i++)
     {
       int iMin = i;
       for (int j=iMin+1;j<n;j++)
         if (kleiner(A[j],A[iMin])) iMin=j;
       vertausche(A[iMin],A[i]);
     }
   }
   ```

   zu einem Funktions-Template, mit dem man Arrays beliebiger Elementtypen sortieren kann, wenn für die Elemente der Operator < und die Funktions-Templates *kleiner* wie oben definiert sind. Die Funktion *kleiner* ist hier deswegen notwendig, weil der Operator < für die fundamentalen Datentypen nicht überladen werden kann.

   Da in der Version 5 des C++Builders allerdings überladene Funktions-Templates nicht richtig ausgewählt werden, kann diese Lösung hier nicht getestet werden.

2. Definieren Sie mit Hilfe der Stringstream-Klassen (siehe Abschnitt 4.6.7) zwei Funktions-Templates *ToStr* und *StrTo*, die den Wert eines Arguments in einen String umwandeln bzw. einen Wert aus einem String lesen. Der Funktion *StrTo* soll der Datentyp, in den die Umwandlung erfolgen soll, als explizit spezifiziertes Template-Argument übergeben werden.

   Überzeugen Sie sich am Beispiel einer selbstdefinierten Klasse mit überladenen Ein- und Ausgabe-Operatoren (z.B. der Klasse *CBruch* aus Aufgabe 6.9.3) davon, dass diese Funktionen auch mit Objekten dieser Klassen aufgerufen werden können.

3. Definieren Sie globale Operatorfunktionen als Funktions-Templates, die

   a) den Operator „!=" auf den Operator „==" zurückführen und
   b) die Operatoren „<=", „>" und „>=" auf den Operator „<"zurückführen.

   Überzeugen Sie sich am Beispiel einer selbstdefinierten Klasse mit den Operatoren „==" und „<" (z.B. der Klasse *CBruch* aus Aufgabe 6.9.2) davon, dass die anderen Operatoren über die Templates verfügbar sind.

4. In Aufgabe 6.8.1 haben die verschiedenen überladenen Funktionen *Abs* alle dieselben Anweisungen. Da sie sich nur im Datentyp unterscheiden, liegt es nahe, sie als Funktions-Template zu definieren.

   a) Definieren Sie die Funktion *Abs* als Funktions-Template.

   b) Wie viele Spezialisierungen von *Abs* werden mit den folgenden Aufrufen erzeugt:

   ```
   long L=1;
   unsigned int u=1;
   int i1=Abs('c');        int i2=Abs(1);
   int i3=Abs(L);          int i4=Abs(u);
   int i5=Abs(u+L);        int i6=Abs(1.5);
   int i7=Abs(1.5L);
   ```

   Überprüfen Sie Ihre Überlegungen, indem Sie in *Abs* den Datentyp des Parameters anzeigen. Sie können dazu nach *#include <typeinfo>* die Funktion *typeid(T).name()* verwenden.

   c) Neben dem Funktions-Template *Abs* soll auch noch die Funktion *Abs* definiert sein:

   ```
   int Abs(int x)
   {
   if (x<0) return -x;
   else return x;
   }

   template<> double Abs<double>(double x)
   {
   if (x<0) return -x;
   else return x;
   }
   ```

   Welche dieser Funktionen bzw. welche Spezialisierungen der Funktions-Templates werden dann durch die Aufrufe von *Abs* in b) aufgerufen?

10.2 Generische Klassen: Klassen-Templates

Wenn man eine Klasse für einen Stack definieren will, der *int*-Werte verwaltet, dann hat diese Klasse dieselben Elemente wie eine Klasse für einen Stack mit *double*-Werten. Die Elemente der beiden Klassen unterscheiden sich lediglich durch ihren Datentyp.

```
class MeinStack
{
  typedef int T; // Datentyp der Elemente
  int SPtr;     // Index des "obersten" Elements
  T* Array;     // Zeiger auf das erste Element
  int Max;      // Anzahl der reservierten Arrayelemente
 public:
  MeinStack(int s):SPtr(-1),Max(s) { Array=new T[s];}
  ~MeinStack()   { delete [] Array; }
  void push(T a) { Array[++SPtr]=a; }
  T pop()        { return Array[SPtr--]; }
  bool full()    { return SPtr>=Max; }
  bool empty()   { return SPtr<0; }
};
```

Mit einem Klassen-Template kann man sich nun die Arbeit ersparen, zwei Klassen zu definieren, die sich lediglich im Datentyp der Elemente unterscheiden, da man dem Template den Datentyp der Elemente als Parameter übergeben kann. Bei der Verwendung des Klassen-Templates gibt man dann einen Datentyp als Argument für den Parameter an. Der Compiler erzeugt dann aus dem Klassen-Template eine Klasse mit dem Datentyp des Arguments anstelle des entsprechenden Parameters.

Anstelle von generischen Datentypen spricht man auch von parametrisierten Datentypen, Schablonen oder Klassenvorlagen.

10.2.1 Die Deklaration von Klassen-Templates mit Typ-Parametern

Eine Template-Deklaration beginnt mit dem Schlüsselwort *template*, auf das in spitzen Klammern Template-Parameter und eine Deklaration folgen. Falls diese Deklaration eine Klassendeklaration oder -definition ist, ist das Template ein **Klassen-Template**. Der Name der Klasse ist dann der **Name** des Klassen-Templates.

template-declaration:
   export$_{opt}$ **template** < *template-parameter-list* > *declaration*

Die Parameterliste eines Klassen-Templates wird im Wesentlichen genau so wie bei einem Funktions-Template gebildet. Ein Typ-Parameter kann dann in der Template-Definition wie ein Datentyp verwendet werden.

Beispiel: Das Klassen-Template T hat zwei Typ-Parameter T1 und T2, die als Datentypen für die Parameter der Elementfunktion f sowie für zwei Datenelemente verwendet werden:

```
template <typename T1, typename T2> class T {
 public:
  T1 x;
  T2* py;
  int f(T1 x, T2 y) {return x+y; }
};
```

Auch ein Klassen-Template kann ein Template-Parameter sein:

```
template<typename T,template<typename U> class C>
class V {
 public:
  C<T> Container;
}
```

10.2.2 Spezialisierungen von Klassen-Templates

Nach dem Namen eines Klassen-Templates kann man wie in der Syntaxregel für eine *template-id* in spitzen Klammern Template-Argumente angeben. Für einen Typ-Parameter muss das Argument ein Datentyp sein.

template-id :
 template-name < *template-argument-list* >

template-name :
 identifier

template-argument-list :
 template-argument
 template-argument-list , *template-argument*

template-argument :
 assignment-expression
 type-id
 template-name

Eine solche *template-id* kann man als Name einer Klasse verwenden. Die *template-id* wird dann auch als **Spezialisierung** des Templates bezeichnet:

class-name:
 identifier
 template-id

10.2 Generische Klassen: Klassen-Templates

Beispiel: Mit den Klassen-Templates aus dem letzten Beispiel kann man z.B. die folgenden Spezialisierungen bilden:

```
T<int,int>
T<int,double>
T<C,D> // C und D sollen hier Klassen sein
```

Für einen Template-Parameter muss ein Template eingesetzt werden:

```
V<int,list> // list aus der Standardbibliothek
```

Bei einem Klassen-Template werden die Template-Argumente nicht aus den Argumenten eines Konstruktors abgeleitet. Im Unterschied zu einem Funktions-Template müssen die Template-Argumente immer explizit angegeben werden.

Eine Template-Spezialisierung ist eine Klasse und damit ein Datentyp. Deshalb kann man sie wie einen Datentyp zur Definition eines Objekts verwenden. Der Compiler erzeugt aus der Spezialisierung eines Klassen-Templates dann eine Klassendefinition, wenn diese in einem bestimmten Kontext notwendig ist und nicht schon zuvor erzeugt wurde. Für die Template-Parameter werden dabei die Template-Argumente eingesetzt. Er erzeugt für die Klasse außerdem alle Elemente, die verwendet werden. Die Definition einer Klasse ist insbesondere dann notwendig, wenn die Spezialisierung zur Definition eines Objekts verwendet wird. Eine Elementfunktion wird z.B. durch einen Aufruf verwendet.

Beispiele:

1. Aus dem Klassen-Template T des Beispiels von oben erzeugt der Compiler mit der Definition

   ```
   T<int,int> t;
   ```

   die folgende Klasse sowie ein Objekt t dieser Klasse, falls alle Elemente verwendet werden:

   ```
   class T {
    public:
      int x;
      int* py;
      int f(int x, int y) {return x+y; }
   };
   ```

   Aus der Definition

   ```
   T<int,double> u;
   ```

   erzeugt er die folgende Klasse sowie ein Objekt u dieser Klasse:

```
class T {
 public:
  int x;
  double* py;
  int f(int x, double y) {return x+y; }
};
```

Falls die Elementfunktion f nicht aufgerufen wird, erzeugt der Compiler sie auch nicht. Da zur Definition der Objekte t und u ein Standardkonstruktor notwendig ist, wird dieser für beide Spezialisierungen erzeugt.

2. Aus dem Klassen-Template *MeinStack*

```
template <class T> class MeinStack {
   int SPtr;    // Index des "obersten" Elements
   T* Array;    // Zeiger auf das erste Element
   int Max;     // Anzahl der reservierten Arrayelemente
  public:
   MeinStack(int s):SPtr(-1),Max(s) { Array=new T[s];}
   ~MeinStack()    { delete [] Array; }
   void push(T a)  { Array[++SPtr]=a; }
   T pop()         { return Array[SPtr--]; }
   bool full()     { return SPtr>=Max; }
   bool empty()    { return SPtr<0; }
};
```

erzeugt der Compiler in der Funktion *test* eine Klasse, die anstelle des Typ-Parameters T das Argument *int* enthält, sowie ein Objekt dieser Klasse:

```
void test()
{
MeinStack<int> si(10);
for (int i=1;i<10; ++i) si.push(i);
while (si.size())
   Form1->Memo1->Lines->Add(IntToStr(si.pop()));
}
```

In der Funktion *test* werden weder ein Standardkonstruktor noch die Funktionen *full* und *empty* benötigt. Deswegen werden diese auch nicht erzeugt.

3. Die **Container-Klassen** *vector*, *list*, *map*, *set* usw. der Standardbibliothek sind als Klassen-Templates definiert. Die Typ-Argumente bei ihrer Definition sind die Datentypen der Elemente, die in ihnen abgelegt werden können. Diese Klassen haben viele Elementfunktionen, die aber meist nicht alle benötigt werden. Da die nicht verwendeten Funktionen nicht erzeugt werden, führt die üppige Ausstattung dieser Klassen weder zu einem unnötigem Zeitaufwand beim Kompilieren noch zu einem unnötigem Platzbedarf für das ausführbare Programm.

4. Die Standardbibliothek verwendet das Klassen-Template **pair**, um Paare von Werten darzustellen. Solche Paare werden z.B. in den assoziativen Containern *map*, *set* usw. verwendet:

10.2 Generische Klassen: Klassen-Templates

```
template <class T1, class T2> // in <utility>
struct pair {
  typedef T1 first_type;
  typedef T2 second_type;
  T1 first;
  T2 second;
  pair(){};
  pair(const T1& x,const T2& y):first(x),second(y) {};
  template<class U,class V>pair(const pair< U, V> & p)
     : first(p.first), second(p.second){ ; }
};
```

Hier ist der letzte Konstruktor der Copy-Konstruktor. Für Paare sind die Operatoren == und < als Funktions-Template definiert:

```
template <class T1, class T2>
bool operator==(const pair<T1, T2>& x,
                              const pair<T1, T2>& y)
{
return x.first == y.first && x.second == y.second;
}

template <class T1, class T2>
bool operator<(const pair<T1, T2>& x,
                             const pair<T1, T2>& y)
{
return x.first < y.first ||
       (!(y.first < x.first) && x.second <y.second);
}
```

Das Funktions-Template *make_pair* aus der Standardbibliothek erzeugt ein solches Paar (siehe auch Aufgabe 10.2.3).

```
template <class T1, class T2>
inline pair<T1,T2> make_pair(const T1& x,const T2& y);
```

Beim Aufruf dieses Funktions-Templates können die Template-Argumente aus den Funktions-Argumenten abgeleitet werden:

```
make_pair(5, 3.1415926);
```

Bei der Definition eines Klassen-Templates mit einem Konstruktor müssen die Template-Argumente dagegen immer explizit angegeben werden. Das ist meist mit etwas mehr Schreibarbeit verbunden:

```
pair<int, double>(5, 3.1415926);
```

5. Ein String stellt eine Folge von Zeichen dar. Diese Zeichen können z.B. den Datentyp *char* oder *wchar_t* haben. Da der interne Aufbau eines Strings und seine Operationen vom Datentyp der Zeichen unabhängig sind, liegt es nahe, die Stringklasse als Klassen-Template zu definieren. Der C++-Standard verwendet dazu die Klasse *basic_string* und definiert dann die Datentypen *string* und *wstring* mit diesem Klassen-Template:

```
typedef basic_string<char> string;
typedef basic_string<wchar_t> wstring;
```

Wenn man also im C++-Standard nach einer Beschreibung der Elemente eines Strings sucht, findet man diese in der Klasse *basic_string*. Der folgende Auszug aus dem C++-Standard zeigt den Aufbau dieses Templates:

```
template<class charT,class traits = char_traits<charT>,
    class Allocator = allocator<charT> >
class basic_string { // nur ein Auszug
    public:
    // einige typedefs:
    typedef traits traits_type;
    // ...
    // einige Konstruktoren:
    explicit basic_string(const Allocator& a=Allocator()
                                                     );
     basic_string(const basic_string& str,size_type pos=0
      ,size_type n=npos, const Allocator& a=Allocator());
    basic_string(const charT* s, size_type n, const
                                 Allocator& a=Allocator());
    basic_string(const charT* s, const Allocator& a =
                                            Allocator());
    ~basic_string();
    // ...
};
```

Hier steht *charT* für den Datentyp der Zeichen. Bei einem *string* ist das der Datentyp *char* und bei einem *wstring* der Datentyp *wchar_t*. Dieser Datentyp wird in den Elementfunktionen immer wieder verwendet:

```
size_type find(const charT* s, size_type pos=0) const;
```

Für die Default-Argumente von *basic_string* wird normalerweise kein Argument übergeben. Ein *string* bzw. ein *wstring* verwendet deshalb

char_traits<char> und *allocator<char>* bzw.
char_traits<wchar_t> und *allocator< wchar_t>*

Das Klassen-Template **char_traits** enthält Datentypen und Funktionen, auf denen die Implementation von *basic_string* beruht. Sie ist deshalb notwendig, damit ein String aus einem *basic_string* erzeugt werden kann. Da sie für andere Datentypen als *char* oder *wchar_t* nicht definiert ist, kann man für andere Datentypen auch keine Klassen aus einem *basic_string* erzeugen. Die folgende Definition wird deshalb nicht übersetzt, außer man definiert die Klasse *char_traits* für den Datentyp *int*:

```
basic_string<int> is; // Fehler ohne char_traits<int>
```

Das Klassen-Template **allocator** fasst Datentypen und Funktionen zur Speicherverwaltung zusammen.

10.2 Generische Klassen: Klassen-Templates

Damit der **Compiler** aus einem Klassen-Template eine Klasse erzeugen kann, **muss** er **seine Definition kennen**. Deshalb muss jedes Programm, das ein Template verwendet, den Quelltext der Template-Definition enthalten. Da die Container-Klassen und Algorithmen der **STL** Templates sind, müssen diese immer im **Quelltext** vorliegen. Man findet sie im Verzeichnis „include" des Compilers.

Eine aus einem Klassen-Template erzeugte Elementfunktion kann Anweisungen enthalten, die der Compiler für bestimmte Template-Argumente nicht übersetzen kann, obwohl das für andere Template-Argumente durchaus möglich ist.

Beispiel: Mit dem Template T von oben erhält man z.B. mit

```
T<int,char*> w;
```

die Fehlermeldung

```
int f(T1 x, T2 y)
{return x+y; }//Fehler: Konvertierung von 'char*'
  //            nach 'int' nicht möglich
```

Diese Fehlermeldung wird in der Definition des Klassen-Templates angezeigt. Offensichtlich ist hier aber nicht die Definition des Templates die Fehlerursache, da man mit zwei Template-Argumenten *int* keine Fehler erhalten würde:

```
T<int,int> w;
```

Vielmehr hat mit den Template-Argumenten *int* und *char** der Ausdruck x+y den Datentyp *char**, und dieser kann nicht dem *int*-Funktionswert zugewiesen werden. Falls mehrere Spezialisierungen eines Templates erzeugt werden, kann es eventuell etwas mühsam sein, die Spezialisierung herauszufinden, die zu dem Fehler führt. Es wäre in diesem Beispiel falsch, den Fehler an der Stelle zu beheben, an der die Fehlermeldung angezeigt wird.

Um die **Fehler** bei der Entwicklung von Templates zu **minimieren**, ist es oft empfehlenswert, zuerst eine Klasse ohne Template-Parameter zu schreiben. Wenn diese dann gründlich getestet ist, kann man sie meist ohne großen Aufwand in ein Klassen-Template zu ändern. Den Schreibaufwand für die Änderung der Typnamen kann man dadurch gering halten, dass man die Namen der Typ-Parameter zuvor mit *typedef* deklariert und diese Klasse dann mit den Datentypen kompiliert, mit denen das Template später verwendet werden soll.

Beispiel: Bei der Entwicklung der Klasse T von oben könnte man z.B. folgendermaßen anfangen:

```
typedef int T1;
typedef char* T2;
```

```
class T {
 public:
  T1 x;
  T2* py;
  int f(T1 x, T2 y) {return x+y; }
};
```

Bei einem Klassen-Template kann man nach dem Template-Parameter und einem „=" ein **Default-Template-Argument** angeben. Auf ein solches Default-Argument dürfen keine weiteren Parameter ohne Default-Argumente folgen. Ein Funktions-Template kann im Unterschied zu einem Klassen-Template keine Default-Argumente haben.

Beispiel: Mit dem Template

```
template <typename T1, typename T2=int> class T {
 // ...
};
```

sind die folgenden beiden Spezialisierungen gleichwertig:

```
T<double,int> c1;
T<double> c2;
```

Bei zwei verschiedenen Deklarationen eines Templates darf nur eine Default-Argumente haben.

Beispiel: Die zweite der nächsten beiden Deklarationen führt zu einem Fehler beim Kompilieren, da schon die erste ein Default-Argument hat:

```
template <typename T1, typename T2=int> class T;
template <typename T1, typename T2=int> class T {
 // ...
};
```

In der Definition eines Templates können nicht nur die Template-Parameter selbst verwendet werden, sondern auch **Namen, die von einem Template-Parameter abhängig sind**. Vor einem solchen Namen muss *typename* angegeben werden, damit er vom Compiler als Name eines Datentyps betrachtet wird. Ohne diese Angabe wird er nicht als Datentyp betrachtet. Das Schlüsselwort *typename* kann nur in der Definition oder Deklaration eines Templates verwendet werden.

Beispiel: In dem Klassen-Template

```
template <typename T> class C {
  typename T::X  i;
};
```

10.2 Generische Klassen: Klassen-Templates

wird das Element X des Template-Parameters T als Datentyp gekennzeichnet. Dieses Template kann mit einem Template-Argument verwendet werden, das einen Datentyp X enthält wie z.B. die Klasse S:

```
struct S {
  struct X {
    int i;
  };
};
```

Alle Container-Klassen der Standardbibliothek enthalten wie die Klasse *deque* den Namen *value_type* für den Datentyp der Elemente des Containers:

```
template <class T, class Allocator = allocator<T> >
class deque {
 public:
   typedef T value_type;
// ...
}
```

Dieser Name wird dann z.B. in der Definition der Container-Adapter **stack** und *queue* verwendet:

```
template <class T, class Container = deque<T> >
class stack {
 public:
   typedef typename Container::value_type value_type;
   typedef typename Container::size_type size_type;
   typedef typename Container container_type;
 protected:
   Container c;
 public:
   explicit stack(const Container& = Container());
   bool empty() const              { return c.empty(); }
   size_type size() const          { return c.size(); }
   value_type& top()               { return c.back(); }
   const value_type& top() const   { return c.back(); }
   void push(const value_type& x)  { c.push_back(x); }
   void pop()                      { c.pop_back(); }
};
```

Diese Definition ist übrigens die vollständige Definition des Klassen-Templates *stack* aus der STL. Auch die Definition des Containeradapters *queue* besteht nur aus wenigen Zeilen und ist weitgehend identisch mit der von *stack*. Sie enthält lediglich anstelle der Funktionen *top* und *pop* die folgenden:

```
value_type& front()                { return c.front(); }
const value_type& front() const    { return c.front(); }
value_type& back()                 { return c.back(); }
const value_type& back() const     { return c.back(); }
void pop()                         { c.pop_front(); }
```

Der Name eines Klassen-Templates kann in seiner eigenen Definition bei einer Deklaration verwendet werden und stellt hier den Namen des Templates mit den Template-Parametern dar:

```
template<typename T> struct C {
  C* x; // C bedeutet hier C<T>
};
```

10.2.3 Templates mit Nicht-Typ-Parametern ⊕

Wie die letzte Zeile der Syntaxregel

template-parameter:
  type parameter
  parameter declaration

zeigt, kann ein Template-Parameter nicht nur ein Typ-Parameter sein, sondern auch ein gewöhnlicher Parameter wie bei einer Funktionsdeklaration. Solche Template-Parameter werden auch als **Nicht-Typ-Parameter** bezeichnet und müssen einen der Datentypen aus der linken Spalte der folgenden Tabelle haben. Als Argument für einen solchen Parameter können dann Ausdrücke wie in der rechten Spalte angegeben werden. Andere Datentypen (insbesondere Gleitkommadatentypen oder *void*) sind nicht zulässig.

Datentyp	Argument
Ganzzahldatentyp oder Aufzählungstyp	konstanter Ausdruck eines Ganzzahl- oder Aufzählungstyps
Zeiger auf ein Objekt oder eine Funktion	Die Adresse eines Objekts oder einer Funktion mit externer Bindung
Referenz auf ein Objekt oder eine Funktion	Ein Objekt oder eine Funktion mit externer Bindung
Zeiger auf ein Element	Zeiger auf ein Element

Beispiele: Mit den Definitionen

```
class C {};
template <C* pc> class CP {};
template <C& r> class CR {}; // nicht in BCB5
template <int (*f)(int) > class Cf{};

int f(int x){return x;};
C c; // lokales c geht nicht, keine externe Bind.
```

können die folgenden Spezialisierungen erzeugt werden:

```
CP<&c> cp;
CR<c> cr;
Cf<f> cf;
```

10.2 Generische Klassen: Klassen-Templates

Ein ganzzahliger Nicht-Typ-Parameter ist im Template eine Konstante und kann nicht verändert werden. Er kann z.B. wie in *MeinStackA* zur Definition eines Arrays als Elementanzahl dienen. Dieses Template realisiert einen Stack, dem die Anzahl der Elemente als Template-Parameter übergeben wird:

```
template <typename T, int Max> class MeinStackA {
  int SPtr;      // Index des "obersten" Elements
  T Array[Max];  // Array mit Max Elementen des Typs T
 public:
  MeinStackA():SPtr(-1){ }
  void push(T a) { Array[++SPtr]=a; }
  T pop()        { return Array[SPtr--]; }
  bool full()    { return SPtr>=Max; }
  bool empty()   { return SPtr<0; }
};

MeinStackA<int,10> si; // Definiere ein Objekt
```

Die Standardbibliothek verwendet Nicht-Typ-Parameter bei der Klasse *bitset*. Diese Klasse kann eine als Template-Argument übergebene Anzahl von Bits darstellen und ist etwa so definiert:

```
template<size_t N> class bitset { // nur ein Auszug
 public:
  // Einige Konstruktoren:
  bitset();
  bitset(unsigned long val);
  // Einige Operationen:
  bitset<N>& operator&=(const bitset<N>& rhs);
  bitset<N>& operator|=(const bitset<N>& rhs);
  bitset<N>& operator^=(const bitset<N>& rhs);
  bitset<N>& operator<<=(size_t pos);
  bitset<N>& operator>>=(size_t pos);
  bitset<N>& set(size_t pos, int val = true);
  bitset<N>& reset(size_t pos);
  bitset<N>& flip(size_t pos);
  // Zugriff auf Elemente:
  reference operator[](size_t pos); // for b[i];
  bool operator==(const bitset<N>& rhs) const;
  bool test(size_t pos) const;
  bitset<N> operator<<(size_t pos) const;
  bitset<N> operator>>(size_t pos) const;
};
```

Ein *bitset* mit 10 Bits wird dann folgendermaßen definiert:

```
bitset<10> bits;
```

10.2.4 Explizit instanziierte Klassen-Templates ⊕

Da der Compiler nur die Elementfunktionen eines Klassen-Templates erzeugt, die auch aufgerufen werden, wird ein Syntaxfehler in einer nicht aufgerufenen Funktion eventuell nicht entdeckt, da die Funktion nicht erzeugt wird.

Beispiel: Nach der Definition des Objekts c kann der Compiler nicht erkennen, dass er den Wert in der *return*-Anweisung der Funktion f nicht dem *int*-Funktionswert zuweisen kann:

```
template <typename T > class C {
 public:
   int f(T x, int y) {return x+y; }
};

C<char*> c;
```

Dieser Nachteil kann mit einer **expliziten Instanziierung** vermieden werden. Sie bewirkt, dass alle Elemente einer Spezialisierung eines Klassen-Templates erzeugt werden. So werden auch alle Funktionen erzeugt, ohne dass man sie aufruft:

> *explicit-instantiation* :
>   *template declaration*

Bei einem Klassen-Template besteht die *declaration* aus dem Wort *class* und einer Spezialisierung des Templates, das erzeugt werden soll.

Beispiel: Mit dem Template von oben müsste die explizite Instanziierung

```
template class C<char*>;
```

eine Fehlermeldung erzeugen. Die Version 5 des C++Builders bringt allerdings im Gegensatz zum gnu-Compiler keine Fehlermeldung.

10.2.5 Partielle und vollständige Spezialisierungen ⊕

Es ist nicht immer sinnvoll, dass alle Spezialisierungen eines Klassen-Templates immer nach demselben Schema erzeugt werden. So benötigt man eventuell für ein Typ-Argument, das ein Zeiger ist, eine andere Spezialisierung als für eines, das kein Zeiger ist. In Abschnitt 10.1.5 wurde gezeigt, wie man bei Funktions-Templates verschiedene Varianten mit überladenen Funktions-Templates und expliziten Spezialisierungen erzeugen kann.

Klassen und Klassen-Templates können allerdings nicht überladen werden. Den überladenen Funktions-Templates entsprechen bei Klassen-Templates die so genannten partiellen Spezialisierungen. Insgesamt gibt es bei Klassen-Templates die folgenden beiden Möglichkeiten, verschiedene Klassen-Templates mit demselben Namen zu definieren:

– Bei einer **partiellen Spezialisierung** gibt man ein Muster vor, aus dem dann abgeleitet wird, ob die Template-Argumente dazu passen.
– Eine **explizite** oder **vollständige Spezialisierung** ist dagegen nur für ganz bestimmte Argumente definiert.

10.2 Generische Klassen: Klassen-Templates

Bei allen bisherigen Deklarationen eines Klassen-Templates war der Name des Templates ein Bezeichner. Eine solche Deklaration nennt man auch **primäre** Deklaration. Anstelle eines Bezeichners kann man aber auch eine *template-id* mit dem Namen eines zuvor deklarierten primären Templates verwenden:

template-id :
 template-name < *template-argument-list* >

Dann ist das so deklarierte Klassen-Template eine **partielle Spezialisierung**. Bisher wurde eine *template-id* nur zur Definition von Spezialisierungen (siehe Abschnitt 10.2.2) herangezogen. Dabei waren die Template-Argumente die Argumente, mit denen die Spezialisierung erzeugt wurde. Bei einer partiellen Spezialisierung beschreiben die Argumente der *template-id* das Muster, nach dem entschieden wird, ob eine Spezialisierung zu einer partiellen Spezialisierung passt. Diese Argumente sind oft Template-Parameter oder davon abgeleitete Typen.

Bei den folgenden Deklarationen ist die erste (#1) eine primäre Deklaration. Die weiteren (#2 bis #4) sind partielle Spezialisierungen:

```
template<class T1, class T2, int I> class A { };     // #1
template<class T, int I> class A<T, T*, I> { };      // #2
template<class T1,class T2,int I>class A<T1*,T2,I>{};//#3
template<class T> class A<int, T*, 5> { };           // #4
template<class T1,class T2,int I>class A<T1,T2*,I>{};//#5
```

Wenn der Compiler aus einem Template eine Klasse erzeugen will, sucht er anhand der Template-Argumente nach einer passenden partiellen oder primären Spezialisierung:

- Falls er genau eine passende partielle Spezialisierung findet, erzeugt er die Klasse aus dieser Spezialisierung.
- Falls er mehr als eine passende partielle Spezialisierung findet, wählt er von diesen das am meisten spezialisierte Template aus. Dabei ist ein zweites Template **mehr spezialisiert** als ein erstes, wenn jede Liste von Template-Argumenten, die zur ersten Spezialisierung passt, auch zur zweiten passt, aber nicht umgekehrt. Nach diesen Regeln wird auch bei überladenen Funktions-Templates das am meisten spezialisierte ausgewählt (siehe Abschnitt 10.1.5). Falls keine der partiellen Spezialisierungen mehr spezialisiert ist als alle anderen, ist die Verwendung des Templates mehrdeutig.
- Falls er keine passende partielle Spezialisierung findet, nimmt er das primäre Template.

Deshalb verwenden diese Definitionen die jeweils angegebenen Templates:

```
A<int, int, 1>    a1;  // #1
A<int, int*, 1>   a2;  // #2: T int, I 1
A<int, char*, 5>  a3;  // #4, T char
A<int, char*, 1>  a4;  // #5, T1 int, T2 char, I 1
```

```
A<int*, int*, 2> a5;  // mehrdeutig: #3 und #5 passen
```

Ein partiell spezialisiertes Template ist ein völlig eigenständiges Template, das mit dem primären, nicht spezialisierten Template nur den Namen gemeinsam hat. Es besitzt nur die Elemente, die für die Spezialisierung definiert werden, und übernimmt keine Elemente vom primären Template.

Mit einer **expliziten** oder **vollständigen Spezialisierung** kann man ein Klassen-Template deklarieren, das nur für bestimmte Template-Argumente verwendet wird. Diese können bei Typ-Parametern spezielle Datentypen und bei Nicht-Typ-Parametern spezielle Werte sein.

explicit-specialization :
  template < > *declaration*

Bei einer expliziten Spezialisierung eines Klassen-Templates ist der Name in der *declaration* eine Spezialisierung (*template-id*) eines bereits zuvor deklarierten Templates. In dieser Spezialisierung werden die Datentypen oder Werte als Argumente angegeben, für die die explizite Spezialisierung verwendet werden soll.

Beispiel: Für das primäre Template

```
template<typename T> struct C {  // #1
  int i;
};
```

ist das folgende Template eine explizite Spezialisierung:

```
template<> struct C<int> {  // #2
  int x;
};
```

Die folgenden Spezialisierungen werden dann aus den als Kommentar angegebenen Definitionen erzeugt:

```
C<int> i;     // #2
C<double> d;  // #1
```

Wie ein partiell spezialisiertes Template ist auch ein vollständig spezialisiertes ein eigenständiges Template, das mit dem nicht spezialisierten nur den Namen gemeinsam hat.

Die folgenden Beispiele zeigen, wie explizite Spezialisierungen von Klassen-Templates in der **C++-Standardbibliothek** verwendet werden:

1. Die Klasse *numeric_limits* enthält für die fundamentalen Datentypen Informationen, die für den jeweiligen Compiler charakteristisch sind. Dazu gehören z.B. die maximal und minimal darstellbaren Werte. Diese Klasse steht zur Verfügung nach

10.2 Generische Klassen: Klassen-Templates

```cpp
#include <limits>
```

Sie ist im Standard so definiert (nur ein Auszug):

```cpp
template<class T> class numeric_limits {
public:
  static const bool is_specialized = false;
  // ... unwichtige Default-Werte
};
```

Für jeden fundamentalen Datentyp existiert eine explizite Spezialisierung:

```cpp
namespace std {
  template<class T> class numeric_limits;
  enum float_round_style;
  template<> class numeric_limits<bool>;
  template<> class numeric_limits<char>;
  template<> class numeric_limits<signed char>;
  // usw. für unsigned char, wchar_t, short, int,
  // long, unsigned short, unsigned int,
  // unsigned long, float, double, long double
}
```

In jeder dieser Spezialisierungen hat das Element *is_specialized* den Wert *true*. Deswegen kann man mit diesem Element feststellen, ob die aktuell verwendete Klasse eine Spezialisierung ist oder ob sie aus dem nicht spezialisierten Template erzeugt wurde.

Als Beispiel für eine mögliche Spezialisierung findet man im Standard:

```cpp
class numeric_limits<float> { // nur ein Auszug
  public:
    static const bool is_specialized = true;
    inline static float min() throw()
                      { return 1.17549435E-38F; }
    inline static float max() throw()
                      { return 3.40282347E+38F; }
    static const int digits = 24;
    static const int digits10 = 6;
    static const bool is_signed = true;
    static const bool is_integer = false;
    static const bool is_exact = false;
    static const int radix = 2;
    inline static float epsilon() throw()
                      { return 1.19209290E-07F; }
    inline static float round_error() throw()
                      { return 0.5F; }
    static const int min_exponent = -125;
    static const int min_exponent10 = - 37;
    static const int max_exponent = +128;
    static const int max_exponent10 = + 38;
    static const bool has_infinity = true;
    static const bool has_quiet_NaN = true;
};
```

2. Für die Klasse *char_traits*

   ```
   template<class charT> struct char_traits { };
   ```

   sind nur die folgenden beiden expliziten Spezialisierungen definiert:

   ```
   template<> struct char_traits<char>;
   template<> struct char_traits<wchar_t>;
   ```

   Sie enthalten Datentypen und Funktionen, auf denen die Implementation der Stringklassen und der I/O-Streams beruht.

3. Die Klassen *complex<float>*, *complex<double>* und *complex<long double>* sind explizite Spezialisierungen des primären Templates *complex*. Der C++-Standard sagt ausdrücklich, dass Spezialisierungen mit anderen Datentypen spezifiziert sind. Deswegen kann man zwar *complex<int>* verwenden. Die Ergebnisse von Rechnungen mit solchen Variablen sind aber nicht definiert.

Die Klasse *char_traits* ist ein Beispiel für die in der Standardbibliothek häufiger verwendeten **traits**-Klassen. Solche Klassen fassen meist eine größere Anzahl Datentypen, Funktionen usw. zusammen, die für einen bestimmten Datentyp charakteristisch sind. Die für einen bestimmten Datentyp charakteristischen Elemente werden dann in einer expliziten Spezialisierung für diesen Datentyp definiert. „trait" kann man mit „Gesichts- oder Wesenszug" oder „Eigentümlichkeit" übersetzen.

Diese Technik soll an einem einfachen Beispiel illustriert werden, das von Veldhuizen (ohne Jahresangabe) übernommen wurde. Den Mittelwert von n Werten eines Arrays kann man mit dem Funktions-Template *Average* berechnen:

```
template<class T>
T Average(const T* data, int numElements)
{
    T sum = 0;
    for (int i=0; i < numElements; ++i)
        sum += data[i];
    return sum / numElements;
};
```

Allerdings liefert *Average* nur für Arrays mit Gleitkommatypen korrekte Gleitkommaergebnisse. Für Arrayelemente eines Ganzzahltyps ist auch das Ergebnis ganzzahlig. Der naheliegende Ausweg, immer den Datentyp *double* zurückzugeben, schließt Arrays mit komplexen Elementen aus.

Mit der traits-Klasse

```
template<class T> struct float_trait {
    typedef T      T_float;
};
```

10.2 Generische Klassen: Klassen-Templates

und expliziten Spezialisierungen für alle relevanten Datentypen

```
template<> struct float_trait<int> {
   typedef double T_float;
};

template<> struct float_trait<char> {
   typedef double T_float;
};
```

kann man einem Datentyp die Elemente der Templates zuordnen. Deshalb liefert die folgende Version von *average* ihr Ergebnis immer im richtigen Datentyp:

```
template<class T>
typename float_trait<T>::T_float average(const T* data,
    int numElements)
{
    typename float_trait<T>::T_float sum = 0;
    for (int i=0; i < numElements; ++i)
        sum += data[i];
    return sum / numElements;
}
```

In diesem Beispiel hat die traits-Klasse nur ein Element und kann leicht durch einen Template-Parameter ersetzt werden. Die traits-Klasse *char_traits* hat aber fast 20 Elemente, die nur mühsam als Parameter übergeben werden können.

Partielle Spezialisierungen von Elementen einer Klasse sind nicht möglich. Dagegen können die folgenden **Elemente eines Klassen-Templates** explizit spezialisiert werden:

– statische Elemente   – Elementfunktionen
– Elementklassen   – Klassen-Templates
– Funktions-Templates

Die folgenden Beispiele illustrieren die Syntax anhand des Klassen-Templates C:

```
template <typename T> class C {
 public:
   static T x;
   int f();
};
```

1. Wie bei Klassen, die keine Templates sind, wird ein **statisches Element** in einer Klasse nur deklariert und nicht definiert. Die Definition muss außerhalb der Klasse erfolgen. Die folgende Definition definiert das statische Element für alle Template-Argumente:

    ```
    template<typename T> T C<T>::x=0;
    ```

Jede Klasse, die aus einem Klassen-Template erzeugt wird, hat ihre eigenen statischen Elemente. Deshalb besitzen im folgenden Beispiel c1 und c3 dasselbe statische Element x, während c2 ein anderes statisches Element enthält:

```
C<int> c1;
C<double> c2;
C<int> c3;
```

Durch die folgenden Definitionen wird das statische Element x der Klasse C für die Template-Argumente *int* und *double* explizit spezialisiert. Eine explizite Spezialisierung eines statischen Elements ist nur dann eine Definition, wenn sie einen Initialisierer enthält:

```
template<typename T> T C<T>::x=0;
template<> int C<int>::x=1;
template<> double C<double>::x=2;
```

Deshalb hat es für die einzelnen Objekte die als Kommentar angegebenen Werte

```
C<char> cc;    // cc.x: 0
C<int> ci;     // ci.x; 1
C<double> cd;  // cd.x; 2
```

2. Die **Elementfunktion** f der Klasse C wird durch

```
template<typename T> int C<T>::f() {return 0;}
template<> int C<int>::f(){return 1;}
template<> int C<double>::f(){return 2;}
```

für die Template-Argumente *int* und *double* explizit spezialisiert. Deshalb erhält man für die Objekte aus 1. die als Kommentar angegebenen Funktionswerte:

```
int fc=cc.f(); // 0
int fi=ci.f(); // 1
int fd=cd.f(); // 2
```

Die explizite Spezialisierung von Elementen eines Klassen-Templates kann die Definition eines kompletten Klassen-Templates ersparen, wenn einzelne Elemente für spezielle Template-Argumente anders als für andere implementiert werden müssen und alle anderen gleich sind.

10.2.6 Elemente und *friend*-Funktionen von Klassen-Templates ⊕

Ein Klassen-Template kann als Elemente insbesondere Klassen, Funktionen und wiederum Templates enthalten. Solche Elemente sind dann Templates mit den Template-Parametern der Klasse, zu der sie gehören.

10.2 Generische Klassen: Klassen-Templates

Alle solchen Elemente können sowohl im Klassen-Template definiert als auch im Klassen-Template nur deklariert und außerhalb des Klassen-Templates definiert werden. Wenn sie außerhalb der Klasse definiert werden, muss man nach dem Namen des Klassen-Templates die Template-Argumente in spitzen Klammern angeben.

Beispiele:

1. Eine **Klasse**, die **Element** eines Klassen-Templates ist, ist ebenfalls ein **Klassen-Template**. In der C++-Standardbibliothek ist die Containerklasse *list* etwa folgendermaßen definiert:

   ```
   template <typename T> class list {// stark vereinfacht
     struct node {
       T data;     // T: der Datentyp der "Nutzdaten"
       node* next;
     };
     node *first, *last;
   };
   ```

   Wenn man die Klasse *node* **außerhalb** des Klassen-Templates definiert, muss der Name des Templates mit den Template-Parametern spezialisiert werden:

   ```
   template <typename T> class list {
     struct node; // nur Deklaration, keine Definition
     node *first, *last;
   };

   template <typename T>
   class list<T>::node {  // list<T>, nicht list
     T data;
     node* next;
   };
   ```

   Diese Schreibweise zeigt explizit, dass *node* ein Klassen-Template ist.

2. Eine **Elementfunktion** eines Klassen-Templates ist ein **Funktions-Template**. Die Elementfunktion *insert* des Klassen-Templates

   ```
   template <typename T> class list {
     // ...
    public:
     void insert(const T& x);
   };
   ```

   kann man außerhalb des Templates so definieren:

   ```
   template <typename T>
   void list<T>::insert(const T& x)// list<T>, nicht list
   {
   // ...
   }
   ```

3. Ein in einer Klasse oder einem Klassen-Template deklariertes Template heißt auch **Element-Template**.

```
template <typename T> class C {
public:

  template<typename V> class E1 // eine Definition
  {
  T x;
  V y;
  };

  template<typename W> class E2; // eine Deklaration

  template<typename U> f(T i); // ein Funktions-Template
};
```

Definiert man ein Element-Template außerhalb der Klasse, muss man die Template-Parameter des umgebenden Templates und des Elements wie in den nächsten beiden Definitionen angeben:

```
template <typename T> template<typename W> class C<T>::E2
{
T x;
W y;
};

template <typename T> template<typename U> C<T>::f(T i)
{
T x;
U y;
};
```

In der C++-Standardbibliothek werden Funktions-Templates gelegentlich als Elemente-Templates verwendet. Falls die Template-Parameter Iteratoren sind, wird durch Namen wie *InputIterator* zum Ausdruck gebracht, welche Anforderungen ans sie gestellt werden (siehe Abschnitt 10.4.1):

```
template <class T, class Allocator = allocator<T> >
class vector {
  // ...
  template <class InputIterator>
    vector(InputIterator first, InputIterator last,
                      const Allocator& = Allocator());
  // ...
  template <class InputIterator>
    void insert(iterator position, InputIterator first,
                                   InputIterator last);
  // ...
}
```

Mit diesem Konstruktor kann ein Vektor mit Elementen aus dem Bereich [*first*, *last*] eines anderen Containers initialisiert werden. Die Funktion *insert* fügt die Elemente aus dem Bereich [*first*, *last*] an der Position *position* ein.

10.2 Generische Klassen: Klassen-Templates

Bei der Definition eines **Copy-Konstruktors** für ein Klassen-Template ist zu beachten, dass der Datentyp eines Template-Arguments aus dem Datentyp beim Aufruf abgeleitet wird. Deswegen wird der mit #1 gekennzeichnete Copy-Konstruktor nur dann aufgerufen, wenn sein Argument wie in #3 der Datentyp der Klasse ist. Mit einem anderen Datentyp, der in die Klasse konvertiert werden kann wie in #4, wird dieser nicht aufgerufen. Für Initialisierungen mit konvertierbaren Datentypen wird deshalb meist zusätzlich eine Element-Template Funktion wie #2 definiert. Diese wird dann bei einer Konversion wie in #4 aufgerufen:

```
template <typename T>
struct C {
  C(){ }
  C(const C& x){} // gleichwertig: C(const C<T>& x) // #1
  template <typename U> C(const C<U>& x) {}          // #2
};

void test()
{
C<double> d;
C<int> i;
C<double> d1(d);// ruft den Nicht-Template-CC auf  // #3
C<double> d2(i);// ruft den Template-CC auf       // #4
};
```

Im C++-Standard ist ausdrücklich festgelegt, dass eine Element-Template Funktion **nie** ein **Copy-Konstruktor** ist. Würde man #1 weglassen, dann würde in #3 der vom Compiler implizit erzeugt Copy-Konstruktor aufgerufen und nicht #2.

Entsprechend ist auch eine Element-Template Funktion **nie** ein **Zuweisungsoperator** für die Klasse.

Ein **Funktions-Template**, das **Element** eines Klassen-Templates ist und andere Template-Parameter als das Klassen-Template hat, kann **nicht virtuell** sein. Wenn das zulässig wäre, könnten virtuelle Funktionen nicht über eine *vtbl* aufgerufen werden, da für jeden Aufruf mit einem neuen Typ-Argument eine neue *vtbl* angelegt werden müsste. Elementfunktionen mit denselben oder weniger Template-Parametern wie das Klassen-Template können dagegen virtuell sein:

```
template <typename T> class C {
 public:
   template<typename U> virtual void f(U i); // Fehler:
     // 'virtual' nur für Nicht-Template-Elementfunktionen
   virtual void g(T i); // das geht
};
```

Deshalb überschreibt auch ein Funktions-Template, das Element eines Klassen-Templates ist, nie eine virtuelle Funktion einer Basisklasse:

```
class C {
  virtual void f(int i) {}
};

class D: public C {
  void f(int i) // virtuell, überschreibt C::f
    {f<>(i);}; // Aufruf der Funktions-Templates
  template<typename T> void f(T i) {}; // nicht virtuell
};
```

Hier sieht man in D::f auch, wie man die Funktions-Templates aufrufen kann.

Ein *friend* einer Klasse oder eines Klassen-Templates kann ein Funktions- oder Klassen-Template sein, eine explizite oder partielle Spezialisierung oder eine gewöhnliche Funktion oder Klasse:

So ist z. B. eine gewöhnliche *friend*-Funktion eines Klassen-Templates ein *friend* einer jeden aus dem Template erzeugten Klasse:

```
template <typename T> class C {
  friend int f();
  friend T F(C<T> x);
  T c;
};

int f()
{
C<int> c;
C<double> d;
return c.c+d.c; // soll nur die Zugriffsrechte zeigen
};
```

10.2.7 Ableitungen von Templates ⊕

Klassen-Templates und gewöhnliche Klassen können Basisklassen von Klassen-Templates und gewöhnliche Klassen sein.

– Aus einer gewöhnlichen Klasse kann man ein Klassen-Template ableiten:

```
struct C1 {
  int c1;
};

template <typename T> struct D1: public C1 {
  T c2;
};
```

Dann hat jede aus D1 erzeugte Klasse ein *int*-Element i. Mit so aus einem Nicht-Template abgeleiteten Klassen-Templates kann man allen aus einem Template erzeugten Klassen gemeinsame Elemente zur Verfügung stellen.

10.2 Generische Klassen: Klassen-Templates

- Aus einem Klassen-Template kann man eine gewöhnliche Klasse ableiten:

```
template <typename T> struct C2 {
  T c2;
};

struct D2a:public C2<int> {
  int d2a;
};

template <typename T> struct D2b:public C2<T> {
  T d2b;
};
```

- Aus einem Klassen-Template kann man ein Klassen-Template ableiten:

```
template <typename T> struct D3a:public C2<T> {
  T d3a;
};

template <typename T, typename U>
struct D3b:public C2<U> {
  T d3b;
};
```

10.2.8 Exportierte Templates

Schon in Abschnitt 10.2.2 wurde darauf hingewiesen, dass der Compiler den Quelltext einer Template-Definition benötigt, um aus ihr eine Klasse oder Funktion zu erzeugen. Deshalb sind Template-Definitionen meist in Header-Dateien enthalten.

Beispiel: ASort.h

```
template <typename T> void ASort (T* a, int n)
{
// ...
}
```

Datei1.cpp

```
#include "ASort.h"
ASort(a,10);
```

Wenn eine Template-Definition dann in mehreren Übersetzungseinheiten eines Programms verwendet wird, muss der Compiler diese Definition in jeder Übersetzungseinheit lesen und verarbeiten. Um den damit verbundenen Aufwand zu reduzieren, sieht der C++-Standard vor, dass man eine Template-Definition mit dem Schlüsselwort *export* auch anderen Übersetzungseinheiten zur Verfügung stellen kann. Die Definition muss dann nur einmal übersetzt werden:

Beispiel: ASort.h

```
template <class T> void ASort (T* a, int n);
```

ASort.cpp

```
#include "ASort.h"
export template <class T> void ASort (T* a,int n)
{/* ... */}
```

Datei1.cpp

```
#include "ASort.h"
ASort(a,10);
```

Allerdings steht diese Möglichkeit in der Version 5 des C++Builders noch nicht zur Verfügung. Die Anweisungen in diesem Beispiel werden zwar kompiliert. Der Linker meldet aber „Unresolved external ...".

10.2.9 UML-Diagramme für parametrisierte Klassen ⊕

In der UML werden die Template-Parameter eines Klassen-Templates in einem gestrichelten Rechteck in der rechten oberen Ecke des Klassendiagramms angegeben. Wenn die Parameterliste aus mehreren Parametern besteht, werden sie durch Kommas getrennt. Typ-Parameter bestehen nur aus einem Namen, während bei Nicht-Typ-Parametern auch der Datentyp angegeben wird.

Die Klasse *MeinStackA* aus Abschnitt 10.2.3 kann durch das folgende Diagramm dargestellt werden:

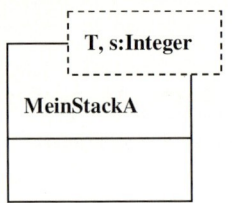

Je nach dem gewünschten Grad der Detaillierung kann man unterhalb des Template-Namens auch noch die Elemente des Templates angeben.

Im UML-Standard wird ein Klassen-Template auch als Klasse mit einem oder mehreren ungebundenen Parametern bezeichnet. Entsprechend heißt eine Spezialisierung eines Klassen-Templates gebundenes Element (bound element). Sie kann wie eine Spezialisierung in C++ dargestellt werden:

10.2 Generische Klassen: Klassen-Templates

MeinStackA<int,10>

Als Alternative zu dieser Darstellung ist auch ein Pfeil mit dem Schlüsselwort «bind» möglich. Nach «bind» werden die Argumente in Klammern angegeben. Die so erzeugte Klasse kann einen anderen Namen wie das Template haben:

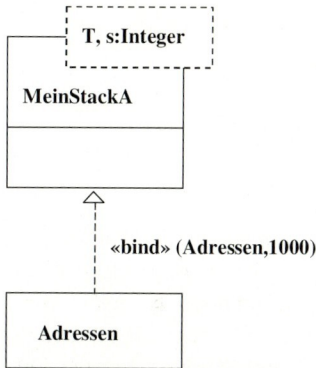

Aufgabe 10.2

1. Diese Aufgabe ist lediglich als Übung zu Templates gedacht. Die Lösung ist der Container-Klasse *list* aus der Standardbibliothek in vielerlei Hinsicht unterlegen.

   Überarbeiten Sie die Klasse *MeineListe* zu einem Template, so dass Werte beliebiger Datentypen in einer solchen Liste gespeichert werden können:

   ```
   class MeineListe {
     typedef int T;       // T: der Datentyp der "Nutzdaten"
     struct list_node {// Knoten der verketteten Liste
       T data;
       list_node* next;
     };

     list_node *first,*last;
   public:
     MeineListe():first(0),last(0) {};

     ~MeineListe()
     { // Destruktor gibt alles wieder frei
     while (first!=0)
       {
         list_node* tmp = first;
         first = first->next;
         delete tmp;
       }
     };
   ```

```
       void insert(T data) // Erzeugt einen neuen Knoten
       { // der Liste und fügt diesen nach last ein.
         // last zeigt anschließend auf das letzte und
         // first auf das erste Element der Liste.
         list_node* tmp=new list_node;
         tmp->data = data;
         tmp->next = 0;
         if (last == 0) first = tmp;
         else last->next = tmp;
         last = tmp;
       }

       void show()
       {
       for (list_node* tmp=first; tmp!=0; tmp=tmp->next)
         Form1->Memo1->Lines->Add(tmp->data);
       }
    };
```

2. Definieren Sie ein Klassen-Template für ein Array, das im Wesentlichen wie ein gewöhnliches Array verwendet werden kann. Beim Zugriff auf ein Element mit dem Indexoperator [] soll eine Exception ausgelöst werden, wenn der Index nicht im Bereich der definierten Elemente liegt. Die Anzahl der Elemente eines solchen Arrays soll als Template-Parameter des Datentyps *int* übergeben werden.

3. Bei einem Klassen-Template müssen die Datentypen der Template-Argumente immer explizit angegeben werden. Deshalb ist es mit etwas viel Schreibaufwand verbunden, mit dem Klassen-Template *pair* der Standardbibliothek ein Objekt zu definieren, das man z.B. in einem assoziativen Container *ac* ablegen will:

   ```
   map<string,string> ac;
   ac.insert(pair<string,string>("Daniel","13.11.79"));
   ```

   Bei einem Funktions-Template werden die Datentypen der Template-Argumente dagegen aus den Datentypen der Funktionsargumente abgeleitet. Schreiben Sie ein Funktions-Template **make_pair**, das ein *pair* aus den Funktionsargumenten erzeugt und das so verwendet werden kann:

   ```
   ac.insert(make_pair("Daniel","13.11.79"));
   ```

4. Der Aufruf der Funktionen *read* und *write* der Stream-Klassen *fstream* usw. ist mit etwas viel Schreibaufwand verbunden, da man die Daten nach *char** konvertieren und außerdem die Anzahl der zu schreibenden Bytes angeben muss:

   ```
   f.write((char*)&x,sizeof(x));
   f.read((char*)&x,sizeof(x));
   ```

10.2 Generische Klassen: Klassen-Templates

Definieren Sie ein Klassen-Template *binary_fstream*, das wie in *test_binary_-fstream* verwendet werden kann. Die Elementfunktionen *read* und *write* sollen immer eine Variable des Datentyps des Template-Parameters lesen oder schreiben. Außer diesen Funktionen sollen auch alle Funktionen aus einem *fstream* in einem *binary_fstream* verfügbar sein. Der Konstruktor soll eine Datei immer als Binärdatei zum Lesen und Schreiben öffnen.

```
void test_binary_fstream()
{
binary_fstream<int> f("c:\\test\\bin");
for (int i=0; i<10; i++)
  f.write(i);
}
```

5. Das in Abschnitt 5.10.10 beschriebene Klassen-Template *auto_ptr* der Standardbibliothek enthält einen Zeiger auf ein Objekt. Der Destruktor einer aus diesem Klassen-Template erzeugten Klasse ruft für diesen Zeiger *delete* auf. Dadurch wird beim Verlassen eines Blocks, in dem ein Objekt einer solchen Klasse definiert wurde, immer der Destruktor für das Objekt aufgerufen, auf das dieser Zeiger zeigt. Deshalb wird in der Funktion g auch dann der mit new int angelegte Speicherplatz wieder freigegeben, wenn beim Aufruf von f eine Exception auftritt:

```
void g()
{ // T ist ein Datentyp
auto_ptr<T> p(new T); // Mit T* p=new T Speicherleck,
f();                  // falls Exception beim Aufruf f()
}
```

Wäre p hier kein *auto_ptr*, sondern ein gewöhnlicher Zeiger, hätte das ein Speicherleck zur Folge, wenn beim Aufruf von f eine Exception auftritt.

a) Definieren Sie ein Klassen-Template *MeinAutoPtr*, das wie in der Funktion g verwendet werden kann. Dieses Template soll einen Zeiger enthalten, der auf das Element zeigt, mit dem es initialisiert wird. Die Funktion *get* soll diesen Zeiger als Funktionswert liefern. Im Destruktor soll der Speicherbereich wieder freigegeben werden, auf den der Zeiger zeigt.

b) Bei der Zuweisung eines Objekts y an ein Objekt x der Klasse *auto_ptr* sowie bei der Initialisierung von x mit y erhält x den in y enthaltenen Zeiger und der Zeiger in y den Wert Null. Definieren Sie für *MeinAutoPtr* einen Zuweisungsoperator und einen Copy-Konstruktor, der diese Anforderungen erfüllt.

Das Klassen-Template *MeinAutoPtr* ist natürlich nur eine stark vereinfachte Version von *auto_ptr* und soll *auto_ptr* nicht ersetzen.

10.3 Funktionsobjekte in der STL

Die Containerklassen und Algorithmen der STL erreichen ihre Vielseitigkeit einerseits dadurch, dass sie als Klassen- und Funktions-Templates implementiert sind und so mit fast beliebigen Datentypen verwendet werden können. Mit Funktionsobjekten lassen sie sich an weitere Aufgabenstellungen anpassen.

Funktionsobjekte sehen auf den ersten Blick etwas seltsam und kompliziert aus. Wir werden aber bald sehen, dass viele vordefinierte Funktionsobjekte der STL sehr einfach mit den STL-Algorithmen verwendet werden können, und dass sie die STL noch vielseitiger und leistungsfähiger machen.

10.3.1 Der Aufrufoperator ()

Wenn man für eine Klasse den Aufrufoperator definiert, kann man ein Objekt dieser Klasse wie eine Funktion verwenden. Mit dieser Formulierung ist aber nicht gemeint, dass „die Klasse aufgerufen" wird. Ein Aufrufoperator ermöglicht lediglich die Verwendung derselben Syntax wie bei einem Funktionsaufruf. Dabei wird dann die für den Aufrufoperator definierte Operatorfunktion aufgerufen.

Der Aufrufoperator muss eine nicht statische Elementfunktion sein. Bei seiner Definition steht ein erstes Klammerpaar ohne Parameter für den Aufrufoperator. Im zweiten Klammerpaar wird die Parameterliste angegeben. Ein Objekt einer Klasse, für die der Aufrufoperator definiert ist, bezeichnet man auch als **Funktionsobjekt**.

Die Klasse C hat zwei überladene Aufrufoperatoren mit einem und mit zwei Parametern:

```
class C {                  // T, T1 und T2 sind Datentypen
  public:
    T operator()(T1 x){};
    T operator()(T1 x, T2 y){};
};
```

Deshalb ist ein Objekt der Klasse C ein Funktionsobjekt, das man mit einem oder zwei Argumenten „aufrufen" kann:

```
C c;
T1 x1;
T2 y1;
T y=c(x1);
T z=c(x1,y1);
```

Wenn in einem Funktions-Template ein Funktionsparameter aufgerufen wird, dessen Datentyp ein Template-Parameter ist, kann man das Funktions-Template sowohl **mit einer Funktion** als auch **mit einem Funktionsobjekt** aufrufen. So

10.3 Funktionsobjekte in der STL

hat z.B. das Funktions-Template *for_each* den Template-Parameter **Function**. In *for_each* wird der Funktionsparameter f des Datentyps *Function* aufgerufen:

```
template <class InputIterator, class Function>
Function for_each (InputIterator first,
                                InputIterator last, Function f)
{
    while (first != last) f(*first++);
    return f;
}
```

Dieses Funktions-Template kann man mit der Funktion *print* als Argument für den Parameter f aufrufen, da *print* ebenso einen Parameter hat wie f in *for_each*:

```
void print(const double& v)
{
Form1->Memo1->Lines->Add(FloatToStr(v));
}

vector<double> v;
for_each(v.begin(), v.end(), print);
```

Man kann für f aber auch ein Funktionsobjekt übergeben. In der Funktion *test* unten wird die Klasse *Print* verwendet:

```
class Print{
   int n;
 public:
   Print():n(0) {}
   void operator()(const double& v)
   {
    Form1->Memo1->Lines->Add(FloatToStr(v));
    n++;
   }
   int Count() { return n; }
};
```

Bei Aufruf von *for_each* wird ein temporäres Objekt *Print()* übergeben, das mit dem Standardkonstruktor erzeugt wird:

```
void test(vector<double> v)
{
Print p=for_each(v.begin(),v.end(),Print());
Form1->Memo1->Lines->Add("Anzahl ausgegebene Werte: "+
                                    IntToStr(p.Count()));
};
```

Das Argument für den Werteparameter f initialisiert die lokale Variable f in *for_each*. Diese lokale Variable hat den Datentyp *Print* und existiert während der gesamten Ausführung von *for_each*. Jeder Aufruf von f ruft die Funktion *operator()* dieser lokalen Variablen auf und erhöht den Wert des Datenelements n. Nach dem Ende der Schleife wird eine Kopie der lokalen Variablen als Funktionswert von *for_each* zurückgegeben. Diese initialisiert die Variable p in *test*, so dass *p.Count()* die Anzahl der von *for_each* ausgegebenen Werte ist.

Da alle Algorithmen der STL immer **Werteparameter** verwenden, wenn Funktionsobjekte als Argumente möglich sind, kann man beim Aufruf eines STL-Algorithmus immer solche temporären Objekte wie *Print()* übergeben. Deswegen muss man nach dem Namen eines Funktionsobjekts auch immer ein Klammerpaar () angeben, was leicht vergessen wird.

Die Funktion *print* und ein Funktionsobjekt des Typs *Print* zeigen den wesentlichen Unterschied zwischen Funktionen und Funktionsobjekten:

– Da die nicht statischen lokalen Variablen einer Funktion bei jedem Aufruf neu angelegt werden, kann eine Funktion zwischen zwei verschiedenen Aufrufen keine Daten in solchen Variablen speichern. Will man in einer Funktion Variablen verwenden, die zwischen den verschiedenen Aufrufen existieren, müssen das globale oder statische lokale Variablen sein. Deshalb ruft man ein Funktions-Template wie *for_each* meist nur mit solchen Funktionen auf, die als Daten nur Parameter verwenden.
– Wenn dagegen zwischen verschiedenen Aufrufen Daten erhalten bleiben sollen, verwendet man meist ein Funktionsobjekt. In einem Objekt der Klasse *Print* wird so die Anzahl n zwischen verschiedenen Aufrufen gespeichert.

Wie in *for_each* deutet der Name des Template-Parameters in den STL-Algorithmen meist auf Anforderungen an die Argumente hin. Hier bedeutet *Function*, dass das Argument eine Funktion oder ein Funktionsobjekt sein muss.

10.3.2 Prädikate und arithmetische Funktionsobjekte

Funktionsobjekte oder Funktionen, bei denen der Datentyp des Aufrufoperators bzw. des Rückgabewertes *bool* ist, werden auch als **Prädikate** bezeichnet. In den STL-Algorithmen haben Template-Parameter für Prädikate oft den Namen *Predicate*:

```
template <class InputIterator, class Predicate>
InputIterator find_if(InputIterator first,
                      InputIterator last, Predicate pred)
{
while (first != last && !pred(*first)) ++first;
    return first;
}
```

In *find_if* steht **Predicate** für ein Prädikat mit einem Parameter. Der Funktionswert von *find_if* ist dann der erste Iterator im Bereich [*first*, *last*), für den das Prädikat *pred* erfüllt ist, bzw. *last*, falls kein Element in diesem Bereich diese Bedingung erfüllt.

10.3 Funktionsobjekte in der STL

Andere Algorithmen wie z.B. *adjacent_find* haben Prädikate mit zwei Parametern. Der Template-Parameter hat dann meist den Namen **BinaryPredicate**:

```
template <class ForwardIterator, class BinaryPredicate>
ForwardIterator adjacent_find (ForwardIterator first,
   ForwardIterator last, BinaryPredicate binary_pred)
{
   if (first == last) return last;
   ForwardIterator next = first;
   while (++next != last)
   {
      if (binary_pred(*first, *next)) return first;
      first = next;
   }
   return last;
}
```

Dieser Algorithmus liefert als Funktionswert den ersten Iterator zurück, für den das binäre Prädikat *binary_pred* für zwei aufeinander folgende Elemente des Bereichs [*first*, *last*) erfüllt ist. Falls keine solchen Werte gefunden werden, ist der Funktionswert das Argument für *last*.

In der Standardbibliothek sind **unary_function** und **binary_function** Basisklassen für zahlreiche Templates:

```
template <class Arg, class Result>  // in <functional>
struct unary_function {
   typedef Arg argument_type;
   typedef Result result_type;
};

template <class Arg1, class Arg2, class Result>
struct binary_function {
    typedef Arg1 first_argument_type;
    typedef Arg2 second_argument_type;
    typedef Result result_type;
};
```

Von diesen Basisklassen sind z.B. die folgenden Prädikate abgeleitet:

```
template <class T>
struct greater : binary_function<T, T, bool>
{
bool operator()(const T& x, const T& y) const
                                            { return x > y; }
};
```

Für die elementaren Vergleichsoperatoren sind ähnliche Prädikate definiert, die sich nur im Rückgabewert unterscheiden:

Name des Prädikats	Basisklasse	Rückgabewert
greater	binary_function	x>y
less	binary_function	x<y
greater_equal	binary_function	x>=y
less_equal	binary_function	x<=y
equal_to	binary_function	x= =y
not_equal	binary_function	x!=y
logical_and	binary_function	x&&y
logical_or	binary_function	x||y
logical_not	unary_function	!x

Beispiel: Für das Prädikat

```
greater<int> g;
```

hat der Ausdruck

```
g(2,3) // bool
```

denselben Wert wie

```
(2>3)
```

Mit einem solchen Prädikat kann dann ein Algorithmus aufgerufen werden, der ein binäres Prädikat erwartet:

```
typedef vector<int> Container;
typedef Container::iterator Iterator;
Container v;
Iterator p;
p=adjacent_find(v.begin(),v.end(),g);
p=adjacent_find(v.begin(),v.end(),greater<int>());
```

Mit den Prädikaten *greater* bzw. g wird dem Algorithmus der Operator „>" zum Vergleich von zwei aufeinander folgenden Elementen übergeben.

Einige Algorithmen haben Template-Parameter mit dem Namen **Compare**:

template<class RandomAccessIterator, class Compare>
*void **sort**(RandomAccessIterator first, RandomAccessIterator last,*
    Compare comp);

Für solche Parameter kann eine Funktion oder ein Funktionsobjekt mit zwei Parametern und einem Funktionswert eingesetzt werden, der in den Datentyp *bool* konvertiert werden kann. Das kann auch ein binäres Prädikat sein.

10.3 Funktionsobjekte in der STL

Beispiel: Gibt man bei *sort* für *comp* das Prädikat *greater* an, wird der Container absteigend sortiert:

```
string s2="1523467";
sort(s2.begin(), s2.end(),greater<char>());
// s2="7654321"
```

Die assoziativen Container *set, multiset, map* und *multimap* sowie *priority_queue* haben Konstruktoren mit Template-Parametern mit dem Namen *Compare*. Die Default-Argumente entsprechen den Prädikaten *less<key>*, wobei *key* für den Datentyp des Schlüsselwerts steht:

multimap(const Compare& comp = Compare(),
$\qquad\qquad\qquad\qquad\qquad$ const Allocator& = Allocator());

Beispiel: Gibt man bei der Definition eines Containers für *comp* das Prädikat *greater* an, werden die Elemente im Container absteigend sortiert:

```
set<int, greater<char>()> s;
multiset<int, greater<char>()> ms;
map<int, string, greater<char>()> m;
multimap<int, AnsiString, greater<char>()> mm;
priority_queue<int,deque<double>,
                              greater<char>()> pq;
```

Der Algorithmus **transform** hat einen Template-Parameter *binary_op* für binäre Operatoren:

```
template <class InputIterator1, class InputIterator2,
   class OutputIterator, class BinaryOperation>
OutputIterator transform (InputIterator1 first1,
   InputIterator1 last1, InputIterator2 first2,
   OutputIterator result, BinaryOperation binary_op)
{
  while (first1!=last1)
     *result++ = binary_op(*first1++, *first2++);
  return result;
}
```

Für die binäre Operation kann man z.B. ein arithmetisches Funktionsobjekt einsetzen:

Name des arithmetischen Funktionsobjekts	Basisklasse	Rückgabewert
plus	*binary_function*	x+y
minus	*binary_function*	x–y
multiplies	*binary_function*	x*y
divides	*binary_function*	x/y
modulus	*binary_function*	x%y
negate	*unary_function*	–x

Die Klassen-Templates in dieser Tabelle unterscheiden sich von dem für *plus* im Wesentlichen nur durch den Rückgabewert:

```
template <class T>
struct plus : public binary_function<T, T, T>
{
 T operator() (const T& x, const T& y) const {return x+y;}
};
```

Beispiel: Mit dem Funktionsobjekt p

```
plus<double> p;
double d=p(2,3);
```

erhält d den Wert 5. Es kann wie *plus<double>* im Funktions-Template *transform* verwendet werden. Dadurch erhält jedes Element im Container v3 die Summe der entsprechenden Werte von v1 und v2:

```
transform(v1.begin(), v1.end(), v2.begin(),
                                v3.begin(), p);
transform(v1.begin(), v1.end(), v2.begin(),
                                v3.begin(), plus<double>());
```

10.3.3 Binder, Funktionsadapter und Negatoren

Viele STL-Algorithmen, wie z.B. *find_if* oder *for_each*, haben Template-Parameter, für die man nur Funktionen oder Funktionsobjekte mit einem einzigen Parameter einsetzen kann. Deshalb können für diese keine Funktionen mit zwei Parametern eingesetzt werden.

Beispiel: Der Algorithmus *find_if* erwartet für *pred* eine Funktion oder ein Funktionsobjekt mit einem Parameter:

```
template <class InputIterator, class Predicate>
InputIterator find_if(InputIterator first,
          InputIterator last, Predicate pred)
{
while (first != last && !pred(*first)) ++first;
    return first;
}
```

Um in einem Container nach dem ersten Element zu suchen, das größer als ein bestimmter Wert ist, kann man für *pred* keine Funktion mit zwei Parametern übergeben, die als zweiten Parameter das Vergleichselement übergibt:

```
bool Groesser(int x, int y) { return x>y; };
```

10.3 Funktionsobjekte in der STL

Man kann aber ein Funktionsobjekt definieren, das diesen Wert enthält und dessen Aufrufoperator dann das Argument mit diesem Wert vergleicht:

```
class groesser{
    int value;
  public:
    groesser(int y):value(y) {};
    bool operator()(int x) { return x>value; };
};
```

Die Definition solcher Klassen kann man sich mit den in der Standardbibliothek vordefinierten Funktions-Templates **bind1st** und **bind2nd** ersparen, die auch als **Funktionsadapter** bezeichnet werden:

```
template <class Operation, class T>
inline binder1st<Operation> bind1st (const Operation& op,
   const T& x)                       // bind2nd analog dazu
{
   return binder1st<Operation>(op, x);
}
```

Diese erzeugen aus einem Funktionsobjekt *op*, das mit zwei Argumenten aufgerufen werden kann, Funktionsobjekte der Klassen *binder1st* bzw. *binder2nd*, die ähnlich wie *groesser* mit einem Argument aufgerufen werden können:

```
template <class Operation>
class binder1st :public unary_function<
   typename Operation::second_argument_type,
   typename Operation::result_type>
{
 protected:
   Operation op;
   typename Operation::first_argument_type value;
 public:
   binder1st (const Operation& x, const typename
       Operation::first_argument_type& y):op(x), value(y) {}

   typename Operation::result_type operator() (const
       typename Operation::second_argument_type& x) const
   {
   return op(value, x);//bei binder2nd: return op(x,value)
   }
};
```

Für eine Funktion oder ein Funktionsobjekt f mit zwei Parametern ist dann

```
bind1st(f,x)
```

ein Funktionsobjekt mit einem Parameter. Der Aufruf von

```
bind1st(f,x)(y)
```

hat dann denselben Wert wie

```
f(x,y)
```

Dieses Ergebnis erhält man auch mit

```
bind2nd(f,y)(x)
```

Die Namen *bind1st* und *bind2nd* stehen hier dafür, dass das erste bzw. zweite Argument beim Aufruf von f in das Funktionsobjekt eingebunden wird.

Beispiel: Mit den Definitionen

```
vector<double> v;
double x=17;
```

liefert

```
Iterator p1=find_if(v.begin(),v.end(),
    bind1st(greater<double>(),x)); // x > element
Iterator p2=find_if(v.begin(),v.end(),
    bind2nd(greater<double>(),x)); // element > x
```

als Funktionswert p1 einen Iterator auf das erste Element in v, dessen Wert kleiner als x ist. p2 zeigt auf das erste Element, das größer als x ist.

Ein **Binder** kann nur mit einem Funktionsobjekt und nicht mit einer Funktion aufgerufen werden. Damit man einen Binder wie ein Funktions-Template sowohl **mit einer Funktion** als auch **mit einem Funktionsobjekt** aufrufen kann, stellt die Standardbibliothek verschiedene **Funktionsadapter** zur Verfügung. Sie erzeugen aus einer Funktion ein Funktionsobjekt.

Die als Funktions-Templates definierten Funktionsadapter *ptr_fun* erzeugen aus einer globalen Funktion mit einem oder zwei Parametern ein Funktionsobjekt:

```
template <class Arg, class Result>
inline pointer_to_unary_function<Arg, Result>
  ptr_fun(Result (*x)(Arg))
{
  return pointer_to_unary_function<Arg, Result>(x);
}

template <class Arg1, class Arg2, class Result>
inline pointer_to_binary_function<Arg1, Arg2, Result>
  ptr_fun(Result (*x)(Arg1, Arg2))
{
  return pointer_to_binary_function<Arg1,Arg2,Result>(x);
}
```

Das dabei erzeugte Funktionsobjekt hat den Datentyp *pointer_to_unary_function* bzw. *pointer_to_binary_function*:

10.3 Funktionsobjekte in der STL

```
template <class Arg, class Result>
class pointer_to_unary_function : public unary_function
    <Arg, Result> {
 protected:
   Result (*ptr)(Arg);
 public:
   explicit pointer_to_unary_function (Result (*x)(Arg))
     : ptr(x) {}
   Result operator() (Arg x) const { return ptr(x); }
};

template <class Arg1, class Arg2, class Result>
class pointer_to_binary_function:public binary_function
    <Arg1, Arg2, Result> {
 protected:
  Result (*ptr)(Arg1, Arg2);
 public:
  explicit pointer_to_binary_function (Result (*x)(Arg1,
                                       Arg2)) : ptr(x) {}
  Result operator() (Arg1 x, Arg2 y) const
  {
    return ptr(x, y);
  }
};
```

Beispiel: In einem Container

```
vector<char*> v;
```

kann man dann mit einem STL-Algorithmus wie *find_if* nach einem Element suchen und dazu eine gewöhnliche Funktion wie *strcmp* verwenden:

```
Iterator p1=find_if(v.begin(),v.end(),
           not1(bind2nd(ptr_fun(strcmp),"abc")));
```

In diesem Beispiel wird der **Negator** *not1* verwendet, der den Wert eines Funktionsobjekts oder einer Funktion mit einem Argument negiert, da *strcmp* den Wert 0 hat, wenn die beiden Strings gleich sind. Funktionen bzw. Funktionsobjekte mit zwei Argumenten können mit *not2* negiert werden.

Da solche Ausdrücke etwas gewöhnungsbedürftig sind, kann es doch wieder einfacher sein, eigene Funktionsobjekte zu definieren. Damit diese zusammen mit den vordefinierten Funktionsadaptern verwendet werden können, müssen sie von *unary_function* oder *binary_function* (siehe Seite 983) abgeleitet werden:

Beispiel: Ein Objekt des Prädikats *str_eq* hat den Wert *true*, wenn das Argument für den Konstruktor und das für den Aufrufoperator gleich sind.

```
class str_eq:public binary_function<char*,
                                    char*, bool>
{
  char* value;
 public:
  str_eq(char* y):value(y) {};
  bool operator()(char* x)
    {return !strcmp(x,value);};
};
```

Der folgende Ausdruck hat dasselbe Ergebnis wie der aus dem letzten Beispiel, ist aber einfacher:

```
Iterator p2=find_if(v.begin(),v.end(),
                                str_eq("abc"))
```

Der Aufruf von **Elementfunktionen** ist mit den Funktionsadaptern *mem_fun* und *mem_fun_ref* möglich. Mit *mem_fun(&C::f)* erhält man ein Objekt, mit dem man *C::f* über einen Zeiger auf ein Objekt der Klasse C aufrufen kann. Entsprechend kann man mit *mem_fun_ref(&C::f)* die Elementfunktion f über eine Referenz auf ein Objekt der Klasse C aufrufen. Ein Argument für eine Elementfunktion kann man *bind2nd* binden.

Beispiel: Der Container v soll Zeiger auf Objekte der Klasse C enthalten.

```
class C {
 public:
   virtual void f()
   {
   Form1->Memo1->Lines->Add("C");
   }
};

vector<C*> v;
```

Dann kann man die Elementfunktion f für jedes Element des Containers so aufrufen:

```
for_each(v.begin(),v.end(),mem_fun(&C::f));
```

Wenn der Container keine Zeiger enthält, sondern Objekte, muss man *mem_fun_ref* verwenden:

```
vector<C> w;
for_each(w.begin(),w.end(),mem_fun_ref(&C::f));
```

Für weitere Informationen zu den Funktionsadaptern der Standardbibliothek wird auf die Online-Hilfe unter *Start|Programme|C++Builder|Hilfe|Standard C++-Bibliothek* bzw. auf die Definitionen in „include\function.h" verwiesen.

Aufgabe 10.3

1. Schreiben Sie ein Funktions-Template *is_sorted*, das den Funktionswert *true* zurückgibt, wenn die Elemente im Bereich [*first,last*) aufsteigend sortiert sind. Verwenden Sie dazu den STL-Algorithmus *adjacent_find*.

2. Die Windows-API-Funktion

    int *lstrcmp*(LPCTSTR lpString1, // address of first null-terminated string
    LPCTSTR lpString2); // address of second null-terminated string

    vergleicht die beiden als Argument übergebenen nullterminierten Strings gemäß dem Zeichensatz, der sich aus den Ländereinstellungen in der Systemsteuerung von Windows ergibt. Bei der Ländereinstellung Deutsch werden so auch Umlaute berücksichtigt. Der Funktionswert von *lstrcmp* ist kleiner als Null, falls das erste Argument vor dem zweiten kommt, gleich Null, falls beide gleich sind, und andernfalls größer als Null.

    a) Definieren Sie mit *lstrcmp* eine Funktion, die bei *sort* für *Compare* eingesetzt werden kann, um zwei Strings des Datentyps *string* zu vergleichen.
    b) Verwenden Sie die Funktion von a) zum Sortieren eines *vector* v1 mit Elementen des Datentyps *string*. Damit der Unterschied zu c) deutlich wird, sollen diese Strings auch Umlaute enthalten.
    c) Sortieren Sie einen Vektor v2 mit denselben Elementen wie v1 mit der Funktion *sort*, wobei für *Compare* kein Argument übergeben wird.
    d) Erzeugen Sie aus den Elementen von v1 und v2 mit *transform* die Elemente eines dritten Vektors v3, die mit dem Funktionsobjekt *plus<string>* aus den Strings der Vektoren v1 und v2 zusammengesetzt werden. Geben Sie die Elemente von v3 mit *for_each* und einer geeigneten Funktion *print* (wie auf Seite 981) aus.

3. Definieren Sie eine Klassenhierarchie, in der eine virtuelle Funktion f einer Basisklasse C in einer abgeleiteten Klasse D und in einer von D abgeleiteten Klasse E überschrieben wird. Die Funktion f soll keine Parameter haben.

    a) Ein Container v soll Zeiger auf Objekte dieser Klassenhierarchie enthalten. Überzeugen Sie sich davon, dass mit

    ```
    for_each(v.begin(),v.end(),mem_fun(&C::f));
    ```

    die virtuelle Funktion f für jedes Element aus dem Container aufgerufen wird. Geben Sie dazu in jeder Funktion den Namen der Klasse aus, zu der sie gehört.

    b) Erweitern Sie diese Klassenhierarchie um eine virtuelle Funktion g mit einem Parameter des Datentyps *int* und rufen Sie g mit *for_each* auf.

c) Ein Container soll Objekte dieser Klassenhierarchie enthalten. Rufen Sie die virtuelle Funktion f mit *for_each* und *mem_fun_ref* für jedes Element des Containers auf.

4. Ein Container soll Datensätze des Typs *CName* enthalten:

   ```
   struct CName {
     string Vorname;
     string Nachname;
     CName(string v, string n):Vorname(v),Nachname(n) {}
   };
   ```

   Geben Sie mit dem Algorithmus *find_if* alle Elemente des Containers aus, die einen bestimmten Nachnamen haben.

   a) Verwenden Sie für das Prädikat *pred* in *find_if* eine Funktion, die von einem ersten Parameter des Typs *CName* den Nachnamen mit einem zweiten Parameter des Datentyps *string* vergleicht und den Wert *true* zurückgibt, wenn beide gleich sind. Diese Funktion kann mit *bind2nd* und *ptr_fun* in *find_if* verwendet werden.
   b) Verwenden Sie für das Prädikat *pred* in *find_if* ein von der Klasse *unary_function<CName,bool>* abgeleitetes Funktionsobjekt.

10.4 Iteratoren und die STL-Algorithmen

Neben Templates und Funktionsobjekten sind Iteratoren das dritte Grundkonzept, auf dem die STL beruht. Ein Iterator ist eine Variable bzw. ein Datentyp, für den bestimmte Operationen definiert sind. Diese Operationen ermöglichen es, die Elemente eines Containers zu durchlaufen. So ist z.B. der Operator ++ für jeden Iterator definiert. Sein Aufruf bewirkt, dass der Iterator anschließend auf das nächste Element des Containers zeigt. Mit den ebenfalls in allen Iteratoren definierten Operatoren * und -> kann man das Element ansprechen, auf das er zeigt.

Alle Containerklassen der STL haben Iteratoren. Das sind Klassen, die in den Containerklassen definiert sind und die in jeder Containerklasse den Namen *iterator* haben. Deshalb können sie in beliebigen Containerklasse verwendet werden wie in

```
typedef vector<int> Container;
typedef Container::iterator Iterator;
```

Da die verschiedenen Container (z.B. *list*, *vector* oder *set*) intern völlig unterschiedlich implementiert sind, ist auch der Operator ++ in jeder Containerklasse unterschiedlich implementiert. Da jeder Operator aber in allen Containern dieselbe Bedeutung hat, kann man alle Container mit derselben Syntax durchlaufen, ohne dass man sich um die Details der Implementierung kümmern muss.

10.4 Iteratoren und die STL-Algorithmen

Damit eine Klasse ein Iterator ist, müssen lediglich die entsprechenden Operatoren definiert sein. Deshalb sind alle Klassen Iteratoren, die diese Operatoren haben. Da die STL-Algorithmen nur diese Operatoren verwenden, können alle Algorithmen mit allen Containern arbeiten, die die jeweils notwendigen Iteratoren haben.

Mit dieser eigentlich sehr einfachen, aber doch auch recht abstrakten Technik wird die Vielseitigkeit der STL erreicht. Sie beruht insbesondere nicht auf einem objektorientierten Ansatz, bei dem alle Containerklassen von einer gemeinsamen Basisklasse abgeleitet sind.

Da ein Iterator nur einen Teil der Operatoren eines Zeigers hat, werden Iteratoren auch als verallgemeinerte Zeiger bezeichnet. Deshalb können viele STL-Algorithmen auch mit konventionellen Arrays aufgerufen werden. Der Begriff „verallgemeinerter Zeiger" sollte aber nicht zu philosophischen Grübeleien über verallgemeinerte Zeiger „an sich" verleiten. Viele Leute haben schon genügend Schwierigkeiten, mit gewöhnlichen Zeigern richtig umzugehen.

10.4.1 Die verschiedenen Arten von Iteratoren

Verschiedene Algorithmen benötigen Iteratoren, für die unterschiedliche Operationen zulässig sind. So müssen z.B. für die Iteratoren *first* und *last* in

```
template <class InputIterator, class Function>
Function for_each (InputIterator first,
                        InputIterator last, Function f)
{
  while (first != last) f(*first++);
  return f;
}
```

die Operatoren ++ und != definiert sein. In *replace* muss außerdem eine Zuweisung an das Element **first* möglich sein:

```
template <class ForwardIterator, class T>
void replace(ForwardIterator first, ForwardIterator last,
             const T& old_value, const T& new_value) {
while (first != last)
   {
      if (*first == old_value) *first = new_value;
      ++first;
   }
}
```

Die unterschiedlichen Anforderungen der Algorithmen an die Iteratoren werden in der STL in den folgenden fünf Kategorien zusammengefasst. Damit ein Iterator zu einer dieser Kategorien gehört, muss seine Komplexität für jede dieser Operationen konstant sein.

	Output-Iterator	Input-Iterator	Forward-Iterator	Bidirectio-nalIterator	RandomAccess-Iterator
Lesen		=*p	=*p	=*p	=*p
Zugriff		–>	–>	–>	–>, []
Schreiben	*p=		*p=	*p=	*p=
Iteration	++	++	++	++, – –	++, – –, +, –, +=, –=
Vergleich		= =, !=	= =, !=	= =, !=	= =, !=, <, >, >=, <=

Diese Kategorien lassen sich so anordnen:

Hier bedeutet ein Pfeil, dass der Iterator, von dem der Pfeil ausgeht, alle Operationen des Iterators hat, auf den er zeigt. Deswegen kann z.B. ein ForwardIterator überall dort verwendet werden, wo ein Input- oder OutputIterator notwendig ist.

Beispiele: Die Container *list*, *map*, *multimap*, *set* und *multiset* haben bidirektionale Iteratoren und die Container *string*, *deque* und *vector* Random-AccessIteratoren. Da Zeiger auf nicht konstante Arrays RandomAccessIteratoren sind, können alle Algorithmen der STL auch mit solchen Arrays aufgerufen werden. Ein Zeiger auf ein konstantes Array ist dagegen nur ein InputIterator. Die später vorgestellten Einfügeiteratoren und die OstreamIteratoren sind OutputIteratoren, und die IstreamIteratoren sind InputIteratoren.

Die Iterator-Kategorie wird in der STL als Name für einen Template-Parameter verwendet. Wenn ein Algorithmus wie *transform* zwei verschiedene Iteratortypen derselben Kategorie als Parameter hat, können die Argumente verschiedene Datentypen haben und Bereiche in Containern verschiedener Elementtypen beschreiben.

```
template <class InputIterator1, class InputIterator2,
   class OutputIterator, class BinaryOperation>
OutputIterator transform (InputIterator1 first1,
   InputIterator1 last1, InputIterator2 first2,
   OutputIterator result, BinaryOperation binary_op)
{
  while (first1!=last1)
    *result++ = binary_op(*first1++, *first2++);
  return result;
}
```

10.4 Iteratoren und die STL-Algorithmen

Deswegen kann dieser Algorithmus verschiedene Container kombinieren. Dabei müssen die Datentypen der Elemente nicht gleich sein: Es reicht aus, wenn alle Operationen im Algorithmus ausgeführt werden können:

Beispiel:
```
vector<int> v;
v.push_back(1);
set<double> s;
s.insert(2);
list<char> l(10); // Platz reservieren
transform(v.begin(),v.end(),s.begin(),l.begin(),
                                    plus<double>());
for (list<char>::iterator i=l.begin(); i!=l.end();
                                                ++i)
   Memo1->Lines->Add(int(*i));
```

Viele Algorithmen der Standardbibliothek operieren auf einem **Bereich** von Werten, die durch ein Paar von Iteratoren **[first, last)** beschrieben werden. Ein solcher Bereich enthält außer *last* alle Werte ab dem ersten Element *first*, die man ausgehend von *first* mit dem Operator ++ erhält.

10.4.2 Umkehriteratoren

Bidirektionale und RandomAccessIteratoren haben **Umkehriteratoren**, die einen Bereich in der umgekehrten Richtung durchlaufen. In diesen Iteratoren mit dem Namen *reverse_iterator* sind die Operatoren ++, -- usw. dann durch die jeweils „entgegengesetzten" Operationen definiert:

```
template <class Iterator>
class reverse_iterator // nur ein vereinfachter Auszug
{
   Iterator current;
public:
   reverse_iterator() {}
   explicit reverse_iterator(Iterator x): current(x){}

   reverse_iterator<Iterator>& operator++()
   {
     --current; // nicht ++
     return *this;
   }
// ...
}
```

Die in allen Containern der STL definierten Elementfunktionen *rbegin()* und *rend()* haben einen Umkehriterator als Funktionswert:

```
reverse_iterator rbegin()
   { return reverse_iterator(end()); }
reverse_iterator rend()
   { return reverse_iterator(begin()); }
```

Mit **Umkehriteratoren** können die **Algorithmen** der STL einen Bereich **rückwärts** durchlaufen.

Beispiel: Der folgende Aufruf von *for_each* gibt die Elemente des Containers s in der umgekehrten Reihenfolge aus:

```
void print(char c)
{
Form1->Memo1->Lines->Add(c);
}

string s="12345";
for_each(s.rbegin(), s.rend(), print)
```

10.4.3 Einfügefunktionen und Einfügeiteratoren

Wenn die Algorithmen der STL Daten ausgeben, schreiben sie diese meist in einen Bereich, der durch Iteratoren beschrieben wird. So werden z.B. mit ***copy*** die Werte im Bereich [*first, last*) in den Bereich ab *result* kopiert:

```
template <class InputIterator, class OutputIterator>
OutputIterator copy(InputIterator first,
    InputIterator last, OutputIterator result)
{
  while (first != last) *result++ = *first++;
  return result;
}
```

Da die Algorithmen den Speicherbereich von **result* überschreiben, muss der Speicher im Zielbereich vor dem Aufruf des Algorithmus reserviert sein. Diese Notwendigkeit lässt sich mit Einfügefunktionen vermeiden. Sie rufen in einem überladenen Zuweisungsoperator eine Funktion wie *push_back* auf, die den zugewiesenen Wert in den Container einfügt. So können die STL-Algorithmen doch auch Werte in einen Container einfügen.

Eine solche Einfügefunktion ist ***back_inserter***:

```
template <class Container>
back_insert_iterator<Container> back_inserter(
                                            Container& x)
{
  return back_insert_iterator<Container>(x);
}
```

Dieses Funktions-Template hat einen Einfügeiterator als Funktionswert, der aus dem Klassen-Template *back_insert_iterator* erzeugt wird. Der Zuweisungsoperator dieser Klasse fügt ein neues Element mit *push_back* in den Container ein:

10.4 Iteratoren und die STL-Algorithmen

```
template <class Container>// nur ein vereinfachter Auszug
class back_insert_iterator : public output_iterator {
 protected:
  Container* container;
 public:
  back_insert_iterator(Container& x) : container(&x) {}
  back_insert_iterator<Container>& operator=
             (typename Container:: const_reference value)
  {
    container->push_back(value);
    return *this;
  }
  // ...
};
```

Weitere Einfügefunktionen werden von den Funktions-Templates *front_inserter* bzw. *inserter* erzeugt, die einen *front_insert_iterator* bzw. einen *insert_iterator* zurückgeben. Der Zuweisungsoperator dieser Klassen fügt ein neues Element mit *push_front* am Anfang bzw. mit *insert* an einer bestimmten Position des Containers ein, der als Argument für *Container* übergeben wird:

```
template <class Container>
front_insert_iterator<Container> front_inserter(
                                         Container& x)
{
  return front_insert_iterator<Container>(x);
}

template <class Container, class Iterator>
insert_iterator<Container> inserter(Container& x,
                                         Iterator i)
{
  return insert_iterator<Container>(x,
                            Container::iterator(i));
}
```

Alle diese Iteratoren gehören zur Kategorie OutputIterator und können deshalb überall anstelle von OutputIteratoren verwendet werden.

Beispiel: Da alle Container der Standardbibliothek die Funktionen *push_back* und *insert* haben, können *back_inserter* und *front_inserter* mit allen Containern verwendet werden:

```
string s1="abc", s2,s3,s4;
copy(s1.begin(),s1.end(),back_inserter(s2));
s2="abc";
copy(s1.begin(),s1.end(),inserter(s3,s3.begin()));
// s3="cba";
```

Da ein *string* kein *push_front* hat, kann ein *front_inserter* nicht mit einem *string* verwendet werden:

```
copy(s1.begin(),s1.end(),front_inserter(s4));
// nicht mit string, aber mit anderen Containern
```

10.4.4 Stream-Iteratoren

Die Stream-Iteratoren *ostream_iterator* und *istream_iterator* sind ähnlich wie die Einfügeiteratoren konstruiert. Eine Zuweisung an einen *ostream_iterator* bewirkt, dass der zugewiesene Wert in einen *ostream* geschrieben wird:

```
template <class T> // nur ein vereinfachter Auszug
class ostream_iterator : public iterator<...> {
 private:
  out_stream* stream;
  const char* delim;
 public:
  ostream_iterator(ostream& s):out_stream(&s),delim(0) {}
  ostream_iterator(ostream& s, const char* delimiter):
                                   out_stream(&s), delim(c)   {}
  ostream_iterator<T>& operator=(const T& value)
  {
   *out_stream << value;
   if (delim!=0) *out_stream << delim;
   return *this;
  }
  // ...
};
```

Beim zweiten Konstruktor dieses Iterators kann man eine zusätzliche Zeichenfolge angeben, die nach jedem Element in den Stream geschrieben wird.

Ein *ostream_iterator* ist ein OutputIterator. Mit einem solchen Iterator kann ein Algorithmus der STL seine Ausgaben in einen Stream schreiben.

Beispiel: Der folgende Aufruf von *copy* schreibt alle Elemente des Containers s zusammen mit jeweils einem Leerzeichen in eine Datei:

```
string s="abc";
ofstream fo("c:\\test\\outit.txt");
copy(s.begin(),s.end(),ostream_iterator<char>
                                       (fo," "));
```

Mit "\n" anstelle von " " wird jedes Zeichen in eine neue Zeile geschrieben. Bei einer Konsolenanwendung kann man die Daten auch nach *cout* schreiben.

Ein *istream_iterator* liest Daten aus dem Stream, der bei seinem Konstruktor angegeben wurde. Jeder Aufruf des Operators ++ liest das nächste Element aus dem Stream. Am Ende des Streams liefert der Iterator einen speziellen eindeutigen Wert zurück, den so genannten *end-of-stream* Iterator. Diesen Wert erhält man auch von einem mit dem Standardkonstruktor erzeugten *istream_iterator*. Deshalb kann man das Objekt *istream_iterator<T>()* immer als Iterator für das Ende eines Streams verwenden. Dieser Iterator ist **der einzig zulässige**, der in einer Abfrage auf das Ende eines Streams verwendet werden darf.

10.4 Iteratoren und die STL-Algorithmen

```
template <class T, ... > // nur ein vereinfachter Auszug
class istream_iterator:public input_iterator<T, ...>{
  istream* in_stream;
  T value;
 public:
  istream_iterator();//erzeugt den end-of-stream Iterator
  istream_iterator(istream& s);
    // initialisiert in_stream mit s
  const T& operator*() const { return value; }

  istream_iterator<T, ...>& operator++();
  {
    *in_stream >> value;
    return *this;
  }

  istream_iterator<T, ...> operator++(int)
  {
    istream_iterator<T, Distance> tmp = *this;
    *in_stream>>value;
    return tmp;
  }
};
```

Stream-Iteratoren sind offensichtlich ziemlich „trickreich" konstruierte Iteratoren. Sie ermöglichen aber, **Container und Streams** mit denselben Funktionen und damit **einheitlich zu behandeln**. Bei den konventionellen Containern und Streams, die in einer Programmiersprache wie C den Arrays und den durch FILE* dargestellten Streams entsprechen, ist eine solche einheitliche Behandlung nicht möglich.

Beispiel: Der STL-Algorithmus *copy* kann einen Stream in einen Container einlesen:

```
ifstream fi("c:\\test\\faust.txt");
vector<string> v;
copy(istream_iterator<string>(fi),
    istream_iterator<string>(),back_inserter(v));
```

Hier wird ein mit dem Standardkonstruktor erzeugter *istream_iterator* verwendet, um bis zum letzten Element des Streams zu lesen.

10.4.5 Container-Konstruktoren mit Iteratoren

Alle Container der STL haben Konstruktoren, denen man ein Paar von Iteratoren übergeben kann. Der Container wird dann bei der Konstruktion mit den Elementen aus dem Bereich gefüllt, den die Iteratoren beschreiben.

Beispiel: Der *vector* v wird mit den ersten drei Elementen des Arrays a gefüllt:

```
int a[5]={1,2,3,4,5};
vector<int> v(a,a+3);
```

Mit der Version 5 des C++-Builders konnte ich aber die Elemente des Vektors vs nicht ansprechen:

```
ifstream fi("c:\\test\\faust.txt");
vector<string> vs(istream_iterator<string>(fi),
                  istream_iterator<string>() );
```

10.4.6 STL-Algorithmen für alle Elemente eines Containers

Viele Algorithmen der STL operieren auf einem **beliebigen Bereich** von Elementen eines Containers, der durch zwei Iteratoren beschrieben wird. Angesichts der Vielseitigkeit von Iteratoren, die Bereiche in Containern der STL, in Dateien und in Arrays darstellen können, sind diese Algorithmen sehr allgemein.

Durch diese Allgemeinheit ist ihr Aufruf aber oft etwas unbequem. Wenn man alle Elemente eines STL-Containers c bearbeiten will, muss man immer *c.begin()* und *c.end()* angeben. Und für Dateien benötigt man die etwas unhandlichen Stream-Iteratoren.

Diese Unbequemlichkeiten lassen sich oft vermeiden, indem man auf der Basis dieser Algorithmen neue Funktions-Templates definiert, die nicht ganz so allgemein sind, aber dafür einfacher aufgerufen werden können. Da man z.B. oft alle Elemente eines Containers bearbeiten will, bieten sich solche Templates für Bereiche an, die **alle Elemente eines Containers** enthalten. In verschiedenen Versionen dieser Templates kann man dann die unterschiedlichen Iteratoren berücksichtigen, die Bereiche in Containern der STL, in Dateien und in Arrays begrenzen.

Die folgenden Beispiele zeigen solche Versionen für den Algorithmus *for_each*. Sie lassen sich auf viele andere Algorithmen der STL übertragen.

1. Alle Elemente eines **Containers der STL** kann man mit der folgenden Version von *for_each* bearbeiten:

    ```
    template<typename Container, typename Function>
    void for_each(Container c, Function f)
    {
    for_each(c.begin(),c.end(),f);
    }
    ```

    Diesem Funktions-Template kann ein beliebiger Container der STL als Argument übergeben werden. Es kann so verwendet werden, als ob alle Container von einer gemeinsamen Basisklasse abgeleitet wären:

    ```
    int a[5]={1,5,2,4,3};
    vector<int> v(a,a+5);
    set<double> s(a,a+5);
    for_each(v,print);
    for_each(s,print);
    ```

10.4 Iteratoren und die STL-Algorithmen

Hier kann *print* ein Funktionsobjekt oder eine Funktion sein, z.B.:

```
void print(const int& v)
{
Form1->Memo1->Lines->Add(IntToStr(v));
}
```

2. Wenn man alle Elemente einer **Datei** bearbeiten will, kann man den Dateinamen als Argument übergeben:

```
template<typename T, typename Function>
void for_each(char* fn, Function f)
{
ifstream s(fn);
for_each(istream_iterator<T>(s),istream_iterator<T>(),
                                                    f);
}
```

Beim Aufruf dieser Version von *for_each* muss man keine Stream-Iteratoren angeben:

```
for_each<int>("c:\\test\\u.txt",print);
```

3. Um alle Elemente eines **Arrays** zu bearbeiten, kann man das Array und die Anzahl seiner Elemente übergeben:

```
template<typename T, typename Function>
void for_each(T* a, int n, Function f)
{
for_each(a, a+n, f);
}
```

Wie in diesen Beispielen sind die Parameter solcher Funktions-Templates oft so unterschiedlich, dass sie alle **denselben Namen** wie der ursprüngliche Algorithmus der STL haben können, **ohne** dass dies zu **Namenskonflikten** führt.

Aufgabe 10.4

1. Verwenden Sie zur Definition der folgenden Funktions-Templates die STL-Algorithmen *sort* und *copy* sowie geeignete Iteratoren. Alle Datensätze, die in eine Datei geschrieben werden, sollen in eine eigene Zeile geschrieben werden.

   a) Das Funktions-Template *WriteToFile* soll die Elemente aus dem Bereich [*first, last*) in eine Datei schreiben, deren Name als Parameter übergeben wird.

   ```
   int a[3]={1,2,3};
   WriteToFile<int>(a,a+3,"c:\\test\\s.txt");
   ```

b) Das Funktions-Template *CopyFile* soll eine Datei in eine zweite kopieren. Die Namen der Dateien sollen als Parameter übergeben werden.

```
CopyFile<int>("c:\\test\\s.txt","c:\\test\\sc.txt");
```

c) Das Funktions-Template *SortFile* soll eine Datei sortieren. Dazu sollen die Elemente in einen *vector* eingelesen und dieser dann sortiert werden. Der sortierte *vector* soll dann in die Zieldatei geschrieben werden.

```
SortFile<int>("c:\\test\\s.txt","c:\\test\\ss.txt");
```

d) Das Funktions-Template *FileIsSorted* soll den booleschen Wert *true* zurückgeben, wenn die Datei sortiert ist, deren Name als Parameter übergeben wird, und andernfalls *false*. Verwenden Sie dazu die Funktion *is_sorted* aus Aufgabe 3.2.

```
bool b1=FileIsSorted<int>("c:\\test\\s.txt");
```

e) Das Funktions-Template *ShowFile* soll die Elemente einer Datei, deren Namen als Parameter übergeben wird, am Bildschirm ausgeben.

f) Testen Sie die Funktions-Templates von a) bis d) mit einer sortierten, einer unsortierten, einer leeren und einer Datei mit einem Element des Datentyps *int*. Geben Sie die dabei erzeugten Dateien mit *ShowFile* aus.

g) Testen Sie *WriteToFile* mit einem selbstdefinierten Datentyp, für den der Ein- und Ausgabeoperator definiert ist (wie z.B. *CBruch* von 6.9.3)

2. Konstruieren Sie einen *vector<int>* und einen *vector<CBruch>* mit den Werten aus einer Datei, die in Aufgabe 1 angelegt wurde.

10.5 Die Algorithmen der STL

Die STL enthält ca. 60 Algorithmen für viele Aufgaben, die vor allem bei der Arbeit mit Containern immer wieder anfallen. Diese Algorithmen sind Funktions-Templates, denen meist Iteratoren als Parameter übergeben werden. Da Iteratoren Bereiche in Containern der STL, in Arrays und in Dateien beschreiben können, kann man diese Algorithmen mit vielen Containern fast beliebiger Elementtypen aufrufen. Die Operationen, die ein Algorithmus mit den Elementen eines Containers durchführt, sind oft Parameter, für die man Funktionsobjekte einsetzen kann. Deshalb kann ein Algorithmus nahezu beliebige Anweisungen ausführen.

Im Folgenden werden nicht alle Algorithmen ausführlich dargestellt. Da viele Algorithmen ähnlich aufgebaut sind, dürfte es nicht schwer fallen, auch die anderen zu verwenden. Für weitere Informationen wird auf die Online-Hilfe verwie-

10.5 Die Algorithmen der STL

sen. Die Algorithmen findet man im Include-Verzeichnis des C++Builders in „algorith.cc" und „algorith.h".

Die Beispiele zu den Algorithmen verwenden oft die Strings der Standardbibliothek als Container, da sich diese mit einem Einzeiler initialisieren lassen und deshalb relativ kurz werden. In der Praxis wird man diese Algorithmen aber eher mit anderen Containern (z.B. *vector*) verwenden. Um darauf explizit hinzuweisen, werden die Strings in den Beispielen oft als Container bezeichnet.

Die Algorithmen bis Abschnitt 10.5.5 werden auch als nicht modifizierende Algorithmen bezeichnet, da sie keine Werte in dem als Parameter übergebenen Bereich verändern. Die übrigen Algorithmen verändern Werte oder ihre Anordnung und werden deshalb auch als mutierende Algorithmen bezeichnet.

10.5.1 Lineares Suchen

Der Algorithmus *find* sucht in einem durch zwei Iteratoren beschriebenen Bereich [*first*, *last*) nach einem bestimmten Wert. Das Ergebnis ist ein Iterator auf das erste gefundene Element. Falls das Element nicht gefunden wird, ist der Funktionswert das Argument für *last*:

```
template <class InputIterator, class T>
InputIterator find(InputIterator first,
   InputIterator last, const T& value)
{
    while (first != last && *first != value) ++first;
    return first;
}
```

Um alle Elemente mit einem bestimmten Wert zu suchen, ruft man *find* wiederholt auf und sucht jeweils ab der Position, die auf die zuletzt gefundene folgt.

Beispiel: Einen Container s durchsucht man folgendermaßen nach allen Elementen eines bestimmten Wertes:

```
string s="123 und 123";
string::iterator p=find(s.begin(),s.end(),'2');
while (p!=s.end())
   {
     Form1->Memo1->Lines->Add(*p);
     p=find(p+1,s.end(),'2');
   }
```

Aus der Definition von *find* ergibt sich eine lineare Komplexität. Die **assoziativen Container** *map*, *multimap*, *set* und *multiset* haben eine Elementfunktion, die ebenfalls *find* heißt. Diese nutzt die Baumstruktur dieser Container aus und hat eine logarithmische Komplexität. In einem **sortierten Container**, der nicht notwendig assoziativ sein muss, sucht man ebenfalls mit logarithmischer Komplexität mit den binären Suchfunktionen *lower_bound()*, *upper_bound()*, *equal_range()* und *binary_search()* (siehe Abschnitt 10.5.15).

In der Praxis ist *find* nicht so wichtig, da man genau den gesuchten Wert erhält. Oft sucht man nach Werten, die eine bestimmte Bedingung erfüllen. Das ist mit dem schon in Abschnitt 10.3.2 vorgestellten Algorithmus *find_if* möglich, dem man eine Bedingung als Prädikat übergeben kann:

> *template<class InputIterator, class Predicate>*
> *InputIterator **find_if**(InputIterator first, InputIterator last, Predicate pred);*

Die *find_first_of*-Algorithmen liefern einen Iterator auf das erste Element im Bereich [*first1*, *last1*), das im Bereich [*first2*, *last2*) enthalten ist. In der ersten Version werden die Elemente auf Gleichheit geprüft und in der zweiten mit dem binären Prädikat.

> *template<class ForwardIterator1, class ForwardIterator2>*
> *ForwardIterator1 **find_first_of**(ForwardIterator1 first1,   // Version 1*
> *   ForwardIterator1 last1, ForwardIterator2 first2, ForwardIterator2 last2);*
>
> *template<class ForwardIterator1, class ForwardIterator2,*
> *   class BinaryPredicate>*
> *ForwardIterator1 **find_first_of** (ForwardIterator1 first1,   // Version 2*
> *   ForwardIterator1 last1, ForwardIterator2 first2, ForwardIterator2 last2,*
> *   BinaryPredicate pred);*

Bei diesen Algorithmen werden die beiden Bereiche durch verschiedene Typen von Iteratoren beschrieben. Deshalb können sie aus verschiedenen Containern sein, die Elemente verschiedener Datentypen enthalten.

Beispiel:
```
int a[10] ={1,2,3,4,5,6,7,8,9,10};
double d[3]={4,2,6};
int* i=find_first_of(a, a+10, d, d+3); // *i=2
```

Mit *adjacent_find* kann man benachbarte Werte finden, die gleich sind (Version 1) bzw. für die ein binäres Prädikat den Wert *true* hat (Version 2). Der Funktionswert ist dann ein Iterator auf das erste gefundene Element des ersten solchen Paars. Falls kein solches Paar gefunden wird, ist der Funktionswert *last*.

> *template<class ForwardIterator>*   // Version 1
> *ForwardIterator **adjacent_find**(ForwardIterator first, ForwardIterator last);*
>
> *template<class ForwardIterator, class BinaryPredicate>*   // Version 2
> *ForwardIterator **adjacent_find**(ForwardIterator first, ForwardIterator last,*
> *   BinaryPredicate pred);*

10.5 Die Algorithmen der STL

Beispiel:
```
string s="122333416";
string::iterator
   i=adjacent_find(s.begin(),s.end()),    // *i='2'
   j=adjacent_find(s.begin(),s.end(),greater<char>());
// *j= '4'
```

Falls das binäre Prädikat bei einer Ungleichheit der beiden Argumente den Wert *true* zurückgibt, kann man mit *adjacent_find* auch benachbarte Werte finden, die verschieden sind.

10.5.2 Zählen

Der Funktionswert von *count* bzw. *count_if* ist die Anzahl der Elemente im Bereich [*first*, *last*), die den Wert *value* haben bzw. das Prädikat *pred* erfüllen. Sein Datentyp ist ein Ganzzahltyp mit Vorzeichen.

> *template<class InputIterator, class T>*
> *iterator_traits<InputIterator>::difference_type* **count**(*InputIterator first,*
>   *InputIterator last, const T& value);*

> *template<class InputIterator, class Predicate>*
> *iterator_traits<InputIterator>::difference_type*
> **count_if**(*InputIterator first, InputIterator last, Predicate pred);*

Die Komplexität dieser Algorithmen ist linear. Die assoziativen Container (*set*, *multiset*, *map* und *multimap*) haben eine Elementfunktion mit dem Namen *count* mit einer logarithmischen Komplexität.

Beispiel: Bei einem sequentiellen Container s kann man *count* folgendermaßen aufrufen:

```
string s="12223456";
int i=count(s.begin(),s.end(),'2'),    // i=3
   j=count_if(s.begin(),s.end(),
              bind2nd(greater<char>(),'2'));    // j=4
```

Bei einem *set* oder *map* verwendet man besser die Elementfunktion. Sie liefert bei einem *map* die Anzahl der Elemente mit einem bestimmten Schlüsselwert:

```
set<int> s, map<int,int> m;
s.count(2);
m.count(2);
```

10.5.3 Der Vergleich von Bereichen

Mit *equal* kann man prüfen, ob zwei Bereiche dieselben Elemente enthalten bzw. ob alle Elemente bezüglich eines binären Prädikats gleich sind:

template<class InputIterator1, class InputIterator2>
*bool **equal**(InputIterator1 first1, InputIterator1 last1, InputIterator2 first2);*

template<class InputIterator1, class InputIterator2,class BinaryPredicate>
*bool **equal**(InputIterator1 first1, InputIterator1 last1, InputIterator2 first2,*
   BinaryPredicate pred);

Hier wird für den zweiten Bereich nur ein Iterator auf das erste Element angegeben. Diese Algorithmen setzen voraus, dass im zweiten Bereich mindestens *last1 –first1* Elemente auf den Iterator *first2* folgen. Da die Iteratortypen *InputIterator1* und *InputIterator2* verschieden sind, können mit *equal* auch Bereiche aus Containern verschiedener Datentypen verglichen werden:

Beispiel: Der Wert von b1 gibt an, ob beide Container dieselben Elemente enthalten, und der von b2, ob alle Elemente des ersten kleiner oder gleich allen Elementen des zweiten Containers sind:

```
string s1="12223456",s2="12323456";
bool b1=equal(s1.begin(),s1.end(),s2.begin());
                                      // b1=false
bool b2=equal(s1.begin(),s1.end(),s2.begin(),
       less_equal<char>()); // b2=true
```

Die nächsten Anweisungen prüfen die Gleichheit der ersten drei Elemente von zwei Arrays bzw. von einem Array mit *int*-Werten und einem Vektor mit *double*-Werten:

```
int a[3]={1,2,3}, b[5]={1,2,3,4};
bool b3=equal(a,a+3,b); // b3=true

vector<double> v(a,a+3);
bool b4=equal(a,a+3,v.begin()); // b3=true
```

Der Funktionswert von **mismatch** ist ein Paar von Iteratoren auf die ersten nicht übereinstimmenden Elemente. Falls die beiden Bereiche identisch sind, ist er das Paar (*last1,end*). Dabei ist *end* der Ende-Iterator des zweiten Bereichs.

template<class InputIterator1, class InputIterator2>
*pair<InputIterator1, InputIterator2>**mismatch**(InputIterator1 first1,*
   InputIterator1 last1, InputIterator2 first2);

template<class InputIterator1, class InputIterator2,
class BinaryPredicate> pair<InputIterator1, InputIterator2>
***mismatch**(InputIterator1 first1, InputIterator1 last1,InputIterator2 first2,*
   BinaryPredicate pred);

Beispiel:
```
string s1="12223456", s2="12323456";
pair<string::iterator,string::iterator>
p=mismatch(s1.begin(),s1.end(),s2.begin());
// p.first="223456", p.second="323456"
```

Die lexikografische Anordnung der Elemente von zwei Bereichen kann mit den nächsten beiden Funktionen bestimmt werden:

template<class InputIterator1, class InputIterator2>
*bool **lexicographical_compare** (InputIterator1 first1, InputIterator1 last1,*
 InputIterator2 first2, InputIterator2 last2);

template<class InputIterator1, class InputIterator2, class Compare>
*bool **lexicographical_compare**(InputIterator1 first1, InputIterator1 last1,*
 InputIterator2 first2, InputIterator2 last2,Compare comp);

Der Funktionswert dieser beiden Algorithmen ist *true*, falls die erste Folge lexikografisch vor der zweiten kommt. Falls die erste Folge kürzer ist als die zweite und in allen Elementen mit der zweiten übereinstimmt, kommt die erste vor der zweiten.

10.5.4 Suche nach Teilfolgen

Mit **search** und **find_end** kann man prüfen, ob eine Folge von Werten in einem Bereich enthalten ist. Der Funktionswert von *search* ist dann ein Iterator auf die Position des ersten Elements in der ersten so gefundenen Folge. Im Unterschied zu *search* sucht *find_end* von hinten und liefert die Position des ersten Elements in der letzten so gefundenen Teilfolge. Falls die gesuchte Folge nicht gefunden wird, ist der Funktionswert *last1*.

template<class ForwardIterator1, class ForwardIterator2>
*ForwardIterator1 **search** (ForwardIterator1 first1, ForwardIterator1 last1,*
 ForwardIterator2 first2, ForwardIterator2 last2);

template<class ForwardIterator1, class ForwardIterator2,
 class BinaryPredicate>
*ForwardIterator1 **search**(ForwardIterator1 first1, ForwardIterator1 last1,*
 ForwardIterator2 first2, ForwardIterator2 last2,BinaryPredicate pred);

template<class ForwardIterator1, class ForwardIterator2>
*ForwardIterator1 **find_end**(ForwardIterator1 first1, ForwardIterator1 last1,*
 ForwardIterator2 first2, ForwardIterator2 last2);

template<class ForwardIterator1, class ForwardIterator2,
*class BinaryPredicate>ForwardIterator1 **find_end**(ForwardIterator1 first1,*
 ForwardIterator1 last1, ForwardIterator2 first2, ForwardIterator2 last2,
 BinaryPredicate pred);

Beispiel:
```
string s1="12342356", s2="23";
string::iterator i=search(s1.begin(),s1.end(),
  s2.begin(),s2.end()); // i-s1.begin() = 1
string::iterator j=find_end(s1.begin(),s1.end(),
  s2.begin(),s2.end()); // j-s1.begin() = 4
```

Der Funktionswert von *search_n* ist die Position des ersten von n gleichen Elementen im Bereich [*first,last*):

template<class ForwardIterator, class Size, class T>
*ForwardIterator **search_n**(ForwardIterator first, ForwardIterator last,*
    Size count, const T& value);

template<class ForwardIterator, class Size, class T, class BinaryPredicate>
*ForwardIterator **search_n**(ForwardIterator first, ForwardIterator last,*
    Size count, const T& value, BinaryPredicate pred);

10.5.5 Minimum und Maximum

Mit *min* und *max* erhält man das **Minimum** bzw. **Maximum** von zwei Werten:

```
template <class T>
inline const T& min (const T& a, const T& b)
{
  return b < a ? b : a;
}

template <class T, class Compare>
inline const T& min (const T& a, const T& b,Compare comp)
{
  return comp(b, a) ? b : a;
}
```

Die Algorithmen *min_element* bzw. *max_element* geben einen Iterator auf den minimalen bzw. maximalen Wert im Bereich [*first, last*) zurück. *max_element* hat dieselben Parameter und denselben Rückgabetyp wie *min_element*:

template<class ForwardIterator>
*ForwardIterator **min_element**(ForwardIterator first, ForwardIterator last);*

template<class ForwardIterator, class Compare>
*ForwardIterator **min_element**(ForwardIterator first, ForwardIterator last,*
    Compare comp);

10.5 Die Algorithmen der STL

Aufgabe 10.5.5

Bei den Aufgaben 1. bis 3. können Sie sich an den Ausführungen in Abschnitt 10.4.6 orientieren. Die Lösungen sollen Algorithmen der STL verwenden.

1. Schreiben Sie die folgenden Funktions-Templates:

   a) *Equal* soll genau dann den Wert *true* zurückgeben, wenn zwei als Parameter übergebene Container der STL dieselben Elemente enthalten. Diese Container sollen verschieden sein können, z.B. ein *vector* und ein *set*.
   b) *Count* soll die Anzahl der Elemente als Funktionswert zurückgeben, die in einem als ersten Parameter übergebenen Container der STL enthalten sind und einen als zweiten Parameter übergebenen Wert haben.
   c) *CountFileElements* soll die Anzahl der Elemente als Funktionswert zurückgeben, die in einer Datei, deren Name als Parameter übergeben wird, einen ebenfalls als Parameter übergebenen Wert hat.

2. Schreiben Sie jeweils ein Funktions-Template *MinValue*, das den minimalen Wert

   a) aus einer Datei zurückgibt, deren Name als Parameter übergeben wurde.
   c) eines Containers zurückgibt, der als Parameter übergeben wurde.
   b) eines Arrays zurückgibt, das als Parameter übergeben wird. Dieser Funktion soll außerdem die Anzahl der Elemente des Arrays übergeben werden.

3. Schreiben Sie in a) bis c) jeweils ein Funktions-Template *for_each_if*, das für alle Werte aus einem Container, für die ein als Argument übergebenes Prädikat den Wert *true* hat, eine ebenfalls als Parameter übergebene Operation f aufruft. Die Operation soll eine Funktion oder ein Funktionsobjekt sein können.

   a) *for_each_if* soll mit einem Container der STL aufgerufen werden können.
   b) *for_each_if* soll mit einer Datei aufgerufen werden können, deren Name als Parameter übergeben wird.
   c) *for_each_if* soll mit einem Array aufgerufen werden können, das ebenso wie die Anzahl seiner Elemente als Parameter übergeben wird.

4. Bei einem Gruppenwechsel (siehe Abschnitt 4.6.9) betrachtet man alle aufeinanderfolgenden Elemente aus einer Sequenz als Gruppe, für die ein vorgegebenes binäres Prädikat den Wert *true* hat. Am Anfang und am Ende einer jeden solchen Gruppe führt man dann bestimmte Anweisungen aus.

   Schreiben Sie ein Funktions-Template, dem ein Datentyp, ein Container und ein binäres Prädikat als Template-Parameter übergeben wird. In diesem Template soll mit *adjacent_find* und dem Prädikat der Anfang und das Ende einer Gruppe im Container bestimmt werden. Am Anfang und Ende einer jeden Gruppe sollen dann eine globale Funktion aufgerufen werden. Für jedes Element in einer Gruppe soll eine weitere globale Funktion aufgerufen werden, die das Element ausgibt.

Testen Sie dieses Funktions-Template mit einem sequentiellen Container mit *int*-Werten. Dabei sollen alle aufeinander folgenden Werte, die bei einer Division durch 10 gleich sind, als Gruppe betrachtet werden. Geben Sie am Anfang und Ende einer Gruppe eine Meldung aus, die anzeigt, dass eine Gruppe erkannt wurde. Innerhalb einer Gruppe sollen die Werte im Container ausgegeben werden.

5. Definieren Sie die folgenden Funktions-Templates der STL selbst. Sie können sich dazu an den Algorithmen orientieren, deren Quelltext in diesem Abschnitt gezeigt wurde. Testen Sie diese mit verschiedenen Containerklassen, z.B. *vector*, *list*, *set*, *string* sowie mit einem Array.

```
template<class InputIterator, class T>
iterator_traits<InputIterator>::difference_type
count(InputIterator first, InputIterator last,
   const T& value);

template<class InputIterator, class Predicate>
iterator_traits<InputIterator>::difference_type
count_if(InputIterator first, InputIterator last,
   Predicate pred);

template<class ForwardIterator>
ForwardIterator min_element(ForwardIterator first,
   ForwardIterator last);

template<class ForwardIterator>
ForwardIterator adjacent_find(ForwardIterator first,
   ForwardIterator last);
```

10.5.6 Elemente vertauschen

swap vertauscht die Werte der beiden als Argument übergebenen Variablen. Im Unterschied zu den meisten anderen Algorithmen der STL arbeitet *swap* nicht mit Elementen aus einem Bereich, sondern mit einzelnen Variablen.

*template<class T> void **swap**(T& a, T& b);*

swap_ranges vertauscht die Werte des Bereichs [*first1*, *last1*) mit denen im Bereich [*first2*, *first2+last1–first1*):

template<class ForwardIterator1, class ForwardIterator2>
*ForwardIterator2 **swap_ranges**(ForwardIterator1 first1,*
  ForwardIterator1 last1, ForwardIterator2 first2);

10.5 Die Algorithmen der STL

Beispiel:
```
string s="12345";
char a[]="abcdef";
swap_ranges(s.begin(), s.begin()+3, a);
// s="abc45"; a="123def"
```

iter_swap vertauscht die Werte, die auf die beiden als Argument übergebenen Iteratoren zeigen. Diese Funktion ist lediglich aus historischen Gründen in der STL enthalten und sollte nicht mehr verwendet werden:

template<class ForwardIterator1, class ForwardIterator2>
*void **iter_swap**(ForwardIterator1 a, ForwardIterator2 b);*

10.5.7 Kopieren von Bereichen

copy kopiert die Elemente im Bereich [*first*, *last*) in den Bereich ab *result*:

```
template <class InputIterator, class OutputIterator>
OutputIterator copy(InputIterator first,
   InputIterator last, OutputIterator result)
{
  while (first != last) *result++ = *first++;
  return result;
}
```

Wie diese Anweisungen zeigen, werden dabei die Elemente im Bereich ab *result* überschrieben. Deshalb muss ab *result* bereits Platz reserviert sein oder ein Einfügeiterator verwendet werden.

copy_backward kopiert die Elemente im Bereich [*first,last*) in den Bereich, der mit *result* endet. *copy* und *copy_backward* unterscheiden sich nicht im Ergebnis, sondern nur in der Reihenfolge, in der die Elemente kopiert werden.

```
template <class BidirectionalIterator1, class
BidirectionalIterator2>BidirectionalIterator2
copy_backward(BidirectionalIterator1 first,
   BidirectionalIterator1 last,
   BidirectionalIterator2 result)
{
  while (first != last) *--result = *--last;
  return result;
}
```

Bei beiden Algorithmen darf *result* nicht im Bereich [*first,last*) enthalten sein. Falls sich der Quellbereich und der Zielbereich überlappen und der Quellbereich vor dem Zielbereich liegt, muss *copy* verwendet werden. Wenn der Quellbereich hinter dem Zielbereich liegt, muss *copy_backwards* verwendet werden.

Die folgenden Beispiele verwenden die Container

```
string s="abc", s1="12345", s2=s1,s3;
vector<char> v;
```

1. Diese beiden Aufrufe überschreiben die Elemente im Zielbereich:

   ```
   copy(s.begin(),s.end(),s1.begin());      // s1="abc45"
   copy_backward(s.begin(),s.end(),s2.end());//s2="12abc"
   ```

2. Falls die kopierten Elemente in den Zielbereich eingefügt werden sollen, verwendet man einen Einfügeiterator:

   ```
   copy(s.begin(),s.end(),back_inserter(s3));   // s3="abc"
   ```

3. Mit einem Stream-Iterator können die kopierten Elemente in eine Datei geschrieben werden:

   ```
   #include <fstream>
   fstream f("c:\\test\\outit.txt");
   copy(s.begin(),s.end(),ostream_iterator<char>(f," "));
   ```

4. Die beiden Bereiche können aus verschiedenen Containern sein. Deswegen kann ein Array in einen Container der Standardbibliothek kopiert werden oder ein Array auf ein anderes:

   ```
   char a[5]="xyz", b[10]; string c;
   copy(a,a+4,c.begin());    // c="xyz";
   copy(a,a+4,b);            // b="xyz";
   ```

10.5.8 Elemente transformieren und ersetzen

Die Algorithmen *transform* sind ähnlich aufgebaut wie *copy*. Der einzige Unterschied zwischen den beiden ist der, dass bei *transform* das Ergebnis einer Operation in den *result*-Iterator geschrieben wird:

```
template <class InputIterator, class OutputIterator,
class UnaryOperation> OutputIterator
transform(InputIterator first, InputIterator last,
          OutputIterator result, UnaryOperation op)
{
    while (first != last) *result++ = op(*first++);
    return result;
}
```

Der Quelltext für die Version mit einem binären Prädikat und Beispiele dazu wurden bereits auf Seite 985 gezeigt.

template <class InputIterator1, class InputIterator2, class OutputIterator, class BinaryOperation>
*OutputIterator **transform**(InputIterator1 first1, InputIterator1 last1, InputIterator2 first2, OutputIterator result, BinaryOperation binary_op);*

replace ersetzt jedes Element im Bereich [*first, last*), das den Wert *old_value* hat, durch den Wert *new_value*:

10.5 Die Algorithmen der STL

```
template <class ForwardIterator, class T>
void replace(ForwardIterator first, ForwardIterator last,
  const T& old_value, const T& new_value)
{
while (first != last)
  {
   if (*first == old_value) *first = new_value;
   ++first;
  }
}
```

replace_if ersetzt die Werte, für die das Prädikat *pred* den Wert *true* hat:

```
template <class ForwardIterator, class Predicate,class T>
void replace_if(ForwardIterator first, ForwardIterator
 last, Predicate pred, const T& new_value)
{
while (first != last)
  {
   if (pred(*first)) *first = new_value;
   ++first;
  }
}
```

Die *replace*-Algorithmen mit *copy* im Namen

> *template<class InputIterator, class OutputIterator, class T>*
> *OutputIterator **replace_copy**(InputIterator first, InputIterator last,*
> *OutputIterator result, const T& old_value, const T& new_value);*

> *template<class Iterator, class OutputIterator, class Predicate, class T>*
> *OutputIterator **replace_copy_if**(Iterator first, Iterator last,*
> *OutputIterator result, Predicate pred, const T& new_value);*

verändern die Werte im Bereich [*first, last*) nicht, sondern schreiben die Werte, die man mit dem entsprechenden Algorithmus ohne *copy* erhalten würde, in den Bereich ab *result*. Der Funktionswert ist wie bei allen Algorithmen mit *copy* im Namen ein Zeiger auf das letzte Element, also *result + last – first*.

Beispiel:
```
         string s1="12345", s2=s1, s3=s1, s5=s1, s4,s6;
         replace(s1.begin(),s1.end(),'2','b'); // s1="1b345"
         replace_if(s2.begin(),s2.end(),
             bind2nd(greater<char>(),'2'),'b'); // s2="12bbb"
         replace_copy(s1.begin(),s1.end(),back_inserter(s4),
                                         '2','b'); // s4="1b345";
         replace_copy_if(s5.begin(),s5.end(),back_inserter
         (s6),bind2nd(greater<char>(),'2'),'b');//s6="12bbb";
```

Die *replace*-Funktionen mit *copy* im Namen benötigen nur InputIteratoren und können deswegen im Unterschied zu den anderen *replace*-Funktionen auch mit Stream-Iteratoren aufgerufen werden.

10.5.9 Elementen in einem Bereich Werte zuweisen

fill weist allen Elementen im Bereich [*first*, *last*) den Wert *value* zu:

> template<class ForwardIterator, class T>
> void **fill**(ForwardIterator first, ForwardIterator last, const T& value);

fill_n weist n Elementen ab der Position *first* den Wert *value* zu:

> template<class OutputIterator, class Size, class T>
> void **fill_n**(OutputIterator first, Size n, const T& value);

Beispiel:
```
string s1="1234567", s2;
fill(s1.begin(), s1.end(),'*');   // s1="*******";
fill_n(back_inserter(s2),3,'*');  // s2="***";
```

generate weist allen Elementen im Bereich [*first*, *last*) einen von einem Funktionsobjekt oder einer Funktion *gen* erzeugten Wert zu.

> template<class ForwardIterator, class Generator>
> void **generate**(ForwardIterator first, ForwardIterator last, Generator gen);

generate_n weist n Elementen ab *first* den von *gen* erzeugten Wert zu:

> template<class OutputIterator, class Size, class Generator>
> void **generate_n**(OutputIterator first, Size n, Generator gen);

Beispiel: Die Klasse

```
class next_char { // für den Generator
  char c;
 public:
  succ_char(char c_):c(c_) {}
  char operator()() {return c++;}
};
```

wird in *generate* als Funktionsobjekt verwendet:

```
string s1="1234567", s2;
generate(s1.begin(), s1.end(),next_char('e'));
// s1="efghijk";
generate_n(back_inserter(s2), 5, next_char('e'));
// s2="efghi";
```

10.5.10 Elemente entfernen

Alle Container der STL haben Elementfunktionen mit dem Namen *erase*, die Elemente aus dem Container entfernen. Aus einem Array oder einer Datei kann man dagegen keine Elemente entfernen.

10.5 Die Algorithmen der STL

Den meisten Algorithmen der STL werden Iteratoren als Parameter übergeben. Diese können sowohl einen Bereich in einem Container der STL als auch einen in einem Array oder in einer Datei darstellen. Deswegen können diese Algorithmen keine Elemente aus einem Bereich entfernen. Deshalb entfernt auch

> *template<class ForwardIterator, class T>*
> *ForwardIterator **remove**(ForwardIterator first, ForwardIterator last,*
>   *const T& value);*

keine Elemente aus dem Bereich [*first*, *last*). Vielmehr ordnet *remove* die Elemente in diesem Bereich nur so um, dass die Elemente mit dem Wert *value* anschließend am Ende des Bereichs stehen. Der Funktionswert ist dabei ein Zeiger auf das erste Element dieses Endbereichs. Aus einem Container der STL kann man diese Elemente dann mit der Elementfunktion *erase* entfernen.

Beispiel:
```
string s1="1224567";
s1.erase(remove(s1.begin(), s1.end(),'2'),s1.end());
// s1="14567"
```

Entsprechend ordnet *remove_if* alle Elemente, für die das Prädikat *pred* gilt, an das Ende des Bereichs um. Auch hier ist der Funktionswert ein Zeiger auf den Anfang dieses Bereichs.

> *template<class ForwardIterator, class Predicate>*
> *ForwardIterator **remove_if**(ForwardIterator first, ForwardIterator last,*
>   *Predicate pred);*

unique ordnet unmittelbar aufeinander folgende gleiche Elemente im Bereich [*first, last*) an das Ende dieses Bereichs um. Aus einem sortierten Container können so alle Duplikate entfernt werden.

> *template<class ForwardIterator>*
> *ForwardIterator **unique**(ForwardIterator first, ForwardIterator last);*

> *template<class ForwardIterator, class BinaryPredicate>*
> *ForwardIterator **unique**(ForwardIterator first, ForwardIterator last,*
>   *BinaryPredicate pred);*

Beispiel:
```
string s2="1234567";
s2.erase(remove_if(s2.begin(),s2.end(),
            bind1st(greater<char>(),'3')),s2.end());
// s2="34567"
string s3="1223222422";
s3.erase(unique(s3.begin(),s3.end()),s3.end());
// s3="123242"
```

Auch von den **remove-** und **unique**-Algorithmen gibt es Varianten mit *copy* im Namen (siehe auch Seite 1013). Sie kopieren die Werte, die man in der Version ohne *copy* erhalten würde, in den Bereich ab *result*. Der Funktionswert ist *result + last − first*.

> *template<class InputIterator, class OutputIterator, class T>*
> *OutputIterator **remove_copy**(InputIterator first, InputIterator last,*
> *OutputIterator result, const T& value);*

> *template<class InputIterator, class OutputIterator, class Predicate>*
> *OutputIterator **remove_copy_if**(InputIterator first, InputIterator last,*
> *OutputIterator result, Predicate pred);*

> *template<class InputIterator, class OutputIterator>*
> *OutputIterator **unique_copy**(InputIterator first,*
> *InputIterator last, OutputIterator result);*

> *template<class InputIterator, class OutputIterator, class BinaryPredicate>*
> *OutputIterator **unique_copy**(InputIterator first, InputIterator last,*
> *OutputIterator result, BinaryPredicate pred);*

Beispiel:
```
string s1="1224567", s2;
remove_copy(s1.begin(), s1.end(), back_inserter(s2),
                                                   '2');
// s2="14567"
string s3="1234567",s4;
remove_copy_if(s3.begin(),s3.end(), back_inserter
               (s4),bind1st(greater<char>(),'3'));
// s4="34567"
string s5="1223222422",s6;
unique_copy(s5.begin(),s5.end(),back_inserter(s6));
// s6="123242"
```

10.5.11 Die Reihenfolge von Elementen vertauschen

reverse kehrt die Reihenfolge der Elemente im Bereich [*first,last*) um:

> *template<class BidirectionalIterator>*
> *void **reverse**(BidirectionalIterator first, BidirectionalIterator last);*

rotate rotiert die Elemente im Bereich [*first,last*) so, dass *middle* anschließend das erste Element ist:

> *template<class ForwardIterator>*
> *void **rotate**(ForwardIterator first, ForwardIterator middle,*
> *ForwardIterator last);*

Beispiel:
```
string s1="1234567";
reverse(s1.begin()+1, s1.end()-2); // s1="1543267"
string s2="1234567";
string::iterator p=find(s2.begin(),s2.end(),'3');
rotate(s2.begin(), p, s2.end());
// s2="3456712"
```

Auch von diesen Algorithmen gibt es Varianten mit *copy* im Namen (siehe auch Seite 1013). Sie kopieren die Werte, die man in der Version ohne *copy* erhalten würde, in den Bereich ab *result*. Der Funktionswert ist *result + last − first*.

template<class BidirectionalIterator, class OutputIterator>
OutputIterator **reverse_copy***(BidirectionalIterator first,*
    BidirectionalIterator last, OutputIterator result);

template<class ForwardIterator, class OutputIterator>
OutputIterator **rotate_copy***(ForwardIterator first, ForwardIterator middle,*
    ForwardIterator last, OutputIterator result);

Mit **random_shuffle** können die Elemente eines Bereich durchmischt werden:

template<class RandomAccessIterator>
void **random_shuffle** *(RandomAccessIterator first,*
    RandomAccessIterator last);

template<class RandomAccessIterator, class RandomNumberGenerator>
void **random_shuffle***(RandomAccessIterator first,*
    RandomAccessIterator last, RandomNumberGenerator& rand);

Beispiel:
```
string s="1234567";
random_shuffle(s.begin()+1, s.end()-2); // s=1523467
```

10.5.12 Permutationen

Die Algorithmen

template <class BidirectionalIterator>
bool **next_permutation***(BidirectionalIterator first, BidirectionalIterator last);*

template <class BidirectionalIterator, class Compare>
bool **next_permutation***(BidirectionalIterator first, BidirectionalIterator last,*
    Compare comp);

erzeugen eine Permutation der Elemente des Bereichs [*first*, *last*). Dabei wird in der ersten der Operator < zur Bestimmung des nächsten Elements verwendet und in der zweiten die Funktion *comp*. Der Funktionswert zeigt an, ob es noch weitere Permutationen gibt.

Die verschiedenen Permutationen entsprechen den verschiedenen lexikografischen Anordnungen der Elemente. Mit *next_permutation* erhält man die nächste Anordnung und mit *prev_permutation* die vorherige:

template <class BidirectionalIterator>
*bool **prev_permutation**(BidirectionalIterator first, BidirectionalIterator last);*

template <class BidirectionalIterator, class Compare>
*bool **prev_permutation**(BidirectionalIterator first, BidirectionalIterator last,*
 Compare comp);

Beispiel: Die Anweisungen

```
string p="123",s=p;
while (next_permutation(p.begin(),p.end()))
   s = s+' '+p;
```

erzeugen den folgenden String:

123 132 213 231 312 321

10.5.13 Partitionen

partition vertauscht die Position der Elemente so, dass diejenigen am Anfang kommen, für die das Prädikat *pred* den Wert *true* hat, und alle anderen anschließend. Bezeichnet man den Bereich, für den das Prädikat gilt, mit [*first*, *middle*) und den Bereich, für den es nicht gilt, mit [*middle*, *last*), dann ist der Funktionswert der Wert *middle*.

template<class BidirectionalIterator, class Predicate>
*BidirectionalIterator **partition**(BidirectionalIterator first,*
 BidirectionalIterator last, Predicate pred);

template<class BidirectionalIterator, class Predicate>
*BidirectionalIterator **stable_partition**(BidirectionalIterator first,*
 BidirectionalIterator last, Predicate pred);

Der Unterschied zwischen **partition** und **stable_partition** besteht lediglich darin, dass *stable_partition* die ursprüngliche Anordnung der Elemente erhält, für die *pred* gilt bzw. nicht gilt.

```
Beispiel: string s1="1544256", s2=s1;
   partition(s1.begin(),s1.end(), bind1st(greater<char>
                                  (),'4' )); // s=1244556
   stable_partition(s2.begin(),s2.end(),
           bind1st(greater<char>(),'4' )); // s=1254456
```

10.5.14 Bereiche sortieren

sort und *stable_sort* sortieren die Elemente im Bereich [*first,last*):

> *template<class RandomAccessIterator>*
> *void **sort**(RandomAccessIterator first, RandomAccessIterator last);*

Von jeder dieser beiden Funktionen gibt es zwei Versionen: In der ersten ohne den Parameter *Compare* werden zwei Elemente mit dem Operator < verglichen. In der zweiten Version kann für den Parameter *Compare* eine Funktion oder ein Funktionsobjekt eingesetzt werden, das mit zwei Argumenten aufgerufen werden kann und einen booleschen Wert liefert. Mit dem vordefinierten Funktionsobjekt *greater* wird der Bereich dann mit dem Operator > sortiert.

> *template<class RandomAccessIterator, class Compare>*
> *void **sort**(RandomAccessIterator first, RandomAccessIterator last,*
>   *Compare comp);*

Beispiel:
```
string s1="1523467", s2=s1;
sort(s1.begin(), s1.end());  // s1="1234567",
sort(s2.begin(), s2.end(), greater<char>());
// s2="7654321"
```

Die Komplexität dieser Funktionen ist im Durchschnitt n*log(n), kann aber in ungünstigen Fällen n*n sein. Dieser ungünstigste Fall kann mit **stable_sort** ausgeschlossen werden, dessen Komplexität n*log(n)*log(n) ist. Ein weiterer Unterschied zwischen *sort* und *stable_sort* besteht darin, dass beim *stable_sort* die Anordnung gleicher Werte erhalten bleibt.

> *template<class RandomAccessIterator>*
> *void **stable_sort**(RandomAccessIterator first, RandomAccessIterator last);*

> *template<class RandomAccessIterator, class Compare>*
> *void **stable_sort**(RandomAccessIterator first, RandomAccessIterator last,*
>   *Compare comp);*

Alle diese Algorithmen benötigen RandomAccess-Iteratoren. Da der Container *list* und die assoziativen Container nur bidirektionale Iteratoren haben, können sie nicht mit *sort* oder *stable_sort* sortiert werden. Beim Container *list* steht dafür eine Elementfunktion *sort* zur Verfügung. Die assoziativen Container sortieren ihre Elemente immer automatisch.

Die folgende Tabelle enthält einige Ausführungszeiten zum Sortieren verschiedener Container:

sort	vector	list	deque
n=100000	0,11 Sek.	1,8 Sek.	0,25 Sek.
n=200000	0,28 Sek.	3,8 Sek.	0,55 Sek.
n=400000	0,50 Sek.	8,5 Sek.	1,07 Sek.

partial_sort platziert die ersten (*middle–first*) sortierten Elemente des Bereichs [*first, last*) in den Bereich [*first, middle*). Die Reihenfolge der übrigen Elemente ist undefiniert:

> *template<class RandomAccessIterator>*
> *void **partial_sort**(RandomAccessIterator first, RandomAccessIterator middle,*
>   *RandomAccessIterator last);* // eine weitere Version mit *Compare*

Mit ***partial_sort_copy*** wird der sortierte Bereich [*first, last*) in den Bereich [*result_first, result_last*) kopiert.

> *template<class InputIterator, class RandomAccessIterator>*
> *RandomAccessIterator **partial_sort_copy**(InputIterator first,*
>   *InputIterator last, RandomAccessIterator result_first,*
>   *RandomAccessIterator result_last);* // eine weitere Version mit *Compare*

Beispiel:
```
string s1="1523467";
partial_sort(s1.begin(), s1.begin()+3, s1.end());
// s1="123xxxx", hier steht x für einen undefinier-
//                                       // ten Wert
```

nth_element ordnet die Elemente im Bereich [*first, last*) so um, dass sich das Element, auf das *nth* zeigt, bezüglich der Sortierfolge anschließend an der Position befindet, an der es sich befinden würde, wenn der ganze Bereich sortiert würde. Alle Elemente, die kleiner sind als dieses, werden davor und alle anderen danach angeordnet. Die Anordnung der Elemente vor und nach dem n-ten ist undefiniert.

> *template<class RandomAccessIterator>*
> *void **nth_element**(RandomAccessIterator first, RandomAccessIterator nth,*
>   *RandomAccessIterator last);* // eine weitere Version mit *Compare*

Beispiel:
```
string s1="1523467";
nth_element(s1.begin(), s1.begin()+0, s1.end());
// s1="1yyyyyy", wobei jedes y >= 1 ist
s1="1523467";
nth_element(s1.begin(), s1.begin()+1, s1.end());
// s1="x2yyyyy", wobei x<=2 und y=>2 ist
s1="1523467";
nth_element(s1.begin(), s1.begin()+2, s1.end());
// s1="xx3yyyy", wobei x<=3 und y=>3 ist
nth_element(s1.begin(), s1.begin()+3, s1.end());
// s1="xxx4yyy", wobei x<=4 und y=>4 ist
```

10.5.15 Binäres Suchen in sortierten Bereichen

Die Algorithmen in diesem und den folgenden Abschnitten setzen voraus, dass der jeweils als Parameter übergebene Bereich bezüglich der verwendeten Vergleichsfunktion sortiert ist. Ihre Komplexität ist für RandomAccess-Iteratoren logarithmisch und für andere Iteratoren linear.

lower_bound bzw. *upper_bound* liefern die erste bzw. die letzte Position im sortierten Bereich [*first, last*), in die *value* eingefügt werden kann, ohne dass die Sortierfolge verletzt wird.

> *template<class ForwardIterator, class T> ForwardIterator*
> **lower_bound**(*ForwardIterator first, ForwardIterator last, const T& value*);
> // eine weitere Version mit *Compare*
>
> *template<class ForwardIterator, class T>ForwardIterator*
> **upper_bound**(*ForwardIterator first, ForwardIterator last, const T& value*);
> // eine weitere Version mit *Compare*

Diese beiden Werte erhält man als Elemente eines Paares auch durch einen einzigen Aufruf der Funktion *equal_range*:

> *template<class ForwardIterator, class T>*
> *pair<ForwardIterator, ForwardIterator>* **equal_range**(*ForwardIterator first,*
> *ForwardIterator last, const T& value*);//eine weitere Version mit *Compare*

Beispiel:
```
void test()
{
string s="12378";
typedef string::iterator Iterator;
Iterator lo=lower_bound(s.begin(), s.end(),'4');
                                            // *lo='7'
Iterator up=upper_bound(s.begin(), s.end(),'4');
                                            // *up='7'
pair<Iterator,Iterator> p;
p=equal_range(s.begin(), s.end(),'4');
               // *(p.first)='7', *(p.second)='7'
}
```

Die assoziativen Container *map*, *multimap*, *set* und *multiset* enthalten Elementfunktionen *lower_bound*, *upper_bound* und *equal_range* mit einer logarithmischen Komplexität.

Der Funktionswert von *binary_search* ist *true*, falls im sortierten Bereich [*first, last*) ein Element mit dem Wert *value* enthalten ist.

> *template<class ForwardIterator, class T>*
> *bool* **binary_search**(*ForwardIterator first, ForwardIterator last,*
> *const T& value*); // eine weitere Version mit *Compare*

Beispiel: `string s="125";`
`bool b1=binary_search(s.begin(),s.end(),'2');//true`
`bool b2=binary_search(s.begin(),s.end(),'3');//false`

10.5.16 Mischen von sortierten Bereichen

merge mischt die beiden sortierten Bereiche [*first1*, *last1*) und [*first2*, *last2*) zu einem sortierten Bereich zusammen. Dabei dürfen sich die beiden Bereiche nicht überlappen:

> *template<class InputIterator1, class InputIterator2,*
>   *class OutputIterator>*
> *OutputIterator **merge**(InputIterator1 first1, InputIterator1 last1,*
>   *InputIterator2 first2, InputIterator2 last2, OutputIterator result);*
> *// eine weitere Version mit Compare*

Beispiel: `string s1="125", s2="126", s;`
`merge(s1.begin(),s1.end(),s2.begin(),s2.end(),`
`                back_inserter(s));   // s="112256"`

Die Funktion *merge_files* mischt zwei sortierte Dateien zu einer neuen sortierten Datei zusammen. Dieses Ergebnis könnte man auch dadurch erhalten, dass man beide Dateien in einen Container einliest und diesen dann sortiert. Bei großen Dateien wäre das aber mit einem großen Speicherbedarf verbunden. Da *merge_files* Stream-Iteratoren verwendet, wird aus jeder Datei immer nur ein Datensatz in den Hauptspeicher eingelesen.

```
template<typename T>
void merge_files(char* in1fn, char* in2fn, char* outfn)
{
ifstream in1(in1fn), in2(in2fn);
ofstream out(outfn);
merge(istream_iterator<T>(in1), istream_iterator<T>(),
      istream_iterator<T>(in2), istream_iterator<T>(),
      ostream_iterator<T>(out,"\n"));
}
```

Falls die beiden zu mischenden Bereiche in demselben Container enthalten sind und hier unmittelbar aufeinander folgen, kann man diesen mit ***inplace_merge*** so umordnen, dass der gesamte Container anschließend sortiert ist. Die beiden aufeinander folgenden Bereiche sind [*first*, *middle*) und [*middle*, *last*) und müssen bereits sortiert sein.

> *template<class BidirectionalIterator>*
> *void **inplace_merge**(BidirectionalIterator first, BidirectionalIterator middle,*
>   *BidirectionalIterator last); // eine weitere Version mit Compare*

10.5 Die Algorithmen der STL

Beispiel:
```
string s="456123";
inplace_merge(s.begin(),s.begin()+3,s.end());
// s="123456";
```

Ein *inplace_merge* ist z.B. vorteilhaft, wenn zwei sortierte Dateien nacheinander in einen Container eingelesen werden und der gesamte Container anschließend sortiert werden soll. Die folgende Tabelle enthält die Ausführungszeiten für *inplace_merge* mit derselben Anzahl von Elementen wie in Abschnitt 10.5.14. Offensichtlich liegen diese Zeiten deutlich unter denen für das Sortieren des gesamten Containers:

inplace_merge	vector	list	deque
n=100000	0,035 Sek.	nicht definiert	0,055 Sek.
N=200000	0,06 Sek.	nicht definiert	0,08 Sek.
N=400000	0,11 Sek.	nicht definiert	0,19 Sek.

10.5.17 Mengenoperationen auf sortierten Bereichen

Die folgenden Algorithmen verallgemeinern die elementaren Operationen aus der Mengenlehre der Mathematik auf sortierte Container. Diese Container müssen keine Mengen (*set*) sein und können im Gegensatz zu den Mengen der Mathematik ein Element auch mehrfach enthalten.

includes hat den Funktionswert *true*, wenn jedes Element im Bereich [*first2*, *last2*) im Bereich [*first1,last1*) enthalten ist, und sonst den Funktionswert *false*.

> template<class InputIterator1, class InputIterator2>
> bool **includes**(InputIterator1 first1, InputIterator1 last1,
>   InputIterator2 first2, InputIterator2 last2);
> // eine weitere Version mit *Compare*

Beispiel:
```
string s1="1224777", s2="34", s3="24";
bool inc1=includes(s1.begin(),s1.end(),
                   s2.begin(),s2.end()); // false
inc1=includes(s1.begin(),s1.end(),
              s3.begin(),s3.end()); // true
```

set_union kopiert alle Elemente, die in einem der Bereiche [*first1,last1*) oder [*first2,last2*) enthalten sind, nach *result*:

> template<class InputIterator1, class InputIterator2,class OutputIterator>
> OutputIterator **set_union**(InputIterator1 first1, InputIterator1 last1,
>   InputIterator2 first2, InputIterator2 last2, OutputIterator result);
> // eine weitere Version mit *Compare*

Die Algorithmen *set_intersection*, *set_difference* und *set_symmetric_difference* haben dieselben Parameterlisten wie *set_union*. Sie kopieren die folgenden Werte nach *result*:

- *set_intersection* kopiert alle Elemente, die in jedem der beiden Bereiche [*first1,last1*) und [*first2,last2*) enthalten sind.
- *set_difference* kopiert alle Elemente, die im Bereich [*first1,last1*) und nicht im Bereich [*first2,last2*) enthalten sind.
- *set_symmetric_difference* kopiert alle Elemente, die nur in einem der beiden Bereiche, aber nicht in beiden enthalten sind.

Beispiel:
```
string s1="122477", s2="228", u,i,d,s;
set_union(s1.begin(),s1.end(),s2.begin(),s2.end(),
  back_inserter(u)); // u="12224778"
set_intersection(s1.begin(),s1.end(),s2.begin(),
  s2.end(),back_inserter(i)); // i="22"
set_difference(s1.begin(),s1.end(),s2.begin(),
  s2.end(),back_inserter(d)); // u="12477"
set_symmetric_difference(s1.begin(),s1.end(),
  s2.begin(),s2.end(),back_inserter(s));//s="124778"
```

10.5.18 Heap-Operationen

Ein Heap ist in der STL eine Struktur, in der die Elemente so angeordnet sind, dass der Zugriff auf das größte Element schnell ist. Falls der Bereich [*first,last*) ein Heap ist, erhält man mit **first* immer das größte Element. Ein Heap ist aber kein sortierter Bereich. Ein Heap wird üblicherweise zur Implementation des Container-Adapters *priority_queue* verwendet.

Der Algorithmus **make_heap** ordnet die Elemente im Bereich [*first,last*) so um, dass dieser Bereich anschließend ein Heap ist.

> *template<class RandomAccessIterator>*
> *void **make_heap**(RandomAccessIterator first, RandomAccessIterator last);*
> *// eine weitere Version mit Compare*

Beispiel:
```
string s="15243";
make_heap(s.begin(),s.end()); // s="54213"
```

Bei einem Heap kann man mit logarithmischer Komplexität ein Element mit *push_heap* einfügen und mit *pop_heap* das größte entfernen:

> *template<class RandomAccessIterator>*
> *void **push_heap**(RandomAccessIterator first, RandomAccessIterator last);*
> *// eine weitere Version mit Compare*

template<class RandomAccessIterator>
*void **pop_heap**(RandomAccessIterator first, RandomAccessIterator last);*
// eine weitere Version mit *Compare*

Das mit *push_heap* eingefügte Element ist dabei das, auf das *last-1* zeigt. *pop_heap* entfernt das größte Element nicht aus dem Heap, sondern setzt es an das Ende, so dass [*first, last–1*) ein Heap ist.

Beispiel:
```
string s="15243";
make_heap(s.begin(),s.end());   // s="54213"
s=s+"6";
push_heap(s.begin(),s.end());   // s="645132"
pop_heap(s.begin(),s.end());    // s="542136"
```

sort_heap sortiert einen Heap. Dazu sind höchstens n*log(n) Vergleiche notwendig, wobei n=last-first ist.

template<class RandomAccessIterator, class Compare>
*void **sort_heap**(RandomAccessIterator first, RandomAccessIterator last);*
// eine weitere Version mit *Compare*

10.5.19 Verallgemeinerte numerische Operationen

In <numerics> werden einige Funktions-Templates aus dem Bereich der Mathematik definiert:

```
template <class InputIterator, class T>
T accumulate(InputIterator first, InputIterator last,
                                            T init)
{
    while (first != last)
        init = init + *first++;
    return init;
}

template <class InputIterator, class T,
   class BinaryOperation>
T accumulate(InputIterator first, InputIterator last,
                      T init, BinaryOperation binary_op)
{
    while (first != last)
        init = binary_op(init, *first++);
    return init;
}
```

Wie *accumulate* haben auch die folgenden Algorithmen noch eine zweite Version mit einem zusätzlichen Parameter *binary_op*. *inner_product* hat zwei solche Parameter.

template <class InputIterator1, class InputIterator2, class T>
T **inner_product**(*InputIterator1 first1, InputIterator1 last1,*
InputIterator2 first2, T init); // berechnet das innere Produkt

template <class InputIterator, class OutputIterator>
OutputIterator **partial_sum**(*InputIterator first, InputIterator last,*
OutputIterator result); // berechnet Teilsummen

template <class InputIterator, class OutputIterator>
OutputIterator **adjacent_difference**(*InputIterator first, InputIterator last,*
OutputIterator result); // berechnet Differenzen benachbarter Elemente

Für weitere Informationen wird auf die Online-Hilfe verwiesen.

Aufgabe 10.5.19

Verwenden Sie bei den Lösungen dieser Aufgaben Algorithmen der STL.

1. In einer Folge mit einer ungeraden Anzahl von Werten ist der **Median** der Wert, der nach einer Sortierung der Folge in der Mitte steht. Bei einer geraden Anzahl von Werten ist der Median der Mittelwert der beiden mittleren Werte. Schreiben Sie ein Funktions-Template *Median*, das den Median der Werte aus einem Container der STL zurückgibt.

2. Schreiben Sie in a) bis c) jeweils ein Funktions-Template *MaxElements*, das die n größten Werte einer Quelle in einen Zielbereich kopiert. Der Zielbereich soll ein beliebiger sequentieller Container der STL sein, der ebenso wie n und die Quelle als Parameter übergeben wird. In den verschiedenen Versionen soll die Quelle sein:

    a) ein Container der STL,
    b) eine Datei, deren Name als Parameter übergeben wird,
    c) ein Array.

3. Schreiben Sie ein Funktions-Template *Remove*, das die Elemente mit einem bestimmten Wert aus einem Container der STL entfernt. Sowohl der Container als auch der Wert sollen als Parameter übergeben werden.

4. Schreiben Sie ein Funktions-Template, das zwei verschiedene sortierte Dateien zu einer einzigen sortierten Datei zusammenmischt, deren Namen als Parameter übergeben werden.

5. Eine mit 4 Parametern des Datentyps *int* definierte Funktion f soll zum Testen mit allen Permutationen der Werte 1, 2, 3 und 4 aufgerufen werden. Schreiben Sie eine Funktion, die diese Aufrufe als Datei erzeugt.

11 Verschiedenes

Dieses Kapitel enthält kurze Einführungen in einige Themen, die nicht mehr im engeren Sinne zu C++ gehören. Da ich auf diese Themen aber immer wieder angesprochen werde, nehme ich an, dass sie auch für etliche Leser von Interesse sind.

Angesichts des teilweise beträchtlichen Umfangs dieser Themen ist keine vollständige Darstellung beabsichtigt. Stattdessen werden nur einige wichtige Aspekte an Beispielen illustriert. Sie sollen dem Leser den Einstieg erleichtern und ihn zu einer weiteren Beschäftigung mit dem jeweiligen Thema anregen. Ein kurzer Überblick:

- **OpenGL** ist eine Bibliothek, mit der man dreidimensionale Szenen entwerfen und am Bildschirm darstellen kann.
- Die Funktionen der Windows-API zur **Dateibearbeitung** bieten mehr Möglichkeiten als die Funktionen und Klassen des C++-Standards.
- Sie ermöglichen insbesondere einen Datenaustausch über die **seriellen Schnittstellen**.
- Die VCL enthält zahlreiche Komponenten, die einen einfachen Zugriff auf Daten aus **Datenbanken** ermöglichen.

Anders als in den vorangehenden Kapiteln stehen die Abschnitte dieses Kapitels inhaltlich in keinem Zusammenhang.

Die Programmbeispiele aus dem Text befinden sich auf der beiliegenden CD im Verzeichnis Loesungen\Kap-11.

11.1 3D-Grafik mit OpenGL

OpenGL (für „Open Graphics Library") ist eine Bibliothek mit 3D-Grafikfunktionen, die ursprünglich unter dem Namen IRIS GL von Silicon Graphics (SGI) für ihre Grafik-Workstations entwickelt wurde. Im Lauf der Zeit wurde diese Bibliothek auf die meisten UNIX-Varianten und viele andere Betriebssysteme portiert. Sie ist seit 1994 in Windows NT enthalten und steht seit Oktober 1996 (SR 2) auch für Windows 95 zur Verfügung.

Mit OpenGL kann man qualitativ hochwertige 3D-Grafiken erzeugen. Damit wurden unter anderem die Computeranimationen in den Filmen *Terminator II* und *Jurassic Parc* sowie eine Version des Computerspiels *Quake* geschrieben. Außerdem basieren viele CAD-Programme auf OpenGL.

Da die folgenden Ausführungen nur einen kleinen Einblick in OpenGL geben sollen, wird für weitere Informationen auf die OpenGL-Spezifikation (Segal, 1999), den „OpenGL Programming Guide" (Woo, 1997) sowie die zahlreichen Dokumente auf www.opengl.org verwiesen. Die OpenGL-Funktionen sind auch in der Online-Hilfe zum Win32-SDK beschrieben.

11.1.1 Initialisierungen

Für OpenGL-Programme sind einige Initialisierungen notwendig. Unter Windows muss die Anzahl der Farben auf „High Color" oder „True Color" gesetzt sein (z.B. unter *Systemsteuerung|Anzeige*). Die vor dem Aufruf von OpenGL-Funktionen notwendigen Einstellungen sind in *InitOpenGL* zusammengefasst:

```
bool UseDoubleBuffer=true; // false: flickerndes Bild
HDC dc;
HGLRC GLContext;

HDC InitOpenGL(HWND Handle,bool UseDoubleBuffer)
{
PIXELFORMATDESCRIPTOR pfd;

memset(&pfd,0,sizeof(pfd)); // setze alle Felder auf 0
pfd.nSize       = sizeof(PIXELFORMATDESCRIPTOR);
pfd.nVersion    = 1; // Versionsnummer, 1 notwendig
pfd.dwFlags     =    // Eigenschaften des Pixelpuffers
    PFD_DRAW_TO_WINDOW |  // Zeichne in ein Fenster
    PFD_SUPPORT_OPENGL;   // OpenGL anstelle von GDI
if (UseDoubleBuffer)// Doppelbuffer verwenden
  pfd.dwFlags |= PFD_DOUBLEBUFFER; // flag setzen
pfd.iPixelType  = PFD_TYPE_RGBA; // RGBA Pixel
pfd.cColorBits  = 24; // Farbtiefe 24 Bit
pfd.cDepthBits  = 32; // Tiefenpuffer 32 Bits
pfd.iLayerType  = PFD_MAIN_PLANE; // Einzige Möglichkeit

HDC dc = GetDC(Handle);
```

11.1 3D-Grafik mit OpenGL

```
int iPF = ChoosePixelFormat(dc, &pfd);
if (iPF==0) ShowMessage("Fehler bei ChoosePixelFormat");

SetPixelFormat(dc, iPF, &pfd );
GLContext= wglCreateContext(dc);
if (GLContext) wglMakeCurrent(dc, GLContext);
else ShowMessage("wglMakeCurrent nicht erfolgreich");
return dc;
}
```

Die hier verwendeten Funktionen sind in der Online-Hilfe zum Win32-SDK und bei Fosner (1997) beschrieben. Nach dem Aufruf von *InitOpenGL* wie in *FormCreate* zeichnen die OpenGL-Funktionen auf das Formular *Form1*:

```
void __fastcall TForm1::FormCreate(TObject *Sender)
{
DC=InitOpenGL(Form1->Handle,UseDoubleBuffer);
glEnable(GL_DEPTH_TEST);// notwendig für Tiefenpuffer
glClearColor(1, 1, 1, 1); // Hintergrund weiß

glMatrixMode(GL_MODELVIEW); // damit ein Betrachter
// im Ursprung die Szene sieht (siehe Abschnitt 11.1.3)
glTranslated(0,0,-2);
}
```

Der mit *wglCreateContext* erzeugte Kontext kann dann mit *wglDeleteContext* wieder gelöscht werden. Diese Anweisungen kann man beim Schließen des Formulars durchführen:

```
void __fastcall TForm1::FormDestroy(TObject *Sender)
{
ReleaseDC(Handle,dc);
wglMakeCurrent(dc, NULL);
wglDeleteContext(GLContext);
}
```

Nach diesen weitgehend für Windows spezifischen Initialisierungen können OpenGL-Funktionen aufgerufen werden. Sie stehen nach den folgenden *include*-Anweisungen zur Verfügung:

```
#include <gl\gl.h>
#include <gl\glu.h>
```

Die Darstellung einer 3D-Szene auf einem Bildschirm hat große Ähnlichkeiten mit der konventionellen Fotografie, bei der eine 3D-Szene auf einem Film abgebildet wird. Den Farbpunkten auf dem zweidimensionalen Film entsprechen die Pixel auf dem zweidimensionalen Bildschirm. Bei der konventionellen Fotografie mit einer Kamera ergibt sich das Blickfeld unter anderem aus dem Bildwinkel des Objektivs. Typische Werte sind bei einem Normalobjektiv etwa 60 Grad, bei einem Weitwinkelobjektiv 120 Grad und bei einem Teleobjektiv 30 Grad.

In OpenGL muss vor der Darstellung einer Szene das Blickfeld definiert werden. Das ist mit der Funktion *gluPerspective* möglich. Ihr Aufruf entspricht der Wahl des Objektivs bei einer Kamera.

*void **gluPerspective** (GLdouble fovy, GLdouble aspect, GLdouble zNear,*
GLdouble zFar);

Hier ist *fovy* der Blickwinkel (in Grad im Bereich von 0 bis 180) in der x-z-Ebene und *aspect* das Verhältnis Breite/Höhe des Blickfeldes. Diese Werte definieren zusammen mit *zNear* und *zFar* einen Pyramidenstumpf. Objekte, die innerhalb liegen, werden dargestellt und alle Objekte außerhalb nicht.

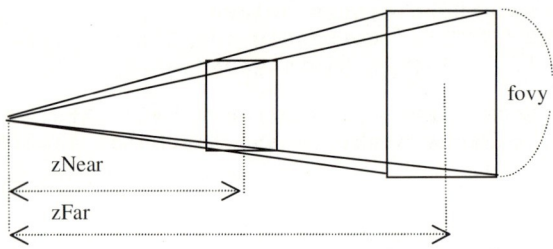

Als Argument für *aspect* sollte man das Verhältnis Breite/Höhe des Fensters wählen. Da diese Werte beim Ereignis *OnResize* gesetzt werden, liegt es nahe, *gluPerspective* in der Funktion *FormResize* aufzurufen:

```
void __fastcall TForm1::FormResize(TObject *Sender)
{ // wird nach FormCreate aufgerufen
glMatrixMode(GL_PROJECTION);
glLoadIdentity(); // Initialisiere die Projektionsmatrix
GLdouble aspect =(double)ClientWidth/ClientHeight;
// Blickwinkel 60 Grad, für z<1 und z>10 ausblenden:
gluPerspective(60, aspect, 1, 10);
// Modelview Matrix wieder zur aktuellen Matrix machen
glMatrixMode(GL_MODELVIEW);
DrawScene();
}
```

OpenGL verwendet intern Matrizen, um die Farben der Pixel zu berechnen, die auf dem Bildschirm angezeigt werden. Eine dieser Matrizen ist die so genannte **Projektionsmatrix**, mit der die Perspektive gewählt wird. Diese Matrix muss durch den Aufruf von

```
glMatrixMode(GL_PROJECTION);
```

vor dem Aufruf von *gluPerspective* ausgewählt und durch

```
glLoadIdentity(); // Initialisiere die Projektionsmatrix
```

initialisiert werden. Eine weitere Matrix ist die **Modellierungsmatrix**, die mit

```
glMatrixMode(GL_MODELVIEW);
```

vor den Anweisungen ausgewählt werden muss, die die Objekte oder die Ansicht auf die Szene transformieren.

In den folgenden Beispielen werden die 3D-Szenen in der Funktion *DrawScene* zwischen *glClear* und der letzten *if*-Anweisung konstruiert:

```
void DrawScene()
{
glClear(GL_COLOR_BUFFER_BIT | GL_DEPTH_BUFFER_BIT);
// hier wird die Szene konstruiert
if (UseDoubleBuffer) SwapBuffers(dc);
else glFlush();
}
```

Hier wird durch *glClear* das bisherige Bild und der Tiefenpuffer gelöscht. Durch *glFlush* bzw. *SwapBuffers* wird erreicht, dass bisher nur zwischengepufferte Ergebnisse von OpenGL-Funktionen auch auf dem Bildschirm angezeigt werden.

Ruft man *DrawScene* wie oben in der Funktion *FormResize* auf, wird die Szene auch beim Start des Programms gezeichnet, da *FormResize* beim Start des Programms automatisch nach *FormCreate* aufgerufen wird.

11.1.2 Grafische Grundelemente: Primitive

In OpenGl werden zwei- und dreidimensionale Objekte aus Punkten, Linien und Polygonen zusammengesetzt. Diese Elemente werden in der OpenGL-Spezifikation auch als „**Primitive**" bezeichnet. Ein Primitiv wird durch einen oder mehrere dreidimensionale Punkte definiert, die zwischen **glBegin** und **glEnd** zusammengefasst werden. Bei *glBegin* legt man durch einen Parameter fest, wie die Punkte verbunden werden.

*void **glBegin**(GLenum mode);*
*void **glEnd**(void);*

Für *mode* sind unter anderem die folgenden Argumente zulässig:

GL_POINTS: Jeder Punkt zwischen *glBegin* und *glEnd* wird als Punkt gezeichnet. Diese Punkte werden nicht miteinander verbunden.
GL_LINES: Jedes aufeinanderfolgende Paar von Punkten zwischen *glBegin* und *glEnd* wird durch eine Linie verbunden. Durch 2n Punkte erhält man so n Linien. Bei einer ungeraden Anzahl von Punkten wird der letzte Punkt ignoriert.

GL_LINE_LOOP: verbindet je zwei aufeinanderfolgende Punkte zwischen *glBegin* und *glEnd* durch eine Linie. Der letzte Punkt wird außerdem mit dem ersten verbunden. Insgesamt werden durch n Punkte n Linien gezeichnet.
GL_TRIANGLES: zeichnet je drei aufeinanderfolgende Punkte als Dreieck.
GL_TRIANGLE_STRIP: Die ersten drei Punkte definieren das erste Dreieck. Jeder weitere Punkt definiert mit den beiden vorangehenden ein weiteres Dreieck.
GL_QUADS: Jeweils vier aufeinanderfolgende Punkte ergeben ein Viereck.
GL_POLYGON: verbindet je zwei aufeinanderfolgende Punkte zu einem Polygon

Die Punkte zwischen *glBegin* und *glEnd* werden durch den Aufruf einer der **glVertex**-Funktionen definiert: Alle diese Funktionen beginnen mit „glVertex". Darauf folgt eine der Ziffern 2, 3 oder 4. Diese Ziffer gibt an, dass beim Aufruf der Funktion 2, 3 oder 4 Argumente für die x-, y-, z- und w-Koordinaten eines Punktes angegeben werden. In der Form mit 2 Parametern wird der Wert für z immer auf Null gesetzt. Falls der Parameter w nicht Null ist, hat der Punkt (x,y,z,w) die euklidischen Koordinaten (x/w,y/w,z/w). Auf die Ziffer folgt eines der Zeichen 's', 'i', 'f' oder 'd'. Es gibt an, ob die Parameter den Datentyp *GLshort* (*short*), *GLint* (*int*), *GLfloat* (*float*) oder *GLdouble* (*double*) haben. Falls darauf noch das Zeichen 'v' folgt, wird als Parameter die Adresse eines Arrays (Vektor) mit den Punkten übergeben.

Diese Art der Namensgebung wird in OpenGL oft verwendet, z.B. in den **glColor**-Funktionen, mit denen man die Farbe der folgenden Figuren setzt. So gibt nach 'glColor' eine der Ziffern 3 oder 4 an, ob 3 RGB- oder 4 RGBA-Werte übergeben werden. Darauf folgt ein Zeichen für den Datentyp und eventuell noch das Zeichen 'v', wenn die Adresse eines Vektors mit den Farbwerten übergeben wird. Falls bei einer Farbe 4 **RGBA**-Werte angegeben werden, ist der vierte der so genannte alpha-Wert. Dieser wirkt sich allerdings nur beim Mischen von Farben aus und wird im Folgenden ignoriert. Manchmal kürzt man die Zeichen für die Varianten durch einen Stern „*" ab und spricht dann z.B. von den **glVertex***-Funktionen.

OpenGL verwendet ein rechtshändiges Koordinatensystem, bei dem die z-Achse nach vorne (vom Bildschirm zum Betrachter) zeigt:

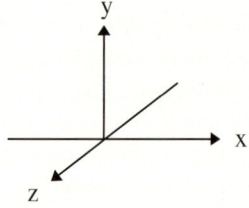

11.1 3D-Grafik mit OpenGL

Die Funktion *CoordinateSystem* zeichnet ein 3D-Koordinatenkreuz im Nullpunkt (0,0,0) mit einer roten x-Achse, einer grünen y-Achse und einer blauen z-Achse. Zur Illustration der verschiedenen Arten der Parameterübergabe wurden Farben als Vektoren und Punkte mit drei Argumenten definiert.

```
void CoordinateSystem(GLdouble x, GLdouble y, GLdouble z)
{
glBegin(GL_LINES);
  glColor3fv(colRed);
    glVertex3d(-x, 0, 0);
    glVertex3d(x, 0, 0);
  glColor3fv(colGreen);
    glVertex3d(0, -y, 0);
    glVertex3d(0, y, 0);
  glColor3fv(colBlue);
    glVertex3d(0, 0, z);
    glVertex3d(0, 0, -z);
glEnd();
}
```

In gl.h sind die Datentypen und Konstanten von OpenGL z.B. folgendermaßen definiert:

```
typedef unsigned int GLenum; // aus gl.h
#define GL_LINES                            0x0001
#define GL_LINE_LOOP                        0x0002
```

Deswegen ist besonders darauf zu achten, dass man die Funktionen von OpenGL nicht mit falschen Werten aufruft. Der Compiler kann auf einen solchen Fehler nicht hinweisen.

In der Funktion *Koordinatenkreuz* wurden für die **Farben** die folgenden Arrays verwendet. Sie enthalten die Rot-, Grün- und Blau-Anteile der Farbe:

```
GLfloat colRed[]        = {1, 0, 0},
        colGreen[]      = {0, 1, 0},
        colBlue[]       = {0, 0, 1},
        colYellow[]     = {1, 1, 0},
        colDarkGray[]   = {0.2, 0.2, 0.2},
        colGray[]       = {0.5, 0.5, 0.5},
        colLightGray[]  = {0.8, 0.8, 0.8},
        colBlack[]      = {0, 0, 0};
```

Mit GL_TRIANGLES kann man am Ende einer Koordinatenachse ein kleines Dreieck zeichnen, das in die Richtung der positiven Achse zeigt:

```
double h=0.05;
glBegin(GL_TRIANGLES); // Pfeilspitze am Ende der x-Achse
  glColor3fv(colRed);
  glVertex3d(x-h, h, 0);
  glVertex3d(x, 0, 0);
  glVertex3d(x-h, -h, 0);
glEnd();
```

Ergänzt man das Koordinatenkreuz um Pfeilspitzen bei jeder Achse, erhält man nach einer geeigneten Drehung das Bild:

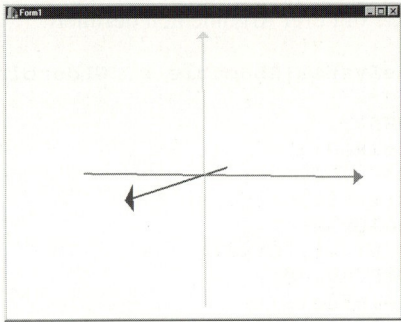

Die folgenden Anweisungen definieren ein Viereck mit den Eckpunkten v0, v1, v2 und v3. Die Normalen sind Vektoren, die senkrecht auf einer Seite stehen. Sie sind für die Darstellung des Würfels ohne Bedeutung, werden aber später für Beleuchtungseffekte benötigt.

```
void Quad(GLdouble n[], GLdouble v0[], GLdouble v1[],
          GLdouble v2[],GLdouble v3[], GLenum mode)
{ // Viereck mit den Eckpunkten v0, v1, v2 und v3
glBegin(mode);
   glNormal3dv(n);     // Normale
   glVertex3dv(v0);
   glVertex3dv(v1);
   glVertex3dv(v2);
   glVertex3dv(v3);
glEnd();
}
```

Aus sechs solchen Vierecken kann man einen Quader konstruieren. Sie werden hier zur Illustration in verschiedenen Farben gezeichnet:

```
void ColoredCube(GLdouble x0, GLdouble y0, GLdouble z0,
      GLdouble x1, GLdouble y1, GLdouble z1, GLenum mode)
{//Drahtwürfel: mode=GL_LINE_LOOP, volle Seiten: mode=
                                              // GL_QUADS
   // um x0<=x1, y0<=y1 und z0<=z1 sicherzustellen:
   if (x0 > x1) {GLdouble tmp = x0; x0 = x1; x1 = tmp;}
   if (y0 > y1) {GLdouble tmp = y0; y0 = y1; y1 = tmp;}
   if (z0 > z1) {GLdouble tmp = z0; z0 = z1; z1 = tmp;}
   GLdouble v[8][3] =      // Ecken         v[7] ---- v[6]
            {{x0,y0,z1}, //=v[0]            /|        /|
             {x1,y0,z1}, //=v[1]          v[3] ---- v[2]|
             {x1,y1,z1}, //=v[2]           |  |      |  |
             {x0,y1,z1}, //=v[3]           |  |      |  |
             {x0,y0,z0}, //=v[4]           | v[4] ---|v[5]
             {x1,y0,z0}, //=v[5]           | /       | /
             {x1,y1,z0}, //=v[6]           |/        |/
             {x0,y1,z0}};//=v[7]          v[0] ---- v[1]
```

11.1 3D-Grafik mit OpenGL

```
GLdouble FrontNormal[]={0,0,1}, BackNormal[]={ 0, 0,-1},
         RightNormal[]={1,0,0}, LeftNormal[]={-1, 0, 0},
         UpNormal[]   ={0,1,0}, DownNormal[]={ 0,-1, 0};

glColor3fv(colRed);
Quad(FrontNormal,  v[0],v[1],v[2],v[3],mode); // vorne
glColor3fv(colGreen);
Quad(RightNormal,v[1],v[5],v[6],v[2],mode);    // rechts
glColor3fv(colBlue);
Quad(BackNormal,v[5],v[4],v[7],v[6],mode);     // hinten
glColor3fv(colYellow);
Quad(LeftNormal,  v[4],v[0],v[3],v[7],mode);   // links
glColor3fv(colLightGray);
Quad(UpNormal,    v[3],v[2],v[6],v[7],mode);   // oben
glColor3fv(colDarkGray);
Quad(DownNormal,  v[1],v[0],v[4],v[5],mode);   // unten
}
```

Die folgende Version von *DrawScene* zeichnet ein Koordinatenkreuz mit einem soliden Würfel und einem Drahtgitter-Würfel:

```
void DrawScene()
{
glClear(GL_COLOR_BUFFER_BIT | GL_DEPTH_BUFFER_BIT);
CoordinateSystem(1,1,1);
ColoredCube(-0.1, -0.1, -0.1, 0.1, 0.1, -0.2, GL_QUADS);
ColoredCube(-0.3,-0.3,-0.3,-0.2,-0.2,-0.4,GL_LINE_LOOP);
if (UseDoubleBuffer) SwapBuffers(dc);
else glFlush();
}
```

Und wenn man die Funktion *City* in *DrawScene* aufruft, werden n*n Quader mit verschiedenen Höhen gezeichnet. Das sieht dann ähnlich wie eine Großstadt aus Hochhäusern aus (siehe die Abbildung auf Seite 1039):

```
void City()
{
srand(1); // immer dieselbe Folge von Zufallszahlen
const int n = 10;
const double w=2.0/n;
for (int x=-n/2; x<n/2; x++)
   for (int z=-n/2; z<n/2; z++)
      ColoredCube((x-w)/n, 0, (z-w)/n, (x+w)/n,
                   (1+rand()%8)/10.0, (z+w)/n, GL_QUADS);
}
```

In der Funktion *Paperplane* wird ein Papierflieger aus Dreiecken zusammengesetzt. Mit der Einstellung **glShadeModel**(*GL_FLAT*) erkennt man die einzelnen Dreiecke am besten, da dann das gesamte Primitiv dieselbe Farbe bekommt. Mit der Voreinstellung *glShadeModel(GL_SMOOTH)* werden die Farben zwischen den Ecken interpoliert.

```
void Paperplane()
{
glShadeModel(GL_FLAT);
glBegin(GL_TRIANGLE_STRIP);
  glColor3fv(colRed);
    glVertex3d(-0.7, 0, -0.1); // linker Flügel
    glVertex3d(-0.1, 0, 0);
    glVertex3d(-0.1, 0.7, 0);
  glColor3fv(colGreen);
    glVertex3d(0,0,-0.3); // linke Seite, erstes Dreieck
  glColor3fv(colBlue);
    glVertex3d(0,0.8,-0.3);//linke Seite, zweites Dreieck
  glColor3fv(colYellow);
    glVertex3d(0.1, 0, 0); //rechte Seite, erstes Dreieck
  glColor3fv(colGreen);
    glVertex3d(0.1,0.7,0); //rechte Seite, zweites Dreieck
  glColor3fv(colRed);
    glVertex3d(0.7, 0, -0.1); // Spitze rechter Flügel
glEnd();
glShadeModel(GL_SMOOTH);//Voreinstellung wiederherstellen
}
```

11.1.3 Modelltransformationen

Für die in diesem Abschnitt betrachteten **Modelltransformationen** wird vorausgesetzt, dass die Modellierungsmatrix durch einen Aufruf von

```
glMatrixMode(GL_MODELVIEW);
```

als aktuelle Matrix gesetzt wurde. In unseren Beispielen wurde die Modellierungsmatrix in der Funktion *FormResize* (siehe Seite 1030) ausgewählt und anschließend nicht mehr verändert.

Dann kann man das Koordinatensystem, in dem ein Modell anschließend gezeichnet wird, durch die *glTranslate*-Funktionen um x, y und z Einheiten in der x-, y- und z-Achse verschieben:

*void **glTranslated**(GLdouble x, GLdouble y, GLdouble z);*
*void **glTranslatef**(GLfloat x, GLfloat y, GLfloat z);*

Die *glRotate*-Funktionen drehen das Koordinatensystem um *angle* Grad im Gegenuhrzeigersinn um die Achse durch den Nullpunkt und den Punkt (x,y,z):

*void **glRotated**(GLdouble angle, GLdouble x, GLdouble y, GLdouble z)*
*void **glRotatef**(GLfloat angle, GLfloat x, GLfloat y, GLfloat z)*

Mit den *glScale*-Funktionen kann man das Koordinatensystem um die Faktoren x, y und z in den jeweiligen Achsen skalieren:

*void **glScaled**(GLdouble x, GLdouble y, GLdouble z);*
*void **glScalef**(GLfloat x, GLfloat y, GLfloat z);*

11.1 3D-Grafik mit OpenGL

Da diese Funktionen das danach gezeichnete Modell transformieren, werden sie auch als **Modelltransformationen** („modeling transformation") bezeichnet. Bei der Fotografie mit einer Kamera entspricht einer Modelltransformation eine Veränderung der Position oder Lage des Modells, wobei die Kamera unverändert bleibt.

Führt man mehrere Modelltransformationen nacheinander aus, ist das Ergebnis der früheren Transformationen der Ausgangspunkt der späteren. Deswegen erhält man bei einer Verschiebung, auf die eine Drehung folgt, ein anderes Bild, als wenn man zuerst die Drehung und dann die Verschiebung ausführt. Bei der linken der nächsten beiden Abbildungen wurde das Modell zuerst verschoben und dann gedreht:

```
void Modell()
{
CoordinateSystem(1,1,1);
ColoredCube(-0.1, -0.1, -0.1, 0.1, 0.1, 0.1, GL_QUADS);
}

void TranslateRotate ()
{
InitScene();
Modell();
// Zuerst verschieben und dann drehen:
glTranslated(1.5,0,0);
glRotated(20,0,0,1);
Modell();
}
```

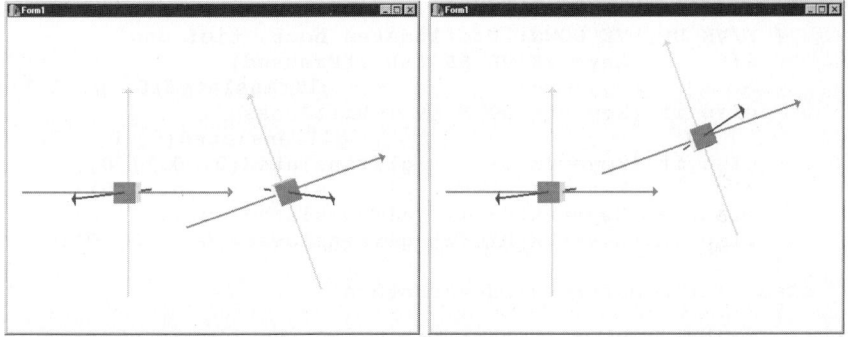

Bei der rechten Abbildung wurde das Modell dagegen zuerst gedreht und dann verschoben. Dazu wurden in *TranslateRotate* die beiden Anweisungen nach dem Kommentar nur vertauscht:

```
// Zuerst drehen und dann verschieben:
glRotated(20,0,0,1);
glTranslated(1.5,0,0);
```

Die Funktion *InitScene* initialisiert die Szene hier so, dass die Modelle von *TranslateRotate* ins Bild passen:

```
void InitScene()
{ // Initialisiere die Szene für TranslateRotate
glLoadIdentity();
glTranslated(-0.8,-0.1,-2.5);
}
```

Durch den Aufruf der Funktion **glLoadIdentity** wird die aktuelle Matrix durch die Einheitsmatrix ersetzt. In unserem Beispielprogramm ist das die mit *glMatrixMode(GL_MODELVIEW)* in *FormResize* (siehe Seite 1030) gesetzte Modellmatrix. Dann haben alle darauf folgenden Modelltransformationen dieselbe Ausgangssituation wie nach dem Start des Programms.

Ruft man eine Modelltransformation wie in *FormKeyDown* als Reaktion auf ein Drücken der Pfeiltasten auf, kann man das Modell mit den Pfeiltasten drehen oder verschieben. Hier wird es um 0.1 Einheiten auf der x-, y- oder z-Achse verschoben bzw. um 5 Grad um eine der Achsen gedreht:

```
enum {trRotate, trTranslate} Transformation=trTranslate;

void __fastcall TForm1::FormKeyDown(TObject *Sender,
                          WORD &Key, TShiftState Shift)
{
if (Key=='R') Transformation=trRotate;
else if (Key=='T') Transformation=trTranslate;
bool ShiftPressed=Shift.Contains(ssShift);

if (Transformation==trTranslate)
   { //VK_UP, VK_DOWN: Pfeiltasten hoch, tief usw.
    if        (Key==VK_UP && !ShiftPressed)
                                    glTranslated(0, 0, 0.1);
       else if (Key==VK_DOWN && !ShiftPressed)
                                    glTranslated(0, 0, -0.1);
       else if (Key==VK_UP)    glTranslated(0, 0.1, 0);
       else if (Key==VK_DOWN)  glTranslated(0,-0.1, 0);
       else if (Key==VK_LEFT)  glTranslated(-0.1, 0, 0);
       else if (Key==VK_RIGHT) glTranslated( 0.1, 0, 0);
   }
else if (Transformation==trRotate)
   {
    if(Key==VK_UP && !ShiftPressed) glRotated(-5,1,0,0);
       else if(Key==VK_DOWN && !ShiftPressed)
                                 glRotated(5, 1, 0, 0);
       else if(Key==VK_UP)    glRotated(-5, 0, 0, 1);
       else if(Key==VK_DOWN)  glRotated(5, 0, 0, 1);
       else if(Key==VK_LEFT)  glRotated(-5, 0, 1, 0);
       else if(Key==VK_RIGHT) glRotated(5, 0, 1, 0);
   }
DrawScene();
}
```

11.1 3D-Grafik mit OpenGL

Mit dieser Funktion kann man dann die Stadt oder den Papierflieger von oben und von unten betrachten:

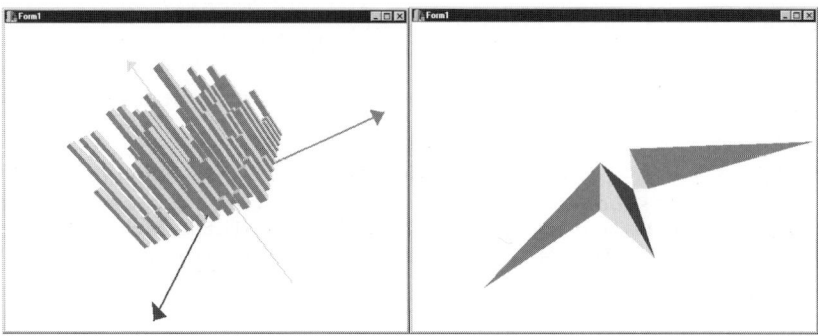

11.1.4 Vordefinierte Körper

Zu OpenGL gehören die „GL Utilities" (GLU), die in der GLU-Spezifikation (Leech, 1998) definiert sind. Diese Bibliothek steht nach

```
#include <gl/glu.h>
```

zur Verfügung und enthält unter anderem die folgenden Funktionen, die im Ursprung entsprechende Figuren zeichnen:

> *void **gluSphere**(GLUquadricObj *qobj, GLdouble radius, GLint slices, GLint stacks);*
> *void **gluCylinder**(GLUquadricObj *qobj, GLdouble baseRadius, GLdouble topRadius, GLdouble height, GLint slices, GLint stacks);*
> *void **gluDisk**(GLUquadricObj *qobj, GLdouble innerRadius, GLdouble outerRadius, GLint slices, GLint loops);*

Diese Figuren sind entlang der z-Achse aus *stacks* Scheiben zusammengesetzt, wobei jede Scheibe aus *slices* Stücken mit ebenen Oberflächen besteht. Sie können nur zusammen mit so genannten Quadriken verwendet werden, die zuvor wie in *Sphere* mit **gluNewQuadric** erzeugt wurden und auf die hier nicht näher eingegangen werden soll. Für eine solche Quadrik definiert man dann mit Funktionen wie

> *void **gluQuadricDrawStyle**(GLUquadricObj *qobj, GLenum drawStyle);*

die Art der Darstellung. Zulässige Argumente für *drawStyle* sind neben anderen *GLU_FILL* und *GLU_LINE*. Mit *gluQuadricNormals* kann man Normalen erzeugen, die für eine Beleuchtung notwendig sind. Weitere Beispiele dieser Art findet man im OpenGL Utility Toolkit (GLUT) von Mark Kilgard (1996).

```
void Sphere(GLdouble radius, GLint slices, GLenum style,
                                           GLfloat* color)
{ // ähnlich wie in glut-3.7\lib\glut\glut_shapes.c
  static GLUquadricObj *quadObj=gluNewQuadric();
  gluQuadricDrawStyle(quadObj, style);
  gluQuadricNormals(quadObj, GLU_SMOOTH);
  glColor3fv(color);
  gluSphere(quadObj, radius, slices, slices/*stacks*/);
}

void Cylinder(GLdouble baseRadius, GLdouble topRadius,
              GLdouble height, GLenum style, GLfloat* color)
{ // ähnlich wie in glut-3.7\lib\glut\glut_shapes.c
  static GLUquadricObj *quadObj=gluNewQuadric();
  gluQuadricDrawStyle (quadObj, style);
  gluQuadricNormals(quadObj, GLU_SMOOTH);
  glColor3fv(color);
  gluCylinder(quadObj,baseRadius,topRadius,height,30,10);
}
```

In der Funktion *Solarsystem* wird mit *Sphere* eine gelbe Sonne, ein blauer Planet und ein roter Mond gezeichnet:

```
void Solarsystem(bool LocalTransf, GLenum style)
{ // ohne Drehung der Erde um ihre Achse
  if (LocalTransf) glPushMatrix();//siehe Abschnitt 11.1.5
  else glLoadIdentity();
  static int time = 0, day = 0;
  const int incr = 25; // in Stunden
  time = time+incr;
  day = day+time/24;
  time = time%24;
  day = day %365;
  // Betrachte das Modell von schräg oben:
  glTranslated(0, 0, -10.0);
  glRotated(10, 1, 0, 0);
  Sphere(1,50,GLU_FILL,colYellow); // gelbe Sonne

  // Die Erde dreht sich in 365 Tagen um die Sonne:
  glRotated(360.0*day/365, 0, 1, 0);// drehe um die y-Achse
  glTranslated(4, 0, 0); // Abstand Erde - Sonne
  // Die Erde dreht sich in 24 Sunden um ihre Achse
  glRotatef(360.0*time/24.0, 0, 1, 0);

  Sphere(0.5,5,style,colBlue);   // blaue Erde

  // Der Mond dreht sich 12,5 Mal pro Jahr um die Erde. Er
  // dreht sich dabei nicht um eine Achse und wendet der
  // Erde immer dieselbe Seite zu.

  glRotated((360*12.5*day)/365, 0, 1, 0);
  glTranslated(2, 0, 0); // Abstand Erde - Mond
  Sphere(0.2,50,GLU_FILL,colRed);// roter Mond

  if (LocalTransf) glPopMatrix();
}
```

11.1 3D-Grafik mit OpenGL

Bei jedem neuen Aufruf dieser Funktion wird dann das Solarsystem in der Konstellation zu dem Datum gezeichnet, das sich nach *time* Stunden ergibt. Allerdings hat dieses Solarsystem noch den Schönheitsfehler, dass sich die Erde nicht um eine Achse durch den Nord- und Südpol dreht, sondern um eine Achse durch den Äquator. Siehe dazu Aufgabe 11.1.1.f.

11.1.5 Lokale Transformationen

Das Solarsystem von Abschnitt 11.1.4 ließ sich deshalb so einfach erzeugen, weil das Ergebnis der bisherigen Drehungen oder Verschiebungen der Ausgangspunkt für jede weitere Drehung oder Verschiebung war. Oft ist das aber ein Nachteil. Wenn man z.B. mehrere Figuren in eine Szene setzen will, ist es oft einfacher, die Figuren relativ zu einem gemeinsamen Zentrum zu positionieren, als bei jeder Figur alle bisherigen Transformationen zu berücksichtigen.

Mit den Funktionen

> *void **glPushMatrix**();*
> *void **glPopMatrix**();*

lassen sich die Auswirkungen von Transformationen auf einfache Weise begrenzen. *glPushMatrix* legt eine Kopie der aktuellen Matrix auf einen Stack. Durch *glPopMatrix* wird das oberste Element dieses Stacks entfernt und die danach oberste Matrix auf dem Stack zur aktuellen Matrix. Da sowohl für die Modellierungs- als auch für die Projektionsmatrix ein solcher Stack existiert, muss die Modellierungsmatrix zuvor mit *glMatrixMode* ausgewählt werden.

Wenn man zwischen einem Aufruf von *glPushMatrix* und *glPopMatrix* Transformationen ausführt, sind diese nach der Ausführung von *glPopMatrix* nicht mehr der Ausgangspunkt für anschließende Transformationen. In der Funktion *Speichenrad* wird eine Figur konstruiert, die aus n Speichen mit einer Kugel besteht (siehe die linke der beiden Abbildungen auf Seite 1044):

```
void Speichenrad(int n)
{
glPushMatrix();
Sphere(0.2,20,GLU_FILL,colRed); // Kugel im Mittelpunkt
for (int i=0; i<n; i++)
   {
      glRotated(360.0/n,0,0,1); // 360/n Grad weiterdrehen
      glPushMatrix();
         glRotated(-90,1,0,0); // in die x-z-Ebene drehen
         Cylinder(0.02, 0.02, 1,GLU_FILL, colGray);
         glTranslated(0,0,1);
         Sphere(0.1,20,GLU_FILL,colBlue);
      glPopMatrix();
   }
glPopMatrix();
}
```

Die Auswirkung von Transformationen kann man also begrenzen, indem man sie zwischen *glPushMatrix* und *glPopMatrix* ausführt. Wenn man in einer Funktion alle Transformationen durch ein solches Anweisungspaar klammert, hat ein Aufruf dieser Funktion keine Auswirkung auf anschließende Transformationen. In der Funktion *Solarsystem* von Abschnitt 11.1.4 wird das mit dem Argument *true* für *LocalTransf* erreicht.

Mit mehreren Paaren von *glPushMatrix* und *glPopMatrix* lassen sich Szenen konstruieren, in denen sich **verschiedene Figuren unabhängig von einander bewegen**. In der Funktion *IndependentMotions* drehen sich zwei Speichenräder in der entgegengesetzten Richtung gegeneinander, so dass bei wiederholten Aufrufen der Eindruck entsteht, dass das eine das andere antreibt:

```
void IndependentMotions()
{
static int angle=0;
angle=angle+5;
glPushMatrix();
   glTranslated(1,0,0);
   glRotated(angle-10,0,0,1);
   Speichenrad(10);
glPopMatrix();
glPushMatrix();
   glTranslated(-1,0,0);
   glRotated(-angle,0,0,1);
   Speichenrad(10);
glPopMatrix();
}
```

Die Funktion *RecursiveTree* zeichnet einen rekursiven Baum, dessen Zweige ein Stamm mit Blättern (*StemWithLeaves*) sind. Von jedem Stamm verzweigen drei weitere Stämme im Winkel von etwa 120 Grad:

```
void RecursiveTree(int level)
{
if (level <= 0) StemWithLeaves();
else
  { Stem();
    glPushMatrix();
      glTranslatef(0, 1, 0);
      glScalef(0.7, 0.7, 0.7);
      for (int i=0; i<3; i++)
      {
        double x=(i+1)/4.0; // für kleine Abweichungen
        glPushMatrix();
          glRotatef(i*120 + x*40, 0, 1, 0);
          glRotatef(30 + x*20, 0, 0, 1);
          RecursiveTree(level - 1);
        glPopMatrix();
      }
    glPopMatrix();
  }
}
```

11.1 3D-Grafik mit OpenGL

Dabei wird ein Stamm durch einen einfachen Zylinder dargestellt. Die hier verwendete Funktion *glMaterialfv* wird in Abschnitt 11.1.6 beschrieben:

```
void Stem()
{
GLfloat tree_mat[] = { 0.5, 0.3, 0.1, 1.0 };
glMaterialfv(GL_FRONT, GL_AMBIENT_AND_DIFFUSE, tree_mat);

glPushMatrix();
  glRotatef(-90, 1, 0, 0);
  Cylinder(0.1, 0.08, 1, GLU_FILL, colGray);
glPopMatrix();
}
```

Ein Blatt wird durch ein einfaches Dreieck dargestellt:

```
void Leaf()
{
GLfloat leaf_mat[] = { 0.0, 0.9, 0.0, 1.0 };
glMaterialfv(GL_FRONT_AND_BACK, GL_AMBIENT_AND_DIFFUSE,
                                             leaf_mat);
glBegin(GL_TRIANGLES);
  glNormal3f(-0.1, 0, 0.25);   // nicht normalisiert
  glVertex3f(0, 0, 0);
  glVertex3f(0.25, 0.25, 0.1);
  glVertex3f(0, 0.5, 0);
glEnd();
}
```

Ein *StemWithLeaves* ist ein Stamm mit sechs Blättern, die im Winkel von 120 Grad gegeneinander versetzt sind:

```
void StemWithLeaves()
{
glPushMatrix();
  Stem();
  for(int i = 0; i < 6; i++)
  {
    glTranslatef(0, 1.0/6, 0);
    glRotatef(120, 0, 1, 0);
    glPushMatrix();
      glRotatef(50, 1, 0, 0);
      Leaf();
    glPopMatrix();
  }
glPopMatrix();
}
```

Die rechte der nächsten beiden Abbildungen erhält man mit einem Aufruf von *RecursiveTree(6)*:

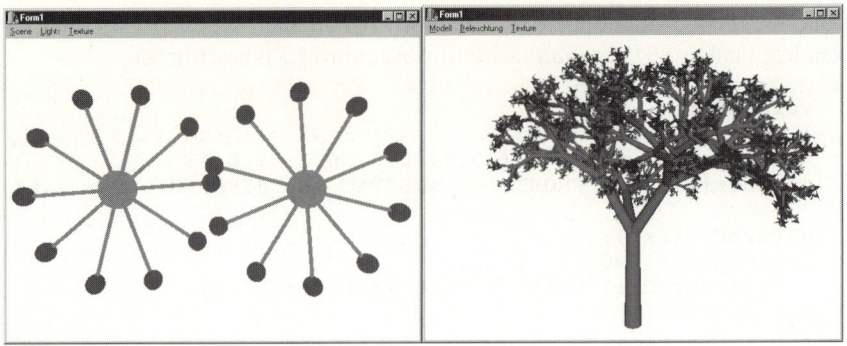

11.1.6 Beleuchtungseffekte

Mit der Funktion

> *void **glLightfv**(GLenum light, GLenum pname, const GLfloat *params);*

können bis zu 8 verschiedene Lichtquellen definiert werden, die eine Szene beleuchten. Diese Lichtquellen werden durch die Argumente *GL_LIGHT0* bis *GL_LIGHT7* für *light* identifiziert. Für *pname* sind 10 verschiedene Argumente möglich, aus denen sich dann die Bedeutung des Arguments für *params* (ein Array mit 4 Elementen des Datentyps *GLfloat*) ergibt. Hier sollen nur die folgenden beschrieben werden:

GL_POSITION: Mit diesem Argument für *pname* sind die ersten drei Elemente des Arrays für *params* die Position der Lichtquelle, falls das vierte Element nicht den Wert Null hat. Mit dem Wert Null sind die ersten drei Elemente die Richtung der Lichtquelle.

Jede Lichtquelle in OpenGL kann ambientes, diffuses und spiegelndes Licht ausstrahlen. Die jeweiligen Anteile erhält man mit den folgenden Argumenten für *pname*. Die RGBA-Werte ihrer Intensitäten sind dann die Elemente des Arrays, das als Argument für *params* übergeben wird:

GL_AMBIENT: Ambientes Licht ist so stark gestreut, dass man nicht bestimmen kann, aus welcher Richtung es kommt. Beispielsweise hat eine Hintergrundbeleuchtung in einem Raum eine hohe ambiente Intensität, da sie von vielen Oberflächen reflektiert wird. Wählt man keine ambiente Lichtquelle, wird die Szene mit ambientem Licht der Intensitäten (0,0,0,1) beleuchtet.

GL_DIFFUSE: Diffuses Licht kommt aus einer bestimmten Richtung und bewirkt eine hellere Beleuchtung der direkt angestrahlten Oberflächen. Es wird dann von der Oberfläche in alle Richtungen gestreut. Wählt man keine diffuse Lichtquelle, wird die Szene mit

11.1 3D-Grafik mit OpenGL

diffusem Licht der Intensität (1,1,1,1) für *GL_LIGHT0* und (0,0,0,1) für alle anderen Lichtquellen beleuchtet.

GL_SPECULAR: Spiegelndes („spekuläres") Licht kommt aus einer bestimmten Richtung und wird von einer Oberfläche in eine bestimmte Richtung reflektiert. Ein Laserstrahl, der auf einen Spiegel strahlt, hat einen hohen spekulären Anteil. Wählt man keine diffuse Lichtquelle, wird die Szene mit spekulärem Licht der Intensität (1,1,1,1) für *GL_LIGHT0* und (0,0,0,1) für die anderen Lichtquellen beleuchtet.

OpenGL verwendet bei der Berechnung von Beleuchtungseffekten nicht die mit *glColor* gesetzten Farben, sondern die Reflektionseigenschaften der beleuchteten Objekte. Diese können mit der Funktion

*void **glMaterialfv**(GLenum face, GLenum pname, const GLfloat *params);*

gesetzt werden. Hier kann man für *face* einen der Werte GL_FRONT, GL_BACK oder *GL_FRONT_AND_BACK* wählen und so die Seite des Objekts bestimmen, für die die folgenden Argumente gelten. Als Argument für *pname* kann man unter anderem die Werte GL_AMBIENT, GL_DIFFUSE und GL_SPECULAR verwenden und so die ambiente, diffuse oder spiegelnde Reflektion des Materials mit den Argumenten für *params* festlegen. Die Voreinstellungen sind (0.2,0.2,0.2,1) für GL_AMBIENT, (0.8,0.8,0.8,1) für GL_DIFFUSE und (0,0,0,1) für GL_SPECULAR.

Die mit *glLightfv* und *glMaterialfv* gesetzten Einstellungen werden von OpenGL aber nur dann berücksichtigt, wenn sowohl die Lichtquelle als auch die Beleuchtung **mit *glEnable* aktiviert** wurde. In der Funktion *InitLights* wird eine Lichtquelle in der Position (1,1,1) definiert und aktiviert. Da keine diffuse, ambiente und spekuläre Intensität angegeben wird, gelten dafür die Voreinstellungen:

```
void InitLights()
{
glEnable(GL_LIGHTING);
glEnable(GL_LIGHT0);
GLfloat light_position[] = {1, 5, 5, 0};
glLightfv(GL_LIGHT0, GL_POSITION, light_position);
GLfloat mat[] = { 0, 0, 1, 1};
glMaterialfv(GL_FRONT, GL_AMBIENT, mat);
GLfloat light[] = { 0, 0, 0.7, 1.0 };
glLightfv(GL_LIGHT0, GL_AMBIENT, light);
}
```

Zur Berechnung der Beleuchtung benötigt OpenGL außerdem für jede Oberfläche die **Normale**. Das ist ein Vektor, der senkrecht zur Oberfläche steht und üblicherweise die Länge 1 hat. Er wird mit einer der Funktionen **glNormal*** definiert und gilt anschließend für alle mit *glVertex** gesetzten Punkte. In der Funktion *ColoredCube* (siehe Seite 1034) wurden die Normalen explizit angegeben. Bei den glu-Funktionen wie *gluSphere* usw. werden sie automatisch berechnet. Für ein Dreieck kann man die Normale mit der folgenden Funktion setzen (siehe z.B. Woo 1996, Appendix E):

```
void Normal3P(const double v1[3], const double v2[3],
                               const double v3[3])
{
double v[3]={v1[0]-v2[0],v1[1]-v2[1],v1[2]-v2[2]},//v1-v2
       w[3]={v2[0]-v3[0],v2[1]-v3[1],v2[2]-v3[2]},//v2-v3
       c[3]={v[1]*w[2]-v[2]*w[1],v[2]*w[0]-v[0]*w[2],
             v[0]*w[1]-v[1]*w[0]},
       d=sqrt(c[0]*c[0]+c[1]*c[1]+c[2]*c[2]);
  if (d==0) d=1;  // nicht schön, aber auch nicht schlimm
  double n[3]={c[0]/d,c[1]/d,c[2]/d};
  glNormal3dv(n);
}
```

Nach einem Aufruf von *InitLights* erhält man für das Solarsystem von Abschnitt 11.1.4 und die drei Papierflieger von Abschnitt 11.1.2 die nächsten beiden Abbildungen. Bei den Papierfliegern wurden die Normalen mit der Funktion *Normal3P* gesetzt.

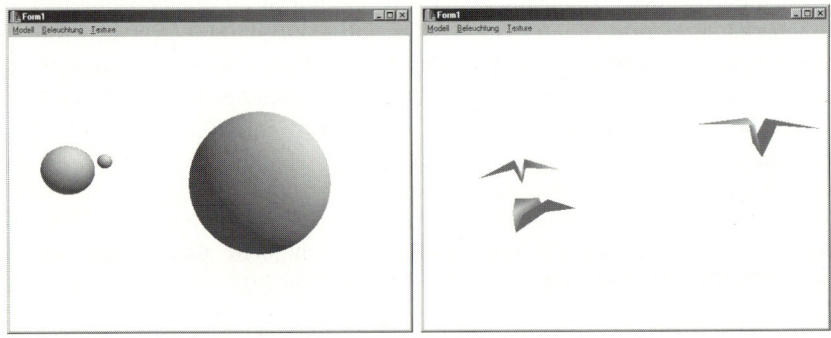

11.1.7 Texturen

Bisher haben wir alle Polygone in den Farben gezeichnet, die bei ihrer Definition angegeben wurden. Wenn man auf diese Weise Figuren mit einer detailreichen Oberfläche zeichnen will, kann das allerdings sehr aufwendig werden. So müsste man z.B. eine Erdkugel aus vielen kleinen Polygonen in verschiedenen Farben zusammensetzen.

Dieser Aufwand lässt sich mit Texturen vermindern. Eine Textur ist ein zweidimensionales Bild, das auf eine zwei- oder dreidimensionale Figur gelegt wird. Mit geeigneten Texturen kann man so realistische Figuren erhalten.

In OpenGL muss ein Bild, das für eine Textur verwendet wird, ein zweidimensionales Array mit Farbwerten sein. Die Farbwerte können in zahlreichen Formaten

11.1 3D-Grafik mit OpenGL

angegeben werden. Im Folgenden werden drei aufeinander folgende Bytes mit den RGB-Werten verwendet. Die Funktion *MakeTexture* beschreibt das Array *Image* so, dass es wie ein Schachbrett abwechselnd aus schwarzen und weißen Quadraten besteht, die jeweils 8 Punkte breit sind. Aus den Bilddaten des Arrays wird dann mit *glTexImage2D* eine Textur definiert:

```
void MakeTexture()
{
const int Width=64,Height=64; // muss Zweierpotenz sein
GLubyte Image[Width][Height][3]; // RGB
for (int i = 0; i < Width; i++)
   for (int j = 0; j < Height; j++)
      {
         int c = (((i&0x8)==0)^((j&0x8)==0)); // 0 oder 1
         Image[i][j][0] = c*255; // schwarz oder weiß
         Image[i][j][1] = c*255;
         Image[i][j][2] = c*255;
      }
glTexImage2D(GL_TEXTURE_2D, 0, 3, Width, Height,
             0, GL_RGB, GL_UNSIGNED_BYTE, Image);
}
```

Eine Textur hat meist ganz andere Maße als die Figur, auf die sie abgebildet wird. Mit *glTexParameterf* kann man festlegen, wie die Textur auf eine Oberfläche abgebildet wird. Die Kombination der Texturfarben mit den Farben der Oberfläche kann man mit *glTexEnv* festlegen. Alle Aufrufe dieser Funktion beziehen sich auf die zuletzt mit *glTexImage2D* definierte Textur. Für eine ausführliche Beschreibung dieser Funktionen und ihrer zahlreichen Parameter wird auf die Literatur verwiesen.

```
void InitTexture()
{
MakeTexture();
glPixelStorei(GL_UNPACK_ALIGNMENT, 1);
glTexParameterf(GL_TEXTURE_2D, GL_TEXTURE_MAG_FILTER,
                                              GL_LINEAR);
glTexParameterf(GL_TEXTURE_2D, GL_TEXTURE_MIN_FILTER,
                                              GL_LINEAR);
glTexEnvf(GL_TEXTURE_ENV, GL_TEXTURE_ENV_MODE, GL_DECAL);
}
```

Nach diesen Initialisierungen erzeugt die Funktion *TexturedQuad* eine Fläche mit dem Muster der Textur. Mit *glTexCoord2d* werden die Eckpunkte der Textur den folgenden mit *glVertex* angegebenen Eckpunkten der Figur zugeordnet. Dabei geht man wie hier meist davon aus, dass die Textur die Eckpunkte (0,0), (0,1), (1,1) und (1,0) hat:

```
void TexturedQuad(GLdouble v0[], GLdouble v1[],
                  GLdouble v2[], GLdouble v3[])
{ // Viereck mit den Eckpunkten v0, v1, v2 und v3
glEnable(GL_TEXTURE_2D);
glBegin(GL_QUADS);
   glTexCoord2d(0,0); glVertex3dv(v0);
   glTexCoord2d(0,1); glVertex3dv(v1);
   glTexCoord2d(1,1); glVertex3dv(v2);
   glTexCoord2d(1,0); glVertex3dv(v3);
glEnd();
glDisable(GL_TEXTURE_2D);
}
```

In *TexturedSphere* wird die Textur auf eine Kugel abgebildet:

```
void TexturedSphere(GLdouble radius)
{ // wie in glut-3.7\lib\glut\glut_shapes.c
static GLUquadricObj *quadObj=gluNewQuadric();
glEnable(GL_TEXTURE_2D);
   gluQuadricDrawStyle(quadObj, GLU_FILL);
   gluQuadricNormals(quadObj, GLU_SMOOTH);
   gluQuadricTexture(quadObj, GL_TRUE);
   GLint slices=30, stacks=30;
   gluSphere(quadObj, radius, slices, stacks);
glDisable(GL_TEXTURE_2D);
}
```

Ruft man diese beiden Funktionen wie in *TexturedFigures* auf, erhält man die linke der nächsten beiden Abbildungen:

```
void TexturedFigures()
{
glPushMatrix();
   GLdouble v0[]={-1.2, 0, -1}, v1[]={-1.2, 1, -1},
            v2[]={-0.2, 1, -1}, v3[]={-0.2, 0, -1};
   TexturedQuad(v0,v1,v2,v3);
   glTranslated(1, 0.5, -3.0);
   TexturedSphere(1);
glPopMatrix();
}
```

Dateien mit Bilddaten enthalten außer den eigentlichen Farbwerten meist noch zahlreiche andere Informationen wie z.B. die Höhe und Breite eines Bildes. Die Funktion *ReadWindowsBitmap* liest eine Bilddatei im **Bitmap-Format von Windows** ein und wandelt die Bilddaten in ein Format um, das von OpenGL verwendet werden kann. Sie verwendet dazu die Klasse *TBitmap* der VCL.

```
void LoadWindowsBitmap(char* fn)
{
Graphics::TBitmap* b=new Graphics::TBitmap();
b->LoadFromFile(fn);
GLubyte *bmp =new GLubyte[b->Width*b->Height*3];
```

11.1 3D-Grafik mit OpenGL

```
    for (int i = 0; i < b->Height; i++)
      for (int j = 0; j < b->Width; j++)
        {
          int Pixel=b->Canvas->Pixels[j][i];
          bmp[3*(i*b->Width+j)+0] = GetRValue(Pixel);
          bmp[3*(i*b->Width+j)+1] = GetGValue(Pixel);
          bmp[3*(i*b->Width+j)+2] = GetBValue(Pixel);
        }
    gluBuild2DMipmaps(GL_TEXTURE_2D, GL_RGB, b->Width,
                 b->Height, GL_RGB, GL_UNSIGNED_BYTE, bmp);
    delete b;
    delete[] bmp;
  }
```

Hier wird anstelle von *glTexImage2D* die Funktion *gluBuild2DMipmaps* aufgerufen. Bei dieser Funktion müssen die Arraygrenzen keine Zweierpotenzen sein.

Bei der rechten der nächsten beiden Abbildungen wurde der Aufruf von *Make-Texture* in *InitTexture* durch einen Aufruf *LoadWindowsBitmap* ersetzt. Dabei wurde eine Mercator-Projektion der Erde geladen und die Erde so gedreht, dass der Nordpol oben ist:

In den bisherigen Beispielen wurde immer nur eine einzige Textur verwendet. Weitere Texturen kann man mit ***glGenTextures*** und ***glBindTexture*** erzeugen.

Aufgaben 11.1

Schreiben Sie ein Programm, das in einer Menüleiste die Optionen *Scene*, *Lights* und *Texture* anbietet.

1. Unter *Scene* sollen die folgenden Optionen angeboten werden:

   a) Nach der Auswahl „coordinate system" soll ein Koordinatenkreuz gezeichnet werden. Verwenden Sie dazu eine Funktion *Arrow*, die einen Pfeil der Länge 1 vom Ursprung auf der x-Achse zeichnet. Erzeugen Sie aus drei solchen Pfeilen dasselbe Koordinatenkreuz wie mit der Funktion *CoordinateSystem* von Seite 1034.

b) Ein Modell eines Wassermoleküls soll aus einer Kugel für das Sauerstoffatom und zwei Kugeln für die beiden Wasserstoffatome bestehen. Die Wasserstoffatome sollen mit den Sauerstoffatomen durch dünne Stäbchen (Zylinder) verbunden werden, die einen Winkel von 120 Grad einschließen.

c) In einer Funktion *RotatingCubeAndCylinder* sollen ein Würfel und ein Kegel gezeichnet werden. Bei wiederholten Aufrufen dieser Funktion sollen sich diese Figuren unabhängig voneinander drehen.

d) Die Stadt wie im Beispiel auf Seite 1035 soll nicht durch eine absolute Positionierung der Quader erzeugt werden, sondern durch einen Quader im Ursprung, der mit *glTranslate* an die richtige Position gesetzt wird.

e) In einer Funktion *Robot* soll ein einfacher Roboter gezeichnet werden, der z.B. aus einer Kugel für den Kopf und Zylindern für den Körper und die Arme besteht. Bei wiederholten Aufrufen soll sich der Winkel der Arme zum Körper leicht ändern, so dass der Eindruck einer kontinuierlichen Bewegung entsteht.

f) Ergänzen Sie das Solarsystem von Seite 1040 so, dass sich die Erde um eine Achse durch den Nord- und Südpol dreht. Außerdem soll sich ein zweiter Mond um die Erde drehen.

g) Eine Funktion *AnimatedPaperplanes* soll einige Papierflieger (siehe Seite 1036) zeichnen. Ihre Position soll sich zwischen zwei aufeinander folgenden Aufrufen leicht verändern, so dass der Eindruck entsteht, dass sie (z.B. auf einer spiralförmigen Bahn) durch den Raum segeln.

2. Die jeweils dargestellte Szene soll mit den Pfeiltasten gedreht und verschoben werden können. Verwenden Sie dazu in der Funktion *FormKeyDown* geeignete Transformationen.

3. Unter der Menüoption *Lights* soll eine Lichtquelle aktiviert und deaktiviert werden können. Falls die Lichtquelle aktiviert ist, sollen in einem weiteren Formular die Position und Intensität der RGB-Werte des ambienten und spekulären Lichts sowie die ambienten, spekulären und diffusen Reflektionswerte der Oberflächen gesetzt werden können (z.B. mit einem ScrollBar). Dabei sollen die diffusen und spekulären Lichtwerte jeweils gleich sein, ebenso die ambienten und diffusen Materialwerte.

4. Unter der Option *Textures* sollen die folgenden Optionen angeboten werden:

a) Ein einfaches Bild wie das Schachbrett von Seite 1047 soll als Textur geladen werden.

b) Ein Windows-Bitmap soll mit einem *OpenPictureDialog* als Textur geladen werden.

c) Die unter a) oder b) geladene Textur soll bei einfachen Figuren wie einem Quadrat oder einer Kugel verwendet werden.

d) Ergänzen Sie das Solarsystem so, dass die Erde mit der unter a) oder b) gewählten Textur gezeichnet wird.

e) Schreiben Sie eine Funktion *TexturedCube*, die einen Würfel mit der aktuell gewählten Textur auf den Seitenflächen zeichnet. In einem genügend großen Würfel kann man sich dann wie in einem Raum bewegen.

11.2 Win32-Funktionen zur Dateibearbeitung

Die in Abschnitt 4.6 vorgestellten Funktionen und Klassen zur Dateibearbeitung gehören zum Sprachumfang von C++. Sie sind so definiert, dass sie unter nahezu allen Betriebssystemen implementiert werden können. Deshalb ist ihr Leistungsumfang auf die Gemeinsamkeiten dieser Betriebssysteme beschränkt. Wenn man spezielle Möglichkeiten eines bestimmten Betriebssystems wie z.B. Windows 9x nutzen will, muss man Funktionen verwenden, die das Betriebssystem zur Verfügung stellt.

Die folgenden Ausführungen sollen einen kurzen Überblick über die Funktionen zur Dateibearbeitung unter Win32 geben. Für weitere Informationen wird auf die Online-Hilfe zum Win32-SDK verwiesen, insbesondere unter dem Stichwort „Files".

11.2.1 Elementare Funktionen

Mit **CreateFile** kann man eine neue Datei anlegen oder eine bestehende öffnen. Diese Funktion ist aber nicht auf Dateien beschränkt: Sie kann auch für den Aufbau einer Interprozesskommunikation (über so genannte pipes oder mailslots) oder einer Datenübertragung über die serielle Schnittstelle verwendet werden.

Angesichts dieser Vielseitigkeit überrascht es wohl kaum, dass *CreateFile* wesentlich mehr Parameter als einer der Konstruktoren der *fstream*-Klassen hat:

```
HANDLE CreateFile(
    LPCTSTR lpFileName,   // Zeiger auf den Dateinamen
    DWORD dwDesiredAccess,  // Zugriffsmodus (Lesen oder Schreiben)
    DWORD dwShareMode,  // Share-Modus
    LPSECURITY_ATTRIBUTES lpSecurityAttributes, //Zeiger auf Security-
                                   // Attribute (nur unter NT)
    DWORD dwCreationDistribution,  // Aktion, falls die Datei existiert
    DWORD dwFlagsAndAttributes,   // Dateiattribute
    HANDLE hTemplateFile); // Handle eines Files, dessen Attribute kopiert
                                   // werden (nur unter NT)
```

Diese Parameter bedeuten:

– *lpFileName*: Zeiger auf einen nullterminierten String mit dem Dateinamen.

- *dwDesiredAccess*: definiert mit den vordefinierten Konstanten GENERIC_READ und GENERIC_WRITE bzw. einer Kombination der beiden die Zugriffsrechte Lesen, Schreiben bzw. Lesen und Schreiben.

- *dwShareMode*: legt fest, ob eine bereits geöffnete Datei vor dem Aufruf von *CloseHandle* erneut geöffnet werden kann. Falls hier der Wert 0 übergeben wird, ist das nicht möglich. Mit FILE_SHARE_READ kann die Datei gleichzeitig zum Lesen und mit FILE_SHARE_WRITE zum Schreiben geöffnet werden.

- *lpSecurityAttributes*: Damit werden unter Windows NT Zugriffsrechte für einzelne Benutzer oder Gruppen von Benutzern festgelegt. Unter Windows 95 werden diese Attribute ignoriert.

- *dwCreationDistribution*: eine der folgenden vordefinierten Konstanten:

    CREATE_NEW: erzeugt eine neue Datei. Falls sie schon existiert, ist der Aufruf von *CreateFile* nicht erfolgreich.
    CREATE_ALWAYS: erzeugt eine neue Datei. Falls sie schon existiert, wird sie überschrieben.
    OPEN_EXISTING: öffnet eine Datei. Falls sie nicht existiert, ist der Aufruf von *CreateFile* nicht erfolgreich.
    OPEN_ALWAYS: öffnet eine Datei. Falls sie nicht existiert, wird sie neu angelegt.
    TRUNCATE_EXISTING: öffnet eine Datei und löscht ihren Inhalt. Falls sie nicht existiert, ist der Aufruf von *CreateFile* nicht erfolgreich.

- *dwFlagsAndAttributes*: definiert die Attribute der Datei, z.B.

    FILE_ATTRIBUTE_HIDDEN: setzt das Dateiattribut *Hidden*. Solche Dateien werden bei dem MS-DOS Befehl „dir" nicht angezeigt.
    FILE_ATTRIBUTE_NORMAL: Es werden keine Dateiattribute gesetzt.
    FILE_ATTRIBUTE_READONLY: die Datei kann nur gelesen, aber nicht geschrieben oder gelöscht werden.

- *hTemplateFile*: unter Windows NT das Handle eines Files, dessen Attribute die neu anzulegende Datei erhalten soll. Unter Windows 9x muss dieser Wert 0 sein.

Falls die Datei erfolgreich geöffnet werden konnte, ist der **Funktionswert** von *CreateFile* das Handle der neu angelegten bzw. geöffneten Datei. Dieses Handle identifiziert die Datei und wird bei den Funktionen zum Lesen, Schreiben und Schließen der Datei angegeben.

Falls der Aufruf von *CreateFile* nicht erfolgreich war, wird der Funktionswert INVALID_HANDLE_VALUE zurückgegeben. Die Nummer des letzten Fehlers erhält man dann mit

11.2 Win32-Funktionen zur Dateibearbeitung

DWORD GetLastError(VOID)

Aus dieser Nummer kann man dann mit der VCL-Funktion *SysErrorMessage* eine Fehlermeldung im Klartext erzeugen. Diese Fehlermeldungen sind wesentlich differenzierter als die nach *open* mit einer Stream-Klasse der Standardbibliothek von C++. In den folgenden Beispielen werden sie mit der Funktion *ShowLastError* angezeigt:

```
void ShowLastError(AnsiString where)
{
MessageBox(NULL,SysErrorMessage(GetLastError()).c_str(),
                 where.c_str(),MB_OK|MB_ICONERROR);
}
```

Beispiel: Der folgende Aufruf von *CreateFile* legt eine neue Datei an. Falls dabei ein Fehler auftritt, gibt *ShowLastError* eine Meldung aus.

```
HANDLE h= CreateFile(
  "c:\\test\\test.dat",    // Dateiname
  GENERIC_READ|GENERIC_WRITE,//Lesen und Schreiben
  0, // 0: Allein benutzen
  0, // 0: keine SECURITY_ATTRIBUTES
  CREATE_ALWAYS,           // immer neu anlegen
  FILE_ATTRIBUTE_NORMAL, // Dateiattribut
  0); // keine Attribute kopieren
if (h==INVALID_HANDLE_VALUE)
   ShowLastError("CreateFile");
```

In eine zum Schreiben geöffnete Datei (*dwDesiredAccess*: GENERIC_WRITE) kann man mit *WriteFile* Daten schreiben:

*BOOL **WriteFile**(HANDLE hFile, // Handle der Datei*
   LPCVOID lpBuffer, // Adresse der Daten
   DWORD nNumberOfBytesToWrite, // Anzahl der zu schreibenden Bytes
   LPDWORD lpNumberOfBytesWritten, // Adresse für die Anzahl der
                                         // geschriebenen Bytes
   LPOVERLAPPED lpOverlapped); // für overlapped I/O , sonst 0

Da die Funktionen der Windows-API in C geschrieben sind und C keine Referenzparameter kennt, wird für Parameter, über die eine Funktion einen Wert zurückgibt, ein Zeiger übergeben. So wird z.B. beim Aufruf von *WriteFile* für *lpNumberOfBytesWritten* die Adresse einer Variablen des Typs DWORD übergeben. An diese Adresse wird dann die Anzahl der geschriebenen Bytes geschrieben.

Falls *WriteFile* erfolgreich ausgeführt werden konnte, ist der Funktionswert ungleich 0 und sonst 0. Im Fehlerfall kann man mit *GetLastError* weitere Informationen über den Fehler erhalten.

Beispiel: Die folgenden Anweisungen schreiben eine Variable K in eine Datei mit dem Handle h.

```
DWORD NumberOfBytesWritten;

bool success=WriteFile(h, &K, sizeof(K),
                        &NumberOfBytesWritten, 0);
if (!success) ShowLastError("WriteFile");
```

Aus einer zum Lesen geöffneten Datei (*dwDesiredAccess*: GENERIC_READ) kann man mit *ReadFile* lesen:

BOOL **ReadFile**(HANDLE hFile, // Handle der Datei
   LPVOID lpBuffer,// Adresse des Puffers für die gelesenen Daten
   DWORD nNumberOfBytesToRead, // Anzahl der zu lesenden Bytes
   LPDWORD lpNumberOfBytesRead ,// Adresse der Anzahl gelesener Bytes
   LPOVERLAPPED lpOverlapped); // für overlapped I/O, sonst 0

Die Parameter und der Funktionswert haben im Wesentlichen dieselbe Bedeutung wie bei der Funktion *WriteFile*. Falls die Anzahl der gelesenen Bytes nicht gleich der Anzahl der zu lesenden Bytes ist, wurde das **Ende der Datei** erreicht.

Beispiel: Die folgenden Anweisungen lesen eine Datei mit Werten des Typs T:

```
DWORD NumberOfBytesRead;
T K;
bool success = true, eof=false;
while (success && !eof)
  {
  success=ReadFile(h,&K,sizeof(K),
                         &NumberOfBytesRead,0);
  if (!success) ShowLastError();
  eof=NumberOfBytesRead<sizeof(K);
  if (!eof) // Datensatz kann bearbeitet werden
  }
```

Die Funktionen *ReadFile* bzw. *WriteFile* lesen bzw. schreiben ihre Daten immer ab der aktuellen Position des Dateizeigers. Dieser kann mit der Funktion *SetFilePointer* auf eine bestimmte Position gesetzt werden. Damit ist dann ein Direktzugriff möglich:

DWORD **SetFilePointer**(HANDLE hFile, // Handle der Datei
   LONG lDistanceToMove,   // Anzahl der Bytes, um die der File-Pointer
                            // relativ zum Startpunkt bewegt werden soll
   PLONG lpDistanceToMoveHigh,   // Für Bewegungen > 2^{32}-2 Bytes
   DWORD dwMoveMethod); // Startpunkt

Für *dwMoveMethod* kann einer der folgenden Werte angegeben werden:

11.2 Win32-Funktionen zur Dateibearbeitung

FILE_BEGIN: Der Startpunkt ist der Dateianfang.
FILE_CURRENT: Der Startpunkt ist die aktuelle Dateiposition.
FILE_END: Der Startpunkt ist das Dateiende.

Mit *CloseHandle* kann eine Datei wieder geschlossen werden:

BOOL CloseHandle(HANDLE hObject); // Handle der Datei

Auch hier ist der Funktionswert von Null verschieden, falls die Funktion erfolgreich ausgeführt wurde. Andernfalls erhält man mit *GetLastError* weitere Informationen über den Fehler:

```
if (!CloseHandle(h)) ShowLastError();
```

11.2.2 Der gleichzeitige Zugriff von mehreren Anwendern auf eine Datei

Mit den Argumenten für *dwShareMode* und *dwDesiredAccess* kann man beim Aufruf von *CreateFile* steuern, ob eine bereits geöffnete Datei erneut geöffnet werden kann. Das ist zwar innerhalb eines Programms nur selten sinnvoll. In einem **Netzwerk** mit mehreren Benutzern kann es aber notwendig sein, dass mehrere Programme gleichzeitig auf dieselbe Datei zugreifen können. In diesem Zusammenhang ist es ohne Bedeutung, ob eine Datei von demselben Programm oder von verschiedenen Programmen mehrfach geöffnet wird.

Die Zugriffsrechte für die einzelnen Kombinationen von *dwShareMode* und *dwDesiredAccess* ergeben sich aus der Tabelle:

```
       \    Zweite und weitere Aufrufe von CreateFile
        \        Exclu-  Shared  Shared  Shared
 Erster\         sive    Read    Write   R/W
 Aufruf   \   R W RW   R W RW  R W RW  R W RW
 ------    -  --------------------------------
 Exclu-  R  | N N N    N N N   N N N   N N N
 sive    W  | N N N    N N N   N N N   N N N
         RW | N N N    N N N   N N N   N N N
 -----
 Shared  R  | N N N    Y N N   N N N   Y N N
 Read    W  | N N N    N N N   Y N N   Y N N
         RW | N N N    N N N   N N N   Y N N
 -----
 Shared  R  | N N N    N Y N   N N N   N Y N
 Write   W  | N N N    N N N   N Y N   N Y N
         RW | N N N    N N N   N N N   N Y N
 -----
 Shared  R  | N N N    Y Y Y   N N N   Y Y Y
 R/W     W  | N N N    N N N   Y Y Y   Y Y Y
         RW | N N N    N N N   N N N   Y Y Y
```

Hier bedeutet Y, dass der zweite Aufruf von *CreateFile* erfolgreich ist, und N, dass er nicht erfolgreich ist.

Beispiel: Die folgende Funktion öffnet eine Datei zum Lesen und zum Schreiben, so dass andere Programme sie zum Lesen, aber nicht zum Schreiben öffnen können:

```
void open(char* fn)
{
HANDLE h=CreateFile(fn, // Dateiname
            GENERIC_READ|GENERIC_WRITE,
            FILE_SHARE_READ,
            0, OPEN_ALWAYS,
            FILE_ATTRIBUTE_NORMAL, 0);
}
```

11.2.3 Record-Locking

Meist spricht nicht viel dagegen, dass mehrere Anwender eine Datei gleichzeitig lesen. Wenn aber mehrere Anwender das Recht haben, in eine Datei zu schreiben, muss sichergestellt werden, dass sie sich nicht gegenseitig Daten überschreiben.

Dazu ist es allerdings nicht notwendig, eine gesamte Datei für andere Anwender zu sperren. Unter Win32 kann mit der Funktion *LockFile* auch nur ein Teil einer Datei gesperrt werden (**Record-Locking**):

> BOOL **LockFile**(HANDLE hFile, // Handle der Datei
> DWORD dwFileOffsetLow,   // Anfangsadresse des zu sperrenden Bereichs
> DWORD dwFileOffsetHigh,   // Anfangsadresse des zu sperrenden Bereichs
> DWORD nNumberOfBytesToLockLow,// Länge des zu sperrenden Bereichs
> DWORD nNumberOfBytesToLockHigh);//Länge des zu sperrenden Bereichs

Hier wird die Anfangsposition und die Länge des zu sperrenden Bereichs in Low- und High-Anteile aufgeteilt. Für Positionen und Längen unter 4.294.967.295 Bytes wird als High-Anteil 0 übergeben. Falls der Bereich gesperrt werden konnte, ist der Funktionswert von Null verschieden.

Beim folgenden Aufruf dieser Funktion werden *RecSize* Bytes des Datensatzes mit der Nummer *RecNr* einer Datei gesperrt:

```
typedef int DataRec; // Datentyp eines Datensatzes
const int RecSize=sizeof(DataRec); // Größe Datensatz
int RecNr; // Nummer des zu sperrenden Datensatzes

if (LockFile(lfh,RecNr*RecSize,0, RecSize,0))
  {//Daten können bearbeitet werden
    // ...
  }
else
  ShowMessage("Daten gesperrt, später wieder versuchen");
```

11.2 Win32-Funktionen zur Dateibearbeitung

Mit *UnlockFile* kann ein gesperrter Bereich wieder freigegeben werden. Die Bedeutung der Parameter entspricht der bei *LockFile*:

BOOL **UnlockFile**(HANDLE hFile,
  DWORD dwFileOffsetLow, DWORD dwFileOffsetHigh,
  DWORD nNumberOfBytesToUnlockLow,
  DWORD nNumberOfBytesToUnlockHigh);

11.2.4 VCL-Funktionen zur Dateibearbeitung und die Klasse *TFileStream*

Die Unit *SysUtils* enthält einige Funktionen, die eine einfachere Benutzung der teilweise unübersichtlich vielfältigen Funktionen *CreateFile*, *ReadFile*, *WriteFile*, *SetFilePointer* und *CloseHandle* bei Dateien ermöglichen:

  int __fastcall **FileOpen**(const AnsiString FileName, int Mode)

Der Quelltext dieser Funktion aus „Source\vcl\SYSUTILS.PAS" zeigt, dass sie im Wesentlichen nur aus einem Aufruf von *CreateFile* besteht und dabei Argumente verwendet, die für Dateien normalerweise richtig sind:

```
function FileOpen(const FileName: string; Mode:
                                    LongWord): Integer;
const
  AccessMode: array[0..2] of LongWord = (
    GENERIC_READ, GENERIC_WRITE,
    GENERIC_READ or GENERIC_WRITE);
  ShareMode: array[0..4] of LongWord = (
    0, 0, FILE_SHARE_READ, FILE_SHARE_WRITE,
    FILE_SHARE_READ or FILE_SHARE_WRITE);
begin
Result := Integer(CreateFile(PChar(FileName),
        AccessMode[Mode and 3],
        ShareMode[(Mode and $F0) shr 4],
        nil, OPEN_EXISTING, FILE_ATTRIBUTE_NORMAL, 0));
end;
```

FileOpen öffnet die Datei mit dem als *FileName* angegebenen Namen. Als Argument für *Mode* wird eine Kombination der *fmOpen-* und *fmShare*-Konstanten erwartet. Diese ergeben dann die als Kommentar angegebenen Argumente für *CreateFile*:

```
fmOpenRead       = $0000; // GENERIC_READ
fmOpenWrite      = $0001; // GENERIC_WRITE
fmOpenReadWrite  = $0002; // GENERIC_READ|GENERIC_WRITE

fmShareCompat    = $0000; // 0
fmShareExclusive = $0010; // 0
fmShareDenyWrite = $0020; // FILE_SHARE_READ
fmShareDenyRead  = $0030; // FILE_SHARE_WRITE
fmShareDenyNone  = $0040; // FILE_SHARE_READ|
                                    FILE_SHARE_WRITE
```

Ein positiver Rückgabewert bedeutet, dass die Funktion erfolgreich ausgeführt wurde. Dieser ist dann das Handle der Datei. Wenn ein Fehler aufgetreten ist, wird der Wert *INVALID_HANDLE_VALUE* zurückgegeben.

Die Funktion *FileCreate* ist ähnlich konstruiert wie *FileOpen* und legt eine neue Datei an. Mit *FileClose* kann man eine Datei schließen:

> int __fastcall **FileCreate**(const AnsiString FileName);
> void __fastcall **FileClose**(int Handle);

FileRead liest *Count* Bytes aus der Datei mit dem angegebenen *Handle* in den als Buffer angegebenen Speicherbereich. Der Funktionswert ist die Anzahl der tatsächlich gelesenen Zeichen. Ist dieser kleiner als *Count*, wurde das Ende der Datei erreicht. Der Funktionswert –1 bedeutet, dass ein Fehler aufgetreten ist.

> int __fastcall **FileRead**(int Handle, void *Buffer, int Count);
> int __fastcall **FileWrite**(int Handle, const void *Buffer, int Count);
> int __fastcall **FileSeek**(int Handle, int Offset, int Origin);

Die Klasse **TFileStream** ermöglicht eine noch etwas einfachere Arbeit mit Dateien als die Funktionen *FileOpen*, *FileCreate*, *FileRead* usw., da sie das Handle einer Datei als Datenelement enthält. Deshalb muss man das Handle bei den Dateioperationen nicht angeben. Weitere Informationen zu dieser Klasse findet man in der Online-Hilfe und ihren Quelltext in „Sources\VCL\Classes.pas".

Der Konstruktor öffnet eine Datei mit dem angegebenen Dateinamen. Der Parameter *Mode* hat dieselbe Bedeutung wie in der Funktion *FileOpen*:

> __fastcall **TFileStream**(const AnsiString FileName, Word Mode);

Falls die Datei nicht geöffnet werden kann, wird eine Exception der Klasse *EFCreateError* bzw. *EFOpenError* ausgelöst. Im Destruktor der Klasse *TFileStream* wird *FileClose* aufgerufen. Deshalb wird eine mit *TFileStream* in einem Block reservierte Datei auch bei einer Exception wieder freigegeben (siehe Abschnitt 5.10.8, „resource acquisition is initialization").

Die Elementfunktionen zum Lesen, Schreiben und zur Positionierung für einen Direktzugriff

> virtual long __fastcall **Write**(const void *Buffer, long Count);
> virtual long __fastcall **Read**(void *Buffer, long Count);
> virtual long __fastcall **Seek**(long Offset, unsigned short Origin);

rufen die Funktionen *FileWrite*, *FileRead* und *FileSeek* auf und verwenden das Handle der Datei aus der Klasse. Wenn bei diesen Funktionen ein Fehler auftritt, wird allerdings im Gegensatz zu einem Fehler im Konstruktor keine Exception ausgelöst. Die Klasse *TFileStream* kann z.B. folgendermaßen verwendet werden:

```
TFileStream* tfs=new TFileStream("c:\\t.dat",fmOpenRead);
char c=1;
tfs->Write(&c,sizeof(c));
tfs->Seek(0,FILE_BEGIN);
tfs->Read(&c,sizeof(c));
delete tfs;
```

Aufgaben 11.2

Verwenden Sie hier nur die Win32-Funktionen zur Dateibearbeitung.

1. Legen Sie eine einfache Datei (z.B. mit 10 aufeinander folgenden Werten des Datentyps *int*) an. Lesen Sie anschließend die Daten aus dieser Datei. Prüfen Sie nach jedem Aufruf einer Win32-Funktion, ob ein Fehler aufgetreten ist, und geben Sie dann mit einer Funktion wie *ShowLastError* eine Meldung aus.
2. Geben Sie einige dieser Fehlermeldungen aus, indem Sie mit *CreateFile* eine Datei mit einem unzulässigen Dateinamen öffnen oder aus einer nicht geöffneten bzw. nur zum Schreiben geöffneten Datei lesen.
3. Die Datei von Aufgabe 1 soll so geöffnet werden, dass andere Anwender sie lesen oder beschreiben können. Bieten Sie die Möglichkeit an, einzelne Datensätze der Datei zu sperren, und prüfen Sie vor dem Lesen oder Schreiben von Datensätzen, ob sie gesperrt ist. Testen Sie das Programm, indem sie es mehrfach starten.

11.3 Datenübertragung über die serielle Schnittstelle

Die seriellen und parallelen Schnittstellen gehören zu den ältesten und am weitesten verbreiteten Schnittstellen, über die Daten zwischen verschiedenen Rechnern bzw. einem Rechner und Peripheriegeräten (z.B. Drucker, Modem, Maus oder Geräten zur Messwerterfassung) übertragen werden. Die meisten PCs haben zwei serielle Schnittstellen (COM1 und COM2) und eine parallele (LPT1).

Im Folgenden werden zunächst die wichtigsten Grundbegriffe vorgestellt. Dann wird gezeigt, wie ein solcher Datenaustausch unter Windows realisiert werden kann. Weitere Informationen zu den Win32-Funktionen zur seriellen Kommunikation findet man in der Online-Hilfe zum Win32-SDK unter dem Stichwort „About Communications" sowie in dem Artikel von Denver (1995).

11.3.1 Grundbegriffe

Bei der **parallelen Datenübertragung** wird jedes Bit eines Bytes über eine eigene Leitung übertragen. Diese Art der Datenübertragung wird bei PCs vor allem für den Datenaustausch mit Druckern verwendet. Die maximale Kabellänge liegt bei ca. 5 Metern und die maximale Datenübertragungsrate bei ca. 100 KB/sek. Neben den acht Leitungen für die Daten und einer für die Masse sind außerdem noch einige Steuerleitungen für die Synchronisation notwendig.

Bei einer **seriellen Datenübertragung** werden dagegen alle Bits über eine einzige Leitung übertragen. Sie werden dabei durch verschiedene Zustände (z.B. zwei verschiedene Spannungen oder Stromstärken) im Lauf der Zeit dargestellt. Damit der Empfänger weiß, wann der Sender ein neues Bit übertragen hat, müssen die beiden synchronisiert werden.

Bei der **synchronen seriellen Datenübertragung** wird über eine zusätzliche Leitung ein Taktsignal übertragen. Allerdings steht diese Übertragungsart bei PCs normalerweise nicht zur Verfügung. Vielmehr ist die **asynchrone Datenübertragung** üblich, bei der Sender und Empfänger dieselbe Datenübertragungsrate verwenden. Diese wird meist in **Baud** gemessen und bezeichnet die Anzahl der Signaländerungen pro Sekunde. Bei zweiwertigen Signalen entspricht ein Baud einem **Bit pro Sekunde**. Wenn ein Signal aber mehr als zwei verschiedene Zustände haben kann, wird mit einem Baud mehr als ein Bit pro Sekunde übertragen. Solche Signale werden oft bei Modems verwendet.

Damit der Empfänger erkennen kann, ob der Sender mit dem Senden von Daten beginnt, hat die Datenleitung im Ruhezustand den Bitwert 1. Der Sender sendet dann vor jedem Datenpaket ein so genanntes **Startbit** mit dem Bitwert 0. Da bei einer asynchronen Datenübertragung mindestens ein **Stopbit** notwendig ist, müssen dann für 8 Datenbits insgesamt 10 Bits übertragen werden.

Damit der Empfänger Übertragungsfehler erkennen kann, wird nach den Daten oft ein so genanntes **Parity-Bit** gesendet. Es wird meist so gesetzt, dass die Anzahl der Einsen in einem Datenbyte immer gerade oder immer ungerade ist (Even Parity bzw. Odd Parity). Der Empfänger prüft dann nach jedem empfangenen Byte, ob das empfangene Parity-Bit dem entspricht, das sich aus der Anzahl der empfangenen Einsen ergeben müsste. Falls das nicht zutrifft, ist ein Übertragungsfehler aufgetreten. Allerdings ist die Fehlererkennungsrate mit einem Parity-Bit nicht besonders hoch (50 %). Deshalb werden bei vielen Protokollen meist ganze Datenblöcke zusammen mit einer Prüfsumme gesendet. Damit können mehr Übertragungsfehler erkannt werden. Wenn man ein solches Protokoll verwendet, ist ein Parity-Bit überflüssig.

Die Umwandlung eines zu übertragenden Bytes in serielle Signale und umgekehrt wird von einem speziellen Chip durchgeführt. In älteren PCs war das der „Universal Asynchronous Receiver/Transmitter (UART) 8250". Neuere PCs enthalten meist einen der Nachfolger 16450 oder 16550. Diese Chips führen eine asynchrone Übertragung durch und können so programmiert werden, dass sie

– die Daten mit einer bestimmten Baud-Rate senden bzw. empfangen
– beim Senden eine bestimmte Anzahl von Stopbits bzw. ein Parity-Bit in den Datenstrom einfügen und diese beim Empfang erwarten
– beim Empfang eines Bytes einen **Interrupt** auslösen. Als Reaktion darauf kann es dann in einen Puffer kopiert werden. So muss ein Programm nicht regelmäßig in den kurzen Zeitabständen, in denen zwei Zeichen aufeinander folgen können, prüfen, ob ein neues Zeichen empfangen wurde.

Unter Win32 wird dieser Chip so initialisiert, dass beim Empfang von Daten ein Interrupt ausgelöst und eine Funktion im Treiber für die Schnittstelle aufgerufen wird. Diese legt die Daten in einem Puffer ab. Falls der Puffer nicht überläuft, besteht so keine Gefahr, empfangene Daten zu verlieren.

11.3.2 Standards für die serielle Schnittstelle: RS-232C bzw. V.24

Der am weitesten verbreitete Standard für die serielle Datenübertragung ist unter den Namen RS-232C, V.24 oder EIA-232 bekannt. Alle drei bezeichnen denselben Standard und definieren

– elektrische Eigenschaften (z.B. Spannungspegel, Kurzschlusssicherheit bei weniger als 0,5 A)
– mechanische Eigenschaften (z.B. die Maße der Stecker, Stifte usw.)
– logische Eigenschaften (z.B. die Bedeutung von 25 Datenleitungen).

Dieser Standard wurde in den 60-er Jahren für die Ansteuerung von Textterminals entworfen und ermöglicht bei Übertragungsraten unter 20000 Baud und Kabellängen unter 15 m eine sichere Übertragung. In der Praxis hat man aber auch oft bei höheren Baud-Raten und längeren Kabeln eine sichere Übertragung.

Dabei wird von einer Kommunikation zwischen einem Datenendgerät (Data Terminal Equipment, DTE) und einem Datenübertragungsgerät (Data Communications Equipment, DCE) ausgegangen. Hier ist ein DTE z.B. ein Terminal oder ein Rechner, der ein Terminal emuliert, und ein DCE z.B. ein Modem.

Von den 25 Leitungen sind die meisten nur für eine synchrone Datenübertragung notwendig. Für eine asynchrone Datenübertragung reichen 9 Signale aus. Diese liegen bei den üblichen 9- und 25-poligen Steckern auf den folgenden Pins:

Lei-tung	Pin-Nr. 25-poliger Stecker	Pin-Nr. 9-poliger Stecker	
TD	2	3	Für die Sendedaten vom DTE an das DCE
RD	3	2	Für die Sendedaten vom DCE an das DTE
RTS	4	7	Das DTE signalisiert dem DCE, dass es senden will
CTS	5	8	Das DCE signalisiert dem DTE Empfangsbereitschaft
DSR	6	6	Das DCE signalisiert Betriebsbereitschaft
SG	7	5	Signalmasse
DCD	8	1	Das DCE signalisiert, dass das Trägersignal erkannt wurde
DTR	20	4	Das DTE signalisiert dem DCE Betriebsbereitschaft
RI	22	9	Das DCE signalisiert dem DCE einen eingehenden Anruf

Drucker lassen sich nicht eindeutig einer der beiden Kategorien DCE oder DTE zuordnen. Manche Drucker sind als DTE und andere als DCE konfiguriert. Deshalb müssen die Kabel oft speziell an bestimmte Druckertypen angepasst werden.

Bei einer **Kopplung von zwei Rechnern** werden zwei Datenendgeräte (DTE) verbunden. Deshalb ist für einen solchen Datenaustausch ein Kabel notwendig, bei dem die Pins für die Sende- mit denen für die Empfangsleitung verbunden sind. Ein solches Kabel wird als **Nullmodemkabel** bezeichnet. Im einfachsten Fall reichen dafür drei Leitungen (TD, RD und SG) aus:

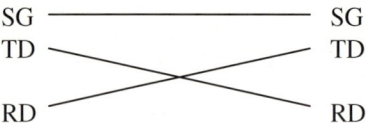

Mit einem solchen Kabel können auch Daten zwischen zwei PCs übertragen werden. Handelsübliche Nullmodemkabel für eine Rechnerkopplung mit dem Programm LapLink verwenden oft die folgenden Verbindungen:

Stecker 1			Stecker 2	
RD	2	3	TD	
TD	3	2	RD	
DTR	4	6	DSR	
SG	5	5	SG	
DSR	6	4	DTR	
RTS	7	8	CTS	
CTS	8	7	RTS	

11.3 Datenübertragung über die serielle Schnittstelle 1063

Die Funktionen in Abschnitt 11.3.3 wurden sowohl mit einer Dreidrahtverbindung als auch mit einem solchen Nullmodemkabel getestet.

11.3.3 Win32-Funktionen zur seriellen Kommunikation

Unter Win32 können Daten über eine serielle oder parallele Schnittstelle mit den Funktionen zur Dateibearbeitung von Abschnitt 11.2 übertragen werden. Zur Konfiguration einer Schnittstelle stehen weitere Funktionen zur Verfügung. Die folgenden Beispiele wurden mit einer Dreidrahtverbindung und einem handelsüblichen Nullmodemkabel getestet, indem Daten von einer der beiden seriellen Schnittstellen COM1 und COM2 an die andere gesendet wurden.

Bevor man Daten über eine serielle oder parallele Schnittstelle versenden oder empfangen kann, muss man die Schnittstelle mit *CreateFile* (siehe Seite 1034) öffnen. Dabei gibt man den Namen der Schnittstelle (z.B. „COM1", „COM2", „LPT1" oder „PRN") als Dateinamen an:

```
HANDLE OpenComm(char* Port)
{ // Öffnet den Port und gibt ein Handle zurück
HANDLE hCom = CreateFile(Port,// z.B. "COM1",
    GENERIC_READ|GENERIC_WRITE,//zum Senden und Empfangen
    0,    // Für comm devices exclusive-access notwendig
    0,    // Keine security attributes
    OPEN_EXISTING, // Für comm devices notwendig
    0,    // Kein overlapped I/O
    0); // Für comm devices muss hTemplate NULL sein
if (hCom == INVALID_HANDLE_VALUE)
   ShowLastError("CreateFile: "+AnsiString(Port));
return hCom;
}
```

Diese Funktion gibt ein Handle als Funktionswert zurück, das die Schnittstelle identifiziert. Über dieses Handle wird dann die Schnittstelle beim Initialisieren, Lesen und Schreiben von den Win32-Funktionen angesprochen. Für die folgenden Beispiele werden die beiden Schnittstellen COM1 und COM2 dann so geöffnet:

```
HANDLE hComSend,hComReceive;

void __fastcall TForm1::FormCreate(TObject *Sender)
{
hComSend=OpenComm("COM2");
hComReceive=OpenComm("COM1");
}
```

Für Dateien ist ein Aufruf von *CreateFile* ausreichend. Für die seriellen Schnittstellen sind aber noch weitere Initialisierungen notwendig.

Die Einstellungen des UART werden durch einen so genannten Device Control Block dargestellt. Das ist eine Struktur mit fast 30 Elementen, die den Namen DCB hat und die mit den beiden Funktionen gelesen und gesetzt werden kann:

BOOL **GetCommState**(HANDLE hFile,   // Handle der Schnittstelle
   LPDCB lpDCB); // Adresse einer Variablen des Datentyps DCB

BOOL **SetCommState**(HANDLE hFile,   // Handle der Schnittstelle
   LPDCB lpDCB); // Adresse einer Variablen des Datentyps DCB

Um die Einstellungen zu ändern, liest man zunächst die aktuellen Einstellungen in eine Variable des Typs DCB. In ihr ändert man dann die einzelnen Elemente und schreibt den gesamten Block wie in der Funktion *SetDCB* zurück:

```
void SetDCB(HANDLE hCom)
{
DCB dcb; // Device Control Block
BOOL fSuccess = GetCommState(hCom, &dcb); // DCB lesen
if (!fSuccess) ShowLastError("GetCommState");
dcb.BaudRate = 9600;         // Baudrate=9600
dcb.ByteSize = 8;            // 8 Datenbits
dcb.Parity   = NOPARITY;     // keine Parity
dcb.StopBits = ONESTOPBIT;   // 1 Stopbit

// SetCommState konfiguriert die serielle Schnittstelle
fSuccess = SetCommState(hCom, &dcb);
if (!fSuccess) ShowLastError("SetCommState");
}
```

Bei anderen Endgeräten bzw. anderen Kabelverbindungen können weitere Einstellungen notwendig sein. Diese Funktion kann dann folgendermaßen aufgerufen werden:

```
void __fastcall TForm1::FormCreate(TObject *Sender)
{
hComSend=OpenComm("COM2");
hComReceive=OpenComm("COM1");
//Setze COM1 und COM2 auf dieselben Übertragungsparameter
SetDCB(hComSend);
SetDCB(hComReceive);
SetReadTimeouts(hComReceive);
}
```

Damit man von einer Schnittstelle lesen kann, müssen außerdem noch die Timeouts für Lese- und Schreiboperationen durch einen Aufruf der Funktion

BOOL **SetCommTimeouts**(HANDLE hFile,   // Handle der Schnittstelle
   LPCOMMTIMEOUTS lpCommTimeouts); // Adresse der Timeout-Struktur

gesetzt werden. Ohne einen vorherigen Aufruf dieser Funktion gelten die Voreinstellungen des Treibers oder die Einstellungen, die ein anderes Programm gesetzt hat. Das kann zu einem unerwarteten Verhalten der Funktion *ReadFile* führen.

11.3 Datenübertragung über die serielle Schnittstelle

```
void SetReadTimeouts(HANDLE hCom)
{
COMMTIMEOUTS t;
// Alle Wert in Millisekunden
// Werte für ReadFile:
t.ReadIntervalTimeout=100; // Zeit zwischen zwei Zeichen
t.ReadTotalTimeoutMultiplier=0; // pro Zeichen
t.ReadTotalTimeoutConstant=1;

// Werte für WriteFile: wenn beide 0 sind, kein Timeout
// beim Schreiben
t.WriteTotalTimeoutMultiplier=0;
t.WriteTotalTimeoutConstant=0;
if (!SetCommTimeouts(hCom,&t))
  ShowLastError("SetCommTimeouts");
}
```

Hier bedeutet der Wert für *ReadIntervalTimeout* die maximale Zeit in ms, die zwischen dem Empfang von zwei Bytes verstreichen darf, ohne dass ein Timeout eintritt. Die nächsten beiden Werte bedeuten, dass ein Timeout nach *ReadTotalTimeoutMultiplier*n+ReadTotalTimeoutConstant* Millisekunden eintritt, wenn mit *ReadFile* n Zeichen gelesen werden sollen. Die *Write*-Werte werden meist auf Null gesetzt.

Nach diesen Vorbereitungen kann man mit der Funktion *WriteFile* Daten über eine Schnittstelle übertragen. Der Funktion *SendData* wird die Adresse und die Anzahl der zu sendenden Bytes als Parameter übergeben:

```
int SendData(char Data[],int n)
{
DWORD NumberOfBytesWritten; //Anzahl der gesendeten Bytes
bool b=WriteFile(hComSend,   // handle des Com-Ports
        Data, // Adresse der Daten
        n,    // Anzahl der zu sendenden Bytes
        &NumberOfBytesWritten, // Adresse übergeben
        0);   // kein overlapped I/O
if (!b)
  ShowLastError("WriteFile");
return NumberOfBytesWritten;
}
```

Der folgende Aufruf dieser Funktion überträgt die ersten 10 Zeichen des Strings "abcdefghijklmno" über die zu *hComSend* gehörende serielle Schnittstelle:

```
void __fastcall TForm1::BSendenClick(TObject *Sender)
{
int n=SendData("abcdefghijklmno",10);
Memo1->Lines->Add("Written: "+IntToStr(n));
}
```

Unter Win32 speichert der Treiber für eine serielle Schnittstelle die empfangenen Daten in einem nach den Voreinstellungen 4096 Bytes großen Puffer. Diese Daten kann man dann mit *ReadFile* aus dem Puffer lesen. Der Aufruf von

ReadFile ist beendet, wenn die angegebene Anzahl von Zeichen gelesen wurde oder ein Timeout auftritt:

```
DWORD ReceiveData(char* Data,int n)
{
DWORD NumberOfBytesRead;  // Anzahl der gelesenen Bytes
bool b=ReadFile(hComReceive, // handle des Com-Ports
        Data,  // Adresse des Datenpuffers
        n,     // Anzahl der zu lesenden Bytes
        &NumberOfBytesRead, // Adresse übergeben
        0);    // kein overlapped I/O
if (!b)
  ShowLastError("ReadFile");
return NumberOfBytesRead;
}
```

Diese Funktion kann man z.B. als Reaktion auf einen Timer zyklisch aufrufen:

```
void __fastcall TForm1::Timer1Timer(TObject *Sender)
{
const int BufSize = 3;
char Buffer[BufSize]; // Puffer für die empfangenen Daten
DWORD  NumberOfBytesRead=ReceiveData(Buffer,BufSize);
if (NumberOfBytesRead > 0)
  {
    AnsiString s;
    for (DWORD i=0;i<NumberOfBytesRead;i++)
      s=s+Buffer[i];
    Memo1->Lines->Add("Gelesen n="+IntToStr
                            (NumberOfBytesRead)+" ch="+s);
  }
else
  Memo1->Lines->Add("Nichts empfangen");
}
```

Die Größe des Puffers für empfangene Zeichen kann man mit der Funktion *SetUpComm* einstellen:

> BOOL **SetupComm**(HANDLE hFile, // Handle der Schnittstelle
>   DWORD dwInQueue,// Größe des Eingabepuffers
>   DWORD dwOutQueue); // Größe des Ausgabepuffers

CloseHandle (siehe Seite 1055) schließt die serielle Schnittstelle wieder.

Aufgabe 11.3

Schreiben Sie ein Programm, das Daten über ein Kabel von der seriellen Schnittstelle COM1 an die serielle Schnittstelle COM2 sendet.

Die übertragenen Daten sollen aus einem Edit-Fenster gelesen werden. Als Reaktion auf einen Timer soll geprüft werden, ob Daten empfangen wurden. Die empfangenen Daten sollen in einem Memo angezeigt werden.

11.4 Datenbank-Komponenten der VCL

In Zusammenhang mit der dauerhaften Speicherung von Daten auf einem Datenträger treten bestimmte Aufgaben immer wieder in ähnlicher Form auf:

– Mehrere Anwender bzw. Programme sollen auf denselben Datenbestand zugreifen können, ohne dass die Gefahr besteht, dass sie sich ihre Daten überschreiben.
– Bei großen Datenbeständen ist die sequenzielle Suche nach einem bestimmten Datensatz oft zu langsam.
– Die Anweisungen zur Bearbeitung der Datenbestände sollen leicht von einem Betriebssystem auf ein anderes portiert werden können.
– Bei einer Gruppe von Anweisungen sollen entweder alle Anweisungen oder keine ausgeführt werden. Diese Anforderung soll insbesondere auch bei einem Programmabsturz oder einem Stromausfall erfüllt werden.

Die Lösung solcher Aufgaben ist mit den Klassen und Funktionen von C++ bzw. den Systemfunktionen der Windows-API oft relativ aufwendig. Deshalb wurden Datenbanksysteme entwickelt, die einfachere Lösungen ermöglichen.

Die VCL enthält zahlreiche Klassen zur Arbeit mit Datenbanken. Auf den Seiten *Datenzugriff* und *Datensteuerung* der Komponentenpalette findet man entsprechende Komponenten. Die folgenden Ausführungen sollen kein Lehrbuch über Datenbanken ersetzen, sondern lediglich einen kurzen Einblick in ihre Möglichkeiten geben. Für weitere Informationen wird auf die Online-Hilfe verwiesen.

11.4.1 Tabellen und die Komponente *TTable*

Eine Datenbank besteht aus einer oder mehreren **Tabellen**, die dauerhaft auf einem Datenträger gespeichert werden. Jede dieser Tabellen ist im Wesentlichen eine Folge von Datensätzen, die man sich mit *struct* definiert vorstellen kann:

```
struct Datensatz {
   T1 f1; // ein Feld f1 eines Datentyps T1
   T2 f2; // ein Feld f2 eines Datentyps T2
   ...,
   Tn fn;
};
```

Einen Datensatz in einer Tabelle bezeichnet man auch als **Zeile** der Tabelle und die Gesamtheit der Werte zu einem Datenfeld der Struktur als **Spalte**.

Wir werden zunächst nur mit Datenbanken arbeiten, die aus einer einzigen Tabelle bestehen. Solche Datenbanken entsprechen dann einer Datei mit solchen Datensätzen. Später werden auch Datenbanken behandelt, die aus mehreren Tabellen bestehen.

11.4 Datenbank-Komponenten der VCL

    __property AnsiString **Name**; // der Name des Datenfeldes
    __property TFieldType **DataType**;

Der Eigenschaft *DataType* kann man unter anderem die folgenden Werte zuweisen und so den Datentyp des Feldes definieren:

ftString	Zeichen- oder String-Feld
ftInteger	32-Bit-Integer-Feld
ftFloat	Gleitkommafeld
ftDate	Datumsfeld
ftAutoInc	32-Bit-Integer-Zählerfeld (siehe Abschnitt 11.4.3)
ftCurrency	Währungsfeld

Die Funktion *NewField* erzeugt in der als Argument übergebenen Tabelle ein Datenfeld mit dem übergebenen Namen und Datentyp:

```
TFieldDef* NewField(TTable* t, AnsiString Name,
                                TFieldType DataType)
{
TFieldDef *pNewField = t->FieldDefs->AddFieldDef();
pNewField->Name = Name;
pNewField->DataType = DataType;
return pNewField;
}
```

Die Identifikation der Datenfelder durch Strings ist allerdings mit einem gewissen Risiko verbunden: Falls der angegebene Name nicht dem Namen eines Datenfeldes entspricht, wird dieser Fehler erst zur Laufzeit des Programms entdeckt. Bei der Arbeit mit Dateien können solche Fehler nicht auftreten, da der Compiler prüft, ob der angesprochene Feldname auch tatsächlich in der entsprechenden Struktur definiert ist. Deswegen werden die Felder im Folgenden durch Stringkonstanten angesprochen:

```
const AnsiString fnKontoNr="KontoNr";
const AnsiString fnUnique="Eindeutig";
const AnsiString fnDatum="Datum";
const AnsiString fnBewart="Bewart";
const AnsiString fnBetrag="Betrag";
```

In den folgenden Beispielen wird eine Datenbank verwendet, die mit der Funktion *CreateKBDB* angelegt wurde und die die Datenfelder *KontoNr*, *Datum*, *Bewart* und *Betrag* enthält. Falls alle Datensätze dieser Tabelle verschiedene Kontonummern haben, muss in *CreateKBDB* kein eindeutiges Feld mit einem Primärindex erzeugt werden. Später sollen aber auch mehrere Datensätze mit derselben Kontonummer zulässig sein. Das erfordert dann die Definitionen, die man mit *unique=false* erhält.

```
const bool unique=true; // siehe Abschnitt 11.4.3
```

```
void CreateKBDB(TTable* t)
{
t->Active = false; // zum Anlegen notwendig
t->FieldDefs->Clear();
NewField(t, fnKontoNr, ftInteger);
if (!unique)
   NewField(t, fnUnique, ftAutoInc);
NewField(t, fnDatum, ftDate);
NewField(t, fnBewart, ftString);
NewField(t, fnBetrag, ftCurrency);
if (!unique)
   DefinePrimaryIndex(t);
t->CreateTable(); // erzeugt die Tabelle
};
```

Die einzelnen **Felder eines Datensatzes** kann man mit der Elementfunktion *FieldByName* von *TTable* unter ihrem Namen ansprechen:

   TField* __fastcall **FieldByName***(const AnsiString FieldName);*

Mit Eigenschaften wie den folgenden kann ein *TField* in einen Datentyp von C++ konvertiert werden:

   __property int **AsInteger***;*
   __property AnsiString **AsString***;*
   __property double **AsFloat***;*

Ebenso kann man die Felder einer Tabelle über die Eigenschaft *FieldValues* ansprechen. Ihr Datentyp *Variant* (siehe Abschnitt 4.4.6) kann verschiedene Datentypen darstellen:

   __property System::Variant **FieldValues***[AnsiString FieldName]*

In der Funktion *CreateKBData* wird mit **Append** ein neuer, leerer Datensatz am Ende der Tabelle erzeugt und mit **Post** in die Tabelle eingefügt. Die Felder des Datensatzes erhalten dann in den Zuweisungen einen Wert. Zur Illustration werden sie sowohl mit *FieldByName* als auch mit *FieldValues* angesprochen:

```
const int MaxKonten=50;
void CreateKBData(TTable* t, int n)
{
t->Active = true;
for (int i=0;i<n;i++)
  {
    t->Append();
    t->FieldByName(fnKontoNr)->AsInteger=1000+i%MaxKonten;
    t->FieldByName(fnDatum)->AsDateTime=Date()+i;
    AnsiString PlusMinus[2]={"+","-"};
    t->FieldValues[fnBewart]=PlusMinus[i%2];
    t->FieldValues[fnBetrag]=1000-i;
    t->Post();
  }
}
```

11.4 Datenbank-Komponenten der VCL

Wenn *unique* den Wert *true* hat, kann man diese Funktion mit einem Argument für n aufrufen, das <= 50 ist. Mit der **Datenbankoberfläche** unter *Tools* in der Menüleiste kann man die so erzeugte Tabelle anzeigen, sortieren und verändern.

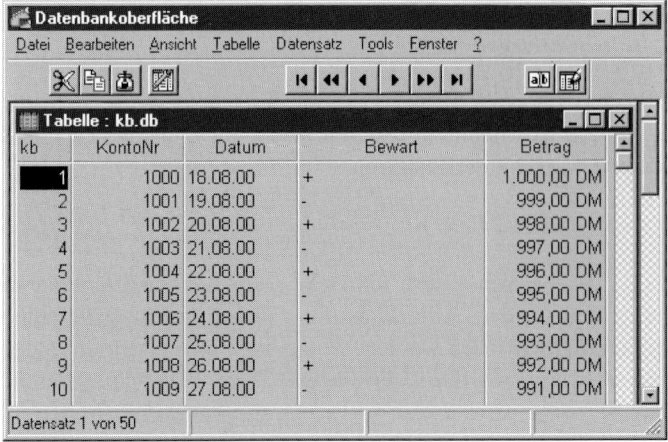

Mit den folgenden Methoden von *TTable* kann man **durch eine Tabelle navigieren**. Damit wird der Zeiger auf den jeweils aktuellen Datensatz verändert, der in der Online-Hilfe auch als **Cursor** oder Datensatzzeiger bezeichnet wird:

void __fastcall **First**(); // bewegt den Cursor auf den ersten Datensatz
void __fastcall **Next**(); // bewegt den Cursor auf den nächsten Datensatz
void __fastcall **Prior**() // bewegt den Cursor auf den vorigen Datensatz
void __fastcall **Last**(); // bewegt den Cursor auf den letzten Datensatz

Mit den Eigenschaften *EOF* und *BOF* kann man feststellen, ob sich der Cursor am Anfang oder am Ende der Tabelle befindet:

__property bool **Eof**; // „end of file"
__property bool **Bof**; // „beginning of file"

Die sequenzielle Bearbeitung aller Datensätze einer Tabelle ist dann wie in der Funktion *Sum* möglich:

```
Currency Sum(TTable* t)
{
Currency s=0;
t->First();
while (!t->Eof)
  {
    s=s+t->FieldByName("Betrag")->AsFloat;
    t->Next();
  }
return s;
}
```

In der Funktion *CreateData* werden neue Datensätze mit *Append* immer am Ende in eine Tabelle eingefügt. Mit den Elementfunktionen von *TTable*

> *void __fastcall **Insert**(); //* erzeugt einen neuen, leeren Datensatz
> *void __fastcall **Delete**(); //*
> *void __fastcall **Edit**(void);*

kann man Datensätze auch an der Position des Cursors einfügen, löschen oder verändern. *Append* ist wie ein Aufruf von *Insert* am Ende der Tabelle. Ein geänderter Datensatz wird mit der Funktion

> *virtual void __fastcall **Post**();*

in die Tabelle geschrieben. Diese Funktion sollte nach jedem *Edit*, *Insert* oder *Append* aufgerufen werden. Allerdings muss dieser Aufruf nicht immer explizit in das Programm geschrieben werden, da sie nach jeder Positionsänderung (z.B. mit *First*, *Next*, *Last*) sowie durch das nächste *Insert* oder *Append* implizit aufgerufen wird.

11.4.2 Die Anzeige von Tabellen mit der Komponente *DBGrid*

Mit der Komponente *DBGrid* kann man Daten einer **Tabelle anzeigen**, verändern, löschen und neue Datensätze einfügen. Diese Komponente findet man auf der Seite Datensteuerung der Komponentenpalette:

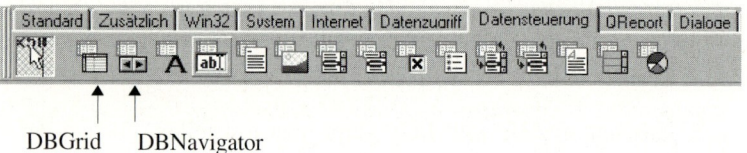

DBGrid   DBNavigator

Die Verbindung zwischen einem *DBGrid* und einer Tabelle wird durch eine **DataSource**-Komponente von der Seite Datenzugriff der Komponentenpalette hergestellt. Nach der Initialisierung

```
void __fastcall TForm1::InitGrid1Click(TObject *Sender)
{
InitTable1();
DataSource1->DataSet = Table1;    // wird im OI angeboten
DBGrid1->DataSource = DataSource1;// wird im OI angeboten
Table1->Active=true;

DBNavigator1->DataSource=DataSource1;
}
```

werden die Daten der Tabelle von oben im *DBGrid* angezeigt:

11.4 Datenbank-Komponenten der VCL

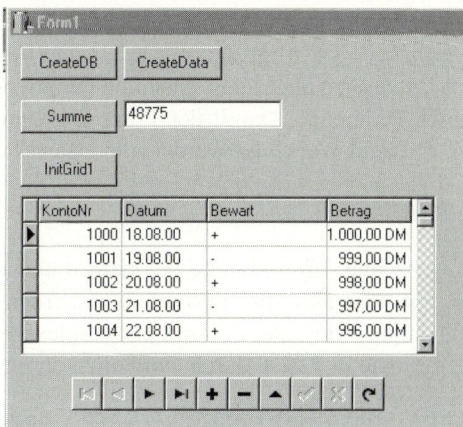

Sowohl die Eigenschaft *DataSet* als auch *DataSource* werden im Objektinspektor der jeweiligen Komponente zur Auswahl angeboten, nachdem man diese auf das Formular gesetzt hat:

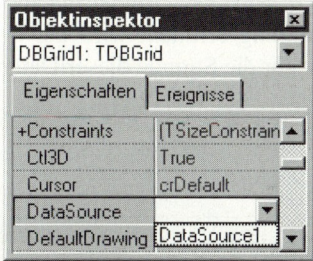

Die Komponente **DBNavigator** bietet eine einfache Möglichkeit, **durch ein DBGrid zu navigieren,** Datensätze einzugeben, zu löschen und zu editieren:

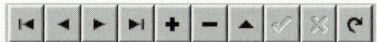

Sie befindet sich auf der Seite *Datensteuerung* der Komponentenpalette und wird wie ein *DBGrid* dadurch mit einer Datenquelle verbunden, dass diese ihrer Eigenschaft *DataSource* wie in *InitGrid1Click* zugewiesen wird.

Wenn man dieses Programm zweimal gleichzeitig startet und in beiden Programmen denselben Datensatz ändern will, erhält man die Meldung, dass der Datensatz von einem anderen Anwender gesperrt ist. Daran erkennt man, dass in dieser Datenbank bereits ein **Record-Locking** integriert ist.

Mit der Eigenschaft

    __property AnsiString **Filter**;

einer *TTable* kann man Bedingungen für die Datensätze festlegen, die bei Operationen mit einer Tabelle berücksichtigt werden. In einem *DBGrid* wird dann nur die Teilmenge dieser Datensätze angezeigt. Auch die Funktionen *First*, *Next* usw. arbeiten nur auf dieser Teilmenge. Damit der Filter wirksam ist, muss *Filtered* auf *true* gesetzt sein. Mit dem Wert *false* werden alle Datensätze berücksichtigt:

> __property bool **Filtered**;

In dem String der Eigenschaft *Filter* können Feldnamen und Konstanten mit den Operatoren <, >, >=, <=, = und <> (für ≠) kombiniert werden. Aus solchen „einfachen Bedingungen" können mit *and*, *not* und *or* komplexere aufgebaut werden. Im Filter werden Strings wie in Pascal durch ' und nicht durch " begrenzt.

```
Table1->Filter="KontoNr<>1003"; // "<>" bedeutet "!="
Table1->Filter="KontoNr<>1003 and Bewart='-' "; //
Table1->Filter="(KontoNr<1003) and (not(Betrag=1000))";
Table1->Filter=Edit2->Text;
Table1->Filtered=true;
```

Da bei den Funktionen *First*, *Next* usw. immer nur die Datensätze berücksichtigt werden, die die Filterbedingung erfüllen, wird bei einem Aufruf der Funktion *Sum* von Seite 1071 immer nur die Summe dieser Datensätze berechnet:

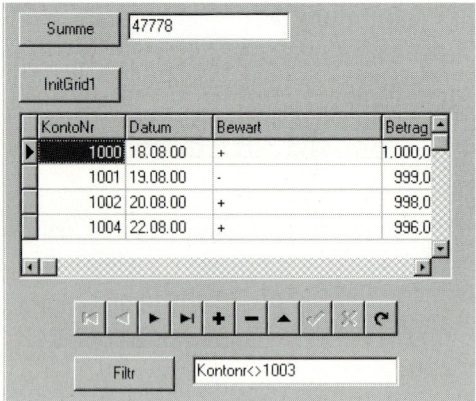

Mit der Funktion *LoadFromFile* eines *TStrings* können Bedingungen auch als Textdateien geladen werden:

```
void LoadFilter(TTable* t,char* fn)
{
Form1->Memo1->Lines->LoadFromFile(fn);
t->Filter=Form1->Memo1->Text;
}
```

Über den String der Eigenschaft *Filter* können nur solche Bedingungen formuliert werden, die sich aus dem Vergleich von Feldnamen mit Konstanten ergeben. Allgemeinere Filterbedingungen kann man mit der Ereignisbehandlungsroutine

11.4 Datenbank-Komponenten der VCL

für das Ereignis *OnFilterRecord* definieren. Diese Funktion wird beim Lesen eines jeden Datensatzes ausgeführt. Über den Parameter *Accept* kann man festlegen, ob ein Datensatz zur aktuellen Teilmenge gehört oder nicht. Durch die folgende Funktion werden nur die Datensätze mit der in *Edit1->Text* enthaltenen Kontonummer angezeigt:

```
void __fastcall TForm1::Table1FilterRecord(TDataSet
                                     *DataSet, bool &Accept)
{
Accept=Edit1->Text==
           Table1->FieldByName("KontoNr")->AsString;
}
```

Mit der Funktion *Locate* kann man ohne Index einen Datensatz suchen, dessen Felder im String *KeyFields* die Werte *KeyValues* haben:

*virtual bool __fastcall **Locate**(const AnsiString KeyFields, const System:: Variant &KeyValues, TLocateOptions Options);*

Falls ein Datensatz gefunden wurde, ist der Funktionswert *true* und sonst *false*.

11.4.3 Indizierte Tabellen

Mit einem Index (oder Schlüssel) kann man eine Sortierfolge für eine Tabelle definieren. Da über einen Index außerdem die physikalischen Positionen der Datensätze verwaltet werden, beschleunigt ein Schlüssel die Suche nach Datensätzen und ermöglicht Operationen, die ohne Index nicht möglich sind.

Ein **Primärindex** kann aus einem oder mehreren Feldern einer Tabelle bestehen. Diese Felder müssen immer die ersten der Tabelle sein. Falls man in einer bereits definierten Tabelle Felder in einen Schlüssel aufnehmen will, die nicht unmittelbar aufeinander folgen, muss man die Reihenfolge der Felder vertauschen.

Einen Primärindex kann man im Objektinspektor oder im Programm wie in der Funktion *DefinePrimaryIndex* definieren. Diese Funktion muss dann beim Erzeugen der Tabelle vor der Funktion *CreateTable* aufgerufen werden:

```
void DefinePrimaryIndex(TTable* Table)
{ // der Primärindex muss das erste Feld sein
Table->IndexDefs->Clear();
TIndexDef* pi=Table->IndexDefs->AddIndexDef();
pi->Name = "PrimärIndex";
pi->Fields=fnKontoNr+";"+fnUnique;
pi->Options<<ixPrimary;
}
```

Bei Paradox- und dBASE-Tabellen müssen die Werte der Schlüsselfelder aller Zeilen einer Tabelle eindeutig sein. Falls die Schlüsselwerte in einer Tabelle nicht von sich aus **eindeutig** sind, kann man die Eindeutigkeit dadurch erreichen, dass man ein zusätzliches Feld einfügt und dessen Eigenschaft *DataType* den Wert *ftAutoInc* zuweist. Für dieses Feld werden dann automatisch fortlaufend neue Werte erzeugt, so dass der Schlüssel immer eindeutig ist. Ein solcher eindeutiger Schlüssel wird in der Funktion *CreateKBDB* von Seite 1070 mit der Einstellung *unique=false* erreicht.

Neben einem Primärindex können Sekundärindizes definiert werden. Ein **Sekundärindex** ermöglicht eine alternative Sortierfolge und kann wie ein Primärindex aus einem oder mehreren Feldern bestehen.

> *void __fastcall **AddIndex**(const AnsiString Name, const AnsiString Fields, Db::TIndexOptions Options, const AnsiString DescFields);*

Hier ist *Name* der Name des Index. *Field* enthält die Namen der Datenfelder, nach denen sortiert werden soll. In der Funktion *DefineSecondaryIndex* wird ein zusammengesetzter Sekundärindex definiert, der die Datensätze zuerst nach der Kontonummer und innerhalb der Kontonummer nach dem Datum sortiert:

```
void DefineSecondaryIndex(TTable* Table)
{
Table->Active=false;
Table->Exclusive=true;
Table->AddIndex("IndexDatum", fnDatum, TIndexOptions()
                                      <<ixCaseInsensitive,"");
Table->AddIndex("IndexKontoNrDatum",
           fnKontoNr+";"+fnDatum, TIndexOptions(),"");
Table->Exclusive=false;
Table->Active=true;
}
```

Die Datensätze einer Tabelle mit einem Primärindex werden in einem *DBGrid* und in der Datenbankoberfläche immer in der Reihenfolge angezeigt, die sich gemäß diesem Index ergibt. Will man die Datensätze in der Reihenfolge anzeigen, die sich aufgrund eines Sekundärindex ergibt, weist man der Eigenschaft *IndexName* den Namen des gewünschten Sekundärindex zu:

```
void __fastcall TForm1::DefSecInxClick(TObject *Sender)
{
Table1->IndexName="IndexKontoNrDatum";
}
```

In einer indizierten Tabelle kann man mit den Funktionen

> *bool __fastcall **GotoKey**();*
> *void __fastcall **GotoNearest**();*

nach einem **Datensatz mit** bestimmten **Schlüsselwerten suchen**. Die gesuchten Werte weist man der Tabelle zuvor nach einem Aufruf von

11.4 Datenbank-Komponenten der VCL

void __fastcall **SetKey**(*void*);

zu. Nach dem Aufruf dieser Funktion werden Zuweisungen an die Tabelle in einen Suchpuffer und nicht in die Tabelle geschrieben. Falls der gesuchte Datensatz existiert, gibt *GotoKey* den Wert *true* zurück und positioniert den Cursor auf den gefundenen Datensatz. Mit *GotoNearest* wird der Cursor auf den ersten Datensatz gesetzt, dessen Werte >= den Schlüsselwerten sind:

```
void __fastcall TForm1::GotoNearestClick(TObject *Sender)
{
Table1->IndexName ="IndexKontoNrDatum";
Table1->SetKey();
Table1->FieldByName(fnKontoNr)->Value = 1017;
Table1->GotoNearest();
}
```

Falls man wie in diesem Beispiel nicht alle Felder setzt, die zum Index gehören, empfiehlt sich die Suche mit *GotoNearest*: Da *SetKey* alle Felder im Suchpuffer löscht, wirkt sich das Nicht-Setzen von Werten nicht wie die Suche nach „wildcards" aus, sondern als Suche nach Nullwerten.

Ähnlich wie mit einem Filter kann man in einer indizierten Tabelle den Bereich der angezeigten Elemente mit den folgenden Methoden beschränken:

void __fastcall **SetRangeStart**();
void __fastcall **SetRangeEnd**();
void __fastcall **ApplyRange**();
void __fastcall **CancelRange**();

Dazu weist man nach dem Aufruf *SetRangeStart* einem oder mehreren Feldern die Anfangswerte des angezeigten Bereichs zu. Entsprechend definiert man das Ende des angezeigten Bereichs durch Zuweisungen nach *SetRangeEnd*. Bei Paradox- und dBASE-Tabellen müssen das Felder sein, auf denen ein Index definiert ist. In SQL-Datenbanken müssen die Felder in der Eigenschaft *IndexFieldNames* angegeben sein. Ein anschließender Aufruf von *ApplyRange* beschränkt die Anzeige dann auf den so definierten Bereich. Mit *CancelRange* kann dieser wieder gelöscht werden:

```
void __fastcall TForm1::SetRangeClick(TObject *Sender)
{
Table1->IndexName ="IndexKontoNrDatum";
Table1->SetRangeStart();
Table1->FieldByName(fnKontoNr)->Value = 1010;
Table1->SetRangeEnd();
Table1->FieldByName(fnKontoNr)->Value = 1020;
Table1->ApplyRange();
}
```

11.4.4 Datenbanken mit mehreren Tabellen

Eine **Datenbank** besteht in vielen Anwendungen aus mehreren Tabellen, die inhaltlich miteinander verknüpft sind. Im Folgenden soll die **Verknüpfung** der Anzeige **von Tabellen** über *MasterFields* und *MasterSource* am Beispiel einer Datei von Kontobewegungen und einer Datei von Kontoständen illustriert werden. Dabei wurde die Datei mit den Kontoständen mit den nächsten beiden Funktionen angelegt:

```
const AnsiString fnName="Name";
const AnsiString fnKontostand="Kontostand";

void CreateKSDB(TTable* t)
{
t->Active = false; // zum Anlegen notwendig
t->TableType = ttParadox; // oder ttDBase usw.
t->FieldDefs->Clear();
NewField(t, fnKontoNr, ftInteger);
NewField(t, fnName, ftString);
NewField(t, fnKontostand, ftCurrency);
t->CreateTable();
}

void CreateKSData(TTable* t)
{
AnsiString NN[10] = {"Duestrip, ", // Nachnamen
  "Sander, ","König, ","Blond, ","Schluck, ","Parker, ",
  "Kannt, ", "Pascal, ",  "Coldrain, ","Prince, "};
AnsiString VN[10] = {"Daniel", // Vornamen
  "Alek",    "Q.",     "James",  "Donald",  "Karl",
  "Imanuel", "Nikolausi", "John",     "Charlie"};
t->Active = true;
for (int i=0;i<MaxKonten;i++)
  {
    t->Append();
    t->FieldByName(fnKontoNr)->AsInteger=1000+i;
    t->FieldValues[fnName]=NN[(i/10)%10]+VN[i%10];
    t->FieldValues[fnKontostand]=0;
    t->Post();
  }
}
```

Durch beide Tabellen kann man unabhängig voneinander navigieren, wenn man für jede Tabelle ein *DBGrid*, eine *DataSource* und einen *DBNavigator* auf das Formular setzt und diese wie in den bisherigen Beispielen initialisiert:

```
void __fastcall TForm1::InitGrid2Click(TObject *Sender)
{
InitTable2();
DataSource2->DataSet = Table2;    // wird im OI angeboten
DBGrid2->DataSource = DataSource2;// wird im OI angeboten
Table2->Active=true;
DBNavigator2->DataSource=DataSource2;
}
```

11.4 Datenbank-Komponenten der VCL 1079

Über die Eigenschaft *MasterSource* einer Tabelle kann man eine *DataSource* angeben, von der die Tabelle ihre Daten beziehen soll:

property **MasterSource**: *TDataSource;*
property **MasterFields**: *string;*

In dem String *MasterFields* gibt man dann die Datenfelder an, über die die beiden Tabellen verknüpft sind. Für diese Datenfelder muss ein Index definiert sein. Wenn sich jetzt der aktuelle Datensatz in der Master-Tabelle ändert, werden in der damit verbundenen Tabelle nur die Datensätze angezeigt, deren Schlüssel dem in der Master-Tabelle entspricht:

```
void __fastcall TForm1::ConnectClick(TObject *Sender)
{
Table1->MasterSource = DataSource2;
Table1->MasterFields = fnKontoNr; // muss ein Index sein
}
```

Durch die erste der beiden Zuweisungen wird die Tabelle der Kontostände als Master-Tabelle für die Kontobewegungen definiert. In der zweiten Zuweisung wird die Kontonummer als Feld definiert, über das die Tabellen verknüpft sind. Wenn man jetzt durch die Tabelle mit den Kontoständen navigiert, werden in der Tabelle der Kontobewegungen nur die Datensätze mit der aktuellen Kontonummer angezeigt:

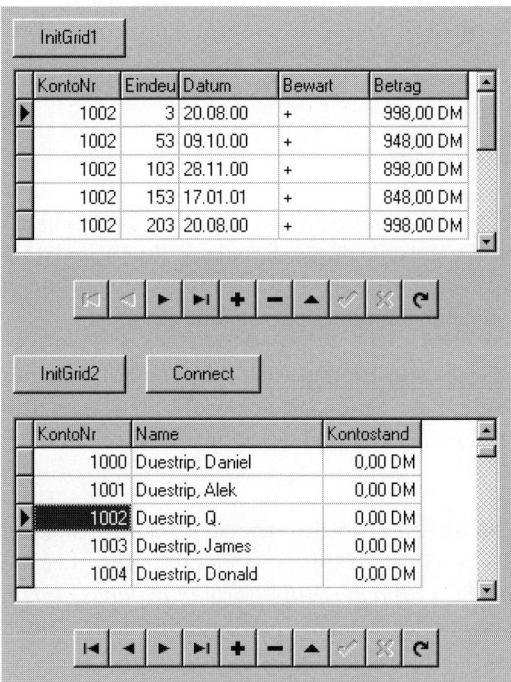

Da sich die Navigationsmethoden *First*, *Next*, *EOF* usw. immer auf den aktuell angezeigten Bereich beziehen, braucht man bei Gruppenwechsel-Aufgaben (siehe Abschnitt 4.6.9) den übergeordneten Gruppenbegriff nicht mehr abfragen. Die folgende Funktion berechnet zu jeder Kontonummer in *Table2* aufgrund der Kontobewegungen in *Table1* den neuen Kontostand:

```
void __fastcall TForm1::SumAllClick(TObject *Sender)
{
// vorher immer Connect aufrufen!
Currency Summe;
Table2->First();
while (!Table2->Eof)
  {
  Summe = 0;
  Table1->First();
  while (!Table1->Eof)
    {
    if (Table1->FieldByName(fnBewart)->AsString == "+")
      Summe=Summe+Table1->FieldByName(fnBetrag)->AsFloat;
    else if (Table1->FieldByName(fnBewart)->AsString==
                                                       "-")
      Summe=Summe-Table1->FieldByName(fnBetrag)->AsFloat;
    else ShowMessage("Falsche Bewegungsart");
    Table1->Next();
    }
  Table2->Edit();
  Table2->FieldByName(fnKontostand)->AsFloat = Summe;
  Table2->Post();
  Table2->Next();
  }
}
```

11.4.5 SQL-Abfragen

SQL („Structured Query Language" – strukturierte Abfragesprache) ist eine Sprache, die sich für Datenbanken als Standard durchgesetzt hat. Obwohl das „Query" im Namen nahe legt, dass damit nur Abfragen möglich sind, enthält SQL auch Anweisungen zum Erstellen von Datenbanken.

Die VCL ermöglicht die Ausführung von SQL-Anweisungen mit der Komponente **TQuery**, die man auf der Seite „Datenzugriff" der Komponentenpalette findet. Der verfügbare Umfang der SQL-Anweisungen hängt vom Datenbanktyp ab und entspricht

– für Paradox- und dBASE-Tabellen dem so genannten „lokalen SQL", das eine Untermenge des ANSI-Standards ist (siehe dazu die „Local-SQL-Hilfe" unter *Start|Programme|C++Builder|Hilfe|Borland Database Engine*),
– für Datenbanken auf dem lokalen InterBase Server dem InterBase SQL (siehe unter *Start|Programme|Interbase|Dokumentation*),
– in der Enterprise-Version dem gesamte Sprachumfang des Server-SQLs.

11.4 Datenbank-Komponenten der VCL

SQL ist eine recht umfangreiche Sprache. Deshalb sollen die folgenden Ausführungen lediglich an einigen Beispielen zeigen, wie man mit der Komponente *TQuery* SQL-Befehle ausführen kann. Dazu wird die in Abschnitt 11.4.1 mit *CreateKBDB* und *CreateKBData* erzeugte Tabelle verwendet.

Die Klassen *TQuery* und *TTable* haben viele Gemeinsamkeiten, da beide von der Klasse *TDBDataSet* abgeleitet sind. Nachdem man eine *TQuery*-Komponente auf ein Formular gesetzt hat, kann man sie wie eine *TTable*-Tabelle mit einem *DBGrid* und einem *DBNavigator* verbinden:

```
void __fastcall TForm1::OpenSQLClick(TObject *Sender)
{
// Form1->Query1->DatabaseName = "c:\\test";
// Keine Zuweisung an TableName möglich und notwendig
DataSource1->DataSet = Query1; // wird im OI angeboten
DBGrid1->DataSource=DataSource1; // wird im OI angeboten
DBNavigator1->DataSource=DataSource1; // wird im OI ang.
}
```

Die Klasse *TQuery* enthält einen Zeiger auf ein Objekt *SQL* vom Typ *TStrings*:

__property Classes::TStrings* SQL;

Den Strings dieser Eigenschaft kann man eine SQL-Anweisung als Text zuweisen. Diese Anweisung wird dann durch einen Aufruf von *Open* oder *ExecSQL* ausgeführt. Danach muss *Close* aufgerufen werden, bevor man neue Anweisungen übergeben kann.

```
void __fastcall TForm1::SimpleQueryClick(TObject *Sender)
{
Query1->Close(); // beim ersten Aufruf unnötig, aber kein
Query1->SQL->Clear();                                  // Fehler
Query1->SQL->Add("SELECT * FROM 'c:\\test\\KB.db\' ");
Query1->Open(); // Mit Select Open und nicht ExecSQL
}
```

Hier wird der komplette Pfadname der Datenbank angegeben. Weist man der Eigenschaft *DatabaseName* wie in der auskommentierten Zuweisung oben das Verzeichnis zu, in dem sich die Datenbank befindet, kann man die Datenbank unter ihrem Dateinamen ansprechen:

```
Query1->SQL->Add("SELECT * FROM KB ");
```

„SELECT *" bewirkt, dass alle Spalten der Tabelle angezeigt werden. Will man nur ausgewählte Spalten anzeigen, gibt man ihren Namen nach „SELECT" an:

```
Query1->SQL->Add("SELECT KontoNr,Betrag FROM KB");
```

Nach „WHERE" kann man eine Bedingung angeben, die die Auswahl der Datensätze einschränkt:

```
Query1->SQL->Add("SELECT * FROM KB
                  WHERE KontoNr < 1020 and Betrag < 900");
```

Mit einer *TQuery* kann man im Gegensatz zu einer *TTable* **mehrere Tabellen verknüpfen**. Gleichnamige Felder in den beiden Datenbanken lassen sich mit dem Namen der Tabelle unterscheiden.

```
void __fastcall TForm1::Button2Click(TObject *Sender)
{
Query1->Close();
Query1->SQL->Clear();
Query1->SQL->Add("SELECT KB.KontoNr,Name,Datum,Betrag");
Query1->SQL->Add("FROM KS,KB WHERE KB.KontoNr=
                                              KS.KontoNr");
Query1->SQL->Add("ORDER BY KB.KontoNr,KB.Datum");
Query1->Open();
}
```

Hier werden nach "ORDER BY" die Felder angegeben, nach denen die Daten sortiert werden.

11.4.6 Transaktionen und Cached Updates

Angenommen eine Tabelle (bzw. Datei) mit Kontoständen soll aufgrund einer Tabelle (bzw. Datei) mit Kontobewegungen aktualisiert werden. Dann muss eine Kontobewegung nach ihrer Verrechnung als verbucht gekennzeichnet werden, damit sie kein zweites Mal gebucht wird. Wenn jetzt einer der beiden Datensätze in die Datenbank geschrieben wird, der zweite aber (z.B. wegen eines Stromausfalls) nicht, wäre die Datenbank in einem inkonsistenten Zustand.

Um solche **Inkonsistenzen** zu **vermeiden**, bearbeitet man solche Datenbankoperationen meist als so genannte **Transaktionen**. Als Transaktion bezeichnet man eine Gruppe von Anweisungen, die entweder als Ganzes oder überhaupt nicht ausgeführt werden soll.

Die Klasse *TDatabase* enthält die folgenden Funktionen zur Realisierung von Transaktionen:

    *void __fastcall **StartTransaction**()*; // startet eine Transaktion,
    *void __fastcall **Commit**();* // überträgt die Änderungen seit dem Beginn
        // der letzten Transaktion in die Datenbank und beendet die Transaktion,
    *void __fastcall **Rollback**();* // macht alle Änderungen seit dem Beginn der
        // letzten Transaktion rückgängig und beendet die Transaktion.

Mit der Eigenschaft *Database* des Datentyps *TDatabase* der Klasse *TTable* kann man auch mit Tabellen Transaktionen realisieren. Für die folgenden Beispiele wird ein Formular mit einer *TTable*, einem *DBGrid* und einem *DBNavigator* vorausgesetzt, die mit der Funktion *InitGrid1Click* von Seite 1072 initialisiert

11.4 Datenbank-Komponenten der VCL

sind. Außerdem wird vorausgesetzt, dass für die Tabelle ein Primärindex definiert ist.

Das Ergebnis von Transaktionen kann man sich dann mit den folgenden Reaktionen auf das Anklicken eines Buttons veranschaulichen:

```
void __fastcall TForm1::StartTrClick(TObject *Sender)
{
Table1->Database->TransIsolation = tiDirtyRead;
// tiDirtyRead für Paradox- und dBASE-Tabellen notwendig
Table1->Database->StartTransaction();
}

void __fastcall TForm1::CommitTrClick(TObject *Sender)
{
Table1->Database->Commit();
}

void __fastcall TForm1::RollbTrClick(TObject *Sender)
{
Table1->Database->Rollback();
}

void __fastcall TForm1::RefreshDataClick(TObject *Sender)
{ // Aktualisiert die Anzeige
Table1->Refresh();
}
```

Durch die Zuweisung an *TransIsolation* (in *StartTrClick*) wird die so genannte „Isolierung" der Transaktion definiert. Der Wert *tiDirtyRead* bedeutet, dass Datensätze gelesen werden können, auch wenn deren Änderungen noch nicht mit *Commit* bestätigt wurden. Damit kann ein anderes Programm den geänderten Datensatz lesen, obwohl die Änderung eventuell später mit *Rollback* wieder zurückgenommen wird. Hätte *TransIsolation* den Wert *tiReadCommitted* (die Voreinstellung), könnten andere Programme nur die Daten lesen, deren Änderungen mit *Commit* bestätigt wurden. Da für Paradox- und dBASE-Tabellen aber nur der Wert *tiDirtyRead* zulässig ist, wurde diese Zuweisung notwendig.

Startet man jetzt eine Transaktion und ändert dann im *DBGrid* einen oder mehrere Datensätze, werden alle Änderungen nach einem *Rollback* wieder rückgängig gemacht und nach einem *Refresh* angezeigt. Startet man dieses Programm gleichzeitig ein zweites Mal, kann man sich die Auswirkungen von *tiDirtyRead* veranschaulichen.

Bei dBASE- und Paradox-Tabellen kann man eine Isolation von Datenbankoperationen gegenüber anderen Benutzern dadurch erreichen, dass man die Eigenschaft *CachedUpdates* auf *true* setzt:

    __property bool **CachedUpdates**; // *true* aktiviert Cached Updates.

Dann werden alle Änderungen der Tabellendaten nicht direkt in die Tabelle, sondern zunächst in einen Zwischenpuffer (Cache) geschrieben.

procedure **ApplyUpdates**;   // entspricht einem *Commit*
procedure **CancelUpdates**;   // entspricht einem *Rollback*
procedure **RevertRecord**;

Durch *ApplyUpdates* werden alle anstehenden Transaktionen in die Datenbank geschrieben. Dies betrifft alle Transaktionen seit dem letzten *ApplyUpdates* oder seitdem *CachedUpdates* auf *true* gesetzt wurde. **CancelUpdates** löscht alle anstehenden Transaktionen, und **RevertRecord** macht alle Änderungen des aktuellen Datensatzes wieder rückgängig.

11.4.7 Die BDE am Beispiel von ODBC und MS Access Datenbanken

In den bisherigen Beispielen wurden vor allem Tabellen im Format von Paradox verwendet, das man mit der Voreinstellung *TableType=ttParadox* erhält. Über die Borland Database Engine (BDE) können die Datenbank-Komponenten der VCL aber auch zahlreiche weitere Formate ansprechen. Das soll am Beispiel von Microsoft Access Datenbanken gezeigt werden.

Der Zugriff auf dieses Datenbankformat ist mit ODBC-Treibern möglich. ODBC (Open Database Connectivity) ist ein von Microsoft entwickelter Standard für Datenbanktreiber, der SQL unterstützt. Da ODBC-Treiber für viele Datenbankformate verfügbar sind, zeigen die folgenden Ausführungen beispielhaft, wie man auf alle diese Formate zugreifen kann. Die Treiber erhält man meist vom Hersteller der Datenbank. Man findet sie nach ihrer Installation in der Systemsteuerung von Windows 95 unter *ODBC-Datenquellen (32Bit)*:

Nach dem Start dieses Programms erhält man eine Liste der bisher installierten ODBC-Benutzerdatenquellen. Hier steht „Benutzerdatenquelle" für einen Namen, der eine Datenbank und einen zugehörigen Treiber zusammenfasst:

11.4 Datenbank-Komponenten der VCL

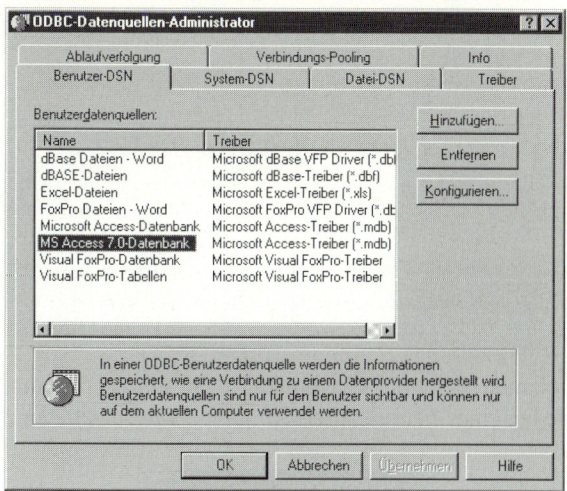

Mit *Hinzufügen* kann man eine neue Benutzerdatenquelle anlegen. Dazu muss man zuerst einen ODBC-Treiber auswählen:

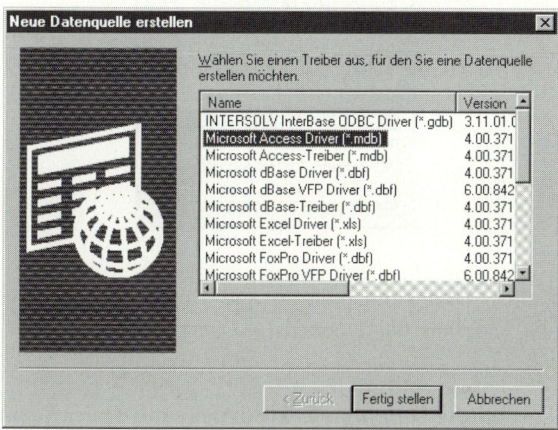

Anschließend (nach „Fertig stellen") muss man als *Datenquellenname* einen Namen angeben, den man frei wählen kann, und unter *Auswählen* eine Datei auswählen:

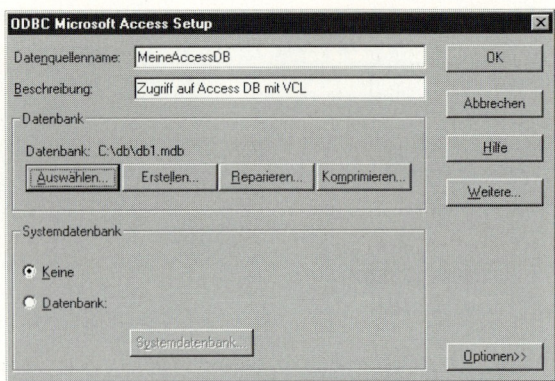

Unter diesem Namen steht die Datenquelle dann zur Verfügung. Im Objektinspektor wird sie bei einer *TTable* unter *DatabaseName* angeboten:

Das war schon alles. Jetzt kann man auf die Tabelle *Table1* genauso zugreifen wie bisher auf die Tabellen, bei denen *TableType=ttParadox* war.

11.4.8 Visuell gestaltete Datenbank-Ausdrucke mit *QuickReport*

Mit den schon in Abschnitt 4.5.4 beschriebenen QuickReport-Komponenten kann man Ausdrucke von Daten aus einer Datenbank und insbesondere einer *TTable* visuell gestalten. Man findet sie auf der Seite *QReport* der Komponentenpalette:

Eine Seite eines Ausdrucks wird durch die Komponente **QuickRep** dargestellt. Darauf setzt man *QRBand*-Komponenten. Die Eigenschaft *BandType* eines solchen **Bandes** bestimmt, wann es gedruckt wird. Einige zulässige Werte:

11.4 Datenbank-Komponenten der VCL

rbTitle	Das Band wird einmal am Anfang des Ausdrucks gedruckt.
rbPageHeader	Das Band wird am Anfang jeder Seite gedruckt.
rbDetail	Das Band wird für jeden Datensatz einmal ausgedruckt.
rbPageFooter	Das Band wird am Ende jeder Seite gedruckt.
rbSummary	Das Band wird einmal am Ende des Ausdrucks gedruckt.

Datenbankfelder kann man mit der Komponente **QRDBText** ausdrucken. Über zahlreiche Eigenschaften kann man die Schriftart, -größe usw. einstellen. Das folgende Formular enthält einen QuickReport und ein Band mit drei Komponenten *QRDBText*:

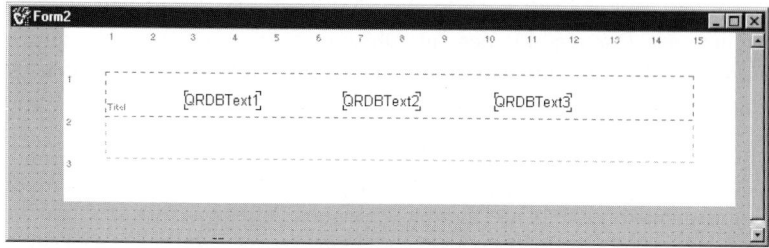

Die Verbindung zwischen der Datenbank und dem Report wird über die Eigenschaft *DataSet* hergestellt. Der Eigenschaft *DataField* der *QRDBText*-Komponente werden die entsprechenden Felder der Tabelle im Objektinspektor oder im Programm zugewiesen:

```
void __fastcall TForm2::FormCreate(TObject *Sender)
{
InitTable1();
Form1->Table1->Active = true;

// Verbinde den Quickreport mit der TTable:
QuickRep1->DataSet = Form1->Table1;

// Drucke dieses Band für jede Zeile der Tabelle:
QRBand1->BandType =rbDetail;

// Verbinde die Textfelder mit der TTable:
QRDBText1->DataSet = Form1->Table1;
QRDBText1->DataField = "KontoNr";

QRDBText2->DataSet = Form1->Table1;
QRDBText2->DataField = "Datum";

QRDBText3->DataSet = Form1->Table1;
QRDBText3->DataField = "Betrag";
QRDBText3->Alignment = taRightJustify;
QRDBText3->AutoSize = false;
QRDBText3->Mask = "0.00";
}
```

Mit diesen Einstellungen erhält man dann die Vorschau für einen Ausdruck:

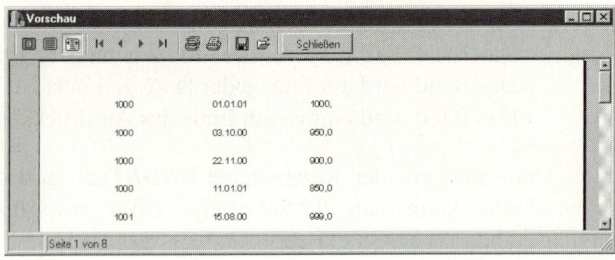

Setzt man im Objektinspektor die Eigenschaft *Active* der *TTable* auf *true*, werden die Namen der Datenbankfelder im Objektinspektor zur Auswahl angeboten. Außerdem erhält man dann mit einem Doppelklick auf den QuickReport bereits zur Entwurfszeit eine Vorschau.

Mit der Komponente *TQRGroup* kann man auf einfache Weise Ausdrucke mit **Gruppenwechseln** erzeugen. Diese Komponente ist ein Band, das am Anfang einer neuen Gruppe ausgedruckt wird. Am Ende einer Gruppe wird ein Band gedruckt, dessen Eigenschaft *BandType* den Wert *rbGroupFooter* hat. Dieses Band wird der Eigenschaft *FooterBand* des *QRGroup*-Bandes zugewiesen.

Die Bedingung für einen Gruppenwechsel wird im Feld *Expression* angegeben. Jede Änderung dieses Ausdrucks löst einen Gruppenwechsel aus. Mit einem Doppelklick auf diese Eigenschaft im Objektinspektor erhält man einen Editor, in dem man diesen Ausdruck eingeben kann. Dabei werden zahlreiche Funktionen und bei einer aktiven Datenbank auch die Namen der Datenfelder angeboten:

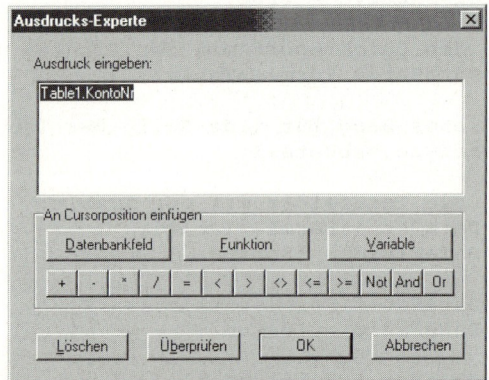

Diese Einstellungen können auch im Programm zugewiesen werden:

11.4 Datenbank-Komponenten der VCL

```
QRGroup1->FooterBand = QRBand2;
QRBand2->BandType    = rbGroupFooter;
QRGroup1->Expression = "Table1.KontoNr"; // Jede Änderung
// von Expression löst den Gruppenwechsel aus.
```

Gruppenüberschriften und Schlusszeilen können als Reaktionen auf die Ereignisse *BeforePrint* bzw. *AfterPrint* aufbereitet werden:

```
double Summe=0;

void __fastcall TForm3::QRGroup1BeforePrint(TQRCustomBand
                                    *Sender, bool &PrintBand)
{
Summe=0;
}

void __fastcall TForm3::QRBand1BeforePrint(TQRCustomBand
                                    *Sender, bool &PrintBand)
{
Summe=Summe+Form1->Table1->FieldByName(fnBetrag)
                                              ->AsFloat;
QRLabel2->Caption = FloatToStr(Summe);
}
```

Mit diesen Änderungen gegenüber dem letzten Beispiel erhält man dann z.B. den folgenden Ausdruck:

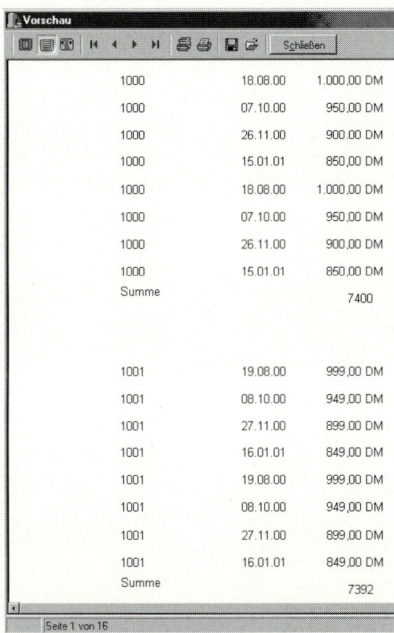

Literaturverzeichnis

Alagic, Suad; Arbib, Michael: *The Design of Well-Structured and Correct Programs*
Springer-Verlag, New York 1978

Alexandrescu, Andrei: *Modern C++ Design*
Addison-Wesley, 2001

Arndt, Jörg; Haenel, Christoph: *Pi (π) Algorithmen, Computer, Arithmetik*
Springer-Verlag, Berlin, Heidelberg 1998

Austern, Matt: *Generic Programming and the STL*
Addison Wesley, Reading, Mass. 1999

Balzert, Helmut: *Lehrbuch der Software-Technik*
Spektrum Akademischer Verlag, Heidelberg 1996

Bauer, Friedrich L.; Wössner, Hans: *Algorithmic Language and Program Development*
Springer-Verlag, Berlin, Heidelberg 1982

Böhm, C.; Jacopini, G.: *Flow Diagrams, Turing Machines and Languages with Only Two Formation Rules*, CACM, 9,5; May 1966, S. 366–371

Booch, Grady: *Object Oriented Analysis and Design with Applications*
Benjamin Cummings Publishing Company, 2nd ed, Redwood City 1994

Borland: *Entwicklerhandbuch Borland C++Builder 5*
\Documentation\BCBDG.pdf auf der CD des Borland C++Builders (26.1.2000)

C++ Standard: International Standard ISO/IEC 14882
First Edition, 1.9.1998
Published by American National Standards Institute, 11 West 42nd Street, New York, New York 10003, www.ansi.org

C++ Draft 4/95: Working Paper for Draft
Proposed International Standard for Information Systems
Programming Language C++, Doc No: X3J16/95–0087 X3,
INFORMATION PROCESSING SYSTEMS WG21/N0687
Date: 28 April 1995, Project: Programming Language C++
Im Internet: ftp://research.att.com/dist/c++std/WP/

Coplien, James O..: *Advanced C++ Programming Styles and Idioms*
Addison Wesley, Reading, Mass. 1991

Denver, Allen: *Serial Communications in Win32*
Microsoft Developer Network (MSDN), unter Technical Articles|Windows Platform|
Base Services, sowie bei MSDN-Online:
http://msdn.microsoft.com/library/default.asp?URL=/library/techart/msdn_serial.htm

Dijkstra, Edsger W.: *A Discipline of Programming*
Prentice Hall, Englewood Cliffs, N. J. 1976

Fosner, Ron: *OpenGL Programming for Windows 95 and Windows NT*
Addison Wesley, Reading, Mass. 1997

Ghezzi, Carlo; Jazayeri, Mehdi; Mandrioli, Dino: *Fundamentals of Software Engineering*
Prentice Hall, Englewood Cliffs, N. J. 1991

Gries, David: *The Science of Programming*
Springer-Verlag, New York 1991

Harbison, Samuel; Steele, Guy: *C: A Reference Manual*
4th ed., Prentice Hall, Englewood Cliffs, N. J. 1994

Jensen, Kathleen; Wirth, Niklaus: *Pascal User Manual and Report*
2nd ed., Springer-Verlag, Berlin, Heidelberg, New York 1974
4th ed., ISO Pascal Standard, Springer-Verlag, Berlin, Heidelberg, New York 1991

Josuttis, Nicolai: *The C++ Standard Library*
Addison-Wesley, 1999

Kahlbrandt, Bernd: *Software-Engineering*
Springer-Verlag, Berlin, Heidelberg, New York 1998

Kaiser, Richard: *Object Pascal mit Delphi*
Springer-Verlag, Berlin, Heidelberg, New York 1997

Kernighan, Brian; Ritchie, Dennis: *The C Programming Language*
2nd ed., Prentice Hall, Englewood Cliffs, N. J. 1988

Kilgard, Mark: *The OpenGL Utility Toolkit (Version 3)*
1996, im Internet unter: http://www.opengl.org und http://reality.sgi.com/mjk/

Knuth, Donald: *The Art of Computer Programming*
Vol. 1, Fundamental Algorithms, Addison-Wesley, Reading, Mass. 1973
Vol. 3, Sorting and Searching, Addison-Wesley, Reading, Mass. 1973

Koenig, Andrew; Barbara Moo: *Accelerated C++*
Addison-Wesley, 2000

Leech, Jon (Ed): *The OpenGL Graphics System Utility (Version 1.3)*
1998, im Internet unter: http://www.opengl.org

van der Linden, Peter: Expert-C-Programmierung
Verlag Heinz Heise, 1995

Maguire, Donald: *Writing Solid Code*
Microsoft Press, Redmont 1993

Martin, Robert C.: *The Liskov Substitution Principle*
C++ Report, March 1996
http://www.objectmentor.com/publications/lsp.pdf

Martin, Robert C.: *Design Principles and Design Patterns*
http://www.objectmentor.com/publications/Principles%20and%20Patterns.PDF, 2000

Meyer, Betrand: *Object-Oriented Software Construction*
Prentice Hall, Englewood Cliffs, N. J. 1997

Meyers, Scott: *Effective C++*
Addison Wesley, Reading, Mass. 1998

Meyers, Scott: *More Effective C++*
Addison Wesley, Reading, Mass. 1996

McConnell, Steve: *Code Complete*
Microsoft Press Deutschland, Unterschleißheim 1993

Mössenbeck, Hanspeter: *Objektorientierte Programmierung in Oberon-2*
Springer-Verlag, Berlin, Heidelberg, New York 1998

Peitgen, Heinz-Otto; Richter, Peter: The Beauty of Fractals
Springer-Verlag, Berlin, Heidelberg, New York 1986

Petzold, Charles: *Programmierung unter Windows*
Microsoft Press Deutschland, Unterschleißheim 1992

Plauger, P.J.: *Frequently Answered Questions: STL*
C/C++ Users Journal, December 1999, S. 10-17

Rabinowitz, Stanley; Wagon, Stan: *A Spigot Algorithm for the Digits of π*
American Mathematical Monthly, Band 102, Heft 3, 1995, S. 195–203

Riel, Arthur J.: *Object-Oriented Design Heuristics*
Addison-Wesley, Reading, Mass. 1996

Schader, Martin; Kuhlins, Stefan: Programmieren in C++
Springer-Verlag, Berlin, Heidelberg, New York 1998

Segal, Mark; Akeley, Kurt: *The OpenGL Graphics System. A Specification (Vers. 1.2.1)*
1999, im Internet unter: http://www.opengl.org

Stepanov, Alexander; Lee, Meng: *The Standard Template Library*
31.10.1995, http://www.cs.rpi.edu/~musser/doc.ps

Eine Tabelle wird in der VCL durch die Komponente *Table* des Datentyps *TTable* dargestellt:

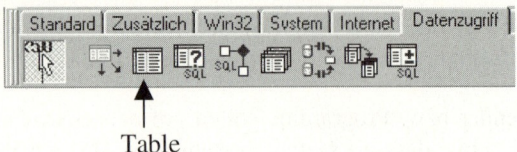

Table

Mit einer *Table* kann man Datenbanken im Format von Paradox, dBASE, FoxPro und im CSV-Format (kommaseparierte ASCII-Werte) ansprechen. Dazu setzt man die Eigenschaft *TableType* auf den entsprechenden Wert. In den folgenden Beispielen wird die Voreinstellung *ttParadox* verwendet. Über SQL- und ODBC-Treiber (siehe Abschnitt 11.4.7) ist ein Zugriff auf weitere Formate möglich.

```
enum TTableType {ttDefault, ttParadox, ttDBase, ttFoxPro,
                                                  ttASCII};
__property TTableType TableType;
```

Die Verbindung zwischen der *Table* und der Tabelle wird dann dadurch hergestellt, dass man im Objektinspektor oder im Programm für *DatabaseName* einen Datenbanknamen und für *TableName* den Dateinamen der Tabelle angibt. Bei einer Paradox- oder dBASE-Datenbank kann man für den Namen der Datenbank das Verzeichnis angeben:

```
void InitTable1()
{
Form1->Table1->DatabaseName = "c:\\test";
Form1->Table1->TableName = "KB";
}
```

Wenn man hier den Namen einer bereits existierenden Datenbank angibt, kann man diese ansprechen, nachdem man sie mit **Open** geöffnet oder ihre Eigenschaft *Active* auf *true* gesetzt hat. Beide Operationen sind vom Ergebnis her gleichwertig und setzen die Tabelle in den Modus *dsBrowse*, in dem Datensätze angezeigt, aber nicht verändert werden können. Für die folgenden Beispiele wird aber zuerst mit den Datenbankkomponenten der VCL eine **Datenbank angelegt**.

Die **Felddefinitionen** der Datenbank können mit der Eigenschaft *FieldDefs* der *TTable* verwaltet werden, die von der Klasse *TDataset* geerbt wird:

  __property TFieldDefs **FieldDefs**;*

TFieldDefs enthält eine Elementfunktion *AddFieldDef*, mit der man einer Tabelle Felder hinzufügen kann:

  TFieldDef __fastcall **AddFieldDef**();*

Der Funktionswert der Klasse *TFieldDef* besitzt unter anderem die Eigenschaften

Stewart, Ian: *Mathematische Unterhaltungen*
Spektrum der Wissenschaft, 12/1995, S. 10–14

Stroustrup, Bjarne: *The C++ Programming Language*
2nd ed., Addison-Wesley, Reading, Mass. 1991
3rd ed., Addison-Wesley, Reading, Mass. 1997

Stroustrup, Bjarne: *The Design and Evolution of C++*
Addison-Wesley, Reading, Mass. 1994

Sutter, Herb: *Exceptional C++*
Addison-Wesley, 1999

Taivalsaari, Antero: *On the notion of inheritance*
ACM Comput. Surv. 28, 3 (Sep. 1996), Pages 438 - 479

Veldhuizen, Todd: *C++ Templates as Partial Evaluation*
1999 ACM SIGPLAN Workshop on Partial Evaluation and Semantics-Based Program Manipulation (PEPM'99)
Im Internet unter: http://extreme.indiana.edu/~tveldhui/papers/

Veldhuizen, Todd: *Techniques for Scientific C++*
Im Internet unter: http://extreme.indiana.edu/~tveldhui/papers/

Wirth, Niklaus: *Systematisches Programmieren*
Teubner, Stuttgart 1983

Wirth, Niklaus: *Algorithmen und Datenstrukturen*
Teubner, Stuttgart 1983

Woo, Mason; Neider, Jackie; Davis, Tom: *OpenGL Programming Guide*
Addison Wesley, Reading, Mass. 1997

Index

-- 117; 416
! (logisches *not*) 417
!= 120
!= (ungleich) 423
π *Siehe* Pi
~ (bitweises *not*) 117
#define 206
#elif 209
#else 209
#endif 209
#if 209
#ifdef 211
#ifndef 211
#include 204
#include-Datei 650
#pragma 214
#undef 206
%= (Zuweisung) 427
& (Adressoperator) 167; 417
& (bitweises *and*) 117; 423
& (Referenztyp) 185
&& 124
&& (logisches *and*) 424
&= (Zuweisung) 427
* (Dereferenzierungsoperator) 165; 417
*/ 200
*= (Zuweisung) 427
, (Komma-Operator) 428
/* 200
// 200
/= (Zuweisung) 427
:: (Bereichsoperator) 412
? (Bedingungsoperator) 425
^ (bitweises *xor*) 117; 423
^= (Zuweisung) 427
__fastcall 37; 137
__*int64* 132
__*published* 693

_cdecl 585
_fastcall 585
_pascal 585
_stdcall 585
| (bitweises *or*) 117; 423
|| 124
|| (logisches *or*) 424
|= (Zuweisung) 427
~ (bitweises *not*) 417
++ 117; 416
+= (Zuweisung) 427
< 120
<< 421; 639
<<= (Zuweisung) 427
<= 120
-= (Zuweisung) 427
== 120
== (gleich) 423
-> 290
> 120
>= 120
>> 421; 639
>>= (Zuweisung) 427

A

Ablaufprotokoll 441
    für Schleifen 493
Ableitung *Siehe* Vererbung
abort 540
abs 157; 624
abstrakte Basisklasse *Siehe* Basisklasse
abstrakte Klasse *Siehe* Klasse
abstrakter Typ 847
accumulate Siehe STL
Ackermann-Funktion 611
ActiveMDIChild 906
ActiveX-Komponente 87

adjacent_difference Siehe STL
adjacent_find Siehe STL
Adresse 100
Algorithmus *Siehe* STL
Alignment 33
Analogrechner (Aufgabe) 53
and 432
and_eq 432
Animate (Komponente) 82
AnsiString 30; 218
   c_str 224
   Elementfunktionen 222; 225
   Index 222
   Konstruktoren 219; 221
   Vergleichsoperatoren 223
ANSI-Zeichensatz 126; 227
Anweisung 407
Apfelmännchen 490
Application 96
Architektur eines Software-Systems 592
argc 580
Argument 36; 135; 551; 552
   Default- 566
Argumente
   unspezifizierte Anzahl 579
argv 580
arithmetische Operatoren
   für Ganzzahldatentypen 114
   für Gleitkommadatentypen 152
arithmetischer Datentyp 32; 146
Array 235
   als Klassenelement 289
   const 242
   Container 245
   dynamisch erzeugtes 263
   Initialisierung 241
   mehrdimensionales 252
   mit *char*-Elementen 241
   mit *new* erzeugtes 172
   ohne Elementanzahl 242
   Parameter 259
   Standardkonstruktor 699
   typedef 240
   Unterschied zu Struktur 291
   Vergleich mit Liste 305
   von Objekten 698
array of const 584
Array-Eigenschaften 267; 887
ASCII-Zeichensatz 125

assert 213; 528
Assign 60; 83; 881
AssozContainer (Aufgabe) 741
assoziative Container 389
Assoziativgesetz 150
at 269
atof 375
atoi 375
Aufrufoperator 980
Aufruf-Stack 144; 549
Aufzählungstyp 33; 195
Ausdruck 410; 411; 585; 605
   additiver 605
   geklammerter 412
   multiplikativer 606
   Postfix 414
   Präfix 416
   primärer 411
   Reihenfolge Auswertung 408
   unärer 416
   Wert des 408
Ausdrucksanweisung 408
Ausgabeoperator << 360
Ausnahmebehandlung *Siehe* Exception-Handling
auto Siehe Speicherklasse
auto_ptr 537; 979
Autospeichern 14; 15

B

bad_alloc 171
basic_string 230; 957
Basisklasse 777; 840
   abstrakte 845
   als Teilobjekt 778
   direkte 777
   indirekte 777
   private 780
   protected 780
   public 780
   virtuelle 807
Batch-Datei 666
Baud-Rate 1060
Baum
   alle Knoten durchlaufen 619
   balancierter 620
   durchsuchen 618
BCD 155; 338
bedingte Anweisungen 457

Index

bedingte Kompilation 209
Bedingungsoperator *Siehe* ?
begin 272
Benutzer einer Klasse 691
benutzerdefinierte Konversion *Siehe* Konversion
Bereich in Container 273
Bereich, Iterator 995
Bereichsoperator *Siehe* ::
Bevel 71
Bezeichner 99; 412
Beziehungen zwischen Variablen 446
Bibliothek
   dynamisch gelinkte 657
   statisch gelinkte 652; 657
BidirectionalIterator 993
Bildschirm, Farben 317
Binärbaum 389
Binärdatei 348
binäre Ziffern einer Zahl 233
binärer Suchbaum 615
binäres Suchen 246; 276
Binärsystem 106
binary_function 983
binary_search Siehe STL
BinaryPredicate 983
bind1st 987
bind2nd 987
Binder 988
Bindung 645
   externe 645
   frühe 816; 819; 825
   interne 646
   keine 646
   späte 812; 816
   späte, in der VCL 883
   späte, mit *dynamic* 883
Binomialkoeffizient 324; 599
Binomialverteilung 325
bitand 432
BitBtn 66
Bitfeld 315
Bitoperator
   and & 117
   not ~ 117
   or | 117
   xor ^ 117
bitor 432
bitset 283; 963
Block 133; 450

bool 34; 104; 120
BOOL 122
boolesche Operatoren 121
BorderStyle 198
Borland Database Engine *Siehe* Datenbank
Botschaften 912
   und Objekthierarchie 915
break-Anweisung 470; 502
Breakpoint 140
Bruchrechnung 640
Brush 70

C

c_str 224
C2DKreis 730; 734
C2DPunkt 694; 696; 721; 795; 797; 817
C3DPunkt 786; 795; 817; 828
Cached Updates *Siehe* Datenbank
calc 608
Canvas 267; 317
   Formular 70
   Image 69
   PaintBox 84
Caption 30
case-Marke 470
CBruch (Aufgabe) 741
C-Funktion 653
CGrundstueck 705; 755; 789; 802; 829
char 104; 125
char_traits 958; 968
Chartfx 88
CheckBox 47
CHRTimer 708
cin 35; 372
CKontobewegung 287
CKreis 704; 755
class 682; 938
ClassName 911
Clear 26
ClientSocket 332
close 349
CloseHandle 1055
CmdLine 582
CodeGuard 307
ColorDialog 60
COM1 1063
ComboBox 42

Commit Siehe Datenbank
Compiler
   Fehlermeldung 31
   Version 212
compl 432
complex 396; 968
COM-Server 327
const 189; 646
   Datenelement 768
   Elementfunktion 717; 718; 768
   Klassenelement 768
   Objekt 769
const_cast 435
Container
   Adapter 281
   Array 245
   assoziativer 389
   Klasse 269
   Konstruktor 999
   sequenzieller 278
   verkettete Liste 296
Containerklasse
   als Basisklasse 835
Container-Komponenten 51
continue (Anweisung) 502
copy Siehe STL
copy rule 546
copy_backward Siehe STL
Copy-Konstruktor 744
   Aufruf 748
   bei VCL-Klassen 881
   der Basisklasse aufrufen 787
   implizit erzeugter 745; 787
count Siehe STL
count_if Siehe STL
cout 35; 372
CppWebBrowser 330
CQuadrat 704; 755; 790; 792; 801
CreateFile 1051; 1063
CRechteck 704; 755; 790; 792; 801
crosscast 868
Cross-Reference-Liste 395
Currency 155; 337
Cursor (Eigenschaft) 215
cv-Qualifizierer 192

D

DataSource Siehe Datenbank
Datei *Siehe* Stream
Datei, binär
   Klassen-Template 978
Datenbank 287
   Append 1070
   ApplyRange 1077
   BDE 1084
   BOF 1071
   Cached Updates 1083
   Commit 1082
   DatabaseName 1068
   DataSource 1072
   DataType 1069
   DBGrid 1072
   DBNavigator 1073
   Delete 1072
   Edit 1072
   eindeutige Schlüsselwerte 1076
   EOF 1071
   FieldByName 1070
   FieldDefs 1068
   FieldValues 1070
   Filter 1074
   First 1071
   GotoKey 1076
   GotoNearest 1076
   Index 1075
   Insert 1072
   Last 1071
   MasterFields 1078
   Microsoft Access 1084
   Next 1071
   ODBC 1084
   OnFilterRecord 1075
   Post 1070
   Primärindex 1075
   Primärschlüssel 1075
   Prior 1071
   QuickReport 1086
   Record-Locking 1073
   Rollback 1082
   Schlüssel 1075
   Sekundärindex 1076
   SetRangeEnd 1077
   SetRangeStart 1077
   Spalte 1067
   SQL 1080

StartTransaction 1082
Tabelle 1067
TableName 1068
TableType 1068; 1084
TDBDataSet 1081
TQuery 1080
Transaktion 1082
TTable *Siehe* Datenbank
Verknüpfung 1078
Zeile 1067
Datenbankoberfläche 1071
Datentyp
   arithmetischer 32; 146
   BCD 338
   Currency 337
   dynamischer 813; 815
   eingebauter 146
   fundamentaler 146
   Geldbetrag 156
   minimal wählen 114
   rekursiver 614
   statischer 813; 815
   Stringliteral 178
   strukturierter 291
   TVarRec 313
   Variant 314
   vordefinierter 146
Datenübertragung
   serielle Schnittstelle 1060
DateTimePicker 82
Datumsvergleich 467
DBGrid *Siehe* Datenbank
DBNavigator *Siehe* Datenbank
de Morgan, Regeln von 462; 472; 477
Debugger 140; 442
   Aufruf-Stack 144
   Ausführungsposition 144
   Breakpoint 140
   Darstellung von Klassen 292
   Haltepunkt 140
   Programm unterbrechen 144
   Programm zurücksetzen 144
   schrittweise Programmausführung 141
   überwachte Ausdrücke 143
   Werte anzeigen 141
default Array-Property 889
Default-Argument 566
DefaultHandler 918
Definition
   #include-Datei 650
   doppelte 649
   von Variablen 101
Definitionsbereich (Funktion) 552
Deklarationsanweisung 449
delete 173
delete[ ] 173
Delphi-Units einbinden 582
deque 278
Dereferenzierungsoperator 165
design by contract 527; 592
Design eines Softwaresystems 592
Destruktor 700
   Array 700
   automatischer Aufruf 700
   delete 700
   implizit erzeugter 701; 787
   Reihenfolge der Aufrufe 531; 785
   rein virtueller 842
   temporäres Objekt 700
   virtueller 834
Dezimalbruch 148
Dezimalsystem 107
Dialogfenster 58
DirectoryListBox 85
direkte Basisklasse *Siehe* Basisklasse
Direktzugriff 346; 375
Dispatch 918
DispatchMessage 913
DLL 20; 657
   explizit laden 660
   implizit laden 659
do-Anweisung 482
doppelte Dateien suchen 621
double 146
downcast 867
DrawGrid 69
DriveComboBox 85
Drucken 321
   Memo 322; 323
   QuickReport 334
   Richedit 322
   über Word 329
Dynamic Link Library *Siehe* DLL
dynamic_cast 439; 866
dynamisch erzeugte Variablen 174
   Fehlermöglichkeiten 174
dynamischer Datentyp *Siehe* Datentyp

E

e (Eulersche Zahl) 158
EAccessViolation 514
EConvertError 514
Edit 24
Edit-Komponente 35
Editor 2; 7; 9
    Tastenkombinationen 10
EDivByZero 514
EIA-232 1061
Eigenschaft *Siehe* Property
Einerkomplement 108; 417
Einfachvererbung 806
Einfügeiterator 996
Eingabeoperator >> 362
Einkommensteuer 467; 468
Element einer Klasse 682
Elementfunktion 683
    Aufruf 694
    Default-Argument 685
    inline-Funktion 684
    Namensgebung 713
    UML-Diagramm 720
    Zeiger auf 858
Elementinitialisierer 726; 728
    Basisklasse 784
    für *const* Datenelemente 728
Ellipse 69
else-Zweig 458
E-Mail 329
empty 281
end 272
endl 361
Endlosschleife 487
Entwicklungsprozess 8
Entwicklungsumgebung 1
Entwurfszeit 9
enum 195
    in einer Klasse 770
Enumerator 195
eof 355
equal Siehe STL
equal_range Siehe STL
ERangeError 515
erase 272
Eratosthenes, Sieb des 245
Ereignis 6; 44; 45
    OnClick 44; 45
    OnCreate 45; 46; 102

OnDragOver 45
OnEnter 45
OnExit 45
OnKeyDown 45
OnKeyPress 45
OnKeyUp 45
OnMessage 913; 914
OnMouseDown 45
OnMouseMove 45
OnMouseUp 45
OnResize 120; 899
    und Methodenzeiger 902
EResNotFound 900
errno 158; 517; 528
Erweiterbarkeit 839
    und virtuelle Funktion 837
    Verlust mit RTTI 866
Escape-Sequenz 127
exception 509
    abgeleitete Klasse 522
    bad_typeid 864
    Basisklasse der VCL 892
    Klassenhierarchie 512
    what 521
Exception
    auslösen 519
    in Konstruktor 531
    terminate 539; 540
    und Fehler 526
    und Ressourcen-Freigabe 529
    unexpected 539
Exception (VCL-Klasse) 513
    Klassenhierarchie 513
    Konstruktoren 525
Exception-Handler 505; 509
Exception-Handling 504
    Aufrufstack 516
    stack unwinding 517
exceptions (Funktion)
    bei Streams 510
    failure 510
Exception-Spezifikation 539
explicit 764
explizite Instanziierung 946; 964
explizite Spezialisierung 946; 964
explizite Typkonversion *Siehe*
    Konversion
expliziter Konstruktor 764
Exponent 147
export 938; 975

Extended 39
extern 37; 646
  "C" 653
EZeroDivide 514

F

F1Book 89
fabs 157; 624
Fakultät 160; 610
Farben, Bildschirm 317
fastcall 37
Fehler und Exceptions 526
Fehlermeldung des Compilers 31
Fenster
  automatisch erzeugtes 904
  modales 64
Festkomma64 (Aufgabe) 758
Fibonacci-Zahlen 138; 162; 610
FIFO *Siehe* Liste
FileClose 1058
FileCreate 1058
FileListBox 85
FileOpen 1057
FileRead 1058
FileSeek 1058
FileWrite 1058
fill *Siehe* STL
fill_n *Siehe* STL
FilterComboBox 85
find *Siehe* STL
find_end *Siehe* STL
find_first_of *Siehe* STL
find_if 986 *Siehe* STL
FindDialog 60
FindFirstFile 611
FindNextFile 611
flache Kopie 746; 752
float 146
FloatToStr 39; 152
flush 354
Fokus 43; 898; 925
FontDialog 60
for_each 981; 1000
for-Anweisung 134; 483
Formatangabe (für Formatstrings) 183
Formatstring 229
FormCreate 46; 102
Formular 2
  automatisch erzeugtes 904

Datei 13
for-Schleife 237
ForwardIterator 993
Fraktal 490; 576; 610
  Julia-Fraktal 492
free 174
friend
  Funktion 732
  Klasse 733
front_inserter 997
frühe Bindung *Siehe* Bindung
fstream *Siehe* Stream
ftell 388
ftp (file transfer protocol) 330
function-try-block 729
Funktion 36; 135; 543
  Adresse 570
  als Parameter 572
  am besten passende 626
  Aufgabe 589; 593
  aus C 653
  Datentyp einer 568
  Definition 544
  exakt passende 627
  Größe der Parameterliste 593
  Größe des Anweisungsteils 593
  inline 622
  Name 589; 590; 593; 594
  überladene 624
  zeichnen 319; 323
Funktionsadapter 987
Funktionsaufruf 544; 546; 548
Funktionsbegriff in der Mathematik 552
Funktionsdefinition 548
Funktionsobjekt 980
  arithmetisches 985
  Funktionsadapter 987; 988
Funktions-Template 937
  Aufruf 939
  explizite Instanziierung 946
  explizite Spezialisierung 946
  Metaprogrammierung 951
  Nicht-Typ-Parameter 944
  statische lokale Variablen 943
  überladenes 947
Funktionswert
  Datentyp des 36; 544
  Referenztyp 637
Funktionszeiger 546; 570; 630

G

Ganzzahldatentyp 103; 105
  mit Vorzeichen 105; 108
  ohne Vorzeichen 105; 106
Ganzzahlliteral *Siehe* Literal
Gaußsche Glockenkurve 325
Gaußsche Osterformel 145
Gaußsches Eliminationsverfahren 255; 267
Geburtstagsproblem von Mises 161; 245
Geheimnisprinzip 677
Geldbetrag *Siehe* Datentyp
Generalisierung *Siehe* Vererbung
generate *Siehe* STL
generate_n *Siehe* STL
generische Programmierung 935
generische Zeiger *Siehe* Zeiger
GetCommState 1064
GetFileAttributes 434
GetHeapStatus 306
GetLastError 1053
getline 364
GetLogicalDriveStrings 188
GetTempPath 188
GetWindowsDirectory 177
ggT *Siehe* größter gemeinsamer Teiler
glBegin *Siehe* OpenGL
glColor *Siehe* OpenGL
Gleichheit von Gleitkommawerten 155
Gleitkommadatentyp 146
  Reihenfolge der Summation 160
Gleitkommaformat 147
Gleitkommaliteral *Siehe* Literal
glEnd *Siehe* OpenGL
glLight *Siehe* OpenGL
glLoadIdentity *Siehe* OpenGL
glMaterial *Siehe* OpenGL
glNormal *Siehe* OpenGL
globale Variablen *Siehe* Variablen
glPopMatrix *Siehe* OpenGL
glPushMatrix *Siehe* OpenGL
glRotate *Siehe* OpenGL
glScale *Siehe* OpenGL
glTranslate *Siehe* OpenGL
gluCylinder *Siehe* OpenGL
gluDisk *Siehe* OpenGL
gluNewQuadric *Siehe* OpenGL
gluPerspective *Siehe* OpenGL
gluSphere *Siehe* OpenGL
glVertex *Siehe* OpenGL
goto-Anweisung 499
  undefinierte 501
Gregorianischer Kalender 131
größter gemeinsamer Teiler 497; 594; 610
GroupBox 50
Gruppenverarbeitung 382
Gruppenwechsel 382; 1009; 1080; 1088
Gültigkeitsbereich 451; 688
  Klasse 686; 695
Gummibandfigur (Aufgabe) 926

H

Haltepunkt 140
Handlungsreisender *Siehe* Problem des
„hat ein"-Beziehung 798
Hauptprogramm 772
Hauptspeicher 100
Hausdorff 610
Header (VCL-Komponente) 79
HeaderControl 78
Header-Datei 651; 771
Heap 171; 175; 1024
Hexadezimalliteral *Siehe* Literal
Hexadezimalsystem 107
Hornerschema 498; 594
HotKey 82
HTML 331
HTML-Format 366
Hypothekendarlehen 486

I

identifier 99
if-Anweisung 48; 133; 458
if-else-Anweisung 460
ifstream *Siehe* Stream
Image 69
ImageList 74; 77
IMPDEF 662
IMPLIB 663
implizite Typkonversion *Siehe* Konversion
includes *Siehe* STL
indirekte Basisklasse *Siehe* Basisklasse
information hiding 677

Initialisierung 164; 762
  Array 241
  dynamisch erzeugte Variable 172
  struct 291
  Syntaxregel 163
inline-Funktion 622; 684
inner_product Siehe STL
inplace_merge Siehe STL
InputBox 92
InputIterator 993
InputQuery 92
insert 272
inserter 997
Instanz *Siehe* Objekt
int 32; 104
Integration, numerische 575
integrierte Entwicklungsumgebung 1
Internet-Komponenten 329
Interrupt (serielle Schnittstelle) 1061
IntToStr 36
Invariante 445; 493
  Klasseninvariante 716; 718
  Klasseninvariante bei Vererbung 792
  Schleifeninvariante 493; 587
iostream 372
„ist ähnlich wie ein"-Beziehung 843
„ist ein"-Beziehung 791
  als notwendige Bedingung 796
  C2DPunkt und *C3DPunkt* 795; 817; 843; 844
  Kriterium 795
  Quadrat und Rechteck 793; 847
  und Umgangssprache 796
istream_iterator 998
istringstream 373; 375; 641
iter_swap Siehe STL
Iterator 272; 619; 741; 993
  Bereich 995
  Bidirektional- 993
  Einfüge- 996
  Forward- 993
  Input- 993
  Kategorie 994
  Output- 993
  RandomAccess- 993
  selbst definierter (Aufgabe) 742
  Stream- 998
  ungültiger 274; 280; 393

J

Julia-Menge 492
Julianischer Kalender 131

K

Kalenderdatum 339
Klasse 285; 682; 711
  abgeleitete 776
  abstrakte 841
  als Datentyp 722
  Arrayelement 289
  im Debugger 292
  Konsistenzbedingung 714
  Namensgebung 713
  polymorphe 817
  reales Konzept 711; 794
  UML-Diagramm 720
  Vergleichsoperator 289
  Vorwärtsdeklaration 685
Klassenelement 682
  Name in einer Hierarchie 782
  statisches 766
Klassengültigkeitsbereich *Siehe* Gültigkeitsbereich
Klassenhierarchie 777; 797
  systematische Konstruktion 845
Klasseninstanz *Siehe* Objekt
Klasseninvariante *Siehe* Invariante
Klassenreferenztyp 908
Klassen-Template 953
  abhängige Parameter 960
  Array mit range-checks 978
  Default Argument 960
  Elementfunktionen 971
  Element-Templates 970
  erzeugte Elemente 955; 963
  explizite Instanziierung 964
  explizite Spezialisierung 964
  exportiertes 975
  Fehler 959
  friend 974
  Klassen-Elemente 970; 972
  mehr spezialisiertes 965
  Nicht-Typ-Parameter 962
  partielle Spezialisierung 964
  primäre Deklaration 965
  Quelltext 959
  template<> 966
  UML-Diagramm 976

und abgeleitete Klassen 974
   virtuelle Elementfunktionen 973
   vollständige Spezialisierung 964
Klassifikation 712; 794
kleinste Quadrate 405
Knoten *Siehe* Liste
   Baumstruktur 616
   bei rekursiven Datentypen 614
Koch'sche Kurven 609
Komma-Operator 428
Kommentar 46; 200
   verschachtelter 201
Kommutativgesetz 563
komplexe Zahlen 396
Komplexität 278
Komponentenpalette 2; 23
   erweitern 927
Komposition 797; 805; 856
   vs. Vererbung 798
Konkordanzliste 394; 620
konkreter Typ 846
Konsolen-Anwendung 372
Konstante 109; 189
   - Variable 191
   symbolische 189
   Zeiger- 191
konstante Klassenelemente *Siehe const*
konstante Referenzparameter 560
Konstruktor 696
   Aufgabe 699
   automatischer Aufruf 696
   Copy- *Siehe* Copy-Konstruktor
   Datenelement einer Klasse 726
   Default- *Siehe* Standardkonstruktor
   Exceptions 729
   expliziter 764
   function-try-block 729
   konvertierender 760
   new 697
   Reihenfolge der Aufrufe 727; 785; 809
   Standard- *Siehe* Standardkonstruktor
   und virtuelle Funktionen 827
   virtueller 833; 909
Konstruktor-Initialisierer 726
Kontobewegung (Beispiel) 287
   Eingabemaske 293
Kontravarianz 859
Kontrollstrukturen 457
Konversion 111; 553
   benutzerdefinierte 629; 735; 762
   durch Konstruktor 738; 760
   explizite Typ- 434; 763
   implizite Typ- 763
   in Funktionsschreibweise 439
   in Typecast-Schreibweise 439
   Parameter 111; 220
   sichere 112
   String 375
   übliche arithmetische 152
   zwischen abgeleiteten Klassen 799
Konversionsfunktion 761
Konvertierungsfunktionen 36
Korrektheit
   einer Funktion 591
   einer Klasse 715
kovariant 824

L

Label (VCL-Komponente) 30
labs 157
Laufzeit 9
Laufzeitfehler und Exceptions 506
Laufzeit-Typinformationen 862; 892
   in der VCL 875
Layout eines Programms 465
Lebensdauer 454
   automatische 454
   dynamische 454
   statische 454
   und Initialisierung 455
Lebenslauf eines Objekts 715
letzte überschreibende Funktion 820
lexicograhical_compare Siehe STL
LIFO *Siehe* Liste
limits.h 105
lineares Gleichungssystem 255; 267
lineares Suchen 246
LineTo 69; 320
Linker 649
list 278; 619; 956
ListBox 42
Liste, verkettete 296; 615; 619
   ausgeben 300
   FIFO 302
   Knoten 296
   Knoten einfügen 298
   LIFO 299
   mit generischen Zeigern 308
   sortiert 302
   Speicher freigeben 305

Vergleich mit Array 305
Zeiger auf letztes Element 300
Listendruck 368
ListView 74
Literal 109
   __int64 132
   boolesches 120
   Dezimal- 109
   Ganzzahlliteral 109
   Gleitkomma- 150
   Hexadezimal- 110
   Oktal- 109
   primärer Ausdruck 411
   String- 242
   Suffix 111
   wchar_t 131
   Zeichen- 127
LoadFromFile 41
LockFile 1056
logische Operatoren
   and && 121
   not ! 121
   or || 121
lokale Variablen *Siehe* Variablen
lokales Menü 17
Lokalität 543
long 104
long double 146
longjmp 524
Lotka-Volterra-System 327
lower_bound Siehe STL
lstrcmp 991
L-Wert 429

M

M_E 158
M_PI 158
main 95; 580
MainMenu 55
MainWndProc 519; 915
make_heap Siehe STL
make_pair 957; 978
Make-Datei 13
Makro 206; 623
malloc 174
Manipulator 361; 369
Mantisse 147
map 389; 391; 619; 956
MaskEdit 67

mathematische Funktionen 157
matherr 536
max Siehe STL
max_element Siehe STL
MDI
   ActiveMDIChild 906
   Anordnung Formulare 906
   Cascade 906
   Child-Formular 904
   TileMode 906
MDIChildren 906
Median 1026
MediaPlayer 85
Mehrbenutzerzugriff 1055
Mehrfachvererbung 806
   bei VCL-Klassen 883
MeineListe 709
MeinStack 708; 755; 956
MeinString 692
   Append 718
   c_str() 707
   Copy-Konstruktor 746
   Destruktor 702
   Klasseninvariante 715; 716
   Konstruktor 701; 731
   Operator [] 739
   Operator + 737; 738
   Operator += 747
   Operator < 736
   Operator = 753
   Standardkonstruktor 724
mem_fun_ref 990
Memo 40
memory leak 306
Menge *Siehe Set* oder *set*
Menü
   Designer 55
   lokales 17
merge Siehe STL
message queue 912; 923
MessageDlg 93
messages (Unit) 917
Methode 25; 37
Methode der kleinsten Quadrate 405
Methodenzeiger 903
Microsoft Access DB *Siehe* Datenbank
min Siehe STL
min_element Siehe STL
Minimum 475
Mischen

merge Siehe STL
  mit Folgeprüfung 385
  von Dateien 380
Mises, Geburtstagsproblem 161; 245
mismatch Siehe STL
modales Fenster 64
Modellierungsmatrix *Siehe* OpenGL
Modelltransformation *Siehe* OpenGL
Modulare Programmierung 643
MoveTo 69; 320
MS-Office 327
multimap 389; 391; 619; 621
Multiple Document Interface *Siehe* MDI
Multiplikation Stringzahl 498
multiset 389; 619
Muster *Siehe* Patterns
mutable 769

N

Nachbedingung 444; 528; 591
Name
  Bezeichner 99
  einer Komponente 28
  einer Komponente ändern 29
  eines Projekts 96
  qualifizierter 668
Namensbereich 668
  Aliasname 675
  benannter 669
  globaler 671
  std 674
  unbenannter 675
Namenskonflikt 667
namespace Siehe Namensbereich
NDEBUG 213
Negation 461
Negation im else-Zweig 473
Negator 989
new 171
new[ ] 172
Newton-Raphson-Verfahren 574; 577
next_permutation Siehe STL
Nicht-Typ-Parameter 944; 962
nichtvisuelle Programmierung 9
Normalverteilung 325
not 432
not_eq 432
Notebook 74

nth_element Siehe STL
Nullmodemkabel 1062
nullterminierter String 178
  kopieren 179
  strcat 181
  strcmp 182
  strcpy 181; 410
  strlen 181
  strstr 182
numeric_limits 106; 966
Numerische Integration 161; 575

O

Objekt 682
  Namensgebung 713
  reales 710
  UML-Diagramm 722
Objektablage 64
objektbasierte Programmierung 846
Objektgalerie 791
Objektinspektor 5; 887
objektorientierte Analyse 709
objektorientierte Programmierung 25; 40; 42; 681
objektorientiertes Design *Siehe* OO-Design
Objektselektor 5
ODBC *Siehe* Datenbank
OEM-Zeichensatz 126
offene Array-Parameter 583
ofstream Siehe Stream
Oktalliteral *Siehe* Literal
OnClick *Siehe* Ereignis
OnCreate *Siehe* Ereignis
One definition rule 650
Online-Hilfe 16; 23
  zu Eigenschaft 24
  zu Ereignis 24
  zu Komponente 24
OnXxxxx *Siehe* Ereignis
OOAD 709
OO-Design 709
  iterativer Prozess 713
  Komposition 797
  und abstrakte Basisklassen 844
OPENARRAY 314; 584
OpenDialog 60
OpenGL 1028
  Beleuchtungseffekte 1044

Index 1107

City 1035
ColoredCube 1034
Cylinder 1039
DrawScene 1031
FormKeyDown 1038
FormResize 1030
glBegin 1031
glColor 1032
glEnd 1031
glLight 1044
glLoadIdentity 1038
glMaterial 1045
glNormal 1046
glPopMatrix 1041
glPushMatrix 1041
glRotate 1036
glScale 1036
glTranslate 1036
gluCylinder 1039
gluDisk 1039
gluNewQuadric 1039
gluPerspective 1030
gluSphere 1039
glVertex 1032
IndependentMotions 1042
Initialisierungen 1028
InitLights 1045
InitOpenGL 1028
Koordinatenkreuz 1033
lokale Transformationen 1041
MakeTexture 1047
Modellierungsmatrix 1031
Modelltransformation 1036
Normal3P 1046
Paperplane 1035
Primitiv 1031
Projektionsmatrix 1030
Quad 1034
RecursiveTree 1042
Solarsystem 1040
Speichenrad 1041
Sphere 1039
Texturen 1046
Windows-Bitmap 1048
OpenPictureDialog 60
operator 633
Operator – –
 (Präfix- vs. Postfix) 736; 757
Operator ++
 (Präfix- vs. Postfix) 736; 757

Operator = 751
 bei VCL-Klassen 881
 der Basisklasse aufrufen 788
 implizit erzeugter 751; 787
operator() 980
Operatoren
 alternative Zeichenfolgen 432
 Assoziativität 430
 Priorität 411; 430
Operatorfunktion 633
 ++ 636
 < 379
 << 639
 >> 639
 als Elementfunktion 736
 binäre Operatoren 738; 739
 eingängige Symbolik 741
 globale 634
 Typ-Konversion 761
 virtuelle 825
or 432
or_eq 432
Ostersonntag 145
ostream_iterator 998
ostringstream 373; 641
Outline 78
OutputIterator 993
Overflow Checking 119

P

PageControl 73
PaintBox 84
pair 956
PALETTEINDEX 318
Panel 50
parallele Datenübertragung 1060
ParamCount 582
Parameter 36; 38; 543; 550; 552
 aktueller 551
 Array 259
 der VCL 559
 Konversion 111; 151; 220
 offene Array- 583
 Referenz- 135; 186
 Werte- 135; 186; 552
Parameterliste 36; 593
ParamStr 582
Parser, rekursiv absteigender 605
partial_sort Siehe STL

partial_sort_copy Siehe STL
partial_sum Siehe STL
partition Siehe STL
Pascal-Dreieck 597
Pattern 850
   Abstract Factory 854
   factory method 852
   Singleton 775
PeekMessage 913
Permutation 1017
Phasendiagramm 327
Pi, π 158
   Numerische Integration 161
   Tröpfelverfahren 249
Pixel 32
Pixels (Canvas) 267; 317
POINT 310
Pointer *Siehe* Zeiger
Polymorphie 817
Polynom 262
pop 281; 548
pop_heap Siehe STL
PopupMenu 57
Position einer Komponente 32
Positionszeiger 350
Postfix-Ausdruck *Siehe* Ausdruck
PostMessage 923
Prädikat 982
Pragma 214
Präprozessoranweisung 204
Predicate 982
prev_permutation Siehe STL
Primitiv *Siehe* OpenGL
Primzahl 139; 245
PrintDialog 60
Printer 321
PrinterSetupDialog 60
printf 35
priority_queue 281; 1024
private 689
   Ableitung 802
   Basisklasse 802
   Element 689
   Element Basisklasse 779
   Vererbung 832
Problem des Handlungsreisenden 160
ProcessMessage 913
ProcessMessages 488
Produkt von zwei Zahlen 495

Programm, eigenständig ausführbares 20
Programmausführung
   symbolische 442
Programmgerüst 849
ProgressBar 81
Projekt 96; 644
   Dateien 13
   löschbare Dateien 15
   Name 96
   speichern 13
Projektgruppe 664
Projektionsmatrix *Siehe* OpenGL
Projektverwaltung 645
Property 884
   Array- 887
   default Array- 889
   Lesemethode 885
   published 887
   Schreibmethode 885
   überschriebene Eigenschaften 891
   und visuelle Programmierung 887
   virtuelle Methoden 886
protected
   Ableitung 802
   Basisklasse 802
   Element 689
   Element Basisklasse 779
Protokollklasse 849
Prototyp 648
ptr_fun 988
public 689
   Ableitung 802
   Basisklasse 802
   Element 689
   Element Basisklasse 779
published 693
push 281; 548
push_back 269
push_front 997
push_heap Siehe STL
Pythagoräische Zahlentripel 139

Q

qsort Siehe Sortieren
qualifizierter Name 668
Quelltextdatei 644
   mehrere 651
Quelltexteditor 9 *Siehe* Editor

Index 1109

Quelltextschablonen 19
QueryPerformanceCounter 340
queue 281; 302; 961
QuickReport 334; 1086
Quicksort *Siehe* Sortieren

R

RadioButton 48
RadioGroup 51
RAM 100
rand (Zufallszahl) 137; 160
random (Zufallszahl) 138
random access 375
random_shuffle Siehe STL
RandomAccessIterator 993
randomize 138
Räuber-Beute-Modell 326
rbegin 995
read 355
ReadFile 1054
Rechnerkopplung 1062
Rechtschreibprüfung 394
Record-Locking 1056; 1073
Rectangle 69
Referenz
　Initialisierung 748
Referenzparameter 554; 560
　Argument 555
　Initialisierung 554
　konstante 560; 561
Referenzsemantik 828
Referenztyp 185; 554
　Funktionswert 637
Regeln von de Morgan 462; 472; 477
register Siehe Speicherklasse
RegisterComponents 927
Regressionsgerade 405
rein virtuelle Funktion 841
reinterpret_cast 438
Rekursion 595
　Effizienz 599
　Einfachheit 599
　indirekte 610
rekursiv absteigender Parser 605
rekursiver Datentyp 614
remove Siehe STL
remove_if Siehe STL
rend 995
replace 993 *Siehe* STL

replace_copy Siehe STL
replace_copy_if Siehe STL
replace_if Siehe STL
ReplaceDialog 60
Ressourcen-Freigabe 529
return-Anweisung 135; 503; 544
reverse Siehe STL
reverse_iterator 995
RGB 318; 491
RichEdit 79
Rollback Siehe Datenbank
rotate Siehe STL
round 162
RoundRect 69
RS-232C 1061
RTF-Textformat 79
RTTI *Siehe* Laufzeit-Typinformationen
Rundungsfehler 149
R-Wert 429

S

SaveDialog 60
SavePictureDialog 60
SaveToFile 41
scanf 35
Schaltjahr 131; 460
Schleifen 480
Schleifenbedingung 482
Schlüsseltabelle 377
Schlüsselwert 615
Schlüsselwort 100
Schneeflockenkurve 608
Schnittstelle 593
　einer Klasse 691
Schreibfehler, Schutz vor 103
schrittweise Programmausführung 141
schrittweise Verfeinerung 585; 710
scope *Siehe* Gültigkeitsbereich
ScrollBar 52
ScrollBox 71
SDI-Programm 904
search Siehe STL
search_n 1008
seekp 376
Seiteneffekt 563
　bei Operatoren 564
selbstdefinierte Komponenten 927
SendMessage 923
sequenzielle Container 278

sequenzieller Dateizugriff 346
serielle Datenübertragung 1060
ServerSocket 332
Set 389; 619; 956
   Differenz 343
   Durchschnitt 343
   im Objektinspektor 345
   Vereinigung 343
set_difference *Siehe* STL
set_intersection *Siehe* STL
set_symmetric_difference *Siehe* STL
set_union *Siehe* STL
SetCommState 1064
SetCommTimeouts 1064
SetFileAttributes 434
SetFilePointer 1054
setjmp 524
SetupComm 1066
Shape 71
Shift-Operatoren 421
short int 104
Short-Circuit Evaluation 124
ShortCut 61
ShowDirTree 622
ShowMessage 93
ShowModal 64
Sieb des Eratosthenes 245
signed char 104
signed long 104
Simpsonregel 575
size 269; 281
sizeof 118; 418
slice 401
SmallString<n> 218
sort 603; 1019
sort_heap *Siehe* STL
Sortieren
   Array, durch Auswahl 238
   Array, mit *sort* 271
   Container, mit *sort* 271
   durch Zerlegen 600
   einer Datei 379
   qsort 602
   Quicksort 600
Soundex-Verfahren 234
späte Bindung *Siehe* Bindung
SpeedButton 67
Speicher, verfügbar unter Win32 455
Speicherklasse 454
   auto 454

register 454
static 454
Speicherplatzbedarf Objekt 689
Spezialisierung *Siehe* Vererbung
   eines Funktions-Templates 939
   eines Klassen-Templates 954
   explizite 946
   vollständige 966
Spezifikation einer Funktion 526
Splitting-Verfahren 469
sprintf 182; 375
SQL *Siehe* Datenbank
srand 137
sscanf 375
stable_partition *Siehe* STL
stable_sort *Siehe* STL
Stack 248; 249; 281; 299; 548; 553; 595; 953; 961
Standard Template Library *Siehe* STL
Standardbibliothek 268
Standardkonstruktor 699; 723; 725
   implizit erzeugter 724; 728; 787
   Teilobjekt 784
Standardkonversion 111; 151; 628
static 646
   Klassenelement 766
   Speicherklasse 454
static_cast 437; 873
statischer Datentyp 813; 815
StatusBar 80
std 674
Steuerformel 467
STL 268; 935
   accumulate 1025
   adjacent_difference 1026
   adjacent_find 1004
   binary_search 276; 1021
   copy 275; 996; 1011
   copy_backward 1011
   count 1005
   count_if 1005
   equal 276; 1005
   equal_range 1021
   fill 275; 1014
   fill_n 1014
   find 276; 1003
   find_end 1007
   find_first_of 1004
   find_if 1004
   generate 1014

generate_n 1014
includes 1023
inner_product 1026
inplace_merge 1022
iter_swap 1011
lexicographical_compare 1007
lower_bound 276; 1021
make_heap 1024
max 1008
max_element 1008
merge 1022
min 1008
min_element 1008
mismatch 1006
next_permutation 1017
nth_element 1020
partial_sort 1020
partial_sort_copy 1020
partial_sum 1026
partition 1018
pop_heap 1024
prev_permutation 1018
push_heap 1024
random_shuffle 1017
remove 1015
remove_if 1015
replace 1012
replace_copy 1013
replace_copy_if 1013
replace_if 1013
reverse 1016
rotate 1016
search 1007
set_difference 1024
set_intersection 1024
set_symmetric_difference 1024
set_union 1023
sort_heap 1025
stable_partition 1018
stable_sort 1019
swap 938; 1010
swap_ranges 1010
transform 1012
unique 1015
upper_bound 1021
upper_bounnd 276
STL-Algorithmus 1002
    für alle Elemente eines Containers 1000
strcat Siehe nullterminierter String

strcmp Siehe nullterminierter String
strcpy Siehe nullterminierter String
Stream 347
    << 360
    >> 362
    close 349
    eof 355
    exceptions 351
    Fehler 350
    flush 354
    good 351
    ifstream 348; 349
    Klassenhierarchie 811
    mode 348
    mode *app* 376
    ofstream 349
    open 347
    read 355
    seekg 376
    tellp 377
    write 352
    Zustand 350
Stream-Iterator 998
String 30; 218; 957
    c_str 224
    Elementfunktionen 222; 230
    Index 222
    Konstruktoren 221
    umwandeln 375
    Vergleichsoperatoren 223
StringGrid 68
String-Konvertierungsfunktionen 228
Stringliteral *Siehe* Datentyp
Stringstream 373
strlen Siehe nullterminierter String
strstr Siehe nullterminierter String
strstream 375
StrToFloat 39
StrToInt 36
struct 285; 682
    Bitfeld 315
    Initialisierung 291
Strukturdiagramm 547
strukturierter Datentyp 291
Style 344
Suchen
    binäres 246; 276
    lineares 246
swap Siehe STL
swap_ranges Siehe STL

switch-Anweisung 469
symbolische Konstante *Siehe* Konstante
symbolische Programmausführung 444; 448
   Beziehungen zwischen Variablen 446
   für bedingte Anweisungen 478
   für Schleifen 493
   für Sequenzen 442
Symbolleiste 18
Syntaxfehler 31
Syntaxregel
   additive-expression 420
   Array 163; 235; 252
   assignment-expression 427
   block declaration 98
   case 469
   compound statement 133
   compount-statement 450
   condition 457
   cv-qualifier 192
   declaration 98
   declaration-statement 449
   delete 173
   do 482
   equality-expression 423
   exception-declaration 506
   exception-specification 539
   expression 410
   expression-statement 408
   floating-literal 150
   for 483
   Funktion 135; 163
   identifier 99
   if 458
   initializer 163
   integer literal 109
   iteration statement 481
   jump-statement 499
   labeled statement 499
   literal 411
   multiplicative-expression 420
   new 171
   postfix-expression 414
   primary expression 411
   relational-expression 422
   return 503
   selection-statement 457
   shift-expression 421
   simple declaration 98; 162
   simple type specifier 99
   statement 408
   storage-class-specifier 454
   switch 469
   throw-expression 519
   translation unit 97
   try-block 506
   type specifier 192
   unary-expression 416
   while 481
   Zeiger 163

T

TabbedNotebook 74
TabControl 73
Tabelle *Siehe* Datenbank
Tabelle der virtuellen Funktionen 825
TabSet 74
Tabulatorreihenfolge 43
TApplication 902; 914
Taschenrechner 38; 585; 605; 608; 611
TColBorderLabel (Aufgabe) 925; 933
TComponent 893; 927
TControl 895
TCP/IP-Protokoll 332
TDateTime 339
TDBDataSet Siehe Datenbank
TDUMP 662
TEdit 24
Teilobjekt 778
Telefonnummern-Suchprogramm 232
Template *Siehe auch* Klassen- oder Funktions-Template
   Argument 955
   Funktions- 937
   Spezialisierung 954
Template-Argument
   abgeleitetes 939
   explizit spezifiziertes 941
   Konversionen 941
template-id 954
Template-Metaprogrammierung 951
Template-Parameter 938
temporäres Objekt 697; 749
   Initialisierung durch ein 748
terminate 540
Testdaten erzeugen 359
Testroutinen 589
Textbildschirm-Anwendung 372
Textdatei 348

Textur *Siehe* OpenGL
TFileStream 1058
TFocusColorEdit (Aufgabe) 925; 933
then-Zweig 458
this-Zeiger 695
throw 519
TileMode 906
TImage 317; 490
Timer 84
Toolbar 82
top 281
TPersistent 893
TPrinter 321; 893
TQuery Siehe Datenbank
TrackBar 81
traits-Klassen 968
Transaktion *Siehe* Datenbank
transform 985 *Siehe* STL
TranslateMessage 913
Trapezregel 161; 575
TRect 310
TreeView 76
TResizableMemo (Aufgabe) 925; 933
Tröpfelverfahren 250
TRubberShape (Aufgabe) 926; 933
try-Anweisung 505
    und abhängige Anweisungen 527
TStrings 40; 51
TTabEdit (Aufgabe) 925; 933
TTable Siehe Datenbank
TTreeNodes 77
TVarRec (Datentyp) 313
TWinControl 897
Typangleichung 627
    ganzzahlige 112
typecast *Siehe* Konversion
typedef 193
    Array 240
    Array mit Funktionszeigern 572
    Funktionstyp 571
    Funktionszeiger 571
    in einer Klasse 770
typeid 194; 862
    mit polymorpher Klasse 864
typename 938; 960
Typfeld 837
Typkonversion *Siehe* Konversion
Typumwandlung, ganzzahlige 112
typvariante offene Array-Parameter
    313; 584

U

Überladene
    Funktion 624
    Funktions-Templates 947
Überlaufprüfung 119
überschreibende Funktion 814
    letzte 820
Übersetzungseinheit 97; 644
Überwachte Ausdrücke 143
Uhrzeit 339
Umkehriterator 995
UML 720
Umlaute 130
UML-Diagramm
    Elementfunktion 720
    Klasse 720
    Komposition 856
    Objekt 722
    parametrisierte Klassen 976
    Vererbung 778; 855
unary_function 983
undefinierter Wert einer Variablen 102
Unicode 131
union 309; 682
unique Siehe STL
Unit 97
    Dateien 13
    speichern 13
UnlockFile 1057
unsigned char 104
unsigned int 104
unsigned short int 104
upcast 867
UpDown 81
upper_bound Siehe STL
using-Deklaration 671; 784; 824
using-Direktive 672

V

V.24 1061
va_arg 579
va_end 579
va_list 579
va_start 579
valarray 400
value_type 961
Variablen 100
    Beziehungen zwischen 446

globale 101; 450
Initialisierung 102
lokale 101; 133; 135; 450
Name 99; 101; 203
undefinierter Wert 102
Variant (Datentyp) 314
vector 269; 278; 956
mehrdimensionaler 274
Verallgemeinerung *Siehe* Vererbung
Verbundanweisung 133; 450
verdeckte Funktion 801; 814
verdecktes Element 781
Vererbung 776; 777; 791
bei Formularen 790
C2DPunkt und *C3DPunkt* 786; 817; 843; 844
C2DPunkt und *C3DPunkt* 795
Diagramm 778
Generalisierung 792
ohne virtuelle Funktionen 847
private 802; 832
protected 802
public 802
Quadrat und Rechteck 793; 847
Spezialisierung 792
Verallgemeinerung 792
vs. Komposition 798
Verhaltensklasse 849
Verifikation 407
einer Klasse 714
einer Schleife 493
Vermutung von *Ulam* bzw. *Collatz* 500
verschachtelte *if-else*-Anweisung 463
vertausche 557; 558
Verzeichnis durchsuchen 611
virtual 807; 814; 822
virtual function table 825
virtual table pointer 826
virtual-key Codes 46
virtuelle Basisklasse 807
virtuelle Funktion 812; 814; 831
rein virtuelle 841
und Default-Argumente 823
und Erweiterbarkeit 837
und *inline* 822
Voraussetzungen 820
virtueller Destruktor *Siehe* Destruktor
virtueller Konstruktor *Siehe* Konstruktor
Visible 34

visuelle Programmierung 4; 9
und Properties 887
void 36; 136; 545
void* *Siehe* Zeiger *Siehe* Zeiger
volatile 192
Vorbedingung 444; 528; 591
Vorwärtsdeklaration Klasse 685
Vorzeichenerweiterung 113
vptr *Siehe* virtual table pointer
VSSpell 90
vtbl *Siehe* virtual function table

W

wahlfreier Zugriff 346; 375
Wahrheitstafel 472
Warnungen vermeiden 410
Warteschlange 302
Watches 143
wchar_t 104; 130
WebBrowser 330
Wertebereich (Funktion) 552
Werteparameter *Siehe* Parameter
Wertetabelle 573
while-Anweisung 135; 481
whitespace 586
Wiederholungsanweisungen 480
Wiederverwendbarkeit 839
WindowProc 518
Window-Prozedur 912; 913; 918
Windows-API-Funktionen 660
Windows-Zeichensatz 126
WinExec 176
WinMain 96; 581
WinSight 915
WM_NCHitTest 920
WordApplication 328
write 352
WriteFile 1053
wstring 218; 957

X

xor 432
xor_eq 432

Z

Zahlensystem zur Basis B 107
Zählschleifen 481
Zeichenliteral *Siehe* Literal
Zeiger 164
   als Parameter 175; 557
   auf Datenelement 861
   auf eine Funktion 570
   auf Elementfunktion 858
   Fehlermöglichkeiten 174
   generischer 308; 558
   konstante 191
   void* 170; 308; 558
   Zuweisung 168
Zeigerarithmetik 177; 256; 273
Zeilenendkommentar // 200
Zeitaufwand 278
Zeitmessung 340; 708
Zufallsgeraden (Aufgabe) 325
Zufallszahl *Siehe Random* bzw. *rand*
Zugriffsrecht 689
   aus der Basisklasse ändern 784
   Basisklasse 779
   class 689
   Element Basisklasse 779
   private 689
   public 689
   published 693
   struct 689
Zuweisung 8; 427
   Konversion 111
   von Arrays 239
Zuweisungsoperator *Siehe* Operator =
Zweierkomplement 108

Der Verfasser dieses Buches bietet

Seminare, Workshops
Beratung und Coaching

zu den folgenden Themen an:

ANSI/ISO-C++
Borland C++Builder
Microsoft Visual C++
GNU C++ für Linux
Object Pascal mit Delphi
Object Pascal mit Kylix
Objektorientierte Programmierung
JAVA

Weitere Informationen im Internet unter
http://www.rkaiser.de

Kontakt: Prof. Richard Kaiser
           Schwärzlocher Straße 53
           72070 Tübingen
           E-Mail: rk@rkaiser.de

Druck: Strauss Offsetdruck, Mörlenbach
Verarbeitung: Schäffer, Grünstadt